Grundkurs agiles Software-Engineering

Gerd Beneken · Felix Hummel · Martin Kucich

Grundkurs agiles Software-Engineering

Ein Handbuch für Studium und Praxis

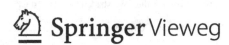

Gerd Beneken
Fakultät für Informatik
Technische Hochschule
Rosenheim, Deutschland

Felix Hummel
hukudo GmbH
Raubling, Deutschland

Martin Kucich
hukudo GmbH
Raubling, Deutschland

ISBN 978-3-658-37370-2   ISBN 978-3-658-37371-9 (eBook)
https://doi.org/10.1007/978-3-658-37371-9

Die Deutsche Nationalbibliothek verzeichnet diese Publikation in der Deutschen Nationalbibliografie; detaillierte
bibliografische Daten sind im Internet über http://dnb.d-nb.de abrufbar.

Springer Vieweg
© Springer Fachmedien Wiesbaden GmbH, ein Teil von Springer Nature 2022

Planung: Leonardo Milla
Springer Vieweg ist ein Imprint der eingetragenen Gesellschaft Springer Fachmedien Wiesbaden GmbH und ist
ein Teil von Springer Nature.
Die Anschrift der Gesellschaft ist: Abraham-Lincoln-Str. 46, 65189 Wiesbaden, Germany

Vorwort

Warum wir dieses Buch für dich geschrieben haben

Wir machen seit weit über zehn Jahren Projekte mit Studierenden in Rosenheim. Im überwiegenden Teil sind Industriepartner dabei. Es gibt viele Bücher über die Themen agile Methoden, Software-Engineering und deren Teilbereiche wie Architektur, UX oder Testing, deren Inhalte auch meistens sehr plausibel und folgerichtig beschrieben werden. Das Problem beginnt jedoch immer beim Erstkontakt mit eurem Auftraggeber: Aber wie genau sollt ihr euch jetzt verhalten? Wie genau werden gemeinsam Anforderungen oder das Domänenmodell erarbeitet? Das haben wir nicht oder nicht vollständig in der Literatur gefunden. Diese Lücke versuchen wir mit diesem Buch zu schließen.

Einige Abschnitte aus dem Themenfeld Softskills haben wir eingebaut: Der größte Teil der Softwareentwicklung hat mit Menschen zu tun, daran scheitern Projekte meistens. Um erfolgreich im Software-Engineering zu arbeiten, müssen wir Kommunikation besonders gut beherrschen, Besprechungen leiten und Workshops durchführen.

Das vorliegende Buch beruht auf unseren Erfahrungen in studentischen Projekten. Wir arbeiten überwiegend in Teams mit fünf Studierenden der Studiengänge Informatik und Wirtschaftsinformatik für Unternehmen aus unserer Region (Oberbayern). Das Projektbudget umfasst jeweils 75 bis 100 Personentage über einen Zeitraum von ca. drei Monaten (ein Semester). Unsere Projekte sind also eher klein mit einer sehr kurzen Laufzeit. Dennoch schaffen wir es meistens, die ersten, vagen Anforderungen in laufende und brauchbare Software zu übersetzen. In den vergangenen Jahren ist einiges an Erfahrungen aus weit über 100 Projekten zusammengekommen:

Wir haben einige Projekte richtig in den Sand gesetzt. Vieles haben wir falsch gemacht. Die meisten Projekte waren aber erfolgreich. Und: Die Studierenden haben immer etwas gelernt. Wir hoffen, dass du von unseren Erfahrungen über dieses Buch profitieren kannst.

Für wen ist dieses Buch?

Mit diesem Buch wollen wir dich und dein Team beim Durchführen von Softwareentwicklungs-Projekten bzw. bei der Erstellung von Produkten unterstützen. Es soll für dich ein praktischer Leitfaden sein.

Um die Beispiele zu verstehen solltest du über grundlegende Programmierkenntnisse und einen groben Überblick im Software Engineering verfügen.

Beim Schreiben dieses Buchs hatten wir Studierende vor dem Abschluss ihres Bachelor-Studiums in Informatik oder Wirtschaftsinformatik sowie Berufsanfänger in den ersten Berufsjahren im Blick. Das sind die Menschen mit denen wir täglich unsere Projekte durchführen.

Es würde uns freuen, wenn auch Kolleginnen und Kollegen in der Software-Engineering-Ausbildung unser Buch verwenden können. Es sollte ein guter Begleiter für projektbezogene Lehrveranstaltungen sein. Wir stellen mit einem YouTube-Kanal und einer begleiteten Webseite unterstützende Materialien wie Aufgabenblätter und Folien unter Creative Commons Lizenz bereit.

Anstrengen und Frust aushalten

Wenn du eine Sportart beherrschen willst, musst du regelmäßig trainieren und nicht nur Sportschau schauen. Wenn du ein Instrument lernen willst, gehört regelmäßiges Üben dazu. Wenn nicht sofort Beethoven aus dem Klavier kommt, liegt das nicht an der schlechten Usability des Klaviers sondern leider an dir. Software Engineering, die Arbeit mit Auftraggebern, das Arbeiten im Team und auch das Programmieren sind Disziplinen, die du kaum durch Bücher, YouTube-Videos oder Blog-Einträge lernen kannst. Auch hier lernst du offensichtlich durch Projekte, die du durchführst. Je mehr desto besser. Diverse Studien belegen, dass zum Lernen auch eine gewisse Anstrengung und Frust notwendig sind. Ray Dalio der Gründer von Bridgewater Associates, formuliert dazu in seinem Buch *Principles* folgende Gleichung:

$$\text{Frust} + \text{Reflektion} = \text{Fortschritt}$$

Sorge für schnelles Feedback

Wenn du schnell lernen willst, sind Feedback von außen und Selbstreflektion besonders wichtig. Beim Programmieren helfen dir Compiler und Entwicklungsumgebung, da diese dir sofort z. B. durch Unterstreichen von Quelltextstellen. Syntaxfehler und eventuell weitere Probleme aufzeigen. Das Feedback vom Compiler und später von den Modultests kriegst du sofort und unmittelbar, dadurch lernst du schnell.

In Entwicklungsprojekten hast du es mit anderen Menschen zu tun. Auch hier musst du bzw. müsst ihr als Team ähnliche Feedbackschleifen etablieren. Ihr braucht schnell von eurem Auftraggeber Rückmeldung, um euch anzupassen und zu lernen. Eine Möglichkeit ist beispielsweise häufiges Ausliefern der fertigen Software, allerdings nur dann, wenn ihr auch Feedback vom Kunden dafür bekommt und der sich intensiv mit eurem Ergebnis beschäftigt. Auch im Team könnt ihr euch gegenseitig Feedback geben und die aktuelle Situation reflektieren. Agile Methoden schlagen dafür regelmäßige Retrospektiven vor. Das Team diskutiert, was gut funktioniert hat und was man im weiteren Projektverlauf anders und besser machen kann. Ihr wollt euch kontinuierlich verbessern.

Speziell frustrierende Ereignisse führen bei euch zu schnellem Lernen, da ihr emotional stärker beteiligt seid. Es kann immer wieder passieren, dass sich euer Team bis aufs Messer zerstreitet, dass die Technik überhaupt nicht mitspielt oder der Auftraggeber die Arbeit von Wochen völlig ablehnt – das passiert. Gerade in diesen Situationen ist es wichtig, dass ihr als Team analysiert und euer Verhalten eventuell anpasst um diesen Frust in Zukunft systematisch auszuschließen. Frust ist also wichtig um zu lernen.

Weiterführendes Material und Fehlerkorrekturen

Wir haben https://grundkurs-agiles-software-engineering.de/ als Website für dich erstellt. Dort findest du weiterführendes Material sowie Aktualisierungen und Korrekturen. In den nächsten Jahren werden wir auch Beispiele ergänzen. Wenn du einen Fehler gefunden hast, freuen wir uns über jeden Hinweis. Sende diese bitte an autoren@grundkurs-agiles-software-engineering.de. Wir führen eine Liste mit Errata, sodass du damit auch anderen Leserinnen und Lesern hilfst.

Solltest du Dozent sein, versorgen wir dich gerne mit Aufgabenblättern, Foliensätzen, Skripten oder Vertragsvorlagen, sodass du auch an deiner Hochschule oder Universität Projekte mit Studierenden umsetzen kannst. Kontaktaufnahme gerne über die genannte E-Mail-Adresse.

Von Projektleiterinnen und Architekten

Unser Buch richtet sich an alle Menschen, die in der Softwareentwicklung unterwegs sind. Um das zum Ausdruck zu bringen, haben wir versucht die Geschlechter zufällig zu mischen: Die Projektleiterin trifft den Tester und der Abteilungsleiter spricht mit der Architektin. Wir haben das leider noch nicht ganz durchgehalten und sprechen beispielsweise durchgehend von Benutzern. Beim Auftraggeber können wir uns noch herausreden, da eine Organisation und kein Mensch gemeint ist. Wir müssen euch in diesem Punkt leider auf die nächste Auflage vertrösten. Bis dahin sind mit allen Formulierungen alle Menschen gemeint. Wie du dieses Buch lesen kannst – Unser Buch besteht aus insgesamt drei Teilen: Kapitel 1 bis Kapitel 6 kannst du einfach vom Anfang bis zum Ende durchlesen, dort erklären wir die Grundlagen für dich, dein Team und dein Produkt. Die beiden Werkzeugkästen in den Kapiteln 7 bis 11 und 12 bis 19 sind zur Vertiefung gedacht. Wenn du beispielsweise eine Besprechung organisieren musst, liest du dir als Moderator noch mal Kapitel 10 (Besprechungen) durch, wenn du mehr über DevOps erfahren willst, liest du Kapitel 19 (Deployment und IT-Betrieb). Wir haben die Kapitel so geschrieben, dass sie für sich alleine verständlich sein sollten.

Wie du dieses Buch lesen kannst

Unser Buch besteht aus insgesamt drei Teilen: Kapitel 1 bis Kapitel 6 kannst du einfach vom Anfang bis zum Ende durchlesen, dort erklären wir die Grundlagen für dich, dein Team und dein Produkt. Die beiden Werkzeugkästen in den Kapiteln 7 bis 11 und 12 bis 19 sind zur Vertiefung gedacht. Wenn du beispielsweise eine Besprechung organisieren musst, liest du dir als Moderator noch mal Kapitel 10 (Besprechungen) durch, wenn du mehr über DevOps erfahren willst, liest du Kapitel 19 (Deployment und IT-Betrieb). Wir haben die Kapitel so geschrieben, dass sie für sich alleine verständlich sein sollten.

Danksagung

In den letzten Jahren haben wir mit weit über 800 Studierenden Projekte durchgeführt. Unser großer Dank geht an sie für ihr Engagement, ihre Geduld, die sehr guten Ideen und ihr Können. Vieles haben wir gemeinsam erreicht, wenig ist schief gegangen.

Die Projekte in unserem Innovationslabor haben viele Kolleginnen und Kollegen sowie unsere Lehrbeauftragten als Coaches begleitet. Das sind Martin Deubler, Claudia Förster, Kai Höfig, Florian Künzner, Silke Lechner-Greite und Wolfgang Mühlbauer sowie die Lehrbeauftragten Michael Bayr und Stephan Frai. Unterstützt durch unseren Dekan Reiner Hüttl.

Unser besonderer Dank geht an Manfred Broy, den Gründungspräsidenten der Zentrums für Digitalisierung Bayern, sowie an Thomas Kofler. Beide haben die Initiative für Innovationslabore in Bayern ins Leben gerufen und insgesamt zehn Labore über einen Zeitraum von bis zu fünf Jahren organisiert, gefördert und tatkräftig unterstützt. Dank gilt ebenso unseren späteren Ansprechpartnern Marouane Sayih sowie Christiane Dieckhoff vom BIDT.

Aus der Zusammenarbeit mit den anderen Innovationslaboren haben wir viel gelernt und vom freundschaftlichen Austausch sehr profitiert, speziell der Input von Cyrus Mobasheri (Uni Bayreuth) zur Vergabe und Bewertung von Teamprojekten hat uns geholfen.

Von der Leitung unserer Hochschule hatten wir zu jedem Zeitpunkt Rückenwind, danke an Steffi Kapitza, Heinz Köster, Eckhard Lachmann und Peter Niedermaier. Wir danken unserem Kanzler Oliver Heller für unsere Verträge mit Unternehmen und den Studierenden, sowie der Leitung unserer F&E Wolfgang Alversammer sowie Julia Baumann und Rosalie Stadler für die pragmatische Projektabwicklung.

Mit Kontakten zu Unternehmen haben uns immer wieder Lars Holstein und Cornelius Roth vom Wirtschaftsservice Berchtesgadener Land sowie Birgit Seeholzer von der Wirtschaftsförderung im Landkreis Traunstein tatkräftig unterstützt. Großer Dank gilt auch der Rosenheimer Initiative zur Förderung der Informations- und Kommunikationstechnik[1] ROSIK e. V. speziell Alexander Dalzio.

---

[1] https://www.rosik.com/.

Wir haben in den vergangenen Jahren mit weit über 50 Unternehmen Projekte durchgeführt. Ein großes Dankeschön an alle Unternehmen und deren Mitarbeiter! Sie haben die Teams stets vorbildlich unterstützt und uns gutes und konstruktives Feedback gegeben. Unsere Lektorin Frau Sybille Thelen und unser Lektor Herr Leonardo Milla sowie Herr Imran Ahamad Saifi vom Springer-Verlag haben uns ebenfalls sehr unterstützt und durch dieses Projekt getragen, unser Dank gilt auch ihnen für die sehr gute Zusammenarbeit. Abschließend wollen wir noch unseren Familien danken: Ihr habt in den letzten sechs Jahren häufig auf uns verzichten müssen. Danke dass ihr uns immer wieder den Rücken frei gehalten habt, danke für eure Unterstützung.

Rosenheim im Corona-Winter 2022/2023   Gerd Beneken
                                                          Martin Kucich und Felix Hummel

Inhaltsverzeichnis

Teil I

Grundlagen

Einführung

1

In diesem Kapitel lernt ihr häufig verwendete agile Methoden kennen, das sind eXtreme Programming, Scrum und Kanban. Außerdem stellen wir zentrale Konzepte wie Taskboard, das Product Backlog und auch Praktiken wie das Pair Programming und die kontinuierliche Integration vor. Dieses Kapitel ist als erster Überblick über das Thema gedacht, daher bringen wir auch benachbarte Themen wie DevOps, Lean Startup und Design Thinking. Die folgenden Kapitel vertiefen daraufhin bestimmte Themen. Nach diesem Kapitel solltet ihr eine grobe Landkarte des Themas vor Augen haben.

1.1 VUCA-Welt?

In Texten zu agilen Methoden ist häufig von einer Drohkulisse die Rede: Wir leben in einer VUCA-Welt. VUCA steht für Volatility (Unbeständigkeit), Uncertainty (Unsicherheit), Complexity (Komplexität) und Ambiguity (Mehrdeutigkeit). Wenn die Welt heute so ist, brauchen wir Softwareentwicklungs-Methoden und Organisationsstrukturen, die mit Unsicherheit, Unbeständigkeit, Komplexität und Mehrdeutigkeit umgehen können. Hier können agile Methoden wie XP, Scrum oder Kanban einen Beitrag leisten. Die nächsten Abschnitte sollen aufzeigen, woher die Wahrnehmung kommt, dass die Welt gerade VUCA ist und welche Herausforderungen und Chancen sich daraus für euch ergeben.

1.1.1 Exponentielles Wachstum von Daten und Rechenleistung

Gordon Moore ist einer der Gründer der Firma Intel. Er hat im Jahr 1965 eine Hypothese aufgestellt, die sich bis heute leicht verändert als mooresches Gesetz bewahrheitet hat: *Die Zahl der Transistoren auf einem integrierten Schaltkreis verdoppelt sich ungefähr alle*

© Springer Fachmedien Wiesbaden GmbH, ein Teil von Springer Nature 2022
G. Beneken et al., *Grundkurs agiles Software-Engineering*,
https://doi.org/10.1007/978-3-658-37371-9_1

ein bis zwei Jahre. Der zentrale Chip *A14 Bionic* neuer Smartphones der Firma Apple (Stand Mitte 2021) ist in 5nm Technologie gefertigt und enthält 11,8 Mrd. Transistoren. Enthalten sind dort sechs CPU-Kerne und vier GPU-Kerne (u. a. für Grafik). Ein großer Teil der Chipfläche ist für maschinelles Lernen vorgesehen mit insgesamt 16 NPU-Kernen. Zum Vergleich: Die erste CPU für Personal-Computer der 8086er-Reihe der Firma Intel im Jahre 1978 hatte gerade 29.000 Transistoren und nur eine CPU. Wir haben es mit *exponentiellem* Wachstum der Rechenleistung zu tun, einer Verdoppelung alle ein bis zwei Jahre.

Das im Internet verfügbare Datenvolumen wächst ebenfalls exponentiell: Eine Studie der IDC zusammen mit Seagate sagt für das Jahr 2025 ein weltweites Datenvolumen von 175 Zetta-Byte voraus (= 10^{21} Byte), 2018 waren das noch 33 Zetta-Byte.[1] Die Daten stammen unter anderem von der wachsenden Zahl an Haushaltsgeräten und Geräten in produzierenden Unternehmen, die mit dem Internet verbunden sind und Messwerte liefern. In diesem Zusammenhang wird häufig vom *Internet der Dinge* (IoT, Internet of Things) gesprochen.

Wegen der wachsenden Rechenleistung und der wachsenden Menge frei verfügbarer Daten im Internet werden Disziplinen wie das maschinelle Lernen und Data Science deutliche Fortschritte machen [Bry14]. Bildverarbeitung und Sprachverarbeitung finden sich längst auf jedem Mobiltelefon.

Einige Autoren beschäftigen sich mit Dystopien, in denen intelligente KI-Systeme und andere IT-basierte Automatisierung weltweit über 50 % der Menschen arbeitslos und überflüssig machen [Har18, Pre18]. Die Optimisten denken schon über den Upload ihres Gehirns in die Cloud nach.[2] Ohne Zweifel wird sich die Art und Weise, wie wir arbeiten und leben, durch diesen technischen Fortschritt deutlich verschieben. In welche Richtung, können wir bestenfalls raten.

Wir brauchen daher ein Vorgehen in der Softwareentwicklung, das mit dieser Unsicherheit und der wachsenden Komplexität klar kommt. Hier bieten sich agile Methoden an: Sie legen großen Wert auf schnelles Lernen durch intensives Feedback und auf Anpassung an veränderte Randbedingungen [Bec99, Rie11].

1.1.2 Disruptoren nicht nur aus Kalifornien

Disruptive Technologien sind Innovationen, die bestehende Produkte oder Dienstleistungen in sehr kurzer Zeit vom Markt verdrängen und ganze Industrien radikal verändern.[3] Zu beobachten war dies beispielsweise in der Musikindustrie, deren Geschäftsmodelle

---

[1] Vgl. https://www.seagate.com/de/de/our-story/data-age-2025/.

[2] https://nectome.com/.

[3] Vgl. Josef A. Schumpeter: Schöpferische Zerstörung. In seinem Buch *Innovators Dilemma* untersucht Clayton Christensen disruptive Technologien am Beispiel der Festplattenindustrie [Chr16]

mit dem Platten- oder CD-Verkauf über Jahrzehnte gut funktionierte. Dann begannen Unternehmen wie Apple oder Amazon, Musik zum Download anzubieten und Musik auf völlig andere Art zu vertreiben. Später wurde die Branche durch Unternehmen wie Spotify mit dem Musik-Streaming wieder deutlich verändert. Die Musikindustrie hat sich radikal verändert. Ursache sind Unternehmen, die es teilweise vor einigen Jahren noch nicht gab und die allesamt fremd in dieser Branche waren.

Zu den fünf wertvollsten Unternehmen nach Börsenwert zählten 2018 Apple, Alphabet (mit seiner Tochter Google), Amazon, Microsoft und Facebook: Technologiekonzerne.[4] Weit abgeschlagen sind traditionelle Unternehmen, die Autos, Nahrung oder andere Dinge herstellen. Marc Andreesen ist einer der Netscape-Gründer. Er schrieb bereits 2011 für das Wall Street Journal den Artikel ‚Software is eating the World' [And11]. Er beschreibt den extremen Erfolg von softwarebasierten Unternehmen wie Facebook oder Google. Er argumentiert, dass Software in den meisten Branchen, auch in der Avionik, dem Automobilbau oder dem Handel, eine zentrale Rolle spielt oder spielen wird. Die Geschwindigkeit, mit der Software erstellt und angepasst werden kann, entscheidet über den Markterfolg. Seit einigen Jahren läuft dieser Sachverhalt in Deutschland unter Überschriften wie ‚Digitale Transformation' oder ‚Industrie 4.0'.

Mobile First

Die Zahl der Smartphones ist weltweit in den vergangenen Jahren deutlich gestiegen. Laut Statista gab es im Jahr 2018 weltweit etwa drei Milliarden Smartphone-Nutzer.[5] Wenn ihr eine Smartphone-App schreibt, könnt ihr damit also von heute auf morgen mehr als drei Milliarden Menschen erreichen. Da die Anwender die Smartphones rund um die Uhr mit sich herum tragen, könnt ihr diese Menschen praktisch den ganzen Tag an 365 Tagen im Jahr erreichen.

Moderne Smartphones verfügen über sehr viele Sensoren, mit denen eine App sehr viel über den Besitzer und dessen Umgebung erfahren kann:

- Geografische Position: GPS-Sensoren, WLAN-Ortung sowie digitaler Kompass
- Bild und Ton: mehrere Kameras, teilweise mit Tiefenbild (z. B. über Lidar), mehrere Mikrofone
- Umgebungsdaten: Temperatur-, Helligkeit- oder Luftdrucksensoren
- Bewegungsdaten: Gyroskop, Beschleunigungssensor oder Magnetfeldsensoren sowie Schrittzähler
- Biometrie: Gesichtserkennung, Fingerabdrucksensor oder Gang-Erkennung

---

[4] https://www.handelsblatt.com/finanzen/anlagestrategie/trends/apple-google-amazon-das-sind-die-zehn-wertvollsten-unternehmen-der-welt/.

[5] https://de.statista.com/statistik/daten/studie/309656/umfrage/prognose-zur-anzahl-der-smartphone-nutzer-weltweit/.

- Gesundheitsdaten: Hier ist zumindest einiges in der Planung, wie EKG-Sensorik oder Sensoren, welche die Sauerstoffsättigung im Blut messen können
- Tag-Erkennung: QR-Codes und Bar-Codes über die Kamera, einige RFID-Tags über NFC-Sensoren

In der Softwareentwicklung kommen wir am Smartphone nicht mehr vorbei. Hier sind sehr viele Innovationen möglich, beispielsweise ein digitaler Hausarzt oder neue Formen von Trainings-Apps. Mit Apps könnt ihr schnell eine große Verbreitung erzielen, weshalb es in der Produktentwicklung häufig *Mobile First* heißt.

Manfred Spitzer spricht bei der Nutzung von Smartphones bereits von einer Epidemie, da die Nutzung gerade bei Kindern und Jugendlichen Kurzsichtigkeit, Schlafmangel, Übergewicht und Depressionen verursachen kann [Spi12, Spi18]. Spitzer zitiert mehrere Studien, nach denen viele Menschen inzwischen den überwiegenden Teil ihrer wachen Zeit vor einem Bildschirm verbringen. Daraus ergibt sich für euch auch eine Verantwortung gegenüber der Gesundheit eurer Benutzer.

User Experience: Keine zweite Chance

Ein kurzer Blick in einen der App Stores zeigt eine nicht mehr überschaubare Zahl an bereits vorhandenen Apps für jedes denkbare Problem. Wenn ein Benutzer eure App nicht sofort versteht und er alternative Apps zur Verfügung hat, wird er die App sofort wieder löschen. In den letzten Jahren sind die Themen Usability (Gebrauchstauglichkeit) und User Experience (Nutzererlebnis) daher deutlich wichtiger geworden. Speziell die Gebrauchstauglichkeit solltet ihr regelmäßig testen, Usability-Testessen sind hierfür eine schöne Gelegenheit.[6]

Cloud Computing: Transaktionsbasiert abrechnen

Ein weiterer Trend kommt euch in der Softwareentwicklung bzw. bei der Entwicklung von Produkten zugute und zwar das Cloud Computing. Noch vor einigen Jahren musstet ihr euch für einen internetbasierten Dienst quasi ein eigenes Rechenzentrum aufbauen oder eines mieten. Wenn ihr in eurem Unternehmen einen neuen Server gebraucht habt, musste dieser erst beantragt und beschafft werden. Das konnte Wochen oder sogar Monate dauern. Dies verzögerte IT-Projekte und auch die Produktentwicklung. Außerdem war und ist die Anschaffung der Hardware und des leistungsstarken Internetanschlusses mit Investitionskosten und entsprechenden Risiken verbunden.

Bei einem der Cloud-Provider könnt ihr Rechen- und Speicherleistung mieten, wenn ihr sie braucht. Kosten fallen für die Rechenleistung nur dann an, wenn eure Server auch wirklich verwendet werden. Wenn ihr sehr viele Anwender auf einem Server habt, könnt ihr weitere Server dazu mieten. Wenn ihr gerade keine Benutzer habt, könnt ihr fast alle Server herunterfahren. Für gespeicherte Daten fallen aber in der Regel immer bestimmte Kosten an. Wenn ihr die Daten aus der Cloud löscht, entfallen aber auch diese Kosten.

---

[6] Vgl. Kap. 14

Wenn ihr euer Produkt mit dem eventuell notwendigen Server richtig entwerft, zahlt ihr nur noch, wenn eure Benutzer wirklich etwas tun. Ihr bezahlt *transaktionsbasiert*.

Eine Unternehmensgründung mit einem internetbasierten Dienst ist damit mit geringeren Risiken und Kosten verbunden als früher, weil ihr euch die Investition in Hardware sparen könnt. Wenn euer Arbeitgeber einen oder mehrere Cloud-Provider hat, kann das eure Projekte beschleunigen, da ihr Rechen- und Speicherleistung mieten könnt, wenn ihr diese braucht, wodurch eine lange und umständliche Genehmigung und Beschaffung entfällt.

Die Cloud-Provider bieten mittlerweile eine kaum noch überschaubare Menge an PaaS-Diensten an (Platform as a Service). Beispiele für solche Dienste sind Identitätsverwaltung, E-Mail- und Benachrichtigungsdienste bis hin zu vorgefertigten KI-Diensten im Bereich der Sprach- und Bildverarbeitung. Damit könnt ihr sehr schnell aus vorgefertigten Komponenten euer Produkt integrieren und müsst euch weder um die Details der Entwicklung noch um den Betrieb selbst kümmern. Häufig genügen einfache Funktionen, ohne dass ihr einen eigenen Server programmieren müsst, um diese Dienste miteinander zu verbinden (Serverless Computing). Je besser ihr diesen Baukasten aus PaaS-Diensten kennt, desto schneller könnt ihr euer Produkt entwickeln.

1.1.3 Unser Ziel: Schnelles Lernen und Anpassen

Wenn ihr sehr schnell die drei Milliarden Smartphone-Nutzer erreicht und eure Server bei einem der Cloud-Anbieter betreibt, könnt ihr davon ausgehen, dass alle anderen Softwareentwickler auf diesem Planeten das auch können. Viele Startups versuchen gerade, das nächste Amazon, Uber oder Airbnb zu schreiben und eine weitere Branche disruptiv zu verändern. Was ist wichtig, wenn ihr in der Softwareentwicklung mithalten wollt? Wenn ihr gerade ein Startup aufgemacht habt oder in der IT-Abteilung einer Versicherung in der Produktentwicklung bei einem Autobauer arbeitet? An vielen Stellen könnt ihr euch die Ideen der agilen Methoden sowie den aktuellen technologischen Fortschritt zunutze machen. Dieses Buch soll euch einen umfassenden Überblick geben, welche Ansätze ihr in eure tägliche Arbeit integrieren könnt. Bei allem, was wir hier darstellen werden, ist eines immer besonders wichtig: Probiert die Ideen aus, baut Feedbackschleifen ein und versucht schnell zu lernen, ob die Ideen für euer Team funktionieren:

- Ihr müsst euch einen Softwareentwicklungs-Prozess zulegen, den ihr flexibel genug an Veränderungen anpassen könnt. Dazu müsst ihr auch feststellen können, dass sich die Umwelt geändert hat. Daher ist eine regelmäßige Überprüfung wichtig, ob ihr noch auf dem richtigen Weg seid. Euer Softwareentwicklungs-Prozess sollte dennoch stabil genug sein, dass ihr mit eurer Arbeit vorankommt und nicht ständig gemachte Arbeit über den Haufen werfen müsst.
- Da eure Anwender eventuell viele mögliche alternative Produkte zur Verfügung haben, die ungefähr dasselbe tun, müsst ihr nahe an ihnen dran bleiben. Ihr müsst genau verstehen, was eure potentiellen Anwender gerade nervt oder wo ihr sie unterstützen könnt.

- Baut bewusst in die Entwicklung Feedbackschleifen ein, um häufig zu überprüfen, ob ihr mit den geplanten Features richtig geraten habt. Akzeptiert Fehler als notwendig, um zu lernen; Fehler sind erlaubt.

1.2   Das Wasserfall-Modell

Agile Methoden grenzen sich gerne vom Wasserfall-Prozessmodell ab. Die Abgrenzung gilt eigentlich den plangetriebenen Prozessmodellen mit einer umfangreichen und dokumentierten Anforderungsanalyse und Planung am Beginn eines Projekts [Boe03]. Plangetriebene Prozessmodelle werden auch ‚klassisch‘ oder ‚traditionell‘ genannt [Tim17]. Um hier ein genaueres Verständnis zu bekommen, müssen wir uns kurz mit dieser Tradition beschäftigen, daher fangen wir in den 1960er-Jahren an:

Die Softwareentwicklung war Ende der 1960er-Jahre noch nicht besonders strukturiert [Roy70]. Sie war zu teuer und es gab viele Probleme in der Qualität und bei der Wiederverwendbarkeit, dies wurde auch als ‚erste Softwarekrise‘ bezeichnet. Im Jahr 1968 fand daher eine NATO-Konferenz in Garmisch statt. Dort ist der Begriff des ‚Software–Engineering‘ entstanden [Nau69]: Friedrich L. Bauer empfahl, die Softwareentwicklung wie eine Ingenieurwissenschaft zu betreiben. Also methodisch und strukturiert vorzugehen: *(Software Engineering is) the establishment and use of sound engineering principles in order to economically obtain software that is reliable and works efficiently on real machines.* Wie F. L. Bauer in einem späteren Artikel schrieb. Wenn das Vorgehen dokumentiert und wiederholbar ist, kann es auch vermessen und verbessert werden.

Winston W. Royce gilt als Erfinder des Wasserfall-Modells. Er war in der Raumfahrtindustrie tätig und hat 1970 in seinem elfseitigen Artikel ‚Managing the Development of Large Software Systems‘ einen Vorschlag für einen strukturierten Entwicklungsprozess gemacht [Roy70]. Seine Grafiken, wie die in Abb. 1.1, erinnern an einen Wasserfall, daher vermutlich der Name. Royce unterteilt die Entwicklung in mehrere Phasen und legt sehr viel Wert auf eine angemessene Dokumentation. Der Begriff *Wasserfall* wurde erst später von Barry W. Boehm geprägt [Boe81].

Das allgemeine Wasserfall-Modell unterscheidet mehrere Phasen: In den ersten Phasen werden die Anforderungen an das System und deren Software erhoben, danach erfolgt eine erste Strukturierung und fachliche Analyse (Analysis) sowie ein technischer Entwurf (Program Design), die eigentliche Implementierung (Coding), eine Testphase und der Betrieb (Operations) des Systems. Dies ist einer der Verdienste von Winston W. Royce, denn er führt explizite Phasen speziell für den Entwurf und den Test ein.

In der Regel findet am Ende jeder Phase eine Qualitätsprüfung der Ergebnisse statt, so hat B. W. Boehm das Modell erweitert [Boe81]. Die nächste Phase darf erst beginnen, wenn die Ergebnisse der vorhergehenden Phase die Prüfung bestanden haben. Diese Tore sind wichtig, um nicht mit brüchigen Fundamenten weiter zu arbeiten. Die Behebung fehlerhafter Anforderungen ist in späteren Phasen sehr teuer [McC04], was für frühe

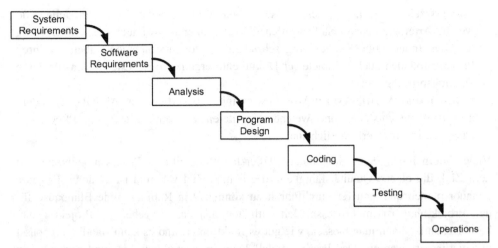

Abb. 1.1 Diese Abbildung stammt aus dem Aufsatz von Winston Royce [Roy70], sie zeigt seinen Vorschlag für ein strukturiertes Vorgehen in der Softwareentwicklung. In dieser Form wird Royce häufig zitiert. Die Grafik erinnert an einen Wasserfall. Royce zerlegt die Entwicklung in mehrere Phasen, insbesondere eine explizite Konzeptionsphase und eine Testphase. Die dargestellte Grafik findet sich ungefähr in der Mitte des Artikels. Royce stellt am Ende seines Textes auch iterative Varianten vor, die auch den Bau von Prototypen beinhalten

und kontinuierliche Qualitätssicherung spricht. Die Tore sind in der Praxis jedoch schwer umsetzbar, denn ihr müsst euer Team beschäftigen, während die Qualitätssicherung und die daraus folgenden Nachbesserungen laufen. Das Modell ist bei Änderungen recht träge, da für eine neue Anforderung alle Phasen wieder durchlaufen werden müssen.

1.2.1 Plangetriebene Prozessmodelle

Winston W. Royce schlägt eine grobe Strukturierung des Entwicklungsprozesses in mehrere grob umrissene Phasen vor. Ein umfangreicheres Prozessmodell enthält wesentlich mehr Details. Das V-Modell XT ist mit gut 1000 Seiten ein Beispiel dafür [V-M14]. Ein Prozessmodell definiert nicht nur einzelne Phasen, sondern auch Rollen, Artefakte als Ergebnisse einzelner Phasen sowie Workflows bzw. Aktivitäten:

Rollen: Eine Rolle legt einen Verantwortungsbereich in einem Projekt fest. Die Rolle können ein oder mehrere Teammitglieder einnehmen. Beispiele für Rollen sind Projektleiterin, Architekt, Tester oder Entwicklerin. Eine Rolle ist für verschiedene Artefakte verantwortlich, beispielsweise verantwortet die Projektleiterin den Projektplan oder der Architekt die Beschreibung der Softwarearchitektur.

Artefakte: Bis zum Ende einer Phase und bis zum Ende des Projekts entstehen Ergebnisse. Das sind Dokumente, Pläne, Quelltexte, Konfigurations-Skripte oder

Entwurfszeichnungen. Typischerweise geben umfangreiche Prozessmodelle vor,
welche Artefakte genau erstellt werden. Für Dokumente wird auch deren Gliederung
und der Inhalt aller Kapitel vorgeschrieben. Viele Unternehmen haben zu ihren
Prozessmodellen auch Beispiele für Dokumente ergänzt sowie Checklisten für deren
Qualitätsprüfung.

Aktivitäten und Workflows: Ein Workflow definiert den Ablauf aus Aktivitäten, in dem
die Artefakte entstehen und welche Aktivitäten zu deren Erstellung, Pflege und
Qualitätssicherung erforderlich sind.

Viele Unternehmen legten sich ab den 1970er-Jahren detaillierte Prozessmodelle zu, mit
dem Ziel, die eigene Qualitätsfähigkeit zu erhöhen. Ziel war und ist es noch, Projekte
genauer planen und sicherer durchführen zu können. Ein Rahmen, eine Blaupause für
den Projektplan, ist im Prozessmodell enthalten. Da das Vorgehen im Projekt genau
beschrieben ist, kann man messen, wie gut es funktioniert und es kann ständig angepasst
und verbessert werden. Das Prozessmodell kann im Detail geschult und nachgelesen
werden. Dies wird in Abb. 1.2 dargestellt.

Mit detaillierten Vorschriften und genauer Kontrolle kann so auch mit weniger erfahrenen Mitarbeitern gearbeitet werden. Die Verantwortung für gute Ergebnisse tragen
quasi der von den Teammitgliedern gelebte Prozess sowie das Management. Das ist
vergleichbar mit den Ideen des Taylorismus, nach Frederick W. Taylor [Tay11]: Trennung
von Handarbeit (Entwickler) und Kopfarbeit (Management), starke Spezialisierung durch
viele Rollen (Architekt, Projektleiter, Tester, ...) sowie detaillierte Vorgaben, wie zu
arbeiten ist. Als Motivation dienen Boni für besonders gute Leistungen. Auf den Arbeiten
von Taylor basierte Anfang des letzten Jahrhunderts die Industrieproduktion und die Arbeit
am Fließband.

Ende der 1990er-Jahre war die Unified Modeling Language (UML) sehr weit verbreitet.
Einige Hersteller versuchten, mit integrierten Werkzeugen den kompletten Entwick-

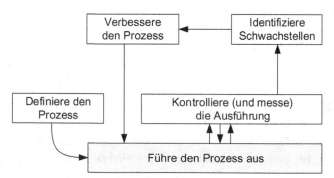

Abb. 1.2 Grundidee: Das Vorgehen wird detailliert beschrieben, mit Aktivitäten und Workflows,
Vorgaben an Dokumente und die Quelltexte sowie vielen Rollen. Damit wird Wiederholbarkeit
angestrebt und die Möglichkeit, über Messungen im Prozess die Ausführung zu steuern (Controlling)
sowie das Prozessmodell zu verbessern. Frei nach Boehm und Turner [Boe03]

lungsprozess zu unterstützen und teilweise zu automatisieren: Anforderungsanalyse mit Tabellen und UML, dann Design mit UML und daraus Generierung von Teilen des Quelltextes. Diese Werkzeuge waren damit teilweise die Implementierung detaillierter Entwicklungsprozesse und organisatorischer Vorgaben. Das hat sich für Entwicklerinnen und Entwickler teilweise wie ein enges Korsett angefühlt, da man sich innerhalb der Vorgaben des Werkzeugs bewegen musste.[7] Das Entwickeln von Software wurde damals überdies häufig als eher nachrangige Tätigkeit betrachtet, die von geringer qualifizierten Mitarbeitern ausgeführt werden konnte.

1.2.2 Werkverträge und Festpreise

Wenn alle wichtigen Anforderungen am Anfang eines Projekts bekannt sind, kann auf dieser Grundlage eine Kostenschätzung und eine Projektplanung erstellt werden, inklusive der notwendigen Ressourcen und einer Zeitplanung. Damit ist es möglich, das Projekt als Werkvertrag (§§ 631ff BGB) zum Festpreis durchzuführen. In einem Werkvertrag verspricht ein Auftragnehmer einem Auftraggeber eine definierte Leistung. Die Leistung kann vom Auftragnehmer beispielsweise mit der Liste der Anforderungen und einem ersten Lösungsvorschlag beschrieben werden (Pflichtenheft). Bei der Lieferung am Ende des Projekts wird im Rahmen des Abnahmeverfahrens geprüft, ob der Auftragnehmer alle Anforderungen des Auftraggebers richtig umgesetzt hat, also die Leistung erbracht wurde. Nur wenn das zutrifft, erhält der Auftragnehmer das ganze Honorar. Jede Änderung der Anforderungen ist damit auch eine Vertragsänderung, daher sollten die Anforderungen möglichst stabil sein. Werkverträge werden in der Regel zum Festpreis abgewickelt, also definierte Leistung zu einem definierten Preis. Auftraggeber wünschen sich in der Regel Projekte zum Festpreis als Werkvertrag, da sie so Angebote verschiedener Lieferanten vergleichen können: Wer liefert am zuverlässigsten die definierte Leistung zum besten Preis?

Auftraggeber erhoffen sich durch detaillierte Prozessmodelle eine bessere Kontrolle über den Auftragnehmer und die von ihm gelieferte Qualität. Der Auftragnehmer erhofft sich durch ein detailliertes Prozessmodell, die Projektrisiken besser kontrollieren zu können. Er will Festpreisverluste vermeiden. Liefertermin, Budget, Lieferumfang und Qualitätsanforderungen sollen eingehalten werden.

1.2.3 Herausforderungen

Feedback von den eigentlichen Benutzern erfolgt im Wasserfall-Modell eher spät, da in den ersten Phasen überwiegend Dokumente entstehen. Häufig können sich gerade die

---

[7] Lange Übersetzungszeiten von größeren Modellen hin zum Code frustrierten viele.

(Nicht-IT-)Fachabteilungen auf der Grundlage von Dokumenten oder einem Angebotstext schwer vorstellen, wie das Produkt später aussehen wird. Eine Softwarearchitektur kann man nicht als Dokument ausprobieren. Lernen wird wegen der sehr langen Feedback-schleife schwierig.

Ob ein System für einen Auftraggeber tatsächlich nützlich ist und den erwarteten Geschäftswert bringt, wird häufig erst nach dem Projektende deutlich. Denn erst nach der Lieferung wird das System eingeführt und von den Benutzern verwendet, erst hier wird deutlich, ob die Benutzer es verwenden wollen und ob es seinen Zweck wirklich erfüllt.

Das Ändern von Anforderungen ist im Wasserfall-Modell ebenfalls problematisch: Denn jede Änderung von Anforderungen ist eine Änderung des Plans sowie eventuell eine Änderung des Werkvertrags, das ist aufwendig. Auch müssen alle Qualitätsprüfungen wenigstens für die Anforderungsänderung erneut durchlaufen werden. Ein Rücksprung und neues Durchlaufen früherer Phasen wird notwendig. Typischerweise ist in Werkver-trägen ein sogenanntes Änderungsverfahren (Change-Request-Verfahren) festgelegt, das definiert, wie Änderungen beantragt, genehmigt und abgewickelt werden.[8]

Entwicklungsprozesse mit sehr genauen Vorgaben an Entwickler haben das Risiko, nicht mehr genau befolgt zu werden, da die Entwickler sich eventuell nicht mit allen notwendigen Details befassen und die Vorgaben nicht genau lesen. Für umfassende (Modellierungs-)Werkzeuge gilt dasselbe.

Werkverträge schaffen Anreize, die nicht im Sinne des Auftraggebers sind: Will der Auftragnehmer sein Honorar, muss er den Vertrag erfüllen. Er tut dies eventuell mit der Absicht, möglichst wenig Aufwand zu investieren, denn dann erzielt er einen Festpreisgewinn. Ist der Inhalt des Vertrags für den Auftraggeber nicht mehr nützlich oder enthält er Lücken, beispielsweise bei der genaueren Definition der Codequalität, stellt das den langfristigen Projekterfolg infrage.

Milderung dieser Probleme bietet das Vorgehen in Stufen [Sie02]. Das Projekt wird in mehrere aufeinander aufbauende Stufen bzw. Iterationen zerlegt. Die Stufen werden nacheinander als kleine Wasserfälle mit jeweils eigenem Vertrag abgewickelt. So wird das Lernen beschleunigt und auch das Risiko, komplett an den Bedürfnissen der Benutzer vorbei zu bauen, entschärft.

1.3   Der Gegenvorschlag

1.3.1   Das Manifest für agile Softwareentwicklung

Die Softwareentwicklung verließ sich in den 1990er-Jahren auf detaillierte Prozess-modelle und Projekte, die über Werkverträge abgewickelt wurden. Gut geschriebene Spezifikations- und Architekturdokumente, Testspezifikationen und andere Dokumente

---

[8] Vgl. Kap. 6 zum Thema Verträge

waren Fortschrittsmaß in Projekten. Durch umfangreiche Anforderungsanalyse- und Designphasen wurde versucht, vollständige und stabile Anforderungen sowie eine Softwarearchitektur als langlebiges Gerüst der Software zu entwickeln [Den92].

Als Gegenbewegung zu der immer stärker kontrollierten und auch über Werkzeuge reglementierten Softwareentwicklung entstanden in den 1990er-Jahren mehrere ‚leichtgewichtige' Methoden. Beispiele sind eXtreme Programming (XP) [Bec99], Scrum [Sch02], DSDM, Feature Driven Development (FDD) [Pal01], Crystal [Coc06] oder Adaptive Software Development (ASD). Jim Highsmith gibt in seinem Buch aus dem Jahr 2002 einen umfassenden Überblick [Hig02]. Alle Autoren wollten sich stärker auf das Programmieren konzentrieren und weniger aufschreiben. Sie wollten eine Methode, die den Entwicklern mehr Verantwortung und Freiheiten einräumt und sich weniger auf eine Prozessbeschreibung verlässt.

Um Kent Beck herum war spätestens seit der Veröffentlichung seines Buchs über eXtreme Programming 1999 [Bec99] eine Gruppe entstanden. Angeregt durch Robert C. Martin (Uncle Bob) und unterstützt durch Alistair Cockburn traf sich diese Gruppe, erweitert um Vertreter leichtgewichtiger Methoden, im Februar 2001 in einem Ski-Ressort in Utah[9] [Mar19]. Zu ihr gehörten insgesamt 17 Personen, das waren unter anderem die Autoren von XP (Beck, Cunningham, Jeffries), Scrum (Sutherland, Schwaber, Beedle), dem Pragmatic Programming (Hunt, Thomas), Crystal (Cockburn), DSDM (van Bennekum) und des Adaptive Software Development (Highsmith) sowie Robert C. Martin, Martin Fowler und ein Vertreter der modellgetriebenen Softwareentwicklung (Mellor [Mel02]). Ziel des Treffens war es, Gemeinsamkeiten zu erarbeiten und sich auszutauschen. Die Gruppe postulierte das ‚Manifest der agilen Software-Entwicklung' [Bec01]. Und sie definierten den Begriff ‚agil' anstelle von ‚leichtgewichtig' als Überschrift. Die vier Grundwerte des Manifests sowie 12 Prinzipien werden wir unten noch darstellen. Das Manifest ist in deutscher Sprache in Abb. 1.3 zu sehen, die zwölf Prinzipien in Abb. 1.4.

Die vier Grundwerte lassen sich universell anwenden: Im Zentrum steht die direkte Zusammenarbeit und Kommunikation im Entwicklungsteam. Weiter unten findet sich das als selbstgesteuertes Team wieder, das eher autonom entscheidet, anstelle jedes Detail über ein (plangetriebenes) Prozessmodell oder ein entsprechendes Werkzeug festzulegen. Der Fokus der Softwareentwicklung wird wieder zurück auf das Programmieren und Testen gelenkt, denn es zählt die funktionierende Software. Dokumente finden sich häufig als Fortschrittsmaß in dem plangetriebenen Vorgehen. Die Vertragsverhandlungen finden sich besonders bei Werkverträgen wieder, ihretwegen ist eine vollständige Anforderungsliste erforderlich und jede Änderung ist problematisch. Für agil durchgeführte Projekte sind daher besondere Varianten des Werkvertrags erforderlich, welche die Zusammenarbeit mit dem Kunden vereinfachen und die gemeinsame Arbeit am Geschäftswert in den Mittelpunkt stellen.[10] Die meisten agilen Methoden arbeiten in kurzen Iterationen, damit

---

[9] https://agilemanifesto.org/history.html.

[10] Vgl. Kap. 6

Manifest für Agile Softwareentwicklung

Wir erschließen bessere Wege, Software zu entwickeln,
indem wir es selbst tun und anderen dabei helfen·
Durch diese Tätigkeit haben wir diese Werte zu schätzen gelernt:

Individuen und Interaktionen mehr als Prozesse und Werkzeuge
Funktionierende Software mehr als umfassende Dokumentation
Zusammenarbeit mit dem Kunden mehr als Vertragsverhandlung
Reagieren auf Veränderung mehr als das Befolgen eines Plans

Das heißt, obwohl wir die Werte auf der rechten Seite wichtig finden,
schätzen wir die Werte auf der linken Seite höher ein·

Kent Beck	James Grenning	Robert C· Martin
Mike Beedle	Jim Highsmith	Steve Mellor
Arie van Bennekum	Andrew Hunt	Ken Schwaber
Alistair Cockburn	Ron Jeffries	Jeff Sutherland
Ward Cunningham	Jon Kern	Dave Thomas
Martin Fowler	Brian Marick	

Abb. 1.3 Die Abbildung zeigt das Manifest für agile Softwareentwicklung, © durch die genannten Unterzeichner

sind Pläne ebenfalls eher kurzfristig und Änderungen sind von Iteration zu Iteration leichter möglich, als wenn langfristige Pläne eingehalten werden müssen, z. B. weil ein Werkvertrag dies so nahelegt.

1.3.2 Prinzipien agiler Softwareentwicklung

Die Autoren haben die vier Kernaussagen mit zwölf Prinzipien weiter verfeinert.[11] Wir nummerieren diese Prinzipien, um später darauf Bezug nehmen zu können. Die Prinzipien sind in Abb. 1.4 dargestellt. Im folgenden fassen wir die Prinzipien zu Themen zusammen und erläutern jeweils die Hintergründe:

Selbstorganisation: Im Zentrum steht immer ein eher kleines Team mit bis zu ca. zehn Mitgliedern. Werden die Teams zu groß, ist die direkte persönliche Kommunikation zwischen allen Teammitgliedern nicht mehr möglich. Direkte Kommunikation ist wichtig, denn darüber organisiert sich das Team selbst. Zur Selbstorganisation gibt es unter anderem tägliche persönliche Treffen, sogenannte Daily Standups. Hier bespricht das Team den aktuellen Fortschritt, verteilt Aufgaben und identifiziert zu lösende

---

[11] https://agilemanifesto.org/iso/de/principles.html.

Prinzipien hinter dem Agilen Manifest

Wir folgen diesen Prinzipien:

1· Unsere höchste Priorität ist es, den Kunden durch frühe und kontinuierliche Auslieferung wertvoller Software zufrieden zu stellen·

2·Heisse Anforderungsänderungen selbst spät in der Entwicklung willkommen· Agile Prozesse nutzen Veränderungen zum Wettbewerbsvorteil des Kunden·

3· Liefere funktionierende Software regelmäßig innerhalb weniger Wochen oder Monate und bevorzuge dabei die kürzere Zeitspanne·

4· Fachexperten und Entwickler müssen während des Projektes täglich zusammenarbeiten·

5· Errichte Projekte rund um motivierte Individuen· Gib ihnen das Umfeld und die Unterstützung, die sie benötigen und vertraue darauf, dass sie die Aufgabe erledigen·

6· Die effizienteste und effektivste Methode, Informationen an und innerhalb eines Entwicklungsteams zu übermitteln, ist im Gespräch von Angesicht zu Angesicht·

7· Funktionierende Software ist das wichtigste Fortschrittsmaß·

8· Agile Prozesse fördern nachhaltige Entwicklung· Die Auftraggeber, Entwickler und Benutzer sollten ein gleichmäßiges Tempo auf unbegrenzte Zeit halten können·

9· Ständiges Augenmerk auf technische Exzellenz und gutes Design fördert Agilität·

10· Einfachheit -- die Kunst, die Menge nicht getaner Arbeit zu maximieren -- ist essenziell·

11· Die besten Architekturen, Anforderungen und Entwürfe entstehen durch selbstorganisierte Teams·

12· In regelmäßigen Abständen reflektiert das Team, wie es effektiver werden kann und passt sein Verhalten entsprechend an·

Abb. 1.4 Die Abbildung zeigt die 12 Prinzipien hinter dem Manifest für agile Softwareentwicklung, © durch die genannten Unterzeichner

Hindernisse. Das Team sollte sich möglichst komplett an einem Ort befinden, damit persönliche Gespräche einfach sind (Prinzip 6). Alternativ ist eine gute Kommunikationsinfrastruktur notwendig.

Die Teams sind häufig funktionsübergreifend besetzt. Entweder haben alle die Rolle *Entwickler* und kümmern sich gemeinsam um Anforderungen, Architektur, Tests oder Usability (Prinzip 11), oder die verschiedenen Spezialisierungen arbeiten im Team sehr eng zusammen. Für die entstehenden Resultate trägt das Team als ganzes die Verantwortung. Diese Verantwortung des Teams für das Ergebnis wird sehr häufig betont (Commitment).

Agile Methoden leben von der Motivation (Prinzip 5) und dem professionellen Selbstanspruch der Teammitglieder (Prinzip 9). Dies ist notwendig, da wenige Vorschriften über die Methoden selbst gemacht werden und einzelne Entwickler sowie das Team einen großen Handlungsspielraum haben. Der *Scrum Guide* umfasst gerade einmal 13 Seiten [Sut20], Scrum ist ein Framework und kein umfangreiches Prozessmodell. Themen wie Qualitätssicherung, Konfigurationsmanagement oder den Architekturentwurf definiert das Team selbst, Scrum macht dazu keine Aussagen.

Kundenorientierung: Als wichtigstes Ziel wird die kontinuierliche Lieferung *wertvoller* Software für den Auftraggeber genannt (Prinzip 1). In agilen Methoden wird immer wieder versucht, die Prioritäten in der Entwicklung nach dem Nutzen für den Auftraggeber zu setzen. Die Anforderungen, welche den größten Nutzen bringen, sollen möglichst zuerst umgesetzt werden. Daher sind auch kurzfristige Änderungen willkommen (Prinzip 2), da man häufig erst im Projektverlauf erkennt, was genau nützlich ist und was nicht.

Agile Methoden legen sehr viel Wert auf eine enge Zusammenarbeit mit dem Auftraggeber. Entwickler und Fachabteilung sollen möglichst täglich zusammenarbeiten (Prinzip 4). XP fordert einen Vertreter des Auftraggebers vor Ort im Entwicklungsteam, den On-Site Customer [Bec99]. Bei Scrum ist der Product Owner ein Vertreter des Auftraggebers im Team [Sut13]. Beide sind entscheidungsbefugt und kompetent oder können notwendiges Wissen schnell beschaffen. Sie entscheiden über die Prioritäten.

Der On-Site-Customer oder der Product Owner sind damit ein Risiko für den Erfolg des Produkts. Sind diese schlecht verfügbar, entscheidungsschwach, zu wenig kompetent oder zu wenig vernetzt, besteht die Gefahr, an den eigentlichen Bedürfnissen vorbei zu bauen.

Iterative Entwicklung: Kurze Feedbackschleifen unterstützen das schnelle Lernen und Anpassen. In allen agilen Methoden wird versucht, dieses Feedback so schnell wie möglich vom Code bzw. den Benutzern in das Team zurückzuspielen. Schnelles Feedback wird dadurch erreicht, dass kontinuierlich funktionierende Software an den Auftraggeber geliefert wird (Prinzip 1). Der Entwicklungsprozess wird durch relativ kurze Iterationen strukturiert und nach jeder Iteration wird geliefert. Die Iterationen in Scrum heißen Sprints, sie haben eine konstante Länge von einer bis maximal vier Wochen. Geliefert wird also regelmäßig (Prinzip 3), nach jeder Lieferung erfolgt Feedback. Häufig auch über entsprechende Workshops mit allen Interessierten, z. B. im Sprint-Review-Meeting in Scrum.

Als Fortschrittsmaß zählt nur laufende Software und keine Dokumente oder Berichte (Prinzip 7). Das sichert ebenfalls ab, dass es Feedback zu anfassbaren Ergebnissen gibt, sofern der Auftraggeber die Lieferungen tatsächlich testet oder in Produktion nimmt.

Akzeptiere Änderungen: In Projekten, die als Werkvertrag beauftragt wurden, waren Änderungen nicht gerne gesehen. Jede Änderung der Anforderungen hat eine Vertragsänderung zur Folge. Der Vorteil vom Werkvertrag ist gerade, dass im Vertrag genau festgelegt ist, was der Auftraggeber bekommt, das gibt ihm eine gewisse Sicherheit. Änderungen in den Anforderungen waren und sind dort schwierig. Agile Methoden legen besonderen Wert darauf, dass auch spät während der Entwicklung noch Anforderungen geändert werden können (Prinzip 2). Kent Beck titelt in seinem XP-Buch mit ‚embrace change'. In der Regel ist es schwierig, am Anfang eines Projekts bereits alle Anforderungen genau zu kennen, und da sich auch die Bedingungen unter denen der Auftraggeber arbeitet permanent ändern, sind neue und geänderte Anforderungen wahrscheinlich.

Agile Methoden erlauben es, entweder kontinuierlich (Kanban) oder nach jeder Iteration (Scrum) die Anforderungen zu verändern, und die Änderungen fließen in die Planung der nächsten Iteration mit ein. Wie das Ganze in einem Vertrag zwischen Auftraggeber und Auftragnehmer organisiert werden kann, wird immer noch diskutiert. Wir stellen dazu mehrere Modelle vor.

Minimalprinzip: Akronyme wie YAGNI (You ain't gonna need it) oder KISS (Keep it Simple and Stupid) werden häufig im Zusammenhang mit agiler Softwareentwicklung erwähnt. Einfachheit (Prinzip 10) ist ein besonders wichtiges Prinzip auf mehreren Ebenen. Es werden nur die Anforderungen umgesetzt, bei denen der Geschäftswert besonders hoch ist. Überflüssige Features sollten nach diesen Prioritäten eigentlich nicht mehr gebaut werden. Das Projekt kann nach der Iteration beendet werden, wenn das Produkt seinen Zweck erfüllt. Auch beim Design der Software wird auf Einfachheit Wert gelegt, es wird nur das aktuelle Problem gelöst und eher keine generische Lösung gesucht, die bereits alle Sonderfälle der Zukunft erschlägt. Das Design entsteht eher im Laufe der Entwicklung emergent. Der Aufwand, der in die Themen Architektur und Design investiert wird, hängt ab von den technischen und organisatorischen Risiken des Produkts bzw. Projekts.

Nachhaltiges Tempo: Jeff Sutherland beschreibt, dass die Produktivität der Entwickler ab einer bestimmten Stundenzahl pro Woche wieder sinkt [Sut14]. Es ist damit nicht sinnvoll, viele Überstunden zu machen oder den Urlaub zu opfern. Das Produkt wird dadurch eventuell schlechter. Kent Beck macht die 40-Stunden Woche zu einer wichtigen Praktik in XP [Bec99]. Auch Autoren wie Robert C. Martin beschreiben, dass sich Fehler besonders dann häufen, wenn das Entwicklungsteam zu viele Stunden pro Woche arbeitet [Mar19]. Ziel ist ein Entwicklungstempo (Stunden pro Woche), welches das Team auch über längere Zeiträume durchhalten kann (Prinzip 8).

Schnelles Anpassen und kontinuierliche Verbesserung: Das Team reflektiert regelmäßig, wie es sich verbessern kann (Prinzip 12). Die meisten agilen Methoden fordern dazu einen regelmäßigen Workshop im Team, in Scrum wird dieser als Retrospektive bezeichnet. Dave Thomas schreibt in einem Blog-Artikel[12] aus dem Jahr 2014, was in seinen Augen agile Softwareentwicklung ausmacht:

1. Find out where you are
2. Take a small step towards your goal
3. Adjust your understanding based on what you learned
4. Repeat

Im Kern geht es also um schnelles Lernen und Anpassen. Dies findet sich so auch bei der bekanntesten agilen Methode, dem Produktmanagement-Framework Scrum wieder [Sut13, Sut14]: Die Entwicklung findet statt in kurzen Sprints, die eine bis vier Wochen dauern. Das Ergebnis wird am Ende des Sprints zusammen mit allen Stakeholdern bewertet im Review-Meeting, danach reflektiert das Team in einer Retrospektive sein Vorgehen und nimmt Anpassungen vor. Im nächsten Sprint wird das Gelernte

---

[12] https://pragdave.me/blog/2014/03/04/time-to-kill-agile.html.

umgesetzt. Die Bewertung des aktuellen Fortschritts, das schnelle Feedback und Lernen sowie das Anpassen des Vorgehens werden wir immer wieder betonen.

Dieses Vorgehen erspart ein umfangreiches Prozesshandbuch, das jeden denkbaren Sonderfall erschlägt. Es verlässt sich darauf, dass das Team sich in einem gewissen Umfang selbst besser organisieren kann, als das von außen über Vorschriften möglich ist.

1.3.3   Grundwerte für agile Softwareentwicklung

Autoren wie Kent Beck erhoffen sich durch die Beschreibung grundlegender Werte und Prinzipien, dass das jeweilige Vorgehen von den Lesern grundlegender und besser verstanden wird und damit intelligenter angepasst werden kann [Bec04]. Die Werte erklären und begründen Praktiken und Elemente der jeweiligen Methode. Beck nennt beispielsweise die Werte: Kommunikation (Communication), Einfachheit (Simplicity), Feedback, Mut (Courage) und Respekt (Respect). Jeff Sutherland und Ken Schwaber nennen im Scrum Guide [Sut13, Sut20]: Engagement (commitment), Mut, Konzentration (focus), Offenheit und Respekt. Die Interpretation und Auslegung dieser Werte bleibt in beiden Fällen jeweils dem Leser überlassen.

Jeder normale Mensch wird diesen Werten sofort zustimmen. Ein Projekt auf dem Gegenteil dieser Werte aufzubauen, wäre seltsam: Würdet ihr für eine Organisation arbeiten wollen, bei der Faulheit, Feigheit, Zerstreuung, Geheimniskrämerei und Missachtung üblich sind?

Wie setzen wir diese Werte und später darauf aufbauende Prinzipien in unserer täglichen Arbeit um? Was bedeuten sie in Meetings, in Gesprächen mit dem Kunden oder beim Programmieren? Wir beschäftigen uns im Laufe dieses Buches ausführlich damit und zeigen an Beispielen, wie du diese Werte in konkretes Handeln übersetzen kannst. Das betrifft besonders deine eigene Einstellung, dein Mindset. Denn deine Einstellung bestimmt dein tägliches Handeln. Darum geht es in Abschn. 2.4.

1.3.4   Agile Methoden und Praktiken im Überblick

Die agilen Methoden eXtreme Programming, Scrum und Kanban finden sich in den nachfolgenden Abschnitten. Außerdem geben wir einen kurzen Ausblick auf die Konzepte von DevOps, Lean Startup und dem Design Thinking. Die Methoden sind nicht direkt miteinander vergleichbar, da sie auf unterschiedlichen Ebenen ansetzen und verschiedene Ziele verfolgen.

- XP lebt vom Zusammenspiel verschiedener Praktiken wie Refactoring oder testgetriebener Entwicklung und legt besonderen Wert auf das Programmieren.
- Scrum ist ein Produktmanagement-Framework, mit dem ein Team seine Zusammenarbeit über Meetings wie dem Daily Standup Meeting, dem Sprint-Review-Meeting oder der Retrospektive organisieren kann.

- Kanban ist ein Ansatz zur Verbesserung des bestehenden Vorgehens. Das Vorgehen wird visualisiert und es wird versucht, die Durchlaufzeiten von Aufgaben zu verringern.
- DevOps fordert im Kern eine bessere Zusammenarbeit zwischen IT-Betrieb und Entwicklung. DevOps ist mehr eine Sammlung verschiedener Konzepte. Häufig finden sich dort im Kern auch die Ideen von Kanban.
- Lean Startup arbeitet mit Hypothesen und Experimenten (validiertes Lernen) und erforscht damit die Bedürfnisse potentieller Kunden.
- Design Thinking erarbeitet die Bedürfnisse potentieller Kunden und erzeugt auf dieser Basis Prototypen.

Die Methoden überschneiden sich teilweise in den Praktiken, die sie vorschlagen. Tägliche Treffen (Dailys), Taskboards oder Retrospektiven werden häufig verwendet. Die technischen Praktiken wie die kontinuierliche Integration, eher kurze Iterationen oder das Refactoring gehören mittlerweile zur professionellen Softwareentwicklung dazu. Auch können die Methoden kombiniert werden, beispielsweise durch die Anwendung der XP-Praktiken in Scrum oder Kanban.

Die Praktiken basieren auf grundlegenden Prinzipien, die ihrerseits wieder eine bestimmte Geisteshaltung (ein Mindset) voraussetzen. Die Abb. 1.5 zeigt, wie Werte, Mindset und Prinzipien, Praktiken und Methoden aufeinander aufbauen. Die Zuordnung ist nicht ganz trennscharf, denn das Prinzip Minimalität könnte ebenso gut als Wert oder Mindset formuliert werden.

Abb. 1.5 Die Abbildung dient zur groben Einordnung der im folgenden dargestellten agilen Methoden und der darin verwendeten Praktiken und Prinzipien

1.4   eXtreme Programming: Praktiken

Kent Beck beschrieb 1999 das eXtreme Programming zunächst auf der Grundlage von
Prinzipien und Werten und leitete daraus eine zusammenhängende Menge von Praktiken
ab [Bec99]. Beck hat XP ab 1996 später zusammen mit Ron Jeffries im C3-Projekt bei
Chrysler entwickelt. Projektziel war eine Software zur Gehaltsabrechnung.

Zu dieser Zeit waren umfangreiche Spezifikationen sowie die objektorientierte Modellierung in UML sehr populär. UML steht für Unified Modeling Language. Die UML
war 1997 aus mehreren Ansätzen integriert worden. Vorherrschend war damals eine Art
inkrementeller Wasserfall-Prozess. Große Projekte wurden bereits in Stufen (kleine Wasserfälle) zerlegt, jedoch noch in recht große [Sie02]. Umfangreiche Anforderungsanalysen,
Spezifikationen und Architekturentwürfe standen am Anfang jedes Projekts. Das häufig
kritisierte ,big design up front' (BDUF). Jede Phase wurde jeweils mit einer umfangreichen
Qualitätssicherung abgeschlossen, als Qualitätstor. Programmiert und getestet wurde erst
in den jeweils letzten Phasen, wenn man von technischen Durchstichen[13] einmal absieht.

Programmieren schien eher eine untergeordnete, nachgelagerte Tätigkeit zu sein und
Entwickler eine eher austauschbare Ressource. Möglichst offshore aus einem Niedrig-
lohnland. Beck wollte mit XP einen Gegenpol dazu setzen und das Programmieren und
die Entwickler wieder in den Mittelpunkt stellen. Anstelle des eher starren Wasserfalls
sollte der Prozess fließend und kontinuierlich sein und in kleinen Inkrementen vorgehen.
Zur selben Zeit entstand über die Entwurfsmuster-Diskussion rund um die Gang-of-Four
eine große Community von Entwicklern und Beratern [Gam95]. Refactoring [Fow99] oder
das *pragmatische* Programmieren [Hun99] wurden in dieser Zeit populär (Abb. 1.6).

XP war in den ersten Jahren nach 2000 die bekannteste agile Methode. Kent Beck
definierte XP zunächst über 12 Praktiken, diese wurden in einer späteren komplett
überarbeiteten Auflage erweitert und umstrukturiert [Bec04]. Die grundlegenden Praktiken
gehören inzwischen zum Grundwissen jedes Softwareentwicklers. Unter anderem sind
das: Pair Programming, Refactoring, testgetriebene Entwicklung (TDD) sowie kontinuierliche Integration (CI). Ihr Zusammenspiel findet sich in Abb. 1.7. Kent Beck besteht für
XP darauf, dass *alle* 12 Praktiken eingehalten werden müssen, da sie ja ineinandergreifen.

Abb. 1.6 Schnelles Feedback
während der Entwicklung:
Testgetriebene Entwicklung
zeigt über den roten Balken
sofort fehlende Features oder
Fehler an

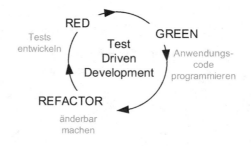

---

[13] Vgl. Abschn. 16.12.1

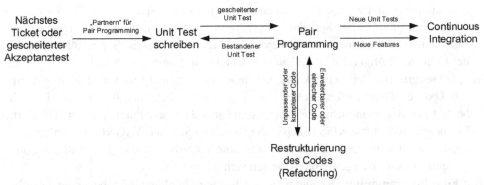

Abb. 1.7 Zusammenspiel der Praktiken aus XP, frei nach Don Wells

Damit soll ein planloses Hacken mit einem Teil der Praktiken vermieden werden, was häufig genug passiert ist. Interessanterweise ist *Disziplin* bei agilen Methoden besonders wichtig, sonst funktionieren diese nicht.

Schnelles Feedback = Schnelles Lernen
Zentral in XP ist wieder das schnell erfolgende Feedback, das dann schnelles Lernen ermöglicht: Der Compiler gibt in wenigen Millisekunden Feedback, der Testtreiber in wenigen Sekunden, die kontinuierliche Integration in wenigen Stunden.

Wir beschreiben die 12 *original* Praktiken [Bec99], da diese in der Literatur immer wieder auftauchen und häufig mit XP gleichgesetzt werden.

Planning Game: Grundlage des Planning Game bilden die Story Cards. Beck meint hier wirklich Karteikarten, die an die Wand geheftet werden. Eine Story ist eine Geschichte, die ein Anwender mit dem Produkt erlebt. Dies soll die Sicht der Anwender in den Mittelpunkt rücken und für die Projektbeteiligten möglichst verständlich sein. Bekannt sind die Storys später unter dem Namen *User Storys* geworden [Coh04, Jef01]. Der Auftraggeber schreibt die Story Cards, die Entwickler schätzen, wie lange es dauert, die Story umzusetzen. Zu große Storys werden in kleinere zerlegt. Der Auftraggeber priorisiert die Storys nach Geschäftswert, die Entwickler sortieren die Storys nach Risiko. Der Auftraggeber entscheidet, welche Storys in der nächsten Iteration umgesetzt werden. Eine Iteration dauert laut Beck in der Regel drei Wochen.

Small Releases: Das Produkt wird in kurzen Zyklen ausgeliefert, um schnell Feedback von den Anwendern zu erhalten.

Metaphor: Das Team überlegt sich eine gemeinsame Story, wie das Produkt funktioniert. Beispielsweise könnte ein System als Fließband betrachtet werden und jede Softwarekomponente fügt zu den durchlaufenden Daten einen Aspekt hinzu. Die Metapher fordert eine gemeinsame Sprache, ein gemeinsames Vokabular, das Auftraggeber und Entwicklungsteam gemeinsam verwenden. Eric Evans beschreibt dies ausführlich unter der Überschrift *Allgegenwärtige Sprache* (Ubiquitous Language) [Eva03].

Simple Design: Ziel der Entwicklung und agiles Grundprinzip ist Einfachheit (Prinzip 10). Das Team baut das einfachste Design, das gerade eben noch funktioniert. Einfach heißt dabei, dass man nichts mehr weglassen kann, da es sonst nicht mehr funktioniert. Die beiden Akronyme KISS (Keep it simple and stupid) und YAGNI (you ain't gonna need it) werden in diesem Zusammenhang immer wieder genannt. Dies sollte unnötig kompliziertes oder zu generisches Design verhindern.

Test First Programming: Der automatisierte Test wird implementiert, bevor der eigentliche Code geschrieben wird. Dies wird auch als testgetriebene Entwicklung bezeichnet (TDD, Test Driven Development).

Refactoring: Der entstehende Quelltext wird permanent (gnadenlos) restrukturiert, um diesen einfacher, besser erweiterbar und besser änderbar zu machen und so zu halten. Eine umfangreiche Menge automatisierter Tests schützt davor, dass beim Restrukturieren etwas kaputt gemacht wird.

Pair Programming: Zwei Entwickler sitzen gemeinsam vor einem Rechner, sie programmieren in Paaren aus Fahrer und Navigator. Der *Fahrer* hat die Tastatur und programmiert. Der *Navigator* berät und führt während des Programmierens bereits ein Review des Codes durch.

40 Hour Week: Die Arbeitszeit wird so verkürzt, dass alle Teammitglieder produktiv arbeiten können. Überstunden sollten in der Regel nicht anfallen. Eine Entwicklungsgeschwindigkeit wird gewählt, die das Team auch über einen längeren Zeitraum durchhalten kann. Das wird auch *sustainable pace* genannt.

Collective Ownership: Für die Ergebnisse ist das gesamte Team verantwortlich. Der Code darf von allen geändert und restrukturiert werden. Wissensmonopole werden durch Programmieren in Paaren vermieden.

Continuous Integration (CI): Mit jedem Commit wird der geänderte Code in das Produkt integriert, automatisch übersetzt und getestet. Im einfachsten Fall ist dies ein zeitgesteuertes Skript, das einmal pro Nacht ausgeführt wird, der sogenannte Nightly Build. Dieses Skript checkt die Quelltexte aus dem Repository aus, übersetzt sie, führt die automatisierten Tests durch sowie weitere Maßnahmen zur Qualitätssicherung. Gibt es Probleme, werden die Entwickler benachrichtigt.

On-Site Customer: Ein entscheidungsbefugter Ansprechpartner des Auftraggebers befindet sich vor Ort. Das Team kann ihm jederzeit Fragen stellen. Er kann schnell aus der Situation heraus entscheiden.

Coding Standards: Das Team hält sich an bekannte Coding-Standards, wie beispielsweise die JavaScript-Konventionen von Google[14] oder die C#-Konventionen von Microsoft.[15]

Auch wenn XP als vollständige Entwicklungsmethode nicht mehr weit verbreitet ist,[16] finden die Praktiken in ihrem Zusammenspiel umfassende Anwendung. Speziell, wenn XP und Scrum bzw. Kanban kombiniert werden. Don Wells hat auf seiner häufig zitierten Website http://www.extremeprogramming.org diese Praktiken in einen Zusammenhang gebracht.

1.5   Scrum als Produktmanagement Framework

Inzwischen ist Scrum als Produktmanagement-Framework allgemein anerkannt.[17] Jeder glaubt, dank der gerade 19 Seiten *Scrum Guide* [Sut13], Scrum zu kennen. Die im November 2020 erschienene neueste Version des Scrum-Guide hat gerade 13 Seiten [Sut20]. Damit sind die Begriffe, die Rollen sowie die Zwischenergebnisse geläufig und ihr müsst eurem Auftraggeber nicht mehr viel erklären, da ja ein gemeinsames Verständnis schon da ist. Allerdings solltet ihr in eurem Projekt dafür sorgen, dass Scrum auch wie gedacht umgesetzt wird. Scrum ist bereits minimal, wenn ihr etwas weglasst, wird es nicht mehr funktionieren.

Die Grundidee von Scrum ist einfach: Euer Team hat ein gemeinsames Ziel (Product Goal). Ihr einigt euch auf eine gemeinsame Richtung (z. B. eine Menge von Anforderungen) und ein gemeinsames Vorgehen, um das Ziel zu erreichen. Dann sprintet ihr für eine bestimmte, definierte Zeit in diese Richtung. Meistens sind das zwei bis maximal vier Arbeitswochen. Nach dem Sprint bewertet ihr gemeinsam, wie weit ihr gekommen seid und ob Richtung und Vorgehen angepasst werden müssen. Danach wird der nächste Sprint mit angepasster Richtung und angepasstem Vorgehen geplant, durchgeführt mit derselben Sprint-Länge und wieder bewertet und so weiter. Besonders wichtig bei Scrum ist die regelmäßige Selbstreflektion und die Anpassung des Vorgehens, wenn es Verbesserungspotential gibt. Damit lernt das Team schnell und passt sich an die äußeren Gegebenheiten an.

Das Arbeiten in Sprints beugt dem typischen Verschieben auf später vor (der Prokrastination). Ihr müsst in regelmäßigen, kurzen Abständen etwas Fertiges präsentieren.

---

[14] Vgl. https://google.github.io/styleguide/jsguide.html.

[15] https://docs.microsoft.com/de-de/dotnet/csharp/programming-guide/inside-a-program/coding-conventions

[16] Laut dem State of Agile Survey lag der Marktanteil in 2019 bei gerade 1 % (https://www.stateofagile.com).

[17] Laut dem State of Agile Survey lag der Marktanteil bei Agilen Methoden in 2019 zusammen mit Derivaten bei 72 % (https://www.stateofagile.com).

Der Begriff des Scrum (Gedränge) stammt aus dem Rugby-Sport und wurde erstmals 1986 von Takeuchi und Nonaka [Tak86] im Zusammenhang mit der Produktentwicklung erwähnt. Jeff Sutherland und Ken Schwaber haben die Ideen aus diesem Artikel Anfang der 1990er-Jahre auf Softwareentwicklungs-Projekte übertragen und veröffentlicht. Beide sind Autoren des Scrum Guide [Sut13, Sut20], dieser beschreibt, was unter Scrum genau zu verstehen ist (und was nicht). Jeff Sutherland stellt die Ideen und wissenschaftlichen Grundlagen von Scrum in [Sut14] dar: Grundsätzlich ist Scrum nicht auf Softwareentwicklung begrenzt, man kann damit auch Häuser renovieren oder den Chemie-Unterricht verbessern, eigentlich geht es um Koordination von Teams.

1.5.1 Rollen

Scrum beschreibt gerade einmal drei Rollen,[18] den Scrum Master, den Product Owner und die Entwickler. Alle zusammen werden als das Scrum-Team zusammengefasst. Wir gehen auf die genannten Rollen im Verlauf dieses Buchs noch ausführlich ein.

Scrum Master (SM): Der Scrum Master ist verantwortlich für die Produktivität des Teams. Er hilft dem Team dabei, Hindernisse (Impediments) aus dem Weg zu räumen. Er moderiert die Meetings und hilft dem Team auch, die selbst festgelegten Regeln einzuhalten, er hilft bei der Selbstorganisation. Er fungiert als Katalysator.

Product Owner (PO): Der Product Owner ist verantwortlich für das Produkt. Er entscheidet, welche Anforderungen in welcher Reihenfolge umgesetzt werden. Damit sorgt er dafür, dass der Auftraggeber möglichst schnell Geschäftswert erhält. Der PO wird häufig vom Auftraggeber gestellt. Er vertritt die Interessen aller beteiligten Stakeholder, denkt sich die Anforderungen also nicht zwingend selber aus. Er oder sie ist tatsächlich genau eine Person und kein Komitee.

Entwickler: Das Team ist als Ganzes verantwortlich dafür, dass es seine eigenen Zusagen an den PO einhält. Dazu zählt auch, die Software in angemessener Qualität zu liefern. Es organisiert sich selbst und ist funktionsübergreifend besetzt. Alle Fähigkeiten zur Umsetzung des Ergebnisses sind im Team vorhanden.

1.5.2 Ablauf und Besprechungen

Der PO sammelt im Product Backlog alle Anforderungen an das zu erstellende Produkt. Er priorisiert die Einträge und entscheidet, welche Anforderungen als Nächstes umgesetzt werden. Die Abb. 1.8 gibt einen Überblick über den Ablauf in Scrum.

---

[18] Umfangreichere Vorgehensmodelle haben 30 und mehr Rollen [V-M14], befassen sich aber auch mit umfangreicheren Themen.

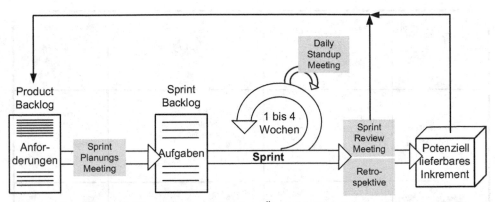

Abb. 1.8 Das Standardbild zu Scrum: es gibt einen Überblick über die Grundelemente von Scrum und findet sich in diversen Varianten in jedem Buch zu Scrum

Die Entwicklung des Produkts wird über mehrere jeweils gleich lange Sprints strukturiert, dies ist *Timeboxing*. In einem Sprint wird jeweils vom Entwicklungsteam ein potentiell lieferfähiges Produktinkrement erstellt.

Ein Sprint wird über mehrere Meetings strukturiert [Sut13]: Die Planung findet am Anfang des Sprints im Sprint-Planungsmeeting statt. Am Ende des Sprints wird das Ergebnis allen Interessierten im Sprint-Review-Meeting vorgeführt und die weiteren Schritte werden dort diskutiert. Das Team als ganzes reflektiert sein Vorgehen nach dem Review-Meeting in einer Retrospektive und nimmt danach Anpassungen des eigenen Vorgehens vor. Während des Sprints findet jeden Tag das Daily Standup Meeting statt, dort koordiniert sich das Team für den Tag und es gibt regelmäßige Meetings mit dem PO, um das Product Backlog zu überarbeiten, das Backlog Refinement.[19]

Sprint-Planungsmeeting

Einen Sprint beginnt ihr in Scrum mit einer Planungsrunde. Sie dauert bei einem vierwöchigen Sprint maximal acht Stunden. Das Meeting besteht häufig aus zwei Teilen: Auswahl der Anforderungen und Aufgabenplanung.

Erstens wählt der PO aus dem Product Backlog Anforderungen aus. Diese werden gerade als besonders wichtig erachtet und sollen im nächsten Sprint umgesetzt werden. Der PO macht hierzu einen Vorschlag für ein Sprint-Ziel, als Überschrift über die gewählten Anforderungen. Ziel und Anforderungen diskutiert er mit dem Entwicklungsteam. Wie viele Anforderungen umgesetzt werden können, hat das Entwicklungsteam in den vergangenen Sprints gelernt. Als Maß dafür dient die Entwicklungsgeschwindigkeit (Velocity) des Teams, stark vereinfacht könnt ihr diese als ‚Zahl der Anforderungen pro Sprint' auffassen.

---

[19] Dies ist im *Scrum Guide* nicht direkt vorgeschrieben.

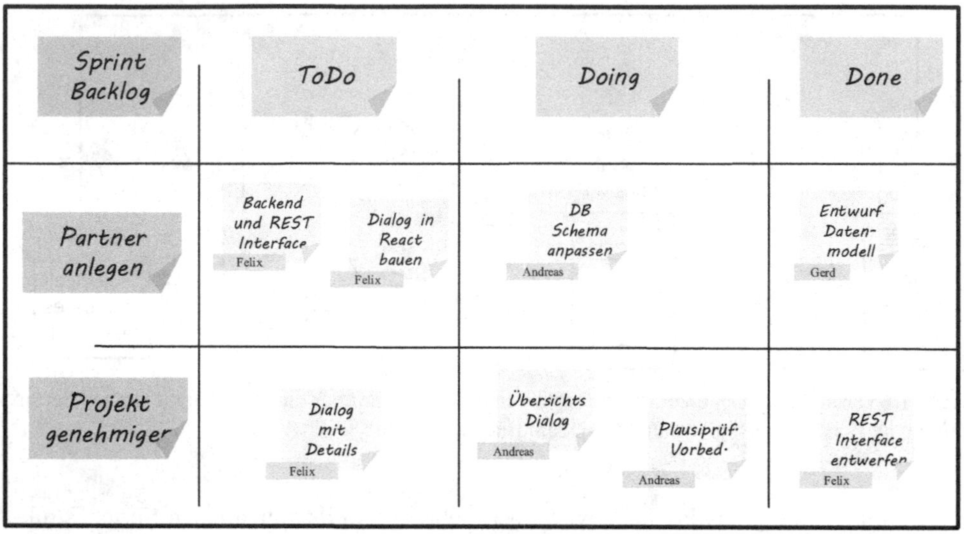

Abb. 1.9 Ein typisches Scrum-Board: Links die Anforderungen bzw. User Storys. Das Team plant für deren Umsetzung Tasks, diese wandern von links nach rechts über das Taskboard von To-do nach Done. Wenn alle Tasks *done* sind, ist die entsprechende Anforderung umgesetzt

Häufig gibt es dann eine zweite Hälfte im Planungsmeeting. Hier überlegt sich das Entwicklungsteam die Aufgaben (Tasks) zur Umsetzung der Anforderungen. Das Entwicklungsteam plant gemeinsam. Die so entstehende Liste von Aufgaben wird Sprint-Backlog genannt und findet sich häufig in Form von Tickets auf einem Taskboard bzw. in einem Ticket-System. Ein Beispiel für ein Taskboard findet sich in Abb. 1.9. Sehr wichtig ist hier, dass das Team selbst die Planung macht, nur so kann sich das Team zur Umsetzung dieses Plans verpflichten.

Sprint und Daily Standup Meeting

Nach der Planungsrunde beginnt die Arbeit an dem Sprint-Ziel. Ihr koordiniert euch täglich im Daily Standup Meeting. Das Daily dauert maximal 15 Minuten und dient nur zur Koordination des Entwicklungsteams und zur gemeinsamen Beseitigung von Hindernissen. Es findet in der Regel im Stehen vor dem Taskboard statt.

Aufgabe für Aufgabe wird das Sprint-Backlog abgearbeitet. Bis das Sprint-Ende erreicht ist. Sprints haben typischerweise eine Länge von ein bis vier Wochen. Wichtig ist hier, die Sprint-Länge konstant zu halten und im Zweifel das Sprint-Ergebnis zu kürzen oder zu erweitern.

Während der Abarbeitung wird auch am Product Backlog gearbeitet, mit bis zu 10 % der vorhandenen Zeit [Sut13]. PO und Entwicklungsteam überarbeiten, verfeinern, schätzen und priorisieren die Anforderungen gemeinsam. Wie genau das geschieht, überlegen sich Entwicklungsteam und PO, es bietet sich aber ein gemeinsamer regelmäßiger Termin an, z. B. jeden Dienstag um 10 Uhr.

Der Inhalt und das Ziel des Sprints dürfen während der Laufzeit nicht verändert werden. Das Team hat Ruhe, um ungestört zu arbeiten. Details werden natürlich laufend mit dem PO abgestimmt. Der PO nimmt im Laufe des Sprints die jeweils fertigen Anforderungen ab. Dabei wird auch eine Qualitätsprüfung der Quelltexte durchgeführt. Prüfverfahren und Qualitätskriterien legt das Entwicklungsteam in der Definition of Done fest.

Ziel ist es, dass ein Rhythmus entsteht, etwas wie *alle zwei Wochen dienstags* oder *jeden ersten Mittwoch im Monat* wird geliefert. Rhythmus erleichtert die Arbeit für alle deutlich, da sich regelmäßige Termine leichter organisieren lassen. Bei regelmäßigen Terminen müssen nicht immer wieder neu leere Stellen in den Kalendern gesucht werden.

Sprint-Review-Meeting

Nach der Entwicklung findet am Ende des Sprints ein Sprint-Review-Meeting statt. Das Entwicklungsteam demonstriert allen interessierten Personen die Ergebnisse. Der PO lädt wichtige Stakeholder zu diesem Termin ein und erläutert die Sprint-Ziele sowie die fertigen und unfertigen Anforderungen.

Die Software wird Anforderung für Anforderung vom Entwicklungsteam vorgeführt. Nur wenn die Anforderungen vollständig umgesetzt sind, erteilt der PO die Abnahme der Anforderung. Erst jetzt gilt sie als fertiggestellt. Anforderungen, die nicht abgenommen wurden, gehen zurück in das Product Backlog und werden möglicherweise – das ist nicht sicher – im nächsten Sprint erneut bearbeitet.

Am Ende des Sprint-Review-Meetings wird noch das weitere, langfristige Vorgehen diskutiert, also welche Sprint-Ergebnisse zu welchen Releases zusammengefasst werden und wann deren Lieferung erfolgt.

Retrospektive

Mit dem Feedback des POs und weiterer Stakeholder geht das ganze Team nach dem Review-Meeting in eine Retrospektive und überlegt sich, wo es sich verbessern kann. Wenn der PO beispielsweise viele Anforderungen nicht abgenommen hat, da das Entwicklungsteam die Anforderungen falsch verstanden hat, muss offenbar die Kommunikation mit dem PO verbessert werden. Auch wenn sich die Stimmung im Team, sichtbar am Happiness Index, verschlechtert hat, muss das Team dringend etwas ändern. Der Ablauf einer Retrospektive wird in Abschn. 3.5.2 beschrieben, dort stehen auch einige Techniken, die ihr verwenden könnt.

Produktentwicklung über viele Sprints

Die Entwicklung eines Produkts wird auf mehrere Sprints aufgeteilt. Das Produkt entsteht so Sprint für Sprint. So entsteht eine Feedbackschleife von Sprint zu Sprint wie in Abb. 1.10 dargestellt. Nach jedem Sprint kann die Entwicklung abgebrochen werden. Der Abbruch erfolgt beispielsweise, wenn der Nutzen des Produkts grundsätzlich infrage gestellt werden muss oder wenn kein besonderer Zuwachs des Wertes bzw. Nutzens mehr zu erwarten ist (Abb. 1.10).

Abb. 1.10 Sehr schnelles
fortlaufendes Feedback:
Feedbackschleife von Scrum
über viele Sprints hinweg

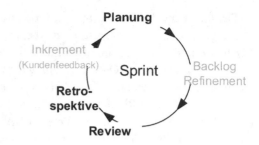

1.5.3 Artefakte

Scrum kennt nur wenige Artefakte, die im Laufe einer Produktentwicklung entstehen. Weitere Artefakte sind nicht vorgeschrieben, aber auch nicht verboten.

Product Backlog: Das Product Backlog ist eine geordnete Liste mit allem, was in dem Produkt benötigt werden könnte. Es ist die einzige Quelle von Anforderungen für jedwede Änderungen an dem Produkt [Sut13]. Der PO pflegt das Product Backlog, er erstellt die Einträge. Die Einträge sind beispielsweise User Storys oder in anderer Form aufgeschriebene Anforderungen. Das Entwicklungsteam pflegt gemeinsam mit dem PO die Einträge im Backlog. Die Einträge werden vom Entwicklungsteam geschätzt und vom PO priorisiert. Zu große Storys werden in kleinere zerlegt. Eine Story ist klein genug, wenn sie im nächsten Sprint umgesetzt werden kann. Storys, die in nächster Zeit umgesetzt werden sollen, werden detailliert beschrieben. Storys, die erst in einigen Monaten implementiert werden, sind eher Skizzen, diese werden Epics genannt.

Sprint-Backlog: Im Sprint-Backlog findet sich der Arbeitsvorrat für den nächsten Sprint. Das Entwicklungsteam erstellt das Sprint-Backlog im Sprint-Planungsmeeting am Anfang eines Sprints. Zu den Anforderungen, die im Sprint umgesetzt werden sollen, werden Aufgaben (Tasks) definiert. Die Aufgaben werden im Laufe des Sprints abgearbeitet.

Produkt Inkrement: Dies ist Ergebnis des Sprints, das Deliverable. Aus den Inkrementen wird Schritt für Schritt das Produkt.

Die Bestandteile von Scrum kommen im Laufe dieses Buchs noch sehr häufig vor. Scrum dominiert derzeit im Bereich der agilen Methoden. Es gibt allerdings aus guten Gründen einige Mischformen von Scrum mit Konzepten aus dem Wasserfall-Prozess.

1.5.4 Water-Scrum-Fall als hybrider Ansatz

Wir stellen hier Water-Scrum-Fall als ein Beispiel für einen hybriden Ansatz vor: Projekte mit einer sehr komplexen Fachlichkeit oder einer sehr komplexen Organisation beim Auftraggeber oder Auftragnehmer haben Schwierigkeiten, sofort mit einem Sprint in Scrum zu beginnen. Eine umfangreichere Analyse- und Spezifikationsphase kann sinnvoll sein, um erste fachliche Lösungskonzepte und auch eine erste fachliche Strukturierung zu erzielen. Für die Suche nach einem geeigneten Lieferanten ist in der Regel ein Lastenheft erforderlich, das die Anforderungen aus der Sicht des Auftraggebers beschreibt, auch um innerhalb des Auftraggebers das notwendige Budget zu beschaffen und eine Wirtschaftlichkeitsrechnung durchzuführen.

Vor der Inbetriebnahme eines Produkts kann eine umfangreiche Testphase notwendig sein, weil beispielsweise Lasttests mit anonymisierten Produktivdaten geplant, programmiert und durchgeführt werden müssen. Sicherheitsaudits oder Prüfungen auf die Einhaltung der DSGVO können notwendig sein. Teile davon können sicher während der Entwicklung in den Sprints bereits durchgeführt werden. Für umfangreiche Lasttests oder Sicherheitsaudits sind eventuell teamfremde Spezialisten erforderlich, sodass dies nicht mehr vom Team selbst durchgeführt werden kann.

Wir haben also zwei eventuell aufwendige Phasen am Anfang und am Ende von Projekten. Aus diesem Grund schlagen einige Autoren die Kombination aus Wasserfall und Scrum vor und nennen dies Water-Scrum-Fall oder V-Scrum-Modell [Tim17, Fle18]. Wie in Abb. 1.11 dargestellt. Die Spezifikation der Details, das Feindesign sowie die Implementierung und die Entwicklertests werden in mehreren Sprints mit Scrum umgesetzt. Die Grobplanung, Analyse und Spezifikation sowie der Systemtest und die Inbetriebnahme werden als eigene Phasen davon abgespalten und anders organisiert.

Leider erfolgt das erste Feedback eines echten Benutzers zu laufender Software wieder eher spät im Prozess. Damit ist auch schnelles Lernen erst spät möglich. Mit diesem Ansatz seid ihr eigentlich wieder bei dem häufig kritisierten Big Design up Front (BDUF).[20]

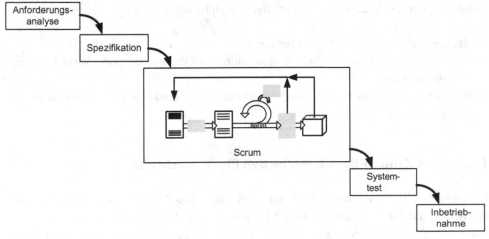

Abb. 1.11 Kombination aus Wasserfall und Scrum

---

[20] Vgl. dazu das Kap. 16 zum Thema Architekturentwurf.

BDUF lässt sich nicht immer vermeiden, und zwar dann nicht, wenn Fehler in eurem Produkt sehr hohen Schaden anrichten können, nämlich in stark regulierten Domänen wie der Medizintechnik, dem Automobilbau sowie der Avionik. Water-Scrum-Fall ist hier eine Möglichkeit, wenigstens teilweise agil zu arbeiten. Das heißt, die Dokumente zu erstellen, wie es die Normen für funktionale Sicherheit erfordern und auch die Qualitätssicherung normgerecht durchzuführen, aber das Feindesign und die eigentliche Programmierung mit Scrum zu machen.

1.6   Kanban zur Prozessverbesserung

Mary und Tom Poppendieck begannen Anfang der 2000er-Jahre, die Prinzipien des Toyota Production Systems von Taiichi Ohno [Ohn88] auf die Softwareentwicklung zu übertragen [Pop03]. Das wurde unter dem Begriff *Lean Development* bekannt. Sie schlagen unter anderem vor, das Kanban-Board und einige dort bekannte Prinzipien in Softwareprojekten zu verwenden.

David Anderson hat mit einer Fallstudie bei Microsoft zusammen mit Dragos Dumitriu im Jahr 2004 mit Kanban begonnen und sein Kanban-Buch in 2010 veröffentlicht [And05, And10]. Die theoretischen Grundlagen von Kanban beschreibt Don Reinertsen in seinem Buch *Principles of Product Development Flow* [Rei09].

David Anderson stellt Kanban als Methode dar, um bestehende Prozesse zu verbessern. Kanban ist nicht als Entwicklungsmethode wie XP oder als Produktmanagement-Framework wie Scrum gedacht. Kanban könnt ihr grundsätzlich auf jedes Vorgehen anwenden. Mit dem Personal-Kanban-Ansatz auch auf die Organisation eurer privaten Aufgaben [Bar12]. Anderson formuliert drei Grundprinzipien:

1. Beginne, wo du dich im Moment befindest.
2. Komme mit den anderen überein, dass inkrementelle, evolutionäre Veränderungen angestrebt werden.
3. Respektiere den bestehenden Prozess sowie die existierenden Rollen, Verantwortlichkeiten und Berufsbezeichnungen.

1.6.1   Das Kanban-Board: Mache den Prozess sichtbar

Der erste Schritt zur Verbesserung besteht darin, den aktuellen Arbeitsablauf sichtbar zu machen. Dazu wird ein Kanban-Board verwendet. Der Arbeitsablauf besteht aus Teilschritten, die nacheinander ausgeführt werden. Für ein Feature beispielsweise: Analyse, Entwicklung, Test und Inbetriebnahme. Jeder Teilschritt wird zu einer Spalte auf dem Kanban-Board, ein Beispiel ist in Abb. 1.12 zu sehen.

Input	Analyse		Entwicklung und Testentw.		Test	Bereit für Inbetriebn.
4	doing 3	done	doing 7	done	2	
80 % Features						
Partner löschen	Partner anlegen _Andreas_	Partner suchen _Felix_	Projekt anlegen _Martin_	Grobentw. Architekt. _Gerd_	Projekt anlegen _Julia_	Projekt übersicht _Martin_
	Partner ändern _Felix_		Projekt ändern _Andreas_			
20 % Bugfix						
				Bug #47 _Felix_	Bug #11 _Felix_	

Flow →

Abb. 1.12 Kanban-Board, das einen einfachen Entwicklungsprozess abbildet. Jede Spalte ist dabei ein Schritt im Prozess. Für jede Spalte sind WIP-Limits vergeben. In der Spalte ‚Analyse' dürfen sich beispielsweise nur drei Tickets befinden, in der Spalte Test lediglich zwei. Viele Spalten haben einen Done-Bereich als Puffer. Tickets im Done-Bereich können in den nächsten Prozessschritt übernommen werden, sobald dort ein Platz frei ist. Das Board hat zwei Swimlanes, damit kann der verfügbare Aufwand auf mehrere Tätigkeitsschwerpunkte verteilt werden, beispielsweise auf neue Features und das Beheben von Fehlern

Das Board zeigt den aktuellen Arbeitsvorrat des Teams. Alle Aufgaben sind als Ticket auf dem Board dargestellt. Wenn eine Wand oder ein Whiteboard als Board verwendet wird, ist ein Ticket eine etwas größere Haftnotiz oder eine Karteikarte. Das Ticket befindet sich in der Spalte des Boards, die seinen aktuellen Bearbeitungsstatus anzeigt. Beispielsweise sind einige Tickets in der Spalte ‚Entwicklung' und andere in der Spalte ‚Testen'.

Da die aktuell bearbeiteten Aufgaben alle auf dem Board zu sehen sind, erhält man einen sehr schnellen und aktuellen Überblick über den aktuellen Zustand des Projekts. Die Aufgaben wandern im Laufe der Bearbeitung von links nach rechts über das Board. Damit wird der Arbeitsfluss, der sogenannte Flow, sichtbar gemacht, die Aufgaben fließen über das Board.

In einem zweiten Schritt kann dann das Board in verschiedene Bereiche (Swimlanes) unterteilt werden, beispielsweise für Weiterentwicklung und für Wartung. Über die WIP-Limits für jede Swimlane könnt ihr damit steuern, wie viel Prozent der Arbeitszeit in Weiterentwicklung bzw. Wartung investiert wird. Auch unterschiedliche Ticket-Typen sind möglich, beispielsweise besonders dringende Tickets, die bevorzugt behandelt werden (Expedite) oder Tickets, bei denen ein Termin eingehalten werden muss und die damit bevorzugt zu behandeln sind [And10, Kapitel 11].

1.6.2   Pull-Prinzip und WIP-Limit

Ein wichtiges Konzept in Kanban ist das WIP-Limit. Die Zahl der Tickets, die sich in einer Spalte befinden dürfen, ist begrenzt. Beispielsweise dürfen sich nur sieben Tickets in der Spalte ‚Entwicklung' befinden, wie in Abb. 1.12 durch eine Zahl über der Spalte angedeutet. WIP steht für *Work in Progress*. Jede Spalte hat also eine begrenzte Zahl von Plätzen. Wenn das Testen das WIP-Limit zwei hat, dürfen nur zwei Anforderungen gerade getestet werden.

Nur wenn ein Platz frei ist, darf ein Ticket aus einer davor liegenden Spalte nachrücken. Das ist das sogenannte Pull-Prinzip. Leere Plätze ziehen an den Tickets aus den Spalten davor. Wenn einzelne Teammitglieder für bestimmte Spalten zuständig sind, schützt das WIP-Limit vor Überarbeitung. Es wird vermieden, dass sich die Arbeit beispielsweise vor den Testern auftürmt.

Der Begriff Kanban selbst deutet auf das Pull-Prinzip hin. Kanban ist das japanische Wort für Signalkarte. Mit dieser Technik werden erst dann in einer Fabrik Materialien nachbestellt, wenn der Lagerbestand auf einem durch die Kanban-Karte signalisierten Minimum ist. So wird umfangreiche Lagerhaltung vermieden. Diese Konzept findet sich auch unter dem Begriff Just-In-Time-Produktion in der Literatur.

1.6.3   Optimiere den Durchfluss

Wenn es einen Engpass in dem Prozess gibt, steht irgendwann das gesamte System. Gibt es beispielsweise im Projekt zu wenige Tester, dann sind irgendwann alle Plätze bei der Spalte ‚Test' voll. Jetzt kann aus der Spalte ‚Entwicklung' kein Ticket mehr nachrücken und diese Spalte läuft ebenfalls voll. Das setzt sich bis zum Anfang des Kanban-Boards fort und irgendwann können keine neuen Tickets auf das Board. Spätestens jetzt kann niemand mehr arbeiten und das Team ist gezwungen, gemeinsam diesen Flaschenhals anzugehen. Ohne WIP-Limit würde das Team fröhlich weiterentwickeln, ohne dass jemals etwas wirklich fertig wird, da ja das Testen nicht hinterher kommt.

WIP-Limit und Pull-Prinzip zwingen dazu, den Durchfluss von Tickets zu optimieren. Der Durchfluss wird durch das schwächste Glied in der Kette begrenzt, den Engpass. Wenn man diesen Engpass optimiert, hat das offenbar den stärksten Effekt. Eliah Goldratt bringt dazu das Beispiel einer Pfadfinder-Gruppe, mit der er einen Ausflug macht: Die Gruppe ist erst dann am Ziel, wenn das langsamste Kind angekommen ist. Wenn man die Gruppe beschleunigen will, muss man etwas für das langsamste Kind tun [Gol92].

Die zu optimierende Größe ist in Kanban die Vorlaufzeit (Lead Time), sie ist die Zeitdauer vom Start der Erstellung eines Tickets, bis es fertiggestellt ist. Optimiert wird auch die Zykluszeit (Cycle-Time), das ist die Zeitdauer vom Start der Bearbeitung des Tickets, bis es abgeschlossen ist. Es wird gemessen, wie lange ein Ticket braucht, um über das Kanban-Board zu laufen. Je kürzer beide Zeiten sind, desto besser funktioniert der Prozess.

1.6.4 Schnelles Beheben von Problemen: Swarming

Die Reißleine (Andon-Cord) ist ein Konzept aus dem Toyota Production System. Sie ist eine Schnur, mit der jeder Arbeiter das Produktionsband in einer Fabrik anhalten kann. Jeder Arbeiter darf diese Schnur ziehen, wenn er Qualitätsprobleme entdeckt. Der Vorarbeiter sowie eventuell andere Arbeiter müssen sich dann mit ihm zusammen um die systematische Lösung des Problems kümmern.

David Anderson hat dieses Konzept für Kanban übernommen: Wenn ein Teammitglied ein Problem erkennt, müssen ihm die anderen Teammitglieder gemeinsam bei der Beseitigung helfen. Dies wird auch als *Swarming* bezeichnet. Das Team ist also gemeinsam für den Durchfluss der Tickets und die Beseitigung von Engpässen verantwortlich.

1.6.5 Kontinuierliche Verbesserung

Die kontinuierliche Verbesserung ist eines der wesentlichen Konzepte aus dem Toyota Production System [Pop03, Dem00]. Ziel der täglichen Arbeit ist es, immer wieder etwas besser zu werden, evolutionäre Perfektionierung. Jeder Mitarbeiter ist dazu angehalten. Hierfür gibt es verschiedene Techniken: beispielsweise regelmäßige Retrospektiven wie in Scrum oder bei jedem aufgetretenen Problem eine gründliche Ursachenanalyse, beispielsweise mit der 5W-Technik.[21] Auch die systematische Suche nach (Zeit-)Verschwendungen, wie lange herumliegenden halbfertigen oder unnötigen Features oder überflüssigen Dienstreisen, gehört zur kontinuierlichen Verbesserung dazu [Pop03].

Anderson empfiehlt ein monatliches sogenanntes *Operations Review* als Retrospektive der gesamten Organisation, also über alle Projekte hinweg. Um den Verbesserungs- und Veränderungsprozess über das gesamte Unternehmen hinweg vorzunehmen.

1.7 DevOps: Integration des IT-Betriebs

DevOps ist nicht unbedingt ein Prozessmodell, nicht unbedingt agil und auch keine Methode. Dahinter steckt zunächst die Idee, dass Entwicklungsteam und IT-Betrieb wesentlich enger zusammenarbeiten, wie der Name Dev und Ops ja schon ankündigt. Beide bilden langfristig ein gemeinsames funktionsübergreifendes Team, das gemeinsam die Software entwickelt und betreibt – You build it, you run it [Kim16]. Damit soll die Zusammenarbeit verbessert und der Lieferprozess für Software beschleunigt werden, denn die Wartezeiten zur Übergabe von Software von Entwicklung zum IT-Betrieb entfallen und das Feedback aus der Produktion kommt unmittelbar bei den Entwicklern an. Wichtige Konzepte sind:

---

[21] Vgl. Abschn. 3.5.2.

Flow: DevOps enthält Ideen aus der Kultur des Toyota Production Systems. Wie bei Kanban ist die kontinuierliche Abarbeitung von Anforderungen wichtig: Der Flow vom Kundenwunsch zum laufenden Feature. Autoren wie Gene Kim oder Jez Humble schlagen vor, die gesamte Wertschöpfungskette in der IT zu hinterfragen und die Zeit von der Entstehung einer Anforderung bis zu deren Implementierung und Verwendung zu minimieren [Kim16]. Kim et al. beschreiben dies auch in Form eines sehr lesenswerten Romans, dem *Phoenix-Project* [Kim13].

Schnelles Feedback durch Automatisierung: Kontinuierliches, schnelles Feedback ist ebenfalls eine wichtige Säule. Die Quelltexte der Entwickler werden über Techniken aus der kontinuierlichen Integration (CI) permanent überprüft, beispielsweise durch automatisierte Tests oder statische Analyse der Quelltexte. Es wird dafür gesorgt, dass die Software sehr häufig produktiv gesetzt wird, möglichst weitgehend automatisiert. Inbetriebnahme wird zur Routine. Techniken aus dem Bereich Continuous Delivery (CD) [Hum10] und Continuous Deployment werden hierzu verwendet. Die CI/CD-Pipeline ist ein zentraler Bestandteil jeder DevOps-Aktivität. Ziel ist eine weitgehend vollständige Automatisierung des Build- und Deployment-Prozesses. Dies erlaubt schnelles Lernen und auch ein experimentelles Vorgehen.

Monitoring: Während des Betriebs wird die laufende Software einerseits technisch überwacht (z. B. CPU-Auslastung), aber auch das Verhalten der Benutzer wird ausgewertet und analysiert. Diese Daten ermöglichen schnelles Feedback vom laufenden Produkt und damit schnelles Lernen und Beheben von Problemen.

Infrastruktur als Code: Mit der breiteren Akzeptanz der Virtualisierung und des Cloud Computing kam ein neues Verständnis der Konfiguration eines Rechners sowie eines Netzwerks auf. An Stelle eines mühsam manuell und einzigartig konfigurierten Systems bzw. einer virtuellen Maschine wird die Konfiguration als Skript beschrieben, mit Ansätzen wie Ansible, Chef oder Puppet. Ganze Infrastrukturen werden beispielsweise mithilfe von Terraform[22] definiert. Die Konfiguration ist nun als Quelltext verfügbar, Rechner, Netzwerke oder virtuelle Maschinen können damit wiederholbar immer wieder gleich konfiguriert werden. Die Konfiguration eines Rechners und auch eines Netzwerks kann damit wie Quelltext behandelt werden, inklusive der Versionsverwaltung und Qualitätssicherung. Daher die Bezeichnung ‚Infrastructure as Code' [Mor16].

DevOps ist mit agilen Methoden gut kombinierbar. Eine CI/CD-Pipeline gehört mittlerweile sowieso zur Standardausstattung in Entwicklungsprojekten. Speziell das Thema Cloud Computing erzwingt vom Entwicklungsteam immer mehr Wissen über den IT-Betrieb.

---

[22] https://www.terraform.io/.

1.8 Lean Startup: hypothesenbasiertes Vorgehen

Wenn große Unternehmen oder Startups völlig neue Produkte entwickeln, geschieht dies unter sehr großer Unsicherheit. Die genaue Nutzergruppe ist unbekannt, deren Vorlieben und Bedürfnisse ebenfalls. Wenn ein Produkt vorbei an den Bedürfnissen möglicher Nutzer entwickelt wird, kauft es vermutlich niemand.

Eric Ries diskutiert in seinem Buch *Lean Startup* eine Methode, bei der validiertes Lernen im Mittelpunkt steht. Lean Startup beruht auf Hypothesen und Experimenten: Ihr ratet begründet, was eure Anwender brauchen könnten, das ist eure Hypothese. Dann überlegt ihr euch möglichst einfache und kostengünstige Experimente, das sind eure Minimum Viable Products (MVP). Sie dienen dazu, um die Hypothese zu verifizieren oder zu widerlegen. Trifft die Hypothese zu, forscht ihr in diese Richtung weiter. Ist sie falsch, überlegt ihr euch etwas anderes.

Ein MVP sollte dabei sehr einfach sein. Wenn ihr beispielsweise prüfen wollt, ob ein bestimmtes neues Produkt möglicherweise gekauft wird, baut ihr als erstes eine Landing Page für dieses Produkt mit einem gut sichtbaren ‚Kaufen'-Knopf und einem Preis. Dann sorgt ihr z. B. über AdWords oder Facebook-Werbung dafür, dass diese Seite von einer Menge von Testpersonen besucht wird. Ihr zählt dann, wie oft der ‚Kaufen'-Knopf gedrückt wurde im Verhältnis zur Besucherzahl der Landing Page. Je mehr Leute den Knopf gedrückt haben, desto interessanter ist euer Produkt. Das Experiment habt ihr an einem längeren Nachmittag implementiert. Hinter dem ‚Kaufen'-Knopf baut ihr dann noch ein Formular, in das sich Interessierte eintragen können. Dann entschuldigt ihr euch noch dafür, dass es noch kein Produkt gibt. Ries schlägt ein Vorgehen in drei Schritten vor:

Build: Ihr startet mit einer Hypothese, beispielsweise ‚Anwender könnten folgendes Feature brauchen'. Dazu konstruiert ihr ein möglichst einfaches Experiment, um diese Hypothese zu verifizieren. Ihr implementiert für dieses Experiment das MVP. Die oben beschriebene Landing Page ist ein Beispiel dafür.

Measure: Messungen bestätigen die Hypothese oder widerlegen diese. Wenn die Hypothese zutrifft, müssten sich eure Anwender in der von euch vorhergesehenen Art und Weise verhalten, beispielsweise den ‚Kaufen'-Knopf drücken. Die Messungen beim Entwurf eines MVP oder eines Features mit einzuplanen, ist eine wesentliche neue Idee von Eric Ries. Das macht aus einem einfachen Trial-And-Error-Ansatz validiertes, strukturiertes Lernen durch Experimente.

Learn: Über die Messungen lernt ihr die Vorlieben und Bedürfnisse eurer Anwender kennen. Ihr findet mindestens heraus, was sie nicht wollen. Auf dieser Grundlage modifiziert bzw. verfeinert ihr eure Hypothesen und startet erneut mit der nächsten Hypothese (Abb. 1.13).

Ihr verwendet dieses hypothesenbasierte Vorgehen immer dann, wenn ihr euch in Bereichen mit sehr großer Unsicherheit befindet. Also in der Entwicklung neuer Produkte für Märkte, die es noch nicht gibt oder die ihr noch nicht gut genug kennt. Wenn ihr

Abb. 1.13 Build-Measure-
Learn-Zyklus aus der
Lean-Startup-Methode

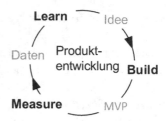

Veränderungen in eurem Team oder in eurer Organisation als Experimente auffasst, könnt
ihr auch dort diese Methodik verwenden und Änderungen so leichter ausprobieren und bei
Erfolg durchsetzen.

Eric Ries beschreibt die Kombination des hypothesenbasierten Ansatzes mit Kanban:
Auch eine Hypothese oder die dazu definierten Experimente und MVPs können über
ein Kanban-Board wandern. Denkbar ist ein eigenes Hypothesen-Board, aber auch die
Zerlegung einer Hypothese in Aufgaben zur Erstellung der MVPs und anderer Elemente
der Experimente sowie deren Durchführung.

1.9   Design Thinking

Im Zusammenhang mit der Entwicklung von Produkten wird in der Literatur immer wieder
auf Design Thinking verwiesen. Design Thinking ist ein Ansatz, um neue Ideen zu finden
und Probleme aus der Nutzerperspektive zu lösen. Die Bedürfnisse der Nutzer und ein
experimenteller auf Prototypen basierter Prozess stehen im Mittelpunkt.

Ihr wollt gemeinsam Produkte entwickeln, die sich an den Bedürfnissen der späteren
Benutzer ausrichten. Daher überschneiden sich die im Design Thinking, in agilen Projekten und in diesem Buch genutzten Methoden selbstverständlich deutlich.

Der Design Thinking Prozess wird häufig in sechs Phasen aufgeteilt. Dabei erforschen
die ersten drei den Problemraum. Diese klären, wer überhaupt Zielgruppe der angestrebten
Lösung ist, was genau die Bedürfnisse sind und welches Problem überhaupt gelöst werden
soll oder welcher Schmerz zu lindern ist. Die drei Phasen in der zweite Hälfte bewegen
sich im Lösungsraum und versuchen über eine Reihe von Prototypen Lösungsvorschläge
zu machen, die mit Benutzern aus der Zielgruppe getestet werden.

Im Design Thinking wechseln sich divergentes und konvergentes Vorgehen im Pro-
blemraum und im Lösungsraum ab. So entsteht ein doppelter Diamant (Abb. 1.14).
Divergent sind die kreativen Teile des Prozesses, es werden möglichst viele, möglichst
originale Vorschläge und Ideen erarbeitet. Im konvergenten Teil wird die Vielzahl der
Vorschläge und Ideen verdichtet auf eine oder wenige über Prototypen getestete Ideen. Wie
Michael Lewerik et al. schreiben, werden im Design Thinking sechs Phasen durchlaufen
(Abb. 1.15) [Lew17]:

Verstehen (Understand): In dieser ersten Phase wird definiert, in welchem Problemraum
  überhaupt gesucht werden soll. Das kann als Scoping bezeichnet werden. Wer genau

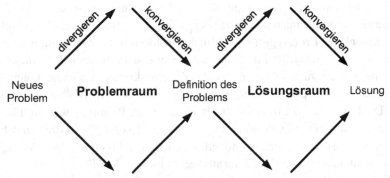

Abb. 1.14 Double-Diamond-Schema: Divergentes Denken mit umfassender Untersuchung des Problemraums, genauerem Verständnis der Zielgruppen (Personas) und des Nutzungskontextes. Konvergentes Denken kondensiert aus den vielen Informationen eine genaue Problembeschreibung. Divergentes Denken erzeugt viele mögliche Lösungsideen, daraus entstehen Prototypen. Konvergentes Denken findet über die Prototypen die passende Lösung und testet diese

sind die zukünftigen Benutzer? In dieser Phase werden erste Modelle der Benutzer entwickelt, diese werden auch Personas genannt. Personas dienen dazu, dass ihr euch in die Bedürfnisse der anvisierten Benutzergruppe einfühlt und deren Situation und Bedürfnisse genauer versteht. Was genau stört die Persona, was wünscht sich die Persona, in welcher alltäglichen Situation befindet sie sich? Die Modelle sind zunächst nur erste Hypothesen.

Beobachten (Observe): Ihr versucht Erkenntnisse über die potentiellen Benutzer zu sammeln. Ihr könnt Benutzerdaten analysieren, Interviews führen oder euch einfach an den Ort begeben, wo sich die Benutzer typischerweise aufhalten und deren Verhalten beobachten. Die Ergebnisse sollten so grafisch wie möglich aufbereitet werden: Ihr könnt Fotos von den Benutzern machen, eine Bildergeschichte malen oder durch einfache Skizzen die gelernten Informationen darstellen. Das soll euch dabei helfen, die Benutzer möglichst genau zu verstehen, damit ihr für genau diese Personen passende Lösungen entwickeln könnt. Weitere Informationsquellen können Google Trends und andere Quellen aus dem Internet sein [Ger18].

Standpunkt definieren (Define): Ihr erarbeitet hier auf der Grundlage der Informationen ein gemeinsames Verständnis des zu lösenden Problems. Und zwar für die Benutzer und die zu beachtenden Randbedingungen. Wobei genau soll das Produkt unterstützen? Die Problemdefinition wird vom Team gemeinsam aufgeschrieben, als Problemstatement. Die Personas werden finalisiert innerhalb des Nutzungskontextes der späteren Lösung, beispielsweise über eine Beschreibung ‚ein Tag im Leben der Persona', welche die Umgebung und das Umfeld der Benutzer während der Nutzung der späteren Lösung beschreibt.

Ideen finden (Ideate): Ihr versucht im Team möglichst viele Ideen zur Lösung des definierten Problems zu finden. Hier könnt ihr beispielsweise einfache Brainstorming-Techniken verwenden. Hilfreich sind auch Techniken, in denen einfach Teile des

Problems oder Randbedingungen ignoriert werden, beispielsweise tut ihr so, als ob ihr die Naturgesetze umdefinieren könntet oder beliebig viel Budget und Zeit hättet.

Prototyp entwickeln (Prototype): Die gefundenen Ideen werden nun mithilfe von Prototypen anfassbar gemacht. Ihr könnt beispielsweise Prototypen für eine grafische Oberfläche mit einem Stift auf mehreren Zetteln skizzieren. Geräte könnt ihr mit Bastelmaterial wie Pappe, Blumendraht, Klebestiften oder LEGO®-Steinen improvisieren. Denkbar ist sogar, dass ihr die Benutzung des Prototyps wie im Theater als kurzes Stück aufführt. Ein Prototyp macht eine Idee besser begreifbar und hilft so, schnell Schwachstellen zu finden und auf neue Ideen zu kommen, denn Anfassen und Anschauen stimulieren die Kreativität stärker als Lesen oder Hören.

Testen (Testing): In den ersten Phasen habt ihr Benutzer in Form von Personas modelliert. Nun versucht ihr Benutzer zu finden, die auf diese Beschreibungen passen. Im optimalen Fall könnt ihr die Benutzer bei der Verwendung eurer Prototypen beobachten und so lernen, ob die Prototypen tatsächlich das Problem für die Benutzer lösen und ob ihr bei dem Problem überhaupt richtig getippt habt. Durch Beobachtung seht ihr schnell, ob die Benutzer eure Prototypen überhaupt verstehen und richtig einsetzen und wie sie sich bei der Verwendung fühlen (Spaß, Freude, Ärger, Frustration, ...).

Design Thinking und agile Softwareentwicklung

Mittlerweile werden viele Methoden aus dem Bereich User Experience (UX) und Design Thinking in der agilen Softwareentwicklung eingesetzt. Ein Beispiel sind die Personas [Coo99] oder die verschiedenen Prototypen. Es gibt Überschneidungen, beide Ansätze könnt ihr kombinieren. Design Thinking verwendet ihr eher, um die Bedürfnisse eurer Benutzer zu erforschen und herauszufinden, wer genau eure Benutzer bzw. Kunden eigentlich sind. Agile Methoden helfen danach dabei, die gewonnenen Erkenntnisse in Software zu übersetzen.

Bei komplexen Fragestellungen könntet ihr beispielsweise ein zwei- oder mehrtägiges Design Thinking in Form mehrerer Workshops als Vorstufe zu einem agilen Entwicklungsprojekt verwenden. Ein Beispiel für die Agenda eines zweitägigen Workshops findet

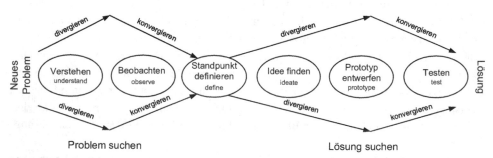

Abb. 1.15 Einordnung der Design Thinking Phasen in den Double Diamond

findet ihr beispielsweise bei den Gerlings [Ger18]. Auch die Entwicklung eines neuen Produkts kann damit begonnen werden, ebenso wie die Ausarbeitung umfangreicher Features (Epics).

1.10 Einschätzungen und Kritik

1.10.1 One size fits all?

Jede Methode und jedes Prozessmodell hat einen Einsatzbereich, in dem die Vorgaben gut funktionieren. Daher ist die Frage, ob agile Methoden *grundsätzlich* gut oder schlecht sind, falsch gestellt. Pauschale Urteile sind leicht durch Gegenbeispiele zu widerlegen. Ob agile Methoden mehr oder weniger gut geeignet sind, ist abhängig vom Kontext, in dem sie eingesetzt werden. Dies untersuchen Barry Boehm und Richard Turner in ihrem Buch *Balancing Agility and Discipline: A Guide for the Perplexed* [Boe03]. Sie geben Hinweise, wann agile Methoden eingesetzt werden können und wann plangetriebene Methoden besser funktionieren. Boehm und Turner identifizieren insgesamt fünf Faktoren, um Projekte einzuordnen. Das sind (Abb. 1.16):

1. Kritikalität: Wie groß ist der Schaden, den das Produkt beim Auftraggeber maximal anrichten kann? Handelt es sich nur um Komfortverlust oder ist das Leben von Menschen gefährdet? Während der Erstellung sicherheitskritischer Systeme müssen Standards eingehalten werden, beispielsweise die IEC 61508 (Funktionale Sicherheit). Je kritischer das zu erstellende System ist, desto mehr Auflagen gelten für die Dokumentation und die Nachweise während des Entwicklungsprozesses. Agile Methoden eignen sich ohne entsprechende Ergänzungen dort eher nicht.
2. Teamgröße und -verteilung: Je größer das Team ist, desto mehr mögliche Kommunikationsbeziehungen zwischen je zwei Teammitgliedern gibt es. Verteilung und Teamgröße erschweren die Kommunikation und damit die Selbstorganisation. Agile Methoden richten sich an kleine Teams mit bis zu 10 Mitgliedern. Größere Projekte werden von mehreren kleinen Teams erstellt. In größeren und verteilten Projekten müssen Dokumente persönliche Kommunikation ersetzen. Boehm und Turner sehen für große Teams eher plangetriebene Methoden. Diese Einordnung stammt aus dem Jahr 2003. Seit dem sind einige Versuche unternommen worden, agile Methoden für große und verteilte Projekte zu erweitern, etwa LeSS [Lar16], SaFE® [Lef18] oder Nexus [Bit17].
3. Erfahrung und Qualifikation des Teams: Agile Methoden legen Wert auf die Selbstorganisation des Teams. Das setzt jedoch voraus, dass die Teammitglieder über eine gewisse Erfahrung und Qualifikation verfügen. Die erfahrenen Mitarbeiter müssen dauerhaft dabei sein. Unerfahrene oder weniger qualifizierte Teammitglieder brauchen genauere Anleitungen, ein Kochbuch. Bei plangetriebenen Prozessmodellen sind erfahrene Mitarbeiter besonders am Anfang in der Planung und Architekturarbeit wichtig, die

Umsetzung ist durch weniger erfahrene Mitglieder möglich, da die Arbeit vorstruktu-
riert ist und der Architekturrahmen und Technologieentscheidungen vorgegeben sind.

4. Änderungsrate der Anforderungen: Agile Methoden legen Anforderungen erst kurz
vor der Implementierung genauer fest. Die häufig verwendeten User Storys verlassen
sich auf die Kommunikation der Entwickler mit den entsprechenden Stakeholdern
oder dem PO kurz vor der Umsetzung. Auch eine Detailplanung findet erst kurz
vor der Umsetzung statt. Daher können Anforderungen leicht geändert werden, dies
ist schwieriger, wenn bereits viel Aufwand in die Dokumentation investiert wurde.
Bereiche, in denen sich die Anforderungen schnell ändern, sind die Domäne agiler
Methoden.

5. Teamkultur: Agile Methoden basieren auf der Selbstorganisation des Teams. Bürokratische oder hierarchische Organisationen erschweren dies [Wes04]. Für bürokratische
oder sehr hierarchische Organisationen eignen sich daher eher plangetriebene Prozessmodelle.

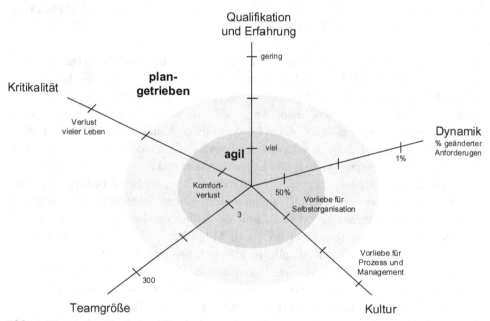

Abb. 1.16 Die Grafik, frei nach Boehm und Turner [Boe03], gibt eine grobe Einordnung. Agile
Methoden sind eher geeignet für Projekte mit geringer Kritikalität und einem eher kleinen und
erfahrenen Team. Dagegen eignen sich plangetriebene Methoden eher für kritische Projekte, für
große und weltweit verteilte Teams

1.10.2 Kritik und Lob

Bertrand Meyer evaluiert in *Agile! The Good, the Hype and the Ugly* [Mey14] die Art und Weise, wie agile Methoden verkauft und dargestellt werden und diskutiert die wichtigsten Praktiken und Methoden. Die Anforderungserhebung erst während der Entwicklung zu starten, sieht er als Fehler und auch User Storys sortiert er unter der Kategorie ‚Not new and not good' ein. Wir greifen seine Argumente in Kap. 13 ausführlich auf. Meyer bewertet dagegen viele Beiträge agiler Methoden sehr positiv, wie etwa die Dailys, die Retrospektiven und die Fokussierung auf das Programmieren.

Einige agile Praktiken sind empirisch untersucht worden, unter anderem das Pair Programming, das Refactoring oder die testgetriebene Entwicklung. Die gefundenen Erkenntnisse und Nutzungshinweise stellen wir in den entsprechenden Abschnitten dieses Buchs vor. Eine Pauschalaussage, ob eine Praktik immer gut oder immer schlecht ist, wäre falsch. Da der Nutzen vieler Praktiken vom Kontext abhängig ist.

1.10.3 Agil, aber bitte richtig!

Sehr viel Kritik gerade in den Anfangsjahren hatte ihre Ursache darin, dass die agilen Methoden nicht vollständig eingesetzt wurden [Boe03]. Dies beobachten wir als Autoren selbst häufig bei unseren Projektpartnern oder bei Abschlussarbeiten. Gerne wird behauptet, Scrum funktioniere nicht. Auf Nachfrage stellt sich dann heraus, dass in dem Projekt die Retrospektiven weggelassen wurden und die Dailys nicht vom ganzen Team wahrgenommen wurden. Scrum ist jedoch bereits minimal, wenn man etwas weglässt, funktioniert irgendetwas nicht mehr. Die Arbeit mit agilen Methoden erfordert sehr viel Erfahrung und Disziplin, obwohl Scrum auf gerade 13 Seiten beschrieben wird und die meisten Bücher über agile Methoden kaum länger als 150 Seiten sind.

1.10.4 Agile is Dead?

„Agile is Dead!" Das ist der Titel eines bekannten Vortrags von Dave Thomas (Pragmatic Dave).[23] Dave Thomas ist zusammen mit Andy Hunt Autor des *Pragmatischen Programmierers* [Hun99]. Er beklagt sich darüber, dass ‚Agile' inzwischen eher ein Kommerzbegriff geworden ist, um Schulungen, Zertifikate und Consulting zu verkaufen. Vieles wird derzeit unter der Überschrift ‚agil' verkauft. Die grundlegenden Werte der agilen Softwareentwicklung wären dadurch immer weniger sichtbar. Auch Robert C. Martin schlägt vor, sich wieder auf die grundlegenden Praktiken und Werte für kleine

---

[23] https://www.youtube.com/watch?v=a-BOSpxYJ9M.

Teams zurück zu besinnen [Mar19] und die Erweiterungen agiler Methoden gerade in Richtung großer Projekte auch klar als solche zu kennzeichnen.

1.11 Schnelles Lernen

Die verschiedenen agilen Methoden lernt ihr am besten, indem ihr diese unter Anleitung eines erfahrenen Coaches (Scrum Masters) bzw. erfahrener Kolleginnen und Kollegen anwendet. Es gibt darüber hinaus einige sehr schöne Spiele, die ihr im Team durchführen könnt.

Scrum

Scrum LEGO®-Steine Game: Ihr benötigt einen Haufen LEGO®-Steine und baut in zwei bis drei Sprints gemeinsam eine Stadt. Das Spiel eignet sich sehr gut für den Einstieg in das Thema Scrum und macht den Teilnehmern in der Regel sehr viel Spaß. Details finden sich bei Alexey Krivitsky [Kri19].

Kanban

Kanban Pizza Game: Das Pizza-Spiel ist eine typische Einführung eines Kanban-Prozesses. Ihr simuliert im Team einen Pizza-Service und erstellt mit einigen Moderationsmaterialien Pizza-Ecken aus Pappe. Diese entstehen Schritt für Schritt in eurem Team. Das Spiel wird bei Marc Bleß und Dennis Wagner [Ble19] beschrieben, Folien und eine Anleitung finden sich bei Agile42.[24]

Literatur

[And05]   Anderson DJ, Dumitriu D (2005) From Worst to Best in 9 Months: Implementing a Drum-Buffer-Rope Solution at Microsoft's IT Department. In: TOC ICO World Conference. Microsoft

[And10]   Anderson DJ (2010) Kanban: Successful Evolutionary Change for Your Technology Business. Blue Hole Press

[And11]   Andreessen M (2011) Why Software Is Eating The World. Wall Street Journal, 20(2011), C2.

[Bar12]   Barry T, Benson J (2012) Personal Kanban: Visualisierung und Planung von Aufgaben, Projekten und Terminen mit dem Kanban-Board. dpunkt.verlag

[Bec99]   Beck K (1999) Extreme Programming Explained: Embrace Change. Addison-Wesley

[Bec01]   Beck K, Beedle M, van Bennekum A, Cockburn A, Cunningham W, Fowler M, Grenning J, Highsmith J, Hunt A, Jeffries R, Kern J, Marick B, Martin RC, Mellor S, Schwaber K, Sutherland J, Thomas D (2001) Manifesto for Agile Software Development. http://www.agilemanifesto.org

---

[24] https://www.agile42.com/en/training/kanban-pizza-game/.

[Bec04]   Beck K, Andres C (2004) Extreme Programming Explained: Embrace Change. Addison-Wesley, 2. Aufl.

[Bit17]   Bittner K, Kong P, Naiburg E, West D (2017) The Nexus Framework for Scaling Scrum: Continuously Delivering an Integrated Product with Multiple Scrum Teams. Pearson Education

[Ble19]   Bleß M, Wagner D (2019) Agile Spiele – kurz & gut: Für Agile Coaches und Scrum Master. O'Reilly

[Boe81]   Boehm BW (1981) Software Engineering Economics. Prentice Hall PTR

[Boe03]   Boehm, Turner R (2003) Balancing Agility and Discipline: A Guide for the Perplexed. Addison-Wesley

[Bry14]   Brynjolfsson E, McAfee A (2014) The Second Machine Age: Work, Progress, and Prosperity in a Time of Brilliant Technologies. W. W. Norton & Company

[Chr16]   Christensen CM (2016) The Innovators Dilemma: When New Technologies Cause Great Firms to Fail. Harvard Business Review Press

[Coc06]   Cockburn A (2006) Agile Software Development: The Cooperative Game. Addison-Wesley, 2. Aufl.

[Coh04]   Cohn M (2004) User Stories Applied: For Agile Software Development. Addison-Wesley

[Coo99]   Cooper A (1999) The Inmates Are Running the Asylum. Macmillan Publishing

[Dem00]   Deming W (2000) Out of the Crisis. MIT-Press

[Den92]   Denert E (1992) Software-Engineering – methodische Projektabwicklung. Springer

[Eva03]   Evans E (2003) Domain-Driven Design: Tacking Complexity In the Heart of Software. Addison-Wesley

[Fle18]   Flewelling P (2018) The Agile Developer's Handbook: Get More Value from Your Software Development: Get the Best Out of the Agile Methodology. Packt Publishing

[Fow99]   Fowler M (1999) Refactoring: Improving The Design Of Existing Code. Addison-Wesley

[Gam95]   Gamma E, Helm R, Johnson R, Vlissides J (1995) Design Patterns: Elements of Reusable Object-oriented Software. Addison-Wesley

[Ger18]   Gerling A, Gerling G (2018) Der Design-Thinking-Werkzeugkasten: Eine Methodensammlung für kreative Macher. dpunkt.verlag

[Gol92]   Goldratt E, Cox J (1992) The Goal: A Process of Ongoing Improvement. North River Press

[Har18]   Harari Y, Wirthensohn A (2018) 21 Lektionen für das 21. Jahrhundert. C.H.Beck

[Hig02]   Highsmith J (2002) Agile Software Development Ecosystems. Addison-Wesley

[Hum10]   Humble J, Farley D (2010) Continuous Delivery: Reliable Software Releases Through Build, Test, and Deployment Automation. Addison-Wesley

[Hun99]   Hunt A, Thomas D (1999) The Pragmatic Programmer: From Journeyman to Master. Addison-Wesley

[Jef01]   Jeffries R, Anderson A, Hendrickson C (2001) Extreme Programming installed. Addison-Wesley

[Kim13]   Kim G, Behr K, Spafford G (2013) The Phoenix Project: A Novel About IT, DevOps, and Helping Your Business Win. IT Revolution Press

[Kim16]   Kim G, Debois P, Willis J, Humble J (2016) The DevOps Handbook: How to Create World-Class Agility, Reliability, and Security in Technology Organizations. IT Revolution Press

[Kri19]   Krivitsky A (2019) Lego4scrum: A Complete Guide. a Great Way to Teach the Scrum Framework and Agile Thinking. Independently Published

[Lar16]   Larman C, Vodde B (2016) Large-Scale Scrum: More with LeSS. Addison-Wesley

[Lef18]   Leffingwell D (2018) SAFe 4.5 Reference Guide: Scaled Agile Framework for Lean Enterprises, 2. Aufl. Addison-Wesley

[Lew17]   Lewrick M, Link P, Leifer L, Langensand N (2017) Das Design Thinking Playbook: Mit traditionellen, aktuellen und zukünftigen Erfolgsfaktoren. Vahlen

[Mar19]   Martin R (2019) Clean Agile: Back to Basics. Pearson Education

[McC04]   McConnell S (2004) Code Complete, 2. Aufl. Microsoft Press.

[Mel02]   Mellor SJ, Balcer M (2002) Executable UML: A Foundation for Model-Driven Architectures. Addison-Wesley

[Mey14]   Meyer B (2014) Agile!: The Good, the Hype and the Ugly. Springer

[Mor16]   Morris K (2016) Infrastructure as Code: Managing Servers in the Cloud. O'Reilly

[Nau69]   Naur P, Randell B (Hg) (1969) Software Engineering: Report of a Conference Sponsored by the NATO Science Committee, Garmisch, Germany, 7–11 Oct 1968, Brussels. NATO, Science Committee

[Ohn88]   Ohno T (1988) Toyota Production System: Beyond Large-Scale Production. Taylor & Francis

[Pal01]   Palmer SR, Felsing M (2001) A Practical Guide to Feature-Driven Development. Prentice Hall

[Pop03]   Poppendieck M, Poppendieck T (2003) Lean Software Development: An Agile Toolkit. Agile Software Development Series. Addison-Wesley

[Pre18]   Precht RD (2018) Jäger, Hirten, Kritiker: Eine Utopie für die digitale Gesellschaft. Goldmann Verlag

[Rei09]   Reinertsen D (2009) The Principles of Product Development Flow: Second Generation Lean Product Development. Celeritas

[Rie11]   Ries E (2011) The Lean Startup: How Today's Entrepreneurs Use Continuous Innovation to Create Radically Successful Businesses. Crown Business

[Roy70]   Royce WW (1970) Managing the development of large software systems: concepts and techniques. In: Proceedings of IEEE WESTCON. IEEE Press

[Sch02]   Schwaber K, Beedle M (2002) Agile Software Development with Scrum. Prentice Hall

[Sie02]   Siedersleben J (Hrsg) (2002) Softwaretechnik: Praxiswissen für Softwareingenieure, 2. Aufl. Hanser Verlag

[Spi12]   Spitzer M (2012) Digitale Demenz: Wie wir uns und unsere Kinder um den Verstand bringen. Droemer

[Spi18]   Spitzer M (2018) Die Smartphone-Epidemie: Gefahren für Gesundheit, Bildung und Gesellschaft. Klett-Cotta

[Sut13]   Sutherland J, Schwaber K (2013) The Scrum Guide: The Definitive Guide to Scrum – The Rules of the Game. http://www.scrumguides.org

[Sut14]   Sutherland J, Sutherland J (2014) Scrum: The Art of Doing Twice the Work in Half the Time. Crown Publishing Group

[Sut20]   Sutherland J, Schwaber K (2020) The Scrum Guide: The Definitive Guide to Scrum: The Rules of the Game. http://www.scrumguides.org

[Tak86]   Takeuchi H, Nonaka I (1986) The New New Product Development Game. Harvard Business Review

[Tay11]   Taylor FW (1911) The Principles of Scientific Management. Library of American civilization. Harper

[Tim17]   Timinger H (2017) Modernes Projektmanagement: Mit traditionellem, agilem und hybridem Vorgehen zum Erfolg. Wiley

[V-M14]   V-Modell XT (2014) Version 1.4. http://www.v-modell-xt.de

[Wes04]   Westrum R (2004) A typology of organisational cultures. BMJ Qual Saf 13(suppl 2):ii22–ii27

Beginne bei dir

2

Dieses Kapitel gibt einen kurzen Einblick in das Thema Kopfarbeit, Gedächtnis und Wahrnehmung. Diese Aspekte sind für die Softwareentwicklung erstaunlich wichtig, ein Schlüssel zum Verständnis nicht nur der agilen Methoden. Wenn du dich selbst besser verstehst, verstehst du auch das Verhalten der anderen Teammitglieder, des Auftraggebers und der Benutzer besser.

Wenn du dich selbst gut organisieren kannst, bist du auch in Projekten erfolgreich. Die Selbstorganisation des Teams beginnt bei jedem Mitglied. Wir geben Hinweise, wie du dich selbst organisieren kannst. Deine Einstellung (Mindset) beeinflusst deine Wahrnehmung, dein Verhalten und deine Wirkung auf andere. Agile Werte, das agile Mindset werden in diesem Kapitel dazu dargestellt.

Schnelles Lernen ist für dich besonders wichtig, so kannst du dich schnell einarbeiten und dich an geänderte Rahmenbedingungen anpassen. Das schnelle Lernen zieht sich wie ein roter Faden durch dieses Buch. Hierzu stellen wir dir einige Praktiken vor, die nach unserer Erfahrung gut funktionieren.

Du kannst deine Einstellung, dein Lernen und dein Verhalten leichter verändern als das deiner Teamkollegen, Benutzer oder Auftraggeber, daher beginnen wir bei dir.

2.1   Kopfarbeit

Viele Randbedingungen, Sachverhalte, Regeln und Ansätze in der Softwareentwicklung können über grundlegende Eigenschaften des Gehirns aus der Gehirnforschung erklärt werden. Damit müssen wir uns nicht auf Meinungen oder den persönlichen Geschmack einzelner Autoren aus der agilen Literatur verlassen. Eventuell ist eine Bedienungsanleitung für dein Gehirn auch für dich hilfreich, effizient und effektiv zu arbeiten.

© Springer Fachmedien Wiesbaden GmbH, ein Teil von Springer Nature 2022   45
G. Beneken et al., *Grundkurs agiles Software-Engineering*,
https://doi.org/10.1007/978-3-658-37371-9_2

2.1.1 Arbeitsgedächtnis: nur vier Speicherplätze

Der Arbeitsspeicher eines Menschen, sein Arbeitsgedächtnis, kann durchschnittlich gerade mal vier Elemente speichern [Cow01], Millers Untersuchungen Ende der 1950er-Jahre sprachen noch von sieben plus oder minus zwei Elementen [Mil56]. Wir können trotz dieser Begrenzung einigermaßen damit arbeiten, da wahrgenommene Inhalte zu Blöcken (Chunks) zusammengefasst und mit Inhalten aus unserem Langzeitgedächtnis verknüpft werden.

Klarmachen können wir uns das zunächst an einer IBAN-Nummer, die wir von einer Rechnung abtippen müssen. Wenn auf der Rechnung die Leerzeichen in der IBAN weggelassen werden, dauert es für uns länger und kostet mehr Konzentration, die Nummer abzutippen. Leichter funktioniert das Erfassen der IBAN, wenn diese in Blöcken von jeweils vier Ziffern dargestellt ist. Vergleiche bitte selbst: DE16500105171577551259 mit DE16 5001 0517 1577 5512 59. An folgendem Text[1] wird die Wahrnehmung auch deutlich: ARD, ZDF, C&A; BRD, DDR und USA, ... ARD oder ZDF werden nicht als A, R, D sowie Z, D, F wahrgenommen, sondern jeweils als Block, verknüpft mit weiteren Informationen und Erinnerungen aus dem Langzeitgedächtnis. Das Langzeitgedächtnis funktioniert dabei assoziativ: Informationen sind im Gedächtnis untereinander vernetzt. Informationen werden über andere Informationen erinnert (Abb. 2.1).

Das heißt, wir können über Dinge, die wir schon kennen, besser nachdenken als über unbekannte Konzepte. Bei unbekannten Konzepten fehlen die Informationen im Langzeitgedächtnis und alles muss im Arbeitsgedächtnis gehalten und und in kleinen Schritten verarbeitet werden. Diese Beschränkung spielt bei der Kommunikation im Team und mit dem Auftraggeber eine große Rolle.

Du solltest die Ergebnisse, an denen du beteiligt bist, so einfach wie möglich halten. Unseren Lesern und Anwendern helfen Strukturen und bekannte Konzepte, die Inhalte einfach, schnell und korrekt wahrzunehmen. Texte werden über (Zwischen-)Überschriften, Code über Komponenten und die Mensch/Maschine-Schnittstelle beispielsweise über verschiedene Dialoge strukturiert. Strukturierung macht verständlich.

Bekannte Konzepte unterstützen das Chunking zusätzlich. Daher ist es wichtig, dass du weißt, was deine Leser, Teamkollegen oder Anwender schon kennen und wie sie denken. Denn diese Begriffe und Konzepte verwendest du in den Entwürfen der grafischen Oberfläche, im Datenmodell und im Code.

Wenn du verständlich schreibst und entwirfst, wirst du besser verstanden. Wenn du dies beim Entwurf der grafischen Oberfläche der Software bzw. anderer Mensch/Maschine-Schnittstellen berücksichtigst, wird die Software besser benutzbar und damit nützlich. Auch weil das mentale Modell im Langzeitgedächtnis deiner Anwender weitgehend mit dem tatsächlichen Verhalten der Software übereinstimmt.

---

[1] Fantastische Vier: ‚MfG – Mit freundlichen Grüßen‘, Erstveröffentlichung im März 1999.

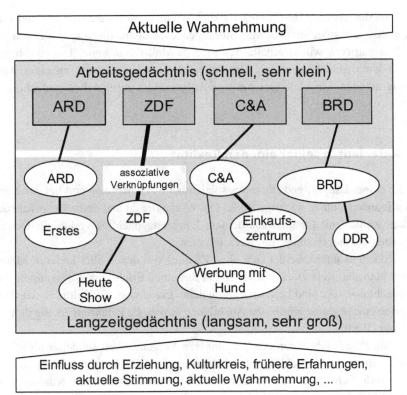

Abb. 2.1 Das Arbeitsgedächtnis hat, vereinfacht ausgedrückt, nur vier Speicherplätze. Informationen werden als Blöcke zusammengefasst und mit Informationen aus dem Langzeitgedächtnis verknüpft

2.1.2 Du bist nicht multitaskingfähig

Wissenschaftlicher Untersuchungen zeigen immer wieder, dass Menschen im Allgemeinen Multitasking nicht beherrschen, Frauen etwas weniger schlecht als Männer [Bus12]. Wenn du mehrere Aufgaben gleichzeitig erledigst, erhöht sich die Bearbeitungsdauer und die Zahl der Fehler steigt.

Hierzu haben Buser und Noemi beispielsweise eine Studie durchgeführt, in der die Aufgaben ‚Sudoku-Lösen' und ‚Wort in einem Raster aus Buchstaben suchen' parallel sowie sequenziell durchgeführt werden sollten. Von insgesamt knapp 200 Personen. Einige Personen wurden zum Multitasking gezwungen, sie sollten alle vier Minuten die Aufgabe wechseln. Sie waren signifikant langsamer und haben mehr Fehler gemacht, als die Personen, die das sequenziell abgearbeitet haben. Die Autoren schreiben, dass offenbar die Kosten für den Aufgabenwechsel wie das erneute Erinnern an Regeln und an die bisher geleistete Arbeit, den Nutzen des Multitasking übersteigen.

Warum ist das Thema Multitasking für dich wichtig? Wenn du effizient und effektiv arbeiten willst, musst du erstens alle Störungen beseitigen, die dich ablenken. Wenn du dich konzentrieren willst, schalte Telefone, E-Mail-Programme, Instant Messenger und alle anderen Ablenkungen aus. Du solltest zweitens immer nur an einer Aufgabe gleichzeitig arbeiten. Für viele gleichzeitige Aufgaben ist unser Arbeitsgedächtnis nicht gemacht.

2.1.3   Jeder lebt in seiner eigenen Realität

Die Inhalte deines Langzeitgedächtnisses spielen beim Nachdenken und bei der Kommunikation mit anderen einen wichtige Rolle. Die Worte, die du und deine Gesprächspartner verwenden, werden mit Inhalten aus deinem Langzeitgedächtnis verknüpft. Deine Gesprächspartner verknüpfen diese mit ihren Inhalten.

Dein Gedächtnis unterscheidet sich ohne Zweifel von denen aller anderen Menschen auf diesem Planeten. Kein zweiter Mensch hat dieselben Erfahrungen gesammelt wie du. Deine Gedächtnisinhalte sind bestimmt durch deine Erziehung, die Kultur, in der du lebst, deine Muttersprache, deine schulische Ausbildung sowie alle Erfahrungen, die du bis jetzt gemacht hast [Wat05].

Hierbei sind die Erfahrungen aus der jüngeren Vergangenheit schneller abrufbar und präsenter, als die weiter zurückliegenden Erfahrungen [Kah12]. An das letzte Kundengespräch kannst du dich vermutlich leichter erinnern als an deinen vierten Kindergeburtstag oder an das Mensaessen vor vier Wochen.

Jeder Mensch lebt offenbar in seiner eigenen Realität, die bestimmt ist durch seine Vergangenheit und seine aktuelle Wahrnehmung. Kommunikation wird dadurch schwieriger, da dieselben Begriffe von verschiedenen Menschen mit unterschiedlichen Informationen und Erfahrungen in deren Langzeitgedächtnissen verknüpft werden. Wenn ein Teammitglied beispielsweise von einer Komponente oder einem Service redet, könnte er damit die unterschiedlichsten Dinge meinen, wie elektronische oder mechanische Komponenten, eine Java-Archiv-Datei, ein laufendes Datenbankmanagementsystem, eine logische Einheit oder vielleicht einige Klassen in einem Quelltext. Bei der mündlichen und schriftlichen Kommunikation musst du immer wieder absichern, dass ihr von denselben Dingen redet.

Bei der Entwicklung von Software spielt Kommunikation eine bedeutende Rolle, besonders wenn du agil arbeitest. Anforderungen werden typischerweise in Form von User Storys beschrieben [Coh04, Jef01]. Diese bestehen häufig nur aus einem Satz. Weitere Details und Sonderfälle werden später in Gesprächen zwischen den Entwicklern und dem Auftraggeber geklärt z. B. mit dessen Product Owner.

Du musst lernen, wie du so kommunizierst, dass du verstehst, was der Gesprächspartner meint. Eine Technik dazu ist beispielsweise das *aktive Zuhören*: Du gibst während des Gesprächs das wieder, was du verstanden hast und fragst häufig nach. Diese Technik wird in Kap. 7 genauer beschrieben.

2.1.4 Lernen durch schnelles Feedback

Spätestens wenn du eine Erfahrung mehrfach sammelst, leitet dein Gehirn daraus allgemeine Regeln ab, beispielsweise ‚Äpfel fallen immer nach unten'. Es entsteht ein einfaches mentales Modell der Realität. Je mehr gleichartige Erfahrungen du machst, desto stärker ausgeprägt ist dein Vertrauen in die unbewusst oder bewusst aufgestellten Regeln und Theorien. Diese sind nicht zwingend richtig [Kah12, Ari10].

Wissenschaftliches Vorgehen

Wissenschaftliches Vorgehen ist hier systematischer, wenn wir Regeln und Theorien entwickeln: Hypothesen werden aufgestellt und diese werden über Experimente untermauert oder verworfen. Dieses Vorgehen wird in allen (Natur-)Wissenschaften verwendet. Je mehr verschiedene Experimente die Vorhersagen der Hypothese belegen, desto sicherer sind wir, dass die Hypothese korrekt ist. Ein einzelnes Experiment könnte ja auch zufällig die Vorhersage erfüllt haben.

Wissenschaftliches Vorgehen zwingt dich, darüber nachzudenken, wie du eine Hypothese falsifizieren kannst. Hierzu musst du eindeutig feststellen können, dass eine Vorhersage nicht zutrifft. Das erfordert definierte Kriterien und deren Messung. Auch die Überlegungen zu passenden Experimenten führen in der Regel zu einem weit besseren Verständnis der Zusammenhänge (Abb. 2.2) [Rot09] :

1. Du machst eine Reihe von Beobachtungen und Messungen. Dein bisher gelerntes Wissen und alle vorhandenen Erfahrungen fließen hier ein. Aus diesen Informationen bildest du eine Hypothese. Deine Software liefert bei verschiedenen Berechnungen beispielsweise ein falsches Ergebnis. Durch deine Kenntnisse über den Code entwickelst du die Hypothese, dass eine Bedingung in einer Verzweigung nicht funktioniert.
2. Mithilfe der Hypothese kannst du nun Vorhersagen machen. Bei dem Programmierfehler könntest du nun weitere Fehler bei anderen Eingaben vorhersagen.
3. Du entwirfst Experimente, mit dem Ziel, die Hypothese zu testen. In unserem Beispiel testest du die Software nun mit anderen Eingabedaten und beobachtest, ob diese sich wie vorhergesagt verrechnet.
4. Wenn das Ergebnis des Experiments mit der Vorhersage übereinstimmt, dann gilt die Hypothese durch das Experiment als untermauert. Sie kann dann weiter verfeinert werden. Wenn im Beispiel deine vorhergesagten Rechenfehler bei den Tests tatsächlich zutreffen, dann ist die Wahrscheinlichkeit höher, dass der Programmierfehler dort ist, wo du vermutest. Ein nächstes Experiment könnte dann die Reparatur des Fehlers und anschließende Tests mit denselben Eingabedaten sein.
5. Wenn das Experiment ein anderes Ergebnis hat als vorhergesagt, dann ist die Hypothese falsch und muss modifiziert bzw. verworfen werden. Verrechnet sich die Software in unserem Beispiel nicht wie vorhergesagt, hast du offenbar die Lage des Fehlers falsch geraten.

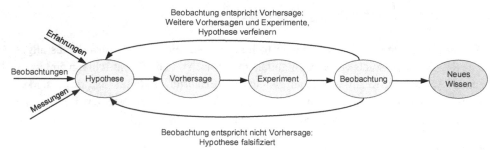

Abb. 2.2 Wissenschaftliches Vorgehen: Hypothesen über Experimente bestätigen oder verwerfen

Achtung: Mithilfe dieses wissenschaftlichen Vorgehens kann nichts bewiesen werden. Nur weil die Vorhersagen der Hypothese sehr häufig zutreffen, heißt das nicht, dass die Hypothese immer und unter allen Umständen zutreffen muss. Eine einzige Beobachtung, bei der die Vorhersage nicht eintritt, widerlegt die Hypothese. Nassim N. Taleb bringt dazu in seinem Buch ‚Der schwarze Schwan' eindrucksvolle Beispiele, er nennt derartige Gegenbeispiele zu unseren Alltagserfahrungen *schwarze Schwäne*: In Europa wurden bis zur Entdeckung schwarzer Schwäne im Jahre 1697 in Australien Schwäne für ausschließlich weiß gehalten [Tal07].

Das wissenschaftliche Vorgehen wird in diesem Buch an mehreren Stellen verwendet: Wir werden Bedürfnisse unserer Nutzer begründet raten, diese als Hypothese formulieren und uns Experimente überlegen, um diese zu belegen oder zu widerlegen [Rie11]. In Scrum erarbeitet ihr in den Retrospektiven Hypothesen zur Verbesserung des Vorgehens im Team. Im Sprint setzt ihr diese prototypisch um (Experiment) und prüft deren Erfolg in der nächsten Retrospektive. Auch beim Debugging und im Incident-Management ist die wissenschaftliche Sicht, wie oben schon dargestellt, hilfreich: Auf der Grundlage der Fehlerberichte stellen wir eine Hypothese auf, wo der Programmierfehler liegen könnte, wir überlegen uns Vorhersagen. Dann führen wir durch Ausprobieren bzw. mithilfe des Debuggers entsprechende Experimente durch. So finden wir systematischer und nachhaltiger Programmierfehler als durch einfaches Herumprobieren [Zel09].

Schnelles Feedback = schnelles Lernen

Hinter dem Steuer eines Autos lernst du im Allgemeinen sehr schnell, wie das Lenken funktioniert. Ein fahrendes Auto reagiert unmittelbar auf jede Bewegung des Lenkrades. Für jede Bewegung erhältst du unmittelbar Feedback. Damit kannst du sehr schnell Regeln ableiten: *Wenn ich das Lenkrad nach links bewege, fährt das Auto nach links.* Hypothesen über die Reaktionen des Autos auf Lenkbewegungen werden schnell über Experimente in den ersten Fahrstunden belegt oder verworfen. Zu lernen, wie ein Supertanker oder ein großes Containerschiff gesteuert wird, ist ungleich schwerer. Die Reaktion des Schiffs auf eine Lenkbewegung kommt teilweise einige Minuten später. Du über- oder untersteuerst daher wahrscheinlich. Lernen erfolgt hier sehr stark verzögert.

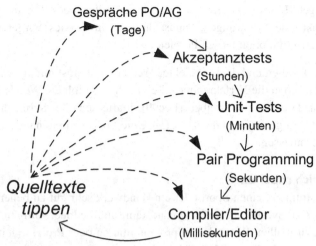

Abb. 2.3 Feedbackschleifen angelehnt an bekannte Schaubilder aus dem eXtreme Programming (Beck [Bec99])

Je schneller und unmittelbarer Feedback auf dein Verhalten erfolgt, desto schneller lernst du. Als Beispiel kann die Entwicklungsumgebung dienen, in der du Programmieren lernst: Moderne Editoren unterkringeln Syntaxfehler sofort. Ein inkrementeller Compiler liefert dir beim Tippen bereits Feedback zu deinen Eingaben. Damit lernst du wesentlich schneller eine Programmiersprache kennen, als wenn du einen normalen Text-Editor verwendest und nur selten den Compiler benutzt, einfach nur Videos anschaust oder ein Buch liest (Abb. 2.3).

Du musst für schnelles Feedback sorgen. Wenn du selbst neue Inhalte erarbeitest, wenn du im Team arbeitest oder in der Zusammenarbeit mit dem Auftraggeber oder den späteren Benutzern.

Vom Anfänger zum Profi

In diesem Buch befassen wir uns mit einer sehr großen Menge an Wissen und Können. Vieles musst du dir Stück für Stück aneignen. Lernen wird häufig in drei Stufen vom Anfänger zum Profi eingeteilt: Shu, Ha und Ri. Alistair Cockburn hat diese Stufen in die Informatik übertragen [Coc06].

Shu: Folge den Regeln, Imitation. In der ersten Stufe arbeitest du streng nach Kochbuch, dem einen Kochbuch. Du befasst dich nicht mit den zugrundeliegenden Regeln und der Theorie dahinter. Es geht nur darum, die Abläufe einzuüben. Du folgst nur dem einen Kochbuch und befasst dich noch nicht mit anderen Herangehensweisen.

Ha: Passe Regeln an, Assimilation. Nun veränderst du das Vorgehen nach Kochbuch und passt es an die jeweilige Situation an. Jetzt verstehst du die zugrundeliegenden Prinzipien und die Theorie. Du beschäftigst dich auch mit anderen Ansätzen und integrierst diese in dein Tun. Dein Werkzeugkoffer wird größer.

Ri: Sei die Regel, Innovation. Da du nun ein grundlegendes Verständnis hast und genügend praktische Erfahrungen, kannst du nun ein eigenes Vorgehen und eigene Regeln definieren, um pragmatisch Probleme zu lösen.

Was bedeutet das für dich und deine Projekte? Wenn du anfängst mit agilen Methoden zu arbeiten, versuche genau die Verfahren nach Lehrbuch zu befolgen. Wende XP so an, wie Kent Beck und andere dies beschreiben [Bec99]. Starte auch bei Scrum nach Lehrbuch [Sut13]. Erst wenn du genau verstanden hast, wie die Praktiken ineinandergreifen, kannst du einzelne Teile anpassen.

Übe und lass dich coachen

Um ein Musikinstrument, einen Sport oder ein Handwerk sehr gut zu beherrschen, musst du üben und viel Zeit investieren. Kaum jemand käme auf die Idee, völlig untrainiert einen Marathon laufen zu wollen. Wenn du gut programmieren oder Projekte leiten willst, gilt dasselbe, beides musst du üben und täglich praktizieren.

Üben und Trainieren funktioniert dann besonders effizient und effektiv, wenn du einen Coach hast, der dir Feedback gibt und Verbesserungsvorschläge macht. Ähnlich wie dein Fußballtrainer, deine Skilehrerin oder dein Klavierlehrer. Der Coach kann beispielsweise eine erfahrene Kollegin sein, die deinen Code reviewt oder mit dir nach Meetings mit dem Auftraggeber dein Verhalten bespricht. Eventuell könnt ihr Lernziele vereinbaren, die du dann praktisch umsetzt, z. B. die Entwicklungsumgebung nur mit der Tastatur zu bedienen (ohne Maus) oder Java 8 Streams besser verstehen.

2.2   Manage dich selbst!

Den größten Einfluss hast du auf dein eigenes Verhalten, deine Wahrnehmung und deine Einstellung (Mindset). Diese kannst du leichter ändern als das Verhalten und die Einstellung von Teamkollegen, Anwendern oder Auftraggebern. Speziell wenn du managen und führen willst, solltest du zuerst dich selbst managen und führen [Dru02]. Daher fangen wir bei dir an:

2.2.1   Kontrolle über deine Zeit

Zeit ist das wichtigste Gut in deinen Projekten: Zeit kannst du nicht kaufen oder dir einen Vorrat davon anlegen und die gestern verschwendete Zeit ist für immer verloren. Daher ist es für dich wichtig zu wissen, wo du deine Zeit investierst und an welchen Stellen eventuell unnötig Zeit verloren geht [Dru02]. Eine persönliche Zeiterfassung kann hier eine Hilfe sein, um unabhängig von Wahrnehmungsverzerrungen objektive Daten zu haben. Die meisten Menschen sind überrascht, wenn sie sehen, wo ihre Zeit bleibt [Dru02]. Deine Zeiterfassung sollte eher grob gehalten sein, beispielsweise in Portionen von 15

Tag		Start	Ende	Pause	Netto (Std.)	Diff	Thema 1 Kommentar	Thema 2 Kommentar	Thema 3 Kommentar	Thema 4 Kommentar	Thema 5 Kommentar	Thema 6 Kommentar	Them Kom
Sa	1												
So	2												
Mo	3												
Di	4	9:00	12:00	1,00	2,00	-2,00							
Mi	5	9:00	12:00	1,00	2,00	-2,00							
Do	6	9:00	12:00	1,00	2,00	-2,00							
Fr	7	9:00	12:00	1,00	2,00	-2,00							
Sa	8												
So	9												
Mo	10	9:00	12:00	1,00	2,00	-2,00							
Di	11	9:00	12:00	1,00	2,00	-2,00							
Mi	12	9:00	12:00	1,00	2,00	-2,00							
Do	13	9:00	12:00	1,00	2,00	-2,00							
Fr	14	9:00	12:00	1,00	2,00	-2,00							
Sa	15												
So	16												
Mo	17	9:00	12:00	1,00	2,00	-2,00							
Di	18	9:00	12:00	1,00	2,00	-1,00			3,00 Angebot				
Mi	19	9:00	12:00	1,00	2,00	0,00			2,00 Präsentation Ang.				
Do	20	9:00	12:00	1,00	2,00	1,00	1,00 Abstimmung AG	2,00 Landingpage					
Fr	21	9:00	12:00	1,00	2,00	0,00	1,00 Protokoll	1,00 Projektorganisation					
Sa	22												
So	23												
Mo	24	9:00	12:00	1,00	2,00	-2,00							
Di	25	9:00	12:00	1,00	2,00	-2,00							
Mi	26	9:00	12:00	1,00	2,00	-2,00							
Do	27	9:00	12:00	1,00	2,00	-2,00							
Fr	28	9:00	12:00	1,00	2,00	-2,00							
Sa	29												
So	30												
Mo	31	9:00	12:00	1,00	2,00	-2,00							
Summe					40,00		2,00	3,00	5,00	0,00	0,00	0,00	0,00

Abb. 2.4 Beispiel für Zeiterfassung in Excel

oder 30 Minuten, sonst wird die Zeiterfassung selbst zum Zeitfresser. Abhängig vom Projektkontext ist eine Zeiterfassung sowieso erforderlich, damit du als Auftragnehmer den erbrachten Zeitaufwand beim Auftraggeber in Rechnung stellen kannst.

Zum Erfassen der Zeiten bietet sich ein Konto für jedes wichtige Thema an. Auf das buchst du dann die Zeiten. Beispiele für Konten sind: Besprechung, QS, Feature-Entwicklung oder auch Reisezeiten. Die Zeiterfassung selbst kann beispielsweise ein einfaches Excel-Sheet sein (Abb. 2.4)[2] oder eine Open-Source Lösung wie Kimai.[3]

In regelmäßigen Zeitabständen wird die Zeiterfassung von dir kontrolliert: Wird eventuell irgendwo unnötig viel Zeit verschwendet, beispielsweise durch vermeidbare Reisen? Zeitfresser kannst du mit anderen diskutieren und ihr solltet versuchen, diese systematisch gemeinsam abzustellen. Einige sehr große Zeitfresser werden wir in diesem Kapitel noch anschauen.

2.2.2   Fasse Arbeitszeiten zu ungestörten Blöcken zusammen

Es kostet Zeit, sich in ein Thema einzudenken, z. B. eine anspruchsvolle Debugging- oder Entwurfsaufgabe. Um diese Aufgabe zu bearbeiten, ist eine größere Menge Zeit erforderlich, wegen des Umfangs und der Schwierigkeit. Daher solltest du für anspruchs-

---

[2] Ein Ticket-System wie GitLab (dieses wird später noch genauer dargestellt) solltest du eher nicht verwenden, denn dort brauchst du für alle zu erfassenden Zeiten ein Ticket, auf das du diese Zeiten buchst. Häufig geht aber Zeit an Stellen verloren, die nicht über Tickets verwaltet werden.

[3] https://www.kimai.org/

volle Aufgaben große zusammenhängende Mengen ungestörter Zeit reservieren, um diese abzuarbeiten [Dru02]. Mindestens 90 ungestörte Minuten sollten es sein. Peter Drucker empfahl schon vor über 50 Jahren, solche Blöcke in die Morgenstunden zu verlegen, etwa noch im Homeoffice, bevor du zur Arbeit oder zur Uni fährst. Ein Sortiment von kleinen Zeitfragmenten, wie hier mal 10 Minuten und dort 20 Minuten, war schon zu Druckers Zeiten nutzlos.

Mihály Csíkszentmihályi beschreibt folgendes Gefühl als Flow: Menschen erleben in Phasen, wo sie sich ungestört mit einem Thema beschäftigen können, ein Gefühl des Fließens, ein als beglückend erlebtes Gefühl der völligen Vertiefung und des restlosen Aufgehens in einer Tätigkeit [Csi91]. Um in einen Flow-Zustand zu kommen, sind folgende Voraussetzungen wichtig:

- Du bist von der Aufgabe weder über- noch unterfordert. Die für die Aufgabe erforderlichen Fähigkeiten und Erfahrungen sind vorhanden. Wenn du schon einige Jahre programmierst, ist der Flow-Zustand beim Programmieren wahrscheinlicher als bei einem Anfänger.
- Die Aufgabe dient dazu, ein vorher definiertes Ziel zu erreichen oder ein Problem zu lösen.
- Vollkommene Konzentration auf die Aufgabe ist wichtig, Störungen sollten nicht vorkommen, denn diese reißen dich immer wieder aus der Konzentration und damit aus dem Flow-Zustand heraus.
- Du hast das Gefühl, die Kontrolle über die Aufgabe vollständig zu besitzen und bekommst sehr schnell Rückmeldung über den Fortschritt, beispielsweise weil der Testfall durchläuft oder der Compiler (keine) Fehler meldet.

Um den Flow zu erleben und leistungsfähiger zu sein, brauchst du eine Umgebung, in der du dich konzentrieren kannst und die du unter deiner Kontrolle hast. Das ist im Homeoffice eventuell der Fall, im Großraumbüro oder in der Mensa einer Hochschule könnte das schwieriger sein. Auch hier kannst du durch einen großen Kopfhörer signalisieren, dass du gerade nicht unterbrochen werden willst.

2.2.3   Schalte das Smartphone und andere Ablenkungen aus!

Telefonanrufe oder die sofortige Reaktion auf eine eingehende E-Mail oder eine Nachricht auf dem Instant Messenger sind Störungen im Arbeitsablauf. Dein Gehirn verliert hier die Informationen, die es sich gerade bei der laufenden Aufgabe erarbeitet und in das Arbeitsgedächtnis geladen hat.

Jeder Telefonanruf und jede Nachricht ersetzt die gerade mühsam aus dem Langzeitgedächtnis geladenen und verknüpften Inhalte. Nach der Störung müssen diese Inhalte wieder hergestellt werden, das kostet Zeit und erhöht die Fehlerzahl. Häufige Störungen und Zeitdruck sorgen für weniger Zufriedenheit und kosten Konzentration und Kreativität [Ama02].

Multitasking war zum Überleben unserer Vorfahren in der Savanne sicher nicht erforderlich. Eine schnelle Reaktion auf eine Störung genügte, z. B. ein Löwe kommt angelaufen ⇒ Flucht. Jeder Wechsel zwischen zwei Aufgaben kostete schon immer Produktivität. Thomas Hunt[4] führt hier Studien an, die belegen, dass häufige Störungen die Leistung zwischen 20 und 40 Prozent reduzieren [Hun09]. Weitere Studien belegen, dass häufige Störungen auch die Kreativität vermindern und sogar der Gesundheit schaden.

Deine persönliche Produktivität steigt, wenn du Störungen ausschaltest. Das bedeutet, dass du in Phasen intensiven Nachdenkens alle Ablenkungen abstellen solltest. Selten ist etwas so wichtig, dass es nicht auch ein paar Stunden warten kann. E-Mails, WhatsApp und der Instant Messenger sind *asynchrone* Kommunikationsformen, eine sofortige Reaktion ist nicht erforderlich. Schalte also das E-Mail-Programm, den Instant Messenger und auch das Smartphone aus, speziell das Gebimmel neuer Nachrichten. Deine Kreativität und Leistung steigen dadurch deutlich.

2.2.4   Nur eine Aufgabe gleichzeitig

Konzentration auf einige wenige wichtige Dinge stellt sicher, dass diese in hoher Qualität und zeitnah erledigt werden [Dru02]. Du arbeitest im Allgemeinen am effektivsten, wenn nur eine Aufgabe gleichzeitig und vollständig bearbeitet wird und nicht mehrere nur halb.

Zweites wichtiges Argument ist: Für fertiggestellte Aufgaben erhältst du sofort Feedback und kannst danach eventuell dein weiteres Vorgehen anpassen. Wenn alle Aufgaben unerledigt sind, gibt es für keine eine Rückmeldung und die Aufgabenliste wird zunehmend länger. Sequenzielles Abarbeiten führt also zu schnellerem Lernen.

Agile Methoden wie etwa Kanban verwenden die Durchlaufzeit (lead time) von Aufgaben als Effizienzmaß: Wie lange dauert es vom Zeitpunkt, an dem die Aufgabe erstellt wurde, bis zu deren endgültigen Abschluss, z. B. der Abnahme durch einen Auftraggeber. Wenn wir versuchen, diese Zeit zu optimieren, führt das automatisch dazu, dass Aufgaben vollständig abgearbeitet werden, bevor die nächste begonnen wird. Hier gilt das Ganz-oder-gar-nicht-Prinzip: Halbfertige Aufgaben werden nicht liegen gelassen, sondern vollständig abgeschlossen.

Teilweise erledigte Aufgaben kosten Zeit und Qualität

Gefährlich sind unvollständig erledigte Aufgaben: Sie verlängern und verkomplizieren die Aufgabenliste unnötig. Diese Liste erzeugt ein Gefühl der Überforderung, wegen der immer umfangreicher werdenden Menge an offenen Punkten. Überblick und Konzentration leiden. Wenn andere Personen auf deine Ergebnisse angewiesen sind, erzeugt das Aufschieben durch nicht vollständige Erledigung nur unnötiges Warten und zusätzlichen Frust.

---

[4] Hunt, Thomas.

Wenn du beispielsweise deine Wohnung weiß streichst, musst du vor jedem Streichen die Farbe umrühren und die Stellen abkleben, die keine Farbkleckse haben sollen. Nach jedem Streichen musst du alles reinigen und die Pinsel und Rollen sauber machen. Stell dir vor, du streichst jetzt nur die Hälfte und den Rest eine Woche später. Das neue Abkleben, Rühren der Farbe und das Pinselreinigen geschieht dann überflüssigerweise mehrfach. Wenn du alles vollständig abarbeitest, sparst du dir diese Zusatzarbeiten. Solche Zusatzarbeiten in der Softwareentwicklung sind beispielsweise das Wechseln eines Branches bzw. das Auschecken des Codes, das Starten der Entwicklungs- und Testumgebung, das Beschaffen der Datenbank und sowie das Befüllen mit Testdaten.

Bei halb erledigten Aufgaben musst du dich jedes Mal wieder neu hineindenken, beispielsweise den Code und die Dokumentation noch mal neu lesen, noch mal mit Teamkollegen oder dem Auftraggeber reden. In deinem Gehirn findet ein Taskwechsel statt, wie schon oben beschrieben. Das kostet Zeit und eventuell Qualität in der Bearbeitung, da du noch mehr Fehler machst, die du später wieder aufwendig korrigieren musst.

Ganz-oder-gar-nicht-Prinzip

Wenn du kochst, bist du nicht fertig, sobald das Essen auf dem Tisch steht, sondern erst dann, wenn man auch die Küche wieder betreten kann. Der Einkauf ist nicht damit beendet, wenn die Ware im Kofferraum deines Autos ist, sondern wenn sich diese in den Vorratsschränken daheim befindet. Eine Programmieraufgabe ist nicht damit abgeschlossen, dass der Entwickler die Quelltexte für fertig hält, sondern dann, wenn auch die automatisierten Modultests fehlerfrei durchlaufen, ein Code-Review stattgefunden hat, der Code in das laufende System integriert wurde und der Kunde das entsprechende Feature abgenommen hat. Speziell die Qualitätssicherung wird gerne auf spätere Zeitpunkte verschoben, weswegen sich gerade hier viele unerledigte Aufgaben türmen.

Halten wir also noch mal fest: Begonnene Aufgaben werden soweit möglich immer vollständig erledigt, bevor du neue Aufgaben beginnst. Du musst dich mit deinen Teamkollegen später darauf verständigen, was ihr gemeinsam unter *vollständig* verstehen wollt. Dies dokumentiert ihr in eurer gemeinsamen *Definition of Done (DoD)*.

Personal-Kanban

Eine Möglichkeit, dies in die Praxis umzusetzen, ist Personal Kanban. Lege ein persönliches Kanban-Board an [Bar12]. Dazu brauchst du einige Haftnotizen (Super Sticky) und eine freie Wand oder ein Whiteboard. Das Whiteboard bekommt mindestens vier Spalten:

1. Backlog: Dort finden sich alle dir bekannten Aufgaben, für jede Aufgabe gibt es eine Haftnotiz mit Datum, wann du die Aufgabe erfasst hast.
2. Ready: Dort finden sich alle Aufgaben, die sofort begonnen werden können. Das ist dein kurzfristiger Arbeitsvorrat für die nächste Woche oder die nächsten Wochen.
3. Doing: Alle Aufgaben, die gerade erledigt werden. Hier bietet sich ein sogenanntes WIP-Limit an. WIP steht für *Work in Progress*. Wenn du das WIP-Limit beispielsweise auf *drei* setzt, darfst du nur noch drei Aufgaben gleichzeitig in Bearbeitung haben. Das

zwingt dich dazu, laufende Aufgaben vollständig abzuschließen, denn erst jetzt dürfen diese auf Done verschoben werden. Erst wenn bei Doing wieder ein Platz frei wird, kann von Ready wieder eine Aufgabe dorthin nachrücken.

4. Done: Erledigte Aufgaben. Diese Spalte entsorgst du in regelmäßigen Abständen, z. B. einmal wöchentlich, im gleichen Zug kannst du auch neue Aufgaben in das Backlog ergänzen und die kurzfristigen Aufgaben aus dem Backlog nach Ready verschieben.

Die Position der Haftnotizen macht deutlich, in welchem Zustand sich gerade welche Aufgabe befindet und wie viel noch zu tun ist. Versehe nun jede Spalte mit einer Kapazität (WIP-Limit). Weitere Informationen zu Kanban findest du bei David J. Anderson oder Mike Burrows [And10, Bur14].

2.2.5   Minimalitäts-Prinzip: Streiche alles Unwichtige

Wenn du etwas nicht tust, füllt es nicht unnötig die Aufgabenlisten und es verbraucht keine wertvolle Zeit, die du an anderer Stelle besser investieren könntest. Auch den Speicherplatz im Gedächtnis kannst du für etwas anderes verwenden. Eine wichtige Frage für ein Projekt lautet daher immer: *Was passiert, wenn ich diese Aufgabe weglasse oder dieses Feature nicht erstelle?* Wenn das Weglassen keine besonderen Konsequenzen hat, kann und sollte die Aufgabe oder das Feature ersatzlos gestrichen werden.

Die Eisenhower-Matrix (Abb. 2.5) kann eine Hilfe zur Einordnung und Priorisierung sein [Cov05]: Du ordnest allen Aufgaben die Eigenschaften *dringend* und *wichtig* zu. Die A-Aufgaben (dringend und wichtig) musst du sofort erledigen. Viele A-Aufgaben deuten beispielsweise darauf hin, dass du viel Zeit in die Reaktion auf aktuelle Ereignisse, Probleme und Fehler investieren musst. Also ständig mit dem Löschen von Bränden beschäftigt bist. Die B-Aufgaben (wichtig, aber nicht dringend) sind die Aufgaben, die du planen kannst. Damit vermeidest du mittelfristig A-Aufgaben, da du mit B-Aufgaben

	Dringlichkeit	
	dringend	nicht dringend
wichtig	**A** sofort erledigen	**B** Termin festlegen
nicht wichtig	**C** ggf. delegieren	**D** streichen!

Wichtigkeit (vertikale Achsenbeschriftung)

Abb. 2.5 Eisenhower-Matrix: Einordnung von Aufgaben in A (wichtig und dringend) bis D (unwichtig und nicht dringend). Ziel dieser Einordnung ist die Streichung oder die Delegation von unwichtigen Aufgaben. Zweites Ziel ist es, möglichst durch vorausschauendes Arbeiten A-Aufgaben zu vermeiden und nur noch B-Aufgaben bearbeiten zu müssen, also proaktiv statt reaktiv zu arbeiten vorausschauend Fehler und Probleme vermeiden kannst, quasi als Brandschutz. Kandidaten für die Not-To-do-Liste sind C- und D-Aufgaben. Beide Aufgabentypen sind unwichtig. C-Aufgaben (dringend) kannst du eventuell delegieren, D-Aufgaben kannst du einfach streichen. Diese Einordnung solltest du regelmäßig für alle Aktivitäten und Aufgaben durchführen. Das Ausmisten vermeidet Verzetteln und reduziert deinen Stress, da damit die Aufgabenliste kürzer wird. Ein wichtiges Ziel bei der Organisation deiner Aufgaben ist, möglichst vorausschauend (proaktiv) zu handeln, um damit die Zahl der A-Aufgaben deutlich zu reduzieren und somit mehr Zeit für die B-Aufgaben zu haben. Übertragen auf deine Gesundheit bedeutet das zum Beispiel, dass du regelmäßig zum Zahnarzt zur Prophylaxe gehst (B-Aufgabe), um nicht irgendwann mit akuten Zahnschmerzen am Wochenende zum Notdienst zu müssen (A-Aufgabe).

Wir bezeichnen das Streichen unwichtiger Aufgaben oder Features auch als Minimalitätsprinzip. Dieses ist eines der zwölf Prinzipien des agilen Manifests und lässt sich auf alle Aktivitäten der Softwareentwicklung anwenden. Es führt dazu, dass wir uns auf die wichtigen Tätigkeiten konzentrieren, und zwar auf die, welche den entstehenden Geschäftswert für unseren Auftraggeber steigern. Überflüssige Features oder nicht benötigte Qualitätseigenschaften (Skalierbarkeit ist hier ein schönes Beispiel) werden damit wegoptimiert. Nicht implementierte, unwichtige Features müssen nicht abgenommen, nicht integriert und nicht getestet werden. Unser Anwender kann keine Fragen dazu haben – Weglassen kann damit die Qualität und die Entwicklungsgeschwindigkeit deutlich erhöhen. Wir kommen darauf unter der Überschrift *Minimal Viable Product* in Abschn. 4.12 zurück.

2.3   Was ist Dein Beitrag zum Ganzen?

Wenn du verstehst, was du zu zum großen Ganzen beitragen kannst, kannst du im Detail passendere Entscheidungen treffen, die zu diesem Ziel beitragen. Ein Verständnis des großen Ganzen hält dich hoffentlich davon ab, lokal zu optimieren [Pop03]. Das wirkt sich auch positiv auf deine Motivation aus [Pin09], da du jetzt an einer erstrebenswerten Vision mitarbeitest. Häufig wird in diesem Zusammenhang das Beispiel der drei Steinmetze gebracht,[5] die alle an einer großen Kirche arbeiten.

- Der erste sagt: Ich arbeite hier, um meine Miete zu bezahlen.
- Der zweite: Ich werde der beste Steinmetz aller Zeiten.
- Der dritte: Ich baue eine Kathedrale!

Moral der Geschichte ist hier: Man kann den ersten Steinmetz gut steuern und mit ihm arbeiten, da er für Geld arbeitet und darüber motiviert werden kann. Ihn muss man häufiger überprüfen und ihn führen, er braucht einen Manager, der ihn steuert. Der zweite ist

---

[5] Vgl. z. B. Fredmund Malik [Mal14].

gefährlich, da er mit seiner Profession lokal optimiert und keinen Blick fürs Ganze hat, Hauptsache seine Steine sind schön und er erhält eine Belohnung. Der dritte hat sich auf eine übergreifende Vision, also die Kathedrale, eingeschworen und hat so den Blick für das Ganze. Damit ist er in der Lage, eher selbst zu entscheiden, was notwendig ist. Er kann sich weitgehend selbst steuern.

In agil durchgeführten Projekten trägt das Team weitgehend die Verantwortung für die Qualität des Projektergebnisses und hat dabei viele Entscheidungsbefugnisse, da der Entwicklungsprozess kaum Vorschriften macht. Es ist also wichtig, dass auch du den Blick für das Ganze behältst und gemeinsam mit dem Team zur Erfüllung der gemeinsamen Vision beiträgst. Wenn du verstanden hast, was du beiträgst, ist das normalerweise motivierend, da dies deiner Arbeit einen höheren Sinn gibt [Pin09]. Außerdem hilft es dir, deine tägliche Arbeit und die Arbeit im Team besser zu priorisieren und Wichtiges (das du zuerst tun solltest) von Unwichtigem (das du weglassen kannst) zu trennen.

Das Gegenteil davon ist klassische Planung, in der ein übergeordneter Projektleiter oder Manager die Arbeit auf die vorhandenen Personen aufteilt. Dies hat Frederick W. Taylor im Jahre 1911 als *Scientific Management* veröffentlicht. Er trennt die Planung von Aufgaben von ihrer Ausführung. Das hat zur Rationalisierung auch durch Fließbandarbeit Anfang des 20. Jahrhunderts beigetragen und es hat die Massenproduktion erst ermöglicht. Was am Fließband funktioniert hat, funktioniert eher nicht für Kopfarbeiter wie dich [Dru02, Dir11]: Denn der einzelne Mitarbeiter hat kaum noch einen Blick dafür, was er eigentlich zum Gesamtergebnis beiträgt. Er optimiert lokal, da er dafür belohnt wird, z. B. mit einem Akkordlohn. Besonders motivierend ist dies für Kopfarbeiter nicht.

2.4 Agiles Mindset

Stell dir vor, dass du alle Kolleginnen und Kollegen für Konkurrenten hältst. Deren Verhalten wirst du sicher anders interpretieren, als wenn du sie alle als deine Freunde betrachtest. Oder: Wenn du glaubst, dass deine Fehler Belege für dein fehlendes Können sind, reagierst du anders, als wenn Fehler für dich zum Lernen dazugehören. Dein Selbstbild und dein Menschenbild beeinflussen offenbar deine Wahrnehmung und dein Verhalten wesentlich.

Wir fassen hier einen ganzen Haufen von Themen grob unter der Überschrift *Mindset* zusammen: *Einstellung*, *Haltung*, *Grundwerte*, *Selbstbild* und *Menschenbild*. Als Sammlung von Faktoren in dir, die dein Verhalten beeinflussen, die du aber beeinflussen kannst. Dein Mindset bestimmt, wie du dich und die Realität wahrnimmst. Es beeinflusst dein Verhalten wesentlich und ist daher auch dafür verantwortlich, wie viel du lernst bzw. wie erfolgreich du in deinen Projekten bist. Auch für den Umgang mit deinen Teamkollegen und deinem Auftraggeber ist dein Mindset wesentlich und bestimmt, wie du auf andere wirkst.

Die folgenden Abschnitte enthalten eine Sammlung Themen, die uns aus der Erfahrung mit Teams aus Studierenden in Projekten mit externen Auftraggebern wichtig erscheinen.

Themen, bei denen wir häufig den Studierenden helfen, oder in Kundensituationen deeskalieren mussten. Die Liste ist nicht gedacht als vollständige oder gar wissenschaftliche
Abhandlung über Mindsets im Allgemeinen und Speziellen.

2.4.1   Fehler sind erlaubt

Im Zusammenhang mit agiler Softwareentwicklung wird häufig ein *dynamisches Selbstbild* (Growth Mindset) gefordert. Dieser Begriff wurde von Carol Dweck geprägt
[Dwe16]. Sie unterscheidet ein dynamisches und ein statisches Selbstbild: Ein dynamisches Selbstbild erlaubt Fehler explizit als wertvolle Erfahrungen. Wer lernt und neues
ausprobiert, macht zwangsläufig Fehler, denn genau daraus lernt man. Menschen mit
einem dynamischen Selbstbild glauben eher, dass sie durch Lernen und Anstrengung
besser werden können. Im Gegensatz dazu glaubt eine Person mit einem statischen
Selbstbild eher, dass viele Fähigkeiten und auch die Intelligenz Charaktermerkmale sind,
die im Erbgut stecken und die man daher kaum beeinflussen kann. Eine Person mit einem
statischen Selbstbild könnte beispielsweise sagen: *Ich kann nicht programmieren*, dagegen
sagt und denkt eine Person mit einem dynamischen Selbstbild: *Ich kann NOCH nicht
programmieren, wenn ich Zeit investiere, kann ich das aber in sehr guter Qualität lernen.*
Das Wort *noch* macht hier den Unterschied aus.

Der persönliche Status ist wesentliches Element innerhalb des Selbstbildes. Menschen
vermeiden normalerweise Situationen, in denen ihr Status gefährdet wird [Roc09]. Eine
Person mit statischem Selbstbild sieht ihren Status gefährdet, wenn ihre Fehler bemerkt
werden. Sie vermeidet daher eher Situationen in denen sie Fehler machen könnte oder
gibt die Verantwortung für Fehler den Umständen oder anderen Personen. Menschen mit
einem dynamischen Selbstbild sehen ihren persönlichen Status nicht durch Fehler bedroht.
Sie probieren daher eher Neues aus und geben eigene Fehler eher offen zu.

Belohnungs- bzw. Bestrafungssysteme von Unternehmen, Schulen und Hochschulen
geben einen Hinweis auf das dahinter liegende Menschenbild, auch von Eltern oder
Vorgesetzten. Ein statisches Menschenbild belohnt das Ergebnis z. B. eine gute Note in
der Schule. Ein dynamisches Menschenbild belohnt dagegen die Anstrengung, z. B. den
Aufwand, den das Kind für das Lernen investiert hat. In Organisationen mit einem statischen Menschenbild werden bei Problemen Schuldige gesucht und Fehler werden bestraft.
Wer Fehler macht, erleidet einen Statusverlust. Das führt natürlicherweise dazu, dass
Fehler vertuscht werden und dass deren Ursachen bestehen bleiben. Damit wiederholen
sich immer wieder dieselben Fehler. In Unternehmenskulturen mit eher dynamischem
Menschenbild darf jeder Fehler machen und sein Status ist davon nicht beeinträchtigt. Dies
führt eher zu einer offenen Analyse der Fehlerursachen und erlaubt deren systematische
Beseitigung [Wes04]. Die Organisation lernt systematisch aus Fehlern.

Versuche ein eher dynamisches Selbstbild zu entwickeln: Fehler bringen dich weiter!
Fehler sind im Lernprozess normal. Wer keine Fehler macht, lernt nicht effizient.

Vertuschen von Fehlern führt häufig zu weiteren Problemen, dies ist der Stoff vieler Tragödien im Theater und Kino. Fehler, deren Ursachen du verstehst und behebst, treten nicht mehr auf.

2.4.2 Stärke deine Stärken

Kaum ein Mensch interessiert sich für die Sportnoten von Albert Einstein, ob Pablo Picasso gut in Erdkunde war oder ob Lionel Messi ausgezeichnet rechnen kann. Universalgenies gibt es längst nicht mehr, dazu ist die Zahl der Wissensgebiete zu groß geworden. Es ist also völlig in Ordnung, wenn du dich auf deine Stärken konzentrierst und nicht in allen Themen hervorragend bist.

Es herrscht weitgehend Einigkeit darüber, dass ein heterogen besetztes Team besser arbeitet als ein Team, das aus zu ähnlichen Personen besteht. Ein Team aus lauter Erbsenzählern wird ebenso wenig erfolgreich sein wie ein Team, das aus lauter extrovertierten Verkäufern besteht. Ein gutes Team lebt von der Verschiedenartigkeit (Diversity) seiner Mitglieder [Bel12].[6]

Das ist gut, denn damit bist du in jedem Fall geeignet, wie du gerade bist. Egal worin du gut bist und welchen Charakter du hast. Die Kunst in der Organisation besteht darin, dass du dort eingesetzt wirst, wo du deine Stärken ausspielen kannst und wo deine Schwächen eine untergeordnete Rolle spielen [Mal14, Dru02]. Wichtig ist, dass du zusammen mit den anderen im Team die Organisation solange veränderst, bis jeder im Team seine Stärken ausspielen kann und alle im Team sich ihrem Können gemäß entwickeln können.

2.4.3 Langfristig denken

Gerade, wenn du noch am Anfang deiner Karriere stehst, ist es wichtig, langfristig zu denken: Wenn du beispielsweise gerade 25 Jahre alt bist, hast du vermutlich noch gute 45 Berufsjahre vor dir. Wenn ein Projekt schief geht, spielt das langfristig überhaupt keine Rolle. Wenn etwas schief geht, ist es besonders wichtig, sich an der Zukunft zu orientieren. Das hilft dir, eher positiv mit Problemen umzugehen, und du vermeidest die Suche nach Schuldigen, das ist sowieso kontraproduktiv.

Konzentriere dich eher darauf, dass du wertvolle Erfahrungen sammelst. Deine persönliche Produktivität, deine Erfahrungen, dein Wissen und Können sollten sich mit jedem weiteren Projekt vergrößern. Gelegentliche Niederlagen und gescheiterte Projekte sind völlig normal und gehören zur persönlichen Entwicklung dazu.

---

[6] Diversity bezieht sich auch auf Geschlecht, Herkunft, Religion, sexuelle Orientierung – verschiedene Perspektiven sind gut.

Die Wahrscheinlichkeit ist sehr groß,[7] dass du den Personen, mit denen du jetzt gerade zu tun hast, in den nächsten 45 Jahren in einem anderen Kontext wieder begegnest. Die IT-Branche ist kleiner, als du denkst. Die Teamkollegen im aktuellen Projekt könnten in wenigen Jahren Vorgesetzte, mögliche Mitarbeiter oder Kunden sein. Auch aus pragmatischen Erwägungen heraus solltest du dich also immer moralisch, korrekt und respektvoll verhalten sowie immer auf hohe Qualität deiner Arbeit achten. Streitigkeiten solltest du nach Möglichkeit beilegen, zumindest soweit, dass du der anderen Partei in einem anderen Kontext wieder begegnen kannst, ohne dass ihr euch gleich prügelt.

2.4.4   Respekt

Eigentlich lebst du in deiner eigenen Welt [Wat05]. Du nimmst nicht die reale Welt wahr, wie sie ist, sondern siehst alles durch deine Brille mit allen damit verbundenen Verzerrungen und Vorurteilen.[8] Für alle Menschen, mit denen du es zu tun hast, gilt dasselbe. Wenn du das berücksichtigst, hat das wesentliche Konsequenzen für dein Verhalten:

Wenn sich ein Teammitglied oder ein Mitarbeiter des Auftraggebers in deinen Augen seltsam verhält, gibt es dafür sicher einen vernünftigen Grund. Es lohnt sich, diesen Grund zu erforschen und genauer zu verstehen, bevor das Gegenüber gleich als unfähig, ungebildet, zu alt, einfach blöd oder unwillig bewertet wird [Ros12]. Deine Bewertung der Personen ist immer relativ zu deinem eigenen Hintergrund, deinen Erfahrungen und deinem Wertesystem. Wenn du die Ursachen für das Verhalten kennst, verstehst du es sicher besser und kannst dich dementsprechend einfühlsamer bzw. intelligenter verhalten. Norman Kerth bringt das in seiner bekannten Prime Directive zum Ausdruck [Ker01], diese ist in den unten noch beschriebenen Retrospektiven elementarer Grundsatz:

> Regardless of what we discover, we understand and truly believe that everyone did the best job they could, given what they knew at the time, their skills and abilities, the resources available, and the situation at hand.

Alle Menschen, mit denen du es zu tun hast, geben unter den gegebenen Randbedingungen ihr Bestes. Diese Grundannahme fördert den Respekt untereinander und vereinfacht die Kommunikation mit den andern Teammitgliedern und dem Auftraggeber [Glo14].

Wenn es Probleme gibt, müsst ihr gemeinsam die Randbedingungen verändern.

---

[7] Erfahrungstatsache Beneken.

[8] Eine sehr ausführliche Darstellung dazu liefert der Psychologe und Nobelpreisträger Daniel Kahneman in seinem Buch *Schnelles Denken, langsames Denken* [Kah12].

Beispiel: Legacy Software

Es kommt häufig vor, dass dein Auftraggeber bereits eine Software verwendet und es gelebte Prozesse gibt. Alles funktioniert offenbar, aber es gibt irgendwelche Herausforderungen, sonst wärst du ja auch nicht gerufen worden.

Wenn dein Auftraggeber alt aussehende Software oder veraltete Verfahren verwendet, gibt es auch dafür einen guten Grund. Niemand baut absichtlich unwartbare, unbrauchbare, langsame oder unsinnige Software. Kein Mensch macht absichtlich über längere Zeiträume Quatsch. Das ist für die Beurteilung der Situation beim Auftraggeber wichtig. Auch hier lohnt es sich, die Ursachen und Hintergründe zu erforschen, um sich dann richtig zu bewegen. Denn auch die alt aussehende Software hat jemand geschrieben, der dafür Wertschätzung und Respekt verdient. Legacy Software ist ein Zeichen für Erfolg, übersetzt bedeutet Legacy auch Vermächtnis. Denn diese Software wird nach geraumer Zeit immer noch verwendet. Auch in COBOL und PL/1 kann man offenbar gute Software schreiben. Schlechte Software wird in der Regel nicht alt.

Diese Einstellung kann man insgesamt als Respekt vor den Menschen verstehen, mit denen du es zu tun hast. Jeder, den du triffst, hat irgendetwas Sinnvolles beizutragen, niemand ist unfähig, faul, grundsätzlich unwillig oder völlig böswillig. Er verhält sich bestenfalls so, dass du das Verhalten als solches wahrnimmst.

Das emotionale Bankkonto

Steven Covey verwendet als Bild das *emotionale Bankkonto*, um die Wirkung deines Verhaltens auf andere zu verdeutlichen [Cov05]. Du kannst bei deinen Teammitgliedern oder anderen Menschen Abhebungen machen, z. B. indem du jemanden vor den anderen bloß stellst. Du kannst auf dein Konto einzahlen, indem du ihn bei irgendeiner Tätigkeit unterstützt, ehrlich nach seiner Meinung fragst oder ihn lobst. Du solltest darauf achten, bei allen möglichst im Plus zu sein, bzw. nicht zu sehr ins Minus zu geraten. Wenn du im Plus bist, sind kleinere Abhebungen immer zulässig (Tab. 2.1).

Einzahlungen auf emotionale Bankkonten bei anderen nützen auch dir selbst: Dein Gehirn schüttet Belohnungshormone aus, wenn du beispielsweise jemandem geholfen hast [Pre09, Roc09]. Der Helfende profitiert damit genauso wie der, dem geholfen wird.

Tab. 2.1 Beispiele für Einzahlungen und Abhebungen auf den emotionalen Bankkonten von Teamkollegen

Einzahlen	Abheben
Unterstützen und helfen	Keine Zeit haben
(Vor dem Team) loben	(Vor dem Team) tadeln
Versprechen einhalten	Versprechen brechen
Ergebnisse wertschätzen	Ergebnisse klein reden
Nach Meinung fragen	Meinung ignorieren
In das Team bewusst integrieren	Aus dem Team ausschließen
Offene Kommunikation	Lästern und geheime Absprachen
Autonomie ermöglichen	Mikromanagement

2.4.5   Bescheidenheit

Der Hinweis auf persönliche Bescheidenheit (‚humbleness' oder ‚humility') findet sich in vielen Wertesystemen agiler Organisationen.[9] Ein sehr schönes Beispiel dazu bringt Ray Dalio [Dal17]: Er hat mit Mitte zwanzig Bridgewater Associates gegründet. Bridgewater ist derzeit (Mitte 2019) einer der erfolgreichsten Hedgefonds weltweit. Dalio hat im Jahr 1982 eine Schuldenkrise vorhergesehen und sowohl vor dem Amerikanischen Kongress als auch im Fernsehen darauf bestanden, dass diese Krise eintritt. Als sich seine Prophezeiung als falsch herausstellte, musste er die meisten seiner Mitarbeiter entlassen und entging nur knapp dem Konkurs. Dalio hat aus der Erfahrung abgeleitet, dass er Entscheidungen nur noch nach umfassender Diskussion mit Andersdenkenden trifft und seine eigene Sicht der Dinge relativiert. Eine gewisse Bescheidenheit ist hilfreich.

Entscheide im Diskurs
Deine Meinung ist wichtig, du solltest diese aber immer mit Andersdenkenden im Team oder beim Auftraggeber abgleichen [Dru02]. Diskussion ist immer wichtig, denn möglicherweise ist dein Bild der Technik oder der Lage unvollständig oder verzerrt. Wie das Beispiel von Ray Dalio illustriert. Wenn du beispielsweise eher Details liebst, diskutiere mit jemandem, der eher visionär denkt. Wenn du Optimist bist, rede mit einem Bedenkenträger. Wenn du die Meinung und die Bedenken der anderen wertschätzt, ist das jeweils eine große Einzahlung auf dein emotionales Bankkonto bei ihnen. Wertschätzen bedeutet dabei nicht, dass du zustimmen musst, es geht eher darum, ernsthaft darüber zu sprechen.

Der Diskurs hat einen weiteren Vorteil: In einem Team könnt ihr verschiedene, konkurrierende Interessen durch jeweils ein Teammitglied vertreten lassen, quasi als Sparringspartner: Ein Teammitglied vertritt Interessen wie die Einhaltung von Liefertermin und Budget (PO, Projektleiter), ein anderes vertritt die Einhaltung von Qualitätsanforderungen (Architekt). Wenn nun Entscheidungen im Team zu treffen sind, findet die Abwägung über die Diskussion der Interessenvertreter statt.

2.5   Schnelles Lernen

Softwareprojekte sind zunächst durch großes Nichtwissen geprägt. Du kennst dich eventuell nicht mit der verwendeten Technologie aus. Der Kunde ist dir mit seinen Organisationsstrukturen und Prozessen unbekannt und in die Fachlichkeit musst du dich auch erst einarbeiten. Je schneller und effektiver du dich in diese unbekannten Themen einarbeiten kannst, desto schneller kannst du einen hilfreichen Beitrag leisten.

---

[9] Vgl. z. B. Tony Hsieh in ‚Delivering Happiness' [Hsi16].

2.5.1 Informationen sammeln und strukturieren

Im Beruf lebst du von den von dir gesammelten und in eine Struktur gebrachten Informationen. Dein Auftraggeber oder deine Teamkollegen sollten dir möglichst jede Information nur ein einziges Mal erzählen müssen. Daher schreibst du dir das Wichtigste auf und bringst die Notizen in eine sinnvolle Ordnung, sodass du die Informationen auch wiederfindest. Um zu lernen, ist es wichtig, das zu erarbeitende Wissen in eine Struktur zu bringen. Damit kannst du dir das Wissen besser merken, denn Struktur erleichtert das Chunking, vgl. Abschn. 2.1.1.

Die Kladde und das Smartphone

Eine Kladde ist ein DIN-A4- oder DIN-A5-Heft mit festem Umschlag. In der Kladde notierst du alle relevanten Informationen aus Terminen und Telefonaten, jeweils mit Datum und anderen Hinweisen zur Struktur. Die Kladde ist quasi dein externes Gedächtnis, das dir hilft, alle relevanten Informationen zu behalten. Die Kladde ist bei jedem Termin dabei und du schreibst das Wichtigste mit, also alle Informationen, die eventuell später nützlich sind. In der Kladde findet sich nicht nur Text, sondern auch handschriftliche Skizzen, Mindmaps oder Sketch Notes. Telefonnummern oder E-Mail-Adressen werden im Zweifel auch dort notiert.

Die Kladde wird zunehmend durch Software auf Tablet-Computern ersetzt, ein Beispiel ist OneNote von Microsoft. OneNote ermöglicht die Integration und Vernetzung von handschriftlichen Kommentaren, Fotos, Dokumenten, Audiosequenzen und Videos. Damit ist die Information elektronisch verfügbar, z. B. auf mehreren Geräten wie dem Smartphone, dem Tablet-Computer und dem Desktop. Diese elektronischen Formate lassen sich leicht durch Fotos (z. B. von Arbeitsergebnissen am Whiteboard oder Flipchart) oder kurze Audiosequenzen ergänzen. Die elektronische Kladde kann zusätzlich als Notizbuch in einem Team verwendet werden und du kannst deine Notizen mit anderen teilen. Abb. 2.6 zeigt einen Ausschnitt der Notizen zu einem Projektmeeting.

Gute Dienste leistet ein immer griffbereites Smartphone, mit dem du alle relevanten Informationen fotografierst. Dieses sollte ebenfalls Zugriff auf die OneNote-Notizen haben, damit die gemachten Fotos sofort zu den Notizen hinzugefügt werden können. Wenn du beide Werkzeuge nicht verwendest, kannst du auch die gemachten Fotos in euer Projekt-Wiki hochladen und dort eine Seite dazu erstellen. Speziell wenn das Foto oder Video für den Fortgang eures Projekts wichtig ist, sollte es sich auch im Wiki finden und dort richtig verlinkt sein.

Sketch Notes

Sketch Notes sind in den vergangenen Jahren sehr populär geworden. Versuche bei Vorträgen, in Vorlesungen oder in Gesprächen nicht einfach nur Text mitzuschreiben, sondern gleich ein Schaubild anzufertigen, das mehr die Zusammenhänge zeigt, wie auch eine Mindmap. Die Visualisierung zwingt dich dazu, stärker auf Zusammenhänge zu achten und Beziehungen zwischen den verschiedenen Informationen herzustellen,

Abb. 2.6 Ausschnitt aus einer Mitschrift bei einem Projektmeeting. Kombination von Fotos vom Beamer und handschriftlichen Notizen. Hier zeigt sich der Vorteil von elektronischen Notizbüchern: Fotos, Video und Audio können einfach ergänzt und eingearbeitet werden. Das Arbeiten mit mehreren Devices gleichzeitig ist möglich, z. B. Smartphone und Laptop

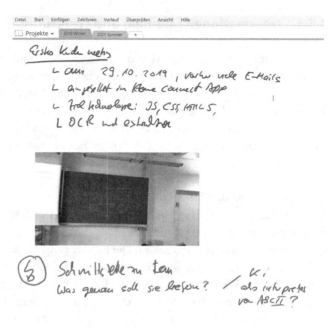

beispielsweise über Pfeile oder Hierarchien.[10] Auf YouTube gibt es viele plastische Anleitungen zum Thema Sketch Notes.

2.5.2 Mindmapping

Mindmapping wurde von Tony Buzan [Buz02] erfunden und ist eine sehr weit verbreitete Technik, Informationen in Beziehung zu setzen und diese in eine Struktur zu bringen. Das Langzeitgedächtnis ist, wie oben schon dargestellt, assoziativ organisiert. Informationen werden mithilfe anderer Informationen abgespeichert. Die vernetzte Struktur von Informationen kann über eine Mindmap visualisiert werden. Informationen können an jeder beliebigen Stelle der Map ergänzt werden (Abb. 2.7).

Die Struktur einer Mindmap ist hierarchisch: Vom Mittelpunkt mit einem Thema ausgehend werden große Äste und davon abgehend kleinere Zweige ergänzt. Die Strukturierung in Thema, Oberpunkte und Unterpunkte ergibt sich automatisch, während du die Mindmap bearbeitest und immer wieder neu organisierst. Zusätzliche Informationen kannst du mit Symbolen, mit Piktogrammen (Blitz, Fragezeichen, Warnschild, Bombe, Uhr etc.) oder mit bestimmten Farben darstellen.

---

[10] Vgl. dazu die Ideen zur Visualisierung in Abschn. 11.5.1.

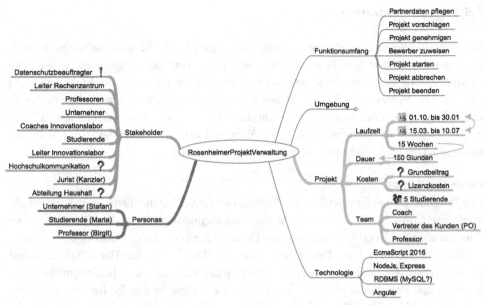

Abb. 2.7 Beispiel für eine Mindmap

Für Mindmaps brauchst du eine freie Seite in der Kladde und einige bunte Stifte bzw. eine entsprechende Software auf dem Tablet-Computer. Es gibt hierzu jede Menge frei verfügbare Software, um die Maps gleich elektronisch zu erfassen. Eine Mindmap eignet sich beispielsweise in folgenden Fällen:

- Einarbeitung in ein neues Thema. Hier werden die gelesenen, gehörten oder gesehenen Informationen untereinander verknüpft und in einen (hierarchischen) Zusammenhang gebracht. Die Mindmap macht es leicht, an jeder beliebigen Stelle weitere Informationen zu ergänzen. Vorteil dieser Technik ist es, dass ein grafischer Überblick entsteht und Zusammenhänge leichter erkennbar sind als in einem Text oder in einem Gespräch. Die Vernetzung der Informationen in der Mindmap ähnelt der assoziativen Speicherung von Informationen in deinem Gedächtnis.
- Sammlung von Informationen. In den ersten Gesprächen mit dem Auftraggeber erhält das Team vermutlich mehr Informationen, als es gerade verarbeiten und einordnen kann. Auch hier bietet sich als Gesprächsprotokoll eine Mindmap an, die während des Gesprächs mit dem Auftraggeber angefertigt wird.
- Planung. Ein Themenfeld ist komplex und es muss eine Struktur und Reihenfolge gefunden werden, in der Teilaufgaben bearbeitet werden. Hier eignet sich ebenfalls eine Mindmap, da diese es erlaubt, eine solche Hierarchie zu erfassen. Diese Idee wird beispielsweise von den Impact Maps verfolgt, vgl. Abschn. 4.9.

2.5.3   Pair Programming

Bei der Einarbeitung in eine neue Programmiersprache, in bestehende Software oder in eine neue Infrastruktur ist es kaum möglich, die komplette, eigentlich notwendige Dokumentation zu lesen. Außerdem ist es schwierig, Relevantes von Irrelevantem zu trennen. Die Syntax einer Programmiersprache oder die Features einer Infrastruktur zu kennen, qualifiziert bei weitem noch nicht dazu, in dieser Umgebung Probleme zu lösen und unbekannte Aufgaben zu bewältigen. Wenn ein erfahrener Entwickler im Team ist, bietet sich hier die Einarbeitung über Pair Programming an:

Driver und Pilot
Pair Programming unterscheidet zwei Rollen: Der Driver hat die Tastatur und erstellt die Implementierung. Der Pilot überwacht die Implementierung als Qualitätssicherung. Der Pilot hat eher den Überblick, während der Driver einen Blick für die Details hat.

Am Anfang solltest du Driver sein, also die Tastatur in der Hand haben. Damit vermeidest du, dass der Erfahrene alles selbst programmiert und du nicht mehr mitkommst. Ihr diskutiert gemeinsam eine Lösung und du tippst diese in den Editor. Der erfahrene Entwickler erklärt dir alles, zeigt wo ihr seid und führt dich. So lernst du eher die relevanten Teile, da ihr euch fortlaufend mit dem Lösen von Problemen befasst. Du siehst Heuristiken und lernst Lösungsstrategien kennen. Nicht zu unterschätzen ist auch das praktische Wissen über die Entwicklungsumgebung und andere Werkzeuge. Vieles ist ja bereits automatisiert und mit einem Knopfdruck machbar, wenn du weißt, wie man diese Hilfen anwendet und welche Funktion wo zu finden ist. Ganze Refactorings oder das Erzeugen von ,Boiler Plate'-Code gehen in modernen Entwicklungsumgebungen mit wenigen Handgriffen.

Das Pair Programming sorgt gleich noch dafür, dass sich das Wissen im Team besser verteilt. Das Wissen über den gerade erstellten Code ist ja auf zwei Köpfe verteilt. Weitere Vorteile des Pair Programming besprechen wir in Kap. 17.

2.5.4   Laufende Entwicklungsumgebung und lokales Testen

Um dich in eine Programmiersprache oder ein neues Framework einzuarbeiten, kannst du sicher auch ein Buch lesen oder ein Video-Training anschauen. Feedback, ob du Framework oder die Sprache richtig verstanden hast, bekommst du nur durch den Compiler bzw. Interpreter der Programmiersprache. Eine Entwicklungsumgebung zeigt dir in wenigen Millisekunden, ob dein Code Syntaxfehler enthält. Im zweiten Schritt bieten sich Testtreiber beispielsweise in JUnit und ein testgetriebenes Vorgehen an, denn der Modultest gibt dir innerhalb weniger Sekunden Feedback, ob dein Code das beabsichtigte Verhalten hat.

In einem neuen Projekt musst du so schnell wie möglich experimentieren und auspro-
bieren können. Das geht nur mit laufender Entwicklungsumgebung. Für das eigentliche
Erarbeiten der neuen Programmiersprache hat dann jeder einen anderen Zugang, vom
Internet-Tutorial oder einem Buch bis hin zu videobasierten Kursen.

Technischer Durchstich und intelligentes Copy & Paste

Ein Projekt verwendet in der Regel viele verschiedene Technologien. Beispielsweise
Ubuntu, MySQL, Apache, PHP sowie das Symfony-Framework am Server, der sich
aus mehreren Docker-Containern zusammensetzt, dazu noch JavaScript, das React-
Framework, CSS und HTML am Webclient in einem Browser. Die Entwicklungsumgebung besteht dann noch aus Git, mehreren Build-Skripten und einigen anderen dir
unbekannten Werkzeugen. Wenn du dir zu allem ein Buch durchlesen willst, bist du
mindestens ein halbes Jahr nicht arbeitsfähig.

Mit geschicktem Suchen im Code und intelligentem Copy & Paste, also mit Programmieren per Analogie, kannst du schon früh einen Beitrag leisten. Diomidis Spinellis gibt
hierzu eine Anleitung und erläutert, wie du dich in fremdem Code durch intelligentes
Suchen zurechtfindest [Spi03]. Ein erfahrener Entwickler sollte dir natürlich Feedback
dazu geben oder mit dir gemeinsam programmieren und den entstandenen Code solltet ihr
danach ggf. refaktorieren.

Um so zu arbeiten, brauchst du allerdings mindestens einen laufenden und teilweise
ausgearbeiteten Prototypen. Wir nennen diesen auch *technischen Durchstich*. Der Durchstich integriert bereits alle relevanten Technologien und Frameworks. Mit seiner Hilfe lernt
euer Team, wie die Technologien verwendet werden, wie aufwendig die Einarbeitung ist
und wo eventuell unentdeckte Probleme lauern, denn selten funktioniert eine Technologie
genauso, wie es in den Büchern steht. Den Durchstich solltet ihr zusammen mit einem
erfahrenen Entwickler erstellen.

Gefahrlos Änderungen lokal ausprobieren

Damit die oben beschriebene Einarbeitung möglich ist, brauchst du eine Umgebung auf
deinem Rechner, mit der du Änderungen durchführen und lokal gefahrlos testen kannst.
Zu einer solchen Umgebung können eine Datenbank mit aussagekräftigen Testdaten, der
Anwendungsserver und mindestens ein Testclient, entweder mit grafischer Oberfläche
oder mit Testwerkzeugen wie beispielsweise Postman[11] oder Swagger[12] gehören. Wenn
das nicht lokal geht, brauchst du Zugriff auf einen zentralen Server, der dir gefahrloses
schnelles Ausprobieren möglich macht. Ein Gütekriterium für deine Umgebung ist die
Zeit, die du von einer Änderung im Code oder der Konfiguration brauchst, bist du diese
ausprobieren kannst. Je kürzer diese Zeit ist, desto schneller kannst du lernen: Gut sind
wenige Sekunden, in der Praxis triffst du teilweise auf Zeiten von mehreren Minuten.

---

[11] https://www.getpostman.com/.
[12] https://swagger.io/.

2.5.5   Persönliches Feedback

Schnelles Feedback unter den beteiligten Personen beschleunigt den Lernprozess und die Anpassung an neue Gegebenheiten nicht nur in agil durchgeführten Projekten. Regelmäßig Feedback zu geben und zu empfangen, ist daher für dich besonders wichtig. Du solltest daher regelmäßig von Teamkollegen, Coaches sowie Vorgesetzten Feedback einfordern.

Feedback erhalten

Beachte: Feedback ist immer eine Art Geschenk. Feedback ist immer hilfreich, damit kannst du besser verstehen, wie du von anderen wahrgenommen wirst und wie dein Verhalten bei Teamkollegen, Vorgesetzten oder beim Auftraggeber ankommt. Das hilft dir eventuell, Verhaltensweisen zu ändern. Es hilft dir auch, das Verhalten deiner Umgebung besser zu verstehen. Feedback ist immer nur die Wahrnehmung von jemand anderem, damit kann es nur um dein Verhalten in bestimmten konkreten Situationen gehen und nicht um deine Person selbst oder deinen Charakter bzw. ob du ein guter oder schlechter Mensch bist. Aussagen wie *Du bist faul* oder *Du kannst nicht programmieren* oder *Du solltest ordentlicher sein* sind kein Feedback, sondern wertende Pauschalaussagen. Was ist also zu beachten, wenn du von jemandem Feedback bekommst?

- Höre dir das gesamte Feedback an, unterbreche den Feedback Gebenden nicht.
- Stelle eventuell Fragen zum Verständnis, wiederhole das Gesagte in eigenen Worten. Ziel ist es, dass du genau verstehst, was eigentlich los ist.
- Du musst dich nicht rechtfertigen oder verteidigen, es geht hier nur darum, die vollständige Sicht und die Wahrnehmung des Gegenübers zu erfahren.
- Bedanke dich für das erhaltene Feedback.

Was du mit dem Feedback für dich anfängst, ist alleine deine Entscheidung. Du kannst es annehmen und dein Verhalten überdenken. Du kannst es auch für ungerechtfertigt halten, darüber solltest du dann aber mit dem Feedback Gebenden sprechen.

Feedback geben

Wenn du anderen Feedback gibst, ist dein Ziel, dass dein Gegenüber erfährt, wie es dir geht und wie du Ereignisse bzw. die aktuelle Situation wahrnimmst. Das Feedback soll wahrscheinlich auch das Verhalten des Gegenübers in ähnlichen Situationen in der Zukunft verändern und die Beziehung zwischen euch verbessern und nicht stören. Details und Hintergründe findest du unter der Überschrift *gewaltfreie Kommunikation* bei Marshall Rosenberg [Ros12]. Was kannst du tun, wenn du Feedback gibst:

- Frage, ob du Feedback geben darfst. Feedback, das du aufdrängen musst, wird nicht die beabsichtigte Wirkung haben.
- Schildere nur konkrete Ereignisse und deine Wahrnehmung: Was genau hat dein Gegenüber getan oder nicht getan? Konzentriere dich also auf das Verhalten des

Gegenübers. Wann genau ist was passiert? Wie oft ist etwas passiert? Beispiel: *Du hast letzten Dienstag den von mir erstellten Code gelöscht und diesen mit deinem Code überschrieben.*

- Stelle alles, was du sagst, als deine *Wahrnehmung* dar. Du gibst Feedback zu deinen persönlichen Eindrücken und nicht zum Charakter oder dem Wesen des Gegenübers. Die Aussagen sollten nicht werten und nichts fordern.
- Schildere welche Wirkung das Verhalten auf dich hatte und ggf. welche Emotionen das bei dir ausgelöst hat. Beispiel: *Mich hat das Löschen meiner Ergebnisse sehr frustriert.*
- Formuliere einen Wunsch für eine Verhaltensänderung. Beispiel: *Ich wünsche mir für die Zukunft, dass du derartige Änderungen mit mir und dem Team abstimmst.*

Häufiges Feedback fördert eine offene Kommunikation im Team. Diese Offenheit ist ein wichtiger Erfolgsfaktor und trägt nicht nur zu besseren Ergebnissen bei, sondern führt auch zu einer insgesamt besseren Stimmung und mehr Vertrauen im Team [For18].

Feedback muss zur Routine werden

Wenn dich jemand mit ‚Ich würde dir gerne Feedback geben' begrüßt, läuten bei dir vermutlich die Alarmglocken und du wirst vermutlich Kritik erwarten [Roc09]. Die Alarmierung versetzt dich eher in eine Verteidigungshaltung und du bist weniger aufnahmefähig für die Wahrnehmung deines Gegenübers. Feedback sollte daher regelmäßig und häufig erfolgen und nicht nur einmal pro Jahr im Jahresgespräch bzw. in Form der Gehaltserhöhung oder einer Note am Semesterende [Doe17]. Feedback sollte zum normalen Alltag gehören, dann klingen auch keine Alarmglocken mehr, speziell wenn Fehler explizit erlaubt sind, vgl. Abschn. 2.4.1.

Literatur

[Ama02]   Amabile TM et al (2002) Time Pressure And Creativity In Organizations: A Longitudinal Field Study. Working Paper 02-073, Harvard Business School

[And10]   Anderson DJ (2010) Kanban: Successful Evolutionary Change for Your Technology Business. Blue Hole Press

[Ari10]   Ariely D (2010) Predictably Irrational, Revised and Expanded Edition: The Hidden Forces That Shape Our Decisions. HarperCollins

[Bar12]   Barry T, Benson J (2012) Personal Kanban: Visualisierung und Planung von Aufgaben, Projekten und Terminen mit dem Kanban-Board. dpunkt.verlag

[Bec99]   Beck K (1999) Extreme Programming Explained: Embrace Change. Addison-Wesley

[Bel12]   Belbin RM (2012) Team Roles at Work, 2. Aufl. Taylor & Francis.

[Bur14]   Burrows M, Hohmann L (2014) Kanban from the Inside. Blue Hole Press

[Bus12]   Buser T, Peter N (2012) Multitasking. Exp Econ 15(4):641–655. Springer-Verlag

[Buz02]   Buzan T, Buzan B (2002) Das Mind-map-Buch: die beste Methode zur Steigerung Ihres geistigen Potenzials. Train your brain. mvg-Verlag

[Coc06]   Cockburn A (2006) Agile Software Development: The Cooperative Game, 2. Aufl. Addison-Wesley

[Coh04]   Cohn M (2004) User Stories Applied: For Agile Software Development. Addison-Wesley

[Cov05]   Covey S, Roethe A, Proß-Gill I, Bertheau N (2005) Die 7 Wege zur Effektivität: Prinzipien für persönlichen und beruflichen Erfolg. GABAL

[Cow01]   Cowan N (2001) The Magical Number 4 in Short-term Memory: A Reconsideration of Mental Storage Capacity. Behav Brain Sci 24(1):87–114

[Csi91]   Csikszentmihalyi M (1991) Flow: The Psychology of Optimal Experience. Harper Perennial

[Dal17]   Dalio R (2017) Principles: Life and Work. Simon & Schuster

[Dir11]   Dirbach J, M. Flückiger, Lentz S (2011) Software entwickeln mit Verstand: was Sie über Wissensarbeit wissen müssen, um Projekte produktiver zu machen. dpunkt.verlag

[Doe17]   Doerr J et al (2017) Measure What Matters: How Bono, the Gates Foundation, and Google Rock the World with OKRs. Penguin Publishing Group

[Dru02]   Drucker P (2002) The Effective Executive. Collins business essentials. HarperCollins

[Dwe16]   Dweck C, Neubauer J (2016) Selbstbild: Wie unser Denken Erfolge oder Niederlagen bewirkt. Piper

[For18]   Forsgren N, Humble J, Kim G (2018) Accelerate: The Science of Lean Software and DevOps Building and Scaling High Performing Technology Organizations. IT Revolution Press

[Glo14]   Gloger B, D. Rösner. (2014) Selbstorganisation braucht Führung: die einfachen Geheimnisse agilen Managements. Hanser

[Hsi16]   Hsieh T, Klein K (2016) Delivering Happiness: Wie konsequente Kunden- und Mitarbeiterorientierung einzigartige Unternehmen schaffen. Business Plus

[Hun09]   Hunt A (2009) Pragmatisches Denken und Lernen: Refactor Your Wetware! Hanser

[Jef01]   Jeffries R, Anderson A, Hendrickson C (2001) Extreme Programming installed. Addison-Wesley

[Kah12]   Kahneman D (2012) Schnelles Denken, langsames Denken. Siedler Verlag

[Ker01]   Kerth N (2001) Project Retrospectives: A Handbook for Team Reviews. Dorset House

[Mal14]   Malik F (2014) Führen Leisten Leben: Wirksames Management für eine neue Welt. Campus Verlag

[Mil56]   Miller GA (1956) The Magical Number Seven, Plus or Minus Two: Some Limits on Our Capacity for Processing Information. Psychological review, 63(2):81–97

[Pin09]   Pink D (2009) Drive: The Surprising Truth about what Motivates Us. Riverhead Books

[Pop03]   Poppendieck M, Poppendieck T (2003) Lean Software Development: An Agile Toolkit. Agile Software Development Series. Addison-Wesley

[Pre09]   Precht RD (2009) Wer bin ich – und wenn ja wie viele?: Eine philosophische Reise. Goldmann Verlag

[Rie11]   Ries E (2011) The Lean Startup: How Today's Entrepreneurs Use Continuous Innovation to Create Radically Successful Businesses. Crown Business

[Roc09]   Rock D (2009) Your Brain at Work: Strategies for Overcoming Distraction, Regaining Focus, and Working Smarter All Day Long. HarperCollins

[Ros12]   Rosenberg MB, Holler I (2012) Gewaltfreie Kommunikation: Eine Sprache des Lebens. Junfermannsche Verlagsbuchhandlung

[Rot09]   Rother M (2009) Toyota Kata: Managing People for Improvement, Adaptiveness and Superior Results. McGraw-Hill

[Spi03]   Spinellis D (2003) Code Reading: The Open Source Perspective. Effective Software Development Series. Pearson Education

[Sut13]   Sutherland J, Schwaber K (2013) The Scrum Guide: The Definitive Guide to Scrum – The Rules of the Game. http://www.scrumguides.org

[Tal07]   Taleb NN (2007) The Black Swan: The Impact of the Highly Improbable. Random House Publishing Group

[Wat05]   Watzlawick P (2005) Wie wirklich ist die Wirklichkeit?: Wahn, Täuschung, Verstehen. Piper

[Wes04]   Westrum R (2004) A typology of organisational cultures. BMJ Qual Saf 13(suppl 2):ii22–ii27

[Zel09]   Zeller A (2009) Why Programs Fail, Second Edition: A Guide to Systematic Debugging, 2. Aufl. Morgan Kaufmann

Euer Team

3

Aus einigen Individuen wird ein Team. Mit einem gemeinsamen Ziel und gemeinsamen Regeln und Werten. Wir zeigen euch in diesem Kapitel, wie das geht. Wenn ihr euch als Team gefunden habt, müsst ihr eure Arbeit organisieren. Das zeigen wir, unterstützt durch GitLab und seine Tickets. In agilen Methoden ist die fortlaufende Verbesserung des Vorgehens und der Organisation wichtig. Hierzu beschäftigen wir uns mit Techniken wie dem Happiness Index und Retrospektiven.

3.1   Ein Team entsteht: Vom Ich zum Wir

Die Zusammenarbeit im Team war immer ein Überlebensvorteil. Schon als wir noch in Gruppen von Jägern und Sammlern Mammuts gejagt und gegessen haben. Wesentliche menschliche Eigenschaften tragen zur Teamarbeit bei, z. B. ist unser Einfühlungsvermögen sehr tief im Gehirn über unsere Spiegelneuronen verankert [Pre09]. Bestimmte Ziele wie der Bau von Häusern oder das Herstellen von Autos sind nur im Team möglich, einzelne Menschen hätten kaum genug Wissen und kaum genügend verfügbare Arbeitskraft. Ein gutes Team ist leistungsfähiger als die Summe der Einzelleistungen der Mitglieder [Sut14]. Gut eingespielte Teams fühlen sich an wie eine Familie, mit der du gerne deine Freizeit verbringst, auch wenn das Projekt schon längst beendet ist. Deine persönliche Zufriedenheit hängt ab von dem Team, in dem du arbeitest. Damit müssen wir uns also genauer beschäftigen.

© Springer Fachmedien Wiesbaden GmbH, ein Teil von Springer Nature 2022
G. Beneken et al., *Grundkurs agiles Software-Engineering*,
https://doi.org/10.1007/978-3-658-37371-9_3

3.1.1 Was ist ein Team?

Ein Team arbeitet an einem gemeinsamen Ziel und hat gemeinsame Aufgaben. Das gemeinsame Ziel ist der Grund, warum es das Team überhaupt gibt, sonst wäre es nur eine einfache Gruppe. Im Laufe der Zeit entwickelt sich durch die intensive gemeinsame Arbeit, durch häufige Interaktion und gemeinsame Erfahrungen eine Teamkultur mit eigenen Regeln und Werten. Wir können das mit einem Mannschaftsspiel vergleichen: Das Ziel des Spiels definiert den primären Zweck der Mannschaft. Im Fußball ist das Ziel der Mannschaft, mehr Tore als der Gegner zu schießen und so das Spiel zu gewinnen. Im Rahmen der allgemeinen Spielregeln gibt sich das Team eigene zusätzliche Regeln und Werte sowie eine Spieltaktik. Die Mannschaft würde sich grundlegend anders verhalten, wenn wir ein anderes Ziel definieren würden, beispielsweise möglichst elegantes Dribbeln, das über eine Haltungsnote von einer Jury bewertet wird.

Das Team ist in agil durchgeführten Softwareentwicklungs-Projekten eine eher kleine Gruppe von Menschen.[1] Die Gruppe sollte etwa drei bis neun Mitglieder haben, damit jeder im Team noch mit jedem anderen reden kann, wie an Abb. 3.1 deutlich wird. Alle können noch über alles informiert sein [Sut14, Sut13]. Dazu kommen eventuell noch ein agiler Coach (Scrum Master) und ein Product Owner. Die geringe Größe des Teams unterstützt gute Kommunikation und führt auch dazu, dass sich alle Teammitglieder wahrgenommen und sozial eingebunden fühlen. Größere Projekte sollten von mehreren Teilteams bearbeitet werden.

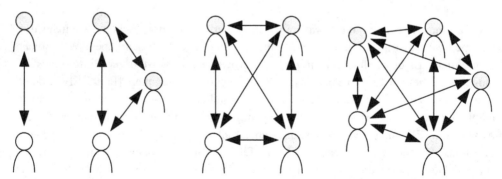

Abb. 3.1 Mit steigender Anzahl an Teammitgliedern wächst die Zahl möglicher Kommunikationsbeziehungen, bei zwei Mitgliedern ist das noch eine, bei drei schon drei und bei neun steigt diese Zahl schon auf 36

---

[1] Jeff Bezos wird die Two-Pizza-Rule zugeschrieben: Ein Team darf höchstens so groß sein, dass man es noch mit zwei großen Pizzas satt bekommt. Bei größeren Projekten oder Produkten braucht ihr mehrere Teams.

Abb. 3.2 Drei Ebenen einer
Kultur nach Edgar Schein
[Sch10]

3.1.2   Was ist Teamkultur?

In den nächsten Abschnitten zeigen wir, wie ihr eine eigene Teamkultur entwickelt und
wie ihr diese positiv beeinflusst. Ziel sollte sein, dass ihr euch alle im Team wohlfühlt.
Zum genaueren Verständnis schauen wir uns kurz an, was Kultur überhaupt ist. Edgar H.
Schein beschreibt ein allgemeines Modell, das aus drei Ebenen besteht [Sch10] (Abb. 3.2):

Ebene 1 – Sichtbare Verhaltensweisen und Artefakte: Ein Büroraum ist ein sichtbares
   Artefakt, ebenso wie die daneben liegende Kaffeeküche. Offene Bürotüren und zu-
   sammengestellte Tische sagen bereits etwas über die Kommunikationskultur in der
   Organisation aus, ebenso wie eine große Kaffeeküche, in der sich die Mitarbeiter angeregt unterhalten. Wenn du beispielsweise bei Vorstellungsgesprächen oder Exkursionen
   unterschiedliche Firmen besuchst, versuche dir ein Bild von deren jeweiliger Kultur
   zu machen: Offene Türen, große Gemeinschaftsflächen, Whiteboards mit Skizzen
   und Haftnotizen deuten beispielsweise auf eine eher offene Kommunikation hin.
   Geschlossene Türen, zu kleine Kaffeeküchen und leere Wände können das Gegenteil
   bedeuten.
      Sichtbares Zeichen einer Kultur sind auch die Verhaltensweisen der Teammitglieder:
   Werden Konflikte offen ausgetragen und kann man danach noch miteinander reden
   oder gibt es eine Harmoniekultur, in der Konflikte eher vermieden werden? Dürft ihr
   den Chef oder die Projektleiterin kritisieren oder gilt das als Gesichtsverlust, der zu
   vermeiden ist? Wird nach Schuldigen gesucht oder nach den Ursachen von Problemen?
   Hält man euch eventuell für ungeeignet, wenn ihr einen Fehler macht und etwas nicht
   könnt, oder überlegt ihr gemeinsam, wie jeder im Team schnell lernen kann?
      Ihr habt über die regelmäßigen Retrospektiven immer wieder Gelegenheit, Artefakte
   und euer Verhalten kritisch zu reflektieren. Euer gemeinsames Ziel muss es sein,
   dass ihr produktiv zusammenarbeitet. Ihr wollt mit möglichst wenig Aufwand die
   vorgegebenen Ziele erreichen und alle wollen sich wohlfühlen. Euer Team sollte kein
   Mitglied ausschließen oder krank machen. Ein sozial nicht funktionierendes Team kann
   Burnout erzeugen wegen dauerhafter Überforderung, dauerhaftem Stress oder ständiger
   negativer Kritik.

Ebene 2 – Kollektive Werte und Regeln: Jede Kultur, jede Organisation und jedes Team hat ein Wertesystem, an dem es sich ausrichtet. Was hierbei zählt, sind die gelebten Werte, also das tatsächliche Verhalten und nicht die Unternehmensbroschüre.

Aus den Werten folgen Regeln für das Verhalten: Was ist erwünscht? Was ist gerade noch erlaubt? Was dürft ihr auf keinen Fall tun? Fairness könnte ein solcher Wert sein oder die Selbstverpflichtung auf gemeinsame Ziele. Aus dem Wert *Teamwork* folgt beispielsweise, dass sich Teammitglieder bei der Erreichung der Ziele gegenseitig unterstützen, wenn es Probleme gibt. Im Anreizsystem der Organisation gibt es dann Prämien für besonders gute Teamergebnisse. Herausragende Einzelleistungen müssen aber auch gesehen und belohnt werden, aber eventuell nicht von dem Unternehmen, sondern von den anderen Teammitgliedern [App16]. Ein gegenteiliges Wertesystem stellt das Individuum und nicht das Team in den Mittelpunkt und betont besonders die Leistung Einzelner. Die Organisation belohnt dann herausragende Einzelleistungen und macht diese sichtbar, z. B. als ‚Mitarbeiter des Monats'. Dieses einfache Beispiel zeigt schon, dass das Wertesystem für agile Projekte eine große Rolle spielt. Wenn wir Einzelleistung und Konkurrenzkampf höher bewerten als Teamarbeit, bekommen wir vermutlich weniger gut funktionierende Teams, da jeder für sich kämpft. In vielen Organisationen finden sich Widersprüche zwischen behaupteten Werten und tatsächlichem Verhalten, beispielsweise wenn Teamwork als Wert genannt wird, aber es nur für Einzelleistungen einen Bonus gibt und jeder Mitarbeiter geheime Jahresziele hat [Doe17].

Ihr solltet in eurem Team diese Werte und Regeln explizit machen, sodass jedes Teammitglied auch deren Einhaltung einfordern kann. Der agile Coach sollte euch dabei unterstützen. Die Werte und Regeln könnten als Poster in eurem Teamraum hängen oder sich auf der ersten Seite eures Team-Wikis, vgl. Abschn. 3.2.4. Achtet darauf, dass ihr eure Werte auch in tatsächliches Verhalten umsetzt, sonst wirkt das Wertesystem schnell hohl. Alternativ könnt ihr auch das Wertesystem aus eurem Verhalten ableiten, Jurgen Appelo schlägt vor, dass das Team Geschichten und Vorfälle aus den bisherigen Erfahrungen ableitet. Aus diesen Value Storys werden dann die Werte abgeleitet [App16].

Ebene 3 – Grundannahmen und Menschenbild: Jeder Mensch macht bewusst und unterbewusst Grundannahmen über die Funktionsweise der Welt und seine Mitmenschen. Diese Annahmen stammen aus der Erziehung, der Kultur des Heimatlandes, persönlichen Erfahrungen und aus vielen anderen Einflussfaktoren. Daraus entwickeln sich die Werte und Regeln.

Stellt euch vor: *Menschen sind von Natur aus gut*. Damit würdet ihr jedem Teammitglied und jedem Passanten zunächst einmal vertrauen und diesem positive Absichten unterstellen. Vermutlich kommuniziert ihr offen und habt eine wohlwollende Wahrnehmung. Gegenteilig ist die Annahme: *Menschen sind grundsätzlich böse*. Jetzt misstraut ihr jedem, auch euren Teammitgliedern. Ihr deutet dasselbe Verhalten eventuell als eigennützig, egoistisch oder faul. Beide Annahmen führen offenbar zu völlig unterschiedlichen Teamkulturen.

Die Annahme: *Alle Menschen sind grundsätzlich faul und müssen entweder ge-zwungen oder belohnt werden, sonst arbeiten sie nicht* führt sicher zu einem anderen Führungsstil als die Annahme: *Alle Menschen sind grundsätzlich engagiert und motiviert und wir müssen für erstrebenswerte Ziele sorgen.* Die erste Annahme klingt eher nach Taylorismus, die zweite eher nach agilem Denken [Dir11].

Weitere Beispiele für Grundannahmen über Menschen und sowie deren Verständnis über Zeit und Raum sind:

- Entstehen gute Entscheidungen und Erfindungen am besten durch kritische Diskus-sion in der Gruppe oder ist eine gut ausgebildete (geniale) Einzelpersonen eher in der Lage, gute Entscheidungen zu treffen?
- Sollte sich ein Individuum selbst verwirklichen, auch auf Kosten der Gemeinschaft (Individualismus)? Oder sollten Einzelpersonen ihre Interessen denen der Gemein-schaft unterordnen? Für ein Projekt im Team ist eventuell eine eher an der Gruppe und am Diskurs orientierte Sicht hilfreich.
- Ist die Zeit eher linear und ein knappes Gut: Zeit ist Geld? Oder ist die Zeit eher in beliebiger Menge vorhanden und vieles kann parallel stattfinden? Wie wichtig ist Pünktlichkeit?

In unserem agilen Umfeld müssen wir eigentlich unterstellen, dass Menschen grund-sätzlich motiviert oder wenigstens motivierbar sind [Pin09]. Die Annahme, dass alle Menschen *gut* sind und positive Absichten haben, wirkt sicher unterstützend. Auch müssen wir uns eher am Gruppeninteresse orientieren als am Individuum. Dennoch ist es wichtig, herausragende einzelne Leistungen anzuerkennen.

3.1.3   Bedeutung der Umgebung

Ob und wie schnell ein Team zusammenfindet und vertrauensvoll zusammenarbeiten kann, wird wesentlich von der organisatorischen Umgebung und durch die Führungspersonen beeinflusst.

Das Milgram-Experiment

Ein eindrucksvolles Beispiel der Wirkung der Umgebung lieferte Stanley Milgram in den 1960er-Jahren mit seinem berühmt gewordenen Experiment [Mil63]:

Das Experiment benötigt drei Personen: Einen *Versuchsleiter* (Schauspieler), dieser trägt einen weißen Kittel, um ihn als Autorität zu kennzeichnen. Einen *Lehrer*, dieser ist, ohne es zu wissen, die eigentliche Versuchsperson, sowie ein *Schüler* (Schauspieler). Der Schüler wird vom Lehrer überwacht und soll Aufgaben lösen. Der Versuchsleiter weist den Lehrer an, dem Schüler bei jedem Fehler als Bestrafung einen Stromschlag zu versetzen. Die Stärke des Stromschlags sollte beginnend bei 45 Volt jedes Mal erhöht werden bis über 300 Volt.

Der Lehrer hörte bei den stärker werdenden Stromschlägen immer stärker werdende (gespielte) Schmerzensschreie des Schülers bis zur Stille ab 330 Volt. Bekam der Lehrer

Zweifel an dem, was er tat, gab der Versuchsleiter nach einem festgelegten Drehbuch Anweisungen weiterzumachen. Beispielsweise ‚Bitte fahren Sie fort!' ‚Das Experiment erfordert, dass Sie weitermachen!' oder ‚Sie haben keine Wahl, Sie müssen weitermachen!'. Der Versuchsleiter versicherte wiederholt, dass der Lehrer keine Verantwortung übernehmen müsse, da die Schüler ja freiwillig da wären.

Am ersten Experiment von Milgram nahmen 40 Personen teil, die über eine Anzeige in einer Lokalzeitung angeworben wurden. Die Teilnehmer waren normale Amerikaner. Von den 40 Teilnehmern verabreichten 26 die maximale Spannung von 450 Volt, die verbleibenden 14 brachen ab Spannungen von 300 Volt ab.

Das Erschreckende an diesem Experiment ist, dass normale Menschen bereit waren, gegen wesentliche Regeln ihrer Erziehung und ihr grundlegendes Wertesystem zu verstoßen, nur weil eine angebliche Autoritätsperson im weißen Kittel dies befahl. Dies ist ein Beispiel, wie stark das menschliche Verhalten vom umgebenden System, dem Gruppendruck und scheinbaren Autoritäten beeinflusst wird.

Das System managen und nicht die Menschen

Das umgebende System und Vorgesetzte, also die Organisation, Firmen- bzw. Teamkultur und andere Rahmenbedingungen beeinflussen das Verhalten der darin arbeitenden Menschen wesentlich. Das System und seine Kultur sind von Menschen gemacht und können damit so verändert werden, dass wir Projekte gut durchführen können und sich alle wohlfühlen:

Ziel in agil durchgeführten Projekten ist es, dass das Team sich selbst steuern und koordinieren kann. Daher müssen die Organisation und die Führungspersonen das auch fördern. Es werden also Leistungen im Team und die Unterstützung von anderen Teammitgliedern hervorgehoben. Es gibt beispielsweise Prämien nur für das ganze Team. Appelo schlägt vor, dazu jedem Teammitglied ein Budget zu geben, das es als Belohnung für Leistungen seine Teamkollegen ausgeben darf. Ein Bonus kommt damit nicht mehr vom Vorgesetzten, sondern vom Team [App16]. Von Vorgesetzten ausgelobte Einzelprämien gibt es nur noch in besonderen Fällen.

Teamkultur basiert auf Unternehmenskultur

Die Teamkultur basiert auf der Kultur des Landes, in welchem das Team arbeitet. Und sie basiert auf der Kultur der jeweiligen Organisation [Sch10]. Die Kultur von einem Startup unterscheidet sich in der Regel deutlich von der eines etablierten, reifen Großkonzerns. Edgar H. Schein vergleicht die Kulturen von Digital Equipment-DEC[2] (jetzt Hewlett Packard) aus der Zeit, als diese Firma noch ein Computer-Startup war und Ciba-Geigy (jetzt Novartis), einem etablierten Chemie-Konzern [Sch10]. Beide Kulturen waren sehr erfolgreich, aber wesentlich verschieden, geprägt jeweils durch den amerikanischen und den deutsch-schweizerischen Hintergrund sowie die Branche, den sehr dynamischen

---

[2] Die älteren Leser werden sich sicher noch an die Minicomputer und den Alpha-Prozessor erinnern.

Markt für Computer verglichen mit der sicherheitskritischen Chemie- und Pharmabranche. Im Startup herrscht eine Kultur der kritischen Auseinandersetzung, es gibt viele Meetings, viel Teamarbeit und auch produktiven Streit und der Status ergibt sich über die aktuelle Leistung. Im Chemie-Konzern wird eher alleine gearbeitet, Meetings stören, Konflikte werden eher vermieden und Status sowie Autorität ergeben sich aus Firmenzugehörigkeit und akademischer Ausbildung.

Interkulturelles Training

Hieraus ergibt sich für euch eine ganz wesentliche zusätzliche Schlussfolgerung: Wenn in eurem Projekt Menschen aus anderen Kulturkreisen beteiligt sind, befasst euch mit den Grundannahmen (Gemeinschaft, Zeit und Raum) sowie dem Wertesystem der jeweiligen Kultur. Belegt interkulturelle Trainings: Das gilt schon, wenn ihr Projekte mit unseren europäischen Nachbarn macht, also beispielsweise mit Franzosen, Briten oder Polen. Ein Verständnis für die grundlegende Denkweise und die Werte der anderen Projektteilnehmer hilft euch später, viele Missverständnisse zu vermeiden und die Teammitglieder oder auch den Auftraggeber richtig zu verstehen.

3.1.4 Wie ein Team entsteht

Am Anfang eines Projekts wird ein Team in der Regel durch äußere Einflüsse zusammengestellt. Die Mitglieder kennen sich vorher eventuell nicht oder nur wenig, es gibt noch keine gemeinsamen Werte und Regeln oder eine Rangordnung. Die Mitglieder haben sich vermutlich nicht gegenseitig ausgesucht. Ein Team muss sich erst aus den einzelnen Personen entwickeln. Ein Modell zur Entstehung von Teams stammt von Bruce Tuckman aus den 1960er-Jahren [Tuck65]. Es umfasst insgesamt vier (in späteren Texten fünf) Phasen. Dieses Modell wurde mehrfach von verschiedenen Autoren überarbeitet und ergänzt (Abb. 3.3):

Forming: Das Team ist neu zusammengestellt, teilweise kennen sich die Personen, teilweise sehen sie sich in den Treffen das erste Mal. Hierarchien und soziale Beziehungen gibt es in dieser Phase noch nicht, man muss sich noch kennenlernen. Erste gemeinsame Ziele und Regeln werden definiert. Das Team befasst sich mit den bevorstehenden Aufgaben. In dieser Phase ist es wichtig, dass ihr euch persönlich besser kennen lernt. Hierzu gibt es viele Möglichkeiten des Teambuildings für eure ersten Termine, wie ein gemeinsames Abendessen oder einen Besuch im Klettergarten.

Storming: Jedes Teammitglied verfolgt noch eigene Ziele, z. B. die eigene Karriere oder eine gute Note in einer Projektarbeit. Nun bildet sich heraus, wer das Team führt und jedes Teammitglied findet seine Position, seine Rolle und seinen Status in der Gruppe. Hier kann es zu Konflikten kommen, beispielsweise wenn mehrere Personen die Führung der Gruppe beanspruchen oder wenn keiner Verantwortung übernehmen will. Erste Schritte zur Arbeitsorganisation werden unternommen und im Team verhandelt.

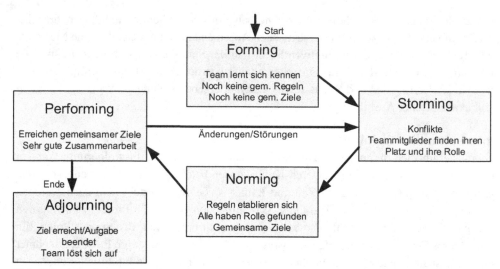

Abb. 3.3 Adaptiert nach Tuckman: Phasen der Teamentwicklung, Forming, Storming, Norming, Performing und Adjourning

Norming: Das Team entwickelt eine gemeinsame Teamkultur und eigene Arbeitsabläufe. In dieser Phase werden Normen, Werte, gemeinsame Regeln und Prozesse diskutiert und gefestigt. Wenn die Rollen im Team gefunden sind, nehmen Konflikte ab und die eigentliche Arbeit steht wieder im Mittelpunkt.

Performing: Jetzt hat sich das Team gefunden und kann die volle Leistung in der Zusammenarbeit aller erbringen. Es herrscht eine Atmosphäre der gegenseitigen Anerkennung und Wertschätzung. Das Team kommuniziert offen und vertrauensvoll. Es geht um die Erreichung des gemeinsamen Ziels und nicht mehr um die privaten Interessen Einzelner. Jetzt leistet das Team mehr als die Summe der Einzelleistungen.

Für euch ist ein wichtiges organisatorisches Ziel jetzt, die Phase des *Performing* möglichst schnell und nachhaltig herbeizuführen und durch ständige Selbstreflexion aufrecht zu erhalten. Techniken sind beispielsweise der Happiness Index und Retrospektiven, vgl. Abschn. 3.5.

Adjourning: Nach Erreichung des Ziels löst sich das Team eventuell auf, um getrennt andere Projekte zu bearbeiten. Diese Phase wird von Bruce Tuckman als Adjourning bezeichnet. Unser Gedächtnis merkt sich normalerweise das Ende von Projekten besonders gut. Daher solltet ihr das Projekt auch bewusst beenden, sodass ihr euch gerne daran erinnert. Beispielsweise ein Abschlussessen oder eine Abschlussreise sind hier Möglichkeiten.

Die Phase der ersten Teamorganisation ist wichtig für den weiteren Projektverlauf. Ungeklärte Rollen und andere mögliche Konflikte beeinträchtigen die weitere Arbeit. Sie können zum Zerbrechen des Teams führen. Wenn sich beispielsweise ein Teammitglied für den zweiten Projektleiter hält und sich wundert, dass niemand auf ihn hört, sind Konflikte zwischen ihm und den anderen wahrscheinlich.

Bei jeder Veränderung des Teams, der Ziele oder der Umgebung können die Phasen erneut durchlaufen werden. Hier müsst ihr als Team aufpassen, daraus entstehende Konflikte schnell beizulegen und wieder die Phase des Performing zu erreichen.

3.1.5   Welche Kultur ist förderlich?

David Rock hat mit *SCARF* ein Modell für Führung und Teamarbeit formuliert [Roc09]. Er begründet dieses Modell auf der Basis neurobiologischer Forschungen. An diesem Modell richten wir uns aus, um den Teamaufbau zu unterstützen und die tägliche Zusammenarbeit besser zu verstehen. Mehr vorhandene SCARF-Eigenschaften sorgen für mehr Belohnungs- und Wohlfühlhormone, weniger SCARF-Eigenschaften führen zur Ausschüttung von Stresshormonen im Gehirn. Mehr SCARF heißt damit bessere Zusammenarbeit, da sich die Teammitglieder wohler und sicherer fühlen. SCARF steht für:

Status: Jedes Teammitglied hat seinen Status. Äußere Zeichen sind beispielsweise ein Titel, ein Anzug, eine teure Uhr, die Größe des Büros oder der Parkplatz direkt vor der Tür. Commit-Recht in einem Open-Source-Projekt ist ebenfalls ein Zeichen für Status. Der Status wird durch Anerkennung und Lob für besondere Leistungen erhöht und durch öffentliche Kritik oder Tadel vermindert. Der Status kommt auch dadurch zum Ausdruck, dass die Meinung jedes Teammitglieds bei Entscheidungen gehört, berücksichtigt und allgemein wertgeschätzt wird. Fehlt diese Wertschätzung, schüttet das Gehirn Stresshormone aus. Das sorgt auch dafür, dass wir uns Situationen des Statusverlusts besonders gut merken. Speziell mit öffentlichen Angriffen, Kritik und Tadel solltet ihr also sehr vorsichtig umgehen.

Certainty (Sicherheit): Unsicherheit erzeugt Stress. Die Erfahrung habt ihr sicher schon häufiger gemacht, beispielsweise im Gespräch mit unbekannten Geschäftspartnern oder in einer neuen Umgebung. Sicherheit sorgt dafür, dass ihr euch wohlfühlt. Gene Kim erhebt die gefühlte, psychische Sicherheit zu einem wesentlichen Ideal eines Unternehmens, ähnlich wie die Arbeitssicherheit [Kim19]. Ihr könnt im Team hier durch klare gemeinsame Regeln und durch Transparenz dafür sorgen, dass sich alle Teammitglieder sicher fühlen. Auch die unten noch dargestellte Phase des persönlichen Kennenlernens sorgt für Sicherheit, da ihr gegenseitig eure Reaktionen besser vorhersehen und einschätzen könnt. Auch eine gemeinsame Vision, eine klare Planung, Transparenz sowie zuverlässige Teammitglieder unterstützen das Gefühl von Sicherheit.

Autonomy (Autonomie): Selbststeuerung (Autonomie) ist eine der zentralen Anforderungen an eine agile Organisation. Das Team entscheidet autonom und jeder einzelne entscheidet wieder autonom vor Ort. Autonomie ist einer der wesentlichen Motivationsfaktoren, wie etwa Daniel Pink bemerkt [Pin09]. Wenn ihr anderen alles bis ins Detail vorschreibt, nennt man das auch Laufburschen-Delegation oder Mikromanagement. Dies führt typischerweise zum Verlust von Motivation. Motivierend sind eigene Verantwortungsbereiche für das Team bzw. für einzelne Teammitglieder.

Relatedness (Zugehörigkeit): Ihr könnt die Zugehörigkeit zum Team beispielsweise durch gemeinsames Mittagessen oder ähnliche Kleidung deutlich machen, z. B. ein T-Shirt mit Teamlogo. Die Mitgliedschaft zum Team ist für dessen Mitglieder identitätsstiftend wie die Zugehörigkeit zu einer Familie oder einem Verein: Wir sind wir – die Anderen sind anders. Speziell für Personen, die neu in das Team kommen, ist es sehr wichtig, dass diese aktiv in das Team aufgenommen und integriert werden. Wenn ihr ein Teammitglied aktiv ausschließt, führt das zu sehr starker Demotivation und zu Statusverlust. Das ist später nur noch schwer zu reparieren.

Fairness: Eine der grundsätzlichen Eigenschaften des Gehirns ist sein Gerechtigkeitsempfinden [Kah12, Pre12]. Fairness aktiviert das Belohnungssystem im Gehirn, und zwar nicht nur die Fairness euch gegenüber, sondern auch innerhalb eures Teams. Unfair behandelten Teammitgliedern stehen häufig sofort andere zur Seite, um diese Ungerechtigkeit abzustellen. Gerade Vorgesetzte müssen daher besonders darauf achten, eventuelle Belohnungen und die Gehaltsstruktur fair und transparent zu gestalten.

Wenn wir diese Eigenschaften bei allen Teammitgliedern fördern, funktioniert das Team insgesamt besser, so David Rock. Im Folgenden gehen wir auf die Eigenschaften ein, bringen diese in der Reihenfolge, wie wir den Teamaufbau empfehlen.

3.2   Wie werdet ihr zu einem Team?

3.2.1   Gemeinsame Vision entwickeln – Sinn stiften

Das Team bekennt sich zu einer gemeinsamen Vision. Eine gemeinsame Vision erklärt, warum es das Team gibt und warum es sich für jeden lohnt, sich für das Team und die Vision einzusetzen. Solch ein erstrebenswertes Ziel ist ein wesentlicher Motivationsfaktor [Pin09, Tak86]. Es gibt der gemeinsamen Arbeit einen übergeordneten Sinn und beantwortet die *Warum sind wir hier?*-Frage [Sin09]. Eine berühmt gewordene Vision hatte John F. Kennedy am 25.05.1961. Diese führte dazu, dass 1969 die ersten Menschen den Mond betreten haben. Daher werden besonders ambitionierte Visionen heute als *Moonshots*[3] bezeichnet:

> I believe that this nation should commit itself to achieving the goal, before the decade is out, of landing a man on the Moon and returning him safely to the Earth.

---

[3] Vgl. beispielsweise https://x.company/.

Wir stellen mehrere Verfahren zum Finden einer gemeinsamen Vision in Abschn. 4.6 vor. Sobald ihr diese Vision formuliert habt, schreibt diese auf ein Poster und hängt dieses gut sichtbar im Teamraum auf. Die Vision sollte auch auf der ersten Seite des Wikis gut erkennbar sein. Sie stiftet die Existenzberechtigung des Teams.

Die Vision versetzt euch als Team und jedes Teammitglied in die Lage, autonome Entscheidungen zu treffen und Wichtiges von Unwichtigem zu trennen. Was kann jeder Einzelne beitragen, um gemeinsam die Vision zu erreichen? Aufgaben, die einen Beitrag zur Erreichung der Vision leisten, sind wichtig, alles andere ist unwichtig und sollte nicht mehr getan werden.

3.2.2   Teamidentität schaffen

Euer Team soll sich als zusammengehörige soziale Gruppe von Menschen fühlen. Damit muss das Team eindeutig identifizierbar sein. Hierzu dient zunächst ein Name für das Team und ein gemeinsames Logo. Unterstützend können auch gemeinsame T-Shirts mit Logo oder andere Erkennungsmerkmale wirken.

Gemeinsamer Name, Logo und Gruppenbild

Überlegt euch im Team einen gemeinsamen Namen für euch als Team, möglichst auch ein Logo sowie ein einfaches Farbschema. Damit können leicht wiedererkennbare Foliensätze und Dokumente erstellt werden.

Wenn euch kein guter Name einfällt, verwendet einfach den Vornamen der Teamleiterin oder des Teamleiters. Dann seid ihr die Felixe, die Martinas oder die Silkes. Alternativ können auch die ersten beiden Buchstaben des Vor- oder Nachnamens jedes Teammitglieds verwendet werden. Bekanntes Beispiel für einen so entstandenen Namen ist Haribo, das steht für Hans Riegel – Bonn.

Ein Gruppenbild für euer Wiki und Informationsfoliensätze über euer Team sind ebenfalls wichtig. Denn ihr müsst immer mal wieder euch als Team vorstellen, beispielsweise beim Auftraggeber oder auf einer Pitch-Veranstaltung.

Kennenlernen und Vertrauen schaffen

Die Kommunikation und das soziale Miteinander funktionieren besser, wenn man sich persönlich besser kennt und sich gegenseitig vertraut. Das Verhalten jedes Teammitglieds wird berechenbarer und sorgt für mehr Sicherheit im Umgang miteinander. Daher bietet es sich an, in der Entstehungsphase des Projekts gemeinsam etwas zu unternehmen. Als Teambuilding. Hier kann jeder informelle Rahmen verwendet werden, vorausgesetzt alle Teammitglieder können und wollen mitmachen: Möglich ist alles, von einem gemeinsamen Ausflug in den Klettergarten über eine Radtour bis zum Pizza- oder Kneipenabend.

Wenn ihr es formaler gestalten wollt, könnt ihr mit einer ersten Vorstellrunde beginnen. Patrick Lencioni empfiehlt dazu beispielsweise [Len02]: Jeder stellt sich kurz vor und gibt fünf harmlose Informationen über sich preis: Geburtsort, Hobbys, Lieblingssportarten, erster Job, schönstes und schlimmstes Erlebnis aus der Schule. Diese Informationen sind ein erster Anknüpfungspunkt für Gespräche und lassen die Teammitglieder menschlicher erscheinen. Dies baut erstes Vertrauen der Teammitglieder untereinander auf.

Alternativ kann jeder Teilnehmer auf ein A3-Blatt eine Grafik zeichnen, die darstellt, wie er oder sie hierher in dieses Team geraten ist. Man darf bei der Geburt, der Schule, dem Studium oder noch später beginnen. Jeder zeichnet die Elemente, die er oder sie dem Team preisgeben will.

Patrick Lencioni führt aus, dass eine gewisse Verletzlichkeit ebenfalls für mehr Vertrauen im Team sorgt [Len02]. Teammitglieder zeigen Verletzlichkeit beispielsweise darüber, dass sie Fehler und persönliche Schwächen in begrenztem Umfang zugeben und so eine gewisse Angreifbarkeit offenbaren.

Charakter-Modelle verwenden

Um ein Team aufzubauen, ist es hilfreich, wenn du dich selbst besser kennst und auch deine Teammitglieder einschätzen kannst. Dazu könnt ihr Charakter-Modelle verwenden: Jedes Teammitglied führt eine grobe Einschätzung des eigenen Charakters und der angestrebten Teamrolle durch, eventuell begleitet durch einen erfahrenen Coach.

Eine einfache Übung dazu: Jedes Teammitglied fertigt zwei Plakate an: Ein Superheldenplakat mit den Eigenschaften und Fähigkeiten, die er zum Projekt beitragen kann und die seiner/ihrer Meinung nach dem Team helfen, die gemeinsame Vision zu verwirklichen. Das zweite Plakat ist das Superschurkenplakat, dieses zeigt die persönlichen Eigenschaften, die eventuell störend sind und den Erfolg stören könnten. Beispiel für einen Superhelden kann sein: *Dr. Code* mit besonders hervorragenden Programmierkenntnissen oder *Bugzilla* für einen besonders findigen Fehlerfinder. Schurken könnten sein: *Prinz Valium* für ein Teammitglied, das eher einschläfernde Vorträge hält oder *Graf Uboot* für jemanden, der ständig zu spät auftaucht.

Etwas detaillierter ist beispielsweise das Modell von Meredith Belbin. Er unterscheidet insgesamt neun Verhaltensrollen im Team [Bel12]: Umsetzer (Implementer), Perfektionist (Completer, Finisher), Macher (Shaper), Koordinator (Co-Ordinator), Teamarbeiter (Teamworker), Wegbereiter (Resource Investigator), Neuerer (Plant), Beobachter (Monitor Evaluator) und Spezialist (Specialist).

Die Eigenschaften jeder Verhaltensrolle beschreibt Belbin im Detail und führt aus, für welche Aufgaben im Team sich welche Verhaltensrolle am besten eignet und welche Rollen am besten miteinander arbeiten können. Der ‚Spezialist‘ stellt beispielsweise dem Team sein Fachwissen zur Verfügung. Arbeitet selbstständig und motiviert. Kann sich leicht in ein Problem verbeißen und sein Beitrag ist zwar inhaltlich sehr tief, aber die Breite ist eventuell eher gering. Ein Team, das nur aus ‚Spezialisten‘ besteht, verzettelt sich möglicherweise in irgendwelchen irrelevanten Details. Der ‚Neuerer‘ ist dagegen sehr kreativ und immer gut für unkonventionelles Vorgehen. Damit kann er leicht neue Ideen finden und auch schwierige Probleme lösen. Er kann verplant und eher unzuverlässig sein. Ein Team aus lauter ‚Neuerern‘ beginnt vor lauter Kreativität ständig neue Themen und stellt die alten nicht fertig. Belbin empfiehlt heterogen besetzte Teams, in denen möglichst Menschen mit unterschiedlichen Verhaltensrollen dabei sind.

In der Literatur finden sich einige Untersuchungen und Aufsätze, die nahelegen, dass Teams aus Mitgliedern mit unterschiedlichem Alter, Herkunft und Geschlecht bessere Ergebnisse liefern als homogen besetzte Teams [Hun15, Roc16]. In diesem Zusammenhang ist von *Diversity* die Rede. Themen werden von heterogen besetzten Teams eher aus verschiedenen Perspektiven beleuchtet, das Verhaltensrepertoire des Teams ist größer und die Wahrnehmung ist weniger eingeschränkt.

3.2.3 Rollen finden: Prinzip Verantwortung

In eurem Projekt müsst ihr sicherstellen, dass alle Aufgaben erledigt werden und dass gewisse Verantwortungsbereiche wahrgenommen werden. Aufgabenbereiche kann man zu Rollen bündeln. Eine Softwarearchitektin verantwortet beispielsweise, dass das gelieferte System bestimmte Qualitätseigenschaften hat, oder der Usability-Ingenieur verantwortet, dass das System auch benutzbar ist. Eine Rolle zu haben, bedeutet dabei nicht, alles selbst erledigen zu müssen. Der Inhaber der Rolle stellt selbst oder durch Delegieren sicher, dass die entsprechenden Aufgaben in guter Qualität erledigt werden. Eine Rolle hat zusätzlich den Effekt, dass diese dem Inhaber einen gewissen Status verleiht, speziell die Rollen Projektleiterin und Architekt.

Scrum als agiles Produktmanagement-Framework kennt gerade drei Rollen: Scrum Master, Product Owner und Teammitglied. Umfangreichere Vorgehensmodelle wie das V-Modell XT kennen 30 und mehr Rollen, z. B. Projektleiter, Architekt oder Testmanager und Tester. Umfangreiche Rollenmodelle sind erst bei sehr großen, verteilten oder bei sicherheitskritischen Projekten erforderlich [Boe03], beispielsweise beim Bau einer Fregatte oder dem Entwurf eines autonom fahrenden Autos.

Ein fester Ansprechpartner für den Auftraggeber

Wenn ihr mit einem Auftraggeber zusammenarbeitet, erwartet dieser von euch einen festen Ansprechpartner. Dieser vereinbart Termine, sorgt für einen reibungslosen Informationsfluss und führt im Zweifel auch die Lieferungen durch. Dies ist zunächst unabhängig vom gewählten Vorgehen, die wichtigste Rolle. Denn der Ansprechpartner sorgt dafür, dass sich der Auftraggeber gut betreut und ausreichend informiert fühlt.

Der Ansprechpartner telefoniert regelmäßig mit dem Auftraggeber oder trifft diesen persönlich. Der Auftraggeber muss zu jedem Zeitpunkt mindestens eine vage Vorstellung davon haben, was das Team gerade tut. Der Rest des Teams kann sich dann auf die Entwicklung konzentrieren.

Product Owner und Produktmanager

Eine wesentliche Rolle, die mit Scrum von Jeff Sutherland und Ken Schwaber eingeführt wurde, ist der Product Owner [Sut13, Sut14]. Er ist verantwortlich für das Produkt. Er entscheidet, welche Features es haben soll und in welcher Reihenfolge diese eingebaut werden. Er sollte sich 50 % seiner Zeit mit den späteren Anwendern und anderen Stakeholdern beschäftigen und die anderen 50 % mit dem Team diskutieren und für Fragen zur Verfügung stehen [Wat17]. Diese Rolle ist anspruchsvoll:

- Der Product Owner muss gut verfügbar sein, denn er kommuniziert intensiv mit dem Team. In vielen agilen Methoden werden Dokumente durch direkte Kommunikation ersetzt. Anforderungen werden nicht mehr im Detail aufgeschrieben, sondern während der Entwicklung im Gespräch verfeinert. Wenn der Product Owner keine Zeit hat, müssen wieder Dokumente geschrieben werden. Das Team sollte nicht raten müssen, was es tun soll.
- Er muss sich selbst fachlich sehr gut auskennen oder er muss benötigtes Wissen schnell beschaffen können. Denn das Team erwartet auf Fragen schnell Antworten, da es sonst bei der weiteren Arbeit blockiert wird.
- Der Product Owner muss schnell und verbindlich entscheiden, was in welcher Reihenfolge getan wird. Dies tut er aber im Namen der anderen Stakeholder. Er muss sich in seinen Entscheidungen also dort absichern. Das kann bedeuten, dass er Entscheidungsprozesse zusammen mit eventuell sehr vielen Projektbeteiligten und Interessenten moderieren muss.
- Entscheidungen vor dem Hintergrund hoher Unsicherheit zu treffen, ist nicht einfach. Fehler sind wahrscheinlich. Nicht zu entscheiden, ist aber auch keine Lösung: Die Lieferung eines Produkts zu verzögern, kostet auch Geld, da die Features nicht genutzt werden können oder kein Umsatz mit dem Produkt gemacht wird. Don Reinertsen rechnet die entstehenden Kosten durch Verzögerungen aus: Cost of Delay [Rei09]. Der Product Owner darf daher nicht zu zögerlich oder gar ängstlich sein [Wat17]. Im Grunde versucht der Product Owner, Entscheidungen im letzten gerade noch vertretbaren Moment zu treffen, da dort das meiste Wissen vorliegt [Pop03].
- Er entscheidet so, dass eventuelle Fehler schnell korrigiert werden können. Um das abzusichern, spricht er intensiv mit den späteren Anwendern bzw. seinen Kunden und holt dort Feedback ein.

Eigentlich sitzt der Product Owner bei Auftragssoftware auf der Seite des Auftraggebers. Dieser benennt aber häufig eher jemanden, der früher die Rolle Projektleiter hatte oder einen Mitarbeiter einer Fachabteilung. Diese Personen sind häufig eher schlecht verfügbar, da sie eigentlich für ihr Tagesgeschäft bezahlt werden, beispielsweise das Messen der Akustik im Holzbau oder die Planung neuer Versicherungsprodukte. Geringe Verfügbarkeit äußert sich in verschleppten Entscheidungen oder sehr spät, vage oder nur unverbindlich beantworteten Fragen. Dies könnt ihr leicht mithilfe der Antwortzeiten auf E-Mails messen und sichtbar machen.

Daher sollte in eurem Team der Ansprechpartner des Auftraggebers gleichzeitig eine Art lokaler Stellvertreter (Proxy) des Product Owners sein. Euer Ansprechpartner muss sich sowieso selbst auch in die Fachlichkeit des Projekts tief einarbeiten und beispielsweise ein Experte für Akustikmessung oder den Vertrieb von Versicherungen werden.

Agiler Coach, ein Catalytic Leader: Frag das Team!

Der agile Coach bzw. der Scrum Master ist verantwortlich dafür, dass das Team produktiv arbeiten kann. Er ist nicht der Projektleiter und er hat keinerlei Weisungsbefugnis. Er ist *Servant Leader* oder besser ein *Katalysator*. Er muss durch Überzeugen führen und anleiten, nicht durch Befehle. Seine Aufgabe ist es, dem Team bei der Teamentwicklung zu helfen, Dysfunktionen zu verringern und möglichst abzustellen, und er räumt eventuelle Hindernisse (Impediments) aus dem Weg.

Eine Grundregel für den agilen Coach lautet: *Das Team entscheidet.* Frag das Team (zumindest in allen wesentlichen Punkten) [Wat13]. Wenn es Hindernisse gibt, moderiert der Coach die Lösungsfindung im Team. Das Team entscheidet, wer was tut und was als Nächstes getan werden soll. Der Coach stellt lediglich die richtigen Fragen.

Der agile Coach ist auch Moderator in Meetings des Teams. Er sorgt dafür, dass das Team selbst alle Regeln einhält, die es sich gegeben hat, sichtbar beispielsweise als Regelposter im Teamraum (vgl. Abschn. 3.2.4). Eine Teamregel könnte sein, dass sich niemand während eines Meetings mit seinem Smartphone oder Laptop beschäftigt. Der agile Coach kümmert sich darum, dass das Team selbst dafür sorgt, dass diese Regel eingehalten wird. Wenn ein Mitglied gegen Regeln verstößt, sollten die anderen Mitglieder auf den Regelverstoß hinweisen. Der agile Coach stellt sicher, dass sich das Team darum kümmert. Er ermahnt möglichst nicht selbst, sondern klärt den Umgang mit Regelverstößen und die entsprechende Analyse der Ursachen in der nächsten Retrospektive [Wat13].

Die Rolle eines Catalytic bzw. Servant Leaders funktioniert nicht immer und nicht in jedem Zusammenhang [Hof18, Glo14]. In bestimmten Situationen kann wieder Führung durch eine Projektleiterin oder einen Abteilungsleiter sowie eine Verringerung des Umfangs der Selbststeuerung notwendig werden. Beispielsweise, wenn sich das Team nicht einigen kann, verstritten oder unwillig ist oder *noch* nicht in der Lage ist, sich selbst zu organisieren. Beispielsweise weil die Mitglieder einen autoritären Führungsstil über Jahre hinweg gewohnt waren.

Funktionsübergreifendes Teams

Typisch für ein Softwareentwicklungs-Projekt sind Rollen wie Projektleiterin, Architekt, Testerin bzw. Qualitätsingenieur, Usability-Expertin und auch Anforderungsingenieur. Jede Rolle erhält einen eigenen Verantwortungsbereich, beispielsweise:

- Die Projektleiterin ist verantwortlich für den Kontakt zum Auftraggeber, für die Planung, die Termine und das Controlling.
- Der Architekt ist verantwortlich, dass das Produkt kostengünstig und unter Einhaltung der Qualitätsanforderungen gebaut wird.
- Die Usability-Expertin ist verantwortlich dafür, dass die späteren Anwender mit der Software effektiv, effizient und zufriedenstellend arbeiten können.

- Der Tester ist verantwortlich dafür, dass die aktuelle Qualität der Software regelmäßig festgestellt wird.
- Die Anforderungsingenieurin ist dafür verantwortlich, dass die Anforderungen vollständig, korrekt und abgestimmt erhoben werden.

Wenn ihr in eurem Team solche oder ähnliche Rollen vergebt, achtet darauf, dass sich alle Teammitglieder trotzdem für alle anderen Themen noch zuständig fühlen. Unsinnig sind Bemerkungen wie ‚Ich bin Architekt, daher muss ich nicht entwickeln‘ oder ‚Ich bin Entwickler, für das Testen gibt es doch die Qualitätssicherung‘. Eine solche Silo-Organisation ist aus mehreren Gründen problematisch, daher wird häufig die Minimierung bzw. die Abschaffung solcher Rollen empfohlen [Sut14].

Für agil arbeitende Teams werden funktionsübergreifende (cross functional) Teams empfohlen. Alle Mitglieder des Teams sind *gemeinsam* für alles verantwortlich. Herausgehoben werden zwei Rollen, der agile Coach bzw. Scrum Master und der Product Owner.

Jeff Sutherland stellt dar, dass diese Teams effizienter arbeiten: In Teams mit einer stärkeren Differenzierung von Rollen entstehen oft Lager mit halbfertigen Features [Sut14], vgl. Abb. 3.4: Der Anforderungsingenieur beschreibt das Feature und lagert es vor der Architektin ein, z. B. als Dokument auf ihrer Festplatte. Die Architektin macht das Feindesign des Features und lagert es beim Entwickler ein, beispielsweise als Ticket in GitLab. Dieser implementiert das Feature und übergibt es an die Testerin. Es können noch viele weitere Zwischenlager folgen, bis das Feature tatsächlich einem Anwender zur Verfügung gestellt werden kann. In solchen Organisationen bleiben auch Flaschenhälse leicht unerkannt: Beispielsweise wenn es zu wenige Tester gibt, häufen sich in deren Arbeitsvorrat sehr viele zu testende Features, die erst mit großer Verzögerung bearbeitet werden können. Denn: In der Warteschlange lagern viele andere Features, die davor bearbeitet werden müssen. Dies führt zu verzögertem Feedback, da der Anwender

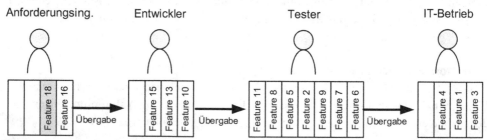

Abb. 3.4 Die Abbildung zeigt eine strenge Arbeitsteilung zwischen den verschiedenen Rollen. Jeder hat seinen eigenen Arbeitsvorrat. Das Feature mit der Nummer 18 soll noch vom Anforderungsingenieur bearbeitet werden: Es wandert von Arbeitsvorrat zu Arbeitsvorrat und muss jedes Mal wieder warten, bis alle vorhergehenden Aufgaben erledigt sind. Speziell bei sehr hoher Auslastung der Teammitglieder verlängert sich die Durchlaufzeit des Features deutlich, wie Don Reinertsen mithilfe der Warteschlangentheorie vorrechnet [Rei09]. Ihr könnt das selbst am Beispiel von ‚Feature 18‘ durchspielen

das Feature sehr spät zum Testen bekommt. Um diese Verluste durch die Übergabe von Aufgaben zwischen verschiedenen Rollen abzustellen, wird in agil durchgeführten Projekten eher auf funktionsübergreifende Teams gesetzt.

Der optimale Mitarbeiter eines agilen Teams hat daher eine T-förmige Qualifikation. Er hat einen Überblick über alle Teile des Softwareentwicklungs-Prozesses und der Fachlichkeit (der Querbalken vom T) und er hat in einem Themenfeld vertiefte Kenntnisse, beispielsweise im Bereich UX (der Längsbalken vom T). Damit kann jedes Mitglied grundsätzlich alle Arbeiten durchführen oder unterstützen, ist aber auch auf einem Gebiet ausgewiesener Spezialist.

3.2.4 Teamwerte und Regeln festlegen

Es ist hilfreich, wenn ihr euch im Team einige einfache Regeln für den Umgang miteinander gebt. Auch das sorgt für Sicherheit. Ihr könnt mit einer Art Knigge beginnen, Beispiele für Regeln sind:

- Wir unterbrechen uns gegenseitig nicht. Jeder darf ausreden.
- Alle Meinungen sind uns wichtig, jeder wird gehört.
- In Meetings schalten wir unsere Smartphones aus und klappen die Laptops zu.
- Wir geben uns schnelles und offenes Feedback. Es wird nicht gelästert.

Diese ersten Regeln für die Zusammenarbeit und auch für die Durchführung von Meetings sollten für jeden im Team zu jeder Zeit sichtbar sein. Dazu könnt ihr beispielsweise ein Poster (Flipchart) erstellen, das öffentlich aufgehängt wird und alle Regeln enthält. Wenn ihr diese Regeln formuliert, könnt ihr für jede Regel folgendes vorweg sagen: *Wir arbeiten am besten zusammen, wenn ....*

Auch Unternehmen definieren sich über gemeinsame Regeln, der Online-Schuhversand Zappos hat beispielsweise in einem längeren internen Prozess mithilfe aller Mitarbeiter zehn Werte aufgestellt, hier nur als Auszug aus den Core Values.[4]

- Deliver WOW Through Service
- Embrace and Drive Change
- Create Fun and A Little Weirdness
- Be Adventurous, Creative, and Open-Minded
- ...

---

[4] Vgl. https://www.zapposinsights.com/about/core-values.

Die Entwicklung der Werte im Team hat bei Zappos dazu geführt, dass alle Mitarbeiter diese mittragen [Hsi16]. Und diese nicht nur zur Kenntnis nehmen, da diese von irgendeiner wohlmeinenden Geschäftsführung definiert und nicht gelebt wurden.

Wenn ihr euch gemeinsame Werte und Regeln überlegt, sollten diese leicht in konkretes Handeln übersetzbar sein. Gemeinplätze wie ‚Mut‘, ‚Bescheidenheit‘ oder ‚Offenheit‘ sind nur dann für euch nützlich, wenn ihr diese Werte selber entschieden habt und eine Vorstellung habt, was ihr tut, um ‚mutig‘, ‚bescheiden‘ oder ‚offen‘ zu sein. Ein guter Startpunkt für eine Diskussion können die in Abschn. 2.4 beschriebenen Elemente des agilen Mindsets sein. Im Folgenden stellen wir Beispiele für grundlegende Werte und daraus abgeleitete Regeln vor: *Teamerfolg ist wichtiger als Einzelerfolg* und *Fehlerkultur*.

Teamerfolg ist wichtiger als Einzelerfolg

In der Schule, der Universität und auch in vielen Anerkennungssystemen von Unternehmen werden besonders die Leistungen des Einzelnen gesehen und gefördert und nicht die Leistung von Teams. Für ein Teamergebnis in der Matheklausur erhalten die Beteiligten normalerweise eine Sechs, wenn der Professor oder Lehrer das mitbekommt. Gehaltserhöhungen oder Leistungsprämien hängen häufig an der Erreichung individueller und geheimer Ziele. Das ist eine Art ‚Management by Objectives‘ wie es Peter Drucker vorgeschlagen hat.

Euer Team wird nur dann erfolgreich sein, wenn alle ihre individuellen Erfolge hinter die Teamerfolge zurückstellen. Softwareentwicklung ist Mannschaftssport. Welche Regeln könnt ihr dazu formulieren?

* Informationen werden nicht zurückgehalten, es wird immer das gesamte Team informiert. Jeder hat und bekommt alle Informationen, die er zum Arbeiten braucht.
* Wissen wird bereitwillig geteilt, wenn ein Teammitglied eine spannende Entdeckung macht, teilt er das allen anderen mit und hält darüber einen kurzen Vortrag oder schreibt eine Wiki-Seite.
* Alle Ergebnisse gehören allen Teammitgliedern gemeinsam, es gibt nicht *meinen* Code, den nur ich ändern darf. Dies ist als *collective code ownership* ein wesentliches Prinzip im eXtreme Programming [Bec99].
* Jeder kann an jedem Meeting teilnehmen, es gibt keine geheimen Treffen. Und zu jedem Treffen gibt es ein Ergebnisprotokoll, über das man sich informieren kann.
* Die erfahrenen Teammitglieder nehmen sich die Zeit, den Mitgliedern mit weniger Erfahrung zu helfen, beispielsweise über Pair Programming.
* Alle wichtigen Entscheidungen werden im Team diskutiert und wenn möglich gemeinsam getroffen.

Wie schon erwähnt, spielt das Anerkennungssystem von außen eine wichtige Rolle. Wenn von außen individuelle Leistungsmaße wie Noten, Belobigungen oder Prämien erhoben und verwendet werden, beschädigt das die interne Kultur.

Aber warum wird ein Team besser, wenn Informationen besser verteilt werden und jeder mehr oder weniger alles kann? In einer solchen Kultur können einzelne Personen, sogenannte *Rockstars* [Fle18], wegen ihres Könnens oder ihres Wissens nicht mehr zum Flaschenhals werden. Gene Kim bringt im Phoenix Project das Beispiel des Mitarbeiters ‚Brent', ohne den praktisch nichts getan werden kann und der damit ein ganzes Projekt ausbremst [Kim13]. Denn: Was passiert, wenn Brent vom Bus überfahren wird? Der Busfaktor ist ein Maß für die Abhängigkeit von einzelnen Personen im Team. Ist der Busfaktor des Teams Eins, habt ihr ein Problem [Wil02]. Kündigt der Rockstar oder wird dieser krank, scheitert euer Projekt. Jeder ist ersetzbar, wenn ihr euch entsprechend organisiert. Das ist auch für dich als ehemaliger Rockstar ein Vorteil, da du ohne schlechtes Gewissen das Projekt oder den Arbeitgeber wechseln kannst und im Urlaub deine E-Mails nicht lesen musst.

Trotz aller Teamarbeit braucht ihr auch eine Möglichkeit, besondere individuelle Leistungen zu würdigen. Leistungsträger solltet ihr sicher nicht zu Rockstars machen, aber auch nicht frustrieren. Eine Möglichkeit sind hier beispielsweise Kudo-Karten, diese beschreiben wir unten noch genauer.

Fehlerkultur: Aus Fehlern lernen

Wenn Fehler und Probleme auftreten, sucht ihr nicht nach dem Schuldigen und schmeißt diesen eventuell aus dem Team. Die Identifikation des Schuldigen löst das Problem sowieso nicht, sondern frustriert nur unnötig das Teammitglied, das es gerade erwischt hat. Solche Frustrationen führen zu dem schon erwähnten Statusverlust, der Ausschüttung von Stresshormonen im Gehirn. Zweitens behindert die Suche nach Schuldigen immer die offene Kommunikation, denn keiner ist gerne schuld. Probleme oder eigene Fehler werden dann eher verschwiegen oder auf andere geschoben als offen diskutiert. Dies führt zu sehr ineffizienten Organisationen [Wes04, For18].

Häufig hat das eigentliche Problem tiefer liegende Ursachen und kann unter anderen Bedingungen wieder auftreten. Deswegen solltet ihr darüber reden, es besser verstehen und es systematisch bei den Ursachen abstellen. Euer Blick ist daher immer in die Zukunft gerichtet: Was können wir gemeinsam tun, damit das Problem nicht wieder auftreten kann? Können wir gemeinsame Regeln finden, Werkzeuge schreiben oder andere Dinge tun, um das Problem in Zukunft zu verhindern, gemeinsame Regeln könnten hier sein:

- Wir glauben daran, dass jeder von uns sein Bestes tut und sich Mühe gibt [Ker01, Glo14].
- Jeder darf Fehler machen. Fehler gehören zum Lernen dazu [Dwe16].
- Wer einen Fehler macht, wird nicht bestraft. Wer seine Fehler offen zugibt, wird belohnt. Wir gehen offen mit Fehlern und Problemen um.
- Dein Problem ist auch mein Problem: Bei Fehlern und Problemen suchen wir gemeinsam nach den Ursachen und stellen diese gemeinsam ab. Es interessiert uns nicht, wer schuld ist.

- Wir wollen Fehler in der Zukunft nicht wiederholen. Wir interessieren uns für die Zukunft und nicht für die Vergangenheit. Daher analysieren wir gemeinsam die Ursachen jedes Fehlers und versuchen, diese abzustellen.

Zur Analyse von Fehlern bietet sich die in Abschn. 3.5.2 beschriebene 5W-Methode an. Dort hinterfragt ihr auch die Ursachen eines Fehlers und deren Ursachen und so weiter.

Für gegenseitige Wertschätzung sorgen

Jurgen Appelo empfiehlt, dass sich Teammitglieder gegenseitig über sogenannte Kudo-Karten Feedback geben und sich gegenseitig loben [App16]. Die Karten sind einfache DIN-A6-Karten, Vorlagen können beispielsweise bei Appelo bezogen werden. Probiert als Team dieses Feedbacksystem mal für einige Tage aus. Die Kudo-Karten können beispielsweise während der Retrospektive vorgelesen werden, denkbar ist auch eine Pinnwand mit allen Kudo-Karten. Oder ihr legt die Kudo-Karten bei euren Kollegen einfach an den Arbeitsplatz. Überlegt euch, wie ihr euch am besten gegenseitig loben könnt.

Eine Technik aus der *positiven Psychologie* bietet sich als Wochenabschluss an. Bevor alle ins Wochenende gehen, gibt es ein kurzes Abschlussmeeting und jeder Anwesende zählt drei Ereignisse der letzten Woche auf, die in seinen Augen besonders gut gelaufen sind [Sel11].

3.3   Teamkoordination

In einer idealen Welt, wüsste jedes Teammitglied genau, was zu tun ist und hätte alle dazu notwendigen Informationen. Dann müsstet ihr euch überhaupt nicht mehr koordinieren und könntet diese Zeit einsparen. Alles, was nun folgt, wäre nicht notwendig. Zu viele Meetings zur Koordination waren schon immer ein Zeichen schlechter Organisation, da die Aufgaben und Verantwortlichkeiten nicht ausreichend unabhängig voneinander sind [Dru02]. Workshops zum Erarbeiten gemeinsamer Ergebnisse sind dagegen ein Zeichen intensiver Kommunikation.

Bitte behaltet immer im Auge, dass das Ziel effiziente und effektive Zusammenarbeit ist und nicht die Anwendung irgendeines Werkzeugs wie GitLab oder die Einhaltung von Gewohnheiten und Ritualen wie überlangen Jour-fixe-Terminen. Ein Werkzeug oder ein Meeting dient bloß zu euer Unterstützung und hat die zwei Ziele Informationsverteilung und Aufgabenverfolgung.

3.3.1   Gemeinsamer Raum

Am einfachsten könnt ihr euch koordinieren, wenn ihr alle im selben Raum arbeitet. Hier sind Absprachen schnell und ohne großen Aufwand möglich. Es kann mit gemeinsamen

Whiteboards oder Wänden und Fenstern als Haftnotizflächen gearbeitet werden. Tägliche kurze Meetings können einfach realisiert werden. Die Forderung, dass das Team am gleichen Ort arbeiten soll, zieht sich durch die meisten Ansätze im Bereich der agilen Softwareentwicklung [Bec04, Boe03, Sut14].

Je weiter das Team verteilt ist – ca. 30 Meter zwischen den Büros reichen aus –, desto schwieriger ist die Koordination, da ja der Informationsaustausch durch die Entfernung behindert wird. Wenn ihr euer Team über verschiedene Zeitzonen und Kulturkreise verteilt, gibt es kaum noch Zeiten, zu denen alle Teammitglieder gleichzeitig wach sind. Verschiedene Sprachen und kulturelle Hintergründe erschweren die Kommunikation zusätzlich.

Ein gemeinsamer Wasserspender oder eine gemeinsame Kaffeeküche fördern die informelle Kommunikation im Team und machen die Zusammenarbeit nachweisbar effizienter [Her99]. Halten wir also fest: Wenn ihr es euch aussuchen könnt, sucht euch einen gemeinsamen Projektraum, in dem alle Beteiligten gemeinsam am Projekt arbeiten können. Geht das nicht, müsst ihr euch mit den unten genannten Werkzeugen behelfen und mehr (elektronisch) aufschreiben.

3.3.2 Aufgabenorientierung

Euer Team koordiniert sich selbst ausgerichtet auf das gemeinsame Ziel. Ihr überlegt euch, in welchen Schritten das Ziel erreicht werden soll und definiert für jeden Schritt eine oder mehrere Aufgaben. Wie genau eine Aufgabe ausgeführt wird, bleibt dabei jedem Teammitglied selbst überlassen. Umfangreiche Vorschriften und zu stark einge-schränkter Gestaltungsspielraum wirken schnell demotivierend und erzeugen unnötig Stress [Roc09, Pin09]. Wichtig ist, dass das gesamte Team möglichst am Definieren und Schneiden der Aufgaben beteiligt wird. Normalerweise entscheidet jedes Teammitglied für sich – also du für dich selbst –, welche Aufgabe es als Nächstes übernimmt. Dies steht im Gegensatz zum plangetriebenen Projektmanagement, wo die Projektleitung die Aufgaben als Arbeitspakete im Planungsprozess definiert und an die Mitarbeiter zuweist [Dir11, Hin16]. Der Inhalt dieses Kapitels gibt bereits eine erste Liste mit Aufgaben für das Team zu Projektbeginn vor, beispielsweise

1. Definition des Teamnamens
2. Erstellung des Logos für das Team
3. Erstellung eines Posters mit Teamregeln
4. Beschaffung GitLab, Einrichten der Berechtigungen
5. ...

Als Beschreibungen, was genau zu tun ist, können die Erklärungen im jeweiligen Abschnitt dieses Buches dienen.

Unabhängige Aufgaben

Abhängigkeiten zwischen Aufgaben erfordern, dass sich Teammitglieder untereinander abstimmen müssen und dass Missverständnisse Probleme verursachen können. Eventuell werden dann einige Teile doppelt und andere nicht gemacht. Solche Aufgaben müssen gemeinsam erledigt werden. Zu viel Koordinationsaufwand frisst die Vorteile der parallelen Bearbeitung durch mehrere Teammitglieder wieder auf. Je unabhängiger die Aufgaben voneinander sind, desto eher spart ihr euch den lästigen Koordinationsaufwand.

Unabhängigkeit der Aufgaben könnt ihr beispielsweise über eine gute logische Architektur eures Produkts erreichen. Ihr teilt das Produkt fachlich in Subsysteme, technisch in (Micro-)Services oder Komponenten auf, die dann unabhängig voneinander von verschiedenen Personen entwickelt werden können.[5] Hier gilt Conways Law [Con68]: Organisationen tendieren dazu, Systeme zu entwickeln, die den eigenen internen Kommunikationsstrukturen entsprechen. Unabhängige Subsysteme oder Komponenten führen damit zu unabhängigen Aufgaben und unabhängigen Teammitgliedern bzw. Teams.[6]

3.3.3   Das Taskboard und visuelles Management

Das Taskboard gibt einen visuellen Überblick über den Bearbeitungszustand aktueller Aufgaben (Abb. 3.5). Es zeigt also den Projektstatus für alle im Team sichtbar an. Die Aufgaben wandern in Form von Tickets (elektronisch) oder Haftnotizen (Whiteboard oder Wand) von links nach rechts über das Board. Links sind die offenen Aufgaben (To-do) und rechts die abgearbeiteten (Done bzw. Closed). Spalten des Boards stellen den aktuellen Bearbeitungszustand dar. Am einfachsten ist ein Modell mit drei Spalten: To-do, Doing und Done. Häufig wird zwischen Doing und Done noch eine Spalte zur Qualitätssicherung eingeführt. Ihr könnt über ein Taskboard auch jeden anderen Prozess visuell darstellen: Jeder Prozessschritt wird zur Spalte, mit solchen Taskboards wird beispielsweise in Kanban gearbeitet.

Die meisten Ticket-Systeme bieten ein elektronisches Taskboard an, das den Bearbeitungszustand der jeweiligen Tickets zeigt. Die Abb. 3.6 zeigt einen Screenshot des GitLab-Taskboards. Ein elektronisches Taskboard bietet sich an, wenn das Team verteilt arbeitet und auch später noch nachvollzogen werden soll, wer was gemacht hat.

Achtung: Das Ticket-System ist hier Mittel zu eurer Koordination und kein Selbstzweck. Wenn die Tickets zu viel Zeit kosten oder nicht den erwarteten Informations- und Koordinierungseffekt haben, müsst ihr euch etwas anderes überlegen.[7]

---

[5] Vgl. Kap. 16.5.

[6] Vgl. beispielsweise die Idee der Feature-Teams nach Jutta Eckstein [Eck12].

[7] Im Manifest für agile Softwareentwicklung heißt es bewusst: Individuen und Interaktionen mehr als Prozesse und Werkzeuge. Der Issue-Tracker ist auch nur ein Werkzeug.

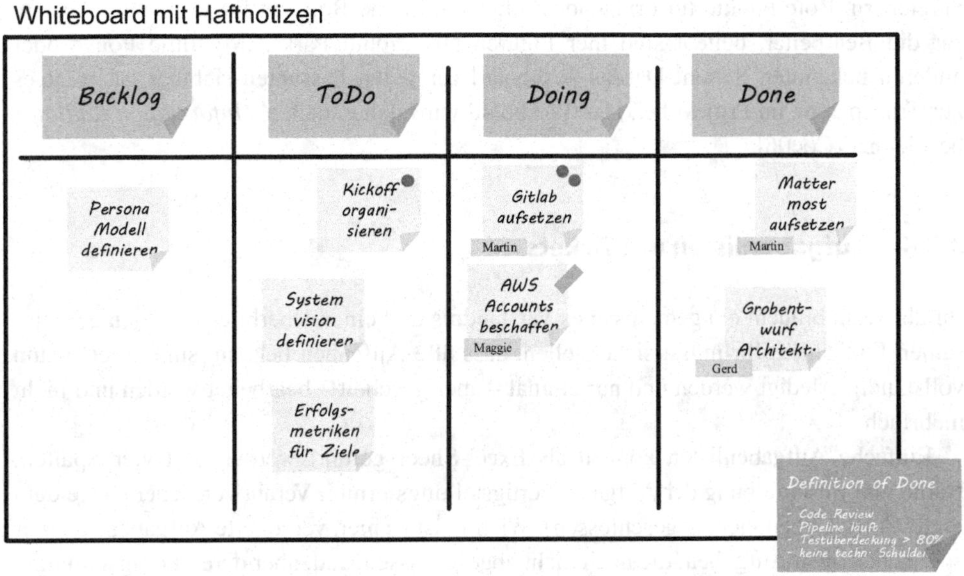

Whiteboard mit Haftnotizen

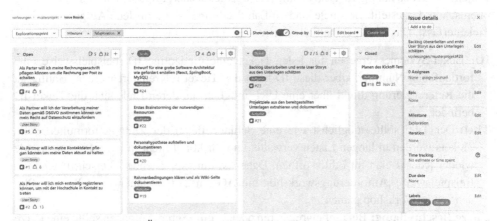

Abb. 3.5 Taskboard mit Haftnotizen am Whiteboard. Klebepunkte zeigen die Priorität bestimmter Tickets an. Kleine Avatare oder Fähnchen zeigen das Teammitglied, das die Aufgabe auf dem Ticket bearbeitet

Abb. 3.6 Beispiel GitLab: Überblick über die aktuellen Tickets in einem Taskboard. Der Zustand jedes Tickets kann durch Verschieben zwischen den Spalten geändert werden, z. B. von To-do nach Doing. Die kleinen grafischen Symbole zeigen, von wem das Ticket gerade bearbeitet wird

Alternativ oder ergänzend werden Whiteboards oder andere Flächen in einem gemeinsamen Raum als Taskboard verwendet. Die Aufgaben finden sich dort in Form von Haftnotizen. Wenn ihr die Wahl habt, arbeitet mit Haftnotizen. Diese sind greifbarer und das Taskboard gibt zu jeder Zeit einen für alle sichtbaren Überblick über den Zustand eures Projekts. Haftnotizen könnt ihr mit beliebigen zusätzlichen Informationen anreichern. Rote Punkte für dringende Aufgaben, kleine Bomben für Probleme, Avatare für die Bearbeiter, beliebt sind hier Figuren aus ‚South Park', ‚My little Pony' oder anderen bekannten Serien. Da das Taskboard für jeden Passanten sichtbar ist, trägt es zur Transparenz im Projekt bei. Das Taskboard wird daher auch als *Information Radiator* bezeichnet [Coc06].

3.3.4 Aufgabenlisten mit Tickets

Ihr als Team braucht ein gemeinsames Verständnis und einen Überblick über den gemeinsamen Fortschritt. Ihr müsst sicherstellen, dass alle Aufgaben bekannt sind, irgendwann vollständig erledigt werden und nur einmal – aber gescheit – bearbeitet werden und nicht mehrfach.

Einfache Aufgabenlisten können als Excel-Sheet geführt werden, mit vier Spalten: Name und Beschreibung der Aufgabe, Fertigstellungstermin, Verantwortlicher sowie dem Status (offen, begonnen, abgeschlossen). Wichtig ist es hier, verzögerte Aufgaben sichtbar zu machen, also Aufgaben, die noch nicht abgeschlossen sind, aber deren Fertigstellungstermin in der Vergangenheit liegt. Die also schon längst erledigt sein müssten. Unerledigte Aufgaben sollten auffallen und ein schlechtes Gewissen erzeugen. In agil durchgeführten Projekten werden häufig Ticket-Systeme (Issue-Tracker) als Aufgabenliste verwendet, wie oben schon dargestellt. Beispiele sind GitLab, Redmine oder Jira. Jede Aufgabe wird als Ticket erfasst. Das Ticket enthält alle notwendigen Informationen:

ID: Ticket-Systeme vergeben für jedes Ticket eine eindeutige ID, beispielsweise eine fortlaufende Nummer. Über diese ID kann das Ticket referenziert werden. Häufig ist die Referenzierung direkt über eine URL möglich, an deren Ende sich die Ticket-ID befindet.

Titel: Der Titel sollte möglichst wie eine Schlagzeile in der Zeitung formuliert sein. Tickets werden in langen Listen verwaltet und ihr könnt nicht in jeder Planungsrunde wieder jedes Ticket im Editor öffnen. Daher ist eine sprechende Überschrift wichtig. Beispielsweise ‚Anforderungsworkshop mit AG am 27.07. planen' anstelle von ‚Planen' oder ‚Workshop planen'.

Kurze Beschreibung: Bei umfangreicheren oder komplexeren Aufgaben sollte eine kurze Beschreibung weitere Details darstellen, soweit diese noch nicht im Team allgemein bekannt sind.

Bearbeiter: Wer (soll) die Aufgabe bearbeiten bzw. wer bearbeitet diese gerade?

Optional können weitere Punkte zu jedem Ticket ergänzt werden, dies erleichtert spätere Analysen, beispielsweise zu angefallenen Arbeitszeiten für jede Aufgabe.

Priorität: Bestimmte Aufgaben sind wichtiger als andere. Die Wichtigkeit wird über die Priorität ausgedrückt. Hier gibt es verschiedene Schemata, beispielsweise das MuSCoW-Schema (Must, Should, Could, Won't).

Akzeptanzkriterien: Viele Ticket-Systeme unterstützen in der Beschreibung eines Tickets auch Checklisten als Einträge. Damit kann eine Checkliste mit Kriterien ergänzt werden, an denen man erkennen kann, dass die Aufgabe wirklich vollständig abgeschlossen ist. Die Liste kann auch Teilaufgaben darstellen, die einzeln abzuarbeiten sind.

Fertigstellungstermin: Einige Aufgaben haben einen festen Fertigstellungstermin. Beispielsweise muss die Planung eines Workshops vor dessen Beginn abgeschlossen sein. Oder es gibt gesetzliche Vorgaben, bei denen Termine eingehalten werden müssen, etwa ein Gesetz, das zu einem bestimmten Zeitpunkt in Kraft tritt.

Aufwand geplant/tatsächlich: Die Erledigung einer Aufgabe kostet Zeit. Während der Planung wird eventuell mit Personenstunden überschlagen, wie viel Aufwand die Aufgabe kostet (auch um zu entscheiden, ob es sich lohnt, diese Aufgabe anzugehen). Um später zu verstehen, wo die Arbeitszeit der Teammitglieder geblieben ist, ist es hilfreich zu jeder Aufgabe zu erfassen, wie viel Zeit für diese investiert wurde.

Kommentare und Historie: Während der Bearbeitung der Aufgabe können weitere Informationen entstehen oder Diskussionen müssen noch geführt werden. Hierzu können bei Tickets in der Regel Kommentare von Teammitgliedern hinterlassen werden. Auch Anhänge, beispielsweise mit Screenshots, Fotos oder Dokumenten sind möglich. Damit habt ihr die Aufgabe selbst und zusätzliche Informationen an einer Stelle zusammengeführt.

Die Abb. 3.7 zeigt, wie in GitLab ein neues Ticket angelegt wird. Jedes Ticket ist über einen Link eindeutig identifizierbar. GitLab bietet in der Community Edition (leider) keine unterschiedlichen Ticket-Typen an. Tickets werden mithilfe von Labels unterschieden. Dem Ticket ist im Beispiel das Label ‚Aufgabe' zugewiesen. Label ermöglichen es, verschiedene Taskboards zu unterscheiden (pro Taskboard ein Label, beispielsweise ein eigenes Taskboard für Tickets mit dem Label ‚Impediment') oder innerhalb eines Taskboards verschiedene Spalten (pro Spalte ein Label, beispielsweise ‚To-do', ‚Doing' und ‚Done'). Damit könnt ihr einfache Workflows modellieren, pro Aktivität eine Spalte (ein Label) sowie verschiedene Themen unterscheiden, wie Sprint-Backlog und Impediment Backlog.

Die Erfassung umfangreicher Informationen zu jedem Ticket kostet Zeit, die dem Team an anderer Stelle fehlt. Nicht jedes Teammitglied pflegt gerne solche Tickets. Diskutiert im Team, welche Informationen ihr zu den Aufgaben wirklich benötigt und erfasst erstmal nur diese. Stellt aber auch sicher, dass wenigstens die wenigen Informationen tatsächlich gepflegt werden (z. B. durch Kontrollen während der Retrospektive). Achtet aber darauf, dass ihr im Laufe der Entwicklung eine Vorstellung davon habt, wo ihr eure Arbeitszeit investiert habt, hierfür sind Tickets praktisch, da ihr auf diese auch Zeiten buchen könnt.

3.3.5 Gemeinsame Definition of Done: Nur fertig ist fertig!

Entwickler haben häufig unterschiedliche Vorstellungen, wann eine Programmieraufgabe *fertig* ist: Genügt es, wenn der Compiler nicht meckert? Sollte ein Testtreiber laufen?

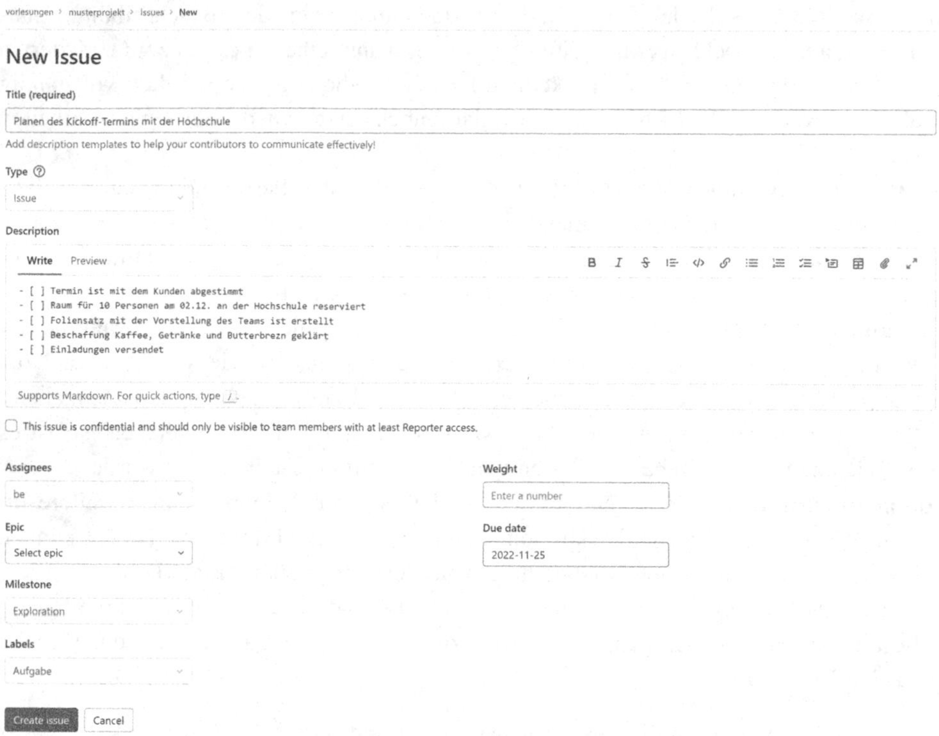

vorlesungen ⟩ musterprojekt ⟩ issues ⟩ New

New Issue

Title (required)

Planen des Kickoff-Termins mit der Hochschule

Add description templates to help your contributors to communicate effectively!

Type ⑦

Issue

Description

Write Preview   B I S ⊨ ⟨⟩ ⊘ ⊨ ⊨ ⊨ ⊨ ⊞ ⬚ ⬚ ⬚ ⬚ ⬚

```
- [ ] Termin ist mit dem Kunden abgestimmt
- [ ] Raum für 10 Personen am 02.12. an der Hochschule reserviert
- [ ] Foliensatz mit der Vorstellung des Teams ist erstellt
- [ ] Beschaffung Kaffee, Getränke und Butterbrezn geklärt
- [ ] Einladungen versendet
```

Supports Markdown. For quick actions, type / .

☐ This issue is confidential and should only be visible to team members with at least Reporter access.

Assignees	Weight
be	Enter a number
Epic	Due date
Select epic	2022-11-25
Milestone	
Exploration	
Labels	
Aufgabe	

Create issue   Cancel

Abb. 3.7 Beispiel GitLab: Erfassung einer neuen Aufgabe als Issue, explizit mit dem Label Aufgabe

Wie sieht es mit Dokumentation aus? Läuft der Code auch mit vielen Daten oder vielen Clients, läuft er dann noch schnell genug? Ist der Code überhaupt integriert und im Systemzusammenhang ausreichend getestet?

Wenn jeder im Team ein anderes Verständnis davon hat, was genau ‚fertig' bedeutet, wird eure gesamte Projektkoordination und -steuerung ungenau und unzuverlässig. Denn bei jeder Aufgabe ist unklar, wie viel noch zu tun ist, damit das Ergebnis beim Auftragge- ber eingesetzt werden kann und dort keinen Schaden anrichtet.

Euer gemeinsames Verständnis von dem, was ihr als fertig betrachtet, dokumentiert ihr in der Definition of Done (DoD). Erst wenn alle Kriterien der DoD erfüllt sind, gilt die Aufgabe tatsächlich als fertig, anderenfalls als nicht erledigt. „80%-fertig" gibt es nicht, sondern nur „ganz oder gar nicht". Dies vermeidet auch unnötige Nacharbeiten an vermeintlich fertigen Ergebnissen, gerade dies kostet große Teile eurer Arbeitszeit [Boe01].

Ihr könnt DoDs für verschiedene Ergebnistypen (Aufgabentypen, Ticket-Typen) de- finieren, also auch für die Dokumentation von Anforderungen oder die Planung von Meetings. Die DoD funktioniert damit auch wie eine gemeinsame Checkliste oder ein Ablaufplan für häufig wieder kehrende Aufgaben. Für Quelltexte sollten ausführliche

Qualitätssicherung und Tests ebenso enthalten sein wie eine hinreichende Dokumentation. Beispiel für eine Definition of Done für eine implementierte Anforderung:

- Compiler läuft ohne Warnings durch und auch die automatisierten Tests funktionieren mit einer Branch-Coverage von mindestens 80%.
- Der Quelltext ist von einem anderen Teammitglied, per Merge Request geprüft worden und das Feedback wurde eingearbeitet, es sind alle Diskussionspunkte erledigt.
- Der Product Owner hat die Anforderung erfolgreich abgenommen.
- ...

Achtet bei der Formulierung der DoD darauf, dass ihr für jedes Kriterium eindeutig feststellen könnt, ob dieses erfüllt ist oder nicht. Sowas wie ‚das Feature ist intuitiv benutzbar' ist sicher keine gute Idee. Ihr braucht auch für Wiki-Seiten, Dokumente, Testdaten, Lieferungen und andere Projektergebnisse eine DoD. Denn über diese stellt ihr die systematische Qualitätssicherung sicher, in Form von einfachen Checklisten [Gaw10]. Die DoD spielt also bereits früh eine wichtige Rolle im Projekt und nicht erst, wenn der Compiler das erste Mal läuft.

Die DoD muss öffentlich sichtbar sein. Eventuell könnt ihr diese auf euer Taskboard schreiben oder als Kriterienkatalog in eurem Projekt-Wiki dokumentieren. Teile der DoD könnt ihr auch über Werkzeuge sicherstellen, beispielsweise die Einhaltung von Programmierkonventionen der Sprache Java mithilfe von Checkstyle in eurer Build-Pipeline, vgl. Kap. 17.

Im weiteren Verlauf eures Projekts *müsst* ihr alle darauf achten, dass die DoD unter allen Umständen eingehalten wird. Nur dann könnt ihr euch bei euren Aufgaben darauf verlassen, dass Aufgaben im Zustand ‚Done' auch wirklich keine weiteren Nacharbeiten erfordern.

3.3.6 Tägliches Treffen: Daily Standup

Das Team trifft sich täglich vor dem gemeinsamen Taskboard, um sich zu koordinieren. Das Standup dauert maximal 15 Minuten. Es ist wichtig, dass dieses Meeting jeden Tag und immer zur selben Zeit stattfindet [Sut14]. Jedes Teammitglied stellt seine aktuellen Tätigkeiten und eventuelle Hindernisse vor in maximal drei Minuten Redezeit. Das Team und der Coach bzw. Scrum Master müssen darauf achten, dass die Zeiten eingehalten werden.[8] Das Standup gleitet leicht in eine längere Diskussion technischer oder organisatorischer Probleme ab. Solche Diskussionen finden in kleinerem Kreis nach

---

[8] Dazu kann ein Buzzer hilfreich sein, den jeder betätigen darf, wenn der aktuelle Redner nicht auf den Punkt kommt.

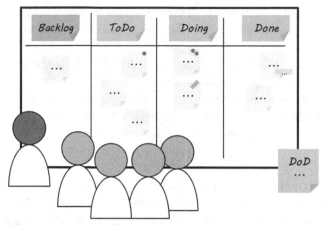

Abb. 3.8 Daily Standup Meeting vor dem Taskboard

dem eigentlichen Standup statt. Im Standup beantwortet jedes Teammitglied folgende drei Fragen.

1. Was habe ich seit dem letzten Standup getan?
2. Was plane ich, bis zum nächsten Standup zu tun?
3. Was hat mich bei der Arbeit aufgehalten?

Jedes Teammitglied kann das Gesagte mit dem Verschieben der Aufgaben auf dem Taskboard deutlich machen. Neue Aufgaben werden von ToDo nach Doing verschoben oder fertiggestellte nach Done. Aufgaben, bei denen es ein Hindernis gibt, werden z. B. mit einem rosa Fähnchen markiert (Abb. 3.8).

   Achtung: Das Standup ist keine Veranstaltung mit Statusberichten für den Coach oder andere Projektmitglieder, sondern dient ausschließlich der Koordination des Teams [Wat13]. Besonders wichtig ist es, dass Hindernisse wie etwa fehlende Informationen schnell erkannt und auch beseitigt werden. Eventuell können Teammitglieder sich gegenseitig bei Aufgaben unterstützen und Hindernisse gemeinsam aus dem Weg räumen, bzw. den Scrum-Master mit der Beseitigung beauftragen. Um längere Blockaden und Wartezeiten zu vermeiden, ist es wichtig, sich täglich zu koordinieren.

3.4   Alle sind informiert

Alle Mitglieder des Teams sollten während des Projekts umfassend informiert sein, das schafft Transparenz. Wissensmonopole verhindern die effektive Zusammenarbeit im Team und machen einzelne Mitglieder zu Flaschenhälsen. Wir müssen daher mit verschiedenen

Maßnahmen dafür sorgen, dass alle Informationen aktuell, zuverlässig und für jedes Teammitglied jederzeit zugreifbar sind. Andreas Rüping liefert dazu eine umfassende Betrachtung [Rue13]. Wir beschäftigen uns hier mit den Elementen, die sich in unseren Projekten als essentiell erwiesen haben:

3.4.1 Das gemeinsame Wiki

Ein gemeinsames Wiki besteht im Wesentlichen aus einfach gehaltenen untereinander verlinkten Webseiten, die über einen Browser jederzeit leicht geändert werden können. Um eine Seite zu erstellen und zu pflegen, werden in der Regel einfache Markdown-Sprachen verwendet, ein Beispiel findet sich in Abb. 3.9. Ihr wollt euch nicht mit HTML5-Tags, neuen Dateien und URLs plagen. Jedes Teammitglied kann also jederzeit die Seiten lesen und ohne besonderen Aufwand aktualisieren.

Abb. 3.9 Beispiel GitLab: Erstellung einer Wiki-Seite mithilfe der Markdown-Sprache, darüber können Inhalte leicht strukturiert und gestaltet werden. Tabellen, mathematische Formeln, UML-Modelle oder Graphen können über Markdown erstellt werden. Neue Seiten können über noch nicht gefüllte Verweise dargestellt werden. Im Beispiel könnte das die Seite ‚Stakeholder' sein

vorlesungen > musterprojekt > Wiki > **Wiki**

Create New Page

Title

| Stakeholder |

Format

| Markdown   ⌄ |

♀ Tip: You can specify the full path for the new file. We will automatically create any missing directories. Learn more.

[Source] [Rich text]

| Write Preview | B I S I= </> 𝒪 ≔ ≔ ≔ 'a ⊞ 𝒪 ↗ |

Write your content or drag files here…

Supports Markdown

To link to a (new) page, simply type `[Link Title](page-slug)`. More examples are in the documentation.

Commit message

| Create Stakeholder |

[Create page]   [Cancel]

Abb. 3.10 Beispiel GitLab: Erstellung einer neuen Wiki-Seite ‚Stakeholder'

Vorteil eines Wikis ist, dass es jederzeit um neue Seiten erweitert werden kann, und zwar durch Verweis auf eine noch nicht existierende Seite, ein Beispiel findet sich in Abb. 3.10.

Das große Problem von Wikis ist die fehlende vorgegebene Struktur. Wenn ihr nicht aufpasst, besteht das Projekt schnell aus einem unübersichtlichen und nicht mehr aktuellen Wust irgendwelcher Wiki-Seiten. Eine Suchfunktion ist hier zwar hilfreich, nützt euch aber beim Thema Aktualität und Pflege nichts. Der erfahrene Leser erinnert sich sicher an ähnlich verwirrend aufgebaute Verzeichnisstrukturen voll mit alten Dokumenten unbekannter Aktualität [Rue13]. Ordnung und Struktur waren schon immer wichtig.

Wenn ihr mit dem Projekt anfangt, ist es daher wichtig, dass ihr euch eine gemeinsame Struktur für das Wiki überlegt. Wie wollt ihr die Seiten benennen und wie sollen diese abgelegt und verlinkt werden? Besonders wichtig ist dabei eine gut gepflegte und immer aktuelle Hauptseite, die als Orientierung dient. Als Strukturierungshilfe könnt ihr die Idee des Projekthandbuchs verwenden, in dem alles steht, was man zum Überleben in eurem Projekt braucht.

Projekthandbuch

Ein Projekthandbuch enthält alle wichtigen Informationen zu einem laufenden Projekt. Diese ändern sich häufig und sollten immer aktuell gehalten werden. Hierfür eignet sich ein Wiki besonders gut. Folgende Informationen finden sich im Projekthandbuch, diese sollten auf der ersten Seite des Wikis gut erkennbar sein:

Projektsteckbrief: Auf der ersten Seite des Wikis sollten der Name eures Teams, der Name des Produkts und auch der Name eures Projekts dargestellt sein. Ein Projektsteckbrief fasst die wichtigsten Informationen auf einer Seite zusammen. Den Steckbrief erstellt ihr möglicherweise auch als kurzes Dokument mit ein oder zwei Seiten. Wichtige Informationen sind eure Produktvision (vgl. Abschn. 4.6) sowie eure Ziele (vgl. Abschn. 4.9), aber auch Liefertermine, Budget und der Releaseplan (vgl. Kap. 5).

Kontaktdaten zu allen Teammitgliedern und Ansprechpartnern als Telefonbuch: Die Liste sollte mindestens eine Telefonnummer und eine E-Mail-Adresse enthalten, sowie weitere Kanäle, auf denen die genannten Personen erreicht werden können. Hier sollten sich möglichst auch Informationen zur Verfügbarkeit der Personen finden, etwa längere Abwesenheiten wegen Urlaub oder spezifische Erreichbarkeit, etwa nur freitagvormittags.

Organigramm und Eskalationswege: Auch die vereinbarten Eskalationswege sollten im Wiki definiert sein: Wen rufe ich an, wenn ich ein Problem mit einem Mitarbeiter auf der Seite des Auftraggebers habe? Was tue ich, wenn eine zugesagte Ressource nicht da ist?

Termine sollten ebenfalls als Wiki-Seite dokumentiert sein. Damit alle Teammitglieder einen aktuellen Überblick über die nächsten Termine haben und Änderungen leicht einpflegen können. Dieser Terminkalender kann zusätzlich eine Spalte für die Protokolle zu den bereits abgeschlossenen Terminen enthalten. Denkbar ist die Nutzung eines öffentlichen Terminkalenders, den alle Projektmitglieder bei sich importieren können.

Meilensteine und Roadmap: Die strategische Planung eures Projekts gliedert es in Meilensteine und die Roadmap dokumentiert, wann ihr welches Release liefern wollt.

Vereinbarungen zur Zusammenarbeit Wann finden die Projektmeetings statt? Wer gehört zum Kernteam? Wer hat welche Rolle? Wer ist wofür verantwortlich? Was sind die bevorzugten Kommunikationskanäle – E-Mail, Telefon oder Chat-Channel?

Es bietet sich an, diese Struktur zum Projektbeginn bereits anzulegen und die wichtigsten Überschriften festzulegen. Die Abb. 3.11 zeigt ein Beispiel für ein Projekthandbuch im Wiki.

Protokolle von Besprechungen

Zu jedem Meeting – speziell zu Terminen mit dem Auftraggeber – muss es ein Ergebnisprotokoll geben. Dieses darf sehr kurz sein. Es kann eine Wiki-Seite oder ein kurzes PDF sein. Das Protokoll hält wichtige Informationen fest, die ihr im Meeting erfahren oder erzeugt habt. Beschlüsse werden festgehalten, beispielsweise wenn ihr mit dem Auftraggeber zusammen beschließt, alles in der Sprache Go zu programmieren. Zusätzlich werden Aufgaben festgehalten, also wer was bis wann erledigen will. Die Aufgaben werden als Tickets in das Ticket-System oder als Haftnotizen am Taskboard zusätzlich festgehalten.

Das Protokoll dient dazu, dass ihr beim nächsten Meeting noch wisst, worüber gesprochen wurde. Gesprächsinhalte werden leicht vergessen oder durch die Erinnerung

Abb. 3.11 Beispiel GitLab: Projekthandbuch als Wiki-Seite. Diese Seite ist als Hauptseite (Landing Page) und strukturierter Einstieg auf alle Projektinformationen gedacht

verfälscht. In viel späteren Projektphasen ist es eventuell erforderlich zu wissen, wann und von wem ein Beschluss gefasst wurde oder wer zu welchem Zeitpunkt informiert war. Die Protokolle sind wichtiger Teil eurer Projektdokumentation, speziell für den Fall, dass es zu Streit im Team oder mit dem Kunden kommt.

Daher gehört zum Protokoll die Liste der Teilnehmer und auch ein Informationsverteiler, also eine Liste von Personen, denen das Protokoll zugeschickt oder auf andere Art übermittelt wird. Informationen wie ein Datum, der Ort des Meetings sowie der Name des Protokollanten verstehen sich von selbst. Wir beschreiben die Durchführung von Meetings im Detail in Kap. 10.

3.4.2 Projektbibliothek und Versionsverwaltung

In großen, lange laufenden Projekten entstehen häufig sehr viele Dateien und ihr verliert hier schnell die Übersicht [Rue13]. Hunderte von Dateien in einem Verzeichnis oder redundant verstreut über einen Haufen zufällig benannter Verzeichnisse und E-Mail-Ordner sind nicht mehr sinnvoll verwendbar, trotz Suchfunktion des Betriebssystems.

Überlegt euch daher eine sinnvolle Ordnerstruktur, in der ihr eure Dateien (Quelltexte und Dokumente) speichern wollt und dokumentiert diese Struktur in eurem Wiki. GitLab und GitHub bieten hierfür die Datei README.md im Hauptverzeichnis eures Repositorys an. Diese Datei solltet ihr auch nutzen.

Die Verzeichnisstruktur ordnet eure gemeinsamen Dateien. Zusätzlich kann ein Namensschema für einzelne Dateitypen hilfreich sein, beispielsweise das Dateipräfix MS_ für Minispezifikationen. Die Minispezifikation der Fahrzeugausmusterung würde dann beispielsweise MS_FahrzeugAusmusterung. docx heißen. Über eine Nummer oder einen Buchstaben als Präfix im Verzeichnisnamen könnt ihr die (alphabetische) Reihenfolge der Verzeichnisnamen beim Anzeigen des Verzeichnisses erzwingen. Beispielsweise 01_Angebot, 02_Protokolle oder 03_Spezifikation.

Ein gemeinsam genutztes Verzeichnis ist bestenfalls ein erster Anfang. Für Quelltexte und für Dokumente ist in Softwareentwicklungs-Projekten eine Versionsverwaltung die richtige Wahl. Marktführer ist hier inzwischen Git [Pre19]. Die Versionsverwaltung kann über das Internet überall verwendet werden.

Die Versionsverwaltung ist Kommunikationswerkzeug

Jedes Teammitglied hat eine oder mehrere lokale Kopien der Dateien eures Projekts auf seinem Rechner. Die Versionsverwaltung synchronisiert diese Kopien mit einem zentralen Repository. Git arbeitet zusätzlich mit einem lokalen Repository als Zwischenstation. Wenn ein Teammitglied eine oder mehrere Dateien ändert, kann er oder sie diese Änderungen in einem Commit zusammenfassen. Git verwaltet die Commits in seinem lokalen Repository. Teammitglieder synchronisieren ihre lokalen Repositorys mit dem zentralen Repository. Andere Versionsverwaltungen arbeiten nur mit einem einzigen zentralen Repository ohne Indirektion.

In der Commit-Nachricht beschreibt das Teammitglied, was er aus welchem Grund verändert hat, beispielsweise verweist er oder sie auf ein Ticket aus dem Ticket-System. Gebt euch bei den Commit-Nachrichten also besondere Mühe, einen guten Namen bzw. eine aussagekräftige Erklärung zu finden. Was eine gute Commit-Nachricht ausmacht, beschreiben wir in Kap. 12.

Für jede Änderung ist in den Commits gespeichert, wer die Änderung durchgeführt hat, was genau geändert wurde und wann die Änderung stattgefunden hat. Im Team könnt ihr damit ohne besonderen Kommunikationsaufwand sehen, was gerade im Projekt passiert ist und wer was gemacht hat. Ihr seht alle Änderungen bis zurück zum allerersten Commit, der möglicherweise schon Jahre zurück liegt. Die Versionsverwaltung ist damit eines eurer wichtigsten Kommunikationswerkzeuge [Pop13].

Außerdem können alte Versionen aller Dateien wieder hergestellt werden. Damit könnt ihr jede Änderung zu jedem Zeitpunkt wieder rückgängig machen und auch bereits gelieferte Software in verschiedenen Versionen und Varianten pflegen.

Die Versionsverwaltung stellt darüber hinaus sicher, dass Konflikte erkannt oder vermieden werden: Wenn zwei Teammitglieder jeweils eine eigene Kopie einer Datei auf dem eigenen Rechner haben, könnten beide parallel Änderungen an denselben Stellen vornehmen. Wenn beide dann ihre Änderungen über einen Commit mit dem zentralen Dateibestand synchronisieren, gehen eventuell Änderungen einer Partei verloren. Die Versionsverwaltung erkennt oder vermeidet solche Konflikte. Moderne Versionsverwaltungen arbeiten in der Regel *optimistisch*, d. h. sie erkennen Konflikte und melden sie der Person, die als zweites ihre Änderungen synchronisieren will, dies wird als Merge-Konflikt bezeichnet, da die Versionsverwaltung nicht selber die Änderungen zusammenführen (mergen) kann. Die zweite Person muss dieses Zusammenführen dann selbst erledigen, also den Merge-Konflikt beheben. Die Versionsverwaltung ermöglicht daher sauberes Arbeiten in einem verteilten Team.

Eine gemeinsame Versionsverwaltung, beispielsweise ein gemeinsames Git-Repository ist für euer Team erfolgskritisch. Ohne Repository geht ihr unter. Das Beschaffen bzw. Anlegen des Repositorys ist eine der ersten Aufgaben in neuen Projekten. Dies sichert den Informationsaustausch im Projekt. Öffentlich verfügbare Angebote wie GitHub[9] erleichtern die Arbeit zusätzlich. In Kap. 12 erklären wir genauer, wie mit Git richtig gearbeitet wird.

3.4.3 E-Mail-Verteiler und Chat-Channel

Im Laufe der täglichen Arbeit werden viele kleine Informationen ausgetauscht oder Fragen gestellt und beantwortet. Der Austausch geschah früher häufig per direkter E-Mail von Person zu Person oder über E-Mail-Verteiler. Informationen gingen dabei teilweise verloren, weil beispielsweise ein Teammitglied auf dem Verteiler vergessen wurde oder weil die E-Mail-Flut von den Teammitgliedern nicht sinnvoll verwaltet wurde.

Derzeit sind neben E-Mails auch Chat-Systeme wie Slack oder Mattermost in Gebrauch, sowie Skype oder Microsoft Teams und ähnliche Werkzeuge, die auch Desktop-Sharing und Videokonferenzen erlauben. Großer Vorteil der Chat-Systeme ist es, dass die dort ausgetauschten Informationen dauerhaft erhalten bleiben und euch später als durchsuchbare Informationsquelle zur Verfügung stehen und nicht wie private E-Mail-Konten nur dem jeweiligen Besitzer. Jedes Teammitglied abonniert die Channels, die für sie oder ihn relevant sind und liest diese bei Bedarf. Das dämmt die Flut von E-Mails im Projekt ein und schafft Transparenz.

Für euch ist es wichtig, dass alle Teammitglieder alle Informationen zeitnah bekommen und auch später noch auf die ausgetauschten Informationen Zugriff haben. Daher ist es sinnvoll, wenn ihr euch auf einen gemeinsamen Kommunikationskanal einigt und diesen dann auch durchgehend verwendet. Was ihr einsetzt, ist sicher Geschmacksfrage. Einige Werkzeuge wie beispielsweise Mattermost sind gut in GitLab integriert, daher bietet sich dies an, zumal darüber auch Tickets, die Build-Pipeline oder das Repository eingebunden und ferngesteuert werden können.

3.5 Schnelles Lernen

Das Team ist eventuell erst für das Projekt neu geschaffen worden. Die Teammitglieder lernen sich erst während des Projekts genauer kennen. Daher sollte das Team regelmäßig überprüfen, wie gut es gerade zusammenarbeitet. Nach jeder Lieferung an den Kunden sollte eine Retrospektive durchgeführt werden: Das Team reflektiert die letzten Wochen.

---

[9] https://github.com/.

3.5.1 Happiness Index

Der Happiness Index stellt eure Stimmung im Team dar [Sut14]. Jedes Teammitglied trägt beispielsweise beim Daily Standup Meeting seine Stimmung ein: Positiv heißt, dass es produktiv arbeiten kann und sich gut fühlt. Negativ heißt, dass es von irgendetwas aufgehalten wird, blockiert oder frustriert ist. Es ist besonders wichtig, diesen Index fortlaufend zu beobachten und schnell auf dessen Verschlechterung zu reagieren. Ursachen für einen schlechten Happiness Index sind unter anderem:

- Konflikte innerhalb eines Teams. Ein Teammitglied wird beispielsweise nicht integriert oder respektiert oder gilt als untätig, verplant und ineffizient. In studentischen Projekten werden diese Probleme häufig erst sehr spät eskaliert, meist eine oder zwei Wochen vor der Lieferung. Dann ist es zu spät.
- Konflikte mit dem Auftraggeber: Ein sehr schlecht erreichbarer oder ein unentschlossener Auftraggeber führt leicht zu Frustration im Team.
- Technische Probleme, da die gewählten Infrastrukturen und Werkzeuge nicht so funktionieren wie gedacht oder mehr Einarbeitungsaufwand erforderlich ist, als geplant.
- Zu lange hinausgezögerte Entscheidungen, speziell bei eingesetzten Technologien. Diskussionen über das schönste PHP-Framework oder welches JavaScript-Framework nun zu verwenden ist, münden häufig in frustrierende Verzögerungen des Projekts. Für einfache Projekte spielt die Wahl des Frameworks aus unserer Erfahrung keine Rolle. Die Auswahl kann dort mit einem Münzwurf erledigt werden (Abb. 3.12).

Der Happiness Index wird regelmäßig in der Retrospektive analysiert oder bereits im Daily angeschaut. Das Team versucht gemeinsam die Ursachen für schlechte Stimmung abzustellen. Der Happiness Index ist ein wichtiges Frühwarnsystem für Probleme im Team oder technische Schwierigkeiten, die erst viel später zu sinkender Produktivität führen. Mithilfe dieses Frühwarnsystems könnt ihr Probleme noch im Entstehungsstadium beheben.

3.5.2 Regelmäßige Retrospektiven

Die Retrospektive findet sich als regelmäßiger Workshop in praktisch allen agilen Methoden. Alternative Bezeichnungen dafür sind auch Touch-Down-, Lessons-Learned- oder Debriefing-Workshop [Ker01, Sie02]. Die Retrospektive wird in der Regel nach der Lieferung an den Auftraggeber oder am Projektende durchgeführt. In Scrum nach dem Sprint-Review-Meeting [Sut13] also am Ende jedes Sprints. Sie hat das Ziel, das Vorgehen und die Zusammenarbeit im Team zu reflektieren, Verbesserungsmöglichkeiten zu finden und diese dann systematisch umzusetzen. Eine agile Retrospektive läuft in mehreren Phasen ab. Esther Derby und Diana Larsen nennen fünf [Der06]:

Wöchentlicher Stimmungs-Parameter der Team-Mitglieder

Woche (bis)	Franz G.	Fabian D.	Gerhard B.	Yannik F.	Lukas B.	Belinda T.
0 (- 10.10.17)	🙂	😐	🙂	🙂	🙂	😐
1 (- 17.10.17)	😐	😐	😐	🙂	🙂	😐
2 (- 24.10.17)	😐	😐	😐	😐	😃	🙂
3 (- 07.11.17)	😐	🙂	😐	🙂	🙂	😐
4 (- 14.11.17)	🙂	🙂	😐	😐	😐	🙁
5 (- 21.11.17)	🙂	😐	🙂	😐	😐	🙂
6 (- 28.11.17)	🙂	🙂	🙂	🙁	🙂	😐
7 (- 05.12.17)	🙂	😐	🙂	🙂	😃	🙁
8 (- 12.12.17)	🙂	😐	😃	🙂	⚔️ 😼	🙂
9 (- 19.12.17)	🙂	🙂	🍕 🙂	😃	⚔️ 😼	😃
10 (- 09.01.18)	😐	😃	🐻	😐	👻	😃
11 (- 16.01.18)	🙂	😃	🙂	😃	⚔️ 🙂	🙂

Bitte eines der folgenden drei Emojis auswählen:

sehr gut: 😃 gut: 🙂 neutral: 😐 schlecht: 🙁 sehr schlecht: 😣

Abb. 3.12 Happiness Index als Tabelle im Wiki

1. **Intro und Setting the Stage**: In der ersten Phase wird zunächst die Agenda vorgestellt und abgestimmt. Hier können die Teilnehmer noch Themen einbringen. Eine produktive Atmosphäre ist eine wichtige Voraussetzung. Die Teilnehmer sollen offen diskutieren und eventuelle Probleme benennen, damit diese abgestellt werden können. Daher steht die Prime Directive von Norman Kerth häufig am Anfang. Um die Wirksamkeit der Retrospektive zu zeigen, sollten auch die Beschlüsse von der letzten Retrospektive und deren Umsetzung kontrolliert werden.
2. **Daten sammeln**: In der zweiten Phase sammelt das Team Daten über die abgeschlossene Iteration bzw. über den Zeitraum seit der letzten Retrospektive. Hier kann beispielsweise die Timeline und das Stimmungsbarometer eingesetzt werden [Der06], beides wird in Abb. 3.14 dargestellt. Auch eine Analyse der (Sprint-)Planung, des Repositorys, der Tickets oder der Build-Pipeline liefern hier wertvolle Erkenntnisse.

3. **Einsichten gewinnen**: Die gewonnenen Daten werden analysiert. Situationen, in denen die Stimmung im Team besonders negativ war oder in denen es viele Hindernisse gab, gilt das Augenmerk. Das Team geht Ursachen von Stimmungstiefs und Problemen auf den Grund. Eine Technik ist beispielsweise die 5W-Analyse (Root Cause Analysis, siehe unten). Der Moderator achtet bei der Diskussion besonders darauf, dass es keine Schuldzuweisungen gibt. Das Team will ja systematisch die Ursachen von Problemen abstellen und kein Teammitglied frustrieren. Ziel ist es, dass das Team nach der Retrospektive besser arbeitet.

4. **Maßnahmen beschließen**: Bei den Analysen sind Ursachen von Problemen zutage getreten. Ihr diskutiert und beschließt nun Maßnahmen, welche die Situation in Zukunft verbessern sollen. Damit sichergestellt wird, dass tatsächlich etwas geschieht, wird zu jeder Maßnahme ein Verantwortlicher (wer), ein genauer Inhalt bzw. ein Ziel (was) sowie ein Fertigstellungstermin (bis wann) festgelegt. Damit werden Maßnahmen verbindlicher und ihre Umsetzung kann über ein Ticket kontrolliert werden, spätestens bei der nächsten Retrospektive. Auch neue Regeln und Werte für das Team werden hier festgelegt.

5. **Abschluss**: Das Ende der Retrospektive bietet eine Gelegenheit für Feedback an den Moderator. Dieser sollte das Feedback entweder mündlich oder z. B. über ein Blitzlicht erfragen. Das menschliche Gedächtnis speichert bei Veranstaltungen das Ende deutlicher ab, als Details aus dem Verlauf [Kah12]. Daher sollte eine Retrospektive bewusst und positiv beendet werden.

Start mit der Prime-Directive (Setting the Stage)

In der Retrospektive wollt ihr konstruktiv zusammenarbeiten. Es geht nicht um die Suche nach Schuldigen oder gegenseitige Anklagen. Die Grundhaltung dazu hat Norman Kerth als *Prime Directive* formuliert [Ker01], wir haben diese weiter oben schon mal erwähnt:

> Regardless of what we discover, we must understand and truly believe that everyone did the best job they could, given what they knew at the time, their skills and abilities, the resources available, and the situation at hand.

Am Anfang einer Retrospektive macht ihr allen Teilnehmern klar, dass alle Teammitglieder versucht haben, gute Arbeit zu leisten. Kaum jemand macht absichtlich Fehler oder sabotiert absichtlich das Team. Probleme haben ihre Ursachen eher in fehlenden Ressourcen, Zeitdruck oder den gerade herrschenden Randbedingungen. Allen Teilnehmern muss klar sein, dass ihr den Blick in die Zukunft richtet und überlegt, wie ihr in Zukunft noch besser werden könnt. Unpassende Randbedingungen könnt ihr für den nächsten Sprint eventuell verändern.

Starfish (Daten sammeln)

Mit einem Starfish (Seestern) sammelt ihr direkt Ideen für Änderungen an eurem Vorgehen ein. Die Ideen sollten eure Produktivität verbessern oder die Qualität der Ergebnisse erhö-

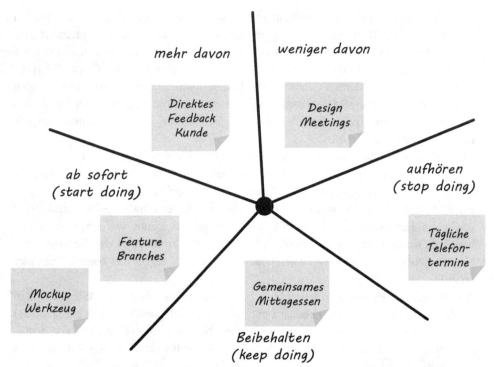

Abb. 3.13 Starfish (Deutsch: Seestern) um schnell Feedback in einer Retrospektive zu sammeln

hen. Ihr durchleuchtet alles, was ihr tut, kritisch. Welche Vorgehensweisen, Tätigkeiten, Besprechungen oder Werkzeuge unterstützen euch bei der täglichen Arbeit? Diese solltet ihr beibehalten. Einiges wird euch nerven oder behindern, davon solltet ihr weniger tun oder dies ganz streichen. Eventuell wollt ihr neue Werkzeuge ausprobieren oder andere Praktiken testen, diese solltet ihr ausprobieren oder ihre Anwendung ausbauen. Um diese drei bzw. fünf Bereiche zu sammeln, zeichnet ihr einen Punkt, von dem fünf Achsen starten. Damit ergeben sich fünf Segmente um den Punkt herum (vgl. Abb. 3.13), diese beschriftet ihr mit:

Start doing (ab sofort): Damit sollte ab sofort begonnen werden, denn davon versprecht ihr euch höhere Produktivität oder bessere Qualität.

Stop doing (aufhören), denn das behindert euch.

Keep doing (beibehalten), denn das hat offenbar funktioniert und unterstützt euch tatsächlich in der täglichen Arbeit.

More of (davon mehr): Das könnt ihr ausbauen, bisher funktioniert dies gut.

Less of (davon weniger): Das solltet ihr vermindern, da es euch unnötig Produktivität kostet.

Vereinfachend genügen drei Abteilungen beim Starfish, das sind *start doing*, *stop doing* und *keep doing*. Jedes Teammitglied schreibt seine Ideen auf Haftnotizen. Ihr sammelt im

Team die Ideen und besprecht diese danach. Aus den Ideen entwickelt ihr im Anschluss dann konkrete Maßnahmen mit verantwortlicher Person und Termin und erfasst diese als Ticket.

Timeline und Energy Seismograph (Daten sammeln)
Eine Zeitachse kennzeichnet den zeitlichen Verlauf seit der letzten Retrospektive. Diese zeichnet ihr an ein Whiteboard oder auf einen Flipchart-Bogen (Abb. 3.14). Die Zeitachse dient dazu, auch Vorgänge in der etwas weiter zurückliegenden Vergangenheit aufzudecken, sonst gäbe es dort leere Flächen. Jedes Teammitglied notiert positive und unterstützende Sachverhalte auf grünen Haftnotizen, Probleme und Behinderungen auf roten Haftnotizen und Themen, über die noch geredet werden sollte, auf gelben Haftnotizen. Die Haftnotizen werden ungefähr passend auf der Zeitachse angebracht. So entsteht ein gutes Bild von den positiven und negativen Ereignissen und dem zeitlichen Verlauf. Häufungen roter Haftnotizen fallen gut ins Auge, denn über diese müsst ihr noch sprechen.

Unterstützend dazu kann die Stimmung im Team mithilfe einer zweiten Zeitachse notiert werden: Die X-Achse zeigt wieder die Zeit an und die Y-Achse die Stimmung jedes Teammitglieds. Von sehr positiv (oberhalb) bis sehr negativ (unterhalb). Jedes Teammitglied zeichnet seine Stimmung mit einem farbigen Stift als Kurve auf der Zeitachse ein. Auch hier sind Stimmungstiefs oder Höhepunkte wieder sehr gut erkennbar, in der Regel korrelieren die Stimmungstiefs und die Häufungen roter Haftnotizen. Diese Grafik wird

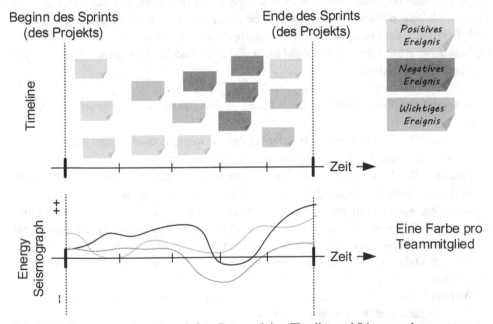

Abb. 3.14 Daten sammeln während einer Retrospektive: Timeline und Stimmungsbarometer

als Stimmungsbarometer oder Energy Seismograph bezeichnet (siehe Abb. 3.14 unten) [Der06].

Analyse der Timeline (Einsichten gewinnen)

Im nächsten Schritt werden die Zeitachsen und der Happiness Index vom Team diskutiert. Interessant sind genau die Ereignisse und Phasen, in denen die Stimmung besonders negativ war. Hier diskutiert ihr die genauen Ursachen und erarbeitet Maßnahmen, mit denen solche Tiefs in Zukunft vermieden werden können.

Gelbe Haftnotizen finden sich häufig an Stellen, wo das Team effizienter werden könnte, beispielsweise durch Automatisierung bestimmter manueller Tätigkeiten oder durch das Ersetzen von Reisen durch Videokonferenzen. Ihr solltet als Team immer bemüht sein, in jeder Iteration besser und effizienter zu werden. Hier könntet ihr als Grundlage für eure Analysen auch die in Abschn. 5.14.1 vorgestellte Liste mit Verschwendungen verwenden [Pop03]. Diese Liste stammt ursprünglich aus dem Toyota Production System und beschreibt, an welchen Stellen typischerweise die Leistung des Teams unnötig verloren geht, wie halbfertige Features, unnötige Reisen oder zu späte Reparatur von Fehlern.

Root Cause Analysis und die 5W (Einsichten gewinnen)

Ein Werkzeug zur Analyse ist die *Root Cause Analysis*, diese ist auch unter dem Namen 5W bekannt, das W steht für *Warum?* Für das Problem hinterfragt ihr dessen Ursachen: Warum konnte es zu dem Problem kommen? Die Ursachen haben ihrerseits wieder Ursachen, also fragt ihr weiter: Warum konnte es zu den Ursachen der Ursachen des Problems kommen? Das geht so weiter, bis ihr sicher seid, die wirkliche Ursache gefunden zu haben und nicht nur irgendein Symptom. Ihr beobachtet beispielsweise, dass ihr eure eigenen Regeln zur Codequalität nicht mehr einhaltet. Hier könntet ihr im Team nun die 5W-Technik anwenden:

1. **Warum?** Das Team fühlt sich unter Druck gesetzt, da es einen Abgabetermin halten muss.
2. **Warum?** Der Auftraggeber sieht in letzter Zeit zu wenig Fortschritt und hat dem Team mit Projektabbruch gedroht. Das setzt das Team unter Druck.
3. **Warum?** Der Code ist in letzter Zeit nicht mehr restrukturiert worden. Daher dauern Änderungen und Erweiterungen jetzt immer länger und die Zahl der Fehler ist deutlich gestiegen, was viel Arbeitszeit kostet. Dadurch schafft das Team weniger Fortschritte.
4. **Warum?** Der Auftraggeber macht in den Planungsrunden immer Druck, möglichst schnell die versprochenen Features zu bekommen, das ging auch eine ganze Weile lang gut. Daher befinden sich viele bekannte Probleme im Code, sogenannte technische Schulden.
5. **Warum?** Der Auftraggeber hat interne Schwierigkeiten mit der Priorisierung der Features verschiedener interner Stakeholder.

Abb. 3.15 Blitzlicht: Jeder
Teilnehmer klebt einen Punkt
an eine Koordinate, die seine
aktuelle Stimmung wiedergibt.
Das Blitzlicht liefert damit
schnell und grafisch ein
komplettes Stimmungsbild,
auch für große Gruppen

Mit den Fragen könnt ihr aufhören, wenn ihr die Wurzel des Problems gefunden habt. Möglicherweise könnt ihr in dem genannten Beispiel einen Workshop beim Auftraggeber anbieten, um dort mit den anderen Stakeholdern zusammen einen Releaseplan zu erarbeiten.

Maßnahmen beschließen

Die Analyse fördert offene Fragestellungen, Probleme, Risiken und Verbesserungsbedarf auf allen Ebenen zutage. Ihr überlegt euch dazu nun Maßnahmen, um die offenen Fragen zu beantworten, die Probleme zu lösen oder Verbesserungen zu erreichen. Diese Maßnahmen werden beispielsweise als Brainstorming gemeinsam erarbeitet. Die Umsetzung der Maßnahmen beginnt ihr dann über die Erstellung entsprechender Tickets. In der nächsten Retrospektive sollte mindestens ein Teil der Maßnahmen durchgeführt worden sein.

Feedback zum Abschluss einholen (Abschluss)

Wenn ihr eine Retrospektive moderiert, ist auch Feedback zur Durchführung für euch wichtig. Eventuell könnt ihr das Vorgehen noch verbessern oder den Workshop effektiver machen. Eine sehr schnelle Feedbacktechnik für jede Art von Workshop ist das Blitzlicht. Ihr schreibt ein Koordinatensystem auf ein Flipchart-Blatt zu dem Thema, das euch interessiert. Im einfachsten Fall mit nur einer Achse: *Wie zufrieden sind Sie?* Die Achse hat dann zwei Enden, sehr zufrieden bis sehr unzufrieden. Ein Beispiel findet sich in Abb. 3.15. Jeder Teilnehmer erhält einen Klebepunkt und klebt diesen an die Koordinaten, die er für richtig hält. So ergibt sich schnell ein umfassendes Stimmungsbild, in dem jeder Teilnehmer berücksichtigt wurde.

Literatur

[App16]   Appelo J (2016) Managing for Happiness: Games, Tools, and Practices to Motivate Any Team. Wiley

[Bec99]   Beck K (1999) Extreme Programming Explained: Embrace Change. Addison-Wesley

[Bec04]   Beck K, Andres C (2004) Extreme Programming Explained: Embrace Change. Addison-Wesley, 2te Aufl

[Bel12]   Belbin RM (2012) Team Roles at Work, 2. Aufl. Taylor & Francis

[Boe01]   Boehm B, Basili VR (2001) Software Defect Reduction Top 10 List. Computer 34(1):135–137

[Boe03]   Boehm B, Turner R (2003) Balancing Agility and Discipline: A Guide for the Perplexed. Addison-Wesley

[Coc06]   Cockburn A (2006) Agile Software Development: The Cooperative Game, 2. Aufl. Addison-Wesley

[Con68]   Conway ME (1968) How do committees invent? Datamation, 1968, 14. Jg., Nr. 4, S. 28–31.

[Der06]   Derby E, Larsen D (2006) Agile Retrospectives: Making Good Teams Great. Pragmatic Bookshelf Series. Pragmatic Bookshelf

[Dir11]   Dirbach J, Flückiger M, Lentz S (2011) Software entwickeln mit Verstand: was Sie über Wissensarbeit wissen müssen, um Projekte produktiver zu machen. dpunkt.verlag

[Doe17]   Doerr J et al (2017) Measure What Matters: How Bono, the Gates Foundation, and Google Rock the World with OKRs. Penguin Publishing Group

[Dru02]   Drucker P (2002) The Effective Executive. Collins business essentials. HarperCollins

[Dwe16]   Dweck C, Neubauer J (2016) Selbstbild: Wie unser Denken Erfolge oder Niederlagen bewirkt. Piper

[Eck12]   Eckstein J (2012) Agile Softwareentwicklung mit verteilten Teams. dpunkt.verlag

[Fle18]   Flewelling P (2018) The Agile Developer's Handbook: Get More Value from Your Software Development: Get the Best Out of the Agile Methodology. Packt Publishing

[For18]   Forsgren N, Humble J, Kim G (2018) Accelerate: The Science of Lean Software and DevOps Building and Scaling High Performing Technology Organizations. IT Revolution Press

[Gaw10]   Gawande A (2010) The Checklist Manifesto: How to Get Things Right. Henry Holt and Company

[Glo14]   Gloger B, D. Rösner. (2014) Selbstorganisation braucht Führung: die einfachen Geheimnisse agilen Managements. Hanser

[Her99]   Herbsleb JD, Grinter RE (1999) Architectures, Coordination, and Distance: Conway's Law and Beyond. IEEE Softw 16(5):63–70

[Hin16]   Hindel B, Hörmann K, Müller M, Schmied J (2016) Basiswissen Software-Projektmanagement, 3. Aufl. iSQI-Reihe. dpunkt.verlag

[Hof18]   Hofert S (2018) Das agile Mindset: Mitarbeiter entwickeln, Zukunft der Arbeit gestalten. Springer

[Hsi16]   Hsieh T, Klein K (2016) Delivering Happiness: Wie konsequente Kunden- und Mitarbeiterorientierung einzigartige Unternehmen schaffen. Business Plus

[Hun15]   Hunt V, Layton D, Prince S (2015) Diversity matters. McKinsey & Company 1:15–29

[Kah12]   Kahneman D (2012) Schnelles Denken, langsames Denken. Siedler Verlag

[Ker01]   Kerth N (2001) Project retrospectives: a handbook for team reviews. Dorset House

[Kim13]   Kim G, Behr K, Spafford G (2013) The Phoenix Project: A Novel About IT, DevOps, and Helping Your Business Win. IT Revolution Press

[Kim19]   Kim G (2019) The Unicorn Project: A Novel about Developers, Digital Disruption, and Thriving in the Age of Data. IT Revolution Press

[Len02]   Lencioni PM (2002) The Five Dysfunctions of a Team: A Leadership Fable. Jossey-Bass Publishers

[Mil63]   Milgram S (1963) Behavior Study of Obedience. J Abnorm Psychol 67:371–378

[Pin09]   Pink D (2009) Drive: The Surprising Truth about what Motivates Us. Riverhead Books

[Pop03]   Poppendieck M, Poppendieck T (2003) Lean Software Development: An Agile Toolkit. Agile Software Development Series. Addison-Wesley

[Pop13]   Popp G (2013) Konfigurationsmanagement mit Subversion, Maven und Redmine. dpunkt.verlag

[Pre09]   Precht RD (2009) Wer bin ich – und wenn ja wie viele?: Eine philosophische Reise. Goldmann Verlag

[Pre12]   Precht RD (2012) Die Kunst, kein Egoist zu sein: warum wir gerne gut sein wollen und was uns davon abhält. Goldmann

[Pre19]   Preißel R, Stachmann B (2019) Git: Dezentrale Versionsverwaltung im Team – Grundlagen und Workflows, 5. Aufl. dpunkt.verlag

[Rei09]   Reinertsen D (2009) The Principles of Product Development Flow: Second Generation Lean Product Development. Celeritas

[Roc09]   Rock D (2009) Your Brain at Work: Strategies for Overcoming Distraction, Regaining Focus, and Working Smarter All Day Long. HarperCollins

[Roc16]   Rock D, Grant H (2016) Why diverse teams are smarter. Harv Bus Rev 4(4):2–5

[Rue13]   Rueping A (2013) Dokumentation in agilen Projekten: Lösungsmuster für ein bedarfs- gerechtes Vorgehen. dpunkt.verlag

[Sch10]   Schein EH (2010) Organizational Culture and Leadership. The Jossey-Bass Business & Management Series. Wiley

[Sel11]   Seligman ME (2011) Flourish. Random House Australia

[Sie02]   Siedersleben J (Hrsg) (2002) Softwaretechnik: Praxiswissen für Softwareingenieure. Hanser Verlag, 2te Aufl.

[Sin09]   Sinek S (2009) Start with Why: How Great Leaders Inspire Everyone to Take Action. Penguin Publishing Group

[Sut13]   Sutherland J, Schwaber K (2013) The Scrum Guide: The Definitive Guide to Scrum – The Rules of the Game. http://www.scrumguides.org

[Sut14]   Sutherland J, Sutherland J (2014) Scrum: The Art of Doing Twice the Work in Half the Time. Crown Publishing Group

[Tak86]   Takeuchi H, Nonaka I (1986) The New New Product Development Game. Harvard Business Review

[Tuck65]   Tuckman, BW (1965) Developmental sequence in small groups. Psychological bulletin 63(6):384.

[Wat13]   Watts G (2013) Scrum Mastery: From Good To Great Servant-Leadership. Inspect & Adapt Ltd

[Wat17]   Watts G (2017) Product Mastery: From Good to Great Product Ownership. Inspect & Adapt Limited

[Wes04]   Westrum R (2004) A typology of organisational cultures. BMJ Qual Saf 13(suppl 2):ii22–ii27

[Wil02]   Williams L, Kessler R (2002) Pair Programming Illuminated. Addison-Wesley

Euer Produkt

4

Nichts ist überflüssiger, als eine Software, die niemand nutzt. Wenn ihr euer Produkt an den Bedürfnissen der potentiellen Anwender vorbei entwickelt, kann euch das auch passieren. Dann war eure Entwicklungsarbeit umsonst und es ist völlig egal, wie effizient ihr gearbeitet habt und welche Qualitätsmerkmale euer Produkt hat. Ein aktuelles Beispiel ist etwa das Fire Phone der Firma Amazon: Der Erfolg am Markt blieb aus und Amazon musste Ende 2014 knapp 170 Mio. US-Dollar abschreiben.[1] Wir beschäftigen uns in diesem Kapitel damit, was eigentlich ein Produkt ist und wie ihr die tatsächlichen Bedürfnisse ermittelt, eurer Anwender bzw. derjenigen, die euch eventuell für die Software oder Dienste bezahlen. Wir lernen dazu das hypothesenbasierte Vorgehen aus der Lean-Startup-Methode von Eric Ries [Rie11] kennen und befassen uns mit den Ideen von Clayton Christensen [Chr16].

4.1 Was genau ist das Problem?

Wenn jemand zu eurem Auftraggeber wird, hat er offenbar irgendein nicht oder nicht ausreichend gelöstes Problem bzw. ein Bedürfnis, das er oder sie noch nicht stillen konnte. Er oder sie hofft, dass ihr bei der Lösung helfen könnt. Er hat einen ,Job-to-be-done', wie Clayton Christensen es ausdrückt [Chr16]. In der Produktentwicklung ist es damit am wichtigsten, dass ihr sicherstellt, dass euer Ergebnis auch Verwendung findet und ein von den Anwendern als bedeutsam empfundenes Problem löst. Aber wie geht das?

---

[1] https://www.wired.com/2015/01/amazon-fire-phone-always-going-fail/.

© Springer Fachmedien Wiesbaden GmbH, ein Teil von Springer Nature 2022
G. Beneken et al., *Grundkurs agiles Software-Engineering*,
https://doi.org/10.1007/978-3-658-37371-9_4

Das Milchshake-Beispiel: Erst beobachten, dann befragen

Den Anwender zu fragen, was er möchte, ist notwendig, aber bei weitem nicht ausreichend. Ihr müsst verstehen, was der Anwender genau tut und warum er das tut. Das ist der ‚Job-to-be-done'. Hierbei kann man Überraschungen erleben: Clayton Christensen beschreibt das an dem berühmt gewordenen Milchshake-Beispiel: Eine Fast-Food-Kette hatte das Ziel, den Absatz von Milchshakes zu erhöhen und bat Christensen um eine genauere Untersuchung. Sie wollten Eigenschaften des Produkts eventuell modifizieren, etwa noch süßer oder noch zäher oder flüssiger oder andere Geschmacksrichtungen. Mit herkömmlichen Analysen aus dem Marketing war man nicht weitergekommen. Daraufhin wurden die Kunden, welche einen Milchshake kauften, genau beobachtet und später auch befragt, warum sie den Milchshake gekauft hatten.

Interessanterweise war der Absatz morgens zwischen sechs und acht Uhr mit großen Milchshakes am größten. Käufer besuchten das Restaurant eher formell gekleidet und nahmen den Milchshake mit ins Auto. Sie kauften nichts außer dem Milchshake. Befragt, *warum* sie gerade einen Milchshake gekauft hatten, antworteten diese: Ich fahre immer mit dem Auto zur Arbeit und der Shake beschäftigt mich während der Fahrt. Das Frühstück im Auto soll satt machen und ich möchte nicht sofort wieder Hunger haben. Der Milchshake konkurrierte hier mit anderen Frühstücksvarianten wie Donuts, die aber die Kleidung zu sehr verschmutzten oder einem süßen Riegel, der einem ein schlechtes Gewissen macht. Mit diesem Wissen konnte das Produkt entsprechend an die Bedürfnisse angepasst werden: Süß genug, dass ein Milchshake bis zum Mittag satt macht, sowie zäh und groß genug, damit er mindestens eine halbe Stunde Autofahrt ausreicht. Der ‚Job-to-be-done' war also nicht ‚Durstlöschen', wie man vermuten könnte, sondern auch ‚Beschäftigung' sowie ‚Frühstück ohne verschmutzte Kleidung und schlechtes Gewissen'. Dieselben Kunden kamen teilweise abends in Begleitung ihrer Kinder wieder. Hier war der Job eher, dem Nachwuchs als liebende Mutter oder liebender Vater einen Wunsch zu erfüllen. Der Milchshake konkurriert hier gegen Kinderspielzeug oder andere Kleinigkeiten (Quengelware), die der Nachwuchs als Wunsch äußert. Dieser Milchshake sollte jetzt eher klein und eher flüssig sein, damit das Kind diesen schnell getrunken hat. Spannend ist hier, dass dieselbe Person abhängig vom Kontext, wie Uhrzeit und Begleitperson, unterschiedliche Bedürfnisse und Motive hat, das Produkt zu kaufen.

Das Bier-Beispiel: Sagen ist nicht gleich Handeln

Geoff Watts bringt ein schönes Beispiel zu den Grenzen von Befragungen von potentiellen Kunden [Wat13]. Im Jahr 2012 kam in Großbritannien ein alkoholfreies und kalorienreduziertes Bier mit dem Namen *Equator* auf den Markt. Die Herstellerfirma hatte umfangreiche Umfragen durchgeführt und auch die britische Regierung unterstützte dieses Bier. Viele Kunden hatten in Umfragen behauptet, dass sie dieses Bier trinken würden. Wer wäre nicht gegen übermäßigen Alkoholkonsum und gegen zu viele Kalorien? Dennoch blieben die Verkaufszahlen sehr weit hinter den Erwartungen zurück. Offenbar sind Antworten in Umfragen und das tatsächliche Verhalten zwei verschiedene Dinge.

Fragen wie *Würden sie ein Produkt mit dem Feature X kaufen?* sind nicht besonders aussagekräftig [Fit14]. Wenn ihr eure Mutter fragt, ob sie euer Produkt kaufen würde, stimmt sie bestimmt zu. Das Feedback ist zwar angenehm, hilft aber nicht. Statt dessen ist es besser, den potentiellen Kunden einen Prototypen zu zeigen und die Kunden bei der Verwendung zu beobachten. Fragen stellt ihr besser zu tatsächlichem Verhalten in der Vergangenheit und Gewohnheiten und nicht nach hypothetischen Wünschen [Fit14].

Fazit: Es geht um tatsächliches Verhalten von Menschen
Um das tatsächliche Verhalten und die Bedürfnisse eurer potentiellen Anwender zu ermitteln, sind zwei Dinge besonders wichtig. Damit ihr ein Produkt baut, das auch verwendet wird:

1. Ihr müsst intensiv mit dem Auftraggeber sowie den zukünftigen Anwendern reden und sie eventuell begleiten oder sie intensiv beobachten. Je mehr ihr wisst, desto besser versteht ihr, was genau der ‚Job-to-be-done' ist und in welchem Kontext dieser auftritt. Damit steigt die Wahrscheinlichkeit, dass die Anwender euer Produkt gerne und dauerhaft verwenden und als hilfreich empfinden.
2. Der ‚Job-to-be-done' ist selten allein mit Software zu lösen. Normalerweise befindet sich der ‚Job' in der realen Welt und hat damit mit dem Verhalten der Menschen zu tun, welche die Software oder das Gerät nutzen, um ein Ziel zu erreichen. Mit dem Produkt ändert sich typischerweise das Verhalten seiner Anwender, da sie (Alltags-)Probleme damit effektiver, effizienter oder zufriedenstellender bewältigen können. Teile des Jobs könnten eventuell auch durch Umorganisation, die Änderung von Prozessen oder schlicht händisch erledigt werden. Nicht alles muss (sofort) mit Software unterstützt bzw. automatisiert werden.

4.2   Was ist ein Produkt?

Betriebswirtschaftlich betrachtet ist euer Produkt eine von euch erzeugte Ware oder eine Dienstleistung. In der Ware oder Dienstleistung kommt an irgendeiner Stelle Software vor. Wir können hier grob unterscheiden zwischen:

Software als Produkt: Die Software ist euer Produkt. Beispiele hierfür sind Computer-spiele oder Apps für Smartphones oder Tablet-Computer. Solche Software könnt ihr leicht über das Internet und die App Stores verteilen, auch als SaaS (Software as a Service), Updates sind leicht verteilbar und auch an Daten über das Verhalten eurer Benutzer kommt ihr relativ leicht heran.

Software im Produkt (Hardware): Die Software ist nur ein Teil eures Produkts, sie läuft auf einer Hardware, die ebenfalls zu eurem Produkt gehört. Beispiel ist Software in Maschinen, Smart-Home-Geräten, Fahrzeugen oder Flugzeugen. Die Erstellung der Software muss mit der Entwicklung der Hardware und des Logistikkonzepts

(Werkstätten, Ersatzteile, Reparatur) synchronisiert werden. Dies ist dann Systems Engineering. Solche Projekte sind immer interdisziplinär. Häufig sind die erstellten Systeme sicherheitskritisch.

Software im Produkt (Dienstleistung): Die Software ist nur ein Teil eures Produkts, das eigentlich eine Dienstleistung ist. Ihr verwendet das Produkt, um eure Dienstleistung zu erbringen. Beispiele sind die Softwaresysteme einer Bank oder Versicherung oder die Software von Energieversorgern.

Für die Erstellung eures Produkts ist noch interessant, wie gut ihr eure Kunden bzw. die späteren Benutzer kennt. Eventuell bestellt ein Auftraggeber bei euch eine Individualsoftware. Dabei könnt ihr auch eine interne Abteilung sein, die Software für die Nachbarabteilung als Auftraggeber schreibt. Die Software baut ihr genau nach seinen Wünschen. Bei Unklarheiten könnt ihr ihn direkt fragen. Er ist für die Verwendbarkeit und Verwendung der Software verantwortlich. Anders sieht es aus, wenn ihr ein Produkt für einen Markt entwickelt, über den ihr schlimmstenfalls noch nicht viel wisst. Hier ist jedes Feature des Produkts ein Wagnis, es ist nicht sicher, dass das Feature jemals verwendet wird. Anforderungen müsst ihr durch Beobachtung möglicher Benutzer ermitteln, ggf. auch begründet raten und experimentieren. Hier seid ihr als Team für die Verwendbarkeit des Produkts verantwortlich.

Projekt oder Produkt?

Heute spricht man auch bei interner Individualsoftware eines Unternehmens von *Produkten*, da man diese über einen längeren Zeitraum pflegen und auch weiterentwickeln muss. Gut geschriebene und nützliche Software kann sehr alt werden. Daher muss auch interne Software so gemanagt werden wie ein Produkt.

Produkte erstellt ihr häufig im Rahmen einer oder mehrerer Projekte, um damit Themen wie Budget, Liefertermine, Personal, Organisation oder Risiken zu organisieren. Wir kümmern uns in diesem Kapitel zunächst um die Inhalte, den Funktionsumfang eures Produkts. Projekte sind Thema des nächsten Kapitels.

4.3   Unser Beispielprodukt ist ein Projektvorschlagssystem (PVS)

Wir verwenden in diesem und den folgenden Kapiteln ein durchgehendes Beispiel, unser Projektvorschlagssystem. Das System ist ist eine Web-Anwendung (Single Page Application), mit der Unternehmen bei uns an der Hochschule Projektvorschläge einreichen können und die uns bei der Abwicklung unterstützt.

Das Unternehmen beschreibt grob, was es von den Studierenden gebaut haben möchte und benennt Ansprechpartner. Die Vorschläge werden von den Coaches geprüft und dann ggf. im nächsten Semester den Studierenden vorgeschlagen. Wenn sich ein Team aus Studierenden findet, führen wir das Projekt durch.

Das PVS soll bei der Abwicklung von Projekten unterstützen und die derzeit manuellen Prozesse teilweise automatisieren, wie etwa das Einreichen von Projekten, die Erstellung von Verträgen oder die Ausschreibung an die Studierenden, damit sich diese für ein Projekt melden können.

4.4   Die Welt verändern

Es klingt in einem Buch über die Entwicklung von Software vielleicht merkwürdig: Software selbst ist eigentlich nie das Ziel des Software Engineering. Stattdessen soll die Software helfen, eine Aufgabe in der realen Welt besser zu lösen oder Vorgänge in der realen Welt effizienter zu machen. Dort arbeiten direkt oder indirekt Menschen mit der Software und das menschliche Verhalten soll sich ändern, die Menschen sollen die neue Software verwenden anstelle ihrer alten Lösung. Menschen sollen sich mithilfe der Software wohler fühlen, sie sollen effektiver und/oder effizienter arbeiten oder mehr Spaß in ihrer Freizeit haben.

Output, Outcome und Impact

Die Menschen, welche das Produkt verwenden, und deren Bedürfnisse sind Dreh- und Angelpunkt der Softwareentwicklung. Software unterstützt sie, Software ist damit kein Selbstzweck. Jeff Patton unterscheidet hier zwischen Output, Outcome und Impact [Pat14].[2]

Output: Output eines Projekts sind diverse Dokumente wie ein Pflichtenheft, ein Architekturdokument, Anleitungen sowie der Code selbst. Diese Elemente werden typischerweise im Projektmanagement erfasst, Kosten und die Einhaltung des Zeitplans sind für sie wichtig.

Outcome: Der *Outcome* beschreibt dagegen die Verhaltensänderung und die Zufriedenheit bei den Anwendern des Produkts. Löst die Software wirklich ein reales Problem für die Anwender?

Impact: Der Impact ist der betriebswirtschaftliche Nutzen für den, der in das Produkt investiert hat, dieser erwartet Gewinn, mehr Marktanteile oder Ähnliches.

Outcome und Impact sind das eigentliche Ziel, weder schöne Dokumente noch die Software selbst. Dies ist in Abb. 4.1 dargestellt. Der Output hilft dabei, den Outcome zu bewirken. In der Softwareentwicklung wird bei Zielen häufig zu früh mit dem Fragen aufgehört. Als Ziel wird die Existenz eines IT-Produkts oder der Dokumentation gefordert. Dies greift aber zu kurz, denn wem nützt ein IT-Produkt, das niemand anwendet? Wem nützt ein IT-Produkt, das keinen positiven Einfluss auf die reale Welt hat und für das niemand Geld ausgeben will? Klassische unternehmerische Ziele (Impact) sind mehr

---

[2] Vgl. https://vimeo.com/206617354.

Abb. 4.1 Output sind die Ergebnisse, die während der Entwicklung entstehen. Diese sind nur Mittel zum Zweck. Ziel ist immer, dass Benutzer ihr Verhalten ändern und die neue Software verwenden, um damit beispielsweise effizienter, effektiver und/oder zufriedener zu arbeiten (Patton [Pat14])

Umsatz, weniger Kosten, positive Wahrnehmung der Marke, schnellere Reaktionszeiten auf Kundenwünsche oder zufriedenere Kunden. Für euch ist wichtig, Outcome und Impact zu erhöhen, bei gleichzeitiger Minimierung des Outputs. Jeff Patton formuliert dies sehr schön [Pat14]:

> **You are not here to build Software, you are here to change the world!**

4.5   Produktentwicklung Überblick

Die Abb. 4.2 zeigt einen Überblick über die Elemente, mit deren Hilfe ihr ein Konzept für ein Produkt entwickeln könnt. Ihr beginnt mit einer Systemvision: Wer soll euer Produkt verwenden, welche differenzierenden Merkmale soll es haben, welche Konkurrenzprodukte gibt es? Welche konkreten Ziele könnt ihr mit dem Produkt erreichen? Danach versucht ihr, die Benutzer besser zu verstehen und entwickelt daraus Modelle, die Personas. Die Personas zeigen euch typische Eigenschaften eurer Benutzer und erlauben eine gewisse Einfühlung in deren Bedürfnisse. Euer Produkt kann beim Benutzer Schäden verursachen, in eurem Projekt kann es zu Problemen kommen oder das Produkt verkauft sich eventuell nicht. Mögliche Probleme werden als Risiken bezeichnet und sollten früh betrachtet und verfolgt werden.

Zusätzliche Grundlage sind die Rahmenbedingungen, da diese euren Gestaltungsspielraum und damit auch die möglichen Anforderungen an das Produkt einschränken. Aus der Vision, den Personas, den Zielen und den Rahmenbedingungen erarbeitet ihr die Anforderungen zusammen mit den anderen Stakeholdern. Die Anforderungen dokumentiert ihr im Product Backlog. Aus dem Product Backlog werden dann erste Anforderungen ausgewählt und als Minimal Viable Product[3] von euch entwickelt.

---

[3] Vgl. Abschn. 4.12.

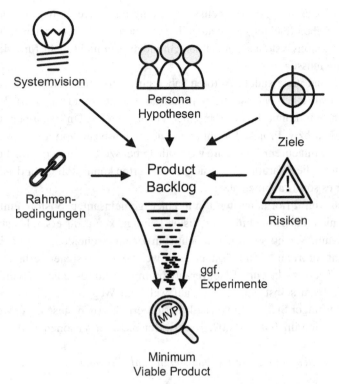

Systemvision

Persona
Hypothesen

Ziele

Product
Backlog

Rahmen-
bedingungen

Risiken

ggf.
Experimente

Minimum
Viable Product

Abb. 4.2 Themen in der Produktentwicklung, Grundlagen des Product Backlog

4.6 Systemvision

Wenn du für eine Anstrengung eine Belohnung erhältst, erwartest du für die nächste Anstrengung wieder eine Belohnung, und zwar eine höhere. Ohne die Belohnung sinkt deine Leistung unter das Niveau vor den Belohnungen. In mehreren Experimenten konnte gezeigt werden, dass Belohnungen hemmend auf Kreativität und die Fähigkeit, Probleme zu lösen, wirken. Auch das Sozialverhalten verschlechtert sich deutlich, speziell wenn Geld als Belohnung verwendet wird [Pin09,App16]. Daniel Kahneman beschreibt mehrere Experimente, bei denen Versuchspersonen nur Geld sehen mussten um sich egoistischer, weniger sozial und weniger hilfsbereit zu verhalten. Es genügt, wenn Geld als Poster an der Wand oder als Bildschirmschoner sichtbar war [Kah12].

Klassische Belohnungs- und Bestrafungssysteme funktionieren für die Menschen schlecht, die täglich Probleme lösen und kreativ sein müssen. Eine Belohnung, die an persönlichen Zielen hängt, oder eine Bestrafung, wenn die Erfolge ausbleiben, sind Beispiele für solche Anreizsysteme.

Wenn ihr einen tieferen Sinn hinter dem seht, was ihr in der Softwareentwicklung tut, werdet ihr sicher motivierter sein. Die Software muss nicht gleich Krankheiten heilen,

Frieden stiften oder den Analphabetismus bekämpfen. Eure Software kann eventuell Menschen das Leben leichter machen, weil sie on demand Videos schauen können, sich mit ihrem Navigationssystem schneller zurechtfinden oder nicht mehr für jede Kleinigkeit aufs Amt gehen müssen.

Daniel Pink und viele andere Autoren haben ein erstrebenswertes Ziel, einen tieferen Sinn (Purpose), als einen der wichtigsten Motivationsfaktoren identifiziert [Pin09, Sen90, Sin09]. Diesen Sinn könnt ihr in Form einer Vision für euer Unternehmen, eure Gruppe oder euer Produkt bzw. Projekt formulieren. Die Vision beantwortet die ‚Warum'-Frage. Warum solltet ihr mit eurem Team eure wertvolle Lebenszeit und Energie in diese Software stecken? Wenn ihr die ‚Warum'-Frage nicht beantworten könnt, solltet ihr das Projekt nicht beginnen oder es sofort abbrechen.

Das Setzen von Prioritäten wird mit einer gemeinsamen Vision einfacher: Jede Aktivität, die nicht zur Erreichung der Vision beiträgt, könnt ihr ersatzlos streichen. Die Vision hilft damit, Wichtiges von Unwichtigem zu unterscheiden. Damit findet ihr die Themen, die ihr sofort angehen müsst, und die, welche ihr auf später vertagen könnt. Eine gemeinsame Vision stärkt eure Eigenverantwortung: Wenn es eine gemeinsame Vision gibt, kann das Team selbst entscheiden, auf welchem Weg es die Vision verwirklichen will. Damit ist weniger Steuerung von außen erforderlich. Auch diese Eigenverantwortung stärkt die Motivation im Team [Pin09, Roc09]. Beispiele für Visionen sind:

- *Die Informationen dieser Welt organisieren und allgemein zugänglich und nutzbar machen.* Google[4]
- *Bringing the world closer together.* Facebook[5]
- *Earth's most customer-centric company.* Amazon[6]

Für Softwareprodukte darf die Vision natürlich kleiner sein. Geoffrey A. Moore liefert hierzu eine Formulierungshilfe [Moo14]. Wir verwenden hier zusätzlich die Übersetzung von Boris Gloger [Glo11]:

Wenn wir diese Vorlage aus Tab. 4.1 auseinandernehmen, finden wir folgende Bestand-teile:

Persona (target customer): Eure Software richtet sich sicher zunächst nicht an jeden der knapp acht Milliarden Menschen auf diesem Planeten, sondern an einen möglichst stark eingeschränkten Personenkreis. Eine hungrige Büroangestellte, die im Auto eine Stunde lang zur Arbeit fährt, hat sicher andere Bedürfnisse als ein Vater, der gerade drei Kleinkinder mit einem Mittagessen versorgen muss. Wenn ihr diesen Personenkreis genau kennt, lassen sich leichter Vorlieben und Abneigungen finden. Ihr könnt eure Lösung eher an die Gewohnheiten und Bedürfnisse dieses Personenkreises anpassen.

---

[4] Vgl. https://about.google/.

[5] Vgl. https://www.facebook.com/pg/facebook/about/.

[6] Vgl. https://www.amazon.jobs/en/working/working-amazon.

Tab. 4.1 Formulierungshilfe für Produktvision

For [*target customer*]	Für [*Persona*]
Who [*statement of the need or opportunity*]	Die [*Beschreibung des Bedarfs*]
The [*product name*]	ist das [*Produktname*]
is a [*product category*]	eine [*Produktkategorie*]
That [*key benefit, compelling reason to buy*]	die [*Hauptvorteil*]
Unlike [*primary competitive alternative*]	anders als [*Alternative der Wettbewerber*]
Our product [*statement of primary differentiation*]	kann unser Produkt [*Beschreibung des Hauptunterschieds*].

Verkaufen und Marketing werden dann einfacher, da ihr gezielter vorgehen könnt. Auch für Software, die sich an Sachbearbeiter richtet, erleichtert eine genaue Kenntnis von deren Bedürfnissen die Entwicklung.

Beschreibung des Bedarfs (statement of the need or opportunity): Was genau ist der „Job-to-be-done'? Welches Problem wollen wir lösen bzw. welches Bedürfnis wollen wir befriedigen? Euer Produkt sollte den oben identifizierten Personas helfen, ein für sie relevantes Problem zu lösen. Nur wenn ihr das zu lösende Problem genau kennt, wisst ihr, ob euer Produkt dieses Problem für eure Personas löst.

Produktname und Produktkategorie: Einen guten Namen für euer Produkt zu finden, ist nicht leicht. Denn der mögliche Käufer bzw. Benutzer soll beim Lesen oder Hören des Namens die richtigen Assoziationen im Kopf haben: Was kann das Produkt? Welches Image verkörpert es? Kann man es als Statussymbol verwenden?

Hauptvorteil (key benefit) Was differenziert euer Produkt von alternativen Lösungen? Warum sollte ein Anwender gerade eure Lösung *anheuern* und das Konkurrenzprodukt *feuern*? Der hier genannte Vorteil muss wesentlich besser sein als die Konkurrenz, wenn diese bereits in Verwendung ist. Nutzer müssen zunächst eine gewisse Hemmschwelle überwinden, um sich von einer gerade verwendeten Lösung zu trennen, Kahneman nennt diese Hemmschwelle Verlustaversion [Kah12, Chr16]. Dieser Vorteil wird häufig auch als Alleinstellungsmerkmal (Unique Selling Point) bezeichnet.

Alternative der Wettbewerber: Eventuell muss euer Anwender eine alternative Lösung feuern, um euer Produkt statt dessen einzustellen. Daher solltet ihr die Alternativen genau kennen, welche euren Anwendern zur Verfügung stehen. Ihr müsst deutlich besser sein als diese. Etwas Existierendes genauso nachzubauen, ist selten sinnvoll.

Beschreibung des Hauptunterschieds: Es kann sehr frustrierend sein, wenn die Wettbewerber in allen Punkten besser sind als das eigene Produkt. Daher solltet ihr ein klares Verständnis davon haben, was euer Produkt von der Konkurrenz abhebt.

Systemvision erarbeiten

Diese Vision könnt ihr in in einem Workshop erarbeiten. Das kann zwischen dreißig Minuten und einigen Stunden dauern, ist aber wertvoll: Die Vision stellt dar, wer euer Produkt verwenden soll und welche Vorteile die Anwender von eurem Produkt haben.

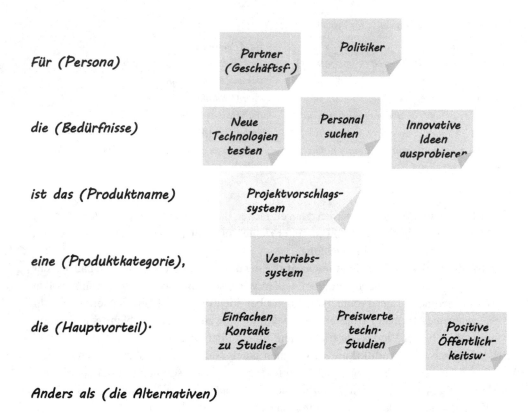

Für (Persona)

die (Bedürfnisse)

ist das (Produktname)

eine (Produktkategorie),

die (Hauptvorteil)·

Anders als (die Alternativen)

Kann unser Produkt (Hauptunterschied)

Abb. 4.3 Beispiel für eine in Gruppenarbeit erstellte Vision zu einem bei uns geplanten Projektvorschlagssystem. Diese Vision könnte dann etwa so lauten: ‚Für Partnerunternehmen der Hochschule, die gerne innovative Ideen oder neue Technologien testen möchten, ist das Projektvorschlagssystem ein Vertriebssystem, das preiswerte Studien erlaubt und intensiven Kontakt zu Studierenden bietet'

Ihr schreibt die Satzanfänge nach Moore bzw. Gloger auf ein Whiteboard. Ihr teilt Haftnotizen für alle anwesenden Stakeholder aus. Bei großen Gruppen bildet ihr Teilgruppen und arbeitet den Formulierungsvorschlag Zeile für Zeile aus [Gra10]. Jedes Teammitglied überlegt sich dann Vorschläge für eine Persona und schreibt diese auf seine Haftnotizen. In der Gruppe werden dann die Vorschläge diskutiert und verfeinert. Ein Beispiel dazu findet sich in Abb. 4.3.

Systemvision prüfen

Das Ergebnis des gemeinsamen Brainstormings sollte so klar sein, dass ihr es einem Investor während einer längeren Fahrstuhlfahrt (30 Sekunden) in wenigen Sätzen erklären könnt. Solche kurz gefassten Formulierungen einer Vision werden daher auch als Elevator Pitch bezeichnet. Die Vision sollte noch Freiräume zur Gestaltung für euer Team offen lassen. Dies erleichtert es allen ihren Beitrag zur Erfüllung der Vision zu finden und sich mit ihr zu identifizieren. Die Vision sollte zusätzlich ambitioniert genug sein, dass sie nicht einfach nächste Woche erreicht ist. Die Vision ist eher ein langfristig ausgelegtes, erstrebenswertes, inspirierendes, eher abstraktes Ziel. Die fehlenden Details kann jedes Teammitglied für sich individuell mit Inhalten füllen. Wichtig ist zusätzlich, dass die Vision prägnant und griffig formuliert ist, sodass andere Stakeholder oder potentielle Anwender bzw. Käufer diese leicht verstehen können.

4.7 Personas

Wenn Anwender eure Software gerne und immer wieder verwenden sollen, muss diese irgendeine wertvolle Tätigkeit erledigen, einen Beitrag zur Erreichung persönlicher Ziele liefern und/oder ein Problem lösen, das dem Benutzer wichtig ist. Eventuell kann eure Software etwas erledigen, das den Benutzer schon lange sehr nervt. Diese Tätigkeiten sind etwas sehr Individuelles und von der Situation geprägt, in der sich euer Anwender gerade befindet.

Um die Benutzer besser zu verstehen, werden Gruppen mit ähnlichen Eigenschaften, ähnlichem Verhalten und Gewohnheiten als Personas modelliert (vgl. Abb. 4.4). Personas wurden von Alan Cooper Ende der 1990er-Jahre vorgeschlagen [Coo99]. Eine Persona ist ein Modell einer bestimmten Benutzergruppe, aber dargestellt, als wäre sie eine echte Person. Mit Foto und persönlichen Daten. Wir verfolgen zwei Ziele mit einer Persona: Erstens soll sich das Entwicklungsteam besser in die Anwender hineinversetzen können, das motiviert das Team und sollte zu einer besser benutzbaren Software führen: *Was würde Petra Partner dazu sagen?* Zweitens wollen wir aus dem Persona-Modell Eigenschaften für unser späteres Produkt ableiten. Bei einer Persona werden häufig folgende Eigenschaften modelliert:

Demographie: Zu den demographischen Daten zählen das Lebensalter, das Geschlecht und der Familienstand. Diese Eigenschaften erlauben dem Entwicklungsteam, eine gewisse Einfühlung in die Person. Ein ansprechendes Foto einer derartigen Person kann zusätzlich hilfreich sein. Häufig wird ein Zitat, ein Motto oder ein Spruch in der Alltagssprache der Persona ergänzt.

Ausbildung, Fähigkeiten: Zu den demographischen Daten zählen eigentlich auch der kulturelle Hintergrund und die Ausbildung. Hieraus könnt ihr schon erste Schlüsse für die zu verwendende (Bild-)Sprache ziehen. Die Begriffe aus eurem Produkt sollten an das Vorwissen eurer Anwender anknüpfen, sie sollten zu den mentalen Modellen der Anwender passen. Bestimmte Informationen müssen abhängig vom Vorwissen mehr oder weniger ausführlich sein. Wenn ihr beispielsweise eine Software für Gehirnchirurgie schreibt, sollte diese die Fachsprache der Neurochirurgen verwenden.

Petra Partner

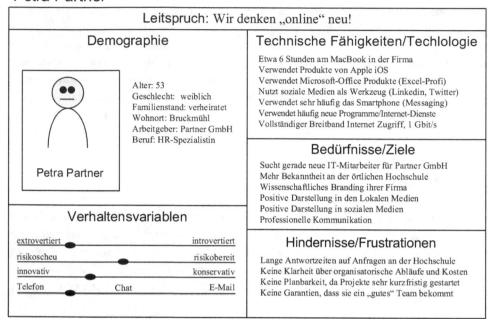

Demographie

Alter: 53
Geschlecht: weiblich
Familienstand: verheiratet
Wohnort: Bruckmühl
Arbeitgeber: Partner GmbH
Beruf: HR-Spezialistin

Petra Partner

Leitspruch: Wir denken „online" neu!

Technische Fähigkeiten/Techlologie

Etwa 6 Stunden am MacBook in der Firma
Verwendet Produkte von Apple iOS
Verwendet Microsoft-Office Produkte (Excel-Profi)
Nutzt soziale Medien als Werkzeug (Linkedin, Twitter)
Verwendet sehr häufig das Smartphone (Messaging)
Verwendet häufig neue Programme/Internet-Dienste
Vollständiger Breitband Internet Zugriff, 1 Gbit/s

Bedürfnisse/Ziele

Sucht gerade neue IT-Mitarbeiter für Partner GmbH
Mehr Bekanntheit an der örtlichen Hochschule
Wissenschaftliches Branding ihrer Firma
Positive Darstellung in den Lokalen Medien
Positive Darstellung in sozialen Medien
Professionelle Kommunikation

Verhaltensvariablen

extrovertiert ——————————————— introvertiert
risikoscheu ——————————————— risikobereit
innovativ ——————————————— konservativ
Telefon ————— Chat ————— E-Mail

Hindernisse/Frustrationen

Lange Antwortzeiten auf Anfragen an der Hochschule
Keine Klarheit über organisatorische Abläufe und Kosten
Keine Planbarkeit, da Projekte sehr kurzfristig gestartet
Keine Garantien, dass sie ein „gutes" Team bekommt

Abb. 4.4 Beispiel für eine Persona *Petra Partner*. Hier sind besonders Eigenschaften herausgearbeitet, die beim Entwurf unserer Beispielsoftware helfen sollen. Einer Web-Anwendung, mit der Unternehmen Projekte vorschlagen können, die dann an einer Hochschule von Studierenden umgesetzt werden. Das Beispiel enthält einen Fehler: Das Bild der Persona ist eher abschreckend, genau wie auf die Schnelle gezeichnete Handskizzen. Wir empfehlen, ein wohlwollendes Foto der Persona in der Umgebung, wo sie das Produkt nutzen soll. Im Internet finden sich viele frei verwendbare Fotos zu diesem Zweck

Gewohnheiten, Verhalten, Job: Der ausgeübte Beruf oder Hobbys machen wichtige Aussagen über das Verhalten der Persona, sowie den Kontext, in dem euer Produkt verwendet werden soll. Ein Produkt, das beispielsweise während einer Autofahrt bedient werden soll, entwerft ihr sicher anders als eine Bürosoftware. Eventuell verwenden eure Anwender bereits eine andere Software, welche denselben Zweck erfüllt. Damit haben die Anwender bereits eine Vorstellung über das Verhalten ähnlicher Produkte, ein mentales Modell. Euer Produkt ist schwieriger verwendbar, wenn es sich anders verhält, als es die Benutzer wegen ihrer Erfahrungen erwarten.

Persönliche Ziele, Bedürfnisse (Goals, Needs): Gibt es persönliche Ziele der Persona, deren Erreichung ihr mit dem Produkt unterstützen könnt? Zu den Bedürfnissen zählen auch die mit dem SCARF-Modell[7] dargestellten persönlichen Eigenschaften, wie beispielsweise Status oder Autonomie. Eurer Produkt könnte beispielsweise zur

---

[7] Vgl. Abschn. 3.1.5.

Stärkung des Status der Persona beitragen oder ihr ein Gefühl von Autonomie geben, da sie bestimmte Dinge selbst erledigen kann.

Beschwerden und Hindernisse (Obstacles, Pain): Was stört eure Persona gerade am meisten? Mit welchen Hindernissen hat sie gerade zu kämpfen? Euer Produkt sollte ja genau diese Hindernisse beseitigen. Hindernisse können auch durch eine Behinderung oder eine momentane Einschränkung verursacht sein.

Technologien: Welche Geräte besitzt unsere Persona bereits bzw. welche Geräte befinden sich in ihrem Büro? Möglicherweise haben eure ersten Anwender nur iOS-Smartphones oder nur Android-Geräte. Sie verwenden eventuell nur Firefox als Browser. Möglicherweise verwenden sie nur Facebook oder nur LinkedIn. Möglicherweise haben sie innerhalb des Firmennetzes keinen vollständigen Internetzugang? Diese Eigenschaften erleichtern die ersten Entwurfsentscheidungen deutlich. Möglicherweise könnt ihr die ersten Prototypen zunächst nur auf iOS oder nur auf Android herausbringen, da die Mehrheit der Zielgruppe nur auf einer der beiden Plattformen unterwegs ist.

Abhängig vom Einsatzbereich eures Produkts können weitere Eigenschaften wichtig werden, beispielsweise die mittlere Körpergröße eurer Persona, wenn ihr beispielsweise eine Virtual-Reality-Lösung baut oder euch mit Wearables beschäftigt.

Im Persona-Modell helfen euch Eigenschaften, die Einfluss auf die Features und die Gestaltung der Software haben. Beispielsweise ist es nur dann sinnvoll, einen Facebook-Login in das System zu integrieren, wenn eure Nutzer auch Facebook verwenden. Damit ist die Facebook-Affinität für das Persona-Modell offenbar wichtig.

Ihr solltet mit eurem Produkt niemanden aktiv von der Nutzung ausschließen.[8] Damit lohnt es sich, bei einer Persona auch gewisse Einschränkungen zu unterstellen. Eventuell hat sie nur einen Arm zur Verfügung. Sie sieht eventuell nicht so gut oder hört schlecht. Auch kognitive Einschränkungen sind denkbar, diese Annahme zwingt euch dann während der Entwicklung, in der Oberfläche und allen Texten sogenannte *einfache Sprache* zu verwenden. Dies macht eure Software dann insgesamt leichter verständlich.

Personas erarbeiten

Wenn ihr Personas im Team ausarbeiten wollt, habt ihr im Wesentlichen zwei Optionen: Option 1 ist die umfangreiche Analyse und Beobachtung der möglichen Benutzer. Ihr findet über Interviews, Umfragen und Beobachtungen gemeinsame Eigenschaften, Ziele und Bedürfnisse heraus. Im Grunde verhaltet ihr euch etwa wie ein Verhaltensforscher und das ist wichtig, sonst entwickelt ihr an euren Benutzern eventuell völlig vorbei. Jeff Patton vergleicht diese Arbeit mit der Forschung von Jane Godall. Sie ist für ihre Langzeitbeobachtungen an Schimpansen in Tansania berühmt geworden. Über das Verhalten von Schimpansen lernt man im Urwald mehr, als wenn man sich einen Schimpansen ins Labor holt. Ähnliches gilt für eure Anwender. In ihrer natürlichen Umgebung lernt ihr mehr über sie, als wenn ihr euch einen davon zum Workshop ins Büro holt. Details zur

---

[8] Vgl. https://www.microsoft.com/design/inclusive/.

Ausarbeitung finden sich bei Kim Goodwin [Goo09] oder Alan Cooper [Coo99], dieser Prozess ist systematisch aber recht aufwendig.

Jeff Gothelf beschreibt ein alternatives Konzept [Got13], Option 2: Ihr *ratet* auf der Basis eures aktuellen Wissens Eigenschaften eurer Benutzer und erstellt daraus eine Persona-*Hypothese*. Das Wort Hypothese ist hier besonders wichtig, da ihr ja begründet geraten habt. Weiterhin muss man eine Hypothese irgendwann verifizieren oder falsifizieren. Damit müsst ihr euch neben den geratenen Persona-Hypothesen auch Experimente überlegen, mit denen ihr die Hypothese prüfen könnt. Beispielsweise indem ihr euch Testpersonen beschafft, die eurer Meinung nach die Persona-Hypothese repräsentieren, und diese befragt ihr oder führt Usability Tests durch.

Ihr könnt eure Persona-Hypothese mithilfe eines Canvas erarbeiten. Die oben schon dargestellten Abschnitte des Canvas sollen dem Team dabei helfen, Eigenschaften zu sammeln, die für die Gestaltung des Produkts eventuell relevant sind. Das Canvas in Abb. 4.5 stammt von uns. Alternativen dazu finden sich beispielsweise bei Gothelf [Got13].

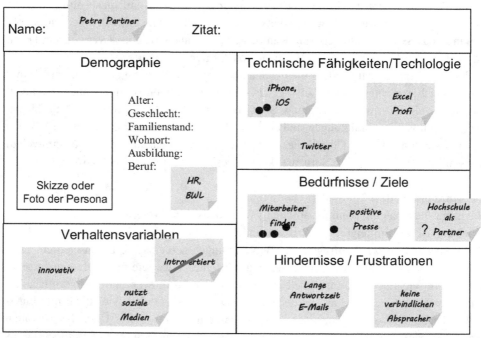

Abb. 4.5 Typisch: Ein Canvas hilft dem Team, eine Persona-Hypothese zu erarbeiten. Haftnotizen dokumentieren die Ideen zu den einzelnen Eigenschaften. Über Punkte können Prioritäten abgestimmt werden

Personas prüfen

Beliebter Fehler bei der Modellierung von Personas ist es, sich auf rein demographische Faktoren zu beschränken und nur diese zu modellieren und die eigentlich wichtigeren Bedürfnisse oder Verhaltensmuster zu ignorieren. Plakativ ist das Beispiel aus [Lew17]: Prinz Charles und Ozzy Osborne haben annähernd dieselben demographischen Daten, beide Baujahr 1948, beide aus England, beide mehrere Kinder, beide machen gerne Urlaub in den Alpen. Wir können uns jedoch vorstellen, dass beide vermutlich andere Vorlieben und Bedürfnisse haben. An dem Milchshake-Beispiel sieht man ebenfalls, dass es dort nicht auf Alter, Bildung, Einkommen oder Hautfarbe ankommt, sondern nur auf die Situation, in der sich die Menschen gerade befinden.

Wenn Studierende Personas modellieren, haben diese Modelle häufig große Ähnlichkeit mit dem Team, sind also etwa 25, meistens männlich und haben Abitur mit einer gewissen Technikaffinität. Oder es werden Klischees bedient, wie etwa der technikfeindliche Opa mit Wählscheibentelefon oder die Ballkönigin, die sich für ihren Freund aufbrezelt.

4.8 Nutzungskontext

Ihr gestaltet beispielsweise eine Head Unit für das Cockpit eines neuen Autos, mit Navigationssystem, Entertainment und Einstellungen für die Komfortfunktionen. Dann spielt die gerade gefahrene Geschwindigkeit des Fahrzeugs eine wichtige Rolle. Bei 250 km/h sollten nur noch zentrale Informationen leicht erkennbar dargestellt sein, das Verstellen irgendwelcher Untermenüs sollte dort nicht angeboten werden. Wenn das Fahrzeug steht, kann sich der Fahrer gerne durch viele Untermenüs zur Klimaanlage durchhangeln. Die Bedingungen, unter denen euer Produkt verwendet wird, werden hier Nutzungskontext genannt. Genauer definiert die ISO 9142-210 den Nutzungskontext als *die Benutzer, Arbeitsaufgaben, Arbeitsmittel (Hardware, Software und Materialien) sowie physische und soziale Umgebung, in der das Produkt genutzt wird.* Die Eigenschaften des Benutzers habt ihr bereits in Form der Persona erarbeitet, im Nutzungskontext geht es jetzt um die genaueren Umstände, wo und wie die Persona euer Produkt verwendet. Folgende Fragen könnt ihr hier stellen:

- Ist der Benutzer gerade in einer ruhigen Umgebung und kann sich vollständig konzentrieren oder ist er gerade durch Lärm oder andere Umgebungsfaktoren abgelenkt? Wie viel Prozent von seiner Aufmerksamkeit haben wir gerade zur Verfügung?
- Wie laut ist die Umgebung? Sprachsteuerungen funktionieren derzeit nur in einem eher ruhigen Umfeld. Audio-Ausgaben sind nur dann sinnvoll, wenn der Anwender diese auch hören kann. Eventuell müssen wir hier mit mehreren Kanälen (sog. Modalitäten) arbeiten, also Audio und GUI.
- Wie hell ist die Umgebung? Strahlt die Sonne direkt auf das Display und der Anwender erkennt kaum etwas oder haben wir eine dunkle Umgebung, in der auch ein lichtschwaches Display gut zu erkennen ist?

- Hat der Anwender gerade beide Hände frei und kann sich mit eurem Touchdisplay beschäftigen oder repariert er beispielsweise gerade eine Maschine und braucht beide Hände für etwas anderes?
- Wird euer Produkt herumgetragen (Smartphone) oder wird es an einer festen Stelle verwendet (Desktop-PC)?
- Wie ist die Umgebung beschaffen? Ist es sehr heiß oder sehr kalt? Ist es sehr feucht, staubig oder ölig? Muss auf bestimmte Dinge geachtet werden, z. B. muss euer Produkt eventuell sterilisierbar sein, da es in einem OP-Saal eingesetzt wird? Oder muss es Explosionsschutz bieten, da es in der Nähe brennbarer Gase verwendet wird?

Nutzungskontext erarbeiten

Um den Nutzungskontext wirklich zu verstehen, solltet ihr als Team dahin gehen, wo euer Produkt verwendet werden wird. Erst dort seht ihr mit allen Sinnen und versteht, wie es euren Anwendern geht und welche Features besonders wichtig sind. Jeff Patton bringt dazu in einem seiner Vorträge ein sehr schönes Beispiel:[9] Sein Unternehmen soll eine Software für Investmentbanker entwickeln. In der Anforderungsliste ist ein Chat-Feature besonders hoch priorisiert, damit sich die Banker untereinander austauschen können. Als Jeff Patton die Banker vor Ort besucht, stellt er fest, dass diese ihre Arbeitsplätze nebeneinander aufgebaut haben und intensiv miteinander reden können. Das Chat-Feature ist offensichtlich völlig überflüssig. Patton formuliert das so: *You can't get empathy from data.*

Um den Nutzungskontext zu dokumentieren, könnt ihr beispielsweise Fotos von den Anwendern und der Umgebung machen und diese mit kurzen erläuternden Texten in eurem Wiki versehen. Eventuell sind auch Audio- oder Videoaufnahmen erlaubt. Oder ihr dürft euch über einen Zeitraum von mehreren Stunden dort aufhalten und einfach beobachten, was passiert und ggf. Fragen dazu stellen. Auch die Beobachtungen könnt ihr im einfachsten Fall mithilfe von einigen Stichworten dokumentieren. Denkbar ist auch, dass ihr bei den künftigen Anwendern in die Lehre geht und über einen bestimmten Zeitraum selber die dort anfallenden Tätigkeiten soweit möglich erledigt [Hol16].

Um das Gelernte zu dokumentieren, bieten sich Szenarios an: Ihr beschreibt das Gesehene in Form einer kurzen Geschichte, in der eure Benutzer und eventuell schon das geplante Produkt vorkommen. Eure Schilderung wird entweder verbal bebildert, indem ihr die Eigenschaften des Nutzungskontextes mit beschreibt, oder ihr zeichnet Skizzen und entwickelt daraus eine Art Storyboard wie bei Comics oder Zeichentrickfilmen. Weitere Beispiele findet ihr in Kap. 14 zur Benutzerschnittstelle.

---

[9] https://www.youtube.com/watch?v=5JF_QMIMBls.

4.9   SMARTe Ziele

Die Vision ist eher abstrakt. Um sie zu erreichen, müsst ihr konkretere Ziele formulieren und die Vision in konkretes Handeln übersetzen. Die Ziele operationalisieren die Vision. Ziele sind messbare bzw. feststellbare Zwischenergebnisse auf dem Weg zur Realisierung der Vision. Wenn ihr über Ziele nachdenkt, stellt euch einen Zustand in der nahen Zukunft vor, in dem ihr das Ziel erreicht habt. Dieser Zustand kann eine Verhaltensänderung, eine Verbesserung einer Eigenschaft oder etwas Ähnliches sein. Beim Definieren von Zielen ist also Vorstellungskraft gefragt. Ihr formuliert diese Ziele in der Zeitform Futur 2, eine abgeschlossene Handlung in der Zukunft: z. B. *Wir werden die neuen Funktionen mit 200 Testkunden ausprobiert haben.*

Ziele können beispielsweise sein: Steigerung des Umsatzes über ein neues Produkt, mehr Anwender durch ein bestimmtes neues Feature, Verbesserung der Effizienz durch Automatisierung bestimmter Prozessschritte. Wenn Ziele formuliert werden sollen, wird häufig das Akronym SMART genannt. SMART steht für spezifisch, messbar, akzeptiert, realistisch und terminiert:

Spezifisch: Wenn das Ziel irgendwann in der Zukunft erreicht ist, ist ein bestimmter Zustand vorhanden, beispielsweise mehr Umsatz, größere Zufriedenheit von Anwendern oder weniger Fehler während bestimmter Prozessschritte. Diesen Zustand solltet ihr euch so genau wie möglich vorstellen und diesen so präzise wie möglich beschreiben (Zeitform: Futur 2).

Messbar: Anhand welcher Beobachtungen und Messungen in der realen Welt könnt ihr feststellen, dass das Ziel vollständig erreicht wurde bzw. wie gut es erreicht wurde? Die Zustandsveränderung nach der Erreichung des Ziels muss gemessen werden können. Wenn es nicht gemessen werden kann, ist es nicht relevant, sondern wirkungslos.

Akzeptiert: Ein Produkt hat viele Stakeholder, ein Ziel sollte von allen Beteiligten akzeptiert sein.

Realistisch: Beherrschung des Weltmarktes ist sicher ein hübsches Ziel,[10] dieses ist aber vermutlich für euch zunächst nicht erreichbar. Die Ziele sollten im gegebenen zeitlichen Rahmen und mit den vorhandenen Mitteln erreichbar sein. Glück und Zufall dürfen keine besondere Rolle spielen. Realistische Ziele berücksichtigen auch, dass Probleme auftreten können. Mit dem Eintreten von Wundern wird nicht kalkuliert.

Terminiert: Ein Ziel, das für euer Produkt relevant ist, muss in der nahen Zukunft liegen, also maximal ein Jahr, besser sind noch drei bis sechs Monate. Wichtig ist ein klarer Termin, damit sich eure Planung daran orientiert und erkennbar wird, dass ihr und euer Kunde das Ziel auch ernst nehmt und euch darauf fokussiert.

Interessant ist in diesem Zusammenhang die Sicht von John Doerr und Andy Grove [Doe17]. Unternehmen wie Google oder davor Intel verwenden ihre Konzepte zur Formulierung und Verfolgung von Zielen. Beide fordern, dass Ziele eine gewisse

---

[10] Pinky und Brain würden sich sicher freuen.

Herausforderung (Stretching) sein sollen. Also etwas mehr fordern, als das Team gerade leistet. Damit dienen Ziele auch als Anreiz und Ansporn. Doerr erwartet dabei keine hundertprozentige Erreichung, siebzig Prozent sind prima. Wenn immer alle Ziele immer vollständig erreicht werden, waren sie nicht anspruchsvoll genug.

Zum Finden und Konkretisieren von Zielen bietet sich ein Workshop im Team an. Da ihr die Ziele gemeinsam verfolgen müsst. Damit sollte nicht nur der Kunde diese Ziele ausgeben, das Team sollte bei der Formulierung mitwirken.

Ziele sammeln: Brainstorming

Um eine erste Übersicht über die bekannten Ziele zu erreichen, könnt ihr beispielsweise ein einfaches Brainstorming durchführen und danach die Ziele mit einer Abstimmung mit Punkten priorisieren. Dies wird beispielsweise von Markus Unterauer empfohlen [Unt19]. Zusätzlich bietet sich eine zweite Liste an mit Zielen, die explizit nicht zum Projekt gehören (out of scope).

Vorgehen: Der Moderator kann das Brainstorming vorbereiten, indem er die bereits bekannten Ziele (weil vom Auftraggeber genannt) auf große Haftnotizen schreibt. Diese werden auf einem Whiteboard oder einem Flipchart gesammelt. Das Team versucht seinerseits, in einer kurzen Runde weitere Ziele zu finden oder diese aus der Produktvision abzuleiten. Jeder Teilnehmer stellt seine Ideen jeweils am Whiteboard vor. Das Team diskutiert, nachdem alle Vorschläge vorgestellt worden sind. Eventuell müsst ihr Clustern und andere Moderationstechniken einsetzen, um zu viele Ziele zusammenzufassen oder zu strukturieren (Abb. 4.6).

Abb. 4.6 Beispiel für Ergebnis eines Brainstormings für Ziele unserer Projektvergabeplattform. Im Brainstorming sind die Ziele eventuell noch recht roh und großteils noch nicht messbar. Wie stellt man beispielsweise fest, dass die Zufriedenheit eines Studierenden mit einem Projekt durchschnittlich um 20 % gestiegen ist? In den nächsten Schritten müsst ihr die gefundenen Ziele also konkreter definieren und euch eine Messmethode überlegen. Bei der Zufriedenheit wäre das im Zweifel eine einfache Umfrage mit der Frage am Ende eines Projekts: *Wie zufrieden sind Sie (7 äußerst zufrieden bis 1 völlig unzufrieden)?*. Eventuell enthalten sich die Ziele gegenseitig oder mehrere haben ein gemeinsames Sammelziel. Diese Diskussion und eventuelle Neuformulierung kann ebenfalls im Workshop geschehen oder mit mehr Zeit im Anschluss

Wenn die Ziele ausdiskutiert sind, habt ihr eventuell mehr als drei oder vier gefunden. Jetzt bietet es sich an, über Punkte zu priorisieren, denn ihr solltet euch auf wenige Ziele konzentrieren. Jeder Teilnehmer erhält eine Menge Punkte und kann diese auf die Ziele verteilen. Er kann auch mehrere Punkte auf ein Ziel kleben. Jeder Teilnehmer sollte weniger Punkte haben, als es Entscheidungsoptionen gibt.

Ergebnis des Brainstormings ist eine eventuell priorisierte Liste mit Zielen. Diese schärft ihr im nächsten Schritt und versucht, sie SMART zu machen. Hierfür könnt ihr Impact Maps verwenden, diese haben den weiteren Vorteil, dass zu jedem Ziel auch konkrete zu implementierende Features eures Produkts herauskommen.

Ziele verfeinern: Impact Mapping
Impact Mapping wurde von Gojko Adzic vorgeschlagen, um das Priorisieren und die Definition von Zielen in der Produktentwicklung zu vereinfachen [Adz12]. Es wird versucht, die Wirkungskette von einem Feature zum gewünschten Impact (Wirkung = Verhaltensänderung eines Benutzers) derart zu verstehen, dass genau die Features in einer Software ausgewählt werden, welche den größten Beitrag zum Ziel versprechen.

Adzic verwendet in seinem Modell im Prinzip Mindmaps. Zentraler Knoten ist das zu erreichende Ziel, beispielsweise *20 Prozent mehr Umsatz*. Im ersten Schritt überlegt ihr euch, welche Personas dabei helfen können, das Ziel zu erreichen. Personas bilden die zweite Stufe der Impact Map. Das Ziel soll durch die Änderung des Verhaltens der Personas erreicht werden (der Impact[11]). Dieser bildet die dritte Stufe. In der vierten Stufe überlegt ihr euch, welche Features in der Software dazu beitragen, den gewünschten Impact zu erreichen.

Mithilfe der Map haben wir nun die Wirkungskette sichtbar gemacht: Welches Feature in der Software bzw. welches andere Ergebnis unserer Arbeit (Deliverable) trägt auf welche Weise zur Erreichung des zentralen Ziels bei? Jetzt können wir verschiedene Wege zur Zielerreichung vergleichen und mit dem vielversprechendsten anfangen.

Die Impact Maps können sehr gut im Team erstellt werden. Hierfür eignet sich ein beliebiges Mindmap-Werkzeug. Tauglicher für die Gruppenarbeit ist die Haftnotiz-Technik, wie in der Abb. 4.7 gezeigt: Ihr führt ein Brainstorming durch und stellt jede Stufe der Impact Map, also die Personas, die Impacts und die Features jeweils als verschiedenfarbige Haftnotizen dar. Im Team diskutiert ihr die Zusammenhänge und priorisiert anschließend gemeinsam. Zum Priorisieren könnt ihr beispielsweise Punkte kleben: Jeder Stakeholder erhält mehrere Klebepunkte, mit denen er die für ihn interessanteste Verhaltensänderung markiert. Der Impact mit den meisten Punkten gewinnt und fließt in die Definition des Minimal Viable Product (MVP) mit ein, vgl. Abschn. 4.12.

---

[11] Oben haben wir schon Jeff Patton zitiert [Pat14]. Er verwendet den Begriff Outcome mit derselben Bedeutung wie Impact bei Gojko Adzic.

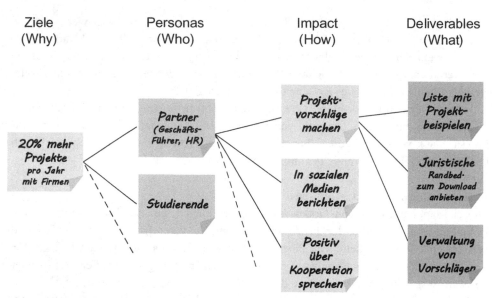

Abb. 4.7 Beispiel für eine Impact Map. Diese stellt links als zentralen Knoten das zu erreichende Ziel des Produkts dar, wir wollen als Hochschule beispielsweise 20 % mehr Projekte mit Unternehmen der Region durchführen. In der zweiten Ebene finden sich die Menschen, über die das Ziel erreicht werden kann, hier verwenden wir die hier besprochenen Personas (die Anwender) oder ggf. andere Stakeholder-Gruppen. Die dritte Ebene sind die erhofften Verhaltensänderungen der Personas, beispielsweise soll ein Geschäftsführer (Persona) eines Unternehmens mehr Projektvorschläge machen. Dazu liefern wir ihm in der vierten Ebene mehrere Features aus, mit denen er das tun kann

Wann ist ein Ziel erreicht? Metriken erarbeiten

Wenn es um Ziele wie die Erhöhung der Zufriedenheit von Kunden, die bessere Bedienbarkeit oder die höhere Sicherheit der Software geht, heißt es häufig: Diese Eigenschaften sind nur schwer oder gar nicht messbar. Darauf lässt sich erwidern: Wenn das definierte Ziel relevant ist, muss seine Erreichung in der realen Welt wahrnehmbar sein. Wenn die Erreichung des Zieles keinen erkennbaren Effekt hat, muss es irrelevant sein. Den Effekt kann man feststellen und damit auch messen, notfalls indirekt, eventuell nur mit einer gewissen Genauigkeit. Der Physiker Enrico Fermi ist mit indirekten Messverfahren und Überschlagsrechnungen berühmt geworden. Solche Mess- und Zählprobleme sind als Fermi-Fragen bekannt geworden, etwa die Frage: ‚Wie viele Klavierstimmer gibt es in Chicago'? [Hub10].

Fermi tastet sich an die Beantwortung dieser gegebenen Messfrage über eine Reihe von Annahmen heran: Es gibt ungefähr 9 Mio. Menschen in der Metropolregion Chicago, durchschnittlich sind 2 Personen in einem Haushalt, also gibt es etwa 4,5 Mio. Haushalte. Ungefähr jeder 20. Haushalt hat ein Klavier, das man einmal pro Jahr stimmen muss. Damit gibt es 225.000 Klavierstimmungen pro Jahr ($= 4.500.000 \times 1/20$). Jeder Klavierstimmer arbeitet 40 Stunden pro Woche und ein Klavier nimmt inklusive Anreise ungefähr

2 Stunden in Anspruch. Damit schafft er 20 Klaviere pro Woche, bei 40 Arbeitswochen pro Jahr also 800 Klaviere im Jahr. Damit können in Chicago ungefähr $225.000/800 = 281$ Klavierstimmer überleben. Diese Überschlagsrechnung ist sicher alles andere als exakt und die Ergebnisse schwanken mit den Annahmen, dennoch gibt sie uns ein Gefühl für die Größenordnungen und senkt damit die vorhandene Unsicherheit. Schätzungen ohne Überschlagsrechnung können leicht zwischen 10 und 10.000 Klavierstimmern differieren.

Alles kann gemessen werden!

Douglas W. Hubbard stellt in seinem Buch *How to measure anything* Messverfahren für scheinbar nicht messbare Eigenschaften vor, wie beispielsweise Kundenzufriedenheit oder IT-Sicherheit [Hub10]. Messungen dienen für ihn zur Reduktion von Unsicherheit über die Messgröße. Damit ist es nicht erforderlich, die Größe exakt auf mehrere Nachkommastellen zu bestimmen, sondern es genügt, mehr als vorher über die Messgröße zu wissen. Für die Messungen schlägt er teilweise sehr einfache Beobachtungen vor, beispielsweise Interviews zufällig ausgewählter Personen, und verwendet statistische Verfahren, auch um die Aussagekraft einer Messung (den Fehler) zu bestimmen.

Der erste Schritt zur Messung von Eigenschaften wie Kundenzufriedenheit oder IT-Sicherheit ist ein genaues Verständnis, was diese Eigenschaft genau bedeutet: Was genau bedeutet für euch beispielsweise Kundenzufriedenheit? Welche Teileigenschaften gehören dazu und wie relevant sind diese für die Kundenzufriedenheit? Es ist eine Dekomposition der Eigenschaft in Teileigenschaften und eine präzisere Definition erforderlich: IT-Sicherheit könnten wir zerlegen in Größen wie *Zahl der Angriffe aus dem Internet, Ausfallzeiten wegen erfolgreicher Angriffe (beispielsweise wegen Ransomware), Kosten der durch die Angreifer erbeuteten Informationen (Wirtschaftsspionage)* oder *Kosten für gelungene Erpressungsversuche durch Angreifer.* All diese Eigenschaften könnt ihr messen. Die Dekomposition könnt ihr beispielsweise im Team oder mit eurem Auftraggeber durchführen. Dies führt auch zur Klärung und Präzisierung der Anforderungen an euer Produkt, denn die typischerweise sehr unscharfen Anforderungen wie die zur IT-Sicherheit, zur Performance oder zur Bedienbarkeit werden in direkt oder indirekt messbare Eigenschaften zerlegt. Möglicherweise landen wir mit dieser Dekomposition bei einer sehr einfach messbaren Größe wie Umsatz, wir erkennen zufriedenere Kunden an gestiegenem Umsatz. Wir erkennen einen Imageschaden durch einen geglückten Cyberangriff durch gesunkenen Umsatz.

Douglas W. Hubbard arbeitet bei seinen Messungen mit Konfidenzintervallen. Er gibt die oberen und unteren Grenzen an zwischen denen der gesuchte Messwert mit 90 % iger Wahrscheinlichkeit liegt: Beispielsweise misst er nicht, dass die Kundenzufriedenheit um 20 % gestiegen ist. Sondern mit 90 % Sicherheit liegt die Steigerung der Kundenzufriedenheit zwischen 15 % und 20 %. Für die weitere Arbeit im Projekt oder darauf aufbauende (betriebswirtschaftliche) Entscheidungen genügen diese Intervalle in der Regel, da beispielsweise nur Schwellwerte überschritten werden müssen, z. B. ab 10 % Steigerung der Kundenzufriedenheit lohnt sich die Investition in euer Produkt.

Messungen können mit erheblichen Kosten verbunden sein, eine Befragung aller Bewohner einer Stadt wäre sicher teuer. Daher gibt Hubbard Verfahren an, die messen und berechnen sollen, wie viel das Messergebnis wert ist. Denn das Messergebnis reduziert die Unsicherheit, die eventuell einer betriebswirtschaftlichen Entscheidung zugrunde liegt. Dies führt zu einer Reduktion des Risikos und der Wert dieser Reduktion lässt sich berechnen.

Für euer Produkt genügt vermutlich zunächst die einfache Dekomposition der zu messenden Eigenschaften in beobachtbare Messgrößen. Und darauf aufbauend die ersten Messungen, damit ihr Vergleichswerte habt. In der Regel geht es ja um eine Verbesserung einer Eigenschaft wie Kundenzufriedenheit, Image der Firma oder IT-Sicherheit. Überschlagsrechnungen wie sie Fermi vorgeführt hat, reduzieren eure Unsicherheit über die gesuchten Eigenschaften eventuell bereits weit genug, sodass ihr damit arbeiten könnt.

In den Anforderungen an ein Produkt wird gerne vergessen, dass auch das Kundenverhalten und andere Eigenschaften während der Benutzung des Produkts gemessen werden sollen, beispielsweise: Wie viel Zeit verbringt ein Benutzer in Dialog A? Welches Feature des Produkts wird am häufigsten genutzt? Wie viele Fehlbedienungen des Dialogs Z gibt es? Durch euren Architekturentwurf und eure Programmierung müsst ihr sicherstellen, dass ihr auch diese Daten gesetzeskonform zur Verfügung habt. Eventuell könnt ihr beispielsweise eine besondere Log-Datei schreiben, wir beschreiben das ausführlicher in Kap. 19.

4.10   Rahmenbedingungen

Euer Produkt bietet für euch einen großen Gestaltungsspielraum. Die Rahmenbedingungen schränken diesen Gestaltungsspielraum wiederum ein. Daher ist es wichtig, diese sehr früh zu kennen. Wenn ihr euch an eine relevante Rahmenbedingung nicht haltet, kann das hohen Änderungsaufwand nach sich ziehen, beispielsweise um die Anforderungen der DSGVO noch nachträglich einzubauen oder das Datenbankmanagementsystem zu wechseln, weil euer Auftraggeber ein anderes bevorzugt. Die Rahmenbedingungen schränken auch die weiteren Anforderungen ein bzw. sind selbst Anforderungen, daher werden diese hier zuerst betrachtet.

Rahmenbedingungen ergeben sich auch aus dem Nutzungskontext, beispielsweise ist eine Sprachschnittstelle in einer lauten Umgebung nicht sinnvoll und ein komplexes Display funktioniert nur, wenn ihr auch die volle Aufmerksamkeit des Benutzers habt.

Speziell wenn ihr Software für einen Auftraggeber schreibt, achtet darauf, die dortigen Rahmenbedingungen so früh wie möglich zu erfragen, dazu gehören festgelegte Technologien (Betriebssysteme, Programmiersprachen, Application-Server, Frameworks etc.) und interne Vorschriften z. B. zu Programmierkonventionen oder zu dem Entwicklungsprozess.

Erstellungsprozess: Unternehmen machen in der Regel Vorschriften in Bezug zum Entwicklungsprozess, den ein Auftragnehmer verwenden muss. Es sind besonders die Dokumente definiert, die an der Schnittstelle zwischen Auftraggeber und Auftragnehmer ausgetauscht werden. Die Nutzung bestimmter Werkzeuge kann ebenfalls vorgeschrieben sein.

Rahmenarchitekturen: In den meisten Unternehmen ist nur eine bestimmte Menge von Technologien erlaubt, bzw. Programmiersprachen oder Datenbankmanagementsysteme sind vorgeschrieben. Für die Verwendung neuerer Technologien, Frameworks oder Infrastrukturen braucht ihr eventuell eine Genehmigung. Eventuell müsst ihr euch mit eurem Produkt an bestimmte Architekturmerkmale halten, die in dem Unternehmen vorgeschrieben sind. Vorgaben gibt es häufig in den Bereichen Logging, Fehlerbehandlung und Berechtigungssysteme. Die Unternehmen versuchen damit, Wildwuchs zu verhindern und die Pflege der eigenen Anwendungslandschaft zu erleichtern. Je homogener die Landschaft ist, desto weniger verschiedene Expertisen sind erforderlich, um diese zu pflegen.

Styleguides: Jedes Unternehmen hat seine eigene Corporate Identity mit Farbschema, Fonts und anderen festgelegten Gestaltungselementen. Euer Produkt muss entsprechend gestaltet sein. Ähnliche Gestaltungsregeln gibt es von den App-Store-Betreibern. Ihr könnt eure Apps nicht völlig frei gestalten, sondern müsst euch an die Vorgaben von Google oder Apple halten.

Gesetze: Euer Produkt muss sich an geltendes Recht halten, dazu zählt zunächst mindestens die Datenschutz-Grundverordnung, DSGVO. Sie regelt den Umgang mit personenbezogenen Daten: Benutzer müssen einwilligen, dass ihre Daten verwendet werden. Die Daten dürfen nur so lange wie nötig gespeichert werden etc. Achtung: Die Steuergesetzgebung schreibt vor, dass ihr beispielsweise Rechnungen über einen bestimmten Zeitraum aufheben müsst. Daten sofort zu löschen, geht daher nicht immer.

Normen: Abhängig von der Domäne, in der ihr euer Produkt erstellt, sind Normen einzuhalten. Speziell wenn ihr ein sicherheitskritisches System baut, beispielsweise die IEC 61508. Die Einhaltung der Normen wird teilweise von Prüforganisationen wie dem TÜV oder der FDA kontrolliert.

Rahmenbedingungen erheben

An vielen Rahmenbedingungen wie beispielsweise der DSGVO kommt ihr nicht vorbei, diese gelten überall. Ihr müsst diese einfach kennen und wissen, wie diese anzuwenden sind. Gleiches gilt für Normen wie die IEC 61508 in gesetzlich regulierten Domänen, wie Gesundheit, Automotive oder Avionik mit vielen zusätzlichen speziellen Normen.

Weitere Rahmenbedingungen erfahrt ihr in den ersten Gesprächen mit dem Auftraggeber. Bei einigen Unternehmen gibt es eventuell eine gesonderte Qualitäts- oder Architekturabteilung, wo ihr die Rahmenbedingungen erfragen oder im Intranet beschaffen könnt.

4.11 Product Backlog

Aus den Zielen ergeben sich direkt oder indirekt Features, die euer Produkt haben soll. Es ergeben sich Anforderungen (vgl. Kap. 13). Diese werden durch die Rahmenbedingungen wieder eingeschränkt. Scrum hat den Begriff des Product Backlogs eingeführt (Abb. 4.8) [Sut13]. In diesem werden alle Anforderungen und Rahmenbedingungen gesammelt: *Das Product Backlog ist eine geordnete Liste von allem, von dem bekannt ist, dass es im Produkt enthalten sein soll. Es dient als einzige Anforderungsquelle für alle Änderungen am Produkt.* [Sut13]

Das Product Backlog enthält Anforderungen in verschiedenen Detaillierungen. Die Anforderungen kurz vor der Umsetzung werden im Detail beschrieben, sodass sie in einem oder wenigen Tagen von einem Teammitglied umgesetzt werden können. Wenn die Umsetzung noch weit entfernt ist, sind die Anforderungen vage beschrieben und umfassen größere Funktionsbereiche.

Identifikation: Jede Anforderung benötigt eine eindeutige Nummer. Diese könnt ihr künstlich erzeugen. Sie kann aber auch Ticket-Nummer aus eurem GitLab sein oder eine andere fortlaufende Nummer. Die Identifikation ist notwendig, damit ihr euch beispielsweise im Code oder in einer Commit-Nachricht sowie einem Merge Request darauf beziehen könnt. So kann die Anforderung mit Code, Testfällen oder auch Fehlern in Verbindung gebracht werden. Auch in Gesprächen könnt ihr euch darauf beziehen: ‚Ich arbeite an Ticket 4177‘.

Anforderung: Die Anforderung selbst wird mit einer sprechenden Überschrift versehen, sodass man sich in einer langen Liste von Anforderungen unter dieser etwas vorstellen kann. *Passwort des Administrators prüfen* ist aussagekräftiger wie *Daten für User verwalten*. Dazu kann eine Beschreibung von Details ergänzt werden.

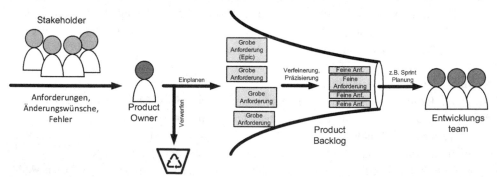

Abb. 4.8 Henrik Kniberg verwendet für das Product Backlog die Analogie eines Trichters: Grobe Anforderungen mit wenigen Details werden vom Product Owner in das Product Backlog geschrieben. Diese reifen im Laufe der Zeit im Backlog heran, werden verfeinert und präzisiert. Zu der Verfeinerung gehört auch, dass grobe Anforderungen in mehrere feinere unterteilt werden. Am Ende des Trichters findet sich das Team, das Anforderungen einzeln (Kanban) oder portionsweise (Scrum) entnimmt

Akzeptanzkriterien: Eine Anforderung ist erst dann eine Anforderung, wenn ihr am laufenden Produkt eindeutig feststellen könnt, ob diese Anforderung nun umgesetzt ist oder nicht. *Das System soll sicher sein* ist beispielsweise keine Anforderung, da nicht genau definiert ist, wie ihr das überprüfen könnt. Mit Akzeptanzkriterien schafft ihr hier mehr Klarheit, diese beschreiben überprüfbare Details oder Eigenschaften. Daraus könnt ihr später Testfälle entwickeln. Bei der Abnahme der implementierten Anforderung könnt ihr die Erfüllung der Akzeptanzkriterien schrittweise vorführen. Allgemeine Akzeptanzkriterien, beispielsweise zur Codequalität, finden sich zusätzlich in der Definition of Done.

Schätzung: Um eine Anforderung einplanen zu können, muss diese geschätzt sein. Es gibt zwei alternative Verfahrenstypen, die ihr einsetzen könnt: Erstens absolute Schätzung, beispielsweise in idealen Personenstunden: Wie lange braucht ein ‚normaler‘ Entwickler für die Anforderung, wenn er ungestört arbeiten kann? Zweitens die relative Schätzung: Ihr vergleicht die Anforderungen untereinander und sortiert diese nach Aufwand. Einer eher kleineren Anforderung weist ihr dann den *Mittleren* Aufwand zu. Dieser drückt sich aus in 3 Story Points oder in M (T-Shirt Größe). Die nächstgrößeren Anforderungen sind dann L oder haben 5 Story Points, die kleineren sind S oder haben 2 Story Points, dies setzt sich dann fort zu den größten Anforderungen mit 100 Story Points (zu groß) oder den kleinsten mit 1 oder 0,5 Story Points. Die Grenze dessen, was ihr in einem Sprint bauen könnt, liegt bei ungefähr 13 Story Points. Story Points und T-Shirts sind willkürlich ausgedachte Maßeinheiten [Sut14]. Im Verlauf der Entwicklung messt ihr dann, wie viele Story Points bzw. T-Shirt-Größen ihr in einem Sprint schafft und baut darauf eure Prognosen und die Planung auf. Mehr zu den Schätzverfahren im nächsten Kapitel.

Priorität: Für euer Produkt sind die Anforderungen unterschiedlich bedeutsam. Wenn die eine Anforderung umgesetzt ist, kaufen eventuell viel mehr Kunden euer Produkt als bei einer anderen. Daher ist diese wichtiger. Die Priorität entscheidet, in welcher Reihenfolge ihr die Anforderungen später ins Produkt einbaut. Häufig wird hier das MuSCoW-Schema verwendet (Must, Should, Could, Won't), auch dazu später mehr. Schaut euch besonders die User Story Maps aus Abschn. 13.14 an.

Abhängig von eurem Produkt und den beteiligten Stakeholdern können weitere Informationen interessant und wichtig sein. Eventuell wollte ihr die eigentliche Quelle der Anforderung befragen oder ihr bzw. der PO muss die Anforderung noch in einem größeren Kreis von Stakeholdern abstimmen lassen. Zusätzlich erfassen könnt ihr beispielsweise:

- Quelle: Wer hat die Anforderung genannt? Wer will diese? Wen können wir anrufen, wenn wir Details brauchen?
- Status: Ist die Anforderung neu? Ist sie eine Einzelmeinung oder bereits abgestimmt? Ist sie schon fertig aufgeschrieben oder eher eine Skizze?
- Risiko: Welches Risiko ordnen wir dieser Anforderung zu? Ist sie besonders schwer implementierbar? Ist sie besonders instabil, weil sich die Stakeholder nicht einigen

können? Gehen Produktrisiken von ihr aus? Eure Unsicherheit über die Anforderung könntet ihr beispielsweise abschätzen. Das Risiko ist speziell für die Schätzung wichtig, da ihr ggf. dafür einen Puffer einplanen müsst.

- Erstellungsdatum: Wie alt ist die Anforderung? Eventuell ist eine zwei Jahre alte Anforderung so unwichtig, dass ihr diese gefahrlos löschen könnt. Wir können das Datum auch zur Effizienzmessung nutzen: Wie lange dauert es von der Erfassung einer Anforderung, bis diese im Produkt ist?

- Strukturinformationen: In realen Projekten seid ihr mit sehr großen Mengen von Anforderungen konfrontiert, leicht einige Tausend. Um sich hier noch zurechtzufinden, ist eine Strukturierung erforderlich. Beispielsweise nach fachlichen Komponenten, fachlichen Prozessen, größeren Features des Gesamtproduktes etc.

4.11.1 Anforderungen aufschreiben: User Storys

Typisches Format für eine Anforderung ist eine User Story. Eine User Story ist eine Geschichte, die der Anwender mit dem Produkt erlebt und von der er einen Mehrwert hat oder seinen Zielen ein Stück näher kommt. Dieses Format kann beim Team zu einem besseren gemeinsamen Verständnis führen, was das Produkt tun soll, als allgemeine aufgeschriebene Anforderungen wie *Das Produkt soll das Feature X haben* [Jef01,Coh10]. Häufig wird zur Formulierung der User Story ein Vorschlag von Mike Cohn genutzt [Coh04]:

Als [*Persona*] möchte ich [*Wunsch*], um [*Nutzen*].

bzw. wie Cohn es vorschlägt:[12]

As a [*Persona*], I want [*some goal*] so that [*some reason*].

In der User Story solltet ihr die oben erarbeiteten Personas verwenden. Damit wird klarer, welche Eigenschaften der Anwender genau hat, wenn er an euer Produkt einen Wunsch äußert, z. B. indem er einen Button in der grafischen Oberfläche drückt. Beliebter Fehler ist es, hier immer nur von *Benutzer* oder *User* zu sprechen, das ist zu allgemein. Besser sind schon die Rollen, die ein Anwender gerade spielt, beispielsweise *Administrator* oder *Sachbearbeiter*, also: Als *Sachbearbeiter* möchte ich *Mahnung versenden* können, um *den Rechnungsbetrag zu erhalten*.

Achtung: Die User Story enthält nicht alle Informationen, die ein Entwickler benötigt, um die Story in ein Produkt zu überführen. Viele Informationen werden erst im Laufe der Umsetzung, kurz vor Abschluss der Implementierung mündlich geklärt. Damit kann

---

[12] Wir haben lediglich *type of user* mit Persona ersetzt.

zumindest teilweise auf umfangreichere Beschreibungen der Anforderungen verzichtet werden. Häufig werden die im Detaillierungsprozess gewonnenen Informationen in weiteren User Storys oder in Akzeptanzkriterien derselben Story aufgeschrieben.

Die zweite Information bei User Storys ist der Nutzen der Story für die Persona. Es ist teilweise schwierig, diesen Nutzen gut zu formulieren, aber wichtig. Denn dies ermuntert euch als Team und euren Auftraggeber, bei jeder Anforderung darüber nachzudenken, was diese zur Produktvision bzw. zu den Zielen des Produkts beiträgt. Das kann die Wahrscheinlichkeit der berühmten *goldenen Henkel* (Gold Plating Requirements) senken.

Ob die Verwendung von User Storys und das Weglassen umfangreicher Anforderungsbeschreibungen wirklich und immer eine gute Idee ist, wird kontrovers diskutiert [Mey14, Rup14]. User Storys alleine reichen selten aus, ihr erstellt häufig zusätzlich Modelle der grafischen Oberfläche (z. B. Wireframes) oder des logischen Datenmodells (z. B. ein UML-Klassendiagramm). Probiert dieses und ergänzende Konzepte ein paar Iterationen lang aus und entscheidet selbst, wie gut es für euch und euren Auftraggeber funktioniert. Manche tun sich beispielsweise mit dem Schema von Mike Cohn eher schwer. Scrum und andere agile Methoden schreiben User Storys nicht explizit vor [Sut13], damit entscheidet ihr als Team zusammen mit eurem Auftraggeber, wie genau die Anforderungen aufgeschrieben werden.

Das Kap. 13 geht ausführlich auf das Thema Anforderungen ein und zeigt viele Details zu den User Storys und den daran hängenden Akzeptanzkriterien auf. Auch das Konzept eines zweidimensionalen Product Backlogs, den User Story Maps nach Jeff Patton, wird vorgestellt [Pat14].

4.11.2 Formen des Product Backlog

Das Product Backlog kann abhängig von der Projektgröße verschiedene Formen haben. Einige Haftnotizen auf einem Whiteboard sind eine sehr einfache Form, für sehr umfangreiche Listen mit Anforderungen in großen Projekten sind spezielle Werkzeuge wie IBM-Doors üblich und verbreitet.

Haftnotizen auf Whiteboard
Das Product Backlog ist im einfachsten Fall eine Sammlung von Haftnotizen an einer Planungstafel (Whiteboard, Bürowand) oder von A5- oder A6-Karten an einer Pinnwand in eurem gemeinsamen Büro. Diese Karten werden auch als Story Cards bezeichnet. Jede Anforderung steht mit zusätzlichen Informationen auf einer Haftnotiz bzw. Karte. Dieses Verfahren funktioniert für überschaubare Mengen von Anforderungen sehr gut, z. B. für die Anforderungen, die ihr im laufenden Sprint umsetzt.

Tabelle
Größere Mengen von Anforderungen können gut in einem Spreadsheet einer Tabellenkalkulation verwaltet werden. Eine Spalte beschreibt die Identifikation, die andere die

Anforderung selbst, weitere Spalten liefern Zusatzinformationen wie etwa Akzeptanzkriterien, die Schätzung und die Priorität. Großer Vorteil der Tabellenkalkulation sind
ihre Funktionen zum Filtern, z. B. könnt ihr leicht alle teuren Anforderungen oder alle
besonders wichtigen Anforderungen anzeigen. Sowie die Sortierfunktionen, z. B. nach
Komponente, Größe oder Priorität. Weiterer Vorteil ist: Jeder kann eine Tabellenkalkulation bedienen.

Tickets

Dritte derzeit übliche Alternative sind Ticket-Systeme wie GitLab. Hier wird jede Anforderung als Ticket dargestellt und verwaltet. Tickets haben eine eindeutige Identifikation,
GitLab erlaubt es, direkt aus einem Ticket einen Git-Feature-Branch zu erzeugen, inklusive
eines Merge Requests zur Qualitätssicherung. Damit sind die weiterführenden Aufgaben
während der Entwicklung gut unterstützt. Für die oben genannten Informationen gibt
es in GitLab eigene Felder. Notfalls verwendet ihr die Freitext-Beschreibung. Über die
Kommentarfunktion der Tickets sind später die Diskussionen zu fachlichen Details oder
Sonderfällen nachvollziehbar.

4.11.3 Product Backlog erarbeiten

Hier skizzieren wir einige Verfahren zum Erstellen eines Product Backlogs. Weitere
Vorschläge findet ihr in Kap. 13, sowie in Büchern zum Thema Requirements Engineering
[Ham13, Rup14, Poh15]. Dort werden auch Verfahren zum Priorisieren, zum Schätzen und
auch zum Verfeinern von User Storys und anderen Anforderungen gezeigt.

Backlog-Einträge gemeinsam erarbeiten

Im Abschn. 4.9 ist eine Impact Map entstanden. Über diese habt ihr noch sehr grobe
Features erarbeitet, die zur Erreichung eurer Ziele mithilfe bestimmter Personas beitragen.
Hier gibt es verschiedene Verfahren, die ihr einsetzen könnt. Beispielsweise setzt sich
euer PO jeweils mit den wichtigsten Stakeholdern zusammen und befüllt gemeinsam mit
diesen eine Anforderungstabelle in einer Tabellenkalkulation. Während des Gesprächs
wird immer wieder priorisiert und neu sortiert. Der Vorteil der Anforderungstabelle ist
hier, dass ihr diese an andere Stakeholder zur Prüfung bzw. zur Erweiterung weiterleiten
könnt.

User Story Brainstorming

Brainstorming funktioniert fast immer: Ihr holt eure Stakeholder in einem Raum zusammen und teilt Haftnotizen und Stifte aus. Zu jedem grobteiligen Feature bzw. Epic lasst
ihr nun die Stakeholder User Storys aufschreiben. Beispielsweise 10 Minuten lang. Später
kann jeder Stakeholder seine User Storys im Plenum vorstellen. Ihr als Moderatoren könnt
diese Storys dann wieder zu umfangreicheren Geschichten zusammensetzen.

Szenarios durchspielen

Benutzer verfolgen bei der Verwendung eures Produkts bestimmte persönliche Ziele, viel-leicht wollen sie ihr Training mithilfe eurer Fitness-App verbessern. Diese Benutzerziele ergeben sich beispielsweise aus den Persona-Hypothesen oder den Zielen eures Produkts.

Ihr spielt nun im Team einen konkreten Ablauf durch, eine vollständige Geschichte, die eure Benutzer mit eurem Produkt erleben, während sie ihr Benutzerziel verfolgen und schließlich erreichen. Eventuell verwendet ihr hier schon einfache Prototypen, um Schritt für Schritt durchzuspielen, was der Benutzer mit eurem Produkt tut. Hier ist es besonders wichtig, auch alle Details zu simulieren und den Ablauf wirklich vollständig durchzuspielen. Aus jedem Schritt ergibt sich eine User Story oder eine andere Form von Anforderung. Ein strukturiertes Verfahren mit den User Story Maps stellen wir in Abschn. 13.14 vor.

Weitere Verfahren

Die Literatur zum Thema Anforderungen enthält eine kaum überschaubare Menge von weiteren Techniken, um Anforderungen zu finden. Ihr könnt Kunden interviewen, strukturiert oder unstrukturiert, Umfragen durchführen oder auch vorhandene Altsysteme analysieren und von dort Anforderungen übernehmen. Chris Rupp gibt in ihrem praxisori-entierten Buch eine Übersicht über diese Vielfalt und Hinweise, in welcher Situation ihr welches Verfahren verwenden könnt [Rup14].

4.12 Minimum Viable Product (MVP)

Das Product Backlog ist eventuell bereits sehr gut gefüllt. Es gibt viel mehr Ideen und Anforderungen, als ihr in den nächsten Monaten umsetzen könnt. Jetzt müsst ihr im Team und in Abstimmung mit dem Auftraggeber entscheiden, was ihr zuerst angeht. Für euch als Entwicklungsteam ist es dabei wichtig, möglichst schnell die Bedürfnisse euer Anwender genau zu verstehen. Dafür braucht ihr ein Vorgehen, wie ihr mit möglichst wenig Aufwand schnell Feedback bekommt.

Eric Ries schlägt dafür eine experimentelle, wissenschaftliche Methode vor [Rie11]. Ihr könnt jedes Feature eures Produkts bzw. jede Idee eures Geschäftsmodells als Hypothese auffassen: ,Wir nehmen an, dass unsere Kunden das folgende Feature kaufen. Wir sehen, dass das zutrifft, wenn bis Juli der Umsatz um mindestens 10 Prozent steigt.' Diese Hypothese gilt es möglichst schnell zu verifizieren oder zu falsifizieren. Ein Wissenschaftler verwendet dazu Experimente: Ihr könntet beispielsweise euren Benutzern einen ersten Papierprototypen zeigen und untersuchen, wie diese reagieren. Reagieren sie positiv, war die Hypothese richtig und ihr könnt in der Richtung weiter arbeiten. Ist die Reaktion negativ, habt ihr falsch geraten und müsst euch ein neues Feature (eine neue Hypothese) überlegen. Insgesamt habt ihr über das Experiment einiges über eure potentiellen Nutzer erfahren.

Für die Experimente beschreibt Ries das *Minimum Viable Product* (MVP). Hierbei handelt es sich um das kleinste mögliche Produkt, mit dem ihr euer Experiment durchführen könnt. Dieses Produkt kann durchaus nur als Papierprototyp oder als Simulation vorliegen. Das wichtigste ist hier, schnell Feedback zu erhalten und schnell zu lernen. Kostspielige Features, die keiner braucht, sollten damit vermieden werden. Ihr startet mit den Experimenten, die den größten Informationsgewinn bzw. die größte Reduktion von Unsicherheit bringen.

MVP erarbeiten

Wie könnt ihr aus einer Fülle von Ideen oder einem ersten Ablauf das MVP oder besser die MVPs herausschälen? Ihr streicht so lange Features, bis eurer Produkt gerade eben noch ein eingeschränktes Ziel verfolgt. Nur noch für einen sehr eingeschränkten Personenkreis, an nur noch einem Ort und nur noch auf eine Weise. Ihr könnt beispielsweise:

- Den Benutzerkreis radikal einschränken und das Produkt nur noch für wenige ausgewählte Personen bauen.
- Den Zielmarkt radikal einschränken, also z. B. nicht mehr für ganz Deutschland entwickeln, sondern nur noch für Kunden aus Hamburg.
- Nicht alles muss am Anfang gleich voll automatisch laufen. Bestimmte Tätigkeiten können immer manuell, notfalls mit der Datenbank-Shell oder einer Tabellenkalkulation erledigt werden. Erste Prototypen enthalten eventuell gar keine Software, sondern Menschen erledigen das, was später die Software tun soll.
- Die Features eures Produkts so lange kürzen, bis ihr nichts mehr weglassen könnt.
- Die Optionen in der Software radikal begrenzen, z. B. nicht mehr alle Zahlungsarten zulassen, sondern nur noch PayPal. Oder nicht mehr alle Versandarten zulassen, sondern nur noch Pakete mit DHL erlauben.
- Euer erster Prototyp muss sicher noch nicht elastisch skalierbar sein und über eine Million Benutzer verarbeiten können sowie auf Kubernetes laufen.

Häufig wird hier das Beispiel eines minimalen Online-Buchversands gebracht: Wenn man überlegt, was alles zu einem Online-Buchhandel gehört, kommt man normalerweise auf eine sehr große Software mit einem Katalogsystem, einer Zahlungsabwicklung, einer Kundenverwaltung und vielen weiteren Details. Minimal ist das nicht gerade. Ein sehr einfaches System könnte aus nur einer einzigen Seite (Erstellungszeit vielleicht 30 Minuten) mit dem aktuellen Bestseller und eurer Telefonnummer bestehen. Wenn ihr mit der Seite sehr viele Kunden generiert, habt ihr das Budget den Shop dann auszubauen.

Der Online-Schuhhandel Zappos (wie Zalando in Deutschland) hatte am Anfang kein eigenes Lager, sondern die Gründer wollten erst einmal testen, ob Benutzer tatsächlich online Schuhe kaufen würden, das war Anfang der 2000er-Jahre keineswegs klar. Das erste Zappos-Lager war der Schuhladen um die Ecke [Hsi16]. Nick Swinmurn, einer der Gründer, hat dort die Schuhe fotografiert und ins Internet gestellt. Wenn jemand im Internet gekauft hat, hat er selbst die Schuhe im Laden erworben und verschickt. Das MVP ist also nicht zwingend vollständig aus Software, da es am Anfang noch nicht viele Anwender gibt, können viele Features noch von Menschen erbracht werden. Ein Landing Page MVP beschreibt bloß euer Produkt und stellt dessen besondere Eigenschaften hervor. Wenn ein Besucher den Kaufen-Button drückt, erhält er nur die Information, dass ihr noch an dem Produkt arbeitet und dass ihr ihn mit einem Newsletter auf dem Laufenden haltet. Ziel des MVP ist es laut Ries immer, schnell und mit wenig Aufwand zu lernen, was die Anwender bzw. Kunden wirklich wollen.

4.13 Kontext

Was genau gehört zum Produkt und was gehört zur Umgebung und wird durch andere Produkte abgedeckt? Was soll im Rahmen eurer Aktivitäten entstehen und was nicht? Dieser Entscheidungsprozess wird auch als Scoping bezeichnet. Im nächsten Kapitel werden wir uns ausführlicher damit beschäftigen. Hier interessieren uns zunächst nur zwei Aspekte zur Umgebung des Produkts:

1. Mit welchen Nachbarsystemen muss euer Produkt kommunizieren? Diese stellen wir in einem Kontext diagramm dar.
2. Welche Abläufe bzw. Geschäftsprozesse werden von eurem Produkt unterstützt? Hier lernen wir die Technik des Event-Stormings kennen.

Systemumgebung erarbeiten
Eine Software läuft selten ganz alleine auf der berühmten grünen Wiese. Neue Produkte sind typischerweise integriert in eine bestehende, gewachsene Landschaft vorhandener Systeme. Wenn mit diesen Systemen Daten ausgetauscht werden sollen, müsst ihr deren vorhandene Schnittstellen verwenden oder die Besitzer dieser Systeme dazu bringen, euch spezielle Schnittstellen bereitzustellen oder euch Zugriff auf deren Datenbank oder Services zu gewähren.

Der Zugriff auf bestimmte Nachbarsysteme kann kostenpflichtig sein und eure Betriebskosten deutlich erhöhen, zu solchen Diensten gehören beispielsweise Dienste zur Darstellung von Karten, zur Routen-Berechnung, zur Umrechnung von Adressen in Geokoordinaten, OCR-Dienste, Sprachverarbeitung oder Gesichtserkennung von einem der Cloud-Provider.

Um ein erstes grobes Verständnis von der Umgebung des Systems zu bekommen, bietet sich ein Kontextdiagramm an. Dabei ist das geplante System in der Mitte des Diagramms, Nachbarsysteme und erste identifizierte Nutzergruppen sind darum gruppiert. Der Datenaustausch wird über Pfeile dargestellt. Für die Darstellung können Datenflussdiagramme verwendet werden oder auch Verteilungsdiagramme aus der UML.

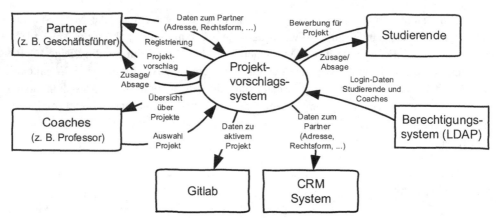

Abb. 4.9 Beispiel für ein Kontextdiagramm. Die Notation lehnt sich an Datenflussdiagramme an. Das geplante Produkt steht im Mittelpunkt. Im Beispiel ist das unser geplantes Projektvorschlagssystem. Das Diagramm stellt den Datenaustausch zwischen Anwendern, Nachbarsystemen und dem Produkt in der Mitte dar. Die Anwendergruppe Partner sendet beispielsweise Daten zum Unternehmen und erhält dafür eine Registrierung. Dann kann der Partner Projekte vorschlagen. Später erhält er dazu eine Zu- oder Absage

Ergänzend könnt ihr im Kontextdiagramm neben grafischen Kästen und Pfeilen (Datenflussdiagramm) auch grafische Symbole verwenden (Brief, Uhr, Totenkopf, Blitz, Like, Fragezeichen . . .).

Die Abb. 4.9 zeigt ein Kontextdiagramm. Für die Erstellung eines Kontextdiagramms ist ein Whiteboard hilfreich, an dem ihr gemeinsam mit dem Kunden die Zeichnung anfertigen könnt. Ergebnis ist ein gemeinsames Verständnis des Systems und seiner Umgebung. Ihr solltet daher zum Zeichnen keine komplexe Notation verwenden, einfache Kästen und Pfeile genügen. Das Gespräch während der Entwicklung des Diagramms klärt normalerweise viele offene Fragen.

Wenn es bereits eine gute Vorstellung vom geplanten System gibt, können anhand des Diagramms bereits erste User Storys bzw. Anwendungsfälle durchgespielt werden. Ihr dokumentiert einen fachlichen Ablauf und beschriftet jeden Pfeil mit einer Nummer, um die Reihenfolge zu zeigen und mit den Daten, die ausgetauscht werden. So ergibt sich schnell ein erstes Bild, welche technischen Schnittstellen benötigt werden und ob alle notwendigen Informationen aus einer der bekannten Quellen bezogen werden können.

4.14 Produktlebenszyklus

Während der Entwicklung eines Produkts wird häufig nur auf Sicht geplant und programmiert. Von einem Sprint oder einer Iteration zur nächsten. Das große Ganze kann aus dem Blick geraten. Die meisten Kosten verursacht ein System eher in der Weiterentwicklung und der Erhaltung (Abb. 4.10). Denn ein nützliches Produkt kann leicht 30 Jahre und älter werden. Gerne vergessen wird auch, dass der Betrieb eines Produkts Geld kostet:

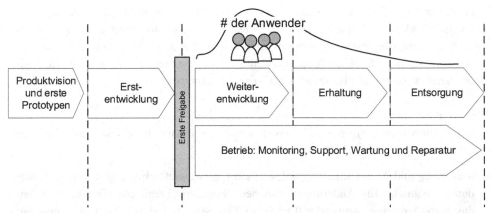

Abb. 4.10 Grober Lebenszyklus eines Produkts von der ersten Vision bis hin zu seiner Entsorgung. Die Kosten nach der ersten Freigabe der Software für die Weiterentwicklung und den Betrieb werden gerne unterschätzt

Die virtuellen Maschinen müssen fortlaufend bei einem Cloud-Provider bezahlt werden. Support- oder Helpdesk-Mitarbeiter sind ebenso erforderlich wie Personen, die das System betreiben.

Erstentwicklung

Die Erstentwicklung von Software ist das Thema der meisten Bücher über Softwareentwicklung. Hier wird eine Produktvision konkretisiert. Die Architektur und die Programmiersprache werden festgelegt, ebenso wie die wichtigsten Eigenschaften des Produkts. Viele wesentliche Entscheidungen werden in dieser frühen Phase getroffen.

Bis zur ersten Freigabe der Software bzw. bis zum Beginn der Herstellung eines Produkts mit Hardware (Start of Production), kann vieles noch eher leicht verändert werden. Auch große Umstrukturierungen der Software bzw. des Systems sind hier noch möglich. Nach der ersten Freigabe wird das Produkt verwendet. Anwender sind eventuell auf die Verfügbarkeit des Produkts angewiesen oder erleiden eventuell einen Schaden, wenn es nicht funktioniert. Jede weitere Änderung muss jetzt absichern, dass der bereits in Benutzung befindliche Teil des Systems danach noch funktioniert. Jede Änderung und Erweiterung ist jetzt ein Risiko. Jetzt beginnt das System bereits zu altern.

Betrieb

Entwickler unterschätzen gerne das Thema IT-Betrieb. Es kommt in der Informatik-Ausbildung an Hochschulen auch kaum vor. Administrator ist häufig ein Beruf mit einer Ausbildung vorweg, während Entwickler eher studieren. Die DevOps-Bewegung versucht hier, auf beiden Seiten Verständnis herzustellen und den berühmten Zaun zu entfernen, über den die Software früher geworfen wurde [Kim13, Kim16]. Der IT-Betrieb verantwortet die Verfügbarkeit des Systems für die Anwender und sorgt für die Behebung von Problemen, sogenannten Incidents. Wenn Fehler und Probleme auftreten, werden diese irgendwann nach einem mehrstufigen Prozess an die Entwickler eskaliert (third level support). Der IT-Support unterstützt die Anwender bei der Verwendung des Systems und versucht kleinere Probleme selbst zu lösen (first and second level support). Der IT-Betrieb versucht, die Betriebskosten gering zu halten: Bei den Cloud-Anbietern wird die verbrauchte Rechen-, Speicher- und Netzwerkleistung abgerechnet. Wenn das System auf einer überdimensionierten Hardware läuft, wird das unnötig teuer.

Weiterentwicklung

In der Weiterentwicklung bzw. Evolution werden grob vier Tätigkeiten unterschieden [Sne04]:

Erweiterung und Änderung: Wenn das System verwendet wird, ergeben sich bereits daraus Wünsche für Änderungen und neue Features. Denn das System verändert das Verhalten seiner Anwender (Outcome). Das System ändert seine Umgebung, das beeinflusst wiederum das System. Manny Lehman beobachtete diese Rückkoppelung bereits in den 1970er-Jahren (Lehmans Laws).

Während der Weiterentwicklung des Systems gibt es einen stetigen Strom an Wünschen für neue Features und Änderungen, sogenannte Change Requests. Diese werden vom Entwicklungsteam analysiert und eingebaut. Damit verdient ihr als Dienstleister euer Geld.

Fehlerbehebung (Korrektive Wartung): Auch nach der ersten Freigabe sind noch unentdeckte Fehler im Code vorhanden und es konnten eventuell nicht alle Fehler bis zur Inbetriebnahme behoben werden. Es ist besonders wichtig, strukturiert mit Fehlern umzugehen und diese in einem Ticket-System zu verwalten. Für jeden Fehler wird eine sogenannte Triage durchgeführt: Soll der Fehler sofort, später oder gar nicht behoben werden. Fehlerkorrektur ist nicht gut planbar, da Fehler zufällig gefunden werden. Fehler sind verschieden komplex, sodass Aussagen über die Behebungsdauer kaum möglich sind.

Optimierung (Perfektionierende Wartung): Viele Probleme können während der Entwicklung nicht optimal gelöst werden. Möglicherweise hat ein System nach der Freigabe noch Probleme bei der Performance. Wegen des hohen Zeitdrucks befinden sich eventuell noch schlecht änderbare Stellen im Code, sogenannte technische Schulden. Diese Probleme werden behoben, wenn das Management entsprechendes Budget freigibt.

Aktualisierung (Adaptive Wartung): Die Infrastruktur, auf der das System basiert, entwickelt sich weiter. Zur Infrastruktur zählen die Programmiersprache, das Betriebssystem, das Datenbankmanagementsystem oder auch die verwendeten Frameworks. Regelmäßige Anpassungen und das Einspielen von (Sicherheits-)Patches sind alleine deswegen notwendig, um das System vor Angriffen zu schützen.

Erhaltung

In der Erhaltungsphase werden keine neuen Features eingebaut und auch Änderungen werden kaum noch durchgeführt. Eventuell ist das System bereits über einen Adapter oder

Wrapper in eine neuere Landschaft integriert. Jetzt finden nur noch Fehlerkorrekturen und Anpassungen statt. Optimierungen nur noch bei schweren Problemen.

Entsorgung
Irgendwann kann das System abgeschaltet werden. Seine Hardware muss verschrottet oder wiederverwendet werden. Das Gleiche gilt für die Daten des Systems. Einerseits müssen gesetzliche Aufbewahrungsfristen eingehalten werden, beispielsweise wegen der Steuern. Andererseits dürfen personenbezogene Daten nur mit begrenzter Dauer gespeichert werden.

Am Anfang auch an das Ende denken
Den Produktlebenszyklus solltet ihr von Anfang an planen, um die Kosten für den Betrieb und das Einspielen von Updates so gering wie möglich zu halten.

Beispielsweise baut ihr deswegen eine Updatekomponente ein, die es euch ermöglicht, leichter Updates und Patches einzuspielen, z. B. ein Over-The-Air-Update. Zusätzlich investiert ihr in eine besser ausgearbeitete Pipeline für das Continuous Deployment, um die Qualitätssicherung einzelner Features sowie das Einspielen in die Produktivumgebung zu vereinfachen. Ihr vereinfacht eventuell euer Produkt, um Betriebskosten in der Cloud zu sparen, weggelassene Server haben keine Betriebskosten.

4.15 Risiken

Ein Risiko ist allgemein ein zukünftiges Ereignis, das mit einer gewissen Wahrscheinlichkeit eintritt. Wenn es eingetreten ist, ist es kein Risiko mehr, sondern ein Problem. Wir bezeichnen das Ereignis als Risiko, wenn es einen Schaden verursachen kann oder andere unerwünschte Konsequenzen hat. Das Gegenteil davon ist eine Chance. So können wir Risiken einen Erwartungswert (Schadenhöhe mal Eintrittswahrscheinlichkeit) zuordnen (Abb. 4.11).

Vieles ist durch Zufälle, Komplexität oder Unwissen bedroht. Hier müssen wir verschiedene Arten von Risiken unterscheiden, abhängig vom Gegenstand der Bedrohung.

Projektrisiken: Ihr baut das Produkt in der Regel im Rahmen von einem oder mehreren Projekten. Das Projekt hat fünf zentrale Größen, die bedroht sein können. Das sind der Liefertermin, das Budget, der gelieferte Funktionsumfang und die Qualität des gelieferten Produkts und auch die Produktivität des Teams. Diese Größen beeinflussen sich gegenseitig. Beispiele für Projektrisiken sind: Projektsponsoren kündigen, Technologie

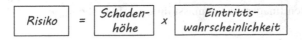

Abb. 4.11 Risiko berechnet sich aus Schadenhöhe und Eintrittswahrscheinlichkeit

leistet nicht das Erwartete, massive Konflikte im Team, Zulieferungen kommen nicht rechtzeitig oder das Team hat den Umfang der Anforderungen deutlich unterschätzt.[13] Mit Projektrisiken beschäftigen wir uns in Abschn. 5.10.

Geschäftsrisiken: Geschäftsrisiken bedrohen eure wirtschaftliche Existenz oder die Existenz eures Auftraggebers. Ihr kennt eventuell den Zielmarkt für euer Produkt noch nicht gut oder baut eine neue Produktkategorie, dann besteht das Risiko, dass für euer Produkt kein Mensch Geld ausgibt. Dazu kann es auch kommen, wenn euch ein Konkurrent zuvorkommt oder euch preiswerter nachahmen kann.

Produktrisiken: Eure Benutzer sind durch euer Produkt bedroht. Hier handelt es sich um Probleme, welche euer Produkt beim Benutzer verursachen kann. Extremes Beispiel sind Flugzeugabstürze ausgelöst durch Softwarefehler. Sicherheitslücken sind ein gerade aktuelles Produktrisiko, das ebenfalls für den Benutzer hohe Schäden verursachen kann.

Hier beschreiben wir am Beispiel der Produktrisiken, wie ihr damit aktiv umgehen könnt. Ziel ist es auch, mit den Maßnahmen zur Qualitätssicherung sehr früh zu beginnen und nicht erst kurz vor der Lieferung die Qualität hinein zu testen (Abb. 4.12).

4.16 Produktrisiken

Euer Produkt kann mit einer gewissen Wahrscheinlichkeit Schäden bei den Benutzern anrichten: Das beginnt beim Komfortverlust, da ein Feature nicht richtig funktioniert und endet beim Tod vieler Menschen oder großer Umweltverschmutzung, weil sich beispielsweise die Flugzeugsteuerung anders verhält, als es der Pilot erwartet. Diese Produktrisiken sind der Grund, warum ihr mehr oder weniger umfangreiche Maßnahmen zur Qualitätssicherung ergreifen müsst (Abb. 4.12).

4.16.1 Risiken erarbeiten

Die Produktrisiken könnt ihr beispielsweise über ein erstes Brainstorming [Lar16, Hen14] identifizieren. Überlegt euch systematisch, welche Schäden euer Produkt verursachen kann, nachfolgend einige Beispiele:

- Euer Produkt hat eine oder mehrere Sicherheitslücken und wird von Angreifern aus dem Internet aufgebrochen. Diese erbeuten beispielsweise alle eure Kundendaten und deren Kreditkarteninformationen. Darauf hin müsst ihr euer Produkt für einige Wochen außer Betrieb nehmen, damit die Lücken geschlossen werden und ggf. Schadenersatz leisten. Auch den Imageschaden müsst ihr irgendwie reparieren.

---

[13] Weitere Beispiele siehe https://management.simplicable.com/management/new/130-project-risks.

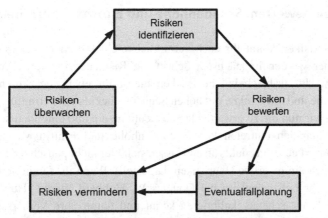

Abb. 4.12 Mit Risiken müsst ihr euch aktiv auseinandersetzen, unabhängig davon, was genau sie bedrohen. Der Prozess beginnt mit der Identifikation von Risiken: Was sind mögliche Probleme? Danach versucht ihr die Risiken zu bewerten, damit ihr euch um die wichtigsten zuerst kümmern könnt. Das sind Risiken, die sehr wahrscheinlich zum Problem werden und wo der verursachte Schaden besonders groß ist. Nun könnt ihr Maßnahmen ergreifen, um die Risiken zu vermeiden oder ihre Auswirkungen zu verringern. Ihr könnt Vorkehrungen treffen, wenn doch ein Risiko zum Problem wird. Jedes Risiko hat gewisse Indikatoren, an denen ihr sehen könnt, ob es eventuell bald zum Problem wird bzw. ob es schon ein Problem darstellt. Daher müsst ihr die identifizierten Risiken regelmäßig beobachten

- Euer Produkt hat ab einer bestimmten Zahl von Benutzern nur noch Antwortzeiten von mehr als 10 Sekunden. Darauf hin löschen es über 50 % eurer Kunden vom Smartphone bzw. kaufen ihre Waren bei anderen Online-Händlern.
- Es gibt einen Ausfall einer zentralen Komponente in eurem Server, der daraufhin abbrennt. Leider müsst ihr jetzt ein Backup einspielen und euren Reserveserver starten, das dauert aber mehrere Tage, da das Backup so groß ist und der Datenbankadministrator erst nach drei Stunden auf euren Anruf reagiert.
- Euer Produkt hat leider durch einen Logikfehler eine Datenbank korrumpiert, woraufhin einige Hundert Sachbearbeiter keine Versicherungen mehr verkaufen können. Es dauert mehrere Stunden, dieses Problem zu beheben.
- In dem von euch implementierten Airbag-Controller ist ein Fehler, der unter bestimmten Bedingungen zum Fehlverhalten des Autos führt. Daraufhin müsst ihr Schadenersatz leisten wegen mehrerer Unfälle. Ein Staatsanwalt untersucht wegen der Personenschäden, ob ihr die Software auch fachgerecht entwickelt und getestet habt. Und es ist eine sehr große Rückrufaktion notwendig.

Diese realistischen Beispiele sollen zeigen, dass aus vielen verschiedenen Quellen große Probleme entstehen können. Diese müsst ihr systematisch vorhersehen und durch methodisches Arbeiten, besonders in der Qualitätssicherung, so weit wie möglich verhindern oder zumindest deren Auswirkungen mindern. Es ist durchaus möglich, dass euer Unternehmen oder schlimmstenfalls ihr selbst für diese Schäden haften müsst.

4.16.2 Risiken bewerten: Schadenhöhe und Eintrittswahrscheinlichkeit

Um alle Produktrisiken könnt ihr euch vermutlich nicht kümmern, da es eventuell zu viele sind. Daher werden im nächsten Schritt die Risiken priorisiert. Dazu dient der Erwartungswert: Um wahrscheinliche Risiken müsst ihr euch eher kümmern als um unwahrscheinliche und um Risiken mit hohen Schäden eher als um geringfügige. Für jedes Risiko schätzen wir nun die zu erwartende Schadenhöhe ein und eine Wahrscheinlichkeit, mit der dieser Schaden eintreten kann. Schadenhöhe und Eintrittswahrscheinlichkeit hängen vom Kontext eures Produkts ab und lassen sich hier nicht pauschal darstellen (Abb. 4.13). Hier werden einige grobe Heuristiken dargestellt. Wenn ihr fundiertere Ergebnisse braucht, werdet ihr beispielsweise bei Douglas W. Hubbard fündig [Hub10]. Er stellt dar, wie ihr euch als Schätzer kalibrieren könnt und damit eure Vorhersagen weniger fehleranfällig macht.

Schadenhöhe
Die oben dargestellten Beispiele für Schäden durch Software erlauben eine erste Überschlagsrechnung zu den Schadenhöhen. Wenn beispielsweise 1000 Sachbearbeiter für vier Stunden nicht arbeiten können, ist der Schaden sicher größer als $1000 \times 4 \times$ Stundenlohn der Sachbearbeiter. Hinzu kommen sicher noch Kosten für den entgangenen Umsatz und Imageverluste. Auch bei Schäden durch mangelhafte IT-Sicherheit ist eine solche Rechnung möglich, beispielsweise entgangener Umsatz während des Ausfalls, Kosten für

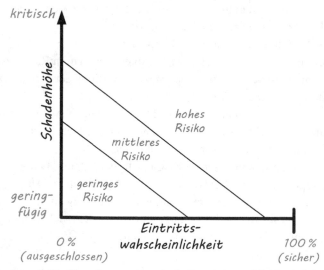

Abb. 4.13 Das dargestellte Koordinatensystem mit den Achsen Eintrittswahrscheinlichkeit und Schadenhöhe kann euch als Grundlage für Brainstorming dienen. Jedes Teammitglied überlegt sich mögliche Probleme, welche das System verursachen könnte und notiert diese auf Haftnotizen. Die Haftnotizen werden abhängig von der Eintrittswahrscheinlichkeit und Schadenhöhe positioniert. Die Diskussion im Team führt dann zu einer gemeinsamen Einschätzung der Risiken

Schadenersatz und verlorene Kunden. Eine grobe Klassifikation von Schäden findet sich in der Norm IEEE 829-2008 zum Thema Softwaretest-Spezifikationen:

Vernachlässigbar: Vernachlässigbare Folgen. Die Abschwächung ist nicht erforderlich.

Geringfügig: Geringfügige Folgen: Vollständige Abschwächung der Folgen ist möglich.

Kritisch: Schäden sind beispielsweise dauerhafte Verletzungen, wesentlicher Wertverlust des Systems, Umweltschäden, große finanzielle Verluste. Teilweise oder vollständige Abschwächung der Folgen ist aber möglich.

Katastrophal: Schäden sind beispielsweise Verlust von Menschenleben, Verlust des Systems, schwere Umweltschäden, schwerwiegende finanzielle Verluste, z. B. Insolvenz. Eine Abschwächung der Folgen ist nicht möglich.

Wenn ihr Risiken mit kritischen oder katastrophalen Schäden habt, handelt es sich bei eurem Produkt um ein sicherheitskritisches System und damit müsst ihr Normen aus dem Bereich Funktionale Sicherheit beachten, z. B. die DIN EN 61508 [Löw10].

Eintrittswahrscheinlichkeit

Wie wahrscheinlich ist es, dass euer Produkt Schäden verursacht? Nachfolgend findet ihr einige Heuristiken, mit denen ihr die Eintrittswahrscheinlichkeit zumindest grob einschätzen könnt:

Experimente (Spikes): Ihr erhaltet beispielsweise eine frühe Idee, wo ihr mit den Antwortzeiten eures Produkts landet, durch einen technischen Durchstich, der schon alle Technologien enthält, die ihr verwenden wollt [Bec99]. Wenn der Durchstich bereits schlechte Antwortzeiten hat, sind Performance-Probleme wahrscheinlich. Auch wenn der Durchstich häufig abstürzt, ist das ein Indikator für wahrscheinliche Probleme bei der Verfügbarkeit.

Kontextwissen: Das Umfeld, in dem euer Produkt entsteht, kennt ihr vermutlich recht gut. Dieses Wissen liefert Hinweise auf Wahrscheinlichkeiten. Wenn ihr euch erst für das Produkt in eine bestimmte Technologie einarbeitet, ist die Wahrscheinlichkeit für Qualitätsprobleme höher, als wenn ihr das hundertste Projekt damit macht. Wenn ihr auf Vorarbeiten aufsetzen müsst, die viele Fehler enthalten haben, sind dort weitere Fehler wahrscheinlich.

Frühere Probleme: Wenn in früheren Projekten bereits an bestimmten Stellen Probleme aufgetreten sind, könnte dies auch in eurem laufenden Projekt auftreten. Es lohnt sich daher, die Fehlerdatenbank bereits abgeschlossener Projekte zu überfliegen [Kan99] sowie die Protokolle der letzten Retrospektiven noch einmal anzuschauen.

Analyse: Eine gute Vorstellung von Risiken im Bereich der Verfügbarkeit erhaltet ihr durch die Analyse der Architektur eures Produkts. Ihr geht euren Entwurf Komponente für Komponente durch und überlegt jeweils, was passiert, wenn diese Komponente ausfällt oder von einem Angreifer übernommen wird. Wenn das gesamte Produkt unbrauchbar wird, habt ihr einen Single Point of Failure gefunden. Weiterhin könnt ihr durchspielen, wie lange die Reparatur eines solchen Problems dauern würde. Bei langen

Reparaturzeiten (MTTR, Mean Time To Repair) sind Probleme bei der Verfügbarkeit eures Produkts sehr wahrscheinlich.

Diese Betrachtungen liefern grobe Hinweise auf die Eintrittswahrscheinlichkeiten von Problemen und sind eure Aufgabenliste für den weiteren Entwurf eures Produkts sowie für die begleitende Qualitätssicherung.

4.16.3 Risiken steuern

Die errechnete Höhe des Erwartungswerts (Risikos) hilft euch beim Priorisieren eures Vorgehens. Um die Risiken, die mit hoher Wahrscheinlichkeit eintreten oder die einen sehr großen Schaden anrichten, müsst ihr euch kümmern. Ihr habt bei Produktrisiken folgende Optionen, Risiken könnt ihr:

Vermeiden: Die einfachste Form der Vermeidung von Risiken ist, nichts zu tun. Ihr baut das Produkt einfach nicht, da es zu riskant ist. Alternativ könnt ihr versuchen, das Produkt so zu bauen, dass bestimmte Schäden nicht mehr auftreten können.

Begrenzen: Beispielsweise könnt ihr einen Notfallplan für den Fall erstellen, dass das Risiko zum Problem wird. Bestimmte Vorkehrungen begrenzen die Schadenhöhe. So macht ihr sicher von jeder Datenbank ein Backup, sodass ihr dieses im Fall eines Hardware-Schadens wieder einspielen könnt. Sicherheitstechnisch könntet ihr verschiedene Systeme physisch voneinander trennen, damit im Falle eines Cyberangriffs nur ein Teil des Gesamtsystems gestört werden kann.

Vermindern: Verschiedene Entwurfsmaßnahmen können zur Senkung der Eintrittswahrscheinlichkeit beitragen, beispielsweise wenn ihr bestimmte Systemteile mehrfach (redundant) auslegt und in einem Rechner-Cluster betreibt.

Versichern: Ja, ihr könnt euch tatsächlich gegen Produktrisiken versichern. Angeboten werden Berufshaftpflichtversicherungen, diese sichern euch beispielsweise gegen Kapitalschäden ab, die eurer Produkt eventuell verursacht. Ihr könnt zusätzlich eigene Rückstellungen für eventuelle Schäden bilden, beispielsweise einen Zeitpuffer.

Qualitätssicherung planen

Eure Investitionen in die Qualitätssicherung sind durch die Produktrisiken bestimmt: Je teurer Fehler in eurem Produkt sind, desto umfangreicher und länger ist eure Testphase. Die Kosten von Fehlern haben wir oben schon aufgezeigt, diese reichen von einfachen Komfortverlusten über Imageschäden bis hin zu dem Verlust von Menschenleben. Zu den Kosten gehören die Reparaturkosten, Gewährleistung, Strafen oder Kosten für den Nutzungsausfall und damit entgangenen Umsatz.

Zur Vermeidung der Fehlerkosten investiert ihr in Testautomatisierung und in statische Codeanalyse. Ihr baut dies in eure Build-Pipeline ein. Den Code sichert ihr über Reviews im Rahmen von Merge Requests ab. Ihr ergreift abhängig vom Kontext weitere Maßnahmen wie Penetrationstests, Stresstests oder Verfügbarkeitstests.

Wenn ihr manuell testet, beginnt ihr mit den Produktfeatures, deren Ausfall am teuersten wäre. Bei sicherheitskritischen Systemen müsst ihr nachweisen, dass ihr alle Features getestet habt, dafür braucht ihr Testspezifikationen und Protokolle der durchgeführten Tests.

Ist eure Software durch Angriffe aus dem Internet bedroht, baut ihr deutlich mehr Sicherheitstests in eure Build-Pipeline ein, beispielsweise für statische Codeanalyse und dynamische Prüfungen (DevSecOps). Soll euer Produkt eine besonders hohe Verfügbarkeit haben, verwendet ihr vielleicht den Chaos-Monkey von Netflix.

4.16.4 Risiken überwachen

Um die Risiken müsst ihr euch fortlaufend kümmern. Neue Informationen können dazu führen, dass sich die Einschätzungen von Risiken verändern, eventuell verändert sich die Schadenhöhe oder die Eintrittswahrscheinlichkeit. Einige Risiken erledigen sich im Laufe der Zeit durch bestimmte Maßnahmen, wie Spikes oder kontrollierte Experimente nach Eric Ries. Andere werden zum Problem und ihr müsst eure Notfallplanung durchführen oder Maßnahmen zur Minderung des Problems ergreifen.

Eine kontinuierliche Betrachtung der Risiken ist daher wichtig. Eventuell über ein gesondertes Meeting oder am Rande der typischen Projekttermine, beispielsweise der Sprint-Planung oder der Retrospektive.

4.17   Schnelles Lernen

Bevor ein Feature in die Hände eurer Anwender gerät, seid ihr nicht sicher, ob und wie dieses verwendet wird. Wir können das auch als Wette oder Lotteriespiel auffassen: Unser Einsatz sind die Entwicklungskosten des Features und wir machen Gewinn, wenn das Produkt tatsächlich gekauft oder abonniert wird. Ziel des schnellen Lernens ist es, unseren Wetteinsatz so gering wie möglich zu halten sowie den Erwartungswert unserer Wette zu steigern. Je schneller wir von unseren Anwendern wissen, ob und wie sie unser Produkt verwenden, desto weniger Zeit und Budget verschwenden wir für Features, die kein Mensch braucht.

4.17.1 Hypothesenbasiertes Vorgehen: Lean Startup

Eric Ries beschreibt in seinem Buch *Lean Startup*, dass viele Unternehmen gescheitert sind, weil sie falsche Annahmen über die Bedürfnisse ihrer potentiellen Benutzer gemacht haben [Rie11]. Eventuell gab es die anvisierten Märkte nicht, speziell bei völlig neuen Produktkategorien sind Vorhersagen und Markteinschätzungen schwierig. Oder die Benutzer hatten völlig andere Bedürfnisse, Vorlieben oder Schmerzen an einer ganz anderen Stelle.

Um das Problem zu lösen, schlägt Ries vor, den Entwicklungsprozess als Reihe von Hypothesen anzusehen. Jedes Geschäftsmodell, jedes Benutzermodell, alle Anforderungen und Features sind erstmal von euch oder eurem Auftraggeber begründet geraten. Diese Hypothesen müsst ihr mit möglichst einfachen Experimenten verifizieren oder falsifizieren. Wenn ihr früh Ideen als untauglich für eure Benutzergruppe erkennt oder früh erkennt, dass für eine bestimmte Anwendung niemand Geld ausgeben will, könnt ihr noch die Ideen modifizieren. Die falsifizierten Hypothesen haben noch nicht zu viel Budget gekostet, in der verbleibenden Zeit könnt ihr euch auf den Ausbau der verifizierten Hypothesen konzentrieren. Ries bezeichnet das als Build-Measure-Learn-Schleife (Abb. 4.14).

Ihr definiert während des Projekts also nicht nur Benutzermodelle oder Features, sondern ihr überlegt euch auch möglichst preiswerte Experimente, um diese schnell zu testen. Als Experiment eignen sich eventuell schon einfache Papierprototypen, mit denen ihr erste Usability Tests durchführen könnt. Die Hypothesen könnt ihr mit Sätzen formulieren wie:

1. Wir glauben, dass [*diese Fähigkeit*] zu [*diesem Ergebnis*] führen wird.
2. Wir werden wissen, dass es uns gelungen ist, wenn [*wir ein messbares Zeichen sehen*].

Eine Übersicht bietet ein Hypothesen-Testblatt nach Ansger und Godehard Gerling (Tab. 4.2) [Ger18]. In der ersten Spalte findet sich die Hypothese, beispielsweise in der gerade beschriebenen Form. Die zweite Spalte definiert, wie ihr die Hypothese überprüfen wollt: Welche Beobachtung oder Messung würde die Hypothese belegen? Welche würde diese widerlegen? Die dritte und vierte Spalte wird während der eigentlichen Experimente ausgefüllt. Diese enthalten die Beobachtungen, welche die Hypothese stützen oder angreifen.

Abb. 4.14 Sehr schnelles fortlaufendes Feedback über Hypothesen, die in Experimenten (Build) überprüft werden (Measure), worauf das weitere Vorgehen angepasst wird (Learn)

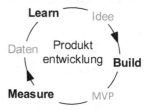

Tab. 4.2 Hypothesen-Testblatt nach Gerling [Ger18]

Nr.	Hypothese	Messungen, Tests	Unterstützung	Widerlegung
	Wir glauben, dass …	Um das zu testen, fragen wir …		

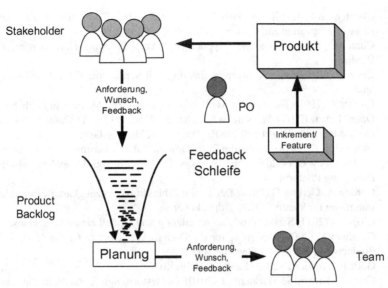

Abb. 4.15 Häufiges Liefern von Produktinkrementen sorgt dafür, dass das Team schnell Feedback und Änderungswünsche erhält. Der Product Owner sorgt für eine laufende Feedbackschleife

4.17.2 Häufiges Liefern

In agilen Methoden ist es üblich, häufig und sehr früh zu liefern. Typische Zyklen, zu denen zumindest theoretisch geliefert werden kann, bewegen sich zwischen einer und vier Wochen. Dies sorgt für häufiges und schnelles Feedback, wenn sich der Auftraggeber oder mögliche Anwender wirklich mit der gelieferten Software beschäftigen. Wenn ihr die Bedürfnisse der Anwender falsch eingeschätzt habt oder ihr technische Probleme hattet, ist höchstens die Arbeit der letzten Iteration verloren. Dies senkt die Projektrisiken deutlich (Abb. 4.15).

Achtet beim Schneiden der Lieferungen darauf, dass die neuen Funktionen einen Mehrwert für die Benutzer darstellen. Aus unserer Erfahrung testen Benutzer kaum freiwillig und intensiv eine Software, die sie noch gar nicht einsetzen können. Für einen Beta-Test braucht ihr sehr engagierte Personen.

Literatur

[Adz12]   Adzic G, Bisset M (2012) Impact Mapping: Making a Big Impact with Software Products and Projects. Provoking Thoughts

[App16]   Appelo J (2016) Managing for Happiness: Games, Tools, and Practices to Motivate Any Team. Wiley

[Bec99]   Beck K (1999) Extreme Programming Explained: Embrace Change. Addison-Wesley

[Chr16]   Christensen CM, Dillon K, Hall T, Duncan DS (2016) Competing Against Luck: The Story of Innovation and Customer Choice. Harper Business

[Coh04]   Cohn M (2004) User Stories Applied: For Agile Software Development. Addison-Wesley

[Coh10]   Cohn M (2010) Agile Softwareentwicklung: mit Scrum zum Erfolg! Pearson Deutschland

[Coo99]   Cooper A (1999) The Inmates Are Running the Asylum. Macmillan Publishing

[Doe17]   Doerr J et al (2017) Measure What Matters: How Bono, the Gates Foundation, and Google Rock the World with OKRs. Penguin Publishing Group

[Fit14]   Fitzpatrick R (2014) The Mom Test: How to Talk to Customers and Learn If Your Business is a Good Idea when Everyone is Lying to You. CreateSpace Independent Publishing Platform

[Ger18]   Gerling A, Gerling G (2018) Der Design-Thinking-Werkzeugkasten: Eine Methodensammlung für kreative Macher. dpunkt.verlag

[Glo11]   Gloger B (2011) Scrum: Produkte zuverlässig und schnell entwickeln. Hanser

[Goo09]   Goodwin K (2009) Designing for the Digital Age: How to Create Human-Centered Products and Services. Wiley Publishing

[Got13]   Gothelf J, Seiden J (2013) Lean UX. O'Reilly

[Gra10]   Gray D, Brown S, Macanufo J (2010) Gamestorming: A Playbook for Innovators, Rulebreakers, and Changemakers. O'Reilly

[Ham13]   Hammerschall U, Beneken G (2013) Software Requirements. Pearson Studium

[Hen14]   Hendrickson E (2014) Explore It! dpunkt.verlag

[Hol16]   Holtzblatt K, Beyer H (2016) Contextual Design, Second Edition: Design for Life, 2. Aufl. Morgan Kaufmann

[Hsi16]   Hsieh T, Klein K (2016) Delivering Happiness: Wie konsequente Kunden- und Mitarbeiterorientierung einzigartige Unternehmen schaffen. Business Plus

[Hub10]   Hubbard DW (2010) How to Measure Anything: Finding the Value of Intangibles in Business, 2. Aufl. Wiley

[Jef01]   Jeffries R, Anderson A, Hendrickson C (2001) Extreme Programming installed. Addison-Wesley

[Kah12]   Kahneman D (2012) Schnelles Denken, langsames Denken. Siedler Verlag

[Kan99]   Kaner C, Falk JL, Nguyen HQ (1999) Testing Computer Software, 2. Aufl. Wiley

[Kim13]   Kim G, Behr K, Spafford G (2013) The Phoenix Project: A Novel About IT, DevOps, and Helping Your Business Win. IT Revolution Press

[Kim16]   Kim G, Debois P, Willis J, Humble J (2016) The DevOps Handbook: How to Create World-Class Agility, Reliability, and Security in Technology Organizations. IT Revolution Press

[Lar16]   Larsen D, Nies A (2016) Liftoff: Start and Sustain Successful Agile Teams, 2. Aufl. Pragmatic Bookshelf

[Lew17]   Lewrick M, Link P, Leifer L, Langensand N (2017) Das Design Thinking Playbook: Mit traditionellen, aktuellen und zukünftigen Erfolgsfaktoren. Vahlen

[Löw10]   Löw P, Pabst R, Petry E (2010) Funktionale Sicherheit in der Praxis: Anwendung von DIN EN 61508 und ISO/DIS 26262 bei der Entwicklung von Serienprodukten. dpunkt.verlag

[Mey14]   Meyer B (2014) Agile!: The Good, the Hype and the Ugly. Springer

[Moo14]   Moore GA (2014) Crossing the Chasm, Marketing and Selling Disruptive Products to Mainstream Customers, 3. Aufl. HarperBusiness

[Pat14]   Patton J, Economy P (2014) User Story Mapping: Discover the Whole Story, Build the Right Product. O'Reilly

[Pin09]	Pink D (2009) Drive: The Surprising Truth about what Motivates Us. Riverhead Books
[Poh15]	Pohl K, Rupp C (2015) Basiswissen Requirements Engineering. dpunkt.verlag
[Rie11]	Ries E (2011) The Lean Startup: How Today's Entrepreneurs Use Continuous Innovation to Create Radically Successful Businesses. Crown Business
[Roc09]	Rock D (2009) Your Brain at Work: Strategies for Overcoming Distraction, Regaining Focus, and Working Smarter All Day Long. HarperCollins
[Rup14]	Rupp C (2014) Requirements-Engineering und -Management: Aus der Praxis von klassisch bis agil, 6. Aufl. Hanser Verlag
[Sen90]	Senge PM (1990) The Fifth Discipline: The Art and Practice of the Learning Organization. Doubleday/Currency
[Sin09]	Sinek S (2009) Start with Why: How Great Leaders Inspire Everyone to Take Action. Penguin Publishing Group
[Sne04]	Sneed H, Hasitschka M, Teichmann MT (2004) Software-Produktmanagement: Wartung und Weiterentwicklung bestehender Anwendungssysteme. dpunkt.verlag
[Sut13]	Sutherland J, Schwaber K (2013) The Scrum Guide: The Definitive Guide to Scrum – The Rules of the Game. http://www.scrumguides.org
[Sut14]	Sutherland J, Sutherland J (2014) Scrum: The Art of Doing Twice the Work in Half the Time. Crown Publishing Group
[Unt19]	Unterauer M (2019) Workshops im Requirements Engineering: Methoden, Checklisten und Best Practices für die Ermittlung von Anforderungen, 2. Aufl. dpunkt.verlag
[Wat13]	Watts G (2013) Scrum Mastery: From Good To Great Servant-Leadership. Inspect & Adapt Ltd

Euer Projekt

5

Im letzten Kapitel haben wir über euer Produkt gesprochen, wer es verwenden könnte und welche Features es haben soll. Wir haben noch ignoriert, wie viel die Erstellung des Produkts kosten könnte, wann mit dem ersten Release zu rechnen ist oder wie wir genau alle Mitstreiter, die Stakeholder, organisieren wollen. Hier fängt das Thema Projektmanagement an und wir müssen uns um Vorgehensmodelle kümmern: Verwenden wir eher Scrum, Water-Scrum-Fall, doch Kanban oder vielleicht das V-Modell XT?[1]

5.1 Wozu ein Projekt?

Am Anfang von Projekten wird häufig viel zu viel versprochen. Ihr wollt, dass euch der Auftraggeber mag, es fällt euch schwer zu widersprechen, wenn sich der Auftraggeber etwas wünscht. Der Auftraggeber formuliert seine Wünsche eventuell recht vage und stellt sich viel mehr und viel schönere Software vor, als ihr überhaupt leisten könnt. Wenn sich der Auftraggeber beispielsweise von einem Architekten eine Unterkunft wünscht, könnte dieser eine Bretterbude, ein Iglu, ein Schloss oder vielleicht eine Weltraumstation liefern [Ber03].

Das Problem, das wir hier lösen müssen, sind die Erwartungen des Auftraggebers bzw. eurer Kunden an euch. Das Thema Erwartungen kann man sich am besten mit Weihnachten klarmachen: Stellt euch vor, ihr seid wieder Kind, ihr habt euch von euren Eltern den LEGO®-Todesstern gewünscht und hattet den Eindruck, dass ihr diesen vielleicht wirklich geschenkt bekommt. Am Weihnachtsabend erhaltet ihr anstelle des Todessterns den super Strick-Pulli, in den sehr viel Aufwand geflossen ist. Genauso könnte

---

[1] Das V-Modell XT hat eine agile Projektdurchführungsstrategie, vgl. [V-M14].

© Springer Fachmedien Wiesbaden GmbH, ein Teil von Springer Nature 2022
G. Beneken et al., *Grundkurs agiles Software-Engineering*,
https://doi.org/10.1007/978-3-658-37371-9_5

sich euer Auftraggeber beim Abnahmetest und der Abschlusspräsentation fühlen, wenn ihr unrealistische Erwartungen erzeugt habt. Das müsst ihr rechtzeitig verhindern.

Daher braucht ihr ein Projekt als organisatorischen Rahmen: In diesem Rahmen organisiert ihr die Erstellung des Produkts, mit einem vorgegebenen (maximalen) Budget, mit definierten Lieferterminen, in marktüblicher Qualität sowie mit den Features, die sich euer Auftraggeber bzw. eure Kunden wünschen. Auch in agilen Projekten gibt es Rahmenbedingungen wie Liefertermine, maximale Budgets sowie vorhandene Ressourcen, sprich euer Team. Zeit ist immer Mangelware.

5.2   Was ist ein Projekt?

Ein Projekt ist ein Vorhaben, das im Wesentlichen durch die Einmaligkeit seiner Bedingungen in ihrer Gesamtheit gekennzeichnet ist. Ein Projekt ist definiert durch die Zielvorgabe (die geforderte Leistung) und die zeitlichen, finanziellen und personellen Rahmenbedingungen. So schreibt es die DIN 69901. Ein Projekt ist das Gegenteil von Routinetätigkeiten.

5.2.1   Zeit, Ressourcen und Produkt

Zeit, Budget (Einsatzmittel) und Produkt bilden das Spannungsfeld, in dem sich euer Projekt bewegt, in dem ihr es steuern müsst. Dabei hängen die Parameter Zeit, Budget sowie Umfang und Qualität des Produkts voneinander ab. Wenn etwa der Leistungsumfang über einen Änderungswunsch erhöht wird, kann dies eine Verschiebung des Fertigstellungstermins oder eine Aufstockung des Teams erfordern. Auch können immer wieder Probleme auftreten, die Termine, Budget, Leistungsumfang oder Qualität gefährden [Sne10].

Zeit: Ihr versprecht eurem Auftraggeber oder euren potentiellen Kunden einen Termin. Zu diesem Zeitpunkt liefert ihr das erste bzw. das nächste Release aus. Dieser Zeitpunkt kann errechnet sein, beispielsweise schätzt ihr, wie lange ihr braucht, um mit den gegebenen Teammitgliedern den definierten Funktionsumfang in einer marktüblichen Qualität zu erstellen. Oder der Zeitpunkt ist willkürlich festgelegt, beispielsweise liefert ihr jeden Dienstag, oder immer im Juni und im Dezember. Geliefert wird das, was bis dahin fertig wird. Manchmal ist der Liefertermin auch vorgegeben, wenn beispielsweise ein Gesetz, das euer Produkt berücksichtigen muss, zu einem bestimmten Zeitpunkt in Kraft tritt oder euer Produkt auf einer bestimmten Messe gezeigt werden soll.

Ressourcen und Budget: Wenn ihr ein Produkt entwickelt oder jemand bei euch ein Produkt beauftragt, hat in der Regel eine Wirtschaftlichkeitsrechnung stattgefunden. In dieser schätzt der Auftraggeber beispielsweise Umsätze ein, die er sich von dem

Produkt erwartet, oder er berechnet den wirtschaftlichen Vorteil des Produkts durch Effizienzsteigerungen oder Umsatzwachstum. Damit ergibt sich der Betrag, den ihn das Produkt maximal kosten darf. Das Budget kann auch auf andere Weise zustande kommen, z. B. das verfügbare Kapital in eurem Startup oder das Budget, das ihr im Rahmen eines Festpreisangebots ausgerechnet habt. Weiterhin stehen euch nur begrenzte andere Ressourcen zur Verfügung. Die Größe und das Wissen eures Teams sind beschränkt, die Rechnerkapazitäten und Räume sind beschränkt. Ihr müsst euer Projekt nun so managen, dass die Projektziele im Rahmen des Budgets und anderer verfügbarer Ressourcen wie Räume, Rechner, Personal etc. erreicht werden.

Funktionalität: Die Eigenschaften und Ziele eures Produkts haben wir im letzten Kapitel bereits besprochen. Mithilfe des Projekts wollt ihr das erste bzw. ein weiteres Release des Produkts erstellen. Dazu ist es notwendig, dass ihr die geplanten Features in eine sinnvolle Reihenfolge bringt, diese priorisiert. Eine Gruppierung in Releases ist ebenfalls hilfreich, beginnend beim MVP.

Qualität: Euer Produkt kann beim Auftraggeber bzw. den Nutzern einen Schaden anrichten, weil beispielsweise ein bestimmtes Feature nicht oder falsch funktioniert, nicht benutzbar ist, eine Sicherheitslücke aufweist oder zu schlechte Antwortzeiten hat. Das Projekt müsst ihr so organisieren und später steuern, dass ihr die Produktrisiken auf ein akzeptables Maß senkt. Ihr müsst sicherstellen, dass ihr euer Produkt in der vom Auftraggeber gesetzten Frist mit den erwarteten Eigenschaften liefern könnt. Dazu gehören auch ausreichende Tests des Produkts.

Die Abb. 5.1 zeigt das Teufelsquadrat nach Harry Sneed [Sne10]. Die Produktivität ist die graue Fläche in der Mitte, mit konstanter Größe. Wenn wir an einer Ecke des Quadrats ziehen, leiden andere Eigenschaften. Wenn wir beispielsweise mehr Funktionalität wollen, benötigen wir mehr Ressourcen und/oder mehr Zeit, oder die Qualität leidet.

5.2.2   Ablauf eines Projekts

Die Abb. 5.2 zeigt einen allgemeinen Überblick über den Ablauf eines Projekts: Am Anfang überlegt ihr euch, was überhaupt mit dem Projekt erreicht werden soll, das ist die Projektdefinition. Ihr plant den Verlauf des Projekts zumindest grob über Releases und führt es nach Scrum, Kanban oder einem anderen Prozessmodell durch. Am Projektabschluss finden in der Regel eine Abnahme der Projektergebnisse und eventuell ein Touch-Down-Workshop statt.

Projekte sind sehr unterschiedlich, ein Auftraggeber hat bereits ein ausgearbeitetes Lastenheft, ein anderer kommt mit einer vagen Idee samt einer PowerPoint-Folie. Der eine hat die grüne Wiese, der andere muss ein System erweitern oder ablösen. Abhängig von den Rahmenbedingungen des jeweiligen Projekts müsst ihr euer Vorgehen entsprechend anpassen. Das V-Modell XT bietet hierzu sogar ein eigenes Verfahren an, das Tayloring.

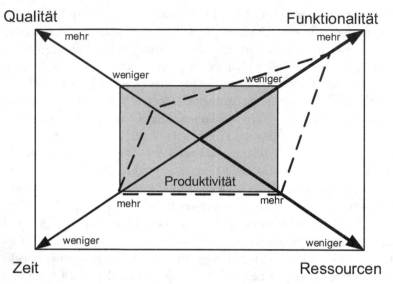

Qualität   Funktionalität

Zeit   Ressourcen

Abb. 5.1 Teufelsquadrat nach Harry Sneed macht die Abhängigkeiten zwischen Qualität, Zeit, Leistungsumfang (Funktionalität) und Ressourcen deutlich. Sneed nimmt an, dass die Produktivität (als graues Quadrat in der Mitte) praktisch konstant ist. Die Fläche ändert sich also nicht. Wenn sich einer der Parameter des Projekts ändert, z. B. mehr Funktionalität gefordert wird, wirkt sich das beispielsweise auf die Qualität aus, die dann sinkt

Abb. 5.2 Die Phasen eines Projekts: Definition und Initialisierung, Projektplanung, Projektdurchführung und Projektabschluss. Diese Grafik soll als Inhaltsverzeichnis für dieses Kapitel dienen

Projektdefinition und -initialisierung

Zur Definition des Projekts wird die Produktvision festgelegt und abgestimmt. Daraus werden die Ziele für das Produkt und für das Projekt abgeleitet. Techniken dazu haben wir schon im Kap. 4 besprochen, beispielsweise Brainstorming der Produktvision oder Impact Maps zum besseren Verständnis der Produktziele.

Die Rahmenbedingungen, Qualitätsanforderungen und die funktionalen Anforderungen werden wenigstens grob ermittelt und im initialen Product Backlog beschrieben.

Grundlage für die folgende Planung sind eine erste Aufwandsschätzung und eine Priorisierung der Anforderungen im Product Backlog. Eine möglichst vollständige Liste der Stakeholder hilft euch bei der weiteren Organisation des Projekts.

Ihr müsst euch als Team finden, hierzu gibt es viele Hinweise in Kap. 3. Die ersten Kontakte zum Auftraggeber und möglichen Benutzern werden aufgebaut. Häufig wird ein gemeinsamer Kickoff-Workshop durchgeführt [Lar16], damit alle Teammitglieder und andere Stakeholder dasselbe Verständnis der Produktvision und der Projektziele haben, eine gemeinsame Team-Charter.

Solltet ihr mit dem Projekt oder dem Auftraggeber schon am Anfang ein schlechtes Bauchgefühl haben, führt das Projekt eher nicht durch. Alternativ bietet sich ein Vorprojekt mit festem Aufwand an (ein explorativer Sprint mit 10–20 Tagen Dauer, siehe unten). Mit dem Ziel, die Projektinhalte genauer zu fassen und Unklarheiten und Risiken zu mindern.

Projektplanung

Die Projektplanung selbst kann nach verschiedenen Verfahren und Herangehensweisen erfolgen, dies führt auch zu unterschiedlichen Methoden, euer Projekt zu steuern. Wir betrachten noch mal die Ecken des Teufelsquadrats aus Abb. 5.1.

Wir können für die Planung willkürlich eine oder auch mehrere der Größen festsetzen und die anderen Größen entsprechend planen. In der Planung legen wir häufig drei der Ecken fest und die vierte ergibt sich entsprechend.

Wir können beispielsweise den Liefertermin willkürlich festlegen, dies wird als *Timeboxing* bezeichnet. Wir planen nur die Teammitglieder ein, die wir gerade haben und wollen eine Qualität erreichen, die einem marktüblichen Standard genügt. Jetzt können wir berechnen, wie viele Features wir in der vorgegebenen Zeit mit den vorgegebenen Menschen in der vorgegebenen Qualität schaffen können. So planen wir in Scrum.

Alternativ legen wir den Funktionsumfang fest und der Auftraggeber erwartet von uns einen bestimmten Liefertermin. Dann können wir bei marktüblicher Qualität überlegen, welche Einsatzmittel wir brauchen, also Budget und Personal. So arbeitet ihr beispielsweise, wenn ein Auftraggeber mit euch einen Werkvertrag machen will, und er erwartet zu einer Ausschreibung (Funktionsumfang) ein Angebot mit einem Preis.

Der Planungsprozess kann verschiedene Ergebnisse haben: Einen Liefertermin, ein Budget oder den Funktionsumfang des nächsten Releases. Darauf aufbauend gibt es eine Reihe von Plänen, die jeweils einen bestimmten Aspekt des Projekts beleuchten. Eine Roadmap bzw. ein Meilensteinplan gibt an, zu welchem Zeitpunkt mit welchen Teilergebnissen zu rechnen ist. Der Ressourcenplan zeigt, wann welche Ressource in welchem Umfang benötigt wird. Und der Terminplan zeigt, wer wann was macht.

Eure Planung wird von Risiken bedroht, also Ereignissen, die einen Schaden verursachen und mit einer gewissen Wahrscheinlichkeit eintreten. Eure Planung muss diese Risiken bewusst berücksichtigen.

Die Planung macht eine Aussage über die Zukunft. Wir versuchen, zukünftige Ereignisse vorherzusagen. Wenn wir vorhersagen wollen, wie lange wir brauchen, müssen wir im Grunde die Entwicklung des Produkts im Kopf oder auf dem Papier durchspielen. Beim

Durchspielen gehen wir auch alle Eventualitäten (Risiken) durch und bauen den Plan so lange um, bis dieser möglichst robust ist.

Projektdurchführung

Euer Projekt hat bestimmte Rahmenbedingungen wie beispielsweise einen Liefertermin oder bestimmte Qualitätseigenschaften. Während der Durchführung kann alles Mögliche geschehen, das eure Planung über den Haufen wirft. In der Regel läuft ein Projekt anders, als ihr es geplant habt. Für euch ist es während des Projekts wichtig, dass ihr rechtzeitig merkt, dass euer Projekt von eurer Planung abweicht. Denn eventuell könnt ihr das Budget oder den Liefertermin oder den Funktionsumfang nicht mehr garantieren.

Wenn ihr Probleme rechtzeitig erkennt, könnt ihr noch darauf reagieren und das Projekt anders steuern. Alternativ könnt ihr auch den Plan anpassen und beispielsweise beim Auftraggeber erneut verhandeln oder eine Verschiebung des Liefertermins beichten. Letzter Ausweg kann auch ein Abbruch des Projekts sein. Unter dem Begriff Projektcontrolling sind die zwei notwendigen Aktivitäten während der Durchführung zusammengefasst: das Steuern des Projekts und die Kontrolle. Zur Kontrolle kann beispielsweise gehören, dass jeder seine Arbeitszeiten erfasst und misst, wie lange er für ein Feature gebraucht hat. Dann vergleicht ihr die gemessenen, realen Werte mit den Annahmen und Prognosen aus eurem Plan. Steuern kann bedeuten, dass ihr Abläufe optimiert, Aufgaben anders verteilt oder die Reihenfolge von Aufgaben anpasst. Der Zusammenhang zwischen Steuerung, Kontrolle und Planung ist in Abb. 5.3 dargestellt, dem sogenannten Regelkreis des Projektmanagements [Hin16].

Die Projektdurchführung kann nach verschiedenen Ansätzen erfolgen. Euer Arbeitsvorrat ist das Product Backlog, dieses könnt ihr in Portionen abarbeiten, in Sprints mit Scrum. Oder ihr bearbeitet Anforderung für Anforderung mit den Ideen aus Kanban.

Projektabschluss

Zum Abschluss eines Projekts liefert ihr hoffentlich euer fertiges Produkt aus. Eventuell erfolgt eine Abnahme durch euren Auftraggeber, danach könnt ihr eine Rechnung stellen. Auch eine Abschlusskalkulation ist wichtig, beispielsweise ob ihr bei einem Festpreispro-

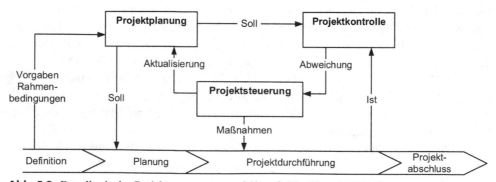

Abb. 5.3 Regelkreis des Projektmanagements, frei nach Hindel et al. [Hin16]

jekt einen Gewinn oder einen Verlust erwirtschaftet habt. Es bietet sich an, am Ende
des Projekts eine große Retrospektive (Touchdown) durchzuführen, um aus eventuellen
Fehlern zu lernen. Ziel des Projektabschlusses ist auch eine positive Erinnerung in den
Köpfen aller Stakeholder zu hinterlassen. Auch damit der Auftraggeber das nächste Projekt
wieder mit euch durchführt.

5.2.3   Phasen, Iterationen und Meilensteine

Grob wird ein Projekt in mehrere Phasen unterteilt und darüber strukturiert. Jede Phase endet mit konkreten Ergebnissen, also Dokumenten, Quelltexten, Plänen oder der laufenden
Software. In verschiedenen Phasen werden verschiedene Dinge getan. Häufig findet am
Ende einer Phase eine Qualitätsprüfung statt, ein Qualitätstor (Quality Gate). Damit haben
die gelieferten Ergebnisse eine definierte Qualität. In der Terminplanung werden den
Enden der Phasen jeweils Meilensteine (Ergebnis mit Termin) zugeordnet. Eine Übersicht
bietet Abb. 5.4.

Im Wasserfall-Modell wird beispielsweise zwischen Analyse, Architekturentwurf und
Implementierung sowie weiteren Phasen unterschieden. Die Namen der Phasen unter-
scheiden sich in den verschiedenen Veröffentlichungen seit Royce [Roy70]. Ergebnis der
Anforderungsanalyse ist beispielsweise ein Lastenheft, während ein Architekturdokument
Ergebnis des Architekturentwurfs ist. Die Ergebnisse werden in der Planung zu Meilen-
steinen am Ende der jeweiligen Phase zusammengefasst.

Eine Iteration (lat. für Wiederholung) ist ein zeitlicher Teilabschnitt innerhalb eines
Projekts. Das Projekt besteht normalerweise aus mehreren Iterationen. Jede Iteration ist
weitgehend gleich in Phasen strukturiert, das kann beispielsweise ein Wasserfall pro
Iteration sein mit den gerade dargestellten Phasen, dies ist in Abb. 5.5 zu sehen. Mithilfe
von Iterationen könnt ihr beispielsweise euer Produkt Stück für Stück aufbauen und könnt
nach jeder Iteration Feedback von den Anwendern bzw. dem Auftraggeber erhalten.

Iterationen können durchaus verschiedene Längen haben. Die Länge der Iteration hängt
ab von dem am Ende zu liefernden Ergebnis und der Art und Weise, wie ihr euer Projekt
plant und liefern wollt.

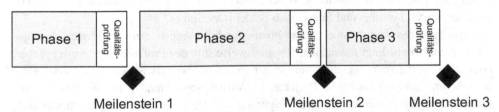

Abb. 5.4 Ein Projekt oder eine Iteration unterteilt sich in mehrere Phasen. Die Phasen können
unterschiedliche Längen haben und mit unterschiedlichen Ergebnissen enden. Die vier Phasen
Definition, Planung, Durchführung und Abschluss werden in diesem Abschnitt beschrieben

Projekt mit mehreren Iterationen

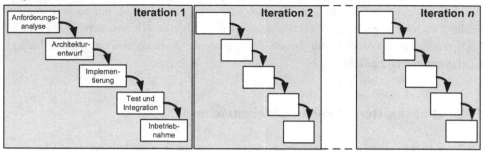

Abb. 5.5 Ein Projekt unterteilt sich in mehrere Iterationen. Jede Iteration ist intern beispielsweise über die aus dem Wasserfall bekannten Phasen strukturiert oder macht wie in Scrum keine Strukturvorgaben

Scrum fordert Iterationen konstanter Länge von einer bis maximal vier Wochen. Diese Iterationen werden dort Sprints genannt. Innerhalb eines Sprints sind allerdings keine Phasen definiert, jede Anforderung oder Menge von Anforderungen kann beispielsweise für sich analysiert, entworfen, implementiert und getestet werden. Ergebnis eines Sprints ist immer ein potentiell lieferfähiges Produktinkrement.

Zusätzlich kann es übergeordnete Phasen geben, wie in den beiden vorhergehenden Abschnitten.

5.3   Genauere Prozessdefinition

Bevor ihr das Projekt beginnt, sind einige Vorüberlegungen und eine entsprechende Konfiguration eures Werkzeugkastens notwendig: Speziell wenn ihr mit einem Auftraggeber zusammenarbeitet, müsst ihr mit diesem eure gemeinsame Schnittstelle vereinbaren [Bro13]. Beispielsweise wie ihr die Anforderungen abstimmen wollt und wie eine eventuelle Abnahme erfolgen soll. Zur Schnittstelle gehören auch Rollen und Zuständigkeiten sowie die gemeinsamen Meetings und Liefergegenstände.

Zweitens müsst ihr euch intern überlegen, in welchen Schritten ihr arbeiten wollt. Ihr müsst euer Taskboard strukturieren. Welche Ticket-Typen wollt ihr zulassen, z. B. Tickets für User Storys, Features und Epics, auch Fehler oder Spikes?

Typischerweise könnt ihr euch das Prozessmodell (Vorgehensmodell), nach dem ihr arbeitet, nicht unbedingt aussuchen. Beispielsweise gibt der Professor, der Auftraggeber oder die Geschäftsführung eines vor, in der Regel ist das inzwischen Scrum oder eine aufgebohrte Variante für große Projekte. In Wartungsprojekten, in denen sowohl neue Features umgesetzt werden als auch Bugfixing und Optimierung stattfindet, findet sich häufig Kanban.

5.3.1 Rollen genauer definieren

RACI-Analyse

Wer ist eigentlich wofür zuständig? Wer darf welche Entscheidungen treffen und wer muss informiert werden? Wir haben uns in Kap. 3 schon mit Rollen beschäftigt, diese machen dazu Festlegungen. Auch in eurem Umfeld gibt es weitere Rollen, die für euch relevant sind, beispielsweise der IT-Betrieb oder der Sicherheitsbeauftragte. Um sich hier einen Überblick zu verschaffen, könnt ihr die RACI-Analyse verwenden. RACI steht für Responsible, Accountable, Consulted und Informed. Das bedeutet:

- Responsible: Zuständig für die eigentliche Durchführung.
- Accountable: Verantwortlich, rechenschaftspflichtig, muss um Erlaubnis gefragt werden.
- Consulted: An der Aufgabe beratend beteiligt, liefert Informationen und wichtige Hinweise.
- Informed: Wird fortlaufend informiert.

Ihr überlegt euch eine Liste mit allen relevanten Aktivitäten in eurem Projekt, das sind die Zeilen. Die Spalten bilden alle relevanten Stakeholder, normalerweise über Rollen zusammengefasst. In den Zellen ordnet ihr jeweils eine der vier Optionen zu. Dies ist wichtig, denn bei aller Agilität ist es wichtig, dass nicht alle für alles zuständig sind, und in der RACI-Matrix finden sich auch Rollen oder Personen, die nicht direkt zum Projekte gehören, aber trotzdem um Erlaubnis gefragt werden müssen, wie beispielsweise der Datenschutzbeauftragte (Ein Beispiel für eine RACI-Matrix findet sich in Tab. 5.1).

5.3.2 Prozess mit einem Ticket-System umsetzen

In eurem Ticket-System findet sich das gewählte oder vorgegebene Prozessmodell an jeder Stelle wieder. Ihr arbeitet eure Aufgaben über das Ticket-System ab. Daher ist es sinnvoll, wenn ihr die Bestandteile des Prozessmodells (Scrum, Kanban, …) auf das Ticket-System abbildet oder die vorhandene Abbildung verwendet. Aufgaben (Tasks) werden

Tab. 5.1 RACI-Matrix am Beispiel der Scrum-Rollen

Aktivität	Product Owner	Scrum Master	Entwicklungsteam
Pflege des Product Backlogs	A,R		C
Programmieren			A,R
Daily Standup	I	C	A,R
Sprint-Review-Meeting	A	C	R
Retrospektive	C	R	R

Tab. 5.2 Beispiel für die Abbildung von Elementen aus Prozessmodellen auf das Ticket-System in GitLab

Prozessmodell	GitLab
User Story	Ticket (Issue)
Task	Tasklisten innerhalb eines Tickets
Story Points	Weight innerhalb eines Tickets
Product Backlog	Liste aller Tickets und Label zur Priorisierung
Sprint	Milestone (Meilenstein)
Burndown Chart	Burndown Chart
Taskboard, Kanban-Board	Taskboards mit den Tickets

über Tickets erledigt und damit auch das Fehlermanagement oder das Anforderungs- und Änderungsmanagement, denn für jede Anforderung und jeden Fehler ist ja etwas zu tun. Daher gibt es für alle relevanten Themen Ticket-Typen. Einfache Workflows können in GitLab über Taskboards umgesetzt werden. Rollen könnt ihr eventuell mit dem Berechtigungssystem des Ticket-Systems unterstützen. GitLab schlägt beispielsweise eine Abbildung wie in Tab. 5.2 vor.

5.3.3   Tickets

Das Ticket ist ein wichtiges Element, mit dem ihr plant und eure tägliche Arbeit erledigt. Tickets haben wir bereits im Kap. 3 dargestellt. Tickets verwendet ihr zur Teamkoordination (vgl. Abschn. 3.3.4).

Alle weiteren Aktivitäten werden im Ticket als Kommentar oder als Änderung des Textes dokumentiert. Damit habt ihr beispielsweise zu User Storys alle Details, Tasks, Akzeptanzkriterien, offene Fragen etc. an einer Stelle zusammengefasst. Ein eventueller Feature-Branch (vgl. Kap. 12) trägt den Namen des Tickets und alle Commit-Nachrichten in der Implementierung sollten sich auf das Ticket beziehen (Abb. 5.6).

5.3.4   Ticket-Typen

Anforderungen und Fehler sind zentrale Elemente im Product Backlog. Diese verwendet ihr, um in Scrum oder in Kanban die Durchführung eures Projekts zu managen. Die Anforderungen sind sinnvollerweise Ausgangspunkt für Planung und Durchführung. Mit Fehlern, Risiken oder Spikes solltet ihr ebenfalls strukturiert umgehen. Für beide definiert ihr entsprechende Ticket-Typen:

User Story: Funktionale Anforderungen in agilen Projekten werden häufig in Form von User Storys aufgeschrieben [Jef01, Wir17]. Es bietet sich daher an, diese als Tickets vorlesungen › musterprojekt › Issues › New

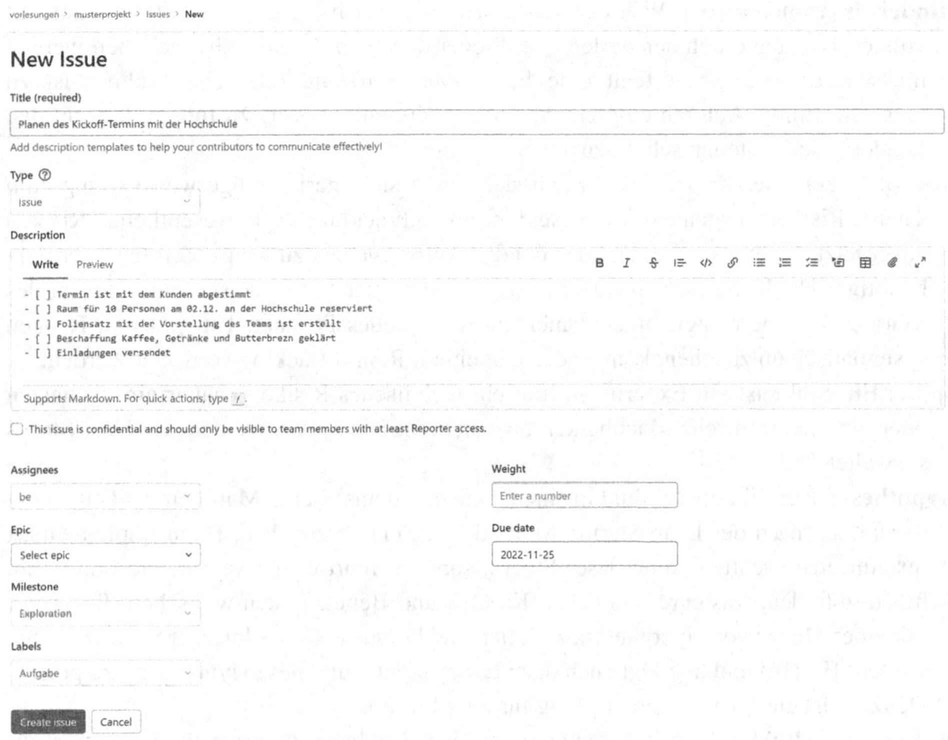

New Issue

Title (required)

Planen des Kickoff-Termins mit der Hochschule

Add description templates to help your contributors to communicate effectively!

Type ⑦

Issue ⌄

Description

Write Preview	B *I* S̶ ⌄ </> ∂ ≔ ≔ ≔ ⌖ ⊞ ∅ ⤢

```
- [ ] Termin ist mit dem Kunden abgestimmt
- [ ] Raum für 10 Personen am 02.12. an der Hochschule reserviert
- [ ] Foliensatz mit der Vorstellung des Teams ist erstellt
- [ ] Beschaffung Kaffee, Getränke und Butterbrezn geklärt
- [ ] Einladungen versendet
```

Supports Markdown. For quick actions, type /.

☐ This issue is confidential and should only be visible to team members with at least Reporter access.

Assignees

be   ⌄

Epic

Select epic   ⌄

Milestone

Exploration   ⌄

Labels

Aufgabe   ⌄

Weight

Enter a number

Due date

2022-11-25

[Create issue] Cancel

Abb. 5.6 Beispiel GitLab: Erfassung einer neuen Aufgabe als Ticket

(Issues) in GitLab zu verarbeiten. Damit wird GitLab zu eurem Product Backlog. Denkbar sind weitere Label für umfangreichere User Storys, wie Feature oder Epic.[2]

Fehler (Bug): Nicht jeder Fehler kann sofort bei seiner Entdeckung behoben werden. Besonders dann, wenn die Fehler erst in der Produktion entdeckt werden. Die Behebung der Fehler müsst ihr ebenso einplanen wie die Implementierung der User Storys (Triage).

Für größere, komplexere und länger laufende Projekte kommen im Laufe der Zeit weitere Elemente dazu, die ihr verfolgen und managen wollt. Mit Projektrisiken und akuten Problemen und Hindernissen müsst ihr umgehen. Ihr wollt eventuell technische Themen besser in den Griff bekommen, also beispielsweise Experimente zur technischen Machbarkeit (Spikes) oder die Behebung technischer Schulden. Von Retrospektive zu Retrospektive kommen eventuell neue Ticket-Typen dazu oder entfallen andere wieder, da sie mehr Bürokratie als Nutzen gestiftet haben. Folgende Ticket-Typen bieten sich an:

---

[2] GitLab bietet auch die Möglichkeit, Epics direkt über eine Projektgruppe zu definieren, diese gelten dann über mehrere Projekte der Gruppe hinweg.

Hindernis (Impediment): Während der Entwicklung trifft das Entwicklungsteam auf Hindernisse, die durch den agilen Coach oder durch das Team selbst behoben werden müssen. Beispielsweise fehlt eine bestimmte Hardware oder ein Rechner ist zu langsam. Einige Autoren empfehlen, ein Impediment Backlog zu führen, um mit den Hindernissen systematisch umzugehen.

Risiko: In der Literatur zu agilen Methoden findet sich merkwürdigerweise wenig zum Thema Risikomanagement. Dabei seid ihr als Entwicklungsteam wesentlichen Risiken ausgesetzt, beispielsweise dass der PO des Auftraggebers zu wenig Zeit hat oder dass benötigte Hardware nicht rechtzeitig da ist. Auch der PO muss sich um Risiken des Marktes kümmern, ggf. braucht niemand euer neues Produkt. Um mit den Risiken systematisch umzugehen, können diese in einem Risiko-Backlog verwaltet werden.

Spike: Ein Spike ist ein Experiment, um ein technisches Risiko genauer einzuschätzen oder um die technische Machbarkeit abzusichern. Die Spikes werden wie User Storys verwaltet.

Hypothese: Wenn ihr ein Produkt in einem neuen und unsicheren Markt entwickelt, bietet es sich an, nach der Lean-Startup-Methode [Rie11] vorzugehen. Dann implementiert ihr zunächst eventuell keine User Storys, sondern führt eher Experimente durch, um herauszufinden, was eure möglichen Kunden und Benutzer sich wünschen. Ihr startet mit einer Menge von Hypothesen, z. B. ,jemand könnte über das Internet Schuhe kaufen wollen' [Hsi16] und überlegt euch dazu Experimente, um diese Hypothesen zu prüfen. Denkbar ist ein Hypothesen-Backlog für euer Produkt.

Technische Schulden: Die Behebung technischer Probleme in eurem Produkt müsst ihr planen und überwachen. Eventuell müsst ihr ein umfangreiches Refactoring durch-führen oder die Quelltexte dokumentieren. Daher sind Tickets als Arbeitsaufträge zur Behebung technischer Schulden sinnvoll.

Technische Anforderung: Einige technische Themen sind wichtig, lassen sich nicht als User Story formulieren, beispielsweise die Migration von Java 8 auf Java 11 oder der Austausch der Datenbank von MySQL nach MongoDB. Da diese Themen sehr umfangreich sein können, müssen sie über Tickets verwaltet werden.

Constraints: Rahmenbedingungen und Qualitätsanforderungen, aus denen ihr konkrete Aufgaben ableiten könnt, können auch als Ticket formuliert werden. Denkbar wären Aufgaben, um die Einhaltung bestimmter Bestandteile der DSGVO abzusichern. Oder erste grobe Ideen um die Gebrauchstauglichkeit zu verbessern.

Um verschiedene Ticket-Typen voneinander zu unterscheiden, verwendet GitLab Label. Daher legen wir für diese jeweils ein Label an, wie in Abb. 5.7 zu sehen.

5.3.5   Workflow über Taskboards

Mithilfe von Taskboards betreibt ihr visuelles Management. Ihr seht den aktuellen Zustand aller Aktivitäten in eurem Projekt anhand der Tickets, die sich auf dem Taskboard befinden. Eurer tägliches Treffen (Daily) findet vor dem Taskboard statt. Das Taskboard zeigt den Workflow visuell.

Abb. 5.7 GitLab: Beispiele für Label: User Story, Risiko, Spike und Fehler

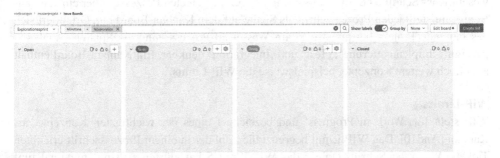

Abb. 5.8 GitLab: Ein leeres Taskboard mit den vier Spalten: Open, To-do, Doing und Closed

Am Anfang eures Projekts entscheidet ihr, in welchen Schritten ihr Tickets abarbeiten wollt. Eine einfache Möglichkeit sind die drei typischen Schritte ‚To-do', ‚Doing' und ‚Done'. Damit könnt ihr beliebige Aufgaben abarbeiten. Für bereits laufende Projekte, für größere Projekte oder für Projekte, in denen größere Produktrisiken eine Rolle spielen, ist dieses einfache Schema eventuell nicht ausreichend. Dann definiert ihr weitere oder andere Schritte, häufig wird zunächst noch ein Schritt ‚Review' hinter ‚Doing' eingeführt. Ein leeres Taskboard ist als Beispiel in Abb. 5.8 dargestellt.

GitLab braucht für jede Spalte ein Label. Und jedem Taskboard kann ein Label oder eine Menge von Labels zugeordnet werden. Über die Label werden die in den Spalten dargestellten Tickets ausgewählt.

Ihr könnt beliebige, eher einfache Workflows mithilfe der Taskboards abbilden. Beispielsweise können Risiken mit den Spalten: ‚Identifikation', ‚Analyse', ‚Bewertung', ‚Bewältigung' bearbeitet werden, wie dies in Abschn. 5.10.2 zu sehen ist.

Hier sind andere Ticket-Systeme stärker, sie lassen eine explizite Definition von Workflows für Tickets und auch ein stärkeres Rollenkonzept zu.

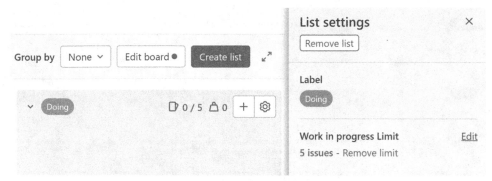

Abb. 5.9 GitLab: Festlegen einer Kapazität für jede Spalte (WIP-Limit). In der Doing-Spalte dürfen sich jetzt nur noch maximal fünf Tickets befinden

Kanban-Boards

Kanban ist im Kern eine Methode zum Verbessern bestehender Prozesse. Ihr könnt Kanban auf ein laufendes Projekt mit einem vorgegebenen Prozessmodell anwenden. Ein erster wesentlicher Schritt ist die Visualisierung des gerade gelebten Prozesses über ein Kanban-Board: Ihr stellt jeden Prozessschritt als Spalte auf dem Kanban-Board dar. Orientiert sich das laufende Projekt beispielsweise am Wasserfall-Prozess, sind als Spalten ‚Analyse‘, ‚Design‘, ‚Implementierung‘, ‚Test‘ und ‚Integration‘ denkbar. Ein Kanban-Board enthält aber noch weitere Konzepte, beispielsweise die WIP-Limits.

WIP-Limits

WIP steht für ‚Work in Progress‘ und bezeichnet eines der wichtigsten Konzepte aus Kanban [And10]. Das WIP-Limit begrenzt die Zahl der in einem Prozessschritt erlaubten Tickets. Wenn der Schritt ‚Doing‘ das WIP-Limit 5 hat, dürfen sich nur maximal fünf Tickets in der Spalte ‚Doing‘ des Taskboards befinden. Erst wenn Tickets bearbeitet wurden und auf ‚Closed‘ (Done) gesetzt werden, können neue Tickets nachrücken. Abb. 5.9 zeigt dies in GitLab.

Das WIP-Limit verhindert, dass sich zu viele Tickets gleichzeitig in Bearbeitung bzw. einem bestimmten Prozessschritt befinden. Dieses Limit führt dazu, dass Engpässe schnell behoben werden und damit der Durchfluss optimiert wird. Details dazu finden sich im Abschn. 1.6 über die Grundprinzipien von Kanban.

Um im Kanban-Board das Pull-System korrekt zu verwenden, braucht ihr jede Spalte zweimal. Wenn es beispielsweise eine Analyse-Spalte geben soll, braucht ihr diese einmal für offene Tickets (beispielsweise Analyse::Doing) und eine für erledigte Tickets (Analyse::Done). Nur erledigte Tickets dürfen in die nächste Spalte z. B. Design::Doing übernommen werden.

Eine Aufteilung in verschiedene Swimlanes ist leider nicht möglich (Stand Anfang 2022). Wenn ihr beispielsweise eine Swimlane für die Tickets zur Weiterentwicklung (z. B. mit 60 % des WIP-Limits) und eine zur Fehlerbehebung (z. B. mit 40 % des WIP-Limits) wollt, müsst ihr zwei Taskboards definieren, eines für Weiterentwicklung und eines für die Fehlerbehebung.

Kanban-Servicelevel

David Anderson schlägt für Tickets in Kanban mehrere Servicelevel vor [And10]. Ein ‚Expedite' (beschleunigtes) Ticket muss beispielsweise bevorzugt behandelt werden, da es höhere Priorität hat. Ein schwerer Fehler im Produktivsystem könnte beispielsweise als ‚Expedite' modelliert werden. Weitere Servicelevel sind ‚Fixed Date' (fester Termin), ‚Intagible' (vage) und ‚Standard'. Diese Servicelevel können über Label in GitLab abgebildet werden, z. B. SLA::expedite.

5.4   Projektdefinition und -initialisierung

Bevor ihr als Team mit dem Projekt loslegt, haben bereits viele Vorüberlegungen stattgefunden. Für das Projekt wird ein bestimmtes Budget benötigt, um beispielsweise euch zu bezahlen, Rechenzeit in der Cloud zu mieten und alle anderen anfallenden Kosten zu bestreiten.

Eventuell hat ein Mitarbeiter beim Auftraggeber ein Konzept erarbeitet, um eine neue Geschäftschance zu ergreifen, eine Optimierung durchzuführen oder einen internen Prozess besser zu automatisieren, oder es gibt einen Sachzwang, der ein neues Produkt erfordert. Der Mitarbeiter hat dazu vermutlich bereits eine Wirtschaftlichkeitsrechnung durchgeführt und überlegt, welchen Nutzen das geplante Produkt voraussichtlich haben wird und wie viel es deshalb höchstens kosten darf. Wenn er mit dem Konzept überzeugen konnte, wird von der Geschäftsführung dieses Budget eingeplant.

Wenn ihr gerade ein Startup gründet, benötigt ihr ebenfalls ein Budget. Eventuell wollt ihr dieses von externen Geldgebern einwerben.

Eine Produktdefinition ist in allen Fällen erforderlich, denn interne oder externe Investoren müssen verstehen, wofür sie das Budget bereitstellen sollen und was ungefähr zu erwarten ist.

5.4.1   Produktdefinition

Mit der Produktdefinition haben wir uns im vorangegangenen Kapitel ausführlich beschäftigt. Als Startup entwickelt ihr diese selber oder vielleicht überlegt ihr euch innerhalb eures Unternehmens diese. Zur Produktdefinition können gehören:

* Produktvision
* Ziele des Produkts
* Personas
* Rahmenbedingungen
* Initiales Product Backlog
* Produktrisiken

Die Produktdefinition definiert den Inhalt und das gewünschte Ergebnis des Projekts. Euer Projekt hat das Ziel, das Produkt oder einen ersten Teil davon, das MVP, zu erstellen. Dafür wird ein Budget bereitgestellt, dazu werden die Liefertermine geplant oder sie sind bereits vorgegeben.

5.4.2   Architekturskizze

Recht früh im Projekt braucht ihr eine grobe Vorstellung, wie euer Produkt technisch aussehen soll. Sonst seid ihr beispielsweise nicht in der Lage, etwas zu technischen Risiken zu sagen oder eine Aufwandsschätzung durchzuführen. Dieselben Features könntet ihr eventuell mit einer einfachen Smartphone-App und Firebase[3] im Backend umsetzen oder stattdessen daraus eine Multi-Tier-Architektur mit vielen verbundenen Microservices machen. Beides unterscheidet sich vom Entwicklungsaufwand her deutlich. Überlegt euch hier mindestens eine erste Verteilungsarchitektur sowie die T-Architektur, beides stellen wir in Kap. 16 genauer vor.

Steckbrief

Die wichtigsten Informationen zu eurem Produkt und dem Projekt fasst ihr in einem Steckbrief zusammen. Das Dokument richtet sich an alle Personen, die sich für euer Produkt und euer Projekt interessieren. Den Steckbrief gibt es eventuell zweimal, erstens als Teil der Startseite eures Wikis und zweitens als einseitiges Dokument. Mit dem Steckbrief könnt ihr einem Stakeholder in weniger als 5 Minuten erklären, worum es in dem Projekt geht und welches Problem das Produkt löst.

5.4.3   Kickoff-Workshop

Euer Projekt beginnt offiziell mit dem Kickoff-Workshop [Lar16]. Unabhängig davon, ob ihr für einen externen Auftraggeber oder als Startup oder intern arbeitet.

Ziele des ersten Meetings

Ziel des ersten Treffens ist es, dass sich alle Beteiligten persönlich kennenlernen und dem Projekt eine grobe Organisationsstruktur geben. Zweitens wird über die Ziele und Herausforderungen des Projekts diskutiert, damit alle ein gemeinsames Verständnis davon haben. Die Terminplanung ist weiterer wichtiger Tagesordnungspunkt, da gemeinsame Meetings und Workshops mit größerem zeitlichen Vorlauf organisiert werden müssen, denn alle Beteiligten haben in der Regel volle Terminkalender.

Am Ende des Kickoffs sollten alle ein gemeinsames Verständnis der Ziele und der nächsten Schritte sowie der dazu notwendigen Termine haben.

---

[3] https://firebase.google.com/?hl=de.

Arbeitsauftrag an euch als Team: Team-Charter

Diana Larsen und Anisley Nies empfehlen, dass ihr als Ergebnis des Kickoff-Workshops eine Team-Charter entwickelt [Lar16]. Eine Charter ist eine Art Expeditionsauftrag, der alle Informationen enthält, die ihr braucht, um die Expedition zu beginnen. Die Charter enthält drei wesentliche Teile:

Gemeinsame Ziele (Purpose): Hier wird die gemeinsame Mission des Teams beschrieben. Zunächst sehr abstrakt in Form einer gemeinsamen Vision. In einem zweiten Abschnitt wird beschrieben, was das Team dazu beitragen kann, das sind die Ziele des Projekts. Dazu gehören unter anderem alle Dinge, die ihr dem Auftraggeber liefern werdet. Zusätzlich werden Kriterien beschrieben, mit denen ihr prüfen könnt, ob die Ziele erreicht wurden.

Gemeinsame Ausrichtung (Alignment): Einfache Werte und Regeln zur Zusammenarbeit des Teams werden beschrieben, diese Regeln sollen sich später zur Teamkultur entwickeln. Eine Tabelle gibt Auskunft über die Rollenverteilung im Team: Wer ist wofür zuständig? Teammitglieder sollten nur Personen sein, die wirklich für die Arbeit im Team zur Verfügung stehen, also ausreichend viel Zeit haben. Alle anderen sind eher Berater des Teams. Drittens beschreibt das Team, wie es zusammenarbeiten will, beispielsweise wann Meetings stattfinden und wie lang diese sind. Wichtig sind hier besonders Festlegungen, wie das Team Aufgaben abarbeiten will. Das Team gibt sich Regeln, wann es eine Aufgabe als *fertiggestellt* ansieht. Diese Regeln werden auch als *Definition of Done* bezeichnet.

Kontext (Context): Der Kontext beschreibt zunächst, woher das Team die benötigten Informationen erhält und wie es die eigenen Ergebnisse weitergibt, bzw. wer über was informiert wird. Hierzu wird häufig eine besondere Form des Kontextdiagramms gezeichnet. Zweitens werden die notwendigen Ressourcen aufgelistet, die das Team benötigt, um die Mission zu erfüllen. Zu den Ressourcen gehören einzelne Schulungen genauso wie Logins auf Servern, virtuelle Maschinen oder spezielle Hardware. Letzter Punkt sind die Chancen und Risiken, ihr erhebt und dokumentiert diese.

5.5   Stakeholder

Am Anfang eines Projekts braucht ihr ein möglichst vollständiges Bild aller Personen, die Einfluss auf euer Projekt haben bzw. die Interesse daran haben. In großen Organisationen, für die ihr Individualsoftware baut, sind häufig sehr viele Personen beteiligt, das sind unter anderem:

- Die späteren Benutzer des Produkts, davon gibt es eventuell mehrere verschiedene Gruppen.
- Das Management beim Auftraggeber ist an Themen wie der Wirtschaftlichkeit der Software, Lieferterminen und an Risiken interessiert.

- Datenschutzbeauftragter: Wenn euer System personenbezogene Daten erfasst, muss sich euer Produkt an die DSGVO[4] (Datenschutz-Grundverordnung) halten. Der Datenschutzbeauftragte sollte daher früh über das Produkt informiert sein. Von ihm erfahrt ihr die Vorschriften der Organisation, an die ihr euch halten müsst.
- Der IT-Betrieb ist dafür verantwortlich, dass die Benutzer euer Produkt auch verwenden können, er ist (mit)verantwortlich für die Verfügbarkeit. Mit diesen Personen ist zu klären, wie eure Software betreibbar gemacht werden kann und welche Rahmenbedingungen für den IT-Betrieb gelten, beispielsweise vorgeschriebene Betriebssysteme oder Infrastrukturen.
- Helpdesk und Support: Wenn die Benutzer mit eurer Software Probleme haben, rufen sie beim zentralen Helpdesk oder beim Support eures Unternehmens an. Der Helpdesk kennt sich vermutlich am besten mit den Alltagsproblemen der Benutzer aus. Helpdesk und Support baden häufig schlechte Softwarequalität und Mängel in der Bedienbarkeit aus.
- Methodenabteilung und IT-Strategie: Die Methodenabteilung gibt es in einigen großen Unternehmen. Sie legt Standards für IT fest. Diese Standards müsst ihr kennen und einhalten, beispielsweise die richtigen Programmiersprachen, Infrastrukturen und Frameworks verwenden.
- Betriebsrat: Sobald die Software mit Daten von Mitarbeitern zu tun hat oder Arbeitsabläufe wesentlich verändert, kann das Thema des Betriebsrats sein. Beispielsweise wenn ihr mit der Software auf die individuelle Leistung einzelner Mitarbeiter schließen könnt, wird der Betriebsrat vermutlich der Einführung eures Produkts nicht zustimmen.
- IT-Sicherheit: Die IT-Sicherheit hat wegen Industriespionage sowie Erpressungs- und Sabotageversuchen enorme Bedeutung erlangt. Wenn es eine Abteilung für IT-Sicherheit gibt, ist diese unbedingt frühzeitig in euer Projekt einzubinden.

5.5.1 Brainstorming der Stakeholder

Die Liste der relevanten Stakeholder kann in zwei Schritten zusammen mit dem Auftraggeber bzw. den bereits bekannten Stakeholdern entstehen. Diese Liste solltet ihr mindestens für organisatorisch kompliziertere Projekte ermitteln. Wenn ihr bloß für einen Mitarbeiter einen explorativen Prototypen im Rahmen einer Machbarkeitsstudie baut, ist das nicht in dem Umfang erforderlich.

1. Brainstorming der Rollen: Im ersten Schritt werden zunächst alle relevanten Rollen in einem Unternehmen gesammelt. Viele Rollen finden sich so oder ähnlich in jedem Unternehmen, daher können diese aus jedem Lehrbuch zum Thema Anforderungsanalyse und -management abgeschrieben werden, beispielsweise bei den Sophisten [Rup14]. In

---

[4] Vgl. Abschn. 6.6.

der Aufzählung sind bereits einige typische Rollen enthalten: Datenschutzbeauftragter, IT-Security-Beauftragter, Vertreter des IT-Betriebs oder Vertreter des IT-Supports. Das Brainstorming kann beispielsweise über eine Kartenabfrage mit Haftnotizen geschehen (Abb. 5.10).

2. Erstellung der Liste der Ansprechpartner: Zusammen mit dem Auftraggeber findet ihr nun zu den Rollen die jeweiligen Ansprechpartner und dokumentiert deren Kontaktdaten, soweit schon verfügbar, als Tabelle in eurem Wiki (Tab. 5.3).

Abb. 5.10 Die Stakeholder werden in einer Brainstorming-Sitzung identifiziert. Das Beispiel zeigt die Stakeholder unserer Projektverwaltungssoftware

Tab. 5.3 Beispiel für eine Liste von Ansprechpartnern

Name	Telefon	E-Mail	Rolle	Verfügbar
Prof. Dr. Fichte	08031/1234-123	brigitte. fichte@th-rosenheim. de	Projektleiterin	nur Montags
Claudia Schelling	08031/1234-127	claudia. schelling@th-rosenheim. de	Leiterin des Rechenzentrums	Nur für Meetings
Kai Kant (Stud.)	08031/1234-555	kai. kant@th-rosenheim. de	Studentischer Projektleiter	20 Stunden pro Woche
Bernhard Hegel	08031/1234-453	bernhard. hegel@th-rosenheim. de	Marketing der Messe	10 Stunden pro Woche
Ewald Leibniz	08031/1234-453	ewald. leibniz@th-rosenheim. de	Firmenkontakte	Vollzeit

Liste der Stakeholder und Ansprechpartner im Wiki
Das Projekt-Wiki ist die zentrale Informationsquelle für euer Team. Daher sollten alle relevanten Stakeholder im Wiki mit ihren Kontaktdaten verzeichnet sein. Die Liste dient dazu, dass ihr schnell eure Fragen an die richtigen Personen richten könnt. Eine einfache Tabelle genügt zunächst mit grundlegenden Daten, vgl. Tab. 5.3.

Wichtig sind zusätzlich Informationen über die Verfügbarkeit der jeweiligen Personen, eventuell sind lange Urlaubsreisen geplant oder ein Stakeholder hat nur extrem wenig Zeit zur Verfügung. Insgesamt soll die Liste dabei helfen, bei auftretenden Problemen oder Fragen schnell den entsprechenden Ansprechpartner oder Entscheider zu erreichen.

5.5.2   Team Kontext Diagramm

Um die Informationsflüsse im Projekt und die Beziehungen zu den Stakeholdern besser zu verstehen, zeichnet ihr ein Team-Kontext-Diagramm nach Diana Larsen [Lar16]. Ihr zeichnet das Team in den Mittelpunkt. Ein Beispiel ist in Abb. 5.11 dargestellt. Dann zeichnet ihr den Informationsfluss von außen zum Team sowie vom Team nach außen ein. Außen sind die verschiedenen Stakeholder(-gruppen) oder andere Informationsquellen und -senken eingezeichnet. Eventuell findet ihr dabei, dass ihr für bestimmte Informationen keine Informationsquelle habt, eventuell habt ihr Stakeholder vergessen. Ihr seht grafisch, wen ihr über was informieren müsst, ggf. könnt ihr auch Informationsfristen (täglich, wöchentlich, monatlich oder bei Bedarf) dazu schreiben. Details haltet ihr im Kommunikationsplan fest.

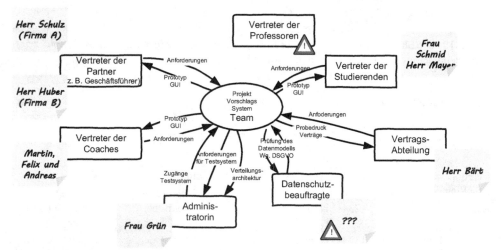

Abb. 5.11 Das Team-Kontext-Diagramm [Lar16] zeigt die Informations- und ggf. Materialflüsse vom und zum Team. Im Beispiel schickt das Team an die Administratorin die Anforderungen für das Testsystem und einen Entwurf für die Verteilungsarchitektur. Die Administratorin übersendet den Zugang zum Testsystem. Auch Risiken können eingezeichnet werden, im Beispiel ist noch unklar, wer der Datenschutzbeauftragte ist

5.5.3 Stakeholder Map

Wenn es sehr viele Stakeholder gibt, ist ein teaminterner Schritt sinnvoll: Den Stakeholder, der das Budget bereitstellt und ein besonderes Interesse hat, solltet ihr anders behandeln als eine Person, die in den Meetings nur ihre Zeit absitzt und keinerlei Einfluss besitzt.

Hier können wir ein Schema mit zwei Dimensionen aufzeichnen: Die erste Dimension ist der Einfluss des Stakeholders und die zweite Dimension ist das Interesse an eurem Projekt. Wenn eine Person euer Projekt stoppen kann, hat sie offenbar großen Einfluss, z. B. weil sie das Budget nicht mehr freigibt oder den Go-live verhindern kann. Großes Interesse kann viele Ursachen haben: Ihr löst tatsächlich einen Job-to-be-done oder es geht um Macht, Status und Karriere. Indikatoren sind beispielsweise die Reaktionszeiten auf E-Mails oder andere Nachrichten. Je geringer die Reaktionszeiten, desto größer das Interesse. Auch der Informationsgehalt des Feedbacks ist ein Indikator. Eine Person, die lediglich Rechtschreibfehler anmerkt, hat eher geringes Interesse. Eine Person, die inhaltlich diskutiert und relevante Anmerkungen macht, offenbar größeres. Großes Interesse sollten die Personen haben, die vom Projektergebnis direkt oder indirekt beeinflusst werden, beispielsweise weil das geplante System Teile der manuellen Arbeit automatisiert. Wir können also vier Gruppen unterscheiden (Abb. 5.12):

Großer Einfluss, großes Interesse: Das sind die Schlüsselfiguren des Projekts. Sie geben buchstäblich das Geld aus. Mit diesen Personen müsst ihr sehr eng zusammenarbeiten, ihre Beurteilung und ihre Wahrnehmung entscheidet über den Erfolg des Projekts. Sie werden an Entscheidungen beteiligt oder sie treffen diese Entscheidungen selbst. Sie werden engmaschig, regelmäßig von euch informiert. Sie erhalten die Protokolle von allen Meetings. Hier bietet sich eine wöchentliche Status-E-Mail mit den wichtigsten Ereignissen der vergangenen Woche an.

Geringer Einfluss, großes Interesse: Diese Stakeholder können wichtige Informationsquellen sein, sie können eventuell Fragen beantworten und fehlende Details liefern. Ihr solltet diese Stakeholder annähernd so gut informieren, wie die Schlüsselfiguren. Sie sind jedoch in Entscheidungsprozesse nicht direkt eingebunden.

Großer Einfluss, geringes Interesse: Diese Personen sind wichtig für euer Projekt. Sie müssen über alle wichtigen Vorkommnisse informiert sein, in bestimmte Entscheidungen eingebunden sein und zu wichtigen Meetings eingeladen werden. Ihr solltet jedoch die Informationsmenge für diese Stakeholder gut dosieren, um nicht mit zu vielen Informationen, Entscheidungen oder Fragen zu stören.

Geringer Einfluss, geringes Interesse: Diese Stakeholder könnt ihr im Prinzip ignorieren. Sie nehmen nur an den Standardinformationskanälen teil.

Die Inhalte der vier Quadranten könnt ihr über ein kurzes Brainstorming teamintern ermitteln. Ihr zeichnet die vier Quadranten auf ein Whiteboard oder Flipchart. Dann werden entweder die Rollen der Stakeholder oder deren Namen auf Haftnotizzettel geschrieben und in einem der vier Quadranten positioniert. Der Kunde sollte eher nicht

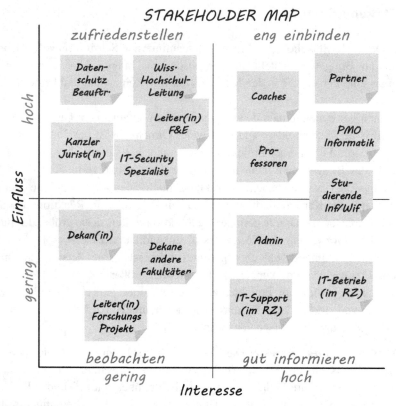

Abb. 5.12 In einer teaminternen Sitzung können bei Bedarf die Stakeholder einer der vier Gruppen zugeordnet werden. Die Zuordnung entscheidet, wie eng ihr diese Stakeholder in das Projekt einbindet

beteiligt werden, da speziell die Bewertung des Einflusses Stakeholder verletzen könnte. Die Map sollte für den Kunden nicht zugreifbar sein, z. B. nicht im Wiki dokumentiert sein und nicht öffentlich an irgendeiner Wand des Büros hängen.

5.5.4 Kommunikationsplan

Es ist wichtig, die Stakeholder gemäß ihrer Interessen regelmäßig zu informieren. Grundlage dafür bilden die Stakeholder Map sowie das Team-Kontext-Diagramm aus Abschn. 5.5.2. Der Kommunikationsplan beschreibt, wann welcher Stakeholder Informationen von euch erhält, auf welche Meetings dieser eingeladen wird und was ihr mit diesem abstimmen müsst bzw. wofür ihr seine oder ihre Zustimmung braucht. Der Kommunikationsplan kann eine einfache Tabelle in eurem Wiki sein, ein Beispiel ist in Tab. 5.4 zu sehen.

Tab. 5.4 Beispiel für einen Kommunikationsplan

Stakeholder (An wen?)	Was?	Wie?	Turnus (Wann?)	Wer kommuniziert?
	Statusbericht, neue Features, Probleme, Termine, …	*Persönliche E-Mail, E-Mail-Verteiler, Meeting, persönliches Gespräch*	*Wöchentlich, monatlich, quartalsweise, nach jedem Sprint, …*	*Product Owner, das Team, Beauftragte für bestimmte Themen, ein Teammitglied*
Projektleitung	Statusbericht	Persönliche E-Mail	Wöchentlich	Product Owner
Projektleitung	Projektfortschritt	Sprint-Review-Meeting	Nach jedem Sprint	Team
Rechenzentrum	Technische Änderungen	Meeting des DV-Ausschusses	Quartalsweise	Product Owner

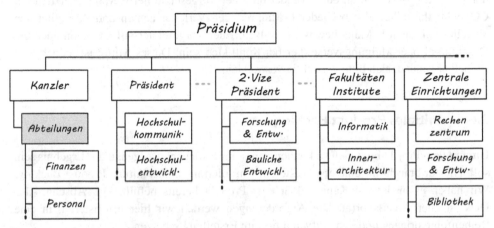

Abb. 5.13 Das Organigramm zeigt einen Ausschnitt aus der Organisation der Technischen Hochschule Rosenheim. Es zeigt, wer für welche Themen zuständig ist. Dem Kanzler sind beispielsweise die Leiter der Abteilungen Finanzen und Personal unterstellt

5.5.5 Organigramm

Ein Organigramm stellt eine Organisationsstruktur dar. Häufig hat das Organigramm eine Baumstruktur im Sinne der Informatik [Ern20]: Die Blätter sind die Mitarbeiter und die Wurzel ist die Geschäftsführerin oder ein Abteilungsleiter. Die Knoten in der Mitte sind die Leiter von Bereichen. Das Organigramm zeigt, welche Abteilungen es momentan gibt, z. B. Einkauf, Vertrieb oder Verwaltung, und wer wofür zuständig ist. Die Abb. 5.13 zeigt ein Organigramm der TH Rosenheim (Anfang 2021).

Wenn ihr ein Organigramm eures Auftraggebers habt, könnt ihr euch dort sicherer bewegen. In der Regel entscheiden eher Manager bzw. die Geschäftsführer direkt oder in bestimmten Gremien darüber, wofür Budget verwendet werden darf. Eine zentrale Frage lautet hier: *Wer gibt das Geld aus?* Diese Personen sind offenbar wichtig für euer Projekt.

Eskalationswege

Das Organigramm ist noch aus einem weiteren Grund wichtig: Es kennzeichnet die üblichen Eskalationswege. Wenn ihr mit einem Ansprechpartner für das Projekt einen Konflikt habt, den ihr dort nicht mehr lösen könnt, müsst ihr an euren Vorgesetzten eskalieren. Dasselbe gilt umgekehrt für die Mitarbeiter auf Kundenseite.

Eskalation bedeutet, dass der Vorgesetzte der Kundenmitarbeiter oder euer Vorgesetzter über einen Konflikt informiert wird und sich bei Bedarf darum kümmern soll. Wenn die beiden Vorgesetzten nicht mehr weiterkommen und der Konflikt wichtig genug ist, eskalieren sie wiederum an ihre Vorgesetzten, bis irgendwann die Geschäftsführung auf beiden Seiten erreicht ist.

Ihr erkennt eine Eskalation beispielsweise daran, wenn sich direkt der Vorgesetzte in der Kundenorganisation an euch wendet oder der Vorgesetzte bei E-Mails plötzlich auf CC steht. Ihr solltet also bei jeder E-Mail auf den Verteiler achten und ihr solltet den Verteiler bei euren E-Mails bewusst einsetzen. Euer Vorgesetzter auf CC kann auch ein Druckmittel oder Meinungsverstärker bei Konflikten sein. Dieses Mittel ist jedoch sehr schnell abgenutzt, also bitte vorsichtig verwenden.

5.6   Initiales Product Backlog

Um mit dem Projekt beginnen zu können, müsst ihr festlegen, was genau das Ergebnis sein soll. Hierfür braucht ihr eine erste Liste mit Anforderungen, das initiale Product Backlog. Wir haben es im letzten Kapitel über euer Produkt bereits befüllt, vgl. Abschn. 4.11. Dies ist euer Arbeitsvorrat. Die Anforderungen werden wir hier priorisieren, in eine Reihenfolge bringen und den Aufwand für ihre Erstellung schätzen.

Das Product Backlog wird initial vom Product Owner erstellt. Er wird dabei von anderen Stakeholdern und euch als Team unterstützt. Für das initiale Product Backlog bietet sich eine Tabellenkalkulation an. Alle Anforderungen werden in einer Tabelle erfasst. Die Tabelle könnt ihr sortieren und filtern, um euch einen Überblick zu verschaffen. Informationen wie Anforderungsquelle, Aufwand oder Priorität können leicht als eigene Spalten erfasst werden. Später sollten die Anforderungen als Tickets im Issue-Tracker erfasst werden, damit ihr deren Bearbeitungszustand verfolgen könnt (Abb. 5.14).

Product Backlog ist DEEP

Die Inhalte im Product Backlog sollten bestimmte Eigenschaften haben. Roman Pichler [Pic10] nennt vier, das Product Backlog muss DEEP sein: Detailed appropriately (adäquat detailliert), Estimated (Aufwand ist geschätzt), Emergent (sich verändernd) und Prioritized (priorisiert):

Abb. 5.14 Als Product Backlog bietet sich die Liste aller Tickets zu eurem Projekt an. Das spart die doppelte Datenhaltung in einer Tabellenkalkulation oder einem anderen Werkzeug. Diese Liste umfasst, wie es Jeff Sutherland und Ken Schwaber fordern, alle relevanten Informationen zum Produkt [Sut13]

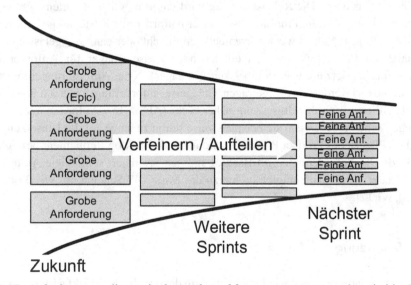

Abb. 5.15 Anforderungen, die erst in den nächsten Monaten umgesetzt werden, sind im Product Backlog eher vage und grob formuliert, als Epics. Der Product Owner und das Team verfeinern gemeinsam die Anforderungen im Backlog. Die Anforderungen, die im nächsten Sprint umgesetzt werden, sind feinteilig, sodass diese im Sprint auch geschafft werden können

Detailed appropriately: Anforderungen, die bald umgesetzt werden, müssen im Detail bekannt sein. Anforderungen, bei denen die Implementierung noch in weiterer Zukunft liegt, sollten eher grob, beispielsweise als Epics, beschrieben sein (Abb. 5.15). Das Entwicklungsteam einigt sich mit dem Product Owner über eine Menge von Eigenschaften, die ein Backlog-Eintrag erfüllen muss, damit er bald (z. B. im nächsten Sprint)

umgesetzt werden kann, die Definition of Ready. Pichler beschreibt Kriterien, die in
dieser Checkliste typischerweise enthalten sind [Pic10]:

- Entwicklungsteam und Product Owner haben ein gemeinsames Verständnis davon,
  was genau zu tun ist.
- Der Eintrag muss klein genug und technisch machbar sein, sodass er im nächsten
  Sprint umgesetzt werden kann.
- Der Eintrag muss so formuliert sein, beispielsweise über zusätzliche Akzeptanzkri-
  terien, dass er testbar ist.

Weniger wichtige Anforderungen werden nur grob beschrieben. Dies vermeidet Mehr-
arbeiten, wenn sich im Laufe der Lagerung im Backlog noch Details verändern, und es
führt insgesamt zu kleineren und damit übersichtlicheren Backlogs.

Estimated: Jede Anforderung muss geschätzt sein. Dies hat zwei Vorteile: Es ist bekannt,
welche Anforderungen im nächsten Sprint machbar sind und was grob in die darauffolgenden Sprints passt. Die Releaseplanung wird damit möglich. Zweitens gibt es dem
Product Owner ein Gefühl für die Kosten einer Anforderung. Kostspielige Anforderungen mit geringem Nutzen werden eventuell vereinfacht oder ganz weggelassen.

Emergent: Das Product Backlog ist ein lebendes Zwischenlager für Anforderungen,
die auf ihre Umsetzung warten (aber kein Endlager). Neue Anforderungen entstehen
fortlaufend und werden dort eingetragen. Gelagerte Anforderungen werden überarbeitet
und detailliert, wenn die Umsetzung näher rückt (Abb. 5.15). Anforderungen können
auch gelöscht werden, wenn sie beispielsweise schon zu lange auf die Umsetzung warten. Das Pflegen des Product Backlogs wird auch als Backlog Refinement bezeichnet.

Prioritized: Die Anforderungen im Backlog müssen priorisiert sein. Viele Autoren wie
Pichler oder Wirdemann empfehlen hierzu das MuSCoW-Schema mit vier Prioritäten
[Pic10, Wir17].

5.6.1 Schätzung

Schätzen müsst ihr immer mal wieder, unabhängig davon, ob das Projekt agil durchgeführt
wird oder nicht. Ihr schätzt, wie viele Anforderungen ihr im nächsten Sprint umsetzen
könnt. Der Auftraggeber schätzt vor der Beauftragung eines Projekts die ungefähren
Kosten. Auch bei der Erstellung eines neuen Produkts muss der Entwicklungsaufwand
geschätzt werden. Grundlage für die Schätzung bilden die zum Zeitpunkt der Schätzung
bekannten Anforderungen und Rahmenbedingungen.

Häufig schätzen und planen wir viel zu optimistisch und überschätzen häufig auch den
Nutzen der zu erwartenden Ergebnisse. Daniel Kahneman und Amos Tversky bezeichnen
dies als Planungsfehlschuss (Planning Fallacy) und haben diesen in vielen Experimenten
nachgewiesen [Kah12]. Wir müssen daher einige Vorsichtsmaßnahmen treffen, damit wir
uns nicht durch unseren Optimismus in Schwierigkeiten bringen.

Was genau schätzen wir? Was machen wir mit den Ergebnissen der Schätzung? Dazu gibt es mehrere Möglichkeiten: Absolutes Schätzen in idealen Personentagen, Zählen des fachlichen Umfangs in Function Points oder relatives Schätzen mit Story Points.

Absolutes Schätzen in idealen Personenstunden

Wir können den Aufwand zur Erstellung des Produkts schätzen. Der Aufwand wird in Personentagen, -monaten oder -jahren angegeben. Dieser Aufwand ist eine der Grundlagen für die Berechnung der Kosten, beispielsweise Aufwand in Personentagen mal Tagessatz.

Eine Expertenschätzung arbeitet in der Regel mit dem Aufwand in idealen Personenstunden bzw. Personentagen: Wie lange würde ein durchschnittlicher Mitarbeiter für die Umsetzung der Anforderung brauchen, wenn er oder sie ungestört daran arbeiten kann? Ein idealer Personentag umfasst ungefähr 5 bis 6 Arbeitsstunden, der Rest des Tages besteht aus Meetings, dem Ringkampf mit der Technik oder Diskussionen mit Kollegen. Diese Form der Schätzung wird auch absolutes Schätzen genannt, da ihr direkt in idealen Arbeitsstunden schätzt. Dieses Verfahren erfordert allerdings einige Erfahrung.

Zählen des fachlichen Umfangs in Function Points

Wenn es eine vollständige Spezifikation gibt, sind algorithmische Verfahren anwendbar, die den fachlichen Umfang des geplanten Produkts bestimmen und nicht mehr nur schätzen. Der Aufwand z. B. in Personentagen kann dann über Erfahrungswerte aus dem fachlichen Umfang berechnet werden.

Das wichtigste Verfahren ist die Function-Point-Analyse (FPA), die Ende der 1970er-Jahre von Allen J. Albrecht bei IBM definiert wurde und mittlerweile als Norm ISO 20926:2009 vorliegt [Alb79, ISO09]. Die FPA definiert Zählregeln, ihr zählt beispielsweise die Klassen (Entitäten) des Datenmodells sowie deren Attribute und ihr zählt die Eingabefelder und interaktiven Elemente der grafischen Oberfläche nach bestimmten Regeln. Diese Zahlen werden dann auf sogenannte Unadjusted Function Points abgebildet. Es gibt zusätzlich einen Korrekturfaktor, der aus Projektgröße und bestimmten Eigenschaften des Produkts berechnet wird. Mithilfe dieses Faktors wird dann der Umfang des geplanten Produkts in Function Points berechnet.

In der Regel verfügen wir am Anfang agiler Projekte nicht über eine ausreichend genaue Spezifikation, sodass die FPA dort nicht einsetzbar ist.

Relatives Schätzen in Story Points

Menschen können sehr gut vergleichen, beispielsweise die Körpergröße oder Entfernungen. Auf einem Foto könnt ihr leicht erkennen, wer größer und wer kleiner ist. Das Schätzen der Körpergröße in Zentimeter ist dagegen weitaus schwerer.

Daher haben sich in agil durchgeführten Projekten relative Schätzverfahren etabliert: Man startet mit einer Anforderung mit mittlerem Aufwand und sortiert die anderen Anforderungen relativ dazu, manche sind aufwendiger, andere weniger. Um dann über den Aufwand diskutieren zu können, wird im Projekt eine Metrik zum Größenvergleich herangezogen, beispielsweise T-Shirt-Größen, wie XS, S, M, L, XL. Jeff Sutherland ist

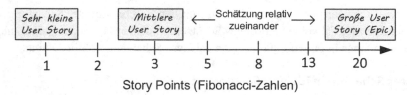

Abb. 5.16 Relative Aufwandsschätzung mithilfe von Story Points. Zahlenwerte z. B. über Fibonacci-Zahlen

offenbar Hundefan, er bringt ein Beispiel mit Hunderassen [Sut14], also Dackel, Pudel, Schäferhund, Dogge. Die Anforderung mit mittlerem Aufwand ist dann ein Pudel. Um rechnen zu können, müssen wir den Größenvergleich aber auf Zahlen abbilden. Diese Zahlen werden auch als Story Points bezeichnet.

Bei den relativen Schätzverfahren geht es nicht um Exaktheit, sondern nur um eine grobe Einschätzung. Zur Schätzung werden Fibonacci-Zahlen empfohlen $f_n = f_{n-1} + f_{n-2}$ für $n > 2$ und $f_1 = f_2 = 1$. Verwendet werden häufig 0, 1, 2, 3, 5, 8 und 13. Zwei aufeinanderfolgende Zahlen unterscheiden sich um ungefähr 60 %, dies entspricht ungefähr dem Verhältnis des goldenen Schnitts. Für Anforderungen, die eigentlich nicht genau beurteilt werden können, werden 20, 40 oder 100 Story Points vergeben, siehe Abb. 5.16.

Ihr startet die Schätzung damit, dass ihr eine Anforderung mit mittlerem Aufwand heraussucht. Diese muss klein genug sein, dass sie im nächsten Sprint umgesetzt werden kann, und ihr müsst genügend Informationen über sie haben, damit ihr diese auch korrekt einschätzen könnt. Dieser Anforderung ordnet ihr 3 Story Points zu. Etwas größere Anforderungen erhalten 5 Story Points und etwas kleinere 2 Story Points.

Diese grobe Einschätzung gilt offenbar nur in dem jeweiligen Projekt. Die Story Points sind zwischen verschiedenen Projekten nicht vergleichbar. Maße für die Teamleistung, beispielsweise Story Points pro Arbeitsstunde lassen sich nicht sinnvoll ableiten.

5.6.2   Schätzverfahren

Um eine Schätzung durchzuführen, spielt ihr Anforderung für Anforderung durch und stellt euch vor, in welchen Schritten ihr diese in Software umsetzt. Ihr könnt alleine oder im Team schätzen. Es gibt öffentliche Verfahren z. B. am Whiteboard oder geheime Verfahren, wie das Planungspoker.[5] Einfluss auf den Aufwand haben:

- euer Prozessmodell (Wie viele Schritte sind erforderlich, wie viel Dokumentation ist zu erstellen? Wie umfangreich ist die QS?)

---

[5] Die englische Bezeichnung Planning Poker ® ist ein eingetragenes Warenzeichen von Mountain Goat Software, LLC.

- eure Architektur (Auf welchen Schichten / Stufen wird die Anforderung umgesetzt? Wie aufwendig ist das Deployment?)
- die Anforderungen selbst (Wie viele Ein- und Ausgabedaten? Wie viele Schritte? Fachliche Komplexität?)
- Risiken (Wie viele Vorerfahrungen habt ihr? Wie stabil ist die Anforderung? Wie komplex ist die zugrundeliegende Infrastruktur?)

Öffentliche Schätzung am Whiteboard

Eine Schätzung könnt ihr gemeinsam an einem Whiteboard durchführen: Am linken oder unteren Rand tragt ihr die Story Points ab (alternativ sind auch ideale Personenstunden möglich). Beispielsweise 0 Story Points unten links und 100 Story Points unten rechts. Dann sucht ihr eine Anforderung mit mittlerem Umfang, diese schreibt ihr auf eine Haftnotiz und klebt diese beispielsweise bei 3 Story Points auf das Board. Alle weiteren Anforderungen werden ebenfalls auf Haftnotizen geschrieben und relativ zur mittleren auf dem Whiteboard verteilt. Dies ist in Abb. 5.17 zu sehen.

Ergebnis ist eine Übersicht über alle Anforderungen, von links nach rechts nach Umfang sortiert. So könnt ihr die Anforderungen paarweise vergleichen und deren Eingruppierung noch anpassen. Dieses Verfahren bietet sich daher gerade für die initiale Schätzung des Product Backlogs an.

Geheime Expertenschätzung: die Delphi-Methode

Die Delphi-Methode selbst hat zunächst nichts mit Software zu tun, sondern mit der Befragung von Experten: Kennt ein Experte das Urteil eines anderen Experten, beeinflusst ihn dies in seinem eigenen Urteil. Das kann mehrere Ursachen haben, unter anderem den von Daniel Kahneman und Amos Tversky beschriebenen Anker-Effekt [Kah12]: Die Autoren ließen Passanten ein Glücksrad mit Zahlen von 1 bis 100 drehen. Danach wurden diese befragt, wie viel Prozent der UNO-Mitglieder afrikanische Staaten seien. Die Schätzungen der Passanten waren signifikant abhängig von der davor zufällig gedrehten Zahl. Passanten mit einer 65 schätzten durchschnittlich 45 %, Passanten mit einer 10

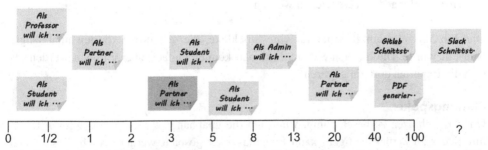

Abb. 5.17 Auf einem Whiteboard wird unten eine Skala mit Story Points eingezeichnet. Die Anforderungen werden dort relativ zu einer Anforderung mit mittlerem Umfang aufgehängt. Das erlaubt einen paarweisen Vergleich der Anforderungen und ihrer Story Points

schätzten durchschnittlich 25 %. Zweites Problem ist die Gruppendynamik: Experten weichen ungern vom Urteil des ersten ab, sie wollen das *Richtige* schätzen. Dies wird auch als Mitläufer-Effekt bezeichnet. Die Delphi-Methode befragt daher in mehreren Runden die Experten unabhängig voneinander und geheim, um diese Verfälschungen zu vermeiden.

Schätzen mit Stückliste

Die Delphi-Methode in der Softwaretechnik arbeitet in der Regel mit einer Stückliste. Die Stückliste enthält die Anforderungen oder ggf. bereits die Aufgaben (Tasks) oder Arbeitspakete zur Erreichung der jeweiligen Projektziele oder bestimmter Zwischenergebnisse. Als Stückliste kann uns das Product Backlog dienen. Ergebnis der Schätzung ist entweder der Nettoaufwand in idealen Personentagen zur Erreichung des jeweiligen Ziels oder eine Schätzung in Story Points.

- **Vorbereitung:** Zunächst wird die Stückliste erstellt. Hierzu könnt ihr eine einfache Tabelle in einer Tabellenkalkulation verwenden, ggf. direkt euer Product Backlog. Zu jeder Anforderung aus der Stückliste kann als Hilfestellung der Schwierigkeitsgrad erfasst werden, z. B. leicht, mittel, schwer. Dieser spiegelt den fachlichen Umfang wieder (z. B. ist eine Fachklasse oder Maske mit wenigen Feldern einfach, mit sehr vielen Feldern ist sie schwer) oder die Kompliziertheit (z. B. mit wenigen Sonderfällen einfach und mit vielen Sonderfällen schwer) oder ein Maß für Unsicherheit (z. B. der Algorithmus muss noch gefunden werden, also schwer).
- **Ablauf:** Mehrere Experten gehen unabhängig voneinander die Stückliste durch und schätzen zu jeder Anforderung den Aufwand, in idealen Personentagen oder in Story Points. Nach der individuellen Schätzung werden die Schätzpositionen diskutiert, in denen die Schätzungen wesentlich abweichen. Dort schätzen die Experten den Aufwand unterschiedlich ein, eventuell hat hier ein Experte mehr Informationen als der andere. Das Diskussionsergebnis wird übernommen, es sollte nicht einfach der Mittelwert gebildet werden. Eventuell werden weitere unabhängige Schätzungen durchgeführt, bis Konsens herrscht. Ist kein Konsens zu finden, muss die Anforderung genauer oder anders beschrieben werden.

Die Tab. 5.5 zeigt ein Beispiel für eine Stückliste, die von drei Experten unabhängig beurteilt wurde. Die meisten Schätzpositionen können einfach übernommen werden, da sich die Experten dort einig waren.

Planungspoker

Um das Schätzen zu beschleunigen und um die unabhängige Meinung mehrerer Teammitglieder zu berücksichtigen, kann Planungspoker gespielt werden. Auch dieses Spiel berücksichtigt die Delphi-Methode. Das Spiel läuft in folgenden Schritten ab:

Tab. 5.5 Beispiel für eine Stückliste mit den Schätzungen von drei Experten. Geschätzt wird in idealen Personentagen (PT). Über *Entität ‚Projekt' CRUD implementieren* müssen sich die Experten noch austauschen, da hier die Schätzungen stark voneinander abweichen. Die anderen Schätzwerte können in die Gesamtschätzung übernommen werden

Nr.	Arbeitspaket	Schwierigkeit	Exp. 1	Exp. 2	Exp. 3
5.2.7	Dialog ‚Projekt anlegen' entwerfen	mittel	3 PT	3 PT	2 PT
5.2.8	Entität ‚Projekt' CRUD implementieren	mittel	1 PT	7 PT	2 PT
5.2.9	Plausi-Prüfungen für Entität Projekt implementieren	schwer	8 PT	7 PT	9 PT
5.2.10	Dialog ‚Projekt löschen' entwerfen	leicht	2 PT	2 PT	2 PT

1. Eine Anforderung wird für alle Teammitglieder vorgestellt und es gibt Gelegenheit zur kurzen Diskussion.
2. Alle Teammitglieder geben eine Schätzung in Story Points ab. Dazu verwendet jeder jeweils Planungspoker-Karten, diese zeigen unter anderem die Fibonacci-Zahlen. Wichtig ist hier, dass die Karten zunächst umgedreht auf dem Tisch liegen. Das sichert die Unabhängigkeit der Schätzung ab.
3. Dann wird umgedreht: Liegen die Schätzwerte nahe beieinander, kann einfach der Durchschnittswert verwendet werden. Unterscheiden sich die Schätzungen deutlich voneinander, ist eine Diskussion notwendig. Die beiden Teammitglieder, deren Schätzungen am weitesten auseinander liegen, stellen kurz dar, wie sie auf ihre Werte gekommen sind.
4. Sind die Informationen ausgetauscht, findet eine zweite ähnliche Schätzrunde statt.
5. Kommt die zweite, ggf. auch die dritte, Schätzrunde nicht zu einem Ergebnis, wandert die Anforderung zur Nachschärfung zurück in das Backlog.

5.6.3 Priorisierung

Es gibt mehrere Schemata, nach denen Anforderungen priorisiert werden können. Im einfachsten Fall führt ihr einen Bubble Sort auf den Anforderungen durch: Sie werden jeweils paarweise miteinander verglichen und damit in eine Reihenfolge sortiert, von der wichtigsten zu den unwichtigen. Beliebt zur Priorisierung ist das MuSCoW-Schema. Dies steht für Must, Should, Could und Won't. Damit können vier verschiedene Prioritäten unterschieden werden, wie in Tab. 5.6 zu sehen ist:

Die Anforderungen direkt zu priorisieren, kann problematisch sein. Denn eigentlich geht es nicht um einzelne Anforderungen, sondern um durch die Software bzw. das Produkt erreichte Ziele für eine jeweilige Persona, also um den entstehenden Wert. Der Wert wird häufig erst durch mehrere zusammenhängende Anforderungen geliefert.

Tab. 5.6 MuSCoW-Schema für die Priorisierung von Anforderungen

Must have	Wenn die Anforderung fehlt, können die Produktvision, das Ziel des Sprints und/oder die Ziele des Systems nicht mehr erreicht werden.
Should have	Wenn die Anforderung fehlt, kann die Produktvision bzw. das Ziel des Systems erreicht werden, aber eventuell nur noch mit einem Workaround.
Could have	Wenn die Anforderung fehlt, fehlt es für einen Benutzer am Komfort oder ein unwesentliches Nebenziel des Systems kann nicht mehr erreicht werden.
Won't have this time	Die Anforderung ist nur eine erste Idee. Es passiert derzeit nichts, wenn sie fehlt.

Die Zusammenhänge und der durch die Software gelieferte Wert für die jeweilige Persona werden über eine zweidimensionale User Story Maps sehr gut dargestellt [Pat14]: Auf der X-Achse ist der Erzählfluss dargestellt, eine Persona erreicht schrittweise ihre Ziele mit eurem Produkt. Auf der Y-Achse finden sich Varianten und Ausbaustufen. Je höher eine Anforderung auf der Y-Achse ist, desto wichtiger ist sie. Im Laufe des Projekts wird die User Story Map quasi zeilenweise abgearbeitet. Details zu den User Story Maps findet ihr in Abschn. 13.14.

Geschäftlicher Nutzen

Möglicherweise könnt ihr einzelnen Anforderungen oder den über die Story Maps definierten Releases einen geschäftlichen Wert zuordnen. Damit ergeben sich leicht entsprechende Prioritäten, ihr baut die Anforderungen zuerst, die wenig Aufwand erfordern, aber hohen Geschäftswert haben. Um eine Idee von dem Geschäftsnutzen zu bekommen, könntet ihr folgende Fragen stellen:

- Wie viel Geld würde ein Benutzer mehr für euer Produkt bezahlen, wenn die Anforderung umgesetzt ist? Würden die Benutzer weniger zahlen, wenn die Anforderung fehlt?
- Wie viel mehr Benutzer würden euer Produkt verwenden, wenn die Anforderung umgesetzt ist? Gehen euch Benutzer verloren, wenn die Anforderung nicht umgesetzt wird?
- Hat die Anforderung Einfluss auf den Umsatz eures Auftraggebers bzw. euren Umsatz? Würde sich der Umsatz erhöhen, wenn die Anforderung umgesetzt wird? Kann die Umsetzung der Anforderung verhindern, dass der Umsatz sinkt?
- Können durch die Umsetzung der Anforderung bestimmte Vorgänge effizienter werden? Wenn ja, in welchem Umfang? Eventuell könnt ihr die gesparten Arbeitsstunden grob überschlagen.

Don Reinertsen nähert sich dem geschäftlichen Nutzen, indem er überschlägt, was es kosten würde, wenn eine Anforderung später geliefert wird. Er nennt dies Cost of Delay [Rei09]. Grundidee dabei ist: Je früher eine Anforderung umgesetzt wird, desto eher verdient man damit Geld. Das Geld kumuliert sich Monat für Monat. So kann es sinnvoll sein, eine einfache Anforderung, die nur eine kleine Umsatzsteigerung verspricht, aber dafür mit wenig Aufwand machbar ist, einer aufwendigen Anforderung mit einer höheren Umsatzsteigerung vorzuziehen. Um mit der einfachen Anforderung über einen längeren Zeitraum bereits Geld zu verdienen. Beeindruckend ist eine Studie der Maersk-Reederei: In mehreren Projekten fanden die Autoren Joshua Arnold und Özlem Yüce, dass wenige Anforderungen extrem hohe Cost of Delay hatten und die allermeisten praktisch keine: Die Cost of Delay der teuersten 25 % der Anforderungen übersteigen die Cost of Delay der günstigsten 25 % um den Faktor 1000! Es lohnt sich offenbar, nach diesen wenigen Anforderungen aktiv zu suchen.

Deadline und Risiko

Gojko Adzic und David Evans weisen darauf hin, dass es in Projekten immer wieder vorkommt, dass häufig wenig riskante, kleine Anforderungen gewählt werden, die aber auch nur einen geringen Nutzen bieten (Quick Wins) [Adz14]. Größere Anforderungen mit höherem Nutzen, aber auch größeren Risiken werden häufig nicht oder erst sehr spät umgesetzt. Damit werden die Sprints vom Entwicklungsteam eventuell nicht richtig genutzt. Hier sind Verfahren zur Priorisierung wichtig, die eher den Blick für das Ganze erhalten und absichern, dass das Team den langfristigen Nutzen im Auge behält. Die User Story Maps von Jeff Patton bieten hierzu eine Lösung an [Pat14], vgl. Abschn. 13.14.

   Zweiter wichtiger Aspekt sind Deadlines: Eventuell sind Anforderungen nicht besonders wichtig, diese müssen aber zu einem bestimmten Zeitpunkt doch umgesetzt sein, weil sonst ein Schaden entsteht. Eine Gesetzesänderung ist ein Beispiel für eine derartige Deadline. Um diese Anforderungen nicht erst kurz vor dem Ablauf der Deadline hoch priorisiert umzusetzen, sollten auch die Deadlines bei der Priorisierung berücksichtigt werden.

5.7   Strategische Planung: Grobstruktur des Projekts

Wenn ihr Projekte durchführt, müsst ihr ein Vorgehen wählen, das mit eurem Unwissen klarkommt und akzeptiert, dass viele Ereignisse in der Zukunft Zufall und damit unplanbar sind. Ihr wisst schlicht nicht, was euer Auftraggeber bzw. eure Anwender wirklich brauchen. Jetzt könnte man argumentieren, dass Planung insgesamt überflüssig ist, da der entstehende Plan sowieso nicht stimmt. Hier müssen wir zwischen kurzfristiger Sicht und langfristiger Sicht unterscheiden. Kurzfristig können wir sehr wohl halbwegs zutreffend planen, langfristig nur sehr grob orientiert an übergeordneten Zielen. Langfristige Planung wird auch als Strategie bezeichnet, kurzfristiges Vorgehen heißt Taktik.

Strategie

Die bereits mehrfach erwähnte Produktvision (vgl. Abschn. 4.6) ist ein wichtiges Element der Strategie. Denn diese Vision wollt ihr als Team langfristig erreichen. Langfristig meint hier einen Zeitraum, der auch mehrere Jahre umfassen kann. Die Vision muss daher genügend Freiräume lassen für unterwegs auftretende Probleme und daher notwendige Umplanungen. In der Strategie enthalten ist die Releaseplanung (die Roadmap) des Produkts.

Taktik

Kurzfristig müssen wir dafür sorgen, dass wir sehr schnell Wissenslücken schließen und Zufälle weniger relevant machen. Kurzfristige Planung umfasst den nächsten Sprint. Diese Planung ist präziser, über diesen sehr kurzen Zeitraum spielt der Zufall eine geringere Rolle. Die darauffolgenden Iterationen sind zunehmend gröber und vager geplant.

Scrum sieht für die taktische Planung ein eigenes Meeting zum Beginn eines Sprints vor. Dort wird das Ziel des Sprints besprochen. Der Product Owner nennt in der ersten Hälfte die Anforderungen, die er gerne vom Team umgesetzt haben will. Das Team prüft, ob es das zusagen kann. Nach der Entscheidung, welche Anforderungen angegangen werden, macht das Team dafür eine Aufgabenplanung (Tasks). Wenn die Sprintlänge einen Monat beträgt, sollte das Planungsmeeting maximal 8 Stunden lang dauern.

5.7.1 Exploration, Wachstum und Konsolidierung

Wir können grob drei Phasen in agilen Projekten unterscheiden und diese darüber grob strukturieren: Exploration, hier geht es am Anfang des Projekts zunächst darum, das Wissen zu erweitern und Risiken zu reduzieren, es kommen vergleichsweise wenige Features im System dazu. Im Wachstum wird das System erweitert und vor allem wächst der Funktionsumfang. Abschließend findet in der Konsolidierung die Beseitigung von Fehlern statt und das System wird für den Betrieb optimiert (Abb. 5.18). In Scrum-Projekten kann jede Phase aus mehreren Sprints bestehen.

Exploration

Zu Beginn eines Projekts herrscht bei euch im Team sehr viel Unwissenheit: Ihr müsst euch in die fachlichen Themen eures Kunden erst noch einarbeiten. Ihr seid vermutlich erstmal keine Experten für Versicherungswirtschaft, Bankwesen oder Automobilfabriken. Euch fehlt vermutlich Wissen über die technischen Details, die Programmiersprache und die Infrastruktur. Themen wie ‚Microservices mit Spring Boot‘ oder ‚Augmented Reality mit der HoloLens‘ müsst ihr erst lernen. Wenn ihr eine Software baut, ist unsicher, ob überhaupt ein Benutzer diese verwenden will und dafür auch noch Geld ausgibt. Möglicherweise ist euer Team frisch zusammengewürfelt, damit müsst ihr euch auch erst mal zusammenfinden.

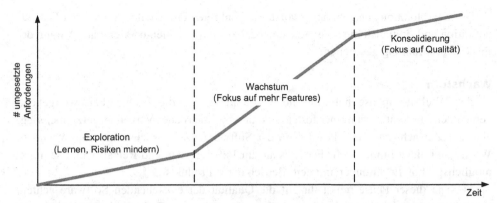

Abb. 5.18 Grob können drei Phasen unterschieden werden: Exploration (Startphase), Wachstum und Konsolidierung

Diese Unwissenheit führt möglicherweise zu kostspieligen Problemen: Ihr versteht die fachlichen Prozesse des Kunden falsch und implementiert die Features nicht korrekt. Da ihr euch in die Technik erst einarbeitet, baut ihr Fehler ein und löst nicht jedes technische Problem optimal. Euer Team beschäftigt sich eventuell mehr mit Streiten als mit der eigentlichen Arbeit. Ergebnisse des oder der ersten Sprints sind daher:

- Ihr habt euch als Team gefunden und seid möglichst schon in der ‚Performing'-Phase nach Tuckman[6]
- verfeinerte und im Team akzeptierte Produktvision
- initiales Product Backlog, vom Team geschätzt und priorisiert
- erste grobe Releaseplanung
- Entwürfe für die Architektur eures Produkts
- funktionierende CI/CD-Pipeline sowie Konzept für die Testautomatisierung und Richt-linien für eure Quelltexte
- ein technischer Durchstich, der zeigt, dass die Architektur und die geplante technische Infrastruktur funktionieren.

Die ersten Wochen und Monate eines Projekts dienen dazu, Risiken zu reduzieren. Je mehr ihr wisst und ausprobiert habt, desto unwahrscheinlicher werden Probleme und ihr könnt die Höhe des jeweiligen Schadens reduzieren: Über Experimente findet ihr heraus, was die Kunden gerne benutzen, wie genau die Technologie funktioniert und ob ihr die Fachlichkeit vom Kunden richtig verstanden habt. In dieser ersten großen Phase des Projekts kommen daher nicht viele Features dazu, sondern es wird eher versucht, durch mehr Wissen Risiken zu reduzieren.

---

[6] Vgl. Tuckman in Abschn. 3.1.4.

Diese Exploration kann abhängig von eurer konkreten Projektsituation mit der Projekt-definition und -initialisierung aus Abschn. 5.2.2 zusammenfallen oder erst am Anfang der Projektdurchführung geschehen.

Wachstum

In der Wachstumsphase habt ihr die Technologie und die Fachlichkeit weitgehend verstanden. Ihr lernt noch immer fortlaufend und optimiert euer Vorgehen. Jetzt überwiegt aber der Zuwachs an neuen Features in der Software. Diese wächst nun von Woche zu Woche und bietet immer mehr Features an. Ihr liefert fortlaufend Releases und sammelt möglichst schon Erfahrungen mit dem Betrieb eures Produkts.

Auch in dieser Phase müsst ihr auf die Qualität der entstehenden Software achten. Qualität könnt ihr später nicht hinein testen oder reviewen. Code-Reviews mithilfe von Merge Requests sowie fortlaufend ergänzte automatisierte Tests müssen von Anfang an eingebaut werden.

Konsolidierung

Obwohl agile Methoden sehr viel Wert auf Qualität während der Entwicklung legen, können immer noch Fehler in der Software sein. Einige Qualitätseigenschaften können abschließend erst mit der fast fertigen Software getestet werden, speziell die Eigenschaften Performance (Antwortzeiten, Durchsatz) oder auch Skalierbarkeit gehören dazu. Auch die Tests mit den späteren Anwendern liefern fortlaufend Verbesserungsvorschläge und zeigen Optimierungspotential auf. In dieser letzten Phase steht daher die Konsolidierung im Mittelpunkt, also das Entfernen verbliebener Fehler (soweit vereinbart) und das Messen und ggf. Optimieren der verbliebenen Qualitätseigenschaften. Ein umfangreiches weiteres Wachstum an Features widerspricht der Idee der Konsolidierung, denn neue Features schaffen neue (Qualitäts-)Probleme.

5.7.2   Releases und Roadmap

Ergebnis eines Sprints in Scrum ist normalerweise ein Inkrement eures Produkts. Das Inkrement kann alleine eventuell noch nicht genutzt werden. Daher fasst ihr die Ergebnisse mehrerer Sprints, also mehrere Inkremente, zu einem Release zusammen, das ist in Abb. 5.19 dargestellt. In Kanban entscheidet ihr noch freier über den Takt, wann geliefert wird und Abnahmen erfolgen. Typischerweise werden Releases umfangreicher getestet als kleinere Inkremente oder Zwischenlieferungen.

Die langfristige Planung über Releases wird nicht direkt im *Scrum Guide* [Sut13] erwähnt, viele Autoren ergänzen hierfür Konzepte [Glo11, Roo21]. Sie ist aber wichtig, denn euer Auftraggeber bzw. eure Benutzer brauchen wenigstens ein grobes Verständnis, wann sie welche Features verwenden können. Daher erstellt ihr aus dem initialen Product Backlog auch eine erste Roadmap mit den geplanten Releases.

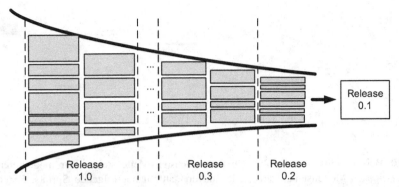

Abb. 5.19 Für die langfristige Planung versucht ihr, Anforderungen im Product Backlog zu sinnvollen Releases zusammenzufassen. Jedes Release kann abhängig vom Umfang aus mehreren Sprints bestehen. Diese Planung wird fortlaufend angepasst

5.7.3   Grobstruktur über Meilensteine

Ein größeres Projekt wird typischerweise über eine Folge von Meilensteinen strukturiert. Jedes Release, das ihr veröffentlicht, ist ein Meilenstein, wenn ihr Ergebnis und Termin definiert habt. Möglicherweise benötigt ihr darüber hinaus noch weitere oder feinere Strukturierung, daher können weitere Meilensteine themenspezifisch eingeplant werden.

GitLab: Sprints als einfache Meilensteine
GitLab modelliert Sprints in Scrum über die eingebauten Meilensteine. Jeder Sprint ist ein Meilenstein und über den Meilenstein habt ihr in GitLab auch Zugriff auf den zugehörigen Burndown Chart.[7] Alle Tickets werden dem entsprechenden Meilenstein und damit dem Sprint zugeordnet. So kann der laufende Sprint überwacht werden und die nächsten Sprints können bereits vorgeplant werden. Eine Übersicht über drei Meilensteine ist in Abb. 5.20 zu sehen und als Taskboard in Abb. 5.21.

5.7.4   Mittelfristige empirische Planung in Scrum

Im Laufe mehrerer Sprints lernt ihr in Scrum, wie viele Story Points oder ideale Personenstunden ihr als Team durchschnittlich in einem Sprint schafft. Dieser Durchschnittswert wird als Project Velocity bezeichnet. Ihr könnt mit der Velocity längerfristig planen oder mit einer optimistischen und pessimistischen Grenzlinie, wie dies in Abb. 5.22 dargestellt ist.

---

[7] Ein Beispiel findet sich in Abschn. 5.12.2.

Abb. 5.20 Beispiel GitLab: Überblick über die nächsten Meilensteine. Wir modellieren jeden Sprint als eigenen Meilenstein. Dargestellt sind drei aufeinanderfolgende Sprints: Exploration, Wachstum und Konsolidierung

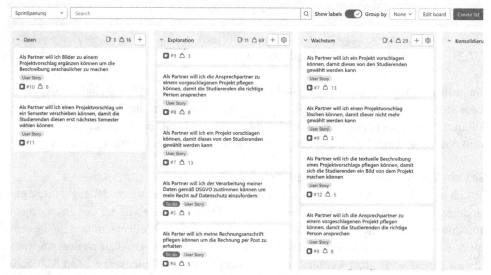

Abb. 5.21 Beispiel GitLab: Überblick über die nächsten Meilensteine als Taskboard. Damit könnt ihr sehr leicht die Tickets auf die nächsten Meilensteine bzw. Sprints verteilen

Henrik Kniberg führt in einem sehr sehenswerten Video *Agile Product Ownership in a Nutshell*[8] vor, wie ihr damit mittelfristig Vorhersagen über den Projektverlauf machen könnt. Dies ist in Abb. 5.23 dargestellt:

Da die Geschwindigkeit (Velocity) schwankt und mal höher, mal niedriger ist, ergeben sich daraus zwei Planungsszenarios, ein optimistisches, in dem ihr für die nächsten Sprints annehmt, dass es nur mit hoher Geschwindigkeit weitergeht, und ein pessimistisches Szenario mit lauter Sprints in niedriger Geschwindigkeit. So könnt ihr Bandbreiten ausrechnen, beispielsweise für eine definierte Menge an Anforderungen den frühesten

---

[8] Vgl. https://www.youtube.com/watch?v=502ILHjX9EE.

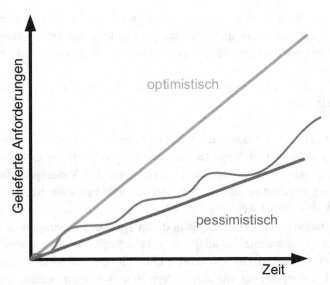

Abb. 5.22 Die Grafik zeigt das Wachstum der implementierten Anforderungen (User Storys) über die Zeit. Mithilfe vergangener Sprints kann die Velocity berechnet werden. Sie erlaubt eine Prognose, wie viele Anforderungen in der näheren Zukunft umgesetzt werden können. Ihr könnt die Schwankungen der Velocity über eine optimistische und pessimistische Grenzlinie darstellen, mittig ist der tatsächliche Verlauf des Wachstums dargestellt

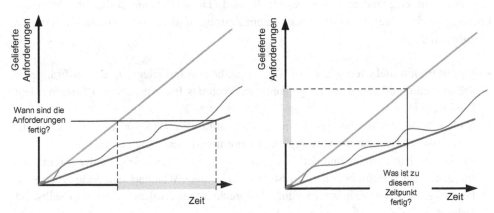

Abb. 5.23 Idee des Planungsverfahrens nach Henrik Kniberg: Auf der linken Seite wird die Frage gestellt: Wann sind wir mit einer bestimmten Menge an Anforderungen fertig? Die Schnittpunkte der waagerechten Linie mit dem optimistischen und mit dem pessimistischen Verlauf ergeben ein Intervall. Dieses gibt den frühesten und den spätesten Zeitpunkt für die Fertigstellung an. Auf der rechten Seite wird umgekehrt gefragt, wie viele Anforderungen bis zu einem bestimmten Zeitpunkt fertig sind. Die Schnittpunkte der senkrechten Linie mit dem optimistischen bzw. pessimistischen Verlauf geben wiederum ein Intervall mit der kleinsten und der größten zu erwartenden Menge an Anforderungen an

(optimistisch) und den spätesten (pessimistisch) möglichen Liefertermin. Ebenso könnt ihr für einen vorgegebenen Termin die größtmögliche Menge an Anforderungen (optimistisch) und die geringste denkbare Menge an Anforderungen (pessimistisch) bestimmen.

5.8   Terminplan

Auch wenn ihr agil arbeitet und euer Projekt in Sprints zerlegt habt, braucht ihr eine Zeitplanung! Diese enthält wichtige Termine und Vorgänge (mit einer Dauer und einem definierten Ergebnis), sowie Abhängigkeiten zwischen den Vorgängen. Beispielsweise muss ein Vorgang wie ‚Platine ätzen' abgeschlossen sein, bevor der nächste Vorgang wie ‚Platine bestücken' gestartet werden kann.

Vielleicht visualisiert ihr diesen Zeitplan durch ein Gantt-Diagramm. Jeff Sutherland führt aus, dass umfangreiche Projektpläne sehr schnell veralten, damit sind Gantt-Diagramme, welche diese darstellen, schnell überholt oder erfordern einigen Pflegeaufwand [Sut14]. Ein Zeitplan, der alle eure Tickets bzw. Aufgaben enthält, am besten noch über einen langen Zeitraum, ist offenbar nicht sinnvoll. Ein Plan mit den wichtigsten Terminen und einigen Vorgängen allerdings schon.

Termine
Viele Termine sind in Projekten bereits vorgegeben, unabhängig davon, ob das Projekt agil oder auf eine andere Art abgewickelt wird. Diese Termine solltet ihr in einem Projektkalender, einer Terminliste oder eurem Zeitplan festhalten. Beispiele für derartige Termine sind:

- Liefertermine sind eventuell schon vor Projektbeginn festgelegt, da der Auftraggeber schon darauf aufbauend weiter geplant hat. Auch das Inkrafttreten von Gesetzen legt Liefertermine fest.
- Meilensteine sind Termine, zu denen ein bestimmtes Ergebnis vorliegen muss. Möglicherweise sind mit eurem Auftraggeber bestimmte Meilensteine vereinbart.
- Zentrale Urlaubstermine und Ferientermine, eventuell gibt es bei euch oder eurem Auftraggeber einen Betriebsurlaub im Sommer oder über Weihnachten. Möglicherweise könnt ihr in diesen Zeiträumen keine Ansprechpartner erreichen oder seid selbst im Urlaub.
- Feiertage: Gerade bei Projekten über die Grenzen mehrerer Bundesländer werden Feiertage gerne übersehen. Der 1. Mai ist im ganzen Bundesgebiet Feiertag, Allerheiligen am 1. November nur in wenigen Bundesländern. In internationalen Projekten kann dies leicht unüberschaubar werden.

Zeitliche Rahmenbedingungen
In eurem Projekt haben bestimmte Arbeiten eine gewisse Zeitdauer, die ihr in der Planung berücksichtigen müsst, diese werden als Vorgang mit einer Dauer und einem

definierten Ergebnis modelliert. Ihr müsst bestimmte Aktivitäten rechtzeitig starten, damit ihr rechtzeitig auf die entsprechenden Ergebnisse zurückgreifen könnt. Beispiele sind:

- Wenn ihr Hardware bestellen wollt, dauert es, bis diese geliefert ist. Eventuell müsst ihr einen Beschaffungsprozess einhalten.
- Auch der Zugriff auf Systeme des Auftraggebers geht möglicherweise nicht von heute auf morgen, auch hier kann die Genehmigung und die Einrichtung mehrere Wochen dauern.
- Beim Entwurf einer eigenen Schaltung dauert das Herstellen der Platine und das Bestücken leicht einige Wochen, wenn die Platine Fehler enthält, wiederholt sich der Vorgang.

Für diese Vorgänge bietet sich die Darstellung als Gantt-Diagramm innerhalb eines Projektplanungswerkzeugs an. Mithilfe des Diagramms könnt ihr leicht auch die Konsequenzen von Terminverschiebungen oder Verspätungen durchspielen. Was bedeutet es beispielsweise, wenn ihr einige Bauteile wegen eines Lieferengpasses erst eine oder zwei Wochen später erhaltet? Denn die davon abhängigen Vorgänge wie beispielsweise das Bestücken verschieben sich entsprechend. Eventuell ist damit schon der Liefertermin gefährdet, da sich dieser Vorgang auf dem *kritischen Pfad* befindet [Hin16]. Hier befinden wir uns dann in dem häufig als ‚klassisch‘ dargestellten Projektmanagement [Tim17].

5.9 Ressourcen

Wenn ihr in der Testphase feststellt, dass ihr leider vergessen habt, die VR-Brille zu beschaffen, oder während der Anforderungsanalyse feststellt, dass eure Ansprechpartner leider gerade im Urlaub sind, dann ist es zu spät. Ihr müsst daher in der Planungsphase ein gutes Verständnis davon haben, was ihr an Ressourcen zu welchem Zeitpunkt benötigt. Eventuell müsst ihr bei der Beschaffung Liefer- oder Genehmigungsfristen berücksichtigen. Nies und Larsen empfehlen einen recht groben Ressourcenplan zum Projektstart [Lar16]. Beispiele für Ressourcen sind:

- Ansprechpartner: Wenn ihr die Anforderungen von einer Fachabteilung erheben müsst, braucht ihr dort einen kompetenten Ansprechpartner, der Zeit hat, mit euch zu sprechen.
- Arbeitsplatz des Teams: Jedes Teammitglied braucht auch einen Arbeitsplatz, möglichst in der Nähe der anderen Teammitglieder. Das erleichtert Kommunikation wesentlich. An dem Arbeitsplatz sollten grundlegende Werkzeuge zur Teamarbeit vorhanden sein, beispielsweise ein oder mehrere Whiteboards, Haftnotizen, Stifte und ggf. Karteikarten. Diese sollten möglichst auch permanent für das Team zur Verfügung stehen, sodass informative Poster oder ein Taskboard nicht jeden Abend weggeräumt werden müssen.

- Arbeitsplatz technisch: Jedes Teammitglied braucht einen Laptop oder Desktop-Rechner mit Internetzugriff und der Entwicklungsumgebung,[9] diese sollte von Anfang an lauffähig sein. Sowie Zugänge zum Repository, Ticket-System und anderen Kollaborationswerkzeugen.[10] Wünschenswert ist die Möglichkeit, auf einen Cloud-Anbieter zuzugreifen, und auch Zugänge zu Testmaschinen zu haben [Kim19].
- Hardware: Um das Projekt durchzuführen, benötigt ihr eventuell bestimmte zusätzliche Hardware, vielleicht den Sprachassistenten eines Cloud-Anbieters, eine VR- oder AR-Brille oder besondere IoT-Devices. Diese müsst ihr rechtzeitig in Auftrag geben, bzw. bestellen, denn es gibt Lieferengpässe und Bestellfristen.
- Berechtigungen und Lizenzen: In der Regel kosten eine professionelle Entwicklungsumgebung und die notwendigen Werkzeuge Geld. Ihr oder euer Auftraggeber muss dazu das Recht erwerben, dass ihr diese verwenden dürft. Ihr braucht Lizenzen. Weitere Lizenzen sind eventuell für Server, Frameworks oder bestimmte andere Produkte erforderlich. Möglicherweise braucht ihr beim Auftraggeber Berechtigungen im Unternehmensnetz und Berechtigungen, um auf bestimmte Server zuzugreifen.

Verfügbarkeit der Stakeholder und des Teams

Arbeitszeit ist die zentrale Ressource. Zu welchem Prozentsatz gehört ein Teammitglied zum Projektteam dazu? Häufiges Problem ist, dass Mitarbeiter an vielen Projekten gleichzeitig arbeiten müssen. Das ist aus verschiedenen Gründen ungünstig,[11] aber leider Alltag. Als Teammitglied könnt ihr eigentlich nur Personen zählen, die zu über 50 % ihrer Arbeitszeit zum Projekt gehören. Die anderen sind eher Berater [Sie02]. Die Arbeitszeit der Teammitglieder ist in der Regel der größte Kostenfaktor. Wenn wir eine Stunde mit 100 EUR bezahlen müssen, kostet ein Arbeitstag schon 800 EUR, eine Woche dann 4000 EUR, ein Monat 16.000 EUR und ein Jahr bereits 160.000 EUR, wenn wir 200 Arbeitstage unterstellen.

Stakeholder haben genau wie ihr irgendwann mal Urlaub oder gehen auf eine Schulung. Daher braucht ihr dringend für euch und alle Stakeholder eine Übersicht über deren Verfügbarkeiten, und zwar über Termine und den Umfang der Verfügbarkeit.

Wegen parallel laufender anderer Projekte, Urlaubszeiten, Schulungen und Krankheit sind euer Team und andere Stakeholder selten vollständig für euer Projekt verfügbar. Ausfälle von Arbeitskapazität und Stakeholder-Verfügbarkeit solltet ihr für die langfristige Planung wissen. Hier bietet sich ein gemeinsamer Kalender an, sodass ihr einen gemeinsamen Überblick über An- und Abwesenheiten habt.

---

[9] Vgl. Abschn. 2.5.4.

[10] Vgl. Abschn. 3.4.1 und 3.4.2.

[11] Vgl. Kap. 2.

Tab. 5.7 Beispiel für eine Skill-Matrix. Die Fähigkeiten könnt ihr beispielsweise mit ++, +, o, -,– darstellen. Für sehr gute, gute, mittlere, schlechte und keine Fähigkeiten

Skill	Martin	Gerd	Andreas	Julia
Spring Boot	o	++	o	-
Hibernate	o	++	+	-
JavaScript	++	-	++	-
React.JS	++	-	+	-
OAuth 2	-	-	-	-
Vertragsrecht	-	-	-	++

Schulungs- und Einarbeitungsbedarf

Das Team braucht spezielle Schulungen, um produktiv zu sein. Diese müssen eingeplant und mit einem Budget versehen werden. Zu den notwendigen Fertigkeiten gehören: technische Fertigkeiten (Programmiersprachen, Frameworks, Infrastrukturen), Kenntnisse über agile Methoden und Soft Skills wie Konfliktmanagement, Moderation und Präsentationstechniken.

Zur Planung eines Projekts gehört also auch eine Liste der benötigten Kenntnisse. Diese vergleicht ihr mit den im Team vorhandenen Kenntnissen. Daraus ergibt sich dann der Schulungsbedarf, denn Learning by Doing dauert eventuell länger und führt möglicherweise zu schlechterer Qualität als eine Schulung oder ein kurzer Einführungsworkshop. Eine Übersicht gewinnt ihr mit einer Skill-Matrix aus Tab. 5.7:

Wenn sich beispielsweise kein Teammitglied bisher mit Unity beschäftigt hat, das Projekt aber in Unity umgesetzt werden soll, müsst ihr dringend eine Schulung oder eine andere Form der Einarbeitung organisieren. Häufig reicht für den Anfang ein eintägiger praktischer Workshop mit einem externen Experten.

5.9.1 Brainstorming der Ressourcen

Ressourcen werden in agilen Methoden als konstant angenommen: Das Team bleibt weitgehend unverändert, der Product Owner ist in ausreichendem Umfang verfügbar und die notwendige Hardware und Software ist durchgehend vorhanden [Tim17]. Wenn wir am Beginn eines Projekts bzw. der Produktentwicklung stehen, ist das sicher noch nicht der Fall. Hier müsst ihr euch überlegen, was ihr braucht, um die Projektziele zu erreichen. Ihr könnt dazu mit einer Brainstorming-Sitzung starten, indem ihr einen Zeitstrahl vom Anfang des Projekts bis zu seinem voraussichtlichen Ende einzeichnet. Dann versucht ihr das Projekt im Kopf Schritt für Schritt durchzuspielen, möglichst realistisch. Überlegt euch, wann ihr ungefähr was tut und was ihr dazu brauchen werdet. Ihr bearbeitet den Zeitstrahl von links nach rechts. Jede benötigte Ressource ist eine Haftnotiz, die ihr zum Einsatzzeitpunkt auf den Zeitstrahl klebt. Damit ergibt sich im Laufe der Sitzung eine Übersicht (Abb. 5.24).

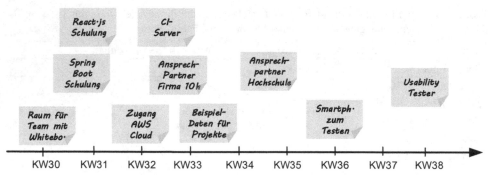

Abb. 5.24 Beispiel für das Brainstorming der benötigten Ressourcen. Die Haftnotizen werden entlang einer Zeitachse dargestellt. Damit seht ihr auch, wann die jeweiligen Ressourcen benötigt werden

Wenn ihr beispielsweise zu einem bestimmten Zeitpunkt eine VR-Brille braucht, wisst ihr damit, wann ihr euch spätestens um die Beschaffung kümmern müsst: Denn die VR-Brille hat sicher Bestellfristen und eventuell müsst ihr in eurem Unternehmen noch den Beschaffungsprozess durchlaufen. Diese Informationen sind nun schwierig auf dem Zeitstrahl zu notieren, daher solltet ihr von dem Haftnotizkunstwerk auf eine Tabelle wechseln.

5.9.2   Ressourcentabelle

Jetzt geht es darum, die Beschaffung zu organisieren: Ihr müsst die Haftnotizen aus dem Brainstorming in Arbeitsaufträge für den Auftraggeber, eventuelle Lieferanten und eure Teammitglieder übersetzen. Um die jetzt relevanten Informationen zu notieren, bietet sich eine Tabelle an, diese enthält eine Beschreibung der Ressource, eventuell die notwendige Menge, die Art und Weise, wie diese beschafft werden soll, einen Termin, zu dem die Beschaffung startet, und einen Termin, an dem die Ressource verfügbar sein soll. Schließlich müsst ihr entscheiden, wer für die Beschaffung der Ressource zuständig ist (Tab. 5.8).

Für jede Ressource, die ihr noch beschaffen müsst, legt ihr dann ein Ticket im Ticket-System an. Dieses Ticket wird dem Verantwortlichen zugewiesen und erhält auch eine Deadline. Ressourcen, die der Auftraggeber bereitstellen muss, haben einen besonderen Charakter, darum kümmern wir uns gesondert.

5.9.3   Mitwirkungspflichten des Auftraggebers (Beistellungen)

Der Auftraggeber muss euch gewisse Ressourcen bereitstellen, damit ihr die Projektziele erreichen könnt, beispielsweise Ansprechpartner aus dem Fachbereich. Dies nennt man

Tab. 5.8 Beispiel für eine erste Liste mit Ressourcen aus einem VR-Projekt

Beschreibung der Ressource	Menge	Beschaffung: Wie?	Beschaffung: Wann?	Wann benötigt?	Verantwortlich
Occulus Quest VR-Brille	5 Brillen	bestellen	06.04.2020	20.04.2020	Auftraggeber
Virtuelle Maschine für Server	1 VM	bei AWS installieren	20.04.2020	02.05.2020	Ralf
Einführungsworkshop Unity	1 Trainer	Coaches fragen	sofort	06.04.2020	Andreas
Team-Chat	1 Server	Discord aufsetzen	sofort	sofort	Martin
Gemeinsames Repository	1 Projekt	GitLab als Projekt anlegen	sofort	sofort	Gerd
Ansprechpartner zur Fachlichkeit 1	4 Stunden/ Woche	Organisieren	sofort	20.04.2020	Auftraggeber
Lizenz für Lasttest-Werkzeug	1 Serverlizenz	Bestellen	20.04.2020	02.05.2020	Auftraggeber

auch *Mitwirkungspflichten des Auftraggebers* (§ 642 BGB).[12] Nur wenn er seine Zusagen erfüllt, seid ihr in der Lage, termingerecht zu liefern. Probleme mit diesen Mitwirkungspflichten gibt es häufig: Ansprechpartner sind irgendwann im Urlaub oder haben keine Zeit, die versprochene Hardware kommt nicht rechtzeitig oder die dringend benötigte Schnittstelle zu Nachbarsystemen ist nicht oder nicht in ausreichender Qualität vorhanden.

Ihr müsst die Ressourcenplanung mit dem Auftraggeber abstimmen: Bestimmte Ressourcen sollten mit Umfang, Termin und Qualität in den gemeinsamen Vertrag geschrieben werden, wenn ihr einen Werkvertrag mit dem Auftraggeber schließt.[13] Ihr müsst diese Ressourcen immer wieder einfordern. Wenn diese nicht oder nur in schlechter Qualität oder in zu geringen Umfang kommen, sind auf eurer Seite Budget, Termin oder Qualität gefährdet. Wenn es Probleme gibt, dokumentiert diese jeweils in den Protokollen zu den Treffen mit dem Auftraggeber.

5.10 Projektrisiken

Ein Projektrisiko ist ein Ereignis, das noch nicht eingetreten ist und das nur mit einer gewissen Wahrscheinlichkeit eintritt. Wenn das Risiko zum Problem wird, richtet es in eurem Projekt einen Schaden an, hat also eine negative Konsequenz. Projektrisiken

---

[12] Vgl. Abschn. 6.5.2.

[13] Vgl. Abschn. 6.3.2.

bedrohen die Planungsgrößen eures Projekts, also Liefertermin bzw. euren Zeitplan, das notwendige Budget sowie den lieferbaren Funktionsumfang oder die Qualität. Auch die Produktivität des Teams kann bedroht sein.

Im Projekt müsst ihr euch um Risiken mit einem hohen Erwartungswert kümmern, also wahrscheinliche Ereignisse mit einem großen Schaden, eventuell auch um Ereignisse, wo eine der beiden Größen geringer ausfällt. Wenn euer Projekt durch ein Risiko bedroht wird, handelt es sich um ein Projektrisiko. Ihr versucht, Risiken durch methodisches Vorgehen zu verringern. Beispiele für Projektrisiken sind:

- Nutzen des Projekts unklar, die Umgebung ändert sich
- Anforderungen ändern sich permanent, sind instabil
- Ihr habt in eurer Schätzung einiges unterschätzt und der verfügbare Aufwand reicht nicht aus
- Projektbesitzer (euer Sponsor) verlässt die Firma
- Grabenkampf zwischen Abteilungen oder zwischen AG/AN
- Kein Rückhalt im Management, z. B. wegen Umstrukturierung oder Strategieänderung
- Technik nicht rechtzeitig fertig (Release kommt nicht), Lieferant insolvent, Open-Source-Projekt aufgelöst
- Technik leistet nicht das Erwartete: Probleme mit Performance, Stabilität, Zuverlässigkeit, Sicherheit

Die Folgen für euer Projekt sind: Eure Software wird nicht oder nicht rechtzeitig fertig. Ihr überschreitet das Budget deutlich. Die gelieferte Qualität stimmt nicht mit den Anforderungen überein (z. B. Performance oder Stabilität stimmt nicht). Euer Produkt kann die geforderte Leistung nicht erbringen.

Eventuell könnt ihr Mehraufwand in beschränktem Umfang mit Überstunden und Arbeit am Wochenende ausgleichen. Dies geht aber nicht auf Dauer. Wenn ihr es übertreibt, wird die Situation eher schlimmer: Bei zu großer Wochenarbeitszeit sinkt die Produktivität, so Jeff Sutherland [Sut14].

5.10.1 Brainstorming der Risiken

Ein allgemeines Brainstorming der Risiken ist zwar immer hilfreich. Ihr solltet euch aber ein paar Ergebnisse, die wir schon erzielt haben, genauer ansehen und daraus Risiken ableiten. Diese sind in unserer Erfahrung immer Ursachen für gravierende Probleme.

Analyse des Umgebungsdiagramms
Wenn ihr nach Projektrisiken sucht, startet beim Umgebungsdiagramm (bzw. Kontextdiagramm) aus Abschn. 4.13. Ihr braucht zu jedem Nachbarsystem eine Schnittstelle. Das jeweilige Nachbarsystem entzieht sich vermutlich eurer Kontrolle, ihr müsst die Besitzer

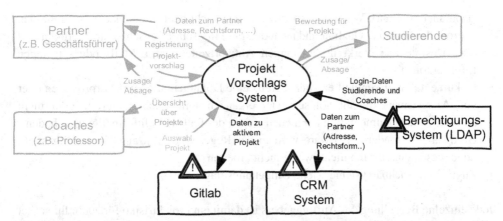

Abb. 5.25 Das Beispiel zeigt ein Umgebungsdiagramm, in dem die Nachbarsysteme hervorgehoben sind. Die Schnittstellen zu diesen Systemen stellen für euer Projekt besondere Risiken dar, mit denen ihr umgehen müsst

des Nachbarsystems um die Schnittstelle bitten. Damit ist diese ein großes Risiko für euch, weil diese eventuell

- aus politischen Gründen nicht verfügbar ist,
- zu spät geliefert wird,
- fehlerhafte Daten liefert,
- mehr kostet als geplant oder
- nicht die Qualitätsanforderungen erfüllt (Antwortzeiten, Durchsatz).

Die Schnittstellen müsst ihr mit den Besitzern vereinbaren und abstimmen. Damit ergeben sich aus jeder Schnittstelle Tickets für eure Planung, sowie Deadlines, bis wann diese zur Verfügung stehen müssen. Für jede Schnittstelle empfiehlt sich ein Proxy oder ein Adapter [Gam95] in eurer Architektur. Einen Mock oder Dummy [Mes07] solltet ihr ebenfalls implementieren, damit ihr testen könnt, ohne dass diese Schnittstellen zur Verfügung stehen. Abb. 5.25 zeigt ein erweitertes Umgebungsdiagramm.

Mitwirkungspflichten des Auftraggebers analysieren

Der Auftraggeber stellt euch neben den Schnittstellen zu den Nachbarsystemen eventuell weitere Dinge zur Verfügung. Auch diese können wie die Schnittstellen zu spät, gar nicht oder in nicht ausreichender Qualität geliefert werden. Zu den Mitwirkungspflichten, auch Beistellungen genannt, können gehören:

- Ansprechpartner: Damit ihr im Auftrag eine Software bauen könnt, braucht ihr jemanden, der euch die Anforderungen nennt. Möglicherweise müsst ihr fachlich anspruchsvolle Themen und Prozesse verstehen und braucht entsprechende Fachleute

(Domänenexperten). Wenn der Ansprechpartner nicht oder nur schlecht verfügbar ist, bedroht das Termine, Qualität und auch den Funktionsumfang. Schlechte Verfügbarkeit oder Desinteresse merkt ihr an langen Antwortzeiten auf E-Mails oder zu vagen Informationen.

- Dokumentation: Eventuell existiert bereits eine Dokumentation aus Vorprojekten oder von Altsystemen, die ihr ablösen oder ergänzen sollt. Nicht gelieferte oder nicht ausreichende Dokumentation kann euch wegen der fehlenden Informationen schaden.
- Hardware: Besondere Hardware wird in der Regel vom Auftraggeber bereitgestellt, ohne diese könnt ihr möglicherweise nicht arbeiten.
- Zugriff auf Nachbarsysteme (siehe Umgebungsdiagramm)

Jede einzelne Beistellung des Auftraggebers ist damit ein Projektrisiko für euch. Ihr solltet daher alle Beistellungen in einem eventuellen Angebot vermerken und ihr müsst Termine und Qualität entsprechend einfordern.

Stakeholder analysieren (Team-Kontext-Diagramm)

Alle Stakeholder können abhängig von ihrem Einfluss ein Risiko sein: Ihr versucht, für jeden Stakeholder den Grad seiner Unterstützung für das Projekt zu ermitteln. Grob teilen sich die Stakeholder dann in Befürworter und Gegner des Projekts auf. Gegner können euch in irgendeiner Form schaden. Eventuell findet ihr für die Gegner Maßnahmen, um diese zu Befürwortern zu machen. Es bietet sich an, für jeden Gegner ein (Risk-)Ticket zu erstellen und dort Maßnahmen, einzuplanen um diesen zu überzeugen.

Jedes Unternehmen hat eine gewisse Fluktuation, Mitarbeiter kündigen und neue werden eingestellt. Problematisch wird dies für euch, wenn euer Ansprechpartner plötzlich nicht mehr da ist und es keinen Nachfolger oder einen Nachfolger mit anderen Plänen gibt. Mit dem Ausfall von Befürwortern müsst ihr damit immer rechnen und darauf vorbereitet sein.

Wie auch das Umgebungsdiagramm liefert das Team-Kontext-Diagramm aus Abschn. 5.5.2 wertvolle Informationen zu Risiken. Ihr könntet beispielsweise für jede Information zwei mögliche Quellen suchen.

Risikofaktor: Product Owner

Häufig wird der Product Owner vom Auftraggeber gestellt und dieser steuert das Team vom Auftragnehmer oder sogar ein bunt zusammengewürfeltes Team verschiedener Lieferanten. Der Product Owner hat im Projekt die zentrale Verantwortung. Er entscheidet, welche Anforderungen in welcher Reihenfolge umgesetzt werden. Häufig wird ein Mitarbeiter einer Fachabteilung, der eigentlich genug mit seinem Tagesgeschäft zu tun hat, zum Product Owner ernannt. Er ist schließlich der Fachexperte, sie ist die Fachexpertin. Nun müsst ihr mit folgenden Problemen rechnen und euch Maßnahmen zu deren Minderung überlegen:

- Der Product Owner ist nicht ausreichend verfügbar, sondern in seinem Tagesgeschäft versunken.
- Der PO ist lange abwesend, wegen eines Urlaubs, einer längeren Geschäftsreise, einer Krankheit oder einer längeren Schulung.
- Der PO liefert Informationen zu spät, nicht in ausreichender Qualität oder reagiert nicht rechtzeitig auf eure Fragen.
- Der PO ist entscheidungsschwach und überlässt viele Details eurem Urteil.
- Ihr erhaltet Beistellungen vom Auftraggeber viel zu spät, weil sich der PO nicht darum gekümmert hat.
- Der PO hat keine ausreichenden fachlichen Kenntnisse, holt sich aber auch keine Hilfe.
- Der PO kann sich in seiner eigenen Organisation nicht durchsetzen, seine Entscheidungen werden von anderen Stakeholdern nicht akzeptiert.

Eine wichtige Gegenmaßnahme ist, dass ihr euch im Vertrag als Auftragnehmer die Verfügbarkeit vom PO zusichern lasst. Ihr braucht eigentlich einen PO, der zu 120 % verfügbar ist. Das bedeutet, dass es auch eine Vertretung während seines Urlaubs gibt oder, wenn er länger krank oder auf einer Schulung ist. Ihr solltet zweitens einen eigenen PO in eurem Team benennen, der dann die Schnittstelle und den Puffer zum PO des Auftraggebers darstellt.

Technologien analysieren: Durchstich und Spikes
Bei der von euch verwendeten Technik kann vieles schiefgehen und damit mehr Aufwand als vermutet kosten oder bestimmte Qualitätseigenschaften bedrohen. Bei neuen Technologien solltet ihr erstmal unterstellen, dass diese nicht wie geplant funktionieren. Jede neue Technologie und jede besondere Qualitätseigenschaft eures Produkts sind ein Risiko.

Für jede neue Technologie und jede besondere Qualitätseigenschaft müsst ihr zunächst beweisen, dass diese funktionieren. Dies tut ihr über einen technischen Durchstich, wie in Abschn. 16.12.1 beschrieben. Oder ihr führt ein kontrolliertes Experiment durch, indem ihr einen kleinen Prototypen baut. Dies ist ein *Spike*.

5.10.2 Risk-Board

Bei Projekten mit besonderen Risiken bietet es sich an, ein eigenes Taskboard für Risiken anzulegen und diese aktiver als sonst zu verfolgen und zu managen. Das Taskboard könnt ihr über ein eigenes Label in Gitlab darstellen. Jedes Risiko hat dann einen Verantwortlichen (assignee), der sich um das jeweilige Risiko kümmert. Die Maßnahmen, um die Eintrittswahrscheinlichkeit zu senken oder die Auswirkungen zu reduzieren, verwaltet ihr dann über das Ticket. Ein Risiko, das zum Impediment geworden ist, und Risiken, die ihr durch Maßnahmen irrelevant machen konntet, sind als Ticket dann einfach Closed. Die Abb. 5.26 zeigt ein eigenes Taskboard für die Risiken.

Abb. 5.26 GitLab: Ein eigenes Board zur Bearbeitung der Projektrisiken. Nach dem Risiko-Brainstorming werden die gefunden Risiken analysiert, bewertet und anschließend bewältigt

5.11 Projektdurchführung

Nun sind viele Vorarbeiten erledigt, die am Anfang eines Projekts dazu dienen, eine grobe langfristige Planung zu machen, die Auftraggeber/Auftragnehmer-Schnittstelle zu gestalten und aktiv mit Risiken umzugehen. Diese Vorarbeiten können vor Projektbeginn in der Definitions- und Planungsphase geschehen oder bereits im Rahmen von explorativen Sprints bzw. die Vorarbeiten sind die ersten Aufgaben auf eurem Kanban-Board.

Während der Durchführung eures Projekts arbeitet ihr kontinuierlich oder Sprint für Sprint das Product Backlog ab. Änderungen sind über die Pflege und Erweiterung des Product Backlogs jederzeit möglich.

Wenn ihr das Projekt agil durchführt, habt ihr mindestens zwei Strategien zur Auswahl: Scrum oder Kanban, sowie einige Mischformen. Wie entscheidet ihr jetzt, was ihr verwendet und worin liegen die Unterschiede?

5.11.1 Stabilität und Flexibilität

Bei der Durchführung des Projekts wollt ihr flexibel genug sein, um auf Änderungen reagieren zu können, aber stabil genug, sodass Ziele irgendwann auch erreicht werden und kein Frust wegen ständiger Kursänderungen entsteht. Zu viel Flexibilität endet leicht im Chaos und zu viel Stabilität in Erstarrung. Wie immer ist das Optimum irgendwo in der Mitte.

Die Lösung in Scrum für dieses Problem ist beispielsweise: Vor einem Sprint können alle Anforderungen nach Bedarf beliebig verändert werden, die Planung der folgenden Sprints ist flexibel. Während eines Sprints ist es untersagt, neue Anforderungen in den Sprint einzubringen oder eingeplante Anforderungen wesentlich zu verändern. Das sorgt für Stabilität. Scrum bearbeitet das Product Backlog in sinnvoll geschnittenen Portionen.

Kanban arbeitet dagegen kontinuierlich. Sobald auf dem Kanban-Board ein Platz in der ersten Spalte frei wird, kann grundsätzlich eine Aufgabe nachrücken. Im Beispiel in Abb. 5.27 hat die ‚To-do'-Spalte beispielsweise ein WIP-Limit von 10, daher könntet ihr zu den fünf Tickets noch weitere fünf einplanen.

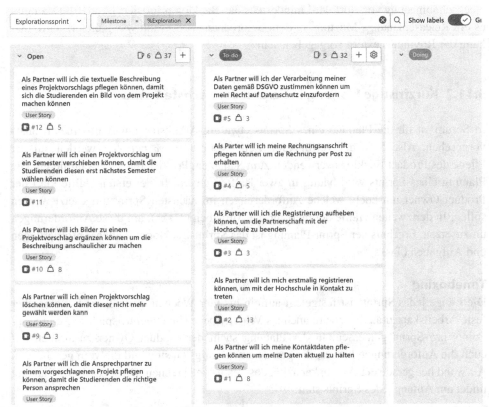

Abb. 5.27 GitLab: Das Sprint-Backlog besteht im einfachsten Fall aus einer Liste von Tickets mit User Storys, Spikes und Fehlern, die im Sprint bearbeitet werden sollen. Jedes Ticket enthält den Schätzwert in Story Points als *Weight*. Das erste Ticket mit der Nummer 7 hat beispielsweise 8 Story Points. GitLab summiert die Story Points der einzelnen Tickets. Der Sprint hat einen Umfang (Total Weight) von insgesamt 36 Story Points. Das Taskboard ist im Beispiel fest dem Sprint bzw. Meilenstein ‚Exploration' zugeordnet

Rhythmen in Scrum und Kanban

Feste Rhythmen erleichtern euch bei der Durchführung das Leben erheblich. Wenn es jeden Mittwoch eine Planungsrunde gibt, hat jeder Stakeholder diesen Termin fest in seinem Kalender stehen. Eine gewisse Routine tritt ein und vermittelt allen ein Gefühl von (Planungs-)Sicherheit.

Scrum gibt diese Rhythmen über die Sprints fest vor. Jeder Sprint ist genau gleich lang (Timebox). Am Anfang gibt es ein Planungsmeeting mit zwei Teilen (siehe unten) und am Ende des Sprints gibt es eine Demo, es wird geliefert und das Team reflektiert sein Vorgehen. Während des Sprints wird auch am Product Backlog gearbeitet (Backlog Refinement).

Kanban entkoppelt diese Rhythmen oder erlaubt es, auf Rhythmen zu verzichten und sich an externen Ereignissen zu orientieren. David Anderson schlägt ein wöchentliches

Nachschubmeeting vor, dort wird mindestens das Backlog priorisiert [And10]. Dazu gibt es ein Releaseplanungs-Meeting, in dem besprochen wird, wann was geliefert wird, hier kann der Rhythmus extern vorgegeben sein.

5.11.2 Kurzfristige Planung in Scrum: der nächste Sprint

In Scrum ist für die Planung eines Sprints etwa ein Arbeitstag innerhalb eines Monats vorgesehen. Also 5 % der verfügbaren Zeit. Weitere 10 % der Zeit werden auf die Pflege des Product Backlogs verwendet: zum Schätzen, Priorisieren und Detaillieren. Die Planung eines Sprints wird häufig in zwei Hälften geteilt: In der ersten Hälfte klärt der Product Owner mit euch, welche Anforderungen im nächsten Sprint umgesetzt werden sollen. In der zweiten Hälfte definiert ihr die Aufgaben (Tasks), um diese Anforderungen umzusetzen. Ergebnis der Sprint-Planung ist das Sprint-Backlog mit allen Anforderungen und Aufgaben (Tasks).

Timeboxing

Die Länge jedes Sprints ist festgelegt auf ein bis vier Wochen. Euer Team hat eine eher feste Arbeitskapazität, diese wird auch als Velocity bezeichnet und beispielsweise in Story Points pro Sprint gemessen. In der Planung sucht der Product Owner zusammen mit euch die Anforderungen heraus, die gerade am wichtigsten sind und die vom geschätzten Aufwand her gerade der Arbeitskapazität des Teams entsprechen. Diese taktische Planung findet am Anfang jedes Sprints statt.

Project Velocity als Planungsgrundlage

Grundidee ist folgende: Ihr teilt euer Projekt in gleich lange Sprints auf. Nach jedem Sprint messt ihr, wie viele Story Points bzw. wie viele ideale Personenstunden ihr geschafft habt: Nach jedem Sprint werden die *abgenommenen* Anforderungen (User Storys) betrachtet. Diese müssen die Definition of Done bestanden haben und vom Product Owner abgenommen worden sein. Dann zählen diese Anforderungen zum Ergebnis des Sprints, ihr summiert deren geschätzte Story Points bzw. die geschätzten idealen Personenstunden. Eure Geschwindigkeit (Velocity) ist die durchschnittliche Zahl der Story Points pro Sprint.

Mithilfe der Velocity (Geschwindigkeit) könnt ihr dann den nächsten Sprint planen: Nehmen wir an, ihr hättet in den letzten Sprints durchschnittlich 25 Story Points geschafft. Dann könnt ihr euch für den nächsten Sprint wieder Anforderungen im Umfang von 25 Story Points vornehmen. So könnt ihr auch ausrechnen, wie viele Anforderungen (Story Points) ihr in den nächsten Sprints umsetzen könnt. Alternativ könnt ihr mit zwei Geschwindigkeiten arbeiten, mit einer optimistischen und einer pessimistischen, wie dies in Abb. 5.23 vorgestellt wird. Urlaube und andere Ausfälle im Team verringern die mögliche Geschwindigkeit im nächsten Sprint.

Erstens: Sprint-Ziel

Am Anfang jedes Sprints findet in Scrum eine Planungsrunde statt. Der Product Owner wählt die Anforderungen aus, die er für den Moment am wichtigsten hält. Die Anforderungen sollten möglichst zusammengehörig sein und unter einer gemeinsamen Überschrift zusammengefasst werden können, dem Sprint-Ziel. Voraussetzung für diese Planung ist, dass ihr eure Sprint-Velocity kennt und dass die Anforderungen im Product Backlog geschätzt und priorisiert sind. Der Product Owner wählt vorzugsweise sehr detailliert definierte Anforderungen, da diese bereits gut verstanden sind und damit auch genauer geschätzt werden konnten (typischerweise ≤ 13 Story Points). Hierfür gibt es die Definition of Ready.

Ihr diskutiert die Anforderungen mit dem Product Owner so lange, bis ihr genau verstanden habt, was ihr im nächsten Sprint bauen sollt.

Zweitens Aufgabenplanung

Wenn feststeht, welche Anforderungen im nächsten Sprint umgesetzt werden, erstellt ihr dafür eine Aufgabenplanung. Eventuell sind zusätzliche Arbeiten zu erledigen oder die Anforderungen sind komplexer und müssen daher von mehreren Teammitgliedern parallel umgesetzt werden. Damit können aus einer Anforderung auch mehrere Aufgaben entstehen.

In der Aufgabenplanung entstehen eventuell Aufgaben, die unabhängig von den Anforderungen des Sprints sind. Eventuell sind Meetings zu organisieren, Infrastruktur ist zu beschaffen oder es fehlen noch allgemeine Testdaten. Auch solche Aufgaben solltet ihr in eurem Ticket-System nachvollziehbar dokumentieren, auch um in der nächsten Retrospektive oder am Projektende zu verstehen, wo ihr eure Arbeitsleistung investiert habt.

Die Aufgaben sollten möglichst unabhängig voneinander sein, sodass diese in beliebiger Reihenfolge bearbeitet werden können. Dennoch müsst ihr absichern, dass das Ergebnis stimmig ist. In Abb. 5.28 ist ein Beispiel für ein Ticket mit Teilaufgaben und Akzeptanzkriterien zu sehen, das Frontend- und Backend-Entwicklung enthält. Wenn ihr Frontend und Backend in unabhängige Aufgaben aufteilt, habt ihr zunächst keine Garantie, dass ihr während der Entwicklung beides sinnvoll aufeinander abstimmt. Backendfeatures ohne Frontend nutzen euch ebenso wenig wie Frontendfeatures ohne entsprechendes Backend. Ihr solltet daher Aufgaben definieren, die möglichst sowohl Frontend- wie auch Backend-Anteile enthalten. Dies ist in Abb. 5.29 zu sehen, Am Beispiel der User Storys 1, 2 und 4.

Um die Anforderungen und die Aufgaben (Tasks) beisammen zu halten, können in GitLab die Aufgabenlisten (Task Lists) verwendet werden (Abb. 5.28 und Abb. 5.30).

5.11.3 Kurzfristige Planung in Kanban

Grundsätzlich ist eine Schätzung und eine Priorisierung von Anforderungen immer sinnvoll. Der Auftraggeber braucht eine Vorstellung von Nutzen und den ungefähren

Abb. 5.28 Im Rahmen der Aufgabenplanung (Taskplanung) erstellt ihr aus den für den Sprint eingeplanten Anforderungen die Aufgaben (Tasks), beispielsweise als Tickets in GitLab. Achtet bei der Aufteilung darauf, dass gerade User Storys häufig einen Anteil in der grafischen Oberfläche am Client sowie einen Anteil am Anwendungskern im Backend haben. Damit die User Story abgenommen werden kann, müssen beide Anteile am Client und am Backend fertig sein. Beide Anteile sollten daher mit demselben Ticket geplant werden

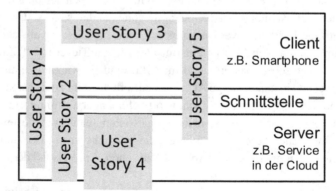

Abb. 5.29 GitLab: Da die Aufgaben den Anforderungen (User Storys) zugeordnet werden sollen, bietet es sich an, diese direkt in den entsprechenden Tickets zu erfassen, beispielsweise als Checkliste. Die Aufgaben können wie im Screenshot zu sehen, in Markdown-Syntax mit eckigen Klammern erfasst werden

Aufgaben (Tasks)

☐ JSX Teil-Formular für Postadresse erstellen
☐ JSX Teil-Formular für EMail und Telefon erstellen
☐ Plausiprüfungen integrieren über reguläre Ausdrücke
☐ Backend über RESTful WebService "Partner" bereitstellen
☐ Aufruf von Backend über Proxy in React implementieren
☐ Ergänzung des Datenbankschemas um die Kontaktdaten-Tabelle

Abb. 5.30 GitLab erstellt daraus eine Aufgabenliste (Task List). Mit dieser können fertiggestellte Teilaufgaben wie auf einer To-do-Liste abgehakt werden

Kosten, um zu entscheiden, ob die Anforderung überhaupt so gebaut werden sollte und wie dringend diese Anforderung ist. David Anderson schlägt dazu eine Art regelmäßiges Nachschubmeeting vor, in dem auch neue Anforderungen in das Backlog fließen.

Kanban ist eigentlich ein Ansatz zur Verbesserung bestehender Prozesse. Daher sind die Vorgaben aus der Literatur sehr flexibel. David Anderson beschreibt, dass es ein regelmäßiges Planungs- und Priorisierungsmeeting geben sollte, möglichst mit den wichtigsten Stakeholdern [And10], er macht aber keine besonderen Vorgaben dazu. Anderson gibt aber auch ein Beispiel mit sehr feinteiliger Planung: Sie arbeitet auf der Ebene von Tickets bzw. Anforderungen: Auf dem Kanban-Board werden die Tickets von links nach rechts Spalte für Spalte verschoben. Ist in einer Spalte ein Platz frei, kann nach dem Pull-Prinzip ein Ticket nachrücken. So entstehen kontinuierlich am Anfang des Boards freie Plätze. Für jeden freien Platz wird entschieden, welches Ticket dann nachrücken darf, eine Portionierung wie in Scrum erfolgt nicht. Der kontinuierliche Fluss ist wichtig.

5.11.4 Tägliche Koordination

Wie schon in Abschn. 3.3.6 beschrieben, ist es sinnvoll, dass ihr euch unabhängig vom Vorgehensmodell als Team einmal täglich koordiniert. In vielen agilen Methoden findet sich diese Idee des Daily Standup Meetings. Es dient dazu, dass alle Teammitglieder wissen, woran gerade gearbeitet wird, um sich gegenseitig zu unterstützen und die Zusammenarbeit für den Tag zu besprechen. Hindernisse werden gemeinsam aus dem Weg geräumt. Scrum begrenzt die Dauer des Dailys auf 15 Minuten.

Hindernisse und Probleme

Hindernisse (Impediments), welche die Arbeit behindern oder sogar blockieren, werden während des Dailys genannt, aber noch nicht im Detail besprochen. Eventuell kann die Behebung an den Scrum Master delegiert werden oder das Team überlegt gemeinsam Lösungsmöglichkeiten. Kanban nennt dies Swarming [And10]. Eventuell findet nach dem Daily dazu ein gesondertes längeres Anschlussmeeting statt.

Hindernisse sind beispielsweise hartnäckige Fehler, deren Ursache ein Teammitglied alleine gerade nicht finden kann. Oder bestimmte Arbeiten sind blockiert, weil Zulieferungen wie Logins in Nachbarsysteme, Softwarekomponenten oder bestimmte Informationen fehlen.

Es bietet sich an, für jedes Hindernis ein Ticket in GitLab oder eine Haftnotiz auf einem Whiteboard (öffentliches Impediment Backlog) zu erstellen. In GitLab könntet ihr die Impediments über ein eigenes Taskboard verwalten (mit To-do, Doing und Done). Das Hindernis hat dann einen Verantwortlichen, der sich federführend um die Beseitigung des Hindernisses kümmert. Eventuell könnt ihr auch den Scrum Master dafür einspannen. Es ist ein Missverständnis, dass der Scrum Master für die Beseitigung aller Hindernisse verantwortlich ist.

5.11.5 Backlog Refinement und Nachschubmeeting

Für die Pflege des Product Backlogs sieht der Scrum Guide 10 % der Arbeitszeit vor. Bei fünf Arbeitstagen ist das ein halber Tag, also gut 4 Stunden. Das Backlog wird vom Product Owner und dem Entwicklungsteam gemeinsam bearbeitet. Kanban schlägt ein in der Regel wöchentliches Nachschubmeeting vor. Mit einer intensiven Zusammenarbeit sorgt ihr dafür, dass ihr genau versteht, was sich der PO und die Stakeholder, die er vertritt, wünschen. Zum Refinement gehört folgendes:

- Erstellung neuer User Storys und Epics sowie deren Dokumentation.
- Verfeinerung der Epics und User Storys, deren Umsetzung näher rückt. Aufteilung von Epics und User Storys in mehrere kleinere Storys (Splitting). Die Zusammenstellung und Rekombination von User Storys zu anders geschnittenen Storys ist ebenfalls möglich. Dies wird in Kap. 13 noch genau dargestellt.
- Entfernung von als unwichtig erkannten Epics und User Storys. Denkbar ist hier sogar ein Verfallsdatum, beispielsweise nach 6 bis 12 Monaten, und damit Löschung aus dem Backlog.
- Ergänzung von Informationen, beispielsweise weitere Akzeptanzkriterien, Testfälle oder Einschränkungen (Constraints). Präzisierung der Anforderungen im Product Backlog.
- Aktualisierung der Schätzung und der Priorisierung auf der Grundlage neuer Informationen.
- Aktualisierung der Struktur des Product Backlogs, beispielsweise durch anders geschnittene Releases.

5.11.6 Fehlermanagement

Während des laufenden Projekts werden immer wieder Fehler gefunden, die nicht immer sofort behoben werden können. Wenn euer Produkt bereits in Produktion ist, werden auch dort Fehler auftreten. In der kurzfristigen Planung und im laufenden Sprint muss der PO gemeinsam mit euch den Triage-Prozess für diese Fehler durchführen. Ihr müsst für jeden Fehler zwischen folgenden Alternativen entscheiden:

1. Der Fehler ist dringend, da beispielsweise bestimmte wichtige Features eures Produkts nicht benutzt werden können. Ihr müsst diesen sofort beheben und eventuell müsst ihr eure Sprint-Planung entsprechend anpassen bzw. das Fehlerticket bevorzugt behandeln.
2. Der Fehler kann auch später behoben werden, da es beispielsweise einen Workaround gibt oder er in einem selten genutzten Feature auftritt. Ihr dokumentiert den Fehler im Product Backlog und plant die Behebung später ein.
3. Der Fehler ist bestenfalls mit Komfortverlust verbunden und ihr dürft diesen ignorieren.

Henrik Kniberg und Jeff Sutherland schlagen vor, gefundene Fehler sofort zu reparieren [Sut14, Kni11]. Ziel ist es damit, ein fehlerfreies Produkt zu liefern. Damit sind weniger Nacharbeiten erforderlich. Wenn Fehler sofort behoben werden, haben die Entwickler in der Regel noch mehr Kontextwissen im Kopf, da sie ja gerade noch an der Stelle gearbeitet haben. Wenn der Fehler eventuell erst viel später behoben wird, muss dieses Kontextwissen erst mühsam wieder gewonnen werden. Jeff Sutherland berichtet von einer Erfahrung bei Palm: Das verzögerte Beheben von Fehlern hat etwa 24 mal so lange gedauert wie die sofortige Reparatur [Sut14].

Probiert für euer Projekt aus, wie ihr am besten mit gefundenen Fehlern umgehen wollt. Ihr könnt diese sofort beheben, ohne besonderen Verwaltungsprozess, oder ihr könnt diese als Ticket erfassen und den oben beschriebenen Triage-Prozess durchführen.

Die Zahl der Fehler in eurem Produkt sowie deren Zuwachs über die Zeit gibt euch Informationen zur Steuerung des Projekts. Steigt die Fehlerzahl, destabilisiert sich eventuell eure Software und ihr müsst mehr Zeit für die Reparatur dieser Fehler aufwenden. Sinkt die Fehlerzahl, stabilisiert sich eure Software oder ihr testet zu wenig, bzw. euer Produkt wird eventuell nicht in dem geplanten Umfang eingesetzt.

5.12 Fortschrittskontrolle

Im Rahmen der Fortschrittskontrolle stellt ihr fest, ob sich das Projekt in dem Rahmen bewegt, den ihr geplant habt. Vier Fragen drängen sich auf, wenn ihr euch das Teufelsquadrat von Harry Sneed vor Augen führt:

1. Ist der Liefertermin noch zu halten? Wenn nein, so muss das rechtzeitig den wichtigsten Stakeholdern mitgeteilt werden, damit diese sich darauf einstellen und entsprechend reagieren können. Eventuell warten anschließende Projekte auf eure Ergebnisse.
2. Bleibt das Projekt im geplanten Budget? Überschreitungen des Budgets können beispielsweise bei Festpreisprojekten zu Verlusten des Auftragnehmers führen. Darauf sollte der Auftragnehmer rechtzeitig reagieren und z. B. den Verlust bewusst akzeptieren, nachverhandeln oder das Projekt abbrechen.
3. Schafft ihr die marktübliche Qualität? Eventuell habt ihr wegen des Zeitdrucks hohe technische Schulden und viele Programmierfehler angehäuft, die ihr zunächst durch Konsolidierung abtragen müsst. Das stellt wiederum Liefertermin und Budget infrage.

Eventuell kennt ihr die aktuelle Qualität eures Produkts nicht, da ihr noch nicht ausreichend testen konntet.

4. Könnt ihr alle gewünschten Anforderungen bis zum Liefertermin umsetzen? Möglicherweise sind bestimmte Anforderungen nicht mehr zu schaffen. Eventuell könnt ihr mit dem Auftraggeber bestimmte Anforderungen auf die nächste Iteration oder das nächste Release verschieben. Denkbar ist auch, gewisse Anforderungen zu streichen.

Die Kontrolle erfolgt auf der Grundlage der geplanten Aufgaben (Tasks) und in Bezug auf den Releaseplan. Damit wollt ihr Fehlentwicklungen schnell erkennen und abstellen und früh in der Lage sein, den Auftraggeber über Probleme zu informieren.

5.12.1 Nur fertig ist fertig!

Anforderungen im Product Backlog oder in Lasten- und Pflichtenheft sind ein Problem, denn Papier ist geduldig. Wenn die Zeit zur Anforderungsanalyse knapp wird, kann das über vage bzw. abstrakt aufgeschriebene Anforderungen ‚behoben' werden. Auch ein uninformierter Product Owner kann hier in der Zusammenarbeit zu unkonkret bleiben, sodass es später Beschwerden der anderen Stakeholder gibt. Diese vagen Anforderungen werden dann unterschätzt, da wichtige (aufwendige) Details weggelassen wurden. Anforderungen im Product Backlog müssen daher bestimmte Eigenschaften haben, die in der Definition of Ready (DoR) beschrieben werden. Eine gute Anforderung in agilen Projekten erfüllt die INVEST-Kriterien (Independent, Negotiable, Valuable, Estimable, Small, Testable), diese werden in Kap. 13 beschrieben.

Der Definition of Done (DoD) kommt bei der Fortschrittskontrolle eine entscheidende Bedeutung zu! Sie legt fest, wann ihr als Team Aufgaben für erledigt (done) anseht. Die DoD fordert beispielsweise einen umfassenden automatisierten Test, dass die Build-Pipeline läuft und dass ein Code-Review stattgefunden hat. Wenn ihr euch an die DoD haltet, sind als fertig markierte Aufgaben bzw. Anforderungen tatsächlich fertig und es sind keine oder nur wenige Nacharbeiten erforderlich. Wenn ihr euch strikt an die selbst auferlegten Regeln der DoD haltet, habt ihr ein echtes Fortschrittsmaß, nämlich die laufende Software und die darin umgesetzten Anforderungen.

5.12.2 Scrum: Burndown Charts

Ein Burndown Chart wird in Scrum verwendet zur Fortschrittskontrolle: Die idealen Personenstunden bzw. Story Points, die für den Sprint eingeplant sind, werden auf der Y-Achse eingetragen. Die X-Achse stellt die Zeit dar. Von Tag zu Tag zu Tag werden jeweils die abgenommenen Anforderungen (User Storys) abgetragen.

Wenn kein Fortschritt erzielt wurde, verläuft der Chart parallel zur X-Achse. Sobald eine Anforderung abgenommen wurde und deren Definition of Done erfüllt ist, wird der verbleibende Aufwand auf der Y-Achse um die idealen Personenstunden bzw. Story Points

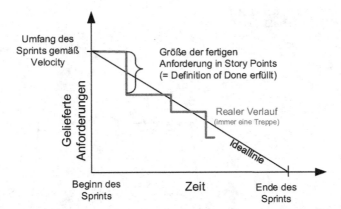

Abb. 5.31 Die Abbildung zeigt einen idealen Burndown Chart, die Anforderungen werden entlang der Ideallinie kontinuierlich abgearbeitet

der Anforderung reduziert. So ergibt sich eine Treppenfunktion, die im idealen Fall zum Sprint-Ende genau die X-Achse schneidet. Ein derartiger Burndown Chart ist in Abb. 5.31 dargestellt. Die Treppenfunktion kommt dadurch zustande, dass nur für abgenommene Anforderungen, die die DoD erfüllen, jeweils die eingeplanten Story Points oder idealen Personenstunden abgezogen werden. Es ist wichtig darauf zu achten, dass es entweder nicht-fertige Anforderungen gibt oder ganz fertige, halbfertig gibt es nicht.

Der Burndown Chart wäre überflüssig, wenn dieser immer einen idealen Verlauf hätte. Wenn beispielsweise der Chart sehr lange parallel zur X-Achse verläuft, bedeutet das, dass Anforderungen über einen längeren Zeitraum nicht fertiggestellt werden. Ursache kann ein nicht verfügbarer Product Owner genauso sein wie technische Schwierigkeiten. Hier muss das Team reagieren und die Ursachen abstellen.

Die Abb. 5.32 zeigt einen Verlauf, der für studentische Projekte am Anfang typisch ist. Die Anforderungen und die entsprechenden Tickets klären sich erst im Laufe der ersten Sprints. Der Chart zeigt, dass während des Sprints noch vieles dazu kommt. Das widerspricht eigentlich einem Grundsatz von Scrum.

5.12.3 Kanban: Cumulative Flow Diagram

Kanban beachtet und optimiert andere Größen in der Projektkontrolle als Scrum. Wichtig ist besonders die durchschnittliche Zeit für die Bearbeitung einer Anforderung von ihrer ersten Erfassung bis zur Lieferung (Lead Time, Vorlaufzeit). Zweitens wird gemessen, wie lange an der Anforderung tatsächlich gearbeitet wird (Zykluszeit, Cycle Time). Beide Zeiten sollten möglichst gering sein: Je kürzer die Vorlaufzeit, desto schneller könnt ihr auf Kundenwünsche reagieren. Je kürzer die Zykluszeit, desto effizienter arbeitet ihr im Entwicklungsteam. Eine Visualisierung dazu ist das Cumulative Flow Diagram (CFD) (Abb. 5.33).

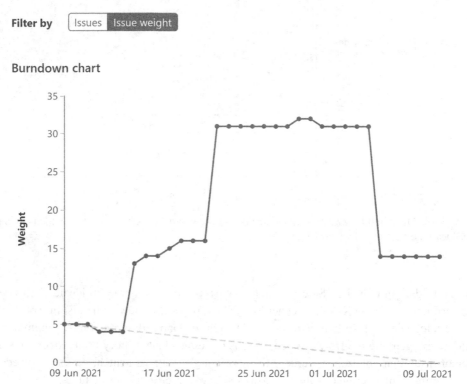

Abb. 5.32 Der Screenshot zeigt einen Burndownchart aus GitLab. Es ist klar zu sehen, dass es keine saubere Sprint-Planung gab und dass während des Sprints noch neue Tickets aufgenommen wurden

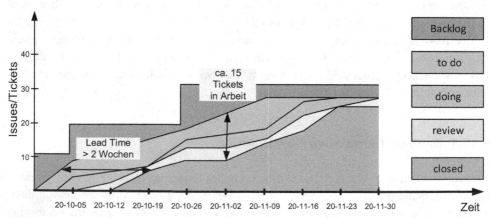

Abb. 5.33 Das Cumulative Flow Diagram (CFD) zeigt, wie viele Tickets (Tasks, Issues) sich zu jedem Zeitpunkt in jeder Spalte des Taskboards befinden. Am CFD kann abgelesen werden, wie viele Tickets gerade in Arbeit sind und auch ob in bestimmten Spalten beispielsweise die Zahl der Tickets stark zunimmt oder ständig abnimmt. Auch die mittlere Lead Time als Zeit zwischen Arbeitsbeginn und Fertigstellung kann gut abgelesen werden

Das CFD stellt die Zeit auf der X-Achse dar und auf der Y-Achse die Zahl der gesamten Tickets zu jedem Zeitpunkt. Die Tickets in verschiedenen Spalten des Kanban-Boards werden in unterschiedlichen Farben visualisiert. Die Tickets zu einem Zeitpunkt werden beginnend mit den fertigen Tickets von unten nach oben quasi gestapelt. Das Diagramm sieht so irgendwann wie eine ansteigende Bergflanke aus und der Sockel mit den fertigen Tickets wird immer größer. Leider werden CFDs von GitLab gerade (Anfang 2022) noch nicht unterstützt.

5.12.4 Regelmäßig liefern

In Scrum gebt ihr im Sprint-Review-Meeting für den Product Owner und andere interessierte Stakeholder eine Demonstration der fertiggestellten Anforderungen. In diesem Meeting erhaltet ihr (hoffentlich) ausführliches Feedback zu euren Ergebnissen. Damit ist dieses Meeting ein ganz wesentliches Kontrollinstrument im Verlauf eines nach Scrum durchgeführten Projekts. Denn ihr überprüft am laufenden Produkt den aktuellen Fertigstellungsgrad. Laufende Software ist euer einziges relevantes Fortschrittsmaß.

Abhängig vom Vertragstyp könnten im Sprint-Review auch Abnahmen, wie in Werkverträgen üblich, stattfinden. Sodass ihr danach eine Rechnung stellen könnt.

Ein Warnsignal ist, wenn ihr für viele Anforderungen keine Abnahme erhaltet und diese Nacharbeiten erfordern. Möglicherweise müsst ihr an der Kommunikation mit dem Product Owner arbeiten oder dieser muss die Zusammenarbeit mit den anderen Stakeholdern optimieren.

5.12.5 Kontinuierliche Verbesserung

Ihr kontrolliert und hinterfragt in jeder agilen Methode in regelmäßigen Abständen eure interne Organisation, eure Werkzeuge, eure Teamkultur, die Schnittstelle zum Auftraggeber und euer Vorgehen insgesamt. Dies geschieht in Retrospektiven. In Scrum am Ende jedes Sprints. Über die Retrospektiven verbessert ihr euer Vorgehen und werdet möglichst kontinuierlich produktiver.

5.13 Projektabschluss

5.13.1 Abnahme bei Werkverträgen

Ein Teil des Projektabschlusses ist die endgültige Abnahme durch den Auftraggeber. Hierzu stellt ihr diesem die finale Version eurer Software in der im Vertrag festgelegten Umgebung bereit, eure Software wird beim Auftraggeber installiert. Die Umgebung sollte der Produktivumgebung möglichst ähneln, damit der Auftraggeber nach der Abnahme dort keine Überraschungen erlebt. Der Auftraggeber führt dann mit eurer Unterstützung die eigentliche Abnahme durch. Dazu spielt er eventuell (anonymisierte) Produktivdaten ein, führt fachliche Tests, Lasttests und eventuell Tests der IT-Sicherheit durch. Werden dabei keine gravierenden Mängel gefunden, erhaltet ihr die Abnahme. Dann könnt ihr die letzte Rechnung stellen. Gefundene Mängel müsst ihr im Rahmen der Gewährleistung auf eure Kosten beheben. Details zur Abnahme beschreiben wir in Abschn. 6.3.2.

Wenn ihr lediglich einen Dienstvertrag abgeschlossen habt, d. h. ihr habt lediglich Personal ausgeliehen, ist vertraglich keine Abnahme vorgesehen.

5.13.2 Nachkalkulation

Wenn der Auftraggeber bezahlt hat, könnt ihr eine Nachkalkulation anstellen. Wie viel Aufwand habt ihr für das Projekt eingeplant und wie viel Aufwand hat es tatsächlich gekostet? Damit könnt ihr euren Gewinn oder Verlust aus dem Projekt berechnen und eventuell Rückstellungen für die Gewährleistung bilden.

Eventuell macht ihr systematische Schätzfehler oder unterschätzt systematisch bestimmte Themen, beispielsweise weil ihr die Wahrscheinlichkeiten bei Risiken zu gering einschätzt.

5.13.3 Wissen erhalten

Zum Abschluss des Projekts müsst ihr euer gelerntes Wissen absichern. Hierzu bietet sich eine Retrospektive über das gesamte Projekt an. In dieser besprecht ihr als Team, was ihr für das nächste Projekt beibehaltet und was ihr ändern würdet. Auch die durchgeführte Nachkalkulation ist für die Retrospektive wertvoll.

Das erworbene Wissen über Technologie und Organisation wird beispielsweise in Form eines Wikis aufgearbeitet. Möglicherweise setzen nachfolgende Projekte auf dieser Technologie auf oder andere Teams arbeiten für denselben Auftraggeber weiter. Möglicherweise habt ihr im Projekt zu bestimmten Stakeholdern eine gute Beziehung aufgebaut, die ihr erhalten solltet, z. B. durch regelmäßige Telefonate oder Einladungen zu euren Unternehmensveranstaltungen.

5.13.4 Abschlussfeier

Das menschliche Gedächtnis speichert die Dauer von Ereignissen normalerweise nicht ab. Für euer Gedächtnis ist es also unerheblich, ob das Projekt zwei Wochen oder fünf Monate gedauert hat [Kah12]. Das Gedächtnis speichert extreme positive oder negative Ereignisse sowie das Ende ab. Wenn das Ende des Projekts von allen Beteiligten gemerkt wird, solltet ihr dieses positiv gestalten. Hierzu bietet sich eine Feier, eine Abschlussfahrt oder ein schöner Workshop an, eventuell kombiniert mit der Retrospektive.

Eine Feier ist eine gute Gelegenheit, noch mal besondere Leistungen zu erwähnen, alle Beteiligten ausdrücklich zu loben und auch die sozialen Beziehungen zwischen den Teammitgliedern noch mal zu unterstützen, denn eventuell wird das Team nach dem Projekt aufgelöst.

Cliffhanger kennt ihr aus Fernsehserien: Eine Folge endet an einer sehr spannenden Stelle und ihr müsst bis zur nächsten Folge aushalten, bis die Spannung wieder aufgelöst wird. Offene und unerledigte Themen werden im Gedächtnis wie Cliffhanger verarbeitet: Sie belegen Speicherplatz bzw. beschäftigen euch immer mal wieder. Ein definiertes Ende eines Projekts mit einer Feier oder einem anderen Ereignis wirkt diesem Cliffhanger-Effekt entgegen, was auch dazu führt, dass ihr über die Projektinhalte nicht mehr lange nachdenkt, um Raum für neue Projekte zu schaffen.

5.14   Schnelles Lernen

5.14.1 Verschwendungsliste

Die Idee, sich mit Verschwendung zu befassen, stammt aus dem Toyota Production System [Ohn88]. Sie wurde von Mary und Tom Poppendieck auf Softwareentwicklungs-Projekte übertragen [Pop03].

Als Verschwendung können wir beispielsweise den Bau nicht verwendeter Features in der Software verstehen. Oder Meetings, die ohne Ergebnis abgeschlossen werden, überflüssige Dienstreisen sowie Dokumentationen, die niemand liest. Wenn wir diese Verschwendungen abstellen, können wir schneller einen Kundenwunsch in laufende Software übersetzen und insgesamt zufriedener arbeiten. Niemand arbeitet gerne für den Papierkorb, das frustriert jeden.

Im Lean Development [Pop03] wird versucht, Verschwendung systematisch zu identifizieren und abzustellen. Dafür gibt es Techniken und Metriken, welche Verschwendung sichtbar machen. Die Tab. 5.9 zeigt links die Verschwendungen nach Taiichi Ohno sowie rechts die Übertragung von Mary und Tom Poppendieck.

Legt euch ein öffentlich zugängliches Whiteboard oder eine Wiki-Seite zu, in der ihr erkannte Verschwendungen sammelt. Hier finden sich die überflüssigen Meetings oder unsinnige Dienstreisen. Die Verschwendungsliste diskutiert ihr in jeder Retrospektive und versucht, die Verschwendungen abzustellen. Speziell nach der ersten und der zweiten Produktivsetzung bzw. Lieferung eures Produkts werden sich hier viele Einträge ergeben, von zu vielen Fehlern, die euch durchgerutscht sind, bis zu Reibungsverlusten mit dem IT-Betrieb.

Tab. 5.9 Mary und Tom Poppendieck haben die sieben Formen der Verschwendung aus dem Toyota Production System auf Softwareentwicklungs-Projekte übertragen [Pop03]

Produktion	Softwareentwicklung
Überproduktion (over-production)	Überflüssige Features
Materialbestände (in-Process Inventory)	Unfertige Features
Transporte und Laufwege (transportation)	Übergabe der Arbeit an andere
Umständliche Bearbeitung (extra processing)	Erneutes Einarbeiten, überflüssige Prozessschritte
Umständliche Bewegungen (motion)	Multitasking, mehrere Aufgaben gleichzeitig
Wartezeiten (waiting)	Verzögerungen
Nacharbeiten (rework)	Nacharbeiten durch Fehler

Literatur

[Adz14]   Adzic G, Evans D (2014) Fifty Quick Ideas to Improve Your User Stories. Neuri Consulting LLP

[Alb79]   Albrecht AJ (1979) Measuring Application Development Productivity. In: Proc. of IBM Application Development Symp, S 83–92

[And10]   Anderson DJ (2010) Kanban: Successful Evolutionary Change for Your Technology Business. Blue Hole Press

[Ber03]   Berry DM, Kamsties E, Krieger MM (2003) From Contract Drafting to Software Specification: Linguistic Sources of Ambiguity – A Handbook Version 1.0. Techn. Ber., University of Waterloo, Canada

[Bro13]   Broy M, Kuhrmann M (2013) Projektorganisation und Management im Software Engineering. Xpert.press. Springer

[Ern20]   Ernst H, Schmidt J, Beneken G (2020) Grundkurs Informatik: Grundlagen und Konzepte für die erfolgreiche IT-Praxis – Eine umfassende, praxisorientierte Einführung, 7. Aufl. Springer

[Gam95]   Gamma E, Helm R, Johnson R, Vlissides J (1995) Design Patterns: Elements of Reusable Object-oriented Software. Addison-Wesley

[Glo11]   Gloger B (2011) Scrum: Produkte zuverlässig und schnell entwickeln. Hanser

[Hin16]   Hindel B, Hörmann K, Müller M, Schmied J (2016) Basiswissen Software-Projektmanagement, 3. Aufl. iSQI-Reihe. dpunkt.verlag

[Hsi16]   Hsieh T, Klein K (2016) Delivering Happiness: Wie konsequente Kunden- und Mitarbeiterorientierung einzigartige Unternehmen schaffen. Business Plus

[ISO09]   ISO/IEC (2009) 20926:2009 Software and systems engineering – Software measurement – IFPUG functional size measurement method. ISO/IEC

[Jef01]   Jeffries R, Anderson A, Hendrickson C (2001) Extreme Programming installed. Addison-Wesley

[Kah12]   Kahneman D (2012) Schnelles Denken, langsames Denken. Siedler Verlag

[Kim19]   Kim G (2019) The Unicorn Project: A Novel about Developers, Digital Disruption, and Thriving in the Age of Data. IT Revolution Press

[Kni11]   Kniberg H (2011) Lean from the Trenches: Managing Large-Scale Projects with Kanban. Pragmatic Bookshelf

[Lar16]   Larsen D, Nies A (2016) Liftoff: Start and Sustain Successful Agile Teams, 2. Aufl. Pragmatic Bookshelf

[Mes07]   Meszaros G (2007) xUnit Test Patterns: Refactoring Test Code. Addison-Wesley

[Ohn88]   Ohno T (1988) Toyota Production System: Beyond Large-Scale Production. Taylor & Francis

[Pat14]   Patton J, Economy P (2014) User Story Mapping: Discover the Whole Story, Build the Right Product. O'Reilly

[Pic10]   Pichler R (2010) Agile Product Management with Scrum: Creating Products That Customers Love. Addison-Wesley

[Pop03]   Poppendieck M, Poppendieck T (2003) Lean Software Development: An Agile Toolkit. Agile Software Development Series. Addison-Wesley

[Rei09]   Reinertsen D (2009) The Principles of Product Development Flow: Second Generation Lean Product Development. Celeritas

[Rie11]   Ries E (2011) The Lean Startup: How Today's Entrepreneurs Use Continuous Innovation to Create Radically Successful Businesses. Crown Business

[Roo21]   Roock S, Wolf H (2021) Scrum verstehen und erfolgreich einsetzen, 3. Aufl. dpunkt.verlag

[Roy70]   Royce WW (1970) Managing the development of large software systems: concepts and techniques. In: Proceedings of IEEE WESTCON. IEEE Press

[Rup14]   Rupp C (2014) Requirements-Engineering und -Management: Aus der Praxis von klassisch bis agil, 6. Aufl. Hanser Verlag

[Sie02]   Siedersleben J (Hrsg) (2002) Softwaretechnik: Praxiswissen für Softwareingenieure, 2. Aufl. Hanser Verlag

[Sne10]   Sneed H, Seidel R, Baumgartner M (2010) Software in Zahlen: Die Vermessung von Applikationen. Hanser-Verlag

[Sut13]   Sutherland J, Schwaber K (2013) The Scrum Guide: The Definitive Guide to Scrum – The Rules of the Game. http://www.scrumguides.org

[Sut14]   Sutherland J, Sutherland J (2014) Scrum: The Art of Doing Twice the Work in Half the Time. Crown Publishing Group

[Tim17]   Timinger H (2017) Modernes Projektmanagement: Mit traditionellem, agilem und hybridem Vorgehen zum Erfolg. Wiley

[V-M14]   V-Modell XT (2014) Version 1.4. http://www.v-modell-xt.de

[Wir17]   Wirdemann R (2017) Scrum mit User Stories, 3. Aufl. Hanser Verlag

Angebot und Vertrag

Projekte gehen immer mal wieder schief, ihr habt euch verkalkuliert oder es gibt Streit zwischen euch und dem Auftraggeber aus irgendwelchen Gründen. Speziell für solche Fälle ist es wichtig, dass ihr einen passenden Vertrag mit dem Auftraggeber habt, sodass sich alle Differenzen dort fair regeln lassen.

Viele Diskussionen im Bereich der agilen Softwareentwicklung sind erst dann verständlich, wenn ihr euch mit dem Thema Verträge beschäftigt. Eine formale Abnahme von Software gibt es beispielsweise nur dann, wenn ihr einen Werkvertrag mit einem Auftraggeber abgeschlossen habt. Werkverträge sind ein Grund, warum häufig noch Wasserfall-artig gearbeitet wird, da diese eine Beschreibung der zu liefernden Leistung enthalten (Lastenheft). Jede Änderung der Leistung ist eine Vertragsänderung. Das müsst ihr irgendwie mit agilem Vorgehen in Einklang bringen, das auch häufige Änderungen leicht möglich macht.

Achtung: Wir sind keine Juristen. Dieses Kapitel haben wir sorgfältig nach bestem Wissen und Gewissen erstellt und aus verschiedenen Quellen zusammengetragen, da ein Grundverständnis dieser Themen für euch wichtig ist.

6.1 Ihr seid Urheber

Wir müssen hier einige Worte zum Thema Urheberrecht und zu weiteren juristischen Themen verlieren: Wenn ihr mit Softwareentwicklung Geld verdienen wollt, müssen wir die Frage klären, wer euch wofür genau Geld bezahlt. Mit der Entwicklung von Software erzeugst du alleine oder ihr im Team geistiges Eigentum. Rechte zur Nutzung dieses Eigentums könnt ihr gegen Geld einräumen oder mithilfe eurer Software auf andere Art Umsatz erwirtschaften, beispielsweise durch Vermietung.

© Springer Fachmedien Wiesbaden GmbH, ein Teil von Springer Nature 2022   231
G. Beneken et al., *Grundkurs agiles Software-Engineering*,
https://doi.org/10.1007/978-3-658-37371-9_6

6.1.1   Nutzungsrechte und Lizenz

Grundsätzlich gilt, dass du (Mit-)Urheber von allen von dir erstellten Dokumenten, Wiki-Seiten, Oberflächenskizzen oder Quelltexten bist. Das ist in Deutschland im Urheberrechtsgesetz (UrhG[1]) geregelt. Ihr habt das Urheberrecht, wenn es sich um eine *eigene geistige Schöpfung* handelt. Das Urheberrecht ist ein Persönlichkeitsrecht und hängt jeweils an dir persönlich bzw. deinen Teammitgliedern, es erlischt erst 70 Jahre nach eurem Tod (§64 UrhG).

Die §§69a ff. UrhG schützen Computerprogramme in jeder konkreten Ausgestaltung, also die Quelltexte, den Objektcode und auch das Entwurfsmaterial. Die im Programm implementierte Idee ist dagegen nicht geschützt, dies ist eventuell über ein Patent möglich. Wenn ihr die Software mit eurer neuen Idee bei einer Firma beauftragt, solltet ihr eine Geheimhaltungsvereinbarung abschließen, um eure Ideen zu schützen. Urheberrechtsschutz bedeutet, dass ihr als Urheber zustimmen müsst, wenn andere Personen eure Ergebnisse verwenden. Ihr könnt dies über einen Vertrag erlauben. Der Vertrag kann auch mündlich oder per E-Mail geschlossen werden. Mit dem Vertrag räumt ihr einzelne Rechte zur Nutzung an eurem geistigen Eigentum ein. Hier können verschiedene Nutzungsarten unterschieden werden, wie die Veröffentlichung auf verschiedenen Medien, das Erstellen von Kopien, das Verändern, der Verkauf oder die einfache Anwendung der Ergebnisse. Gestatten könnt ihr im Einzelnen (§69c UrhG):

- die dauerhafte oder vorübergehende Vervielfältigung (selbst das Laden in den Arbeitsspeicher gilt bereits als Vervielfältigung)
- die Übersetzung und die Bearbeitung
- jede Form der Verbreitung, einschließlich der Vermietung
- öffentliche Zugänglichmachung und öffentliche Vorführung

Diese Rechte könnt ihr örtlich oder zeitlich einschränken, örtlich beispielsweise auf die Nutzung auf einer bestimmten CPU oder in einem bestimmten Land oder zeitlich beispielsweise über einen bestimmten Zeitraum wie etwa ein Jahr.

Wenn du alleine arbeitest und mit niemandem einen Vertrag hast (auch keinen Arbeitsvertrag), besitzt du alle Rechte alleine und niemand anderes darf deine Ergebnisse verwenden, Kopien davon machen oder diese verändern. Das gilt beispielsweise, wenn du als Student im Rahmen einer Vorlesung ein Programm oder Dokument schreibst oder als Freiberufler ohne einen Vertrag arbeitest. Wenn jemand anderes deine Ergebnisse nutzen soll, musst du ihm entsprechende Rechte mithilfe eines Vertrags einräumen.

Das Urheberrecht unterscheidet ein einfaches Nutzungsrecht und das ausschließliche Nutzungsrecht (§31 UrhG). Mit dem ausschließlichen Nutzungsrecht kann der Besitzer über die Nutzung der Software entscheiden, diese unterlizenzieren und andere Personen von der Nutzung ausschließen. Es ist möglich, dass der Urheber trotzdem einfache Nut-

---

[1] Vgl. https://www.gesetze-im-internet.de/urhg.

zungsrechte behält. Wenn du ausschließliche Rechte einräumst, darfst du deine Ergebnisse selbst nicht mehr verwenden und das Gegenüber kann frei über die weitere Nutzung entscheiden. Da du hier etwas aufgibst, musst du eine angemessene Vergütung erhalten (§32 UrhG).

Typischerweise trittst du mit einem Arbeitsvertrag alle Rechte an deinen Arbeitgeber ab (§69b UrhG). Der darf dann mit deinen Ergebnissen machen, was betriebswirtschaftlich erforderlich ist. Dafür erhältst du ja dein Gehalt. Als Freiberufler hast du typischerweise einen Vertrag, der ebenfalls das ausschließliche Nutzungsrecht an allen Ergebnissen an deinen Auftraggeber abtritt und dafür kannst du den vereinbarten Betrag bzw. die angefallenen Arbeitsstunden in Rechnung stellen.

6.1.2   Rechte Dritter

Wenn ihr Bibliotheken, Dienste oder ganze Softwarepakete Dritter in eurer Software verwendet, müsst ihr von den jeweiligen Urhebern bzw. Rechteinhabern auch die dazu notwendigen Nutzungsrechte erwerben. Oder ihr verwendet Open-Source-Bibliotheken bzw. -Software, aber auch hier müsst ihr euch an die Lizenzbedingungen der jeweiligen Lizenz halten und beispielsweise eure Änderungen selbst wieder unter derselben Open-Source-Lizenz bereitstellen.

6.1.3   Patente

Ein Patent schützt eine Erfindung unabhängig von seiner technischen Umsetzung. Software als solche kann damit eigentlich nicht patentiert werden, sondern nur das darin umgesetzte Verfahren, der Algorithmus. Geschützt werden können nur neue Verfahren, die gewerblich verwertbar sind. Amazon hält beispielsweise ein Patent auf das Verfahren des ‚One-Click-Shoppings' (EP0927945A2).

Wenn ihr Software schreibt, kann diese durchaus bestehende Patente verletzen. Das ist für einfache betriebliche Informationssysteme eher unwahrscheinlich. In umkämpften Bereichen wie Online-Shops, dem maschinellen Lernen, Data Science oder Blockchain ist dies aber möglich.

6.2   Ihr braucht einen Vertrag

Grundsätzliche Regelungen zu Verträgen finden sich im Bürgerlichen Gesetzbuch BGB.[2] Die Regelungen des BGB sind gut verständlich geschrieben, es lohnt sich daher, die einzelnen Paragraphen selber nachzulesen.

---

[2] Vgl. https://www.gesetze-im-internet.de/bgb/.

Was ist ein Vertrag?

Zwei oder mehr Personen wollen durch eine übereinstimmende Willenserklärung (Angebot und Annahme, Vertrag) eine bestimmte Rechtsfolge herbeiführen. Ein Vertrag ist nicht zwingend ein gedrucktes Dokument, möglich sind hier auch E-Mails, mündliche Absprachen oder ein Handschlag. In Deutschland herrscht Vertragsfreiheit, damit könnt ihr innerhalb gewisser Grenzen alles in den Vertrag schreiben, was ihr gemeinsam für angemessen und richtig haltet.

Eine Lizenz ist ebenfalls ein Vertrag, und zwar ein Vertrag über ein Schutzrecht. Damit könnt ihr Dritten Rechte zur Nutzung an eurer Software einräumen.

Ein Vertrag definiert auch, wie ihr mit dem Auftraggeber zusammenarbeiten wollt. Er dient in Streitfällen als Grundlage auch für Prozesse vor Gericht. Ein Vertrag regelt die Schnittstelle zwischen Auftraggeber und Auftragnehmer. Also nicht nur die Liefergegenstände und die Vergütung, sondern auch Meetings, Verantwortungen, Eskalationsverfahren, Gremien und Rollen im Projekt.

Wenn ihr agil arbeitet, muss sich dies auch im Vertrag wiederfinden: Beispielsweise müsst ihr regeln, dass es einen Product Owner gibt, wofür dieser verantwortlich ist und ob dieser vom Auftraggeber oder vom Auftragnehmer gestellt wird. Auch die wichtigsten Meetings finden sich im Vertrag wieder.

6.3   Vertrags- und Preismodelle

Eine sehr gute Übersicht zum Thema IT-Verträge und dazu, wie diese in agilen Projekten eingesetzt werden, geben Fritz-Ulli Pieper und Stefan Roock [Pie17]. Sie stellen ausführlich dar, welche Vertragsvarianten Auftraggeber und Auftragnehmer abschließen können und welche Konsequenzen dies hat. Eng damit verbunden ist das Thema, wie ihr mit eurem Unternehmen Geld verdienen wollt, also wie euer Geschäftsmodell funktioniert. Seid ihr eher

- ein **Projekthaus**, das im Auftrag Individualsoftware (zum Festpreis) herstellt oder eher
- ein **Dienstleister**, der Scrum-Teams oder einzelne Mitarbeiter bzw. Consultants zur Verfügung stellt? Oder seid ihr
- ein **Produkthaus** und erwirtschaftet mit Lizenzen, Softwarevermietung oder auf andere Art (z. B. werbefinanziert) euren Umsatz?

Das Geschäftsmodell spiegelt sich in den Verträgen wider, die ihr mit euren Auftraggebern abschließt. Die Tab. 6.1 gibt einen Überblick über die nach BGB möglichen Vertragstypen. Wir behandeln im Folgenden die beiden häufigsten Vertragstypen, den Werk- und den Dienstvertrag. Abhängig von eurem Geschäftsmodell können auch alle anderen Vertragstypen vorkommen. Oliver Gassmann, Karolin Frankenberger und Michaela Csik bieten hier eine umfassende Übersicht, mit deren Hilfe ihr ein Geschäftsmodell finden bzw. konstruieren könnt [Gas17].

Tab. 6.1 Vertragstypen laut BGB

Vertragstyp	Beschreibung
Kaufvertrag, §§ 422 ff. BGB	Ihr verkauft dauerhafte Lizenzen zur Nutzung eurer Software, früher konnte man beispielsweise Office-Produkte so erwerben.
Schenkungsvertrag, §§ 516 ff. BGB	Ihr verschenkt Nutzungsrechte an eurer Software, als Freeware oder in Form von Open Source, da ihr auf andere Weise Geld verdient. Beispielsweise über den Support oder begleitende Dienstleistungen.
Mietvertrag, §§ 535 ff. BGB	Ihr verlangt für die Benutzung eurer Software eine Gebühr, ihr vermietet diese. Dieses Modell gewinnt gerade stark an Bedeutung, viele Cloud-Dienste werden nach Nutzung bezahlt, Office-Produkte können beispielsweise jährlich gemietet werden.
Dienstvertrag, §§ 611 ff. BGB	Ihr vermietet Personal an einen Auftraggeber, dieses erstellt in seinem Auftrag Software.
Werkvertrag, §§ 631 ff. BGB	Ihr erstellt für einen Auftraggeber Software mit einem definierten Leistungsumfang. Vergütet werdet ihr, wenn der Auftraggeber die Software abnimmt. Fehler müsst ihr im Rahmen der Gewährleistung auf eigene Kosten beheben.

6.3.1 Preismodelle: Festpreis und Aufwand

Der Vertrag sollte regeln, unter welchen Bedingungen der Auftraggeber dem Auftragnehmer eine Vergütung zahlt. Grundsätzlich können Auftraggeber und Auftragnehmer zwei Arten der Vergütung vereinbaren: *Festpreisprojekt* oder *Projekt nach Aufwand* (Time and Material).

Festpreis: Ihr definiert eine Leistung, das kann eine zu liefernde Software sein oder auch eine feste Zahl von Personentagen von Mitarbeitern mit einer bestimmten Qualifikation. Für diese Leistung wird ein fester Preis vereinbart.

Aufwand (Time and Material): Ihr rechnet mit dem Auftraggeber den angefallenen Aufwand ab. Hier wird für eine Arbeitsstunde oder einen Personentag eine bestimmte Vergütung vereinbart, das ist der Stundensatz bzw. Tagessatz. Die Vergütung ist dann Zahl der erbrachten Personentage mal Tagessatz. Spannende Frage ist noch, ob die Reisekosten mit Hotel, Flug oder Bahnfahrt im Tagessatz enthalten sind oder gesondert abgerechnet werden.

Weder ein Festpreis noch eine Abrechnung nach Aufwand impliziert einen Vertragstypen nach BGB, umgangssprachlich wird häufig der Festpreis mit einem Werkvertrag gleichgesetzt und der Dienstvertrag mit Vergütung nach Aufwand, dies ist jedoch nicht korrekt. Außerdem gibt es Mischformen wie ein Aufwandsprojekt mit Festpreisdeckel, also Abrechnung nach Aufwand bis zu einem bestimmten Höchstbetrag, wobei das Risiko der Kostenüberschreitung (Festpreisdeckel) vom Auftragnehmer getragen wird.

Denkbar sind Verträge, in denen ihr dem Auftraggeber Mitarbeiter in einem bestimmten Umfang überlasst und dies zum Festpreis. Solange im Vertrag nicht das anzustrebende Ziel steht, sondern lediglich die Zahl der Personenstunden, handelt es sich um einen Dienstvertrag. Umgekehrt ist es möglich, im Vertrag einen Leistungsumfang zu vereinbaren, den ihr als Auftragnehmer schuldet und die Erbringung dieses Umfangs nach Aufwand abzurechnen. Das wäre ein Werkvertrag nach Aufwand, möglicherweise mit Festpreisdeckel.

6.3.2 Werkvertrag

Im Werkvertrag (§§ 631 ff. BGB) verspricht der Auftragnehmer ein definiertes Werk (die Software oder eine Dienstleistung) und der Auftraggeber verspricht dafür die vereinbarte Vergütung.

Der Werkvertrag sieht eine Abnahme durch den Auftraggeber vor (§640 BGB), diese darf er nur bei gravierenden Mängeln verweigern und die Abnahme muss nach einer durch den Auftragnehmer gesetzten, angemessenen Frist erfolgt sein. Nach erteilter Abnahme ist die vereinbarte Vergütung zu zahlen (§641 BGB). Nach der Abnahme ist der Auftragnehmer für zwei Jahre gewährleistungspflichtig und muss verbliebene Mängel (Fehler, fehlende Features oder auch Rechtsmängel) in diesem Zeitraum ohne Mehrkosten für den Auftraggeber beheben. Wir gehen in Abschn. 6.5 genauer auf Gewährleistung und das Abnahmeverfahren ein.

Mit einem Werkvertrag kann der Auftraggeber versuchen, seine Risiken zu mindern. Wenn die beauftragte Leistung nicht fertig wird oder wesentlich aufwendiger zu erstellen ist, trägt dieses Risiko der Auftragnehmer. Zweitens kann der Auftraggeber verschiedene Lieferanten miteinander vergleichen. Zumindest theoretisch könnte er für eine definierte Leistung den preiswertesten Lieferanten wählen. Die Anreize für den Auftragnehmer sind bei Werkverträgen teilweise problematisch und dienen nicht immer den Zielen des Auftraggebers:

- Codequalität und Änderbarkeit: Der Auftragnehmer hat kaum einen Anreiz, Software zu erstellen, die sich leicht ändern und damit warten lässt. Der zusätzliche Aufwand, den Code besser zu dokumentieren, häufiger zu restrukturieren (Refactoring) und mehr Qualitätssicherung zu betreiben, zahlt sich erst langfristig aus. In der Abnahme durch die Fachabteilung des Auftraggebers geht es eventuell nur um den erstellten Funktionsumfang. Der Auftragnehmer sichert sich quasi durch weniger gut änderbare Software weitere Beauftragungen durch den Auftraggeber, denn dieser hat Schwierigkeiten, einen anderen Lieferanten zu beauftragen.
- Lernen: Wenn der Auftragnehmer während des Projekts lernt, wie beispielsweise fachliche oder technische Abläufe optimiert werden können, hat er kaum einen Anreiz, diese Verbesserungen umzusetzen. Da der Auftraggeber diese Optimierungen möglicherweise als Kulanz bzw. im Vertrag enthalten mit ansieht. Damit kriegt der

Auftragnehmer diese Optimierungen nicht vergütet und wird sich vermutlich mit neuen Ideen eher zurückhalten.

Wem gehört der Quelltext?

Im Werkvertrag sollte geregelt sein, worin genau das ‚Werk' besteht und welche Rechte der Auftraggeber nach der Lieferung an dem Werk hat. Denkbar sind Werkverträge, bei denen die Änderungsrechte an den Quelltexten beim Auftragnehmer verbleiben, denn dieser kann ja jede Form der Nutzung (§96c UrhG) einzeln einräumen. Damit hat der Auftraggeber ein Problem, wenn er den Lieferanten wechseln will. Aus der Perspektive des Auftraggebers ist es daher wichtig, dass das ausschließliche Nutzungsrecht der Quelltexte an ihn nach der Abnahme übergeht.

Änderungsmanagement

Im Werkvertrag ist der zu liefernde Leistungsumfang fester Bestandteil des Vertrags. Damit ist jede Änderung von Anforderungen oder des Lieferumfangs eine Vertragsänderung. Dies macht Änderungen in Werkverträgen aufwendig, den Entwicklungsprozess aber dafür stabiler. Eine gewisse Trägheit gegenüber Änderungen muss kein Nachteil sein. Im Vertrag müsst ihr zusammen mit dem Auftraggeber regeln, wie und in welcher Form Änderungen beantragt werden können, wer entscheidet, ob diese umgesetzt werden, sowie wer Änderungswünsche bezahlt. Auftraggeber halten für Änderungswünsche (Change Requests) bis zu 30 % des Auftragswertes zurück, um sich Änderungen leisten zu können.

6.3.3 Dienstvertrag

Mit einem Dienstvertrag (§§ 611 ff. BGB) arbeitet ihr praktisch als Personalverleih. Der Auftraggeber ‚leiht' sich bei euch Mitarbeiter für ein Projekt. Im Vertrag sind typischerweise grobe Qualifikationsprofile mit entsprechenden Stundensätzen definiert. Ihr schuldet im Gegensatz zum Werkvertrag kein Ergebnis, sondern müsst euch *nur* bemühen. Die Projektführung ist dann Aufgabe des Auftraggebers.

Wenn das Projekt aufwendiger wird als geplant, trägt der Auftraggeber das Risiko. Er muss die Mitarbeiter entsprechend länger leihen. Eine Gewährleistungspflicht des Auftragnehmers besteht im Gegensatz zum Werkvertrag nicht.

Der Anreiz für den Auftragnehmer ist in diesem Fall, sein Personal möglichst lange an den Auftraggeber zu vermieten. Damit sollten Projekte möglichst lange laufen, unabhängig davon, ob diese auch für den Auftraggeber einen Nutzen stiften.

6.3.4 Vertragsvarianten für agile Projekte

Vorlagen für agile Verträge finden sich bei Pieper und Roock [Pie17] sowie bei Opelt et al. [Ope18]. Es gibt viele Möglichkeiten, die besonderen Umstände agiler Projekte zu berücksichtigen und die Risiken zwischen Auftraggeber und Auftragnehmer fair zu verteilen. Die Anreize für beide Seiten sollten sich am Nutzen der erstellten Software orientieren.

Money for Nothing and Change for Free

Jeff Sutherland beschreibt eine Vertragsvariante, die sich für Werkverträge zum Festpreis im agilen Kontext eignet [Sut14]: ‚Money for Nothing and Change for Free'. Der Werkvertrag enthält eine Liste der zu liefernden Features, jedes Feature ist geschätzt beispielsweise mit Story Points oder Personentagen. Wenn der Auftraggeber eine Änderung wünscht, kann er ein neues Feature gegen ein gleich teures, noch nicht implementiertes Feature aus dem Vertrag tauschen.

6.4   Angebot als Vertragsgrundlage

Euer Angebot wird zu einem Vertrag, wenn der Auftraggeber dieses annimmt. Ihr könnt von dem Angebot nur dann zurücktreten, wenn der Auftraggeber nicht innerhalb der festgelegten Bindefrist reagiert, im Zweifel solltet ihr selbst eine angemessene Bindefrist festlegen, beispielsweise zwei Wochen. Daher ist bei der Erstellung eines Angebots besondere Sorgfalt erforderlich. Denn wenn ihr beispielsweise eine Leistung zu einem bestimmten Preis versprecht (Werkvertrag zum Festpreis), müsst ihr euch an die angebotenen Bedingungen halten, selbst wenn es euch wesentlich mehr kostet, die Leistung zu erbringen, als ihr im Angebot verlangt habt. Dann handelt es sich um einen Festpreisverlust.

Auf der Grundlage eines Angebots entscheidet sich ein Auftraggeber für einen Lieferanten, also beispielsweise für euch. Häufig fragt ein Auftraggeber mehrere Lieferanten nach einem Angebot. Daher müsst ihr in eurem Angebot darstellen, warum ihr der *geeignetste* Lieferant seid (nicht der billigste). Was qualifiziert gerade euch, dieses Projekt durchzuführen?

Es bietet sich an, eine Reihe ähnlicher Projekte aufzuführen, die ihr bereits für andere Auftraggeber erstellt habt. Diese Projekte sollten fachlich oder technisch dem angebotenen Projekt ähneln. Wenn ihr ein ähnliches Projekt erfolgreich abschließen konntet, ist die Wahrscheinlichkeit, dass ihr das angebotene Projekt meistert, höher, als wenn ihr keine Erfahrungen vorweisen könnt.

6.5   Vertrags- bzw. Angebotsinhalte

Nachfolgend stellen wir einige typische Inhalte eines Vertrags vor. Einige Themen sind nur für Werkverträge und teilweise für Kaufverträge relevant, dazu zählen Gewährleistung und Abnahmeverfahren. Andere Themen wie Haftung, Datenschutz und Geheimhaltung sind für alle Vertragstypen wichtig.

Der Branchenverband Bitkom hat für Verträge den Leitfaden ‚Bitkom-Empfehlungen zu ausgewogenen Vertragskonzepten' herausgegeben [Kri15] sowie Muster für allgemeine Geschäftsbedingungen (AGB), die als Grundlage für Verträge dienen können [Arb20]. Im Leitfaden finden sich Musterklauseln und Erklärungen. Für den Fall, dass ihr einen eigenen Vertrag aufsetzen bzw. einen vorgegebenen Vertrag verstehen müsst.

6.5.1 Leistungsbeschreibung

Im Angebot beschreibt ihr die Liefergegenstände genauer. Was genau erhält der Auftraggeber von euch? Wenn ihr einen Dienstvertrag anstrebt, sind das Personentage von euren Mitarbeitern und ihr sichert Qualifikationsprofile oder sogar konkrete Mitarbeiter zu.

Wenn ihr einen Werkvertrag anbietet, beschreibt ihr die Software, die ihr liefern werdet. Das von euch weiter unten beschriebene Abnahmeverfahren muss zu der Leistungsbeschreibung passen. Bei typischen Ausschreibungen reagiert ihr auf ein Lastenheft [V-M14], dieses beschreibt die Anforderungen aus der Sicht des Auftraggebers. Das Lastenheft ist in der Regel Vertragsgrundlage. Euer Lösungsvorschlag für die im Lastenheft beschriebenen Anforderungen bildet die Leistungsbeschreibung im Angebot. Die Leistungsbeschreibung enthält durchaus schon erste Skizzen der Architektur, erste grobe Skizzen der grafischen Oberfläche und Festlegungen, in welcher Programmiersprache ihr den Code erstellen werdet.

Was ihr in der Leistungsbeschreibung versprecht, müsst ihr später auch liefern! Daher ist es wichtig, diese so konkret und detailliert zu formulieren, dass ihr und der Auftraggeber eindeutig feststellen könnt, ob diese oder jene Anforderung korrekt umgesetzt wurde. Das ist ein wesentlicher Grund, warum eine Anforderung erst dann vollständig formuliert ist, wenn es auch einen Testfall dazu gibt. Mit dem Testfall kann dann eindeutig festgestellt werden, ob die Anforderung erfüllt wurde. Wenn ihr beispielsweise versprecht, dass eure Software auf jedem *gängigen* Browser läuft, müsst ihr diese auch auf allen Browsern testen. Möglicherweise hält euer Auftraggeber auch den Internet Explorer Version 6 oder eine alte Firefox Version für *gängig*. Stattdessen schreibt ihr in die Leistungsbeschreibung genau einen Browser, z. B. Chrome Version 80. Dann muss eure Software im Zweifel nur genau auf diesem Browser laufen. Aufpassen müsst ihr auch bei Begriffen wie performant, skalierbar oder intuitiv bedienbar.

6.5.2 Mitarbeit des Auftraggebers

Agile Projekte funktionieren nur unter bestimmten Voraussetzungen, diese könnt ihr innerhalb eures Teams auf Auftragnehmerseite nicht vollständig kontrollieren. Daher müsst ihr in eurem Angebot bzw. in dem Vertrag mit dem Auftraggeber einige Mitwirkungspflichten des Auftraggebers definieren. Diese nennen wir auch Beistellungen Dazu zählen:

- Verfügbarkeit des Product Owners, wenn dieser vom Auftraggeber gestellt wird: Da der Product Owner entscheidet, welche Anforderungen in welcher Reihenfolge von euch umgesetzt werden, muss dieser gut verfügbar sein. Ihr benötigt praktisch zu jedem Zeitpunkt einen Ansprechpartner mit Entscheidungsbefugnis. Dies gilt auch, wenn der eigentliche Product Owner im Urlaub ist.
- Wenn ihr zusätzliche (fachliche) Ansprechpartner benötigt, sollten auch der von diesen benötigte Zeitumfang und deren Reaktionszeiten im Angebot bzw. im Vertrag stehen. Gerade Ansprechpartner von Fachabteilungen sind normalerweise im Alltagsgeschäft so eingebunden, dass sie für zusätzliche Aufgaben kaum Zeit haben.
- Reaktionszeiten auf eure Anfragen: Hier könnt ihr beispielsweise einfordern, dass der Product Owner eure Fragen innerhalb von zwei Werktagen verbindlich beantwortet.

Für euch ist es bereits vor Projektbeginn wichtig zu wissen, was ihr vom Auftraggeber benötigt, um das Projekt durchzuführen. Erstellt hierzu eine Liste, welche auch die Termine enthält, zu denen ihr die Beistellungen spätestens benötigt. Wir stellen das Thema Beistellungen ausführlich in Abschn. 5.9.3 dar.

Der Auftraggeber ist gesetzlich dazu verpflichtet, die Voraussetzungen zu schaffen, dass ihr ordnungsgemäß eure Leistung erbringen könnt (§ 642f BGB). Damit solltet ihr rechtzeitig die Mitwirkung und beispielsweise fehlende Accounts oder die Verfügbarkeit des Product Owners einfordern. Wenn der Auftraggeber seine Pflichten nicht erfüllt, ist das ein Grund, dass ihr nachverhandeln könnt.

6.5.3 Abnahmeverfahren

Fester Bestandteil eines Werkvertrags ist immer das Verfahren zur Abnahme des Ergebnisses durch den Auftraggeber (§640 BGB). Ihr müsst im Vertrag genau regeln, wie diese Abnahme erfolgen soll. Dazu gehören gemeinsame Kriterien zur Abnahme sowie gemeinsam definierte Testfälle. Besteht eure Software den Test ohne gravierende Mängel, gilt sie als abgenommen. Die Abnahme erfolgt in einer definierten Abnahmeumgebung (Datenbestand, Betriebssysteme, Hardware, Infrastruktur, . . .), damit ihr die Software auf diese Umgebung zuschneiden könnt. Die Abnahmeumgebung sollte der Umgebung ähneln, unter der das Produkt später betrieben werden soll. Fristen sind ebenfalls Bestandteil des Abnahmeverfahrens, der Auftraggeber muss das Verfahren innerhalb eines definierten Zeitraums nach Lieferung durchgeführt haben, sonst gilt die Abnahme als automatisch erteilt. Das Bestehen des Abnahmeverfahrens ist für euch als Auftragnehmer besonders wichtig, da ihr erst danach die abschließende Rechnung stellen könnt.

Um entscheiden zu können, ob ein festgestellter Mangel abnahmeverhindernd ist oder nicht, braucht ihr eine genaue Definition von Mängelkategorien. Was genau zählt als *gravierender* Mangel, welcher als *wesentlich* und welche Mängel werden als *unwesentlich* eingestuft?

Werden während der Abnahme schwere Mängel festgestellt, müsst ihr diese innerhalb einer definierten Nachbesserungsfrist beheben.

6.5.4   Geheimhaltung und Vertraulichkeit

Während der Zusammenarbeit mit einem Auftraggeber habt ihr Einblick in dessen Betriebsabläufe und erfahrt eventuell Geschäftsgeheimnisse. Der Auftraggeber will zu Recht verhindern, dass diese Informationen öffentlich werden. Ihr wollt ebenfalls nicht, dass der Auftraggeber vertrauliche Informationen über euch preisgibt. Daher enthalten Verträge typischerweise Geheimhaltungsklauseln bzw. Regelungen zur Vertraulichkeit.

6.5.5   Datenschutz

Das Thema des Datenschutzes hat seit dem Inkrafttreten der DSGVO große Bedeutung erlangt, zumal hohe Strafen bei Verstößen gezahlt werden müssen. Im Vertrag müsst ihr regeln, wie ihr mit personenbezogenen Daten umgeht, sodass alle Regelungen der DSGVO eingehalten werden. Details zum Datenschutz finden sich in Abschn. 6.6.

6.5.6   Haftung

Ihr selbst und auch euer Produkt können beim Auftraggeber oder dessen bzw. euren Kunden Schäden verursachen. Für die Beseitigung dieser Schäden und deren Folgekosten seid ihr eventuell haftbar. Beispiele für Schäden sind:

- Sachschäden (z. B. Testgerät kaputt, weil es auf den Boden gefallen ist. Offen gelassenes Fenster und danach Sturmschaden)
- Personenschäden (Schmerzensgeld, Kosten für die Behandlung, z. B. Mitarbeiter fällt über euren herumliegenden Rucksack)
- Vermögensschäden (direkt, indirekt, entgangener Gewinn, nicht realisierte Einsparungen, z. B. Ausfälle im Produktivbetrieb, da ihr den Server nicht korrekt konfiguriert habt, Datenverlust durch vergessenes Backup)
- Regressansprüche Dritter (z. B. verletzte Softwarepatente, nicht eingehaltene Lizenzauflagen bei Open-Source-Software).

Schäden können entstehen wegen Programmier- oder Konfigurationsfehlern in der Software (falsches Rechnen, Ausfälle, Verstoß gegen vereinbarte Service Level Agreements – SLA), Sicherheitslücken, eingeschleppter Viren und Malware oder auch Problemen in der Projektabwicklung, beispielsweise weil ihr nicht die vereinbarten Termine einhaltet oder geheime Informationen an Dritte weitergebt. Ihr könnt auch versehentlich etwas beschädigen, beispielsweise eine wichtige Datenbanktabelle löschen oder den falschen Server herunterfahren.

Eine Begrenzung auf vertragstypische und vorhersehbare Schäden ist möglich. Häufig wird der Auftragswert oder ein Teil davon als Obergrenze gewählt, das geht zumindest für (leicht) fahrlässig verursachte Schäden. Davon ausgeschlossen sind aber vorsätzlich oder grob fahrlässig verursachte Schäden (§276 BGB) und Schäden im Rahmen der Produkthaftung (§823 BGB). Vorsatz bedeutet ja, dass ihr absichtlich etwas kaputt macht, absichtlich gegen die Pflichten des Vertrages verstoßt und euch auch der Konsequenzen des Handels bewusst seid. Es wäre merkwürdig, wenn ihr dafür nicht haften müsstet. Fahrlässigkeit ist ein Verstoß gegen eure Pflicht zur *üblichen* Sorgfalt. Ihr habt beispielsweise im Studium gelernt, dass ihr Software vor der Lieferung testen müsst. Wenn ihr ungetestete Software liefert, handelt ihr grob fahrlässig.

Davon zu unterscheiden ist die Haftung für Schäden, die euer Produkt beim Anwender verursacht und eventuell sogar dessen Leben gefährdet. Dann haftet der Verursacher des Schadens, wenn er vorsätzlich oder fahrlässig gehandelt hat. Das ist die Schadenersatzpflicht nach §823 BGB. Bei Personenschäden ist die Haftungssumme unbegrenzt, unabhängig davon, ob ihr mit den Anwendern direkt einen Vertrag habt.

Hinweis: Ihr könnt euch als Unternehmen oder als Freiberufler gegen bestimmte Schäden versichern. Hierfür gibt es eigene Haftpflichtversicherungen für Unternehmen oder Freiberufler.

6.5.7 Gewährleistung

Bei Kauf- oder Werkverträgen müsst ihr auch nach dem Verkauf bzw. der Abnahme Mängel an eurem Produkt beheben, ihr seid gewährleistungspflichtig über einen Zeitraum von in der Regel zwei Jahren. Zu den Mängeln zählen offensichtlich in der Software verbliebene Fehler, aber auch fehlende Features aus dem Vertrag, beides sind Sachmängel. Die Verletzung von Rechten Dritter zählt zu den Rechtsmängeln, auch diese müsst ihr beheben, beispielsweise weil ihr euch nicht an die Lizenzauflagen einer Open-Source-Bibliothek gehalten habt. Mängel müsst ihr während der Gewährleistungszeit auf eigene Kosten beheben.

Im Vertrag solltet ihr regeln, wie ein Mangel durch den Auftraggeber bei euch gemeldet wird, genügt eine E-Mail oder ein Telefonanruf? Wann genau soll die Gewährleistung beginnen und wann soll sie enden? Gibt es Umstände, unter denen sich die Gewährleistungspflicht verlängert? Auch eure Reaktionszeiten müsst ihr festlegen, denn auch ihr seid eventuell mal im Urlaub und wollt nicht Tag und Nacht in Rufbereitschaft sein.

Worauf sich die Gewährleistung genau bezieht, ist ebenfalls ein wichtiger Punkt: möglicherweise arbeitet ihr an der gelieferten Software weiter und ihr müsst Änderungswünsche von Mängeln unterscheiden. Eventuell ist eure Arbeit nur Teil eines größeren Projekts und es gibt viele Lieferanten. Wie wird festgestellt bzw. nachgewiesen, dass es sich um einen zu behebenden Mangel in eurem Teil handelt? Wie wird der Verursacher bei mehreren beteiligten Lieferanten festgestellt?

Wenn ihr euch nicht kümmert, kann der Auftraggeber auch ein anderes Unternehmen mit der Behebung der Mängel beauftragen, der Vertrag sollte auch dazu Regelungen enthalten.

6.5.8 Rechteübergang

Welche Rechte an der Software erhält der Auftraggeber genau von euch? Für die Teile, die ihr individuell für ihn erstellt, könnt ihr ihm beispielsweise das ausschließliche Nutzungsrecht einräumen. Dies wird in der Regel gefordert. Damit dürft ihr die Projektergebnisse in keinem anderen Zusammenhang mehr nutzen, auch wenn ihr die Urheber seid.

Für bestimmte Projektergebnisse kann es für beide Seiten sinnvoll sein, dass ihr nur einfache Nutzungsrechte einräumt und dadurch die Projektergebnisse an andere Auftraggeber lizenzieren könnt oder auch Teile Open Source stellt.

6.5.9 Vergütung

Erhaltet ihr die komplette Vergütung im Werkvertrag erst am Ende des Projekts? Damit müsst ihr eure Gehälter bzw. euren Lebensunterhalt so lange finanzieren, bis euer Auftraggeber die Abnahme erteilt und eure Rechnung bezahlt hat. Das Zahlen der Rechnung kann bei Konzernen trotz erfolgreicher Abnahme durchaus einige Monate dauern (wegen diverser Probleme mit Lieferanten- oder Bestellnummern). Es bietet sich daher an, eine Abschlagszahlung zu vereinbaren, damit ihr solvent bleibt.

Bei Dienstverträgen ist die Vergütung fällig, wenn die Dienstleistung erbracht ist, damit könnt ihr beispielsweise monatlich mit dem Auftraggeber abrechnen.

6.6   Datenschutz

Personenbezogene Daten stehen im Mittelpunkt der Datenschutz-Grundverordnung – DSGVO (bzw. GDPR = General Data Protection Regulation), diese ist seit Mai 2018 in allen Staaten Europas gültig. Verstöße können hohe Strafen zur Folge haben, daher müsst ihr euch um das Thema kümmern, genau wie euer Auftraggeber.

Personenbezogene Daten sind *alle Informationen, die sich auf eine identifizierbare natürliche Person [...] beziehen* (Artikel 4 DSGVO). Die Telefonnummer, E-Mail-Adresse, IP-Adresse, das Kfz-Kennzeichen, Kontonummern oder die Postadresse sind Beispiele für personenbezogene Daten. Zusätzlich werden einige Informationen als besonders sensibel eingestuft, dazu gehören Daten zur Religion, der Herkunft und der politischen Überzeugung sowie natürlich Gesundheitsdaten.

Die DSGVO bezieht sich auf ganz oder teilweise automatisch verarbeitete Daten und auf Daten, die in Dateisystemen gespeichert werden. Da ihr Software zur (automatischen) Verarbeitung von Daten erstellt, müsst ihr euch offenbar mit dem Thema Datenschutz auseinandersetzen und dies auch in den Verträgen zwischen Auftraggeber und Auftragnehmer berücksichtigen.

Wenn ihr personenbezogene Daten verarbeitet, müsst ihr eine Reihe von Themen beachten:

Erlaubnis: Ihr braucht eine Erlaubnis, damit ihr personenbezogene Daten verarbeiten dürft. Für eine Erlaubnis gibt es mehrere Möglichkeiten (Art. 6 Abs. 1 DSGVO): Die Personen können euch selbst diese Erlaubnis erteilen, dies muss aber freiwillig geschehen. Bei Vertragsverhältnissen dürft ihr die Daten verarbeiten, die zur Durchführung des Vertrags erforderlich sind. Ein Online-Shop darf beispielsweise eure Kontodaten und eure E-Mail-Adresse verarbeiten, sonst könntet ihr dort ja nicht einkaufen. Dritte Möglichkeit für eine Erlaubnis sind berechtigte Interessen der Daten verarbeitenden Stelle, z. B. durch Behörden oder durch Notdienste zur IT-Sicherheit wie das CERT.

Zweckbindung: Wenn ihr von den Personen, deren Daten ihr speichert, eine Erlaubnis einholt, muss diese Erlaubnis in einfach verständlicher Sprache darüber informieren, was ihr mit den Daten macht. Daten, die ihr wegen der IT-Sicherheit erhoben habt, dürft ihr nicht ohne Erlaubnis für Werbezwecke verwenden oder gar an Dritte weitergeben. Sobald der Zweck der Daten erfüllt wurde, sind diese umgehend zu löschen. Es kann sein, dass ihr aus steuerlichen Gründen Daten über einen längeren Zeitraum aufbewahren müsst, dies kann der sofortigen Löschung widersprechen.

Datenminimierung: Ihr dürft nur die Daten speichern, die ihr tatsächlich benötigt und nicht mehr. Wenn ihr mit den Personen ausschließlich per E-Mail kommuniziert, benötigt ihr beispielsweise nicht deren Telefonnummer.

Privacy by Design: Euer Produkt muss so gestaltet sein, dass Datenschutz und Datensicherheit gewährleistet werden (Art. 25 Abs. 1 DSGVO). Alle Anforderungen des Datenschutzes sind durch geeignete technische und organisatorische Maßnahmen (TOM) sicherzustellen, wie etwa der Zugriffsschutz durch Berechtigungsprüfung und Authentisierung. Die Maßnahmen müssen auf dem aktuellen Stand der Technik sein und der Schutzaufwand muss angemessen sein in Bezug auf die Sicherheitsrisiken.

Privacy by Default: Die Default-Einstellungen eures Produkts müssen so gewählt sein, dass ein möglichst hoher Schutz der Privatsphäre gewährleistet wird (Art. 25 Abs. 2 DSGVO).

Auskunftsrecht: Welche Daten über eine Person in eurem Produkt gespeichert sind, müsst ihr dieser Person berichten können. Jede Person hat ein entsprechendes Auskunftsrecht (Art. 15 DSGVO). Das Auskunftsrecht beinhaltet unter anderem Informationen zum Verarbeitungszweck, weitere Empfänger der Daten sowie Dauer der Speicherung.

Recht auf Vergessenwerden: Jede Person hat das Recht, alle Daten über sich restlos löschen zu lassen, wenn sich der Verarbeitungszweck erledigt hat oder wenn er die

Einwilligung zur Verarbeitung widerruft (Art. 17 DSGVO). Dies wird als Recht auf Vergessenwerden bezeichnet.

Sobald ihr mit der Erhebung der Anforderungen beginnt, spielt die DSGVO eine wichtige Rolle. Denn für alle personenbezogenen Daten müsst ihr euch nun überlegen, zu welchem Zweck ihr diese wirklich braucht, wann diese gelöscht werden dürfen und wer diese Daten überhaupt sehen darf. Dies müsst ihr von Anfang an in einem Verarbeitungsverzeichnis dokumentieren, Details dazu finden sich in Kap. 15. Beispiele für die technisch organisatorischen Maßnahmen (TOM) beschreiben wir in Kap. 16. Sehr gut aufbereitete weiterführende Informationen findet ihr beispielsweise in der Broschüre der Zeitschrift c't ,DSGVO Was 2020 wirklich wichtig wird'.

6.7 Open-Source-Software

Richard M. Stallman gründete im Jahr 1985 die *Free Software Foundation*. Eines der Ziele war, ein freies, Unix-artiges Betriebssystem mit dem Namen GNU zu veröffentlichen. Hieraus entstand auch das erste Lizenzmodell für freie Software, die *GNU general public license*, kurz GPL. Bekannt ist beispielsweise der GNU C und C++ Compiler. Stallman prägte den Begriff der freien Software. Der Begriff Open Source entstand 1998, da der Begriff *freie Software* nicht genügend Akzeptanz fand. In diesem Jahr wurde die *Open Source Initiative*[3] gegründet, die den Namenswechsel vollzog.

Jeder kennt Linux als Betriebssystem. Der Kernel wurde im September 1991 von Linus Torvalds für 80x86 Prozessoren implementiert und als Linux-Kernel erstmals veröffentlicht. Seit 1992 läuft Linux unter GPL-Lizenz. Bekannt ist zudem der Firefox-Browser, die grundlegenden Quelltexte des Netscape Navigators wurden 1998 von Netscape freigegeben.

Auf Open-Source-Software gibt es zwei Perspektiven: In praktisch jedem Projekt werdet ihr Open-Source-Software verwenden, ohne diese wären viele Ökosysteme nicht denkbar. Sprachen wie Python, Java oder JavaScript leben von einer sehr großen Community an Unternehmen und Entwicklern, die Bibliotheken und ganze Betriebssysteme Open Source anbieten.

Auch ihr könnt eure Software unter einer Open-Source-Lizenz der Allgemeinheit zur Verfügung stellen. Hier müsst ihr euch zuvor überlegen, was ihr den Nutzern eurer Software erlauben wollt und was nicht. Darf eure Software beispielsweise kommerziell genutzt werden? Darf der Nutzer diese modifizieren? Muss er euch die modifizierte Software wieder zur Verfügung stellen ...? Daher ist die Wahl eines Lizenzmodells wichtig, das zu euren Wünschen passt. Ihr habt keine völlig freie Entscheidung, denn die Open-Source-Komponenten, welche ihr integriert und ggf. modifiziert habt, können eure Wahlmöglichkeiten entscheidend einschränken, wenn diese Lizenzen *viral* sind.

---

[3] Vgl. https://opensource.org/.

Quelltexte stehen bei den Open-Source-Lizenzen frei zur Verfügung, wie der Name schon sagt.

Freie Software garantiert nach Stallman vier Freiheiten:

1. Die Freiheit, ein Computerprogramm zu jedem Zweck ausführen zu können.
2. Die Freiheit, die Funktionsweise des Programms zu untersuchen und nach eigenen Wünschen anzupassen.
3. Die Freiheit, das Computerprogramm zu verbreiten.
4. Die Freiheit, das Computerprogramm zu verbessern und zu veröffentlichen.

Copyleft (virale Lizenzen)

Copyleft soll das Gegenteil von Copyright bewirken [Jae16]: Software unter Copyleft darf beliebig und von jedem verwendet und modifiziert werden. Für interne Zwecke in eurem Unternehmen oder an eurer Hochschule könnt ihr mit der Software machen, was ihr wollt. Wenn ihr allerdings eure Änderungen an Dritte weitergebt, also verkauft, vermietet oder auf eine andere Weise frei verfügbar macht, müsst ihr euch an die Pflichten des Lizenzvertrags, beispielsweise der GPL, halten:

Eure Änderungen müsst ihr unter denselben Lizenzbedingungen an Dritte weitergeben. Das gilt auch für Software, welche die copyleft-lizenzierten Bibliotheken statisch oder dynamisch einbindet (Linking = `import` in Java oder `using` in C#). Die Lizenzbedingungen nennen dies *derivative work*. Das bedeutet für euch: Wenn ihr eine Bibliothek einbindet, die unter GPL lizenziert ist, müsst ihr eure Software auch freigeben.

Die LGPL enthält dieses in abgeschwächter Form (Lesser GPL). Änderungen einer Bibliothek selbst fallen dort weiterhin unter das Copyleft (work based on the Library). Software, die diese Bibliothek dynamisch einbindet und getrennt liefern kann, darf die Lizenz frei wählen (work that uses the Library). Typisches Beispiel ist hier die GNU C Library (glibc), sie wird von vielen auch proprietären Programmen auf Linux verwendet und steht unter der LGPL. Sie wird typischerweise nicht mit den proprietären Programmen ausgeliefert, sondern dynamisch zur Laufzeit eingebunden.

Lizenzauflagen

Wenn ihr Open-Source-Bibliotheken verwendet oder ändert, müsst ihr euch an die Auflagen der jeweiligen Open-Source-Lizenzen halten. Die Auflagen der GPL 2.0[4] werden von Till Jaeger und Axel Metzger ausführlich diskutiert und erläutert [Jae16]:

• Mitlieferung des Lizenztextes. Dieser befindet sich bei der GPL 2.0 in einer gesonderten Datei namens `COPYING`. Andere Open-Source-Lizenzen schreiben ähnliche Standarddateien vor, die jeweils die Lizenztexte enthalten.

---

[4] Vgl. https://www.gnu.de/documents/gpl-2.0.de.html.

- Zugänglichmachung des Source Codes. Ihr könnt diesen beispielsweise auf GitHub zum Download anbieten oder mit dem Datenträger mitliefern (wenn ihr noch mit DVDs oder CDs arbeitet).
- Technische Schutzmaßnahmen. Hierzu macht die GPL 2.0 keine genauen Angaben, jedoch sind die Pflichten indirekt betroffen, denn für speziell eingebettete Software kann ein Hersteller das Ersetzen der Software auf seinem Produkt erschweren, beispielsweise dadurch, dass er erzwingt, dass nur signierte Software dort gestartet werden kann (Secure Boot oder Flashloader).
- Urhebervermerke. In den Quelltexten müssen die Originalautoren erkennbar bleiben, die Urheber- und Lizenzvermerke dürfen nicht gelöscht oder verändert werden.
- Haftungsausschluss (Disclaimer). Der Software muss ein Haftungsausschluss (Disclaimer) beigelegt werden, im Lizenztext findet sich dazu eine Vorlage. Nach deutschem Recht kann die Haftung nicht vollständig ausgeschlossen werden.
- Lizenzgebührenverbot: Ihr dürft keinerlei Lizenzgebühren für die Software erheben. Gebühren für Support oder Gewährleistung sind dagegen möglich.
- Verbot zusätzlicher Beschränkungen. Ihr dürft den Nutzerkreis nicht weiter einschränken oder den Nutzern Pflichten auferlegen, die über die GPL 2.0 hinausgehen. Diese Bedingung macht es teilweise schwierig, GPL-basierte Bibliotheken mit Bibliotheken unter anderen Lizenzen im derselben Software zu verbauen.

Die Tab. 6.2 gibt einen Überblick über die wichtigsten Open-Source-Lizenzen. Die Lizenzen unterscheiden sich deutlich in den Pflichten, welche der Lizenznehmer hat. Für die GPL gilt ein starkes Copyleft, während für die BSD, Apache 2.0 oder die MIT-Lizenz keine Auflagen bestehen. Viele aktuelle Frameworks laufen unter der Apache 2.0 oder der MIT-Lizenz, speziell im JavaScript-Bereich laufen viele Projekte unter der MIT-Lizenz, beispielsweise React, Angular, Vue oder Node.js.

Lizenzscanner
GitLab stellt für die Build-Pipeline einen Lizenzscanner bereit, so seid ihr in der Lage, euer Projekt selbst auf die verwendeten Open-Source-Lizenzen und die sich daraus ergebenen Auflagen zu untersuchen. GitLab bietet dies für einige Programmiersprachen an. Die Abb. 6.1 zeigt das Ergebnis eines Lizenzscans für ein recht altes Java-Projekt. Gut erkennbar sind die Lizenzen der enthaltenen Bibliotheken.

OpenHub.net fasst Analysen von Open-Source-Projekten zusammen und stellt diese übersichtlich dar. Damit ist es gut möglich, eine Open-Source-Software oder eine Bibliothek einzuschätzen. Wir kommen darauf in den Kapiteln zur Architektur und zur Entwicklung noch zurück. OpenHub gibt auch eine Übersicht über die Lizenzauflagen, diese ist für das DBMS MySQL in Abb. 6.2 dargestellt, MySQL steht unter GPL.

Tab. 6.2 Übersicht über die wichtigsten Open-Source Lizenzen

Lizenz	Erklärung	Beispiele	Copyleft
GPL 2.0^a und 3.0^b	General Public License, aus 1991, erste Open-Source-Lizenz, überarbeitet in 2007	Linux-Kernel, Typo3, WordPress, MySQL	streng
AGPL 3.0^c	Überarbeitung der GPL, die besonders im Internet bereitgestellte Dienste berücksichtigt		streng
EPL^d	Eclipse Public License	Eclipse IDE	beschränkt
MPL^e	Mozilla Public License	Firefox, Thunderbird	beschränkt
LGPL 2.1^f und 3.0^g	Lesser GPL	viele Java-Bibliotheken, wie Hibernate (einige Teilprojekte)	beschränkt
BSD	Berkeley Software Distribution	Nginx	ohne
Apache 2.0^h	Lizenz der Apache Software Foundation	Apache HTTP-Server, Docker, Android, Spring-Framework, Maven	ohne
MIT^i	sehr weit verbreitete Lizenz.	React-Framework, Angular-Framework, Node.js, jQuery, Symfony-Framework	ohne

[a] https://www.gnu.org/licenses/old-licenses/gpl-2.0.html
[b] https://www.gnu.org/licenses/gpl-3.0.html
[c] https://www.gnu.org/licenses/agpl-3.0.de.html
[d] https://www.eclipse.org/legal/epl-v10.html
[e] https://www.mozilla.org/en-US/MPL/1.1/
[f] https://www.gnu.org/licenses/old-licenses/lgpl-2.1.html
[g] https://www.gnu.org/licenses/lgpl-3.0.html
[h] http://www.apache.org/licenses/LICENSE-2.0.html
[i] https://opensource.org/licenses/MIT

License Compliance ⊙

Displays licenses detected in the project that are out of compliance with the project's policies, based on the latest successful scan • 1

Detected in Project 3   Policies 0

Name	Component
unknown	Flask (1.1.2), Flask-RESTful (0.3.8), and 8 more
MIT License	apispec (1.2.0), marshmallow (2.19.0), and 4 more
Apache License 2.0	sortedcontainers (2.3.0)

Abb. 6.1 Scan eines JavaScript-Frontends mit Python im Backend mithilfe von GitLab, leider wurde Flask nicht erkannt

Abb. 6.2 Übersicht über die Lizenzauflagen zur GPL, die aus der Veränderung oder Integration von MySQL entstehen. Bereitgestellt durch OpenHub (vgl.https://openhub.net/p/mysql)

6.8   Schnelles Lernen

Gescheiterte Projekte gefährden eure Firma. In der Regel gilt: Je höher der Auftragswert, desto höher das Risiko. Das spricht dafür, zunächst kleine Projekte mit geringem Auftragswert durchzuführen und auch größere Projekte in kleinere zu zerlegen.

6.8.1   Vorprojekte durchführen

Damit Auftraggeber und Auftragnehmer sich gegenseitig kennenlernen und auch den gemeinsamen Projektinhalt besser verstehen, bietet sich ein gemeinsames Vorprojekt an. Hierzu bietet der Auftragnehmer dem Auftraggeber zum Festpreis eine vordefinierte Menge an Personentagen an. Innerhalb dieser Zeit arbeiten Auftraggeber und Auftragnehmer gemeinsam am Projekt (Timebox). Ergebnis des Vorprojekts ist ein genaueres Verständnis der Technologien, der Fachlichkeit und der Anforderungen, sodass auf dieser Grundlage ein genaueres Angebot gestellt werden kann.

6.8.2   Sprint als Festpreis

Eine gute Möglichkeit mit überschaubarem Risiko zu lernen, sind sehr kleine Festpreisprojekte. Ihr könnt beispielsweise jeden Sprint innerhalb eines Rahmenvertrags als eigenen Festpreis anbieten. Selbst wenn ihr euch beim Schätzen des Aufwands vertan habt, ist der mögliche Verlust vermutlich überschaubar.

6.8.3   Schätzen lernen

Eine von euch durchgeführte Schätzung ist häufig Grundlage von Werkverträgen zum Festpreis. Wenn ihr euch zu euren Ungunsten vertan habt, macht ihr Verlust. Ein zuverlässiges Schätzverfahren entscheidet daher mit über euren Erfolg.

Douglas Hubbard stellt mehrere Verfahren für genaueres Schätzen vor, auf der Grundlage statistischer Verfahren [Hub10]. Er kalibriert die Schätzer und arbeitet dann mit der Delphi-Methode (vgl. Abschn. 5.6.1).

Während eines Projekts führt ihr Schätzungen des Restaufwands durch. Nach jedem Projekt führt ihr eine Nachkalkulation durch. Ziel ist jeweils, euer Schätzverfahren zu verbessern.

Literatur

[Arb20]   Arbeitskreis ITK-Vertrags- und Rechtsgestaltung – Bitkom e. V. (2020) Techn. Ber., Bitkom e. V. :Bundesverband Informationswirtschaft, Telekommunikation und neue Medien e. V.

[Gas17]   Gassmann O, Frankenberger K, Csik M (2017) Geschäftsmodelle entwickeln: 55 innovative Konzepte mit dem St. Galler Business Model Navigator. Carl Hanser Verlag

[Hub10]   Hubbard DW (2010) How to Measure Anything: Finding the Value of Intangibles in Business, 2. Aufl. Wiley

[Jae16]   Jaeger T, Metzger A (2016) Open-Source-Software: rechtliche Rahmenbedingungen der Freien Software, 4. Aufl. Beck

[Kri15]   Kriesel T (2015) Techn. Ber., Bitkom e. V. :Bundesverband Informationswirtschaft, Telekommunikation und neue Medien e. V.

[Ope18]   Opelt A, Gloger B, Pfarl W, Mittermayr R (2018) Der agile Festpreis: Leitfaden für wirklich erfolgreiche IT-Projekt-Verträge, 3. Aufl. Carl Hanser Verlag GmbH & Company KG

[Pie17]   Pieper F-U, Roock S (2017) Agile Verträge: Vertragsgestaltung bei agiler Entwicklung für Projektverantwortliche. Dpunk

[Sut14]   Sutherland J, Sutherland J (2014) Scrum: The Art of Doing Twice the Work in Half the Time. Crown Publishing Group

[V-M14]   V-Modell XT (2014) Version 1.4. http://www.v-modell-xt.de

Teil II

Handwerkszeug zur Projektdurchführung

Effektive Kommunikation

Wenn ihr Software für einen Auftraggeber bauen wollt, könnt ihr dazu sicher User Storys, UML-Diagramme und jede Menge Entwurfsmuster verwenden. Das ist aber nur dann nützlich, wenn ihr mit den beteiligten Menschen kommunizieren könnt, wenn die persönlichen Beziehungen vertrauensvoll und wertschätzend sind und ihr mit euren Workshops, Meetings und Präsentationen die jeweils gesetzten Ziele erreicht. Vielfach könnt ihr durch ein schlecht vorbereitetes Meeting oder eine herablassende oder unstrukturierte Präsentation mehr kaputt machen als durch Softwarefehler. Tom DeMarco hat das so formuliert [DeM95]:

> But the business of software building isn't really high-tech at all. It's most of all a business of talking to each other and writing things down. Those who were making major contributions to the field were more likely to be its best communicators than its best technicians.

Dieses Zitat deckt sich auch mit unseren Erfahrungen. Wirklich erfolgreich seid ihr nur im Team. Eine nachhaltig gute Beziehung zum Auftraggeber (d. h. er beauftragt auch das nächste Projekt bei euch) erzielt ihr in erster Linie durch gute und professionelle Kommunikation, unterstützt durch hervorragende Engineering-Leistungen. Daher sind Soft Skills und Softwareentwicklung nicht voneinander zu trennen und sollten auch in demselben Buch betrachtet werden.

7.1 Kommunikation: Nicht nur die Sachebene zählt

Es geht nicht nur um die Sachinformation, wenn ihr in eurer WG verkündet: *Das Bad ist dreckig!* Bei der Aussage schwingt ein Teil Emotion mit, ihr seid ja mit dem Zustand nicht einverstanden, eine Beziehungsaussage: *Ich erteile Anweisungen oder bin nicht zuständig* und auch ein Appell: *Jemand anderes sollte putzen.* Eine Aussage enthält

© Springer Fachmedien Wiesbaden GmbH, ein Teil von Springer Nature 2022   253
G. Beneken et al., *Grundkurs agiles Software-Engineering*,
https://doi.org/10.1007/978-3-658-37371-9_7

mehrere Aspekte. Bekannt ist hier das Kommunikationsquadrat von Friedemann Schulz von Thun [SvT81] aus dem Jahr 1981: Der Sender äußert sich mit vier Schnäbeln, der Empfänger hört mit vier Ohren:

1. Sachinformation (worüber ich informiere)
2. Selbstkundgabe (was ich von mir zu erkennen gebe)
3. Beziehungshinweis (was ich von dir halte und wie ich zu dir stehe)
4. Appell (was ich bei dir erreichen möchte)

Eine ähnliche Aussage macht das Eisberg-Modell, bei dem nur die Sachebene (ungefähr ein Siebtel) aus dem Wasser schaut und der emotionale Teil ist unsichtbar unter Wasser. Aufpassen müsst ihr nicht nur bei Gesprächen, sondern auch bei anderen Formen der Kommunikation, besonders bei E-Mails. Gerade hier können kleine Missverständnisse leicht zu großen Problemen eskalieren. Eine E-Mail enthält nur Text und nonverbale Signale wie Mimik, Gestik, Körperhaltung oder Ausdruck in der Stimme fehlen. Damit fehlen eventuell Teile der notwendigen Informationen.

Eure nonverbalen Signale sollten zu dem passen, was ihr sagt. Beides sollte kongruent sein. Gesprächspartner haben in der Regel ein gutes Gespür dafür, wenn beides nicht zusammen passt. Beispielsweise signalisiert ihr Kompromissbereitschaft, verschränkt dabei aber die Arme und eure Stimme hat einen leicht aggressiven Unterton. Mit dieser Körpersprache wird das, was ihr sagt, unglaubwürdig.

7.2   Kommunikationspartner spiegeln euch

In den 1990er-Jahren wurden die Spiegelneuronen entdeckt [Pre09]: Eure Gesprächspartner empfinden mehr oder weniger stark ausgeprägt eure Emotionen und euer Verhalten mit. Nur dadurch, dass sie euch wahrnehmen. Je mehr Wahrnehmungskanäle zur Verfügung stehen, desto stärker. Wenn ihr traurig wirkt, werden in den Gehirnen der Gesprächspartner etwa dieselben Neuronen aktiviert, als wenn sie selbst traurig wären. Für andere Emotionen gilt dasselbe. Ihr könnt damit davon ausgehen, dass eure Gesprächspartner euch spiegeln und ihr spiegelt zu einem gewissen Grad auch eure Gesprächspartner. Das hat beispielsweise folgende Konsequenzen:

- Wenn ihr demotiviert wirkt, demotiviert das auch die anderen Teammitglieder.
- Wenn ihr aggressiv kommuniziert und andere angreift, führt das wahrscheinlich zu aggressiven Reaktionen auf der Gegenseite.
- Ein gestresstes Teammitglied kann die anderen eventuell anstecken.
- Positiv ausgedrückt, wenn ihr freundlich seid, ist das vermutlich ebenfalls ansteckend. Wenn ihr wertschätzend kommuniziert, führt das zu einer ähnlichen Reaktion. Wenn ihr motiviert seid, steckt ihr andere damit an.

Ihr müsst also darauf achten, welche Emotionen ihr zum Zeitpunkt der Kommunikation habt. Wenn ihr beispielsweise gerade wütend oder enttäuscht seid, ist es ggf. besser, ein Gespräch auf später zu verschieben. Sonst eskalieren eventuell kleine Streitigkeiten. Wenn ihr demotiviert seid, versucht besser, niemanden damit zu infizieren. Insgesamt solltet ihr mit positiven Dingen Vorbild sein, also mit positiver Weltsicht, freundlichem Umgangston und wertschätzender Kommunikation.

7.3   Schnelles Denken und langsames Denken

Daniel Kahneman hat 2002 den Nobelpreis für Wirtschaftswissenschaften erhalten, für seine Forschungen im Bereich der Wirtschaftspsychologie. Er fasst wesentliche Erkenntnisse in ‚Schnelles Denken, langsames Denken' zusammen [Kah12]. Ihn interessieren Situationen, in denen sich Menschen irrational verhalten. Kahneman nennt diese Effekte *Verzerrungen (Bias)*. Ein Beispiel ist der unten dargestellte Halo-Effekt. Um Verzerrungen zu erklären, teilt Kahneman das Gehirn in zwei Systeme auf: System 1 und System 2. System 1 sorgt dafür, dass wir schnell in verschiedenen Situationen reagieren können, ohne lange nachdenken zu müssen, beispielsweise mit Angriff oder Flucht. Schnelligkeit kann auf Kosten der Genauigkeit gehen, hier entstehen viele Verzerrungen. System 2 ist der rationale Teil, hier wägt ihr Alternativen ab.

System 1: System 1 hilft uns, unseren Alltag zu bewältigen. Es reagiert immer, automatisch und sehr schnell. Es sorgt für rasche Entscheidungen, beispielsweise ob uns ein Gesprächspartner sympathisch oder unsympathisch ist. Der überwiegende Teil unseres täglichen Verhaltens wird durch System 1 bestimmt. Denn in der Regel bleibt nicht viel Zeit und auch nicht die mentale Energie, in Alltagssituationen umfassend abzuwägen. Wenn der Tiger auf dich zuläuft, rennst du automatisch weg. Das System 1 arbeitet mit Heuristiken, die zwar schnell, aber nicht immer korrekt funktionieren. Im System 1 liegen unser Bauchgefühl, unsere Intuition und auch unsere Gewohnheiten. Dort haben wir alles gespeichert, was wir tun, ohne noch darüber nachzudenken, beispielsweise Auto- und Fahrradfahren oder die Copy & Paste Shortcuts unserer Entwicklungsumgebung. Unsere Lebenserfahrung hat Einfluss auf die Funktionsweise. Dort entstehen die Verzerrungen in der Regel.

System 2: System 2 ist der rationale, logische Teil des Gehirns. Dieser schaltet sich nur selten ein. Er verbraucht mehr Energie als System 1. System 2 ist nach einer gewissen Zeit erschöpft. Wir verwenden es bewusst – wir denken nach –, während das System 1 unbewusst arbeitet. Wir brauchen System 2, wenn es mehrere Handlungsalternativen gibt und wir abwägen müssen. Auch das System 2 stößt dabei an seine Grenzen. Es ist beispielsweise überfordert, wenn es zu viele Alternativen gibt [Ari10].

Ein großer Teil der Wahrnehmung während der Kommunikation wird von System 1 verarbeitet, ohne dass uns das bewusst wird. System 1 enthält teilweise unbewusst unsere Lebenserfahrungen und unser Bauchgefühl: Wir finden Gesprächspartner spontan sympathisch oder unsympathisch. Selbst bei dürftiger Informationslage über unseren Gegenüber ergänzt System 1 die fehlenden Informationen mithilfe der Erfahrungen, dies wird auch als Halo-Effekt bezeichnet. Auf die Emotionen eines Gegenübers reagieren wir oft intuitiv. Das funktioniert natürlich nur dann, wenn wir genügend Wahrnehmungen zur Verfügung haben, beispielsweise Körpersprache oder die Stimme.

Halo-Effekt

Der Halo-Effekt hat für euch eine sehr große Bedeutung: Wegen des Halo-Effektes solltet ihr speziell bei den ersten Besprechungen mit dem Auftraggeber auf gute Kleidung, Pünktlichkeit und professionelles Auftreten achten. Korrekte Rechtschreibung in Dokumenten und E-Mails ist ebenfalls wichtiger, als ihr denkt. – Warum?

Daniel Kahneman und viele andere Autoren beschreiben den Halo-Effekt: Man könnte den Effekt als eine Art Autovervollständigung sehen. Menschen schließen von bekannten Eigenschaften einer Person auf unbekannte Eigenschaften. Der Auftraggeber schließt beispielsweise von eurem Auftreten in der ersten Besprechung auf euer Verhalten im weiteren Projektverlauf. Ihr müsst daher auch auf scheinbar unwichtige Details achten, wie korrekte Umgangsformen und Kleidung. Er sollte nicht von E-Mails mit vielen Rechtschreibfehlern auf die Qualität euer restlichen Arbeit schließen müssen.

Häufig ersetzt das Gehirn, ohne dass ihr es bemerkt, eine komplizierte Frage, etwa nach der Kompetenz und der Professionalität des Gegenübers, durch eine einfachere Frage: Ist diese Person sympathisch? Derartige Einschätzungen trifft unser Gehirn in wenigen Millisekunden: Freund oder Feind? Die Entscheidung geschieht in der Regel unbewusst.

Warum Diskussionen wichtig sind

Peter Drucker betont, dass wichtige Einschätzungen und Entscheidungen erst nach einer kontroversen Diskussion getroffen werden sollten [Dru02]. Fakten und Daten gelten typischerweise als objektive Darstellungen der Welt. Dennoch ziehen Drucker und andere Autoren die Diskussion den reinen Fakten vor. Eine Begründung dafür liefert wieder Daniel Kahneman: Stellt euch vor, ihr müsst operiert werden und der Arzt gibt euch eine der folgenden beiden Fakten:

1. Sie überleben mit einer Wahrscheinlichkeit von 99 %.
2. Sie werden mit einer Wahrscheinlichkeit von 1 % sterben.

Beide Aussagen stellen denselben Sachverhalt dar, fühlen sich aber für euch vermutlich unterschiedlich an. Eventuell trefft ihr abhängig davon, welche der beiden Informationen ihr erhalten habt, eine Entscheidung für die Operation (a) oder gegen die Operation (b). Um hier eine sinnvolle Entscheidung zu treffen, müsst ihr diskutieren. Auch weil Menschen dazu tendieren, geringe Wahrscheinlichkeiten wie die 1 % zu überschätzen und hohe Wahrscheinlichkeiten wie die 99 % zu unterschätzen [Kah12].

Ein zweiter Effekt, der hier eine Rolle spielt, ist das Priming: Die Verarbeitung von Informationen wird durch vorangegangene Informationen beeinflusst. Beispielsweise werden Menschen deutlich egoistischer, wenn sie auf Geld geprimt sind, beispielsweise weil ein Poster mit Geldscheinen an der Wand hängt. In Experimenten liefen Studierende erheblich langsamer eine Versuchsstrecke entlang, wenn sie vorher einen Text zum Thema Altern gelesen hatten [Kah12]. Wenn ihr das Wort ‚sterben' lest, seid ihr anders geprimt als wenn ihr an ‚überleben' denkt.

Diskussionen von Sachverhalten sind wichtig, da die Teilnehmer eventuell unterschiedlich geprimt in das Gespräch gehen und deswegen zu verschiedenen Einschätzungen kommen. Eine Diskussion sollte den Effekt des Primings vermindern.

7.4 Missverständnisse vermeiden

Jeder Mensch lebt in einem eigenen Bezugssystem, das durch Erziehung, kulturellen Hintergrund, Ausbildung und viele andere Faktoren geprägt ist.[1] Paul Watzlawick führt aus, dass jeder Mensch eine eigene Wirklichkeit konstruiert [Wat05]. Das gilt für euch als Team und auch für euren Auftraggeber und alle anderen am Projekt beteiligten Personen. Wenn euer Auftraggeber in seinem Bezugssystem Sachverhalte beschreibt, ist das Risiko von Missverständnissen groß. Er verwendet sein Vokabular. Seine Worte sind mit seinen Erinnerungen und Denkmustern verknüpft. Für ihn haben dieselben Worte eventuell eine andere Bedeutung als für euch. Sie erzählen eine andere Geschichte. Eventuell unterstellt er Wissen bei euch, das euch noch nicht zur Verfügung steht.

Das *Ambiguity Handbook* [Ber03] bringt dazu ein sehr schönes Beispiel: Der Auftraggeber wünscht sich *einen Schutz vor feindlicher Umgebung für eine kleine Gruppe Personen*. Im Kopf des einen Teilnehmers erscheint ein Iglu, da er die feindliche Umgebung mit der Arktis gleichsetzt, der zweite denkt an eine Ritterburg, da er einen Angriff irgendwelcher Barbaren befürchtet und der dritte hat eine Weltraumstation im Kopf, die das Personal mit Sauerstoff und Nahrung versorgt. Diese verschiedenen Bilder entstehen durch unterschiedliche Interpretation des Begriffs *feindliche Umgebung* (vgl. Abb. 7.1).

Begriffe werden in verschiedenen Kontexten unterschiedlich interpretiert, als technisches Beispiel nehmen wir den Begriff *Komponente*. Ein Elektrotechniker versteht darunter eventuell ein elektronisches Bauteil, ein Chemiker einen Bestandteil eines Rezeptes und ein Bauingenieur ein Fertigteil für das Haus, an dem er gerade arbeitet. Auch Softwareingenieure interpretieren diesen Begriff unterschiedlich, der eine sieht eher einen Service mit REST-Schnittstelle, der andere eher eine Bibliothek, der dritte eine installierbare Software und der vierte ein Konzept in UML. An dieser Stelle sei also dringend ein Glossar für die wichtigsten Begriffe empfohlen.

Weitere Missverständnisse können über Formulierungen und Satzbau entstehen [Ber03]. Um Missverständnisse zu vermeiden, müssen wir sicherstellen, dass wir unseren

---

[1] Vgl. Abschn. 2.5.5 und 3.1.2.

Kreis   Kreis

Abb. 7.1 Die Abbildung soll zeigen, dass selbst bei dem einfachen Begriff Kreis verschiedene Bilder im Kopf der Gesprächspartner entstehen. Erst durch ein Gespräch entsteht eine gemeinsame Vorstellung des Begriffs

Kunden richtig verstehen und dass dieser uns versteht. Das aktive Zuhören ist dabei eine hilfreiche Technik. Speziell für die schriftliche Kommunikation über Dokumente und andere Medien haben Chris Rupp und die Sophisten ein umfangreiches Regelwerk für klare Sprache erarbeitet und stellen typische Probleme natürlicher Sprache dar, beispielsweise Verallgemeinerungen, Tilgungen oder Verzerrungen [Rup14]. Einige Beispiele dafür bringen wir in Abschn. 8.3.3 über klare Sprache.

7.4.1   Aktives Zuhören

Je weniger ihr selber redet, desto mehr Zeit hat euer Gesprächspartner, etwas zu sagen. Versucht während der Gespräche, mehr zuzuhören als selber zu sprechen. Stellt Fragen. Je mehr ihr zuhört, desto mehr werdet ihr erfahren.

Mithilfe des *aktiven* Zuhörens sichert ihr ab, dass ihr die Aussagen eures Auftraggebers richtig verstanden habt und dass euch kein relevantes Detail entgeht [Vig19]. Folgendes könnt ihr tun, um zu zeigen, dass ihr richtig verstanden habt:

- den Sachverhalt in eigenen Worten wiedergeben (paraphrasieren),
- häufig nachfragen, z. B. Habe ich richtig verstanden, dass . . . ,Was genau ist ein . . . ?
- eine Reihe von Sachverhalten immer wieder in eigenen Worten zusammenfassen,
- Schlussfolgern und Konsequenzen aus dem Gesagten ziehen.

Wenn ihr das tut, kann der Auftraggeber überprüfen, ob ihr die relevanten Informationen verstanden habt. Also die wichtigsten Fakten und Anforderungen mitnehmt statt irgendwelcher irrelevanter Nebenthemen. Zweitens kann er feststellen, dass ihr die Informationen korrekt verstanden habt und die richtigen Schlüsse daraus zieht.

Einige der gehörten Sachverhalte könnt ihr leicht in eigenen Worten wiedergeben. Bei anderen Sachverhalten wird es euch schwerfallen, alle Details zu formulieren, hier müsst ihr noch mal nachfragen und um weitere Details bitten. Mit dieser Technik erkennt ihr leicht, was ihr verstanden habt und wo es noch Lücken gibt.

7.4.2   Gemeinsames Visualisieren

Eine Visualisierung des Gesagten ist immer hilfreich: Entwickelt mit dem Auftraggeber oder im Team gemeinsam ein Schaubild, das die gerade besprochenen Inhalte wiedergibt. Mit einfachen grafischen Elementen, Piktogrammen und Symbolen (Blitz, Warndreieck, Wolke, Glühbirne, Bombe, ...) stellt ihr das Problem dar oder das geplante System in seiner Umgebung. Typische Zeichnungen, die hier entstehen, sind:

- Mindmaps, siehe Abschn. 2.5.2
- Organigramm, siehe Abschn. 5.5.5
- einfache Geschäftsprozess-Diagramme
- Umgebungsdiagramm, siehe Abschn. 4.13
- Verteilungsdiagramm, siehe Abschn. 16.4.1

Die Visualisierung ist ein Denkwerkzeug: Euer Arbeitsgedächtnis hat ungefähr vier Speicherplätze [Cow01], das ist wenig. Je weniger Informationen ihr gleichzeitig im Gedächtnis halten müsst, um mitzudenken, desto besser. Ein Bild ist ein externer Speicher für Informationen, die ihr gerade gemeinsam verarbeitet, und das Diagramm bringt die Informationen auch in einen grafischen Kontext, da es die Informationen in eine sinnvolle Beziehung setzt, beispielsweise als Kausalkette, Abhängigkeitsgraph, technische *Landkarte* oder Geschäftsprozess.[2]

Wenn ihr im Meeting ein gemeinsames Whiteboard oder Flipchart habt, können alle anwesenden Personen etwas beitragen und auch zeichnen. Damit schafft ihr es auch, alle zum Mitdenken anzuregen. Wenn ihr den Eindruck habt, dass eine Person gerade nicht mitarbeitet: Drückt ihr oder ihm einen Stift in die Hand und wartet, was passiert. Leicht gleiten die Teilnehmer sonst in das Beantworten irgendwelcher E-Mails auf dem Laptop oder von WhatsApp-Nachrichten auf dem Smartphone ab.

Eine gemeinsame Visualisierung ist zusätzlich eine gute Dokumentation der Ergebnisse eines Meetings. Ihr spart euch Text beim Erstellen des Protokolls. Normalerweise genügt es, wenn ihr die entstandenen Zeichnungen mit eurem Smartphone fotografiert und die Fotos in euer Wiki hochladet bzw. die Fotos als Teil des Protokolls verwendet.

---

[2] Vgl. Abschn. 11.5.1 mit Abb. 11.3.

7.4.3   Protokollieren: Schreibt mit!

Der Auftraggeber sollte euch jede Information möglichst nur ein einziges Mal erzählen müssen. Nach einem längeren Gespräch werdet ihr euch kaum an alle relevanten Details erinnern können. Daher ist es wichtig, während des Gesprächs eigene Notizen zu machen. Wenn niemand während eines Gesprächs mitschreibt, ist das ein Warnsignal. Wir haben im Abschn. 2.5 dazu beispielsweise eine eigene Kladde oder ein Online-Notizbuch wie etwa OneNote empfohlen. Zusammenhänge erkennt ihr leichter, wenn ihr die Informationen als Mindmap notiert oder einfache Visualisierungen erstellt.

Wenn ihr versucht, die besprochenen Informationen nach dem Gespräch in ein Protokoll zu schreiben, führt das ebenfalls zur Klarheit. Ein Text zwingt dazu, das Netzwerk von Informationen aus dem Gespräch in eurem Gehirn in eine sequenzielle und damit strukturierte Form zu bringen. Durch das Aufschreiben findet ihr eventuell noch Widersprüche oder fehlende Informationen. Das Protokoll könnt ihr nach der Besprechung an den Auftraggeber übersenden und dessen Feedback erbitten.

Ein zweiter Vorteil eines Protokolls ist, dass ihr einen Informationsstand und Beschlüsse des Auftraggebers samt eines Datums einfrieren könnt. Wenn der Auftraggeber beispielsweise im März behauptet, er hätte gerne eine Web-Oberfläche mit dem Angular-Framework, habt ihr das im Protokoll schriftlich. Möglichst hat der Auftraggeber das Protokoll genehmigt, beispielsweise über eine kurze OK-E-Mail, die er euch als Antwort zum Protokoll zusendet. Entschließt sich der Auftraggeber dann im April für eine andere Lösung mit dem Vue-Framework, geht der Mehraufwand bzw. der geringere Funktionsumfang auf sein Konto.

Daher empfehlen wir immer zu jedem Meeting und zu jedem Kundentermin ein kurzes schriftliches Protokoll mit den wesentlichen Ergebnissen, Fakten, Beschlüssen, Zusicherungen und Aufgaben anzufertigen. Diese Protokolle sollte der Auftraggeber jeweils bestätigen oder entsprechende Klarstellungen wünschen.

7.4.4   Gemeinsames Glossar erstellen

Dieselben Worte können bei jedem Auftraggeber und eventuell in verschiedenen Abteilungen desselben Auftraggebers eine unterschiedliche Bedeutung haben.[3] In der Informatik haben wir das oben schon am Beispiel des Begriffs Komponente gezeigt. Nichtinformatiker sind häufig irritiert, wenn von Bäumen, Zweigen, Blättern oder Wurzeln die Rede ist, ohne dass es um Holz geht.

Während der ersten Gespräche mit dem Auftraggeber beginnt ihr daher ein Glossar. Möglicherweise hat der Auftraggeber bereits eines, das er euch zur Verfügung stellen kann. Das Glossar definiert die wichtigsten Begriffe der Fachsprache des Kunden. Ein

---

[3] Vgl. Kap. 15.

gemeinsames Glossar reduziert die Wahrscheinlichkeit, dass ihr aneinander vorbeiredet. Klar und eindeutig definierte Begriffe sind die Grundlage jeder Wissenschaft. Nur mit definierten Begriffen könnt ihr klare Aussagen machen.

7.4.5 Selektive Wahrnehmung ausnutzen

Es gibt ein fast schon berühmtes Video von zwei Mannschaften, die sich jeweils einen Basketball zuwerfen. Eine Mannschaft ist weiß gekleidet, die andere ganz in schwarz. Der Betrachter erhält die Aufgabe, bei der weißen Mannschaft zu zählen, wie oft diese sich den Ball zu gespielt hat. Nach dem Video werden alle Betrachter nach der Zahl der Pässe gefragt und danach, ob ihnen irgendetwas aufgefallen wäre. Die Mehrheit verneint das in der Regel. Bevor du weiter liest: Schau dir bitte das Video an und bilde dir deine eigene Meinung. [4]

Die Idee zu dem Experiment stammt von Christopher Chabris und Daniel Simons [Cha10]: Den meisten Betrachtern entgeht ein als Bär (im Original ein Gorilla) verkleideter Mensch, der durch das Video läuft. Grund dafür ist, dass die Betrachter aufgefordert wurden, ihre Aufmerksamkeit auf die weiße Mannschaft zu lenken und dort mit Zählen beschäftigt sind.

Dies ist ein Beispiel für selektive Wahrnehmung, die durch die Aufgabenstellung verursacht wird. Übertragen auf Entwicklungsprojekte heißt das, nur weil alle Projektbeteiligten anwesend waren und der Auftraggeber aus seiner Sicht alles Wichtige gesagt hat, heißt das noch lange nicht, dass alle die relevanten Informationen mitbekommen haben. Möglicherweise war die Aufmerksamkeit des Teams gerade auf ein anderes Thema gerichtet. Auch hier solltet ihr unter anderem mit aktivem Zuhören dafür sorgen, dass ihr wirklich alle relevanten Informationen wahrgenommen habt.

Denkhüte oder Perspektiven verwenden

Die selektive Wahrnehmung betrifft sowohl den Auftraggeber als auch jedes einzelne Teammitglied. Damit ist es möglich, dass bestimmte, wichtige Informationen nicht wahrgenommen werden oder wichtige Fragen nicht gestellt oder diskutiert werden. Um das zu vermeiden, könnt ihr die Wahrnehmung von allen Beteiligten steuern, indem ihr Denkhüte verteilt. Die Hüte können technischer Natur sein: Ein Teammitglied achtet besonders auf Datenbankthemen, der nächste auf Verteilung oder auf IT-Security und ein anderer auf Usability. Jedes Teammitglied soll damit besonders auf seinen Bereich achten. Damit steuert ihr die Bereiche, die wahrgenommen werden und reduziert das Risiko weißer Flecken. Die Hüte werden in der Qualitätssicherung als Review-Technik (perspektivenbasiertes Review) und im explorativen Testen (Test-Charter, vgl. Abschn. 18.5.1) eingesetzt.

---

[4] https://www.youtube.com/watch?v=Ahg6qcgoay4.

Tab. 7.1 Sechs Hüte nach De Bono [DB85]

Hut	Beschreibung
Weißer Hut	Neutrale Sicht, nur Fakten und Zahlen sind wichtig. Mit dem weißen Hut musst du dich von Emotionen oder Bewertungen frei machen und Informationen neutral sammeln. Dies geschieht häufig am Anfang eines Workshops oder Gesprächs.
Roter Hut	Emotionale Sicht. Mit dem roten Hut konzentrierst du dich auf deine Gefühle, wie Frustration, Angst, Bedenken oder Hoffnung. Hier ist auch Platz für Intuition und Bauchgefühl.
Schwarzer Hut	Pessimistische Sicht. Mit dem schwarzen Hut suchst du nach möglichen Problemen, Bedrohungen und überlegst Risiken. Die Zukunft besteht aus Katastrophen, was sind mögliche Ursachen? Du bist vorsichtig und sorgfältig. Was spricht gegen die besprochenen Features, Aufgaben oder Projektziele?
Gelber Hut	Optimistische Sicht. Der gelbe Hut steht für Chancen. Du suchst nach neuen Möglichkeiten in einer positiven Zukunft. Was könnt ihr tun, um diese Chancen zu nutzen? Was spricht für die gerade besprochenen Features, Aufgaben oder Projektziele.
Grüner Hut	Kreative Sicht. Mit dem grünen Hut kannst du neue Ideen äußern, diese dürfen auch gewagt oder unrealistisch sein und auch gegebene Randbedingungen ignorieren. Hier sind Kreativitätstechniken richtig.
Blauer Hut	Ordnende Sicht. Den blauen Hut verwendet ihr am Ende von Gesprächen oder Workshops. Ihr gewinnt damit den Überblick, ordnet und strukturiert Ergebnisse oder definiert Aufgaben und weitere Schritte.

Ein bekanntes Modell für Hüte stammt von Edward De Bono [DB85]. Er definiert sechs Denkhüte und beschreibt die Regeln, die der jeweilige Träger einhalten muss. Die Tab. 7.1 gibt einen Überblick über die Denkhüte.

Die Hüte können auch eingesetzt werden, um die Wahrnehmung des gesamten Teams zu steuern. Ihr setzt euch beispielsweise den roten Hut auf und überlegt gemeinsam, wie ihr euch mit einer bestimmten Lösung fühlt und welche Emotionen das auslöst. Mit dem roten Hut könnt ihr dies explizit tun und Emotionen entsprechend Platz einräumen. Das Gleiche gilt für Optimismus, neue Ideen oder Bedenken.

7.5   Kommunikation

Emotionen wahrnehmen

Wir kommunizieren nicht nur über die gesprochene Sprache. Ein wesentlicher Teil der Kommunikation findet nonverbal statt. Darüber erhaltet ihr wesentliche Informationen mit den vier Ohren nach Schulz von Thun. Nonverbale Kommunikation geschieht über Gestik und Mimik, den Blickkontakt, die Körperhaltung und -bewegungen, den Tonfall und die Lautstärke der Stimme, die Sprechgeschwindigkeit und die Betonungen. Auch über Gesichtsfarbe und Körpergeruch werden Informationen übermittelt.

Nur ein Teil der nonverbalen Ausdrucksmöglichkeiten könnt ihr mit eurem Willen kontrollieren. Eure Gesichtsfarbe oder eure Mimik könnt ihr nur bedingt beeinflussen, speziell wenn ihr spontan reagieren müsst. Eure aktuelle Stimmung und eure Emotionen werden vermutlich sichtbar werden. Die Wahrnehmung nonverbaler Signale erfolgt häufig unbewusst und ihr reagiert intuitiv darauf.[5]

Je mehr Informationen die Kommunikationspartner übereinander haben, desto effizienter und effektiver wird die Kommunikation funktionieren, denn alle Partner können mit mehreren Sinnen wahrnehmen, also Sehen, Hören, Riechen, Tasten oder vielleicht sogar Schmecken. Wir haben verschiedene Möglichkeiten zu kommunizieren, bei denen teilweise Informationen fehlen bzw. Sinne nicht verwendet werden können. Heikle oder emotional besetzte Themen sollten nur dann besprochen werden und Konflikte nur dann angesprochen werden, wenn genügend nonverbale Kommunikation stattfinden kann.

Komplexe Sachverhalte besprechen
Je mehr Informationen zwischen den Kommunikationspartnern ausgetauscht werden können, desto komplexere Sachverhalte können besprochen werden. Ein Gespräch mit zwei bis drei Personen am Whiteboard ist hier ideal, da während des Gesprächs eine Visualisierung stattfinden kann. Ein Dialog und eine Diskussion werden möglich. Dagegen sind E-Mails oder ein Chat für komplexe Themen ungeeignet. Jede Art von Kommunikation hat ihre Stärken und Schwächen. Dies wird in Tab. 7.2 dargestellt.

Auch wenn ihr nichts sagt, kein Gespräch führt, keine E-Mail oder Chat-Nachricht schickt, kommuniziert ihr. Ihr könnt nicht *nicht* kommunizieren [Wat16]. Der Auftraggeber und andere Stakeholder wünschen sich normalerweise regelmäßige Informationen, bleiben diese aus, verliert der Auftraggeber eventuell das Vertrauen in euch. Für euer Projekt solltet ihr daher bewusst planen, mit wem ihr über welchen Kanal kommunizieren wollt.[6] Manchmal reicht eine monatliche E-Mail über den Projektstatus, eventuell ist eine wöchentliche Videokonferenz notwendig. Eine gute Visualisierung dazu ist das Team-Kontext-Diagramm,[7] da es die Informationsflüsse in und aus eurem Team aufzeigt.

7.6 Kommunikationskanäle

Gute Kommunikation ist der wichtigste Erfolgsfaktor in der Produktentwicklung und in der Abwicklung von Projekten. Ihr könnt beispielsweise nur dann erfolgreich für einen Auftraggeber arbeiten, wenn ihr wirklich versteht, was dessen Job-to-be-done ist. Eine vertrauensvolle Zusammenarbeit ist nur dann möglich, wenn auch die emotionale

---

[5] Vgl. Abschn. 7.3 über System 1 nach D. Kahneman.

[6] Vgl. dazu den Kommunikationsplan aus Abschn. 5.5.4.

[7] Vgl. Abschn. 5.5.2.

Tab. 7.2 Möglichkeiten zur Kommunikation im Projekt

Was	Beschreibung
Persönliches Gespräch	Alle Informationen stehen zur Verfügung. Die nonverbale Kommunikation kann vollständig erfolgen, mit allen verfügbaren Sinnen. Mithilfe von Visualisierungen am Whiteboard können auch komplexe Sachverhalte diskutiert werden.
Videokonferenz	Bei der Videokonferenz fehlen bereits erste Informationen: Teile der Körperhaltung, denn häufig ist die Kamera ausgeschaltet oder nur der Oberkörper ist zu sehen. Details zur Stimme fehlen häufig, da die verwendeten Mikrofone oder die Verbindung Qualitätsprobleme haben. Damit sind Videokonferenzen für schwierige Situationen schlechter geeignet als das persönliche Gespräch vor Ort. Gemeinsames Visualisieren ist aber möglich, über Screen-Sharing oder entsprechende Werkzeuge wie Miro[a] oder Mural[b]. Komplexere Sachverhalte können damit besprochen werden.
Telefonat	Beim Telefonat könnt ihr euch nur noch auf euer Gehör verlassen. An der Stimme, der Lautstärke, der Wortwahl und der Betonung können Emotionen erkannt werden, daher ist ein Telefonat auch für schwierige Situationen geeignet. Komplexe Sachverhalte sind schwieriger zu diskutieren, da die Visualisierung fehlt.
Chat-Konversation	Eine Konversation ist möglich. Die meisten Menschen nutzen Werkzeuge wie WhatsApp täglich. Typischerweise wird schnell auf Chat-Nachrichten geantwortet. Moderne Chats erlauben auch Bilder, Audioaufnahmen und kurze Videos. Diese sind weder für schwierige Situationen noch für komplexe Sachverhalte geeignet, eher für kurzen und schnellen Austausch kleiner Informationen.
E-Mail	In einer E-Mail steht nur noch Text zur Verfügung und eventuell Bilder. Daher sollten keine komplexen Themen diskutiert werden. E-Mails eigenen sich für das Versenden von Protokollen und Dokumenten, kurze Abstimmungen über bestimmte Themen oder für Einladungen. Für Konflikte sind die anderen Kanäle besser geeignet. Eine verlangsamte, grobteilige Konversation ist aber möglich.
Dokumente	Dokumente sind eine Einweg-Kommunikation: wenige Autoren, aber viele Leser. Komplexe Themen können dort dargestellt werden, der Platz steht zur Verfügung. Sie sind langfristig nutzbar und erreichen beliebig viele Empfänger zu einem beliebigen Zeitpunkt in der Zukunft.

[a]vgl. https://miro.com
[b]vgl. https://www.mural.co/

Ebene stimmt und ihr euch gegenseitig vertraut und wertschätzt. In beiden Beispielen ist Kommunikation entscheidend, einerseits, um genügend und die richtigen Informationen zu erhalten, und andererseits, damit die persönliche Beziehung funktioniert.

Wir haben im Projektalltag verschiedene Möglichkeiten zu kommunizieren: Die folgenden Abschnitte sollen Hinweise geben, wann und wie ihr diese Möglichkeiten nutzen könnt. Häufig geht es in der Kommunikation nur um den Austausch von Informationen, etwa zur Abstimmung eines gemeinsamen Termins oder Antworten auf einfache Fragen.

In diesen Fällen genügen einfache, kurze E-Mails. Bei komplizierten Themen steigt das Risiko von Missverständnissen, daher ist eher ein Dialog hilfreich, in dem beide Seiten immer wieder Fragen stellen können und auch an der Mimik des Gegenübers erkennen, ob Informationen angekommen sind. Zweiter wichtiger Faktor sind die Emotionen. Diese sind in E-Mails kaum zu vermitteln, die Stimmung des Gegenübers wird durch den Tonfall der Stimme, die Körperhaltung sowie die Mimik und Gestik sichtbar. Für jede Form der Kommunikation gibt es daher passende und weniger passende Kommunikationskanäle.

Halten wir fest: Für den Austausch einfacher Informationen genügt eine E-Mail oder eine Chat-Nachricht. Komplexere Informationen und Diskussionen erfordern mindestens ein Telefonat oder ein umfangreicheres Dokument. Sobald Emotionen im Spiel sind, solltet ihr zum Telefon greifen oder besser ein persönliches Treffen vereinbaren.

7.6.1   Persönliche Gespräche

Jedes Gespräch hat ein Ziel

Wenn ihr kommuniziert, habt ihr immer ein Ziel: Es soll ein Sachverhalt oder eine Frage geklärt werden. Ihr braucht eine Entscheidung oder es geht nur darum, die Beziehung zu verbessern. Vor einem Gespräch ist es hilfreich, sich noch mal das Gesprächsziel zu verdeutlichen. Wann würdet ihr dieses Gespräch als *erfolgreich* bezeichnen? Mit einem klaren Gesprächsziel vermeidet ihr, das Gespräch unnötig in die Länge zu ziehen, zu schwafeln oder sich in irgendwelchen Details zu verzetteln. Ein Gespräch kann in folgenden vier Phasen ablaufen:

Verbindung herstellen: In der Startphase stellt ihr fest, ob das Gegenüber Zeit und einen freien Kopf für das Gespräch hat. Eventuell ist er oder sie gerade mit einem wichtigen Thema befasst und will eigentlich nicht gestört werden. In einigen Unternehmen ist beispielsweise eine geschlossene Bürotür ein sicheres Zeichen dafür, dass jemand nicht gestört werden will. Ihr beginnt immer mit einem mehr oder weniger belanglosen Begrüßungssatz. Damit kann sich der Gesprächspartner auch auf eure Stimme und Ausdrucksweise einhören.

Informationen austauschen: Jetzt kommt das Ziel des Gesprächs zum Tragen. Ihr stellt einen Sachverhalt dar, führt ein Interview, stellt Fragen oder diskutiert ein Problem. Beide Seiten steuern Informationen bei, äußern ihre Einschätzungen oder treffen Entscheidungen.

Vereinbarungen treffen: Am Ende des Gesprächs sind häufig Vereinbarungen und Beschlüsse zu treffen. Wer übernimmt welche Aufgabe? Was sind die nächsten Schritte? Wenn weitere Schritte oder Folgetermine erforderlich sind, solltet ihr am Gesprächsende noch mal explizit danach fragen. Wenn die Vereinbarungen getroffen wurden, werden diese zur Sicherheit wiederholt.

Positives Ende: Das Gespräch endet mit einer positiven Geste, z. B. einem Dankeschön oder einem Wunsch.

Informelle Gespräche

Während eines Arbeitstags führt ihr viele persönliche Gespräche mit einem oder mehreren Teamkollegen und mit dem Auftraggeber. Diese informellen Gespräche sind für das Projekt wichtig, denn so werden Konflikte und Probleme frühzeitig geklärt [Her99]. Sie fördern das soziale Miteinander. Sie finden am Arbeitsplatz, in der Raucherecke, der Kaffeeküche oder am Wasserspender statt.[8] Für komplexe Themen ist eine Visualisierung immer hilfreich. In vielen Büros gibt es Whiteboards, die ihr dafür verwenden könnt. Eine gemeinsam entwickelte Grafik konkretisiert die Diskussion und macht die besprochenen Sachverhalte greifbarer. Aktives Zuhören ist die zweite wichtige Technik, die ihr in Gesprächen verwenden solltet, um die Kommunikation zu verbessern.

Wenn ihr als Team über mehrere Orte verteilt seid oder viel aus dem Homeoffice arbeitet, fehlt dieser informelle Kanal. Für eure gemeinsame Arbeit, das Wir-Gefühl und auch für die Teamkultur ist es wichtig, dass ihr trotzdem für informellen Informationsaustausch sorgt. Denkbar ist eine regelmäßige gemeinsame ‚Kaffeepause' per Videokonferenz, ein Treffen ohne definiertes Ziel und ohne Protokoll. Ein Discord-Raum ‚social' für solche Gespräche hat bei uns gut funktioniert.

Interviews nur mit Leitfaden

Eine besondere Form des Gesprächs ist ein Interview. Interviews führt ihr beispielsweise durch, wenn ihr potentielle Anwender nach ihrem aktuellen Verhalten und Vorlieben befragt, um auf ihre Bedürfnisse zu schließen. Aus einer Reihe von Interviews könnt ihr beispielsweise Modelle für eure potentiellen Benutzer entwickeln, sogenannte Personas [Coo99]. Interviews könnt ihr auch im Bereich von Usability Tests einsetzen oder im Bereich der Analyse eures Entwicklungsprozesses (Audits).

Wenn ihr Interviews durchführt, solltet ihr diese mit einem Interview-Leitfaden vorbereiten. Der Leitfaden enthält die Fragen, die ihr stellen wollt und umfasst auch Informationen für euren Interview-Partner zum Sinn und Zweck des Interviews. Ihr könnt den Interview-Leitfaden eher qualitativ oder eher quantitativ gestalten. Bei einem eher qualitativen Interview stellt ihr offene Fragen und euer Interview-Partner kann darauf auch ausführlich antworten. Solche Interviews führt ihr eher am Anfang von Bedarfsanalysen, auch um das Themenfeld besser zu verstehen. Da ihr die Interviews weitgehend manuell auswerten müsst und die Durchführung einige Zeit kostet, könnt ihr nicht allzu viele davon durchführen. Wenn ihr statistisch auswertbare Antworten benötigt, stellt ihr eher geschlossene Fragen und gebt Antwortmöglichkeiten vor, im einfachsten Fall einfach *ja* oder *nein* als Antwort. Eine offene Frage wäre beispielsweise: *Wie nutzen Sie Ihr Smartphone?* Darauf kann der Befragte mit einigen Erklärungen und Beispielen antworten. Eine geschlossene Frage wäre eher *Wie oft nutzen Sie Ihr Smartphone täglich (1 Stunde, 2 Stunden, 4 Stunden, 8 Stunden und mehr)*. Hier muss sich der Befragte

---

[8] James D. Herbsleb bezeichnet diese informelle Kommunikation daher auch als ‚Water Cooler Communication'.

für eine der vier Optionen entscheiden. Solche Interviews können auch mit Online-Werkzeugen unterstützt werden, so erreicht ihr eventuell sehr viele Befragte. Ihr könnt mit den Resultaten später Statistik betreiben, und beispielsweise folgern, dass 50 % der Personen zwischen 16 und 18 ihr Smartphone über 8 Stunden pro Tag nutzen.

Gute Interviews gerade im Bereich der Analyse von Bedürfnissen sind ein eigenes umfangreiches Themenfeld. Einen guten Einstieg bietet beispielsweise der Mom-Test von Rob Fitzpatrick [Fit14]. Fitzpatrick erklärt, warum Fragen wie *Könnten Sie sich vorstellen, dieses Produkt zu kaufen?* unsinnig sind und man statt dessen besser nach dem aktuellen Verhalten der Interview-Partner fragt. Nicole Forsgren diskutiert ihre Befragungsmethodik und die zugrundeliegende Statistik in ihrem Buch zu DevOps *Accelerate* [For18]. Ausführlichere Literatur findet sich im Bereich des Marketings oder der Psychologie [Sed08]. Hier ist vieles zu beachten, nicht nur, wie man die Fragen so stellt, dass die Antworten auch wirklich Erkenntnisse bringen, sondern auch wie viele und welche Personen befragt werden müssen (Stichprobengröße), um aussagekräftige Resultate zu erzielen.

Kritik und heikle Themen nur unter vier Augen

In einem persönlichen Gespräch stehen euch alle Wahrnehmungskanäle zur Verfügung, um festzustellen, wie es eurem Gegenüber gerade geht und wie dieser sich gerade fühlt. Ihr habt Mimik und Gesichtsfarbe, Gestik, Körperhaltung sowie den Tonfall der Stimme als Informationsquellen.

Konflikte, Kritik, heikle Situationen oder komplexe Themen solltet ihr daher nur im persönlichen Gespräch klären. Vieles am besten unter vier Augen, vor Ort, damit das Gespräch für keine der beiden Seiten zum Statusverlust führen kann. Das wäre bei einer öffentlichen Rüge vor dem gesamten Team offensichtlich der Fall.[9]

7.6.2 Kommunikation per E-Mail

Formalia

E-Mails sind in Projekten und der Produktentwicklung nach wie vor eines der wichtigsten Mittel zur Kommunikation, ähnlich wie Briefe früher. Wie in einem Brief solltet ihr euch an gewisse Formalia halten, da diese eventuell von der Gegenseite erwartet werden. Zu den Formalia gehören:

1. Eine sinnvolle Betreffzeile. Die Menschen, mit denen ihr kommuniziert, erhalten eventuell hundert und mehr E-Mails pro Tag. Ihr erleichtert diesen mit einer klaren Betreffzeile zum Sinn und Zweck eurer E-Mail das Leben. Ihr macht damit deutlich, um welches Thema es geht, ob es dringend ist und was ihr als Antwort erwartet.

---

[9] Vgl. Abschn. 3.1.5.

2. Anrede: Wenn ihr eine Person ansprecht, bitte mit Vor- bzw. Nachnamen und einer angemessenen Anrede. Üblich sind derzeit ‚Sehr geehrter Herr ...' oder ‚Guten Tag Frau ...' manchmal auch ‚Lieber Herr ...' oder ‚Hallo Frau ...'.
3. Eine Grußformel am Ende der E-Mail sollte ebenfalls nicht fehlen. Wenn ihr bereits E-Mails eures Adressaten erhalten habt, könnt ihr die dort verwendete Grußformel übernehmen.

Einsatzbereich

Mit E-Mails könnt ihr sehr leicht Missverständnisse und Probleme verursachen: Es fehlen Informationen, die wir in persönlichen Gesprächen zur Verfügung haben. Es fehlen Gestik, Mimik, Gesichtsfarbe und der Tonfall der Stimme. Die Rückantworten sind stark verzögert, da ja jede Seite ihre jeweilige Antwort formulieren muss. Während das gesprochene Wort schnell verhallt ist, kann man E-Mails speichern und Monate später wieder hervorholen oder sie weiterleiten an andere vom Autor nicht beabsichtigte Empfänger. Halten wir also zunächst fest wofür sich E-Mails *nicht* eignen:

- Austragen und Klären von Konflikten: Euer Leser erhält nur den Text. Emotionale E-Mails solltet ihr speziell bei Konflikten vermeiden.
- Diskussion komplexer Sachverhalte: E-Mails werden dafür nicht genau genug gelesen (TLDR) und das Visualisieren von Zusammenhängen ist schwierig. E-Mails sollten in der Regel nicht länger als eine Bildschirmseite sein.
- Geheime oder nicht für die (Projekt-)Öffentlichkeit bestimmte Informationen: Das gesprochene Wort ist schnell vergessen, E-Mails haben eine unbegrenzte Haltbarkeit und ihre Verbreitung kann nicht kontrolliert werden.
- Dringende Themen (z. B. Feueralarm, Projektkrisen, Ausfälle eurer Software in Produktion). Wenn es brennt, schreibt ihr keine E-Mails. E-Mails sind ein asynchrones Kommunikationsmedium, es kann sein, dass der Empfänger die E-Mail erst übermorgen liest. Wenn es wirklich dringend ist, verwendet das Telefon.

Ihr setzt E-Mail typischerweise ein für Vereinbarungen von Telefonaten oder anderen Terminen oder für Einladungen zu Besprechungen, Workshops und Präsentationen. Ihr könnt sie allgemein für die Verteilung einfacher Informationen verwenden.

Was könnt ihr tun?

Einfache Entscheidungen und einfache Diskussionen können ebenfalls gut über E-Mails durchgeführt werden. Folgende Regeln sind beim Schreiben von E-Mails und dem Beantworten hilfreich:

- Details und Überblick: Eure E-Mail kann von einem Adressaten nur überflogen werden, ein anderer wägt eventuell jedes einzelne Wort ab. Beide Lesertypen müsst ihr berücksichtigen.

- Nicht länger als eine Bildschirmseite: Das Schreiben einer E-Mail nimmt viel Zeit in Anspruch. Der Leser liest die E-Mail eventuell nicht genau genug. Häufig ist von TLDR die Rede: *Too long, didn't read*. Komplexe Sachverhalte könnt ihr besser in einem Meeting oder in einem Telefonat klären. Alternativ in einem angehängten Dokument (nicht änderbar, z. B. PDF).

- Keine Emotionen! Passt bitte bei der Wortwahl auf: Wenn ihr schreibt, ihr seid *irritiert* oder *verwundert*, wirkt das anders, als wenn ihr nur eine offene Frage habt. Vermeidet Ausrufezeichen, Fettdruck und Worte in GROSSSCHRIFT. Das wirkt so, als ob ihr den Leser anbrüllt.

- Affekt: Wenn ihr eine emotionale E-Mail erhaltet, am besten noch mit dem gesamten Führungsteam auf CC und sehr vielen Ausrufezeichen, antwortet auf keinen Fall sofort! Formuliert eine Antwort, speichert diese irgendwo zwischen und macht mindestens einen längeren Spaziergang. Konflikte eskalieren über E-Mails leichter als in einem persönlichen Gespräch und das Klären bzw. Deeskalieren ist problematischer. Meistens ist ein persönliches Gespräch besser als eine E-Mail-Schlacht. Ruft im Zweifel besser an, möglicherweise ist die E-Mail nicht so gemeint gewesen, wie ihr diese wahrgenommen habt.

- Vorsicht bei CC und BCC: Wenn ein Vorgesetzter auf CC steht, wirkt das leicht wie eine Eskalation eines Konfliktes. Damit solltet ihr dosiert umgehen. Wenn der Adressat irgendwie mitbekommt, dass ihr einige Personen auf BCC gesetzt habt, könnte das zu einem Vertrauensverlust führen, es kann so wirken, dass ihr nicht mit offenen Karten spielt.

- Vorsicht beim Weiterleiten: E-Mails werden durch den Austausch zwischen Personen immer länger. Wenn ihr solche E-Mails weiterleitet, sieht der Empfänger die gesamte Diskussion. Entscheidet bewusst, ob der Empfänger das sehen soll. Löscht im Zweifel die Diskussion.

- Rechtschreibung: Eure E-Mails enthalten viele Fehler, in Rechtschreibung, Grammatik oder Zeichensetzung? Oder die Wortwahl stammt aus der Umgangssprache. Wie wirkt das auf den oder die Empfänger? Es wirkt nicht sorgfältig, so als ob sich der Autor keine besondere Mühe gegeben hätte. Eventuell deutet das auf ein allgemeines Qualitätsproblem hin. Möglicherweise wird von euren E-Mails auf die Qualität eurer Software geschlossen. Verwendet daher die Rechtschreibkontrolle eures E-Mail-Programms. Lasst E-Mails an wichtige Personen oder mit kritischem Inhalt noch mal von einer anderen Person lesen oder schreibt diese gleich gemeinsam, wie im Pair Programming.

Als Anhang von E-Mails solltet ihr möglichst nicht-änderbare Dokumenttypen verwenden, das ist in der Regel PDF, auch wegen der Spam-Filter. Diese Dokumente werden auch auf Smartphones korrekt angezeigt. Zweitens kommt der Empfänger nicht auf die Idee, darin herum zu ändern. Für den Austausch von änderbaren Dokumenten eignen sich eher Repositorys wie Git oder Editoren, mit denen die Dokumente online gemeinsam bearbeitet und dort versioniert werden können, wie Google Docs oder Office 365.

7.6.3   Kommunikation am Telefon

Telefonate sind die dritte wichtige Kommunikationsform in Projekten. Für Telefonate stehen euch viele technische Möglichkeiten zur Verfügung: Angefangen beim klassischen Telefon bis hin zur Bildtelefonie über Skype, Zoom, Teams und ähnliche Dienste.

Jedes Telefonat hat immer ein Ziel. Ihr wollt euren Gesprächspartner informieren, ihr benötigt eine wichtige Information von ihm oder ihr braucht eine Entscheidung. Überlegt euch das Ziel des Telefonats, bevor ihr zum Hörer greift, sonst wird das Telefonat leicht zu einem Plausch oder endet ohne erkennbares Ergebnis. Zur Vorbereitung des Telefonats gehört auch, dass Zettel und Stift bereitliegen für eine Gesprächsnotiz und eventuell sind die notwendigen Dateien bzw. Programme auf eurem Rechner geöffnet, um hier keine Zeit zu verlieren.

Einsatzbereich

In einem Telefonat stehen mehr Informationen zur Verfügung, in denen besonders auch die Emotionen erkennbar sind. Neben dem Text habt ihr den Tonfall in der Stimme, die Betonung und auch die Sprechgeschwindigkeit als Informationsquellen. Auf Aussagen oder Fragen erhaltet ihr eine unmittelbare Reaktion. Missverständnisse und Verstimmungen erkennt ihr schneller und könnt Nachfragen bzw. unmittelbar deeskalieren.

Wenn Missverständnisse wahrscheinlich sind oder wenn Emotionen im Spiel sind, ist ein Telefonat oder ein persönliches Treffen E-Mails oder Chat-Nachrichten immer vorzuziehen. Ein Telefonat spart gegenüber einer längeren E-Mail Zeit. Versucht eure Telefonate eher kurz und knapp zu halten. Persönliche Treffen sind in der Regel aufwendig, da einer der beiden Partner den anderen aufsuchen muss. Damit habt ihr zusätzlich Reisezeiten und die Kosten für die Reise. Daher ist es wegen der hohen Kosten nicht immer möglich, ein persönliches Treffen durchzuführen. Telefonieren solltet ihr in folgenden Fällen:

- Der Sachverhalt, über den ihr sprechen wollt, ist kompliziert, das Schreiben einer E-Mail würde zu lange dauern oder es besteht die Gefahr, dass die lange E-Mail nicht vollständig gelesen wird.
- Bei komplizierten Themen solltet ihr nachfragen können und auch mit dem Gesprächspartner diskutieren können.
- Emotionen: Jetzt ist es wichtig, dass ihr genau versteht, wie sich die Gegenseite gerade fühlt und ihr müsst auf eventuelle Probleme schnell reagieren können.
- Konflikte und Eskalation: Speziell bei Konflikten müsst ihr aufpassen, dass diese nicht unkontrolliert eskalieren. In einem Telefonat habt ihr das besser unter Kontrolle als über E-Mails.
- Probleme: Wenn es Probleme gibt, braucht ihr schnell die Reaktion des Gesprächspartners, eventuell müsst ihr mit ihm zusammen im Dialog eine Lösung entwickeln.

- Beziehungsaufbau und -pflege: Ein Telefonat ist immer persönlicher als eine E-Mail, damit hilft es auch, eine persönliche Beziehung aufzubauen oder zu stärken.

Bei eskalierten Konflikten oder komplexen Problemen solltet ihr euch persönlich treffen, um den Sachverhalt vor Ort zu diskutieren und möglicherweise einen Mediator einschalten. Häufig ist es hilfreich, ein Problem mit eigenen Augen gesehen zu haben und am Ort des Geschehens gewesen zu sein [Rot09].

Was könnt ihr tun?
Folgendes könnt ihr während eines Telefonats beachten:

- Fragt, ob der Angerufene gerade Zeit für ein Telefonat hat, oder vereinbart einen gesonderten Telefontermin.
- Versucht, jeden Besprechungspunkt mit einem Ergebnis abzuschließen, also einem Beschluss, einer Aufgabe oder eventuell nur einer Feststellung. Sonst drehen sich Telefonate leicht im Kreis und bereits besprochene Themen werden wieder neu aufgegriffen.
- Nicht zu viel plaudern. Das Wetter, die Krawatte vom Chef oder das letzte Spiel eurer Lieblingsmannschaft sind sicher interessant. Etwas Smalltalk sichert die Beziehungsebene ab, zu viel kann dagegen störend wirken.
- Achtet während des Telefonats auf den Tonfall, Schweigen oder auf Räuspern des Gegenübers. Fragt nach, wenn ihr den Eindruck habt, dass der Gesprächspartner nicht so reagiert, wie ihr es erwartet habt. Wenn etwas schief läuft, solltet ihr das so schnell wie möglich merken.
- Beide Gesprächspartner wollen sich während des Telefonats konzentrieren. Daher solltet ihr alle möglichen Ablenkungen abstellen. Es sollte nicht der Eindruck entstehen, dass ihr irgendwie abgelenkt seid. Legt euch einen Stift und ein Blatt Papier bereit, sodass ihr während des Telefonats eine kurze Gesprächsnotiz schreiben könnt. Sucht euch einen ruhigen Ort, an dem ihr bequem sitzt, lauft nicht herum. Versucht möglichst alle Hintergrundgeräusche abzustellen, schließt beispielsweise das Fenster, wenn zu viele Geräusche von der Straße zu hören sind.
- Tut keine anderen Dinge nebenher, wie Kaffee kochen oder E-Mails schreiben. Besonders Tippgeräusche wirken während eines Telefonats störend. Euer Gesprächspartner sollte eure volle Aufmerksamkeit haben.

Wenn im Telefonat Entscheidungen getroffen wurden oder ihr wichtige Informationen erhalten habt, solltet ihr ein kurzes Protokoll an den Gesprächspartner und eventuell weitere Projektmitglieder per E-Mail versenden. Fordert eine kurze Bestätigungsmail, ob ihr den Gesprächsinhalt korrekt wiedergegeben habt. So vermeidet ihr Missverständnisse und Gedächtnislücken.

7.6.4   Videokonferenz

Videokonferenzsysteme sind derzeit sehr verbreitet, der Markt ist fast schon unüberschaubar groß. Hangout, Discord, WebEx oder Zoom sind nur einige Namen von solchen Systemen. Diese Systeme können ein Videobild von eurem Arbeitsplatz aus übertragen, wenn ihr dies zulasst. Viele Laptops und Tablet-Computer verfügen über recht gute Mikrofone und Kameras, sodass das technisch inzwischen gut möglich ist. Auch Smartphones funktionieren hier sehr gut. Für euren Projektalltag ist es daher wichtig, dass ihr diese Werkzeuge bedienen könnt und auch die dort üblichen Gepflogenheiten einhaltet.

Einsatzbereich

Eine Videokonferenz hat denselben Einsatzbereich wie ein Telefonat, zusätzlich können komplexere Sachverhalte besprochen werden, da eine Möglichkeit zur gemeinsamen Visualisierung und dem Desktop-Sharing besteht, auch hier steht mittlerweile eine große Menge an Werkzeugen zur Verfügung.

Begleitend zur Videokonferenz wird die gemeinsame Arbeit an Dokumenten und Quelltexten so auch möglich, beispielsweise über Google Docs oder Office 365. Grafiken können gemeinsam erstellt werden und auch Whiteboards der Online-Haftnotizen sind möglich, beispielsweise über Miro oder Mural. Videokonferenzen erzeugen mehr Bindung als etwa Telefonkonferenzen, da sich die Teilnehmer gegenseitig sehen können.

Was könnt ihr tun?

Das Konferenzwerkzeug solltet ihr gut beherrschen und die Sonderfunktionen nutzen können. Speziell euer Name sollte korrekt eingetragen sein. Wir nutzen für Projekte häufig Discord und es ist irritierend, mit ‚Hulk123' oder ‚ButcherX' zu kommunizieren. In Zoom ist ‚Freedis iPhone' auch nicht besser. Um bei einer Videokonferenz professionell zu wirken, ist noch zu beachten:

- Sorgt für eine akustisch und optisch ruhige Umgebung. Die Konferenz sollte nicht ständig durch Geräusche aus eurer Richtung gestört werden. Auch sollte möglichst nicht irgendetwas durch das Kamerabild laufen, das vom Gesprächsinhalt ablenkt. Beliebt sind hier Hunde, Katzen oder die eigenen Kinder.
- Sorgt für angemessene Kleidung und gepflegte Erscheinung sowie für eine passende Körpersprache. Immerhin ist euer Oberkörper für den oder die Gesprächspartner sichtbar. Wenn ihr im Gespräch den Kopf aufstützt, euer Gesicht verzieht oder zu bequem in eurem Stuhl sitzt, könnte das den falschen Eindruck erwecken. Beispielsweise dass ihr dem Gespräch nicht die notwendige Bedeutung beimesst.
- Euer Hintergrund sollte ruhig und aufgeräumt wirken, vielleicht eine weiße Wand, ein schwarzer Vorhang oder ein einfaches Bild, nicht eure explodierte Wohnung. Vorsicht vor den Hintergründen, welche die Konferenzwerkzeuge bereitstellen: Dein Bild vor irgendeinem Urlaubsziel könnte ablenken, häufig führt auch das elektronische Ausblenden eures echten Hintergrundes zu unschönen Bildartefakten.

- Testet eure Technik mindestens vor wichtigen Konferenzen: Funktionieren Kamera und Mikrofon noch? Greift das Betriebssystem auf die richtige Kamera, das richtige Mikrofon zu und benutzt wirklich die Lautsprecher? Gerade die Investition in ein gutes Mikrofon lohnt sich. Einige Konferenzwerkzeuge funktionieren mit einem Desktop-Client weitaus besser als im Browser. Eventuell müsst ihr hier noch etwas installieren oder die Konferenz über euer Tablet oder das Smartphone abwickeln.
- Während der Konferenz ist wichtig: Schaltet eure Mikrofone nur dann ein, wenn ihr wirklich etwas beitragen wollt. Die Laptop-Mikrofone übertragen sonst jedes Geräusch, beispielsweise das Tippen auf dem Laptop oder den Kanarienvogel aus dem Hintergrund. Wenn ihr durch irgendetwas abgelenkt seid, schaltet die Kamera aus.
- Weitere Regeln sind eventuell vom Moderator festgelegt: Ihr könnt beispielsweise in einen größeren Teilnehmerkreis nicht einfach hineinsprechen, sonst tun das alle und es entsteht Chaos. Häufig gibt es hier Regeln, wie ihr vom Moderator Sprechzeit erhalten könnt. Einige Werkzeuge erlauben ein elektronisches Heben der Hand oder ihr könnt im begleitenden Chat um das Wort bitten.

Teilweise ist die Übertragungsqualität von Videokonferenzen bei einigen Teilnehmern schlecht, was beispielsweise den Ton beeinträchtigt und Informationen zur Stimmung des Gesprächspartners gehen verloren. Dies kann am Internetanschluss oder an der Kombination aus Betriebssystem und Konferenzsoftware liegen. Eventuell müsst ihr in eurem Projekt mehrere Systeme ausprobieren. Ständige Unterbrechungen der Übertragung wirken irgendwann sehr störend, ihr müsst diese soweit wie möglich abstellen.

7.6.5 Kommunikation im Chat (Instant Messaging)

Ein Dienst für Chat-Nachrichten (Instant Messaging) gehört mittlerweile zur Grundausstattung eines Entwicklungsteams. Am Markt sind hier Werkzeuge wie Slack oder Teams aber auch das privat genutzte WhatsApp, Signal oder Telegram. Ein Chat dient zum schnellen Informationsaustausch und zur schnellen Koordination, nicht nur zwischen Teammitgliedern. Häufig werden dort auch Nachrichten zu erfolgreichen Builds oder Merge Requests veröffentlicht. Teilweise können Entwicklungswerkzeuge über Nachrichten ferngesteuert werden. Damit ist eine gewisse Automatisierung von Arbeitsabläufen möglich.

Die Kommunikation über Instant-Messaging-Dienste wird in der Regel auf mehrere Kanäle aufgeteilt. Für jede Gruppe, jeden Aufgabenbereich bzw. jedes Thema gibt es einen eigenen Kanal. Die Nachrichten eines Kanals werden den jeweiligen Abonnenten zugestellt. Auch direkte Nachrichten von Person zu Person sind möglich. Die Kommunikation ist auf Dauer für die Abonnenten zugreifbar.

Formalia

Die Kommunikation verzichtet häufig auf Konventionen wie Anrede oder Grußformel, sie ist eher informell gehalten und eher ad hoc. Besondere Formalia sind nicht zu beachten.

Möglicherweise wird der Chat immer wieder nach Informationen durchsucht, weil beispielsweise ein Teammitglied eine Frage vor einiger Zeit beantwortet hat und ein anderes Teammitglied nach dieser Antwort im Chat sucht. Das solltet ihr bei dem Schreiben von Antworten im Hinterkopf behalten und Antworten etwas ausführlicher schreiben als notwendig.

Einsatzbereich

Großer Vorteil dieser Kommunikation ist, dass diese in Echtzeit stattfindet, also Dialoge möglich werden. Es können sowohl einzelne Gesprächsteilnehmer als auch alle Abonnenten erreicht werden. Der gesamte Kommunikationsverlauf wird dokumentiert, sodass ihr später einzelne Informationen dort suchen könnt, wie bei den Protokollen zu Besprechungen. Zusätzlich gibt es Apps für Smartphones, Tablets und andere Gerätetypen, sodass ihr die Instant-Messaging-Dienste jederzeit und an jedem Ort ohne besonderen Aufwand nutzen könnt.

Was könnt ihr tun?

Obwohl ihr Chats privat sehr häufig und umfangreich nutzt, ist es wichtig, für berufliche Chats einige Regeln einzuhalten: Die Nachrichten bleiben auf Dauer erhalten. Daher keine persönlichen Angriffe und keine emotionalen Inhalte sowie keine direkte Kritik an Teammitgliedern und Kollegen.

- Wen wollt ihr erreichen: Welchen Kanal nutzt eure Zielgruppe? Wollt ihr nur die Personen erreichen, die gerade online sind oder alle Abonnenten des Kanals?
- Die Kommunikation findet in der Regel in Echtzeit statt. Daher solltest du soweit möglich schnell reagieren.
- Haltet euch an die normalen Arbeitszeiten, erwartet keine Reaktion außerhalb dieser Zeiten.
- Ein Lob (Kudo) kann als Nachricht öffentlich versendet werden. Niemals aber Kritik, diese ist im persönlichen Gespräch besser aufgehoben. Auch Emotionen solltet ihr aus solchen Nachrichten fernhalten.
- Auch die Kommunikation mit Instant Messaging verfolgt ein Ziel. Minimiere daher die Zahl deiner Nachrichten und versuche Sachverhalte schnell und verbindlich zu klären.
- Für komplexe Themen gelten dieselben Aussagen wie bei E-Mails: Diese klärt ihr besser telefonisch, per Video oder im persönlichen Gespräch. Das Erstellen von langen Texten per Instant Message ist in der Regel zu aufwendig.

Sehr gute Erfahrungen haben wir mit eher technischen Chats gemacht. Ein Studierender stellt eine technische Frage in den Chat, z. B. zu einem Detail von Docker-Compose und eine Studierende antwortet ihm mit einer kurzen Erklärung. Alle anderen profitieren, da derartige Fragen häufiger gestellt werden und sich so mit dem Chat auch eine Art FAQ ergibt.

7.7 Konflikte

Wenn die Interessen, Zielsetzungen oder Wertvorstellungen von Teammitgliedern, innerhalb des Unternehmens oder zwischen Auftraggeber nicht miteinander vereinbar sind oder zumindest so scheinen, nennen wir das einen Konflikt. Konflikte treten häufig im Berufsalltag auf, sie sind normal. Ihr müsst aber aufpassen, dass Konflikte nicht vor sich hin schwelen oder unnötig eskalieren. Zum Thema Konfliktmanagement gibt es viel Literatur, unter anderem das Harvard-Konzept, das Verhandlungstechniken vorstellt, mit denen auch Konflikte angegangen werden können [Fis13].

Ursachen für Konflikte
Unterschiedliche Interessen sind im Grunde die Grundlage für das Projektgeschäft: Ein Auftraggeber hat eine Fragestellung und Budget, ein Auftragnehmer liefert die Fachkompetenz und das Personal. Der Auftraggeber interessiert sich für die Lösung, der Auftragnehmer dafür, seine Mitarbeiter auszulasten und Gewinn zu machen. Mit einem Projekt kann man diese Interessen so zusammenführen, dass beide Seiten ihr Ziel erreichen. Spätestes bei Problemen im Projekt kommt es leicht zu Konflikten zwischen beiden, beispielsweise weil bestimmte Features fehlen, die Qualität nicht ausreicht oder bestimmte Beistellungen nicht da sind.

Auch innerhalb eines Teams kann es immer wieder zu Konflikten kommen, beispielsweise weil mehrere Mitglieder eine Führungsrolle haben wollen oder um eine begrenzt vorhandene Ressource konkurrieren, wie Urlaub an Brückentagen oder in den Schulferien.

Reaktionen auf Konflikte
Abhängig von den Ursachen eines Konfliktes, der Vorgeschichte und dem Schweregrad (Eskalationsstufe) könnt ihr unterschiedlich reagieren, vom offenen Kampf, der Flucht bis hin zum intelligenten Konsens mit Vorteilen für beide Seiten:

- Flucht, z. B. ein Teammitglied kündigt oder das Projekt wird abgebrochen.
- Kampf, eventuell bis zur Vernichtung des Gegners
- Unterordnung, also Nachgeben
- Delegation, beispielsweise an Vorgesetzte oder ein Gericht. Das ist die klassische Form der Eskalation im Berufsleben.
- Kompromiss, beide Seiten haben Vor- und Nachteile
- Konsens, beide Seiten haben im Wesentlichen nur Vorteile (win-win)

Abhängig davon, wie weit ein Konflikt bereits eskaliert ist, gibt es verschiedene Möglichkeiten, darauf zu reagieren. Am Anfang genügt ein einfaches klärendes Gespräch, eventuell mit Mediator, in späteren Eskalationsstufen ist massive Hilfe von außen erforderlich. Hier besprechen wir nur einfache Konflikte im Anfangsstadium.

Konflikte behandeln: Harvard-Methode

Die Harvard-Methode wurde entwickelt zur Unterstützung schwieriger Verhandlungen und zur Deeskalation von Konflikten. Sie stützt sich auf vier Elemente:

1. **Menschen:** Menschen und ihre Interessen sowie Sachverhalte werden getrennt voneinander gesehen. Damit sprechen wir über Sachverhalte sowie Vor- und Nachteile, vermeiden aber persönliche Angriffe. Während einer Verhandlung oder der Klärung eines Konflikts ist es wichtig, die persönliche Beziehung zwischen beiden Parteien nicht noch weiter zu zerstören. Zum Verhandeln oder Deeskalieren müssen beide Seiten gesprächsbereit sein und ein gewisses Vertrauen in die Gespräche mitbringen.
2. **Interessen statt Positionen:** Was sind die Gründe, warum beide Parteien bestimmte Standpunkte vertreten? Welche Interessen liegen dahinter? Wenn ihr die Interessen besser versteht, könnt ihr eventuell einen intelligenten Konsens finden, in dem die Interessen beider Seiten ausreichend gewürdigt werden.
3. **Optionen:** Einen Konflikt können wir auf unterschiedliche Arten beheben. Es gibt meistens mehrere Optionen für das weitere Vorgehen. Eine Option ist immer auch, den Zustand so zu belassen. In der Regel gibt es aber viele weitere Möglichkeiten. Wenn ihr gemeinsam diese Möglichkeiten entwickelt, könnt ihr euch dann für die beste entscheiden. Eine Option, die kein Kompromiss ist, sondern eher für beide Seiten ein Gewinn, ist der Konsens (win-win).
4. **Objektive Kriterien:** Besteht auf objektiven Beurteilungskriterien, beispielsweise gesetzlichen Regelungen oder ethischen Normen. Dies nimmt eventuell Emotionen und Subjektivität aus dem Gespräch und macht es sachlicher. Eine Übereinkunft könnte die Einhaltung gemeinsamer Kriterien und auch die Stärkung der Beziehungen beider Partner zum Ziel haben.

Wenn ihr euch in einem Konflikt befindet, sind Informationen immer hilfreich. Aus welchem Grund verhält sich euer Konfliktpartner gerade so? Welche Interessen stecken dahinter? Was genau will er mit dem Verhalten erreichen? Der Konflikt ist jetzt eine gute Möglichkeit, die Beziehung zum Konfliktpartner sogar zu verbessern und nicht zu schwächen. Denn häufig gibt es in Konflikten eine Lösung, die für beide Seiten Vorteile bringt und niemanden benachteiligt. Daher lohnen sich intensive Gespräche, um genau nach einer solchen Lösung zu suchen. Wenn ihr eine solche Lösung findet, zeigt ihr euch als verlässlicher und langfristiger Partner auf Augenhöhe.

Wenn ihr einen Konfliktpartner habt, der unfair spielt, euch persönlich angreift oder euch erkennbar über den Tisch ziehen will, müsst ihr das Verhandeln selbst zum Thema des Gesprächs machen, also auf die Metaebene wechseln. Weist darauf hin, dass es sich um persönliche Angriffe handelt oder dass ihr bestimmtes Verhalten als unfair empfindet. Bittet um sachliche Diskussion und um die oben genannten objektiven Kriterien für eine gute Lösung. Möglicherweise kann eine neutrale Partei, ein Mediator, beauftragt werden, um zu vermitteln.

Die beste Alternative: Wichtige Vorbereitung für kritische Gespräche oder Verhandlungen ist, dass ihr die euch zur Verfügung stehenden Alternativen kennt und bereits bewertet habt. Möglicherweise ist es besser, ein Projekt abzubrechen oder das Produkt einzustellen, als es unter Schmerzen weiterzuführen. Was sind die für euch schlechtesten Konditionen, unter denen eine Weiterarbeit gerade noch sinnvoll erscheint? Wenn ihr eure Alternativen kennt, könnt ihr souveräner und objektiver arbeiten. Im Zweifel gilt eine Regel aus dem Harvard-Konzept: Win-Win or No Deal!

7.8 Schnelles Lernen

Eure kommunikativen Fähigkeiten bestimmen den Projekterfolg wesentlich mit. In der Kommunikation werdet ihr durch Übung sowie durch positive oder negative Erfahrungen besser. Wenn etwas schief geht, ist es daher wichtig, genau zu verstehen, warum es Probleme gab. Eventuell könnt ihr bei ähnlichen Situationen dann anders reagieren oder derartige Situationen im Vorfeld vermeiden. Bewusstes Reflektieren von Situationen ist immer hilfreich. Den Anderen die Schuld an Problemen zu geben, hilft nicht, da ihr diese kaum ändern könnt, ändern könnt ihr nur euch selbst [Cov05].

Wie könnt ihr das üben und wie erhaltet ihr schnell Feedback? Im einfachsten Fall fragt ihr einfach euren Gesprächspartner nach Feedback. Beispielsweise am Ende eines längeren Telefonats mit der Frage: *Wie zufrieden sind Sie mit den Ergebnissen?*

Am Markt gibt es sehr viele Kommunikationstrainings, die euch mit den Grundmodellen wie den vier Ohren nach Friedemann Schulz von Thun [SvT81] oder den fünf Axiomen von Paul Watzlawick [Wat16] vertraut machen. Hier gibt es viele praktische Übungen zum aktiven Zuhören oder den Techniken der Neuro-Linguistischen Programmierung (NLP) [Ban11]. Ein solches Seminar gehört zum Onboarding für neue Mitarbeiter in vielen Unternehmen. Dies ist sicher ein guter Einstieg in das Thema.

Literatur

[Ari10]   Ariely D (2010) Predictably Irrational, Revised and Expanded Edition: The Hidden Forces That Shape Our Decisions. HarperCollins

[Ban11]   Bandler R, Grinder J (2011) Die Struktur der Magie: Metasprache und Psychotherapie. Junfermann

[Ber03]   Berry DM, Kamsties E, Krieger MM (2003) From Contract Drafting to Software Specification: Linguistic Sources of Ambiguity – A Handbook Version 1.0. Techn. Ber., University of Waterloo, Canada

[Cha10]   Chabris C, Simons D (2010) The Invisible Gorilla: And Other Ways Our Intuitions Deceive Us. Potter/Ten Speed/Harmony/Rodale

[Coo99]   Cooper A (1999) The Inmates Are Running the Asylum. Macmillan Publishing

[Cov05] Covey S, Roethe A, Proß-Gill I, Bertheau N (2005) Die 7 Wege zur Effektivität: Prinzipien für persönlichen und beruflichen Erfolg. GABAL

[Cow01] Cowan N (2001) The magical number 4 in short-term memory: a reconsideration of mental storage capacity. Behav Brain Sci 24(1):87–114

[DB85] De Bono E (1985) Six Thinking Hats. Little, Brown

[DeM95] DeMarco T (1995) Why Does Software Cost So Much?: And Other Puzzles of the Information Age. Dorset House

[Dru02] Drucker P (2002) The Effective Executive. Collins business essentials. HarperCollins

[Fis13] Fisher R, Ury W, Patton B (2013) Das Harvard-Konzept: Der Klassiker der Verhandlungstechnik. Campus Verlag

[Fit14] Fitzpatrick R (2014) The Mom Test: How to Talk to Customers and Learn If Your Business is a Good Idea when Everyone is Lying to You. CreateSpace Independent Publishing Platform

[For18] Forsgren N, Humble J, Kim G (2018) Accelerate: The Science of Lean Software and DevOps Building and Scaling High Performing Technology Organizations. IT Revolution Press

[Her99] Herbsleb JD, Grinter RE (1999) Architectures, coordination, and distance: Conway's Law and beyond. IEEE Softw 16(5):63–70

[Kah12] Kahneman D (2012) Schnelles Denken, langsames Denken. Siedler Verlag

[Pre09] Precht RD (2009) Wer bin ich – und wenn ja wie viele?: Eine philosophische Reise. Goldmann Verlag

[Rot09] Rother M (2009) Toyota Kata: Managing People for Improvement, Adaptiveness and Superior Results. McGraw-Hill

[Rup14] Rupp C (2014) Requirements-Engineering und -Management: Aus der Praxis von klassisch bis agil, 6. Aufl. Hanser Verlag

[Sed08] Sedlmeier P, Renkewitz F (2008) Forschungsmethoden und Statistik in der Psychologie. Pearson Studium

[SvT81] Schulz von Thun F, Ruppel J, Stratmann R (1981) Miteinander reden – Störungen und Klärungen. Allgemeine Psychologie der Kommunikation. Nr. 1 in Miteinander reden. Rowohlt-Taschenbuch-Verlag

[Vig19] Vigenschow U, Schneider B, Meyrose I (2019) Soft Skills für Softwareentwickler: Fragetechniken, Konfliktmanagement, Kommunikationstypen und -modelle. dpunkt.verlag

[Wat05] Watzlawick P (2005) Wie wirklich ist die Wirklichkeit?: Wahn, Täuschung, Verstehen. Piper

[Wat16] Watzlawick P, Beavin J, Jackson D (2016) Menschliche Kommunikation: Formen, Störungen, Paradoxien, 13. Aufl. Hogrefe

Effektive Dokumente

8

Während der Entwicklung von Software habt ihr viele Gelegenheiten, euch schriftlich zu äußern: Ihr dokumentiert auf wenigen Seiten die zentralen Entwurfsentscheidungen, ihr gebt einen kurzen Einstieg in die Fachlichkeit eures Produkts oder ihr gebt Hinweise zur Einarbeitung neuer Mitarbeiter in euer Projekt. Diese Informationen finden sich noch immer in Form von Dokumenten.

Dokumente und die Art und Weise, wie ihr euch schriftlich auch in E-Mails oder in Nachrichten äußert, sind auch für eure weitere Karriere wichtig. Viele Vorgesetzte, Mitarbeiter des Auftraggebers (und Professoren) können selbst nicht oder nicht besonders gut programmieren. Damit können sie die Qualität eurer Entwicklungsarbeit nur schwer beurteilen. Den Text einer E-Mail oder eines Dokuments in englischer oder deutscher Sprache kann jede Vorgesetzte lesen und einschätzen. Viele Fehler in der Grammatik, unstrukturiertes Geschwätz oder eine zu flapsige Sprache wirken sich mit hoher Wahrscheinlichkeit negativ aus. Daher müssen wir uns damit befassen.

8.1 Wozu überhaupt noch Dokumente?

Im Manifest für agile Softwareentwicklung steht *Funktionierende Software mehr als umfassende Dokumentation* [Bec01]. Heißt das: Wir schreiben keine Dokumente mehr? Für jedes Dokument, das wir schreiben, müssen wir uns gut überlegen, ob es sich lohnt, dieses überhaupt oder so umfangreich zu schreiben. Häufig genug ist es doch sinnvoll, bestimmte Informationen als Dokument für die Nachwelt zu hinterlassen.

Wir kommunizieren über Dokumente. Besonders dann, wenn man sich aus bestimmten Gründen nicht persönlich treffen kann. Beispielsweise weil es zu viele Adressaten gibt

© Springer Fachmedien Wiesbaden GmbH, ein Teil von Springer Nature 2022
G. Beneken et al., *Grundkurs agiles Software-Engineering*,
https://doi.org/10.1007/978-3-658-37371-9_8

oder diese zu weit verteilt sind oder die Adressaten erst sehr viel später die Informationen benötigen, als diese entstehen. Dokumente helfen also immer dann, wenn es wenige Autoren, aber viele (potentielle) Leser gibt. Dokumente haben folgende Ziele:

- Strukturierter Austausch von Informationen zwischen wenigen Autoren und vielen Lesern
- Als Ergänzung oder Ersatz für persönliche Gespräche
- Um die Abhängigkeit von einzelnen Mitarbeitern reduzieren (Busfaktor > 1)
- Festhalten von Beschlüssen, Fakten und Wissen

Wichtiger weiterer Zweck von Dokumenten ist es, Informationen für eine Nachwelt zu erhalten. Denn das Projekt läuft eventuell über einige Jahre weiter. Möglicherweise fragt ihr euch selbst nach zwei oder drei Jahren, warum bestimmte Entscheidungen so getroffen wurden oder was sich die früheren Autoren bei diesem Design gedacht haben. Neue Teammitglieder brauchen Dokumente über die Fachlichkeit sowie die Architektur, um sich in das Projekt einzulesen. Das Gleiche gilt für den Auftraggeber und eventuell weitere Lieferanten. Wenn ihr für einen Auftraggeber arbeitet, geht früher oder später die Weiterentwicklung der Software in seine Hände oder die Hände eines anderen Lieferanten über. Häufig ist im Vertrag vereinbart, welche Dokumente zu erstellen sind.

Eine umfangreiche Entwicklerdokumentation ist dagegen häufig überflüssig, da diese Informationen nur mit viel Aufwand aktuell gehalten werden können und nur von wenigen Lesern konsumiert werden. In diesem Fall genügen einige Wiki-Seiten und kurze erklärende Videos. Wenn ihr ein Dokument schreibt, muss dieses eine definierte Zielgruppe und einen erkennbaren Nutzen für diese haben. Ist das nicht der Fall, sollte das Dokument nicht mehr geschrieben oder gepflegt werden.

Zu viel oder zu wenig Dokumentation?
Tom DeMarco schreibt in seinem berühmt gewordenen Buch *Peopleware* (deutscher Titel: *Wien wartet auf Dich*) zum Thema Dokumentation: *Voluminous documentation is part of the problem, not part of the solution* [DeM99]. Zu viel Dokumentation schadet sicher, zu wenig aber auch [Rue03]. Warum ist das so?

Bei zu viel Dokumentation geht irgendwann der Überblick verloren: Eine übervolle Festplatte mit einigen Hundert PDF-Dateien kann in einem lange laufenden Projekt leicht entstehen, ebenso wie eine mehr oder weniger unstrukturierte Menge von Hunderten von Wiki-Seiten, die mit noch mehr Tickets aus dem Issue-Tracker verlinkt sind.

Dann hilft nur noch eine interne Suchmaschine, um die richtigen Informationen noch zu finden. Viele Dokumente als Dateien sowie Wiki-Seiten führen dazu, dass für neue Sachverhalte und Änderungen eher neue Dateien und Wiki-Seiten erzeugt als bestehende aktualisiert werden. Denn die Suche nach dem richtigen Dokument ist aufwendig, gerade wenn ihr euch davor mit der strukturierten Dokumentenablage (dem Projektarchiv) keine Mühe gegeben habt. Damit steigt die Redundanz und bei gefundenen Informationen wird zunehmend unklar, ob der Text den aktuellen Stand beschreibt und welche inhaltliche

Qualität noch vorliegt. Auch der Aufwand, Dokumente aktuell zu halten, steigt mit der Anzahl der Dokumente und Wiki-Seiten.

Dann lassen wird die Dokumentation einfach weg? Ohne Dokumentation geht das Wissen des Teams irgendwann verloren und ihr seid vom Wissen einzelner Teammitglieder abhängig. Damit schafft ihr Wissensmonopole. Spätestens dann, wenn sich das Team auflöst oder ein wichtiger Mitarbeiter geht, wird das zum Problem. Für die Nachwelt spannend sind Fragen, *warum* sich das Team für die eine oder andere Lösung entschieden hat oder *warum* der Code so aussieht. Die Lösung selbst ist vermutlich in Konfigurations-dateien und den Quelltexten ablesbar. Die Gründe für die Entscheidungen finden sich dort in der Regel nicht, diese müsst ihr irgendwo dokumentieren.

Wenn euer Produkt größere Schäden anrichten kann, befindet ihr euch in Domänen, die über Gesetze und Normen reguliert sind. Häufig wird hier die DIN EN 61508 genannt, „Funktionale Sicherheit". Ihr müsst nachweisen können, dass ihr euch um die *Freiheit von unvertretbaren Risiken* gekümmert habt. In jeder Domäne kommen eigene weitere Normen dazu, wie die ISO 26262 im Automobilbereich oder die ISO 60601 im Bereich der Medizin. Diese Normen fordern jeweils passende Dokumente ein [Löw10].

Auch der Auftraggeber macht in der Regel Vorgaben zum Thema Dokumentation. An diese müsst ihr euch ebenfalls halten. Die Definition der Schnittstelle zwischen Auftraggeber und Auftragnehmer, auch über definierte Dokumente, ist ein wesentlicher Beitrag des V-Modell XT!

Dokument gegen Gespräch

Persönliche Gespräche haben den Vorteil, dass ihr Nachfragen könnt, wenn ihr etwas nicht verstanden habt. Durch Frage und Antwort kann der Informationsaustausch sehr effizient gestaltet werden, speziell wenn ihr das Gespräch visuell unterstützen könnt, z. B. am Whiteboard. Das Formulieren von Dokumenten dauert wesentlich länger.

Beim Lesen von Dokumenten bestimmt der Leser die Reihenfolge und Geschwindig-keit, in der Informationen aus einem Text aufgenommen werden. Die Leser können zeitlich und auch räumlich verteilt sein und müssen sich nicht am gleichen Ort befinden. Beliebig viele Leser sind möglich. In sehr großen Teams, in eventuell weltweit verteilten Teams oder in sehr lange laufenden Projekten kann nicht mehr jeder mit jedem sprechen. Hier sind Dokumente eine gute Möglichkeit, alle zu erreichen.

Dokumente können von anderen Teammitgliedern oder dem Auftraggeber geprüft werden, sie sind *reviewfähig*. Damit könnt ihr in einem Dokument eine höhere Textqualität und auch mehr Konsens erreichen, als in persönlichen Gesprächen. Ihr seid in der Lage, von jedem wichtigen Stakeholder schriftliches Feedback zum Dokument einzuholen.

Ein Dokument hilft euch dabei, Ideen und Konzepte genau und präzise zu beschreiben. Ihr müsst aus einem eventuell komplexen Gedankengebilde einen sequenziell lesbaren Text machen und diesen eventuell mit einigen Grafiken unterstützen. Dieses Nachdenken fördert normalerweise auch Lücken im Gedankengang zutage, die in Gesprächen nicht entdeckt werden. Dokumente verhindern das Drauflos-Entwickeln von kaum durchdachten Lösungen. Das Schreiben von Dokumenten ist auch konzeptionelle Arbeit [Rue13]. Das

Schreiben unterstützt auch im Prozess des schrittweisen Problemlösens, weil es für eine präzisere Sprache sorgt und mit Begriffen genauer und reflektierter umgeht.

Dokument gegen Video
Eine Alternative zu einem Dokument sind an manchen Stellen Videos bzw. Screencasts. Diese lassen sich mit modernen Smartphones oder mit einer Screen-Capture-Software leicht erstellen. Beispielsweise wird anstelle eines Architekturdokuments einfach die Diskussion der Teammitglieder zur Architektur aufgezeichnet oder anstelle eines Protokolls einfach das Meeting auf Video aufgezeichnet. Ist das wirklich eine gute Idee? Ein Video hat durchaus seine Berechtigung, und zwar für folgende Einsatzbereiche:

- Ein Vortrag zu einem bestimmten Thema wird auf Video aufgenommen, beispielsweise in einem Meetup oder einem internen Tech-Talk. Das Video enthält mehr Informationen als ein Dokument aus der Präsentationssoftware. Das Video darf auch eine Dauer von 30 bis 90 Minuten haben.
- Ein kurzer Screencast erklärt technische bzw. handwerkliche Themen. Beispielsweise beschreibt es, wie das Refactoring in der Entwicklungsumgebung durchgeführt werden muss. Mithilfe des Videos finden sich die anderen Teammitglieder leicht in der Entwicklungsumgebung zurecht: Wo war noch gleich der Knopf für Method-Extraction? Oh, da gab es auch einen Shortcut .... Solche Videos sollten möglichst eine Dauer von drei bis zehn Minuten nicht überschreiten.
- Ein Screencast zeigt, wie ein Fehler in der Software reproduziert werden kann. Ein Screencast ist hier wesentlich einfacher und schneller erstellt, als eine seitenlange und vermutlich löchrige Beschreibung in dem Ticket zum Fehler. Der Entwickler sieht beim Debugging, worauf es ankommt.
- Ein Video macht einen Usability Test oder ein Interview später noch gut nachvollziehbar und offenbart eventuell neue Aspekte. Hier könnt ihr nach der Sitzung beispielsweise die Mimik oder das Räuspern der Versuchsperson noch mal nachvollziehen und im Team diskutieren.

Eine umfangreiche Sammlung mit Videos zu diversen Diskussionen zu verschiedenen Themen im Team ist dagegen derzeit unsinnig, da eine Volltextsuche in Videos machbar, aber schwierig ist. Manuelle Suche von Themen in vielen Stunden Videomaterial ist offenbar nicht sinnvoll möglich.

8.2   Leserkreis und Nutzen definieren

Für Dokumente gelten dieselben Regeln wie für Präsentationen. Jedes Dokument erfüllt für eine Gruppe von Personen einen bestimmten Zweck. Die Personen lesen das Dokument oder einen Teil davon und dann machen sie mit der gewonnenen Information irgendetwas.

Das Dokument muss daher so geschrieben sein, dass es diesen Informationsbedarf deckt und dass der Leser damit etwas tun kann, beispielsweise eine Entscheidung treffen, die richtige Stelle für eine Änderung identifizieren, die Risiken eines Updates einschätzen oder Ähnliches.

8.2.1 Leserkreis definieren

Um das Dokument zu schreiben, müsst ihr die Leser und deren Erwartungen gut kennen, außerdem braucht ihr ein Bild davon, welchen Nutzen das Dokument für die Leser haben soll. Euer Leser soll dabei das Dokument effizient lesen können, also sein Ziel in möglichst kurzer Zeit über die Lektüre erreichen. Ihr benötigt folgende Informationen:

- Wer genau sind die Leser des Dokuments? Macht euch hierzu bitte eine Liste mit Personen, die mögliche und typische Leser sind. Für diese Personen schreibt ihr das Dokument.
- Welche Rolle haben die Leser innerhalb der Organisation? Für einen Manager müsst ihr die Inhalte anders (kürzer) aufbereiten, als für einen Projektingenieur. Den Endanwender interessieren andere Themen als Entwickler.
- Welche Vorkenntnisse haben die Leser? Was müsst ihr ausführlich erklären und was könnt ihr voraussetzen? Ein Dokument für eine Kindergärtnerin hat vermutlich andere Inhalte als eines für die Vorstandsvorsitzende eurer Firma.
- Welche Fachbegriffe und Fachsprache verwenden die Leser? Diese Fachsprache unterscheidet sich von Branche zu Branche und von Unternehmen zu Unternehmen. Nur weil ihr schon ein Dokument für eine Autovermietung geschrieben habt, heißt das noch nicht, dass in der Konkurrenzfirma dieselben Begriffe verwendet werden.
- Gibt es bestimmte Methoden und damit verbundene Notationen, die ihr als bekannt voraussetzen könnt, oder müsst ihr euer Vorgehen ausführlich erklären? Eventuell kann der Betriebswirt mit Scrum nichts anfangen und der Maschinenbauingenieur kann UML-Zustandsdiagramme nicht interpretieren. Ihr könnt eventuell ja auch nichts mit den Simulink-Modellen aus der Regelungstechnik anfangen.
- Gibt es Dokumenttypen mit vorgefertigten Gliederungen, an die ihr euch halten müsst, da diese vom Auftraggeber oder einem Normungsgremium vorgeschrieben sind? Gibt es weitere formale Vorgaben?
- Was genau tut ein Leser mit den Informationen aus dem Dokument? Trifft er eine Entscheidung? Will sie einen Sachverhalt einschätzen? Arbeitet er sich gerade in ein Thema ein? Will er eventuell eine Änderung durchführen?

Ein Dokument sollte so kurz wie möglich sein und möglichst nur die Informationen enthalten, die den Leser wirklich interessieren. Projektdokumentation ist weder ein Lehrbuch noch eine wissenschaftliche Arbeit. Wir schreiben Gebrauchstexte, diese sind für den Leser mehr oder weniger nützlich. Die Entscheidung über die Relevanz von Inhalten bewusst zu treffen, fällt uns häufig schwer. Beispiel: Wenn ihr gerade eine kongeniale Lösung mit Docker-Containern gebaut habt, wollt ihr natürlich dafür gelobt werden; jemand soll die Genialität erkennen. Den Betriebswirten oder Ingenieuren des Auftraggebers sind Docker-Container aber schnurz. In dem Beispiel müsst ihr überlegen, was genau die geniale Lösung für die Betriebswirte oder Ingenieure bedeutet und welche Vorteile sie davon haben. Diese beschreibt ihr dann in dem Dokument.

8.2.2   Nutzen und Nutzungsdauer definieren

Überblick oder Referenz: Bei jedem Dokument steht ihr vor der Frage wie ausführlich dieses geschrieben werden soll. Reichen zehn Seiten mit einem groben Überblick oder werden einige Hundert Seiten mit technischen Details erwartet? Das kurze Dokument genügt für die Einarbeitung neuer Mitarbeiter oder ist für Entscheider hilfreich, während das detaillierte Dokument eher als Referenz zum Nachschlagen während der Weiterentwicklung dient. Andreas Rüping empfiehlt besonders Überblicksdokumente zu erstellen, da diese auch langfristig genutzt werden [Rue13]. Beispiele sind:

- **Projektsteckbrief:** Gesamtüberblick mit zentralen Projektzielen, den wichtigsten Stakeholdern und Organisationsstrukturen und Erfolgskriterien
- **Fachliche Architektur:** Fachliche Komponenten und Prozesse, zentrale fachliche Anforderungen sowie Nutzungsszenarien
- **Technische Architektur:** Systemkomponenten und ihren Beziehungen, Schnittstellen zu Nachbarsystemen sowie wichtige Qualitätseigenschaften
- **Wartungshandbuch:** Wie können typische Änderungs- und Erweiterungswünsche umgesetzt werden?
- **Betriebshandbuch:** Wie funktioniert das Monitoring? Konfiguration des Produkts? Einspielen von Patches? Wie kann sich das Produkt von Ausfällen erholen (Desaster Recovery)?

Weitere Beispiele sind ein Quickstart-Guide, ein umfassendes Tutorial oder ein Benutzerhandbuch.

Anleitung oder Beschreibung: Ist das Dokument als Anleitung gedacht oder nur als Beschreibung? Eine Anleitung für die Weiterentwicklung einer Software würde beispielsweise die häufigsten Änderungswünsche enthalten und beschreiben, wie diese mit der bestehenden Entwicklungsumgebung und Quelltextbasis umgesetzt werden: Neues Feld in der grafischen Oberfläche, neues Attribut bei einer Entität oder ein neuer Button in einem Dialog der GUI. Eine Beschreibung dagegen würde eher die Entwicklungsumgebung, Schichten, Dialoge oder Namensräume im Quelltext auflisten und sich auf deren Struktur fokussieren.

Entscheidungsunterstützung: Eine typische Studie soll eine Entscheidung für eine von mehreren Alternativen unterstützen. Für Studien gelten spezielle Regeln. Ihr braucht am Anfang eine kurze Zusammenfassung mit den wichtigsten Argumenten für jede der Alternativen und macht dort eventuell einen Vorschlag für eine der Alternativen. Diese Zusammenfassung wird auch Executive Summary genannt. Der darauf folgende Text dient als Referenz, er dokumentiert euren Auswahl- und Bewertungsprozess und listet für jede Alternative die verfügbaren Details auf.

Nutzungsdauer: Wie lange wird mit dem Dokument gearbeitet, wie lange wird es genutzt? Die Dokumentation der Anforderungen beispielsweise in Form von User Storys wird eventuell nur bis zu deren Implementierung genutzt und danach verworfen. Eventuell werden die User-Story-Karten auf dem physischen Taskboard tatsächlich zerrissen, sobald die Story abgenommen ist. Ein fachlicher Überblick oder die Installationsanleitung sollten dagegen über einen längeren Zeitraum gültig bleiben.

8.3 Was ist ein gutes Dokument?

Ein Dokument mit schlechtem Textsatz, unscharfen Grafiken oder irgendwelchem belanglosen Geschwafel lässt euren Auftraggeber schnell an eurer Professionalität und eurer Sorgfalt zweifeln. Ihr solltet daher nicht nur bei den Quelltexten, sondern auch bei Dokumenten, E-Mails oder Blog-Einträgen auf eine hohe Qualität achten. Wolf Schneider schreibt dazu: *Einer muss sich plagen, der Schreiber oder der Leser* [Sch11]. Besser ihr plagt euch, als dass sich eventuell viele Leser plagen müssen. Worauf solltet ihr achten?

8.3.1 Verständlichkeit

Ein Dokument ist nur dann nützlich, wenn es von seinen Lesern mit geringem Zeitaufwand verstanden wird. Damit ihr ein verständliches Dokument schreibt, können die Kriterien des Hamburger Modells für Verständlichkeit hilfreich sein [Lan11, Cze18]:

Einfachheit: Ihr müsst mit einem Text keinen Sonderpreis für geschwollenes Gerede gewinnen. Je einfacher eure Ausdrucksweise ist, desto schneller versteht euer Leser, worum es geht. Ihr erstellt einen technischen Gebrauchstext und keine Lyrik. Was genau bedeutet *einfach*? Dazu gibt es viele Hinweise in der Literatur, besonders bei Wolf Schneider [Sch11].

- Bekannte Wörter: Verwendet Fremdwörter nur dann, wenn ihr sicher seid, dass der Leser diese auch beherrscht und diese zur üblichen Fachsprache gehören. Beispiele für nicht geläufige Fremdwörter sind: antizipieren, Evidenz, Ambiguität oder Imagination. In der Regel gibt es jeweils ein Synonym, das geläufiger ist, also

Vorstellung statt Imagination oder Mehrdeutigkeit statt Ambiguität. Vergleicht selbst die Wörter DBMS gegen Datenbankmanagementsystem.

- Kurze Wörter: Verwendet möglichst kurze Wörter aus wenigen Silben, beispielsweise Vorgehen statt Vorgehensweise, Problem statt Problemstellung. Kurze Wörter können vom Gehirn als einfache Muster sofort erkannt werden, ohne jeden Buchstaben einzeln zu lesen. Bei zu langen Wörtern funktioniert diese Mustererkennung nicht mehr gut.
- Kurze Sätze: Versucht euren Satzbau auf einfache Hauptsätze zu beschränken. Diese können komplett und sequenziell vom Leser verstanden werden. Schachtelsätze solltet ihr unbedingt vermeiden, da bei diesen der Satzanfang noch im Arbeitsgedächtnis gehalten werden muss und damit weniger Platz für den Rest des Satzes bleibt. Versucht möglichst die Nebensätze immer nach dem Hauptsatz zu bringen. Wenn ihr für einen Satz mehrere Atemzüge beim Vorlesen braucht, ist er definitiv zu lang.
- Verzicht auf Phrasen wie ‚den Kunden ins Boot holen', ihn ‚abholen, wo er steht'. Das Thema müssen wir sicher nicht ‚neu denken' oder es ‚konsequent' weiterdenken ...
- Aktiv statt Passiv: Formulierungen im Aktiv sind leichter verständlich als Sätze im Passiv. Sätze im Aktiv enthalten den handelnden Akteur. Bei Sätzen im Passiv muss dieser dazu gedacht werden: Wenn ihr beispielsweise schreibt: *Berechtigungen müssen geprüft werden*. Bleibt für den Leser offen, wer oder was genau die Berechtigungen prüfen soll. Eventuell bleibt dies sogar bis zum Ende des Dokuments unklar und ihr habt euch eine Lücke eingefangen.

Gliederung und Ordnung: Versetzt euch bitte kurz in einen Leser, der eine von euch erstellte, mehrseitige ungegliederte Textmenge verstehen muss. Um zu wissen, worum es geht, muss er den gesamten Text lesen. Eventuell überliest er dabei die Informationen, die für euch besonders wichtig sind. Ihr müsst davon ausgehen, dass der Leser sich eventuell nicht vollständig auf euren Text konzentrieren kann, da er von den anderen Passagieren im Flugzeug oder in der Bahn abgelenkt ist oder ihn die Kinder im Homeoffice oder das zu laute Telefonat seines Büronachbarn stören.

Wenn ihr absichern wollt, dass eure Botschaft auch korrekt empfangen wird, muss diese so explizit und sichtbar wie möglich im Text erkennbar sein. Dies gelingt über eine klare Gliederung und entsprechende Zwischenüberschriften. Die Überschriften müssen so gewählt sein, dass der Leser versteht, worum es in dem folgenden Abschnitt geht, ohne diesen zu lesen. Stellt euch vor, der Leser verwendet eurer Dokument eher als eine Illustrierte, die er im Wartezimmer eines Arztes durchblättert, auch in dieser Situation sollte eure Botschaft ankommen.

Häufig findet ihr im Text Elemente, die offensichtlich durch eine bestimmte Darstellung besonders gut verstanden werden und nicht durch viele Seiten Fließtext. Ein Beispiel sind Aufzählungen. Wenn ihr im Text Folgendes lest: „erstens ... zweitens ... drittens ... ", bietet sich sicher eine explizit gesetzte Aufzählung mit Spiegelstrichen oder besser Nummern an. Für Fallunterscheidungen und Übersichten sind Tabellen gut geeignet. Für komplexere Zusammenhänge bieten sich entsprechende Schaubilder an.

Kürze und Prägnanz: Euer Dokument ist ein Gebrauchstext, dessen Unterhaltungswert eher gering sein muss. Euer Leser ist also dankbar, wenn ihr seine Zeit nicht unnötig in Anspruch nehmt. Versucht, den Text und das Dokument an sich kurz zu halten, allerdings sollten alle relevanten Informationen trotzdem enthalten sein. Ihr könnt leicht bei der Endredaktion des Textes noch mal für Kürze und Prägnanz sorgen.

Anregende Zusätze: Ihr solltet eure Texte immer mit Beispielen illustrieren. Damit erzeugt ihr eine konkrete Vorstellung beim Leser und verringert Interpretationsspielräume. Der Leser kann damit an die richtigen Elemente seines Langzeitgedächtnisses anknüpfen. Beispiele können Abschnitte eurer Quelltexte sein oder erklärende Schaubilder oder auch einfach nur ein fachlicher Zusammenhang. Trends wie die *Spezifikation durch Beispiele* (auch ATDD, BDD) [Adz11] gewinnen deshalb an Bedeutung.

8.3.2   Struktur eines Dokuments

Die nun folgenden Bemerkungen erscheinen euch möglicherweise trivial. Sie sind aber für professionelle Dokumente trotzdem wichtig und dürfen nicht fehlen:

Deckblatt

Das Deckblatt sollte zu einer schnellen Einschätzung des Dokuments durch den Leser führen: Es sollte Auskunft über Inhalt und Aktualität geben. Daher sind folgende Informationen wichtig, die auch in Abb. 8.1 dargestellt werden:

- Titel: Der Titel sollte wie die Schlagzeile aus einer Zeitung auf den Inhalt des Dokuments hinweisen.
- Verantwortlicher: Für die Konsistenz, Richtigkeit und Aktualität des Inhalts muss immer nur eine Person verantwortlich sein und kein Gremium. Diese Person ist die Redaktion des Dokuments. Sie muss nicht alle Inhalte selber schreiben, aber dafür sorgen, dass diese von den anderen Teammitgliedern bereitgestellt werden. Auch für die Prüfung des Dokuments trägt diese Person Sorge.
- Datum (Aktualität): Wenn ihr ein Dokument findet mit der Aufschrift *Stand: Juli 2003*, ist es vermutlich nicht mehr aktuell. Wenn ihr zwei Versionen desselben Dokumentes findet, könnt ihr durch den Vergleich der Datumsangaben feststellen, welche Version aktueller ist.
- Version: Auch die Versionsnummer des Dokuments erlaubt den Vergleich zwischen zwei Dokumenten auf Aktualität. Versionsnummern kleiner als 1 deuten an, dass das Dokument vom Verantwortlichen für noch nicht abgeschlossen gehalten wird. Wenn sich das Dokument im Zustand ‚abgenommen' befindet, setzt das aber eine Versionsnummer von mindestens 1 voraus.
- Zustand (‚geändert', ‚zum Review', ‚abgenommen'): Der Zustand gibt an, ob ihr dem Inhalt vertrauen könnt. Wenn der Zustand ‚geändert' ist, hat ein Teammitglied

```
┌─────────────────────────────┐   ┌─────────────────────────────────────┐
│          Deckblatt          │   │               Seite 2               │
│                             │   │                                     │
│                             │   │ Änderungshistorie                   │
│     Wartungshandbuch        │   │                                     │
│    Projektvergabesystem     │   │                                     │
│                             │   │                                     │
│                             │   │                                     │
│  Verantw.: Gerd Beneken     │   │                                     │
│                             │   │                                     │
│  Version: 1.0               │   │                                     │
│  Status:  zum Review        │   │                                     │
│  Stand:   18.08.2013        │   │                                     │
│                             │   │                                     │
│  Ablage: https://th-        │   │ Reviewnachweis                      │
│          rosenheim.de/...   │   │                                     │
│                             │   │                                     │
│                             │   │                                     │
│  Fakultät für Informatik    │   │                                     │
│  TH Rosenheim               │   │                                     │
│  Hochschulstr. 1            │   │                                     │
│  83024 Rosenheim            │   │                                     │
└─────────────────────────────┘   └─────────────────────────────────────┘
```

Änderungshistorie

Version	Status	Autor(en)	Erläuterung
0.1	In Bearb.	Beneken, TH-Ro	Angelegt, Gliederung wie im Kickoff besprochen
0.2	In Bearb.	Kucich, TH-Ro	Neues Feld in Oberfläche, Schemamigration beschr.
0.3	In Bearb.	Hummel, HuKuDo	Konfigmgmt, Pipeline Parameter, ergänzt
1.0	Zum Review	Beneken, TH-Ro	Rechtschreibung, Details zu Swagger

Reviewnachweis

Version	Datum	Reviewer	Erläuterung
1.0			

Abb. 8.1 Das Deckblatt dient zur Einordnung des Dokuments: Worum geht es? Wer ist verantwortlich? Welchen Zustand hat das Dokument? Ist es noch aktuell? Auf der zweiten Seite finden sich ähnliche Informationen wie in der Commit-Historie, also ein Nachweis über Änderungen und durchgeführte Reviews

irgendetwas hineingeschrieben und ist möglicherweise nicht mit dem Ändern fertig. Der Zustand ‚zum Review' zeigt, dass zumindest der Autor oder die Autoren keine weiteren Änderungen mehr vorhaben. Im Zustand ‚abgenommen' ist ein Dokument, nachdem ein Review, die Einarbeitung der Kommentare und auch die Nachkontrolle stattgefunden haben. Abgenommene Dokumente sind damit vertrauenswürdiger als Dokumente, die sich noch in Arbeit befinden. Ein möglicher Review-Prozess findet sich in Abschn. 8.6.

Seite 2: Änderungsnachweis und Review-Nachweis

Eigentlich führt euer Repository über Änderungen Buch. Das Repository weiß, wer wann was aus welchem Grund geändert hat. Daher müsst ihr euch auch mit den Commit-Nachrichten besondere Mühe geben. Leider sind von eurem Dokument auch ausgedruckte Versionen im Umlauf oder die Word- bzw. PDF-Version ist in unzähligen Kopien über E-Mail- und Festplatten-Verzeichnisse verteilt. Daher ist wichtig, dass im Dokument der Änderungsnachweis gepflegt wird: Wer hat das Dokument wann und was aus welchem Grund geändert? Wenn ihr Dokumente vom Auftraggeber erhaltet, ist es auch spannend zu sehen, welche anderen Unternehmen bereits an dem Projekt beteiligt waren,[1] das kann euch auch dabei helfen, das Dokument sowie das dahinter stehende Projekt richtig einzuschätzen.

Der Reviewnachweis zeigt, wann offizielle Reviews stattgefunden haben und wer das Review durchgeführt hat. Diese Informationen helfen dabei, die aktuelle Qualität des Dokuments einzuschätzen.

Kurzfassung und Executive Summary

Die Kurzfassung (Abstract) enthält die wesentlichen Aussagen eures Dokuments. Der Leser sollte mithilfe der Kurzfassung einschätzen können, ob das Dokument für ihn relevant ist. Die Kurzfassung sollte daher den Adressatenkreis explizit nennen: Richtet sich das Dokument eher an das Management, an Entwickler, den IT-Betrieb oder an Benutzer? Eine Zusammenfassung des Inhalts und der Kernaussagen ist ebenfalls wichtig. Der Leser hat ja einen bestimmten Informationsbedarf, den er mit dem Dokument decken will. Daher sollte er anhand der Kurzfassung und des Inhaltsverzeichnisses erkennen können, ob die für ihn relevanten Informationen auch enthalten sind. Wenn euer Dokument ein Krimi wäre, würdet ihr in der Kurzfassung bereits den Mörder verraten.

Speziell bei Dokumenten in Beratungsprojekten oder Studien findet sich am Anfang eine Executive Summary. Diese richtet sich an Leser mit sehr wenig Zeit. Die Kernaussagen des Dokuments werden in der Executive Summary dargestellt und kurz begründet. Wer sich für die Details interessiert, kann sich dann ja mit dem Inhalt beschäftigen. Beachtet beim Schreiben dieser Summary, dass ihr damit den beabsichtigten Effekt beim Leser erzeugen wollt. Der Leser will nach der Lektüre in der Regel eine Entscheidung treffen können oder einen Sachverhalt genauer verstehen.

Inhaltsverzeichnis: roter Faden und sprechende Überschriften

Ein Leser hat wenig Zeit für euer Dokument. Ihr könnt seine Zeit durch ein gutes Inhaltsverzeichnis schonen. Durch das Lesen des Inhaltsverzeichnisses sollte er verstehen, worum es in dem Dokument geht. Überschriften wie ‚Einleitung‘, ‚Motivation‘ oder ‚Zusammenfassung‘ könnten sich in jedem beliebigen Dokument finden, der Informationsgehalt rechtfertigt hier die verwendete Druckertinte nicht. Sprechende Überschriften machen dagegen sofort klar, worum es euch geht: z. B. ‚Herausforderungen des Facility Managements‘ statt ‚Einleitung‘. Die Folge der Überschriften sollte methodisches Vorgehen aufzeigen: Wenn ihr beispielsweise eine Lösung diskutiert, sollte das Dokument auch die dazu gehörenden Anforderungen darstellen und warum der Leser glauben soll, dass die Lösung auch funktioniert, also beispielsweise ein Qualitätsnachweis oder Prototyp. Ihr könnt die Gliederung nach mehreren Strategien erstellen [Cze18]. Die Wahl der Strategie hängt davon ab, wie und von wem das Dokument genutzt werden soll:

---

[1] Abb. 8.1 lässt erkennen, dass am Dokument die Organisationen TH-Ro und HuKuDo beteiligt waren.

- Eine *hierarchische* Struktur startet mit einem Überblick und geht dann ins Detail. Beispielsweise gebt ihr einen Überblick über die Architektur eures Systems und beschreibt danach jede Komponente, oder ihr startet mit einer Dialoglandkarte, die alle Dialoge eures Systems im Überblick darstellt und beschreibt dann die Elemente jedes einzelnen Dialogs.
- Eine *sachlogische* Struktur orientiert sich an der von euch gewählten Methodik. Sie startet beispielsweise mit Anforderungen, beschreibt Lösungsoptionen, entscheidet sich dann für eine Lösung und stellt dar, warum diese auch passt. Die Gliederung orientiert sich von der Ursache zur Wirkung.
- Eine *chronologische* Struktur orientiert sich an der zeitlichen Reihenfolge. Ihr beschreibt beispielsweise einen Prozess in der Reihenfolge seiner Prozessschritte.
- Eine *didaktische* Struktur bringt zuerst einfache Themen und danach kompliziertere.
- Eine *argumentative* Struktur orientiert sich an einer Argumentationskette, um den Leser von etwas zu überzeugen.

8.3.3 Klare Sprache

Für einen technischen Text gelten die typischen Regeln wie für Aufsätze nicht. Ein technischer Text muss nicht unterhalten, sondern soll so präzise, eindeutig und so verständlich wie möglich Sachverhalte darstellen. Also möglichst auch ohne Mehrdeutigkeiten, Widersprüche oder Lücken. Wir stellen hier exemplarisch einige Aspekte dar. Zu der klaren Sprache gehören:

Genau definierte Begriffe: Wie schon häufiger dargestellt entstehen Missverständnisse dadurch, dass verschiedene Menschen Begriffe unterschiedlich mit Bedeutung füllen. Hier bietet sich ein Glossar an, das wichtige Begriffe genauer fasst und auch die Beziehungen zwischen den Begriffen darstellt. Das Glossar kann notfalls auch eine Menge von Wiki-Seiten sein.

Begriffe präzisieren: Begriffe wie ‚Daten‘, ‚Objekte‘, ‚Entitäten‘ oder ‚Statistik‘ sind nicht genau genug. Wenn beispielsweise von ‚Kundendaten‘ die Rede ist, müssen auch alle relevanten Attribute des entsprechenden Entitätstyps genannt werden.

Eigenschaften testbar machen: Viele Adjektive und Verben sind schwammig. Begriffe wie ‚gängige‘ Browser, ‚sichere‘ Software oder ‚intuitive‘ Bedienbarkeit sind unklar und müssen genauer verstanden werden. Hier könnt ihr hinterfragen, wie ihr derartige Eigenschaften beim Sprint-Review-Meeting vorführen oder testen wollt. Ihr fragt den Auftraggeber: Was bedeutet intuitiv für Sie? Was verstehen Sie unter einer sicheren Software? Welche Browser erachten Sie als gängig? Eigenschaften wie ‚intuitiv‘, ‚sicher‘, ‚performant‘, ‚wartbar‘ oder ‚gängig‘ werden so in messbare und konkretere Eigenschaften zerlegt.

Keine Synonyme: Auf Synonyme solltet ihr bewusst verzichten. Wenn ihr in einem Satz von ‚Komponenten‘, ‚Bausteinen‘, ‚Architekturelementen‘ oder ‚Subsystemen‘ sprecht, fragt sich der Leser irgendwann, ob die Begriffe alle dasselbe bedeuten, oder ob es irgendwo einen subtilen Unterschied gibt. Hier ist es besser, immer denselben Begriff zu verwenden, auch wenn es dadurch langweiliger klingt.

W-Fragen stellen: Ihr könnt den Informationsgehalt eines Satzes mithilfe der W-Fragen prüfen. Zur Aussage *Berechtigungen sind zu prüfen* könnt ihr Fragen: *Wer* prüft die Berechtigungen? *Wann* werden die Berechtigungen geprüft? *Womit* werden Berechtigungen geprüft? *Warum* werden Berechtigungen geprüft? Mithilfe dieser Fragen werden Lücken deutlich. Mit *wer* fragt ihr nach dem handelnden Akteur. Mit *warum* stellt ihr eine Beziehung zu den Zielen des Systems her.

Vollständige Fallunterscheidungen: Wenn ihr im Text eine Bedingung formuliert, beginnt diese häufig mit ‚wenn‘, ‚falls‘ oder ‚abhängig von‘. Hier müsst ihr darauf achten, dass zu jedem ‚wenn‘ auch der Fall beschrieben wird, wenn die Bedingung nicht zutrifft, also das ‚else‘ zu einem ‚if‘. Beispielsweise schießt der Satz *Wenn das System im Notbetrieb ist, leuchtet die rote Lampe* nicht aus, dass die Lampe auch im Normalbetrieb leuchtet. Bei Bedingungen müsst ihr also darauf achten, dass ihr wirklich jeden möglichen Fall beschreibt, also dass die Fallunterscheidung vollständig ist.

Verallgemeinerungen hinterfragen: Kaum eine Bedingung gilt im System universell, also für alle Benutzer, zu jedem Zeitpunkt und an jedem Ort im System und auf dieser Welt. Daher ist mit der Verwendung der Begriffe ‚alle‘, ‚immer‘, ‚jeder‘ oder ‚überall‘ Vorsicht geboten, ebenso wie für ‚kein‘, ‚niemand‘, ‚niemals‘ oder ‚nirgendwo‘. Die Aussage ‚Kein Benutzer darf die Daten eines anderen sehen‘ wird durch ein einziges Gegenbeispiel widerlegt. Meistens gibt es doch Ausnahmen, bei Benutzern nimmt beispielsweise der Administrator oder ein Auditor eine Sonderstellung ein.

Einfacher Satzbau: Einfache, kurze Hauptsätze machen den Text nicht nur verständlicher, sondern auch klarer. Komplexe Schachtelsätze und Bandwurmsätze können leicht Informationslücken verstecken, da der Leser zu viel Zeit für das genaue Verstehen solcher Sätze benötigt. Das gilt speziell dann, wenn es immer wieder Querbezüge zwischen den Nebensätzen gibt.

Eine Systematik zur Prüfung von Texten und gesprochenem Wort bieten Chris Rupp und die Sophisten in ihrem Regelwerk an. Dies umfasst insgesamt 18 Regeln [Rup14]. Wenn ihr euch mit dem Text unsicher seid, sind konkrete, aussagekräftige Beispiele auch ein Mittel, um den Text verständlicher und auch klarer zu machen.

8.3.4   Formale Kriterien

Eine korrekte Rechtschreibung und Grammatik sind zwei Beispiele für formale Qualitätskriterien für eure Dokumente. Sie sind unabhängig vom Inhalt, ihr könnt den größten Unsinn in perfektem Hochdeutsch schreiben, ebenso wie eine brillante Ingenieurleistung mit 20 Rechtschreibfehlern pro Seite. Trotz eines guten Inhalts solltet ihr darauf achten, dass ihr den guten Eindruck nicht durch formale Fehler beschädigt. Welche Kriterien sind hier wichtig?

- Maximale Gliederungstiefe ist in der Regel drei: Ein Abschnitt darf die Nummer 1.2.3 haben, aber nicht 4.7.11.0.8.15.
- Jedes Kapitel hat keinen oder mindestens zwei nummerierte Abschnitte. Nicht 1.2, 1.2.1, dann 1.3. Die Abschnitte sind eine Aufteilung des Kapitels. Eine Aufteilung mit nur einem Teil ist sinnlos.
- Der Text beginnt normalerweise mit dem ersten Kapitel. Dort ist die Seite mit der Nummer 1. Inhaltsverzeichnis, Kurzfassung und eventuelle weitere Abschnitte werden römisch nummeriert (i, ii, iii usw.).
- Der Anhang kann auch mit Buchstaben nummeriert werden, also Anhang A, B oder C.
- Passender Sprachstil: möglichst kein Slang, kein Dialekt und keine Umgangssprache, in besonderen Fällen ggf. bewusst einsetzen.
- Einhaltung vorgegebener Formatvorlagen: Viele Unternehmen und Normen schreiben Vorlagen für Spezifikationen, Nutzungshandbücher oder Architekturdokumente verbindlich vor, vergleiche beispielsweise die Dokumente des V-Modell XT [V-M14].
- Einhaltung typischer Konventionen für Dokumente, wie etwa Blocksatz, Zeilenabstand etwa 1,2 Zeilen und genügend breite Ränder.
- Keine groben Verletzungen des Layouts, etwa eine Überschrift am Ende einer Seite oder direkt hinter einer Überschrift eingefügte Aufzählungen, Tabellen oder Abbildungen.
- Aktuelle Verweise: Fehlende Verweisquellen in Word oder die typischen TeX-Fragezeichen.

Wenn ihr selbst unsicher seid, besorgt euch für wichtige Dokumente Personen, die gesondert Rechtschreibung, Zeichensetzung und Satzbau sowie den Sprachstil prüfen. Davor reizt ihr die Möglichkeiten eurer Textverarbeitung aus. Word bietet beispielsweise eine umfassende Rechtschreib- und Grammatikprüfung an und auch Metriken wie die mittlere Wortlänge können gemessen werden.

Kenne deine Textverarbeitung!

Ein schlecht gelayoutetes Dokument wirkt schnell unprofessionell. Wenn ihr euer Textverarbeitungsprogramm richtig verwendet, könnt ihr eine ganze Reihe von Problemen wesentlich vermindern oder ganz ausschließen. Ihr spart einige Zeit, wenn ihr euch ein paar Stunden intensiv mit der Textverarbeitung befasst und euch die entsprechenden Tutorials im Internet anschaut. Hier einige Hinweise:

Rechtschreib- und Grammatikkontrolle: Die allermeisten Textverarbeitungsprogramme prüfen euren Text entweder direkt bei der Eingabe oder auf Aufforderung auf korrekte Rechtschreibung und teilweise finden sie auch Grammatikfehler. Bevor ihr eine wichtige E-Mail losschickt oder ein Dokument irgendwo abgebt, verwendet die Rechtschreibkontrolle. Diese findet sicher nicht jeden subtilen Fehler und tut sich manchmal schwer mit Fachbegriffen aus der IT oder anderen Disziplinen. Sie findet aber typische Tippfehler und kennt das derzeit geläufige Deutsch oder Englisch.

Formatvorlagen: Das Programm kann nur dann ein Inhaltsverzeichnis generieren oder alle Hauptüberschriften einheitlich darstellen und nummerieren, wenn es weiß, welcher Text ein einfacher Absatz ist und welcher eine Überschrift. Dazu dienen Formatvorlagen in Word und ähnlichen Programmen. Mit ihnen könnt ihr typische Elemente in euren Texten kennzeichnen und deren Eigenschaften an genau einer Stelle verändern. Beispielsweise jede Hauptüberschrift in ‚14 Punkt Arial' Schrift setzen. Über die Formatvorlage könnt ihr damit das gesamte Erscheinungsbild eurer Texte zentral und mit wenig Aufwand anpassen.

Abbildungen: Alle Abbildungen enthalten normalerweise eine Nummer und eine Bildunterschrift. Über die Nummer könnt ihr euch im Text auf die Abbildung beziehen. Die Nummern können sich während des Schreibens mehrfach ändern, etwa durch Löschen oder Hinzufügen weiterer Abbildungen. Die Nummer der Abbildung sowie eure Referenz im Text darauf sollten also über eine Funktion der Textverarbeitung generiert und nicht von euch getippt werden.

Verzeichnisse: Alle Verzeichnisse werden grundsätzlich von der Textverarbeitung generiert und nicht manuell getippt. Dies gilt für das Inhaltsverzeichnis, für das Literaturverzeichnis und alle weiteren Verzeichnisse.

Einige Textverarbeitungsprogramme können auch Qualitätsmerkmale im Text ermitteln, sie zählen beispielsweise die Wörter in den Sätzen oder die Buchstaben in jedem Wort, oder es werden die Sätze im Passiv gezählt. Mit diesen Zahlen können dann Metriken berechnet werden, die auf die Verständlichkeit des Textes hindeuten. Eine durchschnittliche Satzlänge von zehn oder mehr Wörtern oder eine durchschnittliche Wortlänge von mehr als zehn Zeichen deutet auf einen eher unverständlichen Text hin.

Eine Textverarbeitung kann mit ihrer Kommentarfunktion sowie mit dem Änderungsmodus auch als Werkzeug zur Zusammenarbeit im Team verwendet werden. Dies funktioniert gut, wenn es nur wenige Autoren und Reviewer gibt. Kommentare und Änderungsmodus werden bei zu vielen Personen leicht unübersichtlich.

8.4 Grafiken

Eine Grafik hat ähnlich wie das gesamte Dokument ein Ziel. In der Regel soll sie informieren und einen Sachverhalt verständlich und übersichtlich darstellen, sodass dieser schnell und korrekt wahrgenommen wird. Hierzu muss aber die Grafik entsprechend gestaltet sein. Eine beliebige Menge von Kästen und Pfeilen verwirrt einen Leser eventuell, hier sagt das Bild eventuell nicht mehr als die berühmten 1000 Worte. Die nachfolgend dargestellten Konzepte gelten unverändert auch für Grafiken in Präsentationen, Visualisierungen am

Whiteboard und sogar für die Entwürfe der grafischen Oberfläche. In allen Fällen habt ihr einen oder mehrere Betrachter und wollt absichern, dass dieser die Grafik oder den grafischen Dialog schnell und korrekt wahrnimmt und versteht.

8.4.1 Wahrnehmbarkeit optimieren

Bildeinstieg oben links: Typischerweise steigt ein westlich geprägter Betrachter von oben links in eine Grafik mit den Augen ein. So beginnt er auch einen Text zu lesen. Er liest dann quasi von links nach rechts und von oben nach unten. Wenn bestimmte Elemente besonders wichtig sind, sollten diese optisch hervorgehoben sein, über die Farbgebung, über die Größe, über die zentrale Lage in der Grafik, über einen deutlicheren Rand oder andere grafische Merkmale.

Wichtige Elemente kennzeichnen: Wenn ihr eine Grafik betrachtet, fällt normalerweise ein Element sofort ins Auge. Das ist das Element, das sich durch Größe, Farbe, Schriftart oder Form von den anderen abhebt. Wenn alle Elemente grau sind, fällt ein rotes Element besonders ins Auge, bei lauter roten Elementen dann das graue. Achtet beim Zeichnen also darauf, dass das inhaltlich wichtigste Element durch Größe, Farbe oder Form hervorsticht. Unwichtige Elemente sollten optisch nicht besonders auffallen, diese könntet ihr beispielsweise grau zeichnen.

Anwendung des Hamburger Modells

Für eine Grafik gelten für die Verständlichkeit dieselben Regeln wie für Texte. Die Verständlich-Macher für Text können auch auf Grafiken angewendet werden. Sie finden sich in ähnlicher Form genauso in den unten dargestellten Gestaltgesetzen wieder.

Einfachheit: Eine einfache Grafik enthält nur wenige verschiedene grafische Elemente, beispielsweise nur bestimmte Rechtecke und genau eine Pfeilform. Je mehr verschiedene Formen, Farben, Schriftarten, Linienarten und -breiten ihr verwendet, desto schwieriger wird die Grafik wahrnehmbar. Reduziert die Zahl der dargestellten Elemente auf das Nötigste. Als Faustregel kann hier die Größe des Arbeitsgedächtnisses dienen, also irgendetwas zwischen vier Gruppen bzw. sieben plus oder minus zwei [Mil56].

Eure Grafiken sollten nicht bunt wirken. Die Farbe der verwendeten Elemente hat, wie oben schon erklärt, für den Betrachter immer eine Bedeutung. Geht daher sparsam mit der Zahl der Farben um, eventuell könnt ihr euch ein eigenes Farbschema geben, und die erlaubten Farben explizit festlegen. Hier gibt es jede Menge Werkzeuge, um zueinander passende Farben zu finden.

Gleiches gilt für die verwendeten Schriftarten und ihre Größe: Legt vorab fest, welche Schriftarten und -größen erlaubt sind, und verwendet dann nur noch diese.

Gliederung und Ordnung: Wodurch seht ihr eine Gliederung in einer Grafik? Durch Umrandungen und Rahmen könnt ihr Elemente zusammenfassen, diese werden dann als Einheit wahrgenommen. Wenn zusammengehörige Elemente nahe beieinander stehen, geschieht das ebenfalls. Der Betrachter kann dann die Teile zu einem Ganzen zusammenfassen. Ordnung erreicht ihr durch die Verwendung eines Gestaltungsrasters, dieses sorgt dafür, dass sich die Elemente nicht mehr zufällig auf der Fläche verteilen, sondern Zeilen und Spalten bilden.

Kürze und Prägnanz: Haltet die Grafiken eher klein und erstellt lieber für jeden Sachverhalt ein eigenes Schaubild. Ihr könnt beispielsweise mit einer Überblicksgrafik beginnen, diese stellt beispielsweise alle Bestandteile des Systems dar oder zeigt eine Landkarte aller Dialoge. Darauf folgende Grafiken zeigen dann Detailansichten von Komponenten oder von Dialogen. Teilt die Grafiken thematisch auf, beispielsweise nach IT-Security und Verfügbarkeit.

Anregende Zusätze: Eure Grafiken sollten trotz aller Einfachheit und Kürze optisch ansprechend gestaltet sein. Typisch ist derzeit die Verwendung von Schreibschrift-Fonts und eine Darstellung, die eher an eine Handskizze erinnert. Programme wie Visio liefern optisch ansprechende Grafiken für Server, Datenbanken oder Smartphones, diese machen die Grafiken eventuell ansprechender als einfache Kästen und Pfeile.

Gestaltgesetze

Euer Gehirn macht beim Sehen bereits eine Vorverarbeitung von Informationen und interpretiert dort Ordnung, Rhythmus und Struktur hinein. Max Wertheimer hat dies in den 1920er-Jahren formuliert. Bekannt geworden sind seine Erkenntnisse unter dem Begriff *Gestaltgesetze*. Diese Gesetze finden sich in verschiedenen Formen und Ausprägungen besonders im Themenfeld User Experience (UX) wieder, da gerade dort die Wahrnehmbarkeit von Software optimiert werden soll. Die Abb. 8.2 stellt eine Auswahl von Gestaltgesetzen grafisch dar. Die aus den Gestaltgesetzen ableitbaren Entwurfsregeln ähneln denen des Hamburger Modells.

Gesetz der Nähe: Wenn ihr grafische Elemente nahe beieinander zeichnet, werden diese in der Regel als zusammengehörig wahrgenommen. Dies erkennt ihr schon an der

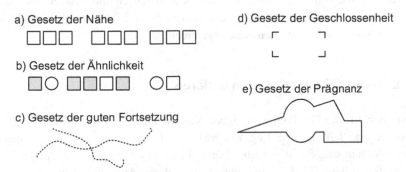

Abb. 8.2 Anhand dieser Abbildung könnt ihr die Wirkung der Gestaltgesetze auf euch selbst ausprobieren. In (**a**) wirkt es so, als gäbe es drei Gruppen von Quadraten. (**b**) hat drei verschiedene Typen von Elementen, (**c**) wirkt so, als kreuzten sich zwei Linien, in (**d**) ist ein Rechteck erkennbar und in (**e**) erkennt ihr immer noch ein Dreieck, einen Kreis und ein Rechteck

Schrift: nahe beieinander stehende Buchstaben werden als Wort wahrgenommen. Ihr gruppiert in Formularen eurer grafischen Oberfläche thematisch zusammengehörige Eingabefelder, die Adressdaten beispielsweise, in einem Bereich, die Kontodaten in einem anderen. Drittes Beispiel sind Brainstorming-Techniken: Inhaltlich zusammengehörige Haftnotizen oder Moderationskarten werden zu Clustern gruppiert. Also nahe beieinander ans Whiteboard geklebt oder an die Pinnwand geheftet.

Gesetz der Ähnlichkeit: Wenn Elemente ähnliche Eigenschaften haben, werden sie als zusammengehörig wahrgenommen. Eigenschaften können Form, Farbe oder Größe sein. Daher ist eine Legende für eure Grafik besonders wichtig, denn die von euch dargestellten Ähnlichkeiten sollten den Sachverhalt richtig wiedergeben. Auch in Workshops achtet ihr daher darauf, dass die Farben der Haftnotizen einheitlich verwendet werden, beispielsweise im Event Storming Orange für Business Events, Blau für Business Commands und Gelb für Entitäten.

Gesetz der guten Fortsetzung: Eine Folge von Elementen wird als Linie wahrgenommen, euer Gehirn sucht darin den einfachsten Weg. Kreuzen sich zwei Linien, seht ihr eher zwei gerade Linien und nicht zwei die jeweils einen Knick machen. Allgemein solltet ihr in euren Grafiken Linien und Pfeile vermeiden, die sich kreuzen. Das Gehirn eines Betrachters unterstellt in der Regel keine Verbindung am Kreuzungspunkt. Wenn eine Verbindung dargestellt werden soll, müsst ihr das besonders deutlich machen.

Gesetz der Geschlossenheit: Wenn ihr bestimmte Elemente mit einem Rand zusammenfasst, werden diese auch als Einheit wahrgenommen. In eurer grafischen Oberfläche solltet ihr also mit Rahmen und Trennlinien arbeiten, um Blöcke klarer darzustellen. In informellen Schaubildern könnt ihr ebenfalls durch entsprechende Rahmen Gruppen bilden. Der Rahmen muss dabei nicht vollständig durchgehend sein.

Gesetz der Prägnanz (Einfachheit): In komplexen Formen erkennt euer Gehirn bevorzugt bekannte einfache Grundformen wie Kreis, Rechteck oder Dreieck. Es werden gerne Elemente wahrgenommen, die eine einprägsame und einfache Deutung ergeben. Ihr solltet daher eher mit einfachen Formen arbeiten und wenige Elemente verwenden. Geht daher sparsam mit verschiedenen Farben, Schriftarten und -größen um.

Gesetz des gemeinsamen Schicksals: Wenn sich mehrere Elemente gleichzeitig in dieselbe Richtung bewegen, wirken diese zusammengehörig.

8.4.2   Legende: Eigene Notation erklären

Wenn ihr euch für die Grafiken eine eigene Kästen- und Pfeile-Notation überlegt habt, solltet ihr in jeder Grafik eine Legende ergänzen. Diese zeigt zu jedem Symbol und anderen Bedeutungsträgern wie Farbe, Form, Position oder Größe in der Grafik, was diese bedeuten sollen. Die Legende zwingt euch dazu, Ausdrucksmittel konsistent zu verwenden: Bedeutet der graue Kasten oben links genau das Gleiche wie der graue Kasten in der Mitte? Bedeutet der grüne schmale Pfeil wirklich etwas anderes als der blaue dicke Pfeil? In Abb. 8.3 geht das munter durcheinander. Ausdrucksmittel sind in euren

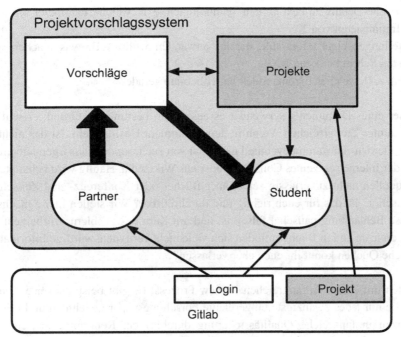

Abb. 8.3 Die Abbildung zeigt ein informelles Schaubild. Die Notation hat sich der Autor ausgedacht. In diesem Fall ist eine Legende besonders wichtig, welche die verwendeten Symbole erklärt und dafür sorgt, dass diese einheitlich verwendet werden: Haben die verschiedenen Pfeilarten eine unterschiedliche Bedeutung oder bedeutet eine Pfeilart immer dasselbe? Welche Bedeutung hat der graue Hintergrund? Was bedeutet ein Oval im Gegensatz zu einem Rechteck?

Grafiken Farbe bzw. Grauton und Schraffierung, geometrische Form, Art der Linien oder verschiedene Pfeilenden. Auch die Position eines Elements in der Grafik und seine Größe können eine Aussage enthalten, wie in einem Koordinatensystem.

8.5   Arbeit mit Literatur- und Internetquellen

Auch für technische Texte müsst ihr euch um Quellen kümmern. Wie in wissenschaftlichen Texten verwendet ihr nur Texte, auf deren Inhalt ihr vertrauen könnt. Für eure Texte seid ihr häufig auf fremde Quellen angewiesen, beispielsweise in folgenden Fällen:

- Begriffsdefinitionen, z. B. was genau wollen wir unter Performance oder unter einem NoSQL-System verstehen?
- Statistiken, z. B. wie viele verschiedene Android-Hersteller/-Nutzer gibt es weltweit?
- Aussagen und Einschätzungen zu Technologien, z. B. ist React Native bereits einsetzbar?

- Technische Details zu bestimmten Technologien, z. B. welche Parameter brauche ich zum Initialisieren von X?
- Darstellungen einer Methodik, die ihr anwenden wollt, z. B. was machen wir als nächsten Schritt bei Lean UX?
- Fakten, z. B. welches Lizenzmodell hat Hibernate gerade?

Der Leser eures Dokuments verwendet es aus einem bestimmten Grund, er will damit ein bestimmtes Ziel erreichen. Wenn in dem Dokument Unsinn steht, ist das nicht mehr möglich. Der Unsinn stammt eventuell nicht mal von euch, sondern aus irgendeinem Blog-Artikel, der Internetseite eines Consulters oder aus Wikipedia. Häufig wird behauptet, dass Internetquellen nicht zuverlässig seien, aber Bücher oder Konferenz- und Zeitschriften-beiträge schon. Ist das für euch richtig und durchführbar? Wir stellen hier zunächst fest, dass diese Behauptung pauschal falsch ist und am Kern des Problems vorbeigeht. Auch auf Konferenzen und in Büchern finden sich viele nicht vertrauenswürdige Informationen. Auf welche Quellen könnt ihr euch eher verlassen?

- Quellen mit einem umfangreichen Review-Prozess: Es gibt beispielsweise Konferen-zen, die nur jedes zwanzigste eingereichte Forschungspaper annehmen und mit vielen Personen umfangreiche Qualitässicherung durchführen. Renommierte Zeitschriften haben ebenfalls einen strengen Review-Prozess, an dem Experten aus dem Themenfeld beteiligt sind.
- Mit Werkzeugen wie *scholar.google* könnt ihr prüfen, wie oft eine Quelle bereits zitiert wurde. Die Zahl der Zitate ist ein Maß für den Einfluss und damit für die Bedeutung der Veröffentlichung. Die Zahl der Zitate kann auch für Zeitschriften oder Konferenzen ermittelt werden, sodass ihr für diese deren Vertrauensgrad einschätzen könnt.
- Originale: Wenn die Autoren eines Frameworks oder eines neuen Betriebssystems über dessen Eigenschaften in einem Blog oder einer Internetseite berichten, könnt ihr euch in der Regel auf die Korrektheit verlassen. Zeitschriftenartikel und Bücher über Technologie und technische Beispiele veralten dagegen schnell. Daher sind Bücher über Technologien eher unzuverlässige, weil eventuell nicht mehr aktuelle Quellen. Aber auch die Blog-Artikel müsst ihr auf deren Aktualität hin überprüfen.
- Normen: Wenn ihr eine Definition für einen Begriff braucht, bieten sich die Texte aus Industrienormen an. Am bekanntesten ist das Glossar der IEEE.[2] Es ist mittlerweile als ISO 24765 Norm veröffentlicht,[3] dort finden sich für die meisten Begriffe aus dem Software Engineering entsprechende Definitionen. Die ISO-25000-Normenfamilie legt Begriffe im Bereich der Softwarequalität fest, die ISO 42010 im Bereich der Software-architektur oder die ISO 9241 Begriffe aus der Usability. Wenn ihr euch auf UML

---

[2] IEEE 610.12-1990, Standard Glossary of Software Engineering Terminology.
[3] ISO 24765-2017 Systems and software engineering–Vocabulary.

beziehen wollt, verwendet die Definitionen aus dem UML-Standard bei der OMG.[4] Internetstandards findet ihr unter anderem beim W3C[5] oder in den RFCs (Requests for Comments).[6]

- Glossare: Im Rahmen der Certified-Tester- [Spi12] und Certified-Requirements-Engineer-Aktivitäten [Poh15] sind von den Autoren umfangreiche Glossare veröffentlicht worden, auch sie sind eine gute Quelle. Weitere Glossare sind im Bereich Softwarearchitektur [Gha20], Projektmanagement [Hin16] und User Experience [Gei19] entstanden.

Wikipedia hat teilweise eine sehr gute Qualität, da viele Texte häufig gelesen und überprüft werden. Um auf die Schnelle eine Definition für einen Begriff zu finden, ist Wikipedia mindestens ein guter Einstieg. Die Quellen, welche die Grundlage für die Artikel bei Wikipedia bilden, solltet ihr bei wichtigen Informationen nachvollziehen.

8.6 Qualitätssicherung

Die Abb. 8.4 stammt ursprünglich aus dem V-Modell XT [V-M14]. Sie zeigt den Ablauf der Qualitätssicherung von Dokumenten und anderen Ergebnissen im Projektverlauf. Ein Dokument hat darin drei Status. Der jeweilige Status sagt aus, inwieweit ihr euch auf die Informationen in dem Dokument verlassen könnt. Der Status steht wie oben schon dargestellt auf der Titelseite des Dokuments.

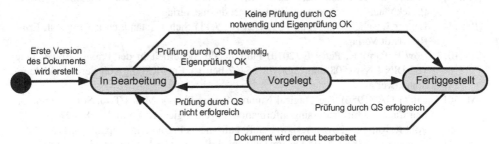

Abb. 8.4 Qualitätssicherung für Dokumente und andere Ergebnisse, frei nach V-Modell XT [V-M14]

---

[4] https://www.omg.org/spec/UML.

[5] https://www.w3.org/.

[6] https://www.rfc-editor.org/.

8.7   Schnelles Lernen

Das Schreiben von Dokumenten ist ähnlich wie das Abhalten von Workshops und Präsentationen eine Frage der Übung. Wenn ihr viele Texte schreibt, werdet ihr automatisch
schneller und besser. Um den Lernprozess zu beschleunigen, braucht ihr konstruktives
Feedback. Innerhalb eures eigenen Teams solltet ihr sowieso alle Dokumente prüfen, die
an den Auftraggeber versendet werden. Diese Reviews sind eine gute Gelegenheit, sich zu
verbessern.

Literatur

[Adz11]   Adzic G (2011) Specification by Example: How Successful Teams Deliver the Right
          Software. Manning
[Bec01]   Beck K, Beedle M, van Bennekum A, Cockburn A, Cunningham W, Fowler M,
          Grenning J, Highsmith J, Hunt A, Jeffries R, Kern J, Marick B, Martin RC, Mellor
          S, Schwaber K, Sutherland J, Thomas D (2001) Manifesto for Agile Software
          Development. http://www.agilemanifesto.org
[Cze18]   Czeschik C, Lindhorst M (2018) Weniger schlecht über IT schreiben: Die Schreibwerk-
          statt für IT-Erklärer. O'Reilly
[DeM99]   DeMarco T, Lister T (1999) Wien wartet auf Dich – Der Faktor Mensch im DV-
          Management. Carl Hanser Verlag
[Gei19]   Geis T, Tesch G (2019) Basiswissen Usability und User Experience. dpunkt.verlag
[Gha20]   Gharbi M, Koschel A, Rausch A, Starke G (2020) Basiswissen für Softwarearchitekten,
          4. Aufl. dpunkt.verlag
[Hin16]   Hindel B, Hörmann K, Müller M, Schmied J (2016) Basiswissen Software-
          Projektmanagement, 3. Aufl. iSQI-Reihe. dpunkt.verlag
[Lan11]   Langer I, Schulz von Thun F, Tausch R (2011) Sich verständlich ausdrücken. Ernst
          Reinhardt Verlag
[Löw10]   Löw P, Pabst R, Petry E (2010) Funktionale Sicherheit in der Praxis: Anwendung
          von DIN EN 61508 und ISO/DIS 26262 bei der Entwicklung von Serienprodukten.
          dpunkt.verlag
[Mil56]   Miller GA (1956) The Magical Number Seven, Plus or Minus Two: Some Limits on
          Our Capacity for Processing Information. Psychological review, 63(2):81–97
[Poh15]   Pohl K, Rupp C (2015) Basiswissen Requirements Engineering. dpunkt.verlag
[Rue03]   Rueping A (2003) Agile Documentation: A Pattern Guide to Producing Lightweight
          Documents for Software Projects. Wiley
[Rue13]   Rueping A (2013) Dokumentation in agilen Projekten: Lösungsmuster für ein bedarfs-
          gerechtes Vorgehen. dpunkt.verlag
[Rup14]   Rupp C (2014) Requirements-Engineering und -Management: Aus der Praxis von
          klassisch bis agil, 6. Aufl. Hanser Verlag
[Sch11]   Schneider W (2011) Deutsch für junge Profis: wie man gut und lebendig schreibt.
          Rowohlt-Taschenbuch-Verlag
[Spi12]   Spillner A, Linz T (2012) Basiswissen Softwaretest, 5. Aufl. dpunkt.verlag
[V-M14]   V-Modell XT (2014) Version 1.4. http://www.v-modell-xt.de

Effektive Präsentationen

9

Habt ihr euch schon mal ganz hinten in eine Präsentation oder Vorlesung gesetzt und die anderen Zuhörer beobachtet? Viele Smartphones unter den Tischen oder in der Hand, offene Laptops mit E-Mail-Programmen oder Chat-Nachrichten. Hier und da Gespräche mit dem Nachbarn. Ab und an ist lautes Tippen zu hören, das sogar den Vortragenden stört. Dieses Verhalten jetzt komplett auf die *Digitale Demenz* [Spi12] oder die verminderte Aufmerksamkeitsspanne der *Digital Natives* zu schieben, ist zu einfach. Ursache ist in der Regel die Qualität der Präsentation.

Präsentationen sind ein wichtiges Mittel bei der Erstellung von Produkten bzw. der Durchführung von Projekten. Mit einer Präsentation könnt ihr Werbung für eure Ergebnisse machen. Ihr könnt eure Professionalität unterstreichen oder auch das Gegenteil bewirken. Daher solltet ihr versuchen, eure Präsentationen so zu gestalten, dass eure Botschaft beim Auditorium ankommt und dass das Auditorium eine positive Meinung über euch hat.

9.1 Vorbereitung

Eine Präsentation ist, wie ein Dokument, immer für eine bestimmte Zielgruppe gedacht und natürlich nicht für den Redner. Wenn ihr eine Präsentation vor eurem Auftraggeber, vor Investoren oder in eurem Team durchführt, wollt ihr damit ein bestimmtes Ziel erreichen. Von den Investoren wollt ihr Geld und Unterstützung, vom Auftraggeber die Abnahme der demonstrierten Features oder ihr wollt, dass sich euer Team mit einer bestimmten Technologie beschäftigt. Wenn ihr ein Ziel festgelegt habt, könnt ihr nach der Präsentation klar feststellen, ob die Präsentation erfolgreich war oder nicht, denn euer beabsichtigtes Ziel wurde erreicht oder eben nicht.

© Springer Fachmedien Wiesbaden GmbH, ein Teil von Springer Nature 2022   301
G. Beneken et al., *Grundkurs agiles Software-Engineering*,
https://doi.org/10.1007/978-3-658-37371-9_9

9.1.1   Zielgruppe erforschen

In eurer Präsentation wollt ihr auf keinen Fall am Publikum vorbeireden. Das Publikum soll sich nicht langweilen und nicht über- oder unterfordert sein. Die Themen, die ihr vorstellt, sollten für alle soweit verständlich sein, dass ihr mit der Präsentation eure Ziele erreicht. Um eine Präsentation vorzubereiten, benötigt ihr also möglichst umfassende Informationen über eure Zuhörer, denn nur für diese erstellt und haltet ihr sie. Zu den Eigenschaften eures Publikums gehören:

- **Sprache (Text, aber auch Grafik):** Wird beispielsweise eine bestimmte Fachsprache erwartet, da ihr vor Medizinern vortragt, oder wäre das schädlich, da ihr für Passanten auf einer öffentlichen Messe präsentiert? Eure Wortwahl und eure Grafiken orientieren sich an den Vorkenntnissen und Erwartungen des Auditoriums. Nur selten könnt ihr IT-Deutsch verwenden.
- **Lieblings- und Problemthemen:** Gibt es Themen oder Meinungen, welche die Zielgruppe gerne hört oder sieht? Gibt es Themen, die ihr besser nur mit Vorsicht ansprecht, da diese emotional besetzt sind oder die gerade sehr kontrovers diskutiert werden? Wenn ihr diese Themen streift, kann euch leicht die Kontrolle über die Präsentation entgleiten, da diese eventuell eine Diskussion unter den Teilnehmern auslösen.
- **Vorwissen:** Welche Kenntnisse könnt ihr voraussetzen? Womit würdet ihr die Zielgruppe langweilen und womit würdet ihr sie überfordern? Wenn ihr das Vorwissen kennt, könnt ihr entscheiden, welche Themen ihr ausführlich darstellt und detailliert erklärt und welche anderen Themen ihr nur streift oder ganz weglasst.
- **Erwartungen:** Kennt ihr die Erwartungen des Auditoriums an euch und eure Präsentation?
- **Humor:** Ein Vortrag soll auch unterhalten und nicht nur informieren. Dazu müsst ihr aber den Humor der Zielgruppe kennen. Allgemein solltet ihr auf anzügliche oder in irgendeiner Weise ausgrenzende Pointen verzichten. Auch Fäkalsprache ist strikt verboten.

9.1.2   Ziel, Botschaft und Story

Von euer Präsentation soll etwas hängenbleiben, sie soll das Auditorium beeinflussen, ihr wollt, dass es mitdenkt und mitfühlt. Das wird schwierig, wenn das Auditorium euch nicht versteht oder ihr nur Zahlen und Fakten bringt. Mit einer guten Vorbereitung könnt ihr den Erfolg der Präsentation wesentlich beeinflussen, beispielsweise durch eine gute Geschichte und eine nachvollziehbare, verständliche Struktur.

Ziele und Struktur

Schreibt das Ziel der Präsentation explizit auf. Was soll das Auditorium nach der Präsentation tun? Eure Präsentation muss mit einer gewissen Dramaturgie auf das gewünschte

Ziel hinführen. Lasst alles weg, was nicht zum Erreichen des Ziels beiträgt. Das hilft euch dabei, die Prioritäten in eurer Präsentation richtig zu setzen und auch im vorgegebenen Zeitrahmen zu bleiben.

Es ist kein besonderes Wunder, dass sich eure Präsentation in Einleitung, Mitte und Schluss gliedert. In der Einleitung versucht ihr das Publikum zu aktivieren, es soll euch zuhören. Ihr wollt die volle Aufmerksamkeit. Eventuell verratet ihr zu Beginn schon Teile eurer Botschaft. In der Mitte erzählt ihr eure Geschichte, liefert die gewünschten Informationen und bringt Daten und Fakten. Eure Botschaft, euer Appell bildet den Schluss eurer Präsentation. Danach können eventuell noch Fragen gestellt werden.

Für den mittleren Teil gibt es wie im Kinofilm verschiedene Möglichkeiten für euren Plot. Das Publikum sollte jeweils eurem Plot folgen können, daher ist es wichtig, sich für eine der möglichen Optionen zu entscheiden.

- Chronologisch: Die Ereignisse, Vorgänge oder Aktivitäten werden in zeitlicher Reihenfolge dargestellt.
- Kausal: Ihr beginnt bei der Ursache und erklärt danach die Wirkung, diese ist ihrerseits wieder Ursache für die nächste Wirkung.
- Top-Down (didaktisch): Ihr bringt zunächst eine Übersicht und stellt danach die jeweiligen Details dar.
- Bottom-up: Ihr stellt zunächst die Details vor und zeigt dann, wie sich daraus das große Ganze ergibt.
- Argumentationskette: Die wichtigsten Argumente dafür und dagegen werden vorgestellt und abgewägt.
- Priorität: Vom Wichtigsten zum Unwichtigen.

Die Struktur ist auch für euer Zeitmanagement wichtig. Eure Präsentation muss so gestaltet sein, dass ihr den geplanten zeitlichen Rahmen ausfüllt, aber die Zeitgrenzen eher unterschreitet, damit noch genügend Raum für Fragen oder Diskussionen bleibt. Auch aus diesem Grund solltet ihr euch auf die wichtigsten Inhalte beschränken. Häufig werden viel zu viele Folien für einen Vortrag erstellt. Typische mittlere Vortragsdauer für eine Folie sind zwei bis drei Minuten. Damit solltet ihr für einen Vortrag mit 20 Minuten Dauer deutlich unter 20 Folien blieben.

Weniger ist mehr

Häufiger Fehler ist es beispielsweise, *alle* Vorteile einer Lösung darzustellen. Damit wird die Präsentation viel zu lang und das Risiko von Einwänden steigt bei den schwächeren Vorteilen. Schwächere Argumente können euren Effekt sogar zerstören. Hier gilt die Regel *weniger ist mehr*: Ihr stellt nur die stärksten Argumente vor und nicht alle vorhandenen. Ein spannendes Beispiel dazu liefert Daniel Kahneman [Kah12]: Forscher haben den Preis untersucht, den Käufer für ein Kaffeeservice zahlen würden. Der Preis für ein vollständiges Kaffeeservice war dabei Referenzpunkt. Wurden in einem Angebot zusätzlich zu diesem Service weitere teilweise beschädigte Tassen und Teller hinzugefügt, sank der Preis, den die Käufer bezahlen wollten. Die beschädigten Teile haben den Preis vermindert, obwohl der Käufer eigentlich mehr Porzellan erhalten hat.

Das *weniger ist mehr* gilt für die gesamte Präsentation. Bereits in der Vorbereitung solltet ihr einen klaren roten Faden im Kopf haben und die Struktur der Präsentation und auch die Botschaft danach ausrichten. Dann lasst ihr alles weg, was nicht zu dem roten Faden und euren Zielen beiträgt. Stellt die wichtigsten Themen soweit an den Anfang, dass ihr diese auf jeden Fall besprecht. Wenn die Zeit knapp wird, könnt ihr unwichtige Themen weglassen.

Erzählt eine Geschichte

Menschen können sich Geschichten weitaus besser merken als Zahlen und Fakten. Wenn etwas von Präsentationen oder auch Vorlesungen hängen bleibt, sind das die Anekdoten und Begebenheiten, die der Vortragende erzählt. Eure Präsentation sollte also eine Geschichte erzählen oder wenigstens Geschichten enthalten. Sie sollte etwas mit Menschen zu tun haben. Sie sollte anstelle der Features, Zahlen und Fakten eher deren Wirkung auf Menschen darstellen. Mit guten Geschichten könnt ihr das Auditorium auch emotional beteiligen.

Erklärt anschaulich, worum es geht

Studierende der Informatik machen in Abschlusspräsentationen und speziell bei Pitches häufig einen schweren Fehler: Sie erklären nicht genau, was ihre Lösung eigentlich tut und wem diese nutzt. Sie stellen stattdessen eine unüberschaubare Menge von Features vor, beschäftigen sich mit Nebenschauplätzen oder verirren sich in IT-technischen Details. Damit versteht ein großer Teil des Auditoriums nicht, worum es in der Präsentation eigentlich geht und warum der Inhalt für sie relevant ist. Stellt bei jeder Präsentation sicher, dass das Auditorium begreift, was ihr tut. Auch komplexe Themen kann man anschaulich machen. Vorbild sind hier beispielsweise die Sachgeschichten aus der Sendung mit der Maus.[1] Was könnt ihr tun?

- Eine handelnde Person bzw. eine Person, an der etwas demonstriert wird, erleichtert das Einfühlen in eurer Produkt.
- Verwendet ein durchgehendes anschauliches Beispiel, je plastischer, desto besser. Statt beispielsweise über das Wesen der Fertighausindustrie zu philosophieren, bringt ihr ein Beispiel von einem konkreten Fertighaus, das für euren Nachbarn gebaut wird. Euren Nachbarn kann sich das Auditorium ausmalen.
- Fotos oder Schaubilder können das Verständnis unterstützen. Bevor ihr beispielsweise in 20 Spiegelstrichen etwas über Fertighäuser erzählt, zeigt ein Bild von einem Fertighaus und erklärt daran, was ihr sagen wollt.

---

[1] Vgl. https://www.wdrmaus.de/filme/sachgeschichten/.

- Die Features eures Produkts könnt ihr beispielsweise durch eine einfache Demo, aber auch mithilfe eines Dialogs zwischen zwei Vortragenden oder eines Rollenspiels vorstellen. Vielleicht sogar mit Kostümen [Kru18]. Mit einem Rollenspiel kann sich das Auditorium in die Benutzer eures Produkt hineinversetzen und euer Unterhaltungswert steigt.
- Für technische Sachverhalte können mitgebrachte Modelle hilfreich sein, notfalls aus LEGO®-Steinen. Damit könnt ihr dem Auditorium euer System in kleinerem Maßstab präsentieren. Beispielsweise könnt ihr ein komplexes Materiallager für euren Logistikvortrag durch wenige einfache beschriftete Kästen (Lagerplätze) und LEGO®-Steine als Material simulieren.

Analogien und passende Metaphern sind hilfreich für das Verständnis: Ein schönes Beispiel für eine solche Übertragung ist der Begriff der *Technischen Schulden*. Durch diese Analogie kann sich ein Auditorium vorstellen, was schlecht geschriebene Software bewirkt: Zinsen in Form von gesunkener Produktivität. Schulden und Zinsen kennt jeder aus eigener Anschauung.

Wertschätzung für euer Auditorium
Inhaltlich wird gerne am Auditorium vorbeigeredet, es werden mit leuchtenden Augen MVVM-Patterns, Docker-Container oder AWS-Lambdas vorgestellt. Leider verstehen die anwesenden Betriebswirte oder Elektrotechniker nicht, was das mit ihnen zu tun hat. Euer Team hat möglicherweise durch die Verwendung der Docker-Container hervorragende Arbeit geleistet und ihr seid völlig zu Recht stolz darauf. In der Präsentation kann das Auditorium diese Leistung aber möglicherweise nicht beurteilen und damit ausreichend wertschätzen.

Wenn das Auditorium keinen erkennbaren Vorteil von eurem MVVM-Pattern hat, solltet ihr dieses weglassen. Eventuell könnt ihr solche Inhalte trotzdem in einer Präsentation unterbringen. Überlegt, welchen Effekt die Verwendung des Patterns auf euer Auditorium hat. Möglicherweise ist die Weiterentwicklung preiswerter und schneller, die Software ist konform zu gängigen Standards oder damit wird eine besser bedienbare Oberfläche möglich.

9.1.3 Rahmenbedingungen klären

Vor der Präsentation müsst ihr euch auch mental auf die Rahmenbedingungen einstellen und die Präsentation entsprechend vorbereiten. Eine Präsentation für fünf Personen in einem Konferenzraum haltet ihr sicher anders als einen Vortrag vor 500 Konferenzteilnehmern in einer großen Halle.

Wie groß ist der Raum für die Präsentation? Typische Präsentationen in Projekten finden in eher kleinen Räumen mit sechs bis zwölf Plätzen statt. In der Regel soll nach der Präsentation noch diskutiert werden oder es sind noch Entscheidungen zu treffen. Daher ist die Zahl der anwesenden Personen eher klein, um arbeitsfähig zu bleiben. Ausnahmen sind hier Tech-Talks, Meetups, Pitches und andere Formate, wo ihr eine Präsentation vor größeren Auditorien haltet. Danach ist höchstens eine Fragerunde möglich.

Welche Ausrüstung steht in dem Raum zur Verfügung? Ein Beamer ist inzwischen fast überall Standard, speziell in den gerade genannten Seminar- bzw. Meeting-Räumen. Eventuell wollt ihr die Präsentation ohne die übliche Folienschlacht durchführen und eher mit Flipcharts, Whiteboards oder Pinnwänden arbeiten. Hierzu müsst ihr sicherstellen, dass diese Moderationsausrüstung im Raum auch vorhanden ist. Eventuell müsst ihr Flipcharts, Whiteboards oder Pinnwände vorher beim Hausmeister oder im Tagungshotel bestellen.

Wie viel Zeit habt ihr zur Verfügung? Eine Präsentation sollte maximal 45 Minuten lang sein, sonst werden die Teilnehmer zu müde. Die Präsentation sollte genau in der veranschlagten Zeit fertig werden. Wenn ihr eure Zeit überzieht, wird das normalerweise sehr negativ gesehen, denn es folgen eventuell weitere Vorträge oder die Teilnehmer wollen schlicht nach Hause. Die verfügbare Zeit zu unterschreiten ist in der Regel unkritisch, solange ihr damit eure Ziele erreicht.

9.1.4 Entscheider vorab informieren

Von einem Entscheider könnt ihr nicht erwarten, dass er quasi spontan euren Vorschlägen zustimmt oder spontan ein Budget freigibt. Er oder sie braucht Zeit zum Nachdenken. Daher solltet ihr alle Entscheider, von denen ihr eine Reaktion erwartet, vorab informieren und diesen umfassend vorab alle Fragen beantworten.

9.2   Ausarbeitung

Eine Präsentation wird häufig als Foliensatz vorbereitet. In Beratungsprojekten ist dieser eventuell das einzige Projektergebnis. Die Folien unterstützen das, was ihr sagen wollt während der Präsentation. Ein Foliensatz ist aber nicht zwingend notwendig: Eventuell könnt ihr eure Botschaft mit freier Rede, unterstützt durch Flipcharts oder Haftnotizen oder mithilfe eines Videos rüberbringen. Wir besprechen hier Foliensätze, da sie im Projektgeschäft üblich sind.

9.2.1   Der Foliensatz

Beschränkt euch bei der Ausarbeitung auf das Wesentliche. Damit habt ihr wenige Folien, mit wenig Text. Der erklärende Text steht in eurem Handout zum Nachlesen. Der Foliensatz hält sich an die Corporate Identity eures Teams sowie eures Unternehmens. Damit sind in der Regel ein Farbschema, Fonts, Fontgrößen und teilweise auch erlaubte

Informationsgrafiken festgelegt. Eure Folien müssen in einem großen Raum von jedem Platz aus lesbar sein. Daher müsst ihr ausreichend große Fonts verwenden, mindestens 16-Punkt-Schrift, eher größer. Um diese Eigenschaften zentral festzulegen, hat jedes Präsentationsprogramm einen sogenannten Folienmaster als gesonderte Ansicht. Den Folienmaster erstellt ihr vor der eigentlichen Präsentation, bzw. beschafft euch entsprechende Vorlagen eurer Organisation. Folgende Elemente sind typisch für Foliensätze:

Einstiegsfolie Eventuell wollt ihr als Einstieg in die Präsentation eine Geschichte erzählen. Dazu könnt ihr eine Einstiegsfolie mit einem passenden Bild, einem Zeitungsausschnitt oder Ähnlichem bringen, beispielsweise Zeitungsmeldungen über die letzten Cyberangriffe, wenn ihr etwas zu IT-Security vortragt.

Deckblatt Dieses zeigt das Teamlogo und das Logo des Auftraggebers, das Thema der Präsentation, den Namen des Vortragenden und ein Datum.

Orientierungshilfen z. B. eine Agenda: Bei längeren Vorträgen ist es wichtig, dass euer Auditorium den roten Faden nicht verliert. Daher sollte es deutliche Orientierungshilfen geben. Beispielsweise eine Folie mit einer Agenda. Sowie Startfolien zu jedem Kapitel eures Foliensatzes, alternativ auch Kapitelüberschriften bei jeder Folie. Seitenzahlen sind immer hilfreich, auch für die Fragerunde (Ich habe eine Frage zu Folie 12).

Inhaltsfolien Es sollten nicht zu viele Inhaltsfolien sein, da ihr sonst die Zeitvorgabe für den Vortrag nicht einhalten könnt. Ihr könnt etwa zwei bis drei Minuten pro Folie rechnen. In einem 20 Minuten langen Vortrag wären das sieben bis zehn Folien. Erklärende Schaubilder sind in der Regel besser als reine Textfolien mit Stichworten, solange die Schaubilder nicht zu kompliziert sind. Aufzählungen sollten nicht mehr als fünf bis sieben Punkte enthalten, sonst wirken sie leicht wie ein willkürlich zusammengestellter Einkaufszettel.

Letzte Folie, eure Botschaft Euer Auditorium soll nach der Präsentation irgendetwas tun, sie sollen einem Vorschlag zustimmen oder etwas ablehnen, eventuell wollt ihr Geld vom Auditorium oder es geht nur um Wohlwollen. Die letzte Folie ist sehr lange sichtbar, da ihr am Ende des Vortrags noch Fragen beantwortet oder es gibt noch eine Diskussion. Die letzte Folie sollte daher einen entsprechenden Aufruf enthalten, der eure Botschaft noch mal zeigt. Wenn es um einen rein technischen Vortrag geht, ist alternativ auch eine Zusammenfassung mit wichtigsten Informationen hilfreich. Wenn die Aufmerksamkeit nach dem Vortrag ganz bei euch sein soll, verwendet eine komplett schwarze Folie am Schluss.

9.2.2   Gestaltungsregeln

Bei der Gestaltung eurer Präsentation ist die Wahrnehmung des Auditoriums zentral: Wenn ihr die Folien beispielsweise mit Fließtext befüllt und während der Präsentation noch ununterbrochen auf die Zuhörer einredet, geht viel Information verloren. Eure Botschaft ist eventuell vor lauter Dekoration und ablenkenden Informationen nicht mehr sichtbar. Daher hier einige Regeln zur Foliengestaltung.

Signal und Rauschen

Je klarer eure Folien sind, je weniger Informationen darauf stehen, desto stärker wird die
verbliebene Information wahrgenommen. Garr Reynolds bezeichnet unnötige Informationen als Rauschen, welche das eigentliche Signal weniger gut erkennbar macht [Rey11].
Was solltet ihr weglassen?

- Aufwendiges Foliendesign mit buntem Hintergrund und vielen grafischen Schnörkeln.
- Zu viele Farben, Fonts und Grafikelemente (Pfeile, Piktogramme, Formen).
- Zu komplizierte Formen, beispielsweise aufwendiges 3D-Design mit Schattenwurf.
- Hintergrundbilder, die von den Aussagen der Folien ablenken.
- Sinnlose Bilder, die nichts zum Inhalt beitragen.

9.2.3   Das Handout

Typischerweise wird für eine längere Präsentation ein Foliensatz erstellt. Dieser dient nicht
nur für den Vortragenden. Der Foliensatz kann auch als Dokumentation zur Präsentation,
als Handout, dienen. Das Handout ist daher umfangreicher als der vorgetragene Foliensatz.
Das Handout kann zusätzliche Folien mit Erläuterungen und Literaturhinweisen enthalten.
Zusätzlich können die Folien auch kommentiert werden. Die Kommentare werden im
Handout mit verteilt.

Achtung: Folien kriegen Beine

Achtet inhaltlich darauf, dass die Folien ausschließlich belegte Behauptungen enthalten
und keine persönliche Angriffe auf Mitarbeiter des Auftraggebers. Gefährlich sind beispielsweise Darstellungen der aktuellen Situation beim Auftraggeber, bevor euer Projekt
losgeht. Eventuell gibt es ein Altsystem, das nicht mehr gut wartbar ist, oder es gibt
Prozesse, die intransparent oder nicht ganz optimal laufen. Wenn ihr Probleme benennt,
nur mit entsprechenden Belegen und Fakten. Ihr könnt davon ausgehen, dass nach
einer gewissen Zeit der Foliensatz jedem Mitarbeiter des Auftraggebers und in eurer
Organisation zur Verfügung steht.

9.3   Generalprobe

Auch wenn ihr schon Profis seid, lohnt sich eine Generalprobe. Diese sollte unter
möglichst realistischen Bedingungen stattfinden, wenn möglich in demselben Raum
wie die spätere Präsentation. So erlebt ihr später keine Überraschungen. Wenn ihr die
Präsentation zur Probe haltet, gewinnt ihr ein Gefühl für die Dauer der Präsentation und
ihr gewinnt Sicherheit.

Zur Generalprobe gehört übrigens auch euer Kostüm. Rechtzeitig vor der Präsentation muss eure Kleidung bereitliegen. Häufig genug müsste der Anzug vorher in die Reinigung oder ein gebügeltes Hemd, ein sauberer Hoodie und geputzte Schuhe fehlen.

Bei der Generalprobe testet ihr, ob die Präsentationstechnik wie gewünscht funktioniert:

- Adapterkabel: Probleme gibt es häufig wegen fehlender Adapterkabel zwischen Laptop und Beamer, die Zeiten, wo ihr euch auf einen Beamer mit VGA-Kabel bzw. einen Laptop mit VGA-Anschluss verlassen konntet, sind vorbei. Ihr solltet also sicherstellen, dass ein für euch passender Adapter vorhanden ist.
- Ton: Zusätzlich gibt es häufig Probleme mit dem Ton, eventuell gibt es keine Lautsprecher in dem Raum oder ihr müsst euren Laptop sowie die Präsentationsanlage entsprechend konfigurieren. Häufig gehen Videovorführungen wegen Problemen mit dem Ton schief.
- WLAN/LAN: Wenn ihr in der Demo eure Anwendung im Internet live zeigen wollt, benötigt ihr einen Zugang zum Internet. Solltet ihr keinen Zugang zum Netzwerk erhalten, funktioniert alternativ euer Smartphone als Hotspot, dazu benötigt ihr aber ausreichend Empfang. Achtung: viele moderne Gebäude sind abgeschirmt, sodass auch diese Alternative nicht funktioniert. Beantragt im Zweifel rechtzeitig einen WLAN-Zugang mit ausreichender Übertragungskapazität, speziell wenn ihr Videos aus dem Internet zeigen wollt.
- Euer Produkt: Irgendwann integriert ihr eure Software für eine Demo. Testet diese auf dem Präsentationsrechner vor der Präsentation. In unseren Präsentationen sind durch die Integration neue Fehler entstanden, die erst während der Demo aufgefallen sind.
- Spezielle Hardware: Möglicherweise wollt ihr das Display eines Smartphones oder eines Tablet-Computers auf dem Beamer zeigen. Die notwendige Software inklusive der eventuell notwendigen Anschlusskabel solltet ihr in der Generalprobe ebenfalls testen.

9.4 Durchführung

Für eine Präsentation in einem Projekt gelten alle Regeln für gute Präsentationen, die ihr eventuell schon in entsprechenden Trainings geübt habt. Ihr müsst euch nicht zwingend an alle Regeln halten, erstens werdet ihr von Präsentation zu Präsentation besser, zweitens kann der gezielte Verstoß gegen einige Regeln auch das Ziel der Präsentation unterstützen oder euren persönlichen Stil ausmachen.

Aktivieren des Publikums
In den ersten Minuten eurer Präsentation versucht ihr euer Publikum zu aktivieren und für euch zu interessieren. Fragen in das Auditorium sind beispielsweise ein aktivierender Einstieg. Stellt für den Anfang eine Frage, die auf euer Thema hinführt und auf die das Publikum mit hoher Wahrscheinlichkeit ‚ja' antwortet, so etwas wie ‚Wer von Ihnen hat

schon mal mit einem Smartphone während der Autofahrt getextet? Macht das Handheben vor, sodass das Publikum weiß, dass es ebenfalls die Hand heben soll. Nach ein oder zwei weiteren Fragen beginnt ihr dann mit dem Vortrag.

Alternativer Einstieg ist eine gute Geschichte, ein aktueller Zeitungsausschnitt oder ein interessantes Foto. Mit derartigen Einstiegen werft ihr die Zuhörer sofort ins kalte Wasser und bringt sie zum Mitdenken.

Wichtige Fragen am Anfang: *Wer seid ihr?* und *Warum seid ihr hier?* Ihr bringt an dieser Stelle noch keine ausführliche Vorstellung von dem Vortragenden und dem Team. Es genügen wenige Sätze dazu, warum gerade dieser Vortrag vor genau diesem Publikum gehalten wird. Einige wenige Informationen zum Vortragenden helfen dem Publikum, die folgende Präsentation richtig einzuordnen. Eine ausführliche Vorstellung des Teams ist abhängig vom Ziel der Präsentation in einem späteren Abschnitt hilfreich.

Verständliche Sprache

Stellt euch im Ausdruck und in der Sprache, soweit es für euch passt, auf die Zuhörer ein. Vorsicht mit Vorträgen, die zu sehr in eurem Dialekt eingefärbt sind. Das Auditorium sollte keine Untertitel benötigen. Etwas Dialekt ist dagegen ein positives Zeichen von Identität. Aufpassen müsst ihr auch mit Witzen und Vergleichen, diese dürfen auf keinen Fall in irgendeiner Form ausgrenzend oder anzüglich sein. Das kann sehr leicht unseriös wirken. Der Ausdruck sollte nicht zu alltagssprachlich oder zu flapsig sein. Fäkalsprache ist absolutes Tabu.

Wir als Informatiker machen immer wieder den Fehler, zu viel Informatik-Deutsch zu sprechen. In Vorträgen ist von Environments, Deployment, Pipelines oder einer VM die Rede, und wir sprechen von Storys, dem Backlog oder der Retro. Speziell hier müsst ihr euch auf die anwesenden Menschen einstellen und nur bekannte Begriffe verwenden oder bei IT-Konzepten anschaulich erklären, was diese mit dem Publikum zu tun haben.

Wenn es irgendwie möglich ist, vermeidet die typischen Verzögerungslaute wie ‚ähm‘, ‚öh‘ sowie ‚sozusagen‘. Diese wirken leicht störend, wenn sie sich häufen. Sie sind in der Regel ein Zeichen für eine gewisse Unsicherheit des Vortragenden. Mit einer guten Vorbereitung könnt ihr diese vermeiden. Versucht beim Vortrag kurze Pausen zu machen, etwas langsamer zu sprechen und bewusst zu atmen.

Versucht relativ langsam und betont zu sprechen, langsamer als in einem normalen Gespräch. Macht genügend Pausen, auch um bewusst ins Publikum zu blicken. Das Publikum braucht Zeit, eure Aussagen zu verarbeiten. Eure Stimme sollte laut genug sein, dass sie überall im Raum gut zu verstehen ist. Für große Räume gibt es dazu in der Regel Mikrofone und Verstärker. Hektisches, zu schnelles Sprechen, Nuscheln oder undeutliche Aussprache wird typischerweise sehr negativ beurteilt.

Selbstbewusster Auftritt

Entschuldigt euch nicht beim Auditorium und haltet euch mit Selbstkritik zurück, auch wenn etwas schiefgeht. Das Publikum weiß ja nicht, was genau ihr geplant habt. Wenn ihr von eurem Plan abweicht, seid ihr vermutlich die einzigen, die das bemerken; es sei denn, ihr erwähnt es. Aussagen wie *Eigentlich bin ich urlaubsreif* oder *Das hätte jetzt aber klappen müssen* wirken schnell unprofessionell.

Sollte es eine offensichtliche Panne geben, könnt ihr diese natürlich ansprechen und euch eventuell auch vom Publikum helfen lassen, z. B. wenn ihr bei einer Programmier-Demo nicht gleich den Syntaxfehler findet.

9.4.1   Körpersprache: Blick, Gestik und Stand

Eure Körpersprache gehört ebenfalls zur Präsentation, damit ihr damit überzeugend seid. Sie wird häufig unbewusst vom Auditorium wahrgenommen. Eure Botschaft kommt nicht an, obwohl der Inhalt eigentlich stimmt – Ursache ist häufig unpassende Körpersprache.

Während eines Vortrags den eigenen Blick, die Gestik und den Stand zu kontrollieren, ist nicht einfach, zumal ihr viele körperliche Reaktionen kaum bewusst steuern könnt. In einem Buch oder einem YouTube-Video kann man leicht empfehlen, dass ihr möglichst selbstbewusst rüberkommen sollt, die Umsetzung ist das Problem:

Während der Präsentation müsst ihr euch ja eigentlich auf den Inhalt der Präsentation konzentrieren. Wenn ihr auf eure Körpersprache achten wollt, muss der Inhalt des Vortrags gut sitzen, wichtige Vorträge solltet ihr mehrfach vorher geübt haben. Zweiter wichtiger Punkt ist eure Einstellung: Stellt euch beispielsweise vor, wie sich der erfolgreiche Vortrag für euch anfühlen würde. Vielleicht wird daraus dann eine selbsterfüllende Prophezeiung. Mit guter Vorbereitung habt ihr den Kopf dann frei, auf eure Gestik und Mimik zu achten.

Wenn ihr euch im Wesentlichen mit der Tafel oder eurem Laptop unterhaltet und nicht ins Publikum schaut, verliert ihr leicht den Kontakt und die Aufmerksamkeit. Der Gesichtsausdruck der Zuhörer ist ein wichtiges Feedback. Schauen die Zuhörer gelangweilt, abwesend, interessiert oder fragend? Eventuell müsst ihr während der Präsentation euren Stil anpassen. Auch mit Rückfragen könnt ihr die Ursachen für eventuell unerwartete Reaktionen des Auditoriums erfragen. Während der Präsentation solltet ihr möglichst das komplette Publikum im Blick haben. Das schafft eine bessere Verbindung und sorgt normalerweise auch für mehr Aufmerksamkeit, als wenn ihr nur mit dem Laptop sprecht.

Haltet eine Präsentation möglichst im Stehen, dort hat eure Stimme in der Regel mehr Volumen und ihr seid besser sichtbar. Ein guter Platz ist rechts oder links neben der Leinwand bzw. dem Bild des Beamers. Die Spitzen der Schuhe sollten immer ins Auditorium zeigen. Damit seid ihr diesem zu jedem Zeitpunkt zugewandt und wirkt offen. Die Schuhe stehen ungefähr schulterbreit auseinander. Ihr steht mit beiden Beinen fest auf dem Boden, das gibt Sicherheit und verleiht eine gewisse Souveränität. Versucht während des Vortrags nicht zu viel herumzulaufen.

Eure Gesten sollten nicht zu nervös wirken. Hilfreich können hier die Notizen in Form von Karteikarten sein, daran könnt ihr euch festhalten und die Hände wandern nicht in die Hosentaschen. Diese Karten sind klein genug, sodass sie beim Präsentieren nicht unangenehm auffallen. Wenn eure Hände leicht zittern, solltest ihr auf keinen Fall einen

Laserpointer verwenden. Ein wackelnder roter Lichtpunkt irritiert das Publikum sowie eventuell anwesende Katzen.

9.4.2 Was macht der Rest des Teams?

Stellt ein Teammitglied als Techniker ab. Er oder sie kümmert sich darum, dass die Technik läuft. Im Vorfeld werden die notwendigen Adapter beschafft, um Laptop und Beamer zu verbinden. Wenn ihr einen Film, Musik oder eine andere Tonspur habt, sollte der Techniker auch das vor dem Vortrag testen. Der Techniker kümmert sich auch während des Vortrags um eventuell auftretende Probleme. Damit kann sich der Sprecher auf die Inhalte und das Auditorium konzentrieren.

Teammitglieder, die keine besondere Rolle während der Präsentation haben, setzen sich am besten ins Publikum. Sie können durch deutliches Klatschen am Anfang oder zustimmendes Nicken dem Vortragenden etwas Rückenwind verschaffen. Wenn das gesamte Team vorne steht, kann dies das Publikum ablenken. Für das Team ist das Herumstehen häufig eher unangenehm.

9.4.3 Die Demo

Die Demonstration laufender Software ist gerade in agilen Projekten besonders wichtig. Diese müsst ihr entsprechend vorbereiten. Ein unstrukturiertes Durchklicken oder ein *Was wollen Sie denn sehen?* wirken planlos. Eine gut vorbereitetes Rollenspiel kann euer Produkt dagegen plastisch und gut nachvollziehbar machen. Ihr spielt beispielsweise eine Alltagssituation mit mehreren Teammitgliedern vor, in der euer Produkt hilfreich ist. Diese Situation sollte den Nutzen eures Produkts hervorheben.

Roter Faden: Anhand der Demonstration muss euer Auftraggeber verstehen, ob ihr genau das gebaut habt, was er bestellt hat. Daher bieten sich beispielsweise User Storys als Grundlage für die Demo an. Ihr verknüpft diese zu einem Ablauf und stellt eure Ergebnisse Story für Story vor. Modelle wie die User Story Maps[2] liefern über den Narrative Flow bereits den roten Faden. Weitere Hinweise finden sich im Abschn. 10.6.1 über Sprint-Review-Meetings.

Persona: Ihr führt mit der Demo vor, wie eine bestimmte Benutzergruppe (Persona) mithilfe eures Produkts ihre Ziele erreicht. Am Anfang der Demo solltet ihr daher darstellen, wer genau der Benutzer ist, dessen Problem ihr mit der Software löst. So versteht das Publikum am besten, wo der Schuh drückt. Am Ende der Demo muss klar sein, dass die Ziele wirklich erreicht wurden.

---

[2] Vgl. Abschn. 13.14.

Demodaten: Euer Auftraggeber spiegelt an eurer Demonstration seine eigenen oder die geplanten fachlichen Abläufe. Daher ist es wichtig, dass die Daten innerhalb eurer Software fachlich plausibel sind. Überlegt euch daher vor der Demo fachlich passende und schöne Daten, und nicht *qwert* als Name oder *12345* als Telefonnummer.

Backup-Lösung: Habt ihr eine Alternative, wenn die Demonstration aus unvorhergesehenen Gründen nicht funktioniert? Ihr könnt beispielsweise sicherheitshalber einen Screencast aufzeichnen und diesen dann abspielen oder die wichtigsten Dialoge als Screenshots in eure Präsentation integrieren.

Speziell bei der Demo ist es hilfreich, dass ein Teammitglied spricht und ein anderes die Anwendung bedient und demonstriert. Wenn es doch Probleme geben sollte, kann sich der Techniker darum kümmern und der Sprecher kann die Wartezeit irgendwie überbrücken.

9.4.4 Zeitmanagement

Damit ihr im Zeitrahmen bleibt, braucht ihr einen gut sichtbaren Timer, der die verbliebene Redezeit anzeigt. Die Vortragszeit kann aus verschiedenen Gründen knapp werden, beispielsweise können eine ungeplante Diskussion oder viele Zwischenfragen Zeit kosten. Während der Präsentation müsst ihr daher in der Lage sein, unwichtige Folien zu überspringen oder nur oberflächlich zu behandeln. Wichtig ist, dass ihr am Ende der Präsentation noch genügend Zeit habt, eure Botschaft gebührend darzustellen.

9.4.5 Umgehen mit Fragen

Für ein kleineres Auditorium könnt ihr als Vortragende den Fragenden das Wort erteilen. Für große Gruppen braucht ihr dafür einen Moderator und eventuell sogar jemanden, der ein Mikrofon überreicht. Euer Publikum stellt aus unterschiedlichen Gründen Fragen, beispielsweise:

- Interesse am Thema: Der Fragende möchte noch einige Details wissen oder Zusammenhänge noch einmal erklärt bekommen. Vielleicht hatte eure Darstellung irgendwo eine Lücke, die ihr so für alle schließen könnt.
- Test: Einzelne Teilnehmer stellen möglicherweise eure Kompetenz infrage und stellen Fragen wie in einer mündlichen Prüfung, wie in der Schule oder während des Studiums. Ob ihr die Frage beantworten können müsst, hängt am Einfluss des Fragenden und daran, ob ihr die Antwort nach Meinung der anderen Teilnehmer kennen müsstet.
- Selbstdarstellung: Der Fragende will sich selbst als Experten darstellen, indem er eine entsprechend schwierige Frage stellt. Die Frage ist also eher für den Rest des Auditoriums gedacht und nicht für euch.

- Provokation: Wie reagiert ihr auf eine Provokation aus dem Auditorium? Ein Fragender könnte beispielsweise den Sinn und Zweck eures Produkts in Zweifel ziehen oder er nennt ein angeblich viel besseres Konkurrenzprodukt.

Insgesamt sollte das ganze Auditorium den Fragen und euren Antworten folgen können. Wenn Fragen zu sehr ins Detail gehen, vertagt ihr die Antwort auf ein persönliches Gespräch nach dem eigentlichen Vortrag. Lasst euch auf keinen Fall in eine Detaildiskussion mit einzelnen Teilnehmern verwickeln, dies könnte für den Rest des Auditoriums schnell langweilig werden. Ein guter Moderator beendet solche Diskussionen normalerweise zügig.

Es ist nicht tragisch, wenn ihr einzelne Fragen nicht beantworten könnt. Ihr könnt immer freundlich ausweichen mit ‚Geben Sie mir bitte Ihre Kontaktdaten, ich recherchiere das für Sie'. Speziell die Provokateure und die Selbstdarsteller werden sich nicht wirklich für eure Antwort interessieren. Mit den anderen ergibt sich nach dem Vortrag vielleicht eine interessante Diskussion.

9.5   Beispiele für Präsentationen

Wir stellen hier exemplarisch einige besondere Typen von Präsentationen vor. Diese unterscheiden sich in ihrem Ziel, dem Teilnehmerkreis und auch der Dauer.

9.5.1   Pitch

Ein Pitch ist eine sehr kurze Präsentation mit einer Dauer von wenigen Minuten. In dieser sehr kurzen Zeit müsst ihr ein Publikum, Investoren oder Käufer von euch und eurer Idee bzw. eurem Produkt überzeugen. Das Auditorium sollte danach davon überzeugt sein, dass ihr das richtige Team seid und dass euer Produkt ein durchschlagender Erfolg werden muss. Es ist beides wichtig: Ein gutes Produkt ist nicht nützlich, wenn euch das Auditorium nicht glaubt, dass ihr das bauen könnt bzw. schon gebaut habt. Ein guter Eindruck vom Team könnte euch zumindest einige Jobangebote bescheren oder, dass euch ein Investor eine andere Idee vorschlägt, dies ist gängige Praxis in Inkubatoren wie dem sehr erfolgreichen Y-Combinator von Paul Graham aus dem Silicon Valley [Str12].

Wegen der sehr kurzen Zeit müsst ihr dem Auditorium keine Orientierungshilfen geben, wie beispielsweise eine Agenda. Sondern ihr müsst eher eine Geschichte erzählen, an deren Ende ein Aufruf zum Handeln steht. Wichtige Informationen für den Anfang sind: *Wer sind wir?* und *Warum sind wir hier?* Danach präsentiert ihr eher eine auf Anwender bezogene Sicht auf eure Ergebnisse und erklärt dem Auditorium, warum euer Produkt die Probleme einer bestimmten Nutzergruppe erleichtert. Eine mögliche allgemeine Gliederung für einen Pitch könnte etwa so lauten:

1. Wer sind wir?
2. Warum sind wir hier: Worin besteht das Angebot?
3. Unsere Zielgruppe
4. Unsere Lösung für die Zielpersonen
5. Nutzen für die Zielpersonen
6. Warum sind gerade wir als Team geeignet?
7. Aufruf zum Handeln (Kaufen Sie . . .)

Überlegt euch für das Ende des Pitches einen Aufruf zum Handeln, beispielsweise *Besuchen Sie uns doch an unserem Messestand!* oder *Rufen Sie uns an unter . . .* oder *Investieren Sie in uns und unser Produkt, wir brauchen . . . .*

9.5.2 Abschlusspräsentation

Die Abschlusspräsentation ist das letzte offizielle Zusammentreffen in einem Projekt. Diese enthält eventuell eine Demonstration der erstellten Software. Die eigentliche Abnahme der Software erfolgt zu einem anderen Zeitpunkt, da der Auftraggeber hierzu mehr Zeit benötigt. Auch die Abschlusspräsentation sollte eine Dauer von 45 Minuten nur im Notfall überschreiten. Beispielsweise wenn noch viele Punkte zu besprechen sind.

Wenn etwas schiefgelaufen ist, macht dem Auftraggeber keine Vorwürfe. Verbliebene Konflikte klärt ihr besser unter vier Augen, solche Gespräche könnt ihr besser kontrollieren. Wenn ihr doch etwas kritisieren wollt, haltet euch an belegbare Fakten und bringt konkrete Beispiele. Vermeidet persönliche Angriffe, Kritik könnt ihr höchstens am Verhalten, aber nicht an Personen selbst üben [Ros12].

Ihr wollt vermutlich beim Auftraggeber einen positiven Eindruck hinterlassen. Er soll ja das nächste Projekt auch wieder mit euch durchführen und euch weiterempfehlen. Am Schluss der Präsentation werden die letzten offenen Schritte im Projekt besprochen, beispielsweise wie die finale Lieferung erfolgen soll oder wann ihr die letzten Fehler noch beheben werdet und welche Dokumente noch übergeben werden.

Sorgt nach der Präsentation für ein positives Ende. Studentische Teams werden beispielsweise häufig nach Abschlusspräsentationen vom Auftraggeber noch zum Essen eingeladen. Hier gibt es noch informelle Gespräche und Möglichkeiten, weitere gemeinsame Schritte zu besprechen.

9.6 Schnelles Lernen

Präsentationen sind im Wesentlichen eine Sache der Übung. Je mehr ihr präsentiert habt, desto souveräner werdet ihr. Mit der Übung verbessert sich eure Präsentationskompetenz automatisch. Damit ihr schnell besser werdet sowie eventuell vorhandene Probleme zügig abstellt, müsst ihr für umfassendes Feedback sorgen.

9.6.1   Review-Hüte im Team verteilen

Teammitglieder, die gerade nichts zur Präsentation beitragen, können ihre Beobachtungen notieren, um diese später zum Lernen und Verbessern einzusetzen. Wenn mehrere Teammitglieder zur Verfügung stehen, vergebt ihr Review-Hüte (Perspektiven): Einer achtet nur auf Körperhaltung, Gestik und den Blick ins Auditorium. Der andere achtet auf die Ausdrucksweise und die Sprache und ein drittes Teammitglied kann die Reaktionen des Publikums aufzeichnen. So erhaltet ihr ein umfassendes Bild und lernt, was ihr verbessern könnt.

9.6.2   Aufzeichnungen nutzen

Euch selbst auf Video zu sehen bzw. nur den Ton der eigenen Präsentation zu hören, ist bereits sehr hilfreich. Ihr selbst erkennt schnell Verbesserungsmöglichkeiten. Zum Aufzeichnen genügt inzwischen ein normales Smartphone, dieses liefert eine sehr gute Bild- und Tonqualität. Für Smartphones sind einfache Stative kostengünstig erhältlich. Wenn ihr Aufnahmen macht, müsst ihr vorher beim Veranstalter um Erlaubnis fragen, wenn das Auditorium zu sehen ist, braucht ihr auch von diesem eine Erlaubnis.

9.6.3   Wirkung messbar machen

Mit der Präsentation verfolgt ihr ein bestimmtes Ziel. Wenn die Präsentation erfolgreich war, sollte sie einen Beitrag dazu geleistet haben. Dieser Beitrag sollte messbar sein, wenn er relevant ist: Wie laut ist der Applaus? Wie viele Fragen werden nach der Präsentation gestellt? Wie oft werdet ihr angesprochen? Die Zahl der mitgenommenen Visitenkarten könnte ein Erfolgsmaß sein. Seht ihr nach der Präsentation mehr Besucher auf eurer Website? Trifft das Gremium, dem ihr präsentiert habt, später eine Entscheidung in eurem Sinne? Erhaltet ihr die Abnahme für die vorgestellte Software?

Überlegt euch vor der Präsentation, woran ihr feststellen könnt, wie wirkungsvoll diese war. Die Messergebnisse helfen euch dabei, die Wirkung bei der nächsten Präsentation zu verbessern.

9.6.4   TED-Talks und Sendung mit der Maus als Vorbilder

Wir lernen durch Nachahmung. Viele berühmte Autoren stellen ihre wichtigsten Erkenntnisse als TED-Talks vor.[3] In weniger als 20 Minuten werden Themen aus allen Wissensbereichen vor einem großen Auditorium präsentiert. Auf YouTube findet

---

[3] Vgl. https://www.ted.com/.

sich eine kaum noch überschaubare Zahl von TED-Talks. TED stand ursprünglich für Technology/Entertainment/Design und war eine Innovationskonferenz in Kalifornien. Mittlerweile befasst sie sich aber mit fast allen Wissensgebieten und es finden weltweit TEDx-Konferenzen statt. Ihr könnt diese Vorträge auch als Vorbild nutzen: Mit welcher Geschichte starten die Vortragenden? Wie haben sie die Präsentationen strukturiert? Was ist ihre Botschaft?

Die Sendung mit der Maus schafft es seit gut 50 Jahren, komplexe Sachverhalte in kurzen Videos in wenigen Minuten anschaulich zu erklären. Auch die Stilmittel aus diesen Videos könnt ihr für eure Präsentationen, Demos und Erklärvideos einsetzen.

Literatur

[Kah12]   Kahneman D (2012) Schnelles Denken, langsames Denken. Siedler Verlag
[Kru18]   Krusche S, Dzvonyar D, Xu H, Bruegge B (2018) Software Theater – Teaching Demo-Oriented Prototyping. ACM Trans Comput Educ 18(2):10:1–10:30
[Rey11]   Reynolds G (2011) Presentation Zen: Simple Ideas on Presentation Design and Delivery. Voices That Matter. Pearson Education
[Ros12]   Rosenberg MB, Holler I (2012) Gewaltfreie Kommunikation: Eine Sprache des Lebens. Junfermannsche Verlagsbuchhandlung
[Spi12]   Spitzer M (2012) Digitale Demenz: Wie wir uns und unsere Kinder um den Verstand bringen. Droemer
[Str12]   Stross R (2012) The Launch Pad: Inside Y Combinator. Penguin Publishing Group

Effektive Besprechungen 10

Mit dem Auftraggeber und im Team finden regelmäßig Besprechungen statt: zum allgemeinen Informationsaustausch, zur Koordination, um Entscheidungen herbeizuführen oder um über ein spezielles Thema zu diskutieren. Besprechungen sind eine besonders teure Angelegenheit, da die Arbeitszeit von jedem Teilnehmer Kosten verursacht. Die Kosten kannst du sehr leicht überschlagen: Eine Personenstunde kostet grob zwischen 50 und 100 Euro. Wir rechnen vereinfachend mit 100 Euro weiter. Wenn sich beispielsweise fünf Personen zwei Stunden lang unterhalten, haben wir damit $Kosten = 2 \times 5 \times 100\,Euro = 1000\,Euro$.

Schlecht vorbereitete und schlecht durchgeführte Besprechungen sind daher ein besonderes Ärgernis im Projektverlauf. Besprechungen mit dem Auftraggeber, mit Lieferanten oder im Team zu bestimmten Themen gibt es in allen Arten von Projekten. Wie diese professionell durchgeführt werden, beschrieb bereits Peter F. Drucker [Dru02] in den 1960er-Jahren, gefolgt von Fredmund Malik [Mal14]. Die Hinweise sind bis heute hilfreich und gültig. Auch für Online-Besprechungen. Viele gut umsetzbare Ideen finden sich bei Martin J. Eppler und Sebastian Kernbach in *Meet up!* [Epp18].

10.1 Wozu Besprechungen?

Mithilfe von Besprechungen koordiniert ihr euch regelmäßig innerhalb des Teams. Für einen klassischen Projektleiter sind die regelmäßigen Besprechungen daher ein wesentliches Kontroll- und Steuerungsinstrument für sein Projekt. Auch das Daily Standup Meeting ist eine leichtgewichtige Besprechung, in der ihr euch täglich abstimmt und euch gegenseitig unterstützt. Abhängig von der Größe eures Projekts kann es eine ganze Menge von Gremien und Steuerkreisen geben, die sich in Besprechungen regelmäßig austauschen und dort Entscheidungen treffen. Zahl und Umfang hängen ab von Faktoren wie eurem gewählten Prozessmodell, der Verteilung des Teams sowie der Projektgröße. Besprechungen erfüllen mehrere Funktionen, die abhängig vom Typ der Besprechung unterschiedlich wichtig sind:

- Austausch von Informationen und Wissen, Generierung neuer Informationen
- Koordination, Planung und Entscheidungsfindung
- Analyse und Bewertung bestimmter Sachverhalte und Themen
- Pflege sozialer Kontakte

Die Zahl von Besprechungen solltet ihr so gering wie möglich halten.[1] Die Besprechungen selbst sollten kurz und auf das Wesentliche beschränkt sein. Wenn ihr für jeden Schritt in eurem Projekt eine Besprechung durchführen müsst, ist das ein Zeichen für schlecht verteilte Aufgaben und unklare Verantwortungsbereiche. Besprechungen bieten sich an, wenn ihr in der Lage seid, alle relevanten Personen an einem Ort oder in einer Videokonferenz zu versammeln, und:

- das Thema oder Problem mehrere Personen betrifft und deren Meinung dazu gefragt ist. Diese Personen müssen eine gemeinsame Entscheidung treffen. Solche Entscheidungen per E-Mail oder in einzelnen Gesprächen herbeizuführen, ist zu aufwendig, da gute Entscheidungen häufig erst durch Meinungsaustausch entstehen [Dru02].
- Diskussionsbedarf mit mehreren Beteiligten besteht. Vor- und Nachteile müssen diskutiert werden und verschiedene Perspektiven sowie Beiträge von Experten sind wichtig. Die Teilnehmer müssen gemeinsam eine Situation analysieren und bewerten.
- mehrere Personen über ein komplexeres Thema informiert werden müssen müssen, wofür ein Dokument nicht ausreicht. Möglicherweise sind spontan Fragen zu klären oder das Thema muss engagiert beworben werden. Überzeugungsarbeit ist im persönlichen Kontakt leichter als per E-Mail oder Telefon.
- der persönliche Kontakt zwischen den Personen hergestellt werden soll. Wenn ihr euch einmal persönlich gesehen habt, werden Telefonate und E-Mail-Austausch leichter.

10.2   Vorbereitung: Klare Ziele als Agenda

Jede Besprechung braucht ein klares Ziel, einen Grund, warum sie stattfindet. Verschiedene Ziele sind möglich, es kann um einfachen Informationsaustausch gehen, eventuell müssen Entscheidungen getroffen werden oder in der Gruppe soll das weitere Vorgehen inklusive der Aufgabenverteilung und weiterer Termine beschlossen werden.

---

[1] Vgl. Abschn. 3.3 zur Koordination eures Teams.

Tab. 10.1 Beispiel für eine Agenda

Nr.	Tagesordnungspunkt	Dauer	Ergebnis	Verantwortlich
1	Begrüßung der Teilnehmer und Vorstellrunde	10 Min.	Teilnehmer vorgestellt	Dr. Sabine Kant
2	Vorstellung der wichtigsten Geschäftsprozesse	15 Min.	Überblick über Geschäftsprozesse	Hannah Hegel (Geschäftsführerin)
3	Diskussion des Geschäftsprozesses Internetverkauf	30 Min.	Liste mit Änderungen	Waltraud Schelling (Leiterin Vertrieb)
4	Diskussion weiteres Vorgehen	30 Min.	Liste mit Aufgaben	Holger Marx (Moderator)
5	Abschlussrunde	5 Min.	Beschlüsse	Holger Marx (Moderator)

Die Agenda macht die Ziele greifbar und bestimmt, wer teilnimmt

Die Agenda ergibt sich aus den Zielen der Besprechung. Jeder Schritt zur gemeinsamen Erreichung der Ziele ist ein eigener Tagesordnungspunkt (TOP) auf der Agenda. Zu jedem Punkt solltet ihr ein Ergebnis, die dafür notwendigen Teilnehmer und eine Zeitdauer festlegen (Tab. 10.1). Damit fällt es leichter, die Besprechung später zu moderieren: Während der Besprechung kann der Moderator überprüfen, ob alles wie geplant verläuft oder ob die Agenda angepasst werden muss, beispielsweise durch das Streichen unwichtiger TOP.

Das in der Agenda dokumentierte Ergebnis hilft dem Moderator, jeden TOP sauber abzuschließen und im Protokoll zu vermerken. Ergebnisse eines Tagesordnungspunkts sind beispielsweise:

- **Informationen:** Alle Teilnehmer sind über einen bestimmten Sachverhalt informiert.
- **Beschlüsse:** Die Teilnehmer beschließen beispielsweise gemeinsame Termine, weitere Schritte oder Änderungen des gemeinsamen Vorgehens. Sie beschließen auch ihre gemeinsame Einschätzung bzw. Bewertung gewisser Sachverhalte, Themen oder Situationen.
- **Aufgabenlisten:** Aus der Besprechung ergeben sich in der Regel Aufgaben für bestimmte Teilnehmer. Zu einer Aufgabe gehört dabei ein Verantwortlicher, das geplante Ergebnis und ein Termin.
- **Kontrolle:** Die Aufgabenlisten aus der letzten Sitzung werden kontrolliert, unerledigte Aufgaben werden in das Protokoll übernommen.

Besprechungen sollten insgesamt nicht zu lange dauern, Höchstgrenze sind 90 bis 120 Minuten. Eppler und Kernbach empfehlen sogar, 45 Minuten nicht zu überschreiten. Die Agenda sollte daher vom Wichtigen zum Unwichtigen sortiert sein, damit ihr in der Lage seid, die letzten Punkte auf der Agenda auf den nächsten Termin zu verschieben. Um die Zeiten durchzusetzen, könnt ihr natürliche Grenzen nutzen wie beispielsweise die Mittagspause.

Geht zu keiner Besprechung, zu der ihr keine Agenda vorab erhalten habt! Wenn ihr eine Einladung ohne eine Agenda erhaltet, fordert diese nach!

Die richtigen Teilnehmer einladen, alle anderen erhalten das Protokoll

Da niemand gerne in Besprechungen herumsitzt, wo er nichts beizutragen hat, sollten die Teilnehmer *nur* zu den für sie relevanten Punkten in der Agenda eingeladen werden. Aus der Agenda ergibt sich ein Plan, wann ihr welchen Teilnehmer wirklich braucht. Das sind genau die Personen, welche notwendig sind, um das Ergebnis zu erzielen.

Die Personen, die lediglich informiert werden sollen, können sich die Arbeitszeit sparen und nach der Besprechung das Protokoll lesen oder die eventuelle Videoaufzeichnung ansehen. Haltet die Zahl der gerade anwesenden Teilnehmer möglichst gering, sodass ihr noch sinnvoll diskutieren könnt. Wenn die Zahl der Teilnehmer zu groß wird, will sicher jeder etwas beitragen. Damit dauert die Besprechung länger und ihr verzettelt euch leichter. Ihr seid mit fünf bis acht Personen insgesamt noch halbwegs arbeitsfähig [Epp18].

Ihr könnt allen Interessierten eine Teilnahme an der Besprechung anbieten, dies sorgt für Transparenz und verhindert den Eindruck irgendwelcher geheimer Absprachen oder von Seilschaften [Dru02]. Sobald klar geworden ist, dass es zu jeder Besprechung ein Protokoll mit allen Ergebnissen und Informationen gibt, werden sich die nicht direkt eingeladenen Teilnehmer auf diese Informationsquellen verlassen.

Rechtzeitig einladen

Da alle Teilnehmer sicher volle Terminkalender haben, müsst ihr die Besprechung mit mindestens einer Woche Vorlauf planen und spätestens eine Woche vorher dazu einladen. Der Termin sollte mit den wichtigsten Teilnehmern vorab geklärt sein, beispielsweise per Telefonat oder notfalls mit einer Doodle-Umfrage. Ladet die Teilnehmer gezielt und nur zu den für sie relevanten Themen ein. Eventuell könnt ihr in der Einladung bereits formulieren, welcher Beitrag von dem jeweiligen Teilnehmer erwartet wird (Tab. 10.1).

Eure Teilnehmer werden typischerweise zwischen 10:00 Uhr und spätestens 16:00 Uhr Zeit haben. Vor 10:00 Uhr habt ihr eventuell Probleme mit Personen, die länger schlafen. Nachmittags müssen einige Teilnehmer eventuell schon ihren Nachwuchs aus der Krippe, dem Kindergarten oder der Schule abholen.

Für vorbereitete Teilnehmer sorgen

Versendet die Agenda sowie zusätzliche Informationsquellen zur Vorbereitung vorab an die Teilnehmer. Wenn die Teilnehmer sich vor dem Termin mit einem Dokument oder anderen Informationen beschäftigen sollen, genügt es leider nicht, diese einfach zu versenden und die Teilnehmer um Kenntnisnahme zu bitten. Dokumente werden gerne erst während des Termins durchgeblättert oder kurz vorher überflogen. Wenn ihr absichern wollt, dass die Teilnehmer die Informationen wirklich verarbeitet haben, könnt ihr Folgendes ausprobieren:

- Stellt in der Einladung zu dem Termin inhaltliche Fragen zu den Dokumenten, welche die Teilnehmer nur beantworten können, wenn sie die Texte gelesen haben.
- Wenn ihr feststellt, dass die meisten Teilnehmer nicht vorbereitet sind, brecht den Termin ab und plant einen Folgetermin ein. Denn unvorbereitete Teilnehmer gefährden den Erfolg der Besprechung.
- Zum Kickoff-Termin beschließt ihr im Team gemeinsame Regeln, zu diesen gehört auch, dass sich alle Teilnehmer auf Termine vorbereiten.

Konflikte vor der Besprechung klären

Konflikte sollten möglichst nicht in einer Besprechung eskalieren, hier habt ihr den Verlauf kaum noch unter Kontrolle. Daher solltet ihr versuchen, Konflikte über persönliche Gespräche vor dem eigentlichen Termin zu klären. Einige Vorschläge dazu finden sich in Abschn. 7.7. Selbst wenn euch eine Klärung nicht gelingt, habt ihr durch die Gespräche mehr Informationen, um ggf. belastete Themen geschickt zu umschiffen, auf die Sitzordnung Einfluss zu nehmen oder bestimmte Teilnehmer nicht erst einzuladen.

Entscheider vorab informieren

Entscheidungen spontan zu treffen, ist bei komplexen Fragen nicht sinnvoll. Häufig hilft es, noch mal eine Nacht darüber zu schlafen. Wenn in einer Besprechung Entscheidungen getroffen werden sollen, ist es daher wichtig, Entscheider vorab persönlich zu informieren und deren Meinung und Argumente vorab zu erfragen. Dies zeigt auch eine besondere Wertschätzung des jeweiligen Entscheiders.

Kleidung und Auftreten planen

Der erste Eindruck, den die anderen Teilnehmer von dir bzw. euch haben, ist besonders wichtig, da dieser später schwer zu korrigieren ist. Ihr könnt mit angemessener Kleidung, einer gepflegten Erscheinung und höflich professionellem Auftreten diesen ersten Eindruck positiv beeinflussen. Das gilt auch für Online-Besprechungen. Eine erste Meinung über euch bilden sich die anderen Teilnehmer bereits wenige Millisekunden nach dem ersten (Sicht-)Kontakt.[2] Das menschliche Gehirn ergänzt fehlende Informationen über euch einfach plausibel aus dem Langzeitgedächtnis. So wird eventuell von eurer ordentlichen Kleidung darauf geschlossen, dass ihr auch ordentlich arbeitet.

Damit ist es wichtig, am Vortag der Besprechung abzusichern, dass ihr beim Auftraggeber angemessen auftreten könnt. Eventuell müsst ihr noch Hemden oder Blusen bügeln oder den Anzug aus der Reinigung holen. Selbst wenn es sich nur um eine Videokonferenz handelt, sollte wenigstens euer Oberkörper kameratauglich sein.

---

[2] Vgl. Abschn. 7.3.

10.3   Durchführung

10.3.1 Pünktlich starten

Stellt euch eine Besprechung vor, die nicht startet, weil noch nicht alle Teilnehmer da sind. Wenn sich der Beginn stark verzögert, könnt ihr die Tagesordnung nicht mehr einhalten und müsst eventuell Punkte vertagen oder die Besprechung entsprechend verlängern. Ihr müsst also irgendwie sicherstellen, dass ihr selbst rechtzeitig da seid und dass die wichtigsten Teilnehmer pünktlich erscheinen und bei ihren Themen mitarbeiten können.

Eppler und Kernbach empfehlen, die Teilnehmer fünf Minuten vor dem eigentlichen Beginn der Besprechung auf einen Kaffee einzuladen. Damit habt ihr einen Puffer für Teilnehmer, die etwas zu spät dran sind. Zweitens spart ihr euch die Unruhe am Anfang, da ja dann schon alle einen Kaffee haben und drittens könnt ihr bereits informell einige Themen unter vier Augen kurz ansprechen.

Wenn die Besprechung beim Auftraggeber stattfindet, solltet ihr euch intern 10 bis 15 Minuten davor an einem neutralen Ort treffen und dann gemeinsam zur Besprechung gehen. Damit tretet ihr als Team auf und nicht als verstreute Menge von Einzelpersonen. Plant genügend Puffer bei der Anreise ein: Jeder Bus und jede S-Bahn kann mal zu spät kommen oder ihr findet keinen Parkplatz beim Auftraggeber.

10.3.2 Typische Elemente

In Besprechungen und Workshops gibt es typische Elemente, die immer wieder vorkommen. Wenn sich die Teilnehmer beispielsweise persönlich nicht kennen, bietet sich eine kurze Vorstellrunde an. Wenn die Gefahr groß ist, dass sich die Teilnehmer mehr mit ihren Smartphones als mit eurer Besprechung beschäftigen, einigt ihr euch mit den Teilnehmern auf gemeinsame Regeln.

Vorstellrunde
Besprechungen und Workshops beim oder mit dem Auftraggeber beginnen typischerweise nach einer ersten Begrüßung mit einer Vorstellrunde. Jeder sagt etwas zu seiner Person. Du solltest darauf vorbereitet sein und irgendetwas Passendes zu deiner Person sagen können, z. B. Warum bist gerade du hier? Warum willst gerade du dieses Projekt machen oder warum für genau diesen Kunden arbeiten? Warum bist gerade du für das Projekt geeignet, eventuell hast du ja bereits relevantes Vorwissen aus Praktika oder Vorgängerprojekten?

Hilfreich sind Visitenkarten mit deinen bzw. euren Kontaktdaten. Wenn du vom Auftraggeber Visitenkarten erhältst, lege diese ungefähr so auf den Tisch vor dir, wie die jeweiligen Personen sitzen. Damit ist es leichter, die Anwesenden mit ihrem Namen anzusprechen. Dies ist eine einfache Form der Wertschätzung. Eventuell kannst du mithilfe der Visitenkarte die Personen schon in der Kundenorganisation verorten, z. B. wer ist der Chef und wer der Fachexperte? In einer Videokonferenz tut ihr euch natürlich leichter, da die meisten Werkzeuge die Teilnehmerliste anzeigen und sich unter dem Kamerabild des Teilnehmers sein Name befindet.

Besprechung der Agenda (Tagesordnung)

Zum Beginn einer Besprechung stellt der Moderator kurz die Tagesordnung vor. Eventuell haben die Teilnehmer noch weitere Themen, die noch in der Tagesordnung ergänzt werden. Möglicherweise verändert ihr noch die Reihenfolge oder vertagt ein Thema, da ein Teilnehmer fehlt oder bestimmte Informationen noch nicht vorliegen.

Besprechung des Protokolls der letzten Besprechung

Bei regelmäßigen Besprechungen geht ihr am Anfang das Ergebnisprotokoll der letzten Besprechung durch. Die Teilnehmer können dieses Protokoll genehmigen. Hat jemand eine Aufgabe übernommen, wird deren Erfüllung kontrolliert. Hat der Teilnehmer seine Zusagen nicht eingehalten und die Aufgaben nicht erledigt, werden die Aufgaben in das nächste Protokoll übernommen. So stellt ihr sicher, dass alle Zusagen auch eingehalten werden.

Regeln für die Besprechung

Alle Teilnehmer haben für Besprechungen in der Regel ihren Laptop, einen Tablet-Computer oder ihr Smartphone dabei. Gleichzeitig E-Mails auf dem Smartphone zu beantworten und an der Besprechung aktiv teilzunehmen ist kaum möglich. Menschen sind nicht multitaskingfähig [Bus12]. Mit vielen Multitaskern ziehen sich Besprechungen häufig genug unnötig in die Länge. Wenn Teilnehmer wegen *wichtiger* Telefonate immer wieder die Besprechung verlassen, ist das ein Ärgernis für die anderen.[3] Versucht daher, Besprechungen möglichst kurz zu halten und jeden Teilnehmer aktiv zu beteiligen. Zweitens könnt ihr am Anfang und im Team gemeinsame Regeln für Besprechungen festlegen. Beispielsweise, dass die Smartphones und Laptops im Büro bleiben.

Abhängig vom Teilnehmerkreis und der vorherrschenden Gesprächskultur können weitere Regeln erforderlich werden, beispielsweise: Wir lassen uns gegenseitig ausreden. Diskussionen sind wichtig, um zu guten Entscheidungen zu kommen.

Bearbeiten der Tagesordnung

Die Tagesordnung wird nun Punkt für Punkt abgearbeitet. Der Moderator sorgt dafür, dass jeder Punkt mit einem Ergebnis abgeschlossen wird. Ihr könnt dies folgendermaßen unterstützen:

- Die Tagesordnung wird für alle Teilnehmer sichtbar aufgehängt. Jeder erledigte TOP wird gestrichen oder abgehakt. Das wirkt wie eine Fortschrittsanzeige. Ein mit Haft-

---

[3] Ein Kollege und ehemaliger Rettungssanitäter bemerkte dazu: Wichtig heißt, jemand hat einen Herzinfarkt oder einen Schlaganfall. Alles andere hat Zeit.

notizen improvisiertes Taskboard macht den Bearbeitungszustand jedes TOP ebenfalls deutlich. Dies hilft den Teilnehmern, sich zu fokussieren.

- Eine Uhr wird gut sichtbar aufgestellt. Ein Time Timer® oder eine einfache Küchenuhr sind hilfreich. Ihr stellt diese Uhren jeweils auf die geplante Dauer des TOP ein. Diese Uhren zählen rückwärts und zeigen auch den Teilnehmern an, wie viel Zeit für die Diskussion noch bleibt.
- Ergeben sich Themen, welche die Agenda sprengen würden, führt ihr einen Themenspeicher. Dieser kann beispielsweise ein Flipchart-Blatt sein. Auf diesem schreibt ihr alle Themen auf, die gerade nicht diskutiert werden können. Die Inhalte des Themenspeichers werden auf der nächsten Besprechung oder per E-Mail oder Telefon erledigt.
- Der Protokollant fragt am Ende jedes TOP nach, was er genau ins Protokoll schreiben soll. Dies zwingt die Teilnehmer dazu, Beschlüsse und Aufgaben präzise zu formulieren. Aus ,da sollte mal jemand ...' werden dann Aufgaben mit Verantwortlichem und Termin.

Abschluss

Zum Abschluss einer Besprechung kann der Protokollant noch mal alle Aufgaben vorlesen, welche die Teilnehmer übernehmen wollen. Damit ist sicher, dass jeder auch weiß, was er zu tun hat. Weiterhin geht ihr kurz die nächsten geplanten Termine durch, auch diese schreibt ihr ins Protokoll. Speziell der Termin für die nächste Besprechung sollte spätestens hier festgelegt werden.

Seltene Besprechungen solltet ihr mit einem kurzen Stimmungsbild beenden, um euch Feedback zu holen. Ihr könnt beispielsweise folgende Frage in die Runde stellen: *Wie zufrieden sind Sie mit diesem Termin?* Jeder Teilnehmer soll sich kurz äußern. Wenn es doch irgendein unerkanntes Problem gibt, tritt es eventuell jetzt zutage. Teilnehmer können Verbesserungsvorschläge nennen. In der Regel äußern sich die Teilnehmer sehr zufrieden, sodass alle die Besprechung in positiver Erinnerung behalten.

10.3.3 Moderation und Protokoll

Zur Durchführung der Besprechung ist ein Moderator hilfreich. Er achtet darauf, dass sich die Teilnehmer an die vorher vereinbarte Tagesordnung halten. Die Diskussion schweift sonst leicht auf irrelevante Themenbereiche ab. Der Moderator kann durch gezielte Fragen steuern [Epp18], beispielsweise:

- Was genau trägt das zu unserem Thema bei?
- Sollten wir jetzt bereits alle Details klären?
- Können wir diese Frage/dieses Thema nach der Besprechung klären?

Der Moderator versucht auch, eine gute und vertrauensvolle Gesprächsatmosphäre zu erhalten. Er muss eventuell persönliche Angriffe oder Schuldzuweisungen unter den Teilnehmern unterbinden und die Diskussion wieder versachlichen. Hierbei helfen gezielt eingesetzte Pausen, z. B. um mit dem Teilnehmer unter vier Augen zu sprechen. Bei einem eskalierenden Streit muss er die Besprechung eventuell abbrechen. Das Thema Konflikte besprechen wir sehr kurz in Abschn. 7.7.

Zweite wichtige Rolle ist der Protokollant. Er schreibt die erzielten Ergebnisse mit. Zu jedem Tagesordnungspunkt erfasst er Beschlüsse, Aufgaben oder Feststellungen.

Ergebnisprotokoll

Das Protokoll dokumentiert die Ergebnisse der Besprechung. Dies ist wichtig, um abzusichern, dass alle Teilnehmer dasselbe Verständnis davon haben, was genau besprochen und beschlossen wurde. Meistens enthält das Protokoll umfangreiche Aufgabenlisten, welche nach der Besprechung von den Teilnehmern abgearbeitet werden, damit ist das Protokoll auch ein Kontrollinstrument.

Das Protokoll schützt euch, da ihr eine zuverlässige Informationsquelle habt und auch vor dem Auftraggeber belegen könnt, was genau besprochen und beschlossen wurde. Ihr solltet daher das Protokoll immer von allen Teilnehmern genehmigen lassen. Dafür genügt in der Regel eine einfache Rundmail an alle mit der Bitte um Korrekturen. In formaleren Umgebungen müsst ihr das Protokoll eventuell von allen Teilnehmern unterschreiben lassen.

Das Protokoll enthält Informationen, um nachzuvollziehen von wem, wann und wo Beschlüsse gefasst und Aufgaben verteilt wurden. Es zeigt auf, wer was zu welchem Zeitpunkt wusste. Im Protokoll finden sich damit alle Informationen, die relevant für die Zukunft sind (Tab. 10.2):

- Thema der Besprechung bzw. Regeltermin wie Jour fixe oder eine Sitzung eines Gremiums.
- Ort: Wo fand die Besprechung statt?
- Zeitraum: Wann hat die Besprechung stattgefunden? Wie lange hat sie gedauert?
- Protokollant: Wer hat das Protokoll geschrieben?

Tab. 10.2 Beispiel für Verwaltungsinformationen als Kopf des Protokolls

Thema der Besprechung:	
Besprechung am:	
Ort:	
Teilnehmer:	
Protokoll am:	
Protokollant:	
Teilnehmer:	
Verteiler:	

- Ggf. Platz für Unterschriften, sodass die Teilnehmer per Unterschrift die Korrektheit des Protokolls bestätigen. Derartige Protokolle kann es beispielsweise bei Review-Meetings geben, die über den weiteren Projektverlauf entscheiden.
- Teilnehmer: Wer war bei der Besprechung anwesend?
- Verteiler: An wen wird das Protokoll versendet? Wer interessiert sich dafür?

Protokolle werden häufig als Tabelle angefertigt. Jeder Tagesordnungspunkt wird in einer Zeile abgearbeitet. Wenn es zu einem TOP mehrere Beschlüsse oder Aufgaben gibt, werden mehrere Zeilen verwendet, eine pro Aufgabe bzw. pro Beschluss. Das Protokoll stellt lediglich die Ergebnisse der Besprechung dar und nicht den exakten Gesprächsverlauf. Dieser ist als Informationsquelle zu umfangreich und die Erstellung eines vollständigen Protokolls wäre zu aufwendig. Es enthält lediglich die Informationen, die nicht vergessen werden sollten, die also für den weiteren Verlauf des Projekts bzw. der Produktentwicklung relevant sind. Das sind (Tab. 10.3):

- Aufgaben, mit Termin und verantwortlicher Person
- Beschlüsse, mit den Personen, welche den Beschluss gefasst haben, eventuell haben nicht alle anwesenden Personen Stimmrecht.
- Informationen bzw. Feststellungen, inklusive der entsprechenden Quelle.

Mithilfe dieser Tabelle kann der Protokollant auch die Besprechung steuern: Er muss immer wieder nachfragen, was er als Ergebnis ins Protokoll schreiben soll. Das Protokoll zwingt damit in gewisser Weise auch zu jeder Aufgabe einen Verantwortlichen und einen Termin zu benennen sowie Beschlüsse konkret und im Konsens zu formulieren. Einen Tagesordnungspunkt ohne Ergebnis zu verlassen, wird so deutlich schwieriger.

Tab. 10.3 Beispiel für ein Protokoll

TOP	A/B/I	Beschreibung	Wer?	Bis wann?
1		Planung	Dr. Hegel	
1.1	B	Das Release 1.0 des Vorschlagssystems wird am 10.07.2020 ausgeliefert	Alle	
1.2	A	Die Testumgebung wird durch das Rechenzentrum wie im Testkonzept PVSTest. docx bereitgestellt	Frau Schelling	01.06.2020
1.3	A	Die Testdaten werden durch das Entwicklungsteam generiert	Herr Huber	01.06.2020
1.3	A	Die Einhaltung der DSGVO wird durch den Datenschutzbeauftragten überprüft, er wird unterstützt durch ein Teammitglied	Herr Marx, Frau Leibniz	16.06.2020
1.4	I	Die Gespräche mit der Universität X für eine gemeinsame Plattform wurden ohne Ergebnis beendet	Frau Leibniz	

10.4   Nicht vergessen: Nachbereitung

Der erste wichtige Schritt zur Nachbereitung einer Besprechung ist die Finalisierung des Protokolls. Der Protokollant und ggf. der Moderator gehen alle Ergebnisse Schritt für Schritt durch. Im Anschluss wird das Protokoll in der Regel als PDF-Dokument an alle Teilnehmer sowie an einen eventuell noch größeren Verteiler versendet, mit der Bitte um Korrekturen. Das Versenden sollte möglichst noch am Tag der Besprechung geschehen.

In einer Besprechung werden in der Regel Aufgaben verteilt und Beschlüsse gefasst. Ob die Aufgaben auch tatsächlich erfüllt wurden, muss kontrolliert werden, damit sichergestellt ist, dass die Aufgaben auch termingerecht erledigt wurden. Bei regelmäßigen Besprechungen (Jour fixe) wird daher am Anfang jedes Meetings das Protokoll der letzten Besprechung überprüft und die Erledigung der Aufgaben wird überwacht. Unerledigte Aufgaben werden in das Protokoll der laufenden Besprechung übernommen. Damit entsteht für den Verantwortlichen Gruppendruck, die Aufgaben tatsächlich und termingerecht zu erledigen. Die Aufgaben aus jeder Besprechung sollten zusätzlich auch in das Ticket-System übernommen werden, da dort auch alle anderen Aufgaben verwaltet werden.

10.5   Telefon- und Videokonferenzen

Wie anfangs schon dargestellt, sind Besprechungen teuer, selbst wenn ihr nur die Arbeitszeit der anwesenden Personen addiert. Häufig sind Projekte verteilt über eine Stadt, ein Land oder den ganzen Globus. Für eine Besprechung mehrere Tage im Flugzeug zu verbringen, ist nur in Ausnahmefällen angemessen, beispielsweise für das Kickoff, um sich einmal persönlich kennenzulernen.

Reisen könnt ihr durch Telefon- bzw. Videokonferenzen vermeiden: Software zur Videotelefonie ist weit verbreitet und wird auch privat intensiv genutzt. Viele Besprechungsräume verfügen über Kameras, Bildschirme und Mikrofone sowie eine entsprechende Softwareunterstützung. Moderne Laptops verfügen in der Regel über gute Mikrofone und eine eingebaute Kamera. Um die Reisezeiten einzusparen, lohnt es sich daher, dass ihr euch mit dieser Technik beschäftigt. Hinweise zur Durchführung und Vorbereitung solcher Konferenzen findet ihr in den Abschnitten 7.6.3 und 7.6.4.

Probelauf
Wenn ihr eine Telefon- oder Videokonferenz durchführt, testet die Kameras, Mikrofone und Bildschirme. Dasselbe gilt für die Software, mit der ihr die Besprechung durchführen wollt. Ihr solltet möglichst keine Zeit während der Besprechung auf die Behebung irgendwelcher technischen Probleme verwenden müssen. Ein Ringkampf mit der Technik wirkt schnell unprofessionell und kann die anderen Teilnehmer schnell verärgern. Viele Videokonferenzen in studentischen Projekten sind bei uns an Problemen mit der Technik gescheitert. Worauf müsst ihr achten:

- Installation der Technik bei euch testen: Könnt ihr zuverlässig eine Verbindung zur Gegenseite herstellen? Hat die Gegenseite dieselbe Software? Müsst ihr oder muss die Gegenseite noch etwas installieren? Professionelle Videotelefonie- und Konferenz-dienste kosten in der Regel etwas.
- Der Ton ist manchmal schwer verständlich, weil in Besprechungsräumen häufig daran gespart wird oder keine entsprechenden Mikrofone bereitstehen. Die Freisprechtaste des Telefons sollte hier nur eine Notlösung sein. Testet daher vor dem Termin aus, ob alle Teilnehmer auf eurer Seite gut zu verstehen sind.
- Auch das Desktop-Sharing solltet ihr vorher testen, speziell dann, wenn ihr das Display von Smartphones, Tablets oder von spezieller Hardware übertragen wollt. Es sollte nicht an einem fehlenden Verbindungskabel zwischen Smartphone und Laptop scheitern.
- Problem mit IT-Security: Möglicherweise blockiert die Firewall in eurem Unternehmen oder in eurer Hochschule Dienste zur Videotelefonie. Entweder müsst ihr das Werkzeug wechseln oder euch in der Firewall entsprechende Freigaben einrichten lassen.

Ihr solltet darauf vorbereitet sein, dass die Technik nicht oder nur teilweise funktioniert. Haltet daher die Telefonnummer(n) der Ansprechpartner auf der Gegenseite immer bereit, sodass ihr notfalls immer auf das klassische Telefon wechseln könnt.

Durchführung
Eine Telefon- oder Videokonferenz ist eine normale Besprechung. Daher gibt es auch dazu eine Einladung mit Tagesordnung, ein Protokoll und auch eine Nachbereitung. Auch hier ist ein Moderator wichtig. Es gibt dieselben Elemente wie in einer physischen Besprechung, wie Vorstellrunde und die Einigung auf Regeln für die Besprechung.

Leider fehlen euch in einer Videokonferenz wichtige Informationen von den Teilneh-mern: Ihr habt als einzige Informationsquelle die Stimme und die Inhalte der anderen Teilnehmer. Wenn die Kameras eingeschaltet sind, habt ihr noch Mimik und einen Teil der Gesten als Informationsquelle. Daher müsst ihr gerade bei kritischen Themen aufpassen, dass ihr die Emotionen der anderen Teilnehmer mitbekommt. Eventuell müsst ihr häufiger bei den Teilnehmern nach Feedback oder ihrer Meinung fragen, auch um dafür zu sorgen, dass die Teilnehmer noch mitarbeiten. Zweitens könntet ihr als Grundregel für die Konferenzen eine eingeschaltete Kamera vereinbaren.

Wenn die Kameras ausgeschaltet sind, besteht die Gefahr, dass sich die Teilnehmer durch E-Mails und andere Einflüsse ablenken lassen. Videokonferenzen haben den Nachteil, dass sich Teilnehmer sehr leicht verabschieden können. Eine kurze Nachricht in den Chat, *Muss noch zum anderen Termin ...*, und der Teilnehmer ist weg. So würde kaum jemand einen vollen Besprechungsraum verlassen. Daher hilft es auch hier, den Termin möglichst kurz zu machen und die Teilnehmer gezielt zu einzelnen TOPs einzuladen. Auch das Timeboxing durch einen für alle sichtbaren Timer wirkt als Fokussierung.

Deswegen müsst ihr speziell bei Videokonferenzen darauf achten, dass diese kurz, strukturiert und auf Ergebnisse fokussiert sind.

10.6 Sprint-Review-Meeting

10.6.1 Sprint-Review-Meeting

Ein Sprint-Review-Meeting findet am Ende jedes Sprints statt und dauert bei wöchentlichen Sprints eine Stunde, bei einer Sprintlänge von vier Wochen bis zu vier Stunden [Sut13]. Das Team demonstriert die Ergebnisse des letzten Sprints für den PO und andere interessierte Stakeholder. Anwesend sind das Team, der PO und der Scrum Master als Moderator sowie eventuell weitere Stakeholder. Damit wird der Arbeitsfortschritt offiziell über die laufende Software festgestellt. Dieses Meeting hat für euch zwei wesentliche Ziele:

1. Feedback: Ihr erhaltet vom Product Owner und von anderen Stakeholdern Feedback zu den bereits umgesetzten Anforderungen bzw. User Storys. Möglicherweise nennen die Stakeholder noch Änderungen an den umgesetzten Anforderungen oder es erscheinen neue Anforderungen.
2. Formale Abnahme: Im Sprint-Review-Meeting erhaltet ihr eine formale Abnahme der umgesetzten Anforderungen. Der PO nimmt euch jede einzelne Anforderung ab oder nennt noch Nachbesserungen. Die Abnahme im Meeting ist verbindlich und sollte rechtliche Gültigkeit haben. In einigen agilen Vertragsmodellen könnt ihr in der Regel nur für tatsächlich abgenommene Anforderungen eine Rechnung stellen.

Transparenz ist ein weiteres wichtiges Ziel: Jeder Stakeholder kann sich regelmäßig selbst ein Bild des Fortschritts verschaffen und zwar ausschließlich durch ein demonstriertes Produkt. Durch eine offene Diskussion wird auch das Gefühl eines gemeinsam verfolgten Ziels, einer gemeinsamen Vision verstärkt, alle fühlen sich gut informiert und es entsteht ein Gefühl der gemeinsamen Verantwortung.

Sollte es Hindernisse geben, treten diese beim Sprint-Review-Meeting zutage. Hindernisse beeinflussen die Qualität und den Umfang des Ergebnisses und werden am Sprint-Ende sichtbar. Mangelnde Verfügbarkeit von Stakeholdern oder unkonkrete Anforderungen treten offen zutage, denn PO oder Stakeholder können sich über fehlende oder falsch umgesetzte Anforderungen beschweren. Das zwingt euch und die anderen Stakeholder, diese Probleme anzusprechen und in der anschließenden Retrospektive anzugehen.

Vorbereitung

Im Sprint-Review-Meeting demonstriert ihr alle im Sprint umgesetzten Anforderungen, inklusive aller Akzeptanzkriterien. Der PO soll diese final abnehmen. Ihr solltet möglichst mithilfe eurer Produktdemonstration eine Geschichte erzählen und nicht einfach die alphabetisch sortierten Anforderungen zeigen. Die anwesenden Stakeholder müssen verstehen, was ihr demonstriert, sonst erhaltet ihr kein sinnvolles Feedback. Wie ihr eine Demo durchführen könnt, wird in Abschn. 9.4.3 beschrieben. Folgendes ist zusätzlich notwendig:

- Einladung durch den PO: Das Sprint-Review-Meeting ist eigentlich ein Regeltermin, der bei allen wichtigen Stakeholdern im Kalender stehen sollte. Derartige Meetings finden, abhängig von der Sprintlänge, (zwei-)wöchentlich bis monatlich statt. Zur Sicherheit sollte der Product Owner alle wichtigen und interessierten Stakeholder explizit einladen. Die Einladung stellt dar, welche Anforderungen gezeigt werden und was die Sprint-Ziele waren. So kann jeder Stakeholder selbst entscheiden, ob er etwas beitragen möchte oder sollte. Besonders beschäftigte Stakeholder (Entscheider) müssen eventuell mehrere Sprints im Voraus eingeladen werden, damit diese für das Produkt überhaupt noch einen freien Platz im Terminkalender haben.
- Roter Faden (Anforderungen): Stellt alle Anforderungen zusammen, die ihr in diesem Sprint fertiggestellt habt. Die Anforderungen sollten möglichst zu einem gemeinsamen Sprint-Ziel beitragen und gemeinsam für den Benutzer sinnvolle Features bereitstellen. Bringt die Anforderungen in eine schlüssige, logische Reihenfolge oder versucht, eine Geschichte zu erzählen, welcher die Anwesenden folgen können. Eventuell kann ein Teammitglied ‚Benutzer' spielen, möglicherweise spielt ihr sogar mit verteilten Rollen, um mehrere verschiedenen Benutzer darzustellen.
- Akzeptanzkriterien: Für die Akzeptanzkriterien bieten sich Checklisten an, für jedes Kriterium eine Checkbox auf der Liste. Eventuell habt ihr diese sowieso schon als Anhang zu den Anforderungen erfasst. Während der Demo könnt ihr zu jeder Anforderung jeweils das demonstrierte Akzeptanzkriterium gemeinsam mit dem PO und den anderen Stakeholdern abhaken.
- Demodaten: Befüllt die Datenbank mit sinnvollen, fachlich plausiblen Demodaten. Diese Daten müssen aus der Fachdomäne der anwesenden Stakeholder stammen, dann können sich diese wirklich die Bedienung eures Produkts vorstellen. Ihr wirkt insgesamt seriös und vorbereitet. Demos gehen häufig schief, wenn sich Informatiker zufällige Testdaten ausdenken und beispielsweise mit den Kunden ‚AAA', ‚Tescht'‚‚Test1', ‚XXX', ‚Qwert' und ‚12345' demonstrieren, das wirkt lieblos und die Anwesenden nehmen euch nicht mehr ernst.
- Definition of Done: Alle von euch gezeigten Anforderungen müssen eure Definition of Done erfüllen.[4] Das heißt beispielsweise, dass die CI-Pipeline keine gravierenden Probleme mehr meldet, alle Testfälle fehlerfrei durchlaufen und auch ein Code-Review stattgefunden hat, z. B. über einen Merge Request.

Durchführung

Die Durchführung des Sprint-Review-Meetings ist geprägt durch die Demonstration. Für die Durchführung des Meetings solltet ihr mehrere Rollen im Team verteilen:

Moderator (Scrum Master): Der Moderator führt die Anwesenden durch die Besprechung und achtet auf die Einhaltung der geplanten Zeiten (Timeboxing) und Regeln. Er unterbindet im Zweifel nicht-zielführende Diskussionen, bzw. sorgt für deren

---

[4] Vgl. Abschn. 3.3.5 und 17.11.

Vertagung auf spezifische anschließende Besprechungen. Wichtig ist zudem noch, dass alle relevanten Stakeholder auch ausreichend gehört werden, eventuell muss der Moderator hier gezielt nachfragen oder stilleren Teilnehmern das Wort erteilen. Jede Anforderung muss abgenickt oder explizit abgelehnt werden. Der Moderator stellt sicher, dass diese Entscheidung vom PO getroffen wird. Wenn ihr Konflikte oder Probleme befürchtet, sollte der Moderator eine neutrale Person sein. Dafür habt ihr einen Scrum Master bzw. einen agilen Coach.

Protokollant: Der Protokollant schreibt das Feedback der Anwesenden zu der Demo mit. Auch die Beschlüsse hält er fest, das gilt besonders für (nicht) abgenommene Anforderungen bzw. User Storys.

Demonstrator: Ein oder mehrere Teammitglieder führen die eigentliche Demo durch. Hier bietet sich ein Rollenspiel an. Wenn ihr beispielsweise einen neuen Taxi-Service per Smartphone zeigen wollt, kann ein Teammitglied Taxifahrer und ein anderes den Kunden spielen. Der/die Demonstratoren haben den von euch geplanten roten Faden (die Geschichte) im Kopf und verwenden diesen als Drehbuch. Alternativ präsentiert jedes Teammitglied seine Ergebnisse selbst.

Eine positive und konstruktive Grundhaltung aller Beteiligten ist für das Sprint-Review wichtig. Feedback und Kommentare beginnen üblicherweise mit einer wertschätzenden und positiven Bemerkung: *Mir gefällt ..., Ich finde gut, dass ....* Danach werden Fragen gestellt und Verbesserungsvorschläge genannt. Das Sprint-Review-Meeting kann nach folgendem Schema ablaufen:

1. Überblick: Zum Beginn des Meetings gibt der PO einen Überblick über den Inhalt und die Ziele des Sprints.
2. Demo: Die Teammitglieder präsentieren die fertig umgesetzten Anforderungen. Zusätzlich werden damit verbundene Probleme, offene Fragen und Lösungen aus der Entwicklung gezeigt.
3. Bewertung: Die anwesenden Stakeholder und der PO geben Feedback zu den gezeigten umgesetzten Anforderungen. Sie werden um eine Einschätzung gebeten. Ihre Änderungs- und Optimierungswünsche werden genannt und diskutiert.
4. Abnahme: Der PO nimmt die Anforderungen offiziell ab oder verweigert die Abnahme, wenn noch deutliche Änderungen erforderlich sind oder erkennbare Fehler enthalten sind. Abgelehnte Anforderungen wandern zurück in das Product Backlog und sind nicht Gegenstand der Lieferung. Das Protokoll dokumentiert alle abgenommenen Anforderungen.
5. Ausblick: Nach der Demo kann der PO einen Ausblick auf den bzw. die nächsten Sprints geben. Er stellt den aktuellen Sprint im Zusammenhang mit der geplanten Roadmap dar.
6. Abschluss: Den Abschluss des Sprint-Review-Meetings bildet ein kurzes Blitzlicht: Im einfachsten Fall fragt ihr in die Runde der Anwesenden: *Wie zufrieden sind Sie mit dem Ergebnis?* oder *Haben Sie noch zusätzliches Feedback für uns?* Die dort

gemachten Bemerkungen schreibt ihr auch in das Protokoll, z. B. *Herr Beneken war mit dem Sprint-Ergebnis sehr zufrieden und hat ausdrücklich gelobt, dass ....* Bei sehr vielen Anwesenden könnt ihr notfalls ein Dot-Voting durchführen, vgl. Abschn. 3.5.2. Speziell wenn ihr den Eindruck habt, dass der PO oder andere Anwesende irgendwie unzufrieden sind, solltet ihr aktives Feedback einholen, eventuelle Missverständnisse oder Probleme könnt ihr ggf. nach dem Meeting noch im persönlichen Gespräch klären.

Nachbereitung

Die vom Protokollanten aufgeschriebenen Änderungswünsche übertragt ihr in euer Product Backlog. Diese werden dann wie alle anderen Einträge behandelt, also präzisiert, geschätzt und priorisiert. Das Protokoll wird an alle Stakeholder versendet. Der PO wird gebeten, z. B. mit einer kurzen E-Mail die abgenommenen Anforderungen zu bestätigen.

Die Lieferung der abgenommenen Anforderungen kann dann erfolgen. Das Vorgehen hier folgt eurem Releaseplan oder anderen Vereinbarungen. Das Sprint-Ergebnis ist potentiell lieferbar, muss aber nicht zwingend an jemanden geliefert werden.

10.7   Schnelles Lernen

Die Durchführung von Besprechungen könnt und solltet ihr trainieren. Besprechungen sind ein Standardwerkzeug in der Softwareentwicklung. Professionell durchgeführte Besprechungen werden schneller vom Auftraggeber wahrgenommen als hervorragende Quelltexte. Was könnt ihr also tun, um schnell besser zu werden?

- Vergleicht die geplanten Ergebnisse laut Agenda mit den tatsächlichen Ergebnissen. Gibt es besondere Ursachen für Abweichungen?
- Nach jeder Besprechung eine kurzes Stimmungsbild einfordern: Wie zufrieden sind Sie mit dem Verlauf der Besprechung?
- Kurze interne Feedbackrunde nach einer Besprechung durchführen sowie erfahrenere Kollegen um Feedback bitten. Auch die regelmäßigen Retrospektiven können zur Verbesserung von Besprechungen genutzt werden.
- Es gibt sehr viele Gelegenheiten, das Abhalten von Besprechungen zu üben: im Sportverein, im Elternbeirat des Kindergartens oder bei der Organisation der nächsten Party im Studentenwohnheim. Hier könnt ihr das Planen, das Moderieren oder das Erstellen des Protokolls trainieren.

In der Literatur gibt es viele Vorschläge, um den Ablauf von Besprechungen zu verbessern. Eppler und Kernbach liefern sehr viele Beispiele für Techniken, die ihr in euren Besprechungen ausprobieren könnt [Epp18]. Ihr könnt bei den nächsten Besprechungen die Vorschläge ausprobieren, die zu euch und eurem Projekt passen.

Literatur

[Bus12]   Buser T, Peter N (2012) Multitasking. Exp Econ 15(4):641–655. Springer-Verlag

[Dru02]   Drucker P (2002) The Effective Executive. Collins Business Essentials. HarperCollins

[Epp18]   Eppler MJ, Kernbach S (2018) Meet up!: Einfach bessere Besprechungen durch Nudging. Ein Impulsbuch für Leiter, Moderatoren und Teilnehmer von Sitzungen. Schäffer-Poeschel Verlag

[Mal14]   Malik F (2014) Führen Leisten Leben: Wirksames Management für eine neue Welt. Campus Verlag

[Sut13]   Sutherland J, Schwaber K (2013) The Scrum Guide: The Definitive Guide to Scrum – The Rules of the Game. http://www.scrumguides.org

Effektive Workshops

11

Eine Systemvision und die Projektziele sollten gemeinsam mit dem Auftraggeber und im Team erarbeitet werden, weil alle Teammitglieder sich auf diese verpflichten sollen. Dies gelingt am leichtesten, wenn alle an diesen mitgearbeitet haben oder mindestens dazu gehört worden sind. Wir brauchen also einen Baukasten von verschiedenen Techniken für Besprechungen und Workshops.

Wir haben schon zwei Arten von Workshops kennengelernt: Die Retrospektive aus Abschn. 3.5.2 führt ihr regelmäßig durch, um euer Vorgehen und eure Arbeitsabläufe zu verbessern. Der Kickoff-Workshop aus Abschn. 5.4.3 dient dazu, einen gemeinsamen Arbeitsauftrag für das Team zusammen mit dem Auftraggeber zu erarbeiten. Da im Folgenden viele Ergebnisse im Team erarbeitet werden sollten, befassen wir uns ausführlich mit dem Thema Workshop.

11.1 Was ist ein Workshop?

11.1.1 Gemeinsames Arbeiten

In einem Workshop werden von einer Gruppe von Menschen Themen bearbeitet und Ergebnisse erzielt. Die Systemvision, Architekturskizzen oder die Entwürfe für die grafische Oberfläche können in einem Workshop erarbeitet werden. Für euch ist die Moderation und die Durchführung von Workshops daher ein wichtiges Werkzeug zur Gewinnung konkreter Ergebnisse zusammen in eurem Team und mit eurem Auftraggeber. Professionell durchgeführte Workshops bringen das Projekt schnell voran und helfen beim Aufbau des Teams und der Kundenbeziehung. Denn: Ergebnisse werden gemeinsam mit allen Beteiligten erarbeitet.

© Springer Fachmedien Wiesbaden GmbH, ein Teil von Springer Nature 2022
G. Beneken et al., *Grundkurs agiles Software-Engineering*,
https://doi.org/10.1007/978-3-658-37371-9_11

Das unterscheidet einen Workshop von einer einfachen Besprechung. Die Besprechung dient zur Koordination innerhalb des Teams und mit dem Auftraggeber. In einem Workshop erarbeitet ihr Teilergebnisse.

Ein Workshop ist nicht unbedingt kreativ und er erzeugt nicht zwingend unglaublich viele neue Ideen und Konzepte. Wichtig ist zuerst, Fachwissen und Informationen aus verschiedenen Perspektiven zusammenzutragen und zu konsolidieren. Ein Workshop erzeugt bei den Anwesenden ein gemeinsames Verständnis, einen Überblick, der davor eventuell nicht da war. Alberto Brandolini schlägt beispielsweise Event-Storming-Workshops vor und erarbeitet damit in größeren Gruppen Geschäftsprozesse bzw. Workflows von Organisationen [Ver17, Bra21].[1]

11.1.2 Neue Ideen: Brainstorming

Bei einigen Themen ist die Kreativität der Teilnehmer gefragt. Die kreative Arbeit unterteilt sich in zwei bis drei Phasen: eine divergente Phase, eine optionale Ausarbeitungsphase und eine konvergente Phase [Gra10]. In der divergenten Phase werden Ideen gesammelt, die Teilnehmer sollen möglichst viel davon produzieren, es gibt keine besonderen Einschränkungen und alle Ideen sind willkommen, auch abstruse. Kritik ist verboten. In der Ausarbeitungsphase werden die Ideen verfeinert, strukturiert, geclustert und weiterentwickelt. In der konvergenten Phase werden die Ideen kritisch hinterfragt und zu einer oder wenigen konsolidiert (Abb. 11.1 und Abschn. 11.5).

Diese Aufteilung entspricht der Arbeitsweise des Gehirns. Es kann nicht Ideen produzieren und neue Wege gehen und sich gleichzeitig um alle Details kümmern und die Konsistenz prüfen. Daher ist es wichtig, entweder im kreativen oder im kritischen Modus zu arbeiten. Den könnt ihr beispielsweise explizit über ‚Hüte' zum Ausdruck bringen: Wir tragen den kreativen Hut (grün) oder den kritisierenden Hut (schwarz) [DB85].

11.1.3 Moderator

Der Moderator hat eine wesentliche Aufgabe: Er bereitet den Workshop vor und legt die Ziele sowie die Agenda fest, zusammen mit weiteren Stakeholdern. Zu jedem Ziel wählt er zusammen mit anderen Stakeholdern passende Arbeitstechniken aus, sodass die Teilnehmer die erwarteten Ergebnisse damit erarbeiten können. Die Teilnehmer lädt er rechtzeitig ein, teilweise einige Wochen, bevor der Workshop stattfindet. In der Einladung sind häufig auch Material und Arbeitsaufträge zur Vorbereitung oder Einarbeitung enthalten.

Der Moderator führt den Workshop durch. Er sorgt wie bei Besprechungen dafür, dass jeder geplante Punkt auf der Agenda mit einem Ergebnis abgeschlossen wird und dass

---

[1] Vgl. Abschn. 15.6.

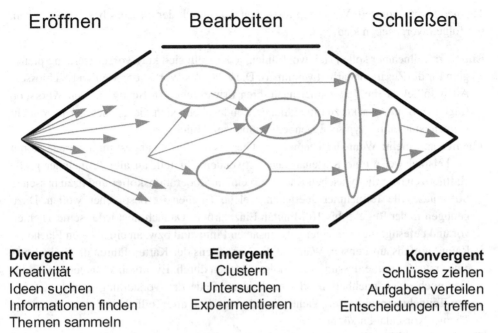

Eröffnen	**Bearbeiten**	**Schließen**
Divergent	**Emergent**	**Konvergent**
Kreativität	Clustern	Schlüsse ziehen
Ideen suchen	Untersuchen	Aufgaben verteilen
Informationen finden	Experimentieren	Entscheidungen treffen
Themen sammeln		

Abb. 11.1 Typischer Ablauf bei der Erarbeitung von Ergebnissen, frei nach Gray et al. [Gra10]: In der divergenten Phase werden neue Ideen erzeugt, in der Erarbeitungsphase verfeinert und gegliedert – eventuell entwickeln sich hier weitere neue Ideen. In der konvergenten Phase wird auf eine oder wenige Ideen konsolidiert. Hier werden Entscheidungen getroffen und Aufgaben verteilt

das Ergebnis explizit dokumentiert wird. Während der Moderation beispielsweise als Text oder Grafik auf einem Flipchart-Blatt. Später als Foto oder Text im Ergebnisprotokoll. Alle Teilnehmer sollen sich inhaltlich beteiligen und müssen daher Gelegenheit haben, das zu tun. Ebenso stellt er sicher, dass die vereinbarten Benimmregeln eingehalten werden.

Der Moderator sollte nach Möglichkeit inhaltlich selbst nicht beteiligt sein und sich auf das Moderieren konzentrieren können. Für kritische Workshops bietet es sich daher an, einen externen Moderator zu engagieren. Wenn der Moderator gleichzeitig auf die Agenda achten soll, aber parallel mitdiskutiert und mitentscheidet, muss er auf mehrere Dinge gleichzeitig achten. Damit leidet entweder die Moderation oder der Inhalt. Wenn es nicht möglich ist, einen inhaltlich unbeteiligten Moderator zu finden, kann der Moderator einige seiner Aufgaben an Teilnehmer delegieren. Beispielsweise kann ein Teilnehmer darauf achten, dass die Zeitvorgaben der Agenda eingehalten werden.

11.2 Allgemeiner Ablauf eines Workshops

Ein Workshop kann im Allgemeinen laut Josef W. Seifert in folgende Phasen unterteilt werden [Sei97]. Unsere Workshops fallen in der Regel kürzer aus, da beispielsweise die

Themen bereits vor dem Workshop feststehen oder durch den Prozess bzw. Vertrag, dem wir folgen, vorgegeben sind.

Einstieg: Teilnehmer sollen sich wohlfühlen, jeder stellt sich kurz vor, es werden Spielregeln für die Zusammenarbeit vereinbart. Die Ziele des Workshops werden beschlossen. Auch solltet ihr die Teilnehmer nach ihren Erwartungen in Bezug auf den Workshop fragen, z. B. in einer kurzen mündlichen Runde. Wenn sich die Teilnehmer noch nicht kennen, sind einige typische Kennenlernübungen üblich.

Themen sammeln: Wenn die Themen nicht bereits im Vorfeld abgestimmt wurden, könnt ihr beispielsweise eine Kartenabfrage verwenden: Ihr teilt an alle Teilnehmer große Haftnotizen oder die typischen Karten aus einem Moderationskoffer und dazu passende Stifte aus. Alle Teilnehmer überlegen, welche Themen sie besprechen wollen. Dazu genügen in der Regel 5 bis 10 Minuten Einzelarbeit. Danach liest jeder seine Themen vor und befestigt diese an einer gemeinsamen Pinnwand bzw. an einer freien Fläche im Raum, notfalls am Fenster. Während des Vorstellens der Karten führen die Teilnehmer eine erste Zusammenfassung verwandter Themen durch. Eventuell kann der Moderator hier noch etwas nachhelfen oder explizit am Ende der Vorstellung gemeinsam mit den Teilnehmern clustern. Wichtig ist hierbei, dass alle Teilnehmer gleichberechtigt Themen vorschlagen können.

Themen auswählen: Da in der Regel nicht jedes Thema besprochen werden kann, wird jetzt abgestimmt. Hierfür eignet sich z. B. die Punkte-Abfrage: Jeder Teilnehmer erhält beispielsweise drei Punkte oder nach einer anderen Faustregel ungefähr halb so viele Punkte, wie es Themen gibt. Jeder Teilnehmer klebt diese auf Themen, die ihm wichtig sind. Ihr beginnt die Arbeitsphase dann mit dem Thema, das die meisten Punkte erzielt hat. Alternativ könnt ihr auch die Themen paarweise miteinander vergleichen und so das wichtigste Thema nach oben sortieren.

Themen bearbeiten: Große Gruppen sollten in kleinere aufgeteilt werden. Effizient arbeiten könnt ihr eigentlich nur mit maximal fünf Personen. Ihr erarbeitet nun die Ergebnisse mit den weiter unten vorgestellten Techniken. Wenn ihr euch in mehrere Gruppen aufgeteilt habt, gibt es nach der Bearbeitungsphase die Vorstellung von Teilergebnissen im Plenum des Workshops. Ein Gruppenmitglied stellt die gemeinsamen Ergebnisse der Gruppe zur Diskussion.

Aufgaben und Ergebnisse festhalten: Um die Ergebnisse des Workshops festzuhalten und um sicherzustellen, dass dieser einen Effekt hat, haltet ihr am Ende noch die Aufgaben fest, die sich aus den erzielten Ergebnissen ableiten. Wichtig ist für jede Aufgabe einen Verantwortlichen zu benennen und einen Fertigstellungstermin, sonst wird die Aufgabe mit Sicherheit nicht bearbeitet, ... jemand sollte mal ...'" funktioniert nicht.

Abschluss: Wie Meetings sollte auch ein Workshop abgeschlossen werden. Beispielsweise mit einer kurzen Stimmungsabfrage: *Wie zufrieden sind Sie mit dem Workshop?* Wenn ihr ein positives Ergebnis haben wollt, geht auch: *Was aus diesem Workshop wird Ihnen am meisten nutzen?*

Die Workshops im Verlauf einer Produktentwicklung sind häufig detaillierter geplant und haben bereits eine vorgefertigte Agenda. Daher entfallen möglicherweise die beiden Abschnitte zum Sammeln und Auswählen von Themen.

11.3 Vorbereitung und Planung eines Workshops

Die Vorbereitung des Workshops geschieht wesentlich durch einen Moderator, den ihr beispielsweise aus eurem Team auswählt. Der Moderator lädt dann die ausgewählten Teilnehmer ein und versendet entsprechende Materialien und die geplante Agenda an diese. Er stimmt sich natürlich mit dem PO ab bzw. der Product Owner ist selbst der Moderator.

11.3.1 Klare Agenda und Ziele

Zur Vorbereitung eines Workshops gelten zunächst dieselben Regeln wie bei einer Besprechung:[2] Die Planung des Workshops beginnt damit, dass ihr das Ziel im Team und/oder mit dem Auftraggeber festlegt. Aus dem Ziel ergibt sich dann eine Agenda aus Themen, die während des Workshops bearbeitet werden müssen. Die Agenda enthält wie bei Besprechungen jeweils ein gewünschtes Ergebnis und die ungefähre Zeitdauer zur Bearbeitung zu jedem Punkt auf der Agenda. Aus dem Ziel und der Liste der Themen ergibt sich dann der Kreis der möglichen Teilnehmer.

Typischerweise häufen sich Workshops am Beginn eines Projekts bzw. beim Start der Entwicklung eines Produkts. Dort erarbeitet ihr beispielsweise die Produktversion, die Personas, die grundlegenden Features und die ersten Architekturentwürfe. Paolo Caroli[3] schlägt in einem Blog-Post beispielsweise eine Folge von mehreren Workshops vor, die innerhalb einer Woche bearbeitet werden, um ein Projekt richtig zu starten und dessen Ziele festzulegen (Tab. 11.1). Bei Markus Unterauer findet sich ein ähnlicher Vorschlag für agile Projekte [Unt19] ebenso wie bei Jake Knapp et al. [Kna16].

Paolo Caroli schlägt für alle Ergebnisse jeweils Techniken vor, die im Team angewendet werden können. Die meisten basieren auf vorgefertigten Canvas oder Rastern, die vom Team mit Haftnotizen in entsprechenden Sitzungen erarbeitet und befüllt werden.

Auch eine Retrospektive ist eine besondere Form des Workshops, hierzu findet ihr einen Agendavorschlag und einige Arbeitstechniken im Abschn. 3.5.2.

---

[2] Vgl. Abschn. 10.2.

[3] https://martinfowler.com/articles/lean-inception/.

Tab. 11.1 Beispiel für die grobe Planung eines einwöchigen Workshops für eine Produktentwicklung

Tag	Vormittag	Nachmittag
Montag	Team lernt sich kennen, Erstellung der Produktvision	Festlegung wesentlicher Produkteigenschaften und Abgrenzung
Dienstag	Personas erarbeiten	Features des Produkts erarbeiten, abhängig von den Zielen und Personas
Mittwoch	Analyse der Features auf technische Risiken und möglichen Geschäftswert	Szenarios für die Personas entwickeln
Donnerstag	Features auf die Szenarios abbilden	Zusammenfassung von jeweils höchstens drei Features zu schlüssigen MVPs
Freitag	Zusammenfassung der Ergebnisse und Planung der weiteren Arbeiten in einem MVP-Canvas	Abschließende Präsentation der erzielten Ergebnisse

11.3.2 Die richtigen Teilnehmer rechtzeitig einladen

In Workshops werden Ergebnisse erarbeitet, daher ist es wichtig, dass die passenden Experten und Wissensträger anwesend sind, ebenso wie eventuell Entscheider, die das Budget bereitstellen oder das Vorgehen genehmigen müssen. Den Teilnehmerkreis leitet ihr aus dem benötigten Fach- und Erfahrungswissen ab: Welche Kompetenzen und Erfahrungen müssen die Teilnehmer mitbringen? Daraus ergibt sich eine Liste der Wunschteilnehmer für den Workshop. Möglicherweise braucht ihr Mitarbeiter aus einer Fachabteilung, die nicht direkt zum Projektteam dazu gehören und auf die ihr keinen direkten Zugriff habt. Solche Mitarbeiter sind in der Regel sehr schlecht verfügbar, da sie ins Tagesgeschäft eingebunden sind, speziell wenn ihr diese für einen halben oder einen ganzen Tag benötigt.

Workshops müssen langfristig als Teil der Projektplanung entworfen werden, sicher mehrere Wochen, bevor der Workshop stattfindet. Die Teilnehmer müssen rechtzeitig informiert werden, damit sie wirklich zur Verfügung stehen. Eventuell müsst ihr den Umfang der Beteiligung von Fachabteilungsmitarbeitern bereits als Beistellung im Angebot vermerken, sodass ihr dies im Projektverlauf einfordern könnt.

11.3.3 Detailplanung: Zeiten und Arbeitstechniken

Arbeitstechniken auswählen

In der Softwaretechnik gibt es viele verschiedene Arbeitstechniken, die ihr in euren Workshops einsetzen könnt, siehe beispielsweise [Gra10, Ger18, Lew17, Unt19, Bus20]. Für jedes Teilergebnis, wie beispielsweise die Produktvision, gibt es eigene Arbeits- und Kreativitätstechniken, mit denen ihr im Team arbeiten könnt. Ihr könnt beispielsweise für die Produktvision einen Elevator Pitch mit einem vorgefertigten Schema erstellen lassen[4] oder die Teilnehmer basteln einen Produktkarton [Unt19]. Euer Methodenkoffer wächst von Workshop zu Workshop.

Spielt Arbeitstechniken, die ihr noch nie verwendet habt, vorher im Kopf oder an einem kleinen Beispiel durch: Erreicht ihr mit dieser Technik und mit den anwesenden Teilnehmern wirklich die geplanten Ziele? Können die Teilnehmer verstehen, was genau sie tun sollen? Eventuell müsst ihr vorher zu viel Methodik und Vorgehen erklären oder es ist spezielles Wissen erforderlich. Für Techniken wie die User Story Maps (siehe Abschn. 13.14) oder das Event-Storming (siehe Abschn. 15.6) müsst ihr einiges erklären, bevor die Gruppe arbeiten kann. Ein Brainstorming von Projektrisiken ist möglicherweise mit weniger Vorbereitung verbunden. Wählt im Zweifel eine einfache Arbeitstechnik, die sicher funktioniert. Ihr braucht für jede Arbeitstechnik Zeit, um

- das Vorgehen zu erklären,
- die Arbeitsmaterialien wie Stifte und Haftnotizen oder das Bastelmaterial zu verteilen,
- den Raum anders zu konfigurieren, beispielsweise Tische zu verschieben oder zu entfernen, um in Kleingruppen zu arbeiten,
- aus den Teilnehmern eventuell kleinere Gruppen zu bilden.

Wenn ihr mehrere Teilgruppen gebildet habt, benötigt ihr darüber hinaus Zeit, in der die Gruppenergebnisse im Plenum präsentiert und ggf. diskutiert werden können.

Genügend Pausen und körperliche Bewegung einplanen

Auch sehr motivierte Teilnehmer sind irgendwann müde. Plant daher ausreichend viele Pausen ein. Mindestens alle 90 Minuten jeweils mindestens 15 Minuten. Wenn es einen Imbiss gibt, braucht ihr für diesen mindestens 30 Minuten.

Pausen helfen euch zusätzlich, Probleme zu lösen, die sich während der Durchführung ergeben: Ihr könnt mit bestimmten Teilnehmern unter vier Augen reden, zum Beispiel, um deren Verhalten besser zu verstehen. Ihr könnt fehlende Materialien oder Informationen beschaffen, oder in Absprache in kleinerem Kreis die Planung verändern.

Pausen und besonders Bewegung wie ein Spaziergang möglichst im Freien helfen euch und den Teilnehmern, etwas Abstand von den Workshop-Inhalten zu gewinnen. Dies kann den Prozess des Problemlösens und der Kreativität fördern und Denkblockaden mindern [Roc06, Kah12]. Die Zeit für einen gemeinsamen Spaziergang ist hier gut investiert. Auch informelle Gespräche beim Kaffee können die Inhalte des Workshops voranbringen und zusätzlich helfen sie, persönliche Beziehungen aufzubauen und zu vertiefen.

Ein kleiner Imbiss kann die Beteiligung und Kreativität der Teilnehmer unterstützen. Daniel Kahneman verweist auf Studien, in denen sogar Anträge auf Bewährung von

---

[4] Vgl. Abschn. 4.6.

Richtern nach der Mittagspause mutiger bewertet werden, als wenn die Mittagspause oder das Frühstück schon einige Zeit her sind [Kah12].

Der Workshop sollte insgesamt nicht zu lang sein. Mehr als sechs Stunden Gesamtdauer sind nicht zu empfehlen, da sonst die Teilnehmer zu müde werden und erschöpft sind.

Arbeiten nur in kleinen Gruppen

Nur kleine Gruppen können etwas gemeinsam erarbeiten. Mit bis zu fünf Personen kommt noch ein Gespräch zustande, an dem sich alle beteiligen können. Bei größeren Gruppen kann sich der Einzelne nicht mehr gut genug einbringen, dann ist dessen Arbeitszeit verschwendet. Ihr solltet große Gruppen daher immer in kleine Gruppen aufteilen und diese die Detailarbeit machen lassen.

Plant am Ende der Kleingruppenarbeit die Vorstellung der jeweiligen Gruppenergebnisse ein. Dies kann über einen einfachen Vortrag eines Teammitglieds geschehen. Alternativ stellt jedes Teilteam für ihre Ergebnisse eine Pinnwand oder ein Flipchart-Blatt zusammen. Jedes Team stellt ein Mitglied ab, das die Ergebnisse erklärt. Die Ergebnisse werden wie auf einem Jahrmarkt so aufgebaut, dass die anderen Teams jeweils herumgehen und sich die anderen Ergebnisse erklären lassen können.

11.3.4 Low-Tech-Werkzeuge nutzen

Im Workshop wollt ihr von allen Teilnehmern einen Beitrag. Dies gelingt am einfachsten, wenn ihr den Workshop komplett ohne Technik durchführt, d. h. Beamer, Laptops und auch elektronische Whiteboards bleiben ausgeschaltet. Low-Tech-Werkzeuge wie Stifte, Haftnotizen, Pinnwände, Flipcharts und Whiteboards erlauben es jedem Teilnehmer, zu jedem Zeitpunkt etwas beizutragen. Alle können beispielsweise parallel Haftnotizen beschriften. Haftnotizen können frei auf einem Whiteboard, einer Wand oder einem Flipchart-Blatt positioniert und umkonfiguriert werden. Während der Arbeit können die Teilnehmer herumlaufen, sie können die Ergebnisse aus verschiedenen Perspektiven betrachten und sich auch mal fünf Minuten mit einem Kaffee zurückziehen.

Wenn ihr stattdessen einen Beamer mit einem angeschlossenen Laptop verwendet, kann im Grunde nur derjenige wirklich etwas beitragen, der gerade die Tastatur hat. Alle anderen sind eher in der konsumierenden Rolle, wie im Kino oder vor dem Fernseher.

Als Low-Tech-Werkzeuge braucht ihr mindestens einen Raum mit freien Wänden oder großen Fenstern, sowie möglichst viel Whiteboard-Fläche, Pinnwände oder Flipcharts für die gemeinsame Visualisierung oder Kartenabfragen. Zusätzlich braucht ihr Moderationsmaterial, das sich weitgehend in den üblichen Moderationskoffern befindet. Häufig fehlen allerdings die Haftnotizen und das Malerkrepp. Ihr braucht mindestens:

- Countdown-Uhren. Für alle Workshop-Techniken müsst ihr ein festes Zeitbudget vorgeben, häufig sind das 5 oder 10 Minuten. Alle Teilnehmer müssen die noch verfügbare Zeit deutlich erkennen können. Die verfügbare Zeit könnt ihr beispielsweise mit dem Timer eures Smartphones anzeigen, gebräuchlich sind auch Time Timer®.

- Haftnotizblöcke in verschiedenen Größen. Wir verwenden 76×76 *mm* und 76×127 *mm*. Achtet beim Kauf auf die Variante *Super Sticky*, diese haften besser, auch auf Whiteboards. Abhängig von der gewählten Technik braucht ihr verschiedene Farben, beispielsweise Grün, Gelb, Blau und Orange.
- Whiteboard-Stifte in Schwarz, Blau, Rot und Grün. Bei Whiteboards braucht ihr sicherheitshalber ein feuchtes Mikrofasertuch zum Reinigen, das vermeidet den unangenehmen Chemiegeruch der sonst üblichen Reinigungsmittel. Wenn ihr versehentlich mit einem Flipchart-Marker auf das Whiteboard geschrieben habt, ist das Mikrofasertuch die beste Lösung. Stifte mit einer Keilspitze ergeben meistens ein sehr schönes Schriftbild.
- Flipchart-Blöcke. Die Flipchart-Blätter könnt ihr verteilen und die Teilnehmer erarbeiten Ergebnisse in kleinen Gruppen. Ein Blatt kann flexibel irgendwo im Raum aufgehängt werden.
- Malerkrepp zum Befestigen von Flipchart-Blättern an einer Wand oder einem Fenster. Wir verwenden Malerkrepp, da anderes Klebeband eventuell Wände beschädigt und schwer von Whiteboards oder Fenstern entfernt werden kann.
- Scheren braucht man immer mal wieder. Spätestens wenn ihr Papierprototypen erstellt, sind die Scheren beim Ausschneiden der verschiedenen Screens und GUI-Elemente hilfreich oder beim Erstellen anderer Prototypen zum Anfassen.
- Bastelmaterial wie Klebstoffe, Pappen, Schur oder Folien. Damit lassen sich gut erste Übungen zum Kennenlernen machen, beispielsweise kann jeder Teilnehmer sein individuelles Namensschild erstellen. Auch anfassbare Prototypen und Produktkartons können mit Pappe, Klebstoff und Stiften schnell erstellt werden.
- Klebepunkte für Abstimmungen. Klebepunkte sind sehr hilfreich, wenn ihr schnell halbwegs anonym über ein Thema abstimmen wollt. Dot-Voting kommt immer wieder in der konvergierenden Phase von Workshops vor.

Für bestimmte Arbeitstechniken können auch LEGO®-Steine verwendet werden [Bla16]. Hier bietet die Firma Anleitungen für Workshops und Trainings für Moderatoren an. So werden auch Brainstorming-Sitzungen oder Teambuilding-Maßnahmen durchgeführt. LEGO®-Steine erinnern viele an die Kindheit und erleichtern so Kreativität.

11.3.5 Für ungestörten Raum sorgen

Der Raum hat großen Einfluss darauf, ob euer Workshop gelingt oder nicht. Stellt euch beispielsweise vor, der Workshop wäre in der Rechnerhalle des Rechenzentrums: Ein Raum ohne Fenster, man hört die Klimaanlage und die Tische sind am Boden fest montiert, vor jedem Teilnehmer steht ein Monitor. Oder stellt euch den Meeting-Raum vor, in dem leider vom letzten Umzug noch ein Berg Gerümpel steht und der Bohrhammer vom Elektriker ständig zu hören ist. Welche Eigenschaften sollte ein guter Raum haben?

- Leise und ungestört: Geräusche von außen lenken die Teilnehmer vom Workshop ab oder machen abhängig von der Lautstärke Gespräche nicht mehr möglich. Auch Störungen, beispielsweise durch irgendwelche Personen, die in den Raum laufen, sollten vermieden werden. Notfalls durch ein Schild vor der Tür: „Workshop: Nicht stören!"
- Aufgeräumt: Ein unaufgeräumter oder gar schmutziger Raum lenkt vom Thema des Workshops ab und die Teilnehmer fühlen sich eventuell nicht wohl.
- Tageslicht und ausreichende Beleuchtung: Die Stimmung der Teilnehmer ist für den Erfolg des Workshops wichtig. Tageslicht, der Blick auf grüne Pflanzen und helle Wände verbessern normalerweise die Stimmung. Man stelle sich dagegen eine Besprechung in einem grün oder braun gestrichenen Kellerraum mit 80er-Jahre-Nussbaum-Schrankwand vor.
- Freie Fläche für Flipchart-Bögen, Haftnotizen oder Whiteboards: Um die Zwischenergebnisse, die Agenda oder die Benimmregeln aufzuhängen, benötigt ihr freie Flächen. Verwendbar sind dazu Fenster, leere Wände oder auch Whiteboards oder Tafeln. Je mehr freie Flächen, desto besser.
- Optimal sind verschiebbare Tische und Stühle: Dann könnt ihr den Raum an jede Situation im Workshop anpassen. Beispielsweise eine erste Runde zum Kennenlernen mit einem Stuhlkreis beginnen. Dann Kleingruppen an verschiebbaren Pinnwänden oder an Tischen. Später folgt vielleicht ein Frontalvortrag und die Tische sind als U aufgestellt.
- Genügend Platz zum Herumlaufen: Viele Teilnehmer können besser und kreativer denken, wenn sie herumlaufen können. So können sie beispielsweise das Problem im Wortsinn aus verschiedenen Blickwinkeln betrachten. Leichte körperliche Bewegung wie in einem Spaziergang regt das Denken an.

Whiteboards, Flipcharts und Pinnwände sind eigentlich Standard für Seminarräume. Abhängig von den von euch genutzten Techniken, kommt ihr auch mit Flipchart-Blättern auf dem Tisch aus, die ihr später an eine Wand klebt. Haftnotizen kleben auch auf Tischen, Fenstern und an Wänden. Achtet bei dem Bekleben von Wänden aber auf die Vorgaben der Eigentümer des Raums.

Ein Besprechungsraum ist normalerweise in jedem Unternehmen vorhanden. Schwierig wird in der Regel die Umgestaltung des Mobiliars, häufig ist der Besprechungstisch in der Mitte fest montiert. Er enthält LAN-Anschlüsse, Steckdosen oder eine Verbindung zum Beamer oder zu einem großen Bildschirm.

Alternativ dazu bieten viele Hotels Tagungsräume mit Bewirtung als Dienstleistung an. Kritische Workshops oder solche, auf denen viel Kreativität gefragt ist, können auch an besonderen Orten stattfinden: Klöster, Burgen, Berghütten oder auch alte Industrieareale haben hier oft interessante Angebote mit einem anregenden Umfeld, das die Teilnehmer auch mental aus dem Alltag holt.

11.4 Einstieg

11.4.1 Begrüßung, Vorstellrunde und Erwartungsabfrage

Der Einstieg bestimmt den weiteren Verlauf des Workshops entscheidend. Hier könnt ihr mit wenigen Worten eine positive Stimmung schaffen und dafür sorgen, dass sich die Teilnehmer wohlfühlen.

Am Anfang stellt sich jeder Teilnehmer kurz vor, erwähnt werden hier besonders Eigenschaften oder Rollen der jeweiligen Person, die wichtig für den Workshop sind. Alle Teilnehmer sollten einen Überblick haben, welchen Beitrag die jeweils anderen leisten können.

Damit sich die Teilnehmer besser verstehen, gibt es zusätzlich jede Menge Spiele zum Kennenlernen, beispielsweise sollen sich die Teilnehmer im Raum sortiert nach der Länge ihrer Zugehörigkeit zum Unternehmen aufstellen oder nach ihrem Heimatort, beispielsweise Süddeutsche nach vorne im Raum und Norddeutsche nach hinten. Dies sorgt für etwas Bewegung und liefert die ersten Gesprächsthemen für die Pausen. In Büchern zum Thema Moderation finden sich viele weitere Anregungen.

Bei thematisch offeneren Workshops ist eine schriftliche Erwartungsabfrage hilfreich: Ihr fragt die Teilnehmer, was sie von einem guten Workshop erwarten würden. Was dürft ihr auf keinen Fall tun oder welche Inhalte sind aus der Sicht der Teilnehmer wichtig? Diese Erwartungen können die Teilnehmer auf größeren Haftnotizen aufschreiben. Ihr sammelt diese an einer Pinnwand oder an einer anderen sichtbaren Stelle im Raum. Wenn ihr die Erwartungen am Anfang abfragt, müsst ihr diese allerdings am Ende des Workshops mit den erzielten Ergebnissen vergleichen.

11.4.2 Ziel und Agenda besprechen

Am Anfang des Workshops stellt ihr das Ziel des Workshops vor. Ihr beantwortet die Frage, warum der Workshop überhaupt stattfindet und welche Ergebnisse erzielt werden sollen. Dann stellt ihr die geplante Agenda vor und stimmt diese mit den Teilnehmern ab, inklusive der Kaffee- und Mittagspausen sowie der Zusammenfassungs- und Feedbackrunde am Ende.

Die Agenda des Workshops sollte zu jedem Zeitpunkt für alle Teilnehmer sichtbar sein. Ihr könnt sie beispielsweise auf ein Flipchart-Blatt schreiben und dieses an eine Wand kleben. Denkbar ist auch die Darstellung der Agenda wie ein Taskboard mit den drei Spalten To-do, Doing und Done. Jeder Punkt auf der Agenda wird über eine Haftnotiz dargestellt. Jeder bearbeitete Punkt wandert über Doing in die Done-Spalte. Diese Form der Agenda kann sehr gut während des Workshops angepasst werden, denn weitere Themen können über neue Haftnotizen leicht ergänzt werden.

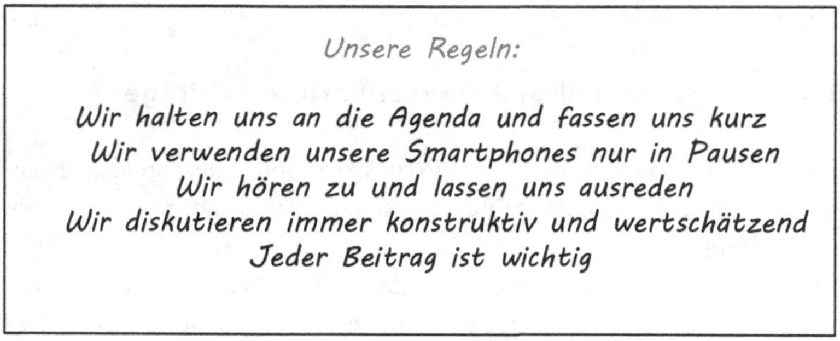

Unsere Regeln:

Wir halten uns an die Agenda und fassen uns kurz
Wir verwenden unsere Smartphones nur in Pausen
Wir hören zu und lassen uns ausreden
Wir diskutieren immer konstruktiv und wertschätzend
Jeder Beitrag ist wichtig

Abb. 11.2 Die gemeinsamen Regeln für den Workshop sollten mit allen Teilnehmern abgestimmt sein. Sie hängen als Plakat für alle gut sichtbar im Raum

11.4.3 Gemeinsame Benimmregeln

Einige Teilnehmer beantworten permanent irgendwelche E-Mails mit ihrem Laptop oder Smartphone und arbeiten nicht wirklich mit. Einige hören sich gerne reden oder verzetteln sich in ihren Beiträgen. Andere fallen diesen ins Wort, lassen sie nicht ausreden oder kippen einfach ihren Beitrag ab, ohne sich auf die anderen zu beziehen. Das habt ihr sicher auch schon erlebt. Mithilfe einfacher Benimmregeln könnt ihr gemeinsam mit euren Teilnehmern einige Ursachen für Probleme in Workshops abmildern. Die Regeln sollten von den Teilnehmern gemeinsam beschlossen werden und sie sollten für die Dauer des Workshops sichtbar an einer Wand des Raumes erkennbar sein. Ihr könnt beispielsweise ein Flipchart-Blatt dafür verwenden. Benimmregeln sind beispielsweise in Abb. 11.2 dargestellt [Unt19].

11.5   Themen bearbeiten

Eine Grundregel für Workshops lautet: So wenig Technik wie möglich! Verwendet möglichst nur Haftnotizen, Stifte, Whiteboards oder Pinnwände. Jeder Teilnehmer kann sich mit einem Stift ohne irgendwelche Vorkenntnisse beteiligen und beispielsweise Haftnotizen beschriften. Damit nutzt ihr die Ideen, Kenntnisse und Fähigkeiten aller anwesenden Personen aus. Es gibt viele Bücher zum Thema Workshops mit Ideen für Canvas-Techniken, Brainstorming oder grafische Techniken, beispielsweise Gamestorming von Dave Gray et al. [Gra10]. Anregungen findet ihr im Bereich des Design Thinking beispielsweise bei Ansgar und Godehard Gerling [Ger18] oder bei Michael Lewrick et al. [Lew17]. Hier werdet ihr sicher für jeden denkbaren Teilnehmerkreis fündig.

Die Bearbeitung erfolgt unabhängig von der gewählten Technik in den drei Stufen aus Abb. 11.1. Ihr solltet für jede dieser Phasen nur eine begrenzte Zeit vorsehen (Timeboxing):

1. Eröffnung: Hier werden zunächst Ideen, Meinungen und Informationen gesammelt. Dieser Teil ist kreativ, viel hilft viel. Hier könnt ihr beispielsweise Haftnotizen an alle Teilnehmer austeilen und jeder muss mindestens drei Ideen beisteuern. Als Dauer bieten sich beispielsweise 5 oder 10 Minuten an. Am Ende dieser Phase kann jeder Teilnehmer beispielsweise seinen Beitrag auf das Whiteboard kleben und etwas dazu sagen.
2. Bearbeiten: Jetzt werden die Beiträge hinterfragt und strukturiert. Die Teilnehmer diskutieren die Ideen, Meinungen und Informationen. Eventuell werden damit weitere Punkte gefunden und als neue Haftnotizen auf das Whiteboard geklebt. Ihr versucht eine Struktur zu finden, beispielsweise eine Reihenfolge, eine Kausalkette, Zusammenhänge als Mindmap oder einfache Cluster als Oberthemen.
3. Schließen: Während die ersten beiden Phasen kreativ waren, ist diese Phase kritisierend und hinterfragend. Ihr trefft Entscheidungen, ihr priorisiert, ihr konsolidiert und verteilt auf dieser Grundlage Aufgaben.

11.5.1 Einfaches Brainstorming

Beim einfachen Brainstorming verteilt ihr Haftnotizen oder Moderationskarten und Stifte. Jeder Teilnehmer ist aufgefordert, sich zu beteiligen. Ihr könnt beispielsweise fordern, dass er mindestens drei Beiträge leistet. Das Brainstorming läuft in den oben schon beschriebenen drei Phasen ab:

Ihr startet mit einer Frage zu der sich die Teilnehmer Gedanken machen sollen. Die Teilnehmer können beispielsweise so Projektziele erarbeiten, Begriffe für das logische Datenmodell sammeln oder Stakeholder finden. Jeder Teilnehmer sollte zunächst alleine nachdenken können. Zusammenarbeit in Teams solltet ihr hier noch nicht erlauben. Schließlich wollt ihr wirklich von jedem einen Beitrag. Wenn ein Teilnehmer zu früh die Informationen seines Nachbarn kennt, wird seine Arbeit dadurch beeinflusst, beispielsweise durch den Mitläufer-Effekt. Nach der ersten kreativen Phase heftet jeder Teilnehmer seine Ergebnisse an eine gemeinsame Pinnwand oder ein gemeinsames Whiteboard und stellt seinen Beitrag jeweils vor.

Jetzt folgt die Diskussion in der Gruppe. Die Teilnehmer gruppieren die Karten bzw. Haftnotizen oder bringen sie in eine sinnvolle Struktur. Doppelte Beiträge werden entfernt und unklare Beiträge konkretisiert. Die Struktur kann ein einfaches Cluster verwandter Beiträge sein, eine zeitliche bzw. logische Reihenfolge, eine Hierarchie aus Ober- und Unterpunkten oder eine Kategorisierung [Gra10], vgl. Abb. 11.3.

Zum Abschluss werden die Ergebnisse hinterfragt, Überflüssiges wird gestrichen und eventuell vergebt ihr Prioritäten. Ihr könnt Projektziele priorisieren, Lösungsvorschläge so in eine Reihenfolge bringen oder auch wichtige von unwichtigen Entitätstypen im Datenmodell unterscheiden. Zum Priorisieren könnt ihr beispielsweise abstimmen oder ihr verwendet Klebepunkte (siehe unten).

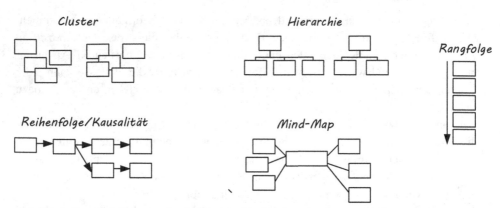

Abb. 11.3 Die Haftnotizen oder Moderationskarten können in verschiedene Zusammenhänge gebracht werden, einfache Cluster, Hierarchie, Reihenfolge oder Kausalkette. Zum Sammeln von Informationen eignen sich Mindmaps besonders gut. Die gesammelten Haftnotizen können als Basis für weitere Diagramme dienen, beispielsweise entsteht aus gesammelten Entitätstypen ein UML-Klassendiagramm des logischen Datenmodells

11.5.2 Verwenden eines Schemas

Es gibt mehrere Workshop-Techniken, die mit Haftnotizen arbeiten und diese nach einer vorgegebenen Methodik verwenden. Für euren Workshop müsst ihr Zeit einplanen, diese Techniken genauer zu erklären. Ihre Erarbeitung folgt jeweils einer gewissen Methodik. Bevor ihr diese Techniken einsetzt, solltet ihr sie in kleiner Runde ausprobieren, um sie besser zu verstehen und um mögliche Fragen zu klären. Zu diesen Techniken zählen:

- Impact Maps ordnen die Informationen als Mindmap an [Adz12]. Im Zentrum stehen die Projektziele und ihr überlegt, welche Personas euch bei der Erreichung unterstützen können (2. Ebene). Bei diesen wollt ihr eine Verhaltensänderung bewirken (3. Ebene) und dies geschieht durch die Features eures Produkts (4. Ebene), vgl. Abschn. 4.9.
- User Story Maps orientieren sich an Zielen, welche Personas mit eurem Produkt erreichen wollen [Pat14]. Mit Haftnotizen sammelt ihr zunächst die Aktivitäten der Personas zur Erreichung des Ziels. Ihr ordnet diese zu einem Erzählfluss auf der X-Achse. Danach überlegt ihr euch im Team, mit welchen User Storys ihr die Zielerreichung unterstützen könnt, diese User Storys ordnet ihr jeweils unter den Aktivitäten an und bildet damit schlüssige Releases eures Produkts, vgl. Abschn. 13.14.
- Event Storming ist eine Workshop-Technik, mit der ihr zunächst Workflows bzw. Geschäftsprozesse identifiziert und daraus schrittweise auch das Datenmodell der Anwendung ableitet [Bra21]. Ihr beginnt damit, dass ihr auf der X-Achse die Business Events aufklebt, vgl. Abschn. 15.6.

Großer Vorteil dieser Techniken ist der gewonnene Überblick über Wirkzusammenhänge, mögliche Releases oder die Prozesse. Die entstandenen Schaubilder mit Haftnotizen geben einen ersten guten Überblick und schaffen in eurem Team und mit den anderen Stakeholdern ein gemeinsames Verständnis.

11.5.3 Canvas bekleben

Alexander Osterwalder hat vor einigen Jahren Geschäftskonzepte mithilfe eines Schemas beschrieben. Dieses Schema eignet sich besonders gut für Workshops, da es einen Überblick über zentrale Themenfelder ermöglicht. Gleichzeitig kann dieses Schema leicht mit Haftnotizen in einer Gruppenarbeit gefüllt werden. Osterwalder taufte sein Schema *Business Model Canvas* [Ost11]. Mittlerweile wurde diese Idee von vielen anderen Autoren übernommen und inzwischen gibt es für fast jedes Thema ein Canvas für einen Workshop. Beispiele für sind:

- Business Model Canvas und Value Proposition Canvas von Alexander Osterwalder et al. [Ost11, Ost15], vgl. Abb. 11.4.
- Opportunity Canvas von Jeff Patton[5]

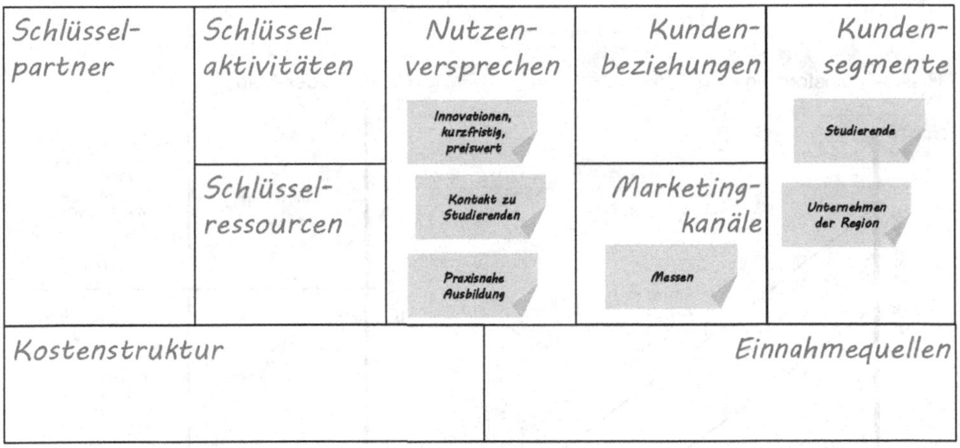

Schlüssel-partner	Schlüssel-aktivitäten	Nutzen-versprechen	Kunden-beziehungen	Kunden-segmente
		Innovationen, kurzfristig, preiswert		Studierende
	Schlüssel-ressourcen	Kontakt zu Studierenden	Marketing-kanäle	Unternehmen der Region
		Praxisnahe Ausbildung	Messen	
Kostenstruktur				Einnahmequellen

Abb. 11.4 Das Business Model Canvas von A. Osterwalder kann als Grundlage verwendet werden, ein Geschäftsmodell zu erarbeiten, zu präzisieren oder zu erklären. Die Informationen in den verschiedenen Feldern werden jeweils über Haftnotizen in einem Workshop ergänzt. Benachbarte Felder haben eine Beziehung zueinander. Die Nutzenversprechen werden beispielsweise über Marketingkanäle an Kundensegmente kommuniziert. Damit werden mit dem Canvas nicht nur Informationen gesammelt, sondern Zusammenhänge werden aufgezeigt

---

[5] Vgl. https://www.jpattonassociates.com/opportunity-canvas/.

- Lean UX Canvas von Jeff Gothelf und Josh Seiden[6]
- Projektmanagement Canvas: Hier gibt es viele verschiedene Vorschläge.

Für die Anwendung eines Canvas ist eine kurze Einführung in die Methodik notwendig. Ihr solltet nicht nach dem Schrotschuss-Verfahren überall Haftnotizen aufkleben, sondern das Canvas eher Feld für Feld abarbeiten. Hinweise zum Vorgehen geben die jeweiligen Autoren, wie beispielsweise bei A. Osterwalder [Ost11].

11.5.4 Matrix (Raster) bekleben

Viele Techniken verwenden ein zweidimensionales Koordinatensystem, das zwei oder mehr Eigenschaften einander gegenüberstellt. Ein Beispiel ist die Stakeholder-Matrix aus Abschn. 5.5. Eine Achse stellt den Einfluss eines Stakeholders dar, die andere Achse das Interesse am Projekt. Alle Stakeholder werden dann in dieses Koordinatensystem nach Einfluss und Interesse eingeordnet. Das Koordinatensystem wird dann in vier Quadranten unterteilt. Die Stakeholder aus den verschiedenen Quadranten werden unterschiedlich behandelt. Stakeholder mit großem Einfluss und großem Interesse anders als desinteressierte Stakeholder mit geringem Einfluss. Weiteres Beispiel ist das Koordinatensystem zur Risikoanalyse mit den Achsen Wahrscheinlichkeit und Schadenhöhe aus Abschn. 4.15 (Abb. 11.5).

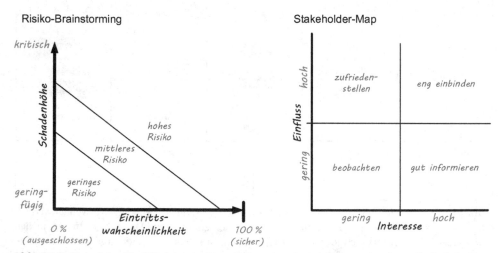

Abb. 11.5 Beispiele für Fläche mit Koordinatensystem: Risikobetrachtung und Stakeholder-Analyse

---

[6] Vgl. https://www.jeffgothelf.com/blog/leanuxcanvas/.

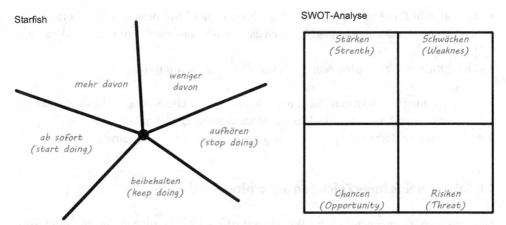

Abb. 11.6 Beispiele für gerasterte Flächen: Starfish und SWOT-Analyse

Die Koordinaten haben nicht immer eine Bedeutung, einige Techniken arbeiten nur mit Quadranten. Ein Beispiel ist die SWOT-Analyse. Eine quadratische Fläche wird in vier Quadranten unterteilt, für die Kategorien Stärken (Strength), Schwächen (Weakness), Chancen (Opportunity) und Risiken (Threat). Diese Fläche dient zur Analyse von Eigenschaften eines Projekts, Produkts oder eines Unternehmens auf Stärken, Schwächen, Chancen und Risiken. Die Beiträge der Teilnehmer fallen in eine der vier Kategorien. Weiteres Beispiel ist der Starfish aus dem Abschn. 3.5.2 über Retrospektiven (Abb. 11.6).

Diese Schemata führen zu einer vollständigeren Betrachtung als einfache Aufzählungen oder Kartenabfragen. Denn leere Quadranten in einem Raster oder einer Matrix ermutigen die Teilnehmer, gerade dort genauer nachzudenken. Leere Flächen sind unangenehm.

11.5.5 Spiele

Für viele Themen der Softwareentwicklung gibt es Spiele, um im Team Inhalte zu erarbeiten. Spiele enthalten häufig eine gewisse Form des Wettbewerbs zwischen verschiedenen Teilnehmergruppen. Eventuell könnt ihr einen kleinen Preis für das Gewinnerteam ausloben. Ein Wettbewerb ist häufig deutlich motivierender und macht mehr Spaß als einfaches Brainstorming in der Gruppe. Beispiele für derartige Spiele sind:

- TestSphere – Kartenspiel.[7] Dieses Spiel kann verwendet werden zum Informationsaustausch über den Testprozess und die Qualitätssicherung im Team, zum Brainstorming von Risiken oder als Grundlage für Retrospektiven.

---

[7] https://www.ministryoftesting.com/dojo/series/testsphere.

- Elevation of Privilege Threat Modeling – Kartenspiel.[8] Mit diesem Spiel überlegt sich das Team mögliche Bedrohungen, denen das Produkt ausgeliefert ist (Threat Modeling) [Sho14].
- Delegation Poker [App16] zum Festlegen von Verantwortungsbereichen.

Zur Einarbeitung in Scrum und Kanban werden beispielsweise Städte aus LEGO®-Steinen gebaut oder es wird das Pizza-Backen mit Moderationskarten simuliert. Bleß und Wagner haben eine ganze Reihe solcher Spiele für agile Projekte zusammengetragen [Ble19].

11.5.6   Gemeinsames Zeichnen am Whiteboard

Gemeinsames Zeichnen auf einem Whiteboard ist für kleine Gruppen ein sehr effektives Kommunikationsmittel. So könnt ihr viele der hier vorgestellten Diagramme erarbeiten, beispielsweise das Umgebungsdiagramm (Abschn. 4.13), das Team-Kontext-Diagramm (Abschn. 5.5.2) und sämtliche Darstellungen der Architektur eures Produkts. David Sibbet beschreibt, wie Besprechungen und Workshops visuell unterstützt werden können, auch durch gemeinsames Zeichnen [Sib11].

Jeder Teilnehmer kann etwas zur Zeichnung beitragen, sie ist ein gemeinsames Werkzeug für alle. Komplexere Sachverhalte lassen sich so darstellen, da alle Informationen grafisch vorhanden sind und so leichter wahrgenommen und verstanden werden. Bei der Zeichnung kann an jeder Stelle etwas ergänzt, verändert oder gelöscht werden. Sie kann in jede Richtung wachsen. Bereits diskutierte Informationen und Sachverhalte bleiben grafisch erhalten und können jederzeit erneut diskutiert werden. Im Gegensatz zur rein mündlichen Diskussion zwingt die Zeichnung alle Beteiligten dazu, konkret zu werden und Sachverhalte explizit darzustellen.

Normalerweise verwendet ihr für diese Zeichnungen einfache Symbole, wie Kästen oder Pfeile. Die Bedeutung der Symbole wird während des Zeichnens festgelegt. Die Zeichnung wird von den Teilnehmern der Diskussion immer wieder ergänzt und korrigiert. Mit dem Zeichnen könnt ihr ohne besondere Vorbereitung oder Einarbeitung beginnen. Wenn ihr häufiger gemeinsam zeichnet, wächst euer visuelles Alphabet von Zeichnung zu Zeichnung und es werden weitere Symbole ergänzt, z. B. eine Uhr (Timing, Zeitpunkt), ein Stecknadelkopf (Ort), eine Lupe (Details), ein Flugzeug (Überblick), eine Glühbirne (Idee), eine Sonne (Chancen), ein Blitz, eine Wolke oder eine Bombe (Risiko), diverse Verkehrsschilder oder Emojis.

---

[8] https://threatmodelingbook.com/.

11.5.7 Priorisieren

Das Setzen von Prioritäten ist immer wieder in Workshops wichtig, beispielsweise zur Auswahl oder zur Bestimmung der Reihenfolge bestimmter Themen. Eine lange Diskussion ist hier oft nicht zielführend. Besser ist eine schnelle Rückmeldung aller Teilnehmer.

Abstimmung mit Klebepunkten (Dot-Voting)

Die Abstimmung mit Klebepunkten ist das schnellste und einfachste Verfahren, um Prioritäten und/oder eine Reihenfolge zu finden. Ihr teilt an jeden Teilnehmer Klebepunkte aus. Dave Gray et al. empfehlen beispielsweise fünf Punkte [Gra10], andere Autoren berechnen die Zahl der Punkte aus der Zahl der Teilnehmer und der Entscheidungsoptionen. Jeder Teilnehmer klebt seine Punkte an die Option oder an das Thema, das er besonders wichtig findet. Ein Teilnehmer kann auch alle Klebepunkte für eine Option vergeben. Die Option mit den meisten Punkten hat dann die höchste Priorität. Die Reihenfolge der Optionen ergibt sich aus der jeweiligen Zahl an Punkten.

Großer Vorteil des Verfahrens ist, dass ihr von allen Teilnehmern sehr schnell ein Stimmungsbild erhaltet. Bittet die Teilnehmer, sich vor dem Kleben bereits zu entscheiden und die Wahl ggf. schriftlich festzuhalten, damit vermeidet ihr, dass die Teilnehmer, die am Ende der Wahl kleben, bereits vom Verhalten der anderen beeinflusst werden.

Sortieren

Um eine Reihenfolge zu finden, sortiert ihr und vergleicht die Optionen jeweils paarweise miteinander, die wichtigere Option wandert jeweils nach oben. Der direkte Vergleich von Optionen ist häufig einfacher als die Zuordnung einer absoluten Priorität. Bei vielen Optionen funktioniert dieses Verfahren nicht, da das Sortieren zu viel Zeit beansprucht.

11.6   Aufgaben und Ergebnisse protokollieren

Nach der Arbeitsphase sichert ihr die Ergebnisse des Workshops ab. Am Ende stellt der Moderator alle Ergebnisse vor. Es gibt aber keine ausführliche Diskussion. Aus den Ergebnissen ergeben sich weiterführende Aufgaben und die nächsten gemeinsamen Aktivitäten. Der Moderator sorgt dafür, dass die Aufgaben schriftlich festgehalten werden, beispielsweise auf einem Flipchart und dass es zu jeder Aufgabe einen Verantwortlichen und einen Fertigstellungstermin gibt.

Die Teilnehmer beschließen auch das weitere Vorgehen nach dem Workshop und vereinbaren eventuell weitere Termine für vertiefende oder weiterführende Workshops.

Das Ergebnisprotokoll fasst die besprochenen Ergebnisse zusammen und listet die Aufgaben mit Termin und Verantwortlichen sowie die nächsten Schritte und Termine auf. Das Protokoll kann im einfachsten Fall aus einer Reihe von Fotos bestehen. Die

Fotos dokumentieren die entstandenen Whiteboard-Skizzen, Haftnotizsammlungen oder Flipchart-Blätter.

Der Moderator versendet das Protokoll in möglichst kurzem Abstand nach dem Workshop.

Wenn ihr den Workshop mit einer Erwartungsabfrage begonnen habt, solltet ihr spätestens jetzt vergleichen, inwieweit die Erwartungen erfüllt wurden oder ob es noch offene Themen für weitere Workshops gibt. Eventuell kommen hier schon Hinweise, was ihr an der Organisation noch verbessern könnt.

11.7   Abschluss

Eine kurze Feedbackrunde schließt typischerweise den Workshop ab. Das Feedback könnt ihr über einfaches Dot-Voting erfragen: Ihr tragt die Themen ein, zu denen ihr Feedback haben möchtet und lasst die Teilnehmer entsprechend Punkte kleben. Allgemein fragt ihr vielleicht: ‚Wie zufrieden sind Sie mit dem Workshop'? mit einer Skala zwischen + + und - -. Fragen zum Veranstaltungsort oder der Organisation des Workshops sind ebenfalls üblich. Wenn es nur wenige Teilnehmer des Workshops gibt, könnt ihr die Fragen auch mündlich stellen und jeden Teilnehmer direkt ein Fazit ziehen lassen.

11.8   Sonderform: Online-Workshop

Ein Workshop lebt eigentlich davon, dass ihr alle Teilnehmer an einem Ort habt. Alle Teilnehmer sehen sich gegenseitig und können in der gesamten Gruppe oder unter vier Augen kommunizieren. Ihr habt neben der gesprochenen Sprache auch die Haltung, den Gesichtsausdruck und andere Informationen aus der Körpersprache zur Verfügung. Alleine durch die Gestaltung des Workshop-Raumes und die Wahl des Ortes könnt ihr Störungen ausschalten: Wenn ihr beispielsweise befürchtet, dass jemand seinen Laptop auspackt, entfernt ihr einfach die Tische aus dem Raum oder verlegt den Workshop an einen Ort mit Funkloch ohne WLAN.

Einen Workshop online durchzuführen, ist daher eine gewisse Herausforderung. Ohne gute Werkzeugunterstützung wird das schwierig. Ihr braucht mindestens ein Werkzeug für Videokonferenzen, damit ihr den Ton und möglichst auch das Kamerabild von allen Teilnehmern habt. Hilfreich sind folgende darüber hinaus Elemente aus Tab. 11.2, mit deren Hilfe die Teilnehmer moderiert an Themen arbeiten können.

Auch für den Online-Workshop sind eine gute Vorbereitung, die richtigen Teilnehmer und sinnvolle Arbeitstechniken wichtig. Ihr müsst euch allerdings um zwei Themen verstärkt kümmern: Wenn sich die Teilnehmer nicht kennen, ist die Startphase besonders wichtig. Hier benötigt ihr Spiele oder Techniken, damit sich die Teilnehmer besser kennenlernen und etwas über sich erzählen.

Tab. 11.2 Werkzeugunterstützung für Workshops, die online durchgeführt werden müssen

Werkzeug	Einsatzgebiet
Webcam	Online gehen sowieso schon sehr viele nonverbale Informationen verloren. Um zumindest einen vagen Eindruck von der Stimmung der Teilnehmer zu erhalten, sind die Bilder von Webcams hilfreich. Bittet die Teilnehmer, ihre Kamera jeweils anzuschalten.
Teilnehmerliste	Für euch ist eine Teilnehmerliste hilfreich, wie sie jedes System für Videokonferenzen anbietet. Damit seht ihr, wer noch teilnimmt. Hilfreich sind hier Funktionen wie beispielsweise für das Handheben oder für positives/negatives Feedback (Daumen hoch, Applaus).
Umfrage-Möglichkeit	Für Umfragen könnt ihr ein Online-Whiteboard nutzen und dort auch Punkte malen lassen. Konferenzsysteme bieten in der Regel auch ein entsprechendes Feature, mit dem ihr schnell ein Blitzlicht erhalten könnt.
Breakout-Sessions	Konferenzsysteme wie Zoom oder Big Blue Button ermöglichen die Arbeit in kleineren Gruppen über Breakout-Sessions. Die Gruppen können zufällig gebildet werden oder ihr legt diese vorher fest. Auch die Dauer einer solchen Session solltet ihr festlegen. Damit ihr im Plenum nach der Session gemeinsam weiterarbeiten könnt.
Online-Whiteboard	Die Teilnehmer sollten ein gemeinsames Online-Whiteboard zur Verfügung haben, mit dem gemeinsam Grafiken und Mindmaps erstellt werden können. Konferenzsysteme bieten in der Regel ein solches Feature an, alternativ könnt ihr hierzu Lösungen wie Miro, Mural oder Microsoft Teams nutzen. Miro und Mural bieten beispielsweise auch Haftnotizen und Zeichenfunktionen online an, sodass alle in diesem Buch vorgestellten Techniken durchgeführt werden können. Wir haben damit sehr positive Erfahrungen gesammelt.

Bei Online-Workshops gibt es zweitens vielfältige Ablenkungen: Die Teilnehmer können unbemerkt E-Mails lesen, im Internet surfen, die Katze kraulen oder sich mit ihren Kindern im Homeoffice beschäftigen. Daher ist es besonders wichtig, dass ihr Arbeitstechniken auswählt, die wirklich aktive Mitarbeit von allen Teilnehmern erfordern. Wenn die Teilnehmer mitarbeiten, könnt ihr den Workshop deutlich verkürzen, davon haben alle etwas. Online-Workshops sind schnell ermüdender als in Präsenz.

Weitere Hinweise für Online-Besprechungen haben wir in Abschn. 10.5 zusammengefasst und Verhaltensregeln für euch in Abschn. 7.6.4.

11.9 Schnelles Lernen

Schnelles Feedback ist auch für die Verbesserung von Workshops wichtig. Die Moderation eines Workshops und der Umgang mit den Teilnehmern erfordert einige Übung. Nach jedem Workshop solltet ihr als Veranstalter daher kurz den Verlauf reflektieren.

- Habt ihr mit dem Workshop die geplanten Ziele erreicht? Wie zufrieden seit ihr selbst mit dem Verlauf?
- Wie zufrieden waren die Teilnehmer mit dem Workshop? Während des Workshops konntet ihr die Teilnehmer beobachten. Zusätzliches Informationen könnt ihr mit einer kurzen mündlichen Feedbackrunde gewinnen, eine solche Runde wird auch Blitzlicht genannt.
- Bei längeren Workshops bietet es sich an, einen kurzen Feedbackbogen mit speziellen Fragen zum Ablauf, der Organisation, dem Ort oder dem Essen zu stellen. Die Teilnehmer sollten diesen Bogen schnell bearbeiten können, daher sollte er eine bis maximal zwei Seiten nicht überschreiten.

Wenn die Teilnehmer nach dem Workshop nur das hervorragende Essen oder den wunderschönen Veranstaltungsort loben, solltet ihr noch mal nachfragen, ob der Workshop inhaltlich die Erwartungen der Teilnehmer erfüllt hat.

Literatur

[Adz12]   Adzic G, Bisset M (2012) Impact Mapping: Making a Big Impact with Software Products and Projects. Provoking Thoughts

[App16]   Appelo J (2016) Managing for Happiness: Games, Tools, and Practices to Motivate Any Team. Wiley

[Bla16]   Blair S, Rillo M (2016) How to Facilitate Meetings & Workshops Using the LEGO Serious Play Method. ProMeet

[Ble19]   Bleß M, Wagner D (2019) Agile Spiele – kurz & gut: Für Agile Coaches und Scrum Master. O'Reilly

[Bra21]   Brandolini A (2021) Event Storming. LeanPub

[Bus20]   Busse M (2020) Design Thinking mit SAP. Rheinwerk Publishing

[DB85]   E. De Bono. (1985) Six Thinking Hats. Little, Brown

[Ger18]   Gerling A, Gerling G (2018) Der Design-Thinking-Werkzeugkasten: Eine Methodensammlung für kreative Macher. dpunkt.verlag

[Gra10]   Gray D, Brown S, Macanufo J (2010) Gamestorming: A Playbook for Innovators, Rulebreakers, and Changemakers. O'Reilly

[Kah12]   Kahneman D (2012) Schnelles Denken, langsames Denken. Siedler Verlag

[Kna16]   Knapp J, Zeratsky J, Kowitz B, Braun A (2016) Sprint: Wie man in nur fünf Tagen neue Ideen testet und Probleme löst. REDLINE Verlag

[Lew17]   Lewrick M, Link P, Leifer L, Langensand N (2017) Das Design Thinking Playbook: Mit traditionellen, aktuellen und zukünftigen Erfolgsfaktoren. Vahlen

[Ost11]   Osterwalder A, Pigneur Y, Wegberg J (2011) Business Model Generation: Ein Handbuch für Visionäre, Spielveränderer und Herausforderer. Campus Verlag

[Ost15]   Osterwalder A, Pigneur Y, Bernarda G, Smith A (2015) Value Proposition Design. Campus Verlag

[Pat14]   Patton J, Economy P (2014) User Story Mapping: Discover the Whole Story, Build the Right Product. O'Reilly

[Roc06]   Rock D (2006) Quiet Leadership: Six Steps to Transforming Performance at Work. HarperCollins

[Sei97]   Seifert JW (1997) Visualisieren, Präsentieren, Moderieren. Anwendungsorientierte Be-
           triebswirtschaft. GABAL

[Sho14]   Shostack A (2014) Threat Modeling: Designing for Security. Wiley

[Sib11]   Sibbet D (2011) Visuelle Meetings: Meetings und Teamarbeit durch Zeichnungen,
           Collagen und Ideen-Mapping produktiver gestalten. mitp Business. mitp

[Unt19]   Unterauer M (2019) Workshops im Requirements Engineering: Methoden, Checklisten
           und Best Practices für die Ermittlung von Anforderungen, 2. Aufl. dpunkt.verlag

[Ver17]   Vernon V (2017) Domain-Driven Design kompakt: Übersetzt von Carola Lilienthal und
           Henning Schwentner. dpunkt.verlag

Teil III

Werkzeugkasten Produktentwicklung

Versions- und Konfigurationsmanagement 12

Eventuell wird euer Produkt mehrere Jahrzehnte alt und ihr könnt dies in vielen Projekten weiterentwickeln. Ihr müsst daher in der Lage sein, jede bereits ausgelieferte Version eurer Software wiederzufinden und so wieder herzustellen, dass ihr Fehler beheben könnt. Dazu gehören auch die passende Betriebssystem-Version und alle notwendigen Werkzeuge und Infrastrukturen. Das Ganze sollte sich im Wesentlichen mit wenigen Kommandozeilen-Befehlen bewerkstelligen lassen: Erstens Wiederherstellen dieser Version aus der Versionsverwaltung und danach Start des Build- und Deployment-Prozesses. Damit das möglich wird, braucht ihr eine funktionierende Versionsverwaltung, beispielsweise Git. Ihr braucht ein Konzept zur Automatisierung des Builds und des Deployments und ihr müsst euch überlegen, was genau ein konsistenter Stand euer Software ist und was alles dazu gehört. Dies war nur eines von vielen Argumenten, weshalb Versionsverwaltung und Konfigurationsmanagement zentrale Themen sind.

12.1 Was leistet eine Versionsverwaltung?

Die Notwendigkeit einer Versionsverwaltung für Quelltexte wird derzeit niemand mehr ernsthaft bestreiten. Aber: Warum ist das der Fall und warum genügt nicht einfach eine gemeinsam genutzte Festplatte? Bereits im Kap. 3 haben wir gefordert, dass euer Team ab der ersten Sekunde im Projekt ein gemeinsames Repository haben sollte. Dieses Repository gehört zu einer Versionsverwaltung wie Git oder Apache Subversion (kurz svn). In Abb. 12.1 ist beispielhaft Subversion dargestellt.

Bevor wir uns um die technischen Details und die tägliche Arbeit damit kümmern, sollten wir uns mit den Gründen beschäftigen, warum ihr eine Versionsverwaltung braucht und warum ihr dieses Werkzeug sehr gut beherrschen solltet:

© Springer Fachmedien Wiesbaden GmbH, ein Teil von Springer Nature 2022
G. Beneken et al., *Grundkurs agiles Software-Engineering*,
https://doi.org/10.1007/978-3-658-37371-9_12

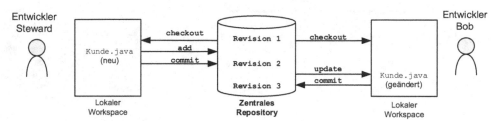

Abb. 12.1 Beispiel für eine zentrale Versionsverwaltung wie Subversion (svn). Alle Änderungen werden in einem zentralen Repository verwaltet. Jeder Entwickler hat in seinem Workspace eine lokale Kopie

- In dem Repository werden Dateien verwaltet und versioniert. Die Versionsverwaltung führt Buch darüber, wann welches Teammitglied, bestimmte Dateien aus welchem Grund geändert hat. Jede Änderung wird jeweils über einen *Commit* dokumentiert, dieser weiß, welche Änderungen an welchen Dateien und Verzeichnissen stattgefunden haben. Versionsverwaltung ist damit ein wichtiges Koordinations- und Kommunikationswerkzeug in eurem Team. Anhand der Änderungshistorie der Dateien könnt ihr die Aktivitäten der anderen Teammitglieder sehen, ohne mit diesen direkt kommunizieren zu müssen. Die unten noch besprochenen Commit-Nachrichten sind besonders wichtig, da sie den Grund für die jeweiligen Änderungen erklären. Auch alle Aktivitäten in der Vergangenheit sind bis zum ersten Commit gut dokumentiert und nachvollziehbar.
- Mit der Versionsverwaltung können ältere (konsistente) Versionen eurer Dateien bzw. euer Software insgesamt wiederhergestellt werden, und zwar so, dass diese zusammenpassen und eine Konfiguration bilden. Die Versionsverwaltung ist quasi eine Undo-Funktion mit annähernd unbegrenzt vielen Schritten. Wenn ihr Softwareversionen an einen Auftraggeber ausliefert und dieser Fehler entdeckt, müsst ihr mit einem Konsolenbefehl den gelieferten Softwarestand wieder herstellen können, auch wenn schon Jahre vergangen sind.
- Für Konsistenz sorgt ein weiterer Mechanismus: Eine Änderung kann mehrere Dateien im Code umfassen. Versionsverwaltungen arbeiten daher in der Regel *transaktionsbasiert*. Änderungen an mehreren Dateien werden zu einem Commit zusammengefasst. Dieser Commit wird dann ganz oder gar nicht ausgeführt. Von den Dateien gibt es vor und nach dem Commit jeweils einen konsistenten Stand.
- In eurem Team wird es sicher passieren, dass dieselben Dateien von mehreren Teammitgliedern gleichzeitig geändert werden. Eine Versionsverwaltung erkennt derartige Konflikte und unterstützt bei der Behebung. Dies wird auch als *optimistische* Strategie bezeichnet, d. h. Konflikte werden erkannt und dann automatisch oder manuell behoben. Das wird als *Mergen* bezeichnet. Alternativ können auch Dateien gesperrt werden, die gerade in Bearbeitung sind. Das wird pessimistische Strategie genannt. Diese Strategie ist seltener.
- Es ist möglich, mehrere Versionen derselben Dateien parallel zu verwalten. Jede Version liegt auf einem eigenen Zweig (Branch). Typischerweise wird für jede gelieferte

Version der Software ein Branch erzeugt. So kann parallel weiterentwickelt werden und auf der gelieferten Version sind Fehlerbehebungen möglich. Branches werden in einigen agilen Projekten für jedes Feature und jeden Hotfix erzeugt und später in einen Branch gemergt, wo die zu liefernde Software stabilisiert wird.

- Das Repository ist mit einer Datenbank vergleichbar, ihr könnt für verschiedene Teammitglieder oder auch externe Personen Zugriffsrechte vergeben.

12.2   Was ist eine Versionsverwaltung?

Derzeit sind zwei verschiedene Konzepte für Versionsverwaltungen im Einsatz: Zentrale Versionsverwaltungen, wie beispielsweise Subversion (svn), verfügen über ein Repository auf einem zentralen Server, in dem alle Dateien verwaltet werden. Verteilte Versionsverwaltungen wie Git synchronisieren mehrere Repositorys, von denen eines in der Regel auf dem Rechner des Entwicklers ist, und ein gemeinsames Repository befindet sich auf einem zentralen Server.

Workspace
Jedes Teammitglied arbeitet zunächst auf seinem eigenen lokalen Rechner. Dort sind alle Dateien abgespeichert und werden vom jeweiligen Betriebssystem verwaltet. Die Entwicklungsumgebung, Editoren, die Tabellenkalkulation oder auch eine Textverarbeitung arbeiten auf diesen Dateien. Das Verzeichnis, in dem gearbeitet wird und das unter Versionsverwaltung steht, heißt Workspace.

Repository
Ein lokales, zentrales oder verteiltes Repository protokolliert Änderungen in Dateien und kann eurem Team diese Dateien zur Verfügung stellen. Ein Teammitglied führt in seinem Workspace Änderungen durch und fasst diese zu einem Commit zusammen. Dieses Commit ist die Verwaltungseinheit für diese Änderungen. Ein Commit wird beispielsweise über eine einfach fortlaufende Nummer (svn) oder über einen 40-stelligen Hash-Code (Git) identifiziert. Wie es in Abb. 12.2 gezeigt wird, die Hash-Codes werden verkürzt durch den

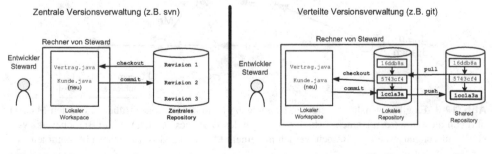

Abb. 12.2 Gegenüberstellung zentrale Versionsverwaltung und eine verteilte Versionsverwaltung

Short Hash mit sieben Stellen dargestellt. Unter der Nummer bzw. dem 40-stelligen Hash-Code könnt ihr jederzeit genau diese Änderungen identifizieren oder den betreffenden Stand der Software wieder herstellen.

Bei einem zentralen Repository werden die Commits direkt vom Workspace ins zentrale Repository übernommen. Die anderen Teammitglieder können sich diese Änderungen dann mithilfe eines Checkout oder Update wieder in ihren Workspace kopieren. Zu jedem Commit wird protokolliert, wer diesen wann und aus welchem Grund erstellt hat.

Ein Repository ist mit einer Datenbank vergleichbar, die über eine Historien-Funktion verfügt. Von jeder Datei können aktuelle, aber auch alte Versionen bereitgestellt werden, beispielsweise die Version vom letzten Dienstag, oder das Release 47.11.0815.

Branching und Merging

Mehrere Versionen derselben Dateien können über Branches parallel gepflegt werden, wie Abb. 12.3 zeigt. Mit ihnen ist es möglich, dass ein Teammitglied sein Feature oder seinen Hotfix zunächst isoliert in einer parallelen Version bearbeitet. In Git können Branches beispielsweise sehr einfach erstellt und verwaltet werden.

Ein neues Feature oder ein Hotfix sollen irgendwann mit dem Rest der Software ausgeliefert werden, daher ist es notwendig, die Inhalte eines Branches wieder auf den Branch zu bringen, aus dem dann die zu liefernde Software erzeugt wird. Dies wird als Mergen bezeichnet. Auch hier bietet Git Unterstützung an, dieses Mergen automatisch durchzuführen. Der Hauptzweig wird als Main (Git) oder Trunk (svn) bezeichnet.

Konflikte

Wenn ihr parallel dieselben Dateien ändert, können leicht Konflikte entstehen: Beide ändern etwas, beide kopieren ihre Änderungen in das Repository. Wenn ihr nur eine gemeinsame Festplatte hättet, würden die zuerst kopierten Änderungen verloren gehen. Das Problem kennst du unter der Überschrift *lost update* von Datenbanken. Wie auch Datenbanken arbeiten Versionsverwaltungen mit verschiedenen Strategien, um zu vermeiden, dass Änderungen verloren gehen.

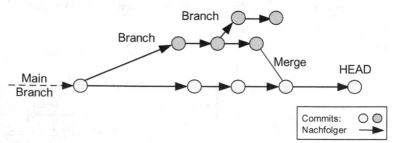

Abb. 12.3 Es gibt normalerweise einen Hauptzweig (Trunk, Main oder früher in Git den Master) und von diesem werden Branches abgezweigt. Von den Branches können weitere Branches abzweigen. Änderungen aus einem Branch werden mit einem Merge in andere Branches übernommen

Ältere Systeme vermeiden Konflikte über Sperren. Du sperrst eine Datei, holst dir dann die aktuellste Version. Alle anderen im Team dürfen die Datei nicht zum Ändern auschecken, sondern bestenfalls lesen. Du führst deine Änderungen durch und lädst die Änderungen wieder ins Repository hoch. Dann wird die Datei wieder entsperrt. Diese Strategie heißt auch *pessimistisch* oder *lock-modify-unlock*.

Moderne Versionsverwaltungen arbeiten überwiegend optimistisch. Sie erkennen Konflikte. Dateien werden niemals gesperrt. Jeder im Team kann alle Dateien zu jedem Zeitpunkt in seinen lokalen Workspace kopieren und ändern. Wenn die Änderungen wieder ins Repository kopiert werden (commit), wird auf Konflikte geprüft. Erkannte Konflikte werden automatisch aufgelöst oder du wirst aufgefordert, diese manuell zu beheben. Manuell beheben musst du beispielsweise Situationen, in denen du dieselbe Zeile in der selben Datei wie ein Kollege geändert hast.

Tags

Bestimmten Versionen der Dateien kann im Repository ein Name zugeordnet werden. Diese Namen werden als Tags bezeichnet. Derart benannte Versionen können unter diesem Namen zu jedem Zeitpunkt im Repository wiedergefunden werden. Einen Tag vergebt ihr beispielsweise, wenn ihr eine Version der Software geliefert oder produktiv gesetzt habt.

12.3   Zentrale Versionsverwaltungen

CVS und Subversion sind Beispiele für zentrale Versionsverwaltungen. CVS war in den 1990er-Jahren bis in die 2000er-Jahre weit verbreitet, hatte aber gewaltige Schwächen wie beispielsweise ein fehlendes Transaktionskonzept. Subversion wurde im Jahr 2004 mit der Version 1.0 veröffentlicht und wird derzeit als freies Open-Source-Versionskontrollsystem von der Apache Software Foundation weiterentwickelt.

Ein Teammitglied erstellt mithilfe eines `checkout` eine Kopie der Daten aus dem Repository auf seiner lokalen Festplatte in seinem Workspace, das ist ein Verzeichnis auf der Festplatte. Dort findet er oder sie ein .svn-Unterverzeichnis. svn speichert dort lokale Informationen über die verwalteten Dateien. Die aktuellste Version der Software wird als HEAD bezeichnet, du kannst aber auch eine ältere Version auschecken. Subversion nummeriert einfach alle Versionen des gesamten Repositorys durch. Jede Änderung ist damit einer Versionsnummer des Repositorys zugeordnet.

Die ausgecheckten Dateien kannst du nun nach Belieben verändern. Mit `commit` kopierst du deine Änderungen wieder in das zentrale Repository. Änderungen anderer Teammitglieder kannst du über ein `update` in deinen Workspace kopieren (Abb. 12.4).

Alle Teammitglieder arbeiten auf einem gemeinsamen Hauptzweig, dem Trunk. Davon können Varianten erzeugt werden. Diese heißen dann Branches. Commit funktioniert nur dann, wenn du auf der aktuellsten Version aller Dateien arbeitest. Subversion nummeriert einfach das Repository durch, bei jedem Commit wird die Versionsnummer des Repositorys erhöht. Wenn die Version des Repositorys, die du ausgecheckt hast, kleiner ist als

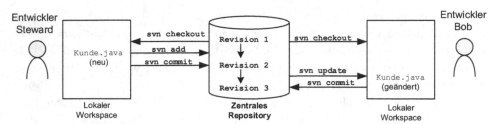

Abb. 12.4 Zentrale Versionsverwaltungen arbeiten mit einem zentralen Repository, das über alle Änderungen Buch führt

die aktuelle Versionsnummer, musst du dir vor dem Commit noch Änderungen aus dem Repository mit deinen Änderungen vereinigen (mergen). Danach ist der Commit möglich.

Eine zentrale Versionsverwaltung wie Subversion ist ein einfaches Werkzeug, das mit nur wenigen Befehlen auskommt, im Wesentlichen: `checkout`, `commit` und `update`. Nachteil ist, dass für den Versionsabgleich immer eine (Internet-)Verbindung zum zentralen Repository bestehen muss. Paralleles Arbeiten in großen Teams kann leicht zu vielen Konflikten führen.

12.4   Git als verteilte Versionsverwaltung

Git[1] wird hier als Beispiel für eine moderne verteilte Versionsverwaltung beschrieben. Git ist sehr weit verbreitet und kostenlos erhältlich. Linus Torvalds hat in den 1990er-Jahren einen eigenen Unix-Kernel für x86-Prozessoren entwickelt. Dieser wurde zur Grundlage des nach ihm benannten Linux-Betriebssystems. An der Entwicklung des Kernels sind sehr viele Menschen beteiligt, die über die ganze Welt verteilt arbeiten. Torvalds hat, um dies zu unterstützen, ab 2005 auch eine eigene Versionsverwaltung entwickelt und diese *Git* (britischer Slang für ‚Blödmann') getauft. Später übergab er die Pflege des Systems an Junio Hamano.

Eine verteilte Versionsverwaltung arbeitet mit einem lokalen Repository direkt beim Entwickler und einem oder mehreren geteilten Repositorys. Mit diesen werden die lokalen Repositorys synchronisiert. Mit dem lokalen Repository wird gearbeitet wie mit einer Versionsverwaltung, die ein zentrales Repository bereitstellt. Versionen werden per `checkout` in den Workspace kopiert. Änderungen per `commit` bestätigt. Der Abgleich mit dem oder den zentralen Repositorys geschieht dann in einem zweiten Schritt. Der Entwickler holt über `pull` oder `fetch` Änderungen in sein lokales Repository. Er kopiert seine Änderungen mit einem `push` vom lokalen in ein zentrales Repository (Abb. 12.5).

Git hat sich mittlerweile als Werkzeug für die verteilte Versionsverwaltung durchgesetzt und verdrängt Subversion und viele andere Alternativen. Die Werkzeugunterstützung ist ausgezeichnet und Git ist mittlerweile in die meisten Entwicklungsumgebungen integriert

---

[1] Vgl. https://git-scm.com/.

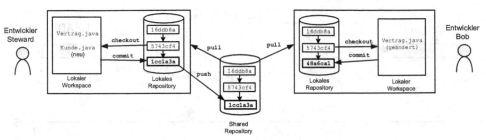

Abb. 12.5 Verteilte Versionsverwaltungen können ein oder auch mehrere gemeinsame Repositorys haben. Entwickler haben in der Regel auch eine lokale Kopie des Repositorys. Auf diese erfolgen zunächst ihre Commits. Die Commits werden später mit dem zentralen Repository synchronisiert

worden. Git ist allerdings keineswegs trivial und ihr solltet euch gut einarbeiten, denn durch kleine Fehler kann man leicht ein Repository annähernd zerstören.

Commits

Ein Commit ist die zentrale Verwaltungseinheit in Git. Da Git verteilt arbeitet, kann es nicht einfach die Commits oder das Repository selbst durchnummerieren, bei jedem Teammitglied müssen global eindeutige IDs für Commits erzeugt werden. Die ID jedes Commits ist der Hash-Code, der zum Commit gehörenden Daten, berechnet nach dem SHA-1-Algorithmus. Dieser erzeugt zu den gegebenen Daten einen Hashwert mit 160 Bit. Der Hashwert wird als 40-stellige Zahl hexadezimal dargestellt. Das nachfolgende Beispiel zeigt zwei Commits aus diesem Buchprojekt. Git erstellt diese Übersichten mit `git log`. Die Hashwerte finden sich jeweils in der ersten Zeile.

```
1   commit 43493c7a4b5524741aa2e43d973d64f6f1d5d992
2   Author: Beneken Gerd <gerd.beneken@th-rosenheim.de>
3   Date:    Sun Feb 14 10:10:37 2021 +0100
4
5        Navigation Uebersicht
6
7   commit 053d293c35e1e529ba3f4e855a580820c53603c0
8   Author: Beneken Gerd <gerd.beneken@th-rosenheim.de>
9   Date:    Sat Feb 13 19:56:59 2021 +0100
10
11       Architekturkapitel Bilder
```

Wenn der Inhalt einer Datei, eines Commits oder eines Verzeichnisses verändert wird, ändert sich auch der Hashwert und damit die ID. Damit stellt die ID auch die Integrität der gespeicherten Daten im Repository sicher. Vereinfachend werden Commits normalerweise über die ersten fünf bis sieben Stellen der ID angesprochen. Kann die angegebene ID nicht eindeutig zugeordnet werden, fordert Git eine längere ID an. Jeder Commit kennt jeweils

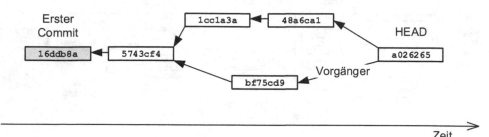

Abb. 12.6 Die Grafik stellt mehrere Commits dar. Von den IDs werden vereinfachend nur die ersten sieben Stellen gezeigt. Jeder Commit hat einen Verweis auf einen oder mehrere Vorgänger. Der erste Commit hat keinen Vorgänger. Auf diese Weise können sehr einfach auch parallel gepflegte Versionen als Branches erstellt werden: Zwei Commits haben denselben Vorgänger. Ein Commit mit zwei Vorgängern stellt einen Merge zweier Branches dar

die IDs seines oder seiner Vorgänger. Auf diese Weise entsteht ein gerichteter azyklischer Graph, wie er in Abb. 12.6 dargestellt wird.

Staging Area

Bei der Erstellung eines Commits werden zueinander passende Änderungen zusammengefasst und als Einheit im Repository verwaltet. Beispielsweise nur der Bugfix oder nur das gerade entwickelte Feature. Git hat zur Erstellung und späteren Veränderung von Commits zwischen Workspace und lokalem Repository eine sogenannte Staging Area eingeführt. Hier werden zunächst Änderungen gesammelt (`git add`) und dann gemeinsam als Commit (`git commit`) in das lokale Repository geschrieben. Mithilfe der Staging Area könnt ihr also *gute* Commits erzeugen.

Lokales Repository

Alle Teammitglieder arbeiten zunächst mit einem lokalen Repository. Dieses befindet sich im Verzeichnis `.git` im Workspace. Das lokale Repository verwaltet alle lokalen Commits und auch die lokalen Branches. Man könnte es als eine Art objektorientierte Datenbank auffassen.

Shared Repository

Die Teammitglieder tauschen über ein oder mehrere gemeinsame Repositorys ihre Dateien aus. Häufig gibt es ein zentrales gemeinsames Repository. In unserem Beispiel werden diese Repositorys über GitLab erstellt und verwaltet.

12.5   Was ist eine Konfiguration?

Eine Konfiguration ist offenbar mehr als nur eine Version bestimmter Dateien. Die Konfiguration umfasst spätestens seit dem Trend zum Continuous Delivery [Hum10] neben den

Quelltexten auch die Konfigurationen der Rechner, auf denen die Software laufen soll. Idee ist, auch diese Konfigurationen über die Versionsverwaltung zu versionieren und zu den Quelltexten konsistent zu halten.

Hierzu verbreitet sich der Ansatz *Infrastructure as Code* [Mor16]. Ein Skript beschreibt den gesamten Stapel aus Betriebssystem und anderen Infrastruktur-Komponenten. Wenn das Skript auf einem leeren Rechner ausgeführt wird, sorgt dieses dafür, dass der Rechner nach Ablauf des Skriptes korrekt und *wiederholbar* konfiguriert ist. Das Gegenteil davon wäre ein über Jahre hinweg liebevoll manuell konfiguriertes Rechner-Unikat, häufig auch als Snowflake bezeichnet (einzigartig wie eine Schneeflocke). Bei Snowflakes kommt es häufiger zu Fehlern, da der Rechner des Entwicklers, der Integrationsrechner und der Produktivserver leicht unterschiedlich konfiguriert sind.

Es gibt mehrere Ansätze, die Konfiguration wiederholbar zu automatisieren: Eine Alternative ist es, die Software in mehreren Docker-Containern zu betreiben.[2] Oder es werden virtuelle Maschinen oder tatsächlich physisch vorhandene Hardware samt einer vollständigen Installation des Betriebssystems und anderer Komponenten mit Werkzeugen wie Puppet[3], Chef[4] oder Ansible[5] konfiguriert (provisioniert). In allen Fällen gibt es ein Skript, das die Konfiguration als Text beschreibt, das ihr versionieren könnt und mit dem die Konfiguration jederzeit automatisch reproduziert werden kann. Wir gehen darauf im Detail noch im Kap. 19 ein.

12.5.1 README.md

Insgesamt solltet ihr als Team soweit kommen, dass ihr mit einem Checkout aus dem Repository eure Software samt vollständiger notwendiger Infrastruktur-Konfiguration erzeugen könnt. Dazu gehören neben der Software eventuell auch eine Datenbank inklusive Testdaten und Datenbankmanagementsystem sowie Teile der Netzwerkkonfiguration.

Um die Konfiguration der Software und der Infrastruktur korrekt auf der Grundlage des Repositorys wieder herzustellen, ist eine Anleitung notwendig. Diese Anleitung findet sich üblicherweise in der Datei README.md. Ihr schreibt dort eine Installationsanleitung, ab dem Klonen des Repositorys und dem Pull des Docker-Containers aus der GitLab-Registry.[6] Informationen zu Parametern, freigeschalteten Ports und notwendigen Umgebungsvariablen sowie erforderlichen Verzeichnissen auf der Festplatte sollten ebenfalls nicht fehlen. Die README.md befindet sich üblicherweise im Hauptverzeichnis des Repositorys.

---

[2] https://www.docker.com/.

[3] https://puppet.com/.

[4] https://www.chef.io/.

[5] https://www.ansible.com/.

[6] Vgl. Kap. 19 zum Thema Docker.

Die `README.md` beschreibt unter anderem, wie das Build-Skript (vgl. Abschn. 17.2.1) aufgerufen wird. Weiterhin wird dort beschrieben, wie die übersetzte Software in Betrieb genommen wird, vgl. Abschn. 12.6.1.

12.5.2 Konfigurationselemente

Unter Versionskontrolle sollten alle Dateien gestellt werden, die notwendig sind, um eine konsistente Version der Software herzustellen. Das sind nicht nur die Quelltexte, sondern auch Testdaten und diverse Skripte:

- Quelltexte und Konfigurationsdaten
- Anforderungsdokumente, Architektur- und Designdokumente, Benutzerdokumentation
- Testspezifikationen und Testdaten
- Build-Skripte, Provisionierungs-Skripte, Automatisierungs-Skripte
- Installationsanleitung, Release Notes, README-Dateien
- Protokolle von Meetings

Die Autoren sind der Ansicht, dass alle Informationen, welche zu einer Konfiguration bzw. einem Release der Software gehören, auch versioniert sein müssen, also auch Protokolle und andere Dokumente sowie das Wiki. Eventuell finden sich gerade in den Protokollen wichtige Projekt- oder Entwurfsentscheidungen oder Details zu Fehlern, die nicht als Ticket erfasst wurden. Zu einer vollständigen Konfiguration gehört auch eine vollständige Dokumentation!

In GitLab steht auch das Wiki unter Versionskontrolle und kann als eigenes Repository geklont werden. Das Wiki-Repository hat denselben Namen wie das Projekt-Repository ergänzt um `.wiki` und die Wiki-Seiten sind normale Textdateien. Damit ist es auch möglich, das Releasemanagement auf das Wiki und damit die Projektdokumentation auszudehnen.

Konfigurationselemente in anderen Repositorys

Zu einer vollständigen Konfiguration gehören eventuell virtuelle Maschinen oder Docker-Container, diese sind teilweise recht groß. Dafür gibt es eigene Artefakt-Repositorys, beispielsweise Docker Hub[7] für Docker-Container, Nexus oder die Container-Registry von GitLab.

Externe Bibliotheken sind ebenfalls Bestandteil der Konfiguration. Zur Sicherheit sollten von diesen auch lokale Kopien erstellt werden, dies ist beispielsweise mit ei-

---

[7] https://hub.docker.com/.

nem lokal betriebenen Artefakt-Repository[8] oder einfach auf einer zentralen Festplatte möglich. Für die meisten Programmiersprachen gibt es externe Dienste, wo Fremdbibliotheken in der benötigten Version heruntergeladen werden können. Beispielsweise das Maven-Repository[9] für die Programmiersprache Java oder das npm-Repository[10] in der Programmiersprache JavaScript. Die Einbindung von Fremdbibliotheken erfolgt normalerweise über ein Build-Skript, beispielsweise Maven oder Gradle in Java.

Ihr müsst unbedingt den Überblick behalten, von welchen externen Komponenten ihr abhängt (Bibliotheken, Docker-Container, virtuelle Maschinen, PaaS-Dienste, . . .). Möglicherweise gibt es eine Komponente nächste Woche nicht mehr, da beispielsweise das Open-Source Team auf und davon ist. Oder der Cloud-Anbieter stellt den PaaS-Dienst ein, weil dieser nicht mehr so ins Portfolio passt. Jede Komponente ist ein Sicherheitsrisiko, da Angreifer bekannte Fehler ausnutzen können[11] und sie ist ein juristisches Risiko, da ihr euch an die entsprechenden Lizenzvereinbarungen halten müsst.[12]

Was sollte nicht im Repository abgelegt werden?

Folgende Dateien sollten eher nicht ins Repository befördert werden, da diese eventuell zu groß sind oder direkt aus den anderen Dateien erzeugt werden können und ihre Verwaltung damit überflüssigen Aufwand bedeutet oder wegen Inkonsistenzen Fehler verursachen kann.

* Binäre Auslieferungsdateien (können aus den anderen Dateien erzeugt werden)
* Docker-Images, Bibliotheken und virtuelle Maschinen (im Artefakt-Repository speichern)
* Generierte Dateien (können mithilfe des Generierungs-Skripts erzeugt werden, nur das Skript gehört ins Repository)
* Datenbankdateien
* geheime Daten: Passwörter, SSH-Keys oder andere Access Tokens dürfen sich auf keinen Fall im Repository befinden! Ein Angreifer käme viel zu leicht an diese heran. Die Credentials teilt ihr eurer Software im Betrieb und der Build-Pipeline über Umgebungsvariablen (von GitLab) oder eine spezielle Lösung wie etwa Vault[13] mit.

Dateien, welche die Entwicklungsumgebung für interne Zwecke erzeugt, sollten sich ebenfalls nicht im Repository befinden. Diese Dateien spiegeln in der Regel die loka-

---

[8] Beispielsweise Sonatype-Nexus (https://de.sonatype.com/nexus-repository-oss), JFrog-Artifactory https://jfrog.com/artifactory/ oder die Registry von GitLab.

[9] https://mvnrepository.com.

[10] https://www.npmjs.com.

[11] Vgl. https://owasp.org/www-project-docker-top-10/ oder https://nvd.nist.gov/vuln.

[12] Vgl. Abschn. 6.7.

[13] Vgl. https://www.vaultproject.io/.

len Gegebenheiten eines Entwicklers wieder. Andere Entwickler haben ihren Rechner eventuell völlig anders konfiguriert und verwenden eine andere Verzeichnisstruktur. Das Build-Skript alleine muss genügen, um eure Software aus den Quelltexten vollständig zu übersetzen und zu testen. Auf dem Build-Rechner ist die Entwicklungsumgebung normalerweise nicht vorhanden.

.gitignore

Diese Dateien sollten bei Git in der .gitignore-Datei aufgeführt werden, damit diese nicht in das Repository kopiert werden. In Java-Projekten gehören dazu beispielsweise alle Dateien, welche die Entwicklungsumgebung erzeugt, sowie die vom Java-Compiler erzeugten .class-Dateien. In GitHub wurden für verschiedene Sprachen solche .gitignore-Dateien gesammelt.[14]

Das nachfolgende Listing zeigt einen Ausschnitt aus einer .gitignore-Datei für Java-Projekte: .class-Dateien, .jar und .war-Dateien werden nicht ins Repository kopiert.

```
1  # Compiled class file
2  *.class
3
4  # Package Files #
5  *.jar
6  *.war
```

12.5.3 Softwarearchitektur

Aus dem Repository sollte ein konsistenter Stand der Software ausgecheckt werden können. Was genau dabei die ‚Software' ist, haben wir hier noch nicht festgelegt. Für ein kleines System kann die gesamte Software versioniert werden und als Ganzes releast werden. Besteht die Software aus mehreren unabhängigen Teilsystemen, Microservices oder Komponenten, bietet es sich an, diese unabhängig voneinander zu versionieren und zu verwalten. Speziell wenn mehrere (Teil-)Teams parallel entwickeln, kann die Aufteilung auf verschiedene Repositorys als eigene Konfigurationen sinnvoll sein. Die Ergebnisse der jeweiligen Teilteams können von den anderen dann genau wie eine Fremdbibliothek genutzt werden. Ihr könnt diese Ergebnisse als Docker-Container oder übersetzte Bibliothek über ein Artefakt-Repository bereitstellen, GitLab bietet eine Lösung dazu an.

Über die Frage, ob ein einziges zentrales Repository oder viele kleinere Repositorys sinnvoll sind, streiten sich derzeit noch die Experten [Kim16]: Google hat beispielsweise nur ein einziges zentrales Repository für viele Produkte [Win20, Pot16].

---

[14] Vgl. https://github.com/github/gitignore.

Die Softwarearchitektur ist mit ihrer Aufteilung in Komponenten, Schichten oder Services wichtige Grundlage für das Konfigurationsmanagement, da sie festlegt, aus welchen unabhängigen Teilen das System besteht und zusammengesetzt wird.

Die Schnittstellen zwischen den Komponenten und Services entscheiden mit darüber, ob die verschiedenen Komponenten korrekt zusammenarbeiten. Jede Änderung der Schnittstellen-Syntax oder des Verhaltens kann zu Integrationsproblemen führen.

12.5.4 Projekt- und Releaseplanung

Jedes Mal, wenn ihr liefert, muss sich das entsprechende Release auch in der Versionsverwaltung wiederfinden. Damit müsst ihr alles sichern, was zur Erstellung und Inbetriebnahme dieses Releases notwendig ist. In der Versionsverwaltung findet sich dazu ein passendes Tag,[15] das die Konfiguration mit dem passenden Commit auch benennt. Auch Hot-Fixes oder kleinere Erweiterungen werden dort entsprechend gekennzeichnet. Der Releaseplan wird damit in die Versionsverwaltung abgebildet. Die Branching-Strategie sollte dabei die Erfordernisse des jeweiligen Projekts bzw. Produkts unterstützen.

Da zu der Konfiguration der Software auch die Infrastruktur gehört, müssen sich im Repository auch Verweise auf die benötigten Versionen oder Varianten der verwendeten Infrastruktur-Komponenten, Docker-Container oder virtueller Maschinen befinden, inklusive entsprechender Konfigurations-Skripte, falls erforderlich.

Semantic Versioning

Das Semantic Versioning[16] ist ein Konzept zur Nummerierung von Releases. Wenn sich die Versionsnummer einer fremden Komponente ändert, müsst ihr anhand dieser beurteilen können, ob das Konsequenzen für den Rest eures Produkts hat.

Semantic Versioning schlägt die drei Ebenen MAJOR.MINOR.PATCH vor. Vielleicht befindet sich unser Beispielsystem PVS gerade in der Version 3.2.234, dabei ist 3 die Major-Version, 2 die Minor-Version und 234 der Patch-Level. Wenn sich die Versionsnummer in einer der drei Ebenen ändert, hat das folgende Bedeutung:

MAJOR	Wenn sich MAJOR erhöht, bedeutet das eine Änderung des APIs, die inkompatibel zu ihrer Vorgängerversion ist.
MINOR	MINOR wird erhöht, wenn es neue Funktionen gibt, diese sind aber kompatibel zur bisherigen API
PATCH	PATCH wird wird vor allem bei Bugfixes erhöht. Hier bleibt das API ebenfalls kompatibel.

---

[15] Mit git tag -a v1.2 -m „Lieferung Mai" wird beispielsweise im aktuellen Branch im Workspace ein Tag mit dem Namen v1.2 erstellt und kommentiert. Das Tag muss danach noch in das zentrale Repository übertragen werden (push).

[16] Vgl. https://semver.org/lang/de/.

Für euch heißt das: Wenn ihr Änderungen an euren Komponenten durchführt, bei denen das API inkompatibel zu den Vorgängern ist, müsst ihr die MAJOR-Version bei euren Releasenummern erhöhen. Wenn ihr die Versionen der von euch verwendeten fremden Komponenten bzw. Bibliotheken aktualisiert, müsst ihr besonders auf Major-Änderungen achten.

12.6 Du arbeitest mit Git

Git wird unter der GPL-Lizenz Version 2 veröffentlicht.[17] Git kann also kostenlos genutzt werden. Ein Client kann für die üblichen Betriebssysteme auf der Homepage[18] heruntergeladen werden. Wir empfehlen für die Arbeit mit Git die Verwendung einer Shell, die Git-Bash wird bei der Installation von Git auf Windows mit installiert. Auf Linux und Mac-Systemen stehen entsprechende Shells ebenfalls zur Verfügung. Für dieses Buch lassen sich die Kommandos leichter mit einigen Shell-Kommandos erklären, als mit einem Bilderbuch aus Screenshots.

Alternativ ist Git in die meisten Entwicklungswerkzeuge integriert und auch grafische Clients wie SourceTree oder TortoiseGit stehen zur Verfügung.[19]

Für die Erstellung und Verwaltung gemeinsamer Repositorys bieten sich Lösungen wie ein im Unternehmen oder in der Cloud gehostetes GitLab[20] oder GitHub[21] an. Für dieses Buch haben wir die Beispielprojekte mit GitLab erstellt.

12.6.1 Initialisierung

Git sollte wissen, wer du bist. Dazu musst du zunächst deinen Namen und deine E-Mail-Adresse bekannt geben. Diese Informationen finden sich später in allen Commits, die du erstellst. Speziell wenn du mit mehreren Rechnern arbeitest, ist es wichtig, dass du auf jedem Rechner mit *derselben* E-Mail-Adresse und demselben Namen arbeitest.

```
1  git config --global user.name  "Dein Name"
2  git config --global user.email "dein.mail@dein-mailprovid.er"
```

Typischerweise erstellst du danach eine Kopie eines gemeinsamen Repositorys. Das gemeinsame Repository wird in unserem Beispiel über einen selbst gehosteten GitLab-

---

[17] Vgl. Kap. 6.

[18] Vgl. https://git-scm.com.

[19] Eine Übersicht über die Werkzeuge gibt es auf der Git-Homepage: https://git-scm.com/downloads/guis.

[20] https://about.gitlab.com/.

[21] https://github.com/.

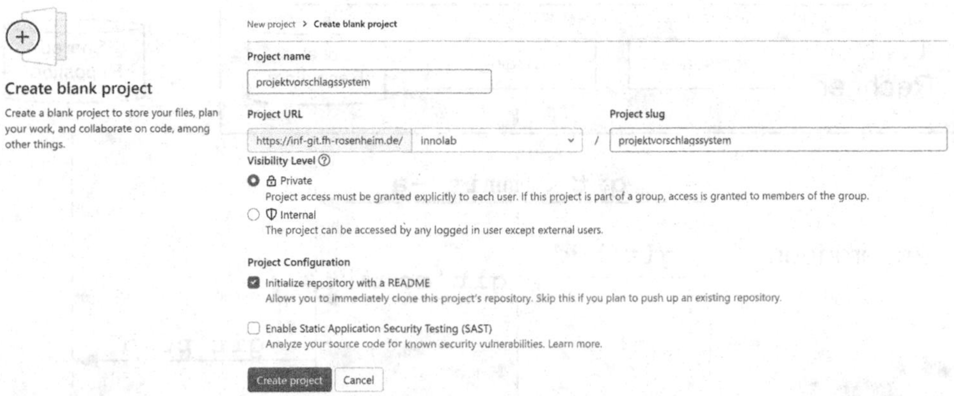

Abb. 12.7 Erstellung eines neuen gemeinsamen Repositorys mithilfe einer selbst gehosteten GitLab-Instanz

Server erstellt. Über GitHub[22] können ebenfalls leicht gemeinsame Repositorys erstellt werden. Sehr viele Open-Source-Projekte laufen über GitHub (Abb. 12.7).

Ein lokales Repository wird dann mithilfe von `git clone` erstellt. GitLab und GitHub bieten jeweils Kopiervorlagen für die URLs an und erlauben den Zugriff über `https` oder `ssh`. Für `ssh` gibt es Hilfestellungen bei der Erstellung der notwendigen SSH-Keys oder entsprechender Access-Tokens. Die SSH-Keys erleichtern dir später die Arbeit sehr, da du nicht ständig dein Passwort eingeben musst.

```
1  git clone <URL des Repositorys>
```

In dem so lokal erzeugten Workspace kann nun gearbeitet werden. Im Repository sollten sich mindestens zwei Dateien befinden: Die Datei README.md beschreibt, wie man das Projekt nach dem Klonen übersetzen und starten kann.

Die Datei .gitignore beschreibt, welche Dateien nicht aus dem Workspace in das lokale Repository kopiert (committet) werden dürfen, die genannten Dateien werden ignoriert, vgl. Abschn. 12.5.

12.6.2 Änderungen durchführen

Mit deiner Entwicklungsumgebung oder anderen Programmen änderst du Dateien in deinem Workspace. Diese Änderungen sollen zunächst als Commits gebündelt und verwaltet werden. Mithilfe von `git add` machst du Änderungen in der Staging Area bekannt. In dieser werden die Änderungen gesammelt. Die fertiggestellten Änderungen werden dann mit `git commit` in das lokale Repository geschrieben. Die Commits können mit `git push` in das gemeinsame Repository kopiert werden (Abb. 12.8).

---

[22] https://github.com/.

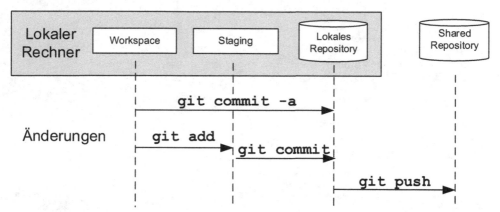

Abb. 12.8 Die Änderungen im Workspace werden zunächst über `git add` in der Staging Area bekannt gemacht, danach werden die Änderungen dann mit `git commit` ins lokale Repository geschrieben. Mit `git commit -a` wird die Staging Area übersprungen. Die Änderungen aus dem lokalen Repository werden mit `git push` in das gemeinsame Repository kopiert

12.6.3 Workspace aktualisieren

Parallel zu dir arbeiten vermutlich noch mehr Teammitglieder mit demselben gemeinsamen Repository. Dein lokales Repository hat damit relativ schnell nicht mehr den aktuellen Stand aller Änderungen. Mithilfe von `git pull` kopierst du alle Änderungen des gemeinsamen Repositorys in dein lokales Repository und in deinen Workspace. `git fetch` kopiert die Änderungen nur in das lokale Repository, aber noch nicht in deinen Workspace (Abb. 12.9).

12.6.4 Branching und Merging

Branches können mit Git sehr leicht erstellt werden. Intelligentes Mergen zweier Branches wird unterstützt. Ein neuer Branch kann mit `git branch <Name des Branches>` erstellt werden. Branches werden aus verschiedenen Gründen erstellt, beispielsweise für ein neues Release, das an einen Kunden geliefert wird, für ein neues Feature (Feature-Branch) oder für die Behebung eines Fehlers (Bugfix).

```
1  git branch feature-4711
2  git checkout feature-4711
```

Nachdem ein Branch erstellt wurde, gibt es eventuell zwei verschiedene Versionen der Dateien, auf denen weiter gearbeitet werden kann. Den Main-Branch und in unserem Beispiel den Branch `feature-4711`. In beiden können Commits angehängt werden. Sollen später beide Branches wieder gemergt werden, stehen Git drei Informationen zur Verfügung: Die jeweils aktuellen Commits in den beiden Branches sowie der letzte

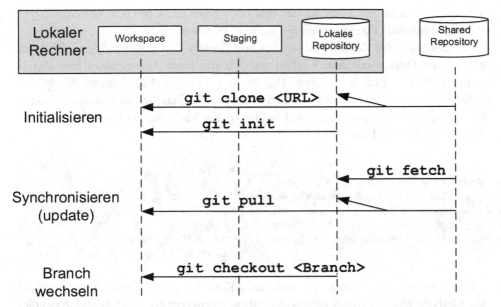

Abb. 12.9 Dateien aus dem gemeinsamen Repository werden später mit `git fetch` in das lokale Repository kopiert, `git pull` leistet dasselbe wie fetch und kopiert die Dateien zusätzlich direkt in den Workspace. Sollen bestimmte Branches in den Workspace kopiert werden oder der Zustand des Repositorys nach einem bestimmten commit, wird `git checkout` verwendet

gemeinsame commit. Mit diesen Informationen kann Git sehr viele Merges automatisch durchführen. Dieses wird auch als Drei-Wege-Merge bezeichnet.

```
1  git checkout main
2  git merge feature-4711
```

12.6.5 Konflikte beheben

Wenn zwei Teammitglieder dieselben Dateien und dort dieselben Zeilen geändert haben, kann Git nicht mehr entscheiden, welche Änderungen dauerhaft bleiben sollen. Dem ersten Teammitglied gelingt eventuell direkt ein `git push` in das gemeinsame Repository. Das zweite Teammitglied erhält beim Versuch, seine Commits mit `git push` in das gemeinsame Repository zu kopieren, eine Fehlermeldung: `error: failed to push some refs to ...`. In den Hinweisen sieht es dann, dass zunächst ein `git fetch` oder `git pull` durchgeführt werden muss. Das Kommando `git pull` führt zuerst `fetch` aus und versucht dann einen Merge mit den Dateiversionen aus dem Workspace. Dies funktioniert in der Regel automatisch, es sei denn, zwei Teammitglieder haben in einer Datei dieselben Zeilen geändert. Dann meldet Git einen Bearbeitungskonflikt

`CONFLICT (content)`, der manuell behoben werden muss. Mit dem Kommando `git status` werden die Dateien angezeigt, die bearbeitet werden müssen.

Die Behebung des Konflikts ist mit einem einfachen Text-Editor möglich. Git kennzeichnet die Dateien mit dem Konflikt und schreibt beide Textvarianten hin. Das ist im nachfolgenden Listing zu sehen. Die Zeichen `<<<<<<` `HEAD` zeigen die lokalen Änderungen an, und nach `=======` findet sich der Quelltext aus dem anderen Branch. Nun musst du selbst entscheiden, welche der beiden Varianten ins Repository soll, der überflüssige Rest wird gelöscht.

```
1  // ...
2  <<<<<<< HEAD
3    private static int romanToArabicDigit(char digit) {
4  =======
5    private static int getNumber(char digit) {
6  >>>>>>> bc49c2bc28ece21a0ea879783000ef7de912d0e0
7  //...
```

Das Beispiel zeigte einen sehr einfachen Konflikt, in dem zwei Teammitglieder eine Methode unterschiedlich umbenannt haben. Normalerweise sind Konflikte deutlich umfangreicher und betreffen weit mehr Dateien. Um hier die Übersicht nicht zu verlieren, bieten sich spezialisierte Diff-Merge-Werkzeuge an oder die entsprechenden Editoren der jeweiligen Entwicklungsumgebung. Nach dem Editieren der Dateien mit Konflikten zeigst du über einen Commit, dass du die Konflikte behoben hast.

Inhaltliche Konflikte

Preißel und Stachmann weisen darauf hin, dass es darüber hinaus noch inhaltliche Konflikte geben kann [Pre19]: Hier haben zwei Teammitglieder verschiedene Stellen in den Quelltexten geändert. So kann die Zusammenführung automatisch geschehen. Das führt aber dazu, dass der Compiler den Code nicht mehr übersetzen kann, beispielsweise weil Schnittstellen geändert wurden oder es Änderungen im Verhalten gab und die zusammengeführte Version enthält nun neue (Integrations-)Fehler.

Im Kap. 17 zum Thema Entwicklung und im Kap. 19 zum Thema IT-Betrieb besprechen wir noch ausführlich das Thema kontinuierliche Integration. Nach einem durchgeführten Merge sollten die Quelltexte automatisch übersetzt werden und auch statische Codeanalyse sowie automatisierte Tests können neue Fehler durch inhaltliche Konflikte finden. GitLab bietet eine Integration der dazu notwendigen Build-Pipeline an. Diese wird normalerweise bei jedem `git push` auf dem GitLab-Server oder einem gesonderten Build-Server ausgeführt.

12.7 Teamarbeit mit Git und GitLab

Wir arbeiten über Git und GitLab im Team zusammen. Die Zusammenarbeit kann sich über einen langen Zeitraum von mehreren Jahren und über viele Releases der Software erstrecken. Daher müssen wir uns über Commits und Branches noch weitere Gedanken machen.

12.7.1 Arbeiten mit Commits

Ein Commit fasst eine bestimmte Menge an Änderungen zusammen. Diese Änderungen sollten aus genau einem Grund erfolgt sein und nicht mehrere Gründe mischen. Eventuell wollt ihr später, genau nur diese Änderungen entfernen oder die Änderungen auf andere Branches übertragen (Cherry-Picking). Über die erstellten Commits könnt ihr auch nach einigen Jahren nachvollziehen, was in eurem Produkt aus welchen Grund geändert wurde. Daher ist es wichtig, auch mit dem Inhalt eines Commits aufzupassen:

- Nur ‚fertige‘ kleine Einheiten werden zu einem Commit.
- Ihr erstellt eher kleine Commits, diese dafür aber regelmäßig.
- Die Qualitätssicherung beim Teammitglied findet vor dem eigentlichen Commit statt, dies könnt ihr auch mit Commit-Hooks erzwingen. Diese kurzen Skripte können vor oder nach jedem Commit ausgeführt werden und beispielsweise die Einhaltung von Namenskonventionen überprüfen.
- Nur zusammengehörige Änderungen kommen gemeinsam in einen Commit. Ihr wollt eventuell später einzelne Bugfixes isolieren. Hierzu müssen sich diese isoliert in einem Commit befinden und nicht auf mehrere verstreut sein. Auch sollten sich nicht mehrere verschiedene Änderungen in einem Commit befinden.

Um derartige Commits zusammenzustellen, bietet Git die Staging Area an. Weiterhin kann der jeweils letzte Commit auch noch modifiziert werden (amend).

12.7.2 Commit-Nachrichten

Die Commits sind eine Dokumentation von Änderungen für das gesamte Entwicklungsteam. Auch noch nach einigen Jahren könnt ihr damit nachvollziehen, wer was aus welchem Grund geändert hat. Damit andere Teammitglieder verstehen, was genau du geändert hast und, wichtiger noch, aus welchem Grund. Das steht in der Commit-Nachricht. Sie sollte aussagekräftig sein und den Grund für die Änderungen benennen, die sich in dem

Commit finden. Bei einer Commit-Nachricht (`git commit -m 'Schlagzeile'`) könnt ihr Folgendes beachten:[23]

- Erste Information (der Betreff) wie Schlagzeile in der Zeitung abfassen. Maximal 50 Zeichen, damit ihr euch später mit (`git log -oneline`) eine Übersicht über alle Commits verschaffen könnt.
- Weitere erklärende Texte können nach der Schlagzeile als Erklärungstext ergänzt werden. Erklärungstext und Schlagzeile werden durch eine Leerzeile getrennt.
- Erster Buchstabe von der Schlagzeile als Großbuchstabe z. B. ,Studierenden Feature wurde erweitert' und kein Punkt am Ende der Schlagzeile.
- Zeilenumbruch im Erklärungstext nach 72 Zeichen.
- Die Erklärung stellt dar, was genau geändert wurde und warum (z. B. unter Nennung der Ticket-Nummer aus GitLab, dies erlaubt die Rückverfolgung vom Ticket zur Änderung im Quelltext und zurück).

Verbindung zwischen Ticket und Commit

GitLab hat eine schöne Möglichkeit, Tickets (Issues) mit Commits über die Commit-Nachricht zu verbinden. Wenn ihr das konsequent durchhaltet, könnt ihr beispielsweise zu jedem Feature oder jedem Bugfix nicht nur die Beschreibung im Ticket finden, sondern auch die dazu gehörenden Änderungen im Quelltext. Um die Verbindung zu schaffen, braucht ihr die Nummer des Tickets bzw. die Nummern der Tickets. Mit der Commit-Nachricht `Closes #45` wird auch das Ticket mit der Nummer 45 auf Closed gesetzt. Anstelle von Closes sind auch Close, Closed sowie ähnliche Formen von Fix, Resolve oder Implement gefolgt von der Nummer des Tickets möglich. Wenn ihr euch beispielsweise lediglich auf das Ticket mit der Nummer 47 beziehen wollt, schreibt ihr `Relates to #47` als Teil der Commit-Nachricht.

12.7.3 Branching-Strategie

Git macht das Erstellen eines Branches und das spätere Mergen leichter als viele frühere Versionsverwaltungen. Ihr braucht für euer Team aber eine Strategie, wie ihr mit Branches umgehen wollt. Aus welchen Gründen darf ein Branch erstellt werden? Wann wird er wieder entfernt? Welche Branches gibt es verpflichtend? Durch eine feste Branching-Strategie inklusive entsprechender Namenskonventionen legt ihr im Team Regeln fest und vermeidet Wildwuchs. Wenn es erstmal 200 Branches gibt, könnt ihr das vermutlich nicht mehr beherrschen. Auch Branches, die über einen langen Zeitraum nicht zurückgeführt werden, sind ein Problem, weil die Merge-Konflikte zunehmen. Als Regel können wir hier formulieren: *Vermeidet langlebige Branches!*

---

[23] Vgl. https://chris.beams.io/posts/git-commit.

Unreflektiert auf eine bekannte Strategie zu setzen, wie etwa den Git-Flow [Dri10], kann für euer Projekt zu komplex oder einfach ungeeignet sein. Gene Kim et al. diskutieren Branching-Strategien ausführlich in ihrem DevOps-Handbuch [Kim16], auch bei Preißel und Stachmann wird dieses Thema besprochen [Pre19].

Eine wichtige Information am Anfang ist zunächst, ob ihr genau eine Version eurer Software in Produktion habt, beispielsweise einen cloudbasierten Service oder ob ihr verschiedene Versionen oder Varianten eures Produkts parallel pflegen müsst. Der erste Fall ist einfach, für diesen Fall sind die meisten bekannten Branching-Strategien gedacht, dies ist gut beherrschbar. Wenn ihr parallel mehrere Versionen pflegen müsst, ist es beispielsweise wichtig, dass ihr Bugfixes in alle relevanten Branches mit einpflegt.

Martin Fowler gibt eine sehr gute Diskussion über das Thema Branching [Fow20]. Ein Klassiker ist das Buch von Steve Berczuk [Ber02].

Voraussetzung: ein gesunder Trunk

Die Versionsverwaltung hat einen Hauptzweig, dieser wird in Subversion Trunk und in Git Main genannt. Dieser Hauptzweig wird von eventuell sehr vielen Entwicklern verwendet. Von ihm werden abhängig von der Branching-Strategie die Releases eurer Software erzeugt, die später in Produktion genommen werden. Der Trunk bzw. Main-Branch sollte zu jedem Zeitpunkt übersetzbar sein. Auf dessen Qualität müsst ihr aufpassen, da der Inhalt dieses Branches typischerweise irgendwann geliefert wird, in Produktion geht und die Grundlage für die weitere Entwicklung darstellt. Probleme müssen dort sofort behoben werden. Abhängig von eurer Branching-Strategie ist der Hauptzweig in der Regel für direktes Push gesperrt, sondern nur Merge Requests auf diesen Branch sind erlaubt. Push findet eher auf den Feature-Branches statt.

Eine wesentliche Voraussetzung, damit ihr die Übersetzbarkeit und die Qualität des Hauptzweigs absichern könnt, ist eine Build-Pipeline. Denn sie übersetzt die Quelltexte automatisch bei jedem `commit` bzw. `push` auf den Hauptzweig und führt weitere Qualitätsüberprüfungen durch. Wir beschreiben die Build-Pipeline in späteren Kapiteln noch ausführlich.

Trunk-Based-Development

Trunk-Based Development wird ausführlich von Paul Hammant in seinem Blog beschrieben [Ham13]. Es gibt im Wesentlichen einen Main-Branch (Trunk) und für jedes Feature wird ein eigener Feature-Branch erzeugt. Eventuell kommen weitere Branches für Bugfixes dazu. Alle Branches haben eine sehr kurze Lebensdauer: so lange, bis das Feature abgenommen wurde (Abb. 12.10).

Damit das Team nur mit dem Main-Branch und wenigen anderen Branches arbeiten kann, werden auch sogenannte Feature-Toggles empfohlen. Martin Fowler beschreibt diese in einem Blog-Artikel [Fow10]. Dies sind einfache Schalter in der Software, mit denen ein Feature an- und abgeschaltet werden kann. Unfertige Features sind so lange abgeschaltet, bis sie abgenommen wurden. Ein Toggle kann über eine einfache `if`-Anweisung im Quelltext der Oberfläche realisiert werden.

Main / Trunk

Abb. 12.10 Das gesamte Team arbeitet auf dem Main-Branch, auf weitere Branches wird verzichtet. Damit kann im Grunde nur die jeweils aktuellste Version der Software gepflegt werden. Das nachträgliche Ändern oder Reparieren bereits gelieferter Software ist nicht möglich, ohne die aktuellsten Änderungen mit auszuliefern. Diese Strategie funktioniert gut für kleinere Systeme, kleinere Teams und nur, wenn genau eine Version der Software in Produktion ist

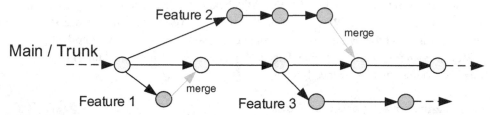

Abb. 12.11 Jedes neue Feature wird auf einem eigenen Branch implementiert. Ist das Feature abgeschlossen, kann in GitLab durch einen Merge Request die manuelle Qualitätssicherung abgesichert werden

Feature-Branches und Hot-Fixes

Git kann über Feature-Branches agiles Arbeiten unterstützen: Für jede begonnene User Story innerhalb eines Sprints bzw. für jedes Feature wird ein eigener Branch erstellt. Das Teammitglied erarbeitet das Feature auf dem Branch so lange, bis dieses abgenommen wurde, also die Akzeptanztests bestanden hat und die Definition of Done erfüllt. Erst dann wird das Feature am Stück abhängig von der Branching-Strategie in einen Entwicklungs- oder den Main-Branch integriert. Diese Technik ist wegen der umfangreichen Merges nicht ganz unumstritten [For18]. Als Alternative gelten unter anderem die Feature-Toggles [Fow10]. GitLab bietet mithilfe von Merge Requests eine umfangreiche Unterstützung für diese Branching-Strategie, diese wird auch als GitLab-Flow bezeichnet (Abb. 12.11).

Auch für erkannte Fehler bieten sich eigene Branches an: Hot-Fix-Branches. Damit können die entsprechenden Commits wiedergefunden und auch in andere Branches übernommen werden. Ein Fehler in der Software ist möglicherweise in verschiedenen auch bereits gelieferten Versionen der Software enthalten und sollte auch dort repariert werden.

Gitflow

Der Gitflow wurde 2010 erstmals von Vincent Driessen skizziert [Dri10]. Entwickler werden voneinander über Feature-Branches isoliert. Alle Features werden jeweils auf einem eigenen Feature-Branch erstellt und später wieder in einen gesonderten Development-Branch zurückgeführt. Der Development-Branch wird vor jeder Lieferung an den Auftraggeber stabilisiert. Dazu wird er in einen Release-Branch gemerkt. Nach der Stabilisierung wird dieser in den Main-Branch gemerkt. Wie man schon an der etwas sperrigen Beschreibung sieht, eignet sich dieses Vorgehen für eher größere Projekte und

Teams. Es gibt viele verschiedene Branches (Dev, Main, Release, jedes Feature, jeder Bugfix), das kann leicht unübersichtlich werden. Speziell die Commit-Historie wird wegen der vielen bestehenden und abgeschlossenen Branches komplex (Abb. 12.12).

Release-Branches

Auch mit früheren Versionsverwaltungen wurden für jedes Release eigene Branches erstellt. Denn der Main bzw. Trunk sollten weiterentwickelt werden, während der Release-Branch stabilisiert wurde und eventuelle nach der Lieferung aufgetretene Fehler dort gefixt werden mussten. Wie in der Abb. 12.13 zu sehen ist, entstehen bei mehreren Releases sofort viele verschiedene Branches.

Da diese Branches über einen längeren Zeitraum bestehen, entwickeln sich die Branches inhaltlich leicht weit auseinander. Es ist möglich, dass ein Fehler im Quelltext alle Branches betrifft und auf alle verteilt werden muss. Dies muss mit großer Sorgfalt passieren und eventuell muss der Bugfix in jedem Branch einzeln manuell durchgeführt werden.

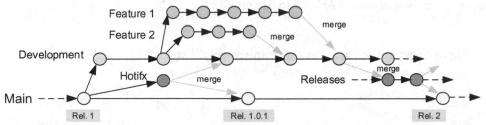

Abb. 12.12 Im Git-Flow wird im Wesentlichen auf dem Dev-Branch gearbeitet. Erst wenn die Software genügend stabil ist, wird der Dev-Branch auf den Main-Branch gemergt

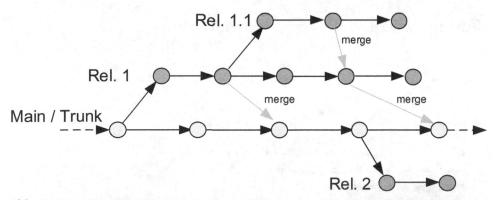

Abb. 12.13 Release-Branches sind eine alternative bzw. zusätzliche Strategie. Jedes Release wird auf einem eigenen Branch stabilisiert und weiterentwickelt. Auch später kann so jedes gelieferte Release wieder hergestellt werden

12.8   GitLab, GitHub und der GitLab-Flow

12.8.1 Merge Requests und Pull Requests

Mit GitHub ist ein neues Konzept zur Qualitätssicherung von Quelltexten aufgekommen. Dieses Konzept findet sich auch in GitLab, die Pull Requests bzw. Merge Requests. Ein Teammitglied führt dort einen Merge nicht selbst durch, sondern beantragt, dass die Änderungen beispielsweise in den Main-Branch oder den Develop-Branch überführt werden dürfen. Der Antrag ist ein Merge Request (Abb. 12.14).

12.8.2 GitLab-Flow

Mithilfe der Merge Requests in Kombination mit Feature-Branches und der automatisierten Build-Pipeline ist den Autoren von GitLab ein gut integriertes Konzept zur Qualitätssicherung der Software geglückt: Der Merge Request läuft dabei in folgenden Schritten ab, wie es auch in Abb. 12.15 dargestellt ist:

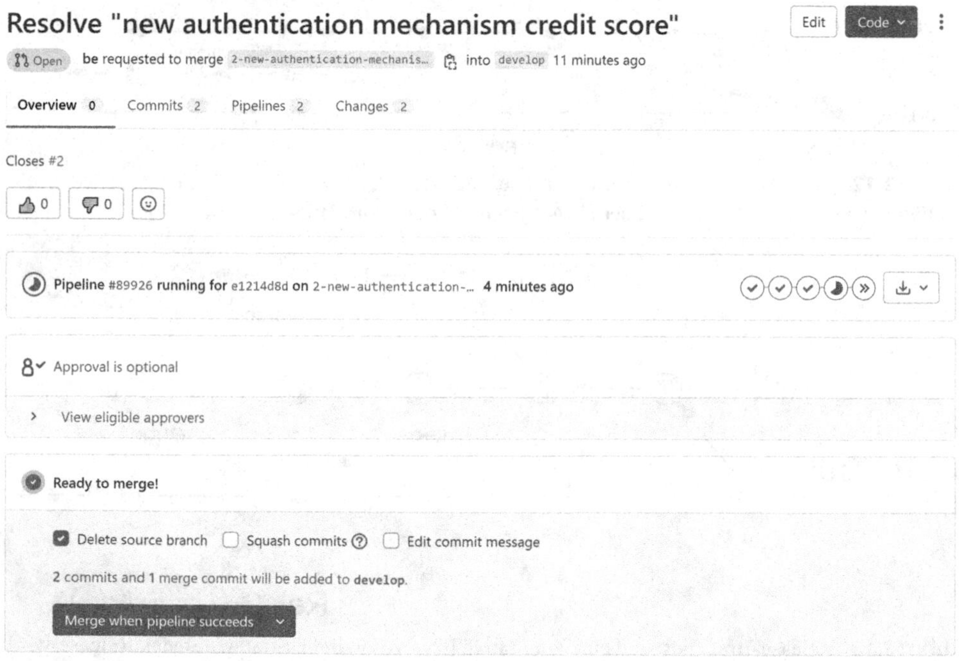

Abb. 12.14 Der Screenshot zeigt einen Merge Request, welcher die Bearbeitung eines Feature-Branches abschließt. Gerade läuft noch die CI-Pipeline und der Autor hat diesen als fertig gemeldet

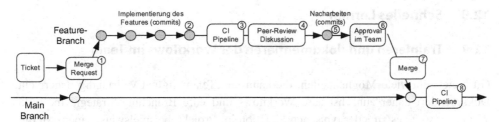

Abb. 12.15 Der GitLab-Flow wird über einen Merge Request gestartet. Auf einem Feature-Branch entstehen die Änderungen. Über die Build-Pipeline und manuelle Reviews wird die Qualität abgesichert

1. Der Merge Request kann recht früh gestellt werden, ohne dass das Merge bereits beabsichtigt ist. Mit dem Status ‚WIP' (Work in Progress) wird angezeigt, dass noch an dem Branch gearbeitet wird. Der Merge Request kann auch über ein Ticket beispielsweise zu einer User Story oder zu einer Fehlermeldung erstellt werden, zusammen mit einem Feature-Branch.

2. Der Autor arbeitet an dem Feature und erzeugt einen oder mehrere Commits. Er schaltet den WIP-Status aus, sobald er mit seinen Arbeiten fertig ist.

3. Mithilfe der Build-Pipeline wird sichergestellt, dass der zurückzuführende Branch übersetzbar ist und die automatisch getesteten Qualitätsanforderungen erfüllt werden. In diesem Schritt finden in der Regel automatisierte Unit Tests und eine statische Codeanalyse statt.

4. Mindestens ein anderes Teammitglied sollte ein Code-Review durchführen und sich die Änderungen genauer ansehen. Dazu liest er oder sie sich die durchgeführten Änderungen durch und macht Verbesserungsvorschläge mithilfe von Kommentaren am Code. Die Kommentare können zu einer weiteren Diskussion führen.

5. Die Autorin oder der Autor arbeiten danach die Review-Anmerkungen ein. Der Merge sollte erst dann durchgeführt werden, wenn alle Diskussionspunkte erledigt sind bzw. alle Anmerkungen eingearbeitet wurden.

6. Merge Requests können in GitLab so konfiguriert werden, dass ein oder mehrere Teammitglieder den Request genehmigen müssen. In den sogenannten Approval-Rules kann auch festgelegt werden, dass alle Diskussionspunkte (Review-Anmerkungen) erledigt sein müssen, bevor ein Merge möglich wird.

7. Nun wird der eigentliche Merge automatisch durchgeführt, entstehen hier Konflikte, müssen diese manuell behoben werden.

8. Nach der Zusammenführung wird die Build-Pipeline ein weiteres Mal ausgeführt, diesmal auf dem zusammengeführten Stand der Quelltexte. Dies prüft, ob es durch den Merge Integrationsprobleme gegeben hat.

12.9   Schnelles Lernen

12.9.1 Trainieren und dokumentieren der Workflows im Team

Git bietet sehr viele Möglichkeiten, die kaum ein Teammitglied vollständig beherrscht. Dokumentiert daher zunächst eure Workflows und eure Branching-Strategie im Wiki. Weiterhin sollte es zu jeder typischen Situation im Projekt, beispielsweise einem Merge-Konflikt, jeweils kurze Anleitungen geben, wie zu verfahren ist. Die Kommandozeilen-Befehle von Git machen das Schreiben einer solchen Anleitung einfach. Die Arbeit mit Merge Requests muss zunächst gemeinsam geübt werden. Gerade hier bietet sich Pair Programming an. Ein für euch passender Ablauf mit Code-Reviews und Approval-Regeln entwickelt sich im Laufe der ersten Wochen im Projekt.

12.9.2 Qualitätssicherung auch der Commit-Nachrichten

Branching-Strategie und auch der Umgang mit Commits und Commit-Nachrichten sind ein schönes Thema für eine Retrospektive oder ein Treffen der Entwickler. Auch die Commit-Nachrichten sind Gegenstand der Qualitätssicherung und sollten in Reviews überprüft werden.

Literatur

[Ber02]   Berczuk SP, Appleton B (2003) Software Configuration Management Patterns: Effective Teamwork, Practical Integration. Addison-Wesley. Zegegriffen am 12.11.2022

[Dri10]   Driessen V (2010) A successful Git Branching Model. https://nvie.com/posts/a-successful-git-branching-model. Zegegriffen am 12.11.2022

[For18]   Forsgren N, Humble J, Kim G (2018) Accelerate: The Science of Lean Software and DevOps Building and Scaling High Performing Technology Organizations. IT Revolution Press. Zegegriffen am 12.11.2022

[Fow10]   Fowler M (2010) FeatureToggles. https://martinfowler.com/bliki/FeatureToggle.html. Zegegriffen am 12.11.2022

[Fow20]   Fowler M (2020) Patterns for Managing Source Code Branches. https://martinfowler.com/articles/branching-patterns.html. Zegegriffen am 12.11.2022

[Ham13]   Hammant P (2013) What is Trunk-Based Development? https://paulhammant.com/2013/04/05/what-is-trunk-based-development. Zegegriffen am 12.11.2022

[Hum10]   Humble J, Farley D (2010) Continuous Delivery: Reliable Software Releases Through Build, Test, and Deployment Automation. Addison-Wesley. Zegegriffen am 12.11.2022

[Kim16]   Kim G, Debois P, Willis J, Humble J (2016) The DevOps Handbook: How to Create World-Class Agility, Reliability, and Security in Technology Organizations. IT Revolution Press. Zegegriffen am 12.11.2022

[Mor16]   Morris K (2016) Infrastructure as Code: Managing Servers in the Cloud. O'Reilly. Zegegriffen am 12.11.2022

[Pot16]   Potvin R, Levenberg J (2016) Why Google Stores Billions of Lines of Code in a Single
          Repository. Commun ACM 59(7):78–87. Zegegriffen am 12.11.2022

[Pre19]   Preißel R, Stachmann B (2019) Git: Dezentrale Versionsverwaltung im Team – Grund-
          lagen und Workflows, 5. Aufl. dpunkt.verlag. Zegegriffen am 12.11.2022

[Win20]   Winters T, Manshreck T, Wright H (2020) Software Engineering at Google: Lessons
          Learned from Programming Over Time. O'Reilly. Zegegriffen am 12.11.2022

Anforderungen sammeln und verwalten 13

Ihr habt bereits alleine oder zusammen mit eurem Auftraggeber eine Vision entwickelt, das haben wir in Kap. 4 ausführlich besprochen. Die Bedürfnisse und die durch die Software zu liefernden Mehrwerte sind klarer. Jetzt überlegt ihr euch, was das Produkt genau tun soll. Wir sind jetzt bereits im Lösungsraum und die Bedürfnisse unserer Benutzer sind im Problemraum. Wir können dieselben Bedürfnisse durch unterschiedliche Softwareprodukte unterstützen. Nun befassen wir uns mit Anforderungen an die möglichen Produkte.

In der Softwareentwicklung schwelt schon lange eine Diskussion: Wie sollen die Anforderungen erfasst werden [Mey14,Coh10]? Die Vorschläge reichen von sehr leichtgewichtigen, eher mündlichen Formaten bis hin zu formaleren Spezifikationen. User Storys dienen beispielsweise im Wesentlichen als Hinweis, die notwendigen Details im Gespräch zu klären. Mathematische Modelle des Produkts können dagegen analysiert oder simuliert werden. Da offenbar jedes Projekt anders ist, müsst ihr im Einzelfall zusammen mit eurem Auftraggeber entscheiden, was ihr für angemessen haltet. User Storys sind weder pauschal richtig noch pauschal Unsinn. Dieses Kapitel soll einen Überblick schaffen und euch einen Methodenkoffer an die Hand geben – diesen braucht ihr spätestens dann, wenn ihr selbst den Product Owner stellt.

13.1 Systematischer Umgang mit Anforderungen – wozu?

Das Thema Anforderungen ist im Laufe dieses Buchs schon häufiger aufgetaucht. Im Kap. 4 haben wir uns ausführlich mit eurem Produkt beschäftigt, im Kap. 5 waren die Anforderungen die Grundlage für die Aufwandsschätzung sowie die gesamte Projektplanung und -durchführung. In Kap. 6 beim Thema Werk verträge haben wir gesehen, dass aufgeschriebene Anforderungen Vertragsgrundlage sein können. In diesem Kapitel

© Springer Fachmedien Wiesbaden GmbH, ein Teil von Springer Nature 2022   391
G. Beneken et al., *Grundkurs agiles Software-Engineering*,
https://doi.org/10.1007/978-3-658-37371-9_13

wollen wir uns systematisch mit dem Thema Anforderungen beschäftigen. Wie findet man Anforderungen, wie werden diese aufgeschrieben, wie verwaltet und wie geprüft?

Wir starten ein Projekt bzw. die Entwicklung eines Produkts normalerweise damit, dass wir sehr wenig wissen. Vieles ist vage, unbestimmt oder unklar. Im Rahmen der Beschäftigung mit den Anforderungen eignet ihr euch einen Teil des fehlenden Wissens sofort an, sonst könnt ihr die Produktentwicklung nicht beginnen. Den überwiegenden Anteil des Wissens erwerbt ihr euch kontinuierlich, während das Projekt läuft. Das sind:

- Das fachliche Hintergrundwissen zu Themenfeldern wie Medizin, Medienwirtschaft, Versicherungen, Banken, Automotive oder Luftfahrt. Ihr lernt etwas über die dort verwendeten Begriffe, Regeln, Prozesse sowie über die dort geltenden Gesetze und Normen.
- Die Organisation, in der das Produkt verwendet wird. Dazu gehören die wichtigsten Geschäftsprozesse, die Geschäftsregeln und die Organisation selbst mit ihrer Kultur, ihren Rollen und Hierarchien. Auch die IT-Landschaft gehört dazu, denn euer Produkt muss auf der vorhandenen Infrastruktur laufen und ihr benötigt Schnittstellen zu den Nachbarsystemen. Eventuell sind auch die Kunden der Organisation für euch relevant.
- Die künftigen Benutzer des Produkts. Ihr befasst euch mit den Bedürfnissen und den persönlichen Eigenschaften und Vorlieben dieser Personen. Was nervt diese, worüber sind sie glücklich? Dazu gehört auch, welche Hardware diese zur Verfügung haben und welche Software sie bereits verwenden.
- Das Problem (Job-to-be-done), welches ihr für die Benutzer auch mithilfe eures Produkts lösen wollt. Euer Produkt könnte für mehr Umsatz oder weniger interne Kosten sorgen. Es könnte Geschäftsprozesse beschleunigen oder auch bekannte Bedürfnisse besser befriedigen. Wenn ihr das Problem nicht verstanden habt, könnt ihr offenbar auch keine Lösung vorschlagen.

Erst später geht es um Anforderungen, die ihr beispielsweise als User Storys aufschreibt! Mit den Anforderungen erarbeitet ihr zusammen mit dem Auftraggeber und/oder wichtigen Benutzern einen Vorschlag für ein Produkt, das das identifizierte Problem mildert oder löst. Den Vorschlag überprüft ihr durch Experimente und verfeinert ihn im Laufe der Entwicklung.

In diesem Kapitel geht es also nicht nur um Anforderungen, sondern besonders um ein besseres Verständnis euer künftigen Benutzer und des Kontextes, in dem sich diese Benutzer bewegen. Euer Produkt soll ja die Welt für seine Benutzer verbessern [Pat14].

13.2   Was ist eine Anforderung?

Bedürfnisse sind noch keine Anforderungen

Ein Benutzer hat ein ungelöstes Problem, ihn stört irgendetwas oder er erlebt einen Mangel (an Nahrung, an Schlaf, an Sicherheit, an Status ...). Bekannt ist in diesem

Zusammenhang das Modell nach Abraham H. Maslow [Mas43]. Er hat die menschlichen Bedürfnisse in einer Pyramide geordnet, dabei bilden die physiologischen Bedürfnisse wie Nahrung und Schlaf das Fundament und Sicherheitsbedürfnisse, soziale Bedürfnisse bis hin zur Selbstverwirklichung bauen darauf auf, wie dies in Abb. 13.1 als Hierarchie veranschaulicht ist. Euer Produkt könnte also irgendetwas gegen Schlafmangel tun, die soziale Einbindung verbessern oder bei der Selbstverwirklichung unterstützen. Profane Dinge wie die effizientere oder effektivere Abwicklung von täglichen Aufgaben im privaten oder geschäftlichen Bereich sind natürlich auch möglich.

In Abschn. 4.1 haben wir schon dargestellt, wie wichtig für euer Produkt es ist, euren Kunden und seine Bedürfnisse und Probleme genau zu kennen. Euer Verständnis der künftigen Benutzer modelliert ihr in Form von Personas. Clayton Christensen bezeichnet das Problem, das euer Produkt für den Benutzer löst oder erleichtert, auch als Job-to-be-done [Chr16]. Den Job, den euer Produkt für die Benutzer erfüllen soll, müsst ihr kennen. Euer Produkt muss ja Bedürfnisse befriedigen oder dabei helfen, ein relevantes Problem besser als bisher zu lösen. Mithilfe eures Produkts sollten die Benutzer bestimmte Ziele besser erreichen können als ohne euer Produkt. Euer Produkt muss gut genug sein, dass die Benutzer ihre bisherige Lösung *feuern* und euer Produkt stattdessen *einstellen*.

Eventuell habt ihr es nicht direkt mit den (End-)Benutzern zu tun, sondern mit einem Auftraggeber. Dieser verspricht sich einen geschäftlichen Vorteil von eurem Produkt, also mehr Umsatz, zufriedenere Kunden oder weniger Kosten. Auch hier müsst ihr genau verstehen, was eurem Auftraggeber nützt, was ihr mit eurem Produkt tun könnt, damit der Auftraggeber seinen Vorteil realisieren kann. Darauf weisen besonders James und Suzanne Robertson hin [Rob12, Rob18].

Erst wenn ihr die Bedürfnisse bzw. das Problem verstanden habt, könnt ihr einen Lösungsvorschlag erarbeiten, vgl. Abb. 13.2. Damit geht ihr vom Problemraum in den Lösungsraum und formuliert dort Anforderungen an euer Produkt. Wichtig ist hier noch die Feststellung, dass die Lösung selten aus Software alleine besteht, sondern häufig auch mit der Änderung von Arbeitsabläufen und Organisationsstrukturen einhergeht.

Abb. 13.1 Bedürfnispyramide frei nach Abraham H. Maslow: Am wichtigsten sind die physiologischen Bedürfnisse (Nahrung, Wasser, Schlaf, Fortpflanzung). Sind diese Bedürfnisse halbwegs befriedigt, wird die jeweils nächste Ebene wichtiger, also die Sicherheitsbedürfnisse (körperlich und seelisch), dann soziale Bedürfnisse usw. Maslow hat die Bedürfnisse in insgesamt fünf Ebenen unterteilt, die oberste Ebene bildet die Selbstverwirklichung

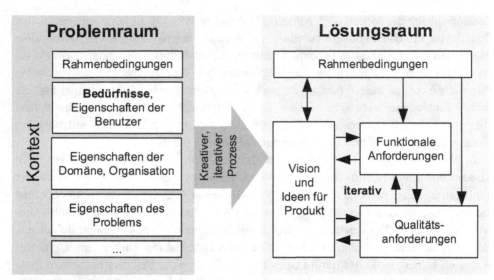

Abb. 13.2 Problemraum mit den Bedürfnissen der Benutzer. Lösungsraum mit möglichen Produkten, welche diese Bedürfnisse befriedigen. Erst an ein gedachtes Produkt könnt ihr Anforderungen formulieren

Eventuell werden Teile der Lösung noch von Menschen erbracht, nicht alles muss im Produkt automatisiert sein. Zweitens kann die Lösung auch mechanische oder elektrische Bestandteile haben, wenn ihr beispielsweise ganze Geräte und nicht nur deren Software entwickelt.

Funktionale Anforderungen
Die funktionalen Anforderungen beschreiben, welche Features das Produkt seinen Benutzern anbieten soll. Was kann ein Benutzer mit eurem Produkt tun? In agil durchgeführten Projekten werden dazu häufig die User Storys verwendet. Alternativ können beispielsweise auch die umfangreicheren Use-Case-Schablonen [Coc00] verwendet werden. Scrum oder Kanban schreiben die Verwendung von User Storys nicht vor, auch wenn das in der Literatur suggeriert wird und auch häufig geschieht [Wir17].

Wenn ihr über Anforderungen sprecht und diese aufschreibt, ist eines wichtig: Ihr müsst am fertigen Produkt feststellen können, ob oder wie gut die Anforderung umgesetzt wurde. Funktionale Anforderungen wie *,Als User will ich Daten verwalten können, um diese später weiter zu verarbeiten.'* sind da offenbar nicht hilfreich, da sie zu vage und unkonkret sind. Eine Anforderung ist erst dann eine *echte* Anforderung, wenn es Akzeptanzkriterien oder Testfälle gibt, mit deren Hilfe ihr die korrekte Umsetzung prüfen könnt.

Qualitätsanforderungen
Qualitätsanforderungen definieren, *wie* das System seinen Funktionsumfang bereitstellt. Beispiele für Eigenschaften, an die Anforderungen formuliert werden können, sind:

Wartbarkeit (Maintainability), Zuverlässigkeit (Reliability), Sicherheit (Security), Gebrauchstauglichkeit (Usability) oder Performanz und Effizienz (Performance Efficiency), vgl. ISO 25010:2011 [ISO11]. Die Norm ISO 25010 liefert Definitionen zu diesen Begriffen, und kann auch als Checkliste verwendet werden, ob eventuell Anforderungen an bestimmte Eigenschaften vergessen wurden.

Qualitätsanforderungen sind speziell für den Entwurf der Softwarearchitektur bzw. für die Entwicklung der Quelltexte wichtig. Wir beschreiben daher die Eigenschaft Wartbarkeit im Kap. 17 (Entwicklung) und die Eigenschaften Performanz, Zuverlässigkeit und Sicherheit in Kap. 16 (Softwarearchitektur). Qualitätsanforderungen beeinflussen die Architektur eures Systems in der Regel wesentlich, sie sind Architekturtreiber. Der Gebrauchstauglichkeit (Usability) ist das Kap. 14 gewidmet.

Aus anfänglichen Qualitätsanforderungen entstehen häufig weitere funktionale Anforderungen. Aus der Qualitätsanforderung Sicherheit wird eventuell die funktionale Anforderung an einen Login-Dialog oder an ein Backup der Datenbank. Aus der Anforderung Gebrauchstauglichkeit wird eventuell eine Anforderung an eine Autovervollständigung.

Rahmenbedingungen
Rahmenbedingungen waren bereits mehrfach Thema in diesem Buch. Rahmenbedingungen schränken unseren Lösungsraum ein und machen bestimme Vorschriften. Beispielsweise könnte die Programmiersprache, der Entwicklungsprozess oder die technische Infrastruktur bereits durch den Auftraggeber vorgegeben sein. Dies sind Beispiele für Rahmenbedingungen. Wir haben Rahmenbedingungen für das Produkt in Abschn. 4.10 und Rahmenbedingungen für den Entwicklungsprozess in Abschn. 5.8 besprochen.

Auch die Eigenschaften der Domäne (Automotive, Medizin, ...), die Gesetze der Physik oder die Eigenschaften der Umgebung, in der sich der Benutzer gerade befindet, gehören zu den Rahmenbedingungen.

Nicht-funktionale Anforderungen?
In der Literatur wird häufig der Begriff der nicht-funktionalen Anforderungen verwendet. Gemeint sind damit im wesentlichen Rahmenbedingungen und Qualitätsanforderungen. Wir verwenden den Begriff hier bewusst nicht, er schafft keine Klarheit. Wir definieren eine Katze ja auch nicht als Nicht-Hund.

13.3   Der PO macht das schon!

Wir könnten uns das Leben jetzt sehr stark vereinfachen. Wir fordern, dass der PO die Anforderungen beschaffen und strukturieren soll. Er oder sie entscheidet schließlich und trägt die volle Verantwortung. Das wäre zu einfach, denn auch ein PO muss methodisch vorgehen, dafür braucht er oder sie die lange schon bekannten Methoden des Requirements Engineering. Eventuell stellt ihr selber den PO oder ihr unterstützt ihn dabei, die Anforderungen zu entwickeln und zu verwalten. Folgende Probleme sind hier beispielsweise zu lösen:

- Für das Produkt gibt es viele Stakeholder, diese haben eventuell ein diffuses Bild vom späteren Produkt und sie sind sicher nicht immer einer Meinung. Jemand muss hier moderieren, schärfen und Konsens finden.
- Die Fachlichkeit eures Produkts ist umfangreich und niemand kennt alle Details oder hat ein zusammenhängendes, klares Bild. Jemand muss hier eine Struktur finden.
- Es ist noch unklar, wie euer Produkt die Bedürfnisse der Benutzer stillen kann und mit welchen Features ihr beginnen sollt.
- Ihr kennt zwar die zukünftigen Benutzer, diese können aber nicht klar genug formulieren, was sie eigentlich brauchen.

Wie kommt der Product Owner, wie kommt ihr als Team auf eine zuverlässige Liste von Anforderungen, die ihr beispielsweise als User Storys aufschreibt? Wie verwaltet ihr diese Anforderungen? Wie werden sie verfeinert? Verantwortlich ist sicher der Product Owner, er oder sie ist aber nicht zwingend der Autor aller Anforderungen, diese können ebenso gut von euch als Team, von anderen Stakeholdern oder von Spezialisten für Requirements Engineering gesammelt und aufgeschrieben werden.

13.4   Wie gehen wir mit Anforderungen um?

Wir unterscheiden hier vier Schritte: Ermitteln, Analysieren, Spezifizieren und Prüfen von Anforderungen. Andere Autoren ordnen diese Aktivitäten unter verschiedenen Überschriften, vgl. beispielsweise Pohl und Rupp [Poh15], die Robertsons [Rob12] oder Hammerschall und Beneken [Ham13]. Alle Themen müssen in der einen oder anderen Form abgedeckt werden (Abb. 13.3).

Ermitteln: Die Bedürfnisse und Anforderungen müssen zunächst ermittelt werden. Dazu befragt ihr verschiedene Stakeholder oder veranstaltet einen gemeinsamen Workshop. Ihr lest vorhandene Dokumentation, analysiert vorhandene Systeme oder beobachtet die künftigen Benutzer bei der Arbeit.

Analysieren: Die gefundenen Informationen werden analysiert, eventuell habt ihr ja schon etwas Ähnliches erfasst oder die Anforderung ist mit eurem Budget sowieso

Abb. 13.3 Aktivitäten im Umgang mit Anforderungen frei nach Wiegers und Beatty [Wie13]: Ermitteln (Elicitation), Analyse, Spezifikation und Prüfung (Validation)

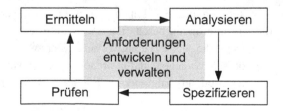

nicht machbar. Jede Anforderung wird priorisiert und auch eine erste Schätzung ist notwendig, zumindest wenn ihr nach Scrum arbeitet. Bei Kanban könnt ihr eventuell darauf verzichten [And10].

Spezifizieren: Im Rahmen der Spezifikation verfeinert ihr die Anforderung mit weiteren Details, diese werden beispielsweise als Akzeptanzkriterien erfasst. Aus den Informationen erstellt ihr ergänzende Modelle, wie Oberflächenentwürfe, ein Datenmodell oder Modelle der beteiligten Workflows.

Prüfen: Die Ergebnisse werden im Team und mit den Stakeholdern diskutiert, eventuell finden weiterreichende Reviews der Anforderungen und der entstandenen Modelle statt.

Die eigentliche Verwaltung der Anforderungen und aller anderen Artefakte, die davon abhängig sind, findet im Product Backlog statt. Dieses Konzept stammt aus Scrum und findet sich so oder ähnlich in anderen Methoden wieder. Es ist sinnvoll, genau einen Speicherplatz für Anforderungen und deren Details zu haben und diese nicht über ein Sortiment von Informationsquellen zu verstreuen.

Während die Anforderungen im Backlog lagern, werden sie regelmäßig überarbeitet, neu bewertet und geschätzt. Scrum investiert bis zu 10 % des verfügbaren Aufwands für das sogenannte Backlog Refinement. Je näher die Implementierung rückt, desto stärker werden die Anforderungen verfeinert. Anforderungen, die im nächsten Sprint umgesetzt werden sollen, sind eher detailliert dargestellt. Anforderungen, die erst in einem halben Jahr Thema werden, finden sich eher nicht wieder.

13.5 Anforderungen ermitteln, Kontext verstehen

Ihr startet mit gewaltigen Wissenslücken in die Entwicklung eures Produkts. Diese Wissenslücken müsst ihr so schnell wie möglich und so weit wie nötig schließen. Hierzu gibt es mehrere Techniken, die in diesem Kapitel vorgestellt werden: Um mehr über euren Auftraggeber, eure Benutzer und deren Kontext zu erfahren, habt ihr mehrere Möglichkeiten: Ihr könnt mit dem Auftraggeber und den Benutzern sprechen und ihnen mehr oder weniger strukturiert Fragen stellen, also einzelne Interviews führen oder Workshops veranstalten. Wenn ihr quantitative Informationen braucht, sind Umfragen mit vielen Teilnehmern oder strukturierte Interviews möglich. Alternativ könnt ihr die Benutzer bei ihrer täglichen Arbeit beobachten oder bei ihnen in die Lehre gehen. Zusätzlich gibt es vermutlich eine Reihe von Nachbarsystemen, eventuell ein abzulösendes oder zu erweiterndes Altsystem oder Konkurrenzprodukte, die ihr analysieren könnt. Häufig kommt eine große Menge an Dokumenten und weiterführender Fachliteratur dazu.

13.5.1 Gespräche und Interviews

Informelle Interviews könnt ihr zu jedem Zeitpunkt im Projekt führen. Sie bieten sich immer dann an, wenn ihr euch einarbeitet, einen ersten Überblick gewinnen wollt oder auch Detailfragen zu einem bestimmten Thema klären müsst. Ihr sprecht mit einem Stakeholder über die Projektinhalte, die Ziele oder fachliche Inhalte und Rahmenbedingungen. Ein Gespräch bzw. Interview solltet ihr immer vorbereiten. Ihr solltet bei jedem Gesprächspartner den Eindruck hinterlassen, dass ihr strukturiert und reflektiert arbeitet. Ein Gespräch dient neben der Informationsgewinnung auch zum Aufbau von persönlichen Beziehungen zu den Stakeholdern des Projekts. Nutzt die Gelegenheit daher, um die Menschen, für die oder mit denen ihr arbeitet, besser kennenzulernen.

Interviews gehören eher zu den qualitativen Techniken, während ihr mit Umfragen viele Menschen erreicht und auch statistische Auswertungen möglich und sinnvoll sind. Diese gehören zu den quantitativen Techniken.

Welche Fragen könnt ihr stellen?

Die Fragen für ein Interview oder eine Umfrage zu formulieren, ist schwieriger als es aussieht [Fit14]. Rob Fitzpatrick hat sein Buch bezeichnenderweise *Der Mom Test* genannt. Denn wenn ihr eure Mama fragt, was diese von eurer Idee hält, werdet ihr in der Regel etwas Positives hören, unabhängig von der Qualität eurer Idee. Damit kommt ihr also nicht weiter. Fitzpatrick gibt drei Tipps:

1. Redet mit eurem Gesprächspartner nicht über eure Idee.
2. Fragt ihn nach konkreten Beispielen aus seiner Vergangenheit und nicht nach allgemeinen Meinungen oder Vorstellungen über die Zukunft.
3. Redet möglichst wenig, hört eher zu. Dann erfahrt ihr mehr.

Schlechte Fragen

Ihr wollt mit euren Fragen herausbekommen, was der oder die Befragte tatsächlich denkt, wie er oder sie sich fühlt und ihr wollt Informationen dazu, wie er sich *vermutlich* in der Zukunft verhält. Hier einige Beispiele für schlechte Fragen [Fit14, For18]:

- *Denken Sie, dass das eine gute Idee ist?* Vermutlich will euch der Gesprächspartner (oder eure Mutter) nicht vor den Kopf stoßen und wird eine eher falsch-positive Antwort geben. Fragen nach einer Meinung sind stark beeinflusst durch die aktuelle Stimmung des Befragten und durch die Fragen, die ihr davor gestellt habt (Priming) [Kah12].
- *Würden Sie ein Produkt kaufen, dass X kann?* Fragen, die sich auf zukünftiges Verhalten richten, sind hypothetisch und in der Regel nicht hilfreich. Da die meisten Interview-Partner nicht genau genug wissen, was sie vielleicht in der Zukunft tun werden. Im Zweifel antworten sie mit ‚ja'. Besser sind hier Fragen zu konkretem Verhalten in der Vergangenheit, damit könnt ihr auf Verhalten in der Zukunft schließen. Wenn eurer Feature X ein Problem für den Benutzer löst oder einige Ärgernisse abstellt, wird er es

eventuell kaufen. Ihr fragt also besser nach aktuellen Problemen und Ärgernissen, mit denen der Gesprächspartner konfrontiert ist.

- *Wie viel würden Sie für X bezahlen?* Auch diese Frage ist zu hypothetisch. Ihr müsst eher herausbekommen, welchen Wert das Feature X für den Kunden haben könnte, z. B. über die herbeigeführte Effizienzsteigerung.
- *Wie gut finden Sie das Produkt X?* oder *Glauben Sie auch, dass über unser Produkt unfair berichtet wurde?* Die Art wie die Frage formuliert ist, schreibt die Antwort schon vor. Sie unterstellt bereits, dass der Gesprächspartner das Produkt gut findet und die Berichterstattung unfair war.
- *Wie viele Freunde auf einer Social-Media-Plattform haben Sie (0–1, 2–3, > 4)?* Hier sind die Kategorien so gewählt, dass vermutlich keine sinnvolle Aussage mehr entsteht, da die allermeisten Personen mehr als vier Freunde haben werden.

Ihr solltet Fragen vermeiden, die in irgendeiner Form führen oder die gewünschte Antwort bereits enthalten. Fragen zu zukünftigem Verhalten und aktuellen Meinungen bringen in der Regel nicht viel, da die Antworten von zu vielen momentanen Zufallsfaktoren beeinflusst sind.

Gute Fragen

Gut sind Fragen zur konkreten Lebenssituation des Gesprächspartners: Womit plagt er sich gerade und was beschäftigt ihn oder sie? Ihr wollt mit eurem Produkt einen konkreten Bedarf stillen, ein Problem entschärfen oder auch gewisse Ärgernisse abstellen. Daher sind Informationen zu konkreten Abläufen und konkrete Beispiele wichtig. Je genauer ihr den Benutzer kennt, desto eher könnt ihr etwas vorschlagen, was diesem wirklich hilft oder ihn glücklich macht.

- *Warum beschäftigt Sie das?* Damit erfragt ihr die Motive des Gesprächspartners. Eine Begründung für sein Verhalten. Damit versteht ihr ihn oder sie besser.
- *Was sind die Auswirkungen des Problems für Sie?* Eigentlich wollt ihr mit eurem Produkt auch die Auswirkungen eines Problems abstellen. Wenn ihr die Auswirkungen kennt, versteht ihr die Bedeutung des Problems besser.
- *Was ist Ihre aktuelle Lösung für das Problem?* Hier müsst ihr einen überzeugenderen Vorschlag liefern.
- *Was haben Sie sonst noch ausprobiert?* So kommt ihr auf Konkurrenzprodukte, mit denen der Gesprächspartner das Problem lösen wollte. Eventuell erlebt ihr hier Überraschungen.
- *Mit wem sollte ich sonst noch sprechen?*
- *Haben wir eventuell eine wichtige Frage vergessen?* Möglicherweise kann euch der Gesprächspartner noch Informationen geben, die ihr noch nicht berücksichtigt hattet.

Erarbeitet einen Gesprächsleitfaden

Zur Vorbereitung auf ein Gespräch solltet ihr einen Leitfaden entwerfen. Vom Leitfaden weicht ihr selbstverständlich ab, wenn sich das Gespräch in eine andere Richtung entwickelt. Der Leitfaden enthält eine Liste von fehlenden Informationen, halbfertigen Schaubildern und offenen Fragen. Die Fragen könnt ihr mündlich stellen und die Antworten mitschreiben.

In einigen unserer Projekte hat es gut funktioniert, einen halbfertigen (ggf. ausgedruckten) Foliensatz mit den offenen Punkten und ersten Skizzen gemeinsam mit dem Interview-Partner auszufüllen und zu vervollständigen. Der ausgedruckte Foliensatz hat den großen Vorteil, dass ihr euch ohne technisches Gerät an einen Tisch setzen und die Fragen besprechen könnt.

Auch eine Tabellenkalkulation könnt ihr nutzen: Die gewonnenen Informationen werden Zeile für Zeile ergänzt. Die Spalten können weitere Verwaltungsinformationen enthalten, wie Status, Wichtigkeit oder eine Strukturierung.

Fotos als Protokoll

Der ausgefüllte Foliensatz oder das Tabellenblatt sind eventuell schon Dokumentation genug und diese können ins Wiki geschrieben werden. Wenn Skizzen am Whiteboard, auf einem Flipchart oder auf einfachen Zetteln entstanden sind, macht davon Fotos. Diese können ebenfalls einfach ins Wiki gehängt werden.

13.5.2 Formale Interviews und Umfragen

Formale Interviews arbeiten mit einer festgelegten Liste von Fragen. Diese werden im Interview abgearbeitet. Um die Interviews über mehrere Interview-Partner hinweg vergleichen zu können, müssen immer dieselben Fragen gestellt werden. Die Fragen selbst können offen sein, die Antwort kann frei durch den Interview-Partner formuliert sein. Geschlossene Fragen, die nur Ja/Nein-Antworten oder andere vorgegebene Antworten zulassen, erleichtern die spätere Auswertung. Formale Interviews könnt ihr mit einer größeren Zahl von Ansprechpartnern führen. Damit könnt ihr bereits erste quantitative Aussagen erhalten.

Wenn ihr quantitative Informationen von vielen Personen benötigt, beispielsweise wie viel Prozent eurer Kunden zwischen 10 und 15 Jahre alt sind, könnt ihr auch eine Umfrage durchführen. Die Umfrage enthält in der Regel geschlossene Fragen, auf die man mit ja oder nein antworten kann oder Fragen mit vorgegebenen Antwortmöglichkeiten, beispielsweise Altersbereiche, Einkommensniveaus oder verschiedene Bildungsabschlüsse.

Lehrbücher zu Forschungsmethoden und Statistik aus den Sozialwissenschaften werden euch helfen, Fragebögen zu formulieren, belastbare Daten zu erheben und daraus Aussagen abzuleiten, vgl. beispielsweise das Lehrbuch von Peter Sedlmeier und Frank Renkewitz [Sed08]. Nicole Forsgren gibt einen lesenswerten Einblick, wie die Fragen zu den DevOps-Reports erstellt worden sind und was man dort falsch machen kann [For18].

Die Erstellung einer Umfrage startet häufig mit einigen informellen Interviews mit Versuchspersonen. Diese ersten Interviews helfen euch dabei, die richtigen Fragen zu finden, zu denen ihr statistisch belastbare Antworten haben wollt.

Es gibt viele vorhandene Werkzeuge, mit denen ihr eine größere Umfrage durchführen könnt. Ihr formuliert eure Fragen beispielsweise als Google-Formular und versendet den Link auf dieses Formular dann an einen größeren Personenkreis, von dem ihr die Informationen wünscht. Beispiele für Umfrage-Werkzeuge sind: Google Formulare[1], Survey Monkey[2] oder Lime Survey[3].

13.5.3 Workshops

An einem Workshop nehmen mehrere Personen teil und auch hier werden Fragen gestellt und Inhalte erarbeitet, in der Gruppe. Workshops sind für euch ein sehr wichtiges Werkzeug im Projektverlauf, da ihr im Team und/oder gemeinsam mit den Auftraggebern Projektinhalte erarbeiten könnt. Hierbei werden das Wissen und die Ideen aller Teilnehmer genutzt. Die Ergebnisse stammen von allen Beteiligten, dies erhöht in der Regel die Akzeptanz und ihr habt eine hohe Wahrscheinlichkeit, dass alle dasselbe Verständnis der Inhalte haben, da sie darüber diskutiert haben und die Inhalte gemeinsam erarbeitet wurden. Allgemeine Regeln zum Durchführen von Workshops und passende Techniken finden sich in Kap. 11. Für einen Workshop zur Erarbeitung von Anforderungen habt ihr viele verschiedene Möglichkeiten für Techniken [Unt19, Gra10, Lew17, Got13]:

- Gemeinsames Zeichnen: Ihr steht zusammen mit anderen Stakeholdern gemeinsam vor einem Whiteboard und erarbeitet beispielsweise das Umgebungsdiagramm und andere Informationen aus dem Kontext des Systems.
- Ein Canvas bekleben: Ein Canvas, beispielsweise für eine Persona-Hypothese, bildet den Rahmen und ihr ergänzt dort eure Ideen und euer Wissen mithilfe von Haftnotizen.
- Kartenabfrage (Brainstorming): Markus Unterauer bringt mehrere Beispiele, wie mit typischen Brainstorming-Techniken Projektziele, Rahmenbedingungen, Risiken und andere Informationen erarbeitet werden können. Im Allgemeinen werden die Teilnehmer nach Ideen und Wissen zu bestimmten vorgegebenen Themen befragt, sie schreiben die Antworten auf Haftnotizen oder Karteikarten. In der Gruppe werden diese diskutiert, analysiert und in eine Struktur gebracht.
- Strukturierte Arbeit mit Haftnotizen: Für das Brainstorming ist ein grobes Schema vorgegeben, in das die Haftnotizen oder Karteikarten gebracht werden. Die Teilnehmer schreiben beispielsweise ihre Ideen für User Storys auf Haftnotizen. Ihr besprecht diese

---

[1] Vgl. https://www.google.com/forms/about/.

[2] Vgl. https://www.surveymonkey.de/.

[3] Vgl. https://www.limesurvey.org/de/.

im Team und ihr ordnet sie allgemein oder ihr strukturiert diese über einen Ablauf zu einer User Story Map (siehe unten).

Markus Unterauer schlägt für die Erarbeitung der Anforderungen im Projektverlauf eine Reihe von Workshops vor [Unt19]. Er liefert damit einen konkreten Handlungsleitfaden. Für agil durchgeführte Projekte schlägt er sechs Workshops vor, von denen die letzten beiden regelmäßig wiederholt werden, vgl. Tab. 13.1. Für plangetrieben durchgeführte Projekte sind es acht Workshops. Weitere Vorschläge gibt es von Paolo Caroli[4] und auch von James und Suzanne Robertson [Rob12]. Im Grunde müsst ihr die zu erarbeitenden Themen auf eine Reihe von Workshops verteilen oder diese im weiteren Projektverlauf angehen.

Tab. 13.1 Liste von Workshops frei nach Unterauer für agile Projekte [Unt19]

Wann?	Thema	Dauer	Techniken für Workshops und Interviews
Exploration	Produktvision	2h	Elevator Pitch formulieren vgl. Abschnitt 4.6 und einen Produktkarton basteln
Exploration	Personas und Stakeholder	8h	Benutzer über Persona-Modelle besser verstehen, vgl. Abschn. 4.7. Stakeholder identifizieren und die Organisation noch besser verstehen, z. B. mit Kartenabfrage, dann über Canvas einordnen, vgl. Abschnitt 5.5
Exploration	Ziele	8h	Storys mit einer Impact Map erkunden um Einflussfaktoren auf die Ziele besser zu verstehen, vgl. Abschn. 4.9. Qualitätsanforderungen und Rahmenbedingungen finden und festlegen, vgl. Abschn. 4.10.
Exploration	MVP, Kontext	8h	User Storys über User Story Map strukturieren, vgl. Abschn. 13.14. Umgebungsdiagramm gemeinsam am Whiteboard erstellen, Nachbarsysteme einzeichnen, vgl. Abschn. 4.13.
Fortlaufend	User Storys	3h	User Storys sammeln und in eine sinnvolle Reihenfolge bringen, erste Prioritäten festlegen. User Storys und Akzeptanzkriterien verfeinern, vgl. Abschn. 13.10 und 13.11
Fortlaufend	Ausarbeitung	4h	Lösungskonzepte für die User Storys ausarbeiten, beispielsweise Maskenentwürfe, vgl. Abschn. 14.8, das logische Datenmodell, Abschnitt vgl. 15.4 oder Schnittstellen.

---

[4] https://martinfowler.com/articles/lean-inception/.

13.5.4 Beobachtung und Apprenticing

Wenn ihr euren Auftraggeber das erste Mal besucht oder euch das erste Mal mit den künftigen Benutzern beschäftigt, macht am besten einen Rundgang durch das Unternehmen, wenn das möglich ist. Ihr solltet euch die Orte, an denen euer Produkt verwendet werden soll, genau ansehen. Ist es dort laut oder leise, chaotisch oder aufgeräumt, wonach riecht es dort? Sind die Menschen dort gestresst und hektisch oder eher entspannt? Wenn ihr den Einsatzort besucht, könnt ihr mit allen Sinnen wahrnehmen, in welchem Kontext euer Produkt verwendet wird. Dies gibt euch ein besseres Verständnis und erleichtert euch mit entsprechendem Kontextwissen auch, Anforderungen auf ihre Bedeutung und Plausibilität zu prüfen. Jeff Patton bringt dazu das Beispiel einer Software, die unbedingt eine Chat-Funktion enthalten sollte, um die Kommunikation bestimmter Mitarbeitergruppen zu ermöglichen. Bei einem Besuch vor Ort stellte sich heraus, dass diese Mitarbeiter einander gegenüber saßen und einfach miteinander sprechen konnten und die Chat-Funktion völlig überflüssig war.[5]

Durch Beobachtung bekommt ihr ein gutes Verständnis davon, wie es euren Benutzern gerade geht und wo die tatsächlichen Probleme liegen. Ihr könnt euch besser mit ihnen identifizieren und euch in sie einfühlen. Patton schreibt dazu *You can't get empathy from data*. Manchmal genügt es, eure Benutzer über einen gewissen Zeitraum zu beobachten, ohne in die Situation einzugreifen oder Fragen zu stellen.

Contextual Inquiry

Karen Holtzblatt und Hugh Beyer haben die Contextual Inquiry als spezielle Interview-Technik vorgeschlagen [Hol16]. Sie ist eine Mischung aus Beobachtung und Interview. Der Contextual Inquiry liegen vier Prinzipien zugrunde:

- Kontext: Das Interview findet im Arbeitsumfeld des Benutzers statt. Der Benutzer wird unter normalen, alltäglichen Bedingungen beobachtet und der Interviewer stellt Fragen zu Tätigkeiten und Arbeitsergebnissen, während der Befragte normal weiterarbeitet. Der Interviewer soll den zukünftigen Nutzungskontext durch eigene Erfahrungen besser verstehen. Wichtige Ereignisse und Informationen werden für die weitere Arbeit dokumentiert.
- Partnerschaft: Der Interviewer geht beim Benutzer quasi in die Lehre und führt zum Teil gemeinsam mit ihm Arbeitsaufgaben aus. Das Vorgehen wird immer wieder hinterfragt und diskutiert, um es besser zu verstehen.
- Interpretation: Der Interviewer gibt das, was er gelernt hat, fortlaufend in eigenen Worten wieder. Der Benutzer korrigiert gegebenenfalls Fehler. So wird (wie bei der Technik des aktiven Zuhörens in Kap. 7) das Risiko von Missverständnissen und Fehlinterpretationen gesenkt.

---

[5] Vgl. https://www.youtube.com/watch?v=T4lIeNJx3QI.

- Fokussierung: Der Interviewer steuert das Interview und bittet den Benutzer, Tätigkeiten durchzuführen, die für das Projekt relevant sind.

Diese Form von Interviews eignet sich für Situationen, in denen Benutzer ihre Bedürfnisse selbst nicht formulieren wollen oder können und wo unbewusst vorhandene Bedürfnisse vermutet werden. Solche Informationen werden über Fragebögen kaum gefunden.

Apprenticing

Sonderform von Beobachtungen ist das Apprenticing. Dies ist informeller als die Contextual Inquiry von Holtzblatt und Beyer. Ihr geht dabei als Praktikant bei euren Benutzern in die Lehre. Diese zeigen euch die Tätigkeiten, die ihr mit eurem System unterstützen wollt. Ihr versucht unter Anleitung, diese Tätigkeiten selbst auszuführen oder zumindest am konkreten Beispiel des Benutzers genauer zu verstehen. Diese Lehre findet an dem Ort statt, wo sich der Benutzer normalerweise befindet. Damit erfahrt ihr wie schon bei der Beobachtung auch, unter welchen Bedingungen euer System verwendet werden soll.

13.5.5 Analyse vorhandener Systeme

Häufig sollen neue Systeme ein oder mehrere Altsysteme ergänzen oder ersetzen. Damit sind die Altsysteme eine weitere wichtige Quelle von Anforderungen, gerade wenn ihr dieselbe Fachlichkeit nur mit einer neueren Technologie umsetzen müsst, beispielsweise weil euer Auftraggeber einige alte Systeme loswerden möchte. Das Entwickeln von Anforderungen aus einem vorhandenen System wird auch als *Reverse Engineering* bezeichnet. Wenn ihr das Altsystem analysiert, leitet ihr daraus mindestens folgende Übersichten ab, auch um den Umfang eures Projekts besser abschätzen zu können:

- Fachliches Datenmodell: Mit welchen Entitätstypen arbeitet das Altsystem, wie hängen diese zusammen? Die Entitätstypen bilden die Grundlage für euer Glossar, für ein Konzept zur Datenmigration (bei Bedarf) und für den Entwurf eines Anwendungskerns bzw. entsprechender Microservices.
- Dialoglandkarte: Eine Übersicht über alle Dialoge (Ein- und Ausgabemasken) des Systems gibt ebenfalls einen Überblick über den fachlichen Umfang des Systems. Jede Funktion, jedes benutzbare Element in der (grafischen) Oberfläche ist eventuell ein Feature, das ihr verstehen und nachbauen müsst. Eine einfache Zählung der Dialoge und der Bedienelemente gibt ein erstes Gefühl für den Umfang.
- Batches: Batches sind Programme, die zeitgesteuert aufgerufen werden, beispielsweise einmal in der Nacht. Sie übernehmen Aufgaben, bei denen keine Interaktion mit einem Benutzer erforderlich ist, beispielsweise das Versenden von E-Mails und Briefen oder die Erstellung von Rechnungen. Batches werden gerne vergessen, aber auch diese müsst ihr bei einer Altsystem-Migration neu programmieren oder migrieren.

Zu vorhandenen Systemen existiert eine in der Regel nicht mehr aktuelle Dokumentation, beispielsweise eine Benutzungs- oder Betriebsanleitung sowie Dokumente aus der Entwicklungsphase, wie Architekturdokumente, ein Pflichten- oder ein Lastenheft. Um das Testen und Ausprobieren sowie um die Lektüre der alten Quelltexte kommt ihr vermutlich nicht herum.

Auch von anderen Systemen und Produkten eurer Marktbegleiter könnt ihr euch Anregungen holen. Damit könnt ihr euch beispielsweise bewusst von diesen absetzen oder gute Ideen von dort übernehmen.

13.5.6 Fachliteratur

Als IT-Team seid ihr normalerweise keine Experten für die Domäne, in der ihr Software entwickelt. Wissen über die Zusammenhänge in der Automotive-, Avionik-, Handels- oder Reisebranche müsst ihr euch erst anlesen oder von den Stakeholdern bei Bedarf erfragen. Fachliteratur kann eine gute Quelle für Begriffsdefinitionen für euer Glossar sein. Die Fachliteratur verweist in der Regel auch auf einschlägige Normen, die ihr berücksichtigen müsst und in denen ihr weitere Begriffsdefinitionen findet.

Die fachlichen Grundlagen werden es euch erleichtern, die Zusammenhänge besser zu verstehen und die Informationen der verschiedenen Stakeholder richtig einzuordnen und zu bewerten. Das erspart euren Stakeholdern eventuell, dass sie euch jedes Detail erklären müssen.

13.6   Anforderungen analysieren

Alle Beteiligte brauchen ein gemeinsames Verständnis, was genau mit der jeweiligen Anforderung gemeint ist. Über eine Anforderung wird daher zu verschiedenen Zeitpunkten diskutiert. Wir haben in den Abschn. 5.6.1 und 5.6.3 bereits dargestellt, dass jede Anforderung im Product Backlog geschätzt und priorisiert werden muss. Wichtig ist an dieser Stelle bereits, Anforderungen auch bewusst zu verwerfen, weil sie nicht machbar sind, keinen Nutzen haben oder eigentlich zu einem anderen Produkt gehören.

Der Product Owner vertritt eventuell die Interessen vieler verschiedener Stakeholder. Er muss irgendwann zwischen diesen Konsens schaffen zu einzelnen Anforderungen, ihrem genauen Umfang und zu Prioritäten.

Das Entwicklungsteam sollte nur abgestimmte Anforderungen umsetzen. Ein zu sperriger Genehmigungsprozess in eher bürokratischen Organisationen kann ein Projekt allerdings behindern.

13.7 Anforderungen spezifizieren

Im Manifest für agile Softwareentwicklung ist zu lesen: *Funktionierende Software mehr als umfassende Dokumentation.* Wenn ihr Dokumente schreibt, muss es einen guten Grund dafür geben. Die Dokumente müssen dazu beitragen, funktionierende Software zu erzielen. Für euer Projekt müsst ihr festlegen, wie und in welchem Detaillierungsgrad ihr die Anforderungen als Dokument oder in anderer Form wie etwa Tickets im Ticket-System, Wiki-Seiten oder als Datensatz in einem Requirements-Engineering-Werkzeug aufschreiben wollt.

Wenn ihr euch im Detail mit einer Anforderung beschäftigt, entstehen weitere Informationen, Modelle oder Oberflächenentwürfe. Diese müsst ihr zu den Anforderungen in Beziehung setzen. Beispielsweise werden die Oberflächenentwürfe und die (UML-) Modelle an das Ticket angehängt, das die jeweilige Anforderung repräsentiert.

Wer spezifiziert?

Der Product Owner und viele andere Stakeholder sind Experten für die jeweilige Fachlichkeit, die in eurem Produkt vorkommt. Also beispielsweise Handel oder Luftfahrt. Sie sind keine Experten für GUI-Design oder für technische Lösungen. Der Product Owner sollte daher nur aufschreiben, was er gerne mit dem Produkt erreichen will, welche Probleme er lösen will oder welcher Geschäftsprozess automatisiert wird. Wenn der PO User Storys aufschreibt, sollten diese also keine technischen Details oder etwa GUI-Elemente enthalten. Eure Aufgabe ist es, ihm dafür technische Lösungsvorschläge zu machen. Ihr schlagt die Details für den Ablauf vor, ihr überlegt euch einen Workflow im Produkt und von euch sind erste Entwürfe der Oberfläche. Eventuell könnt ihr dem Product Owner und den anderen Stakeholdern sogar mehrere Lösungsoptionen vorschlagen.

Das bedeutet, dass sowohl der Product Owner und andere Stakeholder als auch ihr Teile des Product Backlogs schreibt. Der PO beschreibt, was er erreichen will, ihr macht technische Lösungsvorschläge. Die Lösungsvorschläge sind dann eventuell der Anhang zu den vom PO formulierten Anforderungen.

Dokument oder Gespräch?

User Storys werden häufig genannt, wenn es um die Dokumentation von Anforderungen geht. Wie wir unten noch sehen werden, sind User Storys eigentlich keine Dokumentation, sondern lediglich ein Hinweis, die Details in einem persönlichen Gespräch zu klären. Ein Gespräch ist nur dann möglich, wenn der Gesprächspartner gut verfügbar, entscheidungsbefugt und auch kompetent ist. Wenn diese Bedingungen nicht gegeben sind, müsst ihr mehr aufschreiben, im extremen Fall bis hin zu einer umfangreicheren Spezifikation (Abb. 13.4):

- Der Ansprechpartner ist nicht gut verfügbar, auf eure Fragen erhaltet ihr erst nach mehreren Tagen eine Antwort. Um die Entwicklung hier zu beschleunigen, erarbeitet

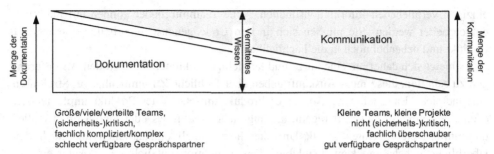

Abb. 13.4 Wenn alle wichtigen Gesprächspartner gut erreichbar, entscheidungsbefugt und kompetent sind, könnt ihr auf Dokumentation verzichten. Je größer das Team, je (sicherheits-)kritischer oder fachlich komplexer euer Produkt und je verteilter oder hierarchischer eure Organisation ist, desto mehr müsst ihr direkte Kommunikation durch Dokumentation ersetzen

ihr zusammen mit dem Ansprechpartner möglichst viele Details, wenn er gerade Zeit hat.

- Ihr habt nicht einen Ansprechpartner, sondern ein Gremium von mehreren Ansprechpartnern. Das ist beispielsweise dann der Fall, wenn euer System von mehreren verschiedenen Abteilungen in großen Konzernen verwendet werden soll. Ihr seid hier eventuell sogar in der Situation eines Mediators, der die Interessen von mehreren Parteien ausgleichen muss. Auch hier müsst ihr die Anforderungen aufschreiben, da ja die Interessengruppen zustimmen müssen.
- In mehreren Fällen ist eine Dokumentation der Anforderungen während und nach dem Projekt erforderlich. Wenn ihr ein sicherheitskritisches System baut, müsst ihr euch an bestimmte Normen halten. Dies impliziert auch Dokumentation, die vom TÜV oder anderen Prüforganisationen nachverfolgt werden muss.
- In großen und verteilten Teams ist es kaum möglich, dass alle notwendigen Informationen zuverlässig mündlich weitergegeben werden. Mit Dokumenten können Sprach- und Kulturunterschiede eher ausgeglichen werden, als wenn alle Beteiligten mit verstaubtem Schul-Englisch radebrechen.

Lebensdauer der Dokumentation

Da User Storys sowieso nur ein Hinweis dazu sind, ein Gespräch zu führen, werden sie überflüssig, nachdem das Gespräch geführt und die Implementierung abgenommen wurde. Spätestens nach erfolgreicher Abnahme im Sprint-Review-Meeting kann die Karteikarte, auf der die Story steht, zerrissen werden oder das Ticket könntet ihr im Grunde löschen. Damit spielt auch die Qualität der Story eigentlich keine besondere Rolle, Hauptsache das Teammitglied und der entsprechende Stakeholder bzw. der Product Owner wissen, was genau gemeint ist.

Wenn ihr nur mit User Storys arbeitet, ist nach einer gewissen Zeit nicht mehr klar, welche Features euer System hat, denn der Code und das laufende System sind die einzigen verbliebenen Informationsquellen. Neue Teammitglieder können nur mündlich eingearbeitet werden. Sie müssen sich in den Code genauso einarbeiten wie in euer Produkt und nebenbei noch in die Fachlichkeit.

Es bietet sich daher an, eine kurze und langlebige Dokumentation zu den Anforderungen zu schaffen, diese muss Auskunft geben über fachliche Zusammenhänge, Strukturen und fachliche Entscheidungen, die euer Produkt umsetzt. Euer Produkt implementiert eventuell komplexe Geschäftsregeln, umfangreiche Workflows oder ein anspruchsvolles und umfangreiches Datenmodell. Um sich hier schnell einzuarbeiten und auch den Überblick zu behalten, kann langlebige Dokumentation nützlich sein.[6] Auch ein gut gepflegtes Glossar ist hier wichtig, wie wir speziell im Kap. 15 zum Domain Driven Design noch sehen werden.

13.7.1 Tafel, Wiki-Seite, Dokument oder Ticket?

Die Art und Weise, in welcher Form und wie ausführlich ihr die Anforderungen beschreibt, ist abhängig vom Projektkontext. Auftraggeber schreiben die Form in der Regel vor, damit sie eine gewisse Kontrolle über das Projekt behalten. Im einfachsten Fall genügt eine Wand des gemeinsamen Büros mit Story Cards wie in XP, eventuell sind Dokumente notwendig oder der Auftraggeber wünscht sich Tickets in einem Issue-Tracker oder schlägt ein Requirements-Engineering-Werkzeug vor.

Tafel mit Story Cards
Eine sehr einfache Form, Anforderungen zu notieren, sind die schon von Kent Beck und Ron Jeffries vorgeschlagenen Story Cards [Bec99]. Jede Anforderung wird auf eine Haftnotiz oder eine Karteikarte geschrieben (DIN A5 oder A6). Diese Karteikarten oder Haftnotizen finden sich an einer Wand des gemeinsamen Raumes. Diese Wand bildet das Product Backlog. Für die Implementierung der Storys werden die Story Cards beispielsweise zur Sprint-Planung am Beginn des entsprechenden Sprints auf das Taskboard an einer anderen Wand des Raumes umgehängt.

Die Story Cards bieten offensichtlich kaum Platz für Details. Sie erfordern eine mündliche Klärung der Feinheiten, Akzeptanzkriterien und Rahmenbedingungen. Umfangreiche (UML-)Modelle und Oberflächenentwürfe sind möglich, auch sie können an die Wand zum Product Backlog geheftet werden. Damit ist die gesamte Spezifikation eine Art Collage aus Modellen, Zeichnungen, Oberflächenentwürfen und Story Cards.

Wiki-Seiten
Eine Wiki-Seite kann dazu verwendet werden, eine Anforderung darzustellen. Die Anforderung wird über die URL der Seite eindeutig identifiziert. Abhängig vom verwendeten

---

[6] Vgl. Abschn. 13.7.2.

Wiki-System können jeder Seite zusätzliche Attribute zugeordnet werden. Abbildungen können verwendet werden und Verfolgbarkeit ist über Hyperlinks zu internen Seiten oder externen Dokumenten möglich. Grafiken und Fotos lassen sich leicht darstellen. Auf eine gute Strukturierung der Wiki-Seiten müsst ihr allerdings selbst achten und besonders Übersichten und andere Strukturierungen selbst erstellen, sonst sitzt ihr nach einiger Zeit auf einer unüberschaubaren Hyperlink-Spaghetti-Struktur und diversen nicht mehr auffindbaren Anhängen. Daher sollten Wiki-Seiten eher als Ergänzung zu anderen Formen der Dokumentation von Anforderungen genutzt werden.

Textverarbeitung

Standard-Bürosoftware ist sehr weit verbreitet, auf den meisten Rechnern finden sich mindestens eine Textverarbeitung und eine Tabellenkalkulation. Die meisten Stakeholder haben zumindest Grundkenntnisse in der Bedienung. Das ist der Grund, warum in vielen Projekten mit Dokumenten aus einer Textverarbeitung und mit Tabellen aus der Tabellenkalkulation gearbeitet wird. Zusammen mit einem Werkzeug zur Versionsverwaltung können damit zumindest kleinere Projekte durchgeführt werden.

Einige Prozessmodelle fordern als Ergebnis der Anforderungsanalyse Dokumente ein, wie das Pflichtenheft. Vielfach dienen einfache Dokumente als Speicher von Anforderungen sowie dazugehörigen Modellen und anderen Artefakten. Mit den Mitteln einer Textverarbeitung ist es im Allgemeinen schwierig, Anforderungen eindeutig zu identifizieren. Möglichkeiten wie Kapitelnummern sollten nicht genutzt werden, da durch die Restrukturierung eines Dokuments auch die Kapitelnummern und damit auch die Kennungen der damit identifizierten Anforderungen geändert werden. Die Autoren müssen sich hier selbst um eine Alternative kümmern. Bei einer großen Zahl von Anforderungen können schnell Übersicht und Änderbarkeit verloren gehen.

Wie oben dargestellt, ist die Verfolgbarkeit von Anforderungen mit Dokumenten eher umständlich machbar, beispielsweise über Hyperlinks. Um die Verfügbarkeit der Dokumente für alle Stakeholder sicherzustellen, bietet sich eine Versionsverwaltung an. Alle Stakeholder können sich die Dokumente auf ihre lokale Festplatte holen und dort bearbeiten. Eine Alternative dazu ist, das Dokument gemeinsam zu bearbeiten, wie dies beispielsweise Google Docs oder Office 365 ermöglicht.

Möglich ist die Kombination aus Requirements-Engineering-Werkzeug (prominentes Beispiel ist IBM-Doors[7]) und Dokumenten. Das Werkzeug verwaltet alle Informationen rund um die Anforderungen. Ein aktueller Stand wird regelmäßig als Dokument exportiert.

Tabellenkalkulation

Eine Tabelle stellt die Anforderungsliste dar, für jede Anforderung gibt es eine Zeile, wie es in Abb. 13.5 zu sehen ist. Die Attribute der Anforderungen werden über die Spalten

---

[7] https://www.ibm.com/de-de/products/requirements-management.

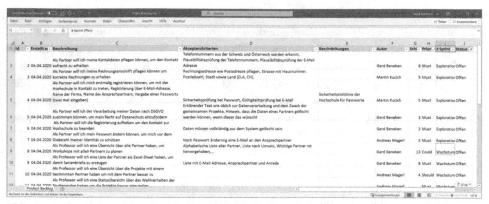

Abb. 13.5 Product Backlog als Tabelle einer Tabellenkalkulation

modelliert, d. h. jeweils eine Spalte für ID, Kurzbezeichnung, Beschreibung, Quelle, erwarteten Nutzen, Priorität oder Stabilität.

Die Anforderungen können nach jedem Attribut sortiert und/oder gefiltert werden: beispielsweise nach ihrem Nutzen oder ihrer Priorität. Für die Spalten der Tabelle können auch bestimmte Zellwerte erlaubt sein. In der Spalte für die Priorität einer Anforderung kann beispielsweise das MuSCoW-Priorisierungsschema erzwungen werden, in dem nur die Zellwerte Must, Could, Should und Won't erlaubt werden. Nachteile sind dagegen, dass große Mengen von Anforderungen (einige Hundert) unübersichtlich werden können. Beziehungen zwischen den Anforderungen können nur über Verweise oder Hyperlinks dargestellt werden, eine gesonderte Verwaltung oder eine Darstellung als gerichteter Graph erfordert zusätzliche Software. Modelle, Grafiken und längere Texte werden besser außerhalb der Tabelle als gesonderte und über Hyperlinks referenzierte Dokumente abgelegt. Teammitglieder können nur nacheinander, aber nicht gleichzeitig die Anforderungen editieren, es sei denn, es werden spezielle Tabellenkalkulationen verwendet, wie beispielsweise Google Docs oder Office 365.

Ticket-Systeme

In vielen Projekten werden Ticket-Systeme genutzt, um Anforderungen, Änderungsanträge und Fehler zu verfolgen. Sie werden auch Bug- oder Issue-Tracker genannt. GitLab bietet dazu ein recht komfortables Ticket-System an, dieses ist mit dem Repository, mit Merge Requests und anderen Themen gut integriert.

Eine Anforderung, ein Änderungsantrag oder ein Fehler wird jeweils als Ticket dargestellt. Eine eindeutige Identifikation wird automatisch zu jedem Ticket erzeugt. Felder wie Beschreibung, Autor oder Priorität sind bereits in den Basiseinstellungen vorgesehen. Im Ticket können über die Kommentare alle weiteren Informationen zu der dargestellten Anforderung verwaltet werden. Das Ticket zu einer Anforderung wächst damit immer dann, wenn sich etwas ändert und wenn neue Informationen entstehen.

Ein großer Vorteil von Ticket-Systemen ist deren Lebenszyklus- und Rollenkonzept. Für jeden Ticket-Typ (Fehler, Änderungsantrag, Anforderung, Task, ...) kann ein eigener Workflow, der den jeweiligen Lebenszyklus modelliert, definiert werden: GitLab löst diesen Workflow über vordefinierte Taskboards. Jede Spalte ist dabei ein Schritt in dem Workflow. Die Spalten und auch die Ticket-Typen modelliert GitLab über Label. Es gibt beispielsweise ein Label *User Story* für User Storys und es gibt Label für die Schritte im Workflow, beispielsweise *To-do*, *Doing* und *Done*.

Ihr könnt zwischen Tickets Beziehungen herstellen, im einfachsten Fall über einfache Links auf das jeweils andere Ticket. GitLab bietet dazu zwei Typen von expliziten Beziehungen an: *Blocks* bzw. *Is blocked by* sowie *Relates to*. Hierarchische Strukturen, z. B. Teil – Ganzes, sind derzeit noch nicht möglich.

Die Ticket-Nummern können auch in Commit-Nachrichten verwendet werden und so mit dem Commit auch das dazugehörige Ticket schließen. Weiterhin wird eine Beziehung zwischen dem geänderten Quelltext im Commit und der Anforderung im Ticket hergestellt.

Während das Ticket über das Taskboard wandert, kann es dabei ggf. dem nächsten Bearbeiter oder der nächsten Gruppe von Personen zugeordnet werden. Jedes Ticket hat eine Änderungshistorie, die darüber Auskunft gibt, wer wann was aus welchem Grund geändert hat. GitLab verfolgt hier Änderungen der Labels und der Eigenschaften des jeweiligen Tickets.

Großer Vorteil der Tickets ist, dass ihr einzelne Anforderungen darüber anfassbar macht. Das Ticket kann ergänzt, verschoben oder gelöscht werden. Ihr könnt ein Ticket einem oder mehreren Teammitgliedern zuordnen. Ihr könnt die Tickets auf dem Taskboard grafisch darstellen, so entsteht auch eine gute Übersicht über den aktuellen Projektstatus und ihr seht damit sofort, in welchem Zustand welche Anforderung gerade ist.

13.7.2 Prosa oder (UML-)Modell?

Schreibt einen fachlichen Überblick

Unabhängig von den Rahmenbedingungen, unter denen ihr euer Produkt entwickelt, schreibt ihr einen kurzen Überblick über eure Fachlichkeit. Dort finden sich die wichtigsten Prozesse und Workflows, die ihr unterstützt. Die wichtigsten Begriffe werden kurz definiert. Die relevanten Teile der Organisation des Auftraggebers werden dargestellt. Mit dem Dokument beschreibt ihr die wichtigsten Elemente aus dem Kontext eures Produkts.

Das Dokument hat das Ziel, dass ein Leser das große Ganze versteht und, wie die Teile zusammenspielen. Es dient euch dazu, in euer erworbenes Wissen mehr Struktur zu bringen. Neue Teammitglieder sollen sich mit dem Dokument schneller einarbeiten können. Euer Auftraggeber kann das Dokument prüfen und gibt euch Rückmeldung, ob ihr die Zusammenhänge richtig verstanden habt.

Dieses Dokument sollte so kurz wie möglich sein, sonst wird es nicht gelesen und ihr werdet es nicht aktuell halten. Es geht um maximal 10 bis 20 Seiten. Der Überblick enthält neben dem beschreibenden Text auch Schaubilder und Modelle, die jeweils einen Überblick geben, beispielsweise ein Modell mit den wichtigsten Organisationseinheiten, die mit eurem Produkt arbeiten sollen, oder eine fachliche Aufteilung eures Produkts in verschiedene Komponenten.

Natürliche Sprache

Zum Dokumentieren von Anforderungen bietet sich die natürliche Sprache (Prosa) an. Ihr schreibt einen Text in deutscher oder englischer Sprache über die Anforderungen. Natürliche Sprache ist nicht zwingend gut verständlich, wie häufiger behauptet wird.[8] Natürliche Sprache wird normalerweise dann von allen Stakeholdern verstanden, wenn dort die richtigen Begriffe verwendet werden, die ‚richtige' Fachsprache gesprochen wird und die Autoren sich an die Regeln für verständliche Texte gehalten haben. Der Text wird in der Regel über Fotos, Schaubilder, Screenshots oder UML-Diagramme illustriert.

Natürliche Sprache ist nicht immer eindeutig und präzise genug. Das Ambiguity-Handbook [Ber03] enthält hierzu eine große Menge an Beispielen für Verzerrungen oder Mehrdeutigkeiten. Unklar ist beispielsweise folgender Satz: *Berechtigungen sind zu prüfen.* Weitere Sätze müssen noch Informationen liefern, etwa wer genau die Berechtigungen prüft, wann und wo diese geprüft werden und was genau Berechtigungen in diesem Kontext sind.

Modellierung – Überblick und Details

Die Erstellung von Modellen ist in jeder Ingenieurwissenschaft wichtig. Jede Fachdisziplin hat ihre eigene Sprache, ihre eigenen Themen und ihre Fragestellungen, welche sie mithilfe von Modellen beantwortet. Seit Ende der 1990er-Jahre ist in der Softwareentwicklung die Unified Modeling Language verbreitet. Sie gilt als Industriestandard. Sie wurde Mitte der 2000er-Jahre massiv erweitert und liegt in der Version 2.5.1 aus dem Dezember 2017 vor.[9] Mittlerweile gibt es mehrere Ableger, beispielsweise die SysML, die auch im Systems Engineering eingesetzt werden kann, also wenn zusätzlich zur Software auch Hardware, Mechanik oder Organisationsveränderungen erstellt werden. Zweiter Ableger ist die BPMN (Business Process Modeling Notation), mit der Workflows und Geschäftsprozesse modelliert werden können.

Auch Anforderungen können über Modelle beschrieben werden, ebenso wie die Softwarearchitektur oder Teile der Quelltexte. Die Diagramme können dann als Illustration eines Dokuments, eines Tickets oder einer Wiki-Seite genutzt werden. GitLab hat dazu eine Integration mit PlantUML[10], vgl. Abb. 13.6. Die Diagramme werden als ASCII-Text geschrieben und bei der Darstellung der Wiki-Seite oder des Tickets erst gezeichnet.

---

[8] Man unternehme beispielsweise mal den Versuch, einen Text von Immanuel Kant im Original zu verstehen.

[9] Vgl. https://www.omg.org/spec/UML/.

[10] https://plantuml.com/de/.

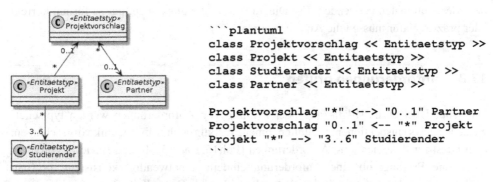

Abb. 13.6 Beispiel für ein UML-Modell, das mit PlantUML beschrieben wird

Ziel eines Modells ist es, erstens Zusammenhänge grafisch darzustellen und zweitens eine eindeutige und normierte Notation zu verwenden, aus der eventuell sogar Quelltexte generiert werden können. Bei den Anforderungen bieten sich folgende Diagramme an:

- Anwendungsfalldiagramm (Use Case), um eine Übersicht über die Features eures Produkts zu erhalten
- Aktivitätsdiagramm, für komplexere Abläufe, für Workflows und Geschäftsprozesse, eventuell auch BPMN-Modelle
- Zustandsdiagramm, für Zustandsmodelle z. B. fachliche Zustände einer Entität oder eines Dialogs
- Sequenzdiagramm, um Beispiele für Abläufe und zeitliche Zusammenhänge darzustellen
- Klassendiagramm, für Zusammenhänge im Glossar oder das fachliche Datenmodell

Diagramme wie das Komponentendiagramm, Paketdiagramm oder das Verteilungsdiagramm können zum Entwurf und der Dokumentation der Softwarearchitektur verwendet werden.

Gerade im Bereich agiler Softwareentwicklung ist folgender Hinweis wichtig: Modellierung ist ebenso wie Dokumentation kein Selbstzweck. Ihr müsst nicht für jede Klasse, die ihr implementiert, ein Kastendiagramm oder für jede User Story ein Aktivitätsdiagramm mit allen Details zeichnen. UML war anfänglich als Mittel gedacht, um im Team über Anforderungen, Architektur oder Quelltexte zu sprechen [Boo94]. Visualisierung hilft allen Beteiligten. Die Idee, mit UML quasi zu programmieren, ist erst später aufgekommen [Mel02].

Modelle bieten sich in der Regel dann an, wenn ihr hohe Präzision und Klarheit in euren Aussagen braucht, beispielsweise über die Modellierung von Zustandsautomaten mithilfe eines UML-Zustandsdiagramms oder bei der Modellierung von Abläufen mithilfe von Aktivitätsdiagrammen. Beide Diagrammarten könnt ihr wegen ihrer definierten Semantik im Prinzip als Grundlage für eine Simulation sowie Analyse des Ablaufs (als Petri-Netz) bzw. des Automaten verwenden. Ein Diagramm ist allerdings nicht per se formal korrekt oder präzise, dafür müssen die Autoren sorgen.

13.8   Anforderungen prüfen

Unter der Überschrift *Validierung* oder *Prüfung* von Anforderungen werden typischerweise Reviews (Inspektionen, Stellungnahmen, Walkthroughs) als Technik vorgeschlagen, zumindest für dokumentierte Anforderungen [Poh15, Ham13]. In den Reviews geschieht auch eine Prüfung, ob eine Anforderung eindeutig, notwendig, konsistent, prüfbar, realisierbar, verfolgbar (traceable) und vollständig ist. Diese Kriterien nennt der Standard ISO 29148:2018 [ISO18] bzw. die Empfehlung IEEE 830. Weitere Kriterien sind Abgestimmtheit und Verständlichkeit der Anforderungen [Poh15]. Reviews werden in agil durchgeführten Projekten seltener eingesetzt, etwa wenn der Auftraggeber oder einzuhaltende Normen dies vorschreiben. Typischerweise werden hier andere Techniken verwendet.

Diskussionen mit Stakeholdern – Abstimmung der Anforderungen
Der Product Owner und das Team diskutieren mit den anderen Stakeholdern und das Team diskutiert intern und mit dem Product Owner. Die Diskussion sollte so lange geführt werden, bis alle Beteiligten dasselbe Verständnis der Anforderungen und von dem erwarteten Nutzen haben und die Unklarheiten beseitigt sind. Der Product Owner muss also mindestens die Abstimmung der Anforderungen in Besprechungen und Workshops mit den anderen Stakeholdern erreichen. Die Anforderungen müssen bereits so formuliert sein, dass die anderen Stakeholder und besonders die Geldgeber verstehen, was sie da kaufen.

Um eine Prüfung kann der PO beispielsweise das Team bitten. Das Team kann sich an den Diskussionen selbst beteiligen oder bei den bereits aufgeschriebenen Anforderungen ein einfaches Peer-Review durchführen. Die Abstimmung der Anforderungen ist während der Termine möglich. Gerade die Diskussion über den Nutzen einzelner Anforderungen ist im Kreis der Stakeholder wichtig. Der Nutzen sollte zunächst unabhängig von der technischen Umsetzung der Anforderung diskutiert werden. Lösungsvorschläge, wie etwa Designs für die grafische Oberfläche, werden erst später vom Team erarbeitet.

Backlog Refinement
Die Prüfung der Anforderungen geschieht in Scrum während des Backlog Refinements. Dieses ist vorgeschrieben und soll mit bis zu 10 % des verfügbaren Budgets von euch durchgeführt werden. Während der Diskussion und der Verfeinerung von Anforderungen prüft ihr diese auch. Typischerweise werden die Kriterien für die Prüfung in der Definition of Ready (DoR) festgelegt. Diese ist im Scrum Guide jedoch nicht fest vorgegeben, um euch die Möglichkeit zu geben, in einzelnen Fällen von ihr abzuweichen. Die DoR definiert wann eine Anforderung soweit ist, dass sie in einem der nächsten Sprints

umgesetzt werden kann. Übliche Kriterien sind beispielsweise die weiter unten noch vorgestellten INVEST-Kriterien von Bill Wake (vgl. Abschn. 13.10.2).

Definition of Ready festlegen

Mit der Definition of Ready legt ihr im Team fest, welche Qualitätskriterien eine Anforderung für euer Projekt erfüllen muss. Sicher sind nicht immer alle Kriterien der ISO 29148 gleichermaßen wichtig für euer Projekt (eindeutig, notwendig, konsistent, prüfbar, realisierbar, verfolgbar, vollständig). Nicht alle Anforderungen müssen die DoR sofort erfüllen, viele Anforderungen sind zunächst vielleicht nur vage Ideen. Die DoR wird angewendet, wenn die Umsetzung kurz bevorsteht. Kriterien für die DoR sind beispielsweise: Die Anforderung ist ...

- verstanden vom gesamten Team,
- detailliert genug, dass sie in einem der nächsten Sprints umgesetzt werden kann,
- klein genug, dass sie in einem Sprint umgesetzt werden kann,
- nützlich.

Stellt euch die Demonstration vor

Stellt euch bei der Überprüfung der Anforderungen vor, wie ihr diese beispielsweise auf dem Sprint-Review-Meeting demonstrieren müsst. Wie und in welchen Schritten würdet ihr vorführen, dass die Anforderung umgesetzt wurde und alle Akzeptanzkriterien erfüllt? Wie kann der Product Owner die von ihm formulierten Ziele mithilfe der umgesetzten Anforderung erreichen? Diese Überlegung zwingt euch und die anderen Diskussionspartner dazu, die Anforderung in allen notwendigen Details zu durchdenken und euch euren Lösungsvorschlag genau vorzustellen. Die Demonstration erfolgt ja auch Schritt für Schritt. Außerdem wird deutlich, welche Daten ihr genau im System haben müsst, damit die Umsetzung vorgeführt werden kann.

Prüft mit verschiedenen Hüten: 3 Amigos und Advocatus Diaboli

Gojko Adzic schlägt vor, die Anforderungen mit drei Rollen zu erstellen und zu prüfen [Adz11]: einem Entwickler, einem Tester und dem Fachexperten. Der Fachexperte sagt, was er erreichen will, der Entwickler macht einen Lösungsvorschlag und der Tester versucht mithilfe von Fragen Lücken oder Widersprüche zu finden. Das sichert für die Anforderungen ab, dass diese einen Nutzen haben und auch testbar sind.

Ein zweiter Ansatz stammt ebenfalls von Adzic [Adz14]: Ihr definiert für die Diskussionen einen Advocatus Diaboli (Anwalt des Teufels) im Team, der die Aufgabe hat, alles infrage zu stellen. Bevor es zu Konflikten oder Grabenkämpfen kommt, sollte diese Rolle im Team laufend gewechselt werden. Der Advocatus Diaboli:

- stellt den Nutzen der Anforderung infrage und argumentiert, dass ihr diese besser weglasst,

- hinterfragt, ob die genannte Benutzergruppe wirklich wichtig für euer Produkt ist. Er stellt infrage, ob die Anforderung für die genannte Benutzergruppe geeignet ist,
- macht Gegenvorschläge zu der bereits erarbeiteten Lösung.

Der Advocatus Diaboli sorgt dafür, dass ihr nicht einfach unreflektiert alles einbaut, was irgendwem gerade einfällt. Er stellt sicher, dass es für jede Anforderung auch eine gute Begründung gibt und auch deren Lösung angemessen ist.

Prüft auf sprachliche Unklarheiten

Den Text der User Story formal zu prüfen, ist dann sinnvoll, wenn Unklarheit darüber herrscht, was genau mit der User Story gemeint ist. Eventuell ist sie zu allgemein oder unklar formuliert, beispielsweise: *Als Benutzer will ich Informationen verwalten, um diese später zu verwenden.* Wenn Informationen in der User Story fehlen, helfen euch die klassischen W-Fragen: Wer ist mit ‚Benutzer‘ gemeint? Was genau will die Persona mit dem Produkt machen? Warum wird das Produkt verwendet, was ist das Ziel der Persona? Wo und wann wird das Produkt verwendet? Welche Daten sind betroffen? Prüft zusätzlich die verwendeten Begriffe und Verben, möglicherweise lassen sich diese durch präzisere Formulierungen ersetzen. Was genau ist im Beispiel mit dem Begriff ‚Informationen‘ gemeint? In welchen Schritten werden diese ‚verwaltet‘? Ergänzt im Zweifel Beispieldaten und Testfälle bzw. Akzeptanzkriterien. Damit bringt ihr die Stakeholder dazu, konkreter zu definieren, was mit den abstrakten Begriffen und Verben gemeint ist.

13.9   Anforderungen verwalten

Anforderungen werden in einigen agilen Methoden häufig im Product Backlog verwaltet [Sut13]:

> Das Product Backlog ist eine geordnete Liste von allem, von dem bekannt ist, dass es im Produkt enthalten sein soll. Es dient als einzige Anforderungsquelle für alle Änderungen am Produkt.

Ist damit alles gesagt? Stellt euch ein Product Backlog mit einigen Hundert mehr oder weniger gleichartigen Anforderungen in Form von Story Cards vor und versucht dort den Überblick zu behalten. Das wird offenbar mit Hunderten von Haftnotizen, Karteikarten oder Tickets schwierig. Willkommen in der Story-Card-Hell [Adz14]. Auch in agil durchgeführten Projekten müssen wir die Anforderungen im Product Backlog verwalten und so strukturieren, dass wir den Überblick behalten.

Strukturierung von Anforderungen

Um der Story-Card-Hell zu entrinnen, brauchen wir im Product Backlog mehr Struktur. Nicht alle Anforderungen sollten bis ins letzte Detail ausgearbeitet sein, sondern nur diejenigen, die in den nächsten Sprints vorkommen. Viele Anforderungen sind als Epic sehr grobteilig formuliert. Wenn ihr Epics schon in kleinere Storys zerlegt habt, solltet ihr trotzdem die Epics im Backlog behalten und diese hierarchische Teil/Ganzes-Beziehung beibehalten. Gojko Adzic und David Evans schlagen vor, das Backlog hierarchisch zu gestalten [Adz14].

Eine weitere Möglichkeit zur Strukturierung ist eine erste Einteilung der Anforderungen in Sprints oder erste Releases. Struktur ergibt sich damit aus der grob geplanten Reihenfolge der Umsetzung.

Jeff Patton hat mit seinen User Story Maps einen inzwischen sehr verbreiteten Ansatz für strukturierte Product Backlogs vorgelegt [Pat14] (vgl. Abschn. 13.14). Er schlägt ein zweidimensionales Schema vor. Auf der X-Achse ist eine Folge von Aktivitäten eines Benutzers oder mehrerer Benutzer oder des Produkts selbst dargestellt. Die Aktivitäten führen zur Erreichung eines relevanten Ziels. Die Aktivitäten können auch Aktivitäten in der realen Welt sein, nicht nur in Software. Auf der Y-Achse werden zeilenweise Anforderungen zu sinnvollen Releases gruppiert. Wenn die Anforderungen in jeweils einer Zeile umgesetzt werden, kann das Ziel überhaupt, später dann schneller oder komfortabler erreicht werden. Die Story Maps helfen euch dabei, den Überblick über die Anforderungen zu behalten und sinnvolle Releases zu schneiden.

Identifikation einer Anforderung

Identifizierbarkeit ist eine Kerneigenschaft von Anforderungen. Damit könnt ihr euch auf diese Anforderung beziehen und auf sie verweisen. Typischerweise erhält eine Anforderung eine ID, aus der beispielsweise auch die hierarchische Struktur ablesbar ist, eine ID könnte beispielsweise 1.33.7 sein, dies deutet auf drei Hierarchieebenen hin. Die ID ist die Grundlage für die Verfolgbarkeit der Anforderung bis hin zum Code, der diese implementiert, und zum Testfall, der ihre Umsetzung überprüft.

Wenn ihr die Anforderungen in einem Ticket-System verwaltet, hat jedes Ticket eine eindeutige ID. Mit dieser könnt ihr die Anforderung referenzieren. Dies braucht ihr beispielsweise für Verweise in anderen Tickets, Merge Requests oder Commit-Nachrichten.

Lebenszyklus einer Anforderung

In diesem Buch haben wir schon mehrfach beschrieben, was mit einer Anforderung im Laufe ihres Lebens passiert. Anforderungen sind immer einer gewissen Änderungsrate unterworfen, weil sich beispielsweise auch die wirtschaftliche Umgebung verändert, in der sich euer Auftraggeber bewegt. Die Wünsche und Bedürfnisse eurer Benutzer ändern sich permanent. Die agilen Methoden haben den Anspruch, besonders gut auf Änderungen zu reagieren. Wenn noch keine Details für eine Anforderung aufgeschrieben wurden, können diese sich beliebig oft ändern, ohne dass euch damit zusätzliche Arbeit entsteht. Sie kann ohne besondere Verluste auch entfernt werden. Dies ist in Abb. 13.7 zu sehen.

Wenn Anforderungen Just-In-Time detailliert werden und vorher eher gröbere Platzhalter waren, erreicht ihr Flexibilität. Ihr habt allerdings das Risiko, den Blick für das

Abb. 13.7 Anforderungen werden erst kurz vor der Realisierung detailliert (im letzten verantwortbaren Moment)

Ganze zu verlieren und euch in Details zu verzetteln. Eventuell schaffen mehr Details ein besseres Verständnis für die fachlichen und technischen Zusammenhänge. Just-In-Time bedeutet für Scrum beispielsweise:

1. Die Anforderung wird zunächst als vage Idee im Backlog dokumentiert, eventuell ist sie nur eine erste Überschrift, ein erstes Stichwort. Sie ist entstanden beispielsweise bei einem Workshop, den der PO mit einigen Stakeholdern und/oder dem Entwicklungsteam durchgeführt hat.
2. Eventuell wird der Lebensweg der Anforderung hier bereits beendet, denn auch in agilen Projekten sollte der Product Owner das Backlog schlank halten und auf Anforderungen verzichten, die im nächsten Jahr sicher nicht umgesetzt werden.[11]
3. Das Backlog Refinement findet regelmäßig statt. Die Anforderung wird dort immer mal wieder angefasst: Sie wird in mehrere Anforderungen aufgeteilt oder mit anderen Anforderungen wieder zusammengefasst. Es handelt sich hier also nicht einfach um Zerlegung, sondern auch um Rekombination. Beispielsweise werden aus einem Epic mehrere Features und daraus entstehen detaillierte User Storys.
   - Die Anforderung wird geschätzt, beispielsweise mit Story Points. Ihr Nutzen wird eingeschätzt und die Priorität wird festgelegt bzw. ein grober Zeitpunkt, wann diese umgesetzt wird.
   - Details werden in der Beschreibung der Anforderung oder als Akzeptanzkriterien erfasst. Auch dies geschieht fortlaufend während des Refinements.
   - Lösungsvorschläge entstehen im Rahmen der täglichen Projektarbeit, beispielsweise Entwürfe für die grafische Oberfläche oder das Datenmodell. Diese werden zur Anforderung ergänzt, beispielsweise als Anhang zu dem entsprechenden Ticket.
4. Wenn die Umsetzung näher rückt, stellt das Team sicher, dass die Anforderung klein genug ist. Im Zweifel wird sie noch weiter aufgeteilt.
5. Während der Sprint-Planung werden weitere Details aus der Diskussion mit dem Product Owner ergänzt. Hier ist das Ziel, dass das Team mit den vorhandenen Informationen die Umsetzung planen kann: Die Tasks zur Umsetzung der Anforderung werden vom Team definiert. Spätestens jetzt steht ein grober Lösungsvorschlag fest.

---

[11] Vgl. das Video von Henrik Kniberg: Agile Product Ownership in a Nutshell https://www.youtube.com/watch?v=502ILHjX9EE.

6. Wenn die Entwickler an der Anforderung arbeiten, können weitere Fragen mit dem Product Owner geklärt werden. Eventuell verweigert dieser die Abnahme, da ihm noch Details fehlen oder das Team ihn falsch verstanden hat.

7. Ist die Anforderung umgesetzt, kann sie eigentlich aus dem Product Backlog entfernt werden. Eventuell soll diese als langfristige Dokumentation erhalten bleiben, etwa wenn die Detailinformationen an einem Ticket im Ticket-System hängen.[12] Zweitens ist die Anforderung eventuell noch ein Hinweis für die Abrechnung zwischen euch und dem Auftraggeber.

Die Informationen und Details zu einer Anforderung nehmen zu, bis diese vollständig abgenommen wurde. Die Informationen entstehen möglichst zum letzten gerade noch verantwortbaren Moment. Wie genau der Lebenszyklus einer Anforderung in eurem Projekt verläuft, solltet ihr diskutieren und eventuell einen groben Ablauf schriftlich festhalten und dies im Team einüben.

Verfolgbarkeit (Traceability)
Verfolgbarkeit wird häufig als Eigenschaft von Anforderungen genannt [ISO18]. Verfolgbarkeit bedeutet dabei, dass ihr zu jeder Anforderung wisst, wie genau sie zur Vision eures Produkts beiträgt bzw. welche Ziele sie unterstützt. Ihr wisst zweitens auch bei zerlegten Anforderungen, aus welcher diese stammen. Drittens könnt ihr die Anforderung über die passenden Quelltexte und die Testfälle bis hin zum Produktivsystem weiter verfolgen.

Damit findet ihr beispielsweise heraus, dass eine Anforderung überflüssig ist. Das ist sie genau dann, wenn sie zu keinem eurer Ziele einen Beitrag leistet. Ihr wisst, dass ihr beim Testen Probleme habt, beispielsweise bei Anforderungen, zu denen es keine Testfälle gibt. Umgekehrt findet ihr überflüssige Testfälle.

Verfolgbarkeit ist notwendig bei sicherheitskritischen Systemen und anderen Produkten, die bei Fehlern großen Schaden anrichten können. Hier müsst ihr nachweisen, dass ihr euch für jede Anforderung einen Testfall überlegt bzw. einen automatisierten Test geschrieben habt. Ihr müsst zusätzlich beweisen können, dass ihr diese Tests auch durchgeführt habt und welche Ergebnisse der Test hatte.

Die Verfolgbarkeit von Anforderungen in den Quelltext hinein spielt eine zunehmende Rolle im Bereich der Qualitätssicherung. Wenn ihr einen Bezug zwischen den Anforderungen als Ticket und den Commits mit euren Quelltextänderungen herstellen könnt, wisst ihr, welcher Code zu welcher Anforderung gehört. Damit findet ihr Fehler möglicherweise schneller, da ihr gezielter suchen könnt. Ihr erhaltet zusätzlich mit der Testcoverage dieses Quelltextes eine Aussage, wie gut die Anforderung bereits getestet wurde.

---

[12] Adzic und Evans raten von dieser Praxis allerdings ab, da so sehr schnell die Übersicht verloren geht [Adz14].

13.10 User Storys, Features und Epics

Kent Beck und Ron Jeffries waren mit dem eXtreme Programming die ersten, die User Storys verwendet haben, um Anforderungen aufzuschreiben: Eine User Story ist eine Geschichte, die eine Persona mit dem System erlebt und dadurch ein bestimmtes Ziel erreicht.

Eine Geschichte ist möglicherweise leichter verständlich, als eine formalere Spezifikation oder ein umfangreicher Text. Nicht alle Stakeholder beherrschen alle Details der Notationen wie UML oder BPMN. Es wird immer wieder darauf verwiesen, dass wir vor der Erfindung der Schrift auch alle Informationen in Form von Geschichten an andere Menschen weitergegeben haben. Stellt euch also notfalls ein Lagerfeuer vor, an dem der Product Owner Geschichten erzählt. Mike Cohn hat die User Storys weltweit populär gemacht [Coh04, Coh05]. Für User Storys wird häufig sein Vorschlag verwendet (Abb. 13.8):

Dieses Schema muss nicht zwingend verwendet werden. Adzic und Evans empfehlen sogar, dass ihr im Team verschiedene Formate für euch ausprobiert [Adz14]. Die im Schema von Cohn enthaltenen Informationen sollten jedoch vorkommen:

- Als User in den Storys werden in der Regel die Persona-Hypothesen verwendet. Damit wird die User Story den Bedürfnissen der zukünftigen Benutzergruppen besser angepasst. Möglicherweise unterscheiden sich Features der Software für verschiedene Personas.
- Das Ziel oder der Wunsch ist das, was die Persona mit eurem System erreichen will. Das Ziel sollte dabei nicht die Implementierung vorschreiben, und beispielsweise einen bestimmten Button oder ein Menü in der Oberfläche fordern.
- Häufig vergessen wird der letzte, aber wichtige Teil der User Story, und zwar der Nutzen, der für die Persona mithilfe der Story erreicht wird. Dieser Teil begründet die Wichtigkeit der Story. Wenn kein Nutzen formuliert werden kann, stellt dies den Sinn der User Story infrage.

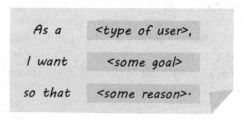 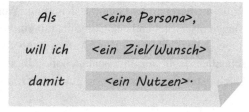

Abb. 13.8 Templates für User Storys

13.10.1 Card, Conversation, Confirmation

Ron Jeffries beschreibt die Eigenschaften der User Storys mit den CCC (The Three C: Card, Conversation, Confirmation) [Jef01]. Diese Eingenschaften machen besonders deutlich, wie User Storys verwendet werden sollten.

Card: Die User Story ist kurz genug, dass diese auf eine DIN-A5- oder eine DIN-A6-Karteikarte passt. Sie wird mit einem oder wenigen Sätzen beschrieben.

Conversation: Der Text der Story ist keine exakte Beschreibung von Anforderungen, sondern nur ein Hinweis, dass die Details im persönlichen Gespräch noch zu klären sind. Die Details zu einer Story werden erst kurz vor ihrer Umsetzung besprochen. Damit entfällt der Aufwand zur exakten Spezifikation. Ihr seid aber darauf angewiesen, dass ihr die notwendigen Informationen im Gespräch erfahren könnt.

Confirmation: Die User Story sollte eine Reihe von Akzeptanzkriterien enthalten. Mit ihrer Hilfe kann festgestellt werden, ob das laufende System die Story tatsächlich umsetzt. Akzeptanzkriterien werden auch dazu verwendet, weitere Details zu einer User Story hinzuzufügen.

User Storys können sehr vage formuliert sein und einen großen Funktionsbereich umfassen oder nur einen winzigen Ausschnitt des Systems beschreiben. Sehr vage und große User Storys werden auch als Epics bezeichnet. Epics sind grobteilige User Storys, die noch in kleinere User Storys zerlegt werden müssen. Wir verwenden in diesem Buch das Feature als Zwischenstufe zwischen Epic und User Story. Im Rahmen der Planung werden eventuell Tasks zur Umsetzung einer User Story definiert. Wir gehen dabei von folgenden Größenordnungen aus: Ein Task ist in wenigen Stunden erledigt. Zu einer User Story kann es mehrere Tasks geben, daher dauert ihre Umsetzung von einigen Stunden bis zu wenigen Tagen. Ein Feature besteht aus mehreren User Storys und kann damit mehrere Tage bis zu wenigen Wochen dauern. Ein Epic ist noch größer und kann einige Wochen in Anspruch nehmen.

Die Story Cards bzw. die Tickets werden auch dazu verwendet, weitere Verwaltungsinformationen grafisch oder textuell zu erfassen. Beispielsweise könnt ihr besonders wichtige User Storys durch einen roten Punkt kennzeichnen oder eventuelle Blockaden durch ein rosa Fähnchen. Zu jeder Story sind Informationen über den Autor, das Erstellungsdatum sowie die Priorität hilfreich. Auf die Karteikarte werden die Informationen dazu geschrieben, im Ticket gibt es dafür entsprechende Eingabefelder.

13.10.2 Gute Storys: INVEST

Bill Wake hat in 2003 erste Qualitätskriterien für User Storys formuliert [Sut14],[13] diese sind als INVEST-Kriterien bekannt geworden und werden von den meisten Autoren zitiert

---

[13] Vgl. INVEST in Good Stories and SMART Tasks https://xp123.com/articles/invest-in-good-stories-and-smart-tasks/.

und verwendet. INVEST bedeutet: Independent (unabhängig), Negotiable (verhandelbar), Valuable (verhandelbar), Estimable (schätzbar), Small (klein genug) und Testable (testbar).

Independent (Unabhängig)

Eine User Story soll möglichst unabhängig von anderen User Storys sein. Wenn eine User Story auf eine andere User Story angewiesen ist, kann sie nicht mehr unabhängig in der nächsten Iteration eingeplant werden, denn bei ihrer Implementierung ist eine Reihenfolge zu beachten. Möglicherweise kommt es zu Redundanz im Code, wenn die User Storys nicht ganz überschneidungsfrei sind. Die User Storys

Als Partner will ich ein Projekt mit dem Innovationslabor machen und mit einer Visa Karte bezahlen, um ... und

Als Partner will ich ein Projekt mit dem Innovationslabor machen und auf Rechnung bezahlen, um ...

sind beispielsweise voneinander abhängig, da beide das Bezahlen des Projekts beinhalten und sich überschneiden. Beide User Storys müssen neu kombiniert oder anders geschnitten werden:

Als Partner will ich die Zahlungsart für ein Projekt wählen können, um ... sowie

Als Partner will ich die Zahlung auf Rechnung durchführen, um ... und

Als Partner will ich die Zahlung per Kreditkarte durchführen, um ...

Negotiable (Verhandelbar)

Vor oder während der Planung des nächsten Sprints werden größere User Storys in kleinere zerlegt und bei Bedarf zu neuen User Storys zusammengesetzt. Die Prioritäten der Storys können abhängig von der Situation geändert werden. Daher sollte eine User Story noch verhandelbar sein. Zu viele Details mindern die Verhandelbarkeit und schränken die Lösungsmöglichkeiten unnötig ein.

Valuable (Hat Geschäftswert)

Alle agilen Methoden orientieren ihr Vorgehen am Wert der User Storys für den Auftraggeber. Die Storys, welche gerade den größten Wert für den Auftraggeber liefern, werden als Nächstes umgesetzt. Gegenbeispiel ist eine User Story, die nur den Entwicklern oder niemandem nutzt: *Als Entwickler will ich mit der Software über GraphQL auf eine relationale Datenbank zugreifen, damit ich die Kundendaten lesen kann.*

Estimable (Abschätzbar)

Die User Story muss konkret genug sein, damit das Team den Aufwand zu ihrer Umsetzung beurteilen kann. Ist das Team nicht in der Lage, den Aufwand zu schätzen, oder differieren die Schätzungen im Team wesentlich, kann das folgende Ursachen haben:

- Die Story ist noch zu grobteilig und muss aufgeteilt werden.
- Domänenwissen oder bestimmte fachliche Details fehlen.
- Technische Einzelheiten sind im Team unklar oder technische Risiken lassen sich noch nicht richtig abschätzen.

Kent Beck schlägt vor, die Aufwandsschätzung für eine User Story so früh wie möglich durchzuführen [Bec04]. Diese Schätzung gibt dem Auftraggeber sehr früh die Möglichkeit, Kosten und Nutzen der Story zu vergleichen und so die weitere Anforderungsanalyse und Systementwicklung besser zu steuern.

Small (Klein genug)

Eine Story muss klein genug sein, damit sie von einem Teammitglied innerhalb eines Sprints umgesetzt werden kann. Zu große User Storys müssen in kleinere aufgeteilt werden, dazu unten mehr.

Testable (Testbar)

Eine User Story muss Akzeptanzkriterien definieren. Damit kann am laufenden System festgestellt werden, ob das System die Anforderung tatsächlich, richtig und vollständig umsetzt. So wird vermieden, Anforderungen zu vage zu formulieren. Folgende User Story ist beispielsweise nicht testbar: *Als Student will ich das Projektvergabesystem intuitiv bedienen können, um Zeit zu sparen.* Das Adverb intuitiv ist unklar, hierfür ist es kaum möglich, Testfälle zu finden, da jeder Benutzer unter intuitivetwas anderes versteht. Hier wird das Formulieren der Akzeptanzkriterien schwierig. Stattdessen solltet ihr konkretere Funktionen fordern, welche die intuitive Bedienbarkeit konkretisieren: z. B. eine Autovervollständigung in Suchfeldern oder vorausgefüllte Formulare mit Beispielen.

13.11 Akzeptanzkriterien (Confirmation)

Über Akzeptanzkriterien könnt ihr zu jedem Zeitpunkt Details zu einer Anforderung bzw. User Story hinzufügen: Für jedes Detail ein weiteres Kriterium. Bei der Demonstration und der Abnahme von User Storys werden die Akzeptanzkriterien benötigt. Diese legen Eigenschaften des Produkts fest, die erfüllt sein müssen, damit die User Story als fertig umgesetzt gilt. Ihr müsst am laufenden Produkt belegen, dass ihr die Kriterien umgesetzt habt. Es gibt mindestens folgende Möglichkeiten, Akzeptanzkriterien zu dokumentieren:

- Checkliste
- Ablaufplan zur Demonstration der User Story
- Beispiele und Given-When-Then-Bedingungen oder einfachere Sätze: Wenn ich ‚Aktion‘, dann erwarte ich ‚Ergebnis‘.

Auch Constraints sind als Akzeptanzkriterien möglich und nützlich, beispielsweise um dort Qualitätsanforderungen oder Rahmenbedingungen unterzubringen. Dies beschreiben wir später in einem eigenen Abschnitt.

13.11.1 Checkliste

GitLab und andere Issue-Tracker bieten für ihre Tickets die Möglichkeit, eine Checkliste zu erstellen. Diese könnt ihr leicht in dem Beschreibungstext zum Ticket ergänzen. Die Akzeptanzkriterien können formlos damit als Checkliste formuliert werden, so könnt ihr während der Entwicklung deren Umsetzung abhaken. Zur User Story *Als Partner will ich mich registrieren können, damit ich Projekte vorschlagen kann* sind folgende Akzeptanzkriterien denkbar:

- Verifiziere, dass Partner nicht doppelt angelegt werden können.
- Verifiziere, dass der Partner seine Gesellschaftsform korrekt angibt, erlaubt sind GmbH, AG, GBR und KG.
- Verifiziere, dass der Partner einen Namen mit mindestens drei Zeichen eingibt, erlaubt sind Ziffern, Sonderzeichen und Buchstaben.
- Verifiziere, dass …

Wie man an dem Beispiel sieht, finden sich häufig Bedingungen zur Plausibilität eingegebener Daten in den Akzeptanzkriterien. Das sind beispielsweise die erlaubten Zeichen bei Eingabefeldern. Hier bieten sich reguläre Ausdrücke an: Ihr könnt beispielsweise deutsche Postleitzahlen über den Ausdruck $[0 - 9]\{5\}$ eingrenzen und dann erst später gegen die vollständige Liste der deutschen Postleitzahlen prüfen. Der reguläre Ausdruck erlaubt genau fünf Ziffern. Ähnliche reguläre Ausdrücke gibt es für gültige E-Mail-Adressen oder IP-Adressen. Wenn ihr Aufzählungen verwendet, wie bei Flughafencodes, Währungssymbolen oder Wochentagen, solltet ihr die erlaubten Werte ebenfalls als Akzeptanzkriterien erfassen.

Mit Plausibilitätsprüfungen solltet ihr euch von Anfang an Mühe geben. Wenn ihr unplausible Daten in größerem Umfang in eurem System gespeichert habt, sind diese nur mit großem Aufwand zu entfernen.

13.11.2 Ablaufplan zur Demonstration

Irgendwann wird am laufenden Produkt eine User Story demonstriert, beispielsweise im Sprint-Review-Meeting.[14] Die Demonstration soll zeigen, dass die User Story korrekt umgesetzt wurde. Für diese Demonstration müsst ihr euch sowieso einen Ablaufplan überlegen, damit die Stakeholder die Anforderung verstehen. Die Akzeptanzkriterien können in den Ablaufplan eingebaut werden. Ihr überlegt euch Testdaten und eine Schrittfolge, in der die Erfüllung der Kriterien jeweils gezeigt wird.

Wenn ihr euch einen Ablaufplan überlegt, führt das dazu, dass ihr intensiver und umfassender über die Anforderung nachdenkt. Denn ihr braucht einen roten Faden von einem Bedürfnis oder Ziel eines Benutzers zu der Erfüllung im Produkt. Wenn ihr wichtige Schritte vergessen habt, wird das jetzt deutlich. Zweitens benötigt ihr plausible Demonstrations- bzw. Testdaten. Auch diese müsst ihr im Produkt anlegen oder pflegen können, ggf. ergeben sich daraus weitere Anforderungen. Ihr braucht fachlich plausible Beispieldaten von euren Auftraggebern, dies führt auch zu einer fachlich motivierten Diskussion über diese Anforderung.

Für den Ablaufplan könnt ihr beispielsweise die Checklisten nutzen. Jeder Schritt des Ablaufplans wird dort als Punkt zum Abhaken eingetragen. Damit könnt ihr während der Demonstration jeden Schritt jeweils auch physisch im Ticket bestätigen.

Zu der User Story: *Als Partner will ich mich registrieren können, damit ich Projekte vorschlagen kann.* sind folgende Akzeptanzkriterien denkbar:

1. Der Partner gibt zunächst den Namen des Unternehmens ein.
2. Der Name ‚XX' wird als Name abgelehnt, da dieser zu kurz ist.
3. Der Name ‚sd&m' wird abgelehnt, da dieser im System schon existiert.
4. Das Produkt akzeptiert den Namen ‚x-leaf'.
5. Der Partner wählt als Gesellschaftsform ‚GmbH' aus.
6. ...

Um die Demonstration richtig vorzubereiten, sind zu den Kriterien passende Demodaten notwendig. Diese sollten zusammen mit dem Produkt gepflegt und aktuell gehalten werden. Die Kriterien im Beispiel setzen beispielsweise voraus, dass ein Partner mit dem Namen ‚sd&m' im System existiert.

13.11.3 Beispiele

Ein Beispiel sorgt meistens für bessere Verständlichkeit und mehr Klarheit, unabhängig davon, wo und wofür es eingesetzt wird. Um eine Anforderung klarer zu machen, könnt ihr

---

[14] Vgl. Abschn. 10.6.1.

Beispiele nennen. Im einfachsten Fall könnt ihr diese als Tabelle bereitstellen. In einigen Spalten befinden sich die eingegebenen Daten, die anderen Spalten zeigen die Ergebnisse des beschriebenen Features. Gojko Adzic bezeichnet das als *Specification by Example* [Adz11]. Werkzeuge wie FitNesse[15] erlauben die Darstellung solcher Tabellen.

Die Beispiele sollten *exemplarisch* sein und den Funktionsumfang der beschriebenen Anforderung vollständig abdecken. Interessant sind in diesem Zusammenhang vor allem Grenzfälle. Setzt euer Produkt beispielsweise eine Gesetzesänderung um, liefert ihr ein Beispiel für das Verhalten in der letzten Sekunde vor dem Inkrafttreten und ein Beispiel für das Verhalten in der ersten Sekunde nach dem Inkrafttreten des Gesetzes. Wenn die Anforderung eine Liste von Elementen beinhaltet, liefert ihr ein Beispiel für das Verhalten bei einer leeren Liste, eines mit einem Element und eines mit einer maximal vollen Liste. Als Anregung könnt ihr die Heuristiken von Elisabeth Hendrickson verwenden[16] [Hen14].

Zur User Story: *Als Partner will ich mich registrieren können, damit ich Projekte vorschlagen kann.* sind folgende Akzeptanzkriterien denkbar, hier als Tabelle ausgeführt mit den Eingabedaten links und der Reaktion des Produkts rechts:

Name des Unternehmens	E-Mail-Adresse	Reaktion Produkt
XX	test@test.de	Fehlermeldung ‚Name zu kurz'
sd&m AG	gerd.beneken@sdm.de	Fehlermeldung ‚Partner bereits vorhanden'
x-leaf GmbH	bernd.geneken@xleaf.de	Adressdaten eingeben

Given-When-Then

Eine Möglichkeit, die Beispiele zu formulieren, ist das Given-When-Then-Schema von Dan North. Testfälle werden so formuliert. Diese dienen dann als Grundlage für die Automatisierung dieser Tests mit Werkzeugen wie Cucumber, vgl. Abschn. 18.6.3 zum Behavior Driven Development.

Given: Stellt die Vorbedingungen dar. Was muss gegeben sein, damit der Test ausgeführt werden kann? In welchem Kontext findet der Test statt? Zu den Vorbedingungen zählen vorhandene Daten oder, dass der Benutzer sich in einem bestimmten Zustand befindet (z. B. eingeloggt).

When: Was genau wird getan? Welches Feature wird ausgeführt? Welche Daten werden dort eingegeben?

Then: Welche Nachbedingungen sind erfüllt, wenn der Test erfolgreich durchgeführt wurde? Welche Daten sind das Ergebnis? Welcher Dialog wird gezeigt?

Typischerweise kann ein so formulierter Testfall mit Parametern versehen werden. Damit könnt ihr also nicht nur ein Beispiel über Given-When-Then formulieren, sondern eine ganze Tabelle mit Eingabedaten und erwartetem Ergebnis darstellen, wie in der Tabelle

---

[15] http://docs.fitnesse.org/.

[16] https://testobsessed.com/wp-content/uploads/2011/04/testheuristicscheatsheetv1.pdf.

mit den Beispieldaten oben, dort könnten der eingegebene Name und die E-Mail-Adresse sowie die Reaktion des Systems die Parameter sein.

Given	Partner ist auf der Startseite und wählt Registrieren
When	Partner gibt als Name ‚XX' ein und als E-Mail-Adresse test@test.de.
Then	Registrierung wird abgelehnt, da der Name zu kurz ist.

13.12   Qualitätsanforderungen und Rahmenbedingungen

Aus einigen Qualitätsanforderungen und Rahmenbedingungen entstehen im Laufe des Projekts funktionale Anforderungen: Aus Anforderungen zur Benutzbarkeit werden dann Features, die den Benutzern helfen, beispielsweise eine Autovervollständigung, eine Konfigurationsmöglichkeit oder eine KI, welche typisches Verhalten der Benutzer von sich aus vereinfacht automatisiert anbietet. Anforderungen zur Verfügbarkeit werden zu technischen Anforderungen des IT-Betriebs, beispielsweise zu Anforderungen für einen Load Balancer oder eine Watchdog-Funktion.

Lokale Constraints als Akzeptanzkriterien
Einige Qualitätsanforderungen und Rahmenbedingungen können einer User Story direkt zugeordnet werden, wie schon dargestellt. Beispielsweise wenn für eine Story besondere Anforderungen an Durchsatz und Antwortzeitverhalten gelten (z. B. *Als Buchhalter will ich 100.000 Rechnungen pro Tag versenden, um ...*). Diese Qualitätsanforderungen und Rahmenbedingungen werden auch als lokale Constraints bezeichnet, sie beschränken die Freiheitsgrade des Entwicklungsteams in der Umsetzung dieser Story. Lokale Constraints können als Akzeptanzkriterium zu der User Story notiert werden. Weitere Alternative ist es, sie direkt in den Text der Story zu integrieren, sofern davon ein direkter Geschäftswert ausgeht [Lef11], wie bei dem obigen Beispiel mit den 100.000 Rechnungen.

Globale Constraints in der DoD oder als Constraint-Karten
Qualitätsanforderungen und Rahmenbedingungen, die für das gesamte System gelten sollen, können in der Definition of Done (DoD) hinterlegt werden: Entwicklungsteam und Product Owner einigen sich in der DoD darauf, wann eine User Story als fertiggestellt betrachtet wird. Diese Liste kann auch Qualitätsanforderungen enthalten, etwa Anforderungen an die Codequalität oder an die Performanz. Diese Anforderungen müssen bei der Abnahme jeder User Story auch getestet oder überprüft werden. Der Code wird beispielsweise einem Code-Review unterzogen und mit der Software wird ein Lasttest durchgeführt. Alternativ dazu können die Qualitätsanforderungen und Rahmenbedingungen als Constraint-Karten notiert werden. Diese Karten werden dann gut sichtbar an einem für alle Entwickler sichtbaren Ort befestigt. Dritte Möglichkeit ist die Verwaltung dieser Anforderungen als eigene Backlog-Einträge.

13.13 Zerlegen von User Storys

Grundidee bei der Pflege des Product Backlogs ist es, zu grobteilige User Storys, Features oder Epics in kleinere User Storys zu rekombinieren bzw. zu zerlegen. Die Zerlegung ist dabei nicht zwingend hierarchisch, ihr könnt auch mehrere User Storys zu andersartigen User Storys zusammensetzen, dies stellt die Abb. 13.9 dar.

In der Literatur finden sich viele Hinweise und Vorschläge für Kriterien zur Zerlegung. Die Kriterien hängen auch davon ab, welche Informationen zur User Story euch zur Verfügung stehen. Jede dieser Informationen könnt ihr grundsätzlich in die Zerlegung einfließen lassen. Kriterien sind beispielsweise:

- Einzelne Akzeptanzkriterien dienen zur Aufteilung in User Storys.
- Schritte in einem Ablauf oder Workflow: Für jeden Schritt oder jede Aktivität wird eine neue User Story erstellt.
- Aktivitäten werden detaillierter beschrieben: Aus *Pflegen* wird beispielsweise *Anlegen*, *Ändern*, *Löschen* und *Suchen*.
- Die Datenstrukturen werden aufgeteilt und jeder Teil wird in einer eigenen User Story gepflegt. Als Kriterium können auch verschiedene Varianten der Datenstrukturen verwendet werden.

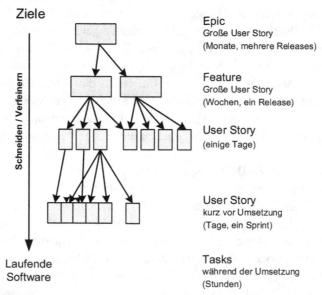

Abb. 13.9 Die Anforderungen im Product Backlog werden fortlaufend verfeinert, speziell kurz vor dem Sprint, in dem sie umgesetzt werden sollen. Epics werden in Features zerlegt und diese in User Storys

- Varianten von Geschäftsregeln werden als Kriterium zur Aufteilung verwendet: Eventuell gelten für Inlandskunden andere Regeln als für Kunden aus dem Ausland, für Geschäftskunden gelten eventuell andere Regeln als für Privatkunden. Sonntags gelten andere Regeln als montags usw.
- Verschiedene Grade der Unterstützung durch das System werden verwendet, vgl. Autobahn-Metapher in Abschn. 13.14.

Dean Leffingwell liefert eine umfangreiche Liste an weiteren Möglichkeiten, User Storys in kleinere zu zerteilen [Lef11]. Anregungen finden sich auch bei Adzic und Evans [Adz14], sie widmen diesem Thema ein ganzes Kapitel.

Die User Story *,Als Partner will ich meine Projektvorschläge pflegen können, damit ich diese aktuell halten kann'* enthält die Aktivität *Pflegen*. Das bedeutet eigentlich Anlegen, Ändern, Löschen und Suchen. So kann die User Story zerlegt werden in vier einzelne, beispielsweise

Als Partner will ich meine Projektvorschläge anlegen können, um ...

Als Partner will ich meine Projektvorschläge ändern können, um ...

Als Partner will ich meine Projektvorschläge löschen können, um ...

Als Partner will ich meine Projektvorschläge durchsuchen können, um ...

Ebenso kann diese User Story weiter nach Daten zerlegt werden:

Als Partner will ich eine Projektbeschreibung anlegen können, um ...

Als Partner will ich die Ansprechpartner des Projekts anlegen können, um ...

Als Partner will ich die gewünschten Fähigkeiten des Projektteams anlegen können, um ...

Als Partner will ich die technischen Rahmenbedingungen anlegen können, um ...

Auf diese Weise könnt ihr User Storys in beliebig kleine Partikel zerlegen. Hierbei ist Folgendes zu beachten: Die Zeit zur Verwaltung und Bearbeitung der entstehenden User Storys muss im Verhältnis zu ihrer Umsetzungszeit gering sein. Sonst investiert ihr mehr Zeit in Tickets als für die eigentliche Wertschöpfung für euren Auftraggeber. Die entstehenden User Storys sollten einen sinnvollen Arbeitsumfang für einen Entwickler darstellen. Wenn der Entwickler sowieso schon eine Maske in der Oberfläche programmiert, kann er vermutlich mit wenig Aufwand zusätzliche Eingabefelder vorsehen. Das letzte Beispiel mit einer Aufteilung nach Daten ist damit eventuell nicht sinnvoll.

Als Grundlage für das Zerlegen der User Storys habt ihr alle bereits erstellten Modelle zur Verfügung: Ihr könnt entlang der Entitätstypen des logischen Datenmodells schneiden.[17] Gleichermaßen können die Entwürfe der grafischen Oberfläche verwendet werden und ihr arbeitet euch Teildialog für Teildialog vor.[18]

13.14 User Story Maps

Jeff Patton beschreibt mit den User Story Maps eine zweidimensionale Anforderungsliste [Pat14]. User Story Maps verschaffen euch einen hervorragenden Überblick über eure Anforderungen, da sie diese entlang der Ziele eurer Benutzer ordnen und zu lieferbaren Releases bündeln. Viele Autoren haben dieses Konzept in ähnlicher Form übernommen [Wir17, Rob18, Unt19, Adz14, Roo21]:

Auf der X-Achse ist der Erzählfluss: In welchen Schritten (User Tasks) erreicht eine Persona ein für sie erstrebenswertes Ergebnis (Outcome)? Dieses Ergebnis ist der Grund, warum die Persona die Software überhaupt nutzt. Bei den User Tasks kann es auch verschiedene handelnde Personas geben.

Die Y-Achse ist in mehrere Zeilen unterteilt, jede Zeile steht für ein erstrebenswertes Ergebnis, das die beteiligte Persona erreichen will. In eine Zeile werden die User Storys der Software geklebt, die der Persona beim jeweiligen User Task helfen, das Ergebnis zu erzielen. Die oberste Zeile unter dem Erzählfluss enthält das erste minimale System, Patton nennt dies auch *Walking Skeleton*. Wir können dieses System als MVP verstehen. Je weiter man der Y-Achse folgt, desto umfangreicher und unterstützender wird das Produkt. Abb. 13.10 zeigt ein eher schematisches Beispiel einer User Story Map. Wie könnt ihr euch eine User Story Map erarbeiten? Ihr geht dazu in folgenden Schritten vor:

Brainstorming der User Tasks
Welche Schritte braucht die Persona, um ihr Ziel zu erreichen? Wichtig sind hier die Schritte in der realen Welt, wir sind hier noch nicht bei Features der Software. Wenn ihr in einer Gruppe seid, kann jedes Teammitglied mitmachen und (grüne) Haftnotizen beschriften. Die Tasks enthalten jeweils ein starkes Verb, wie beispielsweise ‚definieren‘, ‚anlegen‘ oder ‚löschen‘. Die Abb. 13.11 zeigt ein Beispiel für ein erstes Brainstorming. Dieses könnte nach 5 bis 10 Minuten Einzelarbeit entstanden sein.

Die gefundenen Tasks sind möglicherweise nicht alle auf derselben Abstraktionsebene. Einige sind eventuell sehr grob, beispielsweise *Vertrag erstellen*, andere sind sehr feinteilig, wie beispielsweise *Firmenlogo hochladen*. Ihr verwendet zunächst die eher grobteiligen Tasks weiter, diese werden in den nächsten Schritten zu Epics (grobteiligen User Storys).

---

[17] Vgl. Abschn. 15.2.
[18] Vgl. Abschn. 14.7 und 14.8.

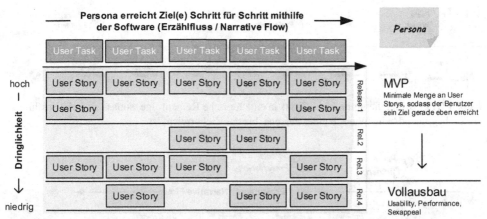

Abb. 13.10 User Story Map als schematisches Beispiel. Die oberste Zeile ist der Erzählfluss, der zeigt, in welchen Schritten eure Persona ihre Ziele mit eurem Produkt erreicht. In den Zeilen darunter sind die User Storys angeordnet, beginnend bei einem ersten schlüssigen Release, einem MVP/Walking Skeleton, bis zur Luxusversion

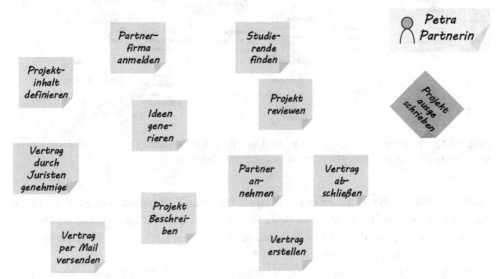

Abb. 13.11 Brainstorming verschiedener Tasks. Die Tasks tragen für eine Persona zu einem erstrebenswerten Ziel bei und haben einen entsprechenden Nutzen (Outcome). Im Beispiel will unsere Persona Petra Partner ein Projekt bei der Hochschule bewerben, sodass Studierende dieses bearbeiten können. Dazu muss sie sich anmelden, das Projekt beschreiben und weitere Schritte durchführen

Erstellen des Erzählflusses (Narrative Flow)

Ihr bringt in der Gruppe die User Tasks in eine schlüssige Reihenfolge, sodass ein lückenloser Erzählfluss entsteht. Die entsprechenden Haftnotizen klebt ihr von links nach rechts auf eine möglichst große weiße Fläche (Flipchart-Blatt, Whiteboard, notfalls die

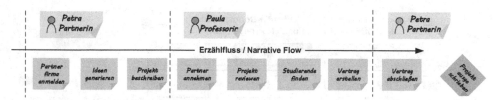

Abb. 13.12 Bringt die gefundenen Tasks in eine logische Reihenfolge, sodass sich ein Erzählfluss ergibt, beginnend beim Wunsch einer Persona, bis das Ziel erreicht ist

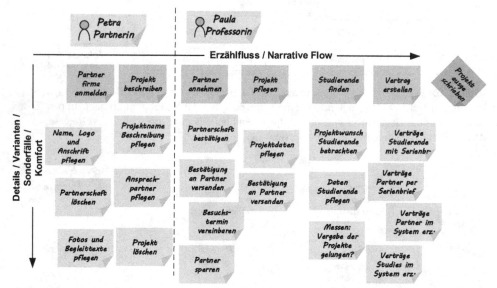

Abb. 13.13 Viele Details werden nun in der User Story Map ergänzt: Detailliertere User Storys sowie Storys für Sonderfälle, Ausnahmesituationen und Varianten

Tischplatte). Die Abb. 13.12 zeigt ein Beispiel für einen Erzählfluss. Die Persona *Petra Partner* erreicht mithilfe der Persona Paula Professor das Ziel, für Studierende ein Projekt an der Hochschule anzubieten. Die Tasks für beide Personas sind auf der X-Achse in ihrer logischen Reihenfolge angeordnet.

Damit erreicht ihr, dass die im Folgenden gefundenen Anforderungen nun eingeordnet und auch in diese Reihenfolge gebracht werden können. Anforderungen, die zu keinem der gefundenen Tasks passen, sind eventuell überflüssig.

Ausarbeiten und Erarbeiten von Alternativen

Jetzt füllt ihr den Erzählfluss mit Substanz: Dafür verwendet ihr beispielsweise gelbe Haftnotizen. Die Abb. 13.13 zeigt ein Beispiel. Welche konkreten Funktionen sind in eurem Produkt erforderlich, um die Tasks des Erzählflusses zu unterstützen? Versucht bei der Formulierung der Schritte, feinteiliger vorzugehen. Eventuell könnt ihr eine einfache, eine mittlere und eine Komfortversion des jeweiligen Features anbieten. Überlegt, ob es Ausnahmesituationen oder Sonderfälle gibt, die dazu führen, dass es einen anderen, alternativen Erzählfluss gibt. Sonderfälle entstehen z. B., wenn bestimmte Ressourcen nicht verfügbar sind oder Fehler gemacht werden, etwa wenn der Benutzer ungültige Kreditkartendaten eingibt oder sich das Smartphone in einem Funkloch befindet. Die Auswahl der Zahlungsmethode ist ein Beispiel für Varianten, die ebenfalls für die User Story Map wichtig sind. Ihr beschreibt jede Zahlmethode als eigene Haftnotiz, z. B. *mit PayPal zahlen*, *mit Rechnung zahlen* oder *mit Vorkasse zahlen*.

Walking Skeleton (MVP) suchen
Ihr überlegt jetzt, was ein erster für die Persona nützlicher und leicht erreichbarer Outcome eures Produkts wäre. Womit könnt ihr der Persona mit möglichst wenig Aufwand helfen? Das Ergebnis sollte tatsächlich nützlich sein, sonst wird es nicht verwendet und ihr erhaltet kein Feedback (Abb. 13.14).

Weitere Releases schneiden und die Autobahnmetapher
Ihr baut die geplanten User Storys nun stufenweise aus. Jede Zeile der User Story Map stellt wieder eine Menge von User Storys dar, die zusammen der Persona helfen, ein

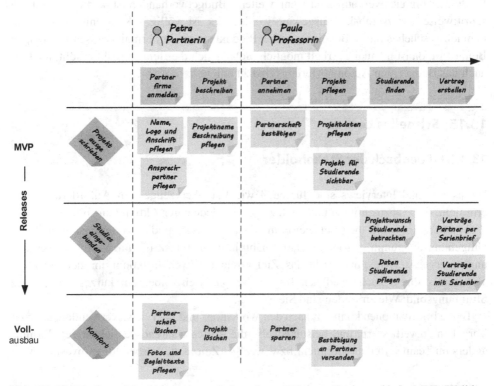

Abb. 13.14 Die Story Map ist nun unterteilt in mehrere Releases. Beginnend beim MVP (Walking Skeleton) in der ersten Zeile bis zur Luxusversion in der letzten Zeile

weiteres erwünschtes Ergebnis zu erzielen oder ein Ergebnis leichter zu erreichen. Von Zeile zu Zeile bzw. von Release zu Release wird das geplante System immer komfortabler und sollte auch die Zufriedenheit eurer Persona immer weiter steigern.

Im MVP muss nicht alles sofort automatisch funktionieren, nicht jeder User Task muss gleich mit Software unterstützt werden. Notfalls kann die Persona oder ihr als Team im Hintergrund diverse Schritte noch manuell durchführen.[19] Möglicherweise werden in eurem ersten System die meisten Funktionen noch von Menschen erfüllt, die im Hintergrund die Bearbeitung der User Tasks der Persona übernehmen. Zum schrittweisen Ausbau des Funktionsumfangs kann die Autobahnmetapher verwendet werden: Es gibt verschieden gut ausgebaute Möglichkeiten, um ein Ziel zu erreichen:

- Feldweg: Feature ist mit einiger manueller Arbeit und Workarounds verfügbar
- Pflastersteinstraße: Einfache, minimale Implementierung des Features
- Asphaltierte Straße: Implementierung mit Sonderfällen und Zusatzfeatures
- Autobahn: Voll ausgebaute Implementierung mit allen Sonderfällen, Konfigurierbarkeit und Komfortfunktionen

Im ersten Release wird dann nur der Feldweg umgesetzt. Wenn das System sich als Produkt erfolgreich verkauft oder wenn weiteres Budget vorhanden ist, kann der Feldweg schrittweise zur Autobahn ausgebaut werden. Es ist völlig OK, wenn vieles noch manuell geschehen muss. Bei einem neuen Produkt startet ihr normalerweise mit wenigen Benutzern, da ist manuelle Arbeit möglich. Sobald sich die Benutzerzahl erhöht, habt ihr auch das Budget, den Automatisierungsgrad zu erhöhen.

13.15 Schnelles Lernen

13.15.1 Feedback der Stakeholder

Workshops und Interviews sind für euch wichtige Werkzeuge, um Anforderungen zu ermitteln, diese abzustimmen und auch zu prüfen. Jede eurer Aktivitäten sollte ein klares Ziel haben. Ihr wollt beispielsweise im ersten Workshop die Systemvision und das Umgebungsdiagramm erarbeiten. Damit habt ihr ein Erfolgskriterium für die Workshops und Interviews: Wie gut wurde das Ziel erreicht? Zweitens könnt ihr den oder die Teilnehmer direkt nach Feedback fragen, beispielsweise über ein kurzes mündliches Stimmungsbild: Wie zufrieden sind Sie mit . . . ?

Beide Informationen könnt ihr nach den Workshops und Interviews verwenden, um euer Vorgehen zu verbessern, und beispielsweise die Rollen während des jeweiligen Termins anders im Team verteilen oder mehr bzw. weniger Zeit in die Vorbereitung investieren.

---

[19] Vgl. dazu beispielsweise die Idee des Concierge-MVP aus Lean Startup [Rie11].

13.15.2 Frühes Feedback von den Benutzern

Versucht so schnell wie möglich, Feedback von den tatsächlichen Benutzern eures Produkts zu bekommen. Ziel ist es, Fehlentwicklungen im Produkt so früh wie möglich zu erkennen, also den Bau überflüssiger, weil nicht genutzter, Features zu vermeiden. Zusätzlich braucht ihr Feedback zur Art und Weise, wie ihr mit Anforderungen umgeht, möglicherweise gibt es dort Lücken. Um Feedback zu erhalten, könnt ihr:

- (Usability-)Experimente durchführen. Ihr druckt die Entwürfe für die Oberfläche eures Systems aus und spielt die wichtigsten Abläufe mit diesem Papierprototypen durch. Dabei erhaltet ihr ein Gefühl dafür, wie schnell ein Benutzer mit eurem Produkt klarkommt. Außerdem seht ihr, ob dieser seine Ziele mit der bis dahin entworfenen Oberfläche erreicht.
- Mit der laufenden Software könnt ihr ebenfalls (Usability-)Experimente durchführen. In jeder Region gibt es dazu beispielsweise regelmäßige Usabilty-Testessen.[20]
- Ihr solltet beim Entwurf eures Produkts auch die Beobachtung der Benutzer mit berücksichtigen, eventuell erfahrt ihr über von euch eingebaute Log-Meldungen genauer, was die Benutzer tatsächlich mit dem Produkt tun.

13.15.3 Reflexion in der Retrospektive

Schaut euch in der Retrospektive regelmäßig auch an, wie ihr mit Anforderungen umgeht. Möglicherweise findet ihr in der Diskussion im Team Optimierungsmöglichkeiten oder ihr könnt unnötige Bearbeitungsschritte oder Wartezeiten streichen. Dazu könnt ihr auch folgende Zahlen anschauen:

- Wie entwickelt sich die Zahl der noch nicht umgesetzten Anforderungen im Product Backlog? Wenn das Product Backlog stark wächst, solltet ihr die Ursachen dafür erforschen und ggf. abstellen. Je größer das Product Backlog, desto länger müssen eure Auftraggeber auf die Umsetzung einzelner Anforderungen warten.
- Wie lange liegt eine Anforderung typischerweise im Product Backlog, bis sie umgesetzt ist? Je kürzer diese Zeit ist, desto schneller könnt ihr gerade auf Änderungen reagieren. In Kanban-Projekten ist dazu das Cumulative Flow Diagram (CFD) hilfreich, vgl. Abschn. 5.12.
- Wie häufig nimmt der Product Owner umgesetzte Anforderungen nicht ab? Zu häufige Ablehnungen deuten auf ein Kommunikationsproblem zwischen PO und Team hin, oder eventuell zwischen PO und den anderen Stakeholdern. Interessant sind in diesem

---

[20] Vgl. https://usability-testessen.org/.

Zusammenhang auch die durchschnittlichen Antwortzeiten des PO auf eure Fragen sowie die Qualität und Verbindlichkeit seiner Antworten.

- Wie häufig müsst ihr bereits umgesetzte und abgenommene Anforderungen wieder anfassen und abändern? Eventuell könnt ihr hier die Kommunikation verbessern und so Nacharbeiten reduzieren. Es lohnt sich für Nacharbeiten zu erforschen, was ihr hättet tun können, um diese zu vermeiden.

Literatur

[Adz11]　　Adzic G (2011) Specification by Example: How Successful Teams Deliver the Right Software. Manning

[Adz14]　　Adzic G, Evans D (2014) Fifty Quick Ideas to Improve Your User Stories. Neuri Consulting LLP

[And10]　　Anderson DJ (2010) Kanban: Successful Evolutionary Change for Your Technology Business. Blue Hole Press

[Bec99]　　Beck K (1999) Extreme Programming Explained: Embrace Change. Addison-Wesley

[Bec04]　　Beck K, Andres C (2004) Extreme Programming Explained: Embrace Change, 2. Aufl. Addison-Wesley

[Ber03]　　Berry DM, Kamsties E, Krieger MM (2003) From Contract Drafting to Software Specification: Linguistic Sources of Ambiguity – A Handbook Version 1.0. Techn. Ber., University of Waterloo, Canada

[Boo94]　　Booch G (1994) Object Oriented Analysis & Design With Application. Addision Wesley

[Chr16]　　Christensen CM, Dillon K, Hall T, Duncan DS (2016) Competing Against Luck: The Story of Innovation and Customer Choice. Harper Business

[Coc00]　　Cockburn A (2000) Writing Effective Use Cases. Addison-Wesley

[Coh04]　　Cohn M (2004) User Stories Applied: For Agile Software Development. Addison-Wesley

[Coh05]　　Cohn M (2005) Agile Estimating and Planning. Prentice Hall

[Coh10]　　Cohn M (2010) Agile Softwareentwicklung: mit Scrum zum Erfolg! Pearson Deutschland

[Fit14]　　Fitzpatrick R (2014) The Mom Test: How to Talk to Customers and Learn If Your Business is a Good Idea when Everyone is Lying to You. CreateSpace Independent Publishing Platform

[For18]　　Forsgren N, Humble J, Kim G (2018) Accelerate: The Science of Lean Software and DevOps Building and Scaling High Performing Technology Organizations. IT Revolution Press

[Got13]　　Gothelf J, Seiden J (2013) Lean UX. O'Reilly

[Gra10]　　Gray D, Brown S, Macanufo J (2010) Gamestorming: A Playbook for Innovators, Rulebreakers, and Changemakers. O'Reilly

[Ham13]　　Hammerschall U, Beneken G (2013) Software Requirements. Pearson Studium

[Hen14]　　Hendrickson E (2014) Explore It! dpunkt.verlag

[Hol16]　　Holtzblatt K, Beyer H (2016) Contextual Design, Second Edition: Design for Life, 2. Aufl. Morgan Kaufmann

[ISO11]　　ISO/IEC (2011) 25010:2011, Systems and software engineering – Systems and software Quality Requirements and Evaluation (SQuaRE) – System and software quality models

[ISO18]   ISO/IEC/IEEE (2018) 29148:2018 International Standard – Systems and software engineering – Life cycle processes – Requirements engineering. ISO/IEC/IEEE

[Jef01]   Jeffries R, Anderson A, Hendrickson C (2001) Extreme Programming installed. Addison-Wesley

[Kah12]   Kahneman D (2012) Schnelles Denken, langsames Denken. Siedler Verlag

[Lef11]   Leffingwell D (2011) Agile Software Requirements: Lean Requirements Practices for Teams, Programs, and the Enterprise. Addison-Wesley

[Lew17]   Lewrick M, Link P, Leifer L, Langensand N (2017) Das Design Thinking Playbook: Mit traditionellen, aktuellen und zukünftigen Erfolgsfaktoren. Vahlen

[Mas43]   Maslow AH (1943) A Theory of Human Motivation. Psychol Rev 50:370–396

[Mel02]   Mellor SJ, Balcer M (2002) Executable UML: A Foundation for Model-Driven Architectures. Addison-Wesley

[Mey14]   Meyer B (2014) Agile!: The Good, the Hype and the Ugly. Springer

[Pat14]   Patton J, Economy P (2014) User Story Mapping: Discover the Whole Story, Build the Right Product. O'Reilly

[Poh15]   Pohl K, Rupp C (2015) Basiswissen Requirements Engineering. dpunkt.verlag

[Rie11]   Ries E (2011) The Lean Startup: How Today's Entrepreneurs Use Continuous Innovation to Create Radically Successful Businesses. Crown Business

[Rob12]   Robertson S, Robertson J (2012) Mastering the Requirements Process: Getting Requirements Right, 3. Aufl. Pearson Education

[Rob18]   Robertson J, Robertson S (2018) Business Analysis Agility: Solve the Real Problem, Deliver Real Value. Pearson Education

[Roo21]   Roock S, Wolf H (2021) Scrum verstehen und erfolgreich einsetzen, 3. Aufl. dpunkt.verlag

[Sed08]   Sedlmeier P, Renkewitz F (2008) Forschungsmethoden und Statistik in der Psychologie. Pearson Studium

[Sut13]   Sutherland J, Schwaber K (2013) The Scrum Guide: The Definitive Guide to Scrum – The Rules of the Game. http://www.scrumguides.org

[Sut14]   Sutherland J, Sutherland J (2014) Scrum: The Art of Doing Twice the Work in Half the Time. Crown Publishing Group

[Unt19]   Unterauer M (2019) Workshops im Requirements Engineering: Methoden, Checklisten und Best Practices für die Ermittlung von Anforderungen, 2. Aufl. dpunkt.verlag

[Wie13]   Wiegers KE, Beatty J (2013) Software Requirements. Microsoft Press

[Wir17]   Wirdemann R (2017) Scrum mit User Stories, 3. Aufl. Hanser Verlag

Die Schnittstelle eures Produkts ist das Erste, was euer Benutzer sieht, hört, anfasst und erlebt. In diesem Kapitel diskutieren wir, wie ihr die Schnittstelle zu eurem Benutzer gestalten könnt, mit einer grafischen Oberfläche, Sprache oder Gesten. Euer Benutzer hat einen Dialog mit eurem Produkt. Er handelt und euer Produkt reagiert darauf. Mithilfe des Dialogs will euer Benutzer bestimmte Ziele erreichen. Euer Produkt sollte ihn dabei unterstützen, dass er das Ziel effektiv, effizient und zufriedenstellend erreicht. Produkte mit ungenügender Usability werden schnell wieder deinstalliert oder gar nicht erst gekauft. Ihr habt also gute Gründe, euch um dieses Thema zu kümmern.

14.1 Usability und User Experience

Bevor wir unsere erste Benutzerschnittstelle entwerfen, müssen wir uns kurz mit den Begriffen beschäftigen. Von Usability und speziell User Experience (UX) ist sehr häufig die Rede. Vielfach wird unter Usability Engineering nur stark vereinfacht das Erstellen von Wireframes verstanden sowie ein gelegentlicher Usability Test. Eine genauere Betrachtung lohnt sich:

Usability = Gebrauchstauglichkeit
Euer Benutzer soll seine Ziele möglichst gut mit eurem Produkt erreichen. Das bedeutet, er sollte für die Erreichung möglichst wenig Aufwand investieren müssen (effizient) und es sollte das herauskommen, was er sich vorgestellt hat (effektiv).

In der Norm ISO 9241 Teil 11 [Deu18] findet sich hierzu der Begriff der Gebrauchstauglichkeit, häufig wird diese auch als Usability bezeichnet. Die Norm definiert Gebrauchstauglichkeit als *Ausmaß, in dem ein Produkt durch bestimmte Benutzer in einem*

© Springer Fachmedien Wiesbaden GmbH, ein Teil von Springer Nature 2022
G. Beneken et al., *Grundkurs agiles Software-Engineering*,
https://doi.org/10.1007/978-3-658-37371-9_14

bestimmten Nutzungskontext genutzt werden kann, um bestimmte Ziele effektiv, effizient und zufriedenstellend zu erreichen.

Effektivität Die Genauigkeit und Vollständigkeit, mit der Benutzer ein bestimmtes Ziel erreichen.

Effizienz Der im Verhältnis zur Genauigkeit und Vollständigkeit eingesetzte Aufwand, mit dem Benutzer ein bestimmtes Ziel erreichen

Zufriedenstellung Freiheit von Beeinträchtigungen und positive Einstellungen gegenüber der Nutzung des Produkts [Deu18].

Ein ähnlicher Begriff ist die *Quality in Use* aus der Norm ISO 25010 [ISO11]. Er enthält auch die Teileigenschaften Effektivität, Effizienz und Zufriedenstellung. Die Zufriedenstellung wird durch Nützlichkeit (usefulness), Vertrauen (trust), Freude (pleasure) und Komfort (comfort) weiter detailliert. Zusätzlich sind noch die Eigenschaften Risikofreiheit (Minderung finanzieller, gesundheitlicher Risiken sowie Minderung von Risiken für die funktionale Sicherheit) und die Abdeckung des Kontextes enthalten.

Euer Benutzer sitzt nicht immer hochkonzentriert in seinem warmen Büro und hat beliebig viel Zeit und eine unbegrenzt leistungsfähige Hardware zur Verfügung. Die realen Bedingungen, unter denen euer Produkt verwendet wird, werden als *Nutzungskontext* beschrieben.

Nutzungskontext

Ein Nutzungskontext umfasst *die Benutzer, Arbeitsaufgaben, Arbeitsmittel (Hardware, Software und Materialien) sowie physische und soziale Umgebung, in der das Produkt genutzt wird* [Deu18]. Der Nutzungskontext enthält vier Elemente:

Benutzer Verschiedene Benutzer haben abhängig von ihren Vorkenntnissen, von ihrem Alter, ihrem sozialen Hintergrund und anderen Eigenschaften unterschiedliche Bedürfnisse und Erwartungen. Dafür haben wir die Persona-Hypothesen in Abschn. 4.7 aufgestellt. Mit diesen Hypothesen machen wir unsere Annahmen über Eigenschaften der verschiedenen Benutzergruppen explizit.

Arbeitsaufgabe Ein Benutzer verwendet euer Produkt, um ein bestimmtes Ziel zu erreichen. Das ist der Job-to-be-done aus Abschn. 4.1. Dazu führt er die Arbeitsaufgaben aus. Die Arbeitsaufgabe kann sehr einfache Datenerfassung mit Formularen sein oder eine komplexere gestalterische Aufgabe. Ein neues Adressbuch mit Formularen entwerft ihr offenbar anders als eine Photoshop-Konkurrenz.

Arbeitsmittel Der Benutzer erhält zur Bewältigung der Arbeitsaufgaben Arbeitsmittel. Das wesentliche Arbeitsmittel ist dabei euer Produkt. Es läuft auf einer Hardware und zumindest ein Teil der Software stammt von euch. Die Eigenschaften der Hardware, des Netzwerks und der verfügbaren Software bestimmen euren Gestaltungsspielraum: Virtual Reality oder lokale Sprachverarbeitung werden ohne ein leistungsstarkes Gerät schwierig. Wie groß ist das Display? Stehen spezielle Eingabe- oder Ausgabegeräte zur Verfügung, z. B. eine VR-Brille?

Umgebung Der Bordcomputer eines Oberklassefahrzeugs muss beim Parken andere Funktionen bereitstellen als bei 250 km/h auf der Autobahn. Ihr müsst offenbar die physikalische und soziale Umgebung, in der euer Produkt verwendet wird, berücksichtigen. Zu den Eigenschaften der Umgebung gehören:

- Physikalische Eigenschaften wie Beleuchtung, Temperatur, Geschwindigkeit oder Umgebungslautstärke. Wird das System in geschlossenen Räumen stationär verwendet oder mobil?
- Soziale Eigenschaften wie Organisationsstruktur, Firmenkultur, Art und Weise der Zusammenarbeit mit anderen Benutzern
- Technische Elemente wie Mechanik, Elektronik oder Software

In den ersten Phasen der Konzeption an eurer Benutzerschnittstelle erarbeitet ihr den Nutzungskontext. Wenn ihr diesen nicht verstanden habt, könnt ihr die Schnittstelle nicht sinnvoll entwerfen. Zur Modellierung gibt es beschreibende Techniken wie beispielsweise Szenarios, Storyboards oder SAP®-Scenes, diese beschreiben wir in Abschn. 14.6.

User Experience
Für moderne Produkte spielen neben der reinen Gebrauchstauglichkeit auch die Ästhetik, der gefühlte Wert oder auch der Unterhaltungswert eine Rolle. Benutzer kaufen Produkte auch als Statussymbol. Sie wollen nicht nur ein Ziel erreichen, sondern sich bei der Benutzung auch sicher fühlen, Freude empfinden oder sich amüsieren.

Die Erfahrungen, die ein Benutzer *vor*, *während* und *nach* der Verwendung eines Systems macht, bzw. die Gefühle, die er dabei hat, werden auch als User Experience (Benutzererlebnis) bezeichnet. Die Norm ISO 9241 Teil 210 definiert diese als *Wahrnehmungen und Reaktionen einer Person, die aus der tatsächlichen und/oder erwarteten Benutzung eines Produkts, eines Systems oder einer Dienstleistung resultieren* [Deu19] (Abb. 14.1).

Die User Experience erfordert ein umfassenderes Bild der Benutzer als früher. Die Vorlieben, Einstellungen, Erfahrungen oder den aktuellen emotionalen, psychischen und physischen Zustand typischer Benutzer solltet ihr berücksichtigen und dokumentieren – in den Persona-Hypothesen und in Szenarios (vgl. Abschn. 14.6). Diese Informationen fließen in das Design des Systems – besonders der Schnittstelle zum Benutzer – mit ein. Zumindest dann, wenn ihr ein Produkt baut, zu dem eure möglichen Benutzer eine oder mehrere Alternativen haben. Wenn ihr eine Software für Sachbearbeiter erstellt, die euer System benutzen müssen, ist dieses Thema weniger wichtig.

Beispiel: Wenn ihr gerade ein neues Smartphone, Tablet oder einen Elektroroller gekauft habt, seid ihr normalerweise sehr frustriert, wenn ihr das Gerät nicht sofort ausprobieren könnt. Denn es muss noch viele Stunden geladen werden. Um diese Frustration zu vermeiden, werden Geräte häufig mit wenigstens teilweise geladenen Akkus geliefert. Die Hersteller haben hier gelernt, dass das Auspacken und Ausprobieren zu einer guten UX dazugehört.

Abb. 14.1 Usability (Gebrauchstauglichkeit) und UserExperience (UX), frei nach Geis und Tesch [Gei19]

14.2   Euer Benutzer

Produkte sind deutlich komplexer als früher: Bis Mitte der 2000er-Jahre haben wir im Wesentlichen betriebliche Informationssysteme und Web-Anwendungen gebaut. Diese liefen auf einem Desktop ohne Kamera und Mikrofon, teilweise sogar ohne Soundkarte. Mittlerweile trägt praktisch jeder Mensch ein Smartphone mit sich herum und Alltagsgeräte verfügen über Sprach- oder Gestensteuerungen – teilweise dient das Smartphone als Benutzeroberfläche von Waschmaschinen, Elektrorollern oder der Heizung. Wir müssen uns daher unseren Benutzer umfassender betrachten:

Seine Sinne bilden die Schnittstelle zur Außenwelt und damit auch zu eurem Produkt. Im Wesentlichen sind das Sehen, Hören und Tasten. Sie wandeln physische Reize wie Licht, Schall oder Berührung in Signale um, die vom Gehirn verarbeitet werden. Die Signale werden vorverarbeitet und verdichtet. Die Aufmerksamkeit des Benutzers richtet sich nur auf bestimmte Reize, er konzentriert sich nur auf diese und blendet andere aus. So wird aus Signalen Wahrnehmung. Die Wahrnehmung wird mit dem Gedächtnis abgeglichen. Der Benutzer erkennt Dinge wieder, er weist der Wahrnehmung vor dem Hintergrund seiner Lebenserfahrung eine Bedeutung zu. Auf der Grundlage seines aktuellen Ziels reagiert er und handelt, indem er etwas sagt oder seinen Körper bewegt (Abb. 14.2).

Ihr versucht fortlaufend, die Eigenschaften und Bedürfnisse eurer Benutzer zu erfassen. Und erstellt aus diesen Erkenntnissen Modelle für bestimmte Typen von Benutzern, eure Persona-Hypothesen. Diese haben wir bereits in Abschn. 4.7 erarbeitet.

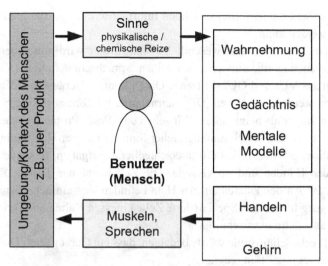

Abb. 14.2 Die Grafik zeigt die Schnittstellen unseres Benutzers mit der Umwelt

14.2.1 Fünf Sinne und Wahrnehmung

Wir müssen uns kurz mit dem Gehirn und der Wahrnehmung unserer Benutzer befassen. Eure Software ist ziemlich überflüssig, wenn die Benutzer die Funktionen, die sie gerade benötigen, nicht finden oder diese falsch bedienen. Ihr müsst daran arbeiten, wie eure Software, die Schnittstelle zwischen Mensch und Maschine, wahrgenommen wird. Beliebter Fehler in unseren Projekten ist es, die ersten Entwürfe viel zu kompliziert zu machen und zu überfrachten: Zu viele Eingabefelder und grafische Elemente. Insgesamt tun sich die Versuchspersonen dann schwer, zu verstehen, was sie tun sollen. Ihr müsst euer Produkt also so optimieren, dass schnell die wichtigen Informationen wahrgenommen werden und ihr versucht die Aufmerksamkeit auf diese Informationen zu lenken.

Mehr als fünf Sinne

Benutzer nehmen euer Produkt über ihre Sinne wahr. Das sind zunächst die fünf bereits von Aristoteles genannten Sinne: Sehen, Hören, Tasten, Riechen und Schmecken. Dazu kommen noch weitere direkte und indirekte Sinne, wie beispielsweise die Wahrnehmung des eigenen Körpers, der Gleichgewichtssinn und auch der Sinn für Orientierung [Wha19]. Dass die Sinne zusammenspielen, merkt ihr spätestens dann, wenn Gleichgewichtssinn und Sehen in Virtual-Reality-Lösungen nicht gut integriert sind und euch bei der Benutzung schlecht wird.

Sehen Das Sehen ist unser primärer Sinn. Daher beschränkten sich die Benutzerschnittstellen häufig auf grafische Schnittstellen (GUI) oder textbasierte Schnittstellen. Mithilfe unser zwei Augen können wir dreidimensional sehen und gesehene Gegenstände verorten. Das Sehen liefert eine sehr hohe Informationsmenge, die gleichzeitig wahr-genommen werden kann.

Hören Das Hören ist der zweite wesentliche Sinn, dieser wird zunehmend für Benut-zerschnittstellen wichtig, entweder bei reinen Sprachschnittstellen (VUIs) oder bei Mischungen aus VUI und GUI. Mit zwei Ohren können Geräusche oder Sprechen im Raum geortet werden, 3D-Hören. Die wahrnehmbare Informationsmenge beim Hören ist deutlich geringer als beim Sehen. Wir sehen uns dieses Problem später genauer an.

Tasten Tasten ist ein erstaunlich umfangreicher Sinn. In unserer Haut befinden sich sehr viele spezialisierte Sinneszellen für unterschiedliche Aufgaben. Besonders viele davon gibt es in den Händen und im Gesicht. Die Zellen nehmen Druck, Dehnung oder Vibration wahr. An den Haaren auf der Haut befinden sich einfache Sensoren, welche deren Bewegung feststellen. Spezialisierte Zellen messen Kälte und Wärme. Zusätzlich gibt es spezielle Schmerzrezeptoren.

Riechen Eine Riech-Schnittstelle würde bedeuten, dass ein Gerät gezielt Duftstoffe abgibt und der Benutzer daraufhin reagiert.

Schmecken Für das Schmecken gilt dasselbe wie für das Riechen. Bisher sind uns keine solche Schnittstellen bekannt.

14.2.2 Vorverarbeitung

Im Gehirn findet eine Vorverarbeitung der Wahrnehmung und bereits eine gewisse Abstraktion statt. Beispielsweise fallen dort bereits ungewöhnliche Reize ins Auge, wie ein roter Punkt unter lauter grauen Punkten. Auch die Gestaltgesetze (vgl. Abschn. 8.4.1) oder das Wiedererkennen von Gesichtern und anderen Formen sind ein Produkt dieser Vorverarbeitung.

Im Gehirn entsteht über die Wahrnehmung ein Modell der wahrgenommenen Welt. Wenn ihr mehrere gestreifte Pranken im Gebüsch seht, unterstellt euer Gehirn normaler-weise, dass diese zusammengehören. Auch wenn der Tiger nicht mehr zu sehen ist, geht euer Gehirn davon aus, dass dieser noch im Gebüsch sitzt.

14.2.3 Gedächtnis

Die Wahrnehmung wird im Arbeitsgedächtnis verarbeitet. Die Informationen im Arbeits-gedächtnis liegen im Fokus unserer Aufmerksamkeit, darauf konzentrieren wir uns. Das Arbeitsgedächtnis kann ungefähr vier Informationen gleichzeitig verarbeiten [Cow01]. Die Informationen können auch aus einfacheren Elementen zusammengesetzt sein, so-genannte Chunks. Wenn wir mit bekannten Konzepten umgehen, können Informationen aus dem Langzeitgedächtnis das Chunking unterstützen (vgl. Abschn. 2.1.1).

Wenn wir zu viele unstrukturierte und unbekannte Informationen gleichzeitig darstel-len, wird das unseren Benutzer überfordern. Die kognitive Last ist zu hoch für ihn oder sie. Die Informationen passen nicht komplett ins Arbeitsgedächtnis und das Chunking wird nicht gut unterstützt.

Ein besonderes Problem ist das bei Sprachschnittstellen, da die Sprachausgabe eures Produkts sehr schnell buchstäblich verhallt ist. Der Benutzer muss sich alles merken, was euer System erzählt hat. Das wird bei zu vielen Informationen schwierig, beispielsweise wenn euer Produkt Kochrezepte vollständig vorliest oder alle Öffnungszeiten des örtlichen Schnellrestaurants zum Besten gibt.

Ihr könnt die kognitive Last dadurch senken, indem ihr nur noch die Elemente in der Schnittstelle übrig lasst, die unbedingt zur Erreichung der Ziele notwendig sind. Zweitens könnt ihr die Interaktion mit dem Benutzer durch die jeweiligen Gestaltungsmittel strukturieren, beispielsweise in Unterdialoge, die über einen Workflow durchlaufen werden. Drittens solltet ihr möglichst bekannte Konzepte verwenden und Metaphern, unter denen sich der Benutzer etwas vorstellen kann.

14.2.4 Mentale Modelle

Jeder Benutzer erarbeitet sich im Laufe seiner Erfahrungen mit Software ein mentales Modell, also Vorstellungen davon, wie die Software im Inneren funktioniert. Das mentale Modell beruht auf Erfahrungen und Wahrnehmungen in ähnlichen Situationen, daraus erzeugt das Gehirn automatisch ein Modell [Her18]. Dies ist in Abb. 14.3 zu sehen. Das Modell ist nicht zwingend konsistent, rational oder vollständig. Aber der Benutzer arbeitet damit und hat Hypothesen über das Verhalten des Produkts. Und er vergleicht seine Erwartungen ständig mit dem tatsächlichen Verhalten der Software. Das führt nicht zwingend zu einer Korrektur des mentalen Modells, wenn die Hypothesen nicht erfüllt werden.

Wenn es uns gelingt, das mentale Modell und die Funktionsweise der Software aufeinander abzustimmen, wird unser Benutzer die Software *intuitiv* bedienen können, da er über sein mentales Modell die richtigen Annahmen macht. Wenn eine neue Software ähnlich arbeitet wie ihre Vorgänger, können vorhandene mentale Modelle genutzt werden. Dasselbe gilt, wenn sich die Software ähnlich verhält wie Dinge, die der Benutzer aus der realen Welt kennt. Ein Beispiel ist der Papierkorb auf dem Desktop eures Betriebssystems: Ihr könnt darin Dateien entsorgen, die ihr nicht mehr braucht.

Eine passende Metapher kann für eine Benutzerschnittstelle hilfreich sein, damit versteht der Benutzer Zusammenhänge in der Software eventuell intuitiver. Ein bekanntes Beispiel ist die Schreibtisch-Metapher (Desktop) bei den ersten grafischen Oberflächen. Die Oberfläche des Systems war wie ein großer Schreibtisch. Auf diesem finden sich Dokumente (Dateien), diese kann man in einen Papierkorb werfen. Es finden sich Hängeregister (Folder) zum Ablegen der Dokumente und während des Wartens ist eine Sanduhr zu erkennen. Mit einer Art Hand (dem Mauszeiger) können Dokumente gegriffen und anderswo abgelegt werden (Drag and Drop).

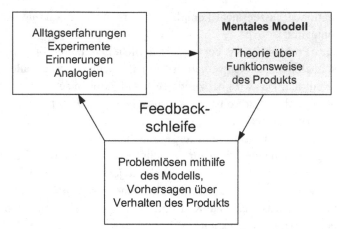

Abb. 14.3 Aus den Alltagserfahrungen bilden Menschen fortlaufend mentale Modelle über die Funktionsweise von Produkten und ihrer Umwelt

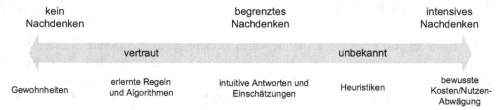

Abb. 14.4 Handeln eures Benutzers, frei nach [Wen20]: Vieles von unserem täglichen Verhalten basiert auf Gewohnheiten und Heuristiken, ohne umfangreiche Abwägungen. In unbekannten Situationen denken wir intensiver nach und wägen ggf. Kosten und Nutzen ab

Die Desktop-Metapher sollte es den ersten Benutzern erleichtern, sich mit der grafischen Oberfläche schnell zurechtzufinden.

14.2.5 Handeln

Interaktion bedeutet für euer Produkt, dass der Benutzer irgendwann handeln soll. Er bedient Schaltflächen, macht eine (Touch-)Geste oder spricht. Das Handeln der Benutzer ist unterschiedlich stark rational beeinflusst. Über 50 % des Tages sind wir im Autopilot unterwegs und Gewohnheiten und einfache Heuristiken bestimmen das Handeln [Wen20], dies ist in Abb. 14.4 dargestellt. Das Verhalten von Menschen ist also nur teilweise rational und auf den persönlichen Vorteil oder die Nützlichkeit bedacht [Kah12].

Gewohnheiten

Ein großer Teil unseres Verhaltens wird bestimmt durch Gewohnheiten, z. B. nach dem Aufstehen zuerst duschen, dann Zähne putzen und irgendwann später einen Kaffee trinken.

Gewohnheiten werden durch einen Schlüsselreiz ausgelöst. So kann Langeweile den Wunsch nach Schokolade auslösen oder Kaffeeduft den Wunsch nach einem Kaffee. Viele technische Produkte kommen in den Gewohnheiten der meisten Menschen vor, beispielsweise der häufige Blick auf das Smartphone, um zu prüfen, ob neue Nachrichten da sind. Oder das Anschalten des Fernsehers am Abend. Menschen eigenen sich im Umgang mit der Technik ebenfalls Gewohnheiten an, die für die Gestaltung eurer Benutzerschnittstelle relevant sein können.

Heuristiken

Heuristiken sind Regeln, um mit unvollständigen Informationen und wenig Zeit dennoch zu praktikablen Lösungen für das Verhalten zu kommen. Viele der Heuristiken[1] sind uns nicht bewusst, wir handeln aber danach [Kah12, Ari10, Tid19]. Beispiele für solche Heuristiken sind:

- Status-Quo-Heuristik: Bei mehreren verfügbaren Alternativen wird der Status Quo gewählt. Menschen fällt es typischerweise schwer, sich von bekannten Dingen und Verfahren zu trennen. Daher sollten die Default-Einstellungen eures Produkts den Datenschutz maximal unterstützen. Der Benutzer wird diese in der Regel nicht ändern (secure defaults).
- Soziale Normen: Bei mehreren verfügbaren Alternativen wird die gewählt, welche die anderen Menschen wählen bzw. die Peer-Group wählt (z. B. leere Restaurants bleiben eher leer). Das wird in Produkten beispielsweise über eine Social-Media-Integration ausgenutzt, z. B. über das Teilen von Informationen, Fotos oder Ähnlichem.
- Satisfice-Heuristik: Benutzer wählen die erstbeste Funktion, die ihnen passend erscheint, ohne sich mit dem Produkt genauer zu beschäftigen. Satisfice ist dabei zusammengesetzt aus satisfying (= befriedigend) und suffice (= genügen). Daher sind Tests mit realen Benutzern wichtig für euer Produkt, denn erst durch die Beobachtung erfahrt ihr, an welchen Stellen diese Heuristik verwendet wird.
- Bestätigungsheuristik: Informationen werden so ausgewählt und interpretiert, dass diese die eigenen Erwartungen erfüllen (bestätigen).
- Verfügbarkeitsheuristik: Dinge, die leicht erinnert werden können, werden als wahrscheinlicher angesehen, z. B. haben alle Stars Ehekrisen, da dies häufig in Illustrierten erwähnt wird.
- Mere-Exposure-Heuristik: Dinge, die häufiger wahrgenommen werden, sind sympathischer.

---

[1] Viele Heuristiken zählen zu den Verzerrungen (Bias) https://rationalwiki.org/wiki/List_of_cognitive_biases.

14.2.6 Persona-Modelle entwickeln

Vor und während der Gestaltung eures Produkts ist es besonders wichtig, die zukünftigen Benutzer genauer zu kennen. Was haben diese für Gewohnheiten? Welche mentalen Modelle stehen ihnen zur Verfügung? Was können sie und was müssen sie noch lernen? Möglicherweise gibt es mehrere Typen von Benutzern mit verschiedenen Eigenschaften und Bedürfnissen. Daher entwickelt ihr normalerweise ein Modell jedes Benutzertyps. Diese werden auch Personas genannt [Coo99].

Die Persona-Modelle braucht ihr für den Entwurf der Benutzerschnittstelle. Ihr müsst euch in die Bedürfnisse der Benutzer einfühlen. Vielleicht findet ihr Menschen, die ihr stellvertretend für ein bestimmtes Persona-Modell interviewen könnt. Wenn ihr die Gebrauchstauglichkeit untersuchen wollt, braucht ihr Testpersonen, welche den Personas möglichst ähnlich sind.

Ihr könnt die Personas raten, also Hypothesen über eure Benutzer aufstellen. Diese müsst ihr im Laufe der Entwicklung aber verifizieren oder falsifizieren [Got13]. Alternativ könnt ihr umfangreiche Beobachtungen anstellen und viele mögliche Benutzer befragen. Damit entwickelt ihr die Personas aus den erhobenen Daten [Goo09, Coo14].

Im Kap. 4 haben wir Personas bereits ausführlich dargestellt. Sie sind eines der wichtigsten Werkzeuge im Bereich des Usability Engineerings.

14.3 Schnittstelle eures Produkts

Vor einigen Jahren waren Benutzerschnittstellen noch recht überschaubar, grob konnten wir zwischen Kommandozeilen-Schnittstellen (CLI, Command Line Interface) und grafischen Oberflächen (GUI, mit Tastatur und Maus) unterscheiden. Bei technischen Geräten konnten wir noch den einen oder anderen Button und LEDs berücksichtigen.

Mittlerweile ist die Mensch-Maschine-Schnittstelle deutlich reichhaltiger und anspruchsvoller im Design geworden. Hinzugekommen sind Touch-Oberflächen und Sprachschnittstellen (VUI, Voice User Interface). Mithilfe immer leistungsfähigerer Smartphones und der Cloud können nun Schnittstellen entworfen werden, mit denen der Mensch natürlicher interagieren kann, diese werden daher auch NUI (Natural User Interface) genannt. Die Abb. 14.5 ist der Versuch eines groben Überblicks über die Entwicklung von Benutzerschnittstellen von der Lochkarte zum NUI.

Über moderne Smartphones, Laptops und andere Geräte habt ihr eine Fülle von Sensoren zur Verfügung. Zur Interpretation der gemessenen Daten steht eine große Menge an Bibliotheken auf den jeweiligen Geräten zur Verfügung, z. B. das ML Kit[2] oder OpenCV[3] sowie viele weitere Dienste in der Cloud.

---

[2] https://developers.google.com/ml-kit.

[3] https://opencv.org/.

Abb. 14.5 Die ersten Computer für betriebliche Anwendungen wurden noch mit Lochkarten bedient, eine direkte Interaktion mit dem System war nicht möglich, es hat im Batch-Betrieb (= Stapel von Lochkarten) gearbeitet. Interaktiver wurden Computer Anfang der 1970er-Jahre. IBM führte die Time Sharing Option (TSO) auf OS/360-Systemen ein und die ersten Unix-Systeme mit Shells wurden entwickelt. Mitte der 1980er-Jahre wurden grafische Oberflächen populär. Erste Systeme wurden von Xerox entworfen, große Verkaufszahlen erreichte dann der Apple Macintosh. Die erste sehr weit verbreitete Oberfläche mit einem Touch-Stift hatte der PalmPilot Mitte der 1990er-Jahre. Populär wurden Touch-Oberflächen mit dem Aufkommen der Smartphones ab 2007 mit dem iPhone. Weit verbreitet haben sich darauf auch Sprachassistenten mit Siri von Apple und später ab 2014 Amazon-Alexa. Auch Gestensteuerungen kamen beispielsweise mit der Nintendo Wii und später der Microsoft Kinect ab Mitte der 2000er-Jahre auf, mittlerweile finden sich Radarsensoren in den ersten Smartphones. Große Fortschritte wurden auch im Bereich der Mixed Reality gemacht

Auch die Systeme im Internet haben sich deutlich verändert, von einer einfachen Folge diverser Formulare hin zur Single Page Application (SPA).

14.3.1 Sensoren

Um deutlich zu machen, wie reichhaltig die Schnittstellen moderner Smartphones und Tablets gerade sind, findet sich hier eine grobe Übersicht über die Möglichkeiten, die Absichten eines Benutzers durch das System wahrzunehmen.

Tastatur Die Tastatur war nach der Lochkarte eine der ersten Schnittstellen zwischen Mensch und Rechner. Einfache textbasierte Masken bildeten die gesamte Schnittstelle. Die älteren Leser erinnern sich vielleicht noch an die grünen oder bernsteinfarbenen Terminals der Bankberater und Autohändler. Nur mithilfe der Tastatur waren die ersten Systeme sehr schnell und effizient bedienbar. Erfahrene Benutzer kannten die Tastenkürzel bzw. die Nummern der benötigten Masken auswendig. Mit der Tab-Taste konnten sie von Eingabefeld zu Eingabefeld springen. Solche Oberflächen sind blind und damit sehr effizient bedienbar.

Maus, Gamepad und andere Geräte Mit den ersten grafischen Oberflächen kam die Maus als Eingabegerät auf. Mit ihr konnte der Benutzer auf Elemente der Oberfläche zeigen und diese greifen. Die Maus gehört wie die Tastatur zur Standardausstattung heutiger Desktop-Rechner und Laptops. Spielekonsolen und auch PC haben häufig ein Gamepad als Eingabegerät.

Touchscreen Spätestens mit den ersten Smartphones wurden Touch-Oberflächen populär. Die Maus wurde durch die Finger ersetzt. Mit den Fingern waren weit mehr Interaktionen darstellbar, beispielsweise Wischen (Swipe) oder Vergrößern (Pinch). Die Oberflächen von Smartphones und Tablets werden mithilfe von Touch-Gesten gestaltet. Touchscreens finden sich zunehmend in Autos, Haushaltsgeräten oder Industrieanlagen.

Mikrofone Mit den Fortschritten im maschinellen Lernen ist die Sprachverarbeitung in den letzten Jahren deutlich besser geworden. Sprachassistenten wie Alexa oder Google Home finden sich in vielen Haushalten und Siri oder Cortana sind auch auf Desktops oder Smartphones verfügbar. Ein oder mehrere Mikrofone gehören daher zur Standardausstattung.

Kameras Auch hier profitieren wir von der rasanten Entwicklung der letzten Jahre. Eine Kamera ist inzwischen eine häufig benutzte Schnittstelle: Ihr verwendet beispielsweise ein Foto eines QR-Codes oder ein Foto eines Dokuments, das dann per OCR-Software interpretiert wird. Die Bilder der Kamera können auch zum Erkennen von Gesichtern, der Mimik oder von Gesten verwendet werden. Sensoren zur Erkennung der räumlichen Tiefe finden sich zunehmend auch in Smartphones und VR-Hardware.

Bewegungssensoren Bewegungssensoren können unterschiedlich verwendet werden, beispielsweise verfügt ein Smartphone über ein Gyroskop, einen Kompass und auch einen Beschleunigungssensor. Damit können Bewegungen des Smartphones als Eingabe genutzt werden, ebenso wie die aktuelle Geo-Position. Mittlerweile sind kleine Radarsensoren erhältlich, sodass diese verwendet werden können, um beispielsweise Gesten einer Hand zu erkennen.

Körperfunktionen Moderne Smartwatches, Fitnesstracker und andere Geräte, die am Körper getragen werden, verfügen über Sensoren für Körperfunktionen. Auch diese können als Eingabe genutzt werden. Gemessen werden Puls, Pulsvarianz, Sauerstoffsättigung oder der Blutdruck. Damit erhält euer Produkt einen Überblick über den Gesundheitszustand und die Stimmung des Trägers.

Mit dieser Vielzahl an Sensoren seid ihr in der Lage, nicht mehr nur einfache GUIs zu erstellen, sondern die Interaktion zwischen Mensch und Maschine natürlicher zu gestalten. Der Benutzer spricht mit eurem Produkt oder er interagiert über Gesten damit.

Über die Sensoren im Smartphone oder der Smartwatch habt ihr ein umfassendes Bild vom Kontext, in dem sich der Benutzer gerade befindet. Ihr habt die Geokoordinaten, das Umgebungslicht und eventuell Temperatur und Luftdruck zur Verfügung. Auch über den Zustand eures Benutzers wisst ihr deutlich mehr. Beispielsweise lässt die Pulsvarianz Rückschlüsse auf den Stress zu, den der Benutzer gerade empfindet.

14.3.2 Analyse der Sensordaten

Die Sensordaten könnt ihr vor Ort auf dem Gerät verarbeiten. Das ist bei Tastatureingaben, Mausbewegungen oder Touch-Gesten selbstverständlich und wird durch die vorhandenen Programmierschnittstellen sehr gut unterstützt. QR-Codes oder Bar-Codes können ebenfalls lokal interpretiert werden. Auch die Suche nach Elementen in Bildern ist möglich.[4]

Die Umwandlung eines Fotos oder Scans in ASCII-Text mithilfe einer OCR-Software ist ein Grenzfall. Dies geht mit einigen Abstrichen lokal auch auf dem Smartphone.

Reicht die Rechen- oder Batterieleistung nicht aus, stehen viele cloudbasierte Dienste zur Verfügung. Beispielsweise zur Umwandlung der Audiodaten aus dem Mikrofon in einen Text, den der Benutzer vermutlich gesagt hat. Oder die Interpretation eines Textes auf die Absichten des Benutzers, weitere Dienste wären Gesichtserkennung, Beschreibung des Inhalts von Fotos oder Videosequenzen, die Klassifikation von Fotos oder die Erkennung von Anomalien.

14.3.3 Ausgabe erzeugen

Für die Ausgabe eures Produkts an den Benutzer habt ihr wieder eine Reihe von Optionen. Diese werden inzwischen auf der Ebene der Betriebssysteme oder über zusätzliche Cloud-Dienste gut unterstützt. Die nachfolgende Liste ist nicht ganz systematisch, es sind eher Beispiele, wie sie in unseren Projekten der letzten Jahre vorgekommen sind.

Textausgabe Wenn der Benutzer vor einem Terminal bzw. einer Shell sitzt, genügt ihm eine einfache textuelle Ausgabe auf der Konsole. Diese kann bei Bedarf auch in eine Datei umgeleitet werden, z. B. zur Datenanalyse oder für das Monitoring. Eine Textoberfläche lässt sich leicht fernsteuern oder automatisiert bedienen. Beispiel für eine Textausgabe wäre auch die Ausgabe eines Chat-Bots.

Grafische Oberfläche Die grafische Oberfläche für Desktops oder Smartphones gibt es in vielen Varianten. Von einer einfachen Formularausgabe oder einfachen Dashboards mit Datenvisualisierungen bis hin zu einer direkt manipulierbaren Grafik oder Animation.

Kartendarstellungen Kartendarstellungen sind immer häufiger in Anwendungen anzutreffen, sie zeigen bei einer Fitness-App beispielsweise die gelaufene Strecke oder stellen interessante Geopositionen dar, z. B. die Filialen einer Einkaufskette in eurer Nähe. Hierfür integriert ihr einen Kartendienst (OpenStreetMap, Google, Here, ...) sowie eventuell weitere Dienste zum Verkehrsfluss, zur Adressübersetzung in Geokoordinaten oder für interessante Punkte (Points of Interest).

Ausgabe von QR-Codes QR-Codes gehören im Prinzip zu einer grafischen Oberfläche. Wenn ihr eine Information als QR-Code darstellt, kann diese Darstellung wieder von

---

[4] Beispielsweise mit dem MLKit https://developers.google.com/ml-kit oder OpenCV https://opencv.org/.

einem anderen System fotografisch erfasst werden. Damit könnt ihr leichtgewichtig Daten austauschen. Beispielsweise könnt ihr eine Zugangsberechtigung, den Impfstatus oder ein Bahnticket so darstellen und der Türsteher oder Schaffner scannt diesen Code.

Audio-Ausgabe Über den Audiokanal könnt ihr beispielsweise Alarme darstellen oder akustisches Feedback zu den Aktivitäten des Benutzers geben.

Sprachausgabe Die Cloud-Anbieter liefern inzwischen konfigurierbare Sprachsynthese, sodass ihr auch die Stimmlage und Betonung des Sprechers oder der Sprecherin festlegen könnt. Es gibt auch Screen-Reader als Ergänzung im Betriebssystem, wie beispielsweise den Narrator in Windows 10 oder die Bedienhilfen in Android und iOS.

Vibration, haptisches Feedback Auch ein haptisches Feedback ist eine gute Option für bestimmte Signale an den Benutzer. Hierfür könnt ihr beispielsweise die Vibration des Smartphones oder einiger Gamecontroller nutzen.

Virtual Reality Entweder mit entsprechenden Geräten wie dem Occulus Quest oder sogar im Browser könnt ihr auch eine begehbare VR-Welt als Ausgabe erschaffen. Der Benutzer kann in dieser über seine Hände oder entsprechende Controller navigieren.

Augmented Reality Inzwischen wird Augmented Reality von den Smartphone-Plattformen gut unterstützt.[5] Die Ausgabe auf einem Kamerabild ist damit ebenfalls eine Option, beispielsweise um virtuelle Gegenstände in der Realität darzustellen.

14.3.4 Feedbackschleife zwischen Produkt und Benutzer

Die Schnittstelle zwischen Mensch und Maschine ist in den letzten Jahren deutlich reicher geworden. Daher reicht eine Betrachtung der grafischen Oberfläche nicht mehr aus. Es gibt inzwischen Chat-Bots, Sprachschnittstellen, Gestensteuerung oder Augmented und Virtual Reality [Pea16, Saf08]. Die Schnittstellen zum Benutzer werden zunehmend multimodal [Par18]: Sie nutzen verschiedene Wahrnehmungs- bzw. Kommunikationskanäle gleichzeitig, Sprachausgabe wird beispielsweise mit einer grafischen Oberfläche kombiniert (Abb. 14.6).

14.4   Anforderungen an die Benutzerschnittstelle

14.4.1 Allgemeine Anforderungen

Benutzerschnittstellen sollten eine ganze Reihe allgemeiner Anforderungen umsetzen, die typischerweise für eine gute Gebrauchstauglichkeit sorgen. Hierzu gibt es beispielsweise

---

[5] Vgl. https://developer.apple.com/augmented-reality/ und https://developers.google.com/ar.

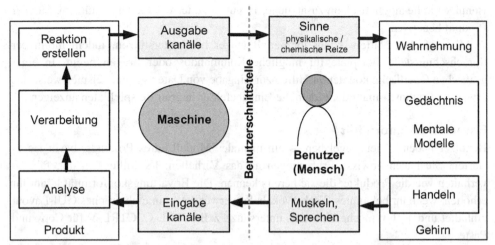

Abb. 14.6 Die Feedbackschleife zwischen Mensch und Maschine. Die Ausgaben der Maschine sind die Eingaben für den Menschen und umgekehrt. Beide reagieren jeweils aufeinander. So entsteht eine Feedbackschleife zwischen beiden

die Heuristiken nach Jakob Nielsen[6] sowie die Norm ISO 9142. Die ISO 9142-110:2020 [Deu06] definiert sieben Eigenschaften für Benutzungsschnittstellen. Diese geben erste wichtige Hinweise, worauf ihr bei der Erstellung eurer Schnittstellen achten solltet. Sowohl die Heuristiken nach Nielsen als auch die sieben Eigenschaften aus der ISO 9142 können sowohl beim Entwurf als auch bei der Qualitätsprüfung eingesetzt werden.

Aufgabenangemessenheit

Euer Benutzer verfolgt mithilfe eures Produkts ein bestimmtes Ziel. Er will eine Aufgabe damit erledigen, darin sollte euer Produkt ihn unterstützen. Ein Dialog sollte daher nur die Informationen anzeigen, die für die Erledigung der Aufgabe wichtig sind und keine zusätzlichen Informationen, die eventuell ablenken. Auch die Dialogschritte sollten jeweils für die Aufgabe notwendig sein und dem Benutzer unnötige Interaktionen ersparen. Typische Eingabewerte könnt ihr in der Oberfläche bereits vorab ausfüllen.

Selbstbeschreibungsfähigkeit

Der Benutzer sollte zu jedem Zeitpunkt wissen, an welchem Schritt der Interaktion er gerade angekommen ist bzw. in welchem Zustand sich euer System gerade befindet. Außerdem sollte er zu jedem Zeitpunkt wissen, welche Interaktionen gerade möglich sind. Gerade bei Sprachschnittstellen ist dies ein Problem, da Benutzer häufig nicht wissen, was sie gerade sagen dürfen oder welche Fragen an das VUI gerade möglich sind. Euer

---

[6] https://www.nngroup.com/articles/ten-usability-heuristics/.

Benutzer sollte möglichst kein zusätzliches Handbuch oder weitere Unterstützung für euer Produkt benötigen.

Mit einfachen Mitteln könnt ihr den Benutzer hier unterstützen, indem ihr in der Sprachschnittstelle Beispiele für mögliche Kommandos oder Fragen nennt. In einer grafischen Oberfläche könntet ihr Hilfen zur Eingabe von Daten geben, beispielsweise das erwartete Datumsformat oder indem die Eingabefelder in grau Beispieldaten anzeigen.

Erwartungskonformität

Benutzer haben in der Regel bereits ein mentales Modell eures Produkts, bevor sie es starten. Sie haben gewisse Erwartungen an das Verhalten: Es sollte sich ungefähr so verhalten wie die Produkte, die sie bereits kennen. Die Erwartungskonformität könnt ihr erhöhen, wenn ihr bekanntes (Fach-)Vokabular verwendet,[7] ein einheitliches GUI-Layout einhaltet und auch typische Shortcuts unterstützt, z. B. CTRL-C, CTRL-V für Copy und Paste.

Erlernbarkeit

Euer Produkt sollte den Benutzer anleiten. Hierzu gehört beispielsweise eine Undo-Funktion, denn diese erlaubt es, mit dem System zu experimentieren, ohne etwas beschädigen zu können (safe exploration). Zusätzlich ist permanentes Feedback an den Benutzer zum Erfolg oder Scheitern seiner Interaktionen notwendig. Schnelles Feedback führt zu schnellem Lernen.

Steuerbarkeit

Der Benutzer sollte zu jedem Zeitpunkt die Kontrolle über den Dialogverlauf behalten, also ob und wie der Dialog fortgesetzt wird. Dazu gehört, dass er zu jedem Zeitpunkt abbrechen kann. Abgebrochene Dialoge sollten an einer sinnvollen Stelle wieder aufgenommen werden können. In eurem Browser muss beispielsweise der Back-Button sinnvoll belegt sein. Die bei der Erlernbarkeit genannte Undo-Funktion ist auch für die Steuerbarkeit wichtig.

Individualisierbarkeit war früher eine eigene Eigenschaft in der Norm, jetzt ist sie Bestandteil der Steuerbarkeit: Das System bietet Möglichkeiten, mit denen der Benutzer es an seine Bedürfnisse anpassen kann. Beispielsweise eine kontrastreichere Darstellung in der GUI oder eine Abschaltung von Benachrichtigungen. Dazu zählt auch die Ausgabe über einen Screen-Reader für Menschen mit Sehschwäche. Ebenso sind hier ein Einsteiger- und ein Profi-Modus denkbar.

Robustheit gegen Benutzungsfehler

Fehlerhafte Eingaben sollten erkannt und leicht korrigiert werden können, dann ist das Produkt fehlertolerant bzw. robust gegen Benutzerfehler. Der Benutzer sollte dabei

---

[7] Vgl. die Ubiquitous Language aus Kap. 15.

unterstützt werden, fehlerhafte Eingaben zu erkennen, zu korrigieren oder komplett zu vermeiden. Eine Entwurfsentscheidung dabei ist, wann und wie ihr Fehler anzeigt und wie lange ihr nicht plausible Daten in Eingabefeldern gestattet. Beispielsweise könnt ihr die Fehlerüberprüfung machen, wenn der Benutzer das Eingabefeld verlässt, wenn er die Maske wechselt oder wenn er ‚OK' drückt. Zweite Frage ist, wie genau ihr die Fehler anzeigt: Die Möglichkeiten reichen von einem Popup-Fenster bis hin zum rot hinterlegten Eingabefeld.

Benutzerbindung (User Engagement)

Die Benutzerbindung ist neu seit der 2020er-Ausgabe der Norm. Sie sorgt dafür, dass die Benutzer motiviert werden, das System zu bedienen – durch ansprechende und einladende Gestaltung. Euer Produkt sollte vertrauenswürdig sein, sodass der Benutzer sicher ist, keinen Risiken ausgesetzt zu sein. Weiterhin ist es wichtig, dass Benutzer Verbesserungsvorschläge machen können und informiert werden, was mit den Vorschlägen geschehen ist.

14.4.2 Heuristiken nach Nielsen

Jakob Nielsen fordert in seinen zehn Heuristiken ganz ähnliche Eigenschaften für eine gebrauchstaugliche Software.[8] Diese Heuristiken werden sehr häufig zitiert und sowohl zum Entwurf als auch zur Qualitätssicherung von Benutzerschnittstellen verwendet, daher beschreiben wir diese hier zusätzlich:

Sichtbarkeit des Systemstatus

Beispiele für die Sichtbarkeit des Systemstatus sind die Anzeigen für den WLAN-Empfang oder die Batterieladung in einem Smartphone. Beides zeigt den Zustand des Smartphones an. Eine Sanduhr oder eine Fortschrittsanzeige zeigen dem Benutzer, dass das System gerade beschäftigt ist. Auch einfache Hinweise können hilfreich sein: Beispielsweise ändert eine betätigte Schaltfläche ihre Farbe.

Übereinstimmung von System und Wirklichkeit

Das System sollte die Sprache der Benutzer sprechen (ubiquitous language). Das System sollte mit den Erfahrungen der Benutzer übereinstimmen, sich konform zu deren mentalen Modellen verhalten. Wenn ihr eine Metapher einbaut, beispielsweise die Buch-Metapher für euer System, dann sollte mit dem System alles möglich sein, was auch mit einem Buch geht, wie Markieren oder Blättern.

---

[8] https://www.nngroup.com/articles/ten-usability-heuristics.

Nutzerkontrolle und Freiheit

Undo und Redo geben dem Nutzer beispielsweise mehr Kontrolle über seine Eingaben. Ebenso wie die Möglichkeiten zum Abbrechen eines Dialogs oder die Back- und Forward-Buttons eines Browsers zur Navigation. Denn möglicherweise hat ein Benutzer eine Interaktion versehentlich ausgelöst und ggf. einen Button fälschlicherweise berührt.

Konsistenz und Standards

Interne Konsistenz bedeutet, dass die Masken euer Anwendung alle nach demselben Schema aufgebaut sind, beispielsweise mit einer Schaltfläche zum Abbruch oben rechts. Externe Konsistenz erwarten wir beispielsweise, wenn ein Shopping Cart angeboten wird, dieser soll sich ebenso verhalten wie die Shopping Carts anderer Online-Shops.

Fehlervermeidung

Das Produkt ist so aufgebaut, dass der Benutzer kaum Fehler machen kann. Beispielsweise bietet ihr statt eines Textfeldes zur Datumseingabe einen Kalender an, so können weniger unsinnige Datumsangaben gemacht werden. Eine Validierung der Eingabedaten gehört ebenfalls in diese Kategorie.

Wiedererkennung statt Erinnerung

Ein gutes Erinnerungsvermögen braucht ein Benutzer, wenn eure Oberfläche aus einem Terminal-Fenster besteht und er sich mit Shortcuts behelfen muss. Wenn ihr ihm die Funktionen in einem Menü oder über gut und einheitlich beschriftete Schaltflächen anbietet, genügt es, dass er die Funktionen wiedererkennt.

Flexibilität und Effizienz

Ihr habt vermutlich mehrere Sorten von Benutzern, einen Einsteiger, jemanden der das Produkt selten verwendet und Profis. Alle müssen euer Produkt sinnvoll benutzen können. Der Einsteiger findet seine Funktionen als Menüs oder als Schaltfläche und der Profi verwendet bestimmte Shortcuts. Es ist immer sinnvoll, die Standard-Shortcuts zu unterstützen, wie CTRL-C (copy), CTRL-V (paste), CTRL-X (cut) oder CTRL-Z (undo) sowie CTRL-F (find) und CTRL-S (save).

Ästhetisches und minimalistisches Design

Ästhetik spielt speziell beim Empfinden eurer Benutzer eine große Rolle. Sehr schön war dies am Erfolg der iPhones mit ihrer iOS-Oberfläche zu beobachten. Minimiert daher eure Oberflächen genau auf die Elemente, die der Benutzer gerade für die Erledigung der Aufgabe braucht. Haltet euch an die Regeln für *gutes* Design, beispielsweise die Regeln aus dem Material Design.[9]

---

[9] Vgl. https://material.io/design und Abschn. 14.4.6.

Hilfestellung beim Erkennen, Bewerten und Beheben von Fehlern

Wenn ihr eine Fehlermeldung der Form ‚Es ist eine CORBA.Unknown-Exception aufgetreten' zeigt, führt das sicher zu verwirrten Benutzern. Ähnlich sind Fehlermeldungen mit
Hex-Dumps oder kryptischen Fehlernummern wie an vielen Haushaltsgeräten. Fehlermeldungen sollten im Klartext auf die Fehlerursache hindeuten und dem Benutzer helfen, den
Fehler wieder zu reparieren, notfalls indem er den Administrator anrufen muss.

Hilfe und Dokumentation

Gerade komplexe Software, die sich an erfahrenere Benutzer richtet, wie etwa Excel
oder Photoshop, benötigt ein gutes Hilfesystem, da der Benutzer nicht alle Features
des Produkts auswendig kennen kann. Hilfreich sind hier nicht nur Texte, sondern auch
einführende Video-Tutorials.

14.4.3 Barrierefreiheit und universelles Design

Unser Ziel muss die im Grundgesetz geforderte Inklusion sein: *Niemand darf wegen
seiner Behinderung benachteiligt werden*, Art. 3, Abs. 3 Grundgesetz. Beim Entwurf eures
Produkts dürft ihr keinen Menschen aktiv ausschließen. Euer Produkt muss barrierefrei
sein.

Zur Barrierefreiheit definiert das Behindertengleichstellungsgesetz in Paragraph 4:
*Barrierefrei sind bauliche und sonstige Anlagen, Verkehrsmittel, technische Gebrauchsge-
genstände, Systeme der Informationsverarbeitung, akustische und visuelle Informationsquellen und Kommunikationseinrichtungen sowie andere gestaltete Lebensbereiche, wenn
sie für Menschen mit Behinderungen in der allgemein üblichen Weise, ohne besondere
Erschwernis und grundsätzlich ohne fremde Hilfe auffindbar, zugänglich und nutzbar sind.
Hierbei ist die Nutzung behinderungsbedingt notwendiger Hilfsmittel zulässig.*

Einschränkungen situationsbedingt, temporär oder dauerhaft

Erstaunlich viele Benutzer verfügen situationsbedingt, temporär oder dauerhaft nicht mehr
über vollständig funktionierende Sinne oder sind körperlich oder geistig eingeschränkt.
Dies liegt auch an der immer älter werdenden Bevölkerung. Stellt euch vor, ihr brecht
euch einen Arm und dieser ist eingegipst, damit wird die Bedienung der Tastatur mit Maus
bereits schwierig. Ihr habt eine *temporäre* Einschränkung. Dasselbe kann euch passieren,
wenn ihr Einkaufstüten oder ein Kind im Arm habt, ihr seid *situationsbedingt* eingeschränkt. Eine Internetrecherche der Autoren ergab folgende Zahlen zu der Häufigkeit
von Beeinträchtigungen:

Sehen Etwa 8 % aller Männer und etwa 0,5 % der Frauen in Deutschland sind rot-grün-
blind. *Rund 1,2 Mio. Menschen in Deutschland sind blind oder sehbehindert, haben*

also selbst mit Brille oder Kontaktlinsen nicht mehr als 30 Prozent des normalen Sehvermögens.[10]

Hören Etwa 16 % der Deutschen gelten nach den Kriterien der WHO als schwerhörig [Gab15]. Einzelne Frequenzen werden beispielsweise nicht mehr gut genug gehört.

Körperliche Einschränkungen Es gibt viele Möglichkeiten für eine körperliche Einschränkung. Für uns relevant sind vor allem die Hände, denn sie bedienen Tastatur, Maus oder Touchdisplay. *Etwa ein Viertel aller Deutschen leidet an Funktionseinschränkungen der Bewegungsorgane*, so die Deutsche Gesellschaft für Rheumatologie e. V.[11] Ursachen sind unter anderem Verschleiß (Arthrose) oder entzündliches Rheuma (Arthritis).

Kognitive Einschränkung Der durchschnittliche Intelligenzquotient liegt bei 100. Etwa 14 % der Deutschen gelten nach den Kriterien der WHO mit einem IQ von 70–85 als lernbehindert und weitere 3 % gelten mit einem IQ von 0–69 als leicht bis schwer gemindert in ihrer Intelligenz. Wegen der alternden Bevölkerung nehmen die Demenzerkrankungen im Alter deutlich zu.

Aufmerksamkeit Bei etwa 4,4 % der Kinder und Jugendlichen in Deutschland von 3–17 Jahren wurde ADHS diagnostiziert [Göb18], dabei ist die Konzentrationsfähigkeit beeinträchtigt und Hyperaktivität liegt vor.

Wenn ihr auf Barrierefreiheit achtet, profitieren am Ende alle. Denn jeder Benutzer hat irgendwann situationsbedingte oder temporäre Einschränkungen seiner Sinne. Wie könnt ihr beim Entwurf euer Benutzungsschnittstelle diese Bedürfnisse berücksichtigen? Microsoft hat viele Hinweise und Entwurfsverfahren in einer Homepage zusammengefasst[12] sowie beim Inclusive Design.[13] Dort könnt ihr eine ganze Reihe von Leitfäden herunterladen. Ähnliche Informationen findet ihr auch bei Android und iOS.

14.4.4 Barrierefreiheit umsetzen

Gehen wir die Sinne einmal nacheinander durch und überlegen, was wir hier tun können, um das Produkt barrierefrei zu machen. Wie können wir auf die situationsbedingten, temporären oder dauerhaften Einschränkungen reagieren? Da wir davon ausgehen müssen, dass möglicherweise nicht alle Sinne zur Bedienung unseres Produkts zur Verfügung stehen, muss es mehrere Zugänge bieten, sowohl was die Eingabe von Befehlen als auch was die Ausgabe von Reaktionen an den Benutzer angeht. Unsere Produkte müssen *multimodal* werden [Par18]. Typische Systeme mit grafischer Oberfläche nutzen hierzu nur zwei Kanäle: Eingabe über Tastatur und Maus, Ausgabe über einen Bildschirm. Weitere

---

[10] https://www.woche-des-sehens.de/broschuere-sehverlust.

[11] https://dgrh.de/Start/DGRh/Presse/Daten-und-Fakten/Rheuma-in-Zahlen.html.

[12] https://www.microsoft.com/en-us/accessibility.

[13] https://www.microsoft.com/design/inclusive/https://www.microsoft.com/design/inclusive/.

Details findet ihr unter anderem beim W3C in den Web Content Accessibility Guidelines[14] (WSAG 2.1).

Sehen

Betriebssysteme wie etwa Windows 10 bieten eine ganze Reihe bereits eingebauter Unterstützungen für Menschen mit schwächerem Sehvermögen, dazu zählen:

- Bildschirmlupe
- Skalierbare Fonts (keine festen Font-Größen)
- Farbwahl der Bildschirmelemente, z. B. um den Kontrast zu vergrößern oder für Farbenblinde bedienbar zu sein.
- Ausschaltbare Benachrichtigungen an den Benutzer, da die Benachrichtigung eventuell den Eingabefokus von der eigentlichen Anwendung abziehen.

Das Produkt muss diese Elemente nutzen bzw. darf deren Nutzung nicht ausschließen. Wenn ihr beispielsweise eine Überschrift in einem Bildschirmtext setzen wollt, macht diese als Überschrift erkennbar (spezifiziert die Semantik des Elements), in HTML wäre dies das Tag `<H1>`. Wenn ihr hier Font und Fontgröße festlegt, wird die größere Darstellung des Textes eventuell schwieriger.

Die grafische Oberfläche soll die Vorlesefunktion (Screenreader) unterstützen. Das bedeutet beispielsweise auch, dass es zu jedem Bild einen Alternativtext gibt, der anstelle des Bildes vorgelesen wird. Auch eure Schaltflächen müssen so benannt sein, dass die Vorlesefunktion diese sinnvoll beschreiben kann, eventuell erlaubt das GUI-Framework noch weitere Informationen zur Semantik zu hinterlegen[15]. Wenn euer Produkt Videos enthält, sollte die Audiospur aussagekräftig genug sein, dass man das Bild im Zweifel nicht braucht. Eventuell ist eine zweite Audiospur notwendig, welche die sichtbaren Elemente genauer beschreibt, ergänzend zur eigentlichen Audiospur.

Eingaben sind möglich über Diktierfunktion oder vollständige Sprachsteuerung. Dies müssen wir im Design berücksichtigen.

Ein Mensch mit Sehschwäche erkennt eventuell den Mauszeiger nicht, sodass für ihn eine Bedienung nur mit einer Tastatur möglich ist. Hierfür muss eine sinnvolle Reihenfolge der Bedienelemente festlegt und implementiert werden (Fokus-Reihenfolge). Ein Benutzer kann dann mithilfe der TAB-Taste durch die verschiedenen Elemente navigieren, ohne die Maus verwenden zu müssen.

---

[14] https://www.w3.org/WAI.

[15] vgl. z.B. https://developer.android.com/jetpack/compose/semantics.

Hören und Sprechen

Arbeitet das System mit akustischen Signalen, beispielsweise für einen Alarm oder für Warnungen, muss es dafür eine optische Entsprechung geben z. B. eine blinkende Schaltfläche.

Wenn euer Produkt Videos oder reine Audiosequenzen enthält, sollte es für diese eine textuelle Entsprechung geben, welche der Benutzer dann lesen kann. Denkbar sind beispielsweise Untertitel zu Videos und ein Transkript für reine Audiosequenzen. Diese Untertitel sind auch für Hörende hilfreich, beispielsweise wenn es sehr laute Umgebungsgeräusche gibt oder gerade kein Kopfhörer verfügbar ist. Denkbar ist auch ein weiteres, begleitendes Video in Gebärdensprache.

Für eine Sprachbedienung muss es eine Entsprechung durch eine grafische Oberfläche oder eventuell durch Gesten geben.

Kognitive Einschränkungen

Leichte Sprache[16] gibt besondere Regeln für das Formulieren von Texten vor. Menschen sollen den Text leichter verstehen, die kaum oder nur langsam lesen können oder nicht besonders gut Deutsch sprechen. Die Regeln ähneln den von uns bereits vorgestellten Ideen für verständliche Texte von Wolf Schneider und anderen Autoren [Sch11]:

* einfache Wörter verwenden, z. B. ‚erlauben‘ anstelle von ‚genehmigen‘ oder ‚Bus‘ statt ‚Omnibus‘,
* konkrete, anfassbare Wörter verwenden, keine Abstraktionen, z. B. ‚Bus und Bahn‘ statt ‚öffentlicher Nahverkehr‘.
* Verben statt Nominalisierung verwenden, z. B. ‚morgen wählen wir‘ statt ‚morgen ist die Wahl‘
* Formulierungen im Aktiv verwenden, z. B. ‚morgen wählen wir‘ anstelle von ‚morgen wird gewählt‘
* Genitiv und Konjunktiv vermeiden. Genitiv durch Dativ ersetzen.
* Auch Metaphern und Sprachbilder werden in leichter Sprache eher sparsam eingesetzt. Gerade sie erschweren das Verständnis einer Fremdsprache.

Durch die Verwendung *leichter Sprache* profitieren alle Leser, denn der Text wird deutlich schneller wahrgenommen und verstanden. Damit kommt die Information schneller und mit höherer Wahrscheinlichkeit richtig ans Ziel.

Aufmerksamkeit

Wenn ihr konzentriert arbeiten wollt, müsst ihr alle Störungen beseitigen. Dazu gehören insbesondere die ständigen Benachrichtigungen und Popups vom System, beispielsweise zu eintreffenden E-Mails oder verfügbaren Updates. Wenn ihr mit der Aufmerksamkeit

---

[16] https://www.bmas.de/DE/Leichte-Sprache/leichte-sprache.html.

eurer Benutzer haushaltet und ihnen mithilfe eures Produkts konzentriertes Arbeiten ermöglicht, profitieren nicht nur die Benutzer mit ADHS.

Alle Elemente, die zur Bewältigung der aktuellen Aufgabe notwendig sind, bleiben sichtbar, alles andere wird entfernt. Dies führt auch zu einer deutlichen Vereinfachung der Benutzerschnittstelle.

14.4.5 Architekturtreiber

Architekturtreiber sind Anforderungen, welche die Entwurfsentscheidungen im Produkt wesentlich beeinflussen. Den Begriff Architekturtreiber führen wir in Kap. 16 genauer ein. Auch für die grafische Oberfläche und andere Formen der Benutzerschnittstelle gibt es solche Architekturtreiber, beispielsweise die Anforderung nach einer *responsiven* Oberfläche. Die Oberfläche soll sich an verschiedene Bildschirmgrößen automatisch anpassen und dann noch gut bedienbar sein. Weitere derartige Anforderungen sind:

Bildschirmgröße(n) Ihr entwerft eine Software mit grafischer Oberfläche normalerweise für eine bestimmte Bildschirm- oder Browser-Auflösung, also wie viele Pixel hoch und wie viele Pixel breit ist das, was der Benutzer sieht. Eine Statistik zu den typischerweise verwendeten Bildschirmgrößen findet ihr beispielsweise beim W3C.[17] Im Januar 2020 war mit gut 27 % die Auflösung 1366 × 768 Pixel die häufigste Auflösung und mit 20 % 1920 × 1080 Pixel die zweithäufigste. Wenn ihr bereits eine Website habt, könnt ihr beispielsweise mit Google Analytics ermitteln, was eure Besucher für Browser, Betriebssysteme und Bildschirmauflösungen verwenden. Wenn ihr beispielsweise mit demselben Produkt mehrere Bildschirmauflösungen bedienen müsst, muss das Design responsiv sein.

Cross-Plattform Soll die App oder das Produkt genau für eine Hardware oder eine Betriebssystem-Plattform gebaut werden oder sollte ein Cross-Plattform-Framework genutzt werden, wie beispielsweise Flutter oder Ionic?

Offline-Fähigkeit Hier müsst ihr euch überlegen, was man mit eurem Produkt noch machen kann, obwohl euer Backend gerade nicht erreichbar ist. Dürfen trotz fehlender Verbindung noch Daten geändert und eventuell lokal gespeichert werden?

Reaktivität Die grafische Oberfläche muss nach wenigen Sekunden wieder bedienbar sein, obwohl die Antwort des Servers noch nicht eingetroffen ist oder niemals eintreffen wird.

Sitzungskonzept Welche Form von Sitzung soll unterstützt werden? Sollen die Sitzungs-daten nach dem Ausloggen noch zur Verfügung stehen oder werden sie direkt danach gelöscht? Der Einkaufswagen aus einem Online-Shop könnte verworfen werden, sobald der Benutzer die Seite verlässt oder der Shop speichert den Einkaufswagen ab und stellt diesen beim nächsten Besuch wieder zur Verfügung.

---

[17] https://www.w3schools.com/browsers/.

Transaktionskonzept Wenn ein Benutzer ein Dokument, Objekt oder Formular bearbeitet, können andere Benutzer diese unbestätigten Änderungen sehen und möglicherweise gleichzeitig an demselben Objekt arbeiten? Alternativ sieht jeder Benutzer nur seine eigenen Änderungen und erst nach dem Speichern werden die Änderungen für andere sichtbar. Denkbar ist auch ein Check-Out/Check-In-Verhalten, in dem ein Benutzer die bearbeiteten Daten explizit sperrt, bis er fertig ist.

Internationalisierung Soll die Oberfläche mehrere Sprachen unterstützen? Hier ist zu bedenken, dass Übersetzungen von Beschriftungen möglicherweise das Layout kaputt machen, z. B. wenn der deutsche Text sehr kurz ist und der französische sehr lang. Eventuell muss das ganze Layout umgebaut werden, beispielsweise für eine arabische oder hebräische Version, da dort von rechts nach links gelesen wird.

Lokalisierung Das Tastaturlayout, die Darstellung von Datumsformaten, den Tausender-Punkten oder von Währungen unterscheidet sich von Region zu Region. Informationen dazu finden sich im Betriebssystem und Programmiersprachen in sogenannten Locales (Gebietsparameter).

Im Rahmen der Persona-Modellierung solltet ihr auch die Devices beschreiben, welche eure Persona typischerweise verwendet. Damit habt ihr Aussagen zu den Betriebssystemen, Rechenleistungen, Konnektivität und natürlich zu den Bildschirmauflösungen, die ihr unterstützen müsst. All diese Informationen sind wichtig.

14.4.6 Gestaltungsrichtlinien (Styleguides)

Nicht nur für die großen Smartphone-Plattformen gibt es Richtlinien für die Gestaltung der Benutzerschnittstellen. Diese werden von den jeweiligen App-Store-Betreibern geprüft, also von Apple,[18] Microsoft[19] oder Google bei Android.[20]

Im Umfeld von Android ist die Design-Sprache *Material Design*[21] entstanden. In der Regel müsst ihr euch an die Vorgaben aus den Richtlinien halten, da sonst eure App nicht im App Store freigegeben wird. Die Richtlinien sollen für ein einheitliche Bedienung auf der jeweiligen Plattform sorgen, Ziel ist unter anderem Erwartungskonformität. In einem Styleguide finden sich in der Regel folgende Festlegungen:

- erlaubte Schriftarten (Fonts) und Schriftgrößen
- erlaubte Farben bzw. Farbschemata für Schaltflächen, Texte und Hintergründe
- erlaubte Icons
- vorgeschriebene Menüpunkte z. B. Datei: Neu, Öffnen, Speichern, . . .

---

[18] https://developer.apple.com/design/human-interface-guidelines/.

[19] https://docs.microsoft.com/en-us/windows/apps/design/.

[20] https://developer.android.com/design.

[21] https://material.io/design.

- vorgeschriebene Schaltelemente (Controls) z. B. File- oder Date-Chooser, sowie deren Position, Größe, Aussehen und Verhalten
- Gestaltungsraster: Wie viele Spalten hat das Design und wie breit sind diese?
- grobe Struktur der Oberfläche: Hierarchie, Stapeln in Z-Richtung, Schatten
- Reaktion auf Veränderung der Fenstergröße, vgl. z. B. Responsive Design
- Vorgaben zur Gestaltung der Navigation innerhalb der jeweiligen Software
- Animationen z. B. beim Wechsel einer Maske, beim Aktivieren/Deaktivieren einer Schaltfläche, bei Drag-and-Drop oder bei der neuen Positionierung von Schaltflächen

Einige Unternehmen schreiben ganze Masken oder Teile davon vor. Auch das Thema Barrierefreiheit findet sich in den Richtlinien häufig wieder.

14.5 Dialoge entwerfen

Ihr startet den Entwurf euer Dialoge, also der Interaktionen zwischen den Benutzern und eurem Produkt sehr skizzenhaft. Am Anfang müsst ihr den Nutzungskontext genau verstehen. Dazu gehört der Benutzer selbst, hierfür haben wir bereits Persona-Hypothesen aufgestellt. Aber auch die Aufgabe, also das Ziel, das der Benutzer mit dem System erreichen will sowie die Umgebung, in der sich alle befinden, und die Arbeitsmittel, beispielsweise Laptop und Maus oder ein Tablet. Erst wenn ihr den Nutzungskontext verstanden habt, sind weitere Entwürfe überhaupt sinnvoll.

In der Anfangsphase arbeitet ihr eher mit Skizzen, diese könnt ihr sehr leicht ändern und auch viele Varianten für dieselben Dialogabschnitte entwerfen. So könnt ihr zwischen verschiedenen alternativen Entwürfen wählen oder das Beste aus mehreren Entwürfen kombinieren. Diese Entwürfe entstehen sehr häufig im Team, sind also das Ergebnis von Workshops und Besprechungen und eher nicht von genialen Einfällen Einzelner in der Abgeschiedenheit.

Ihr beginnt mit dem Ablauf an sich: In welchen Schritten interagiert der Benutzer mit dem Produkt, um seine Ziele zu erreichen? Diese Skizzen werden auch *Taskflow* oder *Userflow* genannt. Aus den so gefundenen einzelnen Dialogschritten bzw. Interaktionen werden dann die Entwürfe für einzelne Masken (Screens) oder auch gesprochene Dialoge sowie ggf. Aktionen von Aktoren. Hier kann es sich lohnen, Anregungen bei anderen Produkten zu suchen: Wie ist deren Interaktion aufgebaut? Wie sehen deren Masken genau aus?

Die Skizzen sind zunächst einfache Zeichnungen auf einem Blatt Papier oder einem Whiteboard, später werden diese mit Werkzeugen wie Balsamiq,[22] Adobe XD[23] oder

---

[22] https://balsamiq.com/.

[23] https://www.adobe.com/de/products/xd.html.

Figma[24] ausgearbeitet. Diese einfachen ersten Entwürfe heißen auch Wireframes bzw. Low-Fidelity-Prototypen. Für Produkte, bei denen Ästhetik eine wichtige Rolle spielt, werden Prototypen erstellt, die sehr nahe am späteren Produkt sind. Diese werden auch Mockups oder High-Fidelity-Prototypen genannt. Ihr entwerft typischerweise folgende Sachverhalte in den genannten Wireframes sowie Mockups:

- Ablauf der Interaktion zwischen Benutzer und Produkt: Welche Interaktionen gibt es und wie hängen diese zusammen?
- Dynamik einzelner Dialogschritte: Was passiert, wenn die interaktiven Elemente genutzt werden? Gibt es ein Zustandsmodell? Ändert sich das Aussehen der Oberfläche abhängig von den Berechtigungen oder vom Benutzertyp? Werden einzelne Schaltelemente aktiviert oder deaktiviert?
- Statisches Layout der einzelnen Masken: Wo befinden sich die Schaltflächen, welche Elemente sind interaktiv?
- Darstellung und Prüfung der Daten: Welche Felder müssen ausgefüllt sein? Welche Plausibilitätsprüfungen sind in der Oberfläche? Wie werden Fehler dargestellt?

Der Entwurf ist selbstverständlich ein iterativer Prozess, dieser wird in Abb. 14.7 skizziert. Ihr startet mit sehr einfachen Entwürfen auf Papier. Ihr simuliert die Abläufe mithilfe der Prototypen, diskutiert sie im Team und mit dem Auftraggeber oder führt Usability Tests durch. Auf der Grundlage des Feedbacks verfeinert bzw. verändert ihr die Entwürfe iterativ.

Der Ablauf beginnt mit einem guten Verständnis des Kontextes, in dem euer Produkt verwendet wird und mit einer Analyse der wichtigsten Anforderungen, insbesondere der Architekturtreiber. Dann legt ihr mithilfe eines Taskflows grob fest, wie die Interaktion zwischen Benutzer und Produkt ablaufen soll und welche Verzweigungen und Varianten es gibt. Die verschiedenen Dialogschritte werden dann über Wireframes oder Drehbücher verfeinert. Aus dem Taskflow wird mit den Wireframes und Drehbüchern ein Wireflow. Hiermit könnt ihr den Dialogablauf bereits testen, beispielsweise indem ein Teammitglied die Oberfläche simuliert und dem Tester den jeweiligen Wireframe zur Bedienung vorlegt (Wizard-of-Oz-Prototyp). Mit den aus dem Test gewonnenen Erkenntnissen verfeinert ihr den Ablauf und die Wireframes. Ein weiterer Schritt kann dann der Entwurf der endgültigen Oberfläche sein, wie sie später auch der Benutzer sieht, diese Entwürfe werden auch als Mockups bezeichnet.

---

[24] https://www.figma.com/.

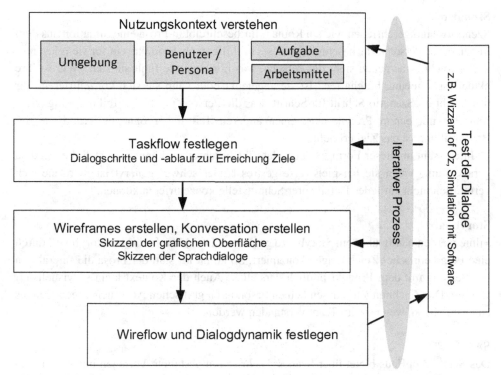

Abb. 14.7 Ablauf zum Entwurf eines Dialogs zwischen Benutzer und Produkt

14.6 Nutzungskontext verstehen

Euer Produkt wird eventuell nicht in einem ruhigen, ungestörten Büro mit einem großen Bildschirm, Tastatur und Maus verwendet (wie früher), sondern woanders. Wenn ihr ein Produkt entwickelt, braucht ihr ein sehr gutes Verständnis vom Kontext, in dem das Produkt verwendet wird. Wie viele Leute sehen oder hören den Dialog mit dem Produkt? Ist die Umgebung laut oder meistens leise? Wie viel Aufmerksamkeit kann der Benutzer dem Produkt schenken? Was genau sieht der Benutzer zusätzlich zu eurem Bildschirm? Hat er die Hände überhaupt frei?

Damit ihr euch in diese Situation hineinversetzen könnt, bieten sich am Anfang eher erzählende Techniken an, wie in einem Roman, einem Theaterstück oder einem Filmplot. Als handelnde Personen verwendet ihr vorzugsweise die bereits erstellten Personas.

Viele der jetzt vorgestellten Techniken sind eher spielerisch und ähneln dem Vorgehen im Theater oder beim Film. Es geht vor allem darum, dass das gesamte Team eine gute Vorstellung davon erhält, in welcher Situation die Persona bei der Verwendung des Produkts gerade ist. Jeder soll sich einfühlen können und die eigene eventuell verzerrte Wahrnehmung korrigieren.

Szenarios

Szenarios sind geschrieben wie ein Roman. Ihr beschreibt in Prosa eine Situation aus dem Leben eurer Persona. Ihr beschreibt, wie sie mithilfe eures Produkts ein für sie relevantes Ziel erreicht. Was genau sieht die Persona, was hört sie, wie fühlt sie sich? Wie ist ihre aktuelle Umgebung beschaffen? Ist sie abgelenkt oder kann sie sich konzentrieren? Ihr beschreibt im Szenario Schritt für Schritt, was die Persona tut. Einen Teil der Tätigkeiten führt sie mit eurem Produkt aus, einen anderen Teil sicher ohne es. Am Ende der Beschreibung ist das Ziel erreicht.

Interessant an dieser Form ist auch, dass ihr beschreiben könnt, wie sich die Persona gerade fühlt. Wenn sie beispielsweise gestresst oder schwer genervt ist, wird sie sich vermutlich nicht auf jedes Detail eurer Schnittstelle konzentrieren können.

Storyboards

Filme werden häufig über ein Storyboard geplant.[25] Der Ablauf wird im Storyboard durch eine Folge einfacher Zeichnungen konzipiert. So könnt ihr statt der Prosa die Interaktion der Persona mit dem Produkt bildlich darstellen. Auch der Kontext kann so visualisiert werden. Die Zeichnungen müssen keinen besonderen grafischen Ansprüchen genügen, es ist ausreichend, wenn sie im Team verstanden werden.

SAP®Scenes

Das SAP® AppHaus bietet über Scenes[26] sehr schön gestaltete Vorlagen unter Creative-Commons-Lizenz. Diese gibt es für PowerPoint oder zum Ausschneiden und dann Aufstellen. Aus den ausgeschnittenen Formen und Figuren werden Szenen zusammengestellt. Jedes Teammitglied kann z. B. in einem Workshop leicht und schnell eigene Szenen aufbauen. Fehlende Elemente können mit Zettel und Stift ergänzt werden. Zusätzliche Informationen werden auf den vorhandenen Elementen eingezeichnet. Verfügbar sind:

- Verschiedene Figuren (alt/jung, männlich/weiblich, mit Anzug/Kittel, . . .), mit denen könnt ihr Personas darstellen und deren Interaktion visualisieren. Die Personas können mit Sprechblasen oder Denkblasen mit Informationen angereichert werden. In die Sprechblasen schreibt ihr einfache Dialoge oder in die Denkblasen, wie sich die Persona gerade fühlt oder was sie gerade beschäftigt.
- Geräte, hier könnt ihr beispielsweise auf einem dargestellten Smartphone oder Tablet die geplanten GUI-Elemente einzeichnen.
- Hintergründe. Damit macht ihr den Kontext sichtbar. Wird das Produkt auf der Straße, im Auto, im Büro oder daheim verwendet?
- Accessoires wie beispielsweise Möbelstücke oder Fahrzeuge reichern die dargestellte Szene noch an (Abb. 14.8).

---

[25] Vgl. z. B. https://www.youtube.com/watch?v=QOeaC8kcxH0.

[26] https://experience.sap.com/designservices/resource/scenes.

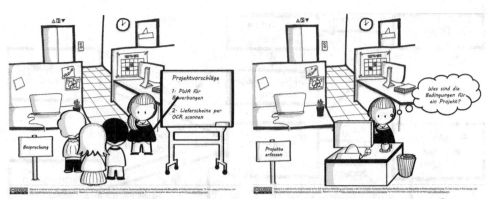

Abb. 14.8 Die beiden dargestellten Szenen wurden mit der PowerPoint-Vorlage von SAP®-Scenes erstellt. Die erste Szene soll die Besprechung von Projektvorschlägen bei einem Partner darstellen. In der zweiten Szene verwendet die Persona Paula Personalerin das Projektverwaltungssystem. Das PVS wird voraussichtlich nur in Büros genutzt. Szenen für mobile Apps wären sicher spannender

14.7 Ablauf entwerfen: Taskflow

Bevor ihr euch an dem Design einzelner Bildschirmseiten oder an Texten oder Gesten festbeißt, ist es zunächst wichtig, dass ihr die Interaktion eines Benutzers (einer Persona) mit dem System konzipiert. Hierzu können einfache Kasten-und-Pfeile-Diagramme oder Haftnotizen verwendet werden und ihr erarbeitet eine Skizze der Abläufe im Team. Für komplexere Abläufe mit Verzweigungen bieten sich Flussdiagramme oder die Aktivitätsdiagramme der UML 2 an.

Als Grundlage für den Entwurf könnt ihr unterschiedliche Ergebnisse von Vorarbeiten verwenden. Einen ersten roten Faden erhaltet ihr mithilfe der Ergebnisse des Event Stormings,[27] hier ist das Handeln des Benutzers als Command explizit dargestellt. Zweiter wichtiger Ausgangspunkt sind die User Story Maps.[28] Hier dient der Narrative Flow als Gerüst für den Entwurf.

Ein erster Entwurf für die Interaktion ist ein Taskflow. Er beschreibt mit einfachen Kästen und Pfeilen, in welchen Schritten der Benutzer mit dem Produkt interagieren kann. Ihr schreibt am Anfang zunächst Beispiele für Interaktionen auf. Grundlage dafür bilden beispielsweise die Szenarios von oben, die User Storys oder ggf. eure User Story Map(s). Was kann der Benutzer tun und in welchen Schritten könnten diese Interaktionen ablaufen, bis er mit dem Produkt sein Ziel erreicht hat? Die Beispiele können dann zu komplexeren zusammengesetzt werden, bis eine Übersicht über die relevante Interaktion

---

[27] Vgl. Abschn. 15.6.

[28] Vgl. Abschn. 13.14.

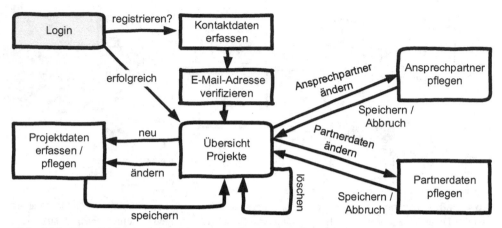

Abb. 14.9 Die Abbildung zeigt eine erste Skizze für einen einfachen Task Flow für unser Projektvergabesystem: Nach der Registrierung erhält der Benutzer immer einen Überblick über die von ihm angebotenen Projekte. Dann kann er die vorhandenen Projekte pflegen, löschen oder neue anlegen. Auch die Ansprechpartner und die Unternehmensdaten kann er pflegen

vorliegt. Die Abb. 14.9 zeigt ein einfaches Beispiel für einen ersten Taskflow. Dieser könnte am Whiteboard in einer ersten Sitzung des Teams entstanden sein.

Wenn die Abläufe komplexer werden, genügen einfache Kästen und Pfeile nicht mehr. Beispielsweise könnte es logische Verzweigungen geben, die von den eingegebenen Daten abhängen, oder an der Interaktion sind nicht nur das System und die Persona beteiligt, sondern weitere Systeme und andere Personen. Spätestens jetzt bieten sich die Aktivitätsdiagramme der UML an. Mit den Swimlanes könnt ihr verschiedene beteiligte Akteure darstellen und nicht nur die Aktivitäten, sondern auch die ausgetauschten Daten sind darstellbar.

Der Taskflow legt noch nicht fest, wie genau die einzelnen Dialogschritte ausgeführt werden. Eine Möglichkeit sind Masken (Screens) einer grafischen Oberfläche, möglich ist aber auch eine Sprachein- und -ausgabe, eine Gestensteuerung oder die Verwendung verschiedener Sensoren und Aktoren.

14.8   Wireframes und Mockups

Über die Prototypen der Oberfläche bekommt ihr normalerweise den besten Kontakt zum Auftraggeber und zu den zukünftigen Benutzern. Benutzer können sich mit Prototypen etwas vorstellen. Es lohnt sich, hier Zeit zu investieren, denn damit könnt ihr Sympathie und Informationen gewinnen.

14.8.1 Low-Fidelity: Wireframes

Ihr startet den Entwurfsprozess mit sehr einfachen Skizzen der Oberfläche. Diese werden häufig zunächst mit einem Zettel und einem Stift erstellt. Von jeder Maske werden bei Unklarheiten mehrere Varianten erstellt, um verschiedene Möglichkeiten miteinander vergleichen zu können. Ihr könnt beispielsweise die Navigation zwischen verschiedenen Masken unterschiedlich darstellen; Optionen sind: mehrere Tabs, Bread-Crumbs, über Swipe verbundene Smartphone-Masken oder ein Menü. Die ersten Entwürfe der Wireframes sind bewusst einfach gehalten. Sie sind gezeichnet oder sehen aus wie gezeichnet, ein Beispiel ist in Abb. 14.10 zu sehen. Auf Farbe wird weitgehend verzichtet. Die Entwürfe sind noch weit vom endgültigen Aussehen der Oberfläche entfernt. Sie sollen leicht änderbar sein und sollen Diskussionen über grafische Details gar nicht erst aufkommen lassen.

Mit den ersten Wireframes geht es zunächst darum, den Ablauf des Dialogs zwischen Benutzer und Produkt zu entwerfen und verbessern. Hier kann es viele Iterationen geben, daher sollte die Erstellung einzelner Masken sehr leicht fallen. Mithilfe der Wireframes wird das grobe Layout festgelegt und, welche Schaltflächen auf welcher Maske an welcher Position sein sollen. Die Wireframes sind nur Skizzen, kein Programmieraufwand. Testpersonen äußern bei diesen Prototypen überdurchschnittlich viele Vorschläge und arbeiten mit. Als Techniken für die Erstellung von Wireframes werden hier genutzt:

- Stifte und Papier, manchmal werden Schablonen für UI-Elemente verwendet, damit Masken grob skizziert.
- Vordrucke, Klebstoff und Ausschneiden: Vorgedruckte Oberflächenelemente werden zu Screens zusammengeklebt oder gelegt.
- Einfache Grafiksoftware wie PowerPoint oder Visio oder spezielle Werkzeuge wie Balsamiq, Adobe XD oder Figma werden verwendet für die Wireframes sowie ggf. später auch für die Mockups.

Handskizzen

Für einen Prototypen aus Papier braucht ihr lediglich Zettel und Stifte. Jeder Zettel stellt jeweils eine Maske oder einen Dialog dar. Ihr zeichnet die grafischen Elemente wie Buttons, Tabs oder Menüs mit einem Stift als Rechtecke oder Kreise ein. Neue Schaltflächen können so schnell erfunden werden. Besonderes Zeichentalent ist dafür nicht erforderlich.

Die Dynamik einzelner Masken könnt ihr über Haftnotizen oder speziell ausgeschnittene Elemente darstellen.

Zeichenwerkzeuge

Die Wireframes mit Zeichenwerkzeugen sehen bewusst wie handschriftliche Skizzen aus, damit sich die Aufmerksamkeit zunächst auf die Interaktion und nicht auf die Details der Gestaltung richtet. Daher sind sie häufig auch in Grautönen ausgeführt.

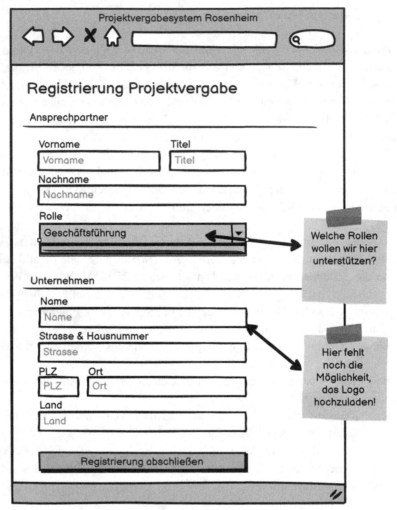

Abb. 14.10 Ein erster Wireframe für die Eingabe von Partnerdaten. Erstellt mit Balsamiq. Das Verhalten ist teilweise über Notizen ausgeführt

Es gibt mittlerweile sehr viele Werkzeuge. Ihr zeichnet die grafische Oberfläche aus vorgegebenen Elementen des Werkzeugs. Die typischen Rahmen für Browser-Fenster, Tablets oder Smartphones sind dort ebenso zu finden wie Buttons, Checkbox-Elemente, Dropdown-Listen und andere Standardelemente grafischer Oberflächen. Die Abb. 14.11 zeigt einen Dialog aus Balsamiq. Die Werkzeuge erlauben teilweise, die Wireframes mit anderen Entwicklern zu teilen, sodass ihr über das Werkzeug Feedback von den anderen Teammitgliedern bekommt.

Die Abb. 14.11 gibt einen Eindruck davon, wie Wireframes mit einem Werkzeug erstellt werden: Per Drag and Drop werden Oberflächenelemente wie Buttons oder Eingabefelder

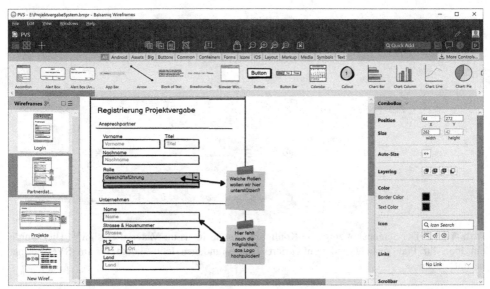

Abb. 14.11 Der Screenshot zeigt Balsamiq. Darin wurde gerade ein erster Entwurf für den Dialog zur Registrierung neuer Projektpartner erstellt. Jedes Oberflächenelement kann, wie beispielsweise die ComboBox, einzeln konfiguriert werden

in einem Container positioniert. Für Geräte wie iPhones oder ein Browser-Fenster gibt es einen entsprechenden Container. Ein erster Maskenentwurf kann in wenigen Minuten erstellt werden. Die Dynamik einer Maske oder weitere Anmerkungen können über kleine Notizen eingefügt werden. Das Ganze ist ein Entwurf und noch nicht die fertige Oberfläche.

Ihr könnt die Wireframes und auch eure spätere Oberfläche durch Icons etwas sprechender gestalten. Im Material Design finden sich bei Google sehr viele Icons unter Apache 2 Lizenz, diese können in mehrere Werkzeuge importiert werden. Die Werkzeuge selbst haben häufig eine umfangreiche eigene Bibliothek an Icons. Ein Beispiel seht ihr in Abb. 14.12.

Wenn ihr Texte verwenden wollt, bietet sich der sogenannte *Lore Ipsum*-Textgenerator an. Dies ist ein Text in einer Art unsinnigem Latein, der vom Textbild ungefähr wie deutscher Text aussieht. Im Internet gibt es mehrere Generatoren, die euch einen beliebig langen Text erzeugen,[29] auch in Bayerischer[30] Sprache: *Lorem ipsum dolor sit amet, consetetur sadipscing elitr, sed diam nonumy eirmod tempor invidunt ut labore et dolore magna aliquyam erat, sed diam voluptua.*

---

[29] Vgl. z. B. https://www.loremipsum.de/.

[30] vgl. https://bavaria-ipsum.de/.

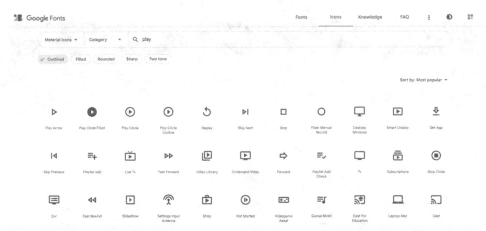

Abb. 14.12 Der Screenshot zeigt die Konfiguration von Icons im Material Design[31]. Hier wurde ein Icon für Play gesucht und konfiguriert. Die gefundenen Icons könnt ihr im SVG-Format herunterladen

Gestaltungsraster

Eure Oberfläche sieht deutlich besser aus, wenn ihr euch an ein Gestaltungsraster haltet. Dieses sorgt dafür, dass alle Elemente eurer Oberfläche beispielsweise gleich breit sind und dieselben Abstände zueinander haben. Das Raster könnt ihr beispielsweise über Spalten festlegen: Ihr unterteilt die Bildschirmbreite in eine, zwei oder mehr Spalten und die Bildschirmelemente erstrecken sich über eine oder mehr Spalten. Die Abb. 14.13 zeigt, wie das Werkzeug Adobe XD ein Gestaltungsraster unterstützt.

14.8.2 High Fidelity: Mockups

Mockups sind sogenannte High-Fidelity-Prototypen. Sie sind dem geplanten Produkt auch grafisch sehr ähnlich. Die Prototypen fühlen sich fast an wie die fertige Software. Jetzt geht es um die Details, um die Gestaltung und um Ästhetik. Die Mockups verwenden die Grafiken, Bilder sowie auch die Schriftarten und Farben, wie sich diese im späteren Produkt finden.

Für Produkte, bei denen die grafische Gestaltung eine zentrale Rolle spielt, investiert ihr in die Mockups einigen Aufwand oder lasst euch von Grafikern oder Designern unterstützen.

---

[31] vgl. https://developers.google.com/fonts/docs/material_icons.

Abb. 14.13 Die Abbildung zeigt das Werkzeug Adobe XD. Dort wurde ein Gestaltungsraster mit drei Spalten festgelegt für eine Bildschirmbreite von 1920 Pixeln. Zwischen den Spalten befindet sich jeweils ein Zwischenraum. Die Schaltflächen und Texte werden jeweils in einer Spalte oder über mehre Spalten hinweg entworfen. Sie sind in der Regel bündig zum Spaltenrand

14.9   Dynamik festlegen und Layout prüfen

Das Entwicklungsteam muss für jedes interaktive Element in der grafischen Oberfläche genau verstehen, was dieses tut. Eine sehr einfache Form, dies festzulegen, sind Kommentare an den entsprechenden Elementen. Diese beschreiben in Prosa, was passieren soll. Also in etwa: *Wenn diese Schaltfläche gedrückt wird, passiert Folgendes …* Erscheint nach der Betätigung eine andere Maske, könnt ihr Wireflows nutzen. Diese verknüpfen verschiedene Wireframes zu einem fast schon bedienbaren Prototypen.

Das Verhalten eures Produkts über mehrere Masken hinweg solltet ihr mit eurem Auftraggeber durchspielen, User Story für User Story.

Wizard of Oz: Simulation mit Menschen
Ein Teammitglied tut so, als ob es euer Produkt wäre. Ein Mitarbeiter vom Auftraggeber spielt Benutzer. Das Teammitglied legt dem Benutzer die Einstiegsmaske auf einem Blatt Papier vor, der Benutzer verwendet das Produkt, indem er die gezeichneten interaktiven Elemente verwendet. Eine Maus könnt ihr beispielsweise durch einen einfachen Stift simulieren, den der Benutzer in die Hand bekommt. Das Teammitglied zeigt nach der Interaktion jeweils das Blatt, das die entsprechende folgende Maske zeigt. Dies wird auch Wizard-of-Oz-Prototyp genannt. Stellt zum besseren Verständnis folgende Fragen:

- Was glaubst du, welche Funktionen dir hier zur Verfügung stehen?
- In welcher Reihenfolge würdest du durch die Anwendung navigieren?
- Was erwartest du, wenn du diesen Button drückst?
- Wenn ihr die nächste Maske zeigt: Hättest du diese Maske erwartet?

Stellt eher offene Fragen und gebt keine Anweisungen, also nicht *Jetzt drückst du bitte diesen Button!*, sondern eher *Was würdest Du tun, um dieses Ziel mit dem Produkt zu erreichen?* Ihr könnt interaktive Elemente der Masken auch mit Haftnotizelementen oder mit ausgeschnittenen Bedienelementen aus Papier simulieren.

Durchspielen am Whiteboard

Ihr heftet die entstandenen Masken an ein Whiteboard oder eine Pinnwand. Dann geht ihr gemeinsam mit dem Auftraggeber die geplanten User Storys durch und prüft, ob diese mit den entworfenen Masken durchführbar sind. Häufig stellt man dabei fest, dass einige Masken und Hinweisfenster vergessen wurden. Diese werden entsprechend ergänzt.

Um die Übersicht zu verbessern, könnt ihr das Whiteboard auch zur Dialoglandkarte ausbauen. Beim Durchspielen der einzelnen User Storys zeichnet ihr die Navigationspfade zwischen den Masken mit ein. Am Ende entsteht also ein Bild mit Masken, das darstellt, wie ihr von Maske zu Maske navigieren könnt.

Software gestützte Simulation

Mit Softwareunterstützung könnt ihr eure Masken auch fotografieren und aus den Fotos einen bedienbaren Prototypen auf dem Smartphone oder dem Tablet-Computer erzeugen.[32] Ihr kennzeichnet lediglich mithilfe der Software, welche Elemente auf den Fotos jeweils interaktiv sein sollen und mit welchem anderen Foto das Element jeweils verknüpft ist.

Die Wireframing-Werkzeuge bieten eine Möglichkeit zur Verknüpfung verschiedener Bildschirmelemente zu Wireflows an. Damit kann gut das spätere Verhalten des Produkts simuliert werden.

14.10　Prototypen bei Konversation

Schnittstellen, die ganz oder teilweise auf gesprochener oder getippter Sprache basieren, sind inzwischen weit verbreitet. Amazon-Alexa und Google Home finden sich in vielen Haushalten oder Siri auf Apple-Geräten. Zusätzlich sind in den letzten Jahren Chat-Bots, die in der Regel auf eingegebenen Texten basieren, wieder in Mode gekommen. In allen Fällen findet eine Konversation zwischen eurem Produkt und dem Benutzer statt. Auch hier sind Papier-Prototypen in frühen Phasen sehr wichtig, denn eure Schnittstelle zum Benutzer hat nur eine geringe Übertragungsrate an Informationen, eine grafische Oberfläche zeigt mehr Informationen zur gleichen Zeit. Cathy Pearl diskutiert Verfahren zum Entwurf von Produkten, die auf Konversation beruhen [Pea16]. Eine ganze Reihe von leistungsfähigen Werkzeugen unterstützt beim Entwurf von Sprachschnittstellen oder

---

[32] Beispielsweise mit PopApp https://marvelapp.com/pop.

anderen Schnittstellen mit Sprachunterstützung. Dialogflow[33] ist ein Beispiel für ein solches Werkzeug.

14.10.1 Beispiele sammeln

Zum Einstieg schreibt ihr mehrere mögliche Dialoge zwischen dem Benutzer und eurem Produkt auf. Denn Sachverhalte, Fragen oder Kommandos können in natürlicher Sprache sehr unterschiedlich formuliert werden. Wenn ihr beispielsweise am 24.12. ein Auto leihen wollt, könnt ihr das so formulieren:

- Ich möchte Weihnachten einen VW-Golf leihen.
- Ich brauche am 24.12. einen Kleinwagen.
- Ich will nächste Woche Montag einen Golf haben.
- Übermorgen benötige ich ein Mobil.

Dasselbe Datum kann relativ zum Zeitpunkt der Anfrage sehr unterschiedlich formuliert werden, beispielsweise ‚Übermorgen‘, ‚nächsten Dienstag‘, ‚Heiligabend‘ oder ‚am 24.12.‘. Der Wunsch nach einem Leihwagen kann über Synonyme sowie unterschiedlich abstrakte Begriffe und flexiblen Satzbau in unüberschaubar vielen Varianten formuliert werden.

Ihr sammelt daher möglichst viele Beispiele, wie ein Benutzer eine bestimmte Absicht (Intent) ausdrücken kann. In den gesammelten Sätzen gibt es konstante und variable Teile, die Zeitangabe ist eine solche Variable im obigen Beispiel, ebenso wie der Typ des Leihwagens (Polo, VW-Golf, 3er-BMW). Diese Variablen entsprechen den Eingabefeldern in eurer grafischen Oberfläche und die Intents sind die Bedienelemente.

14.10.2 Fehler vorhersehen

Wenn ein Benutzer beispielsweise nicht rechtzeitig auf eine Frage des Systems antwortet, kann dies sehr viele verschiedene Ursachen haben: Der Benutzer denkt nach, er ist überfordert, er hat die Frage nicht verstanden, die Umgebung enthält zu viele störende Geräusche, der Benutzer spricht zu leise, das Mikrofon hat technische Probleme, die Netzwerkverbindung ist gestört … Jede Fehlersituation kann unterschiedlichste Ursachen haben. Den Dialog mit einer Fehlermeldung zu beenden, würde den Benutzer frustrieren. Stattdessen können wir die meisten Konversationen noch retten. Beispiel für einen solchen Dialog könnte sein:[34]

---

[33] https://dialogflow.cloud.google.com/.

[34] Das Beispiel stammt aus https://www.youtube.com/watch?v=2Ji14M55IWA.

1. Benutzer: Hey Google: Ich will eine Nachricht senden!
2. Assistent: Sicher, wem willst du eine Nachricht schicken?
3. Benutzer: Kinder, könnt ihr bitte den Fernseher leiser machen !?
4. Assistent: An wen soll ich die Nachricht schicken?
5. Benutzer: äh ... Gerhard
6. Assistent: Welcher Gerhard?
7. Benutzer: ... *Stille* ...
8. Assistent: Ist es Gerhard Albers, Gerhard Müller oder Gerhard Reents?
9. Benutzer: Gerhard Albers

In dem Dialog treten verschiedene Situationen auf, die man als Fehler betrachten könnte. Der Assistent reagiert jeweils mit einer anderen Strategie. Im ersten Fall (3) sagt der Benutzer etwas, das mit der Konversation nichts zu tun hat. Hier wiederholt der Assistent (4) leicht abgewandelt seine Frage. Dann sagt der Benutzer etwas Mehrdeutiges (5: es gibt mehrere Gerhards im Adressbuch). Der Assistent stellt darauf eine Frage zur Klärung (6: Welcher Gerhard). Als darauf keine Antwort kommt, also Stille herrscht, fragt der Assistent auf der nächsten Detaillierungsebene nach und macht Vorschläge. Das Beispiel sollte zeigen, dass euer Konversationsdesign durchaus Fehlersituationen korrigieren kann.

14.11 Usability und User Experience prüfen

14.11.1 Ziele: Verhalten, Denken und Gefühle verstehen

Euer Produkt ist sicher noch an der einen oder anderen Stelle missverständlich, eventuell finden Benutzer bestimmte Funktionen nicht oder trauen sich nicht, andere Funktionen zu verwenden. Hierfür testet ihr euer Produkt mit Vertretern der realen Benutzer oder mit anderen Testnutzern. Hierbei interessieren euch drei Dinge:

Verhalten: Was tun die Benutzer mit eurem Produkt? Wie ändert sich ihr Verhalten? Ist die Änderung so, wie ihr es in euren Planungen erwartet habt,[35] oder wird das Produkt in unerwarteter Weise verwendet? Ist euer Produkt effizient bedienbar, kommt der Benutzer tatsächlich mit wenigen Interaktionen aus? Ist das Produkt effektiv, trägt es so wie geplant dazu bei, dass eure Benutzer ihre Ziele in der realen Welt erreichen?[36]

Denken: Was denkt ein Benutzer gerade über euer Produkt? Was genau nimmt er wahr, was sieht er und was bleibt ihm verborgen? Welches mentale Modell hat er über euer Produkt, welche Theorien entwickelt er über die interne Funktionsweise eures Produkts? Hierfür bietet sich beispielsweise die unten dargestellte Think-Aloud-Methode an.

---

[35] Vgl. eure Impact Map aus Abschn. 4.9.

[36] Die Zeilen eurer User Story Maps sollten sich hier wiederfinden, vgl. Abschn. 13.14.

Gefühle: Wie fühlt sich ein Benutzer vor, während und nach der Benutzung eures Produkts? Fühlt er sich sicher, weiß er, was als Nächstes passiert? Ist die Benutzung für ihn zufriedenstellend? Würde er euer Produkt an Freunde weiterempfehlen? Hat er Spaß bei der Benutzung? Ist er motiviert, arbeitet er aus eigenem Interesse weiter mit dem Produkt? Ihr könnt zu den Gefühlen in einem Interview Fragen stellen oder auch das Gesicht und den Tonfall euer Testpersonen beobachten, um damit auf deren Emotionen zu schließen.

Ihr habt beim Entwurf eures Produkts gewisse Annahmen getroffen, wir haben beispielsweise die Personas *geraten*, sie waren Hypothesen. Spätestens jetzt müsst ihr durch Beobachtung echter Benutzer prüfen, ob ihr richtig geraten habt. Beim Entwurf der grafischen Oberfläche bzw. anderer interaktiver Elemente hattet ihr Hypothesen, wie Benutzer diese wahrnehmen und verwenden würden. Auch diese hinterfragt ihr jetzt.

14.11.2 Testverfahren

Thomas Geis und Guido Tesch nennen drei Möglichkeiten, euer Produkt auf seine Usability zu untersuchen und auch Fragen zur User Experience zu stellen [Gei19]:

Usability Tests: Ihr beschafft euch einige Testpersonen, die möglichst den von euch angenommenen Personas entsprechen. Damit müssten deren Erfahrungen und Eindrücke auf andere ähnliche Benutzer übertragbar sein. Die Testpersonen erhalten von euch einige Aufgaben, die sie mit eurem Produkt erledigen müssen und ihr beobachtet sie dabei: Welchen Gesichtsausdruck haben die Tester? Wo geraten sie ins Stocken? Wo finden sie Funktionen sofort oder finden sie eventuell nicht? Ziel ist es mindestens, die Effektivität, Effizienz und Zufriedenstellung der Benutzer mit dem Produkt zu messen.

Usability-Inspektion: Ihr beschafft euch einen oder mehrere Usability-Experten bzw. eine Checkliste, beispielsweise die in Abschn. 14.4.2 dargestellten Heuristiken nach Nielsen oder die Anforderungen der Norm ISO 9241-110. Dann wird euer Produkt gegen diese Checkliste geprüft. Damit sucht ihr nach potentiellen Problemen bei der Usability.

Benutzerbefragung: Ihr erstellt einen Fragebogen, den Benutzer ausfüllen sollen. Ihr befragt sie darin über ihre Erfahrungen mit dem Produkt sowie vergleichbaren Produkten.

14.11.3 Usability Tests

Usability Tests führt ihr bereits in sehr frühen Phasen während der Entwicklung eures Produkts durch. Erste Papierprototypen sind hierfür bereits ausreichend. In diesen frühen Phasen könnt ihr noch deutliche Änderungen mit sehr wenig Aufwand durchführen. Ist die Software einmal programmiert, sind grundlegende Änderungen teuer.

Planung

Wie bei jeder anderen Aktivität in der Softwareentwicklung beginnt auch der Usability Test mit der gemeinsamen Planung. Ihr legt gemeinsam die Ziele fest. Welche Informationen wollt ihr über den Test erhalten, welche Fragen beantworten? Vielleicht wollt ihr Effizienz messen und zählt für jeden Tester die Zahl der Mausbewegungen, Touch-Gesten und Tastatureingaben. Aus den Zielen ergeben sich der Versuchsaufbau, Werkzeuge, Ort, Dauer und Durchführung. Euer Plan muss folgende Informationen enthalten:

*   Womit genau wird getestet: Papierprototyp, Simulation, erste Beta-Version?
*   Mit welcher Benutzergruppe/Persona soll getestet werden?
*   Welche Eigenschaften des Produkts wollt ihr messen? Welche Informationen sucht ihr?
*   Wie sollen die Eigenschaften gemessen werden? Zählt jemand die Mausklicks? Beobachtet ein anderer den Gesichtsausdruck? Misst jemand die Zeiten? Viele Messaufgaben könnt ihr sicher einer mitlaufenden Messsoftware überlassen.
*   Wie viele Tests wollt ihr durchführen? Hilfreich sind schon fünf bis sechs Tests.
*   Wie lange soll ein einzelner Test dauern?
*   Wo soll der Test stattfinden? Ihr könntet Tester in euer Büro einladen. Alternativ besucht ihr die Personengruppe in ihrem natürlichen Nutzungskontext, also in der Kneipe, auf dem Bauernhof oder im Büro und fragt dort zufällig ausgewählte Personen, ob sie für euch testen können. Auch ein Test mit entfernten Benutzern im Internet ist Softwareunterstützt denkbar.

Testskripte schreiben

Ihr werdet einige Tests durchführen und ihr wollt in kurzer Zeit möglichst viele relevante Informationen erhalten. Daher ist eine schriftliche Vorbereitung wichtig. Ihr erstellt einen einleitenden Text, den der Moderator der Testperson am Anfang vorlesen kann. Einige Fragen zur Person und den Gewohnheiten des Testers, schriftliche Testaufgaben und auch Fragen für ein Interview nach dem Test.

*   Briefing-Text: Was erzählt ihr der Testperson, bevor der Test beginnt? Ein einleitender Standardtext, der allen Testpersonen vorgelesen wird, sorgt für einheitlichere Tests. Der Text beschreibt die Ziele des Tests und soll auch die richtige Stimmung bei der Testperson erzeugen. Wichtig ist besonders der Hinweis, dass euer Produkt getestet wird und nicht die Testperson. Ihr fordert die Testperson auf, möglichst alle Gedanken während des Tests laut zu formulieren. Die Beobachter können so den Gedankengang des Testers nachvollziehen. Dies wird auch als *Think-Aloud-Methode* bezeichnet. Jakob Nielsen bietet hierzu ein einminütiges Einführungsvideo an.[37]
*   Pre-Session-Interview-Fragen: Ihr benötigt zu jeder Testperson einige Daten, um diese beispielsweise mit euren Annahmen aus den Personas vergleichen zu können. Im

---

[37] Einführungsvideo siehe: https://www.nngroup.com/articles/thinking-aloud-demo-video/.

Interview erfragt ihr eventuell demografische Faktoren wie Alter, Ausbildung, Herkunft, aber auch Fragen zu Gewohnheiten und auch zu Vorerfahrungen mit ähnlichen Produkten.

- Testskripte: Ihr formuliert eine Aufgabenstellung für den Tester. In der Regel ist das eine Aufgabe, die der Tester mit eurem Produkt lösen muss.
- Post-Session-Interview-Fragen: Nach dem durchgeführten Test könnt ihr Fragen zur Zufriedenheit stellen. Hat der Tester noch andere Bemerkungen und Eindrücke, die wichtig wären? Auch für das Post-Session-Interview überlegt ihr euch einen Fragebogen. Mögliche Fragen sind:
  - *An welchen Stellen hatten Sie Probleme beim Lösen der Aufgaben?*
  - *Was sind aus Ihrer Sicht die Stärken und Schwächen unseres Produkts?*
  - *Wie wahrscheinlich ist es auf einer Skala von 1 bis 10, dass Sie unser Produkt Ihren Freunden empfehlen?*

Eine umfassende Zahl an Checklisten und Vorlagen findet ihr bei Jens Jacobsen[38] [Jac17]. Hier finden sich vorgefertigte Fragebögen und Checklisten.

Finden der Testpersonen

Um wirklich zu verstehen, wie es euren Benutzern geht, braucht ihr Testpersonen, die den von euch geratenen Personas möglichst ähnlich sind. Wenn sich euer Produkt an Kinder, Senioren, Landwirtinnen, Börsenmakler oder an 16-jährige Mädchen richtet, ist es nur ein erster Anfang, wenn ihr mit euren 25–30-jährigen, meist männlichen, Kollegen testest.

Ihr braucht eine ganze Reihe von Testpersonen, Thomas Geis und Guido Tesch sprechen von 4 bis 25 einzelnen Tests pro Benutzergruppe [Gei19]. Wobei erste Tests mit einigen Freunden und Kollegen bereits wertvolle Hinweise liefern und wahrscheinlich die gravierenden Probleme schnell zutage fördern.

Ein allgemeineres Publikum erhaltet ihr bei den Usability-Testessen,[39] die in vielen Städten regelmäßig veranstaltet werden. Ein Testessen umfasst in der Regel sechs Tests mit jeweils einem anderen Benutzer. Der Veranstalter sorgt dafür, dass genügend Tester vor Ort sind. Das bereitgestellte Essen und das Bier sorgen für eine gute Atmosphäre.

Ein möglicher Ort für Testpersonen kann deren Nutzungskontext sein, ein Büro für eine Bürosoftware oder ein Bauernhof für landwirtschaftliche Software. Denkbar ist, dass ihr einen Bauernmarkt besucht und dort mit Landwirten ins Gespräch kommt und diese dann vor Ort einen kurzen Test eures Produkts für die Landwirtschaft durchführen.

Durchführung

Wenn ihr als Team einen Usability Test durchführt, könnt ihr mehrere Rollen verteilen, um einzelne Teammitglieder nicht zu überlasten, und auch, um möglichst alle relevanten

---

[38] https://www.benutzerfreun.de.

[39] Vgl. https://usability-testessen.org/.

Informationen zu erfassen. Notfalls kann ein Teammitglied gleichzeitig Moderator, Beobachter und Protokollant sein.

Testperson: Die von euch rekrutierte Testperson führt den Test durch und ihr beobachtet diese.

Moderator: Der Moderator ist der Ansprechpartner der Testperson, er führt diesen durch den Test (Briefing, Interviews, Testaufgaben).

Beobachter: Jeder Beobachter erhält spezifische Dinge, auf die er achten soll. Ein Beobachter kann sich auf die geäußerten Gedanken konzentrieren, ein anderer verfolgt Gesichtsausdruck und Tonfall der Stimme.

Protokollant: Der Protokollant notiert die Befunde während des Tests.

Die Durchführung des Usability Tests kann in fünf Schritten erfolgen, die ihr oben vorbereitet habt:

1. Briefing: Der Moderator liest nach etwas Small-Talk und einem kurzen Dankeschön der Testperson den vorher erstellten Briefing-Text vor. Er erläutert der Testperson das Vorgehen sowie Sinn und Zweck des Tests.
2. Pre-Session-Interview: Der Moderator geht den Fragebogen für das Pre-Session-Interview mit der Testperson durch und erfragt die für euch relevanten Daten.
3. Testaufgabe übergeben: Der Moderator übergibt die eigentlichen Testaufgaben an die Testperson und beantwortet eventuelle Verständnisfragen.
4. Beobachten: Während der Durchführung des Tests beobachtet ihr die Testperson. Ihr Verhalten, seine Gestik und Mimik. Der Moderator sollte sich hier möglichst zurückhalten und nur im Notfall Fragen beantworten oder Hinweise geben.
5. Post-Session-Interview: Nach dem Test stellt der Moderator noch einige abschließende Fragen aus dem Post-Session-Interview-Fragebogen (auch zu den Eindrücken) und fragt nach einer subjektiven Bewertung des Produkts.

Nachbereitung

Ihr erstellt ein Protokoll des Usability Tests mit allen gefundenen Überraschungen und Problemen. Diese werden nach dem Test im Team bewertet. Mindestens die gravierenden Probleme wandern als Anforderung oder Problemmeldung in das Product Backlog.

14.11.4 Usability-Inspektion

Eine Usability-Inspektion ist ein Review eurer Entwürfe, des Prototypen oder schon eurer Software. Wenn ihr diese Inspektion im Team durchführt, sind eine oder mehrere Checklisten sinnvoll, damit ihr systematisch prüft und nichts Wichtiges vergesst [Gaw10].

Typischerweise werden hier die Prinzipien der Norm ISO 9142-110 [Deu06] verwendet. Diese sind ausführlich dokumentiert und es gibt viele Beispiele. Populär ist auch die

Evaluation nach den Kriterien von Jakob Nielsen[40] [Gei19]. Wir beschreiben beide in Abschn. 14.4.1.

Wir haben mehrfach für wichtige Inspektionen externe Experten eingeladen. Von Experten erhaltet ihr neben den Hinweisen auf eventuelle Probleme auch konstruktive Verbesserungsvorschläge.

14.11.5 Benutzerbefragung

Es gibt eine große Menge standardisierter Fragebögen zum Thema Usability und User Experience. Mit solchen Fragebögen erreicht ihr eine gewisse Vergleichbarkeit der Ergebnisse. Vor der Befragung sollten die Benutzer das Produkt ausführlich getestet haben, um einen Eindruck davon zu entwickeln. Ihr befragt entweder Benutzer, die das Produkt bereits kennen oder lasst eure Testpersonen bestimmte Aufgaben mit dem Produkt durchführen, wie im Usability Test. Bekannt sind unter anderem folgende Fragebögen [Jac17]:

- SUS: System Usability Scale, ein einfacher Fragebogen mit zehn technologieneutralen Fragen, um die Usability zu bewerten. SUS stammt ursprünglich von John Brooke [Bro96] als ‚quick and dirty' Verfahren.
- UEQ: User Experience Questionnaire, hierzu steht eine umfangreiche Website mit viel Material zur Verfügung,[41] erste Arbeiten dazu finden sich bei Bettina Laugwitz et al. [Lau08]. Der UEQ erfragt 26 Beurteilungen, beispielsweise zwischen: unerfreulich und erfreulich, unverständlich und verständlich oder zwischen leicht zu lernen und schwer zu lernen.
- VisAWI: Visual Aesthetics of Website Inventory[42]

Die Fragen aus dem SUS werden auf einer Skala von 1 (stimme nicht zu), 2 (stimme eher nicht zu), 3 (neutral), 4 (stimme eher zu) bis 5 (stimme voll zu) erhoben. Sie lauten sinngemäß:[43]

1. Ich würde das Produkt regelmäßig verwenden.
2. Mir erschien das Produkt eher unangemessen komplex.
3. Für mich war das Produkt einfach zu benutzen.
4. Ich glaube, dass ich technischen Support benötige, um das Produkt zu benutzen.
5. Mir erschienen die verschiedenen Funktionen sehr gut im Produkt integriert.

---

[40] https://www.nngroup.com/articles/ten-usability-heuristics/.

[41] Vgl. Andreas Hinderks, Martin Schrepp und Jörg Tomaschewski https://www.ueq-online.org/.

[42] http://visawi.uid.com/.

[43] Übersetzung der Autoren.

6. Für mich enthielt das Produkt zu viele Inkonsistenzen.

7. Ich kann mir vorstellen, dass die meisten Leute das Produkt schnell verstehen und benutzen können.

8. Mir erschien die Bedienung des Produkts sehr umständlich.

9. Ich habe mich während der Benutzung des Produkts sicher gefühlt.

10. Ich musste eine Menge lernen, bevor ich das Produkt richtig nutzen konnte.

Die Ergebnisse werden dann hochgerechnet auf eine Skala von 0 bis 100. Dabei steht 100 für perfekte Gebrauchstauglichkeit und 0 für ein mehr oder weniger unbenutzbares System.

14.12 Schnelles Lernen

14.12.1 Lernen am laufenden Produkt

Der Usability Test hört nicht mit der Entwicklung des Produkts auf, denn möglicherweise habt ihr im Entwurf falsche oder nicht präzise Annahmen über das Verhalten der Benutzer gemacht. Vielleicht nutzen diese euer Produkt völlig anders, als ihr das erwartet habt. Viele große Plattformen sind so entstanden. Beispielsweise war die Bilder-Plattform Flickr ursprünglich nur ein Teil eines Videospiels der Firma Ludicorp.

Die Beobachtung eurer Benutzer gibt einen guten Einblick in die tatsächliche Gebrauchstauglichkeit eures Produkts.

14.12.2 Messen mit Web-Analyse-Werkzeugen

Für die Analyse des Verhaltens von Benutzern von Websites gibt es eine Reihe sehr leistungsfähiger Werkzeuge, wie beispielsweise Google Analytics.[44] Damit könnt ihr sichtbar machen, wie eure Web-Anwendung verwendet wird, von wo die Benutzer kommen und welche Browser und Geräte sie verwenden.

Wenn ihr diese Werkzeuge nicht nutzen könnt oder wollt, ist es auch möglich, Log-Ausgaben einzubauen, die Informationen über das Verhalten der Benutzer geben. Welcher Benutzer hat wann, was mit dem Produkt gemacht? Unter Berücksichtigung der DSGVO sollten Benutzernamen, IP-Adressen und Logins anonymisiert werden, beispielsweise mit einem Hash-Algorithmus. Mehr zum Thema Monitoring und Logging stellen wir in Kap. 19 zum Thema IT-Betrieb und DevOps vor.

---

[44] https://analytics.google.com/analytics/.

14.12.3 A/B-Testing

Im A/B-Testing macht ihr ein kontrolliertes Experiment: Ihr zeigt einem Teil der Benutzer Variante A des Produkts und einem anderen Teil Variante B. Dann beobachtet ihr, welche Variante besser funktioniert oder wo sich die Benutzer eher nach eurem Wunsch verhalten. Voraussetzung für das A/B-Testing ist natürlich, dass ihr die Reaktionen der verschiedenen Gruppen messen könnt, also dass beispielsweise ein entsprechendes Logging möglich ist.

Technisch ist A/B-Testing möglich, wenn ihr mehrere Server betreibt. Ein Teil der Server implementiert Variante A und ein anderer Variante B. Der Load Balancer davor verteilte die Benutzer nach euren Vorgaben auf die Server mit den jeweiligen Varianten.

Literatur

[Ari10]   Ariely D (2010) Predictably Irrational, Revised and Expanded Edition: The Hidden Forces That Shape Our Decisions. HarperCollins

[Bro96]   Brooke J (1996) „SUS-A quick and dirty usability scale." Usability evaluation in industry. In: Jordan PW, Thomas B, McClelland IL, Weerdmeester B (Hrsg) Usability Evaluation In Industry. CRC Press

[Coo99]   Cooper A (1999) The Inmates Are Running the Asylum. Macmillan Publishing

[Coo14]   Cooper A, Reimann R, Cronin D, Noessel C (2014) About Face: The Essentials of Interaction Design, 4. Aufl. Wiley Publishing

[Cow01]   Cowan N (2001) The Magical Number 4 in Short-term Memory: A Reconsideration of Mental Storage Capacity. Behav Brain Sci 24(1):87–114

[Deu06]   Deutsches Institut für Normung (2006) 9241-110:2006 Ergonomie der Mensch-System-Interaktion: Teil 110: Grundsätze der Dialoggestaltung; Deutsche Fassung EN ISO 9241-110:2006. Beuth-Verlag

[Deu18]   Deutsches Institut für Normung (2018) 9241-11:2018 Ergonomie der Mensch-System-Interaktion – Teil 11: Gebrauchstauglichkeit: Begriffe und Konzepte; Deutsche Fassung EN ISO 9241-11:2018. Beuth-Verlag

[Deu19]   Deutsches Institut für Normung (2019) 9241-210:2019 Ergonomie der Mensch-System-Interaktion – Teil 220: Prozesse zur Ermöglichung, Durchführung und Bewertung menschzentrierter Gestaltung für interaktive Systeme in Hersteller- und Betreiberorganisationen; Deutsche Fassung EN ISO 9241-210:2019. Beuth-Verlag

[Gab15]   Gablenz P, Holube I (2015) Prävalenz von Schwerhörigkeit im Nordwesten Deutschlands. HNO, 63(3):195–214

[Gaw10]   Gawande A (2010) The Checklist Manifesto: How to Get Things Right. Henry Holt and Company

[Gei19]   Geis T, Tesch G (2019) Basiswissen Usability und User Experience. dpunkt.verlag

[Göb18]   Göbel K, Baumgarten F, Kuntz B, Hölling H (2018) Schlack R ADHS bei Kindern und Jugendlichen in Deutschland – Querschnittergebnisse aus KiGGS Welle 2 und Trends. J Health Monitoring 3(3):46–53

[Goo09]   Goodwin K (2009) Designing for the Digital Age: How to Create Human-Centered Products and Services. Wiley Publishing

[Got13]   Gothelf J, Seiden J (2013) Lean UX. O'Reilly

[Her18]   Herczeg M (2018) Software-Ergonomie: Theorien, Modelle und Kriterien für gebrauchstaugliche interaktive Computersysteme, 4. Aufl. de Gruyter

[ISO11]   ISO/IEC (2011) 25010:2011, Systems and software engineering – Systems and software Quality Requirements and Evaluation (SQuaRE) – System and software quality models

[Jac17]   Jacobsen J, Meyer L (2017) Praxisbuch Usability und UX: was jeder wissen sollte, der Websites und Apps entwickelt. Rheinwerk Computing

[Kah12]   Kahneman D (2012) Schnelles Denken, langsames Denken. Siedler Verlag

[Lau08]   Laugwitz B, Held T, Schrepp M (2008) Construction and Evaluation of a User Experience Questionnaire. Bd 5298, S 63–76

[Par18]   Park CW, Alderman J (2018) Designing Across Senses: A Multimodal Approach to Product Design. O'Reilly

[Pea16]   Pearl C (2016) Designing Voice User Interfaces: Principles of Conversational Experiences. O'Reilly

[Saf08]   Saffer D (2008) Designing Gestural Interfaces: Touchscreens and Interactive Devices. O'Reilly

[Sch11]   Schneider W (2011) Deutsch für junge Profis: wie man gut und lebendig schreibt. Rowohlt-Taschenbuch-Verlag

[Tid19]   Tidwell J, Brewer C, Valencia-Brooks A (2019) Designing Interfaces: Patterns for Effective Interaction Design, 3. Aufl. O'Reilly

[Wen20]   Wendel S (2020) Designing for Behavior Change: Applying Psychology and Behavioral Economics, 2. Aufl. O'Reilly

[Wha19]   Whalen J (2019) Design for How People Think: Using Brain Science to Build Better Products. O'Reilly

Domänendesign

Stellt euch vor, ihr schreibt ein Schachprogramm, ohne dass ihr die Regeln des Spiels begriffen habt. Das kann nicht funktionieren. Ohne ein gutes Verständnis eures fachlichen Umfelds könnt ihr kaum eine Software schreiben. Welche Begriffe sind fachlich wichtig? Wie hängen diese zusammen? Daraus kann sich Stück für Stück das Schema eurer Datenbank, das Klassendesign eures Anwendungskerns und eventuell eine Zerlegung eures Produkts in sinnvolle Microservices ergeben.

Alles beginnt damit, dass ihr die Domäne genauer versteht, die für euer Produkt relevant ist. Das Wissen erarbeitet ihr Stück für Stück mit eurem Auftraggeber. Die gewonnenen Erkenntnisse fließen in euer Glossar ein und werden im logischen Datenmodell festgehalten. Eric Evans hat den Begriff des Domain Driven Design (DDD) hierfür geprägt [Eva03]. Einige Ideen daraus stellen wir hier vor. Am Ende finden sich die fachlichen Konzepte als allgegenwärtige Sprache (Ubiquitous Language) in der grafischen Oberfläche, in den Druckausgaben und euren Quelltexten.

Neben den Begriffen und Daten sind die fachlichen Prozesse die zweite Säule: Welche Aktivitäten führt euer Auftraggeber durch, damit er seine Wertschöpfung erbringen kann? Wie geht er vor, von der Beschaffung und dem Marketing bis zum Verkauf? Wir stellen zur ersten Erfassung der fachlichen Prozesse das Event Storming nach Alberto Brandolini vor [Bra21].

15.1 Wozu Domänendesign?

Vor und während der Entwicklung erstellt ihr Modelle eures geplanten Produkts Euer Produkt ist demnach das Original und die Modelle zeigen jeweils andere Eigenschaften eures Produkts.

© Springer Fachmedien Wiesbaden GmbH, ein Teil von Springer Nature 2022

G. Beneken et al., *Grundkurs agiles Software-Engineering*,

https://doi.org/10.1007/978-3-658-37371-9_15

Normalerweise berücksichtigt ihr nur bestimmte Eigenschaften eines Originals in einem Modell, nicht relevante Eigenschaften lasst ihr weg. In den ersten Schritten des Domänendesigns geht es erstmal nur um Begriffe und deren Beziehungen, also die Fachsprache unseres Auftraggebers. Ziel ist hier zunächst, die Sprache des Auftraggebers zu lernen und einen (grafischen) Überblick darüber zu erhalten, als UML-Klassendiagramm. Dieses Modell befindet sich noch im Problemraum.

Erst danach werden die Daten festgelegt, mit denen euer Produkt umgehen soll. Diese Daten werden in der Oberfläche angezeigt und in der Datenbank gespeichert. Die gefundenen Begriffe finden sich hier sicher wieder, nicht jeder Begriff führt aber zwangsläufig zu Entitäten, die man speichern könnte. Ein Modell der Daten, mit denen euer Produkt umgehen wird, nennen wir hier logisches Datenmodell. Ihr entscheidet dort, wie ihr die Daten als Entitätstypen modelliert, ihr macht einen Vorschlag für ein Produkt. Das logische Datenmodell befindet sich im Lösungsraum. Aus dem logischen Datenmodell leitet ihr das Datenbankschema ab, das Design eures Anwendungskerns und eventuell auch die Masken eurer grafischen Oberfläche. Dies ist in Abb. 15.1 dargestellt.

15.1.1 Modellierungssprachen: ER-Modelle und UML

Im Bereich der Domänenmodellierung ist in den vergangenen Jahrzehnten sehr viel geschrieben worden. Eine der ersten Veröffentlichungen stammt von Peter Chen aus dem Jahr 1976 [Che76]. Damals gab es drei konkurrierende Datenbanktechnologien: Relationa-

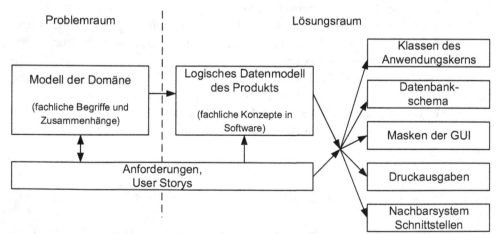

Abb. 15.1 Ihr beginnt in der Regel mit einem Ausschnitt der Domäne, in der ihr arbeitet. In eurem Domänenmodell finden sich die relevanten fachlichen Begriffe und Konzepte. Ein Teil davon findet sich in der einen oder anderen Form in eurem Produkt wieder. Es bietet sich an, zunächst ein logisches Datenmodell zu entwerfen. Die dort gefundenen Entitätstypen und Datentypen finden sich später in den ausprogrammierten Klassen eures Anwendungskerns, im Datenbankschema und anderen Zwischenergebnissen beim Bau eures Produkts

le Datenbankmanagement-Systeme waren Anfang der 1970er-Jahre erfunden worden. Am Markt waren hierarchische Datenbanksysteme (verwandt mit heutigen Key-Value-Stores) und Netzwerk-Datenbanksysteme (verwandt mit den heutigen Graphdatenbanken). Peter Chen hat mit den später sehr erfolgreichen Entity-Relationship-Diagrammen eine Notation zur Modellierung von Datenmodellen vorgeschlagen. Die Notation sollte für alle Datenbanktechnologien einsetzbar sein, nicht nur für relationale Datenbankmanagementsysteme (DBMS).

Anfang der 1990er-Jahre gewannen objektorientierte Programmiersprachen mehr Popularität, unter anderem SmallTalk und C++. Damals wurden mehrere Vorschläge für grafische Notationen gemacht. Drei Autoren verschiedener Ansätze, James Rumbaugh, Ivar Jacobsen und Grady Booch, haben sich dann Mitte der 1990er-Jahre zusammengefunden und die Unified Modeling Language, UML, definiert [Uni11]. Diese wurde von der Object Management Group (OMG, [Obj]) standardisiert, ist Branchen-Standard und definiert inzwischen 14 verschiedene Arten von Diagrammen.

Eine der am häufigsten verwendeten Diagrammarten ist das Klassendiagramm. Wichtig ist hier: Ihr könnt gerne euer Domänenmodell oder auch das verfeinerte logische Datenmodell in Form eines Klassendiagramms hinschreiben. Ein Klassendiagramm ist jedoch nicht zwingend ein Datenmodell. Im Domänenmodell und auch im logischen Datenmodell werden beispielsweise keine Methoden spezifiziert und die Attribute sind alle fachlicher Natur. Technische Details wie eine (künstliche) Objekt-ID für den Key-Value-Store oder als Primärschlüssel für die relationale Datenbank fehlen hier noch.

15.1.2 Domänenmodell

Um einen Überblick über die gemeinsame Sprache zu gewinnen, bietet sich ein Klassendiagramm in UML an. Dieses enthält zunächst nur Klassen und deren Beziehungen untereinander, aber noch keine Attribute oder Methoden. Dieses Diagramm setzt zunächst nur die Begriffe der Sprache in Beziehung. Ein Begriff ist beispielsweise Oberbegriff von einem anderen, dann kann das durch eine Vererbungsbeziehung dargestellt werden. Wenn ein Begriff Teil eines anderen ist, ist das als Komposition darstellbar, andere Beziehungen können als Assoziation modelliert werden.

15.1.3 Glossar

Das Glossar ist ein Wörterbuch für die Fachsprache, die in eurem Produkt gesprochen werden soll. Diese Fachsprache entspricht möglichst einer bereinigten Alltagssprache eures Kunden oder der Sprache, die jeweils in der Fachdomäne gesprochen wird. Wenn die Quelltexte der Software in englisch abgefasst werden und ihr eine andere Sprache mit den Kunden sprecht, sollte das Glossar auch die englischen Übersetzungen der jeweiligen Begriffe enthalten.

Das Glossar stellt für jeden Begriff eine kurze allgemeine Erklärung bereit. Bei komplizierten Begriffen könnt ihr auf den entsprechenden Wikipedia-Artikel oder ein Fachbuch verweisen. Die Beziehungen zwischen den Begriffen werden über ein einfaches UML-Klassendiagramm dargestellt. Verben sind für das Glossar ebenfalls relevant, denn auch diese können eine besondere fachliche Bedeutung haben und die Beziehungen zwischen den Begriffen beschreiben.

15.1.4 Logisches Datenmodell

Das logische Datenmodell beschreibt im Gegensatz zum Domänenmodell tatsächlich die Daten, mit denen euer Produkt arbeitet. Diese Daten erscheinen in der grafischen Oberfläche als Eingabefelder, auf gedruckten Formularen, sie werden von Batches verarbeitet oder an Nachbarsysteme übergeben. Das logische Datenmodell ist euer fachliches Gerüst.

Im logischen Datenmodell finden sich Entitätstypen wie etwa Kunde, Konto oder Vertrag, aber nicht Model, View, Adapter oder Service. Aus dem logischen Datenmodell entwickelt ihr den Anwendungskern und implementiert ungefähr zu jedem Entitätstyp eine Klasse oder etwas Vergleichbares in der jeweiligen Programmiersprache (Abb. 15.2).

Das logische Datenmodell ist noch unabhängig von der Datenbanktechnologie. Damit sprecht ihr hier noch nicht von Keys, Objekt-IDs oder Primärschlüsseln. Es ist unabhängig von der Benutzerschnittstelle, daher findet sich auch kein Model oder ViewModel oder DTO (Data Transfer Object) im logischen Datenmodell. Auch Methoden finden sich zunächst noch nicht im Datenmodell. Es geht um die Daten und ihre Beziehungen. Ein gutes logisches Datenmodell ist eher einfach gehalten und macht auch von objektorientierten

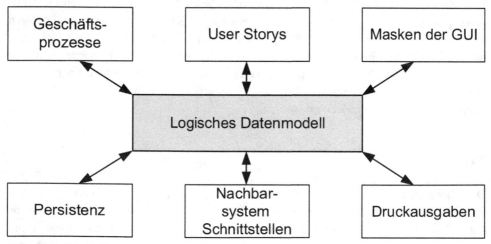

Abb. 15.2 Die Entitätstypen des logischen Datenmodells finden sich in den User Storys ebenso wieder wie im Datenbankschema oder den Masken der grafischen Oberfläche

Konzepten wie etwa Vererbung eher sparsamen Gebrauch. Das logische Datenmodell soll für alle Stakeholder leicht verständlich sein.

15.1.5 Physisches Datenmodell

Das physische Datenmodell hängt ab von der gewählten Form der Persistenz. Wenn ihr eine Graphdatenbank verwendet, ist es ein annotierter Graph. Verwendet ihr ein relationales DBMS, besteht das logische Datenmodell aus Tabellen und ihr macht euch über Primärschlüssel, Fremdschlüssel und die referentielle Integrität Gedanken.

Entwurfsziel beim physischen Datenmodell ist nun, dass ihr die Qualitätsanforderungen einhalten könnt. Besonders wenn ihr es mit sehr vielen Daten zu tun habt, mit sehr großen Änderungsraten, der Analyse großer Datenmengen oder mit weltweit verteilten Daten.

Im physischen Datenmodell überlegt ihr euch, wie ihr die geforderten Antwortzeiten und den Durchsatz sowie die Ausfallsicherheit erreichen könnt, dabei aber die Konsistenz der Daten absichert. Eventuell müsst ihr die Daten auf verschiedene physische Datenbanken aufteilen (partitionieren). Möglicherweise müsst ihr bei relationalen Datenbanken einige Daten redundant speichern und so von der dritten Normalform abweichen. Eventuell verhindert euer Datenmodell, dass euer Produkt skaliert, tausende Server sind eventuell nicht nützlich, wenn diese alle gemeinsam auf derselben Datenbank arbeiten müssen.

Um das physische Datenmodell entwerfen zu können, müsst ihr sehr genau wissen, was eure Benutzer mit den Daten genau machen. Welche Daten werden gleichzeitig genutzt, welche nicht? Kann man die Daten fachlich oder nach Benutzergruppen aufteilen? Wie viele Entitäten gibt es von jedem Entitätstyp, sind es wenige Hundert oder viele Millionen?

15.2 Domain Driven Design

Eric Evans hat zwei Arten von Design eingeführt: Im strategischen Design schafft ihr Überblick, ihr findet grobteilige Strukturen, wie beispielsweise die unten dargestellten Bounded Contexts. Das taktische Design ist feinteilig, hier geht es beispielsweise um fachliche Klassen (Entitätstypen) oder Datentypen. Ihr könnt mit der Modellierung sowohl Top-Down mit dem strategischen Design beginnen als auch Bottom-Up, also mit dem taktischen Design. Beides ist für euch relevant.

15.2.1 Bounded Contexts

Eric Evans hat das Konzept eines Bounded Contexts eingeführt [Eva03]: Innerhalb dieses Kontextes sprechen alle Personen annähernd dieselbe Sprache. Sie verstehen dasselbe unter den Begriffen, die sie verwenden. Es sind dieselben fachlichen Theorien und Methoden anwendbar.

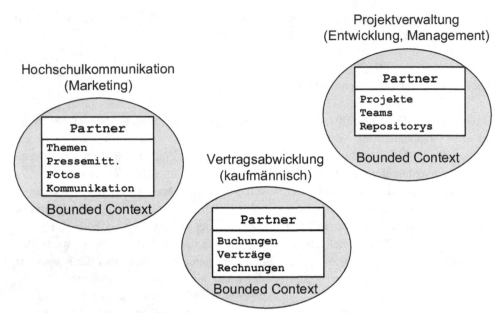

Abb. 15.3 Die drei Bereiche Marketing, kaufmännische Abwicklung und Entwicklung arbeiten beispielsweise jeweils mit dem Begriff ‚Partner‘, also einem Unternehmen oder einer Person, mit der Projekte gemacht werden. Für das Marketing hat ein Partner aber eine völlig andere Bedeutung als für die Entwicklung. Auch die jeweils relevanten Daten unterscheiden sich deutlich. Jetzt gibt es zwei Optionen: Erstens, die Domänenexperten setzen sich zusammen und entwickeln ein gemeinsames Verständnis des Begriffs. Wenn das möglich ist, wird das Ergebnis möglicherweise komplexer. Alternativ können diese verschiedenen Kontexte auch nebeneinander existieren. Dies vereinfacht den Abstimmungsaufwand, wenn sich verschiedene Teams um verschiedene Kontexte kümmern

Innerhalb einer Organisation gibt es verschiedene solche Kontexte. Für euch ist es wichtig, diese zu erkennen, genauer zu verstehen und ggf. getrennt voneinander zu behandeln. Die Abb. 15.3 zeigt dies am Begriff ‚Partner‘, also einem Unternehmen oder einer Person, mit der das Unternehmen zusammenarbeitet. Für die kaufmännische Abteilung ist wichtig, welche Angebote dem Partner unterbreitet wurden, welche Leistungen erbracht wurden oder welche Buchungen erfolgt sind. Bei den Kaufleuten sind Steuern, Zinsen und die Theorie der Buchführung relevant, bei den Entwicklern Releases, Kundentermine oder laufende Server.

Ihr habt in dieser Situation zwei Möglichkeiten: Ihr versucht mit den Experten aus den jeweiligen Kontexten eine gemeinsame Sicht zu entwickeln. In größeren Projekten müsst ihr euch dann mit den anderen Teams genauer absprechen, dies erzeugt Abstimmungsaufwand und Abhängigkeiten. Das entstehende Modell wird in der Regel komplizierter, da es ja die Vereinigungsmenge der verschiedenen Kontexte enthält und mit allen Theorien und Methoden kompatibel sein muss. Die entstehende Software wird die inhaltlichen Abhängigkeiten widerspiegeln und eher zu einem Monolithen mit einer Datenbank werden. Das ist zunächst weder gut noch schlecht, vgl. Abschn. 16.6.2. In diesem Fall hätten wir dann einen großen, gemeinsamen Bounded Context und nicht mehrere. Im extremsten Fall gibt es ein unternehmensweit gültiges Datenmodell (UwDM).

Eine Zweite Möglichkeit ist, dass ihr verschiedene Sichten auf Begriffe wie ‚Partner' oder ‚Projekt' anerkennt. Jeder Kontext hätte damit seine eigenen Definitionen der Begriffe. Ihr ordnet in größeren Projekten jedem Team einen oder mehrere solcher Kontexte zu. Die Teams müssen sich nur noch abstimmen, ob und wie die jeweiligen Kontexte zusammenhängen. Jedes Team kann damit ein eigenes Produkt mit weitgehend unabhängigem Datenbestand erstellen. Es besteht natürlich das Risiko, dass die verschiedenen Repräsentationen eines konkreten Partners über mehrere unabhängige Produkte hin inkonsistent werden. Um dies zu vermeiden, schlagen Evans und Vernon verschiedene Konzepte vor, beispielsweise eine Schnittmenge von zwei Bounded Contexts explizit zu modellieren (Context Mapping) [Ver17]. Ein solches Vorgehen ist hilfreich, wenn ihr mit Microservices arbeiten wollt und die Teams so unabhängig wie möglich sein sollen.

Bitte überlegt euch im Team, wo genau die Grenzen eures Bounded Contexts fachlich verlaufen. Innerhalb dieses Kontextes müsst ihr bzw. muss der Product Owner für einheitliche Begriffe sorgen. Entscheidet bewusst, was innerhalb und was außerhalb dieser Grenze ist.

15.2.2 Ubiquitous Language

Der Idee der Ubiquitous Language (allgegenwärtigen Sprache) wurde von Eric Evans Anfang der 2000er-Jahre definiert [Eva03] und von Vaughn Vernon [Ver17] anwendbarer gemacht. Die gesprochene Sprache soll sich mit denselben Begriffsbedeutungen in allen Dokumenten, dem Datenbankentwurf, Präsentationen und auch in den Quelltexten wiederfinden, unabhängig von der verwendeten Programmiersprache. Eine Ubiquitous Language ist nach Evans [Eva03]:

A language structured around the domain model and used by all team members within a bounded context to connect all the activities of the team with the software.

Wenn alle die gleiche Sprache sprechen, werden Missverständnisse vermindert und ein Entwickler versteht auch fachliche Dokumente und kann deren Inhalte selber plausibilisieren und sein Verständnis korrekt programmieren. Wenn ihr das so durchführt, hat das weitreichende Konsequenzen:

Wenn eure Quelltexte in englischer Sprache abgefasst werden (das wird allgemein so empfohlen), müssen alle anderen Dokumente ebenfalls in englischer Sprache abgefasst sein. Sonst finden sich im Code ad-hoc-Übersetzungen des jeweiligen Entwicklers. Alternativ könntet ihr im Projekt ein eigenes fachliches Lexikon erstellen. Sollte die Fachlichkeit komplett in deutscher Sprache abgefasst sein, z. B. weil es um das deutsche Krankenversicherungssystem geht, das sehr spezifisch für Deutschland ist, sollten die entsprechenden Quelltexte in deutscher Sprache abgefasst sein, inklusive aller Kommentare, die erklären, warum der Quelltext so aussieht. Sollen die Quelltexte in englischer Sprache abgefasst sein, braucht ihr eine fachlich sinnvolle englische Übersetzung sämtlicher Konzepte.

15.2.3 Entitätstypen

Entitätstypen können als Klassen in UML oder in einer objektorientierten Programmiersprache dargestellt werden, Entitäten werden als Objekte dargestellt. Entitätstypen
sind aber mehr als einfach nur Klassen. Sie sind die zentralen fachlichen Bausteine der
Anwendung. Beispiele für Entitätstypen sind: Kunde, Konto oder Vertrag. Entitätstypen
haben folgende Eigenschaften:

- Fachlich autonom, also nicht existenzabhängig von anderen Entitätstypen.
- Eindeutige fachliche Identifikation, jede Entität bzw. jedes Objekt ist mindestens
  anwendungsweit eindeutig identifizierbar. Für ein Konto ist beispielsweise die IBAN
  eindeutig, für einen Personalausweis die Personalausweisnummer oder für eine Versicherung die Versicherungsscheinnummer.
- Beschreibung durch ihre Attribute. Der Entitätstyp hat verschiedene fachlich motivierte
  Attribute. Bei einem Kunden sind das sicher Vorname, Nachname oder Geburtsdatum.

15.2.4 Datentypen

Ein fachlicher Datentyp (Value Object) hat keine eigene fachliche Identifikation. Eine
Adresse ist ein Beispiel für einen fachlichen Datentyp. Denn eine Adresse bekommt erst
dadurch eine Bedeutung, dass ein Kunde dort wohnt oder dort eine Liegenschaft zu finden
ist. Ein fachlicher Datentyp hat normalerweise Plausibilitätsregeln. Beispiele hierfür sind
die Prüfziffern bei der ISBN oder bei der IBAN. Weitere Bespiele für fachliche Datentypen
sind:

- Aufzählungen mit einer festen Menge an Ausprägungen, beispielsweise Anrede,
  Flughafencode, Währungscode oder Länderkennzeichen. Diese Aufzählungen sind zum
  Zeitpunkt des Designs bereits vollständig bekannt. Sie müssen natürlich später in
  der Software änderbar implementiert werden, denn ab und an wird doch ein neuer
  Flughafen gebaut oder eine neue Währung definiert.
- Einzelwerte mit Plausibilitätsprüfung, dazu gehören IBAN, ISBN sowie IPv4- oder
  IPv6-Adressen. E-Mail-Adressen und URI gehören ebenfalls dazu sowie Datum und
  Zeitstempel. Sonderfall sind Strings (Zeichenketten), für die es Regeln gibt, die sich
  als regulärer Ausdruck angeben lassen. Mit dem regulären Ausdruck kann die Länge
  beschränkt werden und es sind genaue Angaben über die erlauben Zeichen möglich.
- Zusammengesetzte Datentypen wie Adresse. Auch diese können über reguläre Aus-
  drücke oder über Internetdienste für gültige Adressen plausibilisiert werden.

Wenn ihr für euer Domänenmodell fachliche Datentypen verwendet, wird dieses deutlich
aussagekräftiger, als wenn ihr alles als Zeichenkette behandelt. Der Datentyp legt auch
den erlaubten Wertebereich fest und macht das Modell insgesamt sprechender. Nachfolgend ein Beispiel für eine Kundenklasse mit fachlichen Datentypen in Java-Syntax, die
Zugriffsmodifizierer (private) wurden entfernt, wegen der Lesbarkeit.

```
1  class Kunde {
2    Kundennummer  kundennummer;
3    Adresse       lieferadresse;
4    Adresse       rechnungsadresse;
5    Bonitaet      bonitaet;
6    Geld          umsatzLaufendesJahr;
7  }
```

15.2.5 Ereignisse

Beim Entwurf von Systemen werden Geschäftsereignisse (Business Events) wichtig, speziell wenn Microservices implementiert werden. Eric Evans bezeichnet ein Business Event lapidar mit *something happened that domain experts care about* [Eva03]. Beispiele für Ereignisse sind: ,KundeAngelegt', ,BestellungAufgegeben' oder ,LieferungAbgeschlossen'. Der Name eines Events beginnt also immer mit einem Nomen gefolgt von einem Verb in der Vergangenheit. Die Events gelten als *immutable*, sie können damit auch als Historie gespeichert werden (Event Sourcing). Ereignisse sind das Kernstück der Event-Storming-Workshops nach Alberto Brandolini, siehe Abschn. 15.6.

15.2.6 Aggregate

Aggregate bestehen aus einem oder mehreren Entitätstypen und enthalten Datentypen. Ein Beispiel für ein Aggregat ist in Abb. 15.4 dargestellt: Im Aggregat ,Partner' finden sich die beiden Entitätstypen ,Partner' (aggregate root) und ,Projektvorschlag' (entity). Die Daten innerhalb eines Aggregats müssen immer innerhalb derselben Transaktion konsistent

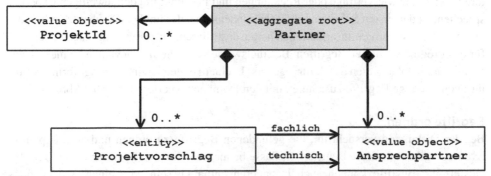

Abb. 15.4 Aggregat Partner. Dieses enthält den Entitätstyp Projektvorschlag sowie einen Datentyp für Ansprechpartner. Diese werden in unserem System nicht gesondert verwaltet und auch nicht besonders fachlich identifiziert, daher sind sie nur als Datentyp modelliert. Auf andere Aggregate wird über deren fachliche Identität verwiesen (z. B. als String dargestellt), also nicht durch Referenzen oder Zeiger im Hauptspeicher

gehalten werden. Änderungen an zusammenhängenden Daten innerhalb eines Aggregats werden damit immer zeitlich synchron und ganz oder gar nicht (atomar) ausgeführt. In der Abb. 15.4 werden Änderungen an Projektvorschlägen, Ansprechpartnern und den Partnern selbst gemeinsam bestätigt oder insgesamt verworfen. Invarianten, fachliche Konsistenzbedingungen und andere Plausibilitäten werden jeweils für das ganze Aggregat definiert und über Transaktionen abgesichert.

Wurzel des Aggregats bildet ein zentraler Entitätstyp, über dessen Identität wird das Aggregat von außen identifiziert, in der Abbildung ist das der Entitätstyp ‚Partner‘. Wurzeln könnten damit beispielsweise die Entitätstypen Kunde, Konto oder Vertrag sein. Entitäten referenzieren sich über Aggregatsgrenzen nur über die jeweilige fachliche Identität, aber nicht über direkte Referenzen (Zeiger, Foreign Keys oder Ähnliches). So werden Projekte über die ‚ProjektId‘ referenziert und nicht über eine direkte (Hauptspeicher-) Referenz. Änderungen über Aggregatsgrenzen hinweg werden asynchron über Ereignisse ausgetauscht.

15.3   Das Domänenmodell entwerfen

Die folgenden Abschnitte stellen mehrere Workshop-Techniken vor, mit denen ihr zentrale Begriffe und deren Zusammenhänge finden könnt, und auch ein logisches Datenmodell, aus dem ihr dann auch ein mögliches Datenbankschema ableiten könnt.

15.3.1 Begriffe finden

Brainstorming und Sammeln
Beim Start der Entwicklung eures Produkts habt ihr sehr viele Informationsquellen zur Verfügung. Ihr habt vorhandene Softwaresysteme und deren Dokumentation, diverse weitere Dokumente wie Verträge oder Rechnungen und ihr könnt mit den jeweiligen Experten sprechen. In den ersten Schritten müsst ihr zunächst aus der unüberschaubaren Informationsmenge die wichtigen Informationen herausdestillieren. Dazu sucht ihr zuerst nach den für das Produkt wichtigen Begriffen. Beispielsweise sucht ihr die relevanten Nomen in den verfügbaren Dokumenten des Auftraggebers. In einem ersten Brainstorming-Termin könnt ihr auch wichtige Begriffe zusammen mit den Domänenexperten sammeln (Abb. 15.5).

Begriffe ordnen
Bei der Diskussion versucht ihr, die gefundenen Begriffe zu ordnen und zu gruppieren. Eventuell gibt es mehrere Begriffe, die dasselbe meinen, das sind Synonyme. Die Begriffe clustert ihr. Begriffe können auch in anderen enthalten sein oder einen Aspekt eines anderen Begriffs bezeichnen. Ein Begriff kann auch die Verallgemeinerung oder eine

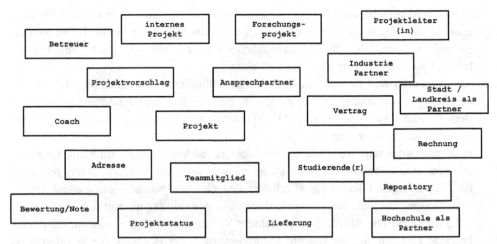

Abb. 15.5 Zum Sammeln und Ordnen der Begriffe eignet sich ein einfaches Brainstorming. Jeder Begriff wird auf eine Haftnotiz geschrieben und ihr sammelt diese auf einem großen Schreibtisch oder auf einem Whiteboard

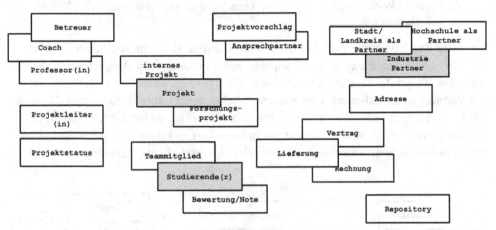

Abb. 15.6 Die Abbildung zeigt mehrere Cluster an Begriffen, beispielsweise ein Cluster Projekt und ein Cluster Partner

Spezialisierung eines anderen Begriffs sein. Alle Begriffe, die nach eurem Ermessen verwandt sind, kommen in eine Gruppe (Abb. 15.6).

Begriffe konsolidieren

Ziel der Konsolidierung ist es, möglichst wenige, aber wichtige Begriffe zu finden und mit diesen weiterzuarbeiten. Konzepte wie Vererbung oder viele Beziehungen zwischen den Begriffen machen das Modell zu kompliziert und sollten daher eher sparsam eingesetzt werden. Nun müsst ihr Entscheidungen treffen:

Streichen und verschieben: Einige der gefundenen Begriffe sind nicht relevant für euer Produkt. Sie liegen nicht in den Bounded Contexts für euer Produkt. Diese werden gestrichen. Andere Begriffe werden möglicherweise erst später für euch wichtig, diese behaltet ihr, verfeinert sie aber eventuell nicht.

Synonyme entfernen: Ihr solltet dasselbe Konzept immer mit demselben Begriff bezeichnen, um Missverständnisse zu vermeiden. Ihr entscheidet euch für einen der synonymen Begriffe und streicht die anderen. Die Synonyme werden aber im Glossar aufgeführt und als solche gekennzeichnet.

Homonyme entfernen: Wenn ein Begriff mehrere Bedeutungen haben kann, sprechen wir von einem Homonym. Auch diese müssen wir entfernen und durch präzisere Begriffe ersetzen. Gleiche Dinge erhalten den gleichen Namen, verschiedene Dinge verschiedene. Ihr führt damit für jede Bedeutung des Homonyms eigene Begriffe ein.

Verallgemeinern: Die Abb. 15.7 zeigt mehrere Varianten von Organisationen, mit denen Projekte gemacht werden können: Industriepartner, die Hochschule, die öffentliche Hand oder eventuell auch Privatpersonen. Gibt es Unterschiede zwischen den verschiedenen Auftraggebertypen, die in unserem Kontext relevant sind? Wenn die Unterschiede keine Rolle spielen, wird eine Verallgemeinerung gesucht. In unserem Fall war das Partner.

Nach der Konsolidierung habt ihr eine weitere wichtige Entscheidung getroffen: Welche Begriffe und Themen stehen im Mittelpunkt eures Produkts? Im Beispiel aus Abb. 15.7 sind das ‚Projekt‘, ‚Partner‘ und ‚Studierende‘. Unsere wesentliche Aktivität ist es, mit Partnern und Studierenden zusammen Projekte durchzuführen. Der Begriff Produkt erscheint dagegen nicht. Wären wir ein Produkthaus, wären andere Begriffe im Zentrum. Wir haben mit dem Bounded Context zur Entwicklung aus Abb. 15.3 angefangen, damit fehlen in diesem Schritt kaufmännische Aspekte oder das Thema Marketing.

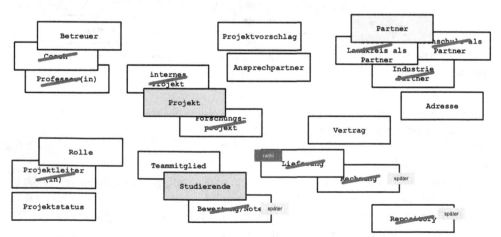

Abb. 15.7 Erste Konsolidierung der Begriffe: Unwichtiges streichen, Synonyme und Homonyme entfernen, verallgemeinern oder spezialisieren

15.3.2 Beziehungen zwischen den Begriffen

Begriffe haben Beziehungen untereinander: Hierarchische Beziehungen mit Ober- und Unterbegriffen werden auch als Taxonomien bezeichnet. In der Informatik wird ein Netzwerk mit allgemeinen Beziehungen zwischen Begriffen Ontologie genannt. Ontologien werden auch zur Wissensrepräsentation beispielsweise in KI-Systemen verwendet. Wie bei den Beziehungen zwischen Klassen in einem UML-Klassendiagramm könnt ihr folgende Beziehungen darstellen:

- Generalisierung bzw. Spezialisierung: Ein Begriff ist allgemeiner als der andere. Typisches Beispiel wäre der Begriff Tier. Dieser ist allgemeiner als der Begriff Säugetier und dieser ist allgemeiner als der Begriff Katze. Alle Katzen sind Säugetiere und alle Säugetiere sind Tiere. Es gibt aber Säugetiere, die keine Katzen sind. In UML stellt ihr diese Beziehung als Vererbung dar.
- Assoziation: Zwei Begriffe haben eine noch näher zu spezifizierende Beziehung zueinander, diese wird beispielsweise durch ein Verb ausgedrückt: Katze frisst Futter. Ein Kunde eröffnet ein Konto. Ein Sachbearbeiter löscht den Vertrag. Um Beziehungen zu finden, ist es daher wichtig, dass ihr auch Verben der Domäne untersucht und berücksichtigt.
- Aggregation: Eine besondere Form der Assoziation ist die Aggregation, umgangssprachlich ist das die ‚hat'-Beziehung. Eine Katze hat einen Kratzbaum. Eine Bank hat viele Filialen.
- Komposition: Dies ist eine ‚besteht aus'-Beziehung mit Existenzabhängigkeit. Ein Mensch besteht aus Skelett, Organen und Muskeln. Ein Auto besteht aus Rädern, einem Motor und einem Getriebe. Komposition bedeutet immer auch Existenzabhängigkeit, wenn ihr den Motor entfernt, ist das Auto nicht mehr funktionsfähig, während die Katze auch gut ohne den Kratzbaum auskommt.

15.4   Das logische Datenmodell entwerfen

Die Entitäts- und Datentypen sind wichtige Bausteine für eure Microservices [Ver17] bzw. euren Anwendungskern [Fow02]. Sie bilden das logische Datenmodell. Die Entitätstypen sind das Grundgerüst, auf dem ihr euer Produkt aufbaut. Daraus entwickelt sich die Architektur des Anwendungskerns bzw. der Microservices und auch das Datenbankschema kann daraus abgeleitet werden.

Ziel ist hier ein logisches Datenmodell, das mit wenigen wichtigen Entitäts- und Datentypen auskommt und nur wenige Beziehungen zwischen diesen enthält. Je einfacher, desto besser. Zum Finden der Entitätstypen und Datentypen bietet sich wie immer ein einfaches Brainstorming an.

1. Jedes Teammitglied schreibt in einem ersten Schritt die Entitätstypen auf Haftnotizen, die er oder sie für euer Produkt vorschlägt. Grundlage dafür bilden das Domänenmodell und beispielsweise die ersten Maskenentwürfe für die grafische Oberfläche, erste Entwürfe für gedruckte Formulare sowie User Storys und die Schnittstellen zu den Nachbarsystemen. In all diesen Entwürfen sind ja bereits Attribute zu sinnvollen Gruppen zusammengefasst, also eine Gruppe von Eingabefeldern in einem Formular oder einer GUI-Maske. In den User Storys ist häufig bereits von bestimmten fachlichen Datenstrukturen die Rede. Ihr geht im Brainstorming also alle bestehenden Entwurfs-unterlagen durch und extrahiert daraus Kandidaten für eure Entitätstypen.

2. Im Konsolidierungsschritt entfernt ihr doppelte Entitätstypen und versucht schon ein erstes Clustern. Verwandte Entitätstypen werden nahe zusammen als Haftnotiz auf ein Whiteboard geklebt. Ihr überlegt zusätzlich für jeden Entitätstyp, ob dieser in eurem Produkt nicht eher ein Datentyp ist. Faustregel ist hier: Wenn der Entitätstyp eine sinnvolle eigene fachliche Identität hat (z. B. Vertragsnummer, Kontonummer, Personalausweisnummer etc.) dann ist dieser tatsächlich ein Entitätstyp. Wenn dieser in eurem Produkt keine sinnvolle Identität hat, dann ist es eher ein Datentyp.[1], beispielsweise Adresse, Währung oder Flughafencode.

3. Wenn ihr die Entitätstypen gefunden habt, spielt ihr einige User Storys auf dieser Grundlage durch. Ihr prüft jetzt, ob die Entitätstypen richtig geschnitten sind. Wenn jede User Story jeweils nur eine oder wenige Entitäten betrifft, habt ihr gute Entitätstypen gefunden. Daten, die sich häufig gemeinsam ändern, sollten eher in demselben Entitätstyp zusammengefasst sein. Wenn sich bei jeder User Story praktisch alle Entitäten ändern, habt ihr die Attribute ungünstig aufgeteilt, dann müsst ihr die Entitätstypen anders zusammensetzen. Daten sollten in verschiedenen Entitätstypen zusammengefasst sein, wenn diese unabhängig voneinander bearbeitet werden.

15.4.1 Beziehungen festlegen

In einem letzten Schritt überlegt ihr euch die Beziehungen zwischen den Entitätstypen (Abb. 15.8). Ihr verwendet dazu wieder Vererbung, Assoziation, Aggregation und Komposition. Geht sparsam mit diesen Beziehungen um, denkt hier erstmal eher prozedural. Das logische Datenmodell soll möglichst einfach verständlich sein. Eine Vererbungshierarchie der Tiefe 9 trägt nicht unbedingt dazu bei. Wenn die Klassen eurer Implementierung viele Beziehungen zueinander haben, sind diese nur mit Mühe konsistent zu halten. Middleware-Schnittstelle und Datenbankschema werden auch unnötig kompliziert.

---

[1] Man spricht hier auch von abhängigen Entitäten [Saa18]. Diese haben im relationalen Datenbank-entwurf später keinen eigenen Primärschlüssel.

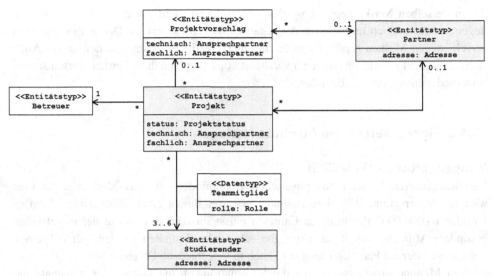

Abb. 15.8 Entitätstypen und Datentypen: Nun sind nur noch zentrale Entitätstypen sichtbar und die Datentypen finden sich nur noch bei den Attributen wieder. Für die Entitätstypen baut ihr eigene Anwendungsteile, eigene Verwaltungsdialoge etc.

Aggregate

Schon vor über 20 Jahren haben wir Anwendungskerne mit Entitätstypen und Datentypen entworfen [Sie02, Fow02, Oes12]. Die Grundregeln haben sich seitdem kaum geändert und werden von verschiedenen Autoren in ähnlicher Weise dargestellt.

Häufiges Problem solcher logischen Datenmodelle ist, dass diese im Laufe des Projekts sehr groß werden und leicht weit über 100 Entitätstypen umfassen. Aus einem anfangs einfachen System mit überschaubarem Datenmodell wächst über die Jahre ein Monolith. Ein wesentlicher Beitrag von Eric Evans zur Beherrschung großer logischer Datenmodelle ist sein Begriff des Aggregats und der Begriff des Bounded Contexts im Rahmen seines strategischen Designs [Eva03]:

Ein logisches Datenmodell wird in verschiedene Aggregate aufgeteilt. Jedes Aggregat repräsentiert einen abgeschlossenen Teil des logischen Datenmodells rund um einen Kern-Entitätstyp. Das Beispiel in Abb. 15.4 zeigt das Aggregat Partner.

Um die Aggregate gut zu schneiden, braucht ihr wie beim Schnitt der Entitätstypen eine gute Vorstellung, was mit eurem Produkt später gemacht wird. Ihr braucht bereits eine umfangreiche Liste mit User Storys oder Anwendungsfällen. Ihr gruppiert die Entitätstypen in einem ersten Schritt zu Aggregaten, so wie es euch sinnvoll erscheint. In einem zweiten Schritt spielt ihr die wichtigsten User Storys durch.

Die Aggregate müssen so geschnitten sein, dass sich die Daten, die häufig gemeinsam geändert werden, im selben Aggregat befinden. Daten, die immer konsistent sein müssen, sollten ebenfalls im selben Aggregat sein. Wenn es bereits erste Maskenentwürfe gibt oder Entwürfe für das Druck-Layout, könnt ihr diese als Grundlage verwenden. Daten, die in derselben Maske gepflegt werden oder sich auf demselben Ausdruck befinden, liegen wahrscheinlich im gleichen Aggregat. Umgekehrt könnt ihr Daten, die immer in verschiedenen Masken gepflegt werden, in unterschiedliche Aggregate definieren. Auch Daten, die nicht sofort, sondern auch verzögert konsistent gehalten werden, dürfen sich in verschiedenen Aggregaten befinden.

15.4.2 Eigenschaften und Attribute festlegen

Mengengerüst und Volatilität

Für den späteren Entwurf des physischen Datenmodells ist das Mengengerüst eine wichtige Information. Wie viele Entitäten erwartet ihr zu einem Entitätstyp? Sind es 10 oder 10.000.000? Bei wenigen Entitäten müsst ihr dem Entwurf in der Regel keine besondere Aufmerksamkeit schenken. Bei sehr vielen Entitäten werden später Themen wie Indexe oder die Partitionierung der Daten in verschiedene Datenbanken wichtig.

Zum Mengengerüst gehört auch die Information, ob die Daten eher konstant sind oder sich rapide ändern, die Volatilität. Daten wie Name und Anschrift ändern sich eher selten und es kommen eher wenige Entitäten hinzu. Solche Daten werden auch als Stammdaten bezeichnet. Daten, die einzelne Telefonate in einem Einzelgebührennachweis darstellen, sind einer sehr hohen Änderungsrate unterworfen. Diese Daten heißen auch Bewegungsdaten.

Fachliche Identität

Jeder Entitätstyp verfügt definitionsgemäß über eine eigene fachliche Identität. Das ist beispielsweise bei einem Versicherungsvertrag die Vertragsnummer oder bei einem Personalausweis die Ausweisnummer. Für jeden Entitätstyp legt ihr diese Identität verbindlich fest.

Diese kann später in einer relationalen Datenbank der Primärschlüssel werden oder in einem Key-Value-Store der Key. Auch auf den Quelltext wirkt sich diese Entscheidung aus, in Java berücksichtigt ihr beispielsweise nur dieses Attribut oder diese Attribute in der `equals`-Methode oder in C++ im überladenen ==-Operator.

Attribute und Datentypen

Ein Entitätstyp wird über seine Attribute beschrieben. Über die Datentypen der Attribute und deren Namen könnt ihr für ein möglichst aussagekräftiges logisches Datenmodell sorgen.

Verwendet für die Namen der Attribute nur Bezeichnungen aus der jeweiligen Domäne. Ein Mitarbeiter eures Auftraggebers muss die Bedeutung der Attribute ohne weitere Erläuterungen von euch verstehen können (Ubiquitous Language). Für die Datentypen gilt dasselbe. Natürlich könnt ihr eine Zeichenkette (String) als universellen Datentyp verwenden, damit lässt sich praktisch alles darstellen: Geldbetrag, Datum oder Kontonummer.

Die Prüfung der Daten auf fachliche Plausibilität wird damit aber schwierig und für den Leser des Datenmodells ist es schwierig zu raten, welche Daten wo erlaubt sind.

Wenn ihr beispielsweise ein Datum als Zeichenkette darstellt, könnte ein Benutzer ‚23.02.2021‘ schreiben, der andere schreibt ‚20210223‘ und der dritte tippt ‚23. Februar 21‘. Diese Zeichenketten stellen dasselbe Datum dar. Irgendwo müsst ihr aber für einheitliche Darstellung sorgen, sonst könnt ihr nicht sortieren oder gezielt suchen.

Plausibilitätsregeln

Wann genau sind die Attribute in einer Entität plausibel? Plausibel bedeutet beispielsweise, dass alle Attribute entweder nicht oder mit fachlich korrekten Daten befüllt sind. Das Attribut Postleitzahl sollte für eine deutsche Adresse nicht Werte wie ‚ABCD‘ oder ‚123456‘ beinhalten. Ein Datum sollte korrekt sein und beispielsweise keinen 30.02.2020 erlauben. Ein Attribut zur Zahl von Personen sollte nur positive, ganze Zahlen enthalten, eine Dienstreise mit −2.3 Menschen wird schwierig.

Die Plausibilitätsregeln könnt ihr im einfachsten Fall über einen passenden Datentyp darstellen. Der Datentyp Date lässt hoffentlich keinen 35.10.2020 zu und der Datentyp IBAN berechnet hoffentlich auch die Prüfsumme korrekt. Der Aufzählungstyp Anrede erlaubt nicht die Anrede ‚Hoschi‘. Beispiele für Regeln sind:

- Minimale und maximale Länge einer Zeichenkette
- Regulärer Ausdruck, der zulässige Zeichenketten beschreibt, beispielsweise für E-Mail-Adressen oder IP-Adressen.
- Aufzählungen enthalten eine Liste der erlaubten Werte.
- Untere und obere Grenzen für Datums- oder Zahlenangaben. Für das Attribut Alter wären das beispielsweise Werte zwischen 0 und maximal 150.

Es gibt auch Regeln, die mehr als ein Attribut betreffen. Beispielsweise enthält die deutsche Sozialversicherungsnummer das Geburtsdatum und den Anfangsbuchstaben des Geburtsnamens der Person. Damit müssen die drei Attribute Sozialversicherungsnummer, Geburtsname und Geburtsdatum plausibel sein.

Eventuell könnt ihr umfangreichere Plausibilisierungen vorsehen, beispielsweise bei einem Adressfeld prüfen, ob diese Adresse wirklich existiert.

Die Plausibilitätsregeln innerhalb einer Entität gelten normalerweise synchron. Das heißt jede Änderung der Attribute innerhalb eines Verarbeitungsschritts (Transaktion) führt von einem konsistenten Zustand in den nächsten, oder es gibt eine Fehlermeldung.

Letzte wichtige Information zur Plausibilität ist, ob das Attribut überhaupt mit Daten gefüllt sein muss oder ob es auch die leere Zeichenkette oder `null` (für nicht belegt) sein darf. Diese Regel wird auch als Muss/Kann-Plausi bezeichnet. In der grafischen Oberfläche kann der Benutzer solange die Maske nicht verlassen, bis alle Muss-Felder ausgefüllt sind.

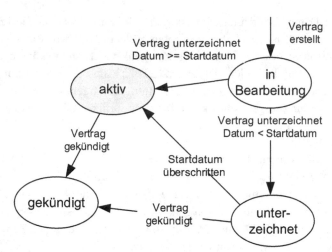

Abb. 15.9 Zustandsmodell eines Vertrags. Dieser hat die Zustände ‚in Bearbeitung‘, ‚aktiv‘, ‚inaktiv‘ und ‚gekündigt‘. Eingabealphabet sind fachliche Ereignisse, ein Vertrag kann unterschrieben und gekündigt werden und er tritt irgendwann in Kraft. Daher gibt es die Symbole ‚VertragUnterzeichnet‘, ‚VertragGekündigt‘ und ‚StartdatumÜberschritten‘

Zustandsmodell

Einige Entitätstypen durchlaufen ein Zustandsmodell. Ein Vertrag könnte beispielsweise die Zustände ‚in Bearbeitung‘, ‚aktiv‘, ‚inaktiv‘ und ‚gekündigt‘ haben, wie es in Abb. 15.9 dargestellt ist. Wenn es ein Zustandsmodell gibt, solltet ihr dieses mit samt des Eingabealphabets (= Methoden zur Änderung des Zustands) als endlichen Automaten modellieren. So habt ihr ein vollständiges Bild und vergesst keinen Sonderfall.

15.4.3 Besondere Themen

Einige Themen sind für den Entwurf des logischen Datenmodells wichtig, werden aber gerne vergessen.

Mandantenfähigkeit

Nicht jeder Benutzer sollte alle Daten im System sehen dürfen. Ein Konzept, den Zugriff zu organisieren, sind Mandanten. Idee ist, dass die Software von mehreren Mandaten gleichzeitig genutzt wird. Die Software kann dabei die Daten dem jeweiligen Mandanten zuordnen. Sodass jeder Mandant nur seine eigenen Daten kennt.

Ihr könnt die Mandantenfähigkeit durch ein zusätzliches Attribut ermöglichen. Alle Entitätstypen erhalten das Attribut `Mandant`, das mit einem passenden Datentyp kennzeichnet, wem die Entitäten jeweils gehören.

Mehrsprachigkeit

Mehrsprachigkeit ist kein Problem, das sich nur in der grafischen Oberfläche lösen lässt. Möglicherweise habt ihr ein Kommentarfeld bei einem Entitätstyp. Der Kommentar könnte in unterschiedlichen Sprachen verfasst werden. Vielleicht gibt es gleichzeitig einen spanischen, einen englischen und einen chinesischen editierbaren Kommentartext. Daher benötigt ihr für jede Sprache ein Attribut für das Kommentarfeld oder einen besonderen Datentyp, mit dem ihr die Kommentare in verschiedenen Sprachen verwalten könnt. Zusätzliche Attribute braucht ihr für jede Information, deren Werte in verschiedenen Sprachen abgefasst werden.

Historisierung

Eine Versionsverwaltung beherrscht Historisierung, denn damit könnt ihr eure Dateien wieder auf den Zustand von letzter Woche oder dem letzten Monat zurückversetzen. Außerdem wisst ihr, wer wann etwas geändert hat. In vielen Anwendungen müsst ihr wissen, was euer Informationsstand vor einer Woche oder einem Monat war und wer was geändert hat.

Um solche Daten bei einem Entitätstyp zu erfassen, braucht ihr mindestens ein Attribut mit dem Datum der letzten Änderung. Dieses Attribut enthält einen Zeitstempel, wann die Änderung stattgefunden hat. Zusätzlich könnt ihr euch in einem weiteren Attribut den Benutzer merken, der die Änderung durchgeführt hat.

Wichtig ist es, für jede Änderung einer Entität diese erneut zu speichern. Wenn es 100 Änderungen des Kunden 4711 gegeben hat, dann findet sich diese Entität mindestens 100-mal in der Datenbank. In einer relationalen Datenbank ist der Zeitstempel der Änderung Bestandteil des Primärschlüssels.

Vor- und Rückdatierung

Besonders bei Versicherungen müsst ihr Verträge vor- und rückdatieren können. Die Implementierungen eurer User Storys müssen mit solchen Daten umgehen können. Für einen Vertrag gibt es damit zwei Datumsangaben: Wann wurde der Vertrag geändert (Historisierung) und ab wann gelten die Vertragsbedingungen? Die Vertragsbedingungen sind möglicherweise vor dem Änderungsdatum bereits gültig (Rückdatierung) oder treten erst nach dem Änderungsdatum ein.

Ihr braucht damit für solche Entitätstypen ein Attribut, das das Änderungsdatum darstellt, damit könnt ihr historisieren und ein weiteres Datum, dass den Zeitpunkt des Vertragsbeginns modelliert.

15.4.4 Verarbeitungsverzeichnis und die DSGVO

Das logische Datenmodell ist der passende Ort, an dem ihr euch über die Einhaltung der Datenschutz-Grundverordnung Gedanken machen könnt. Sobald sich euer Produkt mit personenbezogenen Daten beschäftigt, müsst ihr euch mit dem Thema Datenschutz intensiv beschäftigen.

Der Name, die Anschrift, der Beruf, die Telefonnummer oder das Autokennzeichen sind Beispiele für personenbezogene Daten. Kritisch sind hier besonders Daten zum Gesundheitszustand, der Krankengeschichte sowie der politischen oder religiösen Überzeugung von Personen. Wenn diese Daten in falsche Hände geraten, macht ihr euch unter Umständen strafbar (§ 42 BDSG). Verstöße gegen die DSGVO können hohe Geldstrafen zur Folge haben. Worauf müsst ihr im Datenmodell achten:

Grundsatz der Datenminimalität Achtet beim Entwurf des Datenmodells darauf, dass ihr wirklich nur die Daten erhebt, die euer Produkt wirklich zum Arbeiten braucht.

Expliziter Lebenszyklus Ihr dürft die Daten nur so lange speichern, wie ihr die Daten wirklich benötigt, um für diese Person eine Dienstleistung zu erbringen. Danach müssen die Daten automatisch wieder gelöscht werden, soweit das geht. Für jeden Entitätstyp müsst ihr euch daher überlegen, wann die Daten erfasst, wann verarbeitet und wann wieder gelöscht werden.

Auskunft ermöglichen Jede Person hat ein Auskunftsrecht über die Daten, die ihr über sie gespeichert habt. Damit müsst ihr beim Bau eures Produkts absichern, dass ihr diese Auskunft als Bericht oder Ähnliches erteilen könnt.

Löschen ermöglichen Jede Person, deren Daten ihr speichert, kann zu praktisch jedem Zeitpunkt verlangen, dass ihre Daten gelöscht werden. Ihr müsst daher das logische und auch das physische Datenmodell so entwerfen, das dies unter Einhaltung anderer Gesetze möglich ist. Beispielsweise müsst ihr die Rechnungen trotzdem aufheben, aus steuerlichen Gründen.

Zugriffsrechte festlegen Nicht jeder Benutzer eures Produkts darf alle gespeicherten Daten sehen, auch nicht der Administrator. Für die gespeicherten Daten müsst ihr daher Regeln festlegen, wer diese Daten unter welchen Umständen sehen darf und wie eventuell lesende und schreibende Zugriffe auf diese Daten dokumentiert werden.

Besonders schützenswerte Daten erkennen Die Daten im System sind unterschiedlich kritisch. Besonders schützenswert sind beispielsweise medizinische Daten von Personen. Hier müsst ihr eventuell gesonderte Vorkehrungen zum Schutz treffen. Daher ist es wichtig, diese Daten bereits im Entwurf zu erkennen.

Über die erfassten Daten erstellt ihr daher ein Verarbeitungsverzeichnis (Verzeichnis der Verarbeitungstätigkeiten), in dem ihr die notwendigen Festlegungen zu den gespeicherten Daten dokumentiert.[2] Dies fordert die DSGVO in Artikel 30. Auch eure Maßnahmen, die Daten gegen unberechtigten Zugriff zu schützen, werden dort dokumentiert. Folgende Themen sollten vorkommen:

---

[2] Eine Vorlage findet ihr beim bayrischen Landesamt für Datenschutzaufsicht https://www.lda.bayern.de/de/muster.html.

- Verarbeitungstätigkeit: Was wird mit den Daten getan, z. B. Buchhaltung, Personalverwaltung, Kundenverwaltung oder Betrieb der Webseite?
- Ansprechpartner: Wer ist für die Verarbeitung verantwortlich, z. B. die Geschäftsführerin?
- Datum der Einführung: Seit wann werden die Daten verarbeitet? Wann wurde/wird die Software eingeführt?
- Zwecke der Verarbeitung: Warum werden die Daten verarbeitet, was ist das Ziel? Beispielsweise Gehälter auszuzahlen, Personalbeschaffung, Bearbeitung von Aufträgen, …
- Kategorie von betroffenen Personen, deren Daten verarbeitet werden: beispielsweise Kunden, Mitarbeiter, Bewerber, …
- Kategorie von personenbezogenen Daten: beispielsweise Name, E-Mail, Anschrift, Geburtstag …
- Kategorie von Empfängern: Wer erhält Zugriff auf die Daten, wer arbeitet mit ihnen? Beispielsweise Personalabteilung, Steuerberater, bestimmte Sachbearbeiter …
- Löschfristen: Wie lange müssen die Daten gespeichert werden? Beispielsweise gibt es gesetzliche Aufbewahrungsfristen von 10 Jahren für Rechnungen.
- Technische/organisatorische Maßnahmen (TOM): Welche Maßnahmen werden zum Schutz der Daten ergriffen? Denkbar ist beispielsweise die gesonderte Verschlüsselung bestimmter Daten.

Das Verarbeitungsverzeichnis ist noch vergleichsweise allgemein. Es bietet sich an, dass ihr für jeden Entitätstyp erfasst, wie lange dieser gespeichert werden muss – aus betrieblichen oder gesetzlichen Gründen. Welche Rolle auf welche Daten zugreifen darf, ist ebenfalls hilfreich für den Entwurf der Architektur sowie die Entwicklung der Quelltexte.

15.5   Das physische Datenmodell entwerfen

Ein relationales Datenbankschema samt der Information, wie die Entitätstypen darauf abgebildet werden, ist ein Beispiel für ein physisches Datenmodell. Ein gerichteter Graph oder baumartige Strukturen in JSON oder XML sind weitere Beispiele. Erst im physischen Datenmodell müsst ihr die Persistenztechnologie festlegen. In den letzten Jahren ist hier eine ganze Reihe von Möglichkeiten dazugekommen, unter anderem sind das:

- Relationale Datenbankmanagementsysteme. Die Entitätstypen werden vereinfacht gesagt zu Tabellen und die Attribute zu deren Spalten.
- Column-based-Datenbanken arbeiten noch mit Tabellen, speichern die Daten aber nicht zeilenweise, sondern spaltenweise. Diese Struktur erleichtert die Datenanalyse und die Aggregation von Daten.

- Key-Value- oder Document-Stores wie MongoDB identifizieren die Daten über einen Key, häufig ist das eine einfache Zeichenkette. Die Daten selbst werden beispielsweise als Zeichenkette im JSON-Format dargestellt.
- Graphdatenbanken wie Neo4J stellen ihre Daten als gerichteten Graph dar.
- Objektorientierte Datenbanken speichern direkt die Objekte aus eurem Anwendungskern. Diese waren Ende der 1990er-Jahre sehr populär, haben sich aber offenbar nicht durchsetzen können.

Euer Produkt muss bestimmte Qualitätsanforderungen erfüllen. Über den Entwurf des physischen Datenmodells könnt ihr deren Erfüllung unterstützen bzw. erreichen. Anforderungen sind unter anderem:

- Antwortzeiten für einzelne Queries und Updates.
- Durchsatz, damit auch die Zahl der zu erwartenden parallelen Queries und Updates von eventuell vielen Benutzern verarbeitet werden kann.
- Sperrverhalten und Isolation: Verschiedene Benutzer sollten sich möglichst nicht gegenseitig behindern können. Beispielsweise wenn zwei Benutzer zufällig dieselben Daten bearbeiten: Wollt ihr Konflikte vermeiden, indem ihr die Daten sperrt? Oder wollt ihr Konflikte erkennen können und dem Benutzer ermöglichen, diese zu beheben? Ihr müsst entscheiden, ob ein Benutzer die nicht bestätigten Änderungen anderer Benutzer sehen darf.
- Verteilbarkeit: Könnt ihr die Daten eventuell auf mehrere Datenbanken aufteilen? Diese könnten auch an verschiedenen Standorten auf dem Globus sein.
- Skalierbarkeit: Von einem Applikationsserver könnt ihr im Zweifel beliebig viele Instanzen starten. Da die Server eventuell auf denselben Daten arbeiten und diese konsistent bleiben sollen, gibt es im Hintergrund eventuell nur ein einziges Datenbankmanagementsystem. Dieses kann die Skalierbarkeit deutlich einschränken.
- Konsistenz: Die Daten sollen zumindest zu definierten Zeitpunkten konsistent sein.

Um das physische Datenmodell sinnvoll zu entwerfen und auch um die Persistenztechnologie auszuwählen, reicht es nicht aus, nur die Daten zu kennen. Ihr braucht ein genaues Verständnis davon, was mit den Daten wo, wie oft und von wem gemacht wird. Welche Daten werden häufig geändert, welche selten? Welche Daten werden häufig gemeinsam verwendet, welche Daten werden immer getrennt dargestellt und modifiziert? Welche Konsistenzbedingungen müsst ihr einhalten und zu welchem Zeitpunkt?

Häufig gemeinsam genutzte Daten sollten nahe beieinander gespeichert werden, notfalls redundant (Denormalisierung). Nicht gemeinsam genutzte Daten könnt ihr in verschiedene Datenbanken stecken. Ist die Nutzung der Daten eher eine übergreifende Analyse, dann bieten sich relationale Datenbanken an, oder geht es eher um die Pflege komplexerer Datengeflechte, hierfür wären die Document-Stores eventuell geeignet. Oder geht es um die Suche in komplexen Datengeflechten wie etwa dem Geflecht aus Freunden in einer Social-Media-Anwendung, hier wäre der Einsatz einer Graphdatenbank zu prüfen.

Für die derzeit dominierenden relationalen Datenbanken entwerft ihr die Tabellen und wählt die Datentypen der jeweiligen Spalten aus. Um die Zugriffszeiten zu verringern, bieten sich Indexe an der einen oder anderen Stelle an. Details zum Entwurf relationaler Datenbankschemata findet ihr in der gängigen Datenbankliteratur, z. B. bei Saake et al. [Saa18] oder bei Kemper und Eickler [Kem15].

15.6 Prozesse betrachten: Event Storming

Euer Produkt unterstützt Abläufe in der realen Welt. Das können beispielsweise die primären oder sekundären Geschäftsprozesse eures Auftraggebers sein. Mithilfe der primären Geschäftsprozesse verdient er sein Geld, die sekundären Geschäftsprozesse unterstützen ihn dabei. Euer Produkt unterstützt vermutlich nur einen Teil der Prozesse, andere Teile werden manuell ausgeführt oder finden in anderen Systemen statt. Ihr müsst hier entscheiden, welcher Teil der Abläufe von eurem Produkt unterstützt werden soll und welcher nicht. Dazu braucht ihr aber ein Modell dieser Prozesse, um diese Entscheidungen zu treffen. Eine Technik aus dem Bereich der agilen Methoden ist das Event Storming nach Alberto Brandolini [Bra21].

Die Technik des Event-Stormings wurde von Brandolini 2013 in einem Blog-Post vorgeschlagen [Ver17]. Event-Storming kann verwendet werden, um die für das Produkt relevanten Geschäftsprozesse zu erarbeiten und davon ein gemeinsames Verständnis zu entwickeln, daher ist es wichtig, dass die ‚richtigen' Leute an diesem Workshop teilnehmen, also Mitarbeiter verschiedener Fachabteilungen und das Entwicklungsteam.

Zur Vorbereitung wird eine möglichst große Fläche an einer Wand benötigt, Brandolini fordert hier ein Minimum von 10 Metern Breite. An dieser Fläche wird eine Papierbahn befestigt. Diese Bahn stellt die Zeitachse dar. Beispielsweise beginnend beim ersten Kontakt des Unternehmens mit dessen Kunden (ganz links) bis hin zur Abrechnung eines Kaufes über einen Zahlungsdienstleister, das Inkasso und die Lieferung (ganz rechts). Fokus des Workshops ist ein Geschäftsprozess bzw. ein Ablauf im Unternehmen.

Alle Teilnehmer erhalten orange Haftnotizen und beschriften diese in einer ersten Brainstorming-Phase alleine mit fachlichen Ereignissen (Business Events [Eva03, Ver17]). Ein Ereignis wird beschrieben durch einen Gegenstand und ein Verb in der abgeschlossenen Vergangenheit (Partizip Perfekt). Beispiele sind: ‚Bestellung aufgegeben', ‚Lieferung erfolgt' oder ‚Zahlung angewiesen'. Abb. 15.10 zeigt ein Beispiel. Wenn den Teilnehmern die Technik noch nicht vertraut ist, könnt ihr als erste Übung auch den Plot eines Märchens modellieren, z. B. die Events aus Dornröschen.

Die Teilnehmer kleben nun die Ereignisse in ihrer logischen Reihenfolge hintereinander auf. So entsteht nach und nach eine große Kette von Ursachen und Wirkungen: Ein

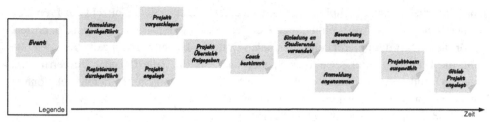

Abb. 15.10 Brainstorming der Domain/Business Events

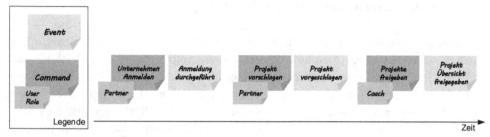

Abb. 15.11 Ergänzung der Commands

Ereignis löst ein darauf folgendes Ereignis aus. Ihr geht die Folge der Ereignisse noch mal durch. Spielt den Prozess bzw. den Ablauf Event für Event durch. Möglicherweise fehlt ein Event oder andere sind redundant. Alle Anwesenden, speziell die Mitarbeiter aus den Fachabteilungen eures Auftraggebers, müssen den Ablauf genau verstanden haben. In den Köpfen sollte ein gemeinsames Bild entstehen.

In einem zweiten Verfeinerungsschritt werden zu den Ereignissen Kommandos ergänzt. Die Kommandos lösen jeweils das Event aus. Die Kommandos werden als blaue Haftnotizen dargestellt. Die Kommandos werden um die Anwendergruppe (Persona) ergänzt, welche das jeweilige Kommando ausgelöst hat. Die Anwendergruppe wird mit kleineren gelben Klebezetteln dargestellt. Ein Beispiel findet sich in Abb. 15.11.

Die nach der Konsolidierung entstandene Folge von Business-Events kann nun weiter verfeinert werden, bis ihr auch das (Geschäfts-)Datenmodell damit besser versteht. Zwischen Kommando und Business Event ergänzt ihr die Entitätstypen, welche durch das Kommando benötigt bzw. modifiziert werden. Die gefundenen Entitätstypen können dann zu Aggregaten weiter verfeinert werden. Ein einfaches Beispiel ist in Abb. 15.12 dargestellt.

Im Laufe der Verfeinerung des Modells können ggf. verschiedene Bounded Contexts unterschieden werden. Auch diese zeichnet ihr in den Ablauf ein, wie es in Abb. 15.13 gezeigt wird.

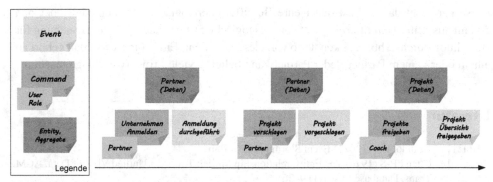

Abb. 15.12 Ergänzung der Aggregate bzw. Entitätstypen

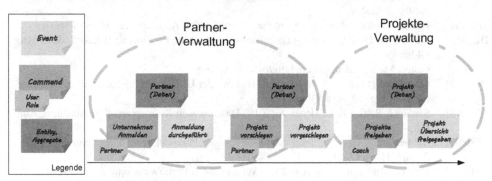

Abb. 15.13 Finden größerer Strukturen: Bounded Context

15.7 Schnelles Lernen

15.7.1 Arbeitet am Whiteboard

Während des Projekts sollten alle Beteiligten dasselbe Verständnis der Begriffe, Abläufe und der Daten haben. Dies wird schwierig, wenn das Datenmodell von einem Teammitglied alleine in dessen Büro erstellt wird. Das Wissen verbreitet sich schneller und wird besser akzeptiert, wenn mehrere Personen das Modell gemeinsam erstellen. Hierfür bietet sich die Arbeit an einem gemeinsamen Whiteboard an. Ihr lernt voneinander, wie man modelliert und nach einer gemeinsamen Sitzung haben alle Beteiligten hoffentlich dasselbe Verständnis der Begriffe, Daten oder Abläufe.

15.7.2 Design durchsprechen

Diagramme und auch Whiteboards voller Haftnotizen sehen am Ende eurer Workshops meist plausibel aus. Speziell UML-Diagramme vermitteln eine Präzision, die möglicherweise gar nicht da ist. Lest daher eure Begriffe, euer logisches Datenmodell oder den Ablauf aus dem Event Storming laut vor. Das logische Datenmodell geht ihr Beziehung für Beziehung durch. Abb. 15.8 könnte so vorgelesen werden: ‚Ein Projektvorschlag gehört zu einem oder keinem Partner. Jeder Partner kann beliebig viele Projektvorschläge machen.'

Literatur

[Bra21]   Brandolini A (2021) Event Storming. LeanPub
[Che76]   Chen PP-S (1976) The Entity-relationship Model; Toward a Unified View of Data. ACM
          Trans. Database Syst 1(1):9–36
[Eva03]   Evans E (2003) Domain-Driven Design: Tacking Complexity In the Heart of Software.
          Addison-Wesley
[Fow02]   Fowler M (2002) Patterns of Enterprise Application Architecture. Addison-Wesley
[Kem15]   Kemper A, Eickler A (2015) Datenbanksysteme: Eine Einführung, 10. Aufl. de Gruyter
          Oldenbourg
[Obj]   Object Management Group. http://www.omg.org
[Oes12]   Oestereich B (2012) Analyse und Design mit der UML 2.5: Objektorientierte Software-
          entwicklung, 10. Aufl. Oldenbourg
[Saa18]   Saake G, Sattler K-U, Heuer A (2018) Datenbanken Konzepte und Sprachen, 6. Aufl.
          mitp-Verlag
[Sie02]   Siedersleben J (Hg) (2002) Softwaretechnik: Praxiswissen für Softwareingenieure,
          2. Aufl. Hanser Verlag
[Uni11]   Unified Modeling Language (2011) Version 2.4.1. http://www.omg.org/spec/UML/
[Ver17]   Vernon V (2017) Domain-Driven Design kompakt: Übersetzt von Carola Lilienthal und
          Henning Schwentner. dpunkt.verlag

Architektur 16

Kann man denn nicht einfach drauflosprogrammieren? Es heißt doch immer, dass sich das Design ‚emergent‘ ergeben würde, schließlich kann mal alles durch Refactoring korrigieren? Für einige Systeme mag das zutreffen, da es sich um einfache Prototypen oder um Systeme handelt, die ihr schon sehr oft gebaut habt. Ein eigenständiger Entwurf einer Architektur oder das BDUF (Big Design Up Front) ist dagegen in folgenden Fällen notwendig:

- Ihr arbeitet in einem großen Team. Die jeweiligen Mitarbeiter und Teilteams müssen unabhängig voneinander arbeiten können, sonst wird der Abstimmungsbedarf zu hoch. Über eine passende Strukturierung der Software und der Quelltexte sowie über sauber definierte Schnittstellen stellt ihr das sicher.
- Das System ist in irgendeiner Weise mit dem Internet verbunden. Es kann also von außen angegriffen werden. Über die Architektur macht ihr euch klar, an welchen Stellen Angriffe erfolgen können und wie ihr das System dagegen schützen könnt.
- Eventuell muss das System sehr viele Benutzer parallel verkraften. Hier wird in der Regel Skalierbarkeit gefordert. Auch diese muss über eine passende Architektur sichergestellt werden.
- Das System ist sicherheitskritisch und eine Norm oder die Anforderungen des Auftraggebers fordern eine umfangreiche Architekturdokumentation.

Das waren erste Argumente, warum ihr euch um die Softwarearchitektur sowie die Architektur des gesamten Systems kümmern müsst.

© Springer Fachmedien Wiesbaden GmbH, ein Teil von Springer Nature 2022
G. Beneken et al., *Grundkurs agiles Software-Engineering*,
https://doi.org/10.1007/978-3-658-37371-9_16

16.1   Was ist Architektur?

Nick Rozanski und Eoin Woods definieren Softwarearchitektur ganz treffend: *The set of design decisions that, if made wrongly, cause your project to be cancelled* [Roz05]. Im Architekturentwurf trefft ihr offenbar Entscheidungen, die später nur mit großem Aufwand korrigierbar sind. Was sind das für Entscheidungen und welche Konsequenzen haben sie? Eine Softwarearchitektur beinhaltet laut ISO 42010:2011 [ISO] (früher IEEE 1471):

> Fundamental concepts or properties of a system in its environment embodied in its elements, relationships, and in the principles of its design and evolution.

Wir finden in der Definition grob drei Themen: erstens die Bestandteile (elements) des Systems, zweitens seine Strukturen (relationships) sowie drittens die Prinzipien, die seinem Entwurf und der Weiterentwicklung zugrunde liegen. Die Architektur gibt es in eurer Vorstellung (fundamental concepts) und sie zeigt sich in wahrnehmbaren Eigenschaften des Systems (properties).

Für euer Produkt entscheidet ihr, welche Bestandteile ihr verwendet, wie ihr diese anordnet und miteinander kommunizieren lasst. Ihr entscheidet auch, durch welche grundlegenden Prinzipien ihr euch dabei leiten lasst. Die Architektur entsteht durch eure Architekturentscheidungen und die Implementierung bzw. Konfiguration, welche diese Entscheidungen umsetzt.

Ihr entscheidet beispielsweise, welche Persistenztechnologien ihr verwenden wollt: Relationale Datenbankmanagementsysteme oder doch eher Dokument-Datenbanken? Zusätzlich entscheidet ihr das konkrete Produkt: MySQL, PostgreSQL oder doch eher MongoDB? Die Bestandteile könnt ihr unterschiedlich in Strukturen anordnen und kommunizieren lassen: beispielsweise als Microservice-Architektur, als ereignisgesteuerte Architektur oder als serviceorientierte Architektur.

Mit den Architekturentscheidungen beeinflusst ihr die Kosten für den Bau, die Wartung und den Betrieb eures Produkts. Die Qualitätseigenschaften werden durch Architekturentscheidungen sowie deren Implementierung bestimmt. Die Persistenztechnologie entscheidet beispielsweise, welche Arten von Anfragen besonders gute Antwortzeiten haben oder wie gut die Daten auf mehrere Server verteilt werden können.

Bei den Architekturentscheidungen könnt ihr euch von Prinzipien leiten lassen, damit dienen Prinzipien als eine Art Strategie. Das Minimalitätsprinzip ist beispielsweise für agile Methoden zentral: Lasst alles weg, was gerade nicht unbedingt notwendig ist. Ein anderer Name dafür ist YAGNI (you ain't gonna need it).

16.2 Überblick

16.2.1 Wie viel Architekturarbeit am Anfang?

BDUF steht für *Big Design Up Front* und gilt vielfach als Relikt aus der Wasserfallära. Eine Architektur ist dort das stabiles Gerüst für das Produkt, wie die Stahlträger in einem Wolkenkratzer. Dieses Gerüst wird weit vor der Implementierung entworfen und im DV-Konzept [Den92] oder in der Architekturspezifikation [V-M14] niedergeschrieben.

Im Manifest für agile Softwareentwicklung steht das Wort *over* bzw. *mehr als*: *Funktionierende Software mehr als umfassende Dokumentation.* Das heißt also nicht, dass die Dokumentation entfällt, sie hat lediglich geringere Priorität und wird nicht (mehr) als Fortschrittsmaß für Projekte verwendet. Ihr könnt daher durchaus eine Architekturspezifikation schreiben oder zumindest eine Kurzfassung mit euren wichtigsten Architekturentscheidungen erstellen.

Wenn ihr schon zum zehnten Mal mit demselben PHP-Framework einen Online-Shop auf der grünen Wiese baut, ist ein umfangreicher Architekturentwurf sicher überflüssig. Ihr habt dort keine besonderen technischen Risiken. Wenn ihr dagegen zum ersten Mal ein System baut, in einem sehr großen Team, und das System muss viele Daten bewegen, auf einer leistungsschwachen Hardware laufen und sehr viele Benutzer versorgen, dann habt ihr hohe technische Risiken. Dann müsst ihr euch über die Architektur weit mehr Gedanken machen. Die Zeit, die ihr am Anfang und während des Projekts investieren müsst, ist abhängig von den technischen Risiken, wie in Abb. 16.1 dargestellt [Tot15].

Abb. 16.1 Der Aufwand, den ihr am Anfang des Projekts für den Entwurf der Architektur investieren solltet, hängt von den Produkt- und Projektrisiken ab (Toth [Tot15])

16.2.2 Was nicht da ist, kann auch nicht kaputt gehen

Ein System, das von fünf Sachbearbeitern verwendet wird, muss nicht skalierbar sein. Für ein System mit wenigen Anwendungsfällen reicht der gute alte Monolith völlig aus, nicht alles muss als Microservice gebaut werden, weil ‚man' das jetzt so macht. Euer Auftraggeber und sowie eure Benutzer bezahlen euch nicht für ‚Modernität', sondern dafür, dass euer Produkt den Job-to-be-done für seine Benutzer erledigt.

Im Architekturentwurf startet ihr so einfach wie möglich. Bestandteile, die ihr *nicht* einbaut, können keine Fehler enthalten und ausfallen, haben weder Lizenz- noch Betriebskosten und sie kosten euch weder Zeit noch Nerven in der Entwicklung.

16.2.3 Ablauf

Der Bau eures Produkts ist ein iterativer Prozess, dieser ist in Abb. 16.2 dargestellt: Ihr beginnt mit einer Analyse der Rahmenbedingungen, der Qualitätsanforderungen und der Risiken. Ihr trefft auf dieser Grundlage die ersten Architekturentscheidungen und erstellt erste Entwürfe. Diese werden evaluiert, z. B. über einen technischen Durchstich. Die konsolidierten Entwürfe werden dann umgesetzt. Im gesamten Vorgehen können neue Informationen entstehen, die vorhergehende Schritte infrage stellen oder zu ihrer Präzisierung führen. Die Architektur wird nicht am Anfang des Projekts entworfen und dann nie wieder geändert, sondern sie entwickelt sich über die gesamte Lebensdauer eures Produkts weiter.

Analyse: Im ersten Schritt klärt ihr die Informationen, welche die Architektur eures Produkts beeinflussen können. Das sind Qualitätsanforderungen, die besondere Aufmerksamkeit erfordern, wie beispielsweise Skalierbarkeit oder Zugriffsschutz. Rahmenbedingungen schränken eure Freiheiten im Entwurf deutlich ein. Wünscht sich der Auftraggeber beispielsweise einen Client in JavaScript oder dürft ihr eventuell Dart

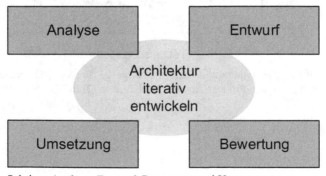

Abb. 16.2 Vier Schritte: Analyse, Entwurf, Bewertung und Umsetzung

und Flutter verwenden? Dürft ihr Cloud-Dienste integrieren oder soll eure Anwendung ohne fremde Dienste auskommen? Dritter wichtiger Aspekt sind besondere Risiken, denen ihr ausgesetzt seid.

Entwurf: Ihr versucht das Produkt grob zu strukturieren, möglichst so, dass jeder und jede im Team unabhängig voneinander arbeiten kann. Dazu braucht ihr fachlich motivierte Komponenten bzw. Dienste und/oder technische Schichten. Ihr verteilt das Produkt auf die vorhandene Hardware: Was läuft auf dem Smartphone und was auf dem Server? Wie soll die Persistenz aussehen? Auch die Aufteilung des Produkts auf Prozesse und Threads zur Laufzeit geschieht im Entwurf. Gerne vergessen werden Querschnitts-themen wie Fehlerbehandlung, Monitoring oder Autorisierung. Auch dazu müsst ihr euch etwas überlegen, bevor die Entwickler paarweise verschiedene Entscheidungen zu diesen Themen treffen. Ihr solltet die Architektur im Team entwerfen, damit haben alle dasselbe Verständnis, was gebaut wird. Eventuell müsst ihr zusätzlich die Archi-tektur auch anderen Stakeholdern vermitteln. Daher braucht ihr eine aussagekräftige, kurze Dokumentation und einige Schaubilder. Speziell eure Architekturentscheidungen solltet ihr der Nachwelt hinterlassen, z. B. mit Architecture Decision Records (ADR) [Ric20].

Bewertung: Papier und Whiteboards sind bekanntlich geduldig. Ob eure Entwurfsent-scheidungen wirklich so funktionieren, wisst ihr nicht. Fehlentscheidungen in der Architektur können sehr teuer werden, da eventuell sehr viel Code korrigiert werden muss, um falsche Entscheidungen zu revidieren. Daher prüft ihr eure Architektur über Reviews, ihr befragt Experten zu ihrer Meinung oder spielt gemeinsam Angriffsszena-rios durch. Ihr solltet auch einen technischen Durchstich bauen. Der Durchstich enthält alle wichtigen technischen Komponenten eures Entwurfs. Ihr probiert anhand dieses einfachen Beispiels aus, ob die Komponenten so wie geplant zusammenarbeiten.

Umsetzung: Euer Entwurf sollte sich auch im Produkt wiederfinden. Code und Archi-tektur entwickeln sich leicht auseinander. Daher müsst ihr regelmäßig überprüfen, ob beispielsweise die Struktur der Quelltexte noch zu den entworfenen Komponenten passt.

16.3 Analyse: Entscheidungsgrundlagen

16.3.1 Architekturtreiber identifizieren

Ein Architekturtreiber ist eine Anforderung, welche Einfluss auf eure Architekturent-scheidungen hat. Häufig werden als Treiber nur die Qualitätsanforderungen genannt, beispielsweise die vereinbarte Verfügbarkeit [Bas12]. Andere Faktoren haben aber eben-falls Einfluss auf die Architektur, beispielsweise die Größe und die Verteilung des Teams [Con68] oder die Rahmenbedingungen der Planung. Risiken haben ebenfalls Einfluss auf euren Entwurf, wenn sich beispielsweise die Schnittstellen zu den Nachbarsystemen ändern können, kapselt ihr diese über einen Adapter, um euch so unabhängiger zu machen.

16.3.2 Qualitätsanforderungen verstehen

Bei datenintensiven Systemen sind Verfügbarkeit, Wartbarkeit und Skalierbarkeit typische Qualitätsanforderungen [Kle17]. Häufig wird IT-Sicherheit als weitere Eigenschaft genannt. Abhängig davon, was euer Produkt für wen tun soll, können sich diese Qualitätsanforderungen unterscheiden und unterschiedlich gewichtet sein [Ric20].

Interessant für euren Entwurf sind die Details dieser Anforderungen. Was *genau* versteht euer Auftraggeber unter Wartbarkeit, Skalierbarkeit oder IT-Sicherheit? Wir bringen im Folgenden einige Schlaglichter und verzichten bewusst auf eine Diskussion aller Qualitätseigenschaften, welche beispielsweise die Normenfamilie ISO 25000 nennt [ISO05].

Verfügbarkeit

Verfügbarkeit bezeichnet die Wahrscheinlichkeit, dass euer Produkt korrekt funktioniert, wenn ein Anwender es benutzen will. Eine Verfügbarkeit von 99 % bedeutet beispielsweise, dass in 99 % aller Fälle das Produkt das tut, was es soll und in einem von 100 Fällen versagt – 99 Anfragen sind durchschnittlich erfolgreich, eine nicht. Wenn euer Produkt ununterbrochen läuft, bedeutet 99 % Verfügbarkeit eine Ausfallzeit von 3 Tagen und ungefähr 16 Stunden pro Jahr. Bei 99,9 % Verfügbarkeit sind nur noch knapp 9 Stunden pro Jahr Ausfallzeit zulässig.

Unter dieser Zahl kann man sich nur vage etwas vorstellen. Wie könnt ihr das in einer Architektur für euer Produkt umsetzen? Hierzu müssen wir uns das Thema genauer ansehen: Was gefährdet denn eure Verfügbarkeit? Beispiele sind:

- Ausfälle von Hardware (Ausfall von Netzwerk-, Festplatten-, CPUs oder der Lüftung), z.B. weil es in eurem Serverraum zu warm geworden ist.
- Geplante und ungeplante Wartungsfenster, da ihr Patches für das Betriebssystem einspielen müsst und das normalerweise einen Reboot bedeutet.
- Fehler der Administratoren, beispielsweise wird ein wichtiger Prozess gestoppt, eine zentrale Datei gelöscht oder es werden versehentlich Zugriffsrechte geändert.
- Softwarefehler: Eine Situation tritt ein, welche ihr nicht vorhergesehen habt oder ihr habt einen Fehler beim Programmieren gemacht und euer Produkt stürzt ab oder bleibt stehen.

Wenn ihr das Thema Verfügbarkeit für euer Produkt besser verstehen wollt, überlegt euch Beispiele! Geht alle geplanten Komponenten sowie alle Nachbarsysteme durch und überlegt euch jeweils, was passiert, wenn diese Komponente ausfällt. Stellt euch dazu folgende Fragen:

1. Wodurch kann es zu einem Ausfall dieser Komponente kommen?
2. Wie wahrscheinlich ist das?

3. Was genau passiert, wenn die Komponente ausfällt? Fällt damit das ganze System aus (Single Point of Failure)?
4. Wann und wie bemerken wir, dass die Komponente ausgefallen ist?
5. Wie schnell können wir das Produkt wieder in einen funktionsfähigen Zustand bringen? Was wäre dafür zu tun?

Überlegt euch beispielsweise, was passiert, wenn die CPU des Servers, das Netzteil, der Lüfter oder die Netzwerkkarte durchbrennen oder die Kühlanlage ausfällt. Was geschieht beim Einspielen eines Patches, wenn die Datenbankdateien nicht mehr lesbar sind oder wenn jemand versehentlich einen (Netzwerk-)Stecker zieht? Das Rechenzentrum könnte abbrennen oder überflutet werden, was passiert dann?

Die Verfügbarkeit hängt an der Zuverlässigkeit einzelner Komponenten, diese wird häufig als *Mean Time Between Failure*, MTBF (für reparierbare Komponenten) bzw. *Mean Time To Failure*, MTTF (für nicht reparierbare Komponenten) gemessen. Je höher die MTBF bzw. MTTF, desto besser die Verfügbarkeit. Eine Komponente, die sehr häufig ausfällt, kann aber trotzdem eine hohe Verfügbarkeit haben. Wenn ihr schnell bemerkt, dass sie ausgefallen ist und die Reparatur in kurzer Zeit möglich ist. Die Reparaturzeit wird als *Mean Time To Repair*, MTTR bezeichnet. Die Verfügbarkeit berechnet sich dann wie folgt:

$$Verfuegbarkeit = \frac{MTBF}{MTBF + MTTR}.$$

Also je höher die Zuverlässigkeit der Komponente oder je kleiner die Reparaturzeit, desto höher die Verfügbarkeit. Die Forderung einer hohen Verfügbarkeit führt damit zu veränderten Entwürfen eures Produkts. Bei Cloud-Diensten findet sich hier Redundanz als Mittel. Euer Produkt läuft nicht auf einer sehr großen Maschine, sondern auf vielen kleinen. Wenn ihr eine kleine Maschine wartet, dort neue Patches einspielt oder deren Netzteil durchbrennt, laufen die anderen Maschinen weiter und eure Benutzer bemerken nichts von dem Ausfall. Wenn ihr das gesamte System betrachtet, müssen andere Teile wie der Server, der die Anfragen verteilt (Load Balancer), oder die Datenbankserver mehrfach ausgelegt sein, denn auch sie können ausfallen.

Die Anforderung Verfügbarkeit zwingt euch dazu, auch über andere Aspekte nachzudenken. Beispielsweise wie ihr schnell mitbekommt, dass eine Hardware oder euer Server ausfällt. Damit müsst ihr euch um Themen wie Monitoring oder Alarme kümmern. Außerdem braucht ihr Arbeitsprozesse für den IT-Betrieb: Was soll die Administratorin tun, wenn die Datenbankdateien korrupt sind?

Insgesamt versucht ihr, das Produkt *resilient* zu gestalten: Es ist in der Lage, mit den von euch erwarteten Ausfällen und Problemen umzugehen. Alternativer Begriff wäre *ausfallsicher*, das wäre aber irreführend, da ihr das Produkt nicht gegen alle denkbaren Ausfälle absichern könnt [Kle17].

Performance

Am Anfang der Entwicklung überschlagt ihr, wie viele Benutzer euer Produkt haben wird und was diese ungefähr damit tun. Daraus ergibt sich ein Lastprofil. Dieses zeigt, wie viele parallele Anfragen zu erwarten sind, welche Datenmengen zu bewältigen sind und mit welchen Lastspitzen ihr rechnen müsst.

Unter diesen Bedingungen soll euer Produkt ‚performant' sein. Das ist offenbar keine Anforderung, da der Begriff ‚performant' nicht genau genug definiert ist. Den Begriff müssen wir hier genauer betrachten und konzentrieren uns zunächst auf das Zeitverhalten eures Produkts, das Verbrauchsverhalten betrachten wir im nächsten Abschnitt. Zwei Größen werden beim Zeitverhalten gemessen: Antwortzeit und Durchsatz.

Antwortzeit: Wie lange dauert die Bearbeitung einer Anfrage eines Benutzers: vom Druck auf einen Knopf in der Oberfläche, bis er oder sie das Resultat sehen kann? Alternativ könnt ihr auch die Antwortzeiten einzelner Komponenten betrachten: Wie lange braucht das Datenbankmanagementsystem, die Anfrage zu beantworten?

Euer Produkt ist vielen zufälligen Ereignissen von außen ausgesetzt, unter anderem Ausfällen von Hardware oder abgebrochenen Netzwerkverbindungen. Teile eures Produkts, wie beispielsweise der Java-Garbage-Collector, senken die Antwortzeiten an anderen Stellen zufällig. Wenn ihr Anforderungen an die Antwortzeit festlegen wollt, brauchen wir damit Statistik. Martin Kleppmann schlägt hier den Medianwert vor: Wenn ihr beispielsweise 200 ms als Antwortzeit-Median (50 % Perzentile) festlegt, haben 50 % aller Aufrufe eine Antwortzeit größer als 200 ms und 50 % eine geringere Antwortzeit [Kle17]. Den Medianwert erhaltet ihr, wenn ihr alle Antwortzeiten der Größe nach sortiert und dann den mittleren nehmt. Großer Vorteil des Medianwerts im Gegensatz zum arithmetischen Mittelwert ist das Verhalten bei extremen Werten: Eine Anfrage mit einer Antwortzeit von 10 Stunden würde den arithmetischen Mittelwert der Antwortzeiten (= Summe aller Antwortzeiten geteilt durch deren Anzahl) stark beeinflussen, während der Medianwert eventuell gleich bleibt. Wir wollen diese Ausreißer ignorieren.

Möglicherweise wollt ihr für die *meisten* Benutzer eine Antwortzeit von kleiner 200 ms, dann verwendet ihr beispielsweise das 90%-Perzentil: 90 % aller Anfragen haben damit eine Antwortzeit kleiner oder gleich 200 ms. Dann hätte eine von 100 Anfragen eine höhere Antwortzeit, zwischen 201 ms und vielen, vielen Stunden. Im Betrieb kann sich die Untersuchung genau dieser höheren Antwortzeiten allerdings lohnen [Bey16], möglicherweise werden genau diese Anfragen von euren wichtigen Benutzern in besonderen Anwendungsfällen gestellt.

Durchsatz: Wie viele Transaktionen/Anfragen/Gigabyte schafft euer Produkt pro Sekunde? Hierbei geht es nicht um einzelne Benutzer und wie diese das Zeitverhalten wahrnehmen, sondern um die gesamte Leistung. Mit dem Durchsatz könnt ihr berechnen bzw. überschlagen, wie viele Benutzer euer Produkt parallel verkraftet oder wie viele Sensoren ihr anschließen könnt. Der Durchsatz sollte groß genug sein, dass euer Produkt auch Lastspitzen verkraftet.

Ressourcenverbrauch

Auf einem Smartphone und auch in der Cloud ist das Thema Ressourcenverbrauch aus unterschiedlichen Gründen wichtig. Ein Smartphone oder ein Tablet-Computer arbeiten mit einem Akku, dieser hat eine sehr begrenzte Leistung. Wenn eure App zu viel Strom verbraucht, wird sie sehr schnell wieder gelöscht. Beim Entwurf müsst ihr also darauf achten, dass ihr CPU und Peripherie des Smartphones schont und damit die Akkulaufzeit steigert.

In der Cloud gibt es ja nahezu unendlich viele Ressourcen, also könnte man denken: ‚Warum darauf achten?' Wenn euer Produkt in einer öffentlichen Cloud läuft, bezahlt ihr für die Leistung, die ihr verbraucht. Ihr zahlt die Dauer, die eine virtuelle Maschine läuft, ihr bezahlt den laufenden Datenbankserver und die Datenmenge, welche der Cloud-Anbieter für euch speichert. Ihr zahlt eventuell die Aufrufe einzelner Serverless-Funktionen. Wenn ihr euer Produkt zu groß oder zu ineffizient entwerft, wird das teuer.

In einem eingebetteten System versteht es sich von selbst, ressourcenschonend zu entwerfen, da ihr sehr schnell an die Speicher- und Rechenkapazitätsgrenzen des jeweiligen Mikrocontrollers stoßt und die Batterie eventuell sehr lange halten muss. Ein möglichst geringer Verbrauch von Ressourcen wird daher immer gefordert. Eventuell könnt ihr durch einen geschickten Entwurf (Kühl-)Hardware einsparen oder den kleineren Mikrocontroller verwenden.

Skalierbarkeit

Könnt ihr mit eurem Produkt reagieren, wenn sich die Nutzerzahl verdoppelt oder verzehnfacht? Könnt ihr reagieren, wenn sich die Datenmenge oder die Zahl der Anfragen verdoppelt oder verzehnfacht? Wenn ja, dann kann euer Produkt mit Wachstum umgehen und ist damit skalierbar. Wir diskutieren diese Eigenschaft in Abschn. 19.3.3 genauer.

Zugriffsschutz (IT-Sicherheit)

Typische Eigenschaften eines *sicheren* Systems sind laut der Norm ISO 25010 Vertraulichkeit, Integrität, Nicht-Abstreitbarkeit, Zurechnungsfähigkeit und Glaubwürdigkeit. Diese Eigenschaften sind durch Angriffe von außen und innen bedroht. Ihr überlegt euch daher, wer euer Produkt angreifen könnte, was genau ihn oder sie interessiert und wie diese Angriffe aussehen könnten. Ihr modelliert Angreifer und Bedrohungen. Im Entwurf ergreift ihr entsprechende Gegenmaßnahmen.

Das NIST[1] hat ein Cybersecurity-Framework definiert und unterscheidet darin fünf Themen: Identify, Protect, Detect, Respond und Recover. Wir greifen hier die Aspekte auf, welche für die Architektur eures Systems interessant sind und lassen organisatorische Aspekte und Arbeitsprozesse oder Schulungen für eure Kolleginnen und Kollegen weg:

Identify: Was sind die Daten und Funktionen eures Systems bzw. eurer Organisation, die besonderen Schutz benötigen? Wo genau seid ihr verwundbar? Was könnten mögliche

---

[1] https://www.nist.gov/cyberframework.

Angreifer tun? Wo könnten sie Schaden anrichten? Ihr beginnt die Untersuchung bei
den besonders kritischen Daten und Funktionen, bei denen der Verlust oder eine verrin-
gerte Verfügbarkeit hohen Schaden bedeuten würden. So müsst ihr personenbezogene
Daten besonders gegen unerlaubte Zugriffe schützen.[2] Eine gewisse Systematik bietet
hierbei auch das STRIDE-Schema nach Adam Shostack [Sho14].

Protect: Welche Schutzmaßnahmen könnt ihr ergreifen, um Daten und Funktionen gegen
unbefugten Zugriff oder Beschädigung zu schützen? Typischerweise verschlüsselt
ihr die Kommunikation mit den Clients über HTTPS und verwendet eine geeignete
Authentisierung. Ihr könnt euch technisch darum kümmern, dass eure Benutzer nur
besonders sichere Passwörter verwenden und/oder ihr bietet nur die Zwei-Faktor-
Authentisierung an.

Detect: Wie könnt ihr erkennen, dass ein Angriff stattgefunden hat? Ihr könnt beispielsweise lesende und schreibende Zugriffe, Änderungen der Konfiguration oder
Logins bestimmter Benutzer in eine Log-Datei schreiben. Diese könnt ihr später auf
ungewöhnliches Verhalten hin untersuchen. Monitoring eures Systems und darin das
Erkennen von Anomalien sind ebenfalls eine typische Möglichkeit.

Respond: Wie kann euer System bzw. wie könnt ihr während eines Angriffs reagieren?
Was könnt ihr tun, um den entstehenden Schaden zu begrenzen? Eventuell könnt ihr die
Anfragen auf andere nicht betroffene Systemteile umleiten. Wie wollt ihr die Benutzer
informieren?

Recover: Nach dem Angriff müsst ihr so schnell wie möglich euer System wieder
verfügbar machen. Wie könnt ihr vorgehen?

Zum genaueren Verständnis der Anforderungen eures Auftraggebers im Bereich der IT-
Sicherheit helfen wieder Beispiele, die ihr systematisiert. Durch welche Ereignisse können
die Eigenschaften Vertraulichkeit, Integrität, Nicht-Abstreitbarkeit, Zurechnungsfähigkeit
oder Glaubwürdigkeit gefährdet werden?

Wartbarkeit (Maintainability)

Die Norm ISO 25010 setzt die Wartbarkeit (Maintainability) aus folgenden Eigenschaften
zusammen [ISO05]: Modularität, Wiederverwendbarkeit, Analysierbarkeit, Änderbarkeit
und Testbarkeit.

Modularität: Wie gut ist euer Produkt strukturiert in Komponenten, Dienste oder andere
abgrenzbare Elemente? Die Elemente sollten möglichst unabhängig voneinander geändert und geliefert werden können. Wenn ihr bei jeder neuen Anforderung mehrere
Komponenten oder Dienste ändern und ausliefern müsst, habt ihr diese falsch geschnitten und euer Produkt ist nicht modular genug.

Wiederverwendbarkeit: Könnt ihr die Bestandteile eures Produkts, dazu zählen auch die
Infrastruktur, die CI-Pipeline oder die Entwicklungsumgebung, in anderen Produkten
verwenden? Sind diese wiederverwendbar?

---

[2] Vgl. Technische und Organisatorische Maßnahmen laut Artikel 32 der DSGVO.

Analysierbarkeit: Ihr wollt eine Änderung durchführen oder einen Fehler im Produkt finden. Wie aufwendig ist es für euch, die richtigen Stellen für die entsprechenden Änderungen zu finden? Wie aufwendig ist es für euch, die Wirkung von Änderungen abzuschätzen? Je unstrukturierter und undokumentierter euer Code ist, desto mehr Aufwand müsst ihr in die Analyse investieren.

Änderbarkeit: Wenn euer Produkt in Betrieb ist, müsst ihr irgendwann neue Features einbauen. Ihr bekommt ein Gefühl für die Änderbarkeit, wenn ihr eine typische Änderung Schritt für Schritt durchspielt. Beispielsweise ein neues Feld in der Oberfläche: Was ist in der Versionsverwaltung notwendig? Wie viele Dateien müsst ihr anpassen? Wie lange dauert das Testen der Änderung? Was ist noch notwendig, um die Änderung produktiv zu machen?

Testbarkeit: Wie hoch ist euer Aufwand, um an eurem Produkt festzustellen, ob es (noch) wie spezifiziert funktioniert? Bis zu welchem Grad könnt ihr über Tests feststellen, dass euer Projekt noch wie spezifiziert funktioniert?

Bessere Wartbarkeit war schon immer das Argument für fast jede neue Technologie: Für die Objektorientierung in den 1980er-Jahren, die Komponenten der 1990er-Jahre, die Web-Services und SOA in den 2000er-Jahren und auch die gerade aktuellen Microservices – neuerdings mit GraphQL Schnittstelle. Naiv eingesetzt, haben diese Technologien fast immer zu völlig unwartbaren Altlasten geführt. Daher müssen wir uns die ‚Wartbarkeit‘ aus einer anderen Perspektive anschauen: Wir spielen für typische Änderungen, also typische neue Anforderungen und für typische Fehler, den jeweiligen Aufwand für die Änderung durch. Wenn typische Änderungen mit wenig Aufwand möglich sind, ist euer Produkt wartbar, sonst nicht. Die Eigenschaft Wartbarkeit ist also relativ zu den erwartbaren Änderungen eures Produkts. Um Wartbarkeit besser zu verstehen, brauchen wir also wieder Beispiele.

16.3.3   Beispiele finden und darstellen – Szenarios

Bei der Diskussion der Architekturtreiber sollten sich alle Beteiligten etwas unter diesen Anforderungen vorstellen können. Eine verbesserte IT-Sicherheit, Wartbarkeit oder eine Verfügbarkeit von 99 % sind zu abstrakt. Ihr könnt über ein einfaches Brainstorming Szenarios als Beispiele generieren, mithilfe einer Mindmap auf einem Whiteboard. Im Zentrum ist das Thema Qualität. Wenn ihr vollständig arbeiten wollt, verwendet ihr als erste und zweite Gliederungsebene jeweils die Qualitätseigenschaften aus der ISO 25010 [ISO05], dies ist allerdings aufwendig. Jede anwesende Person erhält eine Reihe von Haftnotizen und denkt sich Szenarios aus. Wenn über Verfügbarkeit nachgedacht wird, könnten das mögliche erste Beispiele sein:

- Wenn einer der Server abstürzt, wollen wir das innerhalb von 5 Sekunden merken und dann soll der betreffende Server automatisch neu gestartet werden. Das darf nicht länger als 30 Sekunden dauern. Die Anfragen werden automatisch auf einen anderen Server umgeleitet.

- Tritt ein schwerer Fehler in der Smartphone-App auf, soll diese automatisch neu gestartet werden. Beim Neustart werden Informationen zu dem Absturz an den Monitoring-Server geschickt.
- Updates sollen zunächst auf 10 % der Server getestet werden. Wenn das funktioniert hat, werden die Änderungen auf 50 % ausgerollt, bei Erfolg auf 100 %.

Ist das Brainstorming abgeschlossen, werden die Szenarios priorisiert, beispielsweise mithilfe von Klebepunkten (Abb. 16.3). Die wichtigsten Szenarios arbeitet ihr dann bei Bedarf noch genauer aus. Um die Priorität zu definieren, könnt ihr zwei Kriterien verwenden: Wichtigkeit für den Auftraggeber (Schadenhöhe) und Wahrscheinlichkeit, dass dieses Szenario schwierig erfüllt werden kann (Eintrittswahrscheinlichkeit). Im Entwurf berücksichtigt ihr dann besonders die Szenarios mit hohem Schaden und hoher Eintrittswahrscheinlichkeit.

Len Bass et al. haben ein Schema vorgeschlagen, um die gefundenen Szenarios genauer zu beschreiben [Bas12]:

Stimulus: Welches Ereignis löst das Szenario aus? Ereignisse sind vielfältig und reichen von einem Änderungswunsch eines Stakeholders, über den Ausfall einer Komponente bis hin zu einem Denial-of-Service-Angriff auf das Produkt.

Quelle: Woher kommt das Ereignis? Wünscht sich ein Stakeholder ein neues Feld in der GUI? Versucht ein Angreifer eine Attacke? Fällt eine Komponente aus?

Gegenstand (Systembestandteil): Auf welchen Bestandteil eures Produkts wirkt der Stimulus ein? Ist es das gesamte System oder beispielsweise nur das DBMS? Der

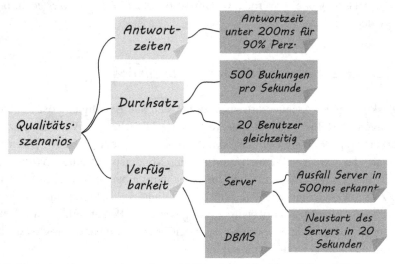

Abb. 16.3 Brainstorming von Szenarios mithilfe einer Mindmap. Diese Mindmap wird auch *Quality Utility Tree* genannt (Bass et al. [Bas12])

Bestandteil kann auch die Dokumentation, der Code oder die CI-Pipeline sein, also nicht zwingend Komponenten zur Laufzeit.

Umgebung: In welchem Zustand befindet sich das gesamte System gerade? Normalbetrieb, Notfallbetrieb, Fehlerzustand oder werden gerade seine Quelltexte angepasst?

Antwort: Wie reagiert das Produkt auf den Stimulus? Auf einen Absturz könnte das System mit einem Neustart reagieren. Auf eine Denial-of-Service-Attacke mit der Leerung der Anfrage-Queue.

Antwortmaß: Wie kann die Antwort des Systems wahrgenommen werden? Kann man die Antwort messen? Die Zeit bis zu einem Neustart des Systems nach einem Ausfall lässt sich beispielsweise gut messen, ebenso die Dauer der Leerung der Anfrage-Queue bei einem DoS-Angriff.

Die Tabellen 16.1 und 16.2 stellen zwei Szenarios auf der Grundlage des gerade dargestellten Schemas vor. In Tab. 16.1 wird ein Ausfall-Szenario dargestellt und in Tab. 16.2 geht es um das Thema Wartbarkeit.

16.3.4 Tradeoff-Diskussion führen

Bestimmte Architekturtreiber müssen gegeneinander gewichtet werden. Da sie gleichzeitig kaum umgesetzt werden können. Beispielsweise erfordert der Zugriffsschutz, dass Übertragungswege verschlüsselt werden. Dies kostet jedoch Rechenleistung zum

Tab. 16.1 Beispiel für ein Szenario zur Verfügbarkeit des Systems

Quelle des Stimulus	Cloud-Provider
Stimulus	Virtuelle Maschine wird gestoppt
Umgebung	System während des Normalbetriebs
Artefakt	Anwendungsserver des Produkts
Antwort	Anwendungsserver fällt aus, Neustart des Servers auf einer anderen virtuellen Maschine
Antwortmaß	Ein Ausfall wird innerhalb von einer Sekunde erkannt, Neustart innerhalb von 10 Sekunden

Tab. 16.2 Beispiel für ein Szenario zur Wartbarkeit des Systems

Quelle des Stimulus	Professor der Hochschule
Stimulus	Wunsch nach Auswahlfeld für den Studiengang in zwei Dialogen
Umgebung	Weiterentwicklungsprojekt der Software und Wartungsteam
Artefakt	Quelltexte, Dialog in HTML/CSS, Datenbankschema, Doku im Wiki
Antwort	Änderung wird ohne Seiteneffekte und neue Fehler durchgeführt
Antwortmaß	Änderung in zwei Personentagen durchgeführt, getestet, integriert und deployt

Ver- und Entschlüsseln, das senkt die Antwortzeiten. Redundanz zur Verbesserung der
Verfügbarkeit erhöht die Betriebskosten. Mehr IT-Sicherheit beispielsweise mit Passwor-
tabfragen kann auf Kosten der Gebrauchstauglichkeit gehen. Ihr müsst also abwägen
zwischen verschiedenen Architekturtreibern. Das geht am besten, wenn ihr die Beispiele
miteinander vergleicht.

16.3.5 Risiken betrachten

Alle bisher erarbeiteten Projekt- und Produktrisiken sowie auch wirtschaftliche Risiken
können im Architekturentwurf eine Rolle spielen. Ihr könnt durch eure Entwurfsentscheidungen diese Risiken aktiv vermeiden oder mindern. Je mehr Risiken, desto mehr Zeit
müsst ihr in den Architekturentwurf investieren, wie schon in Abb. 16.1 dargestellt.

Daher geht ihr die wichtigsten Risiken während der Architekturarbeit immer wieder
durch. Während der Arbeit entdeckt ihr weitere Risiken und einige Architekturentscheidungen verursachen neue Risiken. Dazu drei Beispiele:

Projektrisiko: Beistellungen vom Auftraggeber
Mithilfe der Architektur könnt ihr euch gegen das Eintreten bestimmter Projektrisiken
absichern. Die Architektur hilft euch dabei, für den Fall der Fälle einen Plan B zu haben:

Die Schnittstellen zu den Nachbarsystemen könntet ihr zu spät erhalten oder diese
sind wegen Qualitätsproblemen nicht benutzbar. Dieses Risiko könnt ihr dadurch lindern,
indem ihr selbst eine Schnittstelle definiert auf der Grundlage eures aktuellen Wissens,
notfalls als Java-Interface. Zusätzlich implementiert ihr diese Schnittstelle mit einem
Mock-Nachbarsystem. Das versetzt euch in die Lage, euer Produkt zu entwickeln und
zu testen. Wenn die Schnittstelle zum Nachbarsystem geliefert bzw. verbessert wird,
implementiert ihr einen passenden Adapter (vgl. Adapter-Muster [Gam95]).

Projektrisiko: Qualitätseigenschaft
Qualitätseigenschaften eures Produkts sind durch technische Risiken bedroht. Diese
Risiken versucht ihr, durch frühe Experimente (Spikes) besser zu verstehen und könnt
damit bessere Entscheidungen treffen.

Ihr erkennt beispielsweise bei der Betrachtung der Anforderungen zum Durchsatz die
Leistung des Datenbankmanagementsystems (DBMS) als mögliches Problem. Deshalb
führt ihr am Anfang eures Projekts erste Lasttests durch. Eventuell könnt ihr durch eine
bestimmte Konfiguration des DBMS den Durchsatz erhöhen oder ihr müsst das DBMS
gegen ein leistungsfähigeres austauschen.

Risiko: Investitionssicherheit
Die Entwickler des verwendeten Open-Source-Frameworks haben beispielsweise keine
Lust mehr und stellen die Arbeit ein, oder das Produkt, das ihr eingebaut habt, wird vom
Hersteller nicht mehr unterstützt.

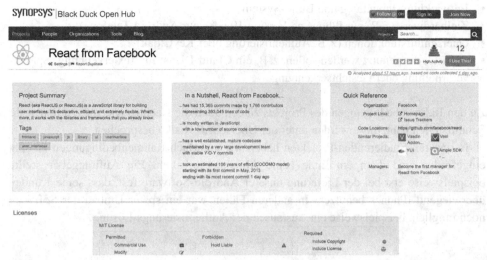

Abb. 16.4 Beispiel für die Analyse des React-Frameworks durch OpenHub (https://openhub.net/). Auf den ersten Blick ist das Lizenzmodell erkennbar, eine MIT-Lizenz und die Lizenzbedingungen werden gezeigt. Eine grobe Zusammenfassung des Projektumfangs zeigt die ungefähre Größe, das Alter und die Zahl der Projektbeteiligten. Diese Zahlen sind Indikatoren für die Investitionssicherheit

Im Entwurf schaut ihr euch daher die eingesetzten Produkte und Frameworks immer genauer an und bildet euch eine Meinung, wie langlebig Produkt oder Framework sind. Bei Open-Source-Projekten ist dazu beispielsweise OpenHub[3] nützlich, da es für viele Projekte die wichtigsten Metriken zusammenstellt, in Abb. 16.4 ist ein Screenshot zu sehen. Wenn ihr Angst habt, dass ein Produkt oder Framework eingestellt wird, setzt ihr es erst gar nicht ein oder baut eine Abstraktionsschicht, um den Austausch mit vertretbarem Aufwand zu bewerkstelligen.

16.3.6 Rahmenbedingungen früh klären

Das Thema Rahmenbedingungen haben wir bereits ausführlich in den vorangegangenen Kapiteln dargestellt. Die Rahmenbedingungen beschränken eure Freiheit im Entwurf des Produkts. Also erkundigt euch vorher beim Auftraggeber über entsprechende Vorschriften zu Programmiersprachen oder Infrastrukturen. Wenn ihr euch nicht daran haltet, hat der Auftraggeber das Recht, eure Rechnung nicht zu bezahlen. Rahmenbedingungen für den Architekturentwurf sind unter anderem:

- Vorgeschriebene Programmiersprachen und Frameworks
- Vorschriften zur technischen Infrastruktur: Betriebssysteme, Netzwerkzugriff oder Persistenztechnologie

---

[3] Vgl. https://www.openhub.net/.

- Entwicklungsumgebung und Build-System
- Zielhardware (z. B. nur iPhone ab Version 10 oder nur Android-Telefone)
- Querschnittsfunktionen (z. B. Authentisierung über KeyCloak)
- Dienste, die genutzt werden sollen, z. B. ein Cloud-Dienst für Texterkennung, Sprach-verarbeitung oder Gesichtserkennung

Zu den Rahmenbedingungen des Projekts zählen auch die Nachbarsysteme, zu denen ihr Schnittstellen habt, diese werden unter der Überschrift Risiko besprochen.

In unseren Studierenden-Projekten haben wir mehrfach Rahmenbedingungen zu spät eingefordert und dann am Ende keine Abnahme erhalten. Ein Auftraggeber stellte beispielsweise erst bei der Lieferung unserer Android-Software fest, dass seine Kunden überwiegend iPhones benutzen. In anderen Fällen war ein später Umbau der Software noch möglich, beispielsweise ein Austausch der Authentisierungs-Lösung.

16.3.7 Planung und Organisation berücksichtigen

Melvin E. Conway hat Ende der 1960er-Jahre bereits die Beobachtung gemacht, dass die Strukturen von Systemen sich den Strukturen der Organisation angleichen. Er hat diese Beobachtung an zwei Teams gemacht, die einen Algol- und einen Cobol-Compiler bauen sollten, fünf Mitarbeiter Cobol und drei Mitarbeiter Algol. Resultat: Der Cobol-Compiler hatte fünf Phasen und der Algol-Compiler drei. Er schloss daraus,

> [...] that organizations which design systems [...] are constrained to produce designs which are copies of the communication structures of these organizations.

Wenn sich euer Produkt sowieso an die Organisationsstruktur anpasst, müsst ihr entweder eure Organisation an die Strukturen des Produkts anpassen oder umgekehrt. Wichtig für euren Entwurf ist immer, dass eure Teammitglieder oder andere Teilteams unabhängig voneinander arbeiten können. Gut definierte Schnittstellen spielen dabei eine große Rolle.

16.4   Entwurf: Entscheidungen treffen

Euer Produkt wird als Menge voneinander abhängiger, unterschiedlicher Artefakte erstellt: Das sind Quelltexte, SQL-Skripte, Kasten-und-Pfeile-Diagramme, Build-Skripte und vieles mehr. Die Abb. 16.5 zeigt ein Beispiel, wie aus Anforderungen laufende Docker-Container werden. Die unterschiedlichen Artefakte entstehen während der Entwicklung parallel oder aufeinander aufbauend. Es gibt mindestens Folgendes:

- Die Anforderungen (Lastenheft und Pflichtenheft, Sammlung von User Storys ...) beschreiben, was das Produkt leisten soll. Eventuell strukturiert ihr Anforderungen zu Epics oder erstellt ein logisches Datenmodell.

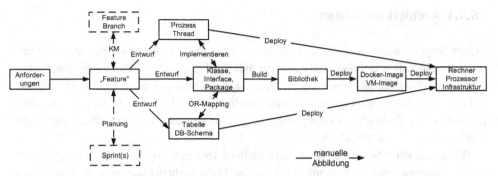

Abb. 16.5 Zwischenergebnisse im Entwicklungsprozess

- Die Quelltexte in einer oder mehreren Skript- und Programmiersprachen bilden das Programm, also die formale Verhaltensbeschreibung des Produkts. Dazu gehören auch die Dateien eures Build-Systems (Make, Gradle, Gulp, …).
- Binärdateien (z. B. JAR, Assembly, DLL, EXE) sind das übersetze und teilweise gebundene Programm. Die Binärdateien können direkt von der Laufzeitumgebung ausgeführt werden. Sie können auch in Docker-Images verwendet werden.
- Virtuelle Maschinen, Container, Sekundärspeicher, Prozesse und Threads, Netzwerkverbindungen des Produkts zur Laufzeit im Hauptspeicher eines oder mehrerer Rechner.

Die Artefakte werden in verschiedenen Sprachen erstellt und strukturiert, da sie auf verschiedene Stakeholder und Problemfelder ausgerichtet sind. In den ersten Gesprächen mit den Stakeholdern verwendet ihr die natürliche Sprache, zusammen mit einigen Schaubildern und Tabellen, später sind die Sprachen formaler, etwa eine Programmiersprache oder Byte- bzw. Maschinencode.

Die Artefakte haben verschiedene Entwurfstreiber, die eure Entscheidungen beeinflussen: Während die Anforderungen aus Nutzersicht fachlich strukturiert werden, werden die Quelltexte so strukturiert, dass das Team diese leicht ändern kann. Kriterium zur Strukturierung von Bibliotheken sind dagegen Fragen der Verteilung (des Deployments) und der Einhaltung von Qualitätsmerkmalen, wie Verfügbarkeit und Durchsatz.

Die Hardware-Netzwerk-Topologie und die Grundzüge der Verteilung stehen beispielsweise schon früh im Projekt fest, da das System häufig auf vorhandener Hardware laufen muss. Wir bezeichnen diese auch als Trägersystem. Die Verteilung beeinflusst den Inhalt der Quelltexte, da diese die Verteilungsgrenzen implementieren müssen, beispielsweise über REST-Endpunkte in den Quelltexten. Abhängig von der Infrastruktur und der Programmiersprache muss auch Nebenläufigkeit in den Quelltexten explizit vorgesehen werden.

16.4.1 Architektursichten

In den folgenden Abschnitten verwenden wir verschiedene Architektursichten. Ihr entscheidet und entwickelt diese teilweise parallel. Im Einzelnen sind dies logische, technische, Implementierungs- sowie Verteilungs- und Laufzeitarchitektur. Wichtigstes Kriterium für eine Unterscheidung der Architektursichten ist der Gegenstand, den sie darstellen (Java-Klassen, Bibliotheken oder Container?) und die damit zusammenhängenden Entwurfsziele und Architekturtreiber.

Beim Bau eurer Software gibt es verschiedene Interessengruppen, die jeweils ihre eigenen Fachsprachen und Notationen haben. Die IT-Sicherheitsexperten interessieren sich für andere Sachverhalte als der Datenbankspezialist. Die Interessen jeder Interessengruppe werden durch entsprechende Architektursichten berücksichtigt:

Logische Architektur: Die logische Architektur definiert den Scope eures Produkts und dessen Kontext. Sie strukturiert euer System logisch in Subsysteme und teilt den gewünschten Funktionsumfang auf diese auf. Sie lässt offen, wie/ob die Komponenten in Software oder Hardware implementiert oder zugekauft werden. Sie enthält die ersten Grobentwürfe zu Projektbeginn. Sie bildet die Grundlage für eine Aufwandsschätzung, Projektorganisation und eure Aufgabenverteilung, z. B. jedes Teilteam baut eine andere Komponente.

Verteilungsarchitektur: Die Verteilungsarchitektur definiert, wie Bibliotheken, Pakete oder Images (die Kompilate der Quelltexte, die eine Softwarekomponenten implementieren) auf den verschiedenen Laufzeitumgebungen des Trägersystems installiert werden. Entwurfsziele sind unter anderem Fragestellungen des Systembetriebs, wie passende Verfügbarkeit und passender (Transaktions-)Durchsatz, sowie IT-Security.

Technische Architektur: Die technische Architektur strukturiert euer System technisch in implementierbare Hardware- und Softwarekomponenten. Bei datenintensiven Systemen werden überwiegend Softwarekomponenten entworfen und deren Trägersystem wird aus zugekauften Software- und Hardware-Komponenten zusammengestellt. Ihr entscheidet, welche Frameworks ihr verwenden wollt und welche Schichten euer System haben wird.

Implementierungsarchitektur: Die Implementierungsarchitektur strukturiert eure Quelltexte physisch in Verzeichnisse (Pakete, Module, Namensräume) und definiert Einheiten des Build-Managements. Die Softwarekomponenten wollt ihr separat testen und ausliefern können, daher müsst ihr bei den Quelltexten besonders auf deren Unabhängigkeit achten.[4] Entwurfsziel bei der Implementierungsarchitektur ist gute Änderbarkeit der Quelltexte.

Laufzeitarchitektur: Die Laufzeitarchitektur strukturiert das IT-System zur Laufzeit in Subnetze, laufende Container (z. B. als Kubernetes-Konfiguration) sowie in Prozesse

---

[4] Befehle wie `include`, `require` oder `import` schaffen Abhängigkeiten.

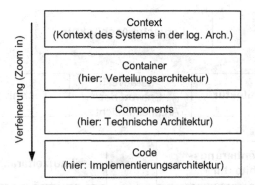

Abb. 16.6 Simon Brown definiert vier Sichten: Context, Containers, Components und Code. Jede Sicht enthält die Verfeinerung der vorhergehenden Sicht. Die Context stellt das System mit Nachbarsystemen und Nutzergruppen dar. Container ist die erste Verfeinerung in ausführbare und deploytе Einheiten, also Executables oder Docker-Container. Diese werden weiter strukturiert in Komponenten. Die letzte Sicht stellt schließlich die Implementierung der Komponenten, also Klassen und Interfaces, dar

und Threads, die in den Laufzeitumgebungen des Trägersystems ausgeführt werden. Entwurfsziel ist insbesondere der effektive Umgang mit Ressourcen der Laufzeitumgebung (Hauptspeicher, Datenbankverbindungen etc.) und Vermeidung bzw. Kontrolle der Probleme der Nebenläufigkeit, wie etwa Verklemmungen oder das Verhungern bestimmter Threads.

Im Software Engineering gibt es viele weitere Vorschläge für Architektursichten. Bekannt ist beispielsweise das 4+1-Sichtenmodell von Philippe Kruchten [Kru95], die A-T-TI-Sichten nach Jonannes Siedersleben [Sie04], die Sichten nach Gernot Starke [Sta20] sowie die C4-Sichten von Simon Brown (Context, Containers, Components, Code) [Bro21, Ric20], siehe Abb. 16.6.

16.4.2 Ablauf des Entwurfs

Nachfolgend skizzieren wir, wie der Entscheidungsprozess bei unseren Projekten abläuft (Abb. 16.7). Wenn ihr in speziellen Domänen unterwegs seid, ist der Ablauf bei euch sicher anders.

1. Logische Architektur
   - **Kontext des Systems**: Als erste wichtige Informationen erarbeitet ihr die Schnittstellen eures Systems nach außen. Dies stellt ihr als Kontext- bzw. Umgebungsdiagramm dar. Die Schnittstellen zu Nachbarsystemen müsst ihr irgendwann programmieren und ohne sie könnt ihr eurer System nicht in Produktion nehmen.

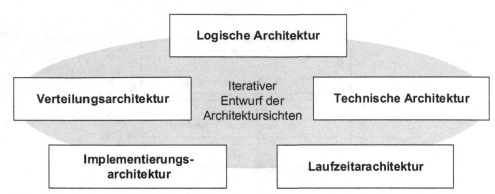

Abb. 16.7 Grober Ablauf im Architekturentwurf: Ihr startet mit der logischen Architektur, um das Projekt zu planen und die Arbeit zu verteilen. Die Verteilungsarchitektur definiert, wie ihr eure Software auf das Trägersystem verteilt, ihr entscheidet einen Architekturstil (Monolith, Microservice, ...). In der technischen Architektur entscheidet ihr dann, wie die verschiedenen Komponenten umgesetzt werden. Die Implementierungsarchitektur verfeinert das in Quelltexte. In der Laufzeitarchitektur überlegt ihr euch noch Themen wie die Sperrstrategie oder das Thread-Management

- **Grobarchitektur und Planung**: Am Anfang eures Projekts habt ihr eventuell nur sehr unvollständige Anforderungen zur Verfügung. Ihr müsst auf dieser Grundlage aber die weiteren Arbeiten organisieren. Auch erste Entscheidungen, ob ihr gewisse Komponenten zukauft, werden getroffen. Ihr startet daher mit einer ersten Zerlegung eures Systems in kleinere Subsysteme. Auf der Grundlage teilt ihr die weiteren Aufgaben im Team zu.
2. Verteilungsarchitektur
    - **Trägersystem**: Verfügbare Hardware und Netzwerkteile sind häufig bereits als Rahmenbedingung vorgegeben. Aus den Persona-Modellen könnt ihr beispielsweise auch auf die beim Benutzer vorhandene Hardware schließen. Eventuell haben eure Kunden ja nur iPhones oder nur Laptops. Eventuell könnt/müsst ihr euer Produkt in einem vorhandenen Rechenzentrum betreiben (on premises), ihr verwendet einen Cloud-Anbieter oder eine Mischung.

        Es bietet sich an, dass ihr euch eine Karte dieses Trägersystems zeichnet (Verteilungsarchitektur), um genauer entscheiden zu können, wohin ihr was deployen wollt. In der Karte sollten nicht nur Hardware und Netzwerk, sondern auch Betriebssysteme eingezeichnet sein.

        Zum Trägersystem können spezifische Hardware-Komponenten gehören, die ihr entscheiden könnt. Beispielsweise welche Kamera oder welches Mikrofon lokal verwendet wird.

    - **Architekturstil**: In der Regel entscheidet ihr sehr früh im Projekt, wie ihr euer System verteilen wollt, ihr entscheidet den Architekturstil (Monolith, SOA, EDA,

...) und die dafür zu verwendenden Technologien. Ihr könnt ein großes System bauen, das als Ganzes ausgeliefert wird (Monolith), oder das System aus vielen kleinen Diensten zusammensetzen (Microservices).

- **Verteilung**: Mit der Verteilungsarchitektur entscheidet ihr, welcher Code auf welcher Hardware ausgeführt werden soll. Die Weichen habt ihr mit der Wahl des Architekturstils bereits gestellt. Ihr entscheidet, welcher Service wo laufen soll und wie oft diese gestartet werden können. Wenn ihr beispielsweise für jeden Service ein Docker-Image habt, könntet ihr dieses mehrfach als Container bzw. Pod auf eurem Rechner-Cluster oder in der Cloud ausführen.

- **Taktiken**: Um Qualitätseigenschaften einzuhalten, könnt ihr Taktiken im Entwurf verwenden [Bas21]. Eine Taktik für hohe Verfügbarkeit ist beispielsweise der Einbau eines Monitors, der überwacht, ob eure Software noch läuft.

  Auch die Persistenztechnologien könnte man hier einordnen: Wenn euer System datenintensiv ist, müsst ihr früh entscheiden, welche Technologie ihr verwenden wollt. Früher war das in der Regel eine relationale Datenbank, inzwischen stehen weitere spezialisierte Technologien zur Verfügung. Um diese Entscheidung zu treffen, müsst ihr die wesentlichen Datenstrukturen und die Zugriffsmuster eures Produkts kennen. Zur Wahl stehen unter anderem Zeitreihendatenbanken, Graphdatenbanken, Document-Stores und Key-Value Stores sowie auch Column-Based Datenbanken.

3. Technische Architektur

- **Technische Plattform und Frameworks**: Bei Smartphones entscheidet ihr beispielsweise, ob ihr eine native App (in Kotlin/Java oder in Swift), eine plattformübergreifende App (z. B. mit Flutter oder Ionic), eine PWA oder eine Web-App bauen wollt. Am Backend gibt es ebenfalls eine große Vielfalt, beispielsweise Spring Boot und Java, Flask und Python, .NET-Core und C#, Node.js, Express und TypeScript und vieles mehr. Nach unserer Erfahrung könnt ihr die meisten Systeme mit irgendeiner dieser Technologien bauen. Eine Endlosdiskussion, ob Angular nun besser oder schlechter ist als Vue oder React, war in der Vergangenheit wenig zielführend. Nehmt am besten die Technologien, mit denen ihr euch gut auskennt. Wenn ihr diese Entscheidung ändert, könnt ihr in der Regel den bis dahin entstandenen Code wegwerfen, da dieser eng an das jeweilige Framework gebunden ist und eine Abstraktion eines Frameworks kaum möglich erscheint.

- **Dienste und Fremdbibliotheken**: Welche fremden Dienste wollt oder müsst ihr konsumieren? Dazu zählt in der Regel der Authentisierungsdienst, der Logging-Dienst oder eventuelle Workflow-Dienste. Die großen Cloud-Provider stellen beispielsweise leistungsfähige KI-Dienste bereit, wie etwa OCR, Spracherkennung und -verarbeitung oder Bildanalyse. Eventuell wollt oder müsst ihr weitere Fremdbibliotheken lokal einbauen, da ihr bestimmte Dienste benötigt, beispielsweise OpenCV zur Bildverarbeitung oder Tensorflow für lokal ausgeführte KI-Algorithmen.

4. Implementierungsarchitektur

- **Build-Ziele**: Mit dem ersten Projekt in der Entwicklungsumgebung und damit auch dem Build-System entscheidet ihr über die deploybaren Einheiten, da das Build-System diese erzeugt. Das, was ihr in den Build-Skripten entscheidet, muss zu eurer Verteilungsarchitektur passen.
- **Regeln für den Code**: Eine Architektur definiert ihr auch durch eine Reihe von Regeln, die ihr für den Code festlegt. In einer Schichtenarchitektur darf beispielsweise nur die obere Schicht auf die direkt darunter liegende zugreifen, alle anderen Zugriffe sind verboten. Ihr macht diese Entscheidungen durch die Definition der Package- bzw. Namespace-Struktur deutlich.

5. Laufzeitarchitektur

- **Sperrkonzept**: Auf die Daten eures Systems greifen eventuell viele Dienste parallel ändernd zu. Diese können sich gegenseitig behindern, speziell wenn sie dieselben Daten ändern wollen. Daher überlegt ihr euch eine Sperrstrategie. Bei der pessimistischen Strategie sperrt der erste Client oder Service die Daten, auf die er zugreifen will, damit werden Konflikte vermieden.
- **Partitionierung**: Eventuell könnt ihr eure Daten auf mehrere Datenbanken aufteilen, vielleicht gibt es eine Datenbank für süddeutsche und eine für norddeutsche Kunden. So habt ihr statt einer Datenbank jetzt zwei und könnt damit eventuell mit höheren Zugriffszahlen umgehen.

Wenn die Entscheidungen getroffen sind, könnt ihr mit dem eigentlichen Programmieren beginnen. Dies ist der Übergang vom Architekturentwurf zum Design [Ric20]. Abb. 16.8

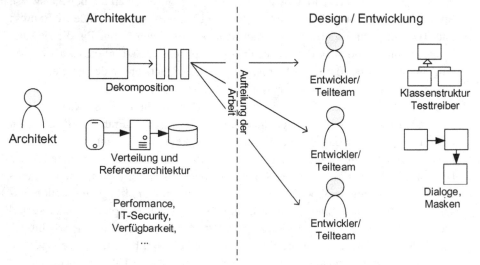

Abb. 16.8 Die Abbildung zeigt grob den Übergang zwischen Architekturentwurf und dem Design bzw. der Programmierung

stellt dies dar. Jetzt trefft ihr Entscheidungen, wie ihr den Code auf Namespaces oder Packages verteilt. Diese Strukturen wählt ihr so, dass ihr oder eure Kolleginnen und Kollegen in einem halben Jahr noch verstehen, wo sie welche Änderungen machen sollen.

Eventuell gibt es Code, den ihr an mehreren Stellen wiederverwenden könnt. Vielleicht habt ihr eine besondere Datenbankzugriffsschicht implementiert. Aus diesem Code erstellt ihr wiederverwendbare Bibliotheken, die ihr an mehreren Stellen verwenden könnt. Die Bibliotheken stellt ihr ggf. über ein Artefakt-Repository zur Verfügung.

16.5 Planung und Grobstruktur – Logische Architektur

Zum Projektbeginn müsst ihr zunächst Struktur in alle Informationen bringen, die auf euch einprasseln. Dazu sind zwei Schritte notwendig, erstens entscheidet ihr, was zum Projekt bzw. Produkt gehört und was nicht. Hierzu erstellt ihr ein Umgebungsdiagramm, das euer System und seine Umgebung darstellt. Zweitens zerlegt ihr das System grob in Subsysteme, also ein eventuell sehr großes System in mehrere kleinere und damit für euch besser beherrschbare. Hier gilt das alte Prinzip: Teile und Herrsche.

16.5.1 Kontext-Sicht (Umgebungsdiagramm)

Das Umgebungsdiagramm ist eines der ersten Schaubilder in eurem Projekt. Es legt fest, was zu eurem System gehört und was nicht. Es zeigt die Kontext-Sicht eures Systems. Wir haben das Diagramm bereits in Abschn. 4.13 besprochen.

Das Umgebungsdiagramm zeigt euer Produkt (System) in der Mitte und darum herum alle Nachbarsysteme und alle Nutzergruppen bzw. Personas (Abb. 16.9). Diese Sicht ist eine erste Landkarte für eure weitere Planung: Ihr müsst zu den Nachbarsystemen jeweils eine Schnittstelle bereitstellen, das bedeutet auch, dass ihr mit den Besitzern und den Betreibern der Nachbarsysteme sprechen müsst. Daraus werden Tasks für eure Planung und Themen für euer Risikomanagement.

16.5.2 Grobentwurf – Teile und Herrsche

Am Anfang erstellt ihr einen ersten groben Entwurf eures Systems. Diesen zeichnet ihr ebenfalls in den ersten Terminen im Team oder ggf. mit dem Auftraggeber. Der Entwurf hilft euch dabei, das weitere Vorgehen zu planen und besser zu verstehen, was ihr bauen wollt oder sollt.

Der Grobentwurf repräsentiert die erste Dekomposition eures Systems in Subsysteme. Er teilt den Funktionsumfang des Systems auf die Subsysteme auf, sodass diese einzeln betrachtet werden können. Die Abb. 16.10 zeigt die Grobarchitektur unseres Beispiels. Das

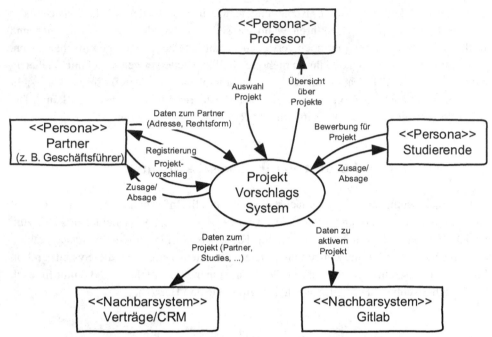

Abb. 16.9 Die Abbildung zeigt eine Kontextsicht, diese wird auch Umgebungsdiagramm genannt. Das Projektvorschlagssystem ist in der Mitte. Die drei Benutzergruppen Partner, Professor und Studierende interagieren mit dem System. Es hat Schnittstellen zu GitLab, um Projekte anzulegen und eine Schnittstelle, über die Verträge erzeugt werden können

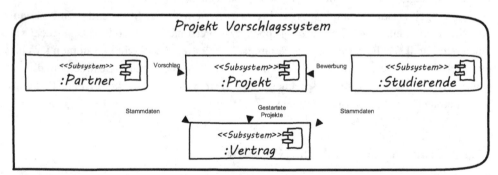

Abb. 16.10 Die Abbildung zeigt eine erste grobe Zerlegung des Projektvorschlagssystems in vier fachlich motivierte Subsysteme: Vertrag, Partner, Studierende und Projekt. Die Sicht zeigt grob, welche Daten von den Subsystemen ausgetauscht werden. Ein derartiger Entwurf in einem datengetriebenen System sollte unterfüttert werden mit einem Domänendesign (vgl. Kap. 15), z. B. ein Subsystem für jeden Bounded Context

Projektvorschlagssystem besteht aus vier Subsystemen: ‚Partner‘, ‚Projekt‘, ‚Studierende‘ und ‚Vertrag‘.

Mithilfe des Grobentwurfs überschlagt ihr den Aufwand zur Entwicklung, macht erste Zeitpläne und identifiziert mögliche Risiken. Das ist mit kleineren Subsystemen leichter als mit einem eventuell komplexen, großen System. Ihr könnt beispielsweise jeweils ein Teilteam mit einem anderen Subsystem beauftragen (vgl. z. B. [Her99]). Ihr könntet die Subsysteme nacheinander bauen und liefern.

Einige Entwurfsentscheidungen trefft ihr bereits hier: Zugekaufte Subsysteme können beispielsweise die Entwicklungszeit verkürzen. Ihr nutzt z. B. einen OCR-Dienst von einem Cloud-Anbieter, damit müsst ihr euch um dieses Thema in euer Software nicht mehr kümmern.

Wir nennen den Grobentwurf hier *logische Architektur*: Sie beschreibt die Strukturierung des Systems unabhängig davon, mit welchen Mitteln die Subsysteme bzw. logischen Komponenten umgesetzt werden. Mithilfe des Grobentwurfs könnt ihr verschiedene Alternativen für die weiteren Entwürfe durchspielen: Bauen wir das Subsystem ‚Partner‘ selber oder kaufen wir es zu?

Darstellungen der Grobarchitektur sind in der Praxis typischerweise einfache Kasten-und-Pfeile-Diagramme, die einen Überblick über die Grobarchitektur geben: Die Abb. 16.10 zeigt ein Beispiel.

Fertigstellungstermin und Entwicklungskosten sind bei allen Produkten zwei zentrale Architekturtreiber. Diese werden durch die logische Architektur und die darauf aufbauende Projektplanung beeinflusst: Kosten können beispielsweise dadurch gesenkt werden, dass die Realisierung einiger Subsysteme an Partner mit geringeren Kosten pro Entwicklerstunde weitergegeben werden. Aufgaben beim Grobentwurf sind daher unter anderem:

- Reduktion der Komplexität: logische Aufteilung von Systemen in kleinere beherrschbare Einheiten (= Teile und Herrsche)
- Aufteilung der feineren Spezifikations-, Entwurfs- und Implementierungsarbeit auf fachlich oder technisch spezialisierte Teilteams. Die logische Architektur hat damit eine enge Verbindung zur Projektplanung. Die Arbeitsaufteilung geschieht typischerweise entlang der Grenzen der Subsysteme.
- Bereitstellung der Grundlage für die Aufwandsschätzung, für die Spezifikation, den Feinentwurf und die Implementierung des Softwareanteils.
- Schaffung der Grundlage für die Releaseplanung. Auch eine Kosten/Nutzen/Risiko-Diskussion kann geführt werden, welche den Nutzen der Funktionalität einzelner Subsysteme den Kosten und Risiken für die Entwicklung gegenüberstellt.
- Entscheidung über den Zukauf von fremden Software- und/oder Hardware-Komponenten, um beispielsweise Entwicklungszeit oder -kosten einzusparen,

- Entscheidung über die Fremdvergabe von Einheiten an externe Partner (Lieferanten), um beispielsweise Wissen und Arbeitskräfte einzukaufen oder um Personalkosten zu einzusparen.

Die Verteilung des Systems auf Hardware und Netzwerk wird typischerweise parallel zum Grobentwurf entschieden und beeinflusst diese. Vorhandene Verteilungsgrenzen im Trägersystem sind ein Kriterium zur Aufteilung in Subsysteme.

16.5.3 Fachliche Dekomposition – Finden von Subsystemen

Wie findet ihr eine geeignete Struktur für das System? Hierzu könnt ihr euer bisher erarbeitetes Fachwissen nutzen (Bounded Contexts).[5] Ziel des Entwurfs ist es, Subsysteme zu finden, die fachlich möglichst unabhängig sind. Das bedeutet vor allem, dass zwischen den Subsystemen, die ihr identifiziert, möglichst wenig bekannte Abhängigkeiten bestehen.

Häufig gibt es bereits fachlich etablierte Strukturierungen, die ihr nutzen könnt, z. B. typische Unternehmensstrukturen mit Einkauf, Lagerhaltung, Vertrieb und Produktion. Diese habt ihr eventuell bereits als Bounded Contexts in eurem Domänendesign identifiziert. Für kleinere Subsysteme ist das Konzept der Aggregate aus Kap. 15 hilfreich. Ihr könnt folgende Heuristik verwenden:

- Die Daten aus derselben Komponente kommen in vielen Maskenentwürfen oder Druckausgaben gemeinsam vor. Die Daten aus verschiedenen Komponenten finden sich dagegen nicht in gemeinsamen Masken und Druckausgaben.
- Die Daten aus denselben Komponenten werden immer gemeinsam geändert und aktuell gehalten (Aggregate), in der Regel im Rahmen einer Transaktion. Die Daten aus verschiedenen Komponenten werden getrennt voneinander geändert bzw. können zeitlich verzögert, asynchron geändert werden.
- Zwischen den Daten in den verschiedenen Komponenten bestehen nur wenige Verbindungen, beispielsweise Fremdschlüssel in einem relationalen Datenbankschema.

Eventuell sind bereits Änderungen und weitere Anforderungen im Product Backlog bekannt, welche die entworfenen Subsysteme betreffen. Wenn ihr eine gute Aufteilung auf Subsysteme gefunden habt, betreffen die bekannten Anforderungen und Änderungen in Anforderungen nur jeweils ein Subsystem und nicht mehrere.

---

[5] Vgl. Kap. 15 zum Domain Driven Design.

16.6 Verteilungsarchitektur

Ein Subsystem aus der Grobarchitektur kann auf viele verschiedene Arten umgesetzt werden: Ihr verbaut eventuell alle Subsysteme in einem großen Monolithen, den ihr auf einem einzigen Server betreiben könnt. Oder ihr teilt jedes Subsystem in mehrere kleine Dienste auf und erstellt daraus eine Microservice-Architektur.

16.6.1 Trägersystem entscheiden

Euer System muss irgendwo ausgeführt werden: Es ist verteilt beispielsweise auf Smartphones und auf virtuelle Maschinen in der Cloud. Das System, das euer Produkt ausführt, nennen wir hier Trägersystem. Es beinhaltet Hardware wie Smartphones, spezielle Mikrocontroller oder Rechner eures Rechenzentrums, die Netzwerkinfrastruktur wie Switches und Gateways und auch einen Stapel von (vorhandenen) Laufzeitumgebungen (Hypervisor, Betriebssysteme, Docker-Runtime, Java Virtual Machine, ...).

Die Abb. 16.11 zeigt ein Beispiel für einen Teil des Trägersystems. Ihr definiert, dass eure Software auf iPhones ab der Hardware-Version 7 mit einem iOS ab Version 11.3 innerhalb eines Safari-Browsers ab Version 11.1 ausgeführt wird. Der Stapel aus iPhone, iOS und Safari-Browser ist euer Trägersystem oder ein Teil davon.

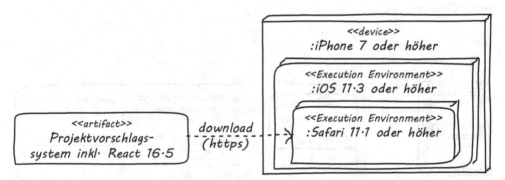

Abb. 16.11 Die Abbildung zeigt eine erste Darstellung der Verteilung als UML-Verteilungsdiagramm: Auf einem iPhone (mindestens Version 7, device), läuft ein neueres iOS (mindestens Version 11. 3, execution environment), in dem Betriebssystem wird der Browser Safari (mindestens Version 11. 1) ausgeführt. Der Browser dient als Laufzeitumgebung für JavaScript. Unsere Web-App wird eventuell ausgeliefert mit dem React Framework (genau Version 16. 5) und von uns erstellten JavaScript-Quelltexten, HTML- und CSS-Dateien sowie diversen Bildern. Wir deployen bloß die als `artifact` gekennzeichneten Elemente. In diesem Fall liegt unser Projektvorschlagssystem auf einem Server und wird per HTTPS in den Browser geladen

Rahmenbedingungen beachten

Ein Teil des Trägersystems wird durch eure Benutzer bereits festgelegt, da diese bestimmte Hardware und Betriebssysteme bevorzugen. Entsprechende Rahmenbedingungen könnt ihr aus dem Persona-Modell ableiten: Welche Smartphones verwenden eure Benutzer, welche Desktop-PCs oder Spielekonsolen? Welche Betriebssysteme laufen dort, welche Browser-Versionen sind aktuell? Ist der Internetzugang an einem festen Ort, z. B. über den häuslichen DSL-Anschluss oder wird das Internet mobil genutzt?

Euer Auftraggeber verfolgt eventuell eine Strategie, die ihr beachten müsst: Muss jede neue Software für einen bestimmten Cloud-Anbieter gebaut werden, da es dort einen Rahmenvertrag gibt? Hat der Auftraggeber eigene Serverhardware (on premises)?

Beim Auftraggeber sind eventuell bestimmte Technologien oder Frameworks vorgeschrieben, sodass damit bereits Laufzeitumgebungen festgelegt sind. Die Abb. 16.12 zeigt ein Trägersystem, bei dem bereits viele Entscheidungen durch den Auftraggeber getroffen wurden.

Diese Rahmenbedingungen könnt ihr als Übersicht über das vorhandene Netzwerk und die vorhandene Hardware darstellen.

Eigene Entscheidungen treffen

Teile des Trägersystems könnt ihr selbst entscheiden. Grundlage für diese Entscheidungen ist immer das bei euch vorhandene Wissen. Wenn ihr euch mit einem Cloud-Anbieter bereits auskennt, bleibt ihr vermutlich bei diesem. Wenn ihr bisher alle Systeme on premises auf eigenen Servern gebaut habt, müssen gute Gründe dafür sprechen, den Schritt in die Cloud zu gehen.

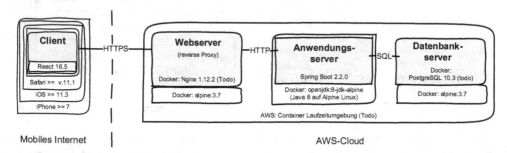

Abb. 16.12 Die Abbildung zeigt eine informelle Darstellung des Trägersystems zur Laufzeit. Dort sind drei Docker-Container zu sehen. Das dargestellte Trägersystem könnte aus den bekannten Rahmenbedingungen folgen: Die Benutzer verwenden iPhones ab Version 7, das Backend soll bei AWS laufen und einen eigenen Webserver, einen Anwendungsserver mit Java und eine PostgreSQL-Datenbank enthalten

16.6.2 Architekturstil wählen

In diesem Buch haben wir schon mehrfach Begriffe wie Monolith oder Microservice verwendet, ohne diese genauer zu definieren. Beides sind Architekturstile, in denen euer System unterschiedlich stark im Netzwerk verteilt wird [Ric20].

Die Abb. 16.13 zeigt drei Varianten, wie ihr ein einfaches System mit grafischer Oberfläche und Datenbankzugriff auf mehrere Rechner aufteilen könnt. Ein Thin-Client hat auf Benutzerseite nur einfache HTML-Formulare, diese werden aber von einem Server erzeugt. Der wesentliche Teil des Systems läuft hier im Backend. Eine Alternative dazu ist rechts dargestellt, dies könnte eine Smartphone-App sein, in der der wesentliche Teil der Anwendung läuft. Auf dem Server (z. B. Firebase) läuft nur noch die Datenhaltung.

In der Verteilungsarchitektur entscheidet ihr durch die Wahl des Architekturstils wie euer System verteilt wird und wie seine Bestandteile kommunizieren sollen. Gibt es einen großen Server, der als Ganzes deployt wird – einen Monolithen –, oder werden viele kleine Server unabhängig voneinander betrieben? Wir stellen fünf Architekturstile beispielhaft vor.

Monolithische Architektur
Euer System besteht aus einem einzigen Server. Diesen müsst ihr als Ganzes ausliefern und betreiben. Ihr könnt aber durchaus mehrere Instanzen davon starten. Alle Instanzen arbeiten jedoch in der Regel auf derselben Datenbank.

Typischerweise arbeitet ein Teilteam an diesem Server, ein anderes Team arbeitet an der Benutzerschnittstelle (Smartphone-App, Thin-Client, ...).

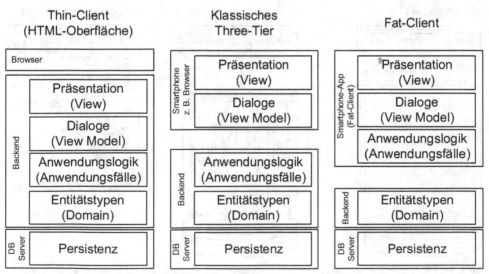

Abb. 16.13 Die Abbildung zeigt verschiedene Varianten, die typischen Schichten einer datenintensiven Software auf mehrere Rechner zu verteilen

Ein Monolith ist vergleichsweise leicht zu betreiben und zu überwachen, da ihr im Grunde nur zwei Maschinen betrachten müsst, euren Server und den Datenbankserver.

Mit der Zeit werden die Quelltexte des Monolithen immer größer und die Abhängigkeiten innerhalb der Quelltexte nehmen zu. Irgendwann kann es zu dem „Big Ball Of Mud" kommen [Foo99]. Das Ändern des Monolithen in eurem Team wird in der Regel im Laufe der Zeit immer aufwendiger, da ihr diesen immer nur als Ganzes testen und ausliefern könnt. Wegen der Abhängigkeiten in den Quelltexten steigt die Gefahr, neue Fehler einzubauen, wegen zunehmender Seiteneffekte von Änderungen.

Monolithe gelten als eher schlecht skalierbar. Wenn ihr nur eine Instanz betreibt, müsst ihr einen größeren Rechner beschaffen, wenn Nutzerzahlen steigen. Allerdings könnt ihr mehrere Instanzen des Monolithen starten, dann kann die gemeinsam genutzte Datenbank zum Flaschenhals werden, z. B. da sich die Instanzen gegenseitig die benötigten Daten sperren. Ein Monolith ist in Abb. 16.14 links als (a) dargestellt.

Servicebasierte Architektur

Eine servicebasierte Architektur versucht, die Nachteile von Monolithen zu mildern: Ihr zerlegt den Server in kleinere Services, die aber noch auf dieselbe Datenbank zugreifen. Die gemeinsame Datenbank sorgt dafür, dass der Datenbestand konsistent bleibt.

Die Services können von verschiedenen Teilteams entwickelt, getestet und auch ausgeliefert werden. Damit werdet ihr handlungsfähiger auch bei großen Systemen. Wenn ihr die Services richtig schneidet, könnt ihr tatsächlich unabhängig voneinander arbeiten.

Da die Services unabhängig voneinander geliefert werden, könnt ihr diese auf verschiedenen Maschinen betreiben und auch mehrere Instanzen besonders beanspruchter Services

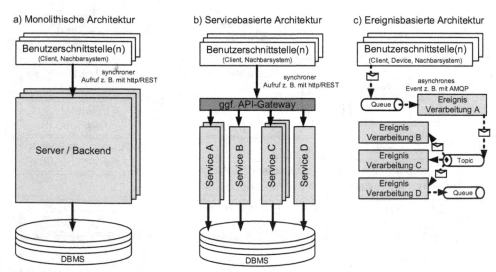

Abb. 16.14 Die Abbildung zeigt links eine monolithische Architektur, in der Mitte eine servicebasierte und rechts eine ereignisbasierte Architektur

starten. Dies mildert das Problem der Skalierbarkeit, macht das System aber schwieriger betreibbar. Jeder Service kann ausfallen und muss daher beobachtet werden und jeder Service schreibt eigene Log-Dateien, die ihr irgendwo zusammenfassen müsst.

Weiteres Problem ist die Authentisierung und die Autorisierung, jeder Service muss ja für den Zugriffsschutz sorgen. Daher benötigt ihr in der Regel schon ein API-Gateway, das z. B. die Ver- und Entschlüsselung vornimmt (HTTPS-Endpunkt) und ggf. zentral Benutzer authentisiert.

Beim Monolithen und auch der servicebasierten Architektur erfolgt die Kommunikation zwischen Benutzerschnittstelle oder auch Nachbarsystemen und dem oder den Services immer synchron. Der Aufrufer wartet bei jeder Anfrage so lange, bis der Service antwortet. Ein Benutzer wartet ja auf eine Reaktion, wenn er gerade etwas mit dem System tut. Beispiele für synchrone Technologien sind RESTful-Web-Services oder WebSockets.

Ereignisbasierte Architektur

Ereignisbasierte Systeme arbeiten in der Regel asynchron. Dazu benötigt ihr eine nachrichtenorientierte Middleware wie RabbitMQ oder ActiveMQ, die euch Queues als Zwischenspeicher verwaltet.

Ihr verteilt beispielsweise eine Menge von Sensoren (IoT-Devices). Diese übersenden ihre Messwerte in regelmäßigen Abständen als Nachrichten. Die Nachrichten werden in einer Queue zwischengespeichert und später durch euer System verarbeitet.

Zweites Beispiel wäre ein Vertrag, den ihr in mehreren Schritten in eurem System verarbeitet. Jeder Verarbeitungsschritt entnimmt den bearbeiten Vertrag aus einer Queue und schreibt diesen nach der Verarbeitung in eine andere.

Eine asynchrone Form des Beobachter-Musters [Gam95] ist mithilfe asynchroner Verarbeitung möglich, das Publisher-Subscriber-Muster [Hoh03]. Ein Ereignis entsteht beim Publisher, beispielsweise ein Messwert. Für dieses Ereignis können sich viele Subscriber anmelden, an diese wird das Ereignis von der Queue (häufig auch Topic genannt) weitergeleitet. Um den Nachrichtenaustausch kümmert sich die nachrichtenorientierte Middleware, sodass sich Publisher und Subscriber gegenseitig nicht kennen müssen. In Abb. 16.14 links findet sich ein Beispiel für Publisher und Subscriber. ‚Ereignis-Verarbeitung A' ist der Publisher und die Verarbeitungen B bis D sind die Subscriber.

Die asynchrone Verarbeitung hat viele Vorteile: Sender und Empfänger sind über Queues entkoppelt. Der Sender arbeitet unabhängig davon, ob der Empfänger erreichbar ist oder nicht. Ereignisse könnt ihr mit einem Service verarbeiten, dieser wird abhängig von der Befüllung der Queue aber beliebig oft gestartet, wenn die Last steigt.

Ihr könnt beliebig viele (kleine) Programme schreiben, welche Ereignisse bzw. Nachrichten verarbeiten, z. B. in ein anderes Format transformieren, aufteilen in mehrere Nachrichten oder mehrere Nachrichten zu einer zusammenfassen. Hohpe und Wolf stellen in *Enterprise Integration Patterns* eine Reihe von Möglichkeiten vor, mithilfe von solchen Programmen auch neue und bestehende Systeme zu integrieren [Hoh03].

Serviceorientierte Architektur mit ESB

Mitte der 2000er-Jahre war die Idee des Enterprise Service Bus sehr populär. Alle Systeme eines Unternehmens werden an diesen Bus angeschlossen. Dafür werden Adapter bereitgestellt, z. B. für bestehende ERP-Systeme, oder ihr implementiert selbst einen Adapter. Die Kommunikation zwischen ESB und den angeschlossenen Systemen kann synchron oder auch asynchron erfolgen. Eine Architektur mit einem ESB ist in Abb. 16.15d dargestellt.

Mit einer Workflow-Komponente können dann Geschäftsprozesse über mehrere bestehende Systeme hinweg umgesetzt werden. Der von euch spezifizierte Workflow setzt sich aus mehreren Aktivitäten zusammen. Beispielsweise zerlegt ihr einen Vertragsabschluss fachlich in einzelne Verarbeitungsschritte: Aus jedem Schritt wird eine Aktivität im Workflow. Der Workflow wird durch ein Ereignis oder durch die Interaktion mit einem Benutzer ausgelöst. Die Workflow-Komponente ruft dann die für die jeweilige Aktivität notwendigen Systeme auf und verarbeitet das Ergebnis in den nächsten Aktivitäten weiter. Für bestimmte Aktivitäten können auch Interaktionen mit weiteren Benutzern notwendig werden.

Die Benutzerschnittstelle interagiert in der Regel über von euch erstellte Adapter mit dem ESB, welche den Zugriff auf die Workflows bzw. die angeschlossenen Systeme erlauben.

Mit diesem Architekturstil verbindet sich die Hoffnung, die Zahl der Schnittstellen zwischen den verschiedenen Systemen eines Unternehmens zu reduzieren und auch neue oder geänderte Geschäftsprozesse leichter implementieren zu können, da ggf. nur eine

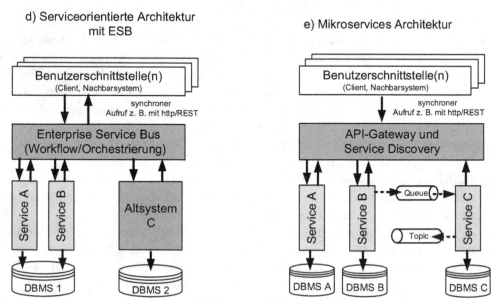

Abb. 16.15 Die Abbildung zeigt links eine serviceorientierte Architektur, sie enthält einen Enterprise-Service Bus (ESB) und rechts eine Microservice-Architektur

Workflow-Beschreibung angepasst werden muss. Der Preis dafür ist ein eventuell sehr komplexer Enterprise Service Bus, den ihr zusätzlich zu den Systemen betreiben müsst. Die Adapter können aufwendig zu implementieren sein und für die Qualitätseigenschaften der angeschlossenen Systeme müsst ihr ggf. selbst sorgen.

Microservice-Architektur

Microservice-Architekturen bestehen aus mehreren fachlich und technisch unabhängigen Services. Das Wort ‚Micro' bedeutet nicht unbedingt, dass alle Services winzig klein sein müssen. Sie wurden nach einem Blog-Post[6] von Martin Fowler und James Lewis populär, etwas später erschien das gleichnamige Buch von Sam Newman [New15]. Microservices können sich gegenseitig aufrufen oder sich Nachrichten schicken. Sie liefern gemeinsam den Funktionsumfang des Systems. Der Aufruf erfolgt mithilfe eines Namensdiensts (Service Discovery), sodass Services auch mehrfach gestartet werden können und Lastverteilung möglich wird. Ein Beispiel für eine Microservice-Architektur findet sich in Abb. 16.15.

Jeder Service kann eine eigene Datenhaltung haben, so kann ein Service mit einer relationalen Datenbank arbeiten, ein anderer mit einem Document-Store. Die Services können in verschiedenen Programmiersprachen bzw. in verschiedenen Versionen derselben Programmiersprache implementiert sein. Ein Service verwendet Java 8, ein anderer beispielsweise Java 11 und der KI-Service Python.

Die Services können flexibel auf verschiedene Rechner verteilt werden, einzelne können mehrfach gestartet werden. Daher spricht man den Microservices eine bessere Skalierbarkeit zu.

Großer Vorteil dieser Architektur ist – wenn ihr die Services richtig geschnitten habt: Jeder Service kann unabhängig von den anderen getestet und ausgeliefert werden. Damit könnt ihr im Team unabhängiger voneinander arbeiten. Die unabhängige Auslieferung trägt nachweisbar zur Produktivität der Entwicklungsteams bei [For18, S. 59 ff.].

Jeder Service sollte Datenautonomie haben: Nur er nimmt Änderungen auf seinen Daten vor, andere Services greifen über ihn auf diese Daten zu. Damit müsst ihr die Daten fachlich so aufteilen, dass das möglich ist. Wie das geht, haben wir bereits in Abschn. 16.5.3 gezeigt. Um fachlich unabhängige Services zu finden, verwendet ihr die Bounded Contexts und die Aggregate aus dem Domain Driven Design, dies haben wir in Kap. 15 besprochen.

Der Betrieb eines Systems mit Microservice-Architektur ist aufwendiger als bei einem Monolithen. Jeder Service kann unabhängig von den anderen ausfallen. Monitoring und Logging finden verteilt statt und müssen irgendwo zusammengefasst werden. Auch Authentisierung und Autorisierung müssen über mehrere Services hinweg erfolgen, beim Monolithen ist das zentral möglich. Für kleinere Projekte ist daher ein Monolith durchaus sinnvoll.

---

[6] Vgl. https://martinfowler.com/articles/microservices.html.

16.6.3 Persistenz entscheiden

Euer Produkt wird mit hoher Wahrscheinlichkeit Daten in der einen oder anderen Form verwalten müssen. Vor einigen Jahren hättet ihr dafür in der Regel ein relationales Datenbankmanagementsystem verwendet, wie etwa MySQL[7] oder PostgreSQL.[8]

In den letzten Jahren sind viele neue Datenbanktechnologien dazugekommen, die sich für spezielle Anwendungsfälle eventuell besser eignen. Diese werden unter der nicht wirklich aussagekräftigen Überschrift NoSQL zusammengefasst. Sie werden häufig in folgende Kategorien eingeteilt:

Graph-Datenbanken: Freundschaftsnetze oder Telekomnetze sind Beispiele für Datenstrukturen, die sich gut über einen gerichteten annotierten Graphen modellieren lassen. Im Freundschaftsnetz sind die Personen die Knoten und die Beziehungen die Kanten. Datenbanken wie Neo4J wurden für diesen Einsatzzweck entwickelt und bieten auch spezielle Anfragesprachen für Graphen an.

Key-Value-Stores: Über einen Key könnt ihr auf einen Value zugreifen. Wie in einer Map in Java oder einem Dictionary in C#. Der Value kann eine Zeichenkette, eine Liste von Bytes oder eine beliebige andere Datenstruktur sein. Redis[9] ist ein Beispiel für ein solches System. Redis wird auch als Cache im Hauptspeicher verwendet.

Document-Stores: Ein Dokument könnt ihr euch als JSON-String oder XML-Struktur vorstellen. Es ist organisiert wie eine Baumstruktur. Ein Dokument wird über einen Key abgelegt. Da die Datenbank gewisse Annahmen über die Struktur der Dokumente machen kann, ist auch eine gezieltere Suche möglich, z. B.: Gib mir alle Dokumente mit `name='huber'`. Wenn ihr mithilfe des Domain Driven Designs Aggregate gefunden habt,[10] könnt ihr ein Aggregat auf ein Dokument abbilden. MongoDB[11] ist ein Beispiel für einen Document-Store.

Wide-Column-Stores: Die Wide-Column-Stores haben im Grunde zwei Keys. Mit dem Row-Key erhaltet ihr eine Menge von Columns. Mit dem Column-Key könnt ihr dann auf den gespeicherten Wert zugreifen. Diese Datenbanksysteme wurden für extrem große Datenmengen entworfen, wie sie bei den großen Internetunternehmen anfallen. Die Daten können sehr gut auf viele Rechner verteilt werden (Partitionierung). Die Rechner können parallel auch Schreibzugriffe ausführen. Cassandra[12] ist ein Beispiel für einen Wide-Column-Datastore.

---

[7] https://www.mysql.com/de/.

[8] https://www.postgresql.org/.

[9] https://redis.io/.

[10] Vgl. Abschn. 15.2.6.

[11] https://www.mongodb.com.

[12] https://cassandra.apache.org/.

Auch Suchmaschinen wie Elastic Search[13] könnten wir als Datenhaltung auffassen. Diese braucht ihr beispielsweise, wenn ihr große Textmengen durchsuchen müsst, wie etwa große Mengen von Log-Dateien.

Schaut euch euren Anwendungsfall genauer an, um hier die richtige Entscheidung zu treffen. Wie sind eure Daten strukturiert (Graph, Baum, Tabelle, Zeitreihe) und welche Anfragen wollt ihr machen? Geht es nur um einzelne Datensätze, die ihr pflegen wollt (eher OLTP) oder wollt ihr umfangreiche Datenanalysen mit vielen Datensätzen machen (eher OLAP)? Sind eure Benutzer weltweit verteilt oder nur auf einem Kontinent? Habt ihr extrem viele Daten (viele Millionen Datensätze) oder überschaubar viele? Mit welcher Lese- bzw. Schreiblast müsst ihr rechnen? Wir müssen hier leider auf die einschlägige Literatur verweisen: Absolut lesenswert für ein tieferes Verständnis ist das Buch *Designing Data-intensive Applications* von Martin Kleppmann [Kle17].

16.6.4 Taktiken: Qualitätsanforderungen erfüllen

Aufgabe bei der Erstellung der Verteilungsarchitektur ist die Beeinflussung von Qualitätseigenschaften wie Durchsatz, Antwortzeiten und Verfügbarkeit. Der gewählte Architekturstil stellt hierzu einige Weichen [Ric20]. Ihr könnt darüber hinaus aber weitere Komponenten ergänzen und auch das Trägersystem entsprechend konfigurieren:

Durch die Mehrfachinstallation einer Bibliothek auf mehreren Rechnern eines Clusters kann beispielsweise die Verfügbarkeit erhöht werden (z. B. mit einer Failover-Strategie) und der Durchsatz kann gesteigert werden (z. B. über Loadbalancing in einem Rechner-Cluster).

Len Bass, Paul Clements und Rick Kazman schlagen einzelne Lösungsideen zur Ermöglichung von Qualitätseigenschaften vor und nennen diese Taktiken [Bas21]. Sie betrachten unter anderem Taktiken für Verfügbarkeit, Energie-Effizienz und Testbarkeit. Es lohnt sich daher für euch, beim Entwurf das Buch *Software Architecture in Practice* als Nachschlagewerk im Schrank zu haben [Bas21].

Bass, Clements und Kazman beschreiben beispielsweise Taktiken, um die Verfügbarkeit des Systems durch das schnelle Erkennen von Ausfällen zu verbessern. Taktiken sind unter anderem Monitor, Heartbeat und Self-Test.

Ein Monitor ist eine Komponente, die euer System fortlaufend überwacht und beispielsweise die CPU-Auslastung oder den Netzwerkdatenverkehr misst. Euer System könnte in regelmäßigen Abständen mit dem Monitor Nachrichten austauschen, das ist ein sogenannter Heartbeat. Bleiben die Nachrichten aus, könnte euer System ausgefallen sein oder die Netzwerkverbindung wurde unterbrochen. Ihr könnt in eurem System auch einen Self-Test vorsehen, mit dem das System selbst prüfen kann, ob es noch vollständig funktioniert.

---

[13] https://www.elastic.co/de/elasticsearch/.

16.6.5 Verteilungsarchitektur kommunizieren

Basis der Verteilungsarchitektur bilden die zugrundeliegende Hardware und die Netzwerk-Infrastruktur, beides kann auch virtuell sein. Die Hardware kann auch aus virtuellen Maschinen bestehen und das Netzwerk über Software definiert sein (SDN). Auf der Hardware befindet sich ein Stapel an ausführenden Infrastrukturen, beginnend beim Betriebssystem. Abhängig von der Software bauen darauf weitere Infrastukturen auf, wie beispielsweise ein Webserver (z. B. NGINX), eine Java Virtual Machine (JVM) oder eine Laufzeitumgebung für JavaScript (z. B. die V8-Runtime).

Grafisch wird der Stapel durch ineinander geschachtelte Kästen (Execution Environments) dargestellt, dies ist den Abbildungen 16.11 (UML) und 16.12 (informell) zu erkennen. In einem UML-Verteilungsdiagramm werden die ausgelieferten Artefakte gesondert dargestellt. In Abb. 16.16 werden beispielsweise drei von uns erstellte Docker-Images ausgeliefert, in diesen ist unsere Software (Frontend und Backend) enthalten.

Die verschiedenen Elemente werden in der Regel über ein Netzwerk miteinander kommunizieren, diese Verbindungen könnt ihr über Verbindungslinien darstellen. Jede Verbindungslinie wird mit dem verwendeten Protokoll beschriftet, z. B. HTTPS oder MQTT.

Die Abb. 16.16 zeigt ein mögliches Backend für das Trägersystem aus Abb. 16.12. Dort sind auf einer noch genauer zu bestimmenden Infrastruktur drei Docker-Images deployt. Jeweils einer für NGINX, den Applikationsserver und den Datenbankserver.

In der Grafik fehlt eine Aussage darüber, wie die Container zur Laufzeit kommunizieren sollen, also welche Protokolle verwendet werden und welche Container miteinander kommunizieren.

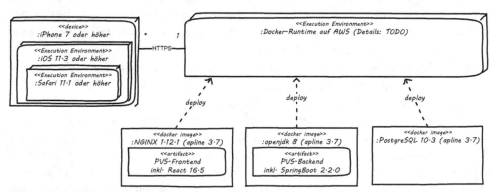

Abb. 16.16 UML-Verteilungsdiagramm des Projektvorschlagssystems. Es werden drei Docker-Images auf AWS ausgeliefert

16.7   Schichten, Frameworks, Komponenten, Schnittstellen – Technische Architektur

In der technischen Architektur entscheidet ihr, wie ihr die Services bzw. Subsysteme in einer Programmiersprache oder mit fremden Komponenten, Diensten oder in Hardware umsetzen wollt. In der Regel verwendet ihr eine Reihe von Frameworks (z. B. Angular oder Spring) und technischen Plattformen (z. B. Android mit Kotlin oder iOS mit Swift), die ihr spätestens jetzt auswählt oder die als Rahmenbedingung vom Auftraggeber vorgegeben sind.

Ihr teilt das System in Schichten und/oder verschiedene Softwarekomponenten auf, die dann in einer Programmiersprache implementiert werden. Deren Laufzeitumgebungen habt ihr in der Verteilungsarchitektur festgelegt (Trägersystem). Aufgaben bei der Erstellung einer technischen Architektur sind unter anderem:

- Entscheidung über technische Umsetzung der Subsysteme/Services/Komponenten in Software- und/oder Hardware,
- Entwurf der inneren Struktur der Subsysteme/Services (der tatsächlich ausgelieferten Einheiten) mithilfe von Schichten, Frameworks und weiteren Architektur- bzw. Entwurfsmustern,
- Spezifikation der Schnittstellen zwischen den verschiedenen Subsystemen/Diensten,
- Technische Integration von Fremdkomponenten und -diensten sowie Nachbarsystemen.

Technische Architektur und Verteilungsarchitektur hängen offenbar eng zusammen: Übersetzte Quelltexte der Softwarekomponenten werden in Bibliotheken, etwa JARs oder Assemblies, zusammengefasst. In dieser Form können sie auf einem Trägersystem installiert werden. Die Bibliotheken orientieren sich häufig an den Grenzen, wie sie durch die Struktur des Trägersystems mit seinen Rechnerknoten vorgegeben sind, etwa eine Client-Bibliothek, eine Server-Bibliothek und eine Datenbankbibliothek. Für die Spezifikation der Schnittstellen zu den Softwarekomponenten muss die Verteilung über ein Netzwerk bereits bekannt sein, mögliche Verteilungsgrenzen müssen in Java etwa über die Verwendung bestimmter Schnittstellen (REST, GraphQL, ...) vorgesehen werden. Außerdem sind für Schnittstellen, die über ein Netzwerk aufgerufen werden, bestimmte Entwurfsrichtlinien zu beachten, etwa die Vermeidung vieler feinteiliger (get/set) Operationen [Sie04].

Die Entscheidung, welche Quelltexte übersetzt als Bibliothek geliefert werden, trefft ihr im Build-System, also z. B. in der Gradle-Datei in Java. Denn hier legt ihr fest, was genau übersetzt und zu einer Bibliothek zusammengestellt wird.

16.7.1   Ökosystem entscheiden

Diskussionen, was genau die *beste* Programmiersprache ist, sind relativ überflüssig. Programmiersprachen wie Rust, Go, Python oder Java haben verschiedene Einsatzbereiche.

Die Sprache alleine nützt euch nichts, wenn es nicht Werkzeuge, Frameworks und Hilfe auf Stackoverflow dafür gibt. Für euer Produkt ist es also eher wichtig, für welche Ökosysteme ihr euch entscheidet. Ein Ökosystem enthält:

- eine oder ggf. mehrere Programmiersprachen (Java, Go, Rust, . . .),
- eine Community von Entwicklerinnen und Entwicklern,
- (Open-Source-)Frameworks und Bibliotheken, inklusive eines Paket-Managements (npm, Maven, NuGet, . . .) sowie
- Build-Werkzeuge (Gradle, Maven, GNU Make, . . .) und
- Entwicklungswerkzeuge wie Profiler, Debugger, Test-Werkzeuge, Code-Generatoren, Werkzeuge zur Messung der Codequalität etc.

Typische Entscheidung in unseren Projekten ist es beispielsweise, ob der Server oder die Services in Java, JavaScript, C# oder PHP geschrieben werden sollte. Was sind Kriterien, mit denen ihr euch für ein Ökosystem entscheiden könnt?

- Einsatzzweck: Jedes Ökosystem hat Einsatzfelder, wo es besonders häufig verwendet wird und in denen viele leistungsfähige Frameworks und Bibliotheken verfügbar sind. Ihr findet Python beispielsweise sehr häufig in Anwendungen des maschinellen Lernens oder im Anwendungsfeld Data Science. JavaScript hat im Bereich der grafischen Oberflächen sehr weite Verbreitung und Rust für systemnahe Software.
- Abhängigkeiten: Wenn euer Produkt eine längere Lebensdauer haben soll, ist es wichtig, wer das Ökosystem kontrolliert. Gibt es ein Unternehmen, dem die Sprache gehört oder wird sie von einer unabhängigen Community getragen?
- Größe und Aktivitäten der Community: Ihr könnt beispielsweise bei Stackoverflow[14] recherchieren, wie oft Fragen innerhalb des jeweiligen Ökosystems gestellt und beantwortet werden. Gibt es auf YouTube Tutorials oder einführende Videos, mit denen ihr euch einarbeiten könnt? Eine weitere Quelle ist Google Trends,[15] hier seht ihr, welches Thema wie häufig gesucht wird.
- Frameworks und Bibliotheken: Da ihr einen großen Teil eures Produkts nicht selber baut, sondern aus vorhandenen Frameworks und Bibliotheken zusammensetzt, solltet ihr im jeweiligen Ökosystem prüfen, was euch dort zur Verfügung steht. Gibt es bekannte Frameworks, die sehr weit verbreitet sind? Auch hier lohnen sich Quellen wie Stackoverflow, Google Trends oder auch OpenHub.
- Werkzeuge: Gibt es professionelle Werkzeuge im jeweiligen Ökosystem? Ihr braucht typischerweise eine Entwicklungsumgebung, einen guten Debugger, einen Profiler und einen guten Paket-Manager. Außerdem sind Werkzeuge zur Qualitätssicherung für eure Build-Pipeline hilfreich.

---

[14] https://stackoverflow.com/.

[15] https://trends.google.de/trends/.

- Eure eigenen Erfahrungen: Wenn ihr euch in einem Ökosystem auskennt, ist es sicher sinnvoll erstmal dort zu bleiben.

16.7.2 Frameworks und Dienste

In der technischen Architektur legt ihr fest, mit welchen Frameworks und technischen Plattformen ihr arbeiten wollt. Ein Framework bestimmt große Teile euer Quelltexte und macht Vorgaben zu deren Struktur. Eure Klassen oder Prototypen leiten sich von Framework-Klassen ab, implementieren deren Schnittstellen oder werden von diesen irgendwie aufgerufen.

In der späteren Implementierung müsst ihr darauf achten, die Abhängigkeiten zum Framework zu begrenzen. Denn beim Wechsel des Frameworks könnt ihr den davon abhängigen Code in der Regel wegwerfen. Dies ist in Abb. 16.17 zu sehen.

Sowohl in der Benutzerschnittstelle als auch bei der Implementierung eines Servers oder von Services seid ihr in der Regel auf Frameworks angewiesen oder ihr verwendet direkt die Möglichkeiten der jeweiligen technischen Plattform (z. B. Android, iOS oder Windows). Sonst müsstet ihr sehr viel komplexen Code selber schreiben, beispielsweise die Buttons der grafischen Oberfläche selber rendern.

In JavaScript-basierten Oberflächen finden sich gerade Frameworks wie React,[16] Angular[17] oder Vue[18]. In technischen Geräten ist das häufig QT.[19] Bei Android und iOS bieten die entsprechenden Hersteller Frameworks zur Entwicklung grafischer Oberflächen

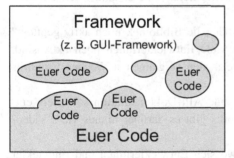
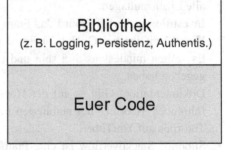

Abb. 16.17 Wenn ihr das Framework wechselt, der Rahmen also entfällt, könnt ihr häufig große Teile euer Quelltexte wegwerfen, da diese eng mit dem Framework verbunden sind. Einfache Bibliotheken wie beispielsweise für das Logging ruft ihr aus euren Quelltexten auf, diese sind leichter austauschbar

---

[16] https://reactjs.org/.

[17] https://angular.io/.

[18] https://vuejs.org/.

[19] https://www.qt.io/.

an. Gleiches gilt für eure Services bzw. euren Server, in jeder Programmiersprache gibt es mehrere Möglichkeiten, beispielsweise Spring in Java oder Express mit Node in JavaScript.

Frameworks und Bibliotheken auswählen

In unseren Projekten haben wir in der Vergangenheit viel Zeit verloren bei der Auswahl des oder der *richtigen* Frameworks. Wenn im Team oder beim Auftraggeber bereits Erfahrungen mit einem Kandidaten vorliegen, nehmen wir in der Regel diesen. Zumindest für einfache Systeme funktioniert nach unserer Erfahrung jedes etablierte Framework.

Frameworks sind häufig Open-Source-Projekte, die bereits in vielen Projekten verwendet worden sind. Dementsprechend sind viele vergleichende Informationen im Internet recherchierbar. Erste Informationen findet ihr auf der Homepage des Frameworks sowie auf GitHub (u. a. Zahl der Sterne). Eine weitere gute Informationsquelle ist OpenHub.[20] Hier werden Open-Source-Projekte regelmäßig analysiert und ihr erkennt beispielsweise, ob die Community überhaupt noch aktiv an diesem Framework arbeitet und an welche Lizenzauflagen ihr euch halten müsst.

Typischerweise ergänzt ihr das Framework dann um verschiedene Bibliotheken, um spezielle Funktionen umzusetzen, z. B. Drag-And-Drop oder die Unterstützung von Swipe-Gesten. Gerade im JavaScript-Umfeld können so sehr viele verschiedene Bibliotheken zusammen kommen.

Kriterien für die Auswahl eines (Open-Source-)Frameworks sind:

- Lizenzmodell: Passt die Open-Source-Lizenz zu eurem Produkt? Häufig sind Frameworks unter MIT- oder Apache-Lizenz. OpenHub liefert eine schöne Übersicht über alle Lizenzauflagen.
- Investitionssicherheit: Wird das Framework oder die Bibliothek noch aktiv gepflegt? Hier könnt ihr bei GitHub überprüfen, wie viele Entwicklerinnen noch aktiv sind. Es sollten mindestens drei sein und es sollte in den vergangenen Wochen Commits gegeben haben.
- Dokumentation: Gibt es auf der Homepage eine API-Dokumentation sowie ein einführendes Tutorial? Bei etablierten Frameworks gibt es darüber hinaus viele Video-Tutorials auf YouTube.
- Support: Stackoverflow ist eine Plattform, wo sich Entwicklerinnen und Entwickler gegenseitig unterstützen und Fragen beantworten. Wenn es zu dem Framework keine Informationen auf Stackoverflow gibt, solltet ihr ein anderes auswählen.

Die genannten Kriterien liefern einen Eindruck, ob ihr das Framework oder die Bibliothek einsetzen könnt. Die Entscheidung solltet ihr aber erst treffen, wenn ihr selbst einen Prototypen (Durchstich) mit dem Framework gebaut habt. Erst dann habt ihr einen eigenen Eindruck von der Stabilität sowie der Lernkurve.

---

[20] Vgl. https://www.openhub.net/.

16.7.3 Technische Schichten

Dem Benutzer wird eine grafische Oberfläche oder eine andere Schnittstelle angeboten. Eventuell sind die Benutzer mit ihren Geräten verteilt, sodass das System eine Netzwerkschnittstelle enthält zwischen Clients und Servern. Der oder die Server müssen eventuell auf eine Datenbank zugreifen. Weitere technische Querschnittsfunktionen wie beispielsweise Authentisierung, Autorisierung, Logging, Druckdienste oder Workflow-Dienste verteilen sich über Clients und Server. Wenn ihr als Entwickler alle notwendigen technischen Programmierschnittstellen und alle Entwurfsfeinheiten beherrschen müsst, ist das sehr aufwendig und ihr benötigt viel Einarbeitungszeit. Zweitens ändern sich Technologien unabhängig von den fachlichen Anforderungen. Aus diesen Gründen ist es sinnvoll, fachlichen Code von technischem Code zu trennen und auch Technologien nicht im Code zu mischen [Sie04]. Da jede der verwendeten Technologien schnell veralten kann oder sich eventuell das Lizenzmodell einer verwendeten Open-Source-Komponente ändert, sollten technische Programmierschnittstellen niemals über euren Code verstreut werden. Ihr solltet immer Abhängigkeiten bewusst entscheiden und versuchen, diese gering zu halten.

Schichtenarchitektur
Seit vielen Jahren wird Software über Schichten strukturiert. Ihr kennt sicher das ISO/OSI-Modell für Netzwerke mit den sieben Schichten. Häufig werden auch Betriebssysteme in Form von Schichten dargestellt. Ernst Denert und Johannes Siedersleben beschreiben die Drei-Schichten-Architektur für betriebliche Informationssysteme [Den92], bestehend aus der Benutzeroberfläche, dem Anwendungskern und der Datenbankzugriffsschicht, diese ist in Abb. 16.18 dargestellt. Alle Schichten können auf demselben Rechner installiert sein (Monolith) oder es gibt speziell zwischen bestimmten Schichten Verteilungsgrenzen.

Der unabhängige Anwendungskern
Ähnlich wie Denert könnt ihr auch für eure Systeme den fachlichen Anwendungskern so schreiben, dass dieser keine Abhängigkeiten zur grafischen Oberfläche und nur wenige Abhängigkeiten zur Datenbank hat. Der Anwendungskern kann mindestens für große Systeme entlang der im Domänendesign gefundenen Klassen strukturiert werden [Fow02, Eva03].

Damit gibt es für jeden Entitätstyp, den ihr identifiziert habt, eine Klasse in der objektorientierten Programmiersprache. Auch mehrere User Storys bzw. Anwendungsfälle sind in eigenen Klassen zusammengefasst. Johannes Siedersleben gibt für die Klassen des Anwendungskerns Implementierungshinweise [Sie04], die wir im Kap. 17 noch darstellen.

Ein solcher Anwendungskern kann dann leicht mit RESTful-Web-Services einem Client zur Verfügung gestellt werden und ihr könnt ebenfalls mit wenig Aufwand Unit Tests und auch Integrations- bzw. Akzeptanztests mit JUnit bzw. dem in eurer Sprache populären Testframework implementieren.

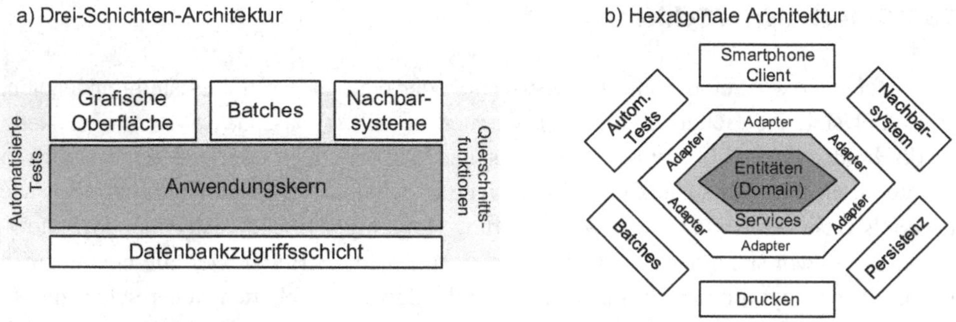

a) Drei-Schichten-Architektur   b) Hexagonale Architektur

Abb. 16.18 Die Abbildung deutet die sogenannte Hexagonal Architecture [Coc06] an (rechts) und sie zeigt die typische Drei-Schichten-Architektur nach Denert [Den92] (links). Beide Architekturen verfolgen im Grunde dieselbe Idee: Der Anwendungskern ist jeweils unabhängig von der Datenbanktechnologie, der grafischen Oberfläche oder von Nachbarsystemen

Datenbankzugriffsschicht von der Stange

Für relationale Datenbankmanagementsysteme könnt ihr auf eine große Vielfalt von erprobten Datenbankzugriffsschichten zurückgreifen. Diese bilden euch die Objekte aus eurem Anwendungskern auf die Zeilen einer relationalen Datenbank ab. Die Zugriffsschichten heißen daher auch Objektrelationale Mapper (ORM). Sie gibt es in verschiedenen Ausprägungen für jede Programmiersprache. Beispielsweise Hibernate für Java, das Entity Framework für C# oder Doctrine für PHP.

Die Zugriffsschicht erzeugt das notwendige SQL für das jeweilige Datenbankmanagementsystem. Sie erspart euch eigentlich die Arbeit mit SQL. Dennoch solltet ihr euch genau ansehen, welche SQL-Befehle die Zugriffsschicht in eurem Produkt erzeugt. Eventuell könnt ihr durch passende Strukturen in eurem objektorientierten Code einfacheres und damit in der Regel performanteres SQL erzeugen.

Grafische Oberfläche: MVC, MVP und MVVM

Leider wandert sehr leicht ein großer Teil der Fachlichkeit aus dem Anwendungskern in den Code der grafischen Oberfläche, unabhängig von der von euch gewählten Technologie. Für kleinere Prototypen ist der Verzicht auf Schichten und andere Strukturmerkmale kein besonderes Problem. Wenn euer System eine größere Lebensdauer haben soll und von einem größeren Team weiterentwickelt wird, führt dieses Quick-And-Dirty-Programmieren allerdings zu massiven Problemen:

- Fachlicher Code, der in den Callbacks der grafischen Oberfläche verstreut wird, wird sehr leicht redundant implementiert. Da der eine Entwickler wegen des großen Systemumfangs eventuell nicht weiß, dass es die von ihm gesuchte fachliche Funktion schon gibt.

- Um schnell voranzukommen, bürgert sich das Copy-and-Paste-Entwickeln im Team ein. Die gesuchte Funktionalität wird nicht irgendwo zentral implementiert, sondern es wird ein ähnliches Stück Code gesucht und einfach an die betreffende Stelle kopiert und angepasst.

Folgen davon sind sehr hohe Redundanz im Code, was Programmierfehler deutlich wahrscheinlicher macht [Jue09], zweitens ist die Abhängigkeit zur Oberflächentechnologie deutlich höher, was Updates, einen Technologiewechsel oder andere Ausgabekanäle erschwert.

Seit den Zeiten von SmallTalk in den 1980er-Jahren ist das MVC-Muster (Model, View, Controller) bekannt [Gam95]. Es erleichtert die Aufteilung der Elemente innerhalb der grafischen Oberfläche in die Darstellung (View), aktuell werden hierfür beispielsweise Markup-Sprachen wie XAML (Dot NET), FXML (Java) oder HTML-Templates verwendet.

Der Controller synchronisiert die View und die Models. Wenn sich ein Model ändert, werden alle abhängigen Views aktualisiert, wird im View eine Änderung durch den Benutzer vorgenommen, aktualisiert der Controller das entsprechende Model. Die meisten Oberflächentechnologien bieten am Smartphone, im Web oder auf dem Desktop eine Unterstützung für diese oder ähnliche Aufteilungen an. Der oben beschriebene diffundierende fachliche Code findet sich irgendwann in den Implementierungen der Models und der Controller wieder. Wenn diese von der Oberflächentechnologie abhängig sind, solltet ihr das für große und langlebige Systeme vermeiden.

Das MVC-Entwurfsmuster ist mit zwei weiteren verbreiteten Mustern für den Oberflächenentwurf in Abb. 16.19 dargestellt. Die Muster unterscheiden sich darin, wie die Bestandteile untereinander kommunizieren.

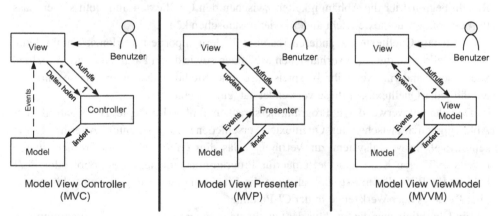

Abb. 16.19 Übersicht über verbreitete Entwurfsmuster im Bereich grafischer Oberflächen: Model View Controler (MVC), Model View Presenter (MVP) und Model View ViewModel (MVVM)

Adapter für technische Komponenten

Abhängigkeiten bestehen auch zu anderen technischen Schnittstellen, beispielsweise zum Workflow-System oder zur Komponente, die Excel-Dateien erzeugt oder PDF-Dokumente generiert. Hier solltet ihr aus mehreren Gründen einen Adapter einbauen, der euren Code von fremdem Code unabhängig macht.

Ein Adapter versetzt euch in die Lage, die Fremdkomponente irgendwann auszutauschen, eventuell gibt es ja eine leistungsfähigere Bibliothek zum PDF-Erzeugen. Zweitens könnt ihr euch dann leichter ein Mock-Objekt erzeugen und dann die Unit Tests auch ohne laufende Fremdkomponente testen.

16.8   Code, Namensräume, Build-Skripte – Implementierungsarchitektur

Die Implementierungsarchitektur beschreibt die physische Aufteilung der Softwarekomponenten auf Dateien und Verzeichnisse eurer Festplatte. In den Dateien befinden sich eure Klassen und Interfaces. Ihr versucht damit, die Abhängigkeiten zwischen den Dateien zu reduzieren und bewusst zu entscheiden.

Eine Abhängigkeit zwischen den Dateien eurer Quelltexte und zu fremden Quelltexten entsteht durch Anweisungen wie `include`, `require` oder `import`. Der Compiler oder Interpreter muss die dort angegebenen Dateien laden und verstehen. Wenn diese importierten Dateien Fehler enthalten, wird euer Quelltext in der Regel nicht mehr übersetzt.

Mit der Implementierungsarchitektur erlasst ihr Regeln für die Quelltexte. Ihr legt die Package- bzw. Namespace-Struktur fest und ihr definiert, welche Teile des Quelltextes auf welche anderen Quelltexte zugreifen dürfen und welche Imports verboten sind. Mit den Regeln begrenzt ihr die Abhängigkeiten zwischen den Quelltexten und stellt sicher, dass ihr bestimmte Quelltexte leicht ändern oder austauschen könnt.

Wenn eure Quelltexte von anderen Teammitgliedern importiert werden, könnt ihr deren Schnittstelle, also die darin vorhandenen Methoden sowie deren Parameter und Verhalten, kaum noch ändern. Wenn ihr beispielsweise eine Methode aus einer Klasse entfernt, enthält jeder Quelltext, der diese verwendet hat, einen Fehler.

Den derzeit verwendeten Programmiersprachen fehlen Konzepte zur Kontrolle der Abhängigkeiten zwischen den Quelltexten verschiedener Komponenten. Allerdings steht seit Java 9 ein Modulsystem zur Verfügung, das dies ermöglicht. Das Problem wurde bereits 1975 von Kron und DeRemer für Programmiersprachen wie Cobol oder PL/1 beklagt [DeR75]. Ihr müsst euch also um die Einhaltung eurer Regeln selbst kümmern, über Reviews oder Werkzeuge in der CI-Pipeline.

Ein Überblick über die Struktur der Quelltexte in Form eines UML-Paketdiagramms ist eine gebräuchliche Darstellung der Implementierungsarchitektur.

16.8.1 Build-Skripte definieren

Wenn ihr mit der Entwicklung eures Produkts beginnt oder ein neues Subsystem anfangt, definiert ihr normalerweise ein neues (Sub-)Projekt in eurer Entwicklungsumgebung. Dabei schreibt oder definiert ihr auch das Build-Skript, mit dem ihr aus euren Quelltexten eine lieferbare Bibliothek erzeugt, die Artefakte aus dem UML-Verteilungsdiagramm. Die Skripte können hierarchisch aufgebaut sein. Ein zentrales Skript könnte so das Build-Skript für das Backend und das Frontend ausführen. Die Skripte sind die Grundlage für eure CI-Pipeline und auch das Deployment.

Als Grundregel startet ihr mit eurer Verteilungsarchitektur und erstellt für jede deploybare Komponente, jedes Subsystem bzw. jeden Dienst ein eigenes (Sub-)Projekt mit entsprechendem Build-Skript. Für jedes Build-Skript legt ihr das Build-Ergebnis fest. Das kann eine Bibliothek sein, in Java eine Jar-Datei, ein ausführbares Programm oder ein Docker-Image. Das Build-Ergebnis liefert ihr später aus.

Das Build-Skript sichert in der Regel auch Teile eurer Definition of Done ab, da es neben dem Compiler auch Werkzeuge für statische Codeanalyse ausführt, die Unit Tests startet und die Testcoverage erhebt.

Das Build-Skript oder später eure CI-Pipeline sorgen auch dafür, dass das Build-Ergebnis über ein Artefakt-Repository versioniert und für das Team verfügbar gemacht wird. Andere Teilteams können dann euer neues Subsystem oder die Bibliothek wie jede andere Fremdkomponente einbinden und auch die Abhängigkeiten dazu explizit machen.

16.8.2 Package- und Namespace-Struktur festlegen

Eure Quelltexte strukturiert ihr über Packages, Namespaces oder einfach über die Verzeichnisstruktur auf der Festplatte. Diese Struktur ist wichtiges Ergebnis in der Implementierungsarchitektur, denn: So macht ihr speziell große Quelltextmengen besser verständlich, da die Quelltexte geordnet abgelegt sind. Weiterhin macht ihr eure Architekturregeln leichter prüfbar, ihr könntet beispielsweise die Regel definieren, dass Packages mit der Endung `impl` nicht importiert werden dürfen, oder dass die Außensicht einer Komponente immer im Package `api` steht.

Zur Festlegung der Namen der Packages/Namespaces/Verzeichnisse habt ihr grob zwei Möglichkeiten, entweder verwendet ihr die Schichten oder die fachlichen Subsysteme. Wenn euer Produkt die Subsysteme ‚Partner‘ und ‚Vertrag‘ hat, gibt es Packages mit diesen Namen. Alternativ bilden die Schichten eures Systems die Package-Namen. In Spring Boot gibt es beispielsweise ‚Services‘ und ‚Rest-Controller‘, daher wird häufig vorgeschlagen, auch Packages mit ‚service‘ und ‚controller‘ zu verwenden. Beide Varianten sind in Abb. 16.20 zu finden.

Neben der Package-Struktur sind weitere Konventionen für eure Quelltexte denkbar. Etwa typische Pre- oder Postfixe für Datei- bzw. Klassennamen. Eine Festlegung könnte

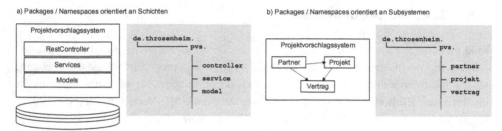

Abb. 16.20 Die ersten Ebenen eurer Package-, Verzeichnis- oder Namespace-Struktur gebt ihr im Architekturentwurf vor oder ihr nutzt hier bekannte Konventionen. Die Packages können sich an den Schichten eures Systems ausrichten. Links sind typische Schichten einer Spring-Applikation in Java dargestellt. Alternativ folgen die Packages zunächst den fachlichen Subsystemen, wie es rechts zu sehen ist

sein, dass alle Klassen, die Entitätstypen implementieren, das Postfix `Entity` haben. Der Entitätstyp `Customer` findet sich dann in der Klasse `CustomerEntity` wieder.

16.8.3 Komponenten und Schnittstellen entwerfen

Eine Softwarekomponente hat eine Schnittstelle, ein API, das von anderen Softwarekomponenten genutzt wird. Die Komponente exportiert die Schnittstelle, andere Komponenten importieren diese.

Wenn die Schnittstelle von anderen Komponenten genutzt wird, kann sie, wie schon dargestellt, kaum noch geändert werden. Bestimmte Änderungen wie das Löschen von Methoden oder die Veränderung von Parametern führen dazu, dass die Komponenten, welche die Schnittstelle verwenden, nicht mehr funktionieren. Das gilt auch für das Verhalten eurer Komponente, wie Hyrum Wright bemerkt [Win20]:

> With a sufficient number of users of an API, it does not matter what you promise in the contract: all observable behaviors of your system well be depended on by somebody.

Innensicht und Außensicht

Alle Details eurer Implementierung, die ihr in der Schnittstelle sichtbar macht, könnt ihr nur noch schwierig ändern. Eure Schnittstellen sollten daher so minimal wie möglich sein und eben keine Implementierungsdetails verraten.

Dazu trennt ihr beim Entwurf Außensicht und Innensicht jeder Komponente. Die Außensicht – das API – ist stabil und die Innensicht kann sich beliebig ändern (Abb. 16.21). Die Quelltexte der Innensicht dürfen nicht von anderen Komponenten genutzt werden. Das müsst ihr durch Entwurfsregeln, statische Codeanalyse (z. B. ArchUnit[21]) oder Konzepte wie die Java 9 Module absichern.

---

[21] vgl. https://www.archunit.org/.

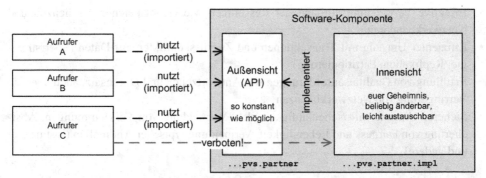

Abb. 16.21 Die Nutzer einer Komponente oder eines Subsystems kennen nur die Außensicht – das API. Das Importieren der Innensicht ist verboten. Um die Einhaltung dieser Regel zu überprüfen, müssen Werkzeuge eure Außensicht von der Innensicht unterscheiden können. Hierfür könnt hier beispielsweise die Innensicht grundsätzlich in ein Package oder einen Namespace mit der Endung impl stecken, während sich die Außensicht im Package/Namespace darüber befindet

Außensicht definieren

David Parnas hat hierzu das Grundprinzip des Information Hiding schon Anfang der 1970er-Jahre formuliert. Dieses bildete auch eine der Grundlagen für abstrakte Datentypen [Gut77] und die Konzepte der Objektorientierung. Parnas schreibt am Ende seines berühmt gewordenen Artikels:

> We propose instead that one begins with a list of difficult design decisions or design decisions which are likely to change. Each module is then designed to hide such decision from the others. [Par72]

Da die Außensicht kaum geändert werden kann, dürft ihr in dieser keine Details eurer Implementierung, also der Innensicht, verraten.[22] Entwurfsentscheidungen der Innensicht müssen geändert werden können, ohne dass sich dies auf das API durchschlägt. David Parnas hat dazu in Besprechungen immer nach dem Geheimnis einer Komponente oder eines Subsystems gefragt.

16.9 Laufzeitarchitektur

Zur Laufzeit treten Effekte wie Verklemmungen, Ressourcenkonflikte und diverse Anomalien wie etwa Lost Updates auf. Die Aufteilung eines Systems in Prozesse und Threads beeinflusst diese Effekte und andere Eigenschaften wie Verfügbarkeit (z. B. über redundante Prozesse) und die Performance (z. B. über Parallelisierung, Sequenzialisierung). Ziele beim Entwurf der Laufzeitarchitektur sind daher:

---

[22] Vgl. dazu das Law of Demeter [Hun99].

- Effektive Verwendung vorhandener Ressourcen wie Hauptspeicher, Rechenzeit und Netzwerkbandbreite
- Effizienter Umgang mit Transaktionen und Zugriffskonflikten auf Daten (Sperrstrategie, Replikation, Partitionierung)
- Erfüllung von Qualitätsanforderungen wie Antwortzeiten und Durchsatz, auch über die Verringerung von Netzwerklatenzen
- Sicherer Umgang mit Nebenläufigkeit, d. h. Vermeidung von Verklemmungen, Absicherung von Fairness und Lebendigkeit, Vermeidung typischer Anomalien (lost update und andere)

Zwischen Laufzeitarchitektur und Implementierungsarchitektur gibt es enge Zusammenhänge. Die Verwaltung der Ressourcen, die Synchronisation des Zugriffs auf Ressourcen und das Starten und Stoppen von Threads können in den Quelltexten des Systems implementiert sein.

16.9.1 Daten verteilen

In der Verteilungsarchitektur habt ihr euch bereits für eine Persistenztechnologie entschieden. Jetzt müsst ihr euch überlegen, wie ihr die Daten im Netzwerk und auf dem Globus verteilen wollt und welcher Service oder Server zur Laufzeit die Daten lesen oder ändern darf.

Die Datenbank ist ein typischer Flaschenhals in verteilten Anwendungen: Während ihr vom Webserver oder vom (zustandslosen) Anwendungsserver beliebig viele Instanzen starten könnt, geht das beim Datenbankserver typischerweise nicht. Grund sind *schreibende* Zugriffe auf die Daten, diese müsst ihr synchronisieren: Service A und Service B lesen beispielsweise kurz hintereinander den Kunden 4711 aus der Datenbank und modifizieren diesen. Beide schreiben ihre Änderungen danach wieder zurück, zuerst Service A dann Service B. Wenn ihr nicht synchronisiert, gehen die Änderungen von Service A verloren, ohne dass dieser den Verlust überhaupt bemerkt, denn Service B überschreibt diese. Das ist das Lost-Update-Problem. Es tritt immer dann auf, wenn Kopien von Daten unabhängig voneinander geändert werden können. Einen Teil dieses Problems lösen Datenbanken mithilfe von Transaktionen.

Ihr könnt im Entwurf eventuell die Daten so partitionieren, dass mehrere Services gleichzeitig schreibend zugreifen können, z. B. ein Service kümmert sich um norddeutsche Kunden, der andere um süddeutsche. Beide haben dann eine eigene Datenbank. Eventuell könnt ihr durch Replikation Kopien der Daten bereitstellen, auf die nur lesend zugegriffen wird. Eine umfassende Darstellung dieser Thematik findet sich in *Designing Data-Intensive Applications* von Martin Kleppmann [Kle17].

16.9.2 T-Architektur

Die T-Architektursicht gibt einen Überblick, wie eine Anfrage eines Benutzers zur Laufzeit verarbeitet wird. Sie wurde von Johannes Siedersleben vorgeschlagen [Sie04]. Diese Grafik dient dazu, dass ihr euch in komplizierten Quelltexten zurechtfinden könnt. In der Abb. 16.22 werden verschiedene Typen von Elementen (später Klassen im Quelltext) unterschieden: Entitys, CRUDRepositorys, Services und RESTController sowie ein Proxy. Diese Elemente finden sich entweder in eurem Architekturentwurf wieder und werden dort erklärt oder es sind spezielle Elemente der Infrastruktur. Ihr könnt beispielsweise festlegen, dass alle persistenten Entitätstypen als Entitys umgesetzt werden, der Zugriff auf die Datenbank immer über CRUDRepositorys erfolgt und alle User Storys (Anwendungsfälle) in den Services implementiert werden.

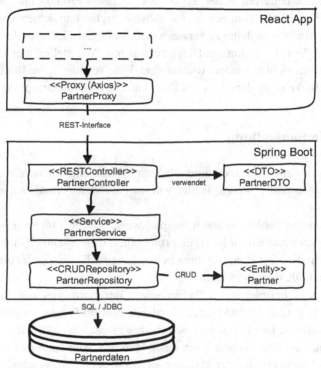

Abb. 16.22 Die Abbildung zeigt eine informelle Darstellung der T-Architektur. Ein Benutzer verwendet die Oberfläche, die mit React.js gebaut ist. Dort kommt es zum Aufruf des PartnerProxys (vgl. Proxy-Pattern [Gam95]). Dieser ruft über eine REST-Schnittstelle den PartnerController auf, dieser übermittelt die Daten mithilfe des PartnerDTO. Die User Storys sind im PartnerService implementiert, der Zugriff auf die relationale Datenbank erfolgt über das PartnerRepository, dieses verwaltet die Partner (Entitys)

Die Grafik in Abb. 16.22 ist informell gehalten. Dieselben Informationen könnt ihr auch in Form eines UML-Sequenzdiagramms oder eines UML-Kommunikationsdiagramms darstellen.

Idee der T-Architektur ist, dass alle fachlichen Subsysteme, im Beispiel wären das Vertrag, Partner, Studierende und Projekt, in gleicher Weise umgesetzt werden. Bei den Verträgen gibt es damit VertragRepository, VertragService oder das VertragDTO. Wenn ihr die T-Architektur verstanden habt, dann ist damit klar, wo im System welche Elemente umgesetzt werden. Außerdem können Namenskonventionen daraus abgeleitet werden. Damit verhalten sich alle Subsysteme zur Laufzeit ähnlich.

16.10 Querschnittsthemen

Querschnittsthemen betreffen in der Regel euer gesamtes Produkt und eventuell große Teile eurer Quelltexte. Sie kommen in den meisten Architektursichten vor. Diese müsst ihr gesondert behandeln, auch um zu vermeiden, dass alle Entwickler in ihrem Code etwas anderes machen, legt ihr bestimmte Dinge zentral fest. Wir stellen hier einige Themen vor, die aus unserer Sicht besonders wichtig sind. Eine vollständigere Betrachtung liefert beispielsweise Starke unter der Überschrift ‚Technische Architekturaspekte' [Sta20].

16.10.1 Fehlerbehandlung

Welche Arten von Fehlern werden unterschieden? Wir könnten beispielsweise Johannes Siedersleben folgen und erwartete Fehler von unerwarteten Ausnahmen unterscheiden [Sie04].

Zu den erwarteten Fehlern gehören beispielsweise falsche Eingaben von Benutzern. Auf erwartete Fehler reagiert ihr lokal, ihr protokolliert diese eventuell und versucht lokal eine Lösung zu finden. Der Benutzer muss beispielsweise die Eingaben korrigieren, bevor er den Dialog mit OK bestätigen kann.

Ausnahmen sind beispielsweise Probleme mit der Hardware, mit denen ihr nicht gerechnet habt. Eventuell entdeckt ihr zur Laufzeit, dass ein Programmierfehler vorliegen muss. Ein Klassiker ist hier beispielsweise eine geworfene `NullPointerException` in Java oder eine verletzte Vorbedingung einer Methode. Hier kann es sinnvoll sein, das Produkt bzw. den Client nach einer Meldung an den Benutzer zu beenden.

Euer Konzept zur Fehlerbehandlung beschreibt, welche Arten von Fehlern ihr unterscheiden wollt sowie wo und wie jeweils auf jede Fehlerart reagiert wird. Auf einige reagiert ihr eventuell lokal in der betreffenden Methode, andere Fehler werden in der entsprechenden Softwareschicht abgefangen und schwere Fehler eventuell bis zum Hauptprogramm eskaliert.

Auch wie genau protokolliert wird, legt ihr hier fest: Wird beispielsweise der Stack Trace in die Log-Datei geschrieben oder nicht?

16.10.2 Observability: Logging, Tracing und Monitoring

Eure Log-Dateien werden im Betrieb des Produkts verwendet. Ihr verwendet diese, um mehr über das Verhalten eures Systems und eurer Benutzer zu lernen. Wenn ein Fehler auftritt, hilft euch die Log-Datei beim Reproduzieren der Fehler und Debugging. Die Administratoren können über die Log-Datei Fehler im Betrieb identifizieren, Eindringlinge erkennen oder nach Abstürzen Ursachenforschung betreiben. Ihr müsst im Entwurf sicherstellen, dass eure Log-Dateien die notwendigen Informationen auch enthalten:

- Umgebung: Eventuell wird euer Produkt an mehreren Stellen betrieben, die sich technisch unterscheiden. Daher schreibt ihr Informationen, wie die Betriebssystem-Version, die Version der Programmiersprache und der beteiligten Frameworks, in die Log-Datei. Dazu kommen noch Leistungsdaten, wie der vorhandene Hauptspeicher.
- Konfigurationsdaten: Euer System wird möglicherweise über externe Parameter, z. B. Umgebungsvariablen, konfiguriert, auch diese Informationen gehören in die Log-Dateien.
- Zeitstempel: Jeder Eintrag hat einen Zeitstempel. Damit könnt ihr nicht nur Zeitpunkte feststellen, zu denen Ereignisse und Fehler aufgetreten sind, sondern auch einfache Zeitmessungen sind möglich. Wenn euer System aus einer Reihe von (Micro-)Services besteht, braucht ihr eventuell zusätzlich noch eine eindeutige ID, die ihr für jeden Aufruf eines Clients generiert und die ihr von internem Aufruf zu internem Aufruf weiterreicht. Das hilft euch dabei, über mehrere Services hinweg zu verfolgen, was zur Laufzeit passiert (Tracing).
- Benutzer: Bei fachlichen Aktionen schreibt ihr eventuell Informationen zum angemeldeten Benutzer in die Datei (Audit Trail).
- Fehler und Warnungen: Wenn das System abstürzt, kann die Log-Datei eventuell eure einzige Informationsquelle sein. Daher sollten sich alle Fehlermeldungen, ggf. Stack Traces und eventuell sogar bestimmte Werte von Variablen in der Log-Datei befinden.

Überlegt euch im Team, wer im Betrieb des Systems welche Informationen braucht. Über euer Logging-Konzept stellt ihr sicher, dass diese Informationen auch protokolliert werden. Entscheidet, welche Bibliothek ihr für das Logging verwenden wollt.

16.10.3 Authentisierung und Autorisierung

Daten und Funktionen eures Systems sollen nicht für jeden Benutzer sichtbar, verwendbar und manipulierbar sein. In der Verteilungssicht kann euer System in mehrere Bereiche (Subnetze) in Bezug zum Zugriffsschutz eingeteilt werden, etwa einen *trusted*- und einen *untrusted*-Bereich. Über die Analyse des Nachrichtenflusses in der logischen Architektur können Angriffspunkte identifiziert werden [Bas12] oder für die Schnittstellen der technischen Architektur können Zugriffsrechte vergeben werden. Die Verteilungsarchitektur

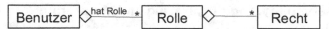

Abb. 16.23 Ein Benutzer kann mehrere Rollen haben (Administrator, Sachbearbeiter, ...) oder er kann zu mehreren Gruppen gehören. Eine Rolle bündelt Rechte für die Verwendung von Ressourcen (Daten und Funktionen). Typische Rechte für Daten sind ‚Lesen', ‚Schreiben', aber auch ‚Löschen' oder ‚Anlegen'

stellt verschlüsselnde Netzwerkprotokolle oder Netzwerkbereiche wie eine demilitarisierte Zone dar.

Authentisierung und die Autorisierung sind zwei Teilthemen, um die ihr euch in der Regel kümmern müsst: Wo und wie werden die Login-Daten eurer Benutzer gespeichert? Wollt ihr wirklich eine eigene Benutzerverwaltung erstellen oder könnt ihr eine vorhandene verwenden? Es gibt eine Reihe von Single-Sign-On-Mechanismen, die ihr einbauen könnt. Auch die Nutzung von Facebook- oder Google-Logins ist denkbar.

Selbst wenn sich ein Nutzer authentisiert hat, darf er noch lange nicht alle Funktionen euer Software nutzen oder alle verfügbaren Daten sehen. Den Zugriff auf Funktionen und Daten regelt ihr über Autorisierung. Häufig geschieht die Autorisierung über ein Rollenkonzept. Ein Benutzer erhält eine Rolle, wie ‚Sachbearbeiterin' oder ‚Administrator', der Rolle werden dann Rechte zugeordnet, wie das Suchen, Lesen, Ändern oder Löschen von Daten oder die Verwendung bestimmter Funktionen. Für rollenbasierten Zugriffsschutz (RBAC, Role Based Access Control) wie in Abb. 16.23 gibt es in vielen Frameworks eine umfassende Unterstützung.

16.11 Architektur kommunizieren

16.11.1 Arbeit am Whiteboard

Effiziente Kommunikation ist besonders dann möglich, wenn ihr mit einem Stift und ggf. Haftnotizen vor einem gemeinsamen Whiteboard steht und Lösungen entwickelt. Jeder kann hier etwas beitragen, jeder ist aktiv involviert, beim Stehen und Herumlaufen können die meisten Menschen besser denken. Craig Larman und Bas Vodde schreiben dazu [Lar08]:

> We have noticed over the years as we facilitate agile design workshops that there is a linear correlation between their effectiveness and the amount of whiteboard space.

Für die Zusammenarbeit benötigt euer Team genügend nutzbare Whiteboard-, Tafelfläche oder eine entsprechende Online-Lösung. Wenn ihr am Whiteboard arbeitet, ergänzt ihr zu jeder Zeichnung eine Legende. Diese stellt dar, was genau die Kästen und Pfeile sowie eventuell verwendete Farben bedeuten sollen. Auch erläuternde Texte in oder neben den

Kästen und Pfeilen werden euch und euren Kolleginnen und Kollegen helfen, die Grafik später noch zu interpretieren.

16.11.2 Beschreibungssprachen

In der Praxis etabliert sind mehrere Notationen zur Beschreibung von Softwarearchitekturen: Handskizzen mit Ad-Hoc-Notationen und UML sowie SysML und BPMN. Spezielle Architektur-Beschreibungssprachen mit klingenden Namen wie ACME, Darwin oder Wright haben den akademischen Raum offenbar nicht verlassen.[23] Im Bereich des Systems Engineering hat sich darüber hinaus SysML als Ableger der UML etabliert und zur Modellierung von Geschäftsprozessen die BPMN (Business Process Modeling Notation).

1. Selbst ausgedachte Notationen (Box-And-Arrow), genießen in der agilen Community große Popularität. Man setzt auf Whiteboard-taugliche Diagramme, da diese im Team gemeinsam entwickelt werden sollen.
2. UML 2. x enthält mehrere geeignete Diagrammarten, unter anderem das Komponentendiagramm und das Kompositions-Strukturdiagramm. Gute Dienste für die Laufzeitsichten leisten auch Sequenzdiagramme. Die Syntax dieser Notationen ist durch die Object Management Group standardisiert. Die Werkzeugunterstützung ist sehr gut.[24] Die UML ist Bestandteil jeder Informatik-Ausbildung und kann in den Grundzügen als bekannt vorausgesetzt werden.

Viele Autoren bevorzugen interessanterweise Ad-Hoc-Notationen [Ric20, Win20, Bro21], sodass sich in einigen Büchern zum Thema Software Engineering und -Architektur kaum ein UML-Diagramm findet. Das ist schade, denn Kennzeichen einer Ingenieurdisziplin sind etablierte Standards. Mit diesen könnt ihr euch präzise und eindeutig ausdrücken.

Die eingesetzte Notation sollte für die ersten Gespräche ‚Flipchart-tauglich' sein, also mit wenigen Strichen auf einem Whiteboard oder Flipchart skizziert werden können. Möglicherweise verstehen die beteiligten Personen unter den verschiedenen Kästen und Pfeilen doch unterschiedliche Dinge. Daher bietet es sich an, wenigstens die zentralen Diagramme später in UML zu erfassen und zu präzisieren, dies geschieht mit einem Grafikprogramm,[25] in PlantUML als Text oder mit einem Modellierungswerkzeug (UML, SysML).

---

[23] Details siehe Clements et al. [Cle03].

[24] Gute Dienste leistet beispielsweise draw.io https://app.diagrams.net/ Wir arbeiten häufig auch mit PlantUML https://plantuml.com direkt im GitLab-Wiki.

[25] Z. B. draw.io https://app.diagrams.net/.

16.11.3 Architekturentscheidungen

Wenn ihr euch fragt, was für spätere Teammitglieder interessant ist und damit dokumentiert werden sollte, sind das vor allem eure Entscheidungen. In einer Architektur sind das sehr viele, ihr entscheidet über den Subsystem-Schnitt, wählt einen Architekturstil oder die Datenbanktechnologie. Verschiedene Autoren schlagen zur Dokumentation eurer Entscheidungen sogenannte *Architecture Decision Records* vor. Dies können einfache Wiki-Seiten sein mit folgender Gliederung:

1. Status: Was ist der Status der Entscheidung? Ist sie schon angenommen worden, läuft der Entscheidungsprozess noch oder wurde sie abgelehnt?
2. Kontext: Worum geht es bei der Entscheidung? Worin besteht der Handlungsbedarf? Ihr könntet z. B. gerade auf der Suche nach einem Webframework sein.
3. Kriterien: Gibt es Rahmenbedingungen und Anforderungen, die bei der Entscheidung eine Rolle spielen? Habt ihr Gütekriterien, wann ist eure Entscheidung ‚gut'? Ihr könntet bei der Auswahl des Frameworks beispielsweise die Einarbeitungszeit, das Lizenzmodell und die Größe der Community als Kriterien verwenden.
4. Entscheidung: Was genau schlagt ihr vor? Worin genau besteht die Entscheidung?
5. Konsequenzen: Was sind die Folgen dieser Entscheidung?

16.12 Bewertung: Entscheidungen überprüfen

Wenn Fehler in der Architektur besonders teuer sind, müsst ihr euch sehr früh um das Thema Qualitätssicherung bzw. Bewertung euer Entwürfe kümmern.

16.12.1 Technischer Durchstich

Die technische Entwicklung ist sehr rasant. Damit müsst ihr vermutlich Programmiersprachen, Infrastrukturen, Frameworks und Bibliotheken verwenden, die ihr vorher noch nicht benutzt habt, zumindest nicht in der aktuellen Version. Möglicherweise seid ihr die ersten Anwender. Das Risiko ist also sehr hoch, dass ihr die Technologie aus Unwissen falsch verwendet, dass die Technologie nicht das hält, was sie verspricht, oder dass der Zoo an Technologien so nicht zusammen arbeitet. Diese Risiken mindert ihr über einen technischen Durchstich. Ihr baut prototypisch eine zentrale User Story oder einen Anwendungsfall komplett zusammen mit allen relevanten Technologien. Der Durchstich integriert alle Technologien, von denen eines der genannten Risiken ausgeht. Der Durchstich wird auch Spike [Bec99] oder Tracer Bullet [Hun99] genannt. Er hat weitere Vorteile:

- Bei neuen Technologien müsst ihr zunächst Erfahrungen sammeln, um diese richtig einzusetzen. Das ist notwendig, um zu lernen.

- Ihr gewinnt einen ersten Eindruck von der Qualität der Dokumentation und, ob hinter der Technologie auch eine Entwickler-Community oder ein Support steckt, die euch bei Problemen hilft. Hier lohnt sich ein Blick auf Stackoverflow, wenn es zu der Technologie keine Einträge gibt, seid ihr bei Problemen eventuell alleine.

- Wie stabil funktionieren die neuen Technologien? Beim Entwickeln des Durchstichs seht ihr schon, wie oft die Technologien abstürzen und wie robust sie auf eure Fehler reagieren. Wenn ihr einen Fehler gemacht habt, ist es wichtig, dass die Technologie Fehlermeldungen gibt, die euch bei der Analyse der Fehlerursache helfen. Unreife Technologien sind gerade hier sehr schlecht und führen später zu sehr viel Frust beim Entwickeln, da kann ein vergessener Bindestrich in einer Konfigurationsdatei schon mal ein paar Tage kosten.

- Wichtig ist weiterhin ein erster Eindruck, wie aufwendig sich die Entwicklung gestaltet. Der Durchstich ist damit ein empirisches Hilfsmittel für die Aufwandsschätzungen.

16.12.2 Architekturreview

Bei Systemen mit hohen Risiken ist ein Review durch Experten hilfreich. Für schwierige Themen des Cloud-Betriebs, der Skalierbarkeit oder der IT-Sicherheit könnt ihr einen oder mehrere Experten befragen. Wenn ihr die Befragung formaler durchführt, spricht man von einem Architektur-Review.

16.12.3 Szenariobasierte Verfahren

Anfang der 2000er-Jahre sind einige Verfahren definiert worden, die Architekturen auf der Grundlage der schon vorgestellten Szenarios bewerten [Cle02, Bas12]. Die jeweiligen Autoren haben dazu umfangreiche Workshop-Formate definiert, in denen die Szenarios gefunden und die Architekturbeschreibungen jeweils verfeinert werden. Beispiele für solche Verfahren sind ATAM (Architecture Tradeoff Analysis) oder CBAM (Cost Benefit Analysis Method). Lars Grunske bietet eine Übersicht über diese Verfahren [Reu08].

Ausgehend von einem möglichen Ausfall eures Produkts könnt ihr auch einen Fehlerbaum[26] modellieren und ausgehend vom Ausfall mögliche Ursachen und deren Wahrscheinlichkeiten einschätzen (top-down, deduktiv). Ein weiteres Verfahren ist die FMEA.[27] Auch hier versucht ihr, systematisch mögliche Ausfälle von Systemteilen

---

[26] Fault-Tree, vgl. DIN EN 61025:2007.

[27] Failure Mode and Effects Analysis, vgl. DIN EN 60812 Fehlzustandsart- und -auswirkungsanalyse.

durchzuspielen, und analysiert, welche Wirkung diese auf eure Benutzer haben (bottom-up, induktiv).

16.12.4 Bestandteile prüfen

Lebensdauer und Investitionssicherheit

Jede fremde Komponente, jedes Framework und jeder fremde Dienst gefährdet grundsätzlich die Lebensdauer eures Produkts, wie schon im Abschn. 16.3.5 über Architekturrisiken beschrieben. Eventuell müsst ihr das Framework, die Komponente oder den Dienst ersetzen, wenn der jeweilige Hersteller diese einstellt oder das Open-Source-Projekt aufgegeben wird. Für die verwendeten Open-Source-Projekte könnt ihr beispielsweise Folgendes überprüfen:[28]

* Wird das Projekt aktiv gepflegt? Hierzu schaut ihr euch die Zahl der Commits im letzten Monat an. Eventuell gibt es eine Fehlerliste, auch hier könnt ihr euch informieren, ob Fehler gerade noch behoben werden und wie lange ungefähr die Wartezeiten sind.
* Wie viele Menschen sind am Projekt beteiligt? Wenn alle wesentlichen Beiträge von nur einer Person sind, hängt das Projekt praktisch nur an dieser Person.
* Wie weit ist das Projekt verbreitet? Hierzu könnt ihr die Zahl der Downloads anschauen oder mit Google Trends vergleichen, wie oft nach diesem gesucht wird. Auch auf Stackoverflow ist die Zahl der Fragen und Antworten zu diesem Framework ein Indikator, wie verbreitet das Projekt genutzt wird.

Lizenzauflagen

Ihr müsst sowieso eine Liste erstellen mit den Lizenzen, welche ihr in eurem Produkt verwendet. Wenn ihr ein Open-Source-Projekt verwendet, müsst ihr euch an die jeweiligen Auflagen der Lizenz halten: GPL oder AGPL machen hier strengere Auflagen als MIT- oder BSD-Lizenzen.

Experimente – Architectural Spike

Wenn ihr nicht sicher seid, ob eine Komponente oder ein Dienst eure Bedürfnisse erfüllt, probiert sie einfach aus! Ihr formuliert ein Ticket mit dem Auftrag, einen sogenannten Architectural Spike zu bauen. Dieser ist ein kleines Experiment, das genau die gesuchte Eigenschaft der verwendeten Komponente oder des Dienstes erforscht. Denkbar ist beispielsweise ein kleiner Prototyp, mit dem ihr einen Stresstest durchführt.

---

[28] Zusammenfassende Informationen auch zu den Lizenzauflagen findet ihr bei OpenHub https://www.openhub.net/ und auch GitHub bietet inzwischen umfangreiche Informationen, um ein Projekt einzuschätzen.

16.13 Schnelles Lernen

16.13.1 Programmieren, Programmieren, Programmieren

Als Architektin oder Architekt lernst du vor allem dadurch, dass du selber Systeme programmierst. Je mehr du programmierst, desto mehr Erfahrungen kannst du in deine Entwürfe einfließen lassen. Nur wenn du selber gut programmieren kannst, bist du in der Lage, selber Experimente durchzuführen und die anderen Teammitglieder anzuleiten.

16.13.2 Architektur-Communitys

Zweitens ist der Austausch mit anderen Architektinnen und Architekten wichtig. In einem größeren Unternehmen bietet sich eine Architekten-Community an, die sich regelmäßig trifft und sich austauscht [App16]. Mit den in letzter Zeit entstandenen Meetup-Gruppen hast du eine gute Gelegenheit, auch außerhalb der Hochschule bzw. des Unternehmens andere Entwickler oder Architektinnen kennenzulernen.

16.13.3 Architektur-Katas

Nach einer Idee von Ted Neward[29] hat Neal Ford[30] eine Reihe von Aufgaben für den Architekturentwurf zusammengestellt. Diese könnt ihr als Team immer wieder üben, ähnlich wie die Programmier-Katas im nächsten Kapitel.

Literatur

[App16] Appelo J (2016) Managing for Happiness: Games, Tools, and Practices to Motivate Any Team. Wiley

[Bas12] Bass L, Clements P, Kazman R (2012) Software Architecture in Practice. SEI Software Engineering Series, 3. Aufl. Addison-Wesley

[Bas21] Bass L, Clements P, Kazman R (2021) Software Architecture in Practice. SEI Software Engineering Series, 4. Aufl. Pearson Education

[Bec99] Beck K (1999) Extreme Programming Explained: Embrace Change. Addison-Wesley

[Bey16] Beyer B, Jones C, Petoff J, Murphy NR (2016) Site Reliability Engineering: How Google Runs Production Systems. O'Reilly

[Bro21] Brown S (2021) Visualise, document and explore your software architecture. Software Architecture for Developers – Volume 2. Lean Pub

---

[29] Vgl. https://archkatas.herokuapp.com/index.html.

[30] Vgl. https://nealford.com/katas/.

[Cle02]   Clements P, Kazman R, Klein M (2002) Evaluating Software Architectures, Methods and Case Studies. Addison-Wesley

[Cle03]   Clements P, Bachmann F, Bass L, Garlan D, Ivers J, Little R, Nord R, Stafford J (2003) Documenting Software Architectures: Views and Beyond. Addison-Wesley

[Coc06]   Cockburn A (2006) Agile Software Development: The Cooperative Game, 2. Aufl. Addison-Wesley

[Con68]   Conway ME (1968) How do committees invent? 14(4):28–31 Datamation Magazine

[Den92]   Denert E (1992) Software-Engineering – methodische Projektabwicklung. Springer

[DeR75]   DeRemer F, Kron H (1975) Programming-in-the-Large versus Programming-in-the-Small. In: Proceedings of the International Conference on Reliable Software, S 114–121

[Eva03]   Evans E (2003) Domain-Driven Design: Tacking Complexity In the Heart of Software. Addison-Wesley

[Foo99]   Foote B, Yoder J (1999) Big Ball of Mud. In: Pattern Languages of Program Design. Addison-Wesley, S 653–692

[For18]   Forsgren N, Humble J, Kim G (2018) Accelerate: The Science of Lean Software and DevOps Building and Scaling High Performing Technology Organizations. IT Revolution Press

[Fow02]   Fowler M (2002) Patterns of Enterprise Application Architecture. Addison-Wesley

[Gam95]   Gamma E, Helm R, Johnson R, Vlissides J (1995) Design Patterns: Elements of Reusable Object-oriented Software. Addison-Wesley

[Gut77]   Guttag J (1977) Abstract Data Types and the Development of Data Structures. Commun ACM 20(6):396–404

[Her99]   Herbsleb JD, Grinter RE (1999) Splitting the Organization and Integrating the Code: Conway's Law Revisited. In: Proceedings of the International Conference on Software Engineering. ACM Press, S 85–95

[Hoh03]   Hohpe G, Woolf B (2003) Enterprise Integration Patterns. Addison-Wesley

[Hun99]   Hunt A, Thomas D (1999) The Pragmatic Programmer: From Journeyman to Master. Addison-Wesley

[ISO]   ISO/IEC/IEEE (2011) 42010:2011 Systems and Software engineering – Recomended practice for architectural description of softwareintensive systems. ISO/IEC/IEEE, 12

[ISO05]   ISO/IEC (2005) 25000:2005, Software Engineering – Software Product Quality Requirements and Evaluation (SQuaRE). ISO/IEC

[Jue09]   Juergens E, Deissenboeck F, Hummel B, Wagner S (2009) Do Code Clones Matter? In: Proceedings of the 31st International Conference on Software Engineering, ICSE '09. IEEE Computer Society, S 485–495

[Kle17]   Kleppmann M (2017) Designing Data-Intensive Applications: The Big Ideas Behind Reliable, Scalable, and Maintainable Systems. O'Reilly

[Kru95]   Kruchten P (1995) The 4+1 view model of architecture. IEEE Softw 12(6):42–50

[Lar08]   Larman C, Vodde B (2008) Scaling Lean & Agile Development: Thinking and Organizational Tools for Large-Scale Scrum. Addison-Wesley

[New15]   Newman S (2015) Building Microservices. O'Reilly

[Par72]   Parnas DL (1972) On the Criteria to be used in decomposing systems into modules. Commun ACM 15(12):1053–1058

[Reu08]   Reussner R, Hasselbring W (Hrsg.) (2008) Handbuch Software-Architektur, 2. Aufl. dpunkt.verlag

[Ric20]   Richards M, Ford N (2020) Fundamentals of Software Architecture: An Engineering Approach. O'Reilly

[Roz05]   Rozanski N, Woods E (2005) Software Systems Architecture. Addison-Wesley

[Sho14]   Shostack A (2014) Threat Modeling: Designing for Security. Wiley

[Sie04]   Siedersleben J (2004) Moderne Softwarearchitektur – umsichtig planen, robust bauen mit Quasar. dpunkt.verlag

[Sta20]   Starke G (2020) Effektive Software-Architekturen: ein praktischer Leitfaden, 9. Aufl. Hanser

[Tot15]   Toth S (2015) Vorgehensmuster für Softwarearchitektur: Kombinierbare Praktiken in Zeiten von Agile und Lean. Carl Hanser

[V-M14]   V-Modell XT (2014) Version 1.4. http://www.v-modell-xt.de

[Win20]   Winters T, Manshreck T, Wright H (2020) Software Engineering at Google: Lessons Learned from Programming Over Time. O'Reilly

Entwickeln

17

Die agilen Methoden haben das Programmieren wieder in den Mittelpunkt gerückt [Mar19]: Programmieren ist ein Handwerk, das ihr routiniert beherrschen müsst, bevor ihr euch mit allen anderen Themen wie den Anforderungen oder der Architektur befassen könnt. Denn ohne Programmierkenntnisse seid ihr handlungsunfähig und könnt eure Gedanken nicht in laufende Software übersetzen. Wichtig sind zusätzlich die Praktiken, die Kent Beck im XP zusammengefasst hat: Robert C. Martin schreibt dazu: *Without TDD, Refactoring, Simple Design and yes, even Pair Programming, Agile becomes an ineffective flaccid shell of what it was intended to be.*

Zu jedem Handwerk gehören Werkzeuge, auch diese müsst ihr professionell beherrschen. Werkzeuge sind die Entwicklungsumgebung, die Versionsverwaltung (Git) und die Werkzeuge zur Build-Automatisierung und zum kontinuierlichen Deployment. In letzter Zeit kommen immer mehr Werkzeuge dazu, nahe am IT-Betrieb, wie beispielsweise Docker. Auch eine Skript-Sprache wie Powershell, Bash, Python oder Ruby solltet ihr kennen, um einfache Automatisierungen in euren Projekten durchführen zu können [Hun99]. In diesem Kapitel versuchen wir einige Zusammenhänge darzustellen und auch typische Begriffe wie TDD oder technische Schulden genauer zu erklären. Wir setzen voraus, dass ihr bereits halbwegs programmieren könnt.

17.1 Ziel: Sauberer Code

Ihr arbeitet im Team an den Quelltexten eures Produkts und testet fortlaufend. Ihr wollt natürlich möglichst gute Arbeit leisten. Aber was genau ist ‚gut‘, was ist ‚sauberer‘ Code? Häufig kommt das Argument, dass das Produkt gut wartbar (maintainable) sein soll. In den vergangenen Jahrzehnten wurden uns verschiedenste Ansätze verkauft, die nun endlich die Wartbarkeit erhöhen und die Wiederverwendbarkeit verbessern sollten. Robert C. Martin

© Springer Fachmedien Wiesbaden GmbH, ein Teil von Springer Nature 2022   571
G. Beneken et al., *Grundkurs agiles Software-Engineering*,
https://doi.org/10.1007/978-3-658-37371-9_17

hat den Begriff ‚Clean Code' geprägt [Mar08]. Bevor wir also mit dem Thema Entwickeln anfangen, ist es wichtig, genau zu verstehen, was dazu beiträgt, dass ihr euren Code warten und weiterentwickeln könnt.

17.1.1 Verständlichkeit

Der Code, den ihr schreibt, ist für eure Kolleginnen und Kollegen sowie für jeden, der diesen verstehen und ändern muss. Wenn ihr gute Arbeit geleistet habt, werden eure Quelltexte eventuell über einen sehr langen Zeitraum verwendet. Es sind noch COBOL- und PL/1-Programme aus den 1960er- und 1970er-Jahren im Einsatz, diese sind mittlerweile über 50 Jahre alt. Auch die Daten, die ihr speichert, können dieses Alter überschreiten, man denke an Daten über Lebensversicherungen, solche Verträge können einige Jahrzehnte lang laufen. In einem großen Team und bei einer Software mit langer Lebensdauer müsst ihr mit sehr vielen Lesern rechnen, die euren Code zunächst verstehen und dann eventuell ändern müssen. Wolf Schneider bemerkt zum Schreiben von Texten: *Einer muss sich plagen* [Sch11], ihr oder die Leser eurer Quelltexte.

Was ist Verständlichkeit? Ein Leser nimmt euren Quelltext wahr, er liest diesen durch, in einem oder mehreren Fenstern seiner Entwicklungsumgebung. Das Arbeitsgedächtnis eures Lesers hat etwa vier Speicherplätze,[1] da muss der Teil des Quelltextes hineinpassen, den er verstehen muss. Das ist der limitierende Faktor. Zweitens assoziiert der Leser die Namen aus eurem Quelltext mit Konzepten, die er in seinem Langzeitgedächtnis gespeichert hat (Chunking). Er erzeugt ein mentales Modell eurer Quelltexte – eine selbst ausgedachte Theorie über deren Funktionsweise.

Wenn ihr eine Klasse *Adapter*, *Graph* oder *Dictionary* nennt, assoziiert die Leserin damit eventuell einen realen Adapter oder das Adapter-Pattern aus dem Entwurfsmuster-Buch von Erich Gamma et al. [Gam95]. In der Klasse Graph erwartet sie vermutlich Nodes und Edges und ein Dictionary sollte sich wie ein assoziatives Array verhalten, ähnlich sollte sich eine Map verhalten. Damit sind vor allem die Namen, die ihr für Klassen, Methoden oder Attribute vergebt, der Schlüssel zu einem leicht verständlichen Quelltext [Dei05].

17.1.2 Änderbarkeit

Eure Werkzeuge

Eure vielen Leser wollen eine Änderung durchführen, weil sie einen Fehler gefunden haben oder sich ein neues Feature wünschen. Änderungen müssen einfach und ungefährlich sein. Technisch braucht ihr dafür folgende Voraussetzungen:

---

[1] Vgl. Kap. 2.

Versionsverwaltung: Um die richtige Version eures Quelltextes zu ändern, ist eine Versionsverwaltung wie Git zwingend erforderlich. Ihr checkt die richtige Version der Quelltexte aus. Wenn die Änderungen die Qualitätsprüfungen bestanden haben, werden diese wieder eingecheckt.

Build-Skripte und Abhängigkeitsmanagement: Der Quelltext alleine nützt euch nichts, ihr müsst diesen übersetzen, zusammenbauen und deployen können. Zusätzlich hängt euer Quelltext vermutlich von externen Bibliotheken ab, hierfür müssen die richtigen Versionen geladen werden. Dies erledigen moderne Build-Werkzeuge wie Gradle oder Maven, Microsoft Make mit NuGet, npm mit gulp oder GNU Make.

Build-Pipeline und automatisierte Tests: Damit die Änderungen sicher durchgeführt werden können, braucht ihr ein Build-Skript. Die Build-Pipeline verwendet dieses Skript und führt auch die automatisierten Tests aus. Das sind Unit Tests, aber auch weiterführende Tests gegen die grafische Oberfläche oder Lasttests. Weitere Bestandteile des Build-Skriptes können Style-Checking oder Werkzeuge zur statischen Quelltextanalyse sein. All dies bildet euer Sicherheitsnetz.

Eure Quelltexte

Die Quelltexte sollten gut änderbar sein. Aber was bedeutet das genau?

Lokalität: Änderungen sollten möglichst nur wenige Stellen – möglichst nur eine – im Quelltext betreffen. Die Klassen, Komponenten oder Dienste so zu schneiden, ist allerdings nicht ganz einfach. Verwandte Konzepte dazu sind Information Hiding [Par72], Separation of Concerns [Dij82] oder das Single Responsibility Principle [Mar17] sowie die Softwareblutgruppen [Sie04]. Wir gehen auf einige Prinzipien und deren praktischen Nutzen unten noch genauer ein. Die Faustregel lautet: Je mehr Fenster ihr in eurer Entwicklungsumgebung öffnen müsst, um eine Änderung durchzuführen, desto schlechter ist der Quelltext.

Seiteneffekt Freiheit: Änderungen können unüberschaubare Konsequenzen für den Rest eures Produkts haben, die über den geänderten Bereich weit hinausgehen. Wenn Änderungen Seiteneffekte zur Laufzeit haben, kann das bedeuten, dass eure Änderung lokal gut funktioniert, das System aber an einer unerwarteten anderen Stelle abstürzt oder neue Fehler hat. Seiteneffekte von Änderungen gibt es sehr leicht, wenn ihr beispielsweise änderbare global sichtbare Variablen einführt, in Java mit (`public static`). Damit kann jeder Teil des Quelltextes über die Veränderung dieser Variablen das Verhalten anderer Quelltextteile (negativ) beeinflussen. Seiteneffekte kann es immer dann geben, wenn sich mehrere Produktteile auf gemeinsam genutzten Daten ändern. Um das zu vermeiden, sind beispielsweise funktionale Programmierkonzepte sehr populär geworden und in alle modernen Sprachen integriert worden. Zweitens sollte immer auf änderbare globale Variablen verzichtet werden.

Separate Testbarkeit: Wenn ihr eine Änderung durchgeführt habt, müsst ihr diese lokal auf eurem Rechner testen können, möglichst ohne besondere Aufbauten wie beispielsweise andere Microservices, Produktivdatenbanken oder eine umfangreiche

Middleware. Testen bedeutet, dass ihr den relevanten Teil eures Produkts ausführen könnt und die Korrektheit des Ergebnisses der Ausführung prüfen könnt, möglichst ohne etwas anderes kaputt zu machen.

Um die Testbarkeit zu erreichen, müsst ihr diverse Vorkehrungen treffen, unter anderem die Abhängigkeiten von der Systemuhr begrenzen und den Zugriff auf gewisse interne Informationen möglich machen.

Separate Deploybarkeit: Die Änderung sollte möglichst einzeln auslieferbar sein. Beispielsweise als eigene Jar-Datei in einem Java-System, als Docker-Image oder als eigene Komponente oder als Microservice. Schlecht wäre, wenn ihr bei jeder Änderung immer das gesamte Produkt neu ausliefern müsst.

In den folgenden Abschnitten zeigen wir verschiedene Techniken, mit denen ihr gut änderbare Quelltexte erreichen könnt. Wir stellen auch gebräuchliche Begriffe wie ‚technische Schulden' oder ‚emergentes Design' vor.

17.2   Automatisierung und Werkzeuge

Das Thema Automatisierung spielt ab dem Beginn eures Projekts eine wichtige Rolle. Bestimmte Festlegungen trefft ihr schon, wenn ihr ‚Neues Projekt' in eurer Entwicklungsumgebung wählt. Daher starten wir damit.

Allgemein sollten alle häufig wiederkehrenden Tätigkeiten automatisiert werden. Dies vermeidet typische Flüchtigkeitsfehler, die sich bei langweiligen Routinetätigkeiten einschleichen und spart euch die Zeit für wichtigere Aktivitäten. Ihr automatisiert zunächst den Build-Prozess:

17.2.1 Der Build-Prozess

Das Kap. 12 zum Thema Konfigurationsmanagement fordert, dass ihr mit einem einzigen Checkout eure gesamte Software erzeugen könnt und zwar unabhängig von der Entwicklungsumgebung. Ein leistungsfähiges Build-Skript ist hierfür Voraussetzung. Achtet daher gleich beim Anlegen eines Projekts in der Entwicklungsumgebung darauf, dass ihr mithilfe eines Build-Skripts arbeitet und nicht mit den Bordmitteln der Entwicklungsumgebung.

Eventuell benötigt ihr mehrere Build-Skripte, und zwar eines für jede Bibliothek oder jede ausführbare Datei, die ihr separat ausliefern wollt. Das Skript erzeugt am Ende eine Jar-Datei, eine Assembly oder ein anderes Format, das dann auf einer Laufzeitumgebung ausgeführt werden kann. Welche Skripte ihr benötigt, könnt ihr an der Verteilungsarchitektur (Abschn. 16.6) ablesen und ihr definiert sie während des Entwurfs der Implementierungsarchitektur (Abschn. 16.8.1).

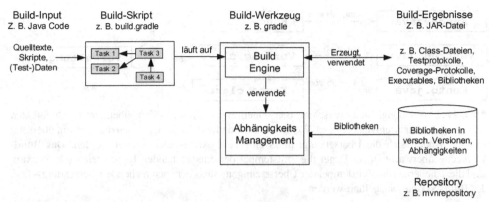

Abb. 17.1 Bestandteile des Build-Werkzeugs: ein Skriptwerkzeug und ein Abhängigkeitsmanager, frei nach Muschko [Mus14]

Jede Programmiersprache bzw. jeder große Softwareproduzent bietet eigene Ökosysteme. In der Java-Welt sind gerade die beiden Werkzeuge Maven[2] und Gradle[3] verbreitet. Diese Werkzeuge haben typischerweise zwei wichtige Komponenten, wie es in Abb. 17.1 zu sehen ist [Mus14]: ein Skriptwerkzeug mit Regeln und einen Abhängigkeitsmanager.

Skriptwerkzeug mit Regeln

Ein Compiler muss eventuell nicht bei jeder kleinen Änderung in einer Datei alle anderen Dateien neu übersetzen. Inkrementelles Vorgehen spart hier sehr viel Zeit. Um das zu ermöglichen, hat ein Build-Werkzeug typischerweise eingebaute Regeln, die sich an den Zeitstempeln der Dateien und den bekannten Abhängigkeiten orientieren. Hat eine Java-Datei einen neueren Zeitstempel als die zugehörige Class-Datei, muss die Java-Datei neu übersetzt werden. Haben die Class-Dateien neuere Zeitstempel als die Jar-Datei, muss diese neu erzeugt werden. Die Abhängigkeiten sind in Abb. 17.2 dargestellt.

Ein Build-Skript besteht typischerweise aus mehreren Tasks, die jeweils einen Schritt im Prozess durchführen. Ein Task könnte die Übersetzung der Quelltexte sein, ein weiterer die Übersetzung der Unit Tests, die Ausführung der Unit Tests oder die statische Codeanalyse können weitere Tasks sein. Die Tasks hängen voneinander ab, wie in Abb. 17.3 zu sehen ist, die Testtreiber werden erst dann ausgeführt, wenn der Quelltext übersetzt wurde. Tasks verwenden die oben genannten Regeln (Zeitstempel), um zu prüfen, ob die vorangegangenen Tasks bereits ausgeführt worden sind. Dies beschleunigt den Build-Prozess, da nur die notwendigen Tasks ausgeführt werden.

---

[2] https://maven.apache.org/.

[3] https://gradle.org/.

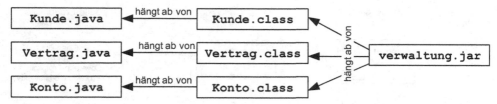

Abb. 17.2 Abhängigkeiten zwischen den Quelltexten (java), den übersetzten Quelltexten (class) und der Archivdatei (jar). Wenn sich die Quelltexte ändern, müssen diese erneut übersetzt werden. Ändert sich die Übersetzung, muss eine neue Archivdatei erzeugt werden. Das Build-Werkzeug überwacht in der Regel die Zeitstempel der entsprechenden Inputdateien (Quelltexte), sind diese neuer als die Zeitstempel der Übersetzungen, muss der entsprechende Übersetzungs-Task des Build-Skriptes ausgeführt werden

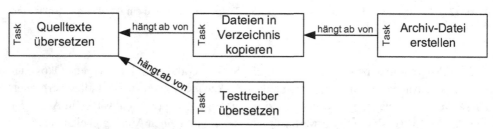

Abb. 17.3 Die Schritte (Tasks) im Build-Prozess hängen voneinander ab. Bevor beispielsweise die Archivdatei erstellt werden kann, müssen die Dateien in ein bestimmtes Verzeichnis kopiert werden. Dies geht wiederum nur, wenn davor die Quelltexte übersetzt worden sind. Wird das Build-Werkzeug aufgerufen, beispielsweise mit dem Ziel, die Archivdatei zu erstellen, werden die Tasks, von denen dieser Task abhängt, davor ausgeführt, beginnend mit dem ersten Task. Durch den oben schon dargestellten Vergleich von Zeitstempeln an Dateien kann das Build-Werkzeug überprüfen, ob ein Task ausgeführt werden muss

Neben dem Übersetzen von Quelltexten sind viele andere Schritte während des Build-Vorgangs zu automatisieren, daher enthalten Build-Werkzeuge Möglichkeiten, die Shell-Skripten ähneln: Es können Verzeichnisse und Dateien angelegt, gelöscht oder verschoben werden, fremde Werkzeuge können gestartet werden oder weitere Skripte können ausgeführt werden. So können im Build-Skript auch Testtreiber und die statische Codeanalyse ausgeführt werden.

Abhängigkeitsmanagement

Seitdem Open-Source-Projekte Ende der 1990er-Jahre große Popularität erreicht haben, kommt kaum eine Software ohne fremde Bibliotheken aus. Oftmals werden sehr viele fremde Bibliotheken benötigt. Diese hängen gegenseitig voneinander ab und erfordern weitere fremde Bibliotheken. Diese Abhängigkeiten sind manuell nicht beherrschbar. Daher werden in den meisten Programmiersprachen Abhängigkeitsmanager eingesetzt, die von zentralen Datenbanken konsistente Stände benötigter fremder Bibliotheken bei Bedarf laden können.

Für euch ist es zunächst einmal wichtig, diese Abhängigkeiten explizit zu machen. Also an einer definierten Stelle zu beschreiben, von welcher Version welcher Bibliotheken ihr abhängig seid. Abhängig bedeutet für euch, dass eure Quelltexte vermutlich nicht übersetzt und sicher nicht ausgeführt werden können, wenn diese Bibliotheken fehlen.

Die meisten Programmiersprachen verfügen über ein Werkzeug, mit dem diese Abhängigkeiten explizit gemacht werden können. Diese Werkzeuge laden vor der eigentlichen Übersetzung der Quelltexte die notwendigen Bibliotheken aus einem lokalen Cache oder aus einem zentralen Repository. In Java enthalten beispielsweise Gradle und Maven ein solches Abhängigkeitsmanagement. Sie laden Bibliotheken aus dem Maven-Repository.[4] In JavaScript wird npm verwendet, in PHP der Composer, oder in C# NuGet. Auch sie nutzen zentrale Repositorys.

Das nachfolgende Listing zeigt einen Ausschnitt aus einem Build-Skript für das Werkzeug Gradle (`build.gradle`). Für Maven würde dies ähnlich aussehen, nur mit mehr XML-Markup. Die `dependencies` zeigen an, von welchen fremden Bibliotheken das Projekt abhängt. Im Beispiel sind das mehrere Bibliotheken des Spring-Boot-Projekts in der Version `2.3.3.RELEASE`. Ohne diese Bibliotheken kann unser Quelltext nicht übersetzt werden.

```
1 dependencies {
2     implementation 'org.springframework.boot:spring-boot-starter-data-jpa:2.3.3.
      RELEASE'
3     implementation 'org.springframework.boot:spring-boot-starter-web:2.3.3.RELEASE'
4     implementation 'org.springframework.boot:spring-boot-starter-security:2.3.3.
      RELEASE'
5 }
```

Ein Open-Source-Projekt implementiert in der Regel nicht alles selbst, sondern verwendet seinerseits wieder andere Bibliotheken und diese verwenden wiederum Bibliotheken und so weiter. All diese Bibliotheken könnt ihr nicht kennen. Die Abhängigkeiten zu diesen Bibliotheken werden ebenfalls vom Build-Werkzeug verwaltet. Vor dem Übersetzen werden auch diese Bibliotheken beschafft. Der Abhängigkeitsmanager von Gradle erlaubt es mit `gradle -q dependencies`, die Abhängigkeiten darzustellen. Das nachfolgende Listing zeigt einen sehr kleinen Ausschnitt daraus: Die Bibliothek `spring-boot-starter-data-jpa` in der Version `2.3.0.RELEASE` benötigt die Bibliothek `hibernate-core` in der Version `5.4.15.Final`. Diese benötigt ihrerseits beispielsweise `antlr` in der Version `2.7.7`.

```
1 +--- org.springframework.boot:spring-boot-starter-data-jpa -> 2.3.0.RELEASE
2 |    +--- org.hibernate:hibernate-core -> 5.4.15.Final
3 |    |    +--- org.jboss.logging:jboss-logging:3.3.2.Final -> 3.4.1.Final
4 |    |    +--- org.javassist:javassist:3.24.0-GA
5 |    |    +--- antlr:antlr:2.7.7
6 |    |    +--- org.jboss:jandex:2.1.3.Final
```

---

[4] https://mvnrepository.com/.

Bei derart vielen Bibliotheken kann es leicht passieren, dass dieselbe Bibliothek mehrfach in verschiedenen Versionen benötigt wird. In Java kann zumindest bis zur Version Java 8 dieselbe Bibliothek nicht in verschiedenen Versionen innerhalb derselben virtuellen Maschine verwendet werden. Der Abhängigkeitsmanager von Gradle ist hier jedoch auch in der Lage, Kompromisse zu finden und bestimmte Versionen von Bibliotheken durch kompatible neuere oder ältere Versionen im Abhängigkeitsgraphen zu ersetzen.

17.2.2 Kontinuierliche Integration

Im eXtreme Programming wird vorgeschlagen, mindestens einmal pro Nacht (Nightly Build) bzw. bei jeder Änderung den Build-Prozess vollständig zu durchlaufen. Ziel ist es, Probleme bei der Integration der Versionen verschiedener Entwickler möglichst früh zu entdecken. Mitte der 2000er-Jahre kamen spezielle Automatisierungswerkzeuge für diese kontinuierliche Integration auf. Eines der ersten war Cruise Control. Derzeit sind unter anderem Jenkins oder GitLab-CI populär.

Kontinuierliche Integration bedeutet, dass auf einem in der Regel separaten Rechner die aktuelle Version der Software ausgecheckt wird. Diese wird dann mithilfe des Build-Skriptes übersetzt und es werden möglicherweise weitere Maßnahmen zur Qualitätssicherung durchgeführt. Es werden alle Testfälle der Unit Tests ausgeführt und die Testcoverage wird gemessen. Außerdem wird in der Regel der Style-Checker ausgeführt, der auf Verstöße gegen die Coding Conventions prüft. Weitere Werkzeuge zur statischen Codeanalyse und auch für Prüfungen zur IT-Sicherheit können mittlerweile sehr leicht integriert werden (Abb. 17.4).

Der große Vorteil der kontinuierlichen Integration ist, dass Integrationsprobleme sehr früh erkannt werden. Gerne werden auch (Lava-)Lampen oder besondere Monitore an den Build-Rechner angeschlossen, die anzeigten, ob der Build erfolgreich durchgeführt wurde. Dann leuchtet es im Büro des Entwicklers rot, der den letzten Commit gemacht hat. Dies erzeugt einen gewissen Druck, das Problem schnell zu beheben.

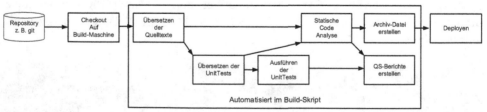

Abb. 17.4 Ein automatisierter Build-Prozess ist die Voraussetzung dafür, dass ihr kontinuierliche Integration umsetzen könnt. Das CI-Werkzeug, in unserem Fall GitLab-CI, führt dieses Skript beispielsweise bei jedem Push ins Repository aus. Der CI-Prozess wird in GitLab wiederum durch eine eigene Beschreibung in `.gitlab-ci.yml` beschrieben

Auf die Themen statische und dynamische Analyse im Build-Prozess gehen wir im nächsten Kapitel noch genauer ein. Das Thema kontinuierliche Integration selbst wird in Kap. 19 besprochen.

Das nachfolgende Listing zeigt einen Ausschnitt aus der Konfigurationsdatei für die von GitLab bereitgestellte und integrierte CI. Die CI-Pipeline wird über die Datei .gitlab-ci.yml beschrieben. Im Beispiel ist die Pipeline in die beiden Stages compile und test unterteilt. Wenn compile erfolgreich abgeschlossen wurde, wird test ausgeführt. Im Beispiel wurde jeder Stage nur ein Job zugeordnet, die Stage compile hat den Job build. Es ist auch möglich, einer Stage mehrere Jobs zuzuordnen. Diese werden dann parallel ausgeführt.

```yaml
stages:
  - compile
  - test

build:
  stage: compile
  image: gradle:6.2.2-jdk13
  script:
    - echo "Compiling"
    - gradle assemble
  artifacts:
    paths:
      - pvs/build/*
    expire_in: 1 day

check:
  stage: test
  image: gradle:6.2.2-jdk13
  script:
    - echo "Executing Checks"
    - gradle check
  ...
```

Innerhalb eines Jobs kann ein Skript ausgeführt werden. Im Beispiel wird der Docker-Container gradle:6.2.2-jdk13 als Grundlage verwendet, dieser stellt auf der Grundlage des JDK Version 13 das Build-Werkzeug gradle in der Version 6.2.2 zur Verfügung. Das Skript ruft im Wesentlichen gradle mit dem Task assemble auf. Das führt dazu, dass die Quelltexte übersetzt werden und eine entsprechende Archivdatei erzeugt wird. Der Job check ist ähnlich aufgebaut, dort wird allerdings der Build-Task check ausgeführt. Damit werden unter anderem die Unit Tests ausgeführt (Abb. 17.5).

Jetzt sind wir mit den ersten Schritten für ein neues Projekt fertig: Ihr könnt mithilfe eures Build-Skriptes eure Quelltexte auch ohne die Entwicklungsumgebung übersetzen

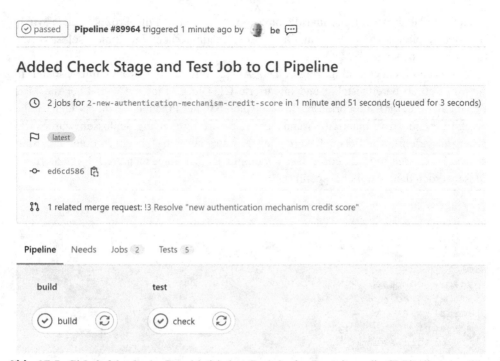

Abb. 17.5 GitLab führt in der Regel bei jedem Push in das Repository die CI-Pipeline aus. Die Pipeline und das Build-Ergebnis werden grafisch dargestellt. Der Screenshot entspricht dem Inhalt der `.gitlab-ci.yml` aus dem Listing

und eure Build-Pipeline wird bei jedem Push auf euer Git-Repository ausgeführt und findet so eventuelle Integrationsprobleme und prüft die Codequalität. Jetzt können wir uns um die Merkmale für sauberen bzw. guten Code kümmern und diese Merkmale manuell oder mithilfe der Entwicklungsumgebung oder der Build-Pipeline prüfen.

17.3   Architektur in Quelltexte umsetzen

Andy Hunt und Dave Thomas bringen im *Pragmatischen Programmierer* [Hun99] die Broken-Window-Theorie:[5] Eine zerbrochene Fensterscheibe in einem Haus oder einem Auto erhöht die Wahrscheinlichkeit, dass die anderen Scheiben ebenfalls zerstört werden. Auf eure Quelltexte übertragen bedeutet das: Wenn ihr schlechten Code zulasst, beispielsweise mit unpassende Klassen oder Variablennamen, erhöht das die Wahrscheinlichkeit,

---

[5] Vgl. https://de.wikipedia.org/wiki/Broken-Windows-Theorie.

dass sich alle Teammitglieder weniger Mühe geben und der Code schneller verfällt. Daher ist es besonders wichtig, ab der ersten Zeile Quelltext auf dessen Qualität zu achten und diese für die Dauer des Projekts zu verteidigen.

17.3.1 Build-Ergebnisse und Quelltexte strukturieren

Die Projekte und eventuelle Unterprojekte, die ihr in eurer Entwicklungsumgebung anlegt, leitet ihr aus euren Architekturentwürfen ab, vgl. Abschn. 16.8. Für jedes lieferbare Element (Komponente, Service, Client, …) legt ihr ein eigenes (Unter-)Projekt an. In diesen Projekten gibt es jeweils ein Build-Skript, welches das lieferbare Element erstellen kann. Die Build-Skripte ruft ihr über eure CI-Pipeline auf.

Die Projekte nutzen eventuell schon die Projektvorlagen eurer Entwicklungsumgebung oder andere Mechanismen, um einen einfachen Projektrahmen zu erstellen (Templates, Archetypen, Staffolding). Beispielsweise den Initializr[6] von Spring Boot oder `npx create-react-app` bei JavaScript-React-Programmen.

Sobald diese Infrastruktur steht, könnt ihr euch um die Quelltexte kümmern. In der Implementierungsarchitektur habt ihr euch in Kap. 16.8 die Package-, Namespace- bzw. Verzeichnisstruktur überlegt. Damit sorgt ihr von Anfang an für die richtige Struktur. Diese hilft euch dabei, die Abhängigkeiten im Quelltext zu beherrschen und abzusichern, dass die Quelltexte auf Dauer zu eurer Architektur passen.

Wenn ihr mehrere Komponenten erstellt, achtet im Quelltext auf die saubere Trennung von Innensicht (= euer Geheimnis) und der nach außen sichtbaren Schnittstelle, der Außensicht.

17.3.2 Bibliotheken einbinden

In der technischen Architektur habt ihr entschieden, welche Frameworks, Dienste und andere fremde Komponenten ihr nutzen wollt. Eventuell habt ihr das Projekt schon mit einer Projektvorlage erzeugt, dann sollten die wichtigsten Bibliotheken bereits eingebunden sein.

Alle notwendigen Frameworks, Dienste und Komponenten bindet ihr über das Abhängigkeitsmanagement eures Build-Werkzeugs ein. Achtet darauf, dass ihr hier jeweils die passenden Versionen einbindet. In der Regel sind das jeweils die aktuellsten Versionen, ggf. gibt es hier Rahmenbedingungen, an die ihr euch halten müsst.

---

[6] Vgl. https://start.spring.io/.

17.3.3 Fehlerbehandlung

In eurer Architektur habt ihr Regeln für die Behandlung von Fehlern aufgestellt. Diese
setzt ihr nun im gesamten Quelltext eures Produkts um.

Die Fehlerbehandlung kann im Quelltext sehr umfangreich ausfallen, sodass ihr
eventuell vor lauter Fehlerbehandlung den eigentlichen Algorithmus nicht mehr erkennt.
Das nachfolgende Listing zeigt dazu ein plakatives Beispiel, vor lauter `try-catch`
ist kaum noch zu erkennen, was die Methode tun soll und die saubere Behandlung der
Ressourcen (`finally`) fehlt sogar.

```
1  public Parameter getParameterFromFile() {
2     Parameter parameter = null;
3     FileInputStream fileInput = null;
4
5     try {
6        fileInput = new FileInputStream(KONFIGURATIONS_DATEI_NAME);
7     } catch (FileNotFoundException e) {
8        e.printStackTrace();
9     }
10    ObjectInputStream ois = null;
11    try {
12       ois = new ObjectInputStream(fileInput);
13       parameter = (Parameter) ois.readObject();
14    } catch (IOException ioe) {
15       ioe.printStackTrace();
16    } catch (ClassNotFoundException cnf) {
17       cnf.printStackTrace();
18    }
19    try {
20      ois.close();
21      fileInput.close();
22    } catch (IOException e) {
23       e.printStackTrace();
24    }
25    return parameter;
26 }
```

Um diese Situation zu verbessern, solltet ihr auf die saubere Benutzung von Res-
sourcen achten. Diese sollten auch im Fehlerfall mit `close()` freigegeben werden.
Die Fehlerbehandlung solltet ihr logisch so zusammenfassen, dass ihr für jede mögliche
Reaktion auf Fehler jeweils nur einen `catch`-Block benötigt, also die `catch`-Blöcke
sinnvoll zusammenfassen. Das nachfolgende verbesserte Listing zeigt ein Beispiel. Die
Ressourcen werden nun automatisch geschlossen (`try-catch` with resources) und die
Fehlerbehandlung ist in einem `catch`-Block zusammengefasst, da auf alle Fehler in
gleicher Weise reagiert wird.

```
1  public Parameter getParameterFromFile() {
2     Parameter parameter = Parameter.DEFAULT;
3     FileInputStream fileInput = null;
4     ObjectInputStream ois = null;
5
6     try (FileInputStream fileInput =
7             new FileInputStream(KONFIGURATIONS_DATEI_NAME);
8        ObjectInputStream ois =
9             new ObjectInputStream(fileInput); ) {
10       parameter = (Parameter) ois.readObject();
11    } catch (Exception ex) {
12       // Allgemeine lokale Fehlerbehandlung moeglich
13       // lediglich loggen des Fehlers, da sicherer default
14    }
15
16    return parameter;   // notfalls Defaultwert
17 }
```

17.3.4 Konfigurierbarkeit

Passwörter und andere Credentials sollten auf keinen Fall im Quelltext stehen. Ein Angreifer könnte eure übersetzte Software disassemblieren oder gelangt irgendwie direkt an euer Repository oder eure Quelltexte. Es gibt weitere Parameter, die ihr im IT-Betrieb flexibel festlegen wollt, beispielsweise die Namen von Verzeichnissen, Verbindungsstrings mit Datenbanken und andere URLs oder IP-Adressen. All diese Informationen muss sich euer Quelltext von außen beim Start eurer Software beschaffen können.

Typischerweise lest ihr diese Informationen aus Umgebungsvariablen, umfangreichere Konfigurationen finden sich in eigenen Property-, XML- oder YAML-Dateien. Wenn ihr euer Main-Programm schreibt, lest die notwendigen Parameter direkt von außen.

Das nachfolgende Listing liest den Datenbankbenutzer und sein Passwort aus Umgebungsvariablen aus. Diese könnt ihr dann beim Start eures Programms von außen setzen.

```
1  String dbuser     = System.getenv("DBUSER");
2  String dbpassword = System.getenv("DBPASSWORD");
```

Verzeichnisnamen oder URLs gehören auch nicht in den Quelltext. Gerade Verzeichnisnamen sollten möglichst so interpretiert werden, dass sie auf Unix und Windows funktionieren. Änderungen eurer Konfiguration sollten keine Änderungen eurer Quelltexte zur Folge haben, sondern eurer Software von außen mitgeteilt werden.

17.3.5 Logging

Mit dem ersten Zeilen baut ihr sofort auch Logging in die Quelltexte ein, vermeidet von Anfang an `printf` oder `System.out.println`. Möglicherweise müsst ihr eine gesonderte Logging-Bibliothek einbinden.

Entwicklerinnen und Entwickler, die auf eure Quelltexte aufbauen, übernehmen in der Regel die Vorgaben und Beispiele, die ihr da programmiert habt. Daher sollte euer erstes Hauptprogramm bereits das Logging vorleben, das ihr in der Architektur definiert habt. Dazu gehört auch, dass die Konfigurationsparameter sowie die Umgebungseigenschaften (z. B. Betriebssystem-Version, Version der Laufzeitumgebung, …) geloggt werden, wie im nachfolgenden Listing zu sehen.

```java
public class Main {
    static Logger log = Logger.getLogger("MainComponent");

    public static void main(String[] args) {
        //...
        log.info("MainComponent Startet");
        log.info("Betriebssystem: " +  System.getProperty("os.name"));
        log.info("Version: " + System.getProperty("os.version"));
        log.info("User: " + System.getProperty("user.name"));
        //...
    }
}
```

17.4   Was genau ist guter Code?

Die Qualität von Quelltexten ist weitgehend unabhängig von der Programmiersprache. Ihr könnt mit COBOL gut lesbare Quelltexte schreiben und mit JavaScript völlig unlesbares Hyperspaghetti oder den berühmten Big Ball of Mud mit unüberschaubar vielen Abhängigkeiten programmieren [Foo99]. Wesentlicher Faktor für die Qualität ist zunächst, dass ein anderes Teammitglied eure Quelltexte schnell versteht und schnell gewünschte Änderungen einbauen kann oder schnell Fehler korrigieren kann. Damit könnt ihr Qualität leicht messen, und zwar indem ihr die Zeit messt, die ein Teammitglied benötigt, um eine typische Änderung durchzuführen, beispielsweise ein neues Eingabefeld in die grafische Oberfläche integrieren. Je länger das Teammitglied braucht und je fehleranfälliger dieser Prozess ist, desto schlechter ist die Qualität der Quelltexte. Mit guten Quelltexten habt ihr eine hohe Produktivität und schafft mehr Anforderungen pro Sprint.

Über das Thema gutes Programmieren gibt es eine ganze Reihe von Büchern, empfehlenswert sind beispielsweise *Clean Code* von Robert C. Martin [Mar08], der *Pragmatische Programmierer* [Hun99] und *Code Complete* von Steve McConnell [McC04]. Die folgenden Abschnitte sind ein Versuch, einige Aspekte zusammenfassend darzustellen:

17.4.1 Aussagekräftige Namen

Florian Deißenböck und Markus Pitzka haben vor einiger Zeit die Quelltexte der Entwicklungsumgebung Eclipse untersucht [Dei05]. Über 70 % des Quelltexts waren Bezeichner, also Namen die sich eine Entwicklerin oder ein Entwickler ausgedacht hat. Es gab über 98.000 verschiedene Bezeichner, das ist mehr, als es Worte in der englischen Sprache gibt. Das deutet auf Probleme in der Namensgebung hin.

Der Leser eures Quelltexts assoziiert mit den von euch verwendeten Begriffen eine Vorstellung, ein mentales Modell. Wir haben das in Abschn. 17.1.1 am Beispiel von Begriffen wie Adapter, Graph oder Dictionary schon gezeigt. Je ähnlicher sich euer Quelltext wie diese Vorstellung verhält, desto besser verständlich ist er.

Verwendet für die Quelltexte möglichst Begriffe aus der Fachdomäne eures Auftraggebers. Die Fachsprache bezeichnet in der Realität und in euren Quelltexten dieselben Dinge. Wenn eurer Auftraggeber von ‚Fahrzeugvariante‘, ‚Sonderausstattung‘ oder ‚Motorbaureihe‘ spricht, sind genau das eure Klassennamen oder auch die Namen von Variablen.

Geht davon aus, dass immer mal wieder nach Begriffen in den Quelltexten gesucht wird. Jemand könnte nach ‚Baureihe‘ suchen, dann sollte er auch fündig werden. Verwendet also suchbare Namen und keine selbst ausgedachten Abkürzungen, wie `BauRei`oder etwas Ähnliches.

Weitere Hinweise für aussagekräftige Namen finden sich bei Robert C. Martin [Mar08] und Steve McConnell [McC04]. Die Namen finden sich auch als Parameternamen, wie das folgende Beispiel zeigt, in der ersten Signatur entnehmt ihr den Namen der Parameter keine besondere Bedeutung. In der zweiten Signatur ist sofort klar, wie `copy` verwendet werden muss.

```
1  void copy(char a1[], char a2[]) {...
2  void copy(char source[], char destination[]) { ...
```

Leider könnt ihr aussagekräftige Namen nur über Code-Reviews prüfen. Bei jedem Review, in jedem Merge Request sollten daher auch immer die verwendeten Namen für Variablen, Klassen oder Methoden geprüft werden.

17.4.2 Konventionen für den Quelltext

Eure Quelltexte sollten einen möglichst einheitlichen Programmierstil aufweisen. Dazu gehört, dass sich die Quelltexte an von euch definierte Konventionen halten. Die Konventionen legen beispielsweise Regeln für die Benennung von Variablen fest oder geben vor, wie der Quelltext formatiert werden muss. Gut formatierte Quelltexte sind besser verständlich. Beispielsweise macht die Einrückung die logische Struktur und die Schachtelung deutlich.

Einheitliche Formatierung

Die meisten Entwicklungsumgebungen bieten für die meisten Programmiersprachen eine automatische Formatierung der Quelltexte an. In den C-artigen Sprachen werden die geschweiften Klammern richtig positioniert. Der Code wird richtig eingerückt und die Leerzeilen finden sich an den entsprechenden Stellen. Die Formatierung kann in der Regel nach den Bedürfnissen im Projekt frei definiert werden. Wo genau sich die geschweiften Klammern beispielsweise in Java befinden, ist im Prinzip egal. Natürlich kann man darüber auch wochenlang streiten. Wichtig ist jedoch, dass ihr das im Projekt einheitlich macht und fortlaufend mit einem Werkzeug überprüft. Beispielsweise mit einem Style-Checker wie Checkstyle, integriert in eure Entwicklungsumgebung und die CI-Pipeline.

Coding Standards und Styleguides

Formatierungsregeln und Regeln für die Benennung von Klassen, Methoden oder Variablen finden sich in Styleguides. Für Kent Beck sind Programmierkonventionen (Coding Standards, Styleguides) eine wesentliche Praktik in XP [Bec99]. Styleguides gibt es für die meisten Sprachen. Für die Programmiersprache Java gibt es beispielsweise die *Java Code Conventions*[7] aus dem Jahr 1997, *Elements of Java Style* [Ver99] und auch den aktuelleren *Google Java Styleguide*.[8] In diesen Dokumenten werden Regeln beschrieben, beispielsweise beginnt jeder Klassenname mit einem Großbuchstaben, eine Klasse darf `Kunde` genannt werden, aber nicht `kunde` oder `KUNDE`. Methoden beginnen mit einem Kleinbuchstaben, Unterstriche sind dort nicht zulässig. Bestehen die Methodennamen aus mehreren Worten, wird der Anfangsbuchstabe der weiteren Worte mit einem Großbuchstaben begonnen, also `getPurchaseFromList()` aber nicht `getpurchasefromlist()` und nicht `get_purchase_from_list()`. Formatierungsregeln sind auch enthalten, die festlegen, wo die geschweiften Klammern stehen, wie eingerückt wird und wann welche Leerzeilen gesetzt werden. Styleguides legen typischerweise Folgendes fest:

---

[7] https://www.oracle.com/technetwork/java/codeconventions-150003.pdf.

[8] https://google.github.io/styleguide/javaguide.html.

- Strukturierung und Aufbau der Dateien, die Quelltexte enthalten (mit Copyright Vermerk)
- Maximale Zeilenlänge, maximale Zahl von Methoden, maximale Länge von Bezeichnern etc.
- Regeln zur Einrückung und Regeln zur Verwendung von Leerzeichen und -zeilen (Whitespaces)
- Formatierungsregeln
- Regeln für die Benennung von Dateien, Klassen, Methoden, Attributen, Variablen etc.
- Regeln für Kommentare
- Best Practices und Daumenregeln für ‚guten' Code

Styleguides gibt es für viele Programmiersprachen, die GNU Coding Standards[9] für die Sprache C, den PEAR Coding Standard[10] für die Sprache PHP und den Style Guide for Python Code[11] sowie den Google JavaScript Style Guide.[12]

Die Einhaltung eines Styleguides kann zunächst dadurch erreicht werden, indem die automatische Formatierung der Quelltexte in der Entwicklungsumgebung richtig konfiguriert und genutzt wird. Zweitens empfiehlt sich die Verwendung eines Style-Checkers, in Java können dazu beispielsweise Checkstyle oder PMD verwendet werden.

17.4.3 Redundanz vermeiden

Elmar Jürgens hat die Bedeutung von Quelltextkopien (code clones) untersucht [Jue09]. Quelltextkopien entstehen typischerweise bei der Entwicklung mit Copy-and-Paste. Es wird ein Quelltext gesucht, der ungefähr das tut, was man gerade braucht. Dieser wird kopiert und entsprechend angepasst. Jürgens zeigt, dass dabei das Risiko von Fehlern enorm steigt. Beispielsweise werden bei der Fehlerbehebung eventuell nicht die Fehler aus den Kopien des Quelltextes mit entfernt. In den Analysen von Jürgens fanden sich in über 50 % der Kopien, die sich in mindestens einer Zeile unterschieden, Fehler.

Ihr solltet daher regelmäßig messen, ob die Redundanz im Code zugenommen hat. Hierfür gibt es eine Reihe von Werkzeugen. Diese Redundanzen können in der Regel leicht mit Refactorings [Fow99] (siehe unten) entfernt werden.

---

[9] http://www.gnu.org/prep/standards/standards.pdf.

[10] https://pear.php.net/manual/en/standards.php.

[11] https://www.python.org/dev/peps/pep-0008/.

[12] https://google.github.io/styleguide/jsguide.html.

17.4.4 Code Smells vermeiden

Für Martin Fowler ist ein Code Smell (übel riechender Code) eine problematische Stelle in euren Quelltexten [Fow99]. Redundanter Code ist ein Beispiel für einen Smell. Diese Stellen können Ursache für Programmierfehler sein und sie behindern eventuell zukünftige Erweiterungen, daher wird empfohlen, diese Stellen zu bereinigen. Typische Beispiele für Code Smells, die ihr vermeiden solltet sind:

- Klassen mit zu vielen Methoden sowie zu vielen Attributen. Richtwerte für die Zahl der Methoden oder Attribute hängen von der jeweiligen Programmiersprache ab.
- Methoden mit zu vielen Parametern oder zu lange Methoden (eine Methode sollte vollständig auf eine Bildschirmseite eurer Entwicklungsumgebung passen).
- Eine Methode verwendet viele Attribute und Methoden einer anderen Klasse, sodass sie eventuell in dieser besser aufgehoben wäre (Neid, Feature Envy).
- Komplexe Verzweigungen: Tief verschachtelte If-Kaskaden oder viele Switch/Case-Blöcke machen den Ablauf eures Quelltextes schwer verständlich. Gemessen wird dies entweder über die Tiefe der If-Kaskade oder über die zyklomatische Komplexität.

Ihr refaktorisiert während der Entwicklung regelmäßig euren Code und bereinigt gefundene Code Smells. Zumindest solange das Risiko gering ist, über die Refaktorisierung neue Fehler einzubauen.

17.5   Technische Schulden

Technische Schulden sind eine Metapher um die Auswirkungen von Qualitätsproblemen im Code und der Infrastruktur anfassbar zu machen. Wenn ihr technische Schulden aufnehmt, bedeutet das, dass ihr bewusst oder unbewusst Qualitätsprobleme im Quelltext belasst, wie die im letzten Abschnitt besprochene Redundanz durch Copy-and-Paste-Code. Die Probleme können dazu führen, dass sich der Quelltext schwerer ändern lässt und dass Fehler schwieriger gefunden werden. Qualitätsprobleme verringern die Produktivität eures Teams. Dieser Produktivitätsverlust kann mit den Zinsen von Schulden verglichen werden: Je höher die Schulden, desto mehr Zinsen sind zu zahlen; je mehr Qualitätsprobleme im Code, desto höher die Kosten durch geringere Produktivität. Durch Restrukturierung, Nachdokumentation oder Bugfixing könnt ihr Schulden wieder zurückzahlen und damit die Produktivität wieder erhöhen. Ward Cunningham beschreibt diese Metapher wie folgt [Cun93]:

> Shipping first time code is like going into debt. A little debt speeds development so long as it is paid back promptly with a rewrite. The danger occurs when the debt is not repaid. Every minute spent on not-quite-right code counts as interest on that debt. Entire engineering organizations can be brought to a stand-still under the debt load of an unconsolidated implementation, object-oriented or otherwise.

Die Metapher der technischen Schulden soll Entscheidern die Konsequenzen von Qualitätsproblemen in Quelltexten deutlich machen. Denn derartige Probleme werden während der Entwicklung nicht sofort sichtbar, sondern wirken sich erst langfristig aus. Häufig werden nur neue Features bezahlt, aber keine Restrukturierungsmaßnahmen. Die Schulden-Metapher kann dabei helfen, für Stabilisierungsmaßnahmen Budget zu bekommen, um nicht langfristig durch schlechte Quelltexte völlig ausgebremst zu werden. Beispiele für technische Schulden sind:

- Verletzungen der vereinbarten Konventionen für den Quelltext, beispielsweise falsche Formatierung, Klassen-, Variablen- und Methodennamen, die gegen die vereinbarten Regeln verstoßen
- Bekannte Fehler in den Quelltexten
- Code Smells [Fow99], wie beispielsweise Klassen mit zu vielen Attributen und Methoden, zu lange Methoden, zu viele Parameter einzelner Methoden, IF-Kaskaden, …
- Sicherheitslöcher durch alte Bibliotheken oder Probleme in den Quelltexten
- Zu viele Abhängigkeiten innerhalb der Quelltexte
- Ungenügende Versionskontrolle, Build-Automatisierung

Mithilfe der erkannten Probleme kann die Höhe der technischen Schulden, gemessen in Personentagen, berechnet werden: Ihr zählt beispielsweise die fehlenden Kommentare, dann schätzt ihr, wie lange es dauert, einen Kommentar zu ergänzen. Die Schulden berechnen sich dann aus der Anzahl der fehlenden Kommentare mal der Dauer, einen Kommentar neu zu schreiben (Abb. 17.6). Werkzeuge wie SonarQube berechnen die Schulden automatisch für euch.

Technische Schulden deuten nicht unbedingt auf Fehler eures Teams hin. Eventuell stellen neue Features euer bis dahin erstelltes Design infrage.

Das Werkzeug SonarQube gibt euch regelmäßig einen Überblick über eure technischen Schulden, wir stellen es im nächsten Abschnitt vor.

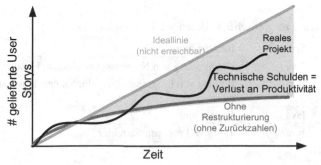

Abb. 17.6 Technische Schulden sind eine Metapher für in der Software verbliebene Probleme, welche die weitere Entwicklung behindern. Schulden mindern die Produktivität

17.6   Sauberen Code absichern: Statische und Dynamische Codeanalyse

Eigenschaften wie die Formatierung der Quelltexte, bestimmte Fehlermuster, Redundanz und auch andere Schwachstellen könnten mithilfe von Werkzeugen der statischen Codeanalyse leicht abgesichert werden (Tab. 17.1). Mit solchen Werkzeugen können die manuellen Code-Reviews vereinfacht werden, da sich die Gutachterin auf wenige Kriterien konzentrieren kann. Das sind beispielsweise die Verständlichkeit der Klassen-, Methoden- oder Variablennamen, die Struktur oder die Verständlichkeit der Kommentare. Das Werkzeug PMD beschreibt sich als: *PMD is a static source code analyzer. It finds common programming flaws like unused variables, empty catch blocks, unnecessary object creation, and so forth.*

Analysewerkzeuge können typischerweise sehr detailliert konfiguriert werden. Ihr legt also selbst fest, wie streng das Werkzeug ist. Die Regeln aus eurer Definition of Done sollten sich in der Konfiguration dieser Werkzeuge wiederfinden. Sprecht bitte im Team durch, welche Regeln für euch von Bedeutung sind, denn diese solltet ihr auf Dauer einhalten (können). Sind schon große Mengen von Quelltexten entstanden, könnt ihr die Einhaltung der Regeln mindestens für jeden neuen Quelltext und für alle Änderungen einfordern.

SonarQube als Dashboard

SonarQube[13] bietet ein Dashboard an, das die aktuelle Qualität der Quelltexte sowie deren zeitliche Veränderung darstellt, siehe Abb. 17.7. SonarQube kann dafür die bereits genannten Werkzeuge integrieren und zeigt deren Messwerte an. Beispielsweise werden auch die technischen Schulden gemessen und dargestellt und auch die Testabdeckung oder Sicherheitslücken. SonarQube speichert die gemessenen Werte in einer Datenbank und kann so auch die zeitlichen Verläufe darstellen.

Häufig ist der absolute Wert beispielsweise der Testabdeckung nicht unbedingt entscheidend, gerade wenn die Software von den Idealwerten weit entfernt ist. Die Testab-

Tab. 17.1 Werkzeuge zur statischen Codeanalyse am Beispiel Java

Name	Sprachen	Beschreibung
Checkstyle	Java	Überprüfung von Namenskonventionen, Formatierung
PMD	Java	Prüfung von Programmierregeln, Namenskonventionen, Fehlermustern
CPD	Java	Code-Clone
SpotBugs	Java	Typische Programmierfehler

---

[13] https://www.sonarqube.org/.

MEASURES

New Code	Overall Code
Since 0.0.1-SNAPSHOT	
Started 6 months ago	

0   🐞 Bugs   Reliability Ⓐ

0   🔒 Vulnerabilities   Security Ⓐ

0   🛡 Security Hotspots ⊘   ○ 100% Reviewed   Security Review Ⓐ

2h 14min Debt   32 😖 Code Smells   Maintainability Ⓐ

○ 47.3%   5   ○ 0.0%   0
  Coverage on 192 Lines to cover   Unit Tests   Duplications on 473 Lines   Duplicated Blocks

Abb. 17.7 SonarQube-Überblicksseite von einem Beispielprojekt zu einer Vorlesung. Die Qualität der Quelltexte ist offenbar noch etwas verbesserungsbedürftig. SonarQube hat hier technische Schulden im Umfang von zwei Stunden gefunden. Auch die Testüberdeckung könnte besser sein

deckung sollte sich allerdings von Analyse zu Analyse nicht verschlechtern. Außerdem könnt ihr einfordern, dass für neue Quelltexte andere Regeln gelten sollen als für die bestehenden.

- Zuverlässigkeit des Codes und Fehlermuster
- Verwundbarkeiten bei der Security
- Wartbarkeit und technische Schulden
- Testcoverage
- Redundanz im Code

SonarQube sammelt die gefundenen Probleme (Issues). Es unterscheidet Bugs (z. B. ein Programmierfehler oder Fehlermuster), Vulnerability (Verwundbarkeit bei Angriff) und Code Smells (Probleme mit der Änderbarkeit). Der Schweregrad eines Problems wird unterschieden nach: `Blocker`, `Critical`, `Mayor`, `Minor` und `Info`.

Verschiedene Issues können vom Überblick aus Abb. 17.7 bis hin zum Quelltext nachvollzogen werden. Für alle Issues ist jeweils auch eine genaue Beschreibung enthalten, warum es sich bei der Stelle im Quelltext um einen Bug, eine Vulnerability oder einen Code Smell handelt. Damit ist dieses Werkzeug auch für unerfahrene Teammitglieder gut verwendbar, da es sehr schnell detailliertes Feedback zum Zustand der Quelltexte gibt und auch Verbesserungsvorschläge macht.

SonarQube wird typischerweise im Build-Skript aufgerufen und kann somit in die CI-Pipeline integriert werden.

17.7   Sauberen Code absichern: Code-Reviews

Frühe Qualitätssicherung lohnt sich auch bei Quelltexten, Barry W. Boehm und Victor Basili behaupten, dass so ungefähr 60 % der Fehler gefunden werden [Boe01]. Regelmäßige Reviews der Quelltexte haben folgende Vorteile:

* Informationen verbreiten: Über Reviews arbeiten sich auch andere Teammitglieder in eure Quelltexte ein. Damit sinken die Abhängigkeiten von einzelnen Teammitgliedern (Busfaktor > 1) und das Wissen wird insgesamt besser im Team verteilt. Wenn andere Teammitglieder deine Quelltexte kennen, steigt zusätzlich die Wahrscheinlichkeit, dass diese Quelltexte oder Konzepte und Ideen daraus wiederverwendet werden.
* Inhalte abstimmen: Der Reviewer ist zusammen mit dem Entwickler für die Qualität der Quelltexte verantwortlich. Daher sorgt ein Review auch dafür, dass die Inhalte der Quelltexte oder auch Dokumente im Team abgestimmt sind. Andere Meinungen können über ein Review gehört werden.
* Lernen: Beide – der Autor und der Gutachter – lernen durch die Diskussion miteinander. Durch das Review werden neue Entwurfsmuster, Programmier-Idiome sowie fachliches Wissen schnell verbreitet. Wenn du die Perspektive der anderen Teammitglieder kennst, kannst du diese bei den weiteren Arbeiten besser berücksichtigen.
* Vorhandensein einer Prüfung erhöht die Qualität: Ein Review ist zunächst eine Wertschätzung. Ein Gutachter nimmt sich die Zeit, um die Quelltexte zu lesen und zu verstehen. Er überlegt sich Feedback. Der Autor muss mit kritischen Kommentaren rechnen, wenn er sich nicht genug Mühe gibt. Daher verbessert bereits die Ankündigung eines Reviews die Qualität.

Für sicherheitskritische Systeme oder Quelltexte, bei denen Fehler sehr teuer wären, können sich formale Inspektionen lohnen [Fag76]. Hier werden die Quelltexte an mehrere Gutachter verteilt. Diese führen die Reviews getrennt voneinander durch. Ein Moderator führt die Anmerkungen der Gutachter zusammen und diese werden in einer gemeinsamen Sitzung besprochen. Auch eine Nachkontrolle findet statt.

Für Systeme, bei denen Fehler geringere Schäden verursachen, genügen Peer-Reviews. Das sind Reviews innerhalb des Teams unter Peers (engl. für Ebenbürtige). Diese führt ihr beispielsweise mithilfe von Merge Requests oder mit Pair Programming durch:

Ihr könnt mit den Merge Requests von GitLab arbeiten. Ein Entwickler beantragt, seinen Branch in den Entwicklungs-Branch zu mergen. Ein Gutachter macht ein Code-Review und genehmigt oder verweigert danach die Zusammenführung der Branches (vgl. Abschn. 12.8.1).

17.7.1 Pair Programming

Pair Programming ist eine recht umstrittene Technik in der agilen Programmierung. Im Grunde bedeutet Pair Programming zunächst nur, dass sich zwei Teammitglieder an demselben Computer mit derselben Tastatur und Maus befinden und gemeinsam an einem Quelltext arbeiten. Mit Screen-Sharing und modernen Entwicklungsumgebungen müssen die beiden nicht zwangsläufig nebeneinander sitzen.

Beiden kann man verschiedene Rollen geben: Der Driver hat die Tastatur und entwickelt gerade ein neues Feature und schreibt die Testtreiber dazu. Der Navigator überwacht dies, behält die Übersicht und führt gleichzeitig ein Code-Review durch. Alternativ können beide Teammitglieder auch Ping-Pong spielen: Der eine schreibt den Testfall und der andere implementiert dann den Produktiv-Code. Beide können sich auch ohne irgendeinen Formalismus zusammensetzen und gemeinsam programmieren.

Robert C. Martin schreibt, dass sich die Paare eher für kurze Zeiträume zusammensetzen, also ein bis zwei Stunden, eventuell mal einen ganzen Arbeitstag [Mar19]. Ein Teammitglied verbringt nicht seine gesamte Arbeitszeit beim Pair Programming, sondern zwischen 30 % und 80 %. Wie viel Pair Programming eingesetzt wird, ist Entscheidung des Teams und darin wiederum die Entscheidung jedes einzelnen Teammitglieds [Mar19]. Das Pair Programming könnt ihr an unterschiedlichen Stellen während des Projekts verwenden:

- Einarbeitung neuer Teammitglieder. Diese implementieren ihre ersten User Storys zusammen mit erfahreneren Teammitgliedern.
- Entwicklung besonders wichtiger, anspruchsvoller Stellen im Quelltext, etwa ein besonders komplizierter Algorithmus oder eine fachlich anspruchsvolle Stelle.
- Streuung von Wissen im Team, das kann fachliches Wissen, technisches Wissen oder Informationen über bereits erfolgte Entwurfsentscheidungen betreffen.
- Debugging bei schwierigen oder schlecht reproduzierbaren Fehlern.

Einige Teams programmieren mit mehr als zwei Personen an demselben Rechner. Hier wird auch von Mob Programming gesprochen.[14]

---

[14] https://en.wikipedia.org/wiki/Mob_programming.

17.7.2 Merge Requests

Mit Merge Requests in GitLab (Pull Requests aus GitHub) haben wir uns schon in Abschn. 12.8.1 beschäftigt. Ihr entwickelt den Code auf einem (Feature-)Branch und beantragt spätestens bei Fertigstellung über GitLab, dass eure Änderungen auf einem anderen Branch integriert werden. Ihr stellt einen Merge Request. Typischerweise dürft ihr selbst nicht auf die zentralen Branches (develop, main/master) pushen/mergen, ein anderes Teammitglied muss eure Änderungen genehmigen.

In den Genehmigungsprozess könnt ihr das Code-Review integrieren. Über die Approval-Rules können die Bedingungen konfiguriert werden, unter welchen Bedingungen ein Merge überhaupt durchgeführt werden darf. Darüber kann abgesichert werden, dass Code-Reviews bei jeder Änderung durchgeführt werden und auch die Konsistenz der zusammengeführten Branches wird über die ausgeführte Build-Pipeline abgesichert.

Es bietet sich an, dass nicht alle Teammitglieder auf den Master-Branch oder den Development-Branch push ausführen dürfen. Sodass beispielsweise ein erfahrenes Teammitglied die Requests genehmigt.

17.8   Test Driven Development (TDD)

Die testgetriebene Entwicklung ist ein ganz wesentlicher Beitrag von Kent Beck [Bec99, Bec02], er hat die ersten Frameworks für SmallTalk und JUnit[15] für Java beigetragen. TDD ist ein wesentlicher Bestandteil des eXtreme Programming und ohne Testtreiber wird Refactoring zu einem Risiko.

17.8.1 Red, Green, Refactor

Grundidee ist, dass der Testfall entsteht, bevor der eigentliche Quelltext geschrieben wird. Ein Teammitglied überlegt sich, wie der eigentliche Quelltext aufgerufen werden soll und wie sich dieser verhalten soll. Diese Entscheidungen werden im Testfall implementiert. Führt man diesen aus, wird natürlich ein Fehler gemeldet. Die meisten Entwicklungsumgebungen machen das über eine roten Hinweis deutlich. Nun wird der eigentliche Quelltext implementiert, solange bis dieser den Testfall besteht. Dies wird in Entwicklungsumgebungen mit einem grünen Hinweis dargestellt. Ist der Testfall bestanden, werden die Quelltexte eventuell noch restrukturiert (refaktoriert), um diese besser lesbar zu machen oder auf weitere Änderungen vorzubereiten. So ergibt sich der häufig zitierte Red-Green-Refactor-Zyklus.

---

[15] Zusammen mit Erich Gamma, vgl. https://junit.org.

Für TDD wird ein sehr feinschrittiges Vorgehen (baby steps) empfohlen. Der Testtreiber und Quelltext wachsen in kleinen Schritten und unterstützen immer mehr Sonderfälle und Varianten. Robert C. Martin liefert dazu drei Regeln für TDD [Mar19]:

1. Schreibe Produktions-Quelltexte *nur*, um einen fehlgeschlagenen Unit Test zu bestehen.
2. Gestalte einen Unit Test nicht ausführlicher, als nötig ist, um ihn scheitern zu lassen.
3. Schreibe *nur* die Produktions-Quelltexte, die erforderlich sind, um einen einzigen fehlgeschlagenen Unit Test zu bestehen.

Robert C. Martin vergleicht TDD mit doppelter Buchführung. Jede Buchung wird zweimal gemacht. Die Ergebnisse beider Buchführungen können jederzeit miteinander verglichen werden, so werden schnell Fehler gefunden. Da sich beide Buchungssysteme oder, im Fall von TDD, der Test- und der Produktiv-Code gegenseitig überprüfen.

17.8.2 Ein Testfall

Das nachfolgende Listing zeigt einen Ausschnitt aus einem Unit Test mit dem Framework JUnit4 in der Sprache Java. Die Methode `Roman.romanToArabic()` übersetzt eine als String übergebene römische Zahl in eine arabische. Es sind zwei Testfälle zu sehen, die jeweils als Methoden implementiert sind. Die Namen der Methoden sind so gewählt, dass diese im Falle eines nicht bestandenen Tests bereits daraufhin deuten, was genau nicht funktioniert hat, beispielsweise `testIXshouldReturn9`. Wenn diese Methode fehlschlägt, konnte offenbar die IX nicht korrekt in eine 9 übersetzt werden.

```java
1  public class RomanTest {
2
3      @Test
4      public void testIshouldReturn1() {
5          assertThat(Roman.romanToArabic("I"),equalTo(1));
6      }
7
8      @Test
9      public void testIXshouldReturn9() {
10         assertThat(Roman.romanToArabic("IX"),equalTo(9));
11     }
12 }
```

Die Implementierung eines Testfalls wird häufig mit AAA beschrieben, Arrange, Act und Assert:

Arrange: Der Testfall stellt zunächst die Vorbedingungen her. Eventuell werden Ressourcen wie Datenbankverbindungen initialisiert oder Daten werden beschafft oder erzeugt.

Der Nutzer wird eingeloggt oder es werden bereits einige Schritte in einem Workflow durchlaufen, um an die zu testende Stelle zu gelangen.

Act: Der zu testende Quelltext wird aufgerufen. Im Listing ist das der Aufruf der Methode `Roman.romanToArabic`

Assert: Es wird überprüft, ob die Methode korrekt funktioniert hat, indem das tatsächliche Ergebnis mit dem von euch erwarteten Ergebnis verglichen wird. Dies wird im Beispiel mithilfe der Testmethode `assertThat` durchgeführt und die Vergleichsbedingung (das Testorakel) ist `equalTo(9)`.

Im Akronym AAA fehlt der Aspekt des Aufräumens nach dem durchgeführten Testfall: Gelöschte Daten werden wieder hergestellt, Datenbankverbindungen werden geschlossen und belegte Ressourcen freigegeben. Denn ein Testfall muss wiederholbar sein, damit darf er keine Daten zerstören, die er oder ein anderer Testfall noch braucht. Kriterien für einen guten Testfall werden mit dem Akronym FIRST zusammengefasst, dazu gehört auch die Wiederholbarkeit (R = repeatable) [Mar08].

Fast (Schnell): Die Testfälle werden sehr häufig ausgeführt, bei jeder kleinen Änderung der Quelltexte. Wenn sie eine zu lange Laufzeit haben, hält das die jeweilige Entwicklerin unnötig auf und sie fängt an, die Tests nicht mehr bei jeder Änderung durchzuführen.

Isolated (isoliert): Die Testfälle dürfen nicht gegenseitig voneinander abhängen. Wenn ein Testfall Daten anlegt, ein anderer modifiziert diese und ein dritter löscht sie, sind alle drei Testfälle voneinander abhängig. Leider habt ihr keine Garantie, dass im Build-Prozess oder von anderen Entwicklern diese Reihenfolge eingehalten wird. Es ist nicht einmal sicher, dass immer alle Testfälle ausgeführt werden. Daher sollte jeder Testfall isoliert von den anderen ausgeführt werden können.

Repeatable (wiederholbar): Die Tests werden sehr häufig ausgeführt. Wenn ein Testfall Daten zerstört oder von einer bestimmten Systemzeit abhängt, ist das nicht mehr möglich. Die Testfälle müssen so implementiert sein, dass sie sich ihre Testvoraussetzungen selbst schaffen und nach dem Test wieder aufräumen, unabhängig von deren Ausgang.

Self-Validating (sich selbst prüfend): Typischer Anfängerfehler ist der Einbau von Ausgaben auf die Konsole in einem Testfall. Um zu prüfen, ob der Testfall erfolgreich war, muss sich jemand die Textausgaben anschauen. Das ist bei größeren Mengen von Testfällen schnell nicht mehr möglich. Stattdessen baut ihr in die Testfälle Prüfungen ein, die `asserts`. Die Ausführungsumgebung zeigt dann bei erfolgreich durchgeführten Tests nur noch Grün. Zu nicht bestandenen Testfällen (Rot) werden detailliertere Informationen geliefert, etwa ein Stack Trace. Der Testfall selbst muss feststellen, wann der Produktionsquelltext diesen besteht und wann nicht, ohne Interpretation durch einen Menschen.

Timely (rechtzeitig): Die Testfälle werden zusammen mit dem Produktionsquelltext erstellt, um bereits während der Entwicklung Fehler zu vermeiden und um eine sichere Restrukturierung der Quelltexte zu ermöglichen.

Auch diese Liste ist nicht ganz vollständig. Testfälle sind genauso zu pflegen, zu warten oder zu restrukturieren wie der Produktiv-Code auch. Für die Testfälle gelten dieselben

Qualitätsansprüche, auch Testfälle müssen verständlich sein. Auch die Testfälle müssen die Programmierkonventionen einhalten und sinnvolle Klassen-, Methoden- und Variablennamen verwenden. Speziell die Namen der Testmethoden sollten auf die getestete Eigenschaft hindeuten. Die Testmethoden sollten eher klein und überschaubar sein, eine grobe Daumenregel besagt, dass es pro `assert` jeweils eine eigene Testmethode geben sollte.

Gerard Meszaros beschreibt in seinem Buch zu Unit Tests Qualitätsprobleme und nennt diese Test Smells [Mes07]. Er gibt Hinweise auch für die Strukturierung großer Testsuiten. Weitere Informationen zum Erstellen von Unit Tests finden sich beispielsweise bei Jeff Langr [Lan15, Lan13] oder bei Roy Osherove [Osh13].

17.8.3 Regressionstest

Die Verwendung der testgetriebenen Entwicklung führt zwangsläufig zu umfangreichen automatisierten Testsuiten, die einerseits ein Sicherheitsnetz beispielsweise für Refactorings bieten und den Regressionstest vereinfachen.

Die Automatisierung der Tests ist für euch eine Investition in die Zukunft. Ihr könnt bei den hoffentlich vielen nächsten Releases immer wieder prüfen, ob ihr durch Änderungen Probleme in den bestehenden Quelltexten verursacht habt. Die Menge der zu testenden Features wächst in der Regel von Lieferung zu Lieferung.

17.8.4 Code Coverage

Wann seid ihr mit dem Schreiben von Testfällen fertig? Wann gibt es genügend JUnit-Testfälle in einem Java-Programm? Ein Kriterium, um das zu messen, ist die Testüberdeckung (Code Coverage). Diese misst, wie viel Prozent aller Anweisungen, Verzweigungen oder Bedingungen in einem Programm mithilfe der Testfälle ausgeführt wurden. Es werden drei Arten von Überdeckungen unterschieden:

Anweisungsüberdeckung

Um die Testcoverage zu bestimmen, wird der Quelltext in einen gerichteten Graphen übersetzt, den Kontrollflussgraphen. Die Anweisungen bilden die Knoten des Graphen. Die Kanten zeigen den Kontrollfluss von Anweisung zu Anweisung an. Von Anweisungen wie `if`, `for` oder `while` gehen damit typischerweise mehrere Kanten aus, da `if` ja einen True- und einen False-Fall haben kann.

Die Anweisungsüberdeckung misst nun, wie viel Prozent aller Anweisungen durchlaufen worden sind. Übersetzt auf den Kontrollflussgraphen stellt ein Testfall das Durchlaufen dieses Graphen dar. Die Anweisungsüberdeckung ist der Prozentsatz der besuchten Knoten in dem Graphen.

Zweigüberdeckung

Die Anweisungsüberdeckung ist in der Zweigüberdeckung enthalten. Bei der Zweigüberdeckung werden zusätzlich noch die Verzweigungen im Quelltext betrachtet, also die bereits genannten Anweisungen wie if, for oder while. Bei einer if-Anweisung wird betrachtet, ob der True- und der False-Fall durchlaufen worden sind. Wenn die if-Anweisung nur einen True-Fall hat, also das else fehlt, dann misst die Zweigüberdeckung, ob auch der leere False-Fall durchlaufen wurde. Übertragen auf den Kontrollflussgraphen misst die Zweigüberdeckung, ob jede Kante mindestens einmal durchlaufen wurde.

Bedingungsüberdeckung

Die Zweigüberdeckung ist in der Bedingungsüberdeckung enthalten. Diese betrachtet komplexe boolesche Ausdrücke genauer und wertet auch Teilausdrücke aus: Alle Teilbedingungen müssen einmal zu True und einmal zu False evaluiert sein, ebenso wie der gesamte Ausdruck. Erst dann ist die 100%ige Bedingungsüberdeckung erreicht.

Es gibt weitere Überdeckungsmaße, beispielsweise die *Pfadüberdeckung*, hier wird beispielsweise bei Schleifendurchläufen noch überprüft, ob die Schleifen in allen Varianten durchlaufen worden sind. Im Kontrollflussgraphen wäre das das Durchlaufen des Graphen mit allen möglichen Pfaden, darin enthalten sind auch Kreise (wegen der Schleifen). Diese Überdeckung führt leicht zu einer kombinatorischen Explosion, da die Zahl der Pfade sehr groß wird. Glenford Myers rechnet das mit einer einfachen while-Schleife und vier darin enthaltenen if-Anweisungen vor [Mye11]:

```
1  while (...) {
2     if (...) {
3         if (...) {
4            if (...) { ... } // Pfad 1
5            else { ... } // Pfad 2
6         }
7         else {
8            if (...) { ... } // Pfad 3
9            else { ... } // Pfad 4
10        }
11     }
12     else { ... } // Pfad 5
13 }
```

Der Schleifenrumpf kann bei ihm auf fünf verschiedene Arten durchlaufen werden. Wenn die while-Schleife 0- bis 10-mal durchlaufen wird, müssen für jeden Durchlauf alle Varianten getestet werden. Bei einem Durchlauf also fünf Testfälle, bei ein oder zwei Durchläufen $5 + 25 = 30$, bei ein bis drei Durchläufen schon $5 + 25 + 125 = 155$ usw. Bei 0 bis 10 Durchläufen sind das $5^0 + 5^1 + 5^2 + \cdots + 5^9 + 5^10 = 12207031$ Testfälle. Dieses einfache Beispiel gerät also bereits außer Kontrolle. Getestet werden kann offenbar immer nur eine sinnvolle Auswahl an Testfällen. Eine vollständige Pfadüberdeckung ist nur im Ausnahmefall möglich.

Messen der Zweigüberdeckung

Die Testüberdeckung wird entweder in der Entwicklungsumgebung direkt gemessen und/oder als Teil der CI-Pipeline umgesetzt. Typischerweise werden Anweisungs- und Zweigüberdeckung gemessen und grafisch dargestellt. Die Abb. 17.8 und 17.9 zeigen ein Beispiel, das mit JaCoCo in einem Java-Projekt erzeugt wurde. Der Testbericht von JaCo-Co wird typischerweise von anderen Werkzeugen wie SonarQube oder in CI-Werkzeugen wie Jenkins interpretiert und mit anderen Analyseergebnissen zusammengefasst.

Aus dem Bericht zur Testüberdeckung ist genau erkennbar, welche Anweisungen oder Zweige noch nicht durchlaufen wurden. Für diese müsst ihr euch dann weitere Unit Tests überlegen.

Achtung: Die Testüberdeckung ist nicht das einzige Maß, das ihr beobachten müsst. Dieses Maß beachtet beispielsweise nicht, ob in den Testfällen überhaupt die Korrektheit der getesteten Software geprüft wurden. Ihr könnt problemlos 80 % Zweigüberdeckung

gerd.beneken.aufgabe1neu > training.kata.gildedrose

training.kata.gildedrose

Element	Missed Instructions	Cov.	Missed Branches	Cov.	Missed	Cxty	Missed	Lines	Missed	Methods	Missed	Classes
Item		92 %		n/a	1	8	2	15	1	8	0	1
GildedRose		100 %		72 %	10	20	0	29	0	2	0	1
Total	4 of 279	98 %	10 of 36	72 %	11	28	2	44	1	10	0	2

Abb. 17.8 Der Screenshot zeigt einen Bericht, der mit JaCoCo im Build-Prozess erzeugt wurde. Ein Überblick, wie viel Prozent der Klassen, Methoden oder Zeilen und Verzweigungen getestet worden sind

```
13.     public void updateQuality() {
14.       for (int i = 0; i < items.length; i++) {
15.         if (!items[i].getName().equals(AGED_BRIE)
16.             && !items[i].getName().equals(BACKSTAGE_PASSES)) {
17.           if (items[i].getQuality() > 0) {
18.             if (!items[i].getName().equals(SULFURAS)) {
19.               items[i].setQuality(items[i].getQuality() - 1);
20.             }
21.           }
22.         } else {
23.           if (items[i].getQuality() < 50) {
24.             items[i].setQuality(items[i].getQuality() + 1);
25.
26.             if (items[i].getName().equals(BACKSTAGE_PASSES)) {
27.               if (items[i].getSellIn() < 11) {
28.                 if (items[i].getQuality() < 50) {
29.                   items[i].setQuality(items[i].getQuality() + 1);
30.                 }
```

Abb. 17.9 Der Screenshot zeigt die Testüberdeckung zu der Methode update aus der Klasse GildedRose.java, darüber kann sich ein Teammitglied ein sehr gutes Bild machen, welche Quelltexte noch nicht getestet wurden

erreichen, ohne einen einziges `assert` im Quelltext. Das Maß macht auch keine Aussage darüber, ob mit typischen Daten getestet wurde oder wie relevant der ausgeführte Code ist. Die Testüberdeckung misst lediglich, welche Teile des Quelltextes ausgeführt worden sind. Um ein Review der Testfälle kommt ihr nicht herum.

17.9   Probleme beheben: Refaktorisierung

Das Refactoring (Refaktorisierung) wurde von Martin Fowler beschrieben [Fow99, Fow19]. Die Umbenennung eines Attributs oder einer Klasse sind bereits einfache Refactorings. Damit macht ihr den Quelltext verständlicher. Bei der Method Extraction erstellt ihr aus einigen Zeilen einer Methode eine neue Methode und die neue Methode wird von der alten aufgerufen, so könnt ihr lange Methoden verkürzen und Redundanz im Quelltext vermindern. Weitere Beispiele für Refactorings sind:[16]

- Umbenennen von Attributen, Klassen, Methoden, Parametern, Variablen, ...
- Extrahieren einer gemeinsamen Basisklasse
- Ersetzen einer Switch/Case-Anweisung durch Polymorphie (grob: für jeden Case eine Klasse)
- Verschieben von Attributen oder Methoden in der Vererbungshierarchie, von der Basisklasse in eine abgeleitete Klasse oder umgekehrt

Ein Refactoring ist eine zumeist einfache Folge von Änderungen an (objektorientierten) Quelltexten. Diese Änderungen dienen dazu, die Struktur des Codes zu verbessern und diesen dadurch leichter änderbar zu machen. Ein Refactoring ist dabei *verhaltensäquivalent*. Das bedeutet, dass sich das Verhalten des Codes durch das Refactoring nicht ändern darf.

Martin Fowler und andere Autoren empfehlen, das Refactoring durch automatisierte Testfälle abzusichern. Diese sind wegen der testgetriebenen Entwicklung sowieso schon vorhanden oder müssen speziell für das Refactoring ergänzt werden. Notfalls schreibt ihr nur für die zu ändernde Stelle einige Testfälle, die das aktuelle Verhalten fixieren, Michael Feathers gibt Hinweise für diese Form der Testfälle [Fea04].

Refactorings haben sich so weit durchgesetzt, dass die typischen Refactorings bereits bei vielen Softwareentwicklungs-Umgebungen im Lieferumfang enthalten sind. Umbenennung von Variablen oder die Extraktion einer Methode geschehen durch einen einfachen Menüaufruf. Durch die Nutzung dieser Funktionen werdet ihr wesentlich produktiver, daher lohnt es sich, dass ihr euch ausführlich mit den Möglichkeiten euer Entwicklungsumgebung beschäftigt. Die Abb. 17.10 zeigt das Refactoring-Menü aus IntelliJ (Version 2020).

---

[16] Vgl. https://refactoring.com/catalog/.

Abb. 17.10 Die Abbildung soll deutlich machen, wie gut die Unterstützung des Refactorings in modernen Entwicklungsumgebungen ist

Für Refactorings gibt es zwei wesentliche Gründe: Das Zurückzahlen technischer Schulden (Beheben von Code Smells) und geplante Änderungen.

In der testgetriebenen Softwareentwicklung ist das Refactoring integraler Bestandteil. Voraussetzung für die erfolgreiche Bereinigung der Quelltexte ist allerdings eine umfangreiche automatisierte Testsuite. Diese liegt aber nicht immer vor, speziell in älteren Systemen oder in Systemen mit einer umfangreichen grafischen Oberfläche, etwa am Smartphone. Hier sind Refactorings riskant, da das Sicherheitsnetz fehlt und manuell getestet werden muss.

Der vorliegende Quelltext erfüllt vermutlich die Anforderungen aus der Vergangenheit und er wurde hoffentlich so entworfen, dass früher vorhersehbare Änderungen leicht umgesetzt werden konnten. Das Team hat auf geringe technische Schulden geachtet. Änderungswünsche können jedoch alte Strukturen komplett infrage stellen. Hier entstehen technische Schulden einfach so, ohne dass das Team einen Fehler gemacht hat. Der bestehende Quelltext muss für die beabsichtigte Änderung vorbereitet werden. Dies ist der zweite und häufigere Grund für Refactorings.

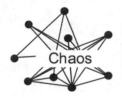

Abb. 17.11 Emergentes Design entwickelt sich im Laufe des Entwicklungsprozesses

17.10 Emergentes Design

Gerade bei der testgetriebenen Entwicklung entsteht das Design einer Software (im Kleinen) mit der Zeit, dies ist in Abb. 17.11 dargestellt. Jedes neue Feature, jede Änderung an den bestehenden Quelltexten führt zu mehr Wissen und mehr Erfahrung der Entwickler und verbessert und präzisiert das Design. Strukturen entstehen mit der Zeit, ohne dass jemand diese vorab hätte planen können. Die Namen von Klassen und deren Methoden werden eventuell sprechender und es entwickelt sich eine eigene Sprache, deren Vokabular aus Klassen-, Methoden- und Variablennamen besteht. Dieser Entstehungsprozess wird auch als emergentes Design bezeichnet.

Das emergente Design ist Berufsalltag von erfahrenen Entwicklern. Kaum jemand käme noch auf die Idee, eine Software in allen Details vorab zu planen und zu entwerfen. Nur in bestimmten Domänen ist dies vorgeschrieben, etwa im Bereich sicherheitskritischer Software. Dafür sind aber leistungsfähige (Modellierungs-)Werkzeuge notwendig.

17.11 Definition of Done mit verbindlichen Qualitätskriterien

Das wichtigste Element für die Codequalität in der agilen Softwareentwicklung ist die Definition of Done. Sie legt Qualitätskriterien für ein implementiertes Feature fest. Nur Features, welche die Kriterien der DoD erfüllen, gelten als fertiggestellt. Eure DoD legt ihr am Projektanfang fest und überarbeitet diese eventuell in den regelmäßigen Retrospektiven.

In der DoD sollte mindestens ein manuelles Review der entstandenen Quelltexte enthalten sein. Wenn ihr GitHub oder GitLab verwendet, können dafür die sogenannten Merge Requests bzw. Pull Requests verwendet werden: Jeder Entwickler darf nur auf seinen eigenen Branch Änderungen hochladen (pushen). Wenn die Änderungen auf den Master-Branch oder einen wichtigen Entwicklungs-Branch gemergt werden sollen, muss dies ein anderes Teammitglied genehmigen und den Merge der Quelltexte auf dem Branch auf den Master-Branch durchführen. Der Merge wird erst nach einem umfangreichen Review des Codes durchgeführt.

Weitere Kriterien betreffen die Qualitätseigenschaften der Quelltexte. Beispielsweise kann das Einhalten der Programmier-Konventionen gefordert werden. Dies lässt sich inzwischen durch Werkzeuge der statischen Analyse wie etwa Checkstyle auch leicht überprüfen. Weiterhin finden Werkzeuge zur statischen Codeanalyse viele mögliche Programmierfehler und Stellen für mögliche Angriffe. Solche Werkzeuge gibt es für praktisch jede Programmiersprache. Diese sollten in der Build-Pipeline regelmäßig mit ausgeführt werden.

Da die Testautomatisierung eine große Rolle spielt, werden auch automatisierte Testfälle mit einer bestimmten Testüberdeckung gefordert. Hier benötigt ihr Testfälle auf verschiedenen Ebenen: JUnit Tests testen einzelne Klassen und Methoden, automatisierte Tests der grafischen Oberfläche testen User Storys oder ganze Features.

Gefordert wird häufig noch Dokumentation in einem gewissen Umfang, unter anderem die Dokumentation der Programmierschnittstellen (APIs), beispielsweise in JavaDoc oder Swagger.

17.12 Schnelles Lernen

Sehr viele bereits mit XP eingeführte Praktiken haben das Ziel, sehr schnell Feedback zu geben und damit schnell zu lernen [Bec99, Mar19]. Der Compiler gibt in wenigen Sekunden Feedback, die Unit Tests innerhalb von Minuten und die Akzeptanztests im Rahmen der kontinuierlichen Integration nur wenig später. Wenn ihr die Praktiken aus XP anwendet und viel programmiert, werdet ihr schnell lernen.

17.12.1 Programmieren

Um Software entwickeln zu können, müsst ihr gut programmieren können! Wenn ihr im Programmieren besser werden wollt, müsst ihr trainieren. Hier gilt dasselbe wie beim Sport oder beim Lernen eines Instruments, nur durch Übung und Training werdet ihr besser. Um schnell zu lernen, ist zeitnahes Feedback wichtig. Dieses bekommt ihr über die Code-Reviews oder das Pair Programming. Ihr könnt auch erfahrene Kolleginnen und Kollegen um Rat oder Feedback fragen.

Im Team könnt ihr zum Üben auch Coding-Katas[17] durchführen, das sind kleine Programmierübungen, die ihr regelmäßig durchführt, um besser zu werden, wie beim

---

[17] Vgl. http://codekata.com/.

Karate, um bestimmte Bewegungsmuster zu trainieren. Es gibt hierzu eine Reihe von typischen Aufgaben, wie die Übersetzung römischer Zahlen in arabische oder das Fizz-Buzz-Kata.

17.12.2 Vollständige Entwicklungsumgebung und schneller Build

Wie schon in Kap. 2 dargestellt, braucht jedes Teammitglied eine vollständige lokal funktionierende Entwicklungsumgebung. Diese muss es erlauben, Änderungen lokal durchzuführen und auch lokal zu testen, ohne die Gefahr, irgendetwas dadurch kaputt zu machen. Wichtiges Maß für die Brauchbarkeit eurer Entwicklungsumgebung in Bezug auf euer Produkt ist: Wie lange braucht ihr von der Änderung einer Quelltextzeile, bis ihr diese an der laufenden Software ausprobieren könnt? Einige Sekunden sind hier prima, mehrere Minuten sollte es nicht dauern, das frustriert. Optimierungen zur Beschleunigung des Build-Prozesses zahlen sich für euch sicher aus.

Shortcuts lernen

Versucht regelmäßig eure Entwicklungsumgebung nur mithilfe der Tastatur zu bedienen, also ohne Maus. Dabei lernt ihr die notwendigen Shortcuts und könnt diese später ohne größeres Nachdenken verwenden. Dadurch werdet ihr beim Entwickeln deutlich schneller.

17.12.3 Fehlerkultur stärken

Speziell beim Programmieren ist eine passende Fehlerkultur wichtig. Gibt es Fehler in der produktiven Software oder ist ein Teil des Quelltextes nicht optimal programmiert, hat es keinen Sinn, den Schuldigen zu suchen und eventuell zu bestrafen. Die nächste Gehaltserhöhung an der Länge der Fehlerliste zu orientieren, ist blanker Unsinn. Stattdessen geht es darum, die Ursachen von Fehlern nachhaltig abzustellen. Wenn also ein Fehler im produktiven System auftritt, stimmt eventuell etwas mit eurer Qualitätssicherung und eurem Testprozess nicht, denn nicht nur der Entwickler hat hier den Fehler gemacht, sondern das gesamte Team, da der Fehler im Test nicht aufgefallen ist.

Ein Teammitglied sollte Fehler offen zugeben können, ohne zu befürchten, an Ansehen oder an Status zu verlieren. Offene Kommunikation ist wichtig, sonst werden Probleme vertuscht oder anderen in die Schuhe geschoben. Fehler sollten als Chance zum Lernen und sich zu verbessern gesehen werden. Achtet auf ein dynamisches Selbstbild (Growth Mindset) [Dwe16] (vgl. Abschn. 2.4.1).

Spätestens bei den regelmäßigen Retrospektiven überlegt ihr damit gemeinsam, wie es zu Fehlern in den Quelltexten oder zu übermäßig vielen Code Smells kommen konnte. Dann überlegt ihr euch gemeinsam Maßnahmen, die verhindern, dass die Fehler das nächste Mal unentdeckt bleiben bzw. dass wieder zu nachlässig programmiert wird.

17.12.4 Entwickler-Communitys

Haltet regelmäßig Vorträge im Team zu bestimmten aktuellen Themen im Bereich der Softwareentwicklung. Themen könnten beispielsweise *Reaktive Programmierung in Java, Funktionale Programmierung in JavaScript* oder *Grundlagen von Kubernetes* sein.

Literatur

[Bec99] Beck K (1999) Extreme Programming Explained: Embrace Change. Addison-Wesley

[Bec02] Beck K (2002) Test Driven Development: By Example. Addison-Wesley

[Boe01] Boehm B, Basili VR (2001) Software defect reduction top 10 list. Computer 34(1): 135–137

[Cun93] Cunningham W (1993) The WyCash portfolio management system. SIGPLAN OOPS Messenger 4(2):29–30

[Dei05] Deissenbock F, Pizka M (2005) Concise and consistent naming. In: 13th International Workshop on Program Comprehension (IWPC'05), S 97–106

[Dij82] Dijkstra EW (1982) On the role of scientific thought. In: Selected Writings on Computing: A Personal Perspective. Springer-Verlag, S 60–66

[Dwe16] Dweck C, Neubauer J (2016) Selbstbild: Wie unser Denken Erfolge oder Niederlagen bewirkt. Piper

[Fag76] Fagan ME (1976) Design and Code Inspections to Reduce Errors in Program Development. IBM Systems Journal, 15(3):182–211

[Fea04] Feathers M (2004) Working Effectively with Legacy Code. Robert C. Martin Series. Prentice Hall

[Foo99] Foote B, Yoder J (1999) Big Ball of Mud. In: Pattern Languages of Program Design. Addison-Wesley, S 653–692

[Fow99] Fowler M (1999) Refactoring: Improving The Design Of Existing Code. Addison-Wesley

[Fow19] Fowler M, Beck K (2019) Refactoring: Improving the Design of Existing Code, 2. Aufl. Addison-Wesley

[Gam95] Gamma E, Helm R, Johnson R, Vlissides J (1995) Design Patterns: Elements of Reusable Object-oriented Software. Addison-Wesley

[Hun99] Hunt A, Thomas D (1999) The Pragmatic Programmer: From Journeyman to Master. Addison-Wesley

[Jue09] Juergens E, Deissenboeck F, Hummel B, Wagner S (2009) Do Code Clones Matter? In: Proceedings of the 31st International Conference on Software Engineering, ICSE '09. IEEE Computer Society, S 485–495

[Lan13] Langr J (2013) Modern C++ Programming with Test-Driven Development: Code Better, Sleep Better. Pragmatic Bookshelf

[Lan15] Langr J (2015) Pragmatic Unit Testing in Java 8 with JUnit. Pragmatic Bookshelf

[Mar08] Martin RC (2008) Clean Code: A Handbook of Agile Software Craftsmanship. Prentice Hall

[Mar17] Martin R (2017) Clean Architecture: A Craftsman's Guide to Software Structure and Design. Prentice Hall

[Mar19] Martin R (2019) Clean Agile: Back to Basics. Pearson Education

[McC04] McConnell S (2004) Code Complete, 2. Aufl. Microsoft Press

[Mes07] Meszaros G (2007) xUnit Test Patterns: Refactoring Test Code. Addison-Wesley

[Mus14]   Muschko B (2014) Gradle in Action. Manning

[Mye11]   Myers GJ, Sandler C, Badgett T (2011) The Art of Software Testing, 3. Aufl. Wiley

[Osh13]   Osherove R (2013) The Art of Unit Testing: With Examples in .NET, 2. Aufl. Manning

[Par72]   Parnas DL (1972) On the Criteria to Be Used in Decomposing Systems into Modules. Commun ACM 15(12):1053–1058

[Sch11]   Schneider W (2011) Deutsch für junge Profis: wie man gut und lebendig schreibt. Rowohlt-Taschenbuch-Verlag

[Sie04]   Siedersleben J (2004) Moderne Softwarearchitektur – umsichtig planen, robust bauen mit Quasar. dpunkt.verlag

[Ver99]   Vermeulen A et al (1999) The Elements of Java Style. Cambridge University Press

Testen

18

Edsger W. Dijkstra formulierte: *Durch Testen kann man stets nur die Anwesenheit, nie aber die Abwesenheit von Fehlern beweisen.* Durch Testen wird eure Qualität nicht besser, sondern ihr erkennt den tatsächlichen Zustand eures Produkts. Wie viele Fehler sind (vermutlich) in den Quelltexten oder der Konfiguration verblieben? Stabilisiert sich eure Software gerade oder nimmt die Zahl der Fehler gerade rapide zu? Das Testen liefert euch eine Entscheidungsgrundlage. Es liefert auch ein Sicherheitsnetz, denn Fehler solltet ihr finden, bevor sich ein Benutzer darüber ärgert oder ein Fehler noch größere Schäden anrichtet. Jeden Fehler, den ihr kennt, könnt ihr reparieren.

Dieses Kapitel gibt einen Überblick über das Thema agiles Testen und Testautomatisierung.

18.1 Vertrauen in die Software gewinnen

Testen ist das systematische Ausführen eurer Software mit dem Ziel, Fehler zu finden. Testen vermindert das Risiko, dass euer Produkt Schäden beim Benutzer anrichtet oder aus Frustration über schlechte Antwortzeiten deinstalliert wird. Ihr testet, um euer *Vertrauen* in euer Produkt bzw. eure Software zu erhöhen. Systematisches Vorgehen verhindert auch, dass ihr zu viel Aufwand investiert. Was genau bedeutet hier ‚systematisch'?

18.1.1 Planung: Risikobasiertes Testen

Systematisches Vorgehen erfordert Planung, denn euer Budget ist begrenzt und ihr müsst irgendwann zuverlässig mit einer Mindestqualität liefern. Ihr müsst abwägen, wie viel

© Springer Fachmedien Wiesbaden GmbH, ein Teil von Springer Nature 2022
G. Beneken et al., *Grundkurs agiles Software-Engineering*,
https://doi.org/10.1007/978-3-658-37371-9_18

Aufwand ihr wann in verschiedene Testverfahren und -werkzeuge investiert, und auch, wie ihr euch im Team organisiert bzw. euch externe Tester beschafft.

Wenn ihr Fehler nicht findet und repariert, richten diese Schäden bei euren Benutzern an. Damit können wir ein Risiko formulieren: Wie wahrscheinlich sind bestimmte Fehler und wie hoch wäre der durch sie verursachte Schaden? Also Risiko = Eintrittswahrscheinlichkeit × Schadenhöhe. Fehler in Features mit hohem geschäftlichen Wert verursachen in der Regel auch einen hohen Schaden, da das Feature nicht oder nur eingeschränkt nutzbar ist. Probleme in der IT-Security sind häufig besonders teuer.

In den ersten Sprints eurer Entwicklung legt ihr auf der Grundlage der von euch überschlagenen Risiken fest, wer wann testet, wie getestet wird und mit welchen Werkzeugen. Einiges davon schreibt ihr in der Definition of Done fest, z. B.: Eine User Story gilt erst dann als ‚fertig‘, wenn die Unit Tests eine 80%ige Zweigüberdeckung erreichen. Andere Teile der Planung finden sich als Tickets in eurem Issue-Tracker wieder.

Wie viel investiert ihr in Testautomatisierung und welche Tests werden automatisiert? Lohnen sich Lasttests oder Penetrationstests? Erstellt ihr Testspezifikationen für manuelle Tests und/oder arbeitet ihr explorativ? Um die Planung machen zu können, braucht ihr eine Übersicht über die verschiedenen Verfahren und Werkzeuge. Diese werden nachfolgend beschrieben:

18.1.2 Teststufen

Ein klassisches Konzept in der Softwareentwicklung wurde 1984 von Barry W. Boehm vorgeschlagen [Boe84]: das V-Modell.[1] Es ist in Abb. 18.1 zu sehen. Dieses hat bis heute seine Gültigkeit nicht verloren und findet auch in agil durchgeführten Projekten Anwendung [Lin17]. Das Modell zeigt mehrere Stufen der Integration der Software, von ihren kleinsten Bestandteilen, den Modulen bzw. Klassen, bis zum komplett integrierten System, unter denselben Bedingungen wie im Betrieb beim Auftraggeber bzw. für den Benutzer.

Boehm unterscheidet zusätzlich die beiden Begriffe Verifikation und Validierung. Verifikation ist der Test gegen eine Spezifikation (Bauen wir das Produkt richtig?) während die Validierung gegen die Wünsche der Auftraggeber/Benutzer testet (Bauen wir das richtige Produkt?).

Unit Tests (Modultests)
Die unterste Ebene, die Unit Tests, wurde bereits im Kap. 17 vorgestellt. Unit Tests stellen sicher, dass einzelne Klassen, Module oder Funktionen isoliert für sich korrekt

---

[1] Boehm hat sein Modell in einem Artikel in der Zeitschrift IEEE Software vorgeschlagen, bzw. auf einer Konferenz in 1979. Die Vorgehensmodelle für IT-Entwicklungsprojekte der Bundesrepublik Deutschland, das V-Modell 97 und das aktuelle V-Modell XT [VMo14] (ca. 1000 Seiten) sind umfassendere Modelle und verwenden die V-Modell-Ideen nach Boehm.

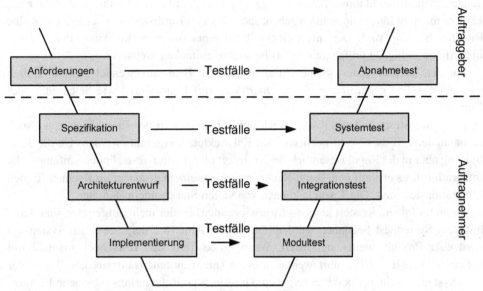

Abb. 18.1 V-Modell frei nach Barry W. Boehm [Boe84]: Das V-Modell zeigt die wichtigsten Teststufen. Auf unterster Ebene ist der Modultest bzw. Unit Test, dieser testet die kleinsten Einheiten eurer Software, also Klassen oder Module. Der Integrationstest überprüft das Zusammenspiel mehrerer Klassen bzw. Module und der Systemtest prüft dann euer Produkt unter realistischen Bedingungen. Der Abnahmetest testet schließlich gegen die Wünsche eures Auftraggebers

funktionieren. Sie werden in der Regel mithilfe eines Test-Frameworks in der jeweiligen Programmiersprache automatisiert. In Java ist das beispielsweise JUnit, dieses Framework ist in alle verfügbaren Entwicklungsumgebungen integriert und kann einfach in den Build-Prozess aufgenommen werden. In praktisch jeder Programmiersprache gibt es ähnliche Frameworks, häufig gibt es mehrere Alternativen.

Unit Tests werden in der Regel von den Entwicklern erstellt, entweder vor den eigentlichen Quelltexten des Systems (testgetriebene Entwicklung) oder, nachdem die Quelltexte erstellt wurden. Sie werden zunächst lokal auf dem Rechner des jeweiligen Entwicklers ausgeführt. Danach sind die Testfälle zentraler Bestandteil und ein gewisses Sicherheitsnetz in der Build-Pipeline. Diese wird auf einem eigenen Build-Rechner ausgeführt. Die Umgebung der zu testenden Klasse wird häufig über Mock- oder Dummy-Objekte simuliert, um den Test auf die betrachtete Klasse zu konzentrieren.

Erst wenn der Unit Test fehlerfrei bestanden wurde, kann mit dem nachfolgenden Integrationstest begonnen werden.

Integrationstest
Wenn die Einzelteile funktionieren, können Probleme immer noch in den Schnittstellen zwischen den Einzelteilen vorhanden sein. Im Integrationstest werden diese zu größeren Einheiten zusammengebaut und getestet. Es werden zusammenhängende Features und

ganze Abläufe durchlaufen. Abhängig von der Komplexität des Produkts, das ihr baut, kann es mehrere Integrationsstufen geben, speziell wenn Hardware oder vernetzte einzelne Rechner beteiligt sind. Der Integrationstest bei einer Software im Auto oder in einer Fregatte ist zwingend umfangreicher als bei einem einfachen Webservice.

Für den Integrationstest können Frameworks wie JUnit angewendet werden. Üblich ist auch ein Test gegen die grafische Oberfläche mit Frameworks wie Selenium[2] oder Cypress.[3]

Integrationstests finden teilweise noch auf den Rechnern der Entwickler statt. Auch automatisierte Tests können noch von den Entwicklern ausgeführt werden. Da die Ausführung aber in der Regel wesentlich länger dauert als bei Unit Tests, finden umfangreiche Integrationstests erst auf dem Build-Rechner oder auf einem gesonderten Rechner für den Integrationstest statt. Die Testfälle können von vielen Stakeholdern stammen.

Wenn im Integrationstest keine (schwerwiegenden) Fehler mehr aufgetreten sind, kann mit dem Systemtest begonnen werden. Dies ist in Abb. 18.2 dargestellt. Im Systemtest wird euer Produkt weiter stabilisiert. Wenn große Teile der Tests noch manuell mit hohem Aufwand durchgeführt werden müssen (nicht automatisiert sind), sollte es vor dem Systemtest einen Code Freeze geben. Großflächige Refactorings oder neue Features sind ein Risiko für neue Fehler, trotz einer eventuell umfangreichen Suite aus Unit und Integrationstests.

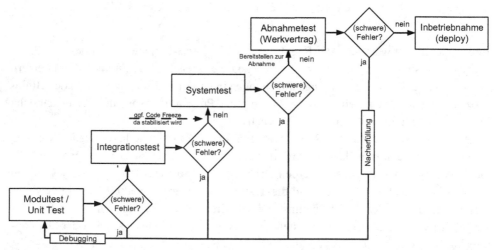

Abb. 18.2 Stufenweise Stabilisierung eures Produkts von den Modultests bis hin zum Systemtest. Der Abnahmetest findet durch den Auftraggeber statt

---

[2] https://www.selenium.dev/.

[3] https://www.cypress.io/.

Systemtest

Im Systemtest wird das System unter produktiven Bedingungen getestet. Das bedeutet unter anderem, dass ein realer (ggf. anonymisierter oder pseudonymisierter) Datenbestand verwendet wird. Es finden Tests der IT-Security und der Performance statt. Der Systemtest findet statt gegen die spezifizierten Anforderungen aus dem Product Backlog und daraus abgeleiteten Modellen und Dokumenten. In plangetriebener Softwareentwicklung existiert eine Spezifikation (ein Pflichtenheft) gegen die getestet wird.[4]

Der Systemtest kann sehr umfangreich werden, da dieser direkt vor der Lieferung (Werkvertrag) bzw. Inbetriebnahme (wenn ihr das Produkt betreibt) ausgeführt wird. Er muss absichern, dass euer Produkt in der Produktivumgebung keine Probleme verursacht. Daher müssen im Systemtest die genauen Bedingungen der Produktivumgebung nachgestellt werden. Seit der Einführung von Techniken der Virtualisierung und der Container-Technologien wie Docker ist das etwas einfacher geworden. Zur Produktivumgebung zählt eventuell auch ein umfangreicher Datenbestand sowie eine (simulierte) Hintergrundlast.

In Abschn. 19.6.2 stellen wir die Technik des *Canary Releases* vor, hier werden die alte Version des Produkts und die neue parallel betrieben. Ein kleiner Prozentsatz der Benutzer wird zur neuen Version umgeleitet. Ihr beobachtet beim Canary Release, ob dort Probleme auftreten. Ist das nicht der Fall, werden weitere Benutzer umgeleitet.

Abnahmetest

Abnahmetests gibt es bei Werkverträgen. Der Auftraggeber prüft, ob seine Anforderungen vollständig erfüllt wurden. Die Abnahmetests sollten im Rahmen eines Abnahmeverfahrens im Angebot bzw. Werkvertrag genau beschrieben sein.

Mit dem Abnahmetest sichert sich der Auftraggeber ab, dass das neue bzw. geänderte Produkt keinen Schaden bei ihm anrichtet. Der Abnahmetest findet daher in einer Umgebung statt, die der Produktivumgebung möglichst ähnlich ist. Datenbestände sind eventuell anonymisierte Daten aus der Produktion. Es wird die erwartete Menge an Benutzern simuliert. Die Testfälle sind ähnlich oder gleich zum Systemtest.

Werden dort noch schwere Fehler (Mängel) gefunden, müsst ihr diese noch entfernen (Nacherfüllung). Wenn keine (schweren) Fehler gefunden werden, gilt eure Software als abgenommen und ihr könnt die Rechnung stellen.

18.1.3 Vertrauensgrade und Testumfang

Zum Testen habt ihr selten genügend Zeit zur Verfügung. Daher müsst ihr entscheiden, in welchem Umfang ihr testet und womit ihr beim Testen beginnt. Beispielsweise erfordern umfangreiche automatisierte Testsuiten mehrere Minuten bis Stunden. Dies ist viel zu

---

[4] Vgl. Abschn. 1.2.

umfangreich dafür, um es bei jedem Commit auszuführen. Umfangreiche explorative Tests sind erst im späteren Verlauf des Projekts möglich.

Es ist daher sinnvoll, die Tests nach Risiko zu sortieren: Welche Features können hohen Schaden verursachen? Wo sind Fehler besonders wahrscheinlich? Ihr beginnt daher mit den neu erstellten Features, denn hier sind Fehler wahrscheinlicher als in Software, die schon länger läuft. Ihr testet die häufig verwendeten Features, wenn diese fehlerhaft sind, ist euer Produkt nicht nutzbar (großer Schaden).

Es gibt verschiedene Vertrauensgrade, die ihr mit Tests erreichen könnt. Beginnend bei einfachen Smoke Tests bis hin zum komplexen Testen.

Smoke Test

Ein Smoke Test prüft, ob euer Produkt überhaupt startet und führt eventuell einige wichtige Dialoge aus. Damit seht ihr, ob das Produkt grundsätzlich funktioniert und sich weitere Tests lohnen. Diese Tests lassen sich sehr schnell ausführen und gut automatisieren. Der Smoke Test sollte für jeden Commit ausgeführt werden können.

Tauglichkeitstest (Happy Path)

Ihr testet nur die Hauptfunktionen, die zentralen Features eures Produkts, die von den *meisten* Benutzern ausgeführt werden. Sonderfälle oder Prüfungen der Robustheit lasst ihr hier noch weg.

Funktionstest (Happy Path, Sonderfälle, Robustheit)

Ein vollständiger Funktionstest umfasst zusätzlich zum Tauglichkeitstest alle Sonderfälle, die seltener vorkommen. Auch hier testet ihr von den wichtigen zu den unwichtigen Features eures Produkts. Damit ihr sicher seid, dass diese sicher funktionieren, wenn ihr liefert.

Komplexes Testen (Funktionstest und Qualitätsprüfung)

Das komplexe Testen kann sehr aufwendig werden, da hier auch Last- und Stresstests durchgeführt werden. Eventuell finden Penetrationstests statt. Spätestens hier sind umfangreiche Prüfungen der Gebrauchstauglichkeit (Usability) wichtig.

18.1.4 Blackbox- und Glassbox-Verfahren

Bei Blackbox-Verfahren wird das System nur von außen betrachtet, das Innenleben wird ignoriert. Die Anwendungsfälle bzw. User Storys werden mit ihren Akzeptanzkriterien durchgespielt, vgl. Abb. 18.3. Glassbox-Verfahren berücksichtigen die Quelltexte im Rahmen der Tests, vgl. Abb. 18.4. Blackbox und Glassbox unterscheiden nicht zwischen automatisierten und manuellen Tests.

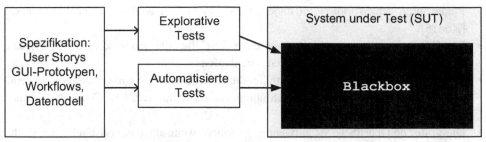

Abb. 18.3 Blackbox-Tests behandeln euer Produkt (das System-under-Test, SUT) wie einen großen schwarzen Kasten mit unbekanntem Inhalt. Ihr testet gegen die Außensicht des Systems. Die Testfälle findet ihr mithilfe der Spezifikation, also User Storys, Workflows etc

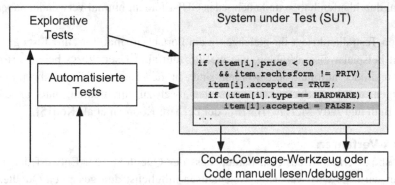

Abb. 18.4 Glassbox-Tests betrachten den Code des Produkts und versuchen beispielsweise, alle Anweisungen über Testfälle einmal zu durchlaufen. In vielen Projekten messen Code-Coverage-Werkzeuge, welche Anweisungen durchlaufen wurden. Ihr testet mithilfe der Innensicht des Produkts. Die Testfälle findet ihr über die Analyse des Codes

Blackbox-Verfahren

Die Blackbox-Verfahren arbeiten mit der jeweils vorhandenen Spezifikation, dazu gehören das Datenmodell, ggf. ein Zustandsmodell, die Entwürfe der Oberfläche und anderer Benutzerschnittstellen, aber auch Workflows und die Anwendungsfälle oder User Storys. Auch bei agil durchgeführten Projekten bieten sich bestimmte Modelle an, beispielsweise ein Datenmodell solltet ihr in jedem Fall erstellen. Beim Blackbox-Test überlegt ihr euch Testfälle, welche die Spezifikation systematisch durchlaufen. Beispielsweise:

- Für jede User Story und jeden Anwendungsfall einen Testfall. Mehrere Testfälle werden bei umfangreicheren Features definiert. Der Testfall durchläuft jedes Akzeptanzkriterium und alle im Anwendungsfall genannten Sonderfälle.
- Für jeden Workflow überlegt ihr Testfälle, die jeden Schritt (jede Aktivität) des Workflows durchlaufen und jeden möglichen Übergang einmal besuchen. Wenn ihr den Workflow als gerichteten Graphen auffasst, muss jeder Knoten (Aktivität) und jede Kante (Übergang) einmal durchlaufen worden sein. Algorithmen, um vollständige

Pfade durch den Workflow zu finden, werden von Tim Koomen et al. beschrieben [Koo15].

- Für Zustandsautomaten überlegt ihr euch Testfälle, die jeden Zustand und jeden Zustandsübergang mindestens einmal durchlaufen.
- Für das Datenmodell sucht ihr Testfälle, die jeden Datensatz einmal anlegen, ändern, löschen sowie typische Suchen durchführen. Dies wird auch als CRUD-Test bezeichnet [Bat15].
- Die grafische Oberfläche ist aufwendig zu testen, wenn ihr das vollständig tun wollt. Ihr müsst für jedes Eingabefeld Testfälle definieren, ohne Eingaben, mit korrekten Eingaben, mit falschen Eingaben sowie eventuell mit zu großen Eingaben. Zweitens müsst ihr zwischen den Dialogen ähnlich wie beim Workflow jeden möglichen Wechsel einmal durchlaufen haben und auch jedes GUI-Element einmal verwendet haben.

Mit diesen Testfällen kriegt ihr gleichzeitig ein Fortschrittsmaß für eure Tests geschenkt. Ihr könnt beispielsweise abzählen, wie viel Prozent aller User Storys bereits erfolgreich getestet und/oder automatisiert worden sind. In der Literatur findet ihr umfassende Anleitungen, um diese Spezifikationen systematisch zu durchlaufen, unter anderem bei Graham Bath und Judy McKay [Bat15] oder bei Tim Koomen et al.[Koo15].

Glassbox-Verfahren

Die Glassbox-Verfahren basieren darauf, dass der Quelltext zum Entwurf der Testfälle betrachtet wird. Es wird versucht, systematisch möglichst den gesamten Quelltext bzw. kritische Stellen des Quelltextes zu durchlaufen. Auch hier ist es wieder wichtig, ein Maß für die Vollständigkeit zu haben, ihr könntet beispielsweise 80 % aller Anweisungen im Quelltext einmal durchlaufen haben.

Um zu messen, ob ausreichend viele Unit Tests implementiert worden sind, kann in die Entwicklungsumgebung bzw. in den CI-Prozess (vgl. Kap. 17) ein Coverage-Werkzeug integriert werden, in Java sind das beispielsweise JaCoCo[5] oder Cobertura.[6] Dieses misst, welche Anweisungen bzw. Verzweigungen des Quelltextes von den Testfällen durchlaufen wurden und welche nicht. Das Coverage-Werkzeug misst allerdings nicht, ob die durchlaufenen Zeilen korrekt funktioniert haben, dazu sind die Überprüfungen (asserts) in den Unit Tests da. Eine hohe Testüberdeckung ist alleine als Wert also nicht aussagekräftig.

Häufig ist die in Abschn. 17.8.4 eingeführte Zweigüberdeckung ein Maß, das in der Definition of Done und auch im Vertrag mit dem Auftraggeber genannt wird. Beispielsweise könnten Auftraggeber und Auftragnehmer eine Zweigüberdeckung von 80 % vertraglich vereinbaren.

---

[5] https://www.eclemma.org/jacoco/.

[6] https://cobertura.github.io/cobertura/.

Selbst wenn ihr mit euren explorativen und/oder automatisierten Tests eine 100 %ige
Zweigüberdeckung erreicht habt, bedeutet das nicht, dass keine Fehler mehr in der
Software sind. Die Überdeckung misst beispielsweise nicht, ob jede Variable jeden
denkbaren Wert einmal angenommen hat. Bei Schleifen genügt in der Regel ein Durchlauf,
um die entsprechenden Überdeckungen zu erreichen, eventuell tritt das Problem aber erst
im 42. Durchlauf auf.

18.1.5 Testautomatisierung und exploratives Testen

In der agilen Softwareentwicklung werden zwei Verfahren empfohlen, die sich gegenseitig ergänzen. Testautomatisierung mit Werkzeugen wie JUnit und exploratives bzw.
erfahrungsbasiertes Testen [Hen14]. Die Automatisierung schafft ein Sicherheitsnetz, das
explorative Testen schließt die Lücken im Netz, wie es in Abb. 18.5 rechts zu sehen ist.

Testautomatisierung ist aufwendig. Während der Entwicklung solltet ihr eine möglichst
umfassende Menge von Unit Tests erstellt haben. Jeder Unit Test liefert Vertrauen,
dass die getesteten Klassen oder Module korrekt funktionieren. Die Testsuite bildet die
Grundlage dafür, dass ihr auch künftige Releases eures Produkts automatisiert testen könnt
(Regressionstest). Darauf aufbauend könnt ihr Integrationstests, die Tests eurer APIs,
aufsetzen. Am umfangreichsten sind die automatisierten Tests der grafischen Oberfläche.
Der Zusammenhang wird in der Testpyramide aus Abb. 18.6 veranschaulicht.

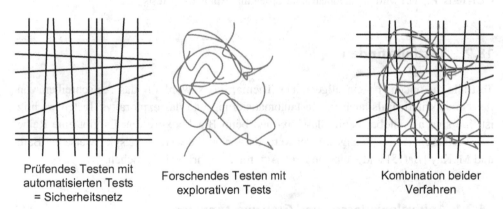

Prüfendes Testen mit
automatisierten Tests
= Sicherheitsnetz

Forschendes Testen mit
explorativen Tests

Kombination beider
Verfahren

Abb. 18.5 Testautomatisierung bietet ein wiederholbar verwendbares Sicherheitsnetz für euch.
Dies können wir als prüfendes Testen bezeichnen [Hen14]. Ihr könnt diese Tests immer wieder aus-
führen (Regressionstest). Das Netz hat aber Lücken, diese schließt ihr mit ergänzenden explorativen
Tests. Diese basieren auf eurer Erfahrung als Testerinnen und Tester, diese werden auch erforschende
Tests genannt

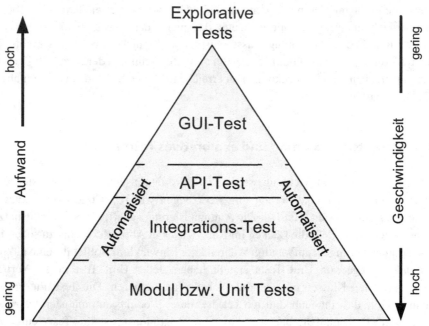

Abb. 18.6 Testpyramide frei nach Cohn [Coh10]: Die meisten Tests werden mit einem Unit-Test-Framework wie JUnit automatisiert. Auch Integrationstests können noch über JUnit und API-Tests beispielsweise über Postman automatisiert getestet werden. Aufwendig ist die Automatisierung der GUI-Tests. Ergänzt wird das automatisierte Testen mit explorativen Tests

18.2   Testfälle finden

Testfälle zu finden, ist ein allgemeines Thema, das sowohl für das Aufschreiben von Akzeptanzkriterien als auch für Testautomatisierung und das explorative Testen wichtig ist. Sie sind anwendbar beim Glassbox- und beim Blackbox-Testen. Es gibt eine Reihe von Verfahren, die leicht angewendet werden können. Sie werden beispielsweise bei Bath und McKay [Bat15] und vielen anderen Autoren ausführlich besprochen.

18.2.1 Äquivalenzklassen und Grenzwertanalyse

Stellen wir uns ein Antragsformular für eine Kfz-Versicherung vor. Wenn der Antragsteller sein Geburtsdatum einträgt. Welche Werte sind plausibel? Offenbar gibt es mehrere Eingabewerte für das Geburtsdatum, die zu denselben Resultaten führen. Beispielsweise werden alle Antragsteller, die zum Zeitpunkt des möglichen Versicherungsstarts noch nicht 18 sind, sicher abgelehnt. Alle Antragsteller jenseits der 60 erhalten eventuell einen Seniorentarif. Ein Geburtsdatum in der Zukunft ist genauso wenig plausibel wie ein

Tab. 18.1 Das Datum, zu dem wir unsere Tests anschauen, ist der 18.03.2020, alle Angaben sind relativ zu diesem Wert. Wir gehen davon aus, dass wir bereits ein plausibles Datum erhalten haben, also keinen 30.02.1919, und dass auch Fehleingaben wie 18.02. oder ‚ABCD' oder " (Leerstring) bereits abgefangen wurden. So haben wir für die verschiedenen denkbaren Tarifmodelle der Kfz-Versicherung sechs Äquivalenzklassen gefunden, davon sind zwei Klassen für zu große oder zu kleine Eingaben vorgesehen

Äquivalenzklasse	Unterer Grenzwert	Oberer Grenzwert	Reaktion des Produkts
Kinder (0–17)	19.03.2002	18.03.2020	Antrag ablehnen aus Altersgründen
Fahranfänger (18–24)	19.03.1995	18.03.2002	Antrag annehmen, erhöhter Tarif
Normaltarif (25–60)	19.03.1959	18.03.1995	Antrag annehmen, normaler Tarif
Seniorentarif (61–100)	19.03.1919	18.03.1959	Antrag annehmen, Seniorentarif
Zu große Werte	19.03.2020	Maximal-Datum	Fehler melden
Zu kleine Werte	Minimal-Datum	18.03.1919	Fehler melden

Antragsteller, der weit über 100 ist. Zusätzlich gibt es gerade bei Datumsangaben jede Menge nicht plausible Werte, wie den 31.04.2019.

Damit könnt ihr die möglichen Eingaben beim Geburtsdatum in Äquivalenzklassen einteilen, das sind eingegebene Werte, die zu denselben Resultaten führen. Interessant bei den Äquivalenzklassen sind besonders die Grenzwerte, beispielsweise wird eventuell ein Antragsteller abgelehnt, der erst einen Tag nach dem Antragsdatum 18 wird, während jemand, der genau an dem Antragsdatum 18 wird, angenommen wird.

Die Tab. 18.1 zeigt insgesamt sechs Äquivalenzklassen für das Feld *Geburtsdatum* in einem Kfz-Versicherungsantrag. Daraus ergeben sich dann zwölf Testfälle für die Werte am Rande jeder Äquivalenzklasse. Zwischenwerte werden nicht mehr getestet, da wir davon ausgehen, dass Programmierfehler meistens an den Intervallgrenzen gemacht werden.

Dieses Verfahren funktioniert sehr gut, wenn ihr nur ein einziges Eingabefeld oder nur einen Parameter in einer Methode habt, von der/dem die Reaktion bzw. der Rückgabewert abhängt. Sobald ihr mehrere voneinander abhängige Eingabefelder bzw. Parameter habt, geraten wir beim Definieren der Testfälle in eine kombinatorische Explosion.

18.2.2 Heuristiken

Erfahrene Tester wenden beim Schreiben von Unit Tests und auch beim explorativen Testen Heuristiken an. Diese sind aus eigenen Erfahrungen entstanden und haben schon häufig zur Entdeckung von Fehlern geführt. Wenn ihr beispielsweise eine Liste in der Oberfläche anzeigt, ergeben sich folgende Testfälle (zero-one-many)[Hen14, Tar17]:

- Leere Liste, dann Versuch, Elemente zu löschen, dann neues Element erstellen
- Liste mit einem Element, dieses dann löschen
- Liste mit der maximalen Anzahl an Elementen
- Versuch, weitere Elemente hinzuzufügen

Elisabeth Hendrickson et al. haben eine große Menge solcher Heuristiken in einem Cheat Sheet[7] zusammengefasst.

18.2.3 Aussagekräftige Beispiele

Sehr hilfreich bei der Diskussion mit Stakeholdern sind aussagekräftige Beispiele und Beispieldaten: Ihr sammelt im Team und/oder zusammen mit eurem Auftraggeber Beispiele, die darstellen, wie sich das Produkt verhalten soll. Im einfachsten Fall gebt ihr eine Reihe von Eingabedaten vor und überlegt euch, welche Ausgabedaten entstehen sollen. Ein- und Ausgabedaten ergeben zusammen ein Beispiel. Gojko Adzic macht ein ganzes Verfahren daraus, die *Spezifikation über Beispiele* [Adz11]. Einige Verfahren zur Automatisierung von (Akzeptanz-)Tests setzen darauf auf, wie beispielsweise das Behavior Driven Development oder das Acceptance Test Driven Development [Gär13].

Tabellen mit Beispielen

Die Tab. 18.2 zeigt eine Reihe von Beispielen, die in einem Brainstorming zwischen dem Team und einer Reihe von Stakeholdern entstanden sein könnten. Dabei ergeben sich nicht nur Testdaten, die später weiterverwendet werden können. Die Anforderungen werden wesentlich klarer, da über konkrete Dinge diskutiert wird und nicht über abstrakte Klassen und allgemeine User Storys.

Mithilfe der Beispiele diskutieren Team und Stakeholder, wie sich das Produkt verhalten soll. Sie spielen Beispiel für Beispiel die Geschäftsregeln, Plausibilitätsprüfungen oder

Tab. 18.2 Beispiele für die Auswahl von Projekten. Links die Eingabedaten und rechts mit Fragezeichen die erwarteten Ausgabedaten

Partner	Projektname	Projekttyp	Vorlesung	Kosten
A GmbH	Dokumenterkennung	Entwicklung Software	Praxisprojekt Software	3000 EUR
B AG	PM-Tool	Beratung	IT-Consulting	1000 EUR
C e. V.	Beschwerdeportal	Entwicklung Software	Praxisprojekt Software	1000 EUR
D KG	Kritischer Pfad	Entwicklung Hardware	ablehnen	
E UG	IoT-Sensor	Entwicklung Technik	Praxisprojekt Technik	3000 EUR
Bert Barsch	Cooles Startup Dingsi	Entwicklung Software	ablehnen	

---

[7] https://testobsessed.com/wp-content/uploads/2011/04/testheuristicscheatsheetv1.pdf.

bestimmte Algorithmen durch. Beispiele sollten für alle Beteiligten besser verständlich sein als abstrakte Modelle oder mathematische Formeln, jeder kann also mitarbeiten. Anhand des Beispiels aus der Projektvergabeplattform können wir folgende Geschäftsregeln erahnen:

- Projekttyp ‚Entwicklung Software‘ findet immer in der Vorlesung ‚Praxisprojekt Software‘ statt und kostet 3000 EUR.
- Projekttyp ‚Entwicklung Technik‘ findet immer in der Vorlesung ‚Praxisprojekt Technik‘ statt und kostet 3000 EUR.
- Projekttyp ‚Beratung‘ findet immer in der Vorlesung ‚IT-Consulting‘ statt und kostet 1000 EUR.
- Projekte für natürliche Personen (keine Unternehmensform) werden nicht gemacht
- Projekttyp ‚Entwicklung Hardware‘ wird abgelehnt.
- Projekte für eingetragene Vereine kostet 1000 EUR.

Es fehlen weitere Beispiele und Gegenbeispiele, um die Geschäftsregeln noch klarer zu machen. Aus den Beispielen könnten wir auch schließen, dass Projekte für Kommanditgesellschaften (KG) immer abgelehnt werden oder dass Projekte für Aktiengesellschaften (AG) immer 1000 EUR kosten. Achtet beim Erstellen der Beispiele also darauf, dass ihr immer ein Beispiel und ein Gegenbeispiel benennt, um die Wahrscheinlichkeit von Missverständnissen zu reduzieren.

Die Regeln, die diesen Beispielen zugrunde liegen, müsst ihr natürlich dokumentieren. Die Beispiele helfen bei einem ersten Verständnis und bei der Erarbeitung der Regeln und der Identifikation von Sonderfällen.

18.3 Test- und Demodaten finden

18.3.1 Anforderungen an Testdaten

Testdaten müssen fachlich konsistent sein. Das heißt, in der relationalen Datenbank müssen die Primär- und Fremdschlüsselbeziehungen stimmen (referentielle Integrität). Die fachlichen Plausibilitäten müssen erfüllt sein, beispielsweise real existierende Adressen und dazu passende Regionalklassen in einer Kfz-Versicherung. Die Daten müssen zeitlich plausibel sein, ein Minderjähriger wird ja im Laufe eines längeren Projekts irgendwann auch volljährig.

Sonderfälle müssen enthalten sein, da ihr mit diesen die fachlichen Sonderfälle testen könnt. Eventuell solltet ihr bewusst auch fehlerhafte Datensätze erzeugen, wenn ihr euer Produkt auf Robustheit testen wollt.

Die Daten sollten so abgelegt sein, dass sie durch einmal gelaufene Tests nicht kaputt gehen. Sie sollten rücksetzbar sein. Eine kaputt getestete Datenbank kann beispielsweise durch ein neu eingespieltes Backup wieder zurückgesetzt werden. Achtet auch auf zeitliche Abhängigkeiten, eventuell müsst ihr Datums- und Zeitangaben regelmäßig aktualisieren. Denn Daten, die jetzt noch in der Zukunft liegen, sind in einem halben Jahr vielleicht schon Vergangenheit.

Die Testdaten sollten für einen menschlichen Leser verständlich sein. Es sollen auch andere Stakeholder testen und diese benötigen Daten, die ihnen plausibel und bekannt vorkommen.

18.3.2 Testdaten bereitstellen

Zum Erzeugen von Testdaten habt ihr grundsätzlich vier Optionen:

Stakeholder überlegen Testdaten: Fachexperten können euch in überschaubarem Umfang Daten zur Verfügung stellen. Beispielsweise indem sie von euch vorgefertigte Tabellen mit den Daten füllen.

Entwickler programmieren Testdaten: Ihr programmiert ein fachliches Objektgeflecht aus und verwendet dieses als Testdatenbestand. Dies kann für Unit Tests erforderlich sein. Das Objektgeflecht könntet ihr vor den eigentlichen Tests auch in die eventuell vorhandene Datenbank speichern.

Anonymisierte Produktivdaten: Wenn ihr große, realistische Datenmengen benötigt, ist es sinnvoll, eine Kopie der Produktivdaten zu beschaffen. Diese muss die DSGVO einhalten. Damit müsst ihr die Produktivdaten fachlich plausibel anonymisieren oder pseudonymisieren.

Zufallsdaten: Die Testdaten können auch zufällig erzeugt werden. Diese sollten aber dennoch lesbar bleiben. Faker[8] ist ein schönes Beispiel für einen Generator, der lesbare Zufallsdaten erzeugt.

Zum Bereitstellen der Testdaten habt ihr folgende Optionen, abhängig davon, wie ihr diese Daten weiterverwenden wollt. Braucht ihr diese als Steuerungsdatei für datengetriebene Tests oder sind die Daten als Grunddatenbestand in der Datenbank gedacht?

CSV-Dateien: Ihr erstellt eine Reihe von Spreadsheets in einer Tabellenkalkulation. Diese Daten lassen sich leicht im CSV-Format importieren und exportieren. CSV steht für Comma-Separated-Value und bezeichnet eine Textdatei mit Tabellen von Daten. Jede Zeile der Tabelle ist eine Zeile der Datei und die Spalten sind durch ein Token getrennt, beispielsweise ein Komma. Damit können diese Dateien leicht mit einem Programm oder mit der Tabellenkalkulation geladen und verändert werden.

Eine Tabellenkalkulation zu bedienen, lernt man in der Schule, damit könnt ihr davon ausgehen, dass alle Stakeholder sich Testdaten ausdenken können, wenn ihr ihnen eine entsprechende Tabelle vorgebt.

---

[8] https://faker.readthedocs.io/.

JSON-Strings und NoSQL: JSON ist mittlerweile eines der verbreitetsten Formate, um Daten zu speichern. Die Daten aus vielen NoSQL-Datenbanken könnt ihr in Form von JSON-Strings abrufen. Diese Strings haben den Vorteil, dass diese lesbar sind.

Datenbanken: Ihr stellt die Daten in Form einer relationalen Datenbank bereit. Diese Daten können als Dump oder direkt als Datenbankdatei vorliegen. Ihr müsst allerdings die Daten bei jeder Änderung in euren Fachklassen mit migrieren. Derartige Skripte braucht ihr sowieso, wenn ihr irgendwann auch den Produktiv-Datenbestand migrieren müsst.

Programmiertes Objektgeflecht: Gerade bei komplexen Datenstrukturen kann es sinnvoll sein, die Testdaten zu programmieren, in Java oder einer anderen Sprache. Es ist aufwendig, größere Mengen derartiger Testdaten zu erzeugen, diese Daten sind dafür aber fachlich plausibel, da ihr beim Erstellen die Plausibilitätsregeln eure Quelltexte nutzt.

Wie die Quelltexte gehören auch die Testdaten in die Versionsverwaltung! Denn ihr wollt möglicherweise auf ältere Versionen eurer Software zurückgehen, beispielsweise zur Behebung von Fehlern in bereits gelieferter Software. Um auch ältere Versionen eures Produkts testen zu können, müsst ihr die Testdaten, das Build-Skript und auch eure Quelltexte gemeinsam auschecken können.

18.3.3 Anonymisierung und Pseudonymisierung

Spätestens im Systemtest braucht ihr Testdaten, die sich ähnlich zu den Daten im Produktivbetrieb verhalten. Aus folgenden Gründen:

- Wenn das Produkt im Produktivbetrieb mit 10 Mio. Kundendaten umgehen muss, braucht ihr spätestens im Systemtest 10 Mio. Datensätze. Gerade bei großen Datenmengen tun Fehler im Datenbankdesign oder in der Art und Weise, wie ihr mit der Datenbank umgeht, wirklich weh. Mit drei kleinen Datensätzen läuft jedes Produkt performant.
- Eventuell sind in den Produktivdaten auch Datensätze, die nicht vollständig sind oder fachliche Fehler enthalten. Ihr seid nicht sicher, ob euer neues Produkt diese Daten auch verarbeiten kann.
- Es kann fachlich sinnvolle Anomalien geben oder Sonderfälle, mit denen ihr noch nicht gerechnet habt, beispielsweise einen Kunden, der einige Tausend Versicherungen hat, im Gegensatz zum Einzelkunden mit einem oder wenigen Verträgen.
- Auch die statistische Verteilung kann Besonderheiten aufweisen. Es gibt beispielsweise besonders häufige Nachnamen in einer Personendatenbank und sicher nicht viele Nachnamen, die mit ‚Q' anfangen.

Ihr könnt leider nicht einfach mit einem Abzug der Daten aus laufenden Systemen arbeiten, da dies mit großer Sicherheit gegen die DSGVO verstößt. Kaum ein Kunde wird zugestimmt haben, dass irgendein Auftragnehmer mit seinen Daten testen darf. Eine Möglichkeit, dennoch mit realistischen Daten zu arbeiten ist die Anonymisierung und die Pseudonymisierung, sodass die personenbezogenen Daten nicht mehr auf die jeweilige Person zurückverfolgt werden können. Besonderes Problem bei beiden Verfahren ist, dass die Daten fachlich plausibel und halbwegs lesbar bleiben müssen. Niemand will mit Herrn ‚Xz98rqPmv' testen.

Pseudonymisieren bezeichnet das Ersetzen des Namens und anderer Identifikationsmerk-
    male zu dem Zweck, die Bestimmung des Betroffenen auszuschließen oder wesentlich
    zu erschweren. Die Ersetzung ist aber umkehrbar, wenn die Abbildungsvorschrift
    bekannt ist. Die fachliche Konsistenz ist hier relativ leicht einzuhalten.
Anonymisierung Unkenntlich machen von primären und sekundären Identifikations-
    merkmalen. Diese ist nicht umkehrbar.

18.4   Testumgebungen definieren

Im Kap. 19 werden wir uns noch mit dem Thema Testumgebungen befassen. Hier müssen wir bereits die verschiedenen Umgebungen darstellen. Die verschiedenen Umgebungen unterscheiden sich durch ihre Aufgabe sowie die bereitgestellten Testdaten (Abb. 18.7).

Beim Aufbau der verschiedenen Umgebungen müsst ihr darauf achten, dass diese (weitgehend) identisch konfiguriert sind. Liebevoll manuell administrierte Linux-Rechner sollten möglichst der Vergangenheit angehören. Bei solchen Rechnern spricht man auch von Schneeflocken-Konfigurationen, diese sind auch nicht reproduzierbar. Unterschied-liche Konfigurationen auf den verschiedenen Testrechnern führen immer wieder zu Problemen. Eine Möglichkeit besteht darin, dass ihr durchgehend mit Docker-Containern

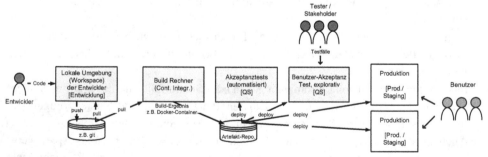

Abb. 18.7 In der Literatur werden vier Umgebungen unterschieden: Entwicklung (DEV) auf dem Rechner des Entwicklers, QS (QA) auf gesonderten Rechnern für die Qualitätssicherung (Akzep-tanztest, explorative Tests, Lasttests, Penetrationstests), das produktionsnahe Staging (STAGE) und die eigentliche Produktion (PROD)

arbeitet. Behandelt eure Umgebungen eher wie eine große anonyme Herde und nicht wie sorgsam gehegte Haustiere.

Entwicklung: Die Entwickler testen auf ihren lokalen Rechnern und führen dort mindestens die Unit Tests aus. Darüber hinaus testen sie auch ihre gerade implementierten Anforderungen explorativ. Die lokale Umgebung verfügt in der Regel über eine eher kleine Datenbank, nur einen Benutzer und hat andere Leistungsmerkmale als die Produktivrechner. Der Entwickler übermittelt seinen Code an das Repository (z. B. git push). Auf einem gesonderten Build-Rechner wird dann der Code erneut übersetzt und es laufen erste Qualitätsmessungen (statische Analyse und Unit Tests). Der Build-Rechner stellt dann das Ergebnis, beispielsweise einen Container in einer Docker-Registry, bereit. Alternativ deployt er das Ergebnis direkt in die weiterführenden Umgebungen.

QS: In der QS-Umgebung finden weitere Maßnahmen zur Qualitätssicherung statt. Auf gesonderten Rechnern können automatisierte, länger laufende Akzeptanztests ausgeführt werden. Auf Testrechnern wird das Produkt für ausgewählte Benutzer bereitgestellt; auch Performancetests und Sicherheitstests finden hier statt. In der QS-Umgebung ist der Datenbestand eventuell noch deutlich kleiner als in der Produktion. Auch die Hardware und Peripherie kann sich noch deutlich unterscheiden.

Staging: In der Staging-Umgebung finden die Systemtests statt. Hier wird die Software getestet, bevor der Produktivbetrieb losgeht. Daher ist die Staging-Umgebung möglichst zur Produktion identisch, besonders was den Umfang der Daten angeht. Bei einem Rechner-Cluster oder in der Cloud könnten von der Produktivumgebung mehrere Server für die Staging-Umgebung abgezweigt werden. Entsprechende Deployment-Verfahren stellen wir in Abschn. 19.6.2 vor.

Produktion: Die Produktivumgebung führt euer Produkt aus. Die Benutzer verwenden die hier deployte Software.

18.5 Exploratives Testen

Die Erfahrung des Testers oder der Testerin ist die Grundlage für das explorative Testen. Das explorative und eher erforschende Testen ergänzt die Verfahren, die Testautomatisierung verwenden [Hen14].

18.5.1 Test-Charter

Wenn ihr mit mehreren Personen explorativ testet, besteht die Gefahr, dass alle dieselben Features testen und dass weiße, ungetestete Flecken in der Software zurückbleiben. Hier führen Charter eine gewisse Systematik ein. Sie enthalten einen Forschungsauftrag. Der Auftrag beschreibt einen Ort und die Hilfsmittel, die verwendet werden sollen, sowie die erwünschten Informationen. Wie ein Expeditionsauftrag in eine unbekannte Wildnis. Elisabeth Hendrickson vergleicht die Charter mit Expeditionsaufträgen entlang des Missouri 1803 vom amerikanischen Präsidenten Thomas Jefferson [Hen14]: Erforschen Sie den Missouri. Sie haben Boote, Zelte und diverse Messinstrumente, Waffen und Geschenke als Ausrüstung. Suchen Sie nach Wasserwegen für den Handel (Abb. 18.8)!

Im Gegensatz zu einem in Software (Unit Test) oder als Text spezifizierten Testfall lässt eine Charter bewusst viele Freiheiten in der Ausführung. Es wird geforscht und nicht geprüft:

Ort Welche der umgesetzten Anforderungen bzw. Epics oder Fähigkeiten und Eigenschaften sollen betrachtet werden?

Hilfsmittel Hilfsmittel können Testdatensätze, Konfigurationen und auch Testwerkzeuge sein, beispielsweise für einen Lasttest oder Penetrationstest. Und auch besondere Messwerkzeuge, beispielsweise um den Speicherverbrauch oder den CPU-Verbrauch zu erfassen.

Informationen Interessant sind Überraschungen: Funktioniert das Produkt an einer Stelle eventuell nicht? Und auch Informationen zu Sicherheit, Verfügbarkeit oder Gebrauchstauglichkeit.

Damit erreicht ihr zunächst, dass eure explorativen Tester an den richtigen Stellen arbeiten. Ihr steuert außerdem durch die gesuchten Informationen deren Aufmerksamkeit. Wenn ein Tester auf die Robustheit achtet, testet dieser Fehleingaben oder besondere Situationen, wie z. B. einen Abbruch der Internetverbindung. Außerdem nehmen Tester abhängig von der Charter andere Dinge wahr, beispielsweise einen startenden Kühler am Laptop, wenn sie besonders auf das Verhalten des Produkts unter Last achten sollen.

Die Charter sollen eher übergreifend über viele User Storys hinweg testen. Daher werden diese bewusst nicht auf deren Grundlage formuliert. Ihr sammelt eher die wesentlichen ‚Fähigkeiten' eures Produkts. Diese helfen euren Personas, ihre Ziele zu erreichen. Eine Fähigkeit bei unserem durchgehenden Beispiel des Projektvergabesystems wäre, dass sich ein Partner registrieren kann, eine weitere Fähigkeit wäre, dass dieser Projekte anmelden kann oder dass ein Professor die Projekte verwalten kann. Hinter diesen Fähigkeiten stecken dann sehr viele User Storys, die diese umsetzen. Die Fähigkeiten entsprechen eher den Zeilen in eurer User Story Map aus Kap. 13.

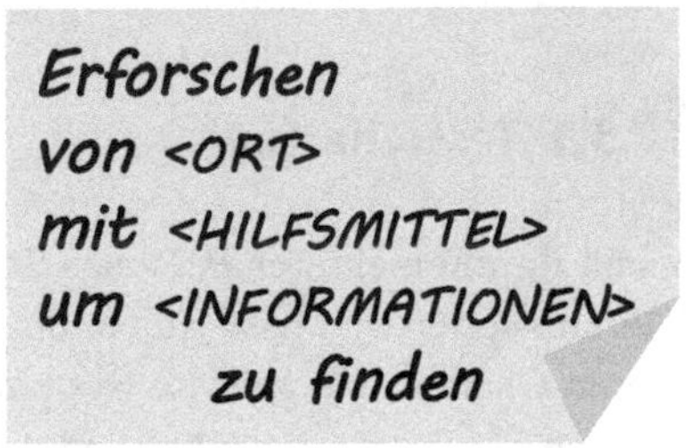

Abb. 18.8 Formular für eine Test-Charter nach Elisabeth Hendrickson [Hen14]

Erforschen
von \<ORT\>
mit \<HILFSMITTEL\>
um \<INFORMATIONEN\>
    zu finden

Finden der Charter

Macht euch einen Plan mit einem Raster: In den Zeilen stehen die ‚Fähigkeiten' eures Produkts und in den Spalten gewünschte Eigenschaften wie funktionale Richtigkeit oder Robustheit. Ein Beispiel findet sich in Abb. 18.9.

Dieses Raster könnt ihr in einer Teambesprechung füllen. In jedem Feld dürfen sich auch mehrere Charter befinden. Beispielsweise weil ihr mehrere Testaufträge noch spezifischer formulieren wollt: *Erforschung der Eingabefelder der Projektanmeldung mit JavaScript und SQL-Fragmenten, um Sicherheitslücken wie Cross-Site-Scripting oder SQL-Injection zu finden.* So könntet ihr spezifischer einige der anderen OWASP-Top 10-Kriterien[9] abarbeiten.

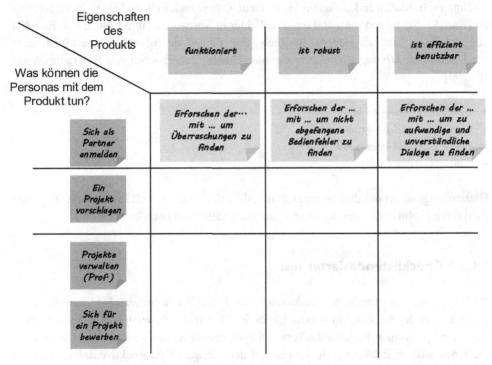

Abb. 18.9 Die Zeilen sind die wesentlichen Fähigkeiten des Produkts: Was kann eine Persona mit eurem Produkt erreichen? Ihr findet diese Fähigkeiten beispielsweise auch als Zeilen eurer User Story Maps aus Kap. 13. Spalten bilden beispielsweise Eigenschaften, wie: Kann eine Persona überhaupt ihr Ziel mithilfe eures Produkts erreichen, funktioniert es? Ist es robust gegen falsche Eingaben und zu erwartende Fehler? Kann man es effizient bedienen, beispielsweise mit nur wenigen Interaktionen?

---

[9] https://www.owasp.org.

Charter finden mithilfe der Fehlerdatenbank

Bestimmte Fehler macht man immer und immer wieder. Daher bietet es sich an, dass ihr die Fehlerdatenbank eurer letzten Projekte gemeinsam durchgeht und daraus direkt Charter entwickelt bzw. zunächst eine Checkliste erstellt.

Ihr verfasst die Charter so, dass ihr die Sachverhalte aufführt bzw. erforscht, die in den vergangenen Projekten immer zu Problemen geführt haben. Wenn ihr beispielsweise mehrere Fehler findet, die auf ungenügende Validierung der Benutzereingaben deuten, schreibt ihr eine Charter zur Erforschung der Eingaben auf. Wenn das von eurem Produkt erzeugte SQL für zu aufwendige oder zu viele Datenbankzugriffe gesorgt hat, schreibt ihr eine Charter zur Erforschung des Datenbankzugriffs und untersucht die verwendeten Indexe sowie das ausgeführte SQL mithilfe der Log-Dateien oder entsprechender Werkzeuge.

Einen sehr umfassenden Fundus bieten Cem Kaner, Jack Falk und Hung Quoc Nguyen an [Kan99]. Sie führen etwa 400 typische Fehler in Software in ihrem Buch auf. Es lohnt sich, in dieser Liste zu stöbern. Beispielsweise führen sie folgende Fehlerbilder unter der Überschrift *Missing Commands* zur mangelnden Steuerbarkeit von Programmen auf [Kan99]

- *Can't do nothing to leave*
- *Can't quit mid-program*
- *Can't stop mid-command*
- *Can't pause*

Hieraus folgt sofort mindestens eine Charter, die erforscht, ob ein Benutzer lange laufende Funktionen abbrechen oder das Produkt an jeder Stelle verlassen kann.

18.5.2 Checklistenbasierter Test

Atul Gawande beschreibt die Bedeutung von Checklisten in verschiedenen Berufen, besonders in der Medizin, in seinem Checklist-Manifesto [Gaw10]. Ihr könnt im Laufe mehrerer Sprints bzw. Projekte das Testen über eigene Checklisten verbessern. Checklisten entstehen aus der Erfahrung. Ihr könntet auf der nächsten Retrospektive damit beginnen und alle bisher aufgetretenen Probleme als Punkte auf einer Checkliste aufführen. Nachfolgend ein Beispiel für eine Checkliste aus einem Projekt:

- Wird der vorgeschriebene Styleguide durchgängig benutzt?
- Sind die Dialoge entweder modal oder nicht modal? (nicht abwechseln)
- Gibt es Abhängigkeiten von der Hardware (z. B. Bildschirmauflösung)?
- Wann werden Eingaben geprüft? Sofort bei Verlassen des Feldes oder erst beim Bestätigen? Ist das einheitlich gelöst?
- Wie werden Fehler angezeigt, als gesondertes Fenster oder direkt im Dialog? Ist das einheitlich gelöst?

Die Checklisten könnt ihr bei jedem explorativen Test verwenden und diese jeweils erweitern wenn nötig. Sie sind universell verwendbar, auch für manuelle Code-Reviews oder für die Prüfungen der Softwarearchitektur.

18.6 Testautomatisierung

In vielen Fällen könnt ihr beim Thema Testautomatisierung mit einfachen Unit Tests in der von euch gewählten Programmiersprache beginnen. Dies funktioniert bei neuen Produkten fast immer. Wir haben beispielsweise bei Java-Projekten immer Testfälle schreiben können, für Unity-Projekte ist dies bisher gescheitert. Bei großen bereits bestehenden Produkten ist der nachträgliche Einbau der Testautomatisierung speziell mit Unit Tests deutlich schwieriger. Michael Feathers diskutiert dies [Fea04].

Ihr solltet euch daher am Beginn eures Projekts eine Automatisierungsstrategie zurechtlegen, die auch andere Optionen zur Automatisierung mit betrachtet. Auch ein Shell-Skript, das auf der Kommandozeile euer Produkt aufruft und später die Korrektheit einer erzeugten Datei überprüft, automatisiert Tests.

18.6.1 Arrange, Act und Assert

Wesentlich sind daher die drei A, unabhängig von der Testtechnologie: Arrange, Act und Assert.

Arrange: Das Skript stellt zunächst die Vorbedingungen für den zu automatisierenden Test her. Eventuell werden Daten beschafft oder erzeugt, der Nutzer wird eingeloggt oder es werden bereits einige Schritte in einem Workflow durchlaufen.

Act: Die zu testende Funktion, der zu testende Dialog oder im Code die zu testende Methode wird aufgerufen.

Assert: Es wird überprüft, ob die Funktion, der Dialog oder die Methode korrekt funktioniert hat, also ob das tatsächliche Ergebnis mit dem von euch erwarteten Ergebnis übereinstimmt.

Wie schon im Kap. 17 erwähnt, ist es wichtig, dass der Testfall automatisch feststellen kann, ob das getestete Produkt korrekt oder nicht korrekt funktioniert. Ihr solltet keine weiteren Log-Dateien oder Konsolenausgaben interpretieren müssen. Wie bei Unit Tests ist das Ergebnis eines Testfalls nur Green (hat funktioniert) oder Red (Verhalten ist nicht wie erwartet). Sinnvollerweise gibt es irgendwo noch ein Fehlerprotokoll, das bei gescheiterten Testfällen Aufschluss über das Problem gibt.

Automatisierte Testfälle könnt ihr mit jedem beliebigen Werkzeug erstellen. Daher schlagen wir hier vor, dass ihr noch mal systematisch die Möglichkeiten zur Automatisierung betrachtet.

18.6.2 Konzept: Startet mit der T-Architektur

Testautomatisierung wird gerne mit Frameworks für den Unit Test gleichgesetzt. Eure
Möglichkeiten sind aber deutlich reichhaltiger, beispielsweise könnt ihr eine REST-
Schnittstelle mit Postman[10] testen. Es gibt auch für grafische Oberflächen viele verbreitete
Werkzeuge zur Testautomatisierung. Im Zweifel kann auch ein einfaches Shell-Skript ein
guter Testtreiber sein.

Beschafft euch eine Darstellung der Schichten in eurer Software oder die T-Architektur
aus Abschn. 16.9. Für jede Schicht könnt ihr innerhalb der jeweiligen Schicht testen oder
gegen deren extern sichtbare Schnittstelle (Abb. 18.10). Entscheidet hier bewusst, wo und
wie ihr automatisieren wollt.

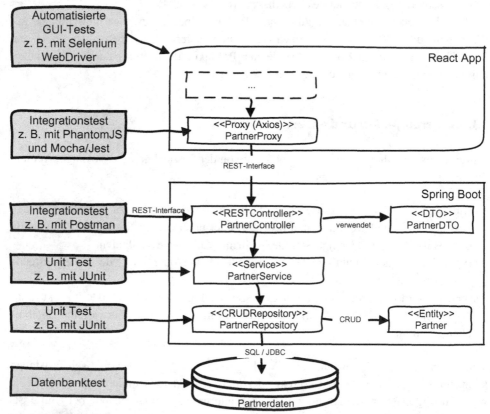

Abb. 18.10 Die T-Architektur ist eine erste gute Basis für Entscheidungen für die Testautomatisierung, welche über die Unit Tests hinausgeht. Ihr könnt auf jeder Schicht des Systems automatisierte
Tests einfügen

---

[10] https://www.postman.com/.

18.6.3 BDD und ATDD

Behavior Driven Development, Acceptance Test Driven Development bzw. Specification by Example [Adz11] erfahren seit einigen Jahren starke Verbreitung. Testfälle werden mit drei Schlüsselworten als ASCII-Text beschrieben, erkennbar an den drei Worten GIVEN-WHEN-THEN (Abb. 18.11).

Hierbei stellt GIVEN die Vorbedingungen für den Testfall dar, beispielsweise müssen gewisse Daten vorhanden sein oder der Benutzer muss sich vorher eingeloggt haben. WHEN stellt die eigentliche zu testende Aktion dar, den Aufruf der Funktion oder der GUI-Maske. THEN beschreibt die Erfolgskriterien (das Assert).

Die so erstellten Szenarios können gut in den Build-Prozess integriert werden: Zunächst braucht ihr eine Verbindung zwischen den Szenarien und euren Quelltexten oder eurer grafischen Oberfläche, diese werden als Fixtures bezeichnet. Hier müsst ihr programmieren. Ihr könnt beispielsweise in Java euren Quelltext mit `@Given`, `@When`, `@Then`-Annotationen versehen. Die Annotationen enthalten den Text aus den Szenarios, eventuell mit Parametern versehen. Diese Technik benötigt also kein Verständnis der menschlichen Sprache oder deutscher bzw. englischer Grammatik, es handelt sich um einfache Erkennung von Textmustern (Abb. 18.12).

```
Given <Preconditions>          Angenommen <Vorbedingungen>
When <Feature is used>         Wenn <Ausgeführte Funktion>
Then <Expected Result>         Dann <Erwartetes Ergebnis>
```

Abb. 18.11 Beispiele können in einem Workshop zunächst wieder auf Haftnotizen entstehen und zusammen mit den Stakeholdern erfunden werden

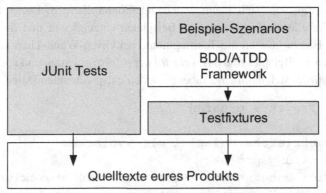

Abb. 18.12 TDD wird typischerweise mit einem Unit-Test-Framework wie JUnit programmiert. ATDD ist etwas aufwendiger, da ihr eine Laufzeitumgebung für die Testszenarios braucht. Diese Laufzeitumgebung sorgt dafür, dass euer Produkt über ein Szenario ferngesteuert werden kann. Hierzu müsst ihr in der Regel Quelltexte, die Testfixtures, erstellen, die dem ATDD-Framework den Aufruf eurer Quelltexte ermöglichen

Die Beispiele aus Tab. 18.2 können wir dann mithilfe der Formulierungshilfe erstellen. Das nachfolgende Beispiel ist in der Syntax von Gherkin[11] abgefasst und könnte mit Cucumber ausgeführt werden. Cucumber[12] ist die Laufzeitumgebung für die in Gherkin abgefassten Szenarios. Damit diese euer Produkt testen können, sind die Fixtures notwendig, die Cucumber mit eurem Code verbinden:

```
Feature: Projekte pruefen

    # Beispiel mit abgelehntem Projekt
    Scenario: Einzelperson meldet Softwareentwicklung an
        Given das Unternehmen ist unbekannt
        When der Professor startet Pruefung
        Then das Projekt ist abgelehnt

    # Beispiel mit typischem Entwicklungsprojekt
    Scenario: Unternehmen meldet Softwareentwicklung an
        Given das Unternehmen ist eine AG
            and das Projekt hat den Typ 'Entwicklung Software'
        When der Professor startet Pruefung
        Then die Projektkosten betragen 3000 EUR
            and das Projekt ist angenommen
            and es findet in der Vorlesung
            'Praxisprojekt Software' statt
```

Datengetriebene Tests

Wenn wir unsere ganze Tab. 18.2 mit eigenen Szenarios umsetzen wollten, wären das sehr viele Szenarios, die sich kaum voneinander unterscheiden. Daher bietet es sich an, die ganze Tabelle als Sammlung von Beispielen einzupflegen und die Szenarios zu parametrieren. Hierzu können die Textfragmente bei Given-When-Then mit Parametern versehen werden, im Beispiel sind das *rechtsform*, *projekttyp*, *kosten* und *vorlesung*. Unten am Szenario befindet sich dann eine Tabelle mit den entsprechenden Daten.

```
Feature: Projekte pruefen

    # Parametriertes Beispiel mit typischem
    Entwicklungsprojekt
    Scenario: Unternehmen meldet Softwareentwicklung an
        Given das Unternehmen ist eine "<rechtsform>"
            and das Projekt hat den Typ "<projekttyp>"
```

---

[11] https://cucumber.io/docs/gherkin/.
[12] https://cucumber.io/.

```
When der Professor startet Pruefung
Then die Projektkosten betragen "<kosten>" EUR
  and das Projekt ist angenommen
  and es findet in der Vorlesung "<vorlesung>" statt

Examples:
  | rechtsform | projekttyp  | kosten | vorlesung      |
  | AG         | Entwicklung | 3000   | Praxisprojekt  |
                 Software              Software
  | eV         | Entwicklung | 1000   | Praxisprojekt  |
                 Software              Software
  | KG         | Beratung    | 1000   | IT-Consulting  |
```

Lebende Dokumentation

Große Hoffnung bei der Spezifikation von Akzeptanztests über Beispiele mit Given-When-Then ist, dass nicht die Teammitglieder aus der Entwicklung die Testfälle erstellen, sondern andere Stakeholder, möglichst die Fachexperten. Die oben dargestellten Szenarios sind im Grunde einfache Textdateien. Die Syntax ist nicht besonders komplex, sodass sich die Einarbeitung und die möglichen Fehler in Grenzen halten. Die Daten in den Tests können auch über eine Tabellenkalkulation erstellt werden.

Gojko Adzic bezeichnet diese Idee als *living documentation* [Adz11]. Denn diese Beispiele sind eine besonders verständliche Form der Spezifikation. Wenn die Testautomatisierung diese Beispiele verwendet, kann am laufenden System kontinuierlich überprüft werden, ob es noch diese Spezifikation erfüllt. Die Spezifikation hat wegen der Build-Pipeline keine Chance zu veralten.

18.6.4 Testautomatisierung grafischer Oberflächen

Die Werkzeuge zum Test grafischer Oberflächen auf dem Desktop, im Web oder auf dem Smartphone haben sich in den letzten Jahren deutlich weiterentwickelt. Häufig wird hierzu Selenium verwendet, Alternativen sind unter anderem Cypress oder Coded UI von Microsoft. Selenium kann zum Testen von Web-Oberflächen und von Smartphone-Oberflächen mithilfe von Appium[13] verwendet werden (Abb. 18.13).

Die GUI-Testwerkzeuge verfügen über Funktionen zum Aufnehmen und Abspielen der Aktivitäten von Benutzern, dies wird auch als Capture-Replay bezeichnet. Testskripte könnt ihr so über die Aufzeichnung eurer manuellen Tests erzeugen. Wenn ihr die Aufzeichnung abspielt, bedient das Werkzeug die Oberfläche und führt Klicks, Eingaben oder Touch-Gesten aus. Diese Art der Tests ist eher zerbrechlich: Das Werkzeug muss die Elemente der grafischen Oberfläche finden, um diese per Klick oder Touch zu bedienen.

---

[13] https://appium.io/.

Wenn sich die Elemente leicht verschieben, grafisch oder in der Struktur der Oberfläche, findet das Werkzeug diese Elemente eventuell nicht mehr und die Tests scheitern.

Mit Selenium kann ein aufgezeichnetes Skript in eine Programmiersprache exportiert werden, sodass Java oder C# Code die Oberfläche bedienen kann. Alternativ könnt ihr sofort in der Programmiersprache starten und den Test programmieren. Das nachfolgende Listing zeigt wie im Firefox-Browser ein Login-Dialog aufgerufen wird. Dabei wird im Feld `username` eine Benutzerin eingegeben und danach wird das Element mit der ID `Button` betätigt.

```
1  public class GUITestExample {
2    @Test
3    public void loginTest() {
4      WebDriver driver = new FirefoxDriver();
5      driver.get("http://example.com/login");
6      // <input id="username" type="text" .../>
7      driver.findElement(By.id("username")).click();
8      driver.findElement(By.id("username")).sendKeys("Sissy Fuchs
     ");
9      driver.findElement(By.id("button")).click();
10   }
11 }
```

Setzt beim Programmieren die Tests aus kleineren Teilschritten zusammen. Baut beispielsweise ein Skript, das einen Login ausführen kann. Dieses Login könnt ihr dann für weitere Tests wiederverwenden.

Um eure Tests robust gegen Änderungen der grafischen Oberfläche zu machen, bietet sich das Page Object Pattern[14] an. Ihr programmiert eine Art Zugriffsschicht auf die grafische Oberfläche, jeder Dialog und ggf. jeder Teildialog erhält sein eigenes *Page Object*. Der Login-Dialog hat damit eine LoginPO-Klasse. Diese hat set- und get-Methoden zum Zugriff auf Eingabefelder und für alle bedienbaren Elemente jeweils eine Methode, welche die entsprechende Aktion mit dem Element ausführt. Das nachfolgende Listing ist eine Skizze.

```
1  public class LoginPO {
2    private WebDriver driver;
3
4    public void setUsername(String username) {
5      driver.findElement(By.id("username")).click();
6      driver.findElement(By.id("username")).sendKeys(username);
7    }
8    public String getUsername() { ... }
9    public void login() {
10     driver.findElement(By.id("button")).click();
11   }
12 }
```

---

[14] https://martinfowler.com/bliki/PageObject.html.

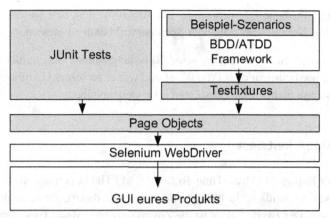

Abb. 18.13 Selenium erlaubt euch den Zugriff auf Steuerelemente der grafischen Oberfläche. Diese könnt ihr in Sprachen wie Java oder C# programmieren

18.7 Test der Qualitätseigenschaften

In Abschn. 16.3.2 haben wir uns schon ausführlich mit den Qualitätseigenschaften eures Produkts beschäftigt. Spätestens im Systemtest müsst ihr diese Qualitätseigenschaften testen, bevor euer Produkt beim Nutzer einen Schaden verursacht, weil es Sicherheitslücken, Probleme mit der Performance oder mit der Verfügbarkeit hat.

18.7.1 Last- und Stresstest

Im Lasttest prüft ihr, ob euer Produkt mit der erwarteten Anzahl an gleichzeitigen Benutzern klarkommt, auch in Spitzenzeiten wie beispielsweise dem Weihnachtsgeschäft bei Online-Shops. Für den Lasttest braucht ihr drei Elemente:

Lastprofil: Was tun eure Benutzer typischerweise? Wie viele Benutzer arbeiten gleichzeitig und was tun sie? Daraus könnt ihr ein Lastprofil ableiten. Das Profil gibt über einen bestimmten Zeitraum an, welche Funktionen eures Produkts zu welchem Zeitpunkt wie oft aufgerufen werden. Das Lastprofil muss auch Lastspitzen enthalten.

Lastwerkzeug: Ein Werkzeug, mit dem ihr aus dem Lastprofil eine tatsächliche und realistische Last erzeugen könnt. Ihr müsst möglicherweise größere Zahlen von parallel arbeitenden Benutzern simulieren. Typischerweise erstellt ihr Skripte, welche die Last simulieren. Gatling[15] und JMeter[16] sind Beispiele für solche Werkzeuge.

---

[15] https://gatling.io/.

[16] https://jmeter.apache.org/.

Messwerkzeuge: Ihr benötigt Werkzeuge, um Antwortzeiten, den Durchsatz, aber auch CPU-Nutzung, Netzwerknutzung oder Speicherverbrauch zu messen.

Ein Stresstest bringt euer Produkt an seine Belastungsgrenze und darüber hinaus. Der Stresstest prüft, wie belastbar euer Produkt ist und wie es an seiner Lastgrenze reagiert. Es sollte beispielsweise nicht einfach abstürzen oder stehenbleiben.

18.7.2 Verfügbarkeitstest

Die Dauer einer Reparatur (Mean Time To Repair, MTTR) bei einem Absturz beeinflusst die Verfügbarkeit wesentlich. Je länger eine Reparatur dauert, desto schlechter ist das Produkt verfügbar. Der zweite Faktor ist die Zuverlässigkeit (Mean Time Between Failure, MTBF), je häufiger das Produkt abstürzt, desto schlechter ist das Produkt verfügbar. Um die Verfügbarkeit zu testen, könnt ihr Ausfallszenarios durchspielen:

- Ihr beendet euren Applikationsserver und messt die Zeit, bis der Ausfall bemerkt wird und bis der Server wieder gestartet ist. Dasselbe macht ihr mit jedem anderen Bestandteil eures Produkts, also dem eventuellen Load Balancer, dem E-Mail-Server, dem Datenbankserver oder der nachrichtenorientierten Middleware.
- Ihr löscht die Datenbankdatei und messt die Zeit, bis das Backup eingespielt oder der Fail-Over-Server aktiv ist.
- Ihr unterbrecht die Netzwerkverbindungen und beobachtet, ob euer Produkt korrekt reagiert.
- Ihr messt die Zeit zur vollständigen neuen Installation und Inbetriebnahme euer Software.

Das Unternehmen Netflix führt einen permanenten Verfügbarkeitstest durch: Der Chaos-Monkey ist ein Programm, der zufällig Server beendet. Ausfälle sind damit Normalfall und keine besondere Ausnahme.

18.7.3 Besonderheiten von mobilen Geräten

Eine besondere Herausforderung im Test sind mobile Geräte wie Smartphones und Tablet-Computer [Kno16]. Zwar gibt es derzeit im Wesentlichen nur zwei verschiedene verbreitete Betriebssysteme: iOS und Android. Viele Versionen beider Systeme sind aber noch im Einsatz. Speziell bei Android kommt die sehr hohe Vielfalt an Geräten noch dazu. Diese unterscheiden sich in der Prozessorleistung, der Displaygröße und der vorhandenen Sensorik. Für ein mobiles Gerät sind folgende Tests sinnvoll:

- Batterietest: Wie viel Strom verbraucht eure App? Sie sollte die Laufzeit der Batterie nicht unnötig verkürzen.
- Positionierungstest: Wie gut funktionieren ortsbezogene Dienste auf den verschiedenen Geräten? Eventuell benötigt ihr eine sehr genaue Ortung, da ihr beispielsweise eine Sport-App geschrieben habt.
- Test bei verschiedenen verfügbaren Übertragungsraten ins Internet sowie mit Schwankungen. Was passiert, wenn mitten in einem Workflow des Benutzers das Netzwerk nicht mehr verfügbar ist oder die Übertragungsrate deutlich sinkt?
- Test der Installierbarkeit aus dem App Store sowie des Einspielens von Updates, ohne dass Daten verloren gehen.
- Test auf Konformität zu den Richtlinien der jeweiligen Plattform, um sicherzustellen, dass eure App nicht beim Review im App Store oder Playstore abgelehnt wird.

18.8 Fehlermanagement

Jeff Sutherland argumentiert am Beispiel der Firma Palm, dass gefundene Fehler in der Software sofort behoben werden sollten [Sut14]. Wenn die Fehler zunächst dokumentiert und dann später behoben werden, würde dies bis zu 24-mal länger dauern. Grund ist, dass sich der Entwickler neu in seinen Code eindenken muss, er muss die Umgebung wieder herstellen und diese erneute Einarbeitung kostet wesentlich mehr Aufwand, als jeden Fehler sofort zu beheben. Dies gilt mindestens für alle Fehler, die ihr während des Entwickelns selbst findet.

Man könnte durchaus diskutieren, ob das Thema Fehlermanagement nicht ein eigenes Kapitel wert wäre. Denn wir müssen hier ja nicht nur mit Fehlern aus unseren explorativen Tests oder aus der abgebrochenen Build-Pipeline klarkommen, sondern es werden auch Fehler gemeldet, die aus dem Betrieb unseres Produkts stammen. Wenn wir behaupten, dass wir DevOps betreiben, müssen wir strukturiert mit Meldungen (Incidents) aus dem Produktivbetrieb umgehen.

18.8.1 Was ist ein Fehler?

Wir können folgende Begriffe voneinander unterscheiden [ISO17, Zel09]: Fehlhandlung (error), Fehlerzustand (fault) und Fehlerwirkung (failure). Weitere Begriffe sind Bug oder Softwareanomalie.

Fehlhandlung (error): Ein Teammitglied hat beim Programmieren oder Konfigurieren irgendwo etwas Falsches eingetragen oder etwas vergessen, beispielsweise eine Prüfung, ob der Index in einem Array korrekt ist. Oder das Teammitglied implementiert das vereinbarte Verhalten nicht korrekt. Euer Produkt weicht damit von den vereinbarten Anforderungen bzw. von der Spezifikation ab. Es ist möglich, dass diese Fehlhandlung niemals gefunden wird, eventuell verursacht sie keinen auffälligen Schaden oder befindet sich in einem Bereich eures Produkts, den niemand bewusst nutzt.

Fehlerzustand (fault): Die Fehlhandlung führt irgendwann im Laufe der Ausführung eures Produkts zu einem falschen Zustand interner Variablen oder der Kontrollfluss biegt an einer Stelle falsch ab. Dies wird als Fehlerzustand bezeichnet. Dieser Fehlerzustand führt eventuell nicht unmittelbar zu einer sichtbaren Fehlerwirkung.

Fehlerwirkung (failure): Irgendwann setzt sich der Fehlerzustand soweit fort, dass seine Wirkung für euch oder eure Benutzer sichtbar wird. Jetzt werden nicht die erwarteten Werte in der Oberfläche angezeigt oder eure App bzw. euer Service stürzt einfach ab oder produziert unerwartete Exceptions in den Log-Dateien.

Hier sind einige Bemerkungen notwendig: Um sicher festzustellen, dass es sich um eine Fehlhandlung handelt, muss das Soll-Verhalten eures Produkts eindeutig festgelegt bzw. spezifiziert sein. Wenn das Verhalten nicht festgelegt ist, ist zunächst jede beliebige Software korrekt. Hier kann der Auftraggeber höchstens darüber argumentieren, dass er seine Ziele mit der aktuellen Version eures Produkts nicht (gut genug) erreichen kann.

Wenn irgendwo zur Laufzeit durch eine Fehlhandlung im Quelltext oder der Konfiguration ein Fehlerzustand eintritt, ist dies in der Regel nicht sofort sichtbar. Das Programm läuft noch eine Weile weiter und macht erst viel später falsch berechnete Werte sichtbar oder stürzt ab. Daher ist das Finden der Ursachen im Debugging-Prozess so schwierig [Zel09]. Ursache (Fehlhandlung) und Wirkung (Fehlerwirkung) liegen weit auseinander. Im Debugging versucht ihr, rückwärts von der Wirkung auf die Ursache zu schließen.

18.8.2 Probleme melden

Spätestens wenn der Release ansteht testet ihr nicht mehr alleine. Mitarbeiter des Auftraggebers und eventuell auch andere Stakeholder testen mit. Während des Betriebs können auch eure Benutzer Probleme finden. Und ihr findet Probleme in den User Storys der anderen Teammitglieder. Damit ihr strukturiert mit diesen Problemen umgehen könnt und keines verloren gehen, braucht ihr eine Fehlerdatenbank, einen Bug-Tracker. Hier bietet es sich wieder an, ein GitLab-Ticket für jedes gefundenen Problem zu erstellen. Probleme aus dem Produktivbetrieb tragt ihr als Incidents ein. Probleme während der Entwicklung als normale Tickets. Ein eigenes Fehler-Taskboard gibt euch eine Übersicht. Zu jedem Problem müsst ihr folgende Informationen erfassen:

- Titel wie eine Schlagzeile in der Zeitung
- Wie genau hat sich das Problem geäußert, was war das tatsächliche Verhalten und welches Verhalten hat der Tester erwartet? Hilfreich sind hier meistens ein oder mehrere Screenshots oder ein kurzes Video.

- Was genau hat der Tester gemacht, bevor das Problem aufgetreten ist? Wie ist es zu dem Problem gekommen? Wenn ihr das Problem analysieren wollt, müsst ihr dieses Schritt für Schritt reproduzieren können.
- Umgebung des Testers zum Reproduzieren des Problems, beispielsweise das Betriebssystem (Version), die Hardware, weitere beteiligte Softwarekomponenten
- Version (Build-Nummer) der Software in der das Problem aufgetreten ist. Eventuell arbeitet der Tester mit einer alten oder eine in irgendeiner Weise besonderen Version eures Produkts.
- Einschätzung zur Dringlichkeit (hoch, mittel, gering) und zu den Auswirkungen (critical, major, minor, low) des Problems.

Für den Betrieb eures Produkts braucht ihr sowieso eine Datenbank für die Incidents. Ihr solltet daher schnell damit beginnen. Die Zahl der pro Woche gemeldeten Probleme oder die Gesamtzahl der offenen Fehler geben euch gute Hinweise über den Qualitätszustand eures Produkts.

Für den Produktivbetrieb gibt es zur Verwaltung von sogenannten Incidents (Serviceunterbrechungen) eigene Werkzeuge wie beispielsweise OTRS,[17] GitLab bietet ebenfalls ein rudimentäres Incident-Management an. Wenn eure Nutzer das Produkt innerhalb einer Firma nicht mehr verwenden können, muss das nicht zwingend ein Fehler in eurem Produkt sein, eventuell ist die Hardware defekt, das Netzwerk unterbrochen oder es handelt sich um einen Bedienfehler. Um diese Erstversorgung bei Problemen sicherzustellen, gibt es in vielen Unternehmen einen Helpdesk. Der aus den vielen gemeldeten Incidents eventuell eine Fehlermeldung für euer Team eskaliert. Es gibt umfangreiche Standards zum IT-Servicemanagement, wie ihr das organisieren könnt, bzw. wie euer Auftraggeber das eventuell bereits organisiert hat, wir beschreiben das Thema Incident-Management in Kap. 19.

18.8.3 Probleme verwalten

Nicht alles, was als Problem gemeldet wird, ist tatsächlich ein Fehler. Ein Teammitglied muss sich jeweils die Meldung genau ansehen und einschätzen, ob es sich wirklich um einen Fehler handelt. In der Regel versucht das Teammitglied, das gemeldete Problem nachzustellen. Mögliche Reaktionen bei der Prüfung einzelner Meldungen sind:

- Das Produkt verhält sich wirklich nicht wie vereinbart. Es handelt es sich tatsächlich um einen Fehler. Ihr weist die Behebung des Fehlers einem Teammitglied zu (z. B. bei schweren Abstürzen) oder ihr entscheidet, dass der Fehler nicht behoben wird. Fehler, die eher Komfortverlust bedeuten, werden eventuell niemals repariert.

---

[17] https://community.otrs.com.

- Die Meldung ist kein Fehler, sondern euer Produkt verhält sich so wie vom Auftraggeber gewollt. Also konform zu den vereinbarten Anforderungen. Dann wird die Meldung
  zurückgewiesen (z. B. mit dem Label *rejected* versehen).
- Euer Produkt zeigt ein Verhalten, von dem sich nicht genau sagen lässt, ob es richtig
  oder falsch ist. Da ihr mit dem Auftraggeber hierzu keine Vereinbarungen getroffen
  habt (Spezifikationslücke).

Nach der Analyse des Problems und einer ersten groben Einschätzung diskutiert ihr
eventuell im Team, wie dringend die Reparatur des Fehlers ist, wenn es sich tatsächlich
um einen Fehler handelt. Möglicherweise sind bei euch im Team erstmal andere Aufgaben
wichtiger als die Behebung kleinerer Fehler. Ihr müsst ja mit eurer Arbeitszeit haushalten
und ein Produkt mit kleineren Fehlern akzeptieren.

Eine Fehlermeldung wandert wie jede Anforderung in euer Product Backlog. Ihr geht
als Team zusammen mit dem Product Owner diese Liste regelmäßig durch. In einer ersten
Prüfung entscheidet ihr, ob die Meldung überhaupt weiter verfolgt wird. Eventuell ist
das Problem bereits gemeldet worden, das Verhalten des Produkts ist so gewollt oder das
Ticket ist unsinnig. Ein Fehlerticket kann, wie in Abb. 18.14 dargestellt, folgende Zustände
haben:

Neu Das Ticket mit dem Problembericht wurde von einen Teammitglied oder einem
anderen Stakeholder erstellt.

Prüfen: Ein Teammitglied versucht, das Problem nachzuvollziehen. Eventuell fragt er
beim Urheber des Problemberichts nach, um weitere Informationen zu erfragen. Das
Nachvollziehen und das Reproduzieren eines Problems können sehr aufwendig sein.
Daher müsst ihr bewusst entscheiden, ob das Problem wichtig genug ist, diesen
Aufwand zu investieren. Schönheitsfehler können ja erstmal im Produkt verbleiben.

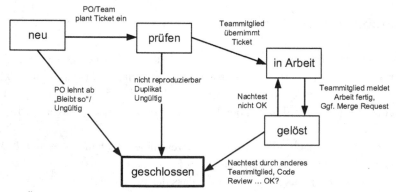

Abb. 18.14 Überlegt euch für euer Team, wie ihr mit Tickets zu Problemen umgehen wollt. Die
Abbildung zeigt einen möglichen Ablauf

In Arbeit (doing): Ein Teammitglied beginnt jetzt mit der tatsächlichen Fehlersuche, dem eigentlichen Debugging. Wenn die Ursache des Problems gefunden ist, wird diese in der Regel beseitigt.

Gelöst (done): Ein zweites Teammitglied sollte einen explorativen Nachtest machen, um abzusichern, dass der Fehler auch wirklich behoben ist. Dies ist wichtig, um Betriebsblindheit und mangelnder Sorgfalt vorzubeugen.

Geschlossen (closed): Ist der Nachtest erfolgreich, kann das Ticket geschlossen werden.

18.8.4 Fehler beheben (Bugfixing)

Systematisches Debugging

Beim Beheben von Fehlern, dem Debugging und Bugfixing, ist systematisches Arbeiten besonders wichtig, eventuell hört ihr mit der Suche nach der Ursache zu früh auf und repariert den Fehler an der falschen Stelle. Sodass eventuell euer Produkt sogar wieder wie gewollt funktioniert, aber an einer ganz anderen Stelle neues sonderbares Verhalten an den Tag legt. Debugging kann sehr viel Zeit in Anspruch nehmen, gerade wenn ihr unsystematisch arbeitet. Daher solltet ihr nach einem kurzen erfolglosen ‚Drauflos'-Debugging dem Verfahren von Zeller folgen. Andreas Zeller beschreibt einen *wissenschaftlichen* Prozess zur Analyse der eigentlichen Fehlerursachen, wie er in Abb. 18.15 zu sehen ist:

1. Ihr beginnt mit umfangreichen Beobachtungen: Ihr betrachtet die Log-Dateien, lest den Problembericht, führt das Produkt selbst aus und versucht das Problem zu reproduzieren und/oder verwendet Mess- und Beobachtungswerkzeuge, z. B. einen Profiler.
2. Hypothese: Über die Beobachtungen erarbeitet ihr eine erste Hypothese zur Ursache des Problems. Ihr ratet auf der Grundlage eurer eigenen Erfahrungen und der Beobachtungen, wo diese liegen könnte.
3. Vorhersage: Dann beginnt ihr mit Experimenten, um eure Hypothese zu bestätigen oder zu widerlegen: Ihr macht auf der Grundlage euer Hypothese Vorhersagen über das

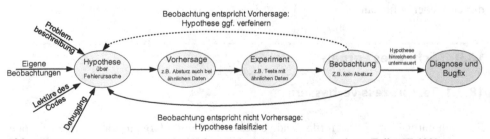

Abb. 18.15 Prozess des wissenschaftlichen Debugging, frei nach Andreas Zeller [Zel09]

Verhalten des Produkts. Wenn X die Fehlerursache ist, müsste das Produkt die Ausgabe Y haben.

4. Experimente: Nun führt ihr Experimente durch, um zu überprüfen, ob eure Vorhersagen eintreffen oder nicht. Experimente können dabei einfache manuelle oder automatisierte Tests sein. Möglich ist auch das Ausführen im Debugger, hier könnt ihr sogar zur Laufzeit Variablenwerte ändern und mit dem laufenden Quelltext experimentieren.

5. Beobachtungen: Ihr beobachtet das Verhalten des Produkts bei den Experimenten. Wenn die Vorhersagen eintreten, war die Hypothese richtig (verifiziert), wenn sie nicht eintreten, war die Hypothese falsch (falsifiziert) oder ihr habt an einer anderen Stelle einen Fehler gemacht. Beobachtungen macht ihr eventuell im Debugger (Variablenwerte, Exceptions, Breakpoints/Watchpoints), in den Log-Dateien oder in der grafischen Oberfläche.

6. Verfeinerte Hypothese oder Ursache gefunden: Wenn die Hypothese untermauert wurde, müsst ihr diese eventuell noch verfeinern und weitere Experimente machen, eventuell habt ihr die Ursache des Problems aber auch schon gefunden.

Andreas Zeller gibt viele weitere wertvolle Hinweise zum systematischen Umgang mit Problemen in Software und zum systematischen Debugging [Zel09]. Hilfreich ist darüber hinaus das Buch von Diomidis Spinellis mit 66 Hilfestellungen zum Thema Debugging [Spi16].

Bug-Branch und Unit Test

Für die Behebung eines Fehlers bietet sich ein eigener Branch an. GitLab hat hierfür eine gute Unterstützung, um aus einem Ticket direkt einen Feature-Branch zu machen. Damit habt ihr eine auch später nachvollziehbare Verbindung zwischen der Änderung im Quelltext und dem Problembericht.

Ihr committet euren Bugfix später auf diesem Branch, damit könnt ihr diesen auch wiederfinden und auf andere Branches übertragen (Cherry-Picking). Ist der Bugfix abgeschlossen, muss dieser auch eure Definition of Done erfüllen, daher sollte der Bugfix auch über einen Merge Request wieder auf den Ursprungs-Branch zurückgeführt werden.

In eurem Bugfix sollte auch ein Unit Test enthalten sein, der den gefundenen Fehler reproduziert und damit für die Zukunft in den Regressionstests einen Detektor liefert, ob dieser wieder auftaucht.

18.9   Schnelles Lernen

18.9.1 Testprozess verbessern

Ihr wollt euren Testprozess fortlaufend verbessern: also die Organisation verbessern, den manuellen Testaufwand vermindern, die Tests beschleunigen und trotzdem ein hohes Vertrauen in die Software erzeugen. Das Testen ist daher spätestens bei der Lieferung eines Releases zentrales Thema eurer Retrospektive.

18.9.2 Fehler aus der Produktion analysieren

Alle Fehler, die erst während des Produktivbetriebs auftauchen, sind durch eure Tests durchgerutscht. Euer Sicherheitsnetz hat offenbar mindestens ein Loch. Überprüft regelmäßig im Team die Fehler aus dem Produktivbetrieb und überlegt, welche Tests dazu geführt hätten, diese Fehler früher zu entdecken.

18.9.3 Log-Dateien und Monitoring-Daten aus der Produktion

Anhand der Monitoring-Daten und der Log-Dateien seht ihr, wie euer Produkt tatsächlich verwendet wird. Möglicherweise werden einige Bereiche sehr häufig verwendet und andere gar nicht. Dieses Wissen hilft euch dabei, vor der nächsten Lieferung die explorativen Tests zu priorisieren. Ihr testet ja die am häufigsten verwendeten Bereiche eures Produkts zuerst.

Die Log-Dateien können auch als Grundlage für Lasttests dienen. Wenn ihr diese Log-Ausgaben richtig gestaltet habt, seht ihr genau, welche Funktion wann wie oft verwendet wird.

18.9.4 Code-Reviews auch bei der Testautomatisierung

Eure Testfälle sind normaler Code, für den dieselben Qualitätsstandards gelten, wie für euren produktiven Code. Damit sind dieselben Maßnahmen zur Qualitätssicherung notwendig, also regelmäßige Code-Reviews, beispielsweise über Merge Requests. Zusätzlich bietet sich Pair Programming bei kompliziertem Test-Code an.

18.9.5 Review der Testdaten

Gute Testdaten sind die Grundlage für eine funktionierende Testautomatisierung und auch für explorative Tests. Daher solltet ihr auch die Testdaten regelmäßig überprüfen. Eventuell fehlen euch für wichtige Features Testdaten oder Sonderfälle werden nicht sinnvoll repräsentiert.

18.9.6 Review der Anforderungen

Die Anforderungen müssen testbar sein, unabhängig davon, ob sie als User Storys oder in anderer Form dokumentiert sind. Sonst könnt ihr am laufenden Produkt nicht überprüfen, ob die Anforderung darin korrekt umgesetzt wurde. Häufig fallen Spezifikationslücken in den Anforderungen erst beim Testen auf.

Der Product Owner sowie die Personen, welche Anforderungen spezifizieren, sowie die Entwickler und die Tester sollten sich regelmäßig treffen und Anforderungen bzw. die Probleme beim Testen der Anforderungen diskutieren.

Literatur

[Adz11]   Adzic G (2011) Specification by Example: How Successful Teams Deliver the Right Software. Manning

[Bat15]   Bath G, McKay J (2015) Praxiswissen Softwaretest – Test Analyst und Technical Test Analyst: Aus-und Weiterbildung zum Certified Tester-Advanced Level nach ISTQB-Standard. iSQI-Reihe. dpunkt.verlag

[Boe84]   Boehm BW (1984) Verifying and validating software requirements and design specifications. IEEE Softw 1(1):75

[Coh10]   Cohn, M. (2010). Succeeding with agile: software development using Scrum. Pearson Education.

[Fea04]   Feathers M (2004) Working Effectively with Legacy Code. Robert C. Martin Series. Prentice Hall

[Gär13]   M. Gärtner. (2013) ATDD in der Praxis: Eine praktische Einführung in die Akzeptanztest-getriebene Softwareentwicklung mit Cucumber, Selenium und FitNesse. dpunkt.verlag

[Gaw10]   Gawande A (2010) The Checklist Manifesto: How to Get Things Right. Henry Holt and Company

[Hen14]   Hendrickson E (2014) Explore It! dpunkt.verlag

[ISO17]   ISO/IEC/(IEEE). (2017) 24765:2017: ISO/IEC/IEEE International Standard – Systems and software engineering–Vocabulary. IEEE

[Kan99]   Kaner C, Falk JL, Nguyen HQ (1999) Testing Computer Software, 2. Aufl. Wiley

[Kno16]   Knott D, Röttger N (2016) Mobile App Testing: Praxisleitfaden für Softwaretester und Entwickler mobiler Anwendungen. dpunkt.verlag

[Koo15]   Koomen T, van der Aalst L, Vroon M (2015) TMap® Next: Praktischer Leitfaden für ergebnisorientiertes Softwaretesten. dpunkt.verlag

[Lin17]   Linz T (2017) Testen in Scrum-Projekten. Leitfaden für Softwarequalität in der agilen Welt. iSQI-Reihe. dpunkt.verlag

[Spi16]   Spinellis D (2016) Effective Debugging: 66 Specific Ways to Debug Software and Systems. Effective Software Development Series. Addison-Wesley

[Sut14]   Sutherland J, Sutherland J (2014) Scrum: The Art of Doing Twice the Work in Half the Time. Crown Publishing Group

[Tar17]   Tarlinder A (2017) Developer Testing: Building Quality into Software. Addison-Wesley

[VMo14]   V-Modell XT (2014) Version 1.4. http://www.v-modell-xt.de

[Zel09]   Zeller A (2009) Why Programs Fail, Second Edition: A Guide to Systematic Debugging, 2. Aufl. Morgan Kaufmann

Deployment und Betrieb

19

Früher war das Leben als Entwicklerin und Entwickler noch einfach, es gab die gedachte Mauer, über die man die entwickelte Software werfen konnte und jemand anderes war dafür verantwortlich, dass die Benutzer arbeiten konnten. Wenn die Software nicht lief, war der IT-Betrieb oder der Administrator schuld – wie praktisch!

Irgendwann wollt ihr euer Produkt euren Auftraggebern und euren Benutzern zur Verfügung stellen. Jemand muss es betreiben. Auch Dinge, die früher einfache Kaufprodukte waren, wie Autos, Waschmaschinen oder Kochplatten, tauschen Daten mit Cloud-Diensten aus, können über ein Smartphone gesteuert werden und ein Update-Over-The-Air wird zunehmend möglich. Dies macht euch deutlich flexibler als früher. Damit müsst ihr heute oder in naher Zukunft auch eine Fahrzeugflotte oder Haushaltsgeräte IT-technisch *betreiben*.

Betrieb bedeutet für euch: Ihr seid dafür verantwortlich, dass euer Produkt in dem mit den Benutzern vereinbarten Rahmen verfügbar ist und die Qualitätsanforderungen zur IT-Sicherheit und Performance einhält. Ihr seid schuld, wenn Benutzer das Produkt gerade nicht verwenden können. Ihr erhaltet eventuell die genervten E-Mails oder die bösen Anrufe von frustrierten Benutzern. Eventuell habt ihr Rufbereitschaft über Wochenenden und Feiertage hinweg und werdet nachts um drei durch Alarme auf euer Smartphone geweckt. Zusätzlich müsst ihr auf die Betriebskosten achten, jeder Administrator, der manuell eingreifen muss, bekommt ein Gehalt und die verwendeten Cloud-Dienste müsst ihr bezahlen.

In diesem letzten Kapitel geht es um den IT-Betrieb und darum, wie ihr Software in Betrieb nehmen könnt, das Deployment. Die DevOps-Konzepte von GitLab werden kurz dargestellt.

© Springer Fachmedien Wiesbaden GmbH, ein Teil von Springer Nature 2022
G. Beneken et al., *Grundkurs agiles Software-Engineering*,
https://doi.org/10.1007/978-3-658-37371-9_19

19.1 Was ist IT-Betrieb?

Irgendwann wollen Benutzer euer Produkt verwenden. Sobald euer Produkt Bestandteile hat, die auf Servern bei euch vor Ort (on premises) oder in der Cloud laufen, müsst ihr euch um das Thema IT-Betrieb kümmern: Wer soll die Anfragen der Benutzer beantworten? Wie soll auf Probleme reagiert werden? Wer stellt fest, dass euer Produkt ausgefallen ist und repariert den Schaden? Wie macht ihr die Planung für die benötigten Rechnerkapazitäten und Betriebskosten?

19.2 DevOps, SRE und ITIL®

In den vergangenen Jahren haben zwei Ideen dafür gesorgt, dass die Softwareentwicklung und der IT-Betrieb näher aneinander gerückt sind. Häufig gab und gibt es die berühmte Mauer (vgl. Abb. 19.1), über welche die Entwickler die Software werfen und der IT-Betrieb muss diese dann auffangen und am Leben erhalten. In diesem Modell war und ist den Entwicklern häufig nicht klar, was sie mit ihren Änderungen im IT-Betrieb verursachen. Die Aufgabenteilung zwischen Bau und Betrieb führt zusätzlich zu Verzögerungen, da Ergebnisse und Aufgaben von einem Team zum anderen übergeben werden müssen. Denn Entwicklung und Betrieb verfolgen unterschiedliche Ziele: Entwickler wollen Änderungen möglichst schnell in den Produktivbetrieb nehmen, während der IT-Betrieb auf Stabilität achtet, denn jede Änderung erhöht das Risiko von Ausfällen.

Ansätze wie DevOps [Kim16] und SRE (Site Reliability Engineering) [Bey16] organisieren eine stärkere Zusammenarbeit zwischen Entwicklung und IT-Betrieb. Beispielsweise ist dasselbe Team sowohl für den Bau als auch für den Betrieb eines Services verantwortlich: *You build it, you run it.* Wie es Werner Vogels (Amazon) formuliert.

Abb. 19.1 Gedachte Mauer zwischen Entwicklung und IT-Betrieb. Beide haben andere Ziele: Die Entwickler wollen schnell neue Features ihren Benutzern zur Verfügung stellen (Agilität), der IT-Betrieb will Stabilität, da jede Änderung ein Risiko für einen Ausfall ist

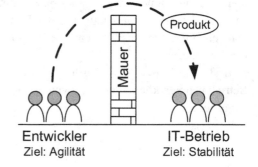

19.2.1 DevOps

DevOps ist kein ausgearbeitetes Prozessmodell und kein Management-Framework. Es ist eher ein Ideengebäude, das ihr am besten mit dem Roman *Projekt Phönix* [Kim13] kennenlernen könnt, alternativ bietet das *DevOps Handbook* [Kim16] einen Einstieg in die Denkweise. Gene Kim beschreibt die Grundideen in den drei Wegen (Three Ways) in einem Blog-Artikel[1] aus 2012:

1. *The First Way: Flow/Systems Thinking*: Kim optimiert den gesamten Prozess in der Softwareentwicklung, von der Identifikation der Anforderungen, bis die Benutzer das entsprechende Feature verwenden können. Eine Beschleunigung des Prozesses kann beispielsweise durch weitreichende Automatisierung erreicht werden. Ein Ansatz ist das Continuous Delivery [Hum10].
2. *The Second Way: Amplify Feedback Loops*: Ihr müsst dafür sorgen, dass aus dem IT-Betrieb und von den Benutzern schnell Feedback zu den Entwicklern gelangt (right to left). Ein Ansatz dazu ist das Monitoring. Viele Feedbackschleifen habt ihr schon im Entwicklungsprozess, angefangen bei einfachen automatisierten Tests bis hin zu euren regelmäßigen Retrospektiven.
3. *The Third Way: Culture of Continual Experimentation and Learning*: Wir haben das schon als Fehlerkultur und als empirisches Vorgehen vorgestellt. Es muss erlaubt sein, Fehler zu machen. Durch die Analyse ihrer Ursachen lernt ihr für die Zukunft und passt euer Vorgehen an. Ziel ist die kontinuierliche Verbesserung. Die Ideen ähneln denen aus dem Toyota Production System [Ohn88, Pop03].

Wie der Name DevOps bereits verspricht, arbeiten die Entwickler (Dev) mit den Betreibern (Ops) der Software eng zusammen, möglichst in einem gemeinsamen Team. Wie von Don Reinertsen dargestellt [Rei09], kann die Übergabe von halbfertigen Features von Team zu Team den Lieferprozess stark verlangsamen. Denn jedes Team hat seinen eigenen Arbeitsvorrat (Zwischenlager), der erst abgearbeitet werden muss, bevor das Feature bearbeitet werden kann. So wartet das Feature bei jedem weiteren Team erneut, bis es dran ist.

Mit einem funktionsübergreifenden Team entfallen derartige Zwischenlager, denn das Team kann alle Teilschritte von der Aufnahme der Anforderungen bis hin zum Deployment auf einen Produktivserver selbstständig durchführen und eine große Software in vielen kleinen Schritten produktiv machen. Damit wird die Durchlaufzeit eines Features von der Idee bis zum Kundenfeedback wesentlich verringert[2] [For18]. Der Fluss der Features vom Kundenwunsch zum Betrieb wird optimiert und nicht ein einzelner Entwicklungsschritt (first way).

---

[1] Vgl. https://itrevolution.com/the-three-ways-principles-underpinning-devops/.

[2] Vgl. Abb. 3.4 im Abschn. 3.2.3 zu funktionsübergreifenden Teams.

Hier finden sich die Ideen des Toyota Production Systems wieder [Pop03, Ohn88]. Eigentlich sollten auch die Datenschützer sowie die Security-Spezialisten mit eingebunden werden. Einige Autoren nennen dies dann DevSecOps.

Erfolgsfaktor für DevOps-Teams ist häufiges Liefern von Software [For18], das sorgt für schnelles Feedback (second way). Damit das möglich wird, muss möglichst der gesamte Lieferprozess automatisiert ablaufen. Diese Automatisierung wird auch als Continuous Delivery bezeichnet [Hum10], hier wird der letzte Schritt der Produktivsetzung noch händisch erledigt. Continuous Deployment bedeutet, dass eure Software automatisiert produktiv wird. Das kontinuierliche Messen und Überwachen im Betrieb liefert wertvolles Feedback zum Entwicklungs- und Lieferprozess sowie zur Nutzung des Produkts beim Benutzer. Wir schauen uns die Themen Automatisierung, Continuous Delivery und Messen (Monitoring) in späteren Abschnitten genauer an.

19.2.2 Site Reliability Engineering

Das Site Reliability Engineering (SRE) stammt von Google und ist etwas früher als die DevOps-Ideen entstanden. SRE macht konkretere Vorgaben an die Organisation und das Vorgehen [Bey16]. Wir können SRE als eine konkrete Implementierung der DevOps-Ideen auffassen. Der Fokus von SRE liegt laut Beyer et al. auf dem ‚Engineering‘, es wird versucht, häufig wiederkehrende Probleme des Betriebs durch Standardisierung, Automatisierung und definiertes Vorgehen zu lösen: *SRE is what happens when you ask a software engineer to design an operations team.* Hierbei wird immer versucht, eine gute Balance zu finden zwischen der schnellen Veröffentlichung neuer Features und der Verfügbarkeit der betriebenen Produkte für die Benutzer.

19.2.3 IT-Service Management und ITIL$^{®}$

Software wird schon sehr lange betrieben, auf zentralen Servern seit Ende der 1950er-Jahre. Schauen wir also mal von der anderen Seite der Mauer: Die Erfahrungen und Anforderungen aus vielen Jahren IT-Betrieb wurden in der ITIL$^{®}$ (IT-Infrastructure Library) verarbeitet [iU19]. ITIL$^{®}$ ist ein Leitfaden und eine Sammlung von Best Practices für den IT-Betrieb bzw. für das IT-Servicemanagement. In 2019 ist Version 4 erschienen, sie macht deutlich weniger Vorschriften als ITIL$^{®}$ v3, die noch viele Prozesse verbindlich vorgeschrieben hat. ITIL$^{®}$ v4 integriert auch Ideen aus DevOps und der agilen Softwareentwicklung.

Diese Normen und Best Practices geben euch eine Hilfestellung, um welche Themen ihr euch kümmern müsst. Gerade als Entwickler unterschätzt man das Thema IT-Betrieb in der Regel.

19.3   Anforderungen an den IT-Betrieb

Die hier vorgestellten Anforderungen finden sich schon in Abschn. 16.3.2. Ihr müsst sie bereits im Architekturentwurf und während der Programmierung berücksichtigen. Hier diskutieren wir sie aus der Perspektive des IT-Betriebs, denn auch hier habt ihr einige Stellschrauben.

19.3.1   Service Level Agreements

Eine wichtige Rolle im IT-Betrieb spielen die Service Level Agreements. Dort vereinbart der IT-Betrieb mit seinen Auftraggebern einen Leistungsumfang (darin ist euer Produkt enthalten) und eine Servicequalität für die erbrachten IT-Dienste. Dort werden Vereinbarungen zur Performance, dem Durchsatz oder der Verfügbarkeit getroffen und wann diese genau gelten, z. B. 24×7 oder nur während der Geschäftszeiten. Ebenso wie zur Verfügbarkeit und den Reaktionszeiten des beteiligten Personals. Diese Vereinbarungen müsst ihr als IT-Betrieb einhalten.

Im SRE werden darüber hinaus noch Service Level Indicators (SLI) definiert, diese dienen dazu, die Servicequalität zu quantifizieren und zu messen. SLIs sind beispielsweise die aktuelle Verfügbarkeit eures Produkts und dessen aktuelle Antwortzeiten. Service Level Objectives (SLO) definieren, welche Werte der SLI ihr teamintern erreichen wollt.

19.3.2 Verfügbarkeit

Oberstes Ziel im IT-Betrieb ist es, dass die Benutzer zu den vereinbarten Zeitpunkten euer Produkt nutzen können. Ein Maß dafür ist die Verfügbarkeit. Für diese seid ihr als Entwickler und besonders als IT-Betrieb verantwortlich.

Ihr müsst damit leben, dass ständig irgendetwas in eurem Produkt, der Hardware, dem Netzwerk oder in dem Rest der IT-Infrastruktur ausfällt: Eine Festplatte ist voll, eine CPU brennt durch, der Strom fällt aus oder jemand löscht versehentlich die Datenbankdatei. Auch große Rechenzentren können abbrennen[3] oder überflutet werden. Ausfälle sind Normalität, damit müsst ihr umgehen. Um die Softwaresysteme robust gegen Ausfälle zu programmieren und konfigurieren, gibt es bei Netflix beispielsweise den Chaos-Monkey. Dieses Programm terminiert nach dem Zufallsprinzip virtuelle Maschinen. Damit müssen die Entwickler bzw. Betreiber zu jedem Zeitpunkt mit dem Ausfall des eigenen Servers oder des Nachbarsystems rechnen und die Software entsprechend robust bauen.

---

[3] Ein großes Rechenzentrum in Straßburg brannte am 10.03.2021 vollständig nieder https://www.faz.net/aktuell/feuilleton/medien/groesstes-rechenzentrum-europas-brennt-komplett-nieder-17241629.html.

Benutzer tolerieren bestimmte Ausfallzeiten, das Produkt muss also keine Verfügbarkeit von 100 % haben. Um die Verfügbarkeit zu messen, könnt ihr im einfachsten Fall die Zahl der erfolgreichen Anfragen durch die Zahl aller Anfragen teilen. Wir haben das schon in Abschn. 16.3.2 dargestellt.

Eine zentrale Größe, auf die ihr im Betrieb Einfluss habt, ist die MTTR, Mean Time to Repair bzw. Recover. Wenn euer Produkt ausfällt: Wie lange dauert es, bis ihr den Ausfall bemerkt habt und wie schnell ist das Produkt danach wieder betriebsbereit?

Um einen Ausfall zu bemerken, baut ihr beispielsweise einen Healthcheck in eure Server ein und diese Endpunkte (z. B. /health) ruft ihr dann zyklisch auf, beispielsweise alle 15 Sekunden. Bleibt eine Antwort des Servers aus, ist entweder das Netzwerk oder der Server ausgefallen. Dieser Endpunkt kann darüber hinaus anzeigen, wann der Server funktionsbereit ist, dies ist für Hochfahren eures Produkts wichtig. Weitere Vorschläge zur Verbesserung der Verfügbarkeit finden sich bei Len Bass et al. unter der Überschrift ‚Taktiken für Verfügbarkeit' [Bas21].

Regelmäßige Backups eurer Daten sichern die Verfügbarkeit ebenfalls ab und schützen euch vor deren Totalverlust z. B. beim Crash einer Festplatte. Die Dauer der Wiederherstellung aus einem Backup beeinflusst die MTTR.

19.3.3 Performance, Durchsatz und Skalierbarkeit

Die Antwortzeiten sehen eure Benutzer direkt. Schlechte Antwortzeiten sorgen in der Regel dafür, dass ihr sofort Benutzer verliert. Ihr könnt die Antwortzeiten über die Konfiguration, die statischen Inhalte (z. B. die Größen von Bildern) sowie eine gute Programmierung (z. B. Minimierung von Remote- und Datenbankzugriffen, Wahl passender Algorithmen ...) erheblich verbessern. Ihr habt im Wesentlichen zwei Möglichkeiten, Antwortzeiten und Durchsatz über den IT-Betrieb zu beeinflussen:

Vertikale Skalierung Ihr kauft oder mietet euch eine leistungsstärkere Hardware, beispielsweise mit mehr Hauptspeicher, mehr CPU-Kernen oder einer besseren Netzwerkverbindung. Hierfür gibt es gewisse Obergrenzen, da irgendwann der maximale Ausbau des Speichers oder der CPUs erreicht ist. Wenn die eine CPU durchbrennt, ist euer Produkt über einen längeren Zeitraum nicht verfügbar. Dieses Vorgehen ist also ein Risiko für eure Ausfallsicherheit.

Horizontale Skalierung Ihr fügt weitere Rechner hinzu. Euer Produkt wird nicht mehr auf genau einer sehr großen Maschine betrieben, sondern auf vielen kleinen. Wenn eine Maschine ausfällt, fällt das eventuell nicht mal auf. Darüber hinaus ermöglicht dieses Vorgehen intelligentere Deployment-Konzepte wie das Blue/Green-Deployment oder die Canary Releases (siehe unten). Hierfür gibt es inzwischen sehr leistungsfähige Infrastrukturen wie beispielsweise Kubernetes.

Derzeit wird häufig von *Elastizität* gesprochen: Ihr erhöht oder vermindert, abhängig von der Last auf eurem System, die Menge der eingesetzten Ressourcen, beispielsweise startet ihr bei steigender Last weitere Server. Sinkt die Last, werden die Server wieder gestoppt. Dies geht natürlich nur dann, wenn ihr – wie bei einem Cloud-Anbieter – flexibel Ressourcen mieten und wieder freigeben könnt.

19.3.4 IT-Sicherheit und Datenschutz

Wenn euer Produkt im Internet erreichbar ist, seid ihr Angriffsziel. Über viele geglückte Angriffe, erbeutete Nutzerdaten und teilweise gelungene Erpressungen könnt ihr ausführlich praktisch täglich in der Presse nachlesen. Angriffe und Erpressungsversuche haben in den letzten Jahren zugenommen. Hierzu veröffentlicht das Bundesamt für Sicherheit in der Informationstechnik jährlich einen entsprechenden Bericht zur Lage der IT-Sicherheit in Deutschland.[4] Angreifer können unter anderem versuchen:

- eurer Produkt (die Server) über zu viele verteilte Anfragen lahmzulegen (Denial-of-Service-Attacke),
- interne Daten zu erbeuten und diese weiterzuverkaufen (auch Industriespionage) oder
- eure Daten zu verschlüsseln und euch mit dem Schlüssel dazu zu erpressen (Ransomware).

Ihr müsst im Betrieb Vorkehrungen treffen, um euer Produkt vor Angreifern von innen und von außen zu schützen. Sabotage oder Industriespionage müsst ihr, soweit es geht, verhindern. Wenn ihr personenbezogene Daten speichert, seid ihr per Gesetz verpflichtet, *Technische und Organisatorische Maßnahmen* (TOM) zu ergreifen, um diese Daten zu schützen (Art. 32 DSGVO). Wir versuchen in den nächsten Abschnitten, einige dieser Schutzmaßnahmen gegen mögliche Angriffe und Datenverluste darzustellen. Um folgende Themen müsst ihr euch kümmern:

Authentifizierung und Autorisierung: Eurer Produkt muss sicherstellen, dass die Benutzer auch wirklich die sind, die sie vorgeben zu sein. Verschiedene Verfahren zur Authentifizierung der Benutzer sind hier möglich, beispielsweise Passwörter oder biometrische Merkmale wie der Fingerabdruck. Ihr müsst darauf achten, dass eure Benutzer starke Authentisierung nutzen, beispielsweise Zwei-Faktor-Authentisierung. Die Wahl von starken Passwörtern müsst ihr in der Software bei der Passwortvergabe absichern, bzw. einen entsprechend guten fremden Authentifizierungsdienst einbinden. Das übliche Verfahren zur rollenbasierten Autorisierung (RBAC) beschreiben wir in Abschn. 16.10.3.

---

[4] https://www.bsi.bund.de/SharedDocs/Downloads/DE/BSI/Publikationen/Lageberichte/Lagebericht2021.pdf.

Management eurer Infrastruktur: Wie der Fehler in Log4J[5] eindrucksvoll gezeigt hat, müsst ihr eure gesamte Konfiguration fortlaufend überprüfen. Jede Bibliothek, jeder Docker-Container, jede fremde Komponente kann ein eventuell sehr einfaches Angriffsziel sein. Die Sicherheitslücken und Verwundbarkeiten werden regelmäßig im Internet veröffentlicht.[6] Die entsprechenden Patches sind daher so schnell wie möglich einzuspielen.

Angriffsüberwachung: Ihr braucht Indikatoren, damit ihr Angriffe schnell erkennen könnt, beispielsweise umfassendes Logging des Benutzerverhaltens. Ziel ist, möglichst sofort Gegenmaßnahmen einzuleiten.

Sicherung: IT-Sicherheit ist nicht nur der Schutz vor Angreifern, sondern ihr kümmert euch auch darum, dass eure Daten sicher gegen versehentliche Beschädigungen oder zufällige Ausfälle sind. Ihr überlegt euch mindestens eine Lösung zum Backup oder zur redundanten Speicherung euer Daten, denn jede Festplatte ist einmal verschlissen und jeder Rechter brennt irgendwann durch. In keinem Fall dürfen eure Daten weg sein. Auch versehentliche Beschädigungen der Daten sind über die falschen (Datenbank-) Shell-Kommandos leicht möglich.

19.3.5 Betriebskosten im Griff behalten

Der Betrieb eures Produkts kostet Geld und erzeugt CO_2, unabhängig davon, ob das Produkt on premises bei euch unter dem Schreibtisch oder in der Cloud läuft. Es fallen direkte und indirekte Kosten an. Direkte Kosten sind das Gehalt des oder der Administratoren und auch die Gehälter der Support-Mitarbeiter, irgendwer sollte den Benutzern bei Problemen helfen können.

Weitere Kosten fallen durch die verbrauchte Rechenleistung (CPU-Zeit, Hauptspeicherverbrauch), die übertragenen Daten sowie die verwendeten Dienste Dritter an. Bei einem Cloud-Anbieter kriegt ihr über all diese eine detaillierte Rechnung. On premise müsst ihr selbst die Kosten für Strom, Hardware und Netzwerkanschluss kalkulieren. Außerdem erzeugt ihr mit jeder laufenden Software und jedem konsumierten Dienst weiteres CO_2.

Auch indirekte Kosten fallen an, das sind beispielsweise die Überstunden von Entwicklern, verursacht durch ungenaue Abstimmungen mit dem IT-Betrieb [Bey16]. Jeder Ausfall des Produkts kostet etwas, weil beispielsweise eure Benutzer für die Dauer des Ausfalls nicht arbeiten können.

Ihr müsst euer Produkt so entwickeln, dass es wirtschaftlich betrieben werden kann. Je weniger ihr fremde Dienste nutzt, etwas berechnet oder Daten übertragt, desto günstiger wird euer Produkt im Betrieb sein. Weiterhin könnt ihr den Betrieb möglicherweise

---

[5] https://www.bsi.bund.de/SharedDocs/Cybersicherheitswarnungen/DE/2021/2021-549032-10F2. html.

[6] Vgl. die Liste der CVE (Common Vulnerabilities and Exposures) https://www.cve.org.

weitgehend automatisieren, damit steigt die Verfügbarkeit und es fallen weniger Arbeitsstunden bei den Administratoren an.

19.4 Basistechnik: Virtualisierung

Virtualisierung wurde schon früh als Bestandteil von Mainframe-Betriebssystemen eingeführt, bereits Ende der 1960er-Jahre. Weit verbreitet ist sie seit Mitte der 2000er-Jahre mit dem Aufkommen der Hardware-Unterstützung auf PCs. Virtualisierung floss auch in verschiedene Betriebssysteme mit ein, etwa Hyper-V bei Windows. Die Virtualisierung ist eine der zentralen Voraussetzungen für modernes Software Engineering, daher beschreiben wir hier die wichtigsten Konzepte.

19.4.1 Virtuelle Maschinen

Eine virtuelle Maschine wird von einem Hypervisor ausgeführt. Dieser läuft direkt auf einer Hardware (Typ 1) oder auf einem anderen Betriebssystem (Typ 2). Die virtuelle Maschine enthält das komplette Betriebssystem inklusive des Betriebssystem-Kerns (Kernels) (Abb. 19.2).

Auf einem Rechner können mehrere virtuelle Maschinen mit unterschiedlichen Betriebssystemen betrieben werden. So könnt ihr beispielsweise auf einem physischen Rechner mehrere verschiedene Betriebssystem-Konfigurationen eurer Kunden parallel ausführen. Dieselbe virtuelle Maschine kann auf einen anderen Rechner kopiert und so mehrfach dupliziert betrieben werden.

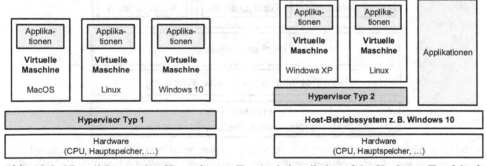

Abb. 19.2 Virtualisierung über Hypervisoren. Typ 1 arbeitet direkt auf der Hardware, Typ 2 läuft innerhalb eines anderen Betriebssystems als Gast, ein Beispiel ist Virtual Box. Eine virtuelle Maschine enthält ein komplettes Betriebssystem inklusive des Kernels. Damit können auf einem Hypervisor beispielsweise Windows und Linux parallel betrieben werden

Diese Virtualisierung ist eine wichtige Voraussetzung für das Cloud Computing. Typischerweise mietet ihr bei einem Cloud-Anbieter eher eine Reihe virtueller Maschinen und seltener eine konkrete Hardware.

19.4.2 Docker-Container

Das Aufkommen von Docker in 2013 vereinfachte die Entwicklung und den Betrieb von Software erheblich.[7] Das ist in den vorangegangenen Kapiteln bereits angeklungen. Was genau ist ein Container?

Docker-Container sind eine leichtgewichtige Alternative zu virtuellen Maschinen. Mehrere laufende Container teilen sich einen gemeinsamen Betriebssystem-Kern (Kernel) und die entsprechenden Bibliotheken. Möglich wurde das durch Linux-Erweiterungen wie CGroups, Namespaces und ein differenzielles Dateisystem [Ern20]. Dadurch enthält der Container selbst nur noch das Nötigste für den jeweils bereitgestellten Dienst, also euer Produkt, den Datenbankserver oder die nachrichtenorientierte Middleware. Wenn ihr dagegen mehrere virtuelle Maschinen parallel betreibt, braucht jede ihren eigenen Kernel und ihre eigenen Bibliotheken (Abb. 19.3).

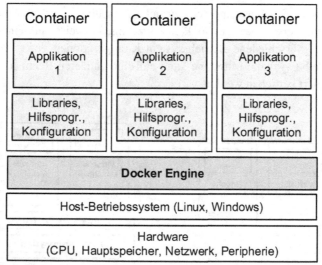

Abb. 19.3 Virtualisierung mithilfe von Docker. Container werden von einer gemeinsamen Laufzeitumgebung ausgeführt (containert) und nutzen einen gemeinsamen Betriebssystem-Kernel. Daher sind sie deutlich leichtgewichtiger als virtuelle Maschinen. Der Kernel ist entweder Linux oder Windows, damit unterscheidet man Linux-Container von Windows-Containern

---

[7] Mittlerweile gibt es Alternativen zu Docker, beispielsweise Podman (https://podman.io/) oder LXC (https://linuxcontainers.org/).

Wenn ihr für eure Entwicklung gerade einen oder mehrere Datenbankserver benötigt, müsst ihr diese nicht mehr lokal auf eurem Betriebssystem installieren und ihr müsst auch keine laufende Instanz im Netzwerk verwenden. Stattdessen startet ihr MongoDB, Redis, PostgreSQL oder MySQL als Container. Dieselben Container können in allen anderen Umgebungen verwendet werden, in denen euer Produkt betrieben wird. Das sorgt für eine einheitliche Konfiguration in allen Umgebungen, in denen eurer Produkt ausgeführt wird.

Docker-Images

Docker erzeugt zur Laufzeit einen Container aus einem Image. Aus einem PostgreSQL-Image könnt ihr z. B. mehrere als Container laufende Datenbankserver erzeugen. Das Image ist für einen bestimmten Betriebssystem-Kernel und damit auch für eine CPU-Architektur (ARM, x86) spezifisch. Der Betriebssystem-Kernel ist meistens Linux, es gibt aber auch Images für Windows. Ein Image besteht aus verschiedenen Schichten (Layern), diese können den gesamten Verzeichnisbaum des Betriebssystems enthalten. Eine Schicht ist im Grunde eine Sammlung von Dateien mit einigen Metadaten. Die erste Schicht ist dabei meist ein rudimentäres Betriebssystem (ohne Kernel) inklusive der notwendigen Bibliotheken und einiger Hilfsprogramme, wie der Bash. Alpine Linux ist ein Beispiel für ein minimiertes Linux-System. Die darüberliegenden Schichten enthalten weitere Hilfsprogramme, beispielsweise `curl`, oder Dienste, wie einen Webserver, einen Datenbankserver oder eine Middleware. Der Dienst ist im Image vollständig installiert und konfiguriert. Jede Schicht enthält jeweils Dateien, die aber nicht geändert werden können. Nur die oberste Schicht kann modifiziert werden. Wenn ihr auf die Schichten schaut, verdecken die Dateien der oberen Schicht jeweils die darunterliegenden. Viele vorkonfigurierte Images können von Docker Hub automatisch geladen werden, auch der Betrieb einer eigenen Container-Registry ist möglich. GitLab bietet ebenfalls eine an.

Ihr könnt eure eigene Software in eine derartige Schicht stecken. Dazu erstellt ihr ein `Dockerfile`. Dieses beschreibt, auf welchem Image ihr aufbaut. Anschließend beschreibt ihr, wie eure Software in das Image kopiert wird, wie es konfiguriert wird oder welche Ports außen sichtbar sein sollen. Die letzte Zeile des Dockerfiles beschreibt häufig, wie eure Software zu starten ist. Das nachfolgende Listing zeigt ein einfaches Dockerfile, das ein Image mit dem OpenJDK 11 als Basis verwendet. Das fertige Image enthält eine Jar-Datei und startet dieses Archiv auf der Java-VM.

```
1  FROM adoptopenjdk:11-jre-hotspot
2  RUN mkdir /opt/app
3  COPY ./build/libs/*.jar /opt/app
4  EXPOSE 8080
5  CMD ["java", "-jar", "/opt/app/pvs.jar"]
```

Die Abb. 19.4 zeigt den Aufbau eines Docker-Images aus verschiedenen Schichten. Wenn ein Befehl aus dem Dockerfile Dateien erzeugt oder modifiziert (COPY, RUN, ADD), sorgt das dafür, dass eine neue Schicht erzeugt wird. Das Dateisystem ist differenziell: Ihr schaut durch die oberste Schicht auf die unteren, wenn eine Schicht Dateien

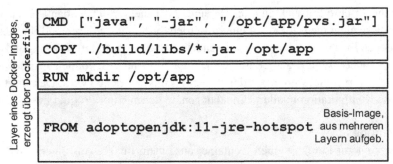

Abb. 19.4 Ein Docker-Image besteht aus verschiedenen Schichten (Layern). Die unterste Schicht ist normalerweise ein mehr oder weniger umfangreiches Betriebssystem, Alpine Linux oder Ubuntu beispielsweise. Darüber finden sich dann Schicht für Schicht weitere Hilfsprogramme und Konfigurationsdateien. In einer der oberen Schichten kann sich dann eure Software befinden. Wenn das Image in der Laufzeitumgebung startet, wird daraus ein Container. Von einem Image kann es beliebig viele Container geben

verändert hat, sind diese sichtbar, sonst die entsprechenden Dateien der darunterliegenden Schichten.

Die Docker-Images könnt ihr auch im Build-Prozess automatisch erzeugen. GitLab hat für eure Images eine eigene Registry, in der ihr eure Images speichern könnt. Im Abschn. 19.7.4 zeigen wir einen Ausschnitt aus einer entsprechenden Pipeline.

Docker-Container

Wenn ihr ein Image über `docker run` startet, wird daraus ein Container. Ihr könnt beispielsweise auf einer der oben genannten virtuellen Maschinen mehrere Docker-Container betreiben. Um die Betreibbarkeit, Verfügbarkeit und Skalierbarkeit zu verbessern, werden die Container in der Regel in Kubernetes oder einer Abwandlung davon bei einem Cloud-Provider betrieben.

Ein Container hat eine definierte Schnittstelle nach außen, dies ist in Abb. 19.5 dargestellt.

Volumes In der obersten Schicht innerhalb eines laufenden Containers können Dateien erzeugt und geändert werden. Diese Änderungen gehen beim Löschen des Containers verloren. Über Volumes könnt ihr Verzeichnisse eurer Festplatte in einen Container einhängen (mounten). Damit könnt ihr beispielsweise Konfigurations- oder Datenbankdateien bereitstellen und pflegen. Über ein Volume können Container auch Daten über Dateien austauschen.

Netzwerk Ein Container kann einen oder mehrere Ports nach außen freigeben. Wir nutzen beispielsweise einen Container mit SonarQube und dieser exportiert Port 9000 und stellt darüber eine Web-Oberfläche bereit (http://localhost:9000 im Browser). Einen solchen Port könnt ihr von außen aufrufen. Ports und andere Kommunikationsendpunkte solltet ihr über Umgebungsvariablen konfigurierbar machen, sodass sichtbar wird, dass

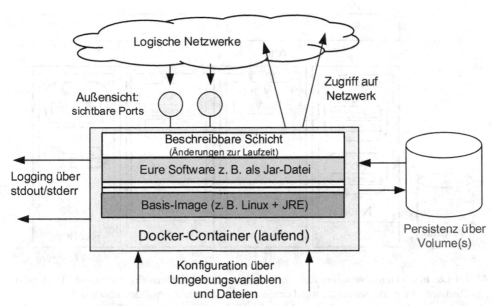

Abb. 19.5 Außensicht eines Containers: Zugriff auf externe Dateien über Volumes, Log-Ausgabe zur Überwachung auf die Konsole, einige Ports sind für Netzwerkzugriffe veröffentlicht und die laufende Software im Container konsumiert externe Dienste über das Netzwerk. Die Konfiguration des Containers geschieht über Umgebungsvariablen und/oder externe Dateien

euer Container einen fremden Dienst konsumiert, z. B. ein Datenbankmanagement-System oder eine nachrichtenorientierte Middleware.

Log-Ausgaben Mittlerweile werden die Log-Ausgaben einfach über `stdout` bzw. `stderr` auf die Konsole geschrieben. Damit seht ihr die Log-Ausgaben über die üblichen Werkzeuge wie Docker-Desktop und/oder könnt diese in eine entsprechende Datei umleiten.

Konfigurationsparameter und Credentials Eure Software läuft in verschiedenen Umgebungen, eventuell verwendet sie lokal zum Testen eine Hauptspeicherdatenbank wie H2 und in der Produktion einen Cloud-Service. Damit müsst ihr Datenbanktreiber und Datenbank-URL sowie alle Credentials (z. B. Token oder Nutzername/Passwort) von außen vorgeben können. Hier bieten sich entweder Umgebungsvariablen an oder eine Konfigurationsdatei, die ihr über ein Volume von außen bereitstellt.

19.4.3 Docker-Compose und Kubernetes

Mit `docker-compose` könnt ihr lokal mehrere Docker-Container laden (z. B. den Server, den Webserver und das Datenbankmanagement-System) und diese über dort definierte Netzwerke verbinden. Im Grunde fasst `docker-compose` eine Reihe von `docker run`-Kommandos zusammen sowie Kommandos zur Erzeugung von Volumes (`docker`

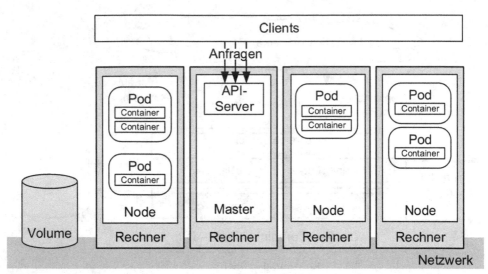

Abb. 19.6 In der Grafik verwaltet Kubernetes insgesamt vier Rechner (bzw. virtuelle Maschinen). Ein Rechner ist der Master-Node, welcher die anderen verwaltet. Auf den anderen Nodes laufen die Kubernetes-Pods. Diese enthalten dann einen oder mehrere Docker-Container. Mithilfe des Masters können dann abgestürzte Pods neu gestartet werden oder ein Pod kann mehrfach auch auf verschiedenen Nodes ausgeführt werden

volume create ...) und Netzwerken (docker network create ...). Ihr deklariert die gewünschte Konfiguration in der docker-compose.yml-Datei. Dann kümmert sich docker-compose darum, diese Konfiguration mithilfe des Docker Daemons herzustellen. Docker-Compose kann als Werkzeug zur Orchestrierung von Containern bezeichnet werden.

Kubernetes (k8s) stammt von Google und ist eine Art Managementsystem für Container in Rechner-Clustern. Die Rechner oder virtuellen Maschinen werden als Nodes bezeichnet. Auf den Nodes laufen sogenannte Pods, diese können einen oder mehrere Container enthalten. Kubernetes verteilt, skaliert und überwacht die Pods (Abb. 19.6). Ihr könnt beispielsweise konfigurieren, dass der Pod mit dem Webserver mehrfach gestartet wird, wenn die Last steigt. Oder Anfragen von einem abgestürzten Pod werden zu einem noch laufenden Pod umgeleitet. Anfragen werden zu dem bzw. den richtigen Pods transparent geroutet. Hinter derselben Adresse können also verschiedene Pods auf unterschiedlichen Rechnern stehen. Kubernetes kümmert sich jedoch nicht um Sekundärspeicher, dieser wird extern verwaltet und nur als Volume eingebunden (gemountet).

Für GitLab gibt es eine sehr enge Integration mit Kubernetes, die das Deployment und auch das Monitoring unterstützt. Kubernetes findet sich bei den meisten Cloud-Anbietern, diese Installationen nutzt ihr in der Regel, denn der Aufbau und der Betrieb eines eigenen Clusters ist recht aufwendig.

Wenn Docker-Compose reicht, dann bleibt am besten dabei. Durch unsere Erfahrungen mit eigenen Kubernetes-Installationen haben wir gelernt, Komplexität so weit wie möglich zu vermeiden. Unnötig komplexe Infrastruktur ist auch eine Form von technischen Schulden.

19.4.4 Container Security

Docker-Images können wie jeder andere Teil eures Produkts Sicherheitslöcher enthalten. Bekannte Probleme werden in entsprechenden Datenbanken erfasst, wie der Common Vulnerabilities and Exposures Database, CVE.[8] Im Build-Prozess solltet ihr daher einen Scanner einbauen, der für die von euch verbauten Images in den Datenbanken nach bekannten Problemen sucht und ggf. den Build-Prozess abbricht. Denkt daran, dass ihr den Autoren von Docker-Images vertraut. Es ist also Vorsicht geboten, gerade wenn ihr nicht die offiziellen Images der Open-Source-Projekte oder der jeweiligen Hersteller verwendet.

19.5 Konfigurationsmanagement

Euer Produkt hängt ab von der Hardware, dem Netzwerk und der Infrastruktur, auf der es läuft. Für den IT-Betrieb umfasst die Konfiguration die gesamte Hardware-, Netzwerk- und Softwarelandschaft eines Unternehmens. Im Rahmen des Konfigurationsmanagements verwaltet ihr, welcher Mitarbeiter welches Gerät hat (Laptop, Desktop, Smartphone) und welche Server, Storage und Router vorhanden sind. Ihr wisst, welche Software auf den jeweiligen Geräten installiert ist – auch weil ihr verwalten müsst, von welchem Produkt ihr welche Lizenzen braucht und wo Patches einzuspielen sind. Im Rahmen des Konfigurationsmanagements organisiert ihr beispielsweise Updates des Betriebssystems auf allen Desktop-PCs von Windows 10 auf Windows 11.

Zur Infrastruktur gehört ein in der Regel umfangreicher Stapel von Software, beginnend mit dem Betriebssystem oder dem Hypervisor und dann darauf aufbauend mit weiteren Schichten, beispielsweise der Java Virtual Machine, der JavaScript-Laufzeitumgebung oder der .NET-Runtime. Auf der Seite des Benutzers kommen Geräte wie Smartphones oder IoT-Geräte mit Sensoren dazu, auch auf diesen müsst ihr eventuell den Softwarestapel verwalten.

Euer Produkt wird vermutlich ein Datenbankmanagementsystem verwenden, eventuell eine nachrichtenorientierte Middleware und weitere Dienste. Auch die Konfiguration des Netzwerks gehört zur Infrastruktur dazu. Eine Grundregel lautet hier: Weniger ist mehr. Je mehr Systeme ihr verwendet, desto aufwendiger wird der Betrieb. Alles, was ihr verwendet, müsst ihr regelmäßig patchen, ihr müsst es im Betrieb überwachen und alles kann ausfallen und damit für einen Ausfall des Gesamtsystems sorgen.

---

[8] https://cve.mitre.org/.

19.5.1 Infrastructure as Code

Noch vor einigen Jahren habt ihr die Infrastruktur manuell konfigurieren müssen, eventuell mehrere Installations-Skripte ausgeführt, in mehreren Dialogen der Installation diverse Daten eingetragen oder Konfigurationsdateien angepasst. Eure Server und Netzwerkinfrastruktur ist so über längere Zeiträume immer mal wieder umkonfiguriert worden. Es war damit später schwer, genau diese Konfiguration wieder herzustellen, wenn der Server ausgetauscht oder weitere Server in Betrieb genommen werden sollten. Viele Fehler im Betrieb der Software entstanden und entstehen durch unterschiedliche Konfiguration der Umgebung bei den Entwicklern, der Testumgebung und der Produktivumgebung.

Um dem Problem zu begegnen, haben wir eine Reihe von Möglichkeiten, die auch in Kombination genutzt werden können. Wir besprechen diese jeweils nur kurz, eine ausführliche Darstellung findet sich beispielsweise bei Kief Morris [Mor16].

In allen der genannten Ansätze kann die Konfiguration jeweils über eine oder mehrere Textdateien beschrieben werden. Diese Textdatei könnt ihr dann behandeln wie normalen Code und sie beispielsweise in euer Git-Repository einchecken. Morris beschreibt dies daher unter der Überschrift *Infrastructure as Code*. Werkzeuge, die hier verwendet werden, sind beispielsweise Puppet,[9] Chef,[10] Ansible[11] und auch Terraform.[12] Ihr beschreibt die Konfiguration häufig eher deklarativ und das jeweilige Werkzeug installiert und konfiguriert die virtuelle Maschine, den Rechner und Teile des Netzwerks entsprechend.

```
1  resource "aws_vpc" "my_vpc" {
2    cidr_block = "10.0.0.0/16"
3  }
4
5  resource "aws_subnet" "my_subnet" {
6    availability_zone = "eu-central-1a"
7    vpc_id            = aws_vpc.my_vpc.id
8    cidr_block        = "10.0.0.0/24"
9  }
10
11 resource "aws_instance" "foo" {
12   ami           = "ami-05e1e66d082e56118"
13   instance_type = "t2.micro"
14   subnet_id     = aws_subnet.my_subnet.id
15 }
```

Listing 19.1 Terraform erstellt ein virtuelles Netzwerk (VPC) mit einem Subnetz, in dem eine EC2-Instanz läuft

---

[9] https://puppet.com/.

[10] https://www.chef.io/.

[11] https://www.ansible.com/.

[12] https://www.terraform.io/.

19.5.2 Provisionierung

Für die Maschinen eures Teams und auch die Server-Rechner ist eine einheitliche und wiederherstellbare Konfiguration Grundlage. Unterschiedlich konfigurierte Rechner sind eine typische Ursache für Fehler. Die Konfiguration eines Rechners besteht aus dem Betriebssystem, weiteren (Hilfs-)Programmen und deren jeweiliger Konfiguration sowie eventuell schon eurer Software. Um einen Rechner wiederholbar zu konfigurieren gibt es mehrere Möglichkeiten: Ihr könnt auf eine vorgefertigte virtuelle Maschine oder auf ein vorkonfiguriertes Docker-Image zurückgreifen und diese bei Bedarf über Skripte anpassen. Alternativ konfiguriert ihr über ein Skript mithilfe eines Werkzeugs.

Ansible, Chef oder Puppet sind solche Werkzeuge. Ein Skript (Chef-Rezept, Ansible Playbook, Puppet-Skript) beschreibt, wie die Konfiguration des Rechners oder einer virtuellen Maschine aussehen soll, auch ein Dockerfile ist im Grunde ein solches Skript. Das Werkzeug sorgt dann dafür, dass alles wie gewünscht auf dem Rechner installiert und richtig konfiguriert wird. Typischerweise sind auch Änderungen an vorhandenen Konfigurationen möglich. Mittlerweile arbeitet man eher mit *immutable* Konfigurationen und erstellt bei Änderungen gleich einen neu aufgesetzten Rechner, virtuelle Maschine oder Image. Um eine ganze Infrastruktur aus mehreren Rechnern und Netzwerkbestandteilen zu provisionieren, könnt ihr Terraform verwenden. Terraform kann für einzelne Rechner wieder auf die oben genannten Werkzeuge zurückgreifen.

```
1  ---
2  - hosts: all
3    become: yes
4    become_user: root
5    tasks:
6      - name: install docker
7        apt: update_cache=yes name=docker-ce state=latest
8      - name: configure docker daemon.json
9        copy:
10         src: ./files/daemon.json
11         dest: /etc/docker/daemon.json
12         owner: root
13         group: root
14         mode: 0644
15       notify: restart docker
16   handlers:
17     - name: restart docker
18       service:
19         name: docker
20         state: restarted
```

Listing 19.2 Ein Auszug aus einem Ansible Playbook, das das Paket docker-ce installiert und Docker über die Datei daemon.json konfiguriert. Sollte sich etwas an der Konfiguration geändert haben, dann wird Docker neu gestartet

In der Ansible Community finden sich viele Playbooks für eine Recherche oder direkt zum Verwenden.[13]

19.6 Deployment

Um euer Produkt beitreiben zu können, müsst ihr es auf ein Trägersystem *deployen*. Dazu erstellt ihr eine installierbare bzw. installierte Version eures Produkts. Typischerweise sind das derzeit ein oder mehrere Docker-Images welche in einer Registry verwaltet werden. Aus der Registry heraus deployt ihr dieses Image in die jeweilige Umgebung.

19.6.1 Umgebungen (Environments)

Ihr arbeitet normalerweise in verschiedenen Umgebungen, in denen ihr eure Software ausführt, testet oder betreibt. Die Umgebungen unterscheiden sich in den verfügbaren Ressourcen (CPU, Speicher, Netzwerk) sowie in ihrer Konfiguration, speziell was Art und Umfang der Datenbank angeht.

Dev ist die Umgebung, in der ihr täglich entwickelt. Jedes Teammitglied hat ihre bzw. seine eigene. *Dev* befindet sich in der Regel auf eurem Laptop und enthält auch die Entwicklungsumgebung, einen Compiler und weitere Werkzeuge. Ihr führt darin die Unit Tests aus. Eventuell arbeitet ihr hier noch nicht mit einem echten Datenbanksystem, sondern beispielsweise mit einer einfachen Hauptspeicher-Datenbank wie H2. Viele Nachbarsysteme und eventuell auch den Datenbankzugriff habt ihr hier noch durch Mocks oder Dummys ersetzt.

Bei stärker integrierten Entwicklungsumgebungen wie Unity solltet ihr eine Anleitung oder ein Skript haben, die beschreiben, wie ein Teammitglied von einem leeren Betriebssystem zu einer lauffähigen Umgebung kommt (Abb. 19.7).

Die Produktionsumgebung (*Prod*) enthält euer laufendes Produkt. In *Prod* wird es betrieben. Diese Umgebung muss die reale Last von Benutzeranfragen verkraften und muss mit dem realen Datenvolumen umgehen können.

Die Staging-Umgebung (*Stage*) sollte dieselbe Konfiguration wie *Prod* aufweisen, besonders bei den gespeicherten Daten, die eine Replikation der Daten aus *Prod* sein sollten. *Stage* verwendet ihr für die unten noch dargestellten Deployment-Strategien wie Blue/Green-Deployment und auch die Canary Releases. In beiden Fällen liefert ihr eure Software auf der Staging-Umgebung aus und schaltet dann die Anfragen aus der Produktion auf diese um, sodass aus *Stage* schrittweise *Prod* wird.

---

[13] https://github.com/do-community/ansible-playbooks/blob/master/docker_ubuntu1804/playbook.yml.

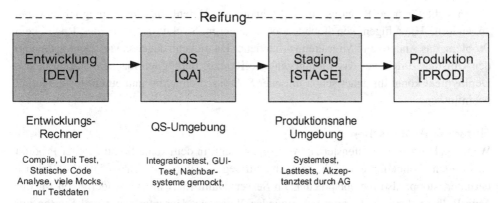

Abb. 19.7 Development, Test, Staging und Production als vier mögliche Umgebungen

Die *Test*-Umgebung nutzt ihr zur Stabilisierung eures Produkts. Ihr testet mit mehreren Benutzern (exploratives Testen, Ende-zu-Ende-Tests) oder führt Last- oder Stresstests aus. Zusätzlich testet ihr auch Elemente, die ihr für den Betrieb eures Produkts braucht: Monitoring, Backup/Restore, Konfiguration (korrekte DB_URL, Credentials) oder die korrekte Migration der Daten beim Releasewechsel.

Die *Test*-Umgebung kann es einmal oder auch mehrfach für verschiedene Zwecke geben. Die *Test*-Umgebung sollte *Prod* möglichst ähnlich sehen. Eventuell arbeitet ihr hier aber mit anonymisierten Daten aus der Produktion oder mit speziell generierten Testdaten. Die Menge der Testdaten spielt hierbei auch eine Rolle, während ihr in *Dev* noch mit einer Handvoll Daten testet, arbeitet ihr in *Test* möglicherweise schon mit einigen Millionen.

Hier sind die Infrastructure-as-Code-Werkzeuge hilfreich, da ihr damit wiederholbar die Rechnerkonfigurationen für *Test*, *Stage* und *Prod* sowie die Netzwerkdefinitionen erzeugen könnt. Ihr verwendet denselben Infrastruktur-Code – nur mit anderen Parametern.

Die verschiedenen Umgebungen können in GitLab definiert und auch in der Build-Pipeline genutzt werden. Sie definieren, wo der Code deployt wird. Diese *Environments* enthalten unter anderem die Definitionen von Umgebungsvariablen, beispielsweise von Nutzernamen und Passwörtern.

19.6.2 Deployment-Strategien

Ihr liefert euer Produkt in der Regel nicht nur ein einziges Mal aus, sondern jedes neue Feature oder jedes neue Release bedeutet eine weitere Lieferung und Inbetriebnahme. Nach der ersten Lieferung wird euer Produkt vermutlich fortlaufend verwendet und es fallen eventuell permanent neue Daten an. Wenn ihr während der Lieferung einen Fehler macht, führt das sicher zu Problemen bei den Benutzern. Die Verfügbarkeit sinkt. Ihr solltet daher in jedem Fall darauf achten, dass ihr immer auf das alte Release zurückwechseln könnt, wenn es mit einem neuen Release im Betrieb Probleme gibt.

Versucht für neue Releases eures Produkts, das Datenbankschema möglichst wenig zu ändern. Hinzufügen von Tabellen oder anderen Strukturen ist in der Regel kein Problem, das Ändern und Migrieren vorhandener Daten kann dagegen viel Zeit kosten und den Umstieg zurück auf das vorangegangene Release unmöglich machen. Ein einfaches Deployment könnt ihr daher schon mit euer Softwarearchitektur und eurem Datenmodell beeinflussen.

Einfaches Austauschen

Wenn euch ein Wartungsfenster zur Verfügung steht, in dem keine Benutzer euer Produkt verwenden, könnt ihr eine sehr einfache Strategie wählen. Ihr fahrt das alte Release herunter, stoppt also die entsprechenden Server. Dann führt ihr die Änderungen für das neue Release durch und startet diese wieder. Wenn das Herunterfahren und Starten nur wenige Sekunden dauert, ist eventuell der Ausfall während des Austauschs tolerierbar. Wenn euer Produkt auf mehreren Servern ausgeführt wird, gibt es weitere Strategien, wie ihr das Deployment ohne Ausfallzeiten und mit geringerem Risiko durchführen könnt.

Blue/Green-Deployment

Das Blue/Green-Deployment [Hum10, Kim16] ist in Abb. 19.8 zu sehen. Dazu benötigt ihr eure Produktivumgebung (Blue) und eine produktionsnahe Umgebung (Green, häufig Staging). Blue läuft produktiv und bearbeitet die Anfragen. Green bereitet ihr stückweise vor und führt dort Tests aus. Wenn ihr sicher seid, dass Green funktioniert, werden alle Anfragen zu Green umgeleitet. Damit wird eure Produktivumgebung die neue Staging-Umgebung und die Staging-Umgebung zur Produktivumgebung.

Canary Releases

Das Konzept der Canary Releases [Hum10, Kim16] soll an die Kanarienvögel erinnern, die in Kohlebergwerken eingesetzt wurden. Befanden sich in einem Schacht giftige Gase, war dies schnell anhand der Reaktion der empfindlichen Kanarienvögel erkennbar. Mit einem Canary Release versucht ihr in ähnlicher Weise, früh Probleme eines neuen Releases

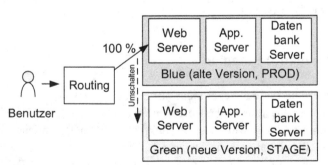

Abb. 19.8 Blue/Green-Deployment frei nach Humble und Farley [Hum10]: Während die Produktion läuft (Blue), wird das neue Release aufgebaut (Green), sobald dieses fertig ist, wird auf dieses umgeschaltet

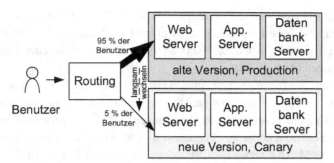

Abb. 19.9 Canary Release frei nach Humble und Farley [Hum10]: Die neue Version wird zunächst nur für eine kleine Anzahl von Benutzern freigegeben. Läuft der Betrieb für diese ohne Probleme, wird die Nutzerzahl sukzessive erhöht

zu erkennen: Das Release wird einem geringen Prozentsatz der Benutzer zur Verfügung gestellt und genau vermessen (Monitoring). Gibt es keine Probleme, kann das Release auf weitere Rechner verteilt werden, dies ist in Abb. 19.9 zu sehen.

19.7 Automatisierung

Automatisierung ist einer der Schlüssel zur professionellen Softwareentwicklung und zu professionellem IT-Betrieb. Das ist der Grund, warum ihr euch auch mit Skript-Sprachen wie Bash, Powershell, Python oder Ruby beschäftigen solltet [Hun99]. Mit einem Skript könnt ihr Dinge, die ihr normalerweise manuell machen würdet, automatisieren, wie beispielsweise den Neustart des Servers nach einem Absturz oder die Installation neuer Softwarekomponenten.

Wir haben uns bereits im Abschn. 17.2.1 mit dem Thema Build-Automatisierung beschäftigt. In der Sprache Java verwendet ihr dazu in der Regel Gradle oder Maven. Die Build-Automatisierung sorgt dafür, dass ihr bei jeder Änderung der Quelltexte oder der Konfiguration erneut prüft, ob alles übersetzt werden kann, ob die Testautomatisierung noch läuft und ob die Quelltexte weitere Qualitätskriterien einhalten. Die Build-Automatisierung ist die Voraussetzung für die kontinuierliche Integration.

Ihr solltet nur dann automatisieren, wenn sich das auch lohnt: Ein Problem oder ein Vorgang sollte wiederholt auftreten und ihr benötigt eine gute manuelle Lösung. Erst wenn ihr den Lösungsweg gut durchdrungen habt, könnt ihr eine passende Automatisierung schreiben und Teilschritt für Teilschritt automatisieren.

19.7.1 Continuous Integration

Der Begriff der Continuous Integration (kontinuierliche Integration) stammt bereits aus den ersten Veröffentlichungen zum eXtreme Programming als eine ihrer wichtigsten

Praktiken [Bec99]. Wenn ihr mit der Entwicklung im Team startet, muss es eine Build-Pipeline geben, das haben wir schon in Abschn. 17.2.2 dargestellt. Sie integriert eure Quelltexte bei jedem Push auf das Repository und sie enthält eine Reihe wichtiger Qualitätsprüfungen (Abb. 19.10).

GitLab bietet hierfür eine sehr gute Unterstützung an. Ihr müsst lediglich die `.gitlab-ci.yml`-Datei bereitstellen. Der eigentliche Build wird über einen sogenannten Runner auf einem gesonderten Rechner ausgeführt. Über verschiedene Runner auf verschiedenen Rechnern könnt ihr beispielsweise Plattformunterschiede berücksichtigen, z. B. x86- und ARM-Architektur der CPU oder jeweils einen Runner für Windows, Linux und MacOS.

Ziel der kontinuierlichen Integration ist es, Integrationsfehler (Compiler), scheiternde Unit Tests, die aktuelle Testüberdeckung sowie Verletzungen der Programmierkonventionen und mögliche Programmierfehler so früh wie möglich sichtbar zu machen. Ergebnisse jedes Schritts sind jeweils dieselben, die ihr normalerweise auch in eurer Entwicklungsumgebung erzeugt, also das übersetzte System beispielsweise als Jar-Datei (Java) oder als Assembly, sowie die Protokolle der Unit Tests, Testüberdeckung und der statischen Codeanalyse.

Dieser Teil der Pipeline (Commit-Stage) sollte sehr schnell ausführbar sein und auch häufig ausgeführt werden, z. B. bei jedem Push auf jeden Branch. Die Unit Tests sollten damit möglichst die komplette Umgebung inklusive der Datenbank simulieren (Mocken).

19.7.2 Continuous Delivery

Der Begriff Continuous Delivery wurde geprägt von Jez Humble und David Farley [Hum10]. Am Ende des Übersetzungs- und Testprozesses in der kontinuierlichen Integration ist eine lieferbare Software entstanden, in Java vielleicht eine `jar`-Datei. Damit ist das Produkt bei weitem nicht vollständig getestet, es fehlt noch der explorative Test. API-Tests und auch automatisierte GUI-Tests werden typischerweise noch nicht in der CI-Pipeline ausgeführt, da sie zu lange dauern.

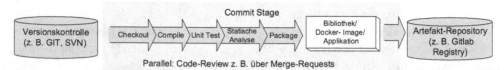

Abb. 19.10 Continuous Integration: CI ist schon im eXtreme Programming eine zentrale Praktik. Sie sichert automatisiert ab, dass der Quelltext übersetzt und geprüft wird, nachdem ihr diesen ins Repository committet habt. Da viele Änderungen parallel stattfinden, ist CI eine Absicherung, dass Integrationsprobleme früh erkannt werden. Eine CI-Pipeline übersetzt eure Quelltexte und führt in der Regel auch Unit Tests und die statische Codeanalyse durch

Eine ganze Reihe von Tests kann automatisiert ausgeführt werden. Beispielsweise ein Lasttest, ein Penetrationstest, eine Analyse der verwendeten Open-Source-Lizenzen, eine Analyse auf mögliche Bedrohungen, die beispielsweise von den verwendeten Docker-Containern oder den verwendeten fremden Bibliotheken ausgehen könnten.

Diese aufwendigeren Maßnahmen zur Qualitätsprüfung werden in der Continuous Delivery Pipeline ausgeführt. GitLab unterscheidet nicht zwischen CI- und CD-Pipeline. Hat die Software alle Prüfungen überstanden, könnte sie zum Deployment bereitgestellt werden, die Inbetriebnahme erfolgt separat. Alternativ kann die Pipeline auch die Inbetriebnahme übernehmen, dann wird von Continuous Deployment gesprochen (Abb. 19.11).

GitLab bietet eine ganze Reihe von Maßnahmen zur Qualitätssicherung als Bestandteil seiner CD-Pipeline an. Diese Jobs werden deutlich seltener ausgeführt, beispielsweise nur bei erfolgreich durchgeführten Merge Requests (auf den Development-Branch oder den Main-Branch). Grund ist, dass hier umfangreichere Analysen der Quelltexte durchgeführt werden, möglich sind hier beispielsweise:

SAST steht für *Static Application Security Testing*. Verwundbarkeiten werden durch die Analyse der Quelltexte gefunden. Beispielsweise Stellen im Code, die SQL-Injection erlauben, da dort Benutzereingaben direkt an die Datenbank versendet werden. GitLab

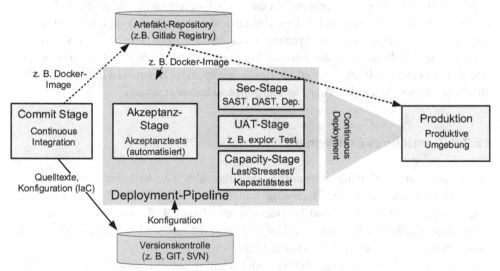

Abb. 19.11 Continuous Delivery: Hierfür haben Farley und Humble den Begriff Deployment Pipeline vorgeschlagen. Ihr arbeitet im Wesentlichen auf eurem Feature-Branch und dort führt die Pipeline bereits die Unit Tests aus und misst auch die Codequalität. Weiterführende Themen, wie ein Akzeptanztest gegen die grafische Oberfläche sowie Performance- oder Penetrationstests, finden in späteren Schritten der Pipeline statt. Wenn das Produkt alle Schritte erfolgreich durchlaufen hat, kann es manuell oder automatisch deployt werden

integriert über einen Adapter verschiedene SAST-Werkzeuge in die Pipeline. Für Java ist das beispielsweise das SpotBugs[14] mit einem entsprechenden Plugin.[15]

DAST ist *Dynamic Application Security Testing*. Eure Software wird also für den Test auf Verwundbarkeiten ausgeführt. GitLab in der Ultimate Version integriert hier das Werkzeug OWASP ZAP, das einfache Penetrationstests durchführt.

Lizenzen scannen: Wenn ihr euer Produkt euren Benutzern zur Verfügung stellt, müsst ihr euch an die Lizenzauflagen der Bibliotheken und Produkte halten, die ihr verwendet. Das gilt auch für Open-Source-Software. Selbst wenn ihr das Produkt selber betreibt, müsst ihr euch beispielsweise an die AGPL halten. Ein Lizenzscanner liefert im Build-Prozess zu den von euch verwendeten Bibliotheken eine Liste mit deren Lizenzen.

Dependencys scannen: Jede Bibliothek, die ihr nutzt, und jeder Docker-Container aus dem Internet kann Sicherheitslücken enthalten. Bekannte Sicherheitslücken werden in CVE-Datenbanken gesammelt. Ein Dependency-Scanner prüft alle von euch verwendeten Bibliotheken auf dokumentierte Sicherheitslücken ab.

Codequalität: Im Build-Prozess müsst ihr selbstverständlich auch die Qualität eurer Quelltexte überwachen. Hier bietet GitLab einige Möglichkeiten an. Häufig wird dazu auch SonarQube in den Prozess integriert.

Ergebnisse der Pipeline stellt ihr in GitLab als `artifacts` bereit. Jeder Job in der Pipeline kann `artifacts` erzeugen. Mit diesem Schlüsselwort deklariert ihr die Dateien, die in einem Job entstehen und welche GitLab später zum Download bereitstellen soll, beispielsweise eine Jar-Datei als Ergebnis eines Build-Prozesses in einem Java-Projekt. Eine zweite Möglichkeit ist die Bereitstellung als Docker-Image, welches ihr in eine Registry hochladet, z. B. die von GitLab. Ein entsprechendes Beispiel ist in Abschn. 19.7.4 zu sehen. Drittens könnt ihr in der Pipeline ganze Releases erzeugen.

19.7.3 Continuous Deployment

Das Deployment sorgt dafür, dass euer Code ausgeführt wird und damit von Menschen verwendet werden kann. Das Hochladen und Starten eines in der Pipeline erzeugten Docker-Images zu einem Cloud-Provider ist ein Beispiel für ein Deployment. Deployments erfolgen in verschiedene Umgebungen. Üblich sind wenigstens Dev (eure Maschine), QA bzw. Test und Prod sowie Stage.

Definiert so früh wie möglich, wie euer Deployment aussehen soll. In welcher Umgebung soll euer Produkt getestet werden? Wo wird es ausgeführt? Am Ende der Build-Pipeline könnt ihr dann euer Produkt beispielsweise auf eine lokale Hardware, auf Firebase oder in einen Cloud-Provider ausliefern. Gerade wenn ihr das Deployment automatisiert bereitstellt, erleichtert ihr jedem neuen Teammitglied und den Entwicklern, die eure

---

[14] https://spotbugs.github.io/.
[15] https://find-sec-bugs.github.io/.

Lösung eventuell übernehmen, das Leben. Denn jeder ist mithilfe der Automatisierung in der Lage, eine Änderung im Code ohne viel Aufwand in Produktion zu nehmen.

19.7.4 Continuous Deployment mit GitLab-CI/CD

Den Ablauf des Builds und des Deployments beschreibt ihr in GitLab in der `.gitlab-ci.yml`-Datei. Auch ein hierarchischer Build-Prozess ist möglich, beispielsweise ein Prozess für das Frontend und einer für das Backend. Ein kurzes Beispiel für eine Pipeline findet sich in Abschn. 17.2.2.

Der Prozess unterscheidet Stages (Stufen), diese werden sequenziell ausgeführt und innerhalb einer Stage kann es einen oder mehrere Jobs geben. Diese werden parallel ausgeführt. Das nachfolgende Listing hat zwei Stages (`build`, `test`) und im Stage `build` gibt es zwei Jobs, `echo-build` und `echo-build2`.

```
 1  stages:
 2      - build
 3      - test
 4
 5  echo-build:
 6      stage: build
 7      script:
 8          - echo "Running Build"
 9
10  echo-build2:
11      stage: build
12      script:
13          - echo "Running second Build"
14
15  echo-test:
16      stage: test
17      script:
18          - echo "Running Test"
```

Erst wenn eine Stage erfolgreich ausgeführt wurde, wird die darauffolgende Stage gestartet. Stage ist nur dann erfolgreich, wenn alle Jobs darin erfolgreich ausgeführt wurden. Terminiert einer der Jobs nicht erfolgreich, wird damit die Stage und die gesamte Pipeline abgebrochen.

Umgebungsvariablen

GitLab stellt vordefinierte Umgebungsvariablen bereit, beispielsweise um den Lauf der jeweiligen Pipeline zu identifizieren (Build-Nummer). Eigene Umgebungsvariablen könnt ihr in der Definition der Pipeline (`gitlab-ci.yml`) oder direkt in GitLab ergänzen. So lässt sich die Pipeline und damit der CI/CD-Prozess flexibel deklarieren. Benutzernamen, Passwörter oder jede Form von Security-Tokens dürfen sich nicht in eurem Repository befinden. Diese braucht ihr immer wieder, für die Registry oder für (Test-)Datenbanken.

Die Credentials konfiguriert ihr in GitLab als Variablen oder verwendet die dafür vordefinierten Umgebungsvariablen.

Das nachfolgende Listing zeigt eine Stage (dockerize) mit einem Job (docker-pvs) aus der Definition der Build-Pipeline in der .gitlab-ci.yml-Datei. Die verwendeten Variablen stammen aus GitLab, wie beispielsweise $CI_REGISTRY_USER. Die Stage erstellt ein Docker-Image und schreibt dieses in die GitLab-Registry.

```
 1  stages:
 2      - dockerize
 3
 4  docker-pvs:
 5      image: docker:latest
 6      stage: dockerize
 7      services:
 8          - docker:dind
 9      before_script:
10          - echo $CI_JOB_TOKEN | docker login -u "$CI_REGISTRY_USER"
            --password-stdin $CI_REGISTRY
11      script:
12          - cd pvs
13          - docker build --pull -t "$CI_REGISTRY_IMAGE" .
14          - docker push "$CI_REGISTRY_IMAGE"
```

Das Skript verwendet folgende vordefinierte Variablen:[16]

- $CI_REGISTRY ist die Adresse der Container-Registry in GitLab.
- $CI_REGISTRY_USER enthält einen Benutzer, der Images in die Registry schieben kann.
- $CI_REGISTRY_IMAGE Adresse des Images innerhalb der Container-Registry in GitLab.
- $CI_JOB_TOKEN wird automatisch von GitLab bereitgestellt und dient als Passwort für die Registry.

Mit weiteren Variablen wie $CI_PIPELINE_IID könnt ihr beispielsweise dem jeweiligen Lauf der Build-Pipeline eine eindeutige Nummer geben (Build-Nummer). Andere Nutzernamen und Passwörter, z. B. für die Testdatenbank legt ihr über selbst definierte Variablen fest und verwendet in der Definition der Build-Pipeline nur noch diese Variablen.

Kernidee: Nutzung von Docker als Umgebung
Mithilfe von Docker-Containern könnt ihr Werkzeuge für praktisch alle möglichen Programmiersprachen bereitstellen und verwenden. Im oben gezeigten docker-pvs-Job wird beispielsweise das Image docker:latest verwendet, um die verschiedenen Werkzeuge von Docker zur Verfügung zu haben.

---

[16] Vgl. https://docs.gitlab.com/ee/ci/variables/predefined_variables.html.

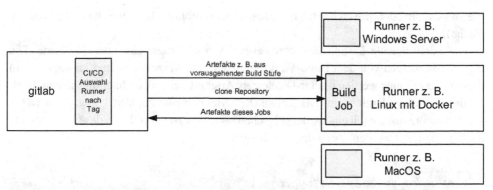

Abb. 19.12 GitLab-Runner: Spezialisierte Rechner, welche jeweils Schritte der Build-Pipeline ausführen

In gleicher Weise findet ihr Docker-Images, welche eure jeweilige Programmiersprache oder andere für den Build notwendige Werkzeuge enthalten. Für die Sprache Java sucht ihr beispielsweise nach einem Image, das ein aktuelles JDK und ein Build-Werkzeug wie Maven oder Gradle enthält.

GitLab-Runner

Der eigentliche Build-Prozess wird von GitLab auf sogenannten Runnern ausgeführt. Dazu installiert ihr auf dem Rechner, der den Build-Prozess ausführen soll, den GitLab-Runner und registriert ihn bei eurem GitLab-Server. Über die Runner könnt ihr auf unterschiedlichen Betriebssystemen Schritte des CI/CD-Prozesses ausführen und mit Hilfe von Tags organisieren. Eventuell habt ihr einen Runner auf einem Windows-Server, einen weiteren auf einem MacOS-Rechner und einen auf einer Linux-Maschine, die auch Docker-Container ausführen kann (Abb. 19.12). Die GitLab-Runner *pollen*, dadurch können sie überall laufen, wo sie die GitLab-Instanz erreichen können. HTTPS ist in fast allen Umgebungen nach außen geöffnet. GitLab muss also nicht den Runner erreichen, sondern der Runner das GitLab.

Wir verwenden Runner, die Docker-Container ausführen können, damit ist ein sehr flexibler Build-Prozess möglich. GitLab klont das Repository auf den Runner und kopiert die in der GitLab-CI als `artifacts` spezifizierten Dateien wieder auf den GitLab-Server zurück.

Artefakte

Artefakte (artifacts) bezeichnen in GitLab das oder die Ergebnisse eines Jobs in der Pipeline. Die Ergebnisse entstehen in einem Runner. Alles, was ihr als `artifact` kennzeichnet, wird auf den GitLab-Server zurückkopiert und kann über mehrere Jobs hinweg und als bleibendes Ergebnis genutzt werden. Ihr nutzt die Artefakte eher für bleibende Ergebnisse, also Artefakte, welche ihr ausliefern wollt oder auch Reports. Um Ergebnisse im Build-Prozess wieder zu verwenden, könnt ihr den von GitLab bereitgestellten Cache verwenden, damit speichert ihr beispielsweise auf dem Runner die von Gradle oder Maven heruntergeladenen Fremdbibliotheken zwischen (Dependency Cache).

Das nachfolgende Listing übersetzt beispielsweise vorhandene Java-Quelltexte. Die Ergebnisse werden von dem Build-Werkzeug Gradle im Verzeichnis `build` abgelegt. In diesem Verzeichnis werden die Jar-Dateien als Artefakt gekennzeichnet und stehen damit für die nachfolgenden Jobs und das spätere Deployment weiter zur Verfügung. Diese Daten werden automatisch nach einem Tag gelöscht. Das `always` sorgt dafür, dass die Artefakte auch gespeichert werden, wenn der Job abbricht.

```
 1  variables:
 2      PATH_TO_PROJECT: "./myproject"
 3
 4  build-java:
 5      stage: build
 6      image: gradle:6.8.3-jdk11
 7      script:
 8          - cd $PATH_TO_PROJECT
 9          - gradle assemble
10      artifacts:
11          when: always
12          paths:
13              - $PATH_TO_PROJECT/build/libs/*.jar
14          expire_in: 1 day
```

Vorgefertigte Jobs

GitLab bietet für viele Sprachen vorgefertigte Templates für den Build- und den Deployment-Prozess an, auch die Arbeit mit Kubernetes wird umfassend unterstützt.

Themen wie DAST, SAST oder die Untersuchung von Containern können leicht über entsprechende Templates eingebunden werden. Im nachfolgenden Beispiel sind das SAST und die Container-Untersuchung.

```
 1  include:
 2    - template: Security/SAST.gitlab-ci.yml
 3    - template: Security/Container-Scanning.gitlab-ci.yml
```

GitLab ist auch in der Lage, aus euren Quelltexten automatisch eine Pipeline zu erzeugen. Dies wird als Auto DevOps bezeichnet.

19.8   Messen

Um die Verfügbarkeit eures Produkts zu messen und abzusichern, müsst ihr es im Betrieb überwachen. Je schneller ihr ein Problem feststellt, desto schneller könnt ihr es beheben. Messen ist für euch notwendig, damit ihr aus den Messwerten lernen und euch kontinuierlich verbessern könnt. Die Zahlen erlauben euch ein wissenschaftliches Vorgehen. Hypothesen über den Ressourcenverbrauch eures Produkts oder über das Verhalten eurer Benutzer könnt ihr direkt über Messungen verifizieren oder falsifizieren.

Messen ist kein Selbstzweck, ihr erhebt Zahlen, Alarme sowie Log- oder Trace-Daten aus einem bestimmten Grund, ihr habt einen Informationsbedarf. Auf der Grundlage der Informationen trefft ihr Entscheidungen. Es gibt verschiedene Ziele, die ihr hier verfolgen könnt:

Prozess messen: Wie lange dauert es von der Spezifikation einer User Story, bis diese in Betrieb ist? Wie viele Features liefert ihr über einen bestimmten Zeitraum aus? Wie viele Probleme gibt es pro ausgeliefertem Feature? Diese Zahlen erhebt ihr, um euer Vorgehen und eure Werkzeuge zu verbessern. Sie zeigen an, wie effizient ihr gerade arbeitet.

Qualität beim Benutzer messen: Wie nehmen eure Benutzer die Antwortzeiten, die Robustheit oder die Verfügbarkeit eures Produkts wahr? Hier müsst ihr offenbar direkt am (mobilen) Client messen, da Probleme mit der Performance oder Verfügbarkeit auch dort verursacht werden können. Diese Informationen erhebt ihr, um die wahrgenommene Qualität eures Produkts zu überwachen und verbessern.

Betriebsqualität und -kosten messen: Wie verhält sich eurer Produkt im Produktivbetrieb? Einfach zu messen sind beispielsweise die CPU-Auslastung, Datenaustausch mit der Festplatte oder der Hauptspeicherbedarf einzelner Server. Diese Informationen braucht ihr, um die Betriebskosten zu senken, Angriffe zu erkennen sowie insgesamt Qualitätseigenschaften wie Performance und Verfügbarkeit zu verbessern.

Geschäftliche Metriken: Was machen eure Benutzer mit der Anwendung? Verwenden sie die von euch geplanten Features? Wie hoch sind die Kosten für jede Transaktion/pro Benutzer? Wie hoch ist der Umsatz pro Benutzer? Hier gibt es eine Reihe von Metriken, die ihr erhebt, um euer Unternehmen bzw. das des Auftraggebers profitabel zu betreiben. Ihr verfolgt betriebswirtschaftliche Ziele.

Wenn ihr anfangt, alles Messbare zu messen, verlauft ihr euch ziemlich sicher in einem Zahlensalat. Es ist nur dann sinnvoll, Messungen zu machen oder Zahlen aus eurer Produktion zu erheben, wenn ihr auf deren Grundlage Entscheidungen treffen könnt, wenn die Informationen eure Fragen beantworten können. Ihr solltet daher bewusst entscheiden, was ihr messen, loggen oder tracen wollt.

19.8.1 Metriken, Logs, Traces und Alarme

Welche Informationen könnt ihr über euer laufendes Produkt und seinen Erstellungsprozess erheben? Welche durch euch wahrnehmbaren Informationen lassen einen Rückschluss zu auf den internen Zustand eures Produkts? Es gibt folgende Möglichkeiten:

Metriken: Beispiele für Metriken sind die CPU-Auslastung, der verbleibende Festplattenplatz oder die Antwortzeiten. Typischerweise interessiert euch hier die zeitliche

Veränderung über bestimmte Zeiträume, z. B.: Wann ist die CPU-Auslastung besonders hoch? Oder euch interessieren statistische Größen z. B. die Antwortzeit, unter der 99 % aller Anfragen beantwortet werden (99 %-Perzentile). Auch die Kosten für jeden Rechner und jeden genutzten fremden Service sind für euch interessant.

Logs: Euer Produkt schreibt typischerweise Log-Ausgaben in eine Datei oder auf die Konsole. In der Regel programmiert ihr die Log-Ausgaben selbst und definiert, welche Informationen im Log enthalten sind. Über diese Logs könnt ihr beispielsweise Ursachenforschung bei aufgetretenen Problemen durchführen, sie können eine wichtige Informationsquelle für das Debugging sein. Typischerweise loggt ihr sogenannte Audit-Trails, also Aktionen (z. B. git push, AWS CLI, . . .) der Administratoren und Entwickler. Damit könnt ihr nachvollziehen, was am System verändert wurde und so eventuelle Angriffe erkennen.

Traces: Wenn euer Produkt eine Microservice-Architektur hat bzw. aus mehreren Diensten besteht, müsst ihr zur Diagnose von Problemen die zeitliche Reihenfolge von Ereignissen auch über die Grenzen verschiedener Rechner hinweg nachvollziehen können. Performance-Probleme könnten beispielsweise von jedem der beteiligten Server und fremden Dienste verursacht werden, ebenso wie durch Netzwerklatenzen. Daher braucht ihr hier ein umfassenderes Bild. Dafür werden Traces protokolliert: Dazu generiert ihr eine Request-ID, die in allen Logs erscheint: vom Frontend über diverse Load Balancer bis hin zum Backend. Hier fallen offenbar viele Daten an.

19.8.2 Qualität beim Benutzer

Moderne Softwarearchitekturen implementieren viel mehr Verarbeitung auf der Seite des Clients. Der Client kann aus umfangreichem JavaScript-Code bestehen und etwa als Single Page Application sehr viele Features ohne Zugriff auf ein Backend bereitstellen. Der Zugriff auf ein Backend selbst kann aus vielen verschiedenen Teilen bestehen: DNS-Aufrufe, Laden der JavaScript-Quelltexte, der Bilder und Texte, Authentisierungs-Dienste etc. Damit kann euer Client als langsam wahrgenommen werden, obwohl euer Backend eigentlich keine Probleme hat. Um sicher zu wissen, was eure Benutzer wahrnehmen, müsst ihr Antwortzeiten und die Verfügbarkeit am Client messen.

19.8.3 Überwachen eures Produktivbetriebs

Eventuell besteht euer Backend aus vielen verschiedenen interagierenden (Micro-) Services bzw. Komponenten und es werden fremde Dienste genutzt, beispielsweise die Authentifizierung. Möglicherweise laufen eure Server nicht direkt auf der Hardware, sondern innerhalb von Containern und oder innerhalb virtueller Maschinen. Mit verschiedenen Metriken messt ihr, ob ihr gerade die vereinbarten Antwortzeiten einhalten könnt oder ob ihr weitere Hardware benötigt bzw. Hardware abschalten könnt. Über das

Betriebssystem jedes genutzten Rechners könnt ihr einfache Metriken erheben, wie den zeitlichen Verlauf von:

- CPU-Auslastung
- Hauptspeicherverbrauch
- Zahl laufender Prozesse und Threads
- Lese- und Schreibzugriffen auf Sekundärspeicher/Festplatte (Zahl und Datenmenge)
- Netzwerkzugriff (Zahl und Datenmenge)
- verbleibendem Festplattenspeicher

Die höheren Schichten eures Softwarestapels bieten genauso wie das Betriebssystem oder Container einige Schnittstellen zur Messung von Betriebsparametern an. Spring Boot bietet dazu über den sogenannten Actuator beispielsweise verschiedene Endpunkte für Metriken und andere Informationen an, unter anderem eine JMX-Schnittstelle (Java Management Extension) und einen health-Endpunkt.

In gleicher Weise können auch die verwendeten Datenbankserver, die Webserver oder die nachrichtenorientierte Middleware jeweils mit spezifischen Metriken beobachtet werden, wie Antwortzeiten auf Queries oder Befüllung der Queues. Für euren Betrieb braucht ihr eine kleine Zahl aussagekräftiger Metriken, um Probleme früh zu erkennen oder nachzuweisen, dass ihr die vereinbarte Servicequalität einhaltet. Es ist nicht sinnvoll, alles Messbare zu messen, mit den Daten müsst ihr auch etwas anfangen können. Im Site Reliability Engineering werden folgende vier Metriken als aussagekräftig vorgeschlagen (Golden Signals [Bey16]:

Last (Traffic): Wie viele Anfragen auf euer Produkt gibt es pro Sekunde oder in einem anderen gegebenen Zeitraum? Typischerweise sind das HTTP-Requests, bei einer Datenbank messt ihr eher die Transaktionen pro Sekunde.

Fehlerrate (Error): Ihr messt den Prozentsatz an nicht erfolgreich durchgeführten Abfragen. Solche Anfragen liefern den HTTP-Statuscode 500 zurück oder halten die vereinbarten Antwortzeiten nicht ein. Auch Anfragen mit dem falschen Ergebnis zählen dazu.

Laufzeiten (Latency): Wie lange dauert es, bis eine erfolgreiche Anfrage vollständig beantwortet ist? Wie lange dauert eine gescheiterte Anfrage? Ihr betrachtet einzelne besonders lange laufende Anfragen ebenso wie entsprechende Statistiken (50 %-, 90 %- oder 99 %-Perzentile oder ein entsprechendes Histogramm).

Auslastung (Saturation): Wie stark ist euer Produkt ausgelastet? Abhängig davon, was eure Komponente tut, sind unterschiedliche Maße interessant. Wenn sehr viel berechnet wird, messt ihr die CPU-Auslastung. Bei datenintensiven Komponenten messt ihr eventuell die Auslastung des Hauptspeichers oder die Datenübertragung auf die Festplatte oder ins Netzwerk. Mithilfe der Auslastung erkennt ihr, ob vorhandene Hardware und Netzwerk bei der jeweiligen Last ausreichen.

Logging

In einer Log-Datei landen mindestens die Ausnahmen (mit Stack Trace), die im Server aufgetreten sind. Ihr entscheidet in eurem Code, was genau in der Log-Datei landet. Welche Informationen in das Log geschrieben werden, stellen wir in Abschn. 16.10.2 dar. Ihr könnt über Log-Level verschiedene Prioritäten vergeben:

* Severe/Fatal/Error für Ausnahmen
* Warning für andere aufgetretene Probleme
* Info/Notice für allgemeine Informationen, beispielsweise zur Konfiguration
* Debug für Details

Euren Server könnt ihr dann so konfigurieren, dass dieser nur die wichtigsten Informationen (Ausnahmen) loggt oder alle Informationen (debug). In Kap. 16 haben wir schon beschrieben, dass ihr euch im Team einigen solltet, wie ihr das Logging einsetzt. Es ist sinnvoll, das Verhalten der Benutzer zu protokollieren, ohne allerdings die DSGVO zu verletzen. Beim Logging müsst ihr Folgendes beachten:

* Keine Passwörter oder andere Credentials loggen.
* Keine Benutzernamen im Klartext, eventuell deren Hash oder nur einen Teil der IP-Adresse.
* Dennoch genügend Informationen loggen, um beispielsweise Angriffe von außen erkennen zu können.

Alarme

Über eine Veränderung im Betrieb eures Produkts wollt ihr immer dann informiert werden, wenn ihr durch einen persönlichen Eingriff etwas verändern könnt. Nicht jedes Ereignis im Betrieb oder jeder Absturz eines Servers ist gleich einen Alarm wert. Sonst erkennt die alarmierte Person bald vor lauter irrelevanten Meldungen die eigentlich wichtigen Alarme nicht mehr.

Einen Alarm könnt ihr auslösen durch ein bestimmtes Ereignis (bestimmte Inhalte einer Log-Datei) oder das Über- oder Unterschreiten bestimmter Schwellwerte bei Metriken. Ihr könnt z. B. einen Alarm auslösen, wenn die Zahl der Fehlversuche beim Einloggen aller Benutzer den Schwellwert von 5 % überschreitet, dies könnte ein Indikator für einen Angriff sein. Wenn ihr außerhalb der Öffnungszeiten den Zugriff auf einen Büro-PC feststellt, könnte dies auch einen Alarm wert sein, da dieser PC eventuell kompromittiert ist. Den Alarm selbst erhaltet ihr beispielsweise per SMS oder per E-Mail.

Wenn einer von euch Rufbereitschaft hat, achtet darauf, dass ihr nur dann Alarme sendet, wenn die Person wirklich etwas verändern kann und wenn die Veränderung dringend ist (actionable alerts). Viele Vorfälle können auch automatisiert gelöst werden, beispielsweise durch Isolation eines möglicherweise kompromittierten Rechners. Niemand wird gerne mitten in der Nacht oder am Wochenende alarmiert.

Überblick behalten

Ihr müsst die verschiedenen Daten sammeln, beispielsweise mit Prometheus[17] (Metrik-Server), und könnt diese dann grafisch darstellen, beispielsweise mit Grafana[18]. Die Metriken werden zusätzlich in einer (Zeitreihen-)Datenbank gespeichert, um später Analysen durchführen zu können.

19.8.4 Prozessmetriken

Nicole Forsgren et al. identifizieren in ihrer Studie ,State of DevOps Report' (eine große Umfrage) insgesamt vier Metriken, mit denen sie die Leistung (Performance) der Softwareentwicklungs-Organisation beurteilen [For18]. Mithilfe dieser Metriken unterschieden sie dann sehr effiziente Organisationen (High Performer) von ineffizienten (Low Performer). Sie können belegen, dass die High Performer mit höherer Wahrscheinlichkeit geschäftlich erfolgreich sind:

Lead Time for Changes: Ihr messt die Zeit von einem erfolgten Commit in euer Repository, bis diese Änderung produktiv ist und von euren Benutzern verwendet werden kann. Bei den High Performern gelangte eine Änderung durchschnittlich in weniger als einer Stunde in Produktion, bei den Low Performern dauerte dies zwischen einer Woche und einem Monat.

Forsgren et al. argumentieren, dass eine kürzere Lead Time zu schnellerem Feedback zu Änderungen führt und damit das Lernen beschleunigt und die Organisation flexibler macht. Eine möglichst kurze Lead Time ist auch das Ziel im Lean Development [Rei09].

Deployment Frequency: Wie oft werden Änderungen in Produktion genommen? Forsgren et al. sahen bei den High Performern Deployments bei Bedarf auch mehrfach am Tag. Dagegen brachten die Low Performer ihre Änderungen zwischen einmal pro Woche und einmal pro Monat in Produktion.

Zusammen mit der Lead Time ist die Deployment Frequency ein Maß für die Geschwindigkeit, in der neue Features entwickelt und produktiv gestellt werden können.

MTTR: Wie lange dauert es bei einem Ausfall eures Produkts, bis es wieder verwendet werden kann? Wie lang ist eure durchschnittliche Reparaturzeit, die Mean Time To Repair (Recover)? In der Studie konnten die High Performer Ausfälle durchschnittlich in weniger als einer Stunde beheben, während die Low Performer nach eigenen Angaben zwischen einem Tag und einer Woche brauchten.

Change Failure Rate: Ihr messt, wie viele eurer Code- und Konfigurationsänderungen in Produktion schiefgehen. Forsgren et al. fanden bei den High Performern Fehlerraten von 0 %–15 %. Die Low Performer lagen bei 31 %–45 %.

---

[17] https://prometheus.io/.

[18] https://grafana.com/oss/grafana/.

Hohe Geschwindigkeit könnte auf Kosten der Qualität gehen, daher haben Forsgren et al. auch Fragen zur Ausfällen und zu Problemen in der Produktion gestellt. Ein Maß dafür sind Probleme, die Änderungen in Produktion verursachen. Erstaunlicherweise waren die High Performer schnell (Lead Time, Deployment Frequency) und hatten wenige Probleme durch Änderungen in Produktion. Geschwindigkeit ging in dieser Studie also nicht auf Kosten der Qualität.

19.8.5 Geschäftliche Metriken

Euer Produkt wollt ihr sicher wirtschaftlich betreiben bzw. euer Auftraggeber hat das vor. Damit muss das Produkt Umsatz und möglichst auch Gewinn direkt oder indirekt erwirtschaften. Welche Zahlen hier interessant sind, hängt von eurem Geschäftsmodell bzw. dem des Auftraggebers ab. Interessant können beispielsweise sein:

- Kosten und Umsatz pro Benutzer und Monat
- Kosten und Umsatz pro Benutzer-Transaktion
- Conversion-Rate ist der Prozentsatz der Besucher, die das getan haben, was ihr von ihnen wolltet. Sie haben z. B. den ‚Kaufen‘-Button geklickt.
- Netpromoter Score: Würden eure Benutzer das Produkt weiterempfehlen?

Insgesamt wollt ihr mit den Messungen das Verhalten eurer Benutzer besser verstehen und lernen, wie ihr das Produkt verbessern könnt. Ziele sind hier mehr Umsatz, mehr Gewinn, mehr Benutzer, zufriedenere Benutzer etc.

Viele interessante Metriken können hier nicht mehr nur über euer Produkt gemessen werden, da beispielsweise auch die Organisation hinter dem Produkt (Miete, Gehälter für Betrieb, Support, Vertrieb etc.) Kosten verursacht oder der Umsatz eventuell nicht direkt mit dem Produkt erwirtschaftet wird.

19.9   Problemmanagement

Wenn es um Probleme im Betrieb geht, ist häufig von einem sogenannten Incident (Vorfall) die Rede. Wenn ein Benutzer gerade euer Produkt nicht nutzen kann, ist das ein Incident. Diesen muss der Benutzer euch irgendwie mitteilen können oder euer Produkt muss das automatisch erkennen.

Der Incident kann mehrere Ursachen haben, es muss nicht unbedingt ein Fehler in der Software sein. Eventuell liegt das Problem auch auf der Seite des Benutzers, weil beispielsweise seine Internetverbindung gerade nicht funktioniert, er die Software nicht verstanden hat oder sein Gerät spinnt.

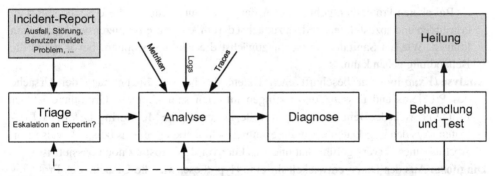

Abb. 19.13 Ein Incident kann eine Meldung eines Benutzers sein oder ein sich anbahnender oder tatsächlicher Ausfall. Die Abbildung frei nach [Bey16] zeigt einen möglichen Ablauf für die Behandlung von Incidents

Bei Ausfällen des Produkts oder Beschwerden von Benutzern solltet ihr strukturiert vorgehen und nicht einfach spontan die Ursache raten, sonst verschlimmert ihr eventuell das Problem noch. Daher wird ein Vorfall immer zunächst als Ticket formuliert und ihr versucht, dieses dann systematisch und im Team abzuarbeiten.

Bei der Untersuchung der Ursachen für einen Vorfall kann aus dem Incident eventuell eine Fehlermeldung werden, um die sich dann Entwickler aus dem Team im Rahmen des Bugfixing kümmern müssen. Für die Verwaltung der Vorfälle, das Incident-Management, gibt es eigene Werkzeuge, wie beispielsweise OTRS, Remedy oder Jira, in GitLab werden ebenfalls Funktionen bereitgestellt. Im Site Reliability Engineering werden folgende Schritte vorgeschlagen, wie in Abb. 19.13 dargestellt:

Dokumentation des Vorfalls: Das Verhalten eures Produkts weicht von dem erwarteten Verhalten ab, ein Vorfall, möglicherweise ein Problem. Euer erster Impuls bei einem Problem ist eventuell, sofort nach der Ursache zu suchen und irgendetwas auszuprobieren. Eventuell verschlimmert ihr das Problem durch kopfloses Vorgehen. Es ist wichtig, mögliche Probleme zu dokumentieren, typischerweise als Ticket. Das versetzt auch eure Kollegen in die Lage mitzuhelfen und erzwingt ein strukturiertes Vorgehen. Außerdem ist eine spätere Analyse von Problemen möglich.
Triage: Ein Vorfall kann sporadisch auftreten und eventuell nur bei einem oder wenigen Benutzern, die vielleicht sogar einen Workaround haben. Ein anderer Vorfall kann den kompletten Ausfall eures Produkts beinhalten. Beide Vorfälle sind offenbar unterschiedlich wichtig und unterschiedlich dringend. Das sporadische Problem kann warten, ein akuter Ausfall muss sofort behandelt werden. Für jeden Vorfall führt ihr daher einen sogenannten Triage-Prozess durch: Sofort behandeln, später behandeln oder auch nicht behandeln.

Bei akuten Problemen geht es am Anfang noch nicht darum, die Ursache sofort zu ergründen und abzustellen, sondern zunächst darum, dass eure Benutzer wieder arbeiten können. Wie ein Sanitäter müsst ihr zunächst die Blutung stoppen, bevor es an die Behandlung gehen kann.

Analyse (Examine): Ihr beschafft euch Daten, die bei der Suche nach der Ursache des Problems und dessen Auswirkungen hilfreich sein könnten. Grundlage ist der Problembericht der Benutzer oder von Kollegen sowie gute Monitoring-Daten und Log-Daten. Aus den Log-Daten könnt ihr eventuell schon erkennen, was beispielsweise zum Absturz eines Servers geführt hat und was kurz vor dem Absturz noch passiert ist.

Diagnose: Aus den Daten entwickelt ihr eine Hypothese, was die Ursache des Problems sein könnte. Startet mit den wahrscheinlichsten Ursachen: Änderungen der Konfiguration oder der Software verursachen häufig Probleme. Zweite Möglichkeit sind externe Einflüsse wie Lastspitzen oder Angriffe. Die Diagnose ergibt eine kurze Liste mit den wahrscheinlichsten Ursachen.

Test und Behandlung (Treat): Ihr habt eine Hypothese, was eine Ursache sein könnte, nun überlegt ihr euch Experimente und Tests, welche die Hypothese belegen oder widerlegen können. Konnte der Server sich nicht mit der Datenbank verbinden und ihr vermutet, dass es an den Credentials lag, könntet ihr den Zugriff manuell mit denselben Credentials versuchen. Wenn ihr vermutet, dass die Netzwerkverbindung die Ursache war, sendet ihr ein Ping an die entsprechende Maschine.

Durch eine Menge von Experimenten findet ihr (hoffentlich) die Ursache oder eventuell mehrere Ursachen.

Reparatur (Cure): Sind die Ursachen eingegrenzt, versucht ihr die Reparatur. Gelingt dies, dokumentiert ihr alles im entsprechenden Ticket und schließt es. Schlägt die Reparatur fehl, war die Hypothese doch falsch und ihr müsst wieder zur Diagnose zurück.

Da ihr in Zukunft ähnliche Probleme vermeiden wollt, bietet es sich an, im Wiki noch einen Post-Mortem-Bericht (siehe unten) zu schreiben und das Problem sowie seine Lösung zu dokumentieren.

Dieser skizzierte Ablauf entspricht dem wissenschaftlichen Vorgehen, das wir schon in Abschn. 2.1.4 dargestellt haben und das Zeller in ähnlicher Weise für das Debugging einsetzt [Zel09].

19.10 Weitere Themen des IT-Betriebs

Es gibt noch viele weitere Themen, die für den IT-Betrieb relevant sind. Beispielsweise die Kapazitätsplanung oder das Änderungsmanagement. Auch einen IT-Support oder einen Helpdesk müsst ihr eventuell organisieren. Hier müssen wir leider auf die Spezialliteratur verweisen, aus dem Themenfeld SRE oder ITIL® bzw. Servicemanagement.

19.11 Schnelles Lernen

19.11.1 Wertstromanalyse

In einer Wertstromanalyse betrachtet ihr den gesamten Weg einer Idee für ein Feature, bis diese Benutzern zur Verfügung gestellt werden kann [Mar13, Kim16]. Ziel der Analyse ist es, die Durchlaufzeit eines Features (Lead Time) bis zur Inbetriebnahme zu verkürzen und unnötige Überarbeitung zu vermeiden.

Für eine Wertstromanalyse zeichnet ihr jeden Schritt, wo an dem Feature gearbeitet wird, auf und erfasst auch die jeweilige Bearbeitungsdauer. Schritte können sein: Analyse, Spezifikation, Schätzung, Implementierung, Integration und Test sowie die Inbetriebnahme. An dem Feature wird vermutlich nicht kontinuierlich gearbeitet, sondern es lagert irgendwo im Backlog oder wartet fertig getestet, bis es integriert werden kann. Diese Wartezeiten erfasst ihr. Wenn ihr die Wartezeiten verkürzen könnt, sinkt damit die Lead Time. Ihr messt zusätzlich, wie oft ein fertiges Feature erneut überarbeitet werden muss (rework), diese Rückschritte im Prozess versucht ihr zu vermeiden.

19.11.2 Fehlerbudgets (error budgets)

Entwickler und IT-Betrieb haben unterschiedliche Ziele: Die einen wollen möglichst schnell neue Features in Betrieb nehmen, um die Wünsche der Benutzer schnell zu erfüllen. Die anderen wollen möglichst wenig Änderungen, um den Betrieb stabil zu halten. Um beiden Gruppen gerecht zu werden, gibt es im SRE das Konzept der Error Budgets [Bey16].

Dieses Budget könnt ihr aus den Anforderungen ableiten: Wenn ihr beispielsweise eine Verfügbarkeit von 99 % liefern müsst, habt ihr 1 % aller Anfragen als Budget zur Verfügung, gemessen über einen bestimmten Zeitraum, z. B. ein Quartal. Wenn es in dem laufenden Quartal noch keinen Ausfall gegeben hat, können die Entwickler neue Features in Produktion nehmen. Wenn wegen der Änderungen Ausfälle vorkommen, ist das Budget irgendwann verbraucht und mit weiteren Deployments muss bis zum nächsten Quartal gewartet werden.

19.11.3 Checklisten führen

Selbst wenn ihr sehr viel automatisieren könnt, müsst ihr einige Dinge manuell erledigen, beispielsweise Android-APKs signieren, in den App Store laden, Screenshots machen, Wartungsarbeiten ankündigen, Newsletter an Benutzer versenden und vieles weitere mehr.

Für diese Themen unterstützen euch Checklisten [Gaw10]. Sie helfen euch, nichts Wesentliches zu vergessen und die Tätigkeiten in der richtigen Reihenfolge auszuführen. Beim ersten Durchführen einer Tätigkeit, z. B. beim Signieren der APKs, erstellt ihr eine erste Checkliste. Diese pflegt, aktualisiert und korrigiert ihr bei jedem weiteren Durchlauf. Irgendwann habt ihr für alle manuellen Tätigkeiten eine ausgereifte und lebendige Checkliste.

19.11.4 Post Mortems: aus Ausfällen lernen

Wenn euer Produkt im Betrieb ausfällt, ist das immer eine Möglichkeit zu lernen [Bey16]. Wenn Fehler in eurem Code verblieben sind, habt ihr eventuell Lücken in eurer Qualitätssicherung. Wenn es unvorhergesehene Ausfälle von Hardware oder Software gab, gibt es eventuell systematische Fehler in euren Betriebskonzepten.

Eine gute Praktik ist es daher, einen sogenannten Post Mortem durchzuführen, nachdem ein Problem repariert wurde. Im Post Mortem dokumentiert ihr (Wiki-Seite), wie es zu dem Problem kommen konnte und was die eigentliche Ursache (root cause) des Problems war. Ziel des Post Mortems ist es, ähnliche Probleme in der Zukunft zu vermeiden.

Die Post Mortems sind nicht als Anklage gemeint (blameless) und sie suchen auch nicht nach dem Schuldigen, der das Problem verursacht hat. Sie sind stattdessen eine Chance, mit der ihr eure Organisation verbessert. Daher sind Post Mortems auch in eurer Organisation öffentlich.

Ihr könnt durch weitere Maßnahmen das Schreiben von Post Mortems unterstützen, beispielsweise durch die Betrachtung in Retrospektiven oder die Wahl zum Post Mortem des Monats (inklusive einer kleinen Belohnung für den oder die Autorin).

Literatur

[Bas21]   Bass L, Clements P, Kazman R (2021) Software Architecture in Practice. SEI Software Engineering Series, 4. Aufl. Pearson Education

[Bec99]   Beck K (1999) Extreme Programming Explained: Embrace Change. Addison-Wesley

[Bey16]   Beyer B, Jones C, Petoff J, Murphy NR (2016) Site Reliability Engineering: How Google Runs Production Systems. O'Reilly

[Ern20]   Ernst H, Schmidt J, Beneken G (2020) Grundkurs Informatik: Grundlagen und Konzepte für die erfolgreiche IT-Praxis – Eine umfassende, praxisorientierte Einführung, 7. Aufl. Springer

[For18]   Forsgren N, Humble J, Kim G (2018) Accelerate: The Science of Lean Software and DevOps Building and Scaling High Performing Technology Organizations. IT Revolution Press

[Gaw10] Gawande A (2010) The Checklist Manifesto: How to Get Things Right. Henry Holt and Company

[Hum10] Humble J, Farley D (2010) Continuous Delivery: Reliable Software Releases Through Build, Test, and Deployment Automation. Addison-Wesley

[Hun99] Hunt A, Thomas D (1999) The Pragmatic Programmer: From Journeyman to Master. Addison-Wesley

[iU19]   itSMF UK (2019) ITIL Foundation, ITIL 4 Edition. The Stationery Office, 4. Aufl.

[Kim13]   Kim G, Behr K, Spafford G (2013) The Phoenix Project: A Novel About IT, DevOps, and Helping Your Business Win. IT Revolution Press

[Kim16]   Kim G, Debois P, Willis J, Humble J (2016) The DevOps Handbook: How to Create World-Class Agility, Reliability, and Security in Technology Organizations. IT Revolution Press

[Mar13]   Martin K, Osterling M (2013) Value Stream Mapping: How to Visualize Work and Align Leadership for Organizational Transformation: How to Visualize Work and Align Leadership for Organizational Transformation. McGraw-Hill Education

[Mor16]   Morris K (2016) Infrastructure as Code: Managing Servers in the Cloud. O'Reilly

[Ohn88]   Ohno T (1988) Toyota Production System: Beyond Large-Scale Production. Taylor & Francis

[Pop03]   Poppendieck M, Poppendieck T (2003) Lean Software Development: An Agile Toolkit. Agile Software Development Series. Addison-Wesley

[Rei09]   Reinertsen D (2009) The Principles of Product Development Flow: Second Generation Lean Product Development. Celeritas

[Zel09]   Zeller A (2009) Why Programs Fail, Second Edition: A Guide to Systematic Debugging, 2. Aufl. Morgan Kaufmann

Stichwortverzeichnis

© Springer Fachmedien Wiesbaden GmbH, ein Teil von Springer Nature 2022
G. Beneken et al., *Grundkurs agiles Software-Engineering*,
https://doi.org/10.1007/978-3-658-37371-9

Printed in the United States
by Baker & Taylor Publisher Services

Printed in the United States
by Baker & Taylor Publisher Services